危険物六法

危険物法令研究会　編

JN064927

東京法令出版

凡　例

【本書の目的】

近年、危険物行政を取り巻く環境は、技術の進展に伴う危険物の使用形態等の変化により、大きく変貌しつつある。

本書は、これにこたえるべく危険物規制行政に必要不可欠な法令を集成し、円滑な危険物規制事務の推進に役立つことを意図した。もって危険物規制行政担当者のみならず、広く危険物を日常取り扱う者が手軽に使用できる法令集として編集した。

【内容現在】

本書の内容現在は、令和六年二月一日とした。

【改正織込みの基準】

公布された改正法令は、施行期日のいかんにかかわらず、全て本文中に織り込むこととした。ただし、令和四年六月一七日法律第六八号による罰則の改正は、例外として本文に改正を織り込まず、附則の次に（参考）として改正文を掲載した。

【公布年月日及び改正年月日】

各法令の公布年月日及び法令番号は、各法令名の次に示し、改正があるものは、改正経過を明示した。特に消防法、危険物の規制に関する政令、危険物の規制に関する規則については、各条文の改正沿革を明らかにするために、見出しの沿革及び本文の各条項に（い）、（ろ）、（は）…の記号及び各条ごとに改正注記を詳細に付し、一見して改正の経過が分かるようにした。なお、抄録の法令は最終沿革のみをあげた。

【条文見出し】

条文内容がすぐ分かるように基本法である「消防法」には条文見出しを〔　〕で付け、制定時より法令自体に付されている（　）と区別した。

【項番号】

原文に項数が付されていない「消防法」については検索の便宜上、②、③などの項番号を付し、制定時より法令自体に項番号が付されている、2、3などと区別した。

【参照条文等】

●参照条文

条文中、他法令及び条項を参照する必要がある場合は、該当語句の下に〔　〕書きでその法令・条項名を示した。

●**解説**

条文中、語句の解説等が必要な場合は、条文中の該当語句を太字とし、各条文末尾の解説に簡潔な解説を色刷りで付した。

●**罰則**

各条文に関する罰則規定については、その内容、罰金額、根拠条文を、各条文末尾の罰則に色刷りで記した。

【法令名略語】

参照条文・解説・罰則中に使用した法令名略語は、次のとおりである。

略語	法令名
（き）	
危令	危険物の規制に関する政令
危則	危険物の規制に関する規則
危告示	危険物の規制に関する技術上の基準の細目を定める告示
危険物協会省令	危険物保安技術協会に関する省令
（け）	
刑訴	刑事訴訟法
憲	日本国憲法
建基	建築基準法
建基令	建築基準法施行令
（こ）	
高圧	高圧ガス保安法
国賠	国家賠償法
（さ）	
災対	災害対策基本法
（し）	
消組	消防組織法
消防	消防法
消令	消防法施行令
消則	消防法施行規則
（す）	
水防	水防法
（て）	
手数料令	地方公共団体の手数料の標準に関する政令
（み）	
民	民法

目次

＜基本法令＞

○消防法

（昭和二十三年七月二十四日
法律第百八十六号）

〔改正経過〕

昭和二四年　六月　四日　法律第一九三号（い）
昭和二五年　五月一七日　法律第一八六号（ろ）
昭和二五年　五月二四日　法律第二〇一号（は）
昭和二七年　七月三一日　法律第二五八号（に）
昭和二七年　八月　一日　法律第二九三号（ほ）
昭和二九年　六月　八日　法律第一六三号（へ）
昭和三一年　五月二一日　法律第一〇七号（と）
昭和三一年　六月一一日　法律第一四一号（ち）
昭和三四年　四月　一日　法律第八六号（り）
昭和三四年　四月二四日　法律第一五六号（ぬ）
昭和三五年　六月三〇日　法律第一一三号（る）
昭和三五年　七月　二日　法律第一一七号（を）
昭和三六年　六月一七日　法律第一四五号（わ）
昭和三七年　五月一六日　法律第一四〇号（か）
昭和三七年　九月一五日　法律第一六一号（よ）
昭和三八年　四月一五日　法律第八八号（た）
昭和三八年　四月一五日　法律第九〇号（れ）
昭和四〇年　五月一四日　法律第六五号（そ）
昭和四二年　七月二五日　法律第八〇号（つ）
昭和四三年　六月一〇日　法律第九五号（ね）
昭和四五年　六月　一日　法律第一一一号（な）
昭和四六年　六月　一日　法律第九七号（ら）
昭和四六年　六月　二日　法律第九八号（む）
昭和四六年一二月三一日　法律第一三〇号（う）
昭和四七年　六月二三日　法律第九四号（ゐ）
昭和四九年　六月　一日　法律第六四号（の）
昭和五〇年一二月一七日　法律第八四号（お）
昭和五一年　五月二九日　法律第三七号（く）
昭和五三年　六月一五日　法律第七三号（や）
昭和五七年　七月一六日　法律第六六号（ま）
昭和五七年　七月二三日　法律第六九号（け）
昭和五八年　五月二〇日　法律第四四号（ふ）
昭和五八年一二月一〇日　法律第八三号（こ）
昭和六〇年一二月二四日　法律第一〇二号（え）
昭和六一年　四月一五日　法律第二〇号（て）
昭和六一年一二月二六日　法律第一〇九号（あ）
昭和六三年　五月二四日　法律第五五号（さ）
平成　五年一一月一二日　法律第八九号（き）
平成　六年　六月二二日　法律第三七号（ゆ）
平成一〇年　六月一二日　法律第一〇〇号（め）
平成一〇年　六月一二日　法律第一〇一号（み）
平成一一年　七月一六日　法律第八七号（し）
平成一一年一二月二二日　法律第一六〇号（ゑ）
平成一一年一二月二二日　法律第一六三号（ひ）
平成一三年　七月　四日　法律第九八号（も）
平成一四年　四月二六日　法律第三〇号（せ）
平成一五年　六月一八日　法律第八四号（す）
平成一六年　六月　二日　法律第六五号（ん）
平成一六年　六月　九日　法律第八四号（イ）
平成一七年　三月三一日　法律第二一号（ロ）
平成一七年　七月二六日　法律第八七号（ハ）
平成一八年　三月三一日　法律第二二号（ニ）
平成一八年　六月　二日　法律第五〇号（ホ）
平成一八年　六月　七日　法律第五三号（ヘ）
平成一八年　六月一四日　法律第六四号（ト）
平成一九年　六月二二日　法律第九三号（チ）
平成二〇年　五月二八日　法律第四一号（リ）
平成二一年　五月　一日　法律第三四号（ヌ）
平成二三年　六月二四日　法律第七四号（ル）
平成二四年　六月二七日　法律第三八号（ヲ）
平成二五年　六月一四日　法律第四四号（ワ）
平成二六年　六月　四日　法律第五四号（カ）
平成二六年　六月一三日　法律第六九号（ヨ）
平成二七年　九月一一日　法律第六六号（タ）
平成二九年　五月三一日　法律第四一号（レ）
平成三〇年　五月三〇日　法律第三三号（ソ）
平成三〇年　六月二七日　法律第六七号（ツ）
令和　三年　五月一九日　法律第三六号（ネ）
令和　四年　六月一七日　法律第六八号（ナ）
令和　四年　六月一七日　法律第六九号（ラ）
令和　五年　六月一六日　法律第五八号（ム）

注　令和四年六月一七日法律第六八号による罰則の改正は、令和七年六月一日から施行のため、附則の次に（参考）として改正文を掲載した。

消防法をここに公布する。

消防法目次

消防法

第一章　総則

〔目的〕

第一条　この法律は、火災を予防し、警戒し及び鎮圧し、国民の生命、身体及び財産を火災から保護するとともに、火災又は地震等の災害による被害を軽減するほか、災害等による傷病者の搬送を適切に行い、もつて安寧秩序を保持し、社会公共の福祉〔憲第一二条・第一三条・第二二条第一項・第二五条第二項・第二九条第二項〕の増進に資することを目的〔災対第一条〕とする。（い）（ヌ）

本条…一部改正〔昭和二四年六月法律一九三号・平成二一年五月三四号〕

解説　**【火災】**人の意図に反して発生し若しくは拡大し、又は放火により発生して消火の必要がある燃焼現象であつて、これを消火するために消火施設又はこれと同程度の効果のあるものの利用を必要とするもの、又は人の意図に反して発生し若しくは拡大した爆発現象をいう。
【任務・責務】消組第一条

〔用語の定義〕

第二条　この法律の用語は左の例による。

② 防火対象物とは、山林又は舟車、船きよ若しくはふ頭に繋留された船舶、建築物〔建基第二条第一号〕その他の工作物若しくはこれらに属する物をいう。

③ 消防対象物とは、山林又は舟車、船きよ若しくはふ頭に繋留された船舶、建築物〔建基第二条第一号〕その他の工作物又は物件をいう。

④ 関係者とは、防火対象物又は消防対象物の所有者、管理者又は

占有者をいう。

⑤　関係のある場所とは、防火対象物又は消防対象物のある場所をいう。

⑥　舟車とは、船舶安全法第二条第一項の規定を適用しない船舶、端舟、はしけ、被曳船その他の舟及び車両をいう。

⑦　危険物〔消防別表第一、危令第一条・第一条の二、危則第一条の二〜第一条の四〕とは、別表第一の品名欄に掲げる物品で、同表に定める区分に応じ同表の性質欄に掲げる性状を有するものをいう。(さ)(す)

⑧　消防隊とは、消防器具を装備した消防吏員〔消組第一一条・第一四条・第一六条〕若しくは**消防団員**〔消組第一九条・第二一条・第二三条〕の一隊又は消防組織法（昭和二十二年法律第二百二十六号）第三十条第三項の規定による都道府県の航空消防隊をいう。(す)(ト)

⑨　救急業務〔消令第四二条・第四四条〕とは、災害により生じた事故若しくは屋外若しくは公衆の出入する場所において生じた事故（以下この項において「災害による事故等」という。）又は**政令で定める場合における災害による事故等**に準ずる事故その他の事由で政令で定めるもの〔消令第四二条〕による傷病者のうち、**医療機関**その他の場所へ緊急に搬送する必要があるものを、救急隊〔消防第三五条の一二・消令第四四条〕によつて、**医療機関**〔厚生労働省令〔救急病院等を定める省令（昭三九厚生省令八号）〕で定める医療機関をいう。第七章の二において同じ。〕**その他の場所に搬送すること**（傷病者が医師の管理下に置かれるまでの間において、緊急やむを得ないものとして、応急の手当を行うことを含む。）をいう。(た)(て)(ゑ)(ヌ)

九項…追加〔昭和三八年四月法律八八号〕、一部改正〔昭和六一年四月法律二〇号〕、七項…全部改正〔昭和六三年五月法律五五号〕、九項…一部改正〔平成一一年一二月法律一六〇号〕、七・八項…一部改正〔平成一五年六月法律八四号〕、八項…一部改正〔平成一八年六月法律六四号〕、九項…一部改正〔平成二一年五月法律三四号〕

解説

【消防対象物】　山林、舟車、船きよ、ふ頭に繋留された船舶、建築物その他の工作物と無関係な物件も含む点が防火対象物との差異である。

【所有者】　目的物の使用、収益、及び処分をなすことができる全面的な支配権を有する者をいう。

【管理者】　「管理」とは私法上、財産、物等の性質を変更しない範囲内において、その利用又は改良を目的とする行為を意味する。

【占有者】　事実上ある物を支配し、又は支配の可能性を有する者をいう。不法占拠者も含まれる。

【消防団員】　消防団長も含まれる。

【政令で定める場合における災害による事故等】　屋内において生じた事故による傷病者又は生命に危険を及ぼし、著しく悪化するおそれがある症状を示す疾病者を医療機関等に迅速に搬送するための適当な手段がない場合の事故等をいう。

【医療機関】　一定の医師、施設、設備を有する病院又は診療所であって、都道府県知事への救急業務へ協力する旨の申出があり、審査の後告示されたもの。

【その他の場所】　集団救急事故等の場合、一時的に多数の傷病者に応急措置を行うことのできる学校等をいう。

罰則　＊**【傷病者に係る虚偽の通報をした者】**　罰金三〇万円以下・拘留（消防四四20）**【公訴時効】**　三年（刑訴五五・二五〇・二五三）

第二章　火災の予防

〔屋外における火災の予防又は消防活動の障害除去のための措置命令等〕

第三条　消防長〔消組第一二条〕（消防本部〔消組第九条〕を置かない市町村においては、市町村長。第六章及び第三十五条の三の二を除き、以下同じ。）、消防署長〔消組第一三条〕その他の消防吏員〔消組第一一条〕は、屋外において火災の予防に危険であると認める行為者又は火災の予防に危険であると認める物件若しくは消火、避難その他の消防の活動に支障になると認める物件の所有者、管理者若しくは占有者で権原を有する者に対して、次に掲げる必要な措置をとるべきことを命ずることができる。（そ）（せ）

一　火遊び、喫煙、たき火、火を使用する設備若しくは器具（物件に限る。）又はその使用に際し火災の発生のおそれのある設備若しくは器具（物件に限る。）の使用その他これらに類する行為の禁止、停止若しくは制限又はこれらの行為を行う場合の消火準備（そ）（せ）（す）

二　残火、取灰又は火粉の始末

三　危険物〔消防第二条第七項・別表第一、危令第一条〕又は放置され、若しくはみだりに存置された燃焼のおそれのある物件の除去その他の処理（そ）

四　放置され、又はみだりに存置された物件（前号の物件を除く。）の整理又は除去（そ）

②　消防長又は消防署長は、火災の予防に危険であると認める物件又は消火、避難その他の消防の活動に支障になると認める物件の所有者、管理者又は占有者で権原を有するものを確知することができないため、これらの者に対し、前項の規定による必要な措置をとるべきことを命ずることができないときは、それらの者の負担において、当該消防職員〔消組第一一条〕（消防本部を置かない市町村においては、消防団員〔消組第一九条〕。第四項（第五条第二項及び第五条の三第五項において準用する場合を含む。）及び第五条の三第二項において同じ。）に、当該物件について前項第三号又は第四号に掲げる措置をとらせることができる。この場合において、物件を除去させたときは、消防長又は消防署長は、当該物件を保管〔消令第五〇条〕しなければならない。（そ）（せ）

③　災害対策基本法（昭和三十六年法律第二百二十三号）第六十四条第三項から第六項までの規定は、前項の規定により消防長又は消防署長が物件を保管した場合について準用する。この場合において、これらの規定中「市町村長」とあるのは「消防長又は消防署長」と、「工作物等」とあるのは「物件」と、「統轄する」とあるのは「属する」と読み替えるものとする。（そ）

④　消防長又は消防署長は、第一項の規定により必要な措置を命じ

た場合において、その措置を命ぜられた者がその措置を履行しないとき、履行しても十分でないとき、又はその措置の履行について期限が付されている場合にあつては履行しても当該期限までに完了する見込みがないときは、行政代執行法（昭和二十三年法律第四十三号）の定めるところに従い、当該消防職員又は第三者にその措置をとらせることができる。（せ）

一項…一部改正・二・三項…追加〔昭和四〇年五月法律六五号〕、一・二項…一部改正・四項…追加〔平成一四年四月法律三〇号〕、一項…一部改正〔平成一五年六月法律八四号〕

解説

【消防長】 消防本部の長をいう。
【消防署長】 消防署の長をいう。
【屋外】 建築物の外部のことであり、敷地内、敷地外を問わない。
【権原を有する者】 法律上、命令の内容を正当に履行できる者をいう。
【禁止】 火遊び、喫煙、たき火等を止めることをいう。
【制限】 喫煙やたき火等を行う場所や時間、方法等を制約することをいう。
【消防職員】 消防本部及び消防署に置かれた消防吏員その他の職員をいう。

罰則 ＊**【命令に従わなかつた者】** 罰金三〇万円以下・拘留（消防四四1）、両罰（消防四五3）**【公訴時効】** 三年（刑訴五五・二五〇・二五三）

〔資料提出命令、報告の徴収及び消防職員の立入検査〕

第四条　消防長〔消組第一二条〕又は消防署長〔消組第一三条〕は、火災予防のために必要があるときは、関係者〔消防第二条第四項〕に対して**資料の提出を命じ**、若しくは**報告を求め**、又は当該消防職員〔消組第一一条〕（消防本部を置かない市町村においては、当該市町村の消防事務に従事する職員又は常勤の消防団員。第五条の三第二項を除き、以下同じ。）にあらゆる仕事場、工場若しくは公衆の出入する場所その他の関係のある場所〔消防第二条第五項〕に立ち入つて、消防対象物〔消防第二条第三項〕の位置、構造、設備及び管理の状況を検査させ、若しくは**関係のある者**に質問させることができる。ただし、**個人の住居**〔憲第三五条第一項〕は、関係者の承諾を得た場合又は火災発生のおそれが著しく大であるため、特に緊急の必要がある場合でなければ、立ち入らせてはならない。（ろ）（た）（そ）（ね）（す）

② 消防職員は、前項の規定により関係のある場所に立ち入る場合においては、市町村長の定める証票を携帯し、関係のある者の請求があるときは、これを示さなければならない。（ろ）（せ）

③ 消防職員は、第一項の規定により関係のある場所に立ち入る場合においては、関係者の業務をみだりに妨害してはならない。（ろ）（せ）

④ 消防職員は、第一項の規定により関係のある場所に立ち入つて検査又は質問を行つた場合に知り得た関係者の秘密をみだりに他に漏らしてはならない。（ろ）（た）（せ）

一・二項…一部改正・三項…追加・旧三―五項…四―六項に繰下〔昭和二五年五月法律一八六号〕、一―三・六項…一部改正〔昭和二八年四月法律八八号〕、一項…一部改正〔昭和四〇年五月法律六五号・四三年六月九五号〕、二・三項…削除・旧四・五項…一部改正し二・三項に繰

上・旧六項…四項に繰上〔平成一四年四月法律三〇号〕、一項…一部改正〔平成一五年六月法律八四号〕

解説 【資料の提出を命じ】一般に資料提出命令と言っているものであり、火災予防上必要な書類や図面を提出するよう口頭又は文書により命令するものである。

【報告を求め】一般に報告徴収と言っているものであり火災予防上必要な事項について文書等を作成し提出するよう要求するものである。

【関係のある者】関係者はもとより、その従業員等も含まれる。

【個人の住居】共同住宅の居室もこれに含まれる。

罰則 ＊【資料の提出拒否等又は立入検査の拒否等を行つた者】罰金三〇万円以下・拘留（消防四四２）【公訴時効】三年（刑訴五五・二五〇・二五三）

※質問の拒否等に対しては、その理由のいかんを問わず黙秘権（憲法第三八条）保護の立場から罰則を設けていないが、他の行政法規には質問の拒否等に対し罰則を設けている例が少なくない。（例）高圧第八三条第七号、火薬類取締法第六一条第五号など。

※証票の不提示を理由に立入検査の拒否等があった場合には、正当な理由があるものとして犯罪を構成しない。

〔消防団員の立入検査〕

第四条の二　消防長又は消防署長は、火災予防のため特に必要があるときは、消防対象物及び期日又は期間を指定して、当該管轄区域内の消防団員（消防本部を置かない市町村においては、非常勤の消防団員に限る。）に前条第一項の立入及び検査又は質問をさせることができる。（ろ）（た）（そ）（ね）

②　前条第一項ただし書及び第二項から第四項までの規定は、前項の場合にこれを準用する。（ろ）（せ）

本条…追加〔昭和二五年五月法律一八六号〕、一項…一部改正〔昭和三八年四月法律八八号・四〇年五月六五号・四三年六月九五号〕、二項…一部改正〔平成一四年四月法律三〇号〕

〔防火対象物の火災予防措置命令〕

第五条　消防長又は消防署長は、防火対象物〔消防第二条第二項〕の位置、構造、設備又は管理の状況について、火災の予防に危険であると認める場合、消火、避難その他の消防の活動に支障になると認める場合、火災が発生したならば人命に危険であると認める場合その他**火災の予防上必要があると認める場合**には、**権原を有する関係者**（特に緊急の必要があると認める場合においては、関係者及び工事の請負人又は現場管理者）に対し、当該防火対象物の改修、移転、除去、工事の停止又は中止その他の必要な措置をなすべきことを命ずることができる。ただし、建築物その他の工作物で、それが他の法令により建築、増築、改築又は移築の許可又は認可を受け、その後事情の変更していないものについては、この限りでない。（そ）（せ）

②　第三条第四項の規定は、前項の規定により必要な措置を命じた場合について準用する。（せ）

③　消防長又は消防署長は、第一項の規定による命令をした場合においては、標識の設置その他総務省令で定める方法〔消則第一条〕により、その旨を公示しなければならない。（せ）

④　前項の標識は、第一項の規定による命令に係る防火対象物又は当該防火対象物のある場所に設置することができる。この場合においては、同項の規定による命令に係る防火対象物又は当該防火対象物のある場所の所有者、管理者又は占有者は、当該標識の設置を拒み、又は妨げてはならない。（せ）

本条…一部改正〔昭和四〇年五月法律六五号〕、一項…一部改正・二―四項…追加〔平成一四年四月法律三〇号〕

解説　**【火災の予防上必要があると認める場合】**　客観的、具体的な火災発生危険、延焼拡大危険、人命危険があると認める場合をいう。
【権原を有する関係者】　法律上、正当に命令の内容を履行できる所有者、管理者、占有者をいう。

罰則　＊**【命令に違反した者】**　懲役二年以下・罰金二〇〇万円以下（消防三九の三の二①）、懲役・罰金の併科（消防三九の三の二②）、両罰・罰金一億円以下（消防四五1）**【公訴時効】**　三年（刑訴五五・二五〇・二五三）

〔防火対象物の使用の禁止、停止又は制限の命令〕

第五条の二　消防長又は消防署長は、防火対象物の位置、構造、設備又は管理の状況について次のいずれかに該当する場合には、権原を有する関係者に対し、当該防火対象物の使用の禁止、停止又は制限を命ずることができる。（せ）

一　前条第一項、次条第一項、第八条第三項若しくは第四項、第八条の二第五項若しくは第六項、第八条の二の五第三項又は第十七条の四第一項若しくは第二項の規定により必要な措置が命ぜられたにもかかわらず、その措置が履行されず、履行されても十分でなく、又はその措置の履行について期限が付されている場合にあつては履行されても当該期限までに完了する見込みがないため、引き続き、火災の予防に危険であると認める場合、消火、避難その他の消防の活動に支障になると認める場合又は火災が発生したならば人命に危険であると認める場合（せ）（す）（チ）（ヲ）

二　前条第一項、次条第一項、第八条第三項若しくは第四項、第八条の二第五項若しくは第六項、第八条の二の五第三項又は第十七条の四第一項若しくは第二項の規定による命令については、火災の予防の危険、消火、避難その他の消防の活動の支障又は火災が発生した場合における人命の危険を除去することができないと認める場合（せ）（す）（チ）（ヲ）

②　前条第三項及び第四項の規定は、前項の規定による命令について準用する。（せ）

本条…追加〔平成一四年四月法律三〇号〕、一項…一部改正〔平成一五年六月法律八四号・一九年六月九三号・二四年六月三八号〕

罰則　＊**【命令に違反した者】**　懲役三年以下・罰金三〇〇万円以下（消防三九の二の二①）、懲役・罰金の併科（消防三九の二の二②）、両罰・罰金一億円以下（消防四五1）**【公訴時効】**　三年（刑訴五五・二五〇・二五三）

〔消防吏員による防火対象物における火災の予防又は消防活動の障害除去のための措置命令〕

第五条の三　消防長、消防署長その他の消防吏員は、防火対象物において火災の予防に危険であると認める行為者又は火災の予防に危険であると認める物件若しくは消火、避難その他の消防の活動に支障になると認める物件の所有者、管理者若しくは占有者で権原を有する者（特に緊急の必要があると認める場合においては、当該物件の所有者、管理者若しくは占有者又は当該防火対象物の関係者。次項において同じ。）に対して、第三条第一項各号に掲げる必要な措置をとるべきことを命ずることができる。（せ）

② 消防長又は消防署長は、火災の予防に危険であると認める物件又は消火、避難その他の消防の活動に支障になると認める物件の所有者、管理者又は占有者で権原を有するものを確知することができないため、これらの者に対し、前項の規定による必要な措置をとるべきことを命ずることができないときは、それらの者の負担において、当該消防職員に、当該物件について第三条第一項第三号又は第四号に掲げる措置をとらせることができる。この場合においては、相当の期限を定めて、その措置を行うべき旨及びその期限までにその措置を行わないときは、当該消防職員がその措置を行うべき旨をあらかじめ公告しなければならない。ただし、緊急の必要があると認めるときはこの限りでない。（せ）

③ 消防長又は消防署長は、前項の規定による措置をとつた場合において、物件を除去させたときは、当該物件を保管しなければならない。（せ）

④ 災害対策基本法第六十四条第三項から第六項までの規定は、前項の規定により消防長又は消防署長が物件を保管した場合について準用する。この場合において、これらの規定中「市町村長」とあるのは「消防長又は消防署長」と、「工作物等」とあるのは「物件」と、「統轄する」とあるのは「属する」と読み替えるものとする。（せ）

⑤ 第三条第四項の規定は第一項の規定により必要な措置を命じた場合について、第五条第三項及び第四項の規定は第一項の規定による命令について、それぞれ準用する。（せ）

本条…追加〔平成一四年四月法律三〇号〕

罰則 ＊【命令に違反した者】懲役一年以下・罰金一〇〇万円以下（消防四一①1）、懲役・罰金の併科（消防四一②）、両罰（消防四五3）【公訴時効】三年（刑訴五五・二五〇・二五三）

〔審査請求期間〕

第五条の四　第五条第一項、第五条の二第一項又は前条第一項の規定による命令についての審査請求に関する行政不服審査法（平成二十六年法律第六十八号）第十八条第一項本文の**期間**は、当該**命令を受けた日の翌日から起算して三十日**とする。（よ）（せ）（ヨ）

本条…追加〔昭和三七年九月法律一六一号〕、旧五条の二…一部改正し繰下〔平成一四年四月法律三〇号〕、本条…一部改正〔平成二六年六月法律六九号〕

解説 【期間】行政不服審査法第一八条第一項の期間は、処分があったことを知った日の翌日から起算して三月以内

【命令を受けた日】処分者が命令を発した日ではなく、命令が受命者の所へ到達した日をいう。

〔訴の提起及び損失補償〕

第六条　第五条第一項、第五条の二第一項又は第五条の三第一項の規定による命令又はその命令についての審査請求に対する裁決の取消しの訴えは、その**命令又は裁決を受けた日から三十日を経過**したときは、提起することができない。ただし、正当な理由があ

るときは、この限りでない。(か)(せ)(イ)(ヨ)

②　第五条第一項又は第五条の二第一項の規定による命令を取り消す旨の判決があつた場合においては、当該命令によつて生じた損失に対しては、時価によりこれを補償するものとする。(か)(せ)(イ)

③　第五条第一項又は第五条の二第一項に規定する防火対象物の位置、構造、設備又は管理の状況がこの法律若しくはこの法律に基づく命令又はその他の法令に違反していないときは、前項の規定にかかわらず、それぞれ第五条第一項又は第五条の二第一項の規定による命令によつて生じた損失に対しては、時価によりこれを補償〔憲第一七条・第二九条第三項・国賠第一条第一項〕するものとする。(そ)(せ)(イ)

④　前二項の規定による補償に要する費用〔消組第八条〕は、当該市町村の負担とする。(イ)

一・二項…全部改正・三項…一部改正〔昭和三七年五月法律一四〇号〕、四項…一部改正〔昭和四〇年五月法律六五号〕、一・三・四項…一部改正〔平成一四年四月法律三〇号〕、一項…一部改正・二項…削除・旧三―五項…二―四項に繰上〔平成一六年六月法律八四号〕、一項…一部改正〔平成二六年六月法律六九号〕

解説　**【命令又は裁決を受けた日から】**　命令又は裁決を受けたのが、その日の午前零時である場合を除き、その翌日から起算する。

【不変期間】　遠隔の地に住所又は居所を有する場合以外には付加期間を認めることができない。ただし、本人の責に帰することのできない事由（天災等）がある場合は例外が認められる。

〔建築許可等についての消防長又は消防署長の同意〕

第七条　建築物の新築、増築、改築、移転、修繕、模様替、用途の変更若しくは使用について許可、認可若しくは確認をする**権限**を**有する行政庁**若しくはその委任を受けた者又は建築基準法（昭和二十五年法律第二百一号）第六条の二第一項（同法第八十七条第一項において準用する場合を含む。以下この項において同じ。）の規定による確認を行う指定確認検査機関（同法第七十七条の二十一第一項に規定する指定確認検査機関をいう。以下この条において同じ。）は、当該許可、認可若しくは確認又は同法第六条の二第一項の規定による確認に係る建築物の工事施工地又は所在地を管轄する**消防長又は消防署長の同意**を得なければ、当該許可、認可若しくは確認又は同項の規定による確認をすることができない。ただし、確認（同項の規定による確認を含む。）に係る建築物が都市計画法（昭和四十三年法律第百号）第八条第一項第五号に掲げる防火地域及び準防火地域以外の区域内における住宅（長屋、共同住宅その他政令で定める住宅〔消令第一条〕を除く。）である場合又は建築主事若しくは建築副主事が建築基準法第八十七条の四において準用する同法第六条第一項の規定による確認をする場合においては、この限りでない。(は)(ふ)(め)(し)(ツ)(ム)

②　消防長又は消防署長は、前項の規定によつて同意を求められた場合において、当該建築物の計画が**法律又はこれに基づく命令若しくは条例の規定**（建築基準法第六条第四項又は第六条の二第一項（同法第八十七条第一項の規定によりこれらの規定を準用する場合を含む。）の規定により建築主事若しくは建築副主事又は指定確認検査機関が同法第六条の四第一項第一号若しくは第二号に掲げる建築物の建築、大規模の修繕（同法第二条第十四号の大規

模の修繕をいう。）、大規模の模様替（同法第二条第十五号の大規模の模様替をいう。）若しくは用途の変更又は同項第三号に掲げる建築物の建築について確認する場合において同意を求められたときは、同項の規定により読み替えて適用される同法第六条第一項の政令で定める建築基準法令の規定を除く。）で建築物の防火に関するものに違反しないものであるときは、**同法第六条第一項第三号**に係る場合にあつては、同意を求められた日から**三日以内**に、その他の場合にあつては、同意を求められた日から**七日以内**に同意を与えて、その旨を当該行政庁若しくはその委任を受けた者又は指定確認検査機関に通知しなければならない。この場合において、消防長又は消防署長は、同意することができない事由があると認めるときは、これらの期限内に、その事由を当該行政庁若しくはその委任を受けた者又は指定確認検査機関に通知しなければならない。（は）（ぬ）（ふ）（め）（カ）（ラ）（ム）

③　建築基準法第六十八条の二十第一項（同法第六十八条の二十二第二項において準用する場合を含む。）の規定は、消防長又は消防署長が第一項の規定によつて同意を求められた場合に行う審査について準用する。（め）（カ）

本条…全部改正〔昭和二五年五月法律二〇一号〕、二項…一部改正〔昭和三四年四月法律一五六号〕、一・二項…一部改正〔昭和五八年五月法律四四号〕、一・二項…一部改正・三項…追加〔平成一〇年六月法律一〇〇号〕、一項…一部改正〔平成一一年七月法律八七号〕、二・三項…一部改正〔平成二六年六月法律五四号〕、一項…一部改正〔平成三〇年六月法律六七号〕、二項…一部改正〔令和四年六月法律六九号〕、一・二項…一部改正〔令和五年六月法律五八号〕

解説　**【権限を有する行政庁】**確認を行う建築主事若しくは建築副主事及び許可を行う特定行政庁（建築主事若しくは建築副主事を置く市町村の区域については当該市町村の長、その他の市町村の区域については都道府県知事。指定都市又は特別区にあつては、その長又は都道府県知事）をいう。

【消防長又は消防署長の同意】防火地域、準防火地域以外の区域内に建てられる一定の要件を満たす一戸建ての住宅又は建基令第一四六条で指定する建築設備については消防長等の同意を不要とし、消防長等に通知（建基第九三条第四項）すれば足りる。

【法律又はこれに基づく命令若しくは条例の規定】消防法や同施行令、同施行規則、火災予防条例に限らず建築物の防火に関するものが定められるものがすべて該当する。

【建築基準法第六条第一項第三号】都市計画区域等の一般建築物

【建築同意】同意なしになされた建築主事若しくは建築副主事又は指定確認検査機関の確認は無効である。

【三日以内、七日以内】民第一四〇条～第一四二条

〔防火管理者〕

第八条　学校、病院、工場、事業場、興行場、百貨店（これに準ずるものとして政令で定める**大規模な小売店舗**（消令第一条の二第一項）を含む。以下同じ。）、**複合用途防火対象物**（防火対象物で政令で定める二以上の用途に供されるもの（消令第一条の二第二項）をいう。以下同じ。）その他多数の者が出入し、勤務し、又は居住する防火対象物で政令で定めるもの（消令第一条の二第三項・第二条・消則第一条の二）の**管理について権原を有する者**は、政令で定める資格（消令第三条・消則第二条）を有する者のうちから**防火管理者**（消令第三条の二）を定め、政令で定めるところにより、当該**防火対象物**について**消防計画**（消則第三条）の作成、当該消防計画に基づく消火、通報及び避難の訓練の実施、消防の用に供する設備、消防用水又は消火活動上必要な施設の点検（消防第一七条の三の三・消則第三一条の六）及び整備、火気の使用又は取扱いに関する監督、避難又は防火上必要な構造及び

設備の維持管理並びに収容人員〔消則第一条の三〕の管理その他防火管理上必要な業務を行わせなければならない。(を)(ね)(の)(ヲ)

② 前項の権原を有する者は、同項の規定により防火管理者を定めたときは、遅滞なくその旨を所轄消防長又は消防署長に届け出〔消則第三条の二〕なければならない。これを解任したときも、同様とする。(を)(ら)

③ 消防長又は消防署長は、第一項の防火管理者が定められていないと認める場合には、同項の権原を有する者に対し、同項の規定により防火管理者を定めるべきことを命ずることができる。(ら)

④ 消防長又は消防署長は、第一項の規定により同項の防火対象物について同項の防火管理者の行うべき防火管理上必要な業務が法令の規定又は同項の消防計画に従つて行われていないと認める場合には、同項の権原を有する者に対し、当該業務が当該法令の規定又は消防計画に従つて行われるように必要な措置を講ずべきことを命ずることができる。(の)

⑤ 第五条第三項及び第四項の規定は、前二項の規定による命令について準用する。(せ)

本条…一部改正〔昭和二五年五月法律一八六号〕、全部改正〔昭和三五年七月法律一一七号〕、一項…一部改正〔昭和四三年六月法律九五号〕、二項…一部改正・三項…追加〔昭和四六年六月法律九七号〕、一項…一部改正・四項…追加〔昭和四九年六月法律六四号〕、五項…追加〔平成一四年四月法律三〇号〕、一項…一部改正〔平成二四年六月法律三八号〕

解説 【大規模な小売店舗】延べ面積が千平方メートル以上の小売店舗で百貨店以外のものをいう。

【複合用途防火対象物】防火対象物が二以上の用途に供されており、かつ、その用途のいずれかが消令別表第一(一)項から(十五)項に供されている、当該防火対象物をいう。

【管理について権原を有する者】防火対象物について、正当な管理権を有する者のことであり、建物の所有者や賃借人がこれに該当する。

【防火管理者】防火に関する講習会の課程を修了した者等一定の資格を有し、かつ、防火対象物において防火上必要な業務を適切に遂行できる地位を有する者で、管理権原者から防火上の管理を行う者として選任された者をいう。

【防火管理者を定めなければならない防火対象物】

【甲種防火対象物】

①消令別表第一(六)項ロ、(十六)項イ及び(十六の二)項の防火対象物（同表(十六)項イ及び(十六の二)項は、(六)項ロの用途が存するもの）で、収容人員が十人以上のもの

②(六)項ロを除く特定用途防火対象物（(十六)項イ及び(十六の二)項は、(六)項ロの用途部分を除く。）で収容人員が三十人以上かつ延べ面積三百平方メートル以上のもの

③非特定用途防火対象物で収容人員が五十人以上かつ延べ面積五百平方メートル以上のもの

④新築工事中の建築物で、収容人員が五十人以上のもの等

⑤建造中の旅客船で、収容人員が五十人以上かつ甲板数が十一以上等

【乙種防火対象物】

①(六)項ロを除く特定用途防火対象物（(十六)項イ及び(十六の二)項は、(六)項ロの用途部分を除く。）で収容人員が三十人以上かつ延べ面積三百平方メートル未満のもの

②非特定用途防火対象物で収容人員が五十人以上かつ延べ面積五百平方メートル未満のもの　特例＝消令第三条第二項

【消防計画】防火上必要な事項を定めた計画書であり、防火管理者は当該計画を作成するとともに、本計画に基づいて防火管理業務を遂行するものである。計画に定める事項は消則第三条に定められている。

罰則 ＊【届出を怠った者】罰金三〇万円以下・拘留（消防四四8）【公訴

時効】届出があるまで進行しない。

＊【第三項の命令に違反した者】懲役六月以下・罰金五〇万円以下（消防四二①１）、懲役・罰金の併科（消防四二②）、両罰（消防四五３）【公訴時効】三年（刑訴五五・二五〇・二五三）

＊【第四項の命令に違反した者】懲役一年以下・罰金一〇〇万円以下（消防四一①２）、懲役・罰金の併科（消防四一②）、両罰（消防四五３）【公訴時効】三年（刑訴五五・二五〇・二五三）

〔統括防火管理者〕

第八条の二　高層建築物（高さ三十一メートルを超える建築物をいう。第八条の三第一項において同じ。）その他政令で定める**防火対象物**〔消令第三条の三〕で、その管理について権原が分かれているもの又は地下街（地下の工作物内に設けられた店舗、事務所その他これらに類する施設で、連続して地下道に面して設けられたものと当該地下道とを合わせたものをいう。以下同じ。）でその管理について権原が分かれているもののうち消防長若しくは消防署長が指定するものの管理について権原を有する者は、政令で定める資格〔消令第四条、消則第三条の三〕を有する者のうちからこれらの防火対象物の全体について防火管理上必要な業務を統括する防火管理者（以下この条において「統括防火管理者」〔消令第四条の二、消則第四条〕という。）を協議して定め、政令で定めるところにより、当該防火対象物の全体についての消防計画の作成、当該消防計画に基づく消火、通報及び避難の訓練の実施、当該防火対象物の廊下、階段、避難口その他の避難上必要な施設の管理その他当該防火対象物の全体についての防火管理上必要な業務を行わせなければならない。（ね）（の）（ゑ）（せ）（ヲ）

②　統括防火管理者は、前項の規定により同項の防火対象物の全体についての防火管理上必要な業務を行う場合において必要があると認めるときは、同項の権原を有する者が前条第一項の規定によりその権原に属する当該防火対象物の部分ごとに定めた同項の防火管理者に対し、当該業務の実施のために必要な措置を講ずることを指示することができる。（ヲ）

③　前条第一項の規定により前項に規定する防火管理者が作成する消防計画は、第一項の規定により統括防火管理者が作成する防火対象物の全体についての消防計画に適合するものでなければならない。（ヲ）

④　第一項の権原を有する者は、同項の規定により統括防火管理者を定めたときは、遅滞なく、その旨を所轄消防長又は消防署長に届け出〔消則第四条の二〕なければならない。これを解任したときも、同様とする。（ね）（ゑ）（ヲ）

⑤　消防長又は消防署長は、第一項の防火対象物について統括防火管理者が定められていないと認める場合には、同項の権原を有する者に対し、同項の規定により統括防火管理者を定めるべきことを命ずることができる。（ら）（ゑ）（ヲ）

⑥　消防長又は消防署長は、第一項の規定により同項の防火対象物の全体について統括防火管理者の行うべき防火管理上必要な業務が法令の規定又は同項の消防計画に従つて行われていないと認める場合には、同項の権原を有する者に対し、当該業務が当該法令の規定又は同項の消防計画に従つて行われるように必要な措置を講ずべきことを命ずることができる。（ヲ）

⑦　第五条第三項及び第四項の規定は、前二項の規定による命令に

ついて準用する。（せ）（ヲ）

本条…追加〔昭和四三年六月法律九五号〕、三項…追加〔昭和四六年六月法律九七号〕、一項…一部改正〔昭和四九年六月法律六四号〕、一―三項…一部改正〔平成一一年一二月法律一六〇号〕、一項…一部改正・四項…追加〔平成一四年四月法律三〇号〕、一項…一部改正・二・三・六項…追加・旧二―四項…一部改正し四・五・七項に繰下〔平成二四年六月法律三八号〕

解説　**【統括防火管理者】**建物全体の防火管理業務を統括する者

【統括防火管理者を定めなければならない防火対象物】

①消令別表第一㈥項ロ及び(十六)項イに掲げる防火対象物（(十六)項イは、㈥項ロの用途部分に限る。）のうち、三階以上（地階を除く。）で、かつ、収容人員が十人以上のもの

②消令別表第一㈠項から㈣項まで、㈤項イ、㈥項イ、ハ及びニ、㈨項イ並びに(十六)項イに掲げる防火対象物（(十六)項イは、㈥項ロの用途部分を除く。）のうち、三階以上（地階を除く。）で、かつ、収容人員が三十人以上のもの

③消令別表第一(十六)項ロに掲げる防火対象物のうち、五階以上（地階を除く。）で、かつ、収容人員が五十人以上のもの

④消令別表第一(十六の三)項に掲げる防火対象物

〔**防火対象物の点検及び報告**〕

第八条の二の二　第八条第一項の防火対象物のうち火災の予防上必要があるものとして政令で定めるもの〔消令第四条の二の二〕の管理について権原を有する者は、総務省令で定めるところ〔消則第四条の二の四第一項〕により、定期に、防火対象物における火災の予防に関する専門的知識を有する者で総務省令で定める資格〔消則第四条の二の四第四項〕を有するもの（次項、次条第一項及び第三十六条第四項において「防火対象物点検資格者」という。）に、当該防火対象物における防火管理上必要な業務、消防の用に供する設備、消防用水又は消火活動上必要な施設の設置及び維持その他火災の予防上必要な事項（次項、次条第一項及び第三十六条第四項において「点検対象事項」という。）がこの法律又はこの法律に基づく命令に規定する事項に関し総務省令で定める基準〔消則第四条の二の六〕（次項、次条第一項及び第三十六条第四項において「点検基準」という。）に適合しているかどうかを点検させ、その結果を消防長又は消防署長に報告しなければならない。ただし、第十七条の三の三の規定による点検及び報告の対象となる事項については、この限りでない。（せ）（チ）（ヲ）

② 前項の規定による点検（その管理について権原が分かれている防火対象物にあつては、当該防火対象物全体（次条第一項の規定による認定を受けた部分を除く。）についての前項の規定による点検）の結果、防火対象物点検資格者により点検対象事項が点検基準に適合していると認められた防火対象物には、総務省令で定めるところ〔消則第四条の二の七第一項・第二項〕により、点検を行つた日その他総務省令で定める事項〔消則第四条の二の七第三項〕を記載した表示を付することができる。（せ）

③ 何人も、防火対象物に、前項に規定する場合を除くほか同項の表示を付してはならず、又は同項の表示と紛らわしい表示を付してはならない。（せ）

④ 消防長又は消防署長は、防火対象物で第二項の規定によらないで同項の表示が付されているもの又は同項の表示と紛らわしい表示が付されているものについて、当該防火対象物の関係者で権原を有する者に対し、当該表示を除去し、又はこれに消印を付するべきことを命ずることができる。（せ）

⑤　第一項の規定は、次条第一項の認定を受けた防火対象物については、適用しない。（せ）

本条…追加〔平成一四年四月法律三〇号〕、一項…一部改正〔平成一九年六月法律九三号・二四年六月三八号〕

罰則　＊【報告せず、又は虚偽の報告をした者】罰金三〇万円以下・拘留（消防四四11）、両罰（消防四五3）【公訴時効】三年（刑訴五五・二五〇・二五三）

＊【第三項の規定に違反した者】罰金三〇万円以下・拘留（消防四四3）、両罰（消防四五3）【公訴時効】三年（刑訴五五・二五〇・二五三）

＊【第四項の命令に違反した者】罰金三〇万円以下・拘留（消防四四17）【公訴時効】三年（刑訴五五・二五〇・二五三）

〔防火対象物の点検及び報告の特例〕

第八条の二の三　消防長又は消防署長は、前条第一項の防火対象物であつて次の要件を満たしているものを、当該防火対象物の管理について権原を有する者の申請により、同項の規定の適用につき特例を設けるべき防火対象物として認定することができる。（せ）

一　申請者が当該防火対象物の管理を開始した時から三年が経過していること。（せ）

二　当該防火対象物について、次のいずれにも該当しないこと。（せ）

イ　過去三年以内において第五条第一項、第五条の二第一項、第五条の三第一項、第八条第三項若しくは第四項、第八条の二の五第三項又は第十七条の四第一項若しくは第二項の規定による命令（当該防火対象物の位置、構造、設備又は管理の状況がこの法律若しくはこの法律に基づく命令又はその他の法令に違反している場合に限る。）がされたことがあり、又はされるべき事由が現にあること。（す）（チ）

ロ　過去三年以内において第六項の規定による取消しを受けたことがあり、又は受けるべき事由が現にあること。

ハ　過去三年以内において前条第一項の規定にかかわらず同項の規定による点検若しくは報告がされなかつたことがあり、又は同項の報告について虚偽の報告がされたことがあること。

ニ　過去三年以内において前条第一項の規定による点検の結果、防火対象物点検資格者により点検対象事項が点検基準に適合していないと認められたことがあること。

三　前号に定めるもののほか、当該防火対象物について、この法律又はこの法律に基づく命令の遵守の状況が優良なものとして総務省令で定める基準〔消則第四条の二の八第一項〕に適合するものであると認められること。（せ）

②　申請者は、総務省令で定めるところ〔消則第四条の二の八第二項〕により、申請書に前項の規定による認定を受けようとする防火対象物の所在地その他総務省令で定める事項〔消則第四条の二の八第三項・第四項〕を記載した書類を添えて、消防長又は消防署長に申請し、検査を受けなければならない。（せ）

③　消防長又は消防署長は、第一項の規定による認定をしたとき、又は認定をしないことを決定したときは、総務省令で定めるところ〔消則第四条の二の八第五項・第六項〕により、その旨を申請者に通知しなければならない。（せ）

④　第一項の規定による認定を受けた防火対象物について、次のい

ずれかに該当することとなつたときは、当該認定は、その効力を失う。（せ）

一　当該認定を受けてから三年が経過したとき（当該認定を受けてから三年が経過する前に当該防火対象物について第二項の規定による申請がされている場合にあつては、前項の規定による通知があつたとき。）。（せ）

二　当該防火対象物の管理について権原を有する者に変更があつたとき。（せ）

⑤　第一項の規定による認定を受けた防火対象物について、当該防火対象物の管理について権原を有する者に変更があつたときは、当該変更前の権原を有する者は、総務省令で定めるところ〔消則第四条の二の八第七項〕により、その旨を消防長又は消防署長に届け出なければならない。（せ）

⑥　消防長又は消防署長は、第一項の規定による認定を受けた防火対象物について、次のいずれかに該当するときは、当該認定を取り消さなければならない。（せ）

一　偽りその他不正な手段により当該認定を受けたことが判明したとき。（せ）

二　第五条第一項、第五条の二第一項、第五条の三第一項、第八条第三項若しくは第四項、第八条の二の五第三項又は第十七条の四第一項若しくは第二項の規定による命令（当該防火対象物の位置、構造、設備又は管理の状況がこの法律若しくはこの法律に基づく命令又はその他の法令に違反している場合に限る。）がされたとき。（せ）（す）（チ）

三　第一項第三号に該当しなくなつたとき。（せ）

⑦　第一項の規定による認定を受けた防火対象物（当該防火対象物の管理について権原が分かれているものにあつては、当該防火対象物全体が同項の規定による認定を受けたものに限る。）には、総務省令で定めるところ〔消則第四条の二の九第一項〕により、同項の規定による認定を受けた日その他総務省令で定める事項〔消則第四条の二の九第二項〕を記載した表示を付することができる。（せ）

⑧　前条第三項及び第四項の規定は、前項の表示について準用する。（せ）

本条…追加〔平成一四年四月法律三〇号〕、一・六項…一部改正〔平成一五年六月法律八四号・一九年六月九三号〕

罰則 ＊【第五項の届出を怠つた者】過料五万円以下（消防四六の五）
＊【第八項の規定に違反した者】罰金三〇万円以下・拘留（消防四四３）、両罰（消防四五３）【公訴時効】三年（刑訴五五・二五〇・二五三）
＊【第八項の命令に違反した者】罰金三〇万円以下・拘留（消防四四17）【公訴時効】三年（刑訴五五・二五〇・二五三）

〔避難上必要な施設等の管理〕

第八条の二の四　学校、病院、工場、事業場、興行場、百貨店、旅館、飲食店、地下街、複合用途防火対象物その他の防火対象物で政令で定めるもの〔消令第四条の二の三〕の管理について権原を有する者は、当該防火対象物の廊下、階段、避難口その他の避難上必要な施設について避難の支障になる物件が放置され、又はみだりに存置されないように管理し、かつ、防火戸についてその閉鎖の支障になる物件が放置され、又はみだりに存置されないよう

に管理しなければならない。（せ）

本条…追加〔平成一四年四月法律三〇号〕

〔**自衛消防組織**〕

第八条の二の五　第八条第一項の防火対象物のうち多数の者が出入するものであり、かつ、大規模なものとして政令で定めるものの管理について権原を有する者は、政令で定めるところにより、当該防火対象物に自衛消防組織を置かなければならない。（チ）

②　前項の権原を有する者は、同項の規定により自衛消防組織を置いたときは、遅滞なく自衛消防組織の要員の現況その他総務省令で定める事項を所轄消防長又は消防署長に届け出なければならない。当該事項を変更したときも、同様とする。（チ）

③　消防長又は消防署長は、第一項の自衛消防組織が置かれていないと認める場合には、同項の権原を有する者に対し、同項の規定により自衛消防組織を置くべきことを命ずることができる。（チ）

④　第五条第三項及び第四項の規定は、前項の規定による命令について準用する。（チ）

本条…追加〔平成一九年六月法律九三号〕

〔**防炎対象物品の防炎性能**〕

第八条の三　高層建築物若しくは地下街又は劇場、キャバレー、旅館、病院その他の政令で定める**防火対象物**〔消令第四条の三第一項・第二項、消則第四条の三第一項〕において使用する**防炎対象物品**（どん帳、カーテン、展示用合板その他これらに類する物品で政令で定めるもの〔消令第四条の三第三項・消則第四条の三第二項〕をいう。以下この条において同じ。）は、政令で定める基準〔消令第四条の三第四項・第五項、消則第四条の三第三項～第七項〕以上の**防炎性能**を有するものでなければならない。（ね）（ゐ）（ソ）

②　防炎対象物品又はその材料で前項の防炎性能を有するもの（第四項において「防炎物品」という。）には、総務省令で定めるところ〔消則第四条の四第一項～第七項〕により、前項の防炎性能を有するものである旨の表示を付することができる。（ゐ）（ゑ）（ソ）

③　何人も、防炎対象物品又はその材料に、前項の規定により表示を付する場合及び産業標準化法（昭和二十四年法律第百八十五号）その他政令で定める法律〔消令第四条の四〕の規定により防炎対象物品又はその材料の防炎性能に関する表示で総務省令で定めるもの〔消則第四条の四第八項〕（次項及び第五項において「指定表示」という。）を付する場合を除くほか、前項の表示又はこれと紛らわしい表示を付してはならない。（ゐ）（ゑ）（ソ）

④　防炎対象物品又はその材料は、第二項の表示又は指定表示が付されているものでなければ、防炎物品として販売し、又は販売のために陳列してはならない。（ゐ）（ソ）

⑤　第一項の防火対象物の関係者は、当該防火対象物において使用する防炎対象物品について、当該防炎対象物品若しくはその材料に同項の防炎性能を与えるための処理をさせ、又は第二項の表示若しくは指定表示が付されている生地その他の材料からカーテンその他の防炎対象物品を作製させたときは、総務省令で定めるところ〔消則第四条の四第九項〕により、その旨を明らかにしておかなければならない。（ゐ）（ゑ）（ソ）

本条…追加〔昭和四三年六月法律九五号〕、一項…一部改正・二―五項…追加〔昭和四七年六月法律九四号〕、二・三・五項…一部改正〔平成一一年一二月法律一六〇号〕、一―五項…一部改正〔平成三〇年五月法律三三号〕

解説 【**防炎性能を有する防炎対象物品を使用しなければならない防火対象物**】①高層建築物 ②地下街 ③消令別表第一に掲げる㈠項から㈣項、㈤項イ、㈥項、㈨項イ、(十二)項ロ、(十六の三)項 ④(十六)項のうち前③の用途に供される部分 ⑤工事中の建築物その他の工作物

【**防炎対象物品**】カーテン、布製ブラインド、暗幕、じゅうたん等、展示用合板、どん帳その他舞台において使用する幕及び舞台において使用する大道具用の合板並びに工事用シートをいう。

【**防炎性能**】炎に接しても燃え難い一定の性能

罰則 ＊【**第三項の規定に違反した者**】罰金三〇万円以下・拘留（消防四四3）、両罰（消防四五3）【**公訴時効**】三年（刑訴五五・二五〇・二五三）

〔**火を使用する設備、器具等に対する規制**〕

第九条 かまど、風呂場その他火を使用する設備〔火災予防条例（例）第三条～第九条の二〕又はその使用に際し、火災の発生のおそれのある設備〔火災予防条例（例）第一〇条～第一七条の三〕の位置、構造及び管理、こんろ、こたつその他火を使用する器具〔火災予防条例（例）第一八条～第二一条〕又はその使用に際し、火災の発生のおそれのある器具〔火災予防条例（例）第二二条・第二二条の二〕の取扱いその他火の使用に関し火災の予防のために必要な事項〔火災予防条例（例）第二三条～第二九条・第四四条〕は、政令で定める基準〔消令第五条～第五条の五〕に従い市町村条例でこれを定める。（も）

本条…一部改正〔平成一三年七月法律九八号〕

〔**住宅用防災機器**〕

第九条の二 住宅の用途に供される防火対象物（その一部が住宅の用途以外の用途に供される防火対象物にあつては、住宅の用途以外の用途に供される部分を除く。以下この条において「住宅」という。）の関係者は、次項の規定による住宅用防災機器（住宅における火災の予防に資する機械器具又は設備であつて政令で定めるもの〔消令第五条の六〕をいう。以下この条において同じ。）の設置及び維持に関する基準に従つて、住宅用防災機器を設置し、及び維持しなければならない。（ん）

② 住宅用防災機器の設置及び維持に関する基準その他住宅における火災の予防のために必要な事項は、政令で定める基準〔消令第五条の七～第五条の九〕に従い市町村条例で定める。（ん）

本条…追加〔平成一六年六月法律六五号〕

〔**圧縮アセチレンガス等の貯蔵・取扱いの届出**〕

第九条の三 圧縮アセチレンガス、液化石油ガスその他の火災予防又は消火活動に重大な支障を生ずるおそれのある物質で政令で定めるもの〔危令第一条の一〇第一項〕を貯蔵し、又は取り扱う者は、あらかじめ、その旨を所轄消防長又は消防署長に届け出〔危則第一条の五〕なければならない。ただし、船舶、自動車、航空機、鉄道又は軌道により貯蔵し、又は取り扱う場合その他政令で

定める場合〔危令第一条の一〇第二項〕は、この限りでない。（つ）（ん）

② 前項の規定は、同項の貯蔵又は取扱いを廃止する場合について準用する。（つ）

本条…追加〔昭和四二年七月法律八〇号〕、旧九条の二…繰下〔平成一六年六月法律六五号〕

解説 【**圧縮アセチレンガス**】珪藻土等が充てんされた容器に溶媒としてのアセトンが充たされ、このアセトンにアセチレンを圧縮溶解して充てんした溶解アセチレンをいう。

罰則 ＊【**届出を怠つた者**】罰金三〇万円以下・拘留（消防四四8）【**公訴時効**】届出があるまで進行しない。

〔**指定数量未満の危険物等の貯蔵・取扱いの基準等**〕

第九条の四 危険物についてその危険性を勘案して政令で定める数量〔危令第一条の一一・別表第三〕（以下「指定数量」という。）未満の危険物及びわら製品、木毛その他の物品で火災が発生した場合にその拡大が速やかであり、又は消火の活動が著しく困難となるものとして政令で定めるもの（以下「指定可燃物」〔危令第一条の一二・別表第四〕という。）その他指定可燃物に類する物品の貯蔵及び取扱いの技術上の基準は、市町村条例でこれを定める。（を）（そ）（つ）（て）（さ）（ん）

② 指定数量未満の危険物及び指定可燃物その他指定可燃物に類する物品を貯蔵し、又は取り扱う場所の位置、構造及び設備の技術上の基準（第十七条第一項の消防用設備等の技術上の基準を除く。）は、市町村条例で定める。（ん）

本条…追加〔昭和三五年七月法律一一七号〕、一部改正〔昭和四〇年五月法律六五号〕、旧九条の二…繰下〔昭和四二年七月法律八〇号〕、本条…一部改正〔昭和六一年四月法律二〇号・六三年五月五五号〕、二項…追加・旧九条の三…繰下〔平成一六年六月法律六五号〕

解説 【**市町村条例**】本条に基づく委任条例違反には、消防第四六条により三〇万円以下の罰則を設けることができる。
【**指定数量未満の危険物の貯蔵及び取扱いの基準**】火災予防条例（例）第三〇条～第三二条
【**指定可燃物の貯蔵及び取扱いの基準**】火災予防条例（例）第三三条・別表第八
【**綿花類等の貯蔵及び取扱いの基準**】火災予防条例（例）第三四条・別表第八
【**再生資源燃料の貯蔵及び取扱いの基準**】火災予防条例（例）第三四条の二・別表第八
【**基準の特例**】火災予防条例（例）第三四条の三
【**指定数量未満の危険物等の貯蔵及び取扱いの届出等**】火災予防条例（例）第四六条
【**タンクの水張検査等**】火災予防条例（例）第四七条

第三章　危険物

〔**危険物の貯蔵・取扱いの制限等**〕

第一〇条 指定数量〔消防第九条の四、危令第一条の一一・別表第三〕以上の危険物〔消防第二条第七項・別表第一〕は、**貯蔵所**〔危令第二条〕（車両に固定されたタンクにおいて危険物を貯蔵し、又は取り扱う貯蔵所（以下「移動タンク貯蔵所」という。）を含む。以下同じ。）以外の場所でこれを貯蔵し、又は**製造所**、**貯蔵所**及び**取扱所**〔危令第三条〕以外の場所でこれを取り扱つてはならない。ただし、所轄消防長又は消防署長の**承認**〔危則第一条の六〕を受けて指定数量以上の危険物を、**十日以内**〔民第一四〇条～第一四二条〕の期間、仮に貯蔵〔手数料令第一五項〕し、又は取り扱う場合は、この限りでない。(ろ)(を)(そ)(て)

② 別表第一に掲げる品名（第十一条の四第一項において単に「品名」という。）又は指定数量を異にする二以上の危険物を同一の場所で貯蔵し、又は取り扱う場合において、当該貯蔵又は取扱いに係るそれぞれの危険物の数量を当該危険物の指定数量で除し、その商の和が一以上となるときは、当該場所は、指定数量以上の危険物を貯蔵し、又は取り扱つているものとみなす。(そ)(さ)(す)

③ 製造所、貯蔵所又は取扱所においてする危険物の**貯蔵又は取扱**は、政令で定める**技術上の基準**に従つてこれをしなければならない。(り)

④ 製造所、貯蔵所及び取扱所の**位置、構造及び設備の技術上の基準**は、政令でこれを定める。(ろ)(り)

一・四項…一部改正〔昭和二五年五月法律一八六号〕、三項…全部改正・四項…一部改正〔昭和三四年四月法律八六号〕、一項…一部改正〔昭和三五年七月法律一一七号〕、一項…一部改正・二項…全部改正〔昭和四〇年五月法律六五号〕、一項…一部改正〔昭和六一年四月法律二〇号〕、二項…一部改正〔昭和六三年五月法律五五号・平成一五年六月八四号〕

解説 **【貯蔵所】** 消防第一一条第二項により許可を受けた「屋内貯蔵所」「屋外タンク貯蔵所」「屋内タンク貯蔵所」「地下タンク貯蔵所」「簡易タンク貯蔵所」「移動タンク貯蔵所」「屋外貯蔵所」をいう。

【製造所】 消防第一一条第二項により許可を受けた危険物を製造する場所をいい、建築物その他の工作物、空地、附属設備が含まれる。

【取扱所】 消防第一一条第二項により許可を受けた「給油取扱所」「販売取扱所」「移送取扱所」「一般取扱所」をいい、一般に取扱数量は一日に取り扱う数量を合算したものをとらえる。

【承認】 仮貯蔵、仮取扱いに係る「承認」の意義は、一般的な禁止行為を特定の場合に解除する行政行為、すなわち「許可」と同義である。

【十日以内】 同一場所で行う同一行為を十日ごとに繰り返して承認することはできない。

【貯蔵・取扱いの基準】 製造所等における危険物の貯蔵又は取扱いに係る基準は本条第三項によりすべて危令に委任されており、これに違反した場合は本条第三項違反となる。

【位置・構造・設備の基準】 製造所等の位置、構造、設備の基準は本条第四項によりすべて危令に委任されている。なおこれらの基準に合うように維持されていない場合は消防第一二条第一項違反となる。

【指定数量未満の危険物に対する規制】 消防第九条の四

【適用除外】 消防第一六条の九、石油パイプライン事業法第四〇条

【貯蔵取扱いの基準】 危令第二四条～第二七条、危則第三八条の四～第四〇条の一四

【貯蔵、取扱基準適合命令】 消防第一一条の五

【危険物保安監督者及び危険物取扱者の責務】 危令第三一条

【製造所の基準】 危令第九条、危則第一〇条～第一三条の一〇

【貯蔵所の基準】 危令第一〇条～第一六条、危則第一四条～第二四条の一三

【取扱所の基準】 危令第一七条～第一九条、危則第二五条～第二八条の六六

【消火設備、警報設備及び避難設備の基準】 危令第二〇条～第二二条、危則第二九条～第三八条の三

【基準の特例】 危令第二三条

【基準維持義務】 消防第一二条第一項

【基準適合命令】 消防第一二条第二項

罰則 ＊【第一項の規定に違反した者】懲役一年以下・罰金一〇〇万円以下（消防四一①3）、懲役・罰金の併科（消防四一②）、両罰・罰金三千万円以下（消防四五2）【公訴時効】貯蔵取扱いがなくなるまで進行しない（継続犯）。
＊【第三項の規定に違反した者】懲役三月以下・罰金三〇万円以下（消防四三①1）、懲役・罰金の併科（消防四三②）、両罰（消防四五3）【公訴時効】三年（刑訴五五・二五〇・二五三）。ただし、許可品名外の貯蔵取扱い又は許可数量以上の貯蔵取扱いなどの継続犯については、違反がなくなるまで進行しない。

〔製造所等の設置、変更等〕

第一一条　製造所、貯蔵所又は取扱所を設置しようとする者は、**政令で定めるところ**〔危令第六条・第七条〕により、製造所、貯蔵所又は取扱所ごとに、次の各号に掲げる製造所、貯蔵所又は取扱所の区分に応じ、当該各号に定める者の**許可**を受けなければならない。製造所、貯蔵所又は取扱所の位置、構造又は設備を**変更**しようとする者も、同様とする。（の）

一　消防本部及び消防署を置く市町村（次号及び第三号において「消防本部等所在市町村」という。）の区域に設置される製造所、貯蔵所又は取扱所（配管によつて危険物の移送の取扱いを行うもので政令で定めるもの〔危令第七条の二〕（以下「移送取扱所」という。）を除く。）　当該市町村長（の）

二　消防本部等所在市町村以外の市町村の区域に設置される製造所、貯蔵所又は取扱所（移送取扱所を除く。）　当該区域を管轄する都道府県知事（の）

三　一の消防本部等所在市町村の区域のみに設置される移送取扱所　当該市町村長（の）

四　前号の移送取扱所以外の移送取扱所　当該移送取扱所が設置される区域を管轄する都道府県知事（二以上の都道府県の区域にわたつて設置されるものについては、総務大臣）（の）（ゑ）

② 前項各号に掲げる製造所、貯蔵所又は取扱所の区分に応じ当該各号に定める市町村長、都道府県知事又は総務大臣（以下この章及び次章において「市町村長等」という。）は、同項の規定による許可の申請があつた場合において、その製造所、貯蔵所又は取扱所の位置、構造及び設備が前条第四項の技術上の基準に適合し、かつ、当該製造所、貯蔵所又は取扱所においてする危険物の貯蔵又は取扱いが**公共の安全の維持又は災害の発生の防止に支障を及ぼすおそれがないものであるときは**、許可を与えなければならない。（り）（の）（お）（て）（ゑ）

③ 総務大臣は、移送取扱所について第一項第四号の規定による許可をしようとするときは、その旨を関係都道府県知事に通知しなければならない。この場合においては、関係都道府県知事は、当該許可に関し、総務大臣に対し、意見を申し出ることができる。（の）（ゑ）

④ 関係市町村長は、移送取扱所についての第一項第四号の規定による許可に関し、当該都道府県知事又は総務大臣に対し、意見を申し出ることができる。（の）（ゑ）

⑤ 第一項の規定による許可を受けた者は、製造所、貯蔵所若しくは取扱所を設置したとき又は製造所、貯蔵所若しくは取扱所の位

置、構造若しくは設備を変更したときは、当該製造所、貯蔵所又は取扱所につき市町村長等が行う**完成検査**〔危令第八条～第八条の二の二〕を受け、これらが前条第四項の技術上の基準に適合していると認められた後でなければ、これを使用してはならない。ただし、製造所、貯蔵所又は取扱所の位置、構造又は設備を変更する場合において、当該製造所、貯蔵所又は取扱所のうち当該変更の工事に係る部分以外の部分の全部又は一部について市町村長等の承認〔危則第五条の二〕を受けたときは、完成検査を受ける前においても、**仮に**、**当該承認**を受けた部分を使用することができる。(り)(ら)(の)

⑥ 製造所、貯蔵所又は取扱所の**譲渡又は引渡**があつたときは、譲受人又は引渡を受けた者は、第一項の規定による許可を受けた者の地位を承継する。この場合において、同項の規定による許可を受けた者の地位を承継した者は、遅滞なくその旨を市町村長等に届け出〔危則第七条〕なければならない。(り)(の)

⑦ 市町村長等は、政令で定める製造所、貯蔵所又は取扱所〔危令第七条の三〕について第一項の規定による許可（同項後段の規定による許可で総務省令で定める軽易な事項〔危則第七条の二〕に係るものを除く。）をしたときは、政令で定めるところ〔危令第七条の四〕により、その旨を国家公安委員会若しくは都道府県公安委員会又は海上保安庁長官に通報しなければならない。(の)

(ゑ)

本条…一部改正〔昭和二五年五月法律一八六号〕、全部改正〔昭和三四年四月法律八六号〕、三項…一部改正〔昭和四六年六月法律九七号〕、一項…全部改正・二項…一部改正・三・四・七項…追加・旧三・四項…五・六項に繰下〔昭和四九年六月法律六四号〕、二項…一部改正〔昭和五〇年一二月法律八四号・六一年四月二〇号〕、一―四・七項…一部改正〔平成一一年一二月法律一六〇号〕

解説

【政令で定めるところ】 危則第四条・第五条・第五条の三・第九条（申請書の様式等）、消防第一六条の四、危令第四〇条、手数料令第一六項～第一九項（許可申請の手数料）

【許可】 本条における許可は消防法令上の禁止の解除である。したがって、他法令による制約まで解除することではない。なお、許可を与えるか否かの判断に裁量が入る余地はないものである（羈束行為）。

【変更】 主に位置、構造、設備を人為的に変えることである。なお、許可を得ないで変更すると使用停止命令の対象となる。また、「軽微な変更」については許可を要しないものがある。

【製造所等の使用停止命令】 消防第一二条の二第一項

【公共の安全の維持又は災害の発生の防止に支障を及ぼすおそれがないものであるとき】 現在においては予想できないような、超高温、超高圧等で危険物を取り扱う場合を考慮して昭和五一年に加えられたものであり、これにより羈束行為としての性格が変わるものではない。

【完成検査】 市町村長等が設置又は変更に係る製造所等の位置、構造、設備について、前条第四項に適合しているかどうかを検査すること。

【仮使用承認】 製造所等の一部を変更する場合、変更する部分以外の場所を一定の要件の基に完成検査を受ける前でも使用して良いと、市町村長が承認することである。

【承認】 許可と同義

【使用停止命令】 消防第一二条の二第二項

【譲渡】 贈与、売買等の債権契約によって所有権を移転すること。

【引渡】 賃貸借、相続等の法律行為により又は事実上の行為によりその物の支配が移転すること。

罰則 ＊【第一項の規定に違反して製造所等を設置し又は変更した者】懲役六月以下・罰金五〇万円以下（消防四二①2）、懲役・罰金の併科（消防四二②）、両罰（消防四五3）【公訴時効】許可を得るまで進行しない（継続犯）。

＊【第五項の規定に違反した者】懲役六月以下・罰金五〇万円以下（消防四二①3）、懲役・罰金の併科（消防四二②）、両罰（消防四五3）【公訴時効】使用されている限り進行しない（継続犯）。

＊【第六項の規定による届出を怠った者】罰金三〇万円以下・拘留（消防四四8）【公訴時効】届出があるまで進行しない。

〔製造所等の完成検査前検査〕

第一一条の二 政令で定める製造所、貯蔵所若しくは取扱所〔危令第八条の二第一項〕の設置又はその位置、構造若しくは設備の変更について前条第一項の規定による許可を受けた者は、当該許可に係る工事で政令で定めるもの〔危令第八条の二第二項〕については、同条第五項の完成検査を受ける前において、政令で定める工事の工程〔危令第八条の二第三項〕ごとに、当該製造所、貯蔵所又は取扱所に係る構造及び設備に関する事項で政令で定めるもの〔危令第八条の二第三項〕（以下この条及び次条において「特定事項」という。）が第十条第四項の技術上の基準に適合しているかどうかについて、市町村長等が行う検査を受けなければならない。（く）（し）

② 前項に規定する者は、同項の検査において特定事項が第十条第四項の技術上の基準に適合していると認められた後でなければ、当該特定事項に係る製造所、貯蔵所若しくは取扱所の設置又はその位置、構造若しくは設備の変更の工事について、前条第五項の完成検査を受けることができない。（く）

③ 第一項に規定する者は、同項の検査において第十条第四項の技術上の基準に適合していると認められた特定事項に係る製造所、貯蔵所若しくは取扱所の設置又はその位置、構造若しくは設備の変更の工事につき、前条第五項の完成検査を受けるときは、当該特定事項については、同項の完成検査を受けることを要しない。（く）

本条…追加〔昭和五一年五月法律三七号〕、一項…一部改正〔平成一一年七月法律八七号〕

解説 【完成検査前検査】完成検査の前の工事中に行う、タンクの基礎、地盤、溶接部検査、水張検査、水圧試験をいう。危令第八条の二第六項、危則第六条の四・第六条の五

【手数料】手数料令第二〇項

〔危険物保安技術協会〕

第一一条の三 市町村長等は、次の各号に掲げる場合には、当該各号に掲げる事項を危険物保安技術協会〔消防第一六条の一〇～第一六条の四九〕（第十四条の三第三項において「協会」という。）に委託〔危令第八条の二の三〕することができる。（く）

一　第十一条第二項の場合において、同条第一項の規定による許可の申請に係る貯蔵所が政令で定める屋外タンク貯蔵所〔危令第八条の二の三第一項〕（屋外にあるタンクにおいて危険物を貯蔵し、又は取り扱う貯蔵所をいう。以下同じ。）であるとき。

当該屋外タンク貯蔵所に係る構造及び設備に関する事項で政令で定めるもの〔危令第八条の二の三第二項〕が第十条第四項の技術上の基準に適合するかどうかの審査(く)

二　前条第一項の場合において、同項の貯蔵所が政令で定める屋外タンク貯蔵所〔危令第八条の二の三第三項〕であるとき。当該屋外タンク貯蔵所に係る特定事項のうち政令で定めるもの〔危令第八条の二の三第四項〕が第十条第四項の技術上の基準に適合するかどうかの審査(く)

本条…追加〔昭和五一年五月法律三七号〕

解説　**【屋外タンク貯蔵所】**本条でいう屋外タンク貯蔵所には、危令第二条にいう屋外タンク貯蔵所だけでなく、屋外にある地下タンク貯蔵所、簡易タンク貯蔵所、移動タンクも含まれる。

なお、危険物保安技術協会に審査を委託できる屋外タンク貯蔵所は、危令第二条第二号に規定する屋外タンク貯蔵所のうち、準特定屋外タンク貯蔵所（貯蔵し、又は取り扱う液体の危険物の最大数量が五百キロリットル以上千キロリットル未満のもの。）及び特定屋外タンク貯蔵所（貯蔵し、又は取り扱う液体の危険物の最大数量が千キロリットル以上のもの。）である。

〔**貯蔵又は取り扱う危険物の品名、数量又は指定数量の倍数変更の届出**〕

第一一条の四　製造所、貯蔵所又は取扱所の位置、構造又は設備を変更しないで、当該製造所、貯蔵所又は取扱所において貯蔵し、又は取り扱う**危険物の品名、数量**又は指定数量の倍数（当該製造所、貯蔵所又は取扱所において貯蔵し、又は取り扱う危険物の数量を当該危険物の指定数量で除して得た値（品名又は指定数量を異にする二以上の危険物を貯蔵し、又は取り扱う場合には、当該貯蔵又は取扱いに係るそれぞれの危険物の数量を当該危険物の指定数量で除して得た値の和）をいう。）を変更しようとする者は、変更しようとする日の**十日前**までに、その旨を市町村長等に届け出〔危則第七条の三、危令第二四条第一号〕なければならない。(そ)(く)(さ)

② 前項の場合において、別表第一の品名欄に掲げる物品のうち同表第一類の項第十一号、第二類の項第八号、第三類の項第十二号、第五類の項第十一号又は第六類の項第五号の危険物は、当該物品に含有されている当該品名欄の物品が異なるときは、それぞれ異なる品名の危険物とみなす。(さ)(も)(す)

③ 第十一条第七項の規定は、同項に規定する製造所、貯蔵所又は取扱所につき第一項の届出があつた場合について準用する。(の)(く)(さ)

本条…追加〔昭和四〇年五月法律六五号〕、二項…追加〔昭和四九年六月法律六四号〕、二項…一部改正・旧一一条の二…繰下〔昭和五一年五月法律三七号〕、一項…一部改正・二項…追加・旧二項…一部改正し三項に繰下〔昭和六三年五月法律五五号〕、二項…一部改正〔平成一三年七月法律九八号・一五年六月八四号〕

解説　**【危険物の品名】**消防別表第一に掲げられた危険物の品名をいう。

【品名、数量の変更の届出】本条の届出は品名、数量を変更しても、位置、構造、設備を何ら変更することなく消防第一〇条第四項の基準を満足する場合についての届出義務について規定したものである。

【十日前】変更予定日と届出日との間に十日以上の期間があること。

罰則 ＊【届出を怠つた者】罰金三〇万円以下・拘留（消防四四８）【公訴時効】届出があるまで進行しない（継続犯）。

〔危険物の貯蔵取扱基準適合命令〕

第一一条の五　市町村長等は、製造所、貯蔵所（移動タンク貯蔵所を除く。）又は取扱所においてする危険物の貯蔵又は取扱いが第十条第三項の規定に違反していると認めるときは、当該製造所、貯蔵所又は取扱所の所有者、管理者又は占有者に対し、同項の技術上の基準に従つて危険物を貯蔵し、又は取り扱うべきことを命ずることができる。（そ）（く）（て）

② 市町村長（消防本部及び消防署を置く市町村以外の市町村の区域においては、当該区域を管轄する都道府県知事とする。次項及び第四項において同じ。）は、その管轄する区域にある移動タンク貯蔵所について、前項の規定の例により、第十条第三項の技術上の基準に従つて危険物を貯蔵し、又は取り扱うべきことを命ずることができる。（て）（せ）

③ 市町村長は、前項の規定による命令をしたときは、当該命令に係る移動タンク貯蔵所につき第十一条第一項の規定による許可をした市町村長等に対し、総務省令で定めるところにより、速やかに、その旨を通知〔危則第七条の四〕しなければならない。（て）（ゑ）

④ 市町村長等又は市町村長は、それぞれ第一項又は第二項の規定による命令をした場合においては、標識の設置その他総務省令で定める方法〔危則第七条の五〕により、その旨を公示しなければならない。（せ）

⑤ 前項の標識は、第一項又は第二項の規定による命令に係る製造所、貯蔵所又は取扱所に設置することができる。この場合においては、第一項又は第二項の規定による命令に係る製造所、貯蔵所又は取扱所の所有者、管理者又は占有者は、当該標識の設置を拒み、又は妨げてはならない。（せ）

本条…追加〔昭和四〇年五月法律六五号〕、旧一一条の三…繰下〔昭和五一年五月法律三七号〕、一項…一部改正、二・三項…追加〔昭和六一年四月法律二〇号〕、三項…一部改正〔平成一一年一二月法律一六〇号〕、二項…一部改正・四・五項…追加〔平成一四年四月法律三〇号〕

解説 【貯蔵取扱基準適合命令】本条の命令に違反した場合は消防第一二条の二第三号により、使用停止命令の対象となる。

〔製造所等の維持、管理〕

第一二条　製造所、貯蔵所又は取扱所の所有者、管理者又は占有者は、製造所、貯蔵所又は取扱所の位置、構造及び設備が第十条第四項の技術上の基準〔危令第九条～第二三条〕に適合するように維持しなければならない。（り）

② 市町村長等は、製造所、貯蔵所又は取扱所の位置、構造及び設備が第十条第四項の技術上の基準に適合していないと認めるときは、製造所、貯蔵所又は取扱所の所有者、管理者又は占有者で**権原を有する者**に対し、同項の技術上の基準に適合するように、これらを修理し、改造し、又は移転すべきことを命ずることができる。（り）（そ）（く）

③ 前条第四項及び第五項の規定は、前項の規定による命令について準用する。（せ）

一・二項…一部改正〔昭和二五年五月法律一八六号〕、本条…全部改正〔昭和三四年四月法律八六号〕、二項…一部改正〔昭和四〇年五月法律六五号・五一年五月三七号〕、三項…追加〔平成一四年四月法律三〇号〕

解説 **【位置、構造、設備の基準維持義務】** 許可と同一の状態で維持することを義務付けたものではない。すなわち経年変化により変更は生じていても消防第一〇条第四項の基準に適合していれば良いものである。

【基準維持命令】 無許可で変更したことにより、本条第一項違反を構成した場合は、消防第一二条の二に基づく使用停止命令、本条第二項に基づく改修命令のいずれも可能である。

【権原を有する者】 法律上正当に命令の内容を履行できる者をいう。

〔製造所等の許可の取消し等〕

第一二条の二 市町村長等は、製造所、貯蔵所又は取扱所の所有者、管理者又は占有者が次の各号の一に該当するときは、当該製造所、貯蔵所又は取扱所について、第十一条第一項の許可を取り消し、又は期間を定めてその**使用の停止を命ずる**ことができる。（り）（く）（さ）

一 第十一条第一項後段の規定による許可を受けないで、製造所、貯蔵所又は取扱所の位置、構造又は設備を変更したとき。（り）（さ）

二 第十一条第五項の規定に違反して、製造所、貯蔵所又は取扱所を使用したとき。（り）（ら）（の）

三 前条第二項の規定による命令に違反したとき。（り）（そ）（お）（さ）

四 第十四条の三第一項又は第二項の規定に違反したとき。（の）（く）（さ）

五 第十四条の三の二の規定に違反したとき。（お）（さ）

② 市町村長等は、製造所、貯蔵所又は取扱所の所有者、管理者又は占有者が次の各号の一に該当するときは、当該製造所、貯蔵所又は取扱所について、期間を定めてその**使用の停止を命ずる**ことができる。（さ）

一 第十一条の五第一項又は第二項の規定による命令に違反したとき。（さ）

二 第十二条の七第一項の規定に違反したとき。（さ）

三 第十三条第一項の規定に違反したとき。（さ）

四 第十三条の二十四第一項の規定による命令に違反したとき。（さ）（せ）

③ 第十一条の五第四項及び第五項の規定は、前二項の規定による命令について準用する。（せ）

本条…追加〔昭和三四年四月法律八六号〕、一部改正〔昭和四〇年五月法律六五号・四六年六月九七号・四九年六月六四号・五〇年一二月八四号・五一年五月三七号・六一年四月二〇号〕、一項…一部改正・二・三項…追加〔昭和六三年五月法律五五号〕、三項…削除〔平成五年一一月法律八九号〕、一項…一部改正・三項…追加〔平成一四年四月法律三

○号〕

解説 【使用停止命令】危険物保安統括管理者が選任されていない場合の本命令の対象は当該事業所内のすべての製造所等である。

罰則 ＊【命令に違反した者】懲役六月以下・罰金五〇万円以下（消防四二①４）、懲役・罰金の併科（消防四二②）、両罰（消防四五３）【公訴時効】三年（刑訴五五・二五〇・二五三）

〔製造所等の緊急使用停止命令等〕

第一二条の三 市町村長等は、公共の安全の維持又は災害の発生の防止のため緊急の必要があると認めるときは、製造所、貯蔵所又は取扱所の所有者、管理者又は占有者に対し、当該製造所、貯蔵所若しくは取扱所の使用を一時停止すべきことを命じ、又はその使用を制限することができる。（の）

② 第十一条の五第四項及び第五項の規定は、前項の規定による命令について準用する。（せ）

本条…追加〔昭和四九年六月法律六四号〕、二項…追加〔平成一四年四月法律三〇号〕

解説 【緊急時の使用停止命令】危険となった原因が製造所等にあると否とにかかわらず製造所等が危険となった場合に発せられるものである。

【使用を制限することができる】使用の制限を命じることができるという意味である。

罰則 ＊【命令又は処分に違反した者】懲役六月以下・罰金五〇万円以下（消防四二①５）、懲役・罰金の併科（消防四二②）、両罰（消防四五３）【公訴時効】三年（刑訴五五・二五〇・二五三）

〔関係市町村長の要請等〕

第一二条の四 関係市町村長は、第十一条第一項第四号の規定による都道府県知事又は総務大臣（以下この条において「知事等」という。）の許可に係る移送取扱所の設置若しくは維持又は当該移送取扱所における危険物の取扱いに関し災害が発生するおそれがあると認めるときは、当該知事等に対し、必要な措置を講ずべきことを要請することができる。（の）（ゑ）

② 知事等は、前項の要請があつたときは、必要な調査を行い、その結果必要があると認めるときは、第十一条の五第一項、第十二条第二項又は前条第一項の規定による措置その他必要な措置を講じなければならない。（の）（く）（て）（せ）

③ 知事等は、前項の措置を講じたときは、速やかに、その旨を関係市町村長に通知しなければならない。（の）

本条…追加〔昭和四九年六月法律六四号〕、二項…一部改正〔昭和五一年五月法律三七号・六一年四月二〇号〕、一項…一部改正〔平成一一年一二月法律一六〇号〕、二項…一部改正〔平成一四年四月法律三〇号〕

解説 【関係市町村長】移送取扱所が設置される区域を管轄する市町村長である。

【第十一条の五第一項】（危険物の貯蔵・取扱いに関する命令）
【第十二条第二項】（製造所等の措置命令）
【前条第一項】（製造所等の使用停止命令）

〔応急措置に関する市町村長との協議〕

第一二条の五 政令で定める移送取扱所〔危令第八条の三〕の所有

者、管理者又は占有者は、当該取扱所について危険物の流出その他の事故が発生し、危険な状態となつた場合において講ずべき**応急の措置**について、あらかじめ、関係市町村長と**協議**しておかなければならない。(の)

本条…追加〔昭和四九年六月法律六四号〕

解説【**協議すべき応急措置の内容**】(ア)関係者の連絡先、方法、事項　(イ)応急資機材の配置場所　(ウ)流出危険物の措置方法　(エ)附近住民への広報事項

〔**製造所等の廃止の届出**〕

第一二条の六　製造所、貯蔵所又は取扱所の所有者、管理者又は占有者は、当該製造所、貯蔵所又は取扱所の用途を**廃止**したときは、遅滞なくその旨を市町村長等に届け出〔危則第八条〕なければならない。(り)(の)

本条…追加〔昭和三四年四月法律八六号〕、旧一二条の三…繰下〔昭和四九年六月法律六四号〕

解説【**廃止**】将来に向かって製造所等の機能を完全に停止することをいう。廃止届の受理によって当該施設は許可施設でなくなるものである。

罰則＊【届出を怠つた者】罰金三〇万円以下・拘留（消防四四8）【公訴時効】届出があるまで進行しない。

〔**危険物の保安に関する業務を統括管理する者**〕

第一二条の七　同一事業所において政令で定める製造所、貯蔵所又は取扱所〔危令第三〇条の三第一項〕を所有し、管理し、又は占有する者で、政令で定める数量〔危令第三〇条の三第二項〕以上の危険物を貯蔵し、又は取り扱うものは、政令で定めるところ〔危令第三〇条の三第三項〕により、危険物**保安統括管理者**を定め、当該事業所における危険物の保安に関する業務を統括管理させなければならない。(お)(さ)

② 製造所、貯蔵所又は取扱所を所有し、管理し、又は占有する者は、前項の規定により危険物保安統括管理者を定めたときは、遅滞なくその旨を市町村長等に届け出〔危則第四七条の六〕なければならない。これを解任したときも、同様とする。(お)(さ)

本条…追加〔昭和五〇年一二月法律八四号〕、一・二項…一部改正〔昭和六三年五月法律五五号〕

解説【**保安統括管理者を定めなければならない事業所**】危令第三〇条の三に定める指定施設において、取り扱う第四類の危険物の取扱最大数量の総和が三千倍以上（移送取扱所にあっては指定数量以上）となる事業所である。
【**資格**】特に必要ない。

罰則＊【届出を怠つた者】罰金三〇万円以下・拘留（消防四四8）【公訴時効】届出があるまで進行しない（継続犯）。

〔**危険物の保安を監督する者**〕

第一三条　政令で定める製造所、貯蔵所又は取扱所〔危令第三一条の二〕の所有者、管理者又は占有者は、甲種危険物取扱者（甲種危険物取扱者免状〔消防第一三条の二〕の交付を受けている者をいう。以下同じ。）又は乙種危険物取扱者（乙種危険物取扱者免状

の交付を受けている者をいう。以下同じ。）で、六月以上危険物取扱いの実務経験を有するもののうちから危険物保安監督者を定め、総務省令〔危令第三一条・危則第四八条・第四八条の二〕で定めるところにより、その者が取り扱うことができる危険物〔危則第四九条〕の取扱作業に関して保安の監督をさせなければならない。（り）（そ）（ら）（さ）（ゑ）

② 製造所、貯蔵所又は取扱所の所有者、管理者又は占有者は、前項の規定により危険物保安監督者を定めたときは、遅滞なくその旨を市町村長等に届け出〔危則第四八条の三〕なければならない。これを解任したときも、同様とする。（り）（ら）（さ）

③ 製造所、貯蔵所及び取扱所においては、危険物取扱者（危険物取扱者免状の交付を受けている者をいう。以下同じ。）以外の者は、甲種危険物取扱者又は乙種危険物取扱者が立ち会わなければ、危険物を取り扱つてはならない。（ろ）（り）（ら）

一・三項…一部改正〔昭和二五年五月法律一八六号〕、一・二項…全部改正・三項…一部改正〔昭和三四年四月法律八六号〕、一項…一部改正〔昭和四〇年五月法律六五号〕、一―三項…一部改正〔昭和四六年六月法律九七号〕、一・二項…一部改正〔昭和六三年五月法律五五号〕、一項…一部改正〔平成一一年一二月法律一六〇号〕

解説 【保安監督者を定めなければならない製造所等】危令第三一条の二に定められた製造所等である。選任しなかったり又は選任しても業務を行わせなかった場合は使用停止命令の対象となる。

【資格】甲種又は乙種危険物取扱者でなければならず、丙種危険物取扱者を選任することはできない。

【責務】危則第四八条に定められた業務を行う。

【危険物取扱者の立ち会い】本項でいう危険物取扱者は当該製造所等に勤務する危険物取扱者に限られる。

罰則 ＊【危険物保安監督者を定めないで事業を行った者】懲役六月以下・罰金五〇万円以下（消防四二①6）、懲役・罰金の併科（消防四二②）、両罰（消防四五3）【公訴時効】選任があるまで進行しない（継続犯）。

＊【届出を怠った者】罰金三〇万円以下・拘留（消防四四8）【公訴時効】届出があるまで進行しない（継続犯）。

＊【第三項の規定に違反した者】懲役六月以下・罰金五〇万円以下（消防四二①7）、懲役・罰金の併科（消防四二②）【公訴時効】三年（刑訴五五・二五〇・二五三）

〔危険物取扱者免状〕

第一三条の二 危険物取扱者免状の種類は、甲種危険物取扱者免状、乙種危険物取扱者免状及び丙種危険物取扱者免状とする。（ら）

② 危険物取扱者が取り扱うことができる危険物及び甲種危険物取扱者又は乙種危険物取扱者がその取扱作業に関して立ち会うことができる危険物の種類は、前項に規定する危険物取扱者免状〔危則第五一条・様式第二二号〕の種類に応じて総務省令〔危則第四九条〕で定める。（ら）（ゑ）

③ 危険物取扱者免状は、危険物取扱者試験に合格した者に対し、都道府県知事が交付する。（り）（ら）（こ）

④ 都道府県知事は、左の各号の一に該当する者に対しては、危険物取扱者免状の交付を行わないことができる。（り）（ら）

一　次項の規定により危険物取扱者免状の返納を命ぜられ、その日から起算して一年を経過しない者（り）（ら）

二　この法律又は**この法律に基く命令**の規定に違反して罰金以上の刑に処せられた者で、その執行を終り、又は執行を受けることがなくなつた日から起算して二年を経過しないもの（り）

⑤　危険物取扱者がこの法律又はこの法律に基づく命令の規定に違反しているときは、危険物取扱者免状を交付した都道府県知事は、当該危険物取扱者免状の返納を命ずることができる。（り）（ら）（し）

⑥　都道府県知事は、その管轄する区域において、他の都道府県知事から危険物取扱者免状の交付を受けている危険物取扱者がこの法律又はこの法律に基づく命令の規定に違反していると認めるときは、その旨を当該他の都道府県知事に通知しなければならない。（し）

⑦　前各項に規定するもののほか、危険物取扱者免状の書換、再交付その他危険物取扱者免状に関し必要な事項は、**政令**で定める。（り）（ら）（し）

本条…追加〔昭和三四年四月法律八六号〕、一・二項…全部改正・三―六項…一部改正〔昭和四六年六月法律九七号〕、三項…一部改正〔昭和五八年一二月法律八三号〕、五項…一部改正・六項…追加・旧六項…一部改正し七項に繰下〔平成一一年七月法律八七号〕、二項…一部改正〔平成一一年一二月法律一六〇号〕

解説　**【取り扱うことができる危険物の種類】**甲種――すべての危険物。乙種――免状に記載されている種類の危険物。丙種――第四類の危険物のうちガソリン、灯油、軽油、第三石油類（重油、潤滑油及び引火点百三十度以上のものに限る。）、第四石油類、動植物油類

【この法律に基く命令】消防法の委任に基づく命令をいう。例えば消防第一〇条第三項の委任により危令第二四条や消防第一三条第一項の委任を受けた危則第四八条がこれに該当する。しかし、委任命令に当たらない危令第三一条や条例はこれに当たらない。

【政令】免状の交付申請（危令第三二条、危則第五〇条）、免状の記載事項（危令第三三条、危則第五一条）、免状の書換え（危令第三四条、危則第五二条）、免状の再交付（危令第三五条、危則第五三条）、手数料（手数料令第二一項）

罰則　＊**【命令に違反した者】**罰金三〇万円以下・拘留（消防四四9）**【公訴時効】**三年（刑訴五五・二五〇・二五三）

〔**危険物取扱者試験**〕

第一三条の三　危険物取扱者試験は、危険物の取扱作業の保安に関して必要な知識及び技能について行う。（り）（ら）

②　危険物取扱者試験の種類は、甲種危険物取扱者試験、乙種危険物取扱者試験及び丙種危険物取扱者試験とする。（ら）

③　危険物取扱者試験は、前項に規定する危険物取扱者試験の種類ごとに、毎年一回以上、都道府県知事が行なう。（ら）

④　次の各号のいずれかに該当する者でなければ、甲種危険物取扱者試験を受けることができない。（り）（ら）（さ）（ゆ）（レ）

一　学校教育法（昭和二十二年法律第二十六号）による大学又は高等専門学校において化学に関する学科又は課程を修めて卒業した者（当該学科又は課程を修めて同法による専門職大学の前

期課程を修了した者を含む。）その他その者に準ずるものとして総務省令で定める者〔危則第五三条の三〕(り)(わ)(ら)(さ)(ゆ)(ゑ)(す)(レ)

二　乙種危険物取扱者免状の交付を受けた後二年以上危険物取扱いの**実務経験**〔危則第四八条の二〕を有する者(り)(ら)(レ)

⑤　前各項に規定するもののほか、危険物取扱者試験の試験科目、受験手続その他試験の実施細目は、総務省令〔危則第五四条～第五八条〕で定める。(り)(ら)(さ)(ゆ)(ゑ)

本条…追加〔昭和三四年四月法律八六号〕、三項…一部改正〔昭和三六年六月法律一四五号〕、一項…一部改正・二項…全部改正・三項…追加・旧三―五項…一部改正し四―六項に繰下〔昭和四六年六月法律九七号〕、四項…一部改正・五項…削除・旧六項…五項に繰上〔昭和六三年五月法律五五号〕、四・五項…一部改正〔平成六年六月法律三七号・一一年一二月一六〇号〕、四項…一部改正〔平成一五年六月法律八四号・二九年五月四一号〕

解説　**【実務経験】**　製造所等においての危険物の取扱いに係る経験をいう。すなわち少危施設での経験はこれに当たらない（危則第四八条の二）。

【手数料】　手数料令第二一項

〔危険物取扱者試験委員〕

第一三条の四　都道府県は、危険物取扱者試験の問題の作成、採点その他の事務を行わせるため、条例で、危険物取扱者試験委員を置くことができる。(ら)(け)(こ)

②　前項の危険物取扱者試験委員の組織、任期その他危険物取扱者試験委員に関し必要な事項は、当該都道府県の条例で定める。(ら)

本条…追加〔昭和四六年六月法律九七号〕、一項…一部改正〔昭和五七年七月法律六九号・五八年一二月八三号〕

〔危険物取扱者試験事務の委任〕

第一三条の五　都道府県知事は、総務大臣の指定する者に、危険物取扱者試験の実施に関する事務（以下この章において「危険物取扱者試験事務」という。）を行わせることができる。(こ)(ゑ)

②　前項の規定による指定は、危険物取扱者試験事務を行おうとする者の申請〔危則第五八条の二〕により行う。(こ)

③　都道府県知事は、第一項の規定により総務大臣の指定する者に危険物取扱者試験事務を行わせるときは、危険物取扱者試験事務を行わないものとする。(こ)(ゑ)

本条…追加〔昭和五八年一二月法律八三号〕、一・三項…一部改正〔平成一一年一二月法律一六〇号〕

〔指定の要件〕

第一三条の六　総務大臣は、前条第二項の規定による申請が次の要件を満たしていると認めるときでなければ、同条第一項の規定による指定をしてはならない。(こ)(ゑ)

一　職員、設備、危険物取扱者試験事務の実施の方法その他の事項についての危険物取扱者試験事務の実施に関する計画が危険物取扱者試験事務の適正かつ確実な実施のために適切なもので

あること。(こ)

二　前号の危険物取扱者試験事務の実施に関する計画の適正かつ確実な実施に必要な経理的及び技術的な基礎を有するものであること。(こ)

三　申請者が、危険物取扱者試験事務以外の業務を行つている場合には、その業務を行うことによつて危険物取扱者試験事務が不公正になるおそれがないこと。(こ)

②　総務大臣は、前条第二項の規定による申請をした者が、次のいずれかに該当するときは、同条第一項の規定による指定をしてはならない。(こ)(ゑ)

一　一般社団法人又は一般財団法人以外の者であること。(こ)(ホ)

二　この法律に違反して、刑に処せられ、その執行を終わり、又は執行を受けることがなくなつた日から起算して二年を経過しない者であること。(こ)

三　第十三条の十八第一項又は第二項の規定により指定を取り消され、その取消しの日から起算して二年を経過しない者であること。(こ)

四　その役員のうちに、次のいずれかに該当する者があること。(こ)

イ　第二号に該当する者(こ)

ロ　第十三条の九第二項の規定による命令により解任され、その解任の日から起算して二年を経過しない者(こ)

本条…追加〔昭和五八年一二月法律八三号〕、一・二項…一部改正〔平成一一年一二月法律一六〇号〕、二項…一部改正〔平成一八年六月法律五〇号〕

〔指定の公示等〕

第一三条の七　総務大臣は、第十三条の五第一項の規定による指定をしたときは、当該指定を受けた者の名称及び主たる事務所の所在地並びに当該指定をした日を公示しなければならない。(こ)(ゑ)

②　第十三条の五第一項の規定による指定を受けた者（以下この章において「指定試験機関」という。）は、その名称又は主たる事務所の所在地を変更〔危則第五八条の三〕しようとするときは、変更しようとする日の二週間前までに、その旨を総務大臣に届け出なければならない。(こ)(ゑ)

③　総務大臣は、前項の規定による届出があつたときは、その旨を公示しなければならない。(こ)(ゑ)

本条…追加〔昭和五八年一二月法律八三号〕、一―三項…一部改正〔平成一一年一二月法律一六〇号〕

〔委任の公示等〕

第一三条の八　第十三条の五第一項の規定により指定試験機関にその危険物取扱者試験事務を行わせることとした都道府県知事（以下「委任都道府県知事」という。）は、当該指定試験機関の名称、主たる事務所の所在地及び当該危険物取扱者試験事務を取り扱う事務所の所在地並びに当該指定試験機関に危険物取扱者試験事務を行わせることとした日を公示しなければならない。（こ）（ゑ）（ワ）

② 指定試験機関は、その名称、主たる事務所の所在地又は危険物取扱者試験事務を取り扱う事務所の所在地を変更〔危則第五八条の三〕しようとするときは、委任都道府県知事（危険物取扱者試験事務を取り扱う事務所の所在地については、関係委任都道府県知事）に、変更しようとする日の二週間前までに、その旨を届け出なければならない。（こ）

③ 委任都道府県知事は、前項の規定による届出があつたときは、その旨を公示しなければならない。（こ）

本条…追加〔昭和五八年一二月法律八三号〕、一項…一部改正〔平成一一年一二月法律一六〇号・一五年六月四四号〕

〔役員の選任及び解任〕

第一三条の九 指定試験機関の役員〔危則第五八条の四〕の選任及び解任は、総務大臣の認可を受けなければ、その効力を生じない。（こ）（ゑ）

② 総務大臣は、指定試験機関の役員が、この法律（この法律に基づく命令又は処分を含む。）若しくは第十三条の十二第一項の試験事務規程に違反する行為をしたとき、又は危険物取扱者試験事務に関し著しく不適当な行為をしたときは、指定試験機関に対し、その役員を解任すべきことを命ずることができる。（こ）（ゑ）

本条…追加〔昭和五八年一二月法律八三号〕、一・二項…一部改正〔平成一一年一二月法律一六〇号〕

〔指定試験機関の危険物取扱者試験委員〕

第一三条の一〇 指定試験機関は、総務省令で定める要件〔危則第五八条の五〕を備える者のうちから危険物取扱者試験委員を選任し、試験の問題の作成及び採点を行わせなければならない。（こ）（ゑ）

② 指定試験機関は、前項の危険物取扱者試験委員を選任し、又は解任〔危則第五八条の六〕したときは、遅滞なくその旨を総務大臣に届け出なければならない。（こ）（ゑ）

③ 前条第二項の規定は、第一項の危険物取扱者試験委員の解任について準用する。（こ）

本条…追加〔昭和五八年一二月法律八三号〕、一・二項…一部改正〔平成一一年一二月法律一六〇号〕

〔守秘義務等〕

第一三条の一一 指定試験機関の役員若しくは職員（前条第一項の危険物取扱者試験委員を含む。次項において同じ。）又はこれらの職にあつた者は、危険物取扱者試験事務に関して知り得た秘密を漏らしてはならない。

② 危険物取扱者試験事務に従事する指定試験機関の役員及び職員

は、刑法（明治四十年法律第四十五号）その他の罰則の適用については、法令により公務に従事する職員とみなす。（こ）

本条…追加〔昭和五八年一二月法律八三号〕

罰則 ＊【危険物取扱者試験事務に関して知り得た秘密を漏らした者】懲役一年以下・罰金一〇〇万円以下（消防四一の二）【公訴時効】三年（刑訴五五・二五〇・二五三）

〔試験事務規程〕

第一三条の一二　指定試験機関は、総務省令で定める危険物取扱者試験事務〔危則第五八条の七〕の実施に関する事項について試験事務規程を定め、総務大臣の認可〔危則第五八条の八〕を受けなければならない。これを変更しようとするときも、同様とする。（こ）（ゑ）

② 指定試験機関は、前項後段の規定により試験事務規程を変更しようとするときは、委任都道府県知事の意見を聴かなければならない。（こ）

③ 総務大臣は、第一項の規定により認可をした試験事務規程が危険物取扱者試験事務の適正かつ確実な実施上不適当となつたと認めるときは、指定試験機関に対し、これを変更すべきことを命ずることができる。（こ）（ゑ）

本条…追加〔昭和五八年一二月法律八三号〕、一・三項…一部改正〔平成一一年一二月法律一六〇号〕

〔事業計画、収支予算〕

第一三条の一三　指定試験機関は、毎事業年度、事業計画及び収支予算〔危則第五八条の九〕を作成し、当該事業年度の開始前に（第十三条の五第一項の規定による指定を受けた日の属する事業年度にあつては、その指定を受けた後遅滞なく）、総務大臣の認可を受けなければならない。これを変更しようとするときも、同様とする。（こ）（ゑ）

② 指定試験機関は、事業計画及び収支予算を作成し、又は変更しようとするときは、委任都道府県知事の意見を聴かなければならない。（こ）

③ 指定試験機関は、毎事業年度、事業報告書及び収支決算書を作成し、当該事業年度の終了後三月以内に、総務大臣及び委任都道府県知事に提出しなければならない。（こ）（ゑ）

本条…追加〔昭和五八年一二月法律八三号〕、一・三項…一部改正〔平成一一年一二月法律一六〇号〕

〔帳簿の備付・保存〕

第一三条の一四　指定試験機関は、総務省令で定めるところにより、危険物取扱者試験事務に関する事項で総務省令で定めるものを記載した帳簿〔危則第五八条の一〇〕を備え、保存しなければならない。（こ）（ゑ）

本条…追加〔昭和五八年一二月法律八三号〕、一部改正〔平成一一年一二月法律一六〇号〕

罰則＊【帳簿を備え、保存しなかつた役員又は職員】罰金三〇万円以下（消防四三の二1）【公訴時効】三年（刑訴五五・二五〇・二五三）

〔監督命令等〕

第一三条の一五　総務大臣は、危険物取扱者試験事務の適正な実施を確保するため必要があると認めるときは、指定試験機関に対し、危険物取扱者試験事務に関し監督上必要な命令をすることができる。(こ)(ゑ)

②　委任都道府県知事は、その行わせることとした危険物取扱者試験事務の適正な実施を確保するため必要があると認めるときは、指定試験機関に対し、当該危険物取扱者試験事務の適正な実施のために必要な措置をとるべきことを指示することができる。(こ)

本条…追加〔昭和五八年一二月法律八三号〕、一項…一部改正〔平成一一年一二月法律一六〇号〕

〔報告の徴収、立入検査〕

第一三条の一六　総務大臣は、危険物取扱者試験事務の適正な実施を確保するため必要があると認めるときは、指定試験機関に対し、危険物取扱者試験事務の状況に関し必要な報告を求め、又はその職員に、指定試験機関の事務所に立ち入り、危険物取扱者試験事務の状況若しくは設備、帳簿、書類その他の物件を検査させることができる。(こ)(ゑ)

②　委任都道府県知事は、その行わせることとした危険物取扱者試験事務の適正な実施を確保するため必要があると認めるときは、指定試験機関に対し、当該危険物取扱者試験事務の状況に関し必要な報告を求め、又はその職員に、当該危険物取扱者試験事務を取り扱う指定試験機関の事務所に立ち入り、当該危険物取扱者試験事務の状況若しくは設備、帳簿、書類その他の物件を検査させることができる。(こ)

③　前二項の規定により立入検査をする職員は、その身分を示す証明書を携帯し、関係人の請求があつたときは、これを提示しなければならない。(こ)

④　第一項又は第二項の規定による立入検査の権限は、犯罪捜査のために認められたものと解釈してはならない。(こ)

本条…追加〔昭和五八年一二月法律八三号〕、一項…一部改正〔平成一一年一二月法律一六〇号〕

罰則＊【報告又は立入検査の拒否等をした役員又は職員】罰金三〇万円以下（消防四三の二2）【公訴時効】三年（刑訴五五・二五〇・二五三）

〔指定試験機関の試験事務の休廃止〕

第一三条の一七　指定試験機関は、総務大臣の許可を受けなければ、危険物取扱者試験事務の全部又は一部を休止し、又は廃止〔危則第五八条の一二〕してはならない。(こ)(ゑ)

②　総務大臣は、指定試験機関の危険物取扱者試験事務の全部又は一部の休止又は廃止により危険物取扱者試験事務の適正かつ確実

な実施が損なわれるおそれがないと認めるときでなければ、前項の規定による許可をしてはならない。(こ)(ゑ)

③　総務大臣は、第一項の規定による許可をしようとするときは、関係委任都道府県知事の意見を聴かなければならない。(こ)(ゑ)

④　総務大臣は、第一項の規定による許可をしたときは、その旨を、関係委任都道府県知事に通知するとともに、公示しなければならない。(こ)(ゑ)

本条…追加〔昭和五八年一二月法律八三号〕、一―四項…一部改正〔平成一一年一二月法律一六〇号〕

罰則 *【許可を受けないで、危険物取扱者試験の実施に関する事務の全部を廃止した役員又は職員】罰金三〇万円以下（消防四三の二3）【公訴時効】三年（刑訴五五・二五〇・二五三）

〔**指定の取消、停止**〕

第一三条の一八　総務大臣は、指定試験機関が第十三条の六第二項各号（第三号を除く。）のいずれかに該当するに至つたときは、その指定を取り消さなければならない。(こ)(ゑ)

②　総務大臣は、指定試験機関が次のいずれかに該当するときは、その指定を取り消し、又は期間を定めて危険物取扱者試験事務の全部若しくは一部の停止を命ずることができる。(こ)(ゑ)

一　第十三条の六第一項各号の要件を満たさなくなつたと認められるとき。(こ)

二　第十三条の十第一項、第十三条の十三第一項若しくは第三項、第十三条の十四又は前条第一項の規定に違反したとき。(こ)

三　第十三条の九第二項（第十三条の十第三項において準用する場合を含む。）、第十三条の十二第三項又は第十三条の十五第一項の規定による命令に違反したとき。(こ)

四　第十三条の十二第一項の規定により認可を受けた試験事務規程によらないで危険物取扱者試験事務を行つたとき。(こ)

五　不正な手段により第十三条の五第一項の規定による指定を受けたとき。(こ)

③　総務大臣は、前二項の規定により指定を取り消し、又は前項の規定により危険物取扱者試験事務の全部若しくは一部の停止を命じたときは、その旨を、関係委任都道府県知事に通知するとともに、公示しなければならない。(こ)(き)(ゑ)

本条…追加〔昭和五八年一二月法律八三号〕、三項…削除・旧四項…一部改正し三項に繰上〔平成五年一一月法律八九号〕、一―三項…一部改正〔平成一一年一二月法律一六〇号〕

罰則 *【危険物取扱者試験の実施に関する事務の停止の命令に違反した役員又は職員】懲役一年以下・罰金一〇〇万円以下（消防四一の三）【公訴時効】三年（刑訴五五・二五〇・二五三）

〔**指定の取消等に伴う通知等**〕

第一三条の一九　委任都道府県知事は、指定試験機関に危険物取扱者試験事務を行わせないこととするときは、その三月前までに、その旨を指定試験機関に通知しなければならない。(こ)

②　委任都道府県知事は、指定試験機関に危険物取扱者試験事務を

行わせないこととしたときは、その旨を公示しなければならない。（こ）（ゑ）（ワ）

本条…追加〔昭和五八年一二月法律八三号〕、二項…一部改正〔平成一一年一二月法律一六〇号・二五年六月四四号〕

〔委任都道府県知事による試験事務の実施〕

第一三条の二〇　委任都道府県知事は、指定試験機関が第十三条の十七第一項の規定により危険物取扱者試験事務の全部若しくは一部を休止したとき、総務大臣が第十三条の十八第二項の規定により指定試験機関に対し危険物取扱者試験事務の全部若しくは一部の停止を命じたとき、又は指定試験機関が天災その他の事由により危険物取扱者試験事務の全部若しくは一部を実施することが困難となつた場合において総務大臣が必要があると認めるときは、第十三条の五第三項の規定にかかわらず、当該危険物取扱者試験事務の全部又は一部を行うものとする。（こ）（ゑ）

② 総務大臣は、委任都道府県知事が前項の規定により危険物取扱者試験事務を行うこととなるとき、又は委任都道府県知事が同項の規定により危険物取扱者試験事務を行うこととなる事由がなくなつたときは、速やかにその旨を当該委任都道府県知事に通知しなければならない。（こ）（ゑ）

③ 委任都道府県知事は、前項の規定による通知を受けたときは、その旨を公示しなければならない。（こ）

本条…追加〔昭和五八年一二月法律八三号〕、一・二項…一部改正〔平成一一年一二月法律一六〇号〕

〔委任都道府県知事への事務の引継ぎ〕

第一三条の二一　前条第一項の規定により委任都道府県知事が危険物取扱者試験事務を行うこととなつた場合、総務大臣が第十三条の十七第一項の規定により危険物取扱者試験事務の廃止を許可し、若しくは第十三条の十八第一項若しくは第二項の規定により指定を取り消した場合又は委任都道府県知事が指定試験機関に危険物取扱者試験事務を行わせないこととした場合における危険物取扱者試験事務の引継ぎその他の必要な事項は、総務省令〔危則第五八条の一三〕で定める。（こ）（ゑ）

本条…追加〔昭和五八年一二月法律八三号〕、一部改正〔平成一一年一二月法律一六〇号〕

〔処分等に係る審査請求〕

第一三条の二二　指定試験機関が行う危険物取扱者試験事務に係る処分又はその不作為については、総務大臣に対し、審査請求をすることができる。この場合において、総務大臣は、行政不服審査法第二十五条第二項及び第三項、第四十六条第一項及び第二項、第四十七条並びに第四十九条第三項の規定の適用については、指定試験機関の上級行政庁とみなす。（こ）（ゑ）（ヨ）

本条…追加〔昭和五八年一二月法律八三号〕、一部改正〔平成一一年一二月法律一六〇号・二六年六月法律六九号〕

〔危険物取扱者講習〕

第一三条の二三　製造所、貯蔵所又は取扱所において危険物の取扱作業に従事する危険物取扱者は、総務省令〔危則第五八条の一四〕で定めるところにより、都道府県知事（総務大臣が指定する市町村長その他の機関を含む。）が行なう危険物の取扱作業の保安に関する講習を受けなければならない。(ら)(こ)(ゑ)

本条…追加〔昭和四六年六月法律九七号〕、旧一三条の五…繰下〔昭和五八年一二月法律八三号〕、本条…一部改正〔平成一一年一二月法律一六〇号〕

解説　【手数料】手数料令第二一項

〔危険物保安統括管理者又は危険物保安監督者の解任〕

第一三条の二四　市町村長等は、危険物保安統括管理者若しくは危険物保安監督者がこの法律若しくはこの法律に基づく命令の規定に違反したとき、又はこれらの者にその業務を行わせることが公共の安全の維持若しくは災害の発生の防止に支障を及ぼすおそれがあると認めるときは、第十二条の七第一項又は第十三条第一項に規定する製造所、貯蔵所又は取扱所の所有者、管理者又は占有者に対し、危険物保安統括管理者又は危険物保安監督者の解任を命ずることができる。(さ)

②　第十一条の五第四項及び第五項の規定は、前項の規定による命令について準用する。(せ)

本条…追加〔昭和六三年五月法律五五号〕、二項…追加〔平成一四年四月法律三〇号〕

〔危険物施設保安員〕

第一四条　政令で定める製造所、貯蔵所又は取扱所〔危令第三六条・危則第六〇条〕の所有者、管理者又は占有者は、危険物施設保安員を定め、総務省令〔危則第五九条〕で定めるところにより、当該製造所、貯蔵所又は取扱所の構造及び設備に係る保安のための業務を行わせなければならない。(そ)(ゑ)

一・二項…一部改正・三・四項…追加〔昭和三四年四月法律八六号〕、二項…削除・三・四項…一部改正し二・三項に繰上〔昭和三八年四月法律八八号〕、本条…全部改正〔昭和四〇年五月法律六五号〕、一部改正〔平成一一年一二月法律一六〇号〕

〔予防規程〕

第一四条の二　政令で定める製造所、貯蔵所又は取扱所〔危令第三七条〕の所有者、管理者又は占有者は、当該製造所、貯蔵所又は取扱所の火災を予防するため、総務省令〔危則第六〇条の二〕で定める事項について**予防規程**を定め、市町村長等の認可〔危則第六二条〕を受けなければならない。これを変更するときも、同様とする。(そ)(の)(ゑ)

②　市町村長等は、予防規程が、第十条第三項の技術上の基準に適合していないときその他火災の予防のために適当でないと認めるときは、前項の認可をしてはならない。(そ)

③　市町村長等は、火災の予防のため必要があるときは、予防規程の変更を命ずることができる。（そ）

④　第一項に規定する製造所、貯蔵所又は取扱所の所有者、管理者又は占有者及びその従業者は、予防規程を守らなければならない。（さ）

⑤　第十一条の五第四項及び第五項の規定は、第三項の規定による命令について準用する。（せ）

本条…追加〔昭和四〇年五月法律六五号〕、一項…一部改正〔昭和四九年六月法律六四号〕、四項…追加〔昭和六三年五月法律五五号〕、一項…一部改正〔平成一一年一二月法律一六〇号〕、五項…追加〔平成一四年四月法律三〇号〕

解説【予防規程の作成要領】同一事業所内に複数の予防規程作成施設が存する場合は個々の施設ごとに作成するのでなく、事業所単位に該当するすべての施設を網羅した予防規程とすることが望ましい。

罰則＊【第一項の規定に違反して危険物を貯蔵又は取扱つた者】懲役六月以下・罰金五〇万円以下（消防四二①8）、懲役・罰金の併科（消防四二②）、両罰（消防四五3）【公訴時効】認可を受けるまで進行しない（継続犯）。

＊【命令に違反した者】懲役六月以下・罰金五〇万円以下（消防四二①8）、懲役・罰金の併科（消防四二②）、両罰（消防四五3）

【公訴時効】三年（刑訴五五・二五〇・二五三）

〔保安検査及びその審査の委託〕

第一四条の三　政令で定める屋外タンク貯蔵所又は移送取扱所〔危令第八条の四第一項〕の所有者、管理者又は占有者は、政令で定める時期〔危令第八条の四第二項〕ごとに、当該屋外タンク貯蔵所又は移送取扱所に係る構造及び設備に関する事項で政令で定めるもの〔危令第八条の四第三項〕が第十条第四項の技術上の基準に従つて維持されているかどうかについて、市町村長等が行う保安に関する検査を受けなければならない。（く）

②　政令で定める屋外タンク貯蔵所〔危令第八条の四第四項〕の所有者、管理者又は占有者は、当該屋外タンク貯蔵所について、不等沈下その他の政令で定める事由〔危令第八条の四第五項〕が生じた場合には、当該屋外タンク貯蔵所に係る構造及び設備に関する事項で政令で定めるもの〔危令第八条の四第六項〕が第十条第四項の技術上の基準に従つて維持されているかどうかについて、市町村長等が行う保安に関する検査を受けなければならない。（く）

③　第一項（屋外タンク貯蔵所に係る部分に限る。）又は前項の場合には、市町村長等は、これらの規定に規定する屋外タンク貯蔵所に係る構造及び設備に関する事項で政令で定めるもの〔危令第八条の四第七項〕が第十条第四項の技術上の基準に従つて維持されているかどうかの審査を協会に委託することができる。（く）

本条…追加〔昭和四九年六月法律六四号〕、全部改正〔昭和五一年五月法律三七号〕

解説【保安検査】本条第一項に係るものを一般に「定期保安検査」といい、第二項に係るものを「臨時保安検査」といっている。なお、これらの点検の指導指針は消防庁から示されている。
【不等沈下】 各部所等の沈下の度合が異なるものをいい、応力が集中する箇所が生じるため亀裂、破損の危険が生じる。
【政令】 危則第六二条の二（保安に関する検査を受けなければならない時期の特例事由）・第六二条の二の二（保安のための措置）・第六二条の二の三（保安のための措置を講じている場合の期間等）・第六二条の二の四（特殊の方法）・第六二条の二の五（液体危険物タンクの底部の板の厚さの一年当たりの腐食による減少量の算出方法等）・第六二条の二の六（総務省令で定める基準）・第六二条の二の七（特殊液体危険物タンク）・第六二条の二の八（保安に関する検査を受けなければならない特殊液体危険物タンクの部分）・第六二条の二の九（保安に関する検査を受けなければならない事由）・第六二条の三（保安に関する検査の申請書等の様式）
【手数料】 消防第一六条の四・危令第四〇条・手数料令第二二項

罰則 ＊**【検査を拒み、妨げ又は忌避した者】** 罰金三〇万円以下・拘留（消防四四4）**【公訴時効】** 三年（刑訴五五・二五〇・二五三）

〔製造所等の定期点検等〕

第一四条の三の二　政令で定める製造所、貯蔵所又は取扱所〔危令第八条の五〕の所有者、管理者又は占有者は、これらの製造所、貯蔵所又は取扱所について、総務省令〔危則第九条の二・第六二条の四・第六二条の六・第六二条の七・第六二条の八〕で定めるところにより、**定期に点検**し、その点検記録を作成し、これを保存しなければならない。（お）（ゑ）

本条…追加〔昭和五〇年一二月法律八四号〕、一部改正〔平成一一年一二月法律一六〇号〕

解説 **【定期点検】** 消防用設備等の点検と異なり報告義務を要しないものである。なお、点検内容は製造所等の区分ごとに消防庁から指針として示されている。

罰則 ＊**【点検記録を作成せず、虚偽の点検記録を作成し、又は点検記録を保存しなかつた者】** 罰金三〇万円以下・拘留（消防四四5）
【公訴時効】 三年（刑訴五五・二五〇・二五三）

〔自衛消防組織の設置〕

第一四条の四　同一事業所において政令で定める製造所、貯蔵所又は取扱所〔危令第三八条第一項〕を所有し、管理し、又は占有する者で政令で定める数量〔危令第三八条第二項〕以上の危険物を貯蔵し、又は取り扱うものは、政令で定めるところ〔危令第三八条の二、危則第六四条・第六四条の二・第六五条〕により、当該事業所に自衛消防組織を置かなければならない。（そ）（の）

本条…追加〔昭和四〇年五月法律六五号〕、旧一四条の三…繰下〔昭和四九年六月法律六四号〕

解説 **【適用除外】** 石油コンビナート等災害防止法第四三条

〔映写室の構造及び設備の基準〕

第一五条　常時映画を上映する建築物その他の工作物に設けられた映写室で緩燃性でない映画を映写するものは、政令で定める技術上の基準〔危令第三九条・危則第六六条・第六七条〕に従い、構造及び設備を具備しなければならない。（り）（た）

一項…一部改正・二項…追加・旧二項…一部改正し三項に繰下〔昭和三四年四月法律八六号〕、一項…一部改正・二項…削除・旧三項…一部改正し二項に繰上〔昭和三八年四月法律八八号〕、二項…削除〔昭和四五年六月法律一一一号〕

罰則 ＊【規定に違反した者】懲役一年以下・罰金一〇〇万円以下（消防四一①４）、懲役・罰金の併科（消防四一②）、両罰（消防四五３）【公訴時効】三年（刑訴五五・二五〇・二五三）

〔危険物の運搬基準〕

第一六条　危険物の運搬は、その容器、積載方法及び運搬方法について政令で定める技術上の基準〔危令第二八条～第三〇条・危則第四一条～第四七条の三〕に従つてこれをしなければならない。（り）

本条…全部改正〔昭和三四年四月法律八六号〕

解説 【危険物の運搬】危険物をある位置から異なる位置へ動かすことをいい、その手段や量のいかんを問わないものである。なお、移動タンク貯蔵所によるものは「運搬」には該当せず、「移送」として規制する。

罰則 ＊【規定に違反した者】懲役三月以下・罰金三〇万円以下（消防四三①２）、懲役・罰金の併科（消防四三②）、両罰（消防四五３）【公訴時効】三年（刑訴五五・二五〇・二五三）

〔危険物の移送〕

第一六条の二　移動タンク貯蔵所による危険物の移送は、当該危険物を取り扱うことができる危険物取扱者〔危則第四九条〕を乗車させてこれをしなければならない。（ら）（て）

② 前項の危険物取扱者は、移動タンク貯蔵所による危険物の移送に関し政令で定める基準〔危令第三〇条の二・危則第六章〕を遵守し、かつ、当該危険物の保安の確保について細心の注意を払わなければならない。（ら）

③ 危険物取扱者は、第一項の規定により危険物の移送をする移動タンク貯蔵所に乗車しているときは、危険物取扱者免状を携帯〔消防第一三条の五第二項〕していなければならない。（ら）

本条…追加〔昭和三四年四月法律八六号〕、一・二項…一部改正〔昭和四〇年五月法律六五号〕、本条…全部改正〔昭和四六年六月法律九七号〕、一項…一部改正〔昭和六一年四月法律二〇号〕

解説 【危険物の移送】休憩等のために停車中のものも、移送中としてとらえられる。

【危険物取扱者の乗車義務】空の移動タンク貯蔵所を運行する時には必要ない。また運転手が危険物取扱者であれば別の取扱者が同乗する必要はない。

罰則 ＊【第一項の規定に違反した者】懲役三月以下・罰金三〇万円以下（消防四三①３）、懲役・罰金の併科（消防四三②）、両罰（消防四五３）【公訴時効】三年（刑訴五五・二五〇・二五三）

＊【第三項の規定に違反した者】罰金三〇万円以下・拘留（消防四四６）【公訴時効】三年（刑訴五五・二五〇・二五三）

※免状の不携帯は、過失による場合でも処罰の対象となる。

〔製造所等についての応急措置及びその通報並びに措置命令〕

第一六条の三　製造所、貯蔵所又は取扱所の所有者、管理者又は占有者は、当該製造所、貯蔵所又は取扱所について、危険物の流出その他の事故が発生したときは、直ちに、引き続く危険物の流出及び拡散の防止、流出した危険物の除去その他災害の発生の防止のための応急の措置を講じなければならない。（の）（お）

② 前項の事態を発見した者は、直ちに、その旨を消防署、市町村

長の指定した場所、警察署又は海上警備救難機関に通報しなければならない。（の）

③　市町村長等は、製造所、貯蔵所（移動タンク貯蔵所を除く。）又は取扱所の所有者、管理者又は占有者が第一項の応急の措置を講じていないと認めるときは、これらの者に対し、同項の応急の措置を講ずべきことを命ずることができる。（お）（て）

④　市町村長（消防本部及び消防署を置く市町村以外の市町村の区域においては、当該区域を管轄する都道府県知事とする。次項及び第六項において準用する第十一条の五第四項において同じ。）は、その管轄する区域にある移動タンク貯蔵所について、前項の規定の例により、第一項の応急の措置を講ずべきことを命ずることができる。（て）（せ）

⑤　市町村長等又は市町村長は、それぞれ第三項又は前項の規定により応急の措置を命じた場合において、その措置を命ぜられた者がその措置を履行しないとき、履行しても十分でないとき、又はその措置の履行について期限が付されている場合にあつては履行しても当該期限までに完了する見込みがないときは、行政代執行法の定めるところに従い、当該消防事務に従事する職員又は第三者にその措置をとらせることができる。（せ）

⑥　第十一条の五第四項及び第五項の規定は、第三項又は第四項の規定による命令について準用する。（せ）

本条…追加〔昭和四九年六月法律六四号〕、一項…一部改正、三項…追加〔昭和五〇年一二月法律八四号〕、三項…一部改正、四項…追加〔昭和六一年四月法律二〇号〕、四項…一部改正・五・六項…追加〔平成一四年四月法律三〇号〕

解説　**【応急措置】**災害の拡大等を防止するための最善の措置をいう。

【通報義務者】事故を発見した者であり、事業所の関係者等に限らないものである。

罰則　＊**【虚偽の通報をした者】**罰金三〇万円以下・拘留（消防四四10）

【公訴時効】三年（刑訴五五・二五〇・二五三）

＊**【命令に違反した者】**懲役六月以下・罰金五〇万円以下（消防四二①9）、懲役・罰金の併科（消防四二②）、両罰（消防四五3）

【公訴時効】三年（刑訴五五・二五〇・二五三）

〔危険物流出等の事故原因調査〕

第一六条の三の二　市町村長等は、製造所、貯蔵所又は取扱所において発生した危険物の流出その他の事故（火災を除く。以下この条において同じ。）であつて火災が発生するおそれのあつたものについて、当該事故の原因を調査することができる。（リ）

②　市町村長等は、前項の調査のため必要があるときは、当該事故が発生した製造所、貯蔵所若しくは取扱所その他当該事故の発生と密接な関係を有すると認められる場所の所有者、管理者若しくは占有者に対して必要な資料の提出を命じ、若しくは報告を求め、又は当該消防事務に従事する職員に、これらの場所に立ち入り、所在する危険物の状況若しくは当該製造所、貯蔵所若しくは取扱所その他の当該事故に関係のある工作物若しくは物件を検査させ、若しくは関係のある者に質問させることができる。（リ）

③　第四条第一項ただし書及び第二項から第四項までの規定は、前項の場合について準用する。（リ）

④　消防庁長官は、第一項の規定により調査をする市町村長等（総務大臣を除く。）から求めがあつた場合には、同項の調査をすることができる。この場合においては、前二項の規定を準用する。（リ）

本条…追加〔平成二〇年五月法律四一号〕

解説　**【事故原因調査証】**平成二〇年八月二〇日消防庁告示第九号【立

入検査証】平成二〇年八月二〇日総務省告示第四五一号

罰則 ＊【資料の提出拒否等又は立入検査の拒否等を行つた者】罰金三〇万円以下・拘留（消防四四2）【公訴時効】三年（刑訴五五・二五〇・二五三）

〔手数料〕

第一六条の四　総務大臣が行う移送取扱所の設置若しくは変更の許可、完成検査（第十一条第五項ただし書の承認を含む。）又は保安に関する検査を受けようとする者は、政令で定めるところにより、実費を勘案して政令で定める額〔危令第四〇条〕の手数料を、国に納めなければならない。(し)(ゑ)

② 第十三条の二十三の規定により総務大臣が指定する機関で市町村長以外のもの（以下この条において「指定講習機関」という。）が行う危険物の取扱作業の保安に関する講習を受けようとする者は、政令で定めるところにより、実費を勘案して政令で定める額の手数料を当該指定講習機関に納めなければならない。(し)(ゑ)

③ 前項の規定により指定講習機関に納められた手数料は、当該指定講習機関の収入とする。(こ)(し)

④ 都道府県は、地方自治法（昭和二十二年法律第六十七号）第二百二十七条の規定に基づき危険物取扱者試験に係る手数料を徴収する場合においては、第十三条の五第一項の規定により指定試験機関が行う危険物取扱者試験を受けようとする者に、条例で定めるところにより、当該手数料を当該指定試験機関へ納めさせ、その収入とすることができる。(し)

本条…追加〔昭和三四年四月法律八六号〕、一部改正〔昭和四〇年五月法律六五号・四六年六月九七号〕、旧一六条の三…一部改正し繰下〔昭和四九年六月法律六四号〕、本条…一部改正〔昭和五一年五月法律三七号〕、一項…一部改正・二項…追加〔昭和五八年一二月法律八三号〕、一項…全部改正・二・四項…追加・旧二項…一部改正し三項に繰下〔平成一一年七月法律八七号〕、一・二項…一部改正〔平成一一年一二月法律一六〇号〕

〔質問、検査等〕

第一六条の五　市町村長等は、第十六条の三の二第一項及び第二項に定めるもののほか、危険物の貯蔵又は取扱いに伴う火災の防止のため必要があると認めるときは、指定数量以上の危険物を貯蔵し、若しくは取り扱つていると認められる**すべての場所**（以下この項において「貯蔵所等」という。）の所有者、管理者若しくは占有者に対して資料の提出を命じ、若しくは報告を求め、又は当該消防事務に従事する職員に、貯蔵所等に立ち入り、これらの場所の位置、構造若しくは設備及び危険物の貯蔵若しくは取扱いについて検査させ、関係のある者に質問させ、若しくは試験のため必要な最少限度の数量に限り危険物若しくは危険物であることの疑いのある物を**収去**〔憲第二九条〕させることができる。(り)(そ)(の)(リ)

② 消防吏員又は警察官は、危険物の移送に伴う火災の防止のため特に必要があると認める場合には、走行中の移動タンク貯蔵所を停止させ、当該移動タンク貯蔵所に乗車している危険物取扱者に対し、危険物取扱者免状の提示を求めることができる。この場合において、消防吏員及び警察官がその職務を行なうに際しては、互いに密接な連絡をとるものとする。(ら)

③ **第四条第二項から第四項までの規定**は、前二項の場合にこれを準用する。(り)(ら)(せ)

本条…追加〔昭和三四年四月法律八六号〕、一項…一部改正〔昭和四〇年五月法律六五号〕、二項…追加・旧二項…一部改正し三項に繰下〔昭和四六年六月法律九七号〕、旧一六条の四…繰下〔昭和四九年六月法律六四号〕、三項…一部改正〔平成一四年四月法律三〇号〕、一項…一部改正〔平成二〇年五月法律四一号〕

解説 **【立入検査を行うことができる場所】** 製造所等はもちろんのこと、指定数量以上の危険物を貯蔵し、又は取り扱っていると認められるすべての場所である。
【収去】 試験又は検査の用に供するため、必要最少限度のものを強制的に取り去ることをいう。
【第四条第二項から第四項までの規定】 証票の提示、業務妨害の禁止、秘密を守る義務
【立入検査証】 平成二〇年八月二〇日総務省告示第四五一号

罰則 ＊**【資料の提出拒否等又は立入検査の拒否等を行った者】** 罰金三〇万円以下・拘留（消防四四２）**【公訴時効】** 三年（刑訴五五・二五〇・二五三）
＊**【停止に従わず、又は提示の要求を拒んだ者】** 罰金三〇万円以下・拘留（消防四四７）**【公訴時効】** 三年（刑訴五五・二五〇・二五三）

〔無許可貯蔵等の危険物に対する措置命令〕

第一六条の六　市町村長等は、第十条第一項ただし書の承認又は第十一条第一項前段の規定による許可を受けないで指定数量以上の危険物を貯蔵し、又は取り扱つている者に対して、当該貯蔵又は取扱いに係る危険物の除去その他危険物による災害防止のための**必要な措置**をとるべきことを命ずることができる。（そ）（の）

②　第十一条の五第四項及び第五項の規定は前項の規定による命令について、第十六条の三第五項の規定は前項の規定による必要な措置を命じた場合について、それぞれ準用する。（せ）

本条…追加〔昭和四〇年五月法律六五号〕、旧一六条の五…繰下〔昭和四九年六月法律六四号〕、二項…追加〔平成一四年四月法律三〇号〕

解説 **【必要な措置】** 現実の危険性を排除するためにとり得る「施設の撤去」「取扱いの制限又は禁止」等の措置をいう。なお、本命令違反に対しては行政代執行法による代執行を行うことができる。

〔行政庁の変更と行政処分等の効力〕

第一六条の七　消防本部若しくは消防署の設置若しくは廃止又は市町村の廃置分合若しくは境界変更があつたことにより、新たに消防本部及び消防署が置かれることとなつた市町村若しくは消防本部及び消防署が置かれないこととなつた市町村の区域又は当該廃置分合若しくは境界変更に係る市町村の区域に係る第十一条、第十一条の二、第十一条の四、第十一条の五第一項及び第二項、第十二条第二項、第十二条の二から第十二条の四まで、第十二条の六、第十二条の七第二項、第十三条第二項、第十四条の二第一項及び第三項、第十四条の三、第十六条の三第三項及び第四項並びに前条の規定による権限を有する行政庁に変更があつた場合〔危則第七一条〕における変更前の行政庁がした許可その他の処分又は受理した届出の効力その他この章の規定の適用に係る特例については、政令〔危令第四一条の二〕で定める。（り）（た）（そ）（の）（く）（て）

本条…追加〔昭和三四年四月法律八六号〕、一部改正〔昭和三八年四月法律八八号〕、旧一六条の五…一部改正し繰下〔昭和四〇年五月法律六五号〕、旧一六条の六…一部改正し繰下〔昭和四九年六月法律六四号〕、本条…一部改正〔昭和五一年五月法律三七号・六一年四月二〇号〕

〔地方公共団体が処理する事務〕

第一六条の八　この章に規定する総務大臣の権限に属する事務の一

部は、政令〔未制定〕で定めるところにより、都道府県知事又は市町村長が行うこととすることができる。(し)(ゑ)

本条…追加〔昭和四九年六月法律六四号〕、全部改正〔平成一一年七月法律八七号〕、一部改正〔平成一一年一二月法律一六〇号〕

〔緊急時における総務大臣の指示〕

第一六条の八の二　総務大臣は、公共の安全の維持又は災害の発生の防止のため緊急の必要があると認めるときは、政令〔危令第三九条の二・第三九条の三〕で定めるところにより、都道府県知事又は市町村長に対し、この章又は前条の規定に基づく政令の規定により都道府県知事又は市町村長が行うこととされる事務のうち政令で定めるものの処理について指示することができる。(し)(ゑ)

本条…追加〔平成一一年七月法律八七号〕、一部改正〔平成一一年一二月法律一六〇号〕

〔適用除外〕

第一六条の九　この章の規定は、航空機、船舶、鉄道又は軌道による危険物の貯蔵、取扱い又は運搬には、これを適用しない。(り)(そ)(の)(く)

本条…追加〔昭和三四年四月法律八六号〕、旧一六条の六…繰下〔昭和四〇年五月法律六五号〕、旧一六条の七…繰下〔昭和四九年六月法律六四号〕、本条…一部改正〔昭和五一年五月法律三七号〕

解説【適用除外】適用が除外されるのは、航空機、船舶、鉄道、軌道の内部における、危険物の貯蔵や取扱いであって航空機や船舶等へ給油等を行う場合についてまで適用を除外するものではない。

第三章の二　危険物保安技術協会(く)

本章…追加〔昭和五一年五月法律三七号〕

第一節　総則(く)

本節…追加〔昭和五一年五月法律三七号〕

〔危険物保安技術協会の目的〕

第一六条の一〇　危険物保安技術協会は、第十一条の三又は第十四条の三第三項の規定による市町村長等の委託に基づく屋外タンク貯蔵所に係る審査を行い、あわせて危険物又は指定可燃物（以下この章において「危険物等」という。）の貯蔵、取扱い又は運搬（航空機、船舶、鉄道又は軌道によるものを除く。以下この章において同じ。）の安全に関する試験、調査及び技術援助等を行い、もつて危険物等の貯蔵、取扱い又は運搬に関する保安の確保を図ることを目的とする。(く)(て)(さ)

本条…追加〔昭和五一年五月法律三七号〕、一部改正〔昭和六一年四月法律二〇号・六三年五月五五号〕

解説【危険物保安技術協会】総務大臣の認可を受けた認可法人である。（昭和五一年一一月一〇日設立認可済）

【第一一条の三】許可に係る審査及び完成検査前検査に係る審査

【第一四条の三第三項】保安に関する検査に係る審査

〔協会の組織〕

第一六条の一一　危険物保安技術協会（以下この章において「協会」という。）は、法人とする。（く）

本条…追加〔昭和五一年五月法律三七号〕

〔設立の制限〕

第一六条の一二　協会は、一を限り、設立されるものとする。（く）

本条…追加〔昭和五一年五月法律三七号〕

〔名称の使用義務及び使用制限〕

第一六条の一三　協会は、その名称中に危険物保安技術協会という文字を用いなければならない。（く）

②　協会でない者は、その名称中に危険物保安技術協会という文字を用いてはならない。（く）

本条…追加〔昭和五一年五月法律三七号〕

罰則 *【第二項の規定に違反した者】過料一〇万円以下（消防四六の四）

〔登記〕

第一六条の一四　協会は、**政令**で定めるところにより、登記しなければならない。（く）

②　前項の規定により登記しなければならない事項は、登記の後でなければ、これをもつて第三者に対抗することができない。（く）

本条…追加〔昭和五一年五月法律三七号〕

解説 **【政令】**独立行政法人等登記令（昭和三九年三月政令第二八号）

罰則 *【登記を怠つたとき】過料二〇万円以下（消防四六の二2）

〔一般社団・財団法人法の規定の準用〕

第一六条の一五　**一般社団法人及び一般財団法人に関する法律（平成十八年法律第四十八号）第四条及び第七十八条**の規定は、協会について準用する。（く）（こ）（ホ）

本条…追加〔昭和五一年五月法律三七号〕、一部改正〔昭和五八年一二月法律八三号・平成一八年六月五〇号〕

解説 **【一般社団・財団法人法四条】**住所　**【一般社団・財団法人法七八条】**代表者の行為についての損害賠償責任

第二節　設立（く）

本節…追加〔昭和五一年五月法律三七号〕

〔設立の要件〕

第一六条の一六　協会を設立するには、都道府県知事の全国的連合組織の推薦する都道府県知事、市長の全国的連合組織の推薦する市長、町村長の全国的連合組織の推薦する町村長及び危険物等の貯蔵、取扱い又は運搬に関する保安について学識経験を有する者十五人以上が発起人となることを必要とする。（く）（て）

本条…追加〔昭和五一年五月法律三七号〕、一部改正〔昭和六一年四月法律二〇号〕

〔設立の認可申請〕

第一六条の一七　発起人は、定款及び事業計画書を総務大臣に提出して、設立の認可を申請〔危険物協会省令第一条〕しなければならない。(く)(ゑ)

② 協会の設立当初の役員は、定款で定めなければならない。(て)

③ 第一項の事業計画書に記載すべき事項は、総務省令〔危険物協会省令第二条〕で定める。(く)(て)(ゑ)

本条…追加〔昭和五一年五月法律三七号〕、二項…追加・旧二項…一部改正し三項に繰下〔昭和六一年四月法律二〇号〕、一・三項…一部改正〔平成一一年一二月法律一六〇号〕

〔設立の認可〕

第一六条の一八　総務大臣は、設立の認可をしようとするときは、前条第一項の規定による認可の申請が次の各号に適合するかどうかを審査して、これをしなければならない。(く)(ゑ)

一　設立の手続並びに定款及び事業計画書の内容が法令の規定に適合するものであること。(く)

二　定款又は事業計画書に虚偽の記載がないこと。(く)

三　職員、業務の方法その他の事項についての業務の実施に関する計画が適正なものであり、かつ、その計画を確実に遂行するに足りる経理的及び技術的な基礎を有すると認められること。(く)

四　前号に定めるもののほか、事業の運営が健全に行われ、危険物等の貯蔵、取扱い又は運搬に関する保安の確保に資することが確実であると認められること。(く)(て)

本条…追加〔昭和五一年五月法律三七号〕、一部改正〔昭和六一年四月法律二〇号・平成一一年一二月一六〇号〕

第一六条の一九　削除(て)〔昭和六一年四月法律二〇号〕

〔事務の引継〕

第一六条の二〇　第十六条の十八の規定による設立の認可があつたときは、発起人は、遅滞なく、その事務を理事長となるべき者に引き継がなければならない。(く)(て)

本条…追加〔昭和五一年五月法律三七号〕、一部改正〔昭和六一年四月法律二〇号〕

〔設立登記〕

第一六条の二一　理事長となるべき者は、前条の規定による事務の引継ぎを受けたときは、遅滞なく、政令で定めるところにより、設立の登記をしなければならない。(く)

② 協会は、設立の登記をすることによつて成立する。(く)

本条…追加〔昭和五一年五月法律三七号〕

解説 【政令】独立行政法人等登記令〔昭和三九年三月政令第二八号〕

第三節　管理（く）

本節…追加〔昭和五一年五月法律三七号〕

〔定款〕

第一六条の二二　協会の定款には、次の事項を記載しなければならない。（く）

一　目的（く）
二　名称（く）
三　事務所の所在地（く）
四　役員の定数、任期、選任の方法その他の役員に関する事項（く）（て）
五　評議員会に関する事項（て）
六　業務及びその執行に関する事項（く）（て）
七　財務及び会計に関する事項（く）（て）
八　定款の変更に関する事項（く）（て）
九　公告の方法（く）（て）

② 協会の定款の変更は、総務大臣の認可〔危険物協会省令第三条〕を受けなければ、その効力を生じない。（く）（ゑ）

本条…追加〔昭和五一年五月法律三七号〕、一項…一部改正〔昭和六一年四月法律二〇号〕、二項…一部改正〔平成一一年一二月法律一六〇号〕

罰則 ＊【認可を受けなかったとき】過料二〇万円以下〔消防四六の二1〕

〔役員〕

第一六条の二三　協会に、役員として、理事長、理事及び監事を置く。（て）

本条…追加〔昭和五一年五月法律三七号〕、全部改正〔昭和六一年四月法律二〇号〕

〔役員の職務〕

第一六条の二四　理事長は、協会を代表し、その業務を総理する。（く）

② 理事は、定款で定めるところにより、理事長を補佐して協会の業務を掌理し、理事長に事故があるときはその職務を代理し、理事長が欠員のときはその職務を行う。（く）

③ 監事は、協会の業務を監査する。（く）

④ 監事は、監査の結果に基づき、必要があると認めるときは、理事長又は総務大臣に意見を提出することができる。（く）（ゑ）

本条…追加〔昭和五一年五月法律三七号〕、四項…一部改正〔平成一一年一二月法律一六〇号〕

〔役員の選任及び解任の効力〕

第一六条の二五　役員の選任及び解任は、総務大臣の認可〔危険物

協会省令第四条・第五条〕を受けなければ、その効力を生じない。（て）（ゑ）

本条…追加〔昭和五一年五月法律三七号〕、全部改正〔昭和六一年四月法律二〇号〕、一部改正〔平成一一年一二月法律一六〇号〕

罰則 ＊【認可を受けなかつたとき】過料二〇万円以下（消防四六の二1）

〔役員の欠格事項〕

第一六条の二六　次の各号の一に該当する者は、役員となることができない。（く）（て）

一　政府又は地方公共団体の職員（非常勤の者を除く。）（く）

二　製造所、貯蔵所若しくは取扱所の所有者、管理者若しくは占有者若しくは製造所、貯蔵所若しくは取扱所の工事の請負を業とする者又はこれらの者が法人であるときはその役員（いかなる名称によるかを問わず、これと同等以上の職権又は支配力を有する者を含む。）（く）

三　前号に掲げる事業者の団体の役員（いかなる名称によるかを問わず、これと同等以上の職権又は支配力を有する者を含む。）（く）

本条…追加〔昭和五一年五月法律三七号〕、旧一六条の二七…繰上〔昭和六一年四月法律二〇号〕

〔役員の解任〕

第一六条の二七　協会は、役員が前条各号の一に該当するに至つたときは、その役員を解任しなければならない。（て）

本条…追加〔昭和六一年四月法律二〇号〕

〔役員の解任命令〕

第一六条の二八　総務大臣は、役員が、この法律（この法律に基づく命令又は処分を含む。）、定款、業務方法書若しくは第十六条の三十七第一項に規定する審査事務規程に違反する行為をしたとき、又は協会の業務に関し著しく不適当な行為をしたときは、協会に対し、期間を指定して、その役員を解任すべきことを命ずることができる。（て）（ゑ）

②　総務大臣は、役員が第十六条の二十六各号の一に該当するに至つた場合において協会がその役員を解任しないとき、又は協会が前項の規定による命令に従わなかつたときは、当該役員を解任することができる。（て）（ゑ）

本条…追加〔昭和五一年五月法律三七号〕、全部改正〔昭和六一年四月法律二〇号〕、三項…削除〔平成五年一一月法律八九号〕、一・二項…一部改正〔平成一一年一二月法律一六〇号〕

〔営利団体からの隔離等〕

第一六条の二九　役員は、営利を目的とする団体の役員となり、又は自ら営利事業に従事してはならない。ただし、総務大臣の承認〔危険物協会省令第六条〕を受けたときは、この限りでない。（く）（ゑ）

本条…追加〔昭和五一年五月法律三七号〕、一部改正〔平成一一年一二月法律一六〇号〕

罰則 ＊【承認を受けなかつたとき】過料二〇万円以下（消防四六の二1）

〔理事長の代表権の制限〕

第一六条の三〇　協会と理事長との利益が相反する事項については、理事長は、代表権を有しない。この場合には、監事が協会を代表する。（く）

本条…追加〔昭和五一年五月法律三七号〕

〔評議員会〕

第一六条の三〇の二　協会に、その運営に関する重要事項を審議する機関として、評議員会を置く。（て）

② 評議員会は、評議員十人以内で組織する。（て）

③ 評議員は、都道府県知事の全国的連合組織の推薦する者、市長の全国的連合組織の推薦する者、町村長の全国的連合組織の推薦する者及び危険物等の貯蔵、取扱い又は運搬に関する保安について学識経験を有する者のうちから、総務大臣の認可を受けて、理事長が任命する。（て）（ゑ）

本条…追加〔昭和六一年四月法律二〇号〕、三項…一部改正〔平成一一年一二月法律一六〇号〕

〔職員の任命〕

第一六条の三一　協会の職員は、理事長が任命する。（く）

本条…追加〔昭和五一年五月法律三七号〕

〔役職員の守秘義務等〕

第一六条の三二　協会の役員若しくは職員又はこれらの職にあつた者は、その職務に関して知り得た秘密を漏らし、又は盗用してはならない。（く）

本条…追加〔昭和五一年五月法律三七号〕

罰則 ＊【規定に違反した者】懲役一年以下・罰金一〇〇万円以下（消防四一の四）【公訴時効】三年（刑訴五五・二五〇・二五三）

〔罰則が適用される役職員の身分〕

第一六条の三三　協会の役員及び職員は、刑法その他の罰則の適用については、法令により公務に従事する職員とみなす。（く）（こ）

本条…追加〔昭和五一年五月法律三七号〕、一部改正〔昭和五八年一二月法律八三号〕

第四節　業務（く）

本節…追加〔昭和五一年五月法律三七号〕

〔業務〕

第一六条の三四　協会は、第十六条の十の目的を達成するため、次の業務を行う。（く）

一　第十一条の三又は第十四条の三第三項の規定による市町村長等の委託に基づく屋外タンク貯蔵所に係る審査を行うこと。（く）
二　危険物等の貯蔵、取扱い又は運搬の安全に関する試験、調査、技術援助並びに情報の収集及び提供を行うこと。（く）（て）
三　危険物等の貯蔵、取扱い又は運搬の安全に関する教育を行うこと。（く）（て）
四　前三号に掲げる業務に附帯する業務を行うこと。（く）
五　前各号に掲げるもののほか、第十六条の十の目的を達成するために必要な業務を行うこと。（く）

② 協会は、前項第五号に掲げる業務を行おうとするときは、総務大臣の認可〔危険物協会省令第七条〕を受けなければならない。（く）（ゑ）

③ 協会は、第一項の業務を行うほか、当該業務の円滑な遂行に支障のない範囲において、総務大臣の認可を受けて、危険物等の貯蔵、取扱い又は運搬の安全に関する業務を行うために有する機械設備又は技術を活用して行う審査、試験等の業務その他協会が行うことが適切であると認められる業務を行うことができる。（て）（ゑ）

本条…追加〔昭和五一年五月法律三七号〕、一項…一部改正・三項…追加〔昭和六一年四月法律二〇号〕、二・三項…一部改正〔平成一一年一二月法律一六〇号〕

解説【第一一条の三】許可に係る審査及び完成検査前検査に係る審査【第一四条の三第三項】保安に関する検査に係る審査

罰則＊【業務以外の業務を行つたとき】過料二〇万円以下（消防四六の二─3）

〔業務方法書〕

第一六条の三五　協会は、業務の開始前に、業務方法書を作成し、総務大臣の認可〔危険物協会省令第九条〕を受けなければならない。これを変更しようとするときも、同様とする。（く）（ゑ）

② 前項の業務方法書に記載すべき事項は、総務省令〔危険物協会省令第八条〕で定める。（く）（ゑ）

本条…追加〔昭和五一年五月法律三七号〕、一・二項…一部改正〔平成一一年一二月法律一六〇号〕

罰則＊【認可を受けなかつたとき】過料二〇万円以下（消防四六の二─1）

〔審査委託の契約〕

第一六条の三六　協会は、市町村長等から第十一条の三又は第十四条の三第三項の規定による屋外タンク貯蔵所に係る審査の委託に係る契約の申込みがあつたときは、正当な理由がなければ、これを拒んではならない。（く）

② 協会は、前項の契約が成立したときは、遅滞なく、当該契約に係る同項の審査を行わなければならない。（く）

本条…追加〔昭和五一年五月法律三七号〕

解説【第一一条の三】許可に係る審査及び完成検査前検査に係る審査
【第一四条の三第三項】保安に関する検査に係る審査

〔審査事務規程〕

第一六条の三七　協会は、第十六条の三十四第一項第一号に掲げる業務（以下「審査事務」という。）の開始前に、審査事務の実施に関する規程（以下「審査事務規程」という。）を定め、総務大臣の認可〔危険物協会省令第一一条〕を受けなければならない。これを変更しようとするときも、同様とする。（く）（ゑ）

② 総務大臣は、前項の認可をした審査事務規程が、審査事務の適正かつ確実な実施上不適当となつたと認めるときは、協会に対し、その審査事務規程を変更すべきことを命ずることができる。（く）（ゑ）

③ 審査事務規程で定めるべき事項は、総務省令〔危険物協会省令第一〇条〕で定める。（く）（ゑ）

本条…追加〔昭和五一年五月法律三七号〕、一―三項…一部改正〔平成一一年一二月法律一六〇号〕

罰則 ＊【認可を受けなかつたとき】過料二〇万円以下〔消防四六の二1〕

〔検査員〕

第一六条の三八　協会は、審査事務を行うときは、政令で定める資格〔危令第四一条の三〕を有する者に実施させなければならない。（く）

② 審査事務を実施する者（以下「検査員」という。）は、誠実にその職務を行わなければならない。（く）

③ 総務大臣は、検査員がこの法律若しくはこの法律に基づく命令若しくは審査事務規程に違反したとき、又はその者にその職務を行わせることが審査事務の適正な実施に支障を及ぼすおそれがあると認めるときは、協会に対し、検査員の解任を命ずることができる。（く）（ゑ）

本条…追加〔昭和五一年五月法律三七号〕、三項…一部改正〔平成一一年一二月法律一六〇号〕

〔協会の業務に対する人的・技術的援助〕

第一六条の三九　国及び地方公共団体は、協会の業務の円滑な運営が図られるように、適当と認める人的及び技術的援助について必要な配慮を加えるものとする。（く）

本条…追加〔昭和五一年五月法律三七号〕

第五節　財務及び会計（く）

本節…追加〔昭和五一年五月法律三七号〕

〔事業年度〕

第一六条の四〇　協会の事業年度は、毎年四月一日に始まり、翌年三月三十一日に終わる。（く）

本条…追加〔昭和五一年五月法律三七号〕

〔予算、事業計画の作成・変更の認可〕

第一六条の四一　協会は、毎事業年度、予算及び事業計画を作成し、当該事業年度の開始前に、総務大臣の認可を受けなければならない。これを変更しようとするときも、同様とする。(く)(て)(ゑ)

本条…追加〔昭和五一年五月法律三七号〕、一部改正〔昭和六一年四月法律二〇号・平成一一年一二月一六〇号〕

罰則 *【認可を受けなかつたとき】過料二〇万円以下（消防四六の二1）

〔財務諸表の提出等〕

第一六条の四二　協会は、毎事業年度、財産目録、貸借対照表及び損益計算書（次項において「財務諸表」という。）を作成し、当該事業年度の終了後三月以内に総務大臣に提出しなければならない。(く)(て)(ゑ)

②　協会は、前項の規定により財務諸表を総務大臣に提出するときは、これに当該事業年度の事業報告書及び予算の区分に従い作成した決算報告書並びに財務諸表及び決算報告書に関する監事の意見書を添付しなければならない。(く)(ゑ)

本条…追加〔昭和五一年五月法律三七号〕、一項…一部改正〔昭和六一年四月法律二〇号〕、一・二項…一部改正〔平成一一年一二月法律一六〇号〕

第一六条の四三から第一六条の四五まで　削除(て)〔昭和六一年四月法律二〇号〕

〔総務省令への委任〕

第一六条の四六　この法律に規定するもののほか、協会の財務及び会計に関し必要な事項は、総務省令〔危険物保安技術協会の財務及び会計に関する省令（昭五一自治省令三一号）〕で定める。(く)(ゑ)

本条…追加〔昭和五一年五月法律三七号〕、一部改正〔平成一一年一二月法律一六〇号〕

第六節　監督(く)

本節…追加〔昭和五一年五月法律三七号〕

〔業務監督命令〕

第一六条の四七　総務大臣は、この章の規定を施行するため必要があると認めるときは、協会に対し、その業務に関し監督上必要な命令をすることができる。(く)(ゑ)

本条…追加〔昭和五一年五月法律三七号〕、一部改正〔平成一一年一二月法律一六〇号〕

罰則 *【命令に違反したとき】過料二〇万円以下（消防四六の二4）

〔報告の徴収、立入検査〕

第一六条の四八　総務大臣は、この章の規定を施行するため必要があると認めるときは、協会に対しその業務に関し報告をさせ、又はその職員に協会の事務所その他の事業所に立ち入り、業務の状況若しくは帳簿、書類その他の必要な物件を検査させることができる。（く）（ゑ）

② 前項の規定により立入検査をする職員は、その身分を示す証明書を携帯し、関係のある者に提示しなければならない。（く）

③ 第一項の規定による立入検査の権限は、犯罪捜査のために認められたものと解釈してはならない。（く）

本条…追加〔昭和五一年五月法律三七号〕、一項…一部改正〔平成一一年一二月法律一六〇号〕

罰則 ＊【報告又は立入検査の拒否等があつた場合】罰金三〇万円以下（消防四三の三）【公訴時効】三年（刑訴五五・二五〇・二五三）

第七節　解散（く）

本節…追加〔昭和五一年五月法律三七号〕

〔**協会の解散**〕

第一六条の四九　協会の解散については、別に法律〔未制定〕で定める。（く）

本条…追加〔昭和五一年五月法律三七号〕

第四章　消防の設備等（そ）

章名…改正〔昭和四〇年五月法律六五号〕

〔**消防用設備等の設置・維持と特殊消防用設備等の適用除外**〕

第一七条　学校、病院、工場、事業場、興行場、百貨店、旅館、飲食店、地下街、複合用途防火対象物その他の防火対象物で政令で定めるもの〔消令第六条・別表第一〕の関係者は、政令で定める消防の用に供する設備、消防用水及び消火活動上必要な施設（以下「消防用設備等」という。）について消火、避難その他の消防の活動のために必要とされる性能を有するように、**政令で定める技術上の基準**に従つて、設置し、及び維持しなければならない。（を）（の）（す）

② 市町村は、その地方の気候又は風土の特殊性により、前項の消防用設備等の技術上の基準に関する政令又はこれに基づく命令の規定のみによつては防火の目的を充分に達し難いと認めるときは、**条例**で、同項の**消防用設備等**の技術上の基準に関して、当該政令又はこれに基づく命令の規定と異なる規定を設けることができる。（を）

③ 第一項の防火対象物の関係者が、同項の政令若しくはこれに基づく命令又は前項の規定に基づく条例で定める技術上の基準に従つて設置し、及び維持しなければならない消防用設備等に代え

て、特殊の消防用設備等その他の設備等（以下「特殊消防用設備等」という。）であつて、当該消防用設備等と同等以上の性能を有し、かつ、当該関係者が総務省令で定めるところにより作成する特殊消防用設備等の設置及び維持に関する計画（以下「設備等設置維持計画」という。）に従つて設置し、及び維持するものとして、総務大臣の認定を受けたものを用いる場合には、当該消防用設備等（それに代えて当該認定を受けた特殊消防用設備等が用いられるものに限る。）については、前二項の規定は、適用しない。（す）

本条…全部改正〔昭和三五年七月法律一一七号〕、一項…一部改正〔昭和四九年六月法律六四号〕、一項…一部改正・三項…追加〔平成一五年六月法律八四号〕

解説　本条第一項は防火対象物の関係者が対象物の用途に応じた消防用設備等を設置し、維持しなければならない作為義務について定めたものである。すなわち、当該設備の未設置、一部未設置はもとより、設置されていても技術上の基準に合っていなければすべて本条違反となる。

【政令で定める技術上の基準】　通則（消令第八条～第九条の二）、消火器具に関する基準（消令第一〇条・消則第六条～第一一条）、屋内消火栓設備に関する基準（消令第一一条・消則第一一条の二・第一二条）、スプリンクラー設備に関する基準（消令第一二条・消則第一二条の二～第一五条）、水噴霧消火設備等を設置すべき防火対象物（消令第一三条）、水噴霧消火設備に関する基準（消令第一四条・消則第一六条・第一七条）、泡消火設備に関する基準（消令第一五条・消則第一八条）、不活性ガス消火設備に関する基準（消令第一六条・消則第一九条・第一九条の二）、ハロゲン化物消火設備に関する基準（消令第一七条・消則第二〇条）、粉末消火設備に関する基準（消令第一八条・消則第二一条）、屋外消火栓設備に関する基準（消令第一九条・消則第二二条）、動力消防ポンプ設備に関する基準（消令第二〇条）、自動火災報知設備に関する基準（消令第二一条・消則第二三条～第二四条の二）、ガス漏れ火災警報設備に関する基準（消令第二一条の二・消則第二四条の二の二～第二四条の二の四）、漏電火災警報器に関する基準（消令第二二条・消則第二四条の三）、消防機関へ通報する火災報知設備に関する基準（消令第二三条・消則第二五条）、非常警報器具又は非常警報設備に関する基準（消令第二四条・消則第二五条の二）、避難器具に関する基準（消令第二五条・消則第二六条・第二七条）、誘導灯及び誘導標識に関する基準（消令第二六条・消則第二八条～第二八条の三）、消防用水に関する基準（消令第二七条）、排煙設備に関する基準（消令第二八条・消則第二九条・第三〇条）、連結散水設備に関する基準（消令第二八条の二・消則第三〇条の二～第三〇条の三）、連結送水管に関する基準（消令第二九条・消則第三〇条の四・第三一条）、非常コンセント設備に関する基準（消令第二九条の二・消則第三一条の二）、無線通信補助設備に関する基準（消令第二九条の三・消則第三一条の二の二）、必要とされる防火安全性能を有する消防の用に供する設備等に関する基準（消令第二九条の四）、基準の特例（消令第三二条・第三二条・消則第三二条の二・第三二条の三）、消防用設備等の規格（消令第三〇条）、適用が除外されない消防用設備等（消令第三四条）、消防用設備等又は特殊消防用設備等の届出及び検査（消則第三一条の三）、設備等設置維持計画（消則第三一条の三の二）、消防用設備等又は特殊消防用設備等の点検及び報告（消則第三一条の六）

【条例】　市町村条例によつて附加された技術上の基準に適合していない場合も本条第一項違反となる。

【消防用設備等】　消令第七条に定める消火設備、警報設備、避難設備、消防用水、消火活動上必要な施設をいう。

【消防用設備等の設置単位】　昭和五〇年三月五日消防安第二六号参照

〔性能評価〕

第一七条の二　前条第三項の認定を受けようとする者は、あらかじめ、日本消防検定協会（以下この章において「協会」という。）

又は法人であつて総務大臣の登録を受けたものが行う性能評価〔消則第三一条の二の三〕（設備等設置維持計画に従つて設置し、及び維持する場合における特殊消防用設備等の性能に関する評価をいう。以下この条及び第十七条の二の四において同じ。）を受けなければならない。（す）

② 性能評価を受けようとする者は、総務省令〔消則第三四条の二の二〕で定めるところにより、申請書に設備等設置維持計画その他総務省令で定める書類を添えて、協会又は前項の規定による登録を受けた法人に申請しなければならない。（す）

③ 協会又は第一項の規定による登録を受けた法人は、前項の申請があつたときは、総務省令で定めるところにより、当該申請に係る性能評価を行い、その性能評価の結果（次条第一項及び第二項において「評価結果」という。）を前項の申請をした者に通知しなければならない。（す）

本条…追加〔平成一五年六月法律八四号〕

〔特殊消防用設備等の認定の申請〕

第一七条の二の二　前条第三項（第十七条の二の四第三項において準用する場合を含む。）の評価結果の通知を受けた者が第十七条第三項の認定を受けようとするときは、総務省令〔消則第三四条の二の三〕で定めるところにより、申請書に設備等設置維持計画及び当該評価結果を記載した書面を添えて、総務大臣に申請しなければならない。（す）

② 総務大臣は、前項の申請があつたときは、同項の設備等設置維持計画及び評価結果を記載した書面により、当該申請に係る設備等設置維持計画に従つて設置し、及び維持する場合における特殊消防用設備等が第十七条第一項の政令若しくはこれに基づく命令又は同条第二項の規定に基づく条例で定める技術上の基準に従つて設置し、及び維持しなければならない消防用設備等と同等以上の性能を有しているかどうかを審査し、当該性能を有していると認められるときは、同条第三項の規定による認定をしなければならない。（す）

③ 総務大臣は、前項の規定により認定をしようとするときは、その旨を関係消防長又は関係消防署長に通知しなければならない。この場合において、関係消防長又は関係消防署長は、当該認定に関し、総務大臣に対し、意見を申し出ることができる。（す）

本条…追加〔平成一五年六月法律八四号〕

〔認定の失効〕

第一七条の二の三　総務大臣は、第十七条第三項の規定による認定を受けた特殊消防用設備等について、次の各号のいずれかに該当するときは、当該認定の効力を失わせることができる。（す）

一　偽りその他不正な手段により当該認定又は次項の承認を受けたことが判明したとき。（す）

二　設備等設置維持計画に従つて設置され、又は維持されていな

いと認めるとき。（す）

② 第十七条第三項の規定による認定を受けた者は、当該認定に係る特殊消防用設備等又は設備等設置維持計画を変更しようとするときは、総務大臣の承認を受けなければならない。ただし、総務省令で定める軽微な変更については、この限りでない。（す）

③ 前二条の規定は、前項の規定により総務大臣が承認する場合について準用する。（す）

④ 第十七条第三項の規定による認定を受けた者は、第二項ただし書の総務省令で定める軽微な変更をしたときは、総務省令で定めるところにより、その旨を消防長又は消防署長に届け出なければならない。（す）

本条…追加〔平成一五年六月法律八四号〕

罰則 ＊【第四項の届出を怠つた者】過料五万円以下（消防四六の五）

〔総務大臣の性能評価〕

第一七条の二の四　総務大臣は、協会又は第十七条の二第一項の規定による登録を受けた法人が、性能評価を行う機能の全部又は一部を喪失したことにより、当該性能評価に関する業務を行うことが困難となつた場合において、特別の必要があると認めるときは、第十七条第三項の認定を受けようとする者の申請に基づき当該性能評価を行うことができる。（す）

② 総務大臣は、前項の規定により性能評価の全部又は一部を自ら行う場合は、あらかじめ、当該性能評価を行う期間を公示しなければならない。（す）

③ 第十七条の二第二項及び第三項の規定は、第一項の規定により総務大臣が性能評価を行う場合について準用する。（す）

④ 第一項の規定により総務大臣の行う性能評価を受けようとする者は、実費を勘案して政令〔消令第三三条の二〕で定める額の手数料を国に納付しなければならない。（す）

本条…追加〔平成一五年六月法律八四号〕

〔適用除外〕

第一七条の二の五　第十七条第一項の消防用設備等の技術上の基準に関する政令若しくはこれに基づく命令又は同条第二項の規定に基づく条例の規定の施行又は適用の際、現に存する同条第一項の防火対象物における消防用設備等（消火器、避難器具その他政令で定めるもの〔消令第三四条〕を除く。以下この条及び次条において同じ。）又は現に新築、増築、改築、移転、修繕若しくは模様替えの工事中の同条同項の防火対象物に係る消防用設備等がこれらの規定に適合しないときは、当該消防用設備等については、当該規定は、適用しない。この場合においては、当該消防用設備等の技術上の基準に関する従前の規定を適用する。（を）（す）

② 前項の規定は、消防用設備等で次の各号のいずれかに該当する

ものについては、適用しない。（を）（の）（す）

一　第十七条第一項の消防用設備等の技術上の基準に関する政令若しくはこれに基づく命令又は同条第二項の規定に基づく条例を改正する法令による改正（当該政令若しくは命令又は条例を廃止すると同時に新たにこれに相当する政令若しくは命令又は条例を制定することを含む。）後の当該政令若しくは命令又は条例の規定の適用の際、当該規定に相当する従前の規定に適合していないことにより同条第一項の規定に違反している同条同項の防火対象物における消防用設備等（を）（す）

二　工事の着手が第十七条第一項の消防用設備等の技術上の基準に関する政令若しくはこれに基づく命令又は同条第二項の規定に基づく条例の規定の施行又は適用の後である政令で定める増築、改築〔消令第三四条の二〕又は大規模の修繕若しくは模様替え〔消令第三四条の三〕に係る同条第一項の防火対象物における消防用設備等（を）（す）

三　第十七条第一項の消防用設備等の技術上の基準に関する政令若しくはこれに基づく命令又は同条第二項の規定に基づく条例の規定に適合するに至つた同条第一項の防火対象物における消防用設備等（を）（す）

四　前三号に掲げるもののほか、第十七条第一項の消防用設備等の技術上の基準に関する政令若しくはこれに基づく命令又は同条第二項の規定に基づく条例の規定の施行又は適用の際、現に存する百貨店、旅館、病院、地下街、複合用途防火対象物（政令で定めるもの〔消令第三四条の四第一項〕に限る。）その他同条第一項の防火対象物で多数の者が出入するものとして政令で定めるもの〔消令第三四条の四第二項〕（以下「**特定防火対象物**」という。）における消防用設備等又は現に新築、増築、改築、移転、修繕若しくは模様替えの工事中の特定防火対象物に係る消防用設備等（の）（す）

本条…追加〔昭和三五年七月法律一一七号〕、二項…一部改正〔昭和四九年六月法律六四号〕、一・二項…一部改正・旧一七条の二…繰下〔平成一五年六月法律八四号〕

解説　本条第一項は消令第三四条に定める消防用設備等を除き既存の防火対象物に対しての不遡及の原則を定めたものである。

本条第二項は、第一項の不遡及の原則を適用することができない場合について定めたものである。

【**特定防火対象物**】消令別表第一㈠項から㈣項、㈤項イ、㈥項、㈨項イ、⒃項イ、(十六の二)項、(十六の三)項

〔**用途変更の場合の特例**〕

第一七条の三　前条に規定する場合のほか、第十七条第一項の防火対象物の用途が変更されたことにより、当該用途が変更された後の当該防火対象物における消防用設備等がこれに係る同条同項の消防用設備等の技術上の基準に関する政令若しくはこれに基づく命令又は同条第二項の規定に基づく条例の規定に適合しないこととなるときは、当該消防用設備等については、当該規定は、適用

しない。この場合においては、当該用途が変更される前の当該防火対象物における消防用設備等の技術上の基準に関する規定を適用する。（を）

② 前項の規定は、消防用設備等で次の各号の一に該当するものについては、適用しない。（を）（の）

一 第十七条第一項の防火対象物の用途が変更された際、当該用途が変更される前の当該防火対象物における消防用設備等に係る同条同項の消防用設備等の技術上の基準に関する政令若しくはこれに基づく命令又は同条第二項の規定に基づく条例の規定に適合していないことにより同条第一項の規定に違反している当該防火対象物における消防用設備等（を）

二 工事の着手が第十七条第一項の防火対象物の用途の変更の後である政令で定める増築、改築〔消令第三四条の二〕又は大規模の修繕若しくは模様替え〔消令第三四条の三〕に係る当該防火対象物における消防用設備等（を）

三 第十七条第一項の消防用設備等の技術上の基準に関する政令若しくはこれに基づく命令又は同条第二項の規定に基づく条例の規定に適合するに至つた同条第一項の防火対象物における消防用設備等（を）

四 前三号に掲げるもののほか、第十七条第一項の防火対象物の用途が変更され、その変更後の用途が特定防火対象物の用途である場合における当該特定防火対象物における消防用設備等（の）

本条…追加〔昭和三五年七月法律一一七号〕、二項…一部改正〔昭和四九年六月法律六四号〕

解説 本条第一項は、防火対象物の用途が変更されたことにより、従来の設備では技術上の基準に適合しなくなった場合でも、変更前の設備のままで良い旨を定めたものである。

本条第二項は、第一項の規定を適用できず、変更後の用途に適合した消防用設備等を技術上の基準に従って設置し、維持しなければならない場合について定めたものである。

〔消防用設備等又は特殊消防用設備等の検査〕

第一七条の三の二 第十七条第一項の防火対象物のうち特定防火対象物その他の政令で定めるもの〔消令第三五条第一項〕の関係者は、同項の政令若しくはこれに基づく命令若しくは同条第二項の規定に基づく条例で定める技術上の基準（第十七条の二の五第一項前段又は前条第一項前段に規定する場合には、それぞれ第十七条の二の五第一項後段又は前条第一項後段の規定により適用されることとなる技術上の基準とする。以下「設備等技術基準」という。）又は設備等設置維持計画に従つて設置しなければならない消防用設備等又は特殊消防用設備等（政令で定めるもの〔消令第三五条第二項〕を除く。）を設置したときは、総務省令〔消則第三一条の三〕で定めるところにより、その旨を消防長又は消防署長に届け出て、検査を受けなければならない。（の）（ゑ）（す）

本条…追加〔昭和四九年六月法律六四号〕、一部改正〔平成一一年一二

月法律一六〇号・一五年六月八四号〕

解説【**消防用設備等の検査**】新設の場合に限らず、増設や改修したような場合も単なる修繕に止まる場合を除き、本検査を要する。

【**検査を受けなくともよい設備**】消防用設備等のうち、簡易消火用具及び非常警報器具

罰則＊【検査の拒否等又は届出を怠った者】罰金三〇万円以下・拘留（消防四四4・8）【公訴時効】三年（刑訴五五・二五〇・二五三）ただし、届出義務違反については、届出があるまで進行しない（継続犯）。

〔**消防用設備等又は特殊消防用設備等の点検及び報告**〕

第一七条の三の三　第十七条第一項の**防火対象物**（政令で定めるもの〔消令第三六条第一項〕を除く。）の関係者は、当該防火対象物における消防用設備等又は特殊消防用設備等（第八条の二の二第一項の防火対象物にあつては、消防用設備等又は特殊消防用設備等の機能）について、総務省令〔消則第三一条の六〕で定めるところにより、定期に、当該防火対象物のうち政令で定めるもの〔消令第三六条第二項〕にあつては消防設備士免状の交付を受けている者又は**総務省令で定める資格を有する者**に点検させ、その他のものにあつては自ら点検し、その結果を消防長又は消防署長に**報告**しなければならない。(の)(ゑ)(せ)(す)

本条…追加〔昭和四九年六月法律六四号〕、一部改正〔平成一一年一二月法律一六〇号・一四年四月三〇号・一五年六月八四号〕

解説【**点検を実施しなければならない防火対象物**】消防第一七条の規定に基づき、消防用設備等の設置が義務付けられている消令別表第一㈩項以外のすべての対象物である。

【**資格を有する者**】消防設備点検資格者免状の交付を受けた者である。

【**報告**】特定防火対象物は一年に一回、非特定防火対象物は三年に一回である。

罰則＊【報告せず、又は虚偽の報告をした者】罰金三〇万円以下・拘留（消防四四11）、両罰（消防四五3）【公訴時効】三年（刑訴五五・二五〇・二五三）

〔**消防用設備等又は特殊消防用設備等の設置維持命令**〕

第一七条の四　消防長又は消防署長は、第十七条第一項の防火対象物における消防用設備等が設備等技術基準に従つて設置され、又は維持されていないと認めるときは、当該防火対象物の**関係者で権原を有するもの**に対し、当該設備等技術基準に従つてこれを設置すべきこと、又はその維持のため必要な措置をなすべきことを命ずることができる。(を)(の)

② 消防長又は消防署長は、第十七条第一項の防火対象物における同条第三項の規定による認定を受けた特殊消防用設備等が設備等設置維持計画に従つて設置され、又は維持されていないと認めるときは、当該防火対象物の関係者で権原を有するものに対し、当該設備等設置維持計画に従つてこれを設置すべきこと、又はその

維持のため必要な措置をなすべきことを命ずることができる。（す）

③　第五条第三項及び第四項の規定は、前二項の規定による命令について準用する。（せ）（す）

本条…追加〔昭和三五年七月法律一一七号〕、一部改正〔昭和四九年六月法律六四号〕、二項…追加〔平成一四年四月法律三〇号〕、二項…追加・旧二項…一部改正し三項に繰下〔平成一五年六月法律八四号〕

解説【消防用設備等の設置、維持命令】本条による命令は、消防第一七条第一項に係る消防用設備等の全部又は一部が設置されていない場合、又は設置されていてもそれぞれの技術上の基準に適合していない場合に発せられるものである。なお、本条の命令違反に対しては代執行も可能である。

【関係者で権原を有するもの】防火対象物の所有者、管理者、占有者で命令の内容を法律上正当に履行できる者

罰則　＊【命令に違反して消防用設備等又は特殊消防用設備等を設置しなかつた者】懲役一年以下・罰金一〇〇万円以下（消防四一①5）、懲役・罰金の併科（消防四一②）、両罰・罰金三千万円以下（消防四五2）【公訴時効】三年（刑訴五五・二五〇・二五三）

＊【命令に違反して消防用設備等又は特殊消防用設備等の維持のために必要な措置をしなかつた者】罰金三〇万円以下・拘留（消防四四12）、両罰（消防四五3）【公訴時効】三年（刑訴五五・二五〇・二五三）

〔消防設備士〕

第一七条の五　消防設備士免状の交付を受けていない者は、次に掲げる消防用設備等又は特殊消防用設備等の工事（設置に係るものに限る。）又は整備のうち、政令で定めるもの〔消令第三六条の二〕を行つてはならない。（す）

一　第十条第四項の技術上の基準又は設備等技術基準に従つて設置しなければならない消防用設備等（す）

二　設備等設置維持計画に従つて設置しなければならない特殊消防用設備等（す）

本条…追加〔昭和四〇年五月法律六五号〕、一部改正〔昭和四九年六月法律六四号〕、全部改正〔平成一五年六月法律八四号〕

解説【消防設備士でなければ行つてはならない工事又は整備に係る消防用設備等】製造所等又は防火対象物において義務設置となるものである。なお、整備のうち軽微なものはこの対象とならず、また工事、整備の種類は消令第三六条の二に定められている。

※（消防設備士でなくても行うことができる整備の範囲）消令第三六条の二第二項かっこ書き、消則第三三条の二の二

罰則　＊【違反した者】懲役六月以下・罰金五〇万円以下（消防四二①10）、懲役・罰金の併科（消防四二②）【公訴時効】三年（刑訴五五・二五〇・二五三）

〔消防設備士の免状の種類〕

第一七条の六　消防設備士免状〔消則第三三条の五・別記様式第一号の三〕の種類は、甲種消防設備士免状及び乙種消防設備士免状とする。（そ）

②　甲種消防設備士免状の交付を受けている者（以下「甲種消防設備士」という。）が行うことができる工事又は整備の種類〔消則第三三条の三第一項・第二項〕及び乙種消防設備士免状の交付を

受けている者（以下「乙種消防設備士」という。）が行うことができる整備の種類〔消則第三三条の三第三項・第四項〕は、これらの消防設備士免状の種類に応じて総務省令で定める。(そ)(ゑ)

本条…追加〔昭和四〇年五月法律六五号〕、二項…一部改正〔平成一一年一二月法律一六〇号〕

〔消防設備士の免状の交付資格〕

第一七条の七　消防設備士免状は、消防設備士試験に合格した者に対し、都道府県知事が交付する。(そ)(こ)

② **第十三条の二第四項から第七項**までの規定は、消防設備士免状について準用する。(そ)(し)

本条…追加〔昭和四〇年五月法律六五号〕、一項…一部改正〔昭和五八年一二月法律八三号〕、二項…一部改正〔平成一一年七月法律八七号〕

解説
- **【合格の通知及び公示】** 消則第三三条の一四
- **【免状の交付の申請】** 消令第三六条の三
- **【免状の交付の申請書の様式等】** 消則第三三条の四
- **【免状の交付手数料】** 手数料令第二三項
- **【免状の記載事項】** 消令第三六条の四
- **【免状の様式】** 消則第三三条の五
- **【返納命令の通知】** 消則第三三条の五の二
- **【違反行為の通知】** 消則第三三条の五の三
- **【免状の書換えの申請】** 消令第三六条の五、消則第三三条の六
- **【免状の再交付】** 消令第三六条の六、消則第三三条の七
- **【第十三条の二第四項】** 免状の不交付
- **【同条第五項】** 免状の返納命令
- **【同条第六項】** 違反の通知
- **【同条第七項】** 免状の書換・再交付

罰則 ＊【命令に違反した者】罰金三〇万円以下・拘留（消防四四9）【公訴時効】三年（刑訴五五・二五〇・二五三）

〔消防設備士試験〕

第一七条の八　消防設備士試験は、消防用設備等又は特殊消防用設備等（以下この章において「工事整備対象設備等」という。）の設置及び維持に関して必要な知識及び技能について行う。(そ)(す)

② 消防設備士試験の種類は、甲種消防設備士試験及び乙種消防設備士試験とする。(そ)

③ 消防設備士試験は、前項に規定する消防設備士試験の種類ごとに、毎年一回以上、都道府県知事が行う。(こ)

④ 次の各号のいずれかに該当する者でなければ、甲種消防設備士試験を受けることができない。(そ)(こ)(ゆ)

一　学校教育法による大学、高等専門学校、高等学校又は中等教育学校において機械、電気、工業化学、土木又は建築に関する学科又は課程を修めて卒業した者（当該学科又は課程を修めて同法による専門職大学の前期課程を修了した者を含む。）(そ)(ゆ)(み)(す)(レ)

二　乙種消防設備士免状の交付を受けた後二年以上工事整備対象設備等の整備（第十七条の五の規定に基づく政令で定めるものに限る。）の経験を有する者(そ)(す)

三　前二号に掲げる者に準ずるものとして総務省令で定める者〔消則第三三条の八〕(そ)(ゆ)(ゑ)

⑤　前各項に定めるもののほか、消防設備士試験の試験科目、受験手続その他試験の実施細目は、総務省令〔消則第三三条の九～第三三条の一四〕で定める。(そ)(こ)(ゆ)(ゑ)

本条…追加〔昭和四〇年五月法律六五号〕、三項…追加・旧三項…四項に繰下・旧四項…一部改正し五項に繰下〔昭和五八年一二月法律八三号〕、四・五項…一部改正〔平成六年六月法律三七号〕、四項…一部改正〔平成一〇年六月法律一〇一号〕、四・五項…一部改正〔平成一一年一二月法律一六〇号〕、一・四項…一部改正〔平成一五年六月法律八四号〕、四項…一部改正〔平成二九年五月法律四一号〕

解説　【手数料】手数料令第二三項

〔消防設備士試験事務の委任〕

第一七条の九　都道府県知事は、総務大臣の指定する者に、消防設備士試験の実施に関する事務を行わせることができる。(こ)(ゑ)

②　前項の規定による指定は、消防設備士試験の実施に関する事務を行おうとする者の申請〔消則第三三条の一五〕により行う。(こ)

③　都道府県知事は、第一項の規定により総務大臣の指定する者に消防設備士試験の実施に関する事務を行わせるときは、消防設備士試験の実施に関する事務を行わないものとする。(こ)(ゑ)

④　第十三条の六の規定は第一項の規定による指定について、第十三条の七、第十三条の九から第十三条の十八まで及び第十三条の二十二の規定は同項の規定による指定を受けた者について、第十三条の八、第十三条の十九及び第十三条の二十の規定は同項の規定により総務大臣の指定する者にその消防設備士試験の実施に関する事務を行わせることとした都道府県知事について、第十三条の二十一の規定は消防設備士試験の実施に関する事務の引継ぎその他の必要な事項について、準用〔消則第三三条の一六〕する。この場合において、これらの規定中「危険物取扱者試験事務」とあるのは「消防設備士試験の実施に関する事務」と、第十三条の六中「前条第二項」とあるのは「第十七条の九第二項」と、第十三条の七第一項及び第二項並びに第十三条の八第一項中「第十三条の五第一項」とあるのは「第十七条の九第一項」と、第十三条の十及び第十三条の十一第一項中「危険物取扱者試験委員」とあるのは「消防設備士試験委員」と、第十三条の十三第一項及び第十三条の十八第二項第五号中「第十三条の五第一項」とあるのは「第十七条の九第一項」と、第十三条の二十第一項中「第十三条の五第三項」とあるのは「第十七条の九第三項」と読み替えるものとする。(こ)(ゑ)

本条…追加〔昭和五八年一二月法律八三号〕、一・三・四項…一部改正〔平成一一年一二月法律一六〇号〕

罰則　＊【消防設備士試験の実施に関する事務に関して知り得た秘密を漏らした者】懲役一年以下・罰金一〇〇万円以下（消防四一の二）【公訴時効】三年（刑訴五五・二五〇・二五三）

＊【消防設備士試験の実施に関する事務の停止の命令に違反した役員又は職員】懲役一年以下・罰金一〇〇万円以下（消防四一の三）【公訴時効】三年（刑訴五五・二五〇・二五三）

＊【帳簿を備え、保存しなかつた役員又は職員】罰金三〇万円以下（消防四三の二1）【公訴時効】三年（刑訴五五・二五〇・二五三）

＊【報告又は立入検査の拒否等をした役員又は職員】罰金三〇万円以下（消防四三の二2）【公訴時効】三年（刑訴五五・二五〇・二五三）

＊【許可を受けないで、消防設備士試験の実施に関する事務の全部を廃止した役員又は職員】罰金三〇万円以下（消防四三の二3）【公訴時効】三年（刑訴五五・二五〇・二五三）

〔消防設備士講習〕

第一七条の一〇　消防設備士は、総務省令〔消則第三三条の一七〕で定めるところにより、都道府県知事（総務大臣が指定する市町村長その他の機関を含む。）が行う工事整備対象設備等の工事又は整備に関する講習〔手数料令第二三項〕を受けなければならない。（の）（こ）（あ）（ゑ）（す）

本条…追加〔昭和四九年六月法律六四号〕、旧一七条の八の二…繰下〔昭和五八年一二月法律八三号〕、本条…一部改正〔昭和六一年一二月法律一〇九号・平成一一年一二月一六〇号・一五年六月八四号〕

解説　【受講義務者】消防設備士免状の交付を受けている者すべてである。なお、未受講の場合は免状返納命令の対象となる。

【受講時期】交付を受けた日以後における最初の四月一日から二年以内、その後は講習を受けた日以後における最初の四月一日から五年以内ごとである。

※（免状の返納命令の対象となる）消防一七の七②、消防一三の二⑤

〔手数料〕

第一七条の一一　前条の規定により総務大臣が指定する機関で市町村長以外のもの（以下この条において「指定講習機関」という。）が行う工事整備対象設備等の工事又は整備に関する講習を受けようとする者は、政令〔消令第三六条の八〕で定めるところにより、実費を勘案して政令で定める額の手数料を当該指定講習機関に納めなければならない。（し）（ゑ）（す）

②　前項の規定により指定講習機関に納められた手数料は、当該指定講習機関の収入とする。（こ）（あ）（し）

③　都道府県は、地方自治法第二百二十七条の規定に基づき消防設備士試験に係る手数料を徴収する場合においては、第十七条の九第一項の規定による指定を受けた者（以下この項において「指定試験機関」という。）が行う消防設備士試験を受けようとする者に、条例で定めるところにより、当該手数料を当該指定試験機関へ納めさせ、その収入とすることができる。（し）

本条…追加〔昭和四〇年五月法律六五号〕、一部改正〔昭和四九年六月法律六四号〕、一項…一部改正・二項…追加・旧一七条の九…繰下〔昭和五八年一二月法律八三号〕、一・二項…一部改正〔昭和六一年一二月法律一〇九号〕、一項…全部改正・二項…一部改正・三項…追加〔平成一一年七月法律八七号〕、一項…一部改正〔平成一一年一二月法律一六〇号・一五年六月八四号〕

〔消防設備士の責務〕

第一七条の一二　消防設備士は、その業務を誠実に行い、工事整備対象設備等の質の向上に努めなければならない。（そ）（こ）（す）

本条…追加〔昭和四〇年五月法律六五号〕、旧一七条の一〇…繰下〔昭和五八年一二月法律八三号〕、本条…一部改正〔平成一五年六月法律八四号〕

解説【その業務】消防設備士でなければ行ってはならない工事、整備をいう。本条に違反して、不適切な工事、整備等を行った場合は免状返納命令の対象となる。

〔消防設備士の免状の携帯義務〕

第一七条の一三　消防設備士は、その業務に従事するときは、消防設備士免状〔消則第三三条の五〕を携帯していなければならない。（そ）（こ）

本条…追加〔昭和四〇年五月法律六五号〕、旧一七条の一一…繰下〔昭和五八年一二月法律八三号〕

解説【その業務】前条解説と同じ。なお本条に違反した場合は免状返納命令の対象となる。

〔工事着手の届出〕

第一七条の一四　甲種消防設備士は、第十七条の五の規定に基づく政令で定める**工事**〔消令第三六条の二第一項〕をしようとするときは、その工事に着手しようとする日の十日前までに、総務省令〔消則第三三条の一八〕で定めるところにより、工事整備対象設備等の種類、工事の場所その他必要な事項を消防長又は消防署長に届け出なければならない。（そ）（こ）（ゑ）（す）

本条…追加〔昭和四〇年五月法律六五号〕、旧一七条の一二…繰下〔昭和五八年一二月法律八三号〕、本条…一部改正〔平成一一年一二月法律一六〇号・一五年六月八四号〕

解説【着工届を要する工事】消令第三六条の二第一項に定められた消防用設備等の設置に係る工事である。本条に違反した場合は免状返納命令の対象となる。

罰則＊【届出を怠つた者】罰金三〇万円以下・拘留（消防四四⑧）【公訴時効】三年（刑訴五五・二五〇・二五三）

〔消防用施設の濫用禁止等〕

第一八条　何人も、みだりに**火災報知機**、消火栓、消防の用に供する貯水施設又は消防の用に供する望楼若しくは警鐘台を使用し、損壊し、撤去し、又はその正当な使用を妨げてはならない。

②　何人も、みだりに総務省令〔消則第三四条・別表第一の三〕で定める消防信号又はこれに類似する信号を使用してはならない。（ゑ）

二項…一部改正〔平成一一年一二月法律一六〇号〕

解説【火災報知機】消防機関へ通報する火災報知設備のほか、自動火災報知設備も含まれる。

罰則＊【みだりに望楼又は警鐘台を損壊し、又は撤去した者】懲役七年以下（消防三八）【公訴時効】五年（刑訴五五・二五〇・二五三）
＊【みだりに火災報知機等を損壊し、又は撤去した者】懲役五年以下（消防三九）【公訴時効】五年（刑訴五五・二五〇・二五三）
＊【みだりに火災報知機等又は望楼を使用し、又はその正当な使用

を妨げた者】罰金三〇万円以下・拘留（消防四四13）【公訴時効】三年（刑訴五五・二五〇・二五三）

＊【第二項の規定に違反した者】罰金三〇万円以下・拘留（消防四四14）【公訴時効】三年（刑訴五五・二五〇・二五三）

第一九条　削除(た)〔昭和三八年四月法律八八号〕

〔**消防水利の基準及び水利施設の設置等の義務**〕

第二〇条　**消防に必要な水利の基準**は、消防庁がこれを勧告する。(に)(る)

② **消防に必要な水利施設**は、当該市町村〔消組第六条〕がこれを設置し、維持し及び管理するものとする。但し、水道については、当該水道の管理者が、これを設置し、維持し及び管理するものとする。

一項…一部改正〔昭和二七年七月法律二五八号・三五年六月一一三号〕

解説　【**消防に必要な水利の基準**】昭和三九年一二月一〇日消防庁告示第七号によって消防水利の種類、位置、構造、機能、能力、管理等について定められている。なお、標識については昭和四五年八月一九日消防防第四四二号により指針が示されている。【**消防に必要な水利施設**】公共施設たる水道、消火栓、貯水池、貯水槽等をいう。

〔**指定消防水利**〕

第二一条　消防長又は消防署長は、池、泉水、井戸、水そうその他**消防の用に供し得る水利**についてその所有者、管理者又は占有者の承諾を得て、これを消防水利に指定して、常時使用可能の状態に置くことができる。

② 消防長又は消防署長は、前項の規定により指定をした消防水利には、総務省令〔消則第三四条の二・別表第一の四〕で定めるところにより、標識を掲げなければならない。(そ)(ゑ)

③ 第一項の水利を変更し、撤去し、又は使用不能の状態に置こうとする者は、予め所轄消防長又は消防署長に届け出なければならない。(そ)

二項…追加・旧二項…一部改正し三項に繰下〔昭和四〇年五月法律六五号〕、二項…一部改正〔平成一一年一二月法律一六〇号〕

解説　【**消防の用に供し得る水利**】自然水利、人工水利のいかんを問わず、私有の池、井戸、泉水等で消防の用に供することができ、かつ、公共的なものとなし得ることができるものをいう。

罰則　＊【届出をせず消防水利を使用不能の状態に置いた者】罰金三〇万円以下・拘留（消防四四15）【公訴時効】三年（刑訴五五・二五〇・二五三）

第四章の二　消防の用に供する機械器具等の検定等(た)(え)

本章…追加〔昭和三八年四月法律八八号〕、章名…改正〔昭和六〇年一二月法律一〇二号〕

第一節　検定対象機械器具等の検定(た)(え)

本節…追加〔昭和三八年四月法律八八号〕、節名…改正〔昭和六〇年一二月法律一〇二号〕

〔検定〕

第二一条の二　消防の用に供する機械器具若しくは設備、消火薬剤又は防火塗料、防火液その他の防火薬品（以下「消防の用に供する機械器具等」という。）のうち、一定の形状、構造、材質、成分及び性能（以下「形状等」という。）を有しないときは火災の予防若しくは警戒、消火又は人命の救助等のために重大な支障を生ずるおそれのあるものであり、かつ、その使用状況からみて当該形状等を有することについてあらかじめ検査を受ける必要があると認められるものであつて、政令で定めるもの〔消令第三七条〕（以下「検定対象機械器具等」という。）については、この節に定めるところにより**検定**〔消則第四章の二、消防第二一条の三・第二一条の一七〕をするものとする。(た)(え)

② この節において「型式承認」とは、検定対象機械器具等の型式に係る形状等が総務省令で定める検定対象機械器具等に係る**技術上の規格**に適合している旨の承認をいう。(た)(え)(ゑ)

③ この節において「型式適合検定〔消防第二一条の九、消則第四〇条・別表第三〕」とは、検定対象機械器具等の形状等が型式承認を受けた検定対象機械器具等の型式に係る形状等に適合しているかどうかについて総務省令〔消則第三四条の五～第三四条の七〕で定める方法により行う検定をいう。(た)(え)(ヲ)

④ 検定対象機械器具等は、第二十一条の九第一項（第二十一条の十一第三項において準用する場合を含む。以下この項において同じ。）の規定による表示が付されているものでなければ、販売し、又は販売の目的で陳列してはならず、また、検定対象機械器具等のうち消防の用に供する機械器具又は設備は、第二十一条の九第一項の規定による表示が付されているものでなければ、その設置、変更又は修理の請負に係る工事に使用してはならない。(た)(え)(ひ)(ニ)

本条…追加〔昭和三八年四月法律八八号〕、一—四項…一部改正〔昭和六〇年一二月法律一〇二号〕、二項…一部改正〔平成一一年一二月法律一六〇号〕、四項…一部改正〔平成一一年一二月法律一六三号・一八年三月二二号〕、三項…一部改正〔平成二四年六月法律三八号〕

解説 【検定を要する消防用機械器具等】消令第三七条で定められた機械器具等（輸出されるもの、船舶安全法、航空法の規定に基づく検査等に合格したものは除かれる。）

【検定】ある製品の型状、構造、材質及び性質等について一定の技術上の規格に基づいた試験を行い、その規格に適合しているか否かを判定すること。

【技術上の規格】 消火器の技術上の規格を定める省令（昭和三九年九月自治省令第二七号）、消火器用消火薬剤の技術上の規格を定める省令（昭和三九年九月自治省令第二八号）、泡消火薬剤の技術上の規格を定める省令（昭和五〇年一二月自治省令第二六号）、閉鎖型スプリンクラーヘッドの技術上の規格を定める省令（昭和四〇年一月自治省令第二号）、流水検知装置の技術上の規格を定める省令（昭和五八年一月自治省令第二号）、一斉開放弁の技術上の規格を定める省令（昭和五〇年九月自治省令第一九号）、火災報知設備の感知器及び発信機に係る技術上の規格を定める省令（昭和五六年六月自治省令第一七号）、中継器に係る技術上の規格を定める省令（昭和五六年六月自治省令第一八号）、受信機に係る技術上の規格を定める省令（昭和五六年六月自治省令第一九号）、金属製避難はしごの技術上の規格を定める省令（昭和四〇年一月自治省令第三号）、緩降機の技術上の規格を定める省令（平成六年一月自治省令第二号）、住宅用防災警報器及び住宅用防災報知設備に係る技術上の規格を定める省令（平成一七年一月総務省令第一一号）

【消火設備及び警報設備の規格】 危令第二二条

罰則 ＊【第四項の規定に違反した者】 懲役一年以下・罰金一〇〇万円以下（消防四一①6）、両罰（消防四五3）【公訴時効】 三年（刑訴五五・二五〇・二五三）

〔型式承認〕

第二一条の三 型式承認を受けようとする者は、あらかじめ、日本消防検定協会（以下この節において「協会」という。）又は法人であつて総務大臣の登録を受けたものが行う検定対象機械器具等についての試験を受けなければならない。（た）（え）（て）（ゑ）（す）

② 前項の試験を受けようとする者は、総務省令〔消則第三五条第一項・第三項・第四項〕で定めるところにより、申請書に総務省令で定める検定対象機械器具等の見本及び書類を添えて、協会又は同項の規定による登録を受けた法人に申請しなければならない。（た）（え）（て）（ゑ）（す）

③ 協会又は第一項の規定による登録を受けた法人は、前項の申請があつたときは、総務省令〔消則第三六条〕で定めるところにより、前条第二項に規定する技術上の規格に基づき、当該申請に係る検定対象機械器具等についての試験を行い、その試験結果に意見を付してこれを前項の申請をした者に通知しなければならない。（た）（え）（て）（ゑ）（す）

本条…追加〔昭和三八年四月法律八八号〕、一―三項…一部改正〔昭和六〇年一二月法律一〇二号〕、一―四項…一部改正〔昭和六一年四月法律二〇号〕、一―三項…一部改正〔平成一一年一二月法律一六〇号〕、一―三項…一部改正・四項…削除〔平成一五年六月法律八四号〕

〔型式承認の申請〕

第二一条の四 前条第三項（第二十一条の十一第三項において準用する場合を含む。）の試験結果の通知を受けた者が型式承認を受けようとするときは、総務省令〔消則第三七条〕で定めるところにより、申請書に当該試験結果及び意見を記載した書面を添えて、総務大臣に申請しなければならない。（た）（ゑ）（ひ）（ニ）

② 総務大臣は、前項の申請があつたときは、同項の試験結果及び意見を記載した書面により、当該申請に係る検定対象機械器具等の型式に係る形状等が第二十一条の二第二項に規定する技術上の規格に適合しているかどうかを審査し、当該形状等が同項に規定する技術上の規格に適合しているときは、当該型式について型式承認をしなければならない。（た）（え）（ゑ）

③　総務大臣は、前項の規定により型式承認をしたときは、その旨を第一項の申請をした者に通知するとともに、**公示**しなければならない。(て)(ゑ)

本条…追加〔昭和三八年四月法律八八号〕、二項…一部改正〔昭和六〇年一二月法律一〇二号〕、一—三項…〔平成一一年一二月法律一六〇号〕、一項…一部改正〔平成二一年一二月法律二六三号・一八年三月二二号〕

解説　**【型式承認】**型式承認は、学問上の確認行為であり、技術上の規格に適合している場合は必ず承認しなければならない、いわゆる羈束行為であるからこれに付款を付することはできないものである。

【公示】官報に登載して行われる。
【型式承認後の氏名等の変更の届出】消則第三八条
【型式承認後の個別検定の申請】消防第二一条の七
【国土交通大臣への通知】消則第四二条

〔技術上の規格の変更に係る型式承認の失効〕

第二一条の五　総務大臣は、第二十一条の二第二項に規定する技術上の規格が変更され、既に型式承認を受けた検定対象機械器具等の型式に係る形状等が当該変更後の同項に規定する技術上の規格に適合しないと認めるときは、当該**型式承認の効力を失わせ**、又は一定の期間が経過した後に当該型式承認の効力が失われることとするものとする。(た)(え)(て)(ゑ)
〔消防第二一条の一〇〕

②　総務大臣は、前項の規定により、型式承認の効力を失わせたとき、又は一定の期間が経過した後に型式承認の効力が失われることとしたときは、その旨を**公示**するとともに、当該型式承認を受けた者に通知しなければならない。(た)(て)(ゑ)

③　第一項の規定による処分は、前項の規定による公示によりその効力を生ずる。(た)

本条…追加〔昭和三八年四月法律八八号〕、一項…一部改正〔昭和六〇年一二月法律一〇二号〕、一・二項…一部改正〔昭和六一年四月法律二〇号・平成一一年一二月一六〇号〕

解説　**【型式承認の効力を失わせ】**型式承認の失効処分であり、学問上の撤回である。したがってこれ以後は当該型式承認を受けた型式の型式適合検定は受けられなくなり、また、すでに行われた型式適合検定の合格の効力も失われる。

【公示】官報による。

〔不正手段等による型式承認の失効〕

第二一条の六　総務大臣は、型式承認を受けた者が次の各号のいずれかに該当するときは、当該型式承認の効力を失わせること〔消防第二一条の一〇〕ができる。(た)(ゑ)

一　**不正の手段**により当該型式承認を受けたとき。(た)

二　正当な理由がなく、当該型式承認を受けた検定対象機械器具等に係る型式適合検定の申請を、当該型式承認をした旨の通知を受けた日から二年以内にしないとき、又は引き続き二年以上しないとき。(た)(え)(ヲ)

②　前条第二項の規定は前項の規定により型式承認の効力を失わせたときについて、同条第三項の規定は前項の規定による処分の効力の発生について準用する。(た)

本条…追加〔昭和三八年四月法律八八号〕、一項…一部改正〔昭和六〇年一二月法律一〇二号・平成一一年一二月一六〇号・二四年六月三八

号〕

解説 本条は前条の場合の外に型式承認の効力を失わしめる場合について定めたものである。

【不正の手段】脅迫、贈賄、申請書への偽りの事実の記載等

〔**型式適合検定の申請手続**〕

第二十一条の七　第二十一条の四第二項の規定により型式承認を受けた者が当該型式承認に係る検定対象機械器具等に係る型式適合検定を受けようとするときは、総務省令〔消則第三九条〕で定めるところにより、協会又は第二十一条の三第一項の規定による登録を受けた法人のうち当該型式承認に係る検定対象機械器具等についての試験を行つたものに**申請**しなければならない。(た)(え)(て)(ゑ)(す)(ヲ)

解説 本条…追加〔昭和三八年四月法律八八号〕、一部改正〔昭和六〇年一二月法律一〇二号・六一年四月二〇号・平成一一年一二月一六〇号・一五年六月八四号・二四年六月三八号〕

【申請者】型式承認を受けた者に限られる。

【申請書】消則別記様式第七号による申請書正副二通による。ただし、申請が電磁的方法により行われる場合は、この限りでない（消則第三九条）。

〔**型式適合検定の合格等**〕

第二十一条の八　協会又は第二十一条の三第一項の規定による登録を受けた法人は、前条の申請があつたときは、当該申請に係る検定対象機械器具等について**型式適合検定**を行い、当該申請に係る検定対象機械器具等の形状等が第二十一条の四第二項の規定により型式承認を受けた検定対象機械器具等の型式に係る形状等に適合しているときは、当該申請に係る検定対象機械器具等を、型式適合検定に合格したものとしなければならない。(た)(え)(て)(す)(ヲ)

② 協会又は第二十一条の三第一項の規定による登録を受けた法人は、不正の手段によつて前項の型式適合検定に合格した検定対象機械器具等の合格の決定を取り消すことができる。(ヲ)

③ 前項の規定により合格の決定を取り消したときは、協会又は第二十一条の三第一項の規定による登録を受けた法人は、遅滞なく、その旨を、理由を付して総務大臣に届け出るとともに、公示し、かつ、当該合格の決定を取り消された検定対象機械器具等に係る型式適合検定を受けた者に通知しなければならない。(ヲ)

解説 本条…追加〔昭和三八年四月法律八八号〕、一項…一部改正〔昭和六〇年一二月法律一〇二号〕、一・二項…一部改正〔昭和六一年四月法律二〇号〕、一項…一部改正・二項…削除〔平成一五年六月法律八四号〕、一項…一部改正・二・三項…追加〔平成二四年六月法律三八号〕

【型式適合検定】申請に係る検定対象機械器具等の形状、構造、材質、成分及び性能等が型式承認を受けたものと同一であるか否かについて試験を行い判定することであり、裁量の入る余地はない。

〔**合格の表示等**〕

第二十一条の九　協会又は第二十一条の三第一項の規定による登録を受けた法人は、前条第一項の規定により型式適合検定に合格した検定対象機械器具等に、総務省令〔消則第四〇条・別表第三〕で定めるところにより、当該検定対象機械器具等の型式は第二十一

条の四第二項の規定により型式承認を受けたものであり、かつ、当該検定対象機械器具等は前条第一項の規定により**型式適合検定に合格したものである旨の表示**を付さなければならない。（た）（え）（て）（ゑ）（す）（ヲ）

② 何人も、消防の用に供する機械器具等に、前項に規定する場合を除くほか同項の表示を付してはならず、又は同項の表示と紛らわしい表示を付してはならない。（た）（え）

本条…追加〔昭和三八年四月法律八八号〕、一・二項…一部改正〔昭和六〇年一二月法律一〇二号〕、一項…一部改正〔昭和六一年四月法律二〇号・平成一一年一二月一六〇号・一五年六月八四号・二四年六月三八号〕

解説 【型式適合検定合格の表示】 消則別表第三に定められた様式により行われる（消則第四〇条）。この表示を付することにより初めて販売や工事に使用することができるものである（消防第二一条の二第四項）。

罰則 ＊【第二項の規定に違反した者】 懲役一年以下・罰金一〇〇万円以下（消防四一①6）、両罰（消防四五3）【公訴時効】 三年（刑訴五五・二五〇・二五三）

〔型式承認の失効の効果〕

第二一条の一〇 型式承認の効力が第二十一条の五第一項の規定による型式承認の効力を失わせる処分、**同項に規定する期間の経過**又は第二十一条の六第一項の規定による処分により失われたときは、当該型式承認に係る検定対象機械器具等に係る協会又は第二十一条の三第一項の規定による登録を受けた法人の既に行つた型式適合検定の合格の効力は、失われるものとする。（た）（え）（て）（す）（ヲ）

本条…追加〔昭和三八年四月法律八八号〕、一部改正〔昭和六〇年一二月法律一〇二号・六一年四月二〇号・平成一五年六月八四号・二四年六月三八号〕

解説 【同項〔第二一条の五第一項〕に規定する期間の経過】 技術上の規格の変更に伴い失効したもので一定の猶予期間が置かれた時の、この猶予期間が過ぎたものをいう。

〔総務大臣の検定〕

第二一条の一一 総務大臣は、協会又は第二十一条の三第一項の規定による登録を受けた法人が、検定対象機械器具等についての試験又は型式適合検定を行う機能の全部又は一部を喪失したことにより、当該試験又は型式適合検定に関する業務を行うことが困難となつた場合において、特別の必要があると認めるときは、型式承認を受けようとする者の申請に基づき検定対象機械器具等についての試験を行い、又は型式承認を受けた者で型式適合検定を受けようとするものの申請に基づき検定対象機械器具等の型式適合検定を行うことができる。（た）（え）（ゑ）（ひ）（す）（ニ）（ヲ）

② 総務大臣は、前項の規定により試験又は型式適合検定を行う場合は、あらかじめ、当該試験又は型式適合検定を行う検定対象機械器具等の種類及び当該試験又は型式適合検定を行う期間を公示しなければならない。（ニ）（ヲ）

③ 第二十一条の三第二項及び第三項の規定は第一項の規定により総務大臣が試験を行う場合に、第二十一条の七、第二十一条の八及び第二十一条の九の規定は同項の規定により総務大臣が検定対

象機械器具等の型式適合検定を行う場合に、前条の規定は同項の規定により総務大臣が行つた型式適合検定の合格の効力について準用する。（た）（え）（ゑ）（ひ）（す）（ニ）（ヲ）

④　協会は、第二項の規定により公示された期間中は、同項の規定により公示された種類の検定対象機械器具等については、試験を行い、又は型式適合検定をすることができない。（た）（え）（ひ）（ニ）（ヲ）

本条…追加〔昭和三八年四月法律八八号〕、一―四項…一部改正〔昭和六〇年一二月法律一〇二号〕、一―三項…一部改正〔平成一一年一二月法律一六〇号〕、一―三項…一部改正、四項…追加、旧四項…五項に繰下〔平成一一年一二月法律一六三号〕、一・三・四項…一部改正〔平成一五年六月法律八四号〕、一・三項…一部改正、二項…全部改正、四項…削除、旧五項…四項に繰上〔平成一八年三月法律二二号〕、一―四項…一部改正〔平成二四年六月法律三八号〕

罰則　＊【第三項の規定に違反した者】懲役一年以下・罰金一〇〇万円以下（消防四一①6）、両罰（消防四五3）【公訴時効】三年（刑訴五五・二五〇・二五三）

〔表示の除去又は消印〕

第二一条の一二　総務大臣は、第二十一条の九第一項（前条第三項において準用する場合を含む。以下この条において同じ。）の規定による表示が付されている検定対象機械器具等で第二十一条の八第二項（前条第三項において準用する場合を含む。）の規定によりその型式適合検定の合格の決定が取り消されたもの若しくは第二十一条の十（前条第三項において準用する場合を含む。）の規定によりその型式適合検定の合格の効力が失われたもの又は消防の用に供する機械器具等で第二十一条の九第一項の規定によらないで同項の表示が付されているもの若しくは同項の表示と紛らわしい表示が付されているもののうち、消防の用に供する機械器具等の販売を業とする者又は消防の用に供する機械器具若しくは設備の設置、変更若しくは修理の請負に係る工事を業とする者（以下「販売業者等」という。）の事務所、事業所又は倉庫にあるものについて、その職員に当該表示を除去させ、又はこれに消印を付させることができる。（た）（え）（ゑ）（ひ）（ニ）（ヲ）

本条…追加〔昭和三八年四月法律八八号〕、一部改正〔昭和六〇年一二月法律一〇二号・平成一一年一二月一六〇号・一六三号・一八年三月二二号・二四年六月三八号〕

〔検定不合格消防用機械器具等流通時の回収等命令〕

第二一条の一三　総務大臣は、次の各号に掲げる事由により火災の予防若しくは警戒、消火又は人命の救助等のために重大な支障が生ずるおそれがあると認める場合において、当該重大な支障の発生を防止するため特に必要があると認めるときは、当該各号に規定する販売業者等に対し、当該検定対象機械器具等の回収を図ることその他当該検定対象機械器具等が一定の形状等を有しないことによる火災の予防若しくは警戒、消火又は人命の救助等に対する重大な支障の発生を防止するために必要な措置をとるべきことを命ずることができる。（ヲ）

一　販売業者等が第二十一条の二第四項の規定に違反して、検定対象機械器具等を販売し、又は検定対象機械器具等のうち消防の用に供する機械器具若しくは設備を設置、変更若しくは修理の請負に係る工事に使用したこと。（ヲ）

二　販売業者等が販売した検定対象機械器具等又は販売業者等が設置、変更若しくは修理の請負に係る工事に使用した検定対象機械器具等のうち消防の用に供する機械器具若しくは設備について、型式適合検定の合格の決定が第二十一条の八第二項（第二十一条の十一第三項において準用する場合を含む。）の規定により取り消されたこと。（ヲ）

本条…追加〔平成二四年六月法律三八号〕

罰則　＊【命令に違反した者】懲役一年以下・罰金一〇〇万円以下（消防四一①7）、両罰（消防四五1）【公訴時効】三年（刑訴五五・二五〇・二五三）

〔報告の徴収、検査、質問〕

第二一条の一四　総務大臣は、前二条に規定する権限を行使するために必要な限度において、販売業者等に対してその業務に関し報告をさせ、又はその職員に販売業者等の事務所、事業所若しくは倉庫に立ち入り、消防の用に供する機械器具等、帳簿、書類その他の物件を検査させ、若しくは関係のある者に質問させることができる。（た）（ゑ）（ヲ）

② 前項の職員は、同項の規定により立ち入る場合においては、その身分を示す証明書を関係のある者に提示しなければならない。（た）

③ 第一項の規定による立入検査の権限は、犯罪捜査のために認められたものと解釈してはならない。（え）

本条…追加〔昭和三八年四月法律八八号〕、三項…追加〔昭和六〇年一二月法律一〇二号〕、一項…一部改正〔平成一一年一二月法律一六〇号〕、一項…一部改正・旧二一条の一三…繰下〔平成二四年六月法律三八号〕

罰則　＊【報告、検査の拒否等】罰金三〇万円以下・拘留（消防四四16）【公訴時効】三年（刑訴五五・二五〇・二五三）

〔手数料〕

第二一条の一五　第二十一条の十一第一項の規定により総務大臣の行う試験又は型式適合検定を受けようとする者は、政令で定めるところにより、実費を勘案して政令で定める額〔消令第四〇条〕の手数料を納付しなければならない。（た）（て）（ゑ）（ひ）（す）（ニ）（ヲ）

② 前項の手数料は、総務大臣の行う試験又は型式適合検定に係るものについては国庫の収入とする。（た）（て）（ゑ）（ひ）（す）（ニ）（ヲ）

本条…追加〔昭和三八年四月法律八八号〕、一・二項…一部改正〔昭和六一年四月法律二〇号・平成一一年一二月一六〇号・一六三号・一五年六月八四号・一八年三月二二号・二四年六月三八号〕

〔審査請求〕

第二一条の一六　協会又は第二十一条の三第一項の規定による登録を受けた法人の行う型式適合検定に関する処分又はその不作為については、総務大臣に対し、審査請求をすることができる。この場合において、総務大臣は、行政不服審査法第二十五条第二項及び第三項、第四十六条第一項及び第二項、第四十七条並びに第四十九条第三項の規定の適用については、協会又は第二十一条の三第一項の規定による登録を受けた法人の上級行政庁とみなす。（た）（そ）（て）（ゑ）（ひ）（す）（ニ）（ヲ）（ヨ）

本条…追加〔昭和三八年四月法律八八号〕、一部改正〔昭和四〇年五月法律六五号・六一年四月二〇号・平成一一年一二月一六〇号・一六三号・一五年六月八四号・一八年三月二二号・二四年六月三八号・二六年六月六九号〕

第二節　自主表示対象機械器具等の表示等（え）

本節…追加〔昭和六〇年一二月法律一〇二号〕

〔**自主表示対象機械器具等の制限**〕

第二一条の一六の二　検定対象機械器具等以外の消防の用に供する機械器具等のうち、一定の形状等を有しないときは火災の予防若しくは警戒、消火又は人命の救助等のために重大な支障を生ずるおそれのあるものであつて、政令で定めるもの〔消令第四一条〕（以下「自主表示対象機械器具等」という。）は、次条第一項の規定による表示が付されているものでなければ、販売し、又は販売の目的で陳列してはならず、また、自主表示対象機械器具等のうち消防の用に供する機械器具又は設備は、同項の規定による表示が付されているものでなければ、その設置、変更又は修理の請負に係る工事に使用してはならない。（え）

本条…追加〔昭和六〇年一二月法律一〇二号〕

罰則 *【規定に違反した者】懲役一年以下・罰金一〇〇万円以下（消防四一①6）、両罰（消防四五3）【公訴時効】三年（刑訴五五・二五〇・二五三）

〔**技術上の規格に適合する旨の表示等**〕

第二一条の一六の三　自主表示対象機械器具等の製造又は輸入を業とする者は、自主表示対象機械器具等について、その形状等が総務省令で定める自主表示対象機械器具等に係る技術上の規格に適合しているかどうかについて総務省令で定める方法により検査を行い、その形状等が当該技術上の規格に適合する場合には、総務省令〔消則第四四条〕で定めるところにより、当該技術上の規格に適合するものである旨の表示を付することができる。（え）（ゑ）（ヲ）

② 何人も、消防の用に供する機械器具等に、前項に規定する場合を除くほか同項の表示を付してはならず、又は同項の表示と紛らわしい表示を付してはならない。（え）

③ 自主表示対象機械器具等の製造又は輸入を業とする者は、総務省令で定めるところにより、第一項の自主表示対象機械器具等の検査に係る記録を作成し、これを保存しなければならない。（ヲ）

本条…追加〔昭和六〇年一二月法律一〇二号〕、一項…一部改正〔平成一一年一二月法律一六〇号〕、一項…一部改正・三項…追加〔平成二四年六月法律三八号〕

解説【総務省令】動力消防ポンプの技術上の規格を定める省令（昭和六一年一〇月自治省令第二四号）、消防用ホースの技術上の規格を定める省令（平成二五年三月総務省令第二二号）、消防用吸管の技術上の規格を定める省令（昭和六一年一〇月自治省令第二五号）、消防用ホースに使用する差込式又はねじ式の結合金具及び消防用吸管に使用するねじ式の結合金具の技術上の規格を定める省令（平成二五年三月総務省令第二三号）、エアゾール式簡易消火具の技術上の規格を定める省令（平成二五年三月総務省令第二六号）、漏電火災警報器に係る技術上の規格を定める省令（平成二五年三月総務省令第二四号）

罰則 *【第二項の規定に違反した者】懲役一年以下・罰金一〇〇万円以下（消防四一①6）、両罰（消防四五3）【公訴時効】三年（刑訴五五・二五〇・二五三）

*【検査に係る記録を作成せず、若しくは虚偽の記録を作成し、又は記録を保存しなかつた者】罰金三〇万円以下（消防四三の四）、両罰（消防四五3）【公訴時効】三年（刑訴五五・二五〇・二五三）

〔**総務大臣への届出の義務**〕

第二一条の一六の四　自主表示対象機械器具等の製造又は輸入を業とする者は、当該自主表示対象機械器具等に前条第一項の表示を付そうとするときは、あらかじめ、総務省令〔消則第四四条の二〕で定めるところにより、次に掲げる事項を総務大臣に届け出なければならない。(え)(ゑ)

一　氏名又は名称及び住所並びに法人にあつては、その代表者の氏名(え)

二　当該自主表示対象機械器具等の種類その他の総務省令で定める事項(え)(ゑ)

②　前項の規定による届出を行つた者は、同項各号に掲げる事項に変更があつたとき、又は自主表示対象機械器具等の製造若しくは輸入の事業を廃止したときは、遅滞なく、その旨を、総務省令〔消則第四四条の二〕で定めるところにより、総務大臣に届け出なければならない。(え)(ゑ)

本条…追加〔昭和六〇年一二月法律一〇二号〕、一・二項…一部改正〔平成一一年一二月法律一六〇号〕

罰則 ＊【第一・二項の届出を怠つた者】過料五万円以下（消防四六の五）

〔表示の除去等〕

第二一条の一六の五　総務大臣は、消防の用に供する機械器具等で第二十一条の十六の三第一項の規定によらないで同項の表示が付されているもの又は同項の表示と紛らわしい表示が付されているもののうち、販売業者等の事務所、事業所又は倉庫にあるものについて、当該販売業者等に対し、当該表示を除去し、又はこれに消印を付するべきことを命ずることができる。(え)(ゑ)

本条…追加〔昭和六〇年一二月法律一〇二号〕、一部改正〔平成一一年一二月法律一六〇号〕

罰則 ＊【命令に違反した者】罰金三〇万円以下・拘留（消防四四17）【公訴時効】三年（刑訴五五・二五〇・二五三）

〔規格不適合自主表示対象機械器具等流通時の回収等命令〕

第二一条の一六の六　総務大臣は、販売業者等が第二十一条の十六の二の規定に違反して、自主表示対象機械器具等を販売し、又は自主表示対象機械器具等のうち消防の用に供する機械器具若しくは設備を設置、変更若しくは修理の請負に係る工事に使用したことにより火災の予防若しくは警戒、消火又は人命の救助等のために重大な支障が生ずるおそれがあると認める場合において、当該重大な支障の発生を防止するため特に必要があると認めるときは、当該販売業者等に対し、当該自主表示対象機械器具等の回収を図ることその他当該自主表示対象機械器具等が一定の形状等を有しないことによる火災の予防若しくは警戒、消火又は人命の救助等に対する重大な支障の発生を防止するために必要な措置をとるべきことを命ずることができる。(ヲ)

本条…追加〔平成二四年六月法律三八号〕

罰則 ＊【命令に違反した者】懲役一年以下・罰金一〇〇万円以下（消防四一①7）、両罰（消防四五1）【公訴時効】三年（刑訴五五・二五〇・二五三）

〔報告の徴収、立入検査、質問〕

第二一条の一六の七　総務大臣は、前二条に規定する権限を行使するために必要な限度において、販売業者等に対してその業務に関し報告をさせ、又はその職員に販売業者等の事務所、事業所若しくは倉庫に立ち入り、消防の用に供する機械器具等、帳簿、書類

その他の物件を検査させ、若しくは関係のある者に質問させることができる。(え)(ゑ)(ヲ)

② 前項の職員は、同項の規定により立ち入る場合においては、その身分を示す証明書を関係のある者に提示しなければならない。(え)

③ 第一項の規定による立入検査の権限は、犯罪捜査のために認められたものと解釈してはならない。(え)

本条…追加〔昭和六〇年一二月法律一〇二号〕、一項…一部改正〔平成一一年一二月法律一六〇号〕、一項…一部改正・旧二一条の一六の六…繰下〔平成二四年六月法律三八号〕

罰則 *【報告、検査の拒否等】罰金三〇万円以下・拘留（消防四四16）【公訴時効】三年（刑訴五五・二五〇・二五三）

第四章の三　日本消防検定協会等(す)

章名…追加〔平成一五年六月法律八四号〕

第一節　日本消防検定協会(た)(え)(す)

本節…追加〔昭和三八年四月法律八八号〕、旧二節…繰下〔昭和六〇年一二月法律一〇二号〕、旧四章の二第三節…繰下〔平成一五年六月法律八四号〕

第一款　総則(た)

本款…追加〔昭和三八年四月法律八八号〕

〔日本消防検定協会の目的〕

第二一条の一七　日本消防検定協会は、検定対象機械器具等についての試験及び型式適合検定（第二十一条の二第三項に規定する型式適合検定をいう。以下同じ。）、特殊消防用設備等の性能に関する評価並びに消防の用に供する機械器具等に関する研究、調査及び試験等を行い、もつて火災その他の災害による被害の軽減に資することを目的とする。(た)(え)(て)(す)(ヲ)

本条…追加〔昭和三八年四月法律八八号〕、一部改正〔昭和六〇年一二月法律一〇二号・六一年四月二〇号・平成一五年六月八四号・二四年六月三八号〕

〔協会の組織〕

第二一条の一八　日本消防検定協会（以下この節において「協会」という。）は、法人とする。(た)(く)

本条…追加〔昭和三八年四月法律八八号〕、一部改正〔昭和五一年五月法律三七号〕

〔事務所〕

第二一条の一九　協会は、主たる事務所を東京都に置く。(た)

② 協会は、必要な地に従たる事務所を置くことができる。(た)(て)

本条…追加〔昭和三八年四月法律八八号〕、二項…一部改正〔昭和六一年四月法律二〇号〕

解説 【主たる事務所】東京都調布市深大寺東町四―三五―一六
【従たる事務所】「大阪支所」大阪市北区曽根崎二―一二―七

〔定款〕

第二一条の二〇　協会の定款には、次の事項を記載しなければならない。（て）

一　目的（て）
二　名称（て）
三　事務所の所在地（て）
四　役員の定数、任期、選任の方法その他の役員に関する事項（て）
五　評議員会に関する事項（て）
六　業務及びその執行に関する事項（て）
七　財務及び会計に関する事項（て）
八　定款の変更に関する事項（て）
九　公告の方法（て）

②　協会の定款の作成又は変更は、総務大臣の認可を受けなければ、その効力を生じない。（て）（ゑ）

本条…追加〔昭和三八年四月法律八八号〕、全部改正〔昭和六一年四月法律二〇号〕、二項…一部改正〔平成一一年一二月法律一六〇号〕

罰則＊【認可を受けなかったとき】過料二〇万円以下（消防四六の二1）

〔登記〕

第二一条の二一　協会は、政令で定めるところにより、登記しなければならない。（た）

②　前項の規定により登記しなければならない事項は、登記の後でなければ、これをもつて第三者に対抗することができない。（た）

本条…追加〔昭和三八年四月法律八八号〕

解説【政令】独立行政法人等登記令〔昭和三九年三月政令第二八号〕

罰則＊【登記を怠ったとき】過料二〇万円以下（消防四六の二2）

〔名称の独占〕

第二一条の二二　協会でない者は、日本消防検定協会という名称を用いてはならない。（た）

本条…追加〔昭和三八年四月法律八八号〕

罰則＊【規定に違反した者】過料一〇万円以下（消防四六の四）

〔一般社団・財団法人法の規定の準用〕

第二一条の二三　一般社団法人及び一般財団法人に関する法律第四条及び第七十八条の規定は、協会について準用する。（た）（ホ）

本条…追加〔昭和三八年四月法律八八号〕、一部改正〔昭和五一年五月法律三七号・平成一八年六月五〇号〕

第二款　役員等（た）

本款…追加〔昭和三八年四月法律八八号〕

〔役員〕

第二一条の二四　協会に、役員として、理事長、理事及び監事を置く。（た）（て）

本条…追加〔昭和三八年四月法律八八号〕、全部改正〔昭和六一年四月法律二〇号〕

〔役員の業務〕

第二一条の二五　理事長は、協会を代表し、その業務を総理する。（た）

②　理事は、理事長の定めるところにより、理事長を補佐して協会の業務を掌理し、理事長に事故があるときはその職務を代理し、理事長が欠員のときはその職務を行なう。（た）

③　監事は、協会の業務を監査する。（た）

④　監事は、監査の結果に基づき、必要があると認めるときは、理事長又は総務大臣に意見を提出することができる。（く）（ゑ）

本条…追加〔昭和三八年四月法律八八号〕、四項…追加〔昭和五一年五月法律三七号〕、一部改正〔平成一一年一二月法律一六〇号〕

〔役員の選任及び解任の効力〕

第二一条の二六　役員の選任及び解任は、総務大臣の認可を受けなければ、その効力を生じない。（て）（ゑ）

本条…追加〔昭和三八年四月法律八八号〕、全部改正〔昭和六一年四月法律二〇号〕、一部改正〔平成一一年一二月法律一六〇号〕

〔役員の欠格事項〕

第二一条の二七　次の各号の一に該当する者は、役員となることができない。（た）（て）

一　政府又は地方公共団体の職員（非常勤の者を除く。）（た）（く）

二　販売業者等又はこれらの者が法人であるときはその役員（いかなる名称によるかを問わず、これと同等以上の職権又は支配力を有する者を含む。）（た）（く）

三　販売業者等の団体の役員（いかなる名称によるかを問わず、これと同等以上の職権又は支配力を有する者を含む。）（た）（く）

本条…追加〔昭和三八年四月法律八八号〕、一部改正〔昭和五一年五月法律三七号〕、旧二一条の二八…繰上〔昭和六一年四月法律二〇号〕

〔役員の解任〕

第二一条の二八　協会は、役員が前条各号の一に該当するに至つたときは、その役員を解任しなければならない。（て）

本条…追加〔昭和六一年四月法律二〇号〕

〔役員の解任命令〕

第二一条の二九　総務大臣は、役員が、この法律（この法律に基づく命令又は処分を含む。）、定款若しくは業務方法書に違反する行為をしたとき、又は協会の業務に関し著しく不適当な行為をしたときは、協会に対し、期間を指定して、その役員を解任すべきことを命ずることができる。（て）（ゑ）

②　総務大臣は、役員が第二十一条の二十七各号の一に該当するに至つた場合において協会がその役員を解任しないとき、又は協会が前項の規定による命令に従わなかつたときは、当該役員を解任することができる。（て）（ゑ）

本条…追加〔昭和三八年四月法律八八号〕、全部改正〔昭和六一年四月法律二〇号〕、三項…削除〔平成五年一一月法律八九号〕、一・二項…一部改正〔平成一一年一二月法律一六〇号〕

〔営利団体からの隔離等〕

第二一条の三〇　役員は、営利を目的とする団体の役員となり、又は自ら営利事業に従事してはならない。ただし、非常勤の役員にあつては、総務大臣の承認を受けたときは、この限りでない。(た)(ゑ)

本条…追加〔昭和三八年四月法律八八号〕、一部改正〔平成一一年一二月法律一六〇号〕

罰則 ＊【承認を受けなかつたとき】過料二〇万円以下（消防四六の二1）

〔理事長の代表権の制限〕

第二一条の三一　協会と理事長との利益が相反する事項については、理事長は、代表権を有しない。この場合には、監事が協会を代表する。(た)

本条…追加〔昭和三八年四月法律八八号〕

〔代理人の選任〕

第二一条の三二　理事長は、理事又は協会の職員のうちから、協会の従たる事務所の業務に関し一切の裁判上又は裁判外の行為をする権限を有する代理人を選任することができる。(た)

本条…追加〔昭和三八年四月法律八八号〕

〔評議員会〕

第二一条の三二の二　協会に、その運営に関する重要事項を審議する機関として、評議員会を置く。(て)

②　評議員会は、評議員十人以内で組織する。(て)

③　評議員は、協会の業務の適正な運営に必要な学識経験を有する者のうちから、総務大臣の認可を受けて、理事長が任命する。(て)(ゑ)

本条…追加〔昭和六一年四月法律二〇号〕、三項…一部改正〔平成一一年一二月法律一六〇号〕

〔職員の任命〕

第二一条の三三　協会の職員は、理事長が任命する。(た)

本条…追加〔昭和三八年四月法律八八号〕

〔守秘義務等〕

第二一条の三四　協会の役員若しくは職員又はこれらの職にあつた者は、その職務に関して知り得た秘密をもらし、又は盗用してはならない。(た)

本条…追加〔昭和三八年四月法律八八号〕

罰則 ＊【規定に違反した者】懲役一年以下・罰金一〇〇万円以下（消防四一の四）【公訴時効】三年（刑訴五五・二五〇・二五三）

〔罰則が適用される役職員の身分〕

第二一条の三五　協会の役員及び職員は、刑法その他の罰則の適用については、法令により公務に従事する職員とみなす。(た)(く)

本条…追加〔昭和三八年四月法律八八号〕、一部改正〔昭和五一年五月法律三七号〕

第三款　業務（た）

本款…追加〔昭和三八年四月法律八八号〕

〔業務〕

第二一条の三六　協会は、第二十一条の十七の目的を達成するため、次の業務を行う。（た）（え）

一　第二十一条の三の規定により検定対象機械器具等についての試験を行うこと。（た）（え）

二　第二十一条の八第一項の規定により型式適合検定を行うこと。（た）（え）（ヲ）

三　第十七条の二第一項の規定により特殊消防用設備等の性能に関する評価を行うこと。（す）

四　検定対象機械器具等に関する技術的な事項について総務大臣に意見を申し出ること。（て）（ゑ）（す）

五　消防の用に供する機械器具等に関する研究、調査及び試験を行うこと。（た）（え）（て）（す）

六　依頼に応じ、消防の用に供する機械器具等に関する評価を行うこと。（た）（え）（て）（す）（ヲ）

七　前各号に掲げる業務に附帯する業務を行うこと。（た）（え）（て）

八　前各号に掲げるもののほか、第二十一条の十七の目的を達成するために必要な業務を行うこと。（て）

②　協会は、前項第八号に掲げる業務を行おうとするときは、総務大臣の認可を受けなければならない。（て）（ゑ）

③　協会は、第一項の業務を行うほか、当該業務の円滑な遂行に支障のない範囲において、総務大臣の認可を受けて、同項の業務を行うために有する機械設備又は技術を活用して行う研究、調査、試験等の業務その他協会が行うことが適切であると認められる業務を行うことができる。（す）

本条…追加〔昭和三八年四月法律八八号〕、一部改正〔昭和六〇年一二月法律一〇二号〕、一項…一部改正・二項…追加〔昭和六一年四月法律二〇号〕、一・二項…一部改正〔平成一一年一二月法律一六〇号〕、一項…一部改正・三項…追加〔平成一五年六月法律八四号〕、一項…一部改正〔平成二四年六月法律三八号〕

罰則　*【業務以外の業務を行ったとき】過料二〇万円以下（消防四六の二13）

〔業務方法書〕

第二一条の三七　協会は、業務の開始の際、業務方法書を作成し、総務大臣の認可を受けなければならない。これを変更しようとするときも、同様とする。（た）（ゑ）

②　前項の業務方法書に記載すべき事項は、**総務省令**で定める。（た）（ゑ）

本条…追加〔昭和三八年四月法律八八号〕、一・二項…一部改正〔平成一一年一二月法律一六〇号〕

解説　**【総務省令】**日本消防検定協会の業務方法書に記載すべき事項を定める省令（昭和三八年九月自治省令第二七号）

罰則　*【認可を受けなかったとき】過料二〇万円以下（消防四六の二1）

第四款　財務及び会計(た)

本款…追加〔昭和三八年四月法律八八号〕

〔事業年度〕

第二一条の三八　協会の事業年度は、毎年四月一日に始まり、翌年三月三十一日に終わる。(た)

本条…追加〔昭和三八年四月法律八八号〕

〔予算、事業計画の作成・変更の認可〕

第二一条の三九　協会は、毎事業年度、予算及び事業計画を作成し、当該事業年度の開始前に、総務大臣の認可を受けなければならない。これを変更しようとするときも、同様とする。(た)(く)(て)(ゑ)

本条…追加〔昭和三八年四月法律八八号〕、一部改正〔昭和五一年五月法律三七号・六一年四月二〇号・平成一一年一二月一六〇号〕

〔財務諸表の提出等〕

第二一条の四〇　協会は、毎事業年度、財産目録、貸借対照表及び損益計算書（次項において「財務諸表」という。）を作成し、当該事業年度の終了後三月以内に総務大臣に提出しなければならない。(た)(て)(ゑ)(す)

②　協会は、前項の規定により財務諸表を総務大臣に提出するときは、これに当該事業年度の事業報告書及び予算の区分に従い作成した決算報告書を添え、並びに財務諸表及び決算報告書に関する監事の意見をつけなければならない。(た)(ゑ)

本条…追加〔昭和三八年四月法律八八号〕、一項…一部改正〔昭和六一年四月法律二〇号〕、一・二項…一部改正〔平成一一年一二月法律一六〇号〕、一項…一部改正〔平成一五年六月法律八四号〕

〔総務省令への委任〕

第二一条の四一　この法律に規定するもののほか、協会の財務及び会計に関し必要な事項は、**総務省令**で定める。(た)(て)(ゑ)

本条…追加〔昭和三八年四月法律八八号〕、旧二一条の四七…繰上〔昭和六一年四月法律二〇号〕、本条…一部改正〔平成一一年一二月法律一六〇号〕

解説【総務省令】日本消防検定協会の財務及び会計に関する省令（昭和三八年九月自治省令第二八号）

第五款　監督(た)

本款…追加〔昭和三八年四月法律八八号〕

〔総務大臣の業務監督命令〕

第二一条の四二　協会は、総務大臣が監督する。(た)(て)(ゑ)

②　総務大臣は、この章の規定を施行するため必要があると認めるときは、協会に対して、その業務に関し監督上必要な命令をすることができる。(た)(て)(ゑ)

本条…追加〔昭和三八年四月法律八八号〕、旧二一条の四八…繰上〔昭和六一年四月法律二〇号〕、一・二項…一部改正〔平成一一年一二月法律一六〇号〕

罰則＊【命令に違反したとき】過料二〇万円以下（消防四六の二④）

〔報告の徴収、立入検査〕

第二一条の四三　総務大臣は、この章の規定を施行するため必要があると認めるときは、協会に対してその業務に関し報告をさせ、又はその職員に協会の事務所その他の事業所に立ち入り、業務の状況若しくは帳簿、書類その他の必要な物件を検査させることができる。（た）（て）（ゑ）

②　前項の規定により立入検査をする職員は、その身分を示す証明書を携帯し、関係のある者に提示しなければならない。（く）

③　第一項の規定による立入検査の権限は、犯罪捜査のために認められたものと解釈してはならない。（く）

本条…追加〔昭和三八年四月法律八八号〕、二項…全部改正・三項…追加〔昭和五一年五月法律三七号〕、旧二一条の四九…繰上〔昭和六一年四月法律二〇号〕、一項…一部改正〔平成一一年一二月法律一六〇号〕

罰則　＊【報告、立入検査の拒否等があった場合】罰金三〇万円以下（消防四三の三）【公訴時効】三年（刑訴五五・二五〇・二五三）

第六款　雑則（た）

本款…追加〔昭和三八年四月法律八八号〕

〔協会の解散〕

第二一条の四四　協会の解散については、別に法律で定める。（た）（て）

本条…追加〔昭和三八年四月法律八八号〕、旧二一条の五〇…繰上〔昭和六一年四月法律二〇号〕

第二節　登録検定機関（て）（す）

本節…追加〔昭和六一年四月法律二〇号〕、節名…改正・旧四章の二第四節…繰下〔平成一五年六月法律八四号〕

〔登録〕

第二一条の四五　第十七条の二第一項又は第二十一条の三第一項の規定による登録（以下この節において単に「登録」という。）は、次に掲げる業務の区分ごとに、特殊消防用設備等の性能に関する評価並びに検定対象機械器具等についての試験及び型式適合検定（以下この節において「検定等」という。）を行おうとする法人の申請〔消則第四四条の四〕により行う。（て）（す）（ヲ）

一　特殊消防用設備等の性能に関する評価を行う業務（す）

二　消火に係る検定対象機械器具等についての試験及び型式適合検定を行う業務（す）（ヲ）

三　火災の感知及び警報に係る検定対象機械器具等（前号に掲げるものを除く。）についての試験及び型式適合検定を行う業務（す）（ヲ）

四　人命の救助に係る検定対象機械器具等その他の検定対象機械器具等（前二号に掲げるものを除く。）についての試験及び型式適合検定を行う業務（す）（ヲ）

本条…追加〔昭和六一年四月法律二〇号〕、一項…一部改正・二項…追加〔平成一五年六月法律八四号〕、二項…削除〔平成一七年三月法律二一号〕、本条…一部改正〔平成二四年六月法律三八号〕

〔登録の基準〕

第二一条の四六　総務大臣は、前条の規定により登録を申請した者（以下この項において「登録申請者」という。）が次の要件を満たしているときは、登録をしなければならない。この場合において、登録に関して必要な手続は、総務省令で定める。（て）（ゑ）（す）（ロ）

一　別表第二の上欄に掲げる業務の区分に応じ、それぞれ同表の下欄に掲げる条件に適合する者を有していること。（す）

二　別表第三の上欄に掲げる業務の区分に応じ、それぞれ同表の下欄に掲げる機械器具その他の設備を用いて当該業務を行うものであること。（す）（ヲ）

三　登録申請者が、第十七条の二第一項の規定により性能評価を受けなければならないこととされる特殊消防用設備等又は第二十一条の三第一項の規定により試験を受けなければならないこととされる検定対象機械器具等を設計し、製造し、加工し、又は販売し、若しくは販売の目的で陳列する事業者（以下この号及び第二十一条の五十二第三項において「事業者」という。）に支配されているものとして次のいずれかに該当するものでないこと。（す）

イ　登録申請者が株式会社である場合にあつては、事業者がその親法人（会社法（平成十七年法律第八十六号）第八百七十九条第一項に規定する親法人をいう。）であること。（す）（ハ）

ロ　登録申請者の役員（持分会社（会社法第五百七十五条第一項に規定する持分会社をいう。）にあつては、業務を執行する社員）に占める事業者の役員又は職員（過去二年間に当該事業者の役員又は職員であつた者を含む。）の割合が二分の一を超えていること。（す）（ハ）

ハ　登録申請者の代表権を有する役員が、事業者の役員又は職員（過去二年間に当該事業者の役員又は職員であつた者を含む。）であること。（す）

四　検定等の業務を適正に行うために必要なものとして、次に掲げる基準に適合するものであること。（す）

イ　検定等の業務を行う部門に前条各号に掲げる業務の区分ごとにそれぞれ専任の管理者を置くこと。（す）（ロ）

ロ　検定等の業務の管理及び精度の確保に関する文書が作成されていること。（す）

ハ　ロに掲げる文書に記載されたところに従い検定等の業務の管理及び精度の確保を行う専任の部門を置くこと。（す）

② 総務大臣は、前条の規定による申請をした法人が次の各号のいずれかに該当するときは、登録をしてはならない。（て）（ゑ）（す）

一　その法人又はその業務を行う役員がこの法律又はこの法律に基づく命令に違反して、刑に処せられ、その執行を終わり、又は執行を受けることがなくなつた日から起算して二年を経過しない法人であること。（て）（す）

二　第二十一条の五十七第一項又は第二項の規定により登録を取り消され、その取消しの日から起算して二年を経過しない法人であること。（て）（す）

三　第二十一条の五十七第一項又は第二項の規定による登録の取消しの日前三十日以内にその取消しに係る法人の業務を行う役員であつた者でその取消しの日から二年を経過しないものがそ

③　の業務を行う役員となつている法人であること。（す）

登録は、登録検定機関登録簿に次に掲げる事項を記載してするものとする。（す）

一　登録年月日及び登録番号（す）

二　登録を受けた法人の名称、代表者の氏名及び主たる事務所の所在地（す）

三　登録を受けた業務の区分（す）

四　検定等を行う事務所の所在地（す）

本条…追加〔昭和六一年四月法律二〇号〕、一・二項…一部改正〔平成一一年一二月法律一六〇号〕、一項…一部改正〔平成一四年四月法律三〇号〕、一・二項…一部改正・三項…追加〔平成一五年六月法律八四号〕、一項…一部改正〔平成一七年三月法律二一号・七月八七号・二四年六月三八号〕

〔登録の更新〕

第二一条の四七　登録は、三年を下らない政令で定める期間〔消令第四一条の三〕ごとにその更新を受けなければ、その期間の経過によつて、その効力を失う。（す）

②　登録の更新を受けようとする法人は、政令〔消令第四一条の二〕で定めるところにより、実費を勘案して政令で定める額の手数料を、国に納付しなければならない。（ロ）

③　前二条の規定は、第一項の登録の更新について準用する。（す）（ロ）

本条…追加〔平成一五年六月法律八四号〕、二項…追加・旧二項…一部改正し三項に繰下〔平成一七年三月法律二一号〕

〔公示〕

第二一条の四八　総務大臣は、登録をしたときは、第二十一条の四十六第三項各号に掲げる事項を公示しなければならない。（て）（ゑ）（す）

②　登録を受けた法人（以下「登録検定機関」という。）は、第二十一条の四十六第三項第二号及び第四号に掲げる事項を変更しようとするときは、変更しようとする日の二週間前までに、その旨を総務大臣に届け出〔消則第四四条の六〕なければならない。（て）（ゑ）（す）

③　総務大臣は、前項の規定による届出があつたときは、その旨を公示しなければならない。（て）（ゑ）

本条…追加〔昭和六一年四月法律二〇号〕、一―三項…一部改正〔平成一一年一二月法律一六〇号〕、一・二項…一部改正・旧二一条の四七…繰下〔平成一五年六月法律八四号〕

〔検定〕

第二一条の四九　登録検定機関は、検定等を行うべきことを求められたときは、正当な理由がある場合を除き、遅滞なく、検定等を行わなければならない。（て）（す）

②　登録検定機関は、公正に、かつ、総務省令〔消則第四四条の七〕で定める技術上の基準に適合する方法により検定等を行わなければならない。（す）

本条…追加〔昭和六一年四月法律二〇号〕、一項…一部改正・一項…追加・旧二一条の四八…繰下〔平成一五年六月法律八四号〕

〔役職員の守秘義務等〕

第二一条の五〇　登録検定機関の役員若しくは職員又はこれらの職にあつた者は、その職務に関して知り得た秘密を漏らし、又は盗

用してはならない。（て）（す）

② 検定等の業務に従事する登録検定機関の役員及び職員は、刑法その他の罰則の適用については、法令により公務に従事する職員とみなす。（て）（す）

本条…追加〔昭和六一年四月法律二〇号〕、一・二項…一部改正〔平成一五年六月法律八四号〕

罰則 ＊【規定に違反した者】懲役一年以下・罰金一〇〇万円以下〔消防四一の五〕【公訴時効】三年〔刑訴五五・二五〇・二五三〕

〔業務規程〕

第二一条の五一　登録検定機関は、検定等の実施方法、検定等に関する料金その他の総務省令〔消則第四四条の八・第四四条の九〕で定める検定等の業務の実施に関する事項について業務規程を定め、総務大臣の認可を受けなければならない。これを変更しようとするときも、同様とする。（て）（ゑ）（す）

② 総務大臣は、前項の規定により認可をした業務規程が検定等の業務の適正かつ確実な実施上不適当となつたと認めるときは、登録検定機関に対し、これを変更すべきことを命ずることができる。（て）（ゑ）（す）

本条…追加〔昭和六一年四月法律二〇号〕、一・二項…一部改正〔平成一一年一二月法律一六〇号・一五年六月八四号〕

〔事業計画、収支予算の作成・変更の認可〕

第二一条の五二　登録検定機関は、毎事業年度、事業計画及び収支予算を作成し、当該事業年度の開始前に（登録を受けた日の属する事業年度にあつては、その登録を受けた後遅滞なく）、総務大臣の認可〔消則第四四条の一〇〕を受けなければならない。これを変更しようとするときも、同様とする。（て）（ゑ）（す）

② 登録検定機関は、毎事業年度経過後三月以内に、その事業年度の財産目録、貸借対照表及び損益計算書又は収支計算書並びに事業報告書（その作成に代えて電磁的記録（電子的方式、磁気的方式その他の人の知覚によつては認識することができない方式で作られる記録であつて、電子計算機による情報処理の用に供されるものをいう。以下この条において同じ。）の作成がされている場合における当該電磁的記録を含む。次項及び第四十六条の三において「財務諸表等」という。）を作成し、総務大臣に提出するとともに、五年間事務所に備えて置かなければならない。（す）（ハ）

③ 事業者その他の利害関係人は、登録検定機関の業務時間内は、いつでも、次に掲げる請求をすることができる。ただし、第二号又は第四号の請求をするには、登録検定機関の定めた費用を支払わなければならない。（す）

一　財務諸表等が書面をもつて作成されているときは、当該書面の閲覧又は謄写の請求（す）

二　前号の書面の謄本又は抄本の請求（す）

三　財務諸表等が電磁的記録をもつて作成されているときは、当該電磁的記録に記録された事項を総務省令で定める方法〔消則第四四条の一〇の二〕により表示したものの閲覧又は謄写の請求(す)

四　前号の電磁的記録に記録された事項を電磁的方法であつて総務省令で定めるものにより提供することの請求又は当該事項を記載した書面の交付の請求(す)

本条…追加〔昭和六一年四月法律二〇号〕、一・二項…一部改正〔平成一一年一二月法律一六〇号〕、一項…一部改正・二項…全部改正・三項…追加〔平成一五年六月法律八四号〕、二項…一部改正〔平成一七年七月法律八七号〕

罰則 *【規定に違反した者】過料二〇万円以下〔消防四六の三〕

〔帳簿の備付・保存〕

第二一条の五三　登録検定機関は、総務省令で定めるところにより、検定等の業務に関する事項で総務省令で定めるもの〔消則第四四条の一一〕を記載した帳簿を備え、保存しなければならない。(て)(ゑ)(す)

本条…追加〔昭和六一年四月法律二〇号〕、一部改正〔平成一一年一二月法律一六〇号・一五年六月法律八四号〕

罰則 *【規定に違反したとき】罰金三〇万円以下〔消防四三の五1〕【公訴時効】三年〔刑訴五五・二五〇・二五三〕

〔措置命令〕

第二一条の五四　総務大臣は、登録検定機関が第二十一条の四十六第一項各号のいずれかに適合しなくなつたと認めるときは、当該登録検定機関に対し、これらの規定に適合するため必要な措置をとるべきことを命ずることができる。(す)

② 総務大臣は、登録検定機関が第二十一条の四十九の規定に違反していると認めるときは、当該登録検定機関に対し、検定等を行うべきこと又は当該検定等の方法その他の業務の方法の改善に関し必要な措置をとるべきことを命ずることができる。(す)

本条…追加〔昭和六一年四月法律二〇号〕、一部改正〔平成一一年一二月法律一六〇号〕、全部改正〔平成一五年六月法律八四号〕

〔報告の徴収、立入検査〕

第二一条の五五　総務大臣は、検定等の業務の適正な実施を確保するため必要があると認めるときは、登録検定機関に対し、検定等の業務に関し必要な報告を求め、又はその職員に、登録検定機関の事務所に立ち入り、検定等の業務の状況若しくは設備、帳簿、書類その他の必要な物件を検査させることができる。(て)(ゑ)(す)

② 前項の規定により立入検査をする職員は、その身分を示す証明書を携帯し、関係のある者に提示しなければならない。(て)

③ 第一項の規定による立入検査の権限は、犯罪捜査のために認められたものと解釈してはならない。(て)

本条…追加〔昭和六一年四月法律二〇号〕、一項…一部改正〔平成一一年一二月法律一六〇号・一五年六月法律八四号〕

罰則＊【報告・立入検査の拒否等があった場合】罰金三〇万円以下（消防四三の五2）【公訴時効】三年（刑訴五五・二五〇・二五三）

〔業務の休止又は廃止〕

第二一条の五六　登録検定機関は、総務大臣の許可〔消則第四四条の一二〕を受けなければ、検定等の業務の全部又は一部を休止し、又は廃止してはならない。（て）（ゑ）（す）

② 総務大臣は、前項の許可をしたときは、その旨を公示しなければならない。（て）（ゑ）

本条…追加〔昭和六一年四月法律二〇号〕、一・二項…一部改正〔平成一一年一二月法律一六〇号〕、一項…一部改正〔平成一五年六月法律八四号〕

罰則＊【規定に違反したとき】罰金三〇万円以下（消防四三の五3）【公訴時効】三年（刑訴五五・二五〇・二五三）

〔登録の取消し、業務の停止〕

第二一条の五七　総務大臣は、登録検定機関が第二十一条の四十六第二項第一号又は第三号に該当するに至つたときは、その登録を取り消さなければならない。（て）（ゑ）（す）

② 総務大臣は、登録検定機関が次の各号のいずれかに該当するときは、その登録を取り消し、又は期間を定めて検定等の業務の全部若しくは一部の停止を命ずることができる。（て）（ゑ）（す）

一　第十七条の二から第十七条の二の四まで、前章第一節又はこの節の規定に違反したとき。（て）（す）

二　第二十一条の四十六第一項各号の要件を満たさなくなつたと認められるとき。（て）

三　第二十一条の五十一第二項又は第二十一条の五十四の規定による命令に違反したとき。（て）（す）

四　第二十一条の五十一第一項の規定により認可を受けた業務規程によらないで検定等の業務を行つたとき。（て）

五　正当な理由がないのに第二十一条の五十二第三項各号の規定による請求を拒んだとき。（す）

六　不正な手段により登録を受けたとき。（て）（す）

③ 総務大臣は、前二項の規定により登録を取り消し、又は前項の規定により検定等の業務の全部若しくは一部の停止を命じたときは、その旨を公示しなければならない。（て）（き）（ゑ）（す）

本条…追加〔昭和六一年四月法律二〇号〕、三項…削除・旧四項…一部改正し三項に繰上〔平成五年一一月法律八九号〕、一―三項…一部改正〔平成一一年一二月法律一六〇号・一五年六月八四号〕

罰則＊【業務の停止命令に違反した法人の役員又は職員】懲役一年以下・罰金一〇〇万円以下（消防四一の六）【公訴時効】三年（刑訴五五・二五〇・二五三）

第五章　火災の警戒

〔気象状況の通報及び警報の発令〕

第二二条　気象庁長官、管区気象台長、沖縄気象台長、地方気象台長又は測候所長は、気象の状況が火災の予防上危険であると認めるときは、その状況を直ちにその地を管轄する都道府県知事に通報しなければならない。（ち）（う）

②　都道府県知事は、前項の通報を受けたときは、直ちにこれを市町村長に通報しなければならない。

③　市町村長は、前項の通報を受けたとき又は気象の状況が火災の予防上危険であると認めるときは、**火災に関する警報**〔消則第三四条・別表第一の三〕**を発することができる**。（ろ）

④　前項の規定による警報が発せられたときは、警報が解除されるまでの間、その市町村の区域内に在る者は、**市町村条例で定める火の使用の制限**〔火災予防条例（例）第二九条〕に従わなければならない。

三項…一部改正〔昭和二五年五月法律一八六号〕、一項…一部改正〔昭和三一年六月法律一四一号・四六年一二月一三〇号〕

解説　【火災の警報を発する】火災警報発令の条件は、地域的に異なるが、次のような基準が、通知として出されている〔「消防信号の取り扱いについて」昭和二四年国消管発第一三六号〕。①実効湿度が六〇パーセント以下であって、最低湿度が四〇パーセントを下り、最大風速が七メートルを超える見込みのとき。②平均風速一〇メートル以上の風が一時間以上連続して吹く見込みのとき。

【市町村条例で定める火の使用制限】条例（例）で、①山林、原野への火入れの禁止　②煙火の消費禁止　③屋外での火遊び、たき火の禁止　④屋外における危険物付近での喫煙禁止　⑤山林、原野等指定区域内での喫煙禁止　⑥残火等の処理　⑦屋内における裸火使用時の窓の閉鎖等について定めている。

罰則　＊【火の使用制限に違反した者】罰金三〇万円以下・拘留（消防四四18）【公訴時効】三年（刑訴五五・二五〇・二五三）

〔たき火、喫煙の制限〕

第二三条　市町村長は、**火災の警戒上特に必要があると認めるときは**、期間を限つて、一定区域内におけるたき火又は喫煙の制限をすることができる。

解説　【火災の警戒上特に必要がある場合】一定の区域が特に火災発生危険、延焼拡大危険、火災に伴う人命危険が大きいと予想される状態にある場合をいう。

罰則　＊【制限に違反した者】罰金三〇万円以下・拘留（消防四四18）【公訴時効】三年（刑訴五五・二五〇・二五三）

〔火災警戒区域の設定〕

第二三条の二　ガス、火薬又は危険物の漏えい、飛散、流出等の事故が発生した場合において、当該事故により火災が発生するおそれが著しく大であり、かつ、火災が発生したならば人命又は財産に著しい被害を与えるおそれがあると認められるときは、消防長又は消防署長は、火災警戒区域を設定して、その区域内における火気の使用を禁止し、又は総務省令で定める者〔消則第四五条〕以外の者に対してその区域からの退去を命じ、若しくはその区域への出入を禁止し、若しくは制限することができる。（ね）（ゑ）

② 前項の場合において、消防長若しくは消防署長又はこれらの者から委任を受けて同項の職権を行なう消防吏員若しくは消防団員が現場にいないとき又は消防長若しくは消防署長から要求があつたときは、警察署長は、同項の職権を行なうことができる。この場合において、警察署長が当該職権を行なつたときは、警察署長は、直ちにその旨を消防長又は消防署長に通知しなければならない。（ね）

本条…追加〔昭和四三年六月法律九五号〕、一項…一部改正〔平成一一年一二月法律一六〇号〕

解説【火災警戒区域】火災の発生防止及び人命又は財産に対する危険を未然に防止するため、火気の使用や一定の者以外の者の退去、出入等の禁止を行う必要のある区域をいう。当該区域の設定は現場の状況や風向き等を十分に考慮しロープ等により明示して行う。

罰則＊【火気の使用禁止、退去命令又は出入の禁止等に従わなかった者】罰金三〇万円以下・拘留（消防四四19）【公訴時効】三年（刑訴五五・二五〇・二五三）

第六章　消火の活動

〔火災発見の通報〕

第二四条　火災を発見した者は、遅滞なくこれを消防署又は市町村長の指定した場所に通報しなければならない。

② すべての人は、前項の通報が最も迅速に到達するように協力しなければならない。

解説【火災を発見した者】火災を発見したすべての者が該当する。

罰則＊【虚偽の通報をした者】罰金三〇万円以下・拘留（消防四四20）【公訴時効】三年（刑訴五五・二五〇・二五三）

〔応急消火義務等〕

第二五条　火災が発生したときは、当該消防対象物の関係者その他総務省令で定める者〔消則第四六条〕は、消防隊〔消防第二条第八項〕が火災の現場に到着するまで消火若しくは延焼の防止又は人命の救助を行わなければならない。（ゑ）

② 前項の場合においては、火災の現場附近に在る者は、前項に掲げる者の行う消火若しくは延焼の防止又は人命の救助に協力しなければならない。

③ 火災の現場においては、消防吏員又は消防団員は、当該消防対象物の関係者その他総務省令で定める者〔消則第四七条〕に対し

て、当該消防対象物の構造、救助を要する者の存否その他消火若しくは延焼の防止又は人命の救助のため必要な事項につき**情報の提供を求めることができる**。（ね）（ゑ）

三項…追加〔昭和四三年六月法律九五号〕、一・三項…一部改正〔平成一一年一二月法律一六〇号〕

解説【**消防隊が到着するまでの間、消火若しくは延焼の防止又は人命の救助を行わなければならない者**】①火災を発生させた者　②火災の発生に直接関係がある者　③火災が発生した消防対象物の居住者又は勤務者である。これらの者を「応急消火義務者」としている。

【**協力者の災害補償**】消防第三六条の三

【**情報の提供を求めることができる者**】応急消火義務者及び延焼のおそれのある対象物の関係者、居住者、勤務者である。

本条第二項の協力義務者が「協力」することによって死亡し、負傷し、疾病にかかり又は障害となった場合は損失補償を受けることができる。

罰則＊【**消火、延焼の防止又は人命救助に従事する者の行為を妨害した者**】懲役二年以下・罰金一〇〇万円以下（消防四〇①3）、懲役・罰金の併科（消防四〇②）ただし、消火妨害罪（刑法一一四）を構成する場合は併科ができない。【**公訴時効**】三年（刑訴五五・二五〇・二五三）

＊【**情報の提供をせず、又は虚偽の情報を提供した者**】懲役六月以下・罰金五〇万円以下（消防四一①11）、懲役・罰金の併科（消防四一②）、両罰（消防四五3）【**公訴時効**】三年（刑訴五五・二五〇・二五三）

〔**消防車の優先通行等**〕

第二六条　**消防車**が火災の現場に赴くときは、車馬及び歩行者はこれに道路を譲らなければならない。（れ）（そ）

② 消防車の優先通行については、**道路交通法**（昭和三十五年法律第百五号）第四十条、第四十一条の二第一項及び第二項並びに第七十五条の六第二項の定めるところによる。（れ）（む）

③ 消防車は、火災の現場に出動するとき及び訓練のため特に必要がある場合において一般に公告したときに限り、サイレンを用いることができる。（ろ）（れ）

④ 消防車は、消防署等に引き返す途中その他の場合には、鐘又は警笛を用い、一般交通規則に従わなければならない。（ろ）（れ）

二項…全部改正・三項…追加〔昭和二五年五月法律一八六号〕、一項…一部改正・二項…追加・旧二・三項…三・四項に繰下〔昭和三八年四月法律九〇号〕、一項…一部改正〔昭和四〇年五月法律六五号〕、二項…一部改正〔昭和四六年六月法律九八号〕

解説【**消防車**】道路交通法でいう「緊急自動車」に限らず、消防の用に供されるあらゆる車両をいう。

【**道路交通法**】第四〇条（緊急自動車の優先）・第四一条の二（消防用車両の優先等）・第七五条の六（高速通行路に入る場合における優先関係）

罰則＊【**消防車の通過を故意に妨害した者**】懲役二年・罰金一〇〇万円以下（消防四〇①1）、懲役・罰金の併科（消防四〇②）【**公訴時効**】三年（刑訴五五・二五〇・二五三）

〔**消防隊の緊急通行権**〕

第二七条　**消防隊**は、火災の現場に到着するために緊急の必要があるときは、**一般交通の用に供しない通路若しくは公共の用に供しない空地**及び**水面**を通行することができる。

解説【消防隊】消防器具を装備した消防吏員又は消防団員の一隊
【一般交通の用に供しない通路】車両等の交通禁止通路又は私用通路等
【公共の用に供しない空地】個人の所有地でたまたま空地となっているもの

〔消防警戒区域の設定等〕

第二八条　火災の現場においては、消防吏員又は消防団員は、消防警戒区域を設定して、総務省令で定める者以外の者〔消則第四八条〕に対してその区域からの退去を命じ、又はその区域への出入を禁止し若しくは制限することができる。（ろ）

② 消防吏員又は消防団員が火災の現場にいないとき又は消防吏員又は消防団員の要求があつたときは、警察官は、前項に規定する消防吏員又は消防団員の職権を行うことができる。（へ）

③ 火災現場の上席消防員の指揮により消防警戒区域を設定する場合には、現場に在る警察官は、これに援助を与える義務がある。（へ）

二・三項…一部改正〔昭和二九年六月法律一六三号〕、一項…一部改正〔平成一一年一二月法律一六〇号〕

解説【消防警戒区域】消防活動、火災調査等を十分に行うため一定の者以外の者の立入等を禁止又は制限する必要のある区域をいう。なお、当該区域の設定はロープ等により明示することをいう。

【上席消防員】火災現場において当該火災に対する消防責任を有する者のうち、最上位の消防吏員をいう。

【市町村長の警戒区域設定権等】災対第六三条

罰則＊【退去命令又は出入の禁止等に従わなかつた者】罰金三〇万円以下・拘留（消防四四21）【公訴時効】三年（刑訴五五・二五〇・二五三）
※暴行又は脅迫の手段をもって退去命令等に従わなかった場合は、公務執行妨害罪（刑法第九五条）が成立する。

〔消火活動中の緊急措置等〕

第二九条　消防吏員又は消防団員は、消火若しくは延焼の防止又は人命の救助のために必要があるときは、火災が発生せんとし、又は発生した消防対象物及びこれらのものの在る土地を使用し、処分し又はその使用を制限することができる。（ろ）

② 消防長若しくは消防署長又は消防本部を置かない市町村においては消防団の長は、火勢、気象の状況その他周囲の事情から合理的に判断して延焼防止のためやむを得ないと認めるときは、延焼の虞がある消防対象物及びこれらのものの在る土地を使用し、処分し又はその使用を制限することができる。（ろ）

③ 消防長若しくは消防署長又は消防本部を置かない市町村においては消防団の長は、消火若しくは延焼の防止又は人命の救助のために緊急の必要があるときは、前二項に規定する消防対象物及び土地以外の消防対象物及び土地を使用し、処分し又はその使用を制限することができる。この場合においては、そのために損害を受けた者からその損失の補償の要求があるときは、時価により、その損失を補償〔憲第二九条第三項〕するものとする。（ろ）

④ 前項の規定による補償に要する費用〔消防第六条〕は、当該市

町村の負担とする。（ろ）

⑤　消防吏員又は消防団員は緊急の必要があるときは、火災の現場附近に在る者を消火若しくは延焼の防止又は人命の救助その他の消防作業に従事させることができる。（ろ）

一項…一部改正・二項…追加・旧二項…一部改正し三項に繰下・旧三・四項…四・五項に繰下〔昭和二五年五月法律一八六号〕

解説　【火災が発生せんとし】未だ火災にはなっていないが、放置すれば火災となる状態
【処分】当該対象物の破壊も含まれる。
【緊急の必要】速やかに当該措置をとる必要があり、しかも、当該措置以外に方途がない場合をいう。
【消防作業従事者の災害補償】消防第三六条の三

罰則　＊【消火、延焼の防止又は人命の救助に従事する者に対し、その行為を妨害した者】懲役二年以下・罰金一〇〇万円以下（消防四〇①3）、懲役・罰金の併科（消防四〇②）【公訴時効】三年（刑訴五五・二五〇・二五三）

〔緊急水利〕

第三〇条　火災の現場に対する給水を維持するために緊急の必要があるときは、消防長若しくは消防署長又は消防本部を置かない市町村においては消防団の長は、水利を使用し又は用水路の水門、樋門若しくは水道の制水弁の開閉を行うことができる。（ろ）

②　消防長若しくは消防署長又は消防本部を置かない市町村においては消防団の長は、火災の際の水利の使用及び管理について当該水利の所有者、管理者又は占有者と予め協定することができる。（ろ）

一・二項…一部改正〔昭和二五年五月法律一八六号〕

解説　【緊急の必要】前条と同義

〔準用及び読み替え規定〕

第三〇条の二　第二十五条第三項、第二十八条第一項及び第二項並びに第二十九条第一項及び第五項の規定は、消防組織法第三十条第一項の規定により都道府県が市町村の消防を支援する場合について準用する。この場合において、これらの規定中「消防吏員又は消防団員」とあるのは、「消防吏員若しくは消防団員又は航空消防隊に属する都道府県の職員」と読み替えるものとする。（す）（ト）

本条…追加〔平成一五年六月法律八四号〕、一部改正〔平成一八年六月法律六四号〕

罰則　＊【消火、延焼の防止又は人命の救助に従事する者に対し、その行為を妨害した者】懲役二年以下・罰金一〇〇万円以下（消防四〇①3）、懲役・罰金の併科（消防四〇②）【公訴時効】三年（刑訴五五・二五〇・二五三）
＊【情報の提供をせず、又は虚偽の情報を提供した者】懲役六月以下・罰金五〇万円以下（消防四二①11）、懲役・罰金の併科（消防四二②）、両罰（消防四五3）【公訴時効】三年（刑訴五五・二五〇・二五三）
＊【退去命令又は出入の禁止等に従わなかつた者】罰金三〇万円以下・拘留（消防四四21）【公訴時効】三年（刑訴五五・二五〇・二五三）

第七章　火災の調査

〔火災の原因等の調査〕

第三一条　消防長又は消防署長は、消火活動をなすとともに火災の原因並びに火災及び消火のために受けた損害の調査に着手しなければならない。(ろ)

旧三二条…繰上〔昭和二五年五月法律一八六号〕

解説　【消火活動をなすとともに】消火活動と並行して原因及び損害の調査に着手しなければならない。
【火災の原因】出火原因の他に延焼拡大原因も含まれる。
【火災及び消火のために受けた損害】焼跡の整理費や復旧費、休業による損害等は含まれない。

〔関係のある者に対する質問等、官公署に対する通報の要求〕

第三二条　消防長又は消防署長は、前条の規定により調査をするため必要があるときは、関係のある者に対して質問し、又は火災の原因である疑いがあると認められる製品を製造し若しくは輸入した者に対して必要な資料の提出を命じ若しくは報告を求めることができる。(ろ)(ヲ)

② 消防長又は消防署長は、前条の調査について、関係のある官公署に対し必要な事項の通報を求めることができる。(ろ)

本条…追加〔昭和二五年五月法律一八六号〕、一項…一部改正〔平成二四年六月法律三八号〕

解説　【関係のある者】関係者に限らず、およそ火災の原因又は損害について参考となる情報を提供してくれると思われるあらゆる者を指す。
【質問】質問に対し、偽りの申立てがあっても、法的措置はない。なお消防第三四条に基づく報告等の提出を求めた場合、提出された報告等が偽りであった場合は消防第四四条第二号により処罰の対象となる。

罰則　＊【資料の提出又は報告を求められて、資料の提出をせず、虚偽の資料を提出し、報告をせず、又は虚偽の報告をした者】罰金三〇万円以下・拘留（消防四四22）、両罰（消防四五3）【公訴時効】三年（刑訴五五・二五〇・二五三）

〔火災による被害財産の調査〕

第三三条　消防長又は消防署長及び関係保険会社の認めた代理者は、火災の原因及び損害の程度を決定するために火災により破損され又は破壊された財産を調査することができる。

解説　【関係保険会社】当該火災に係る損害を補てんする責任がある保険会社
【代理者】当該保険会社の職員に限られるものではない。

罰則　＊【被害状況の調査を拒んだ者】罰金三〇万円以下・拘留（消防四四23）【公訴時効】三年（刑訴五五・二五〇・二五三）

〔資料提出命令、報告の徴収及び消防職員の立入検査〕

第三四条　消防長又は消防署長は、前条の規定により調査をするために必要があるときは、関係者に対して必要な資料の提出を命じ、若しくは報告を求め、又は当該消防職員に関係のある場所に

立ち入つて、火災により破損され又は破壊された財産の状況を検査させることができる。(た)(そ)

② 第四条第一項ただし書及び第二項から第四項までの規定は、前項の場合にこれを準用する。(ろ)(せ)

二項…一部改正〔昭和二五年五月法律一八六号〕、一項…一部改正〔昭和三八年四月法律八八号・四〇年五月六五号〕、二項…一部改正〔平成一四年四月法律三〇号〕

解説 【必要な資料】例えば出火原因の判定に必要な「設備器具」「燃え残り」等が該当する。
【報告】出火原因等の判定に必要な「発見時の状況、出火当時の状況」等に関する報告

罰則 ＊【資料の提出拒否等又は立入検査の拒否等を行つた者】罰金三〇万円以下・拘留（消防四四２）【公訴時効】三年（刑訴五五・二五〇・二五三）

〔放火又は失火の疑いある場合の火災原因の調査及び犯罪捜査協力〕

第三五条　放火又は失火の疑いのあるときは、その火災の原因の調査の主たる責任及び権限は、消防長又は消防署長にあるものとする。(ろ)

② 消防長又は消防署長は、放火又は失火の犯罪があると認めるときは、直ちにこれを所轄警察署に通報するとともに必要な証拠を集めてその保全につとめ、消防庁において放火又は失火の犯罪捜査の協力の勧告を行うときは、これに従わなければならない。(ろ)(に)(る)

本条…一部改正〔昭和二四年六月法律一九三号〕、全部改正〔昭和二五年五月法律一八六号〕、二項…一部改正〔昭和二七年七月法律二五八号・三五年六月一一三号〕

〔被疑者に対する質問、証拠物の調査〕

第三五条の二　消防長又は消防署長は、警察官が放火又は失火の犯罪の被疑者を逮捕し又は証拠物を押収したときは、事件が検察官に送致されるまでは、前条第一項の調査をするため、その被疑者に対し質問をし又はその証拠物につき調査をすることができる。(ろ)(へ)

② 前項の質問又は調査は、警察官の捜査に支障を来すこととなつてはならない。(ろ)(へ)

本条…追加〔昭和二五年五月法律一八六号〕、一・二項…一部改正〔昭和二九年六月法律一六三号〕

〔都道府県知事の火災原因の調査〕

第三五条の三　消防本部を置かない市町村の区域にあつては、当該区域を管轄する都道府県知事は、当該市町村長から求めがあつた場合及び特に必要があると認めた場合に限り、第三十一条又は第三十三条の規定による火災の原因の調査をすることができる。(た)

② 第三十二条及び第三十四条から前条までの規定は、**前項の場合について準用する**。この場合において、第三十四条第一項中「当該消防職員」とあるのは「当該都道府県の消防事務に従事する職

員」と、第三十五条第一項中「消防長又は消防署長」とあるのは「市町村長のほか、都道府県知事」と読み替えるものとする。(た)(そ)

本条…追加〔昭和三八年四月法律八八号〕、二項…一部改正〔昭和四〇年五月法律六五号〕

解説 都道府県知事が行うことができる火災の調査は消防本部を置かない市町村における「火災の原因調査」だけである。

【前項の場合について準用する】 都道府県知事が火災の原因調査を行う場合には消防第三二条及び第三四条から第三五条の二までの規定を準用するという意味である。

罰則 ＊【資料の提出拒否等又は立入検査の拒否等を行った者】罰金三〇万円以下・拘留（消防四四2）【公訴時効】三年（刑訴五五・二五〇・二五三）

＊【資料の提出又は報告を求められて、資料の提出をせず、虚偽の資料を提出し、報告をせず、又は虚偽の報告をした者】罰金三〇万円以下・拘留（消防四四22）、両罰（消防四五3）【公訴時効】三年（刑訴五五・二五〇・二五三）

〔消防庁長官の火災原因の調査〕

第三五条の三の二　消防庁長官〔消組第三条〕は、消防長又は前条第一項の規定に基づき火災の原因の調査をする都道府県知事から求めがあつた場合及び特に必要があると認めた場合に限り、第三十一条又は第三十三条の規定による火災の原因の調査をすることができる。(そ)(す)

②　第三十二条、第三十四条、第三十五条第一項及び第二項（勧告に係る部分を除く。）並びに第三十五条の二の規定は、前項の場合について準用する。この場合において、第三十四条第一項中「当該消防職員」とあるのは「消防庁の職員」と、第三十五条第一項中「消防長又は消防署長」とあるのは「消防本部を置く市町村の区域にあつては、消防長又は消防署長のほか、消防庁長官に、当該区域以外の区域であつて第三十五条の三第一項の規定により都道府県知事が火災の原因の調査を行う場合にあつては、市町村長及び都道府県知事のほか、消防庁長官に、当該区域以外の区域であつて同項の規定にかかわらず都道府県知事が火災の原因の調査を行わない場合にあつては、市町村長のほか、消防庁長官」と読み替えるものとする。(そ)(す)

本条…追加〔昭和四〇年五月法律六五号〕、一・二項…一部改正〔平成一五年六月法律八四号〕

解説 **【消防長】** 本条でいう消防長は消防第三条第一項かっこ書により消防本部を置かない市町村における、市町村長への読み替え規定がないので注意を要する。

罰則 ＊【資料の提出拒否等又は立入検査の拒否等を行った者】罰金三〇万円以下・拘留（消防四四2）【公訴時効】三年（刑訴五五・二五〇・二五三）

＊【資料の提出又は報告を求められて、資料の提出をせず、虚偽の資料を提出し、報告をせず、又は虚偽の報告をした者】罰金三〇万円以下・拘留（消防四四22）、両罰（消防四五3）【公訴時効】三年（刑訴五五・二五〇・二五三）

〔犯罪捜査等との関係及び消防と警察との相互の協力〕

第三五条の四　本章の規定は、警察官が犯罪（放火及び失火の犯罪を含む。）を捜査し、被疑者（放火及び失火の犯罪の被疑者を含

む。）を逮捕する責任を免れしめない。(ろ)(へ)(た)

② 放火及び失火絶滅の共同目的のために消防吏員及び警察官は、互に協力〔消組第四二条〕しなければならない。(ろ)(へ)

本条…追加〔昭和二五年五月法律一八六号〕、一・二項…一部改正〔昭和二九年六月法律一六三号〕、旧三五条の三…繰下〔昭和三八年四月法律八八号〕

第七章の二　救急業務(た)

本章…追加〔昭和三八年四月法律八八号〕

〔救急搬送に関する実施基準〕

第三五条の五　都道府県は、消防機関による救急業務としての傷病者（第二条第九項に規定する傷病者をいう。以下この章において同じ。）の搬送（以下この章において「傷病者の搬送」という。）及び医療機関による当該傷病者の受入れ（以下この章において「傷病者の受入れ」という。）の迅速かつ適切な実施を図るため、傷病者の搬送及び傷病者の受入れの実施に関する基準（以下この章において「実施基準」という。）を定めなければならない。(ヌ)

② 実施基準においては、都道府県の区域又は医療を提供する体制の状況を考慮して都道府県の区域を分けて定める区域ごとに、次に掲げる事項を定めるものとする。(ヌ)

一　傷病者の心身等の状況（以下この項において「傷病者の状況」という。）に応じた適切な医療の提供が行われることを確保するために医療機関を分類する基準(ヌ)

二　前号に掲げる基準に基づき分類された医療機関の区分及び当該区分に該当する医療機関の名称(ヌ)

三　消防機関が傷病者の状況を確認するための基準(ヌ)

四　消防機関が傷病者の搬送を行おうとする医療機関を選定するための基準(ヌ)

五　消防機関が傷病者の搬送を行おうとする医療機関に対し傷病者の状況を伝達するための基準(ヌ)

六　前二号に掲げるもののほか、傷病者の受入れに関する消防機関と医療機関との間の合意を形成するための基準その他傷病者の受入れを行う医療機関の確保に資する事項(ヌ)

七　前各号に掲げるもののほか、傷病者の搬送及び傷病者の受入れの実施に関し都道府県が必要と認める事項(ヌ)

③ 実施基準は、医学的知見に基づき、かつ、医療法（昭和二十三年法律第二百五号）第三十条の四第一項に規定する医療計画との調和が保たれるように定められなければならない。(ヌ)

④ 都道府県は、実施基準を定めるときは、あらかじめ、第三十五条の八第一項に規定する協議会の意見を聴かなければならない。(ヌ)

⑤ 都道府県は、実施基準を定めたときは、遅滞なく、その内容を公表しなければならない。(ヌ)

⑥ 前三項の規定は、実施基準の変更について準用する。(ヌ)

本条…全部改正〔平成二一年五月法律三四号〕

〔国の責務〕

第三五条の六　総務大臣及び厚生労働大臣は、都道府県に対し、実施基準の策定又は変更に関し、必要な情報の提供、助言その他の援助を行うものとする。（ヌ）

本条…追加〔平成二一年五月法律三四号〕

〔実施基準の遵守等〕

第三五条の七　消防機関は、傷病者の搬送に当たつては、実施基準を遵守しなければならない。（ヌ）

②　医療機関は、傷病者の受入れに当たつては、実施基準を尊重するよう努めるものとする。（ヌ）

本条…追加〔平成二一年五月法律三四号〕

〔協議会の設置〕

第三五条の八　都道府県は、実施基準に関する協議並びに実施基準に基づく傷病者の搬送及び傷病者の受入れの実施に係る連絡調整を行うための協議会（以下この条において「協議会」という。）を組織するものとする。（ヌ）

②　協議会は、次に掲げる者をもつて構成する。（ヌ）

一　消防機関の職員（ヌ）

二　医療機関の管理者又はその指定する医師（ヌ）

三　診療に関する学識経験者の団体の推薦する者（ヌ）

四　都道府県の職員（ヌ）

五　学識経験者その他の都道府県が必要と認める者（ヌ）

③　協議会は、必要があると認めるときは、関係行政機関に対し、資料の提供、意見の表明、説明その他の協力を求めることができる。（ヌ）

④　協議会は、都道府県知事に対し、実施基準並びに傷病者の搬送及び傷病者の受入れの実施に関し必要な事項について意見を述べることができる。（ヌ）

本条…追加〔平成二一年五月法律三四号〕

〔都道府県の救急業務等〕

第三五条の九　都道府県知事は、救急業務を行つていない市町村の区域に係る道路の区間で交通事故の発生が頻繁であると認められるものについて当該交通事故により必要とされる救急業務を、関係市町村の意見を聴いて、救急業務を行つている他の市町村に実施するよう要請することができる。この場合において、その要請を受けた市町村は、当該要請に係る救急業務を行うことができる。（つ）（ヌ）

②　都道府県は、救急業務を行つていない市町村の区域に係る高速自動車国道又は一般国道のうち交通事故により必要とされる救急業務が特に必要な区間として**政令で定める区間**〔未制定〕（前項の要請により救急業務が行われている道路の区間を除く。）について、当該救急業務を行つていない市町村の意見を聴いて、当該救急業務を行うものとする。この場合において、当該救急業務に

従事する職員は、地方公務員法（昭和二十五年法律第二百六十一号）の適用については、消防職員とする。（つ）（へ）（ヌ）

本条…追加〔昭和四二年七月法律八〇号〕、二項…一部改正〔平成一八年六月法律五三号〕、一・二項…一部改正・旧三五条の六…繰下〔平成二一年五月法律三四号〕

〔協力要請等〕

第三五条の一〇　救急隊員は、緊急の必要があるときは、傷病者の発生した現場付近に在る者に対し、**救急業務に協力**することを求めることができる。（た）（つ）（て）（ヌ）

② 救急隊員は、救急業務の実施に際しては、常に警察官と密接な連絡をとるものとする。（た）

本条…追加〔昭和三八年四月法律八八号〕、旧三五条の六…繰下〔昭和四二年七月法律八〇号〕、一項…一部改正〔昭和六一年四月法律二〇号〕、一項…一部改正・旧三五条の七…繰下〔平成二一年五月法律三四号〕

解説 【**救急業務に協力**】協力者の死亡、負傷等は災害補償の対象（消防第三六条の三）

〔準用〕

第三五条の一一　**第二十七条の規定**は、救急隊について準用する。この場合において、同条中「火災の現場に到着する」とあるのは、「救急業務を実施する」と読み替えるものとする。（た）（つ）（ヌ）

② **消防組織法第三十九条の規定**は、第三十五条の九第二項の規定により都道府県が救急業務を行う場合について準用する。この場合において、同法第三十九条中「市町村」とあるのは「市町村及び都道府県」と、「消防」とあるのは「救急業務」と、「市町村長」とあるのは「市町村長及び都道府県知事」と読み替えるものとする。（つ）（す）（ト）（ヌ）

本条…追加〔昭和三八年四月法律八八号〕、二項…追加・旧三五条の七…繰下〔昭和四二年七月法律八〇号〕、二項…一部改正〔平成一五年六月法律八四号・一八年六月六四号〕、一・二項…一部改正・旧三五条の八…繰下〔平成二一年五月法律三四号〕

解説 【**第二十七条の規定**】緊急通行権
【**消防組織法第三十九条の規定**】市町村間の相互応援協定

〔政令への委任〕

第三五条の一二　この章に規定するもののほか、救急隊の編成及び装備の基準その他救急業務の処理に関し必要な事項は、政令〔消令第四四条〕で定める。（た）（つ）（ヌ）

本条…追加〔昭和三八年四月法律八八号〕、旧三五条の八…繰下〔昭和四二年七月法律八〇号〕、旧三五条の九…繰下〔平成二一年五月法律三四号〕

解説 本条は救急業務に関する事項について消防法で定めた事項以外のことを政令に委任する旨を定めたもの。

第八章　雑則

〔関係官公署への照会等〕

第三五条の一三　総務大臣、都道府県知事、市町村長、消防長又は消防署長は、法律に特別の定めがあるものを除くほか、この法律の規定に基づく事務に関し、関係のある官公署に対し、照会し、又は協力を求めることができる。（せ）（ヌ）

本条…追加〔平成一四年四月法律三〇号〕、旧三五条の一〇…繰下〔平成二一年五月法律三四号〕

〔防災管理者等〕

第三六条　第八条から第八条の二の三までの規定は、火災以外の災害で政令で定めるもの〔消令第四五条〕による被害の軽減のため特に必要がある建築物その他の工作物として政令で定めるもの〔消令第四六条〕について準用する。この場合において、次の表の上欄に掲げる規定中同表の中欄に掲げる字句は、それぞれ同表の下欄に掲げる字句に読み替えるものとする。（チ）（ヲ）

第八条第一項	政令で定める資格	火災その他の災害の被害の軽減に関する知識を有する者で政令で定める資格
	防火管理者	防災管理者
	消火、通報及び避難の訓練の実施、消防の用に供する設備、消防用水又は消火活動上必要な施設の点検及び整備、火気の使用又は取扱いに関する監督、避難又は防火上必要な構造及び設備の維持管理並びに収容人員の管理その他防火管理上	避難の訓練の実施その他防災管理上
第八条第二項及び第三項	防火管理者	防災管理者
第八条第四項	防火管理者	防災管理者
	防火管理上	防災管理上
第八条の二第一項	政令で定める資格	火災その他の災害の被害の軽減に関する知識を有する者で政令で定める資格
	防火管理上	防災管理上
	防火管理者（	防災管理者（
	統括防火管理者	統括防災管理者
	消火、通報及び避難の訓練の実施	避難の訓練の実施
第八条の二第二項	統括防火管理者	統括防災管理者
	防火管理上	防災管理上
	防火管理者に	防災管理者に
第八条の二第三項	規定する防火管理者	規定する防災管理者
	統括防火管理者	統括防災管理者
第八条の二第四項及び第五項	統括防火管理者	統括防災管理者
第八条の二第六	統括防火管理者	統括防災管理者

項	防火管理上	防災管理上
第八条の二の二第一項	火災の予防に	火災以外の災害で政令で定めるものによる被害の軽減に
	防火対象物点検資格者	防災管理点検資格者
	防火管理上	防災管理上
	、消防の用に供する設備、消防用水又は消火活動上必要な施設の設置及び維持その他火災の予防上	その他火災以外の災害で政令で定めるものによる被害の軽減のために
第八条の二の二第二項	防火対象物点検資格者	防災管理点検資格者
第八条の二の三第一項第二号イ	又は第十七条の四第一項若しくは第二項	、第十七条の四第一項若しくは第二項又は第三十六条第一項において準用する第八条第三項若しくは第四項
第八条の二の三第一項第二号ニ	防火対象物点検資格者	防災管理点検資格者
第八条の二の三第六項第二号	又は第十七条の四第一項若しくは第二項	、第十七条の四第一項若しくは第二項又は第三十六条第一項において準用する第八条第三項若しくは第四項

② 前項の建築物その他の工作物のうち第八条第一項の防火対象物であるものにあつては、当該建築物その他の工作物の管理について権原を有する者は、同項の規定にかかわらず、前項において読み替えて準用する同条第一項の防災管理者に、第八条第一項の防火管理者の行うべき防火管理上必要な業務を行わせなければならない。（チ）（ヲ）

③ 第一項の建築物その他の工作物のうち第八条の二第一項の防火対象物であるものにあつては、当該建築物その他の工作物の管理について権原を有する者は、同項の規定にかかわらず、第一項において読み替えて準用する同条第一項の統括防災管理者に、第八条の二第一項の統括防火管理者の行うべき当該防火対象物の全体についての防火管理上必要な業務を行わせなければならない。（ヲ）

④ 第一項の建築物その他の工作物のうち第八条の二の二第一項の防火対象物であるものにあつては、同条第二項及び第一項において準用する同条第二項の規定にかかわらず、同条第一項の規定による点検と併せて第一項において準用する同条第一項の規定による点検（その管理について権原が分かれている建築物その他の工作物にあつては、当該建築物その他の工作物全体（第八条の二の三第一項又は第一項において準用する同条第一項の規定による認定を受けた部分を除く。）についての第八条の二の二第一項の規定による点検と併せて第一項において準用する同条第一項の規定による点検）が行われ、その結果、防火対象物点検資格者及び防災管理点検資格者により点検対象事項がいずれの点検基準にも適合していると認められた場合に限り、総務省令で定めるところ

〔消則第五一条の一八〕により、点検を行つた日その他総務省令で定める事項を記載した表示〔消則第五一条の一八〕を付することができる。（チ）（ヲ）

⑤　第一項の建築物その他の工作物のうち第八条の二の二第一項の防火対象物であるものにあつては、第八条の二の三第七項及び第一項において準用する同条第七項の規定にかかわらず、同条第一項の規定による認定と併せて第一項において準用する同条第一項の規定による認定を受けた場合（当該建築物その他の工作物の管理について権原が分かれているものにあつては、当該建築物その他の工作物全体が同項の規定による認定と併せて第一項において準用する同条第一項の規定による認定を受けた場合に限る。）に限り、総務省令で定めるところ〔消則第五一条の一九〕により、当該認定を受けた日その他総務省令で定める事項を記載した表示〔消則第五一条の一九〕を付することができる。（チ）（ヲ）

⑥　第八条の二の二第三項及び第四項の規定は、前二項の表示について準用する。（チ）（ヲ）

⑦　第一項の建築物その他の工作物に第八条の二の五第一項の自衛消防組織が置かれている場合には、当該自衛消防組織は、火災その他の災害の被害の軽減のために必要な業務を行うものとする。（チ）（ヲ）

⑧　第十八条第二項、第二十二条及び第二十四条から第二十九条まで並びに第三十条の二において準用する第二十五条第三項、第二十八条第一項及び第二項並びに第二十九条第一項及び第五項の規定は、水災を除く他の災害について準用する。（い）（す）（チ）（ヲ）

本条…一部改正〔昭和二四年六月法律一九三号・平成一五年六月八四号〕、一―六項…追加・旧一項…一部改正し七項に繰下〔平成一九年六月法律第九三号〕、一・二項…一部改正・三項…追加・旧三―七項…四―八項に繰下〔平成二四年六月法律三八号〕

解説　【防災管理者の資格】消令第四七条【防災管理者の責務】消令第四八条【統括防災管理者の資格】消令第四八条の二【統括防災管理者の責務】消令第四八条の三【火災以外の災害時における自衛消防組織の業務等】消令第四九条【防災管理者の選任又は解任の届出】消則第五一条の九【統括防災管理者の選任又は解任の届出】消則第五一条の一一の三【防災管理点検及び報告】消則第五一条の一二【防災管理点検に関する講習に係る登録講習機関】消則第五一条の一三【防災管理点検の点検基準】消則第五一条の一四【防災管理点検の表示】消則第五一条の一五【防災管理点検の特例】消則第五一条の一六【防災管理点検の特例認定の表示】消則第五一条の一七【規定】消防第一八条第二項（消防信号）・第二二条（火災警報）・第二四条～第二九条・第三〇条の二（第六章消火の活動のうち、第三〇条（水利使用）を除いたもの）

罰則　＊【防災管理者選任・解任届出を怠つた者】罰金三〇万円以下・拘留（消防四四8）【公訴時効】届出があるまで進行しない。

＊【防災管理者選任命令に違反した者】懲役六月以下・罰金五〇万円以下（消防四二①1）、懲役・罰金の併科（消防四二②）、両罰（消防四五3）【公訴時効】三年（刑訴五五・二五〇・二五三）

＊【防災管理業務適正執行命令に違反した者】懲役一年以下・罰金一〇〇万円以下（消防四一①2）、懲役・罰金の併科（消防四一②）、両罰（消防四五3）【公訴時効】三年（刑訴五五・二五〇・二五三）

＊【報告せず、又は虚偽の報告をした者】罰金三〇万円以下・拘留（消防四四11）、両罰（消防四五3）【公訴時効】三年（刑訴五五・二五〇・二五三）

＊【第一・六項の規定に違反した者】罰金三〇万円以下・拘留（消防四四3）、両罰（消防四五3）【公訴時効】三年（刑訴五五・二五〇・二五三）

＊【第一・六項の命令に違反した者】罰金三〇万円以下・拘留（消防四四17）【公訴時効】三年（刑訴五五・二五〇・二五三）
＊【管理権原者変更届出を怠つた者】過料五万円以下（消防四六の五）
＊【消火、延焼の防止又は人命救助に従事する者の行為を妨害した者】懲役二年以下・罰金一〇〇万円以下（消防四〇①3）、懲役・罰金の併科（消防四〇②）【公訴時効】三年（刑訴五五・二五〇・二五三）
＊【情報の提供をせず、又は虚偽の情報を提供した者】懲役六月以下・罰金五〇万円以下（消防四二①11）、懲役・罰金の併科（消防四二②）、両罰（消防四五3）【公訴時効】三年（刑訴五五・二五〇・二五三）
＊【虚偽の通報をした者】罰金三〇万円以下・拘留（消防四四20）【公訴時効】三年（刑訴五五・二五〇・二五三）
＊【退去命令又は出入の禁止等に従わなかつた者】罰金三〇万円以下・拘留（消防四四21）【公訴時効】三年（刑訴五五・二五〇・二五三）

〔救助隊の配置〕

第三六条の二　市町村は、人口その他の条件を考慮して**総務省令で定める基準**に従い、この法律の規定による人命の救助を行うため必要な特別の救助器具を装備した消防隊を配置するものとする。

（て）（ゑ）

本条…追加〔昭和六一年四月法律二〇号〕、一部改正〔平成一一年一二月法律一六〇号〕

解説　**【総務省令で定める基準】**救助隊の編成、装備及び配置の基準を定める省令（昭和六一年一〇月自治省令第二二号）

〔準用規定〕

第三六条の二の二　第二十七条及び第三十条の規定は、大規模地震対策特別措置法（昭和五十三年法律第七十三号）第二条第十三号の警戒宣言が発せられた場合に準用する。この場合において、第二十七条中「火災の現場」とあるのは「大規模地震対策特別措置法第二条第三号の地震予知情報に係る地震が発生したならば人命又は財産に被害（水災による被害を除く。）が生ずるおそれが著しく大であると認められる場所」と、第三十条第一項中「火災の現場」とあるのは「大規模地震対策特別措置法第二条第三号の地震予知情報に係る地震が発生したならば火災が発生するおそれが著しく大であると認められる場所」と読み替えるものとする。

（や）（て）

本条…追加〔昭和五三年六月法律七三号〕、旧三六条の二…繰下〔昭和六一年四月法律二〇号〕

〔災害補償〕

第三六条の三　第二十五条第二項（第三十六条第八項において準用する場合を含む。）又は第二十九条第五項（第三十条の二及び第三十六条第八項において準用する場合を含む。）の規定により、消火若しくは延焼の防止若しくは人命の救助その他の消防作業に従事した者又は第三十五条の十第一項の規定により市町村が行う救急業務に協力した者が、そのため死亡し、負傷し、若しくは疾病にかかり又は障害の状態となつた場合においては、市町村は、**政令で定める基準**に従い条例の定めるところにより、その者又はその者の遺族がこれらの原因によつて受ける損害を補償しなければならない。(ほ)(と)(た)(つ)(ゐ)(や)(ま)(す)(チ)(ヌ)(ヲ)

② 消防対象物が構造上区分された数個の部分で独立して住居、店舗、事務所又は倉庫その他建物としての用途に供することができるもの（以下この条において「専有部分」という。）がある建築物その他の工作物であり、かつ、専有部分において火災が発生した場合であつて、第二十五条第一項の規定により、消火若しくは延焼の防止又は人命の救助に従事した者のうち、次に掲げる者以外の者が、そのため死亡し、負傷し、若しくは疾病にかかり又は障害の状態となつたときも、前項と同様とする。(ゆ)

一 火災が発生した専有部分の各部分の所有者、管理者、占有者その他の総務省令で定める者〔消則第五二条〕(ゆ)(ゑ)

二 火災が発生した専有部分の各部分及び当該各部分以外の部分を、一の者が、総務省令で定めるところにより、住居、店舗、事務所又は倉庫その他建物としての用途に一体として供している場合には、これらの用途に一体として供されている専有部分の各部分の所有者、管理者、占有者その他の総務省令で定める者（前号に掲げる者を除く。）(ゆ)(ゑ)

③ 第一項の規定は、都道府県が行う救急業務に協力した者について準用する。(つ)(ゆ)

本条…追加〔昭和二七年八月法律二九三号〕、一部改正〔昭和三一年五月法律一〇七号・三八年四月八八号〕、一項…一部改正・二項…追加〔昭和四二年七月法律八〇号〕、一項…一部改正〔昭和四七年六月法律九四号〕、旧三六条の二…繰下〔昭和五三年六月法律七三号〕、一項…一部改正〔昭和五七年七月法律六六号〕、二項…追加・旧二項…一部改正し三項に繰下〔平成六年六月法律三七号〕、二項…一部改正〔平成一一年一二月法律一六〇号〕、一項…一部改正〔平成一五年六月法律八四号・一九年六月九三号・二一年五月三四号・二四年六月三八号〕

解説 **【政令で定める基準】**非常勤消防団員等に係る損害補償の基準を定める政令〔昭和三一年一一月政令第三三五号〕

〔経過措置〕

第三六条の四 この法律の規定に基づき政令又は総務省令を制定し、又は改廃する場合においては、それぞれ、政令又は総務省令で、その制定又は改廃に伴い合理的に必要と判断される範囲内において、所要の経過措置（罰則に関する経過措置を含む。）を定めることができる。(え)(ゑ)

本条…追加〔昭和六〇年一二月法律一〇二号〕、一部改正〔平成一一年一二月法律一六〇号〕

〔特別区の特例〕

第三七条 特別区の存する区域〔消組第二六条～第二八条〕においては、この法律中市町村、市町村長又は市町村条例とあるのは、夫々これを都、都知事又は都条例と読み替えるものとする。

第九章　罰則

〔罰則〕

第三八条　第十八条第一項の規定に違反して、みだりに消防の用に供する望楼又は警鐘台を損壊し、又は撤去した者は、これを七年以下の懲役に処する。

第三九条　第十八条第一項の規定に違反して、みだりに火災報知機、消火栓又は消防の用に供する貯水施設を損壊し、又は撤去した者は、これを五年以下の懲役に処する。

第三九条の二　製造所、貯蔵所又は取扱所から危険物を漏出させ、流出させ、放出させ、又は飛散させて火災の危険を生じさせた者は、三年以下の懲役又は三百万円以下の罰金に処する。ただし、公共の危険が生じなかつたときは、これを罰しない。(お)(ゆ)(せ)

② 前項の罪を犯し、よつて人を死傷させた者は、七年以下の懲役又は五百万円以下の罰金に処する。(お)(ゆ)

本条…追加〔昭和五〇年一二月法律八四号〕、一・二項…一部改正〔平成六年六月法律三七号〕、一項…一部改正〔平成一四年四月法律三〇号〕

第三九条の二の二　第五条の二第一項の規定による命令に違反した者は、三年以下の懲役又は三百万円以下の罰金に処する。(せ)

② 前項の罪を犯した者に対しては、情状により懲役及び罰金を併科することができる。(せ)

本条…追加〔平成一四年四月法律三〇号〕

第三九条の三　業務上必要な注意を怠り、製造所、貯蔵所又は取扱所から危険物を漏出させ、流出させ、放出させ、又は飛散させて火災の危険を生じさせた者は、二年以下の懲役若しくは禁錮又は二百万円以下の罰金に処する。ただし、公共の危険が生じなかつたときは、これを罰しない。(お)(ゆ)(せ)

② 前項の罪を犯し、よつて人を死傷させた者は、五年以下の懲役若しくは禁錮又は三百万円以下の罰金に処する。(お)(ゆ)(せ)

本条…追加〔昭和五〇年一二月法律八四号〕、一・二項…一部改正〔平成六年六月法律三七号・一四年四月三〇号〕

第三九条の三の二　第五条第一項の規定による命令に違反した者は、二年以下の懲役又は二百万円以下の罰金に処する。(せ)

② 前項の罪を犯した者に対しては、情状により懲役及び罰金を併科することができる。(せ)

本条…追加〔平成一四年四月法律三〇号〕

第四〇条　次のいずれかに該当する者は、二年以下の懲役又は百万円以下の罰金に処する。(そ)(の)(お)(ゆ)(チ)

一　第二十六条第一項の規定による消防車の通過を故意に妨害した者(ろ)

二　消防団員が消火活動又は水災を除く他の災害の警戒防御及び救護に従事するに当たり、その行為を妨害した者(い)(ろ)(ゆ)(チ)

三　第二十五条（第三十六条第八項において準用する場合を含む。）又は第二十九条第五項（第三十条の二及び第三十六条第八項において準用する場合を含む。）の規定により消火若しくは延焼の防止又は人命の救助に従事する者に対し、その行為を妨害した者(ろ)(す)(チ)(ヲ)

② 前項の罪を犯した者に対しては、情状により懲役及び罰金を併科することができる。ただし、刑法に正条がある場合にはこれを適用しない。(ろ)(チ)

③ 第一項の罪を犯し、よつて人を死傷に至らしめた者は、この法律又は刑法により、重きに従つて処断する。(ろ)(チ)

一項…一部改正〔昭和二四年六月法律一九三号〕、一―三項…一部改正〔昭和二五年五月法律一八六号〕、一項…一部改正〔昭和四〇年五月法律六五号・四九年六月六四号・五〇年一二月八四号・平成六年六月三七号・一五年六月八四号〕、一―三項…一部改正〔平成一九年六月法律九三号〕、一項…一部改正〔平成二四年六月法律三八号〕

第四一条　次のいずれかに該当する者は、一年以下の懲役又は百万円以下の罰金に処する。(そ)(の)(く)(ゆ)(せ)(チ)

一　第五条の三第一項の規定による命令に違反した者(ろ)(せ)

二　第八条第四項（第三十六条第一項において準用する場合を含む。）の規定による命令に違反した者(せ)(チ)

三　第十条第一項の規定に違反した者(ろ)(そ)(チ)

四　第十五条の規定に違反した者(ろ)(り)(な)(チ)

五　第十七条の四第一項又は第二項の規定による命令に違反して消防用設備等又は特殊消防用設備等を設置しなかつた者(せ)(す)(チ)

六　第二十一条の二第四項、第二十一条の九第二項（第二十一条の十一第三項において準用する場合を含む。）、第二十一条の十六の二又は第二十一条の十六の三第二項の規定に違反した者(ヲ)

七　第二十一条の十三又は第二十一条の十六の六の規定による命令に違反した者(ヲ)

② 前項の罪を犯した者に対しては、情状により懲役及び罰金を併科することができる。(ろ)

一・二項…一部改正〔昭和二五年五月法律一八六号〕、一項…一部改正〔昭和三四年四月法律八六号・四〇年五月六五号・四五年六月一一一号・四九年六月六四号・五一年五月三七号・平成六年六月三七号・一四年四月三〇号・一五年六月八四号・一九年六月九三号・二四年六月三八号〕

第四一条の二　第十三条の十一第一項（第十七条の九第四項において準用する場合を含む。）の規定に違反した者は、一年以下の懲役又は百万円以下の罰金に処する。(こ)(ゆ)(せ)

本条…追加〔昭和五八年一二月法律八三号〕、一部改正〔平成六年六月法律三七号・一四年四月三〇号〕

第四一条の三　第十三条の十八第二項（第十七条の九第四項において準用する場合を含む。）の規定による危険物取扱者試験又は消防設備士試験の実施に関する事務の停止の命令に違反したときは、その違反行為をした第十三条の五第一項又は第十七条の九第一項の規定による指定を受けた者の役員又は職員は、一年以下の

懲役又は百万円以下の罰金に処する。(こ)(ゆ)(せ)

本条…追加〔昭和五八年一二月法律八三号〕、一部改正〔平成六年六月法律三七号・一四年四月三〇号〕

第四一条の四　第十六条の三十二又は第二十一条の三十四の規定に違反した者は、一年以下の懲役又は百万円以下の罰金に処する。(た)(そ)(の)(く)(こ)(ゆ)(せ)

本条…追加〔昭和三八年四月法律八八号〕、一部改正〔昭和四〇年五月法律六五号・四九年六月六四号・五一年五月三七号〕、旧四一条の二…繰下〔昭和五八年一二月法律八三号〕、本条…一部改正〔平成六年六月法律三七号・一四年四月三〇号〕

第四一条の五　第二十一条の五十第一項の規定に違反した者は、一年以下の懲役又は百万円以下の罰金に処する。(て)(ゆ)(せ)

本条…追加〔昭和六一年四月法律二〇号〕、一部改正〔平成六年六月法律三七号・一四年四月三〇号〕

第四一条の六　第二十一条の五十七第二項の規定による特殊消防用設備等の性能に関する評価並びに検定対象機械器具等についての試験及び型式適合検定の業務の停止の命令に違反したときは、その違反行為をした第十七条の二第一項又は第二十一条の三第一項の規定による登録を受けた法人の役員又は職員は、一年以下の懲役又は百万円以下の罰金に処する。(て)(ゆ)(せ)(す)(ヲ)

本条…追加〔昭和六一年四月法律二〇号〕、一部改正〔平成六年六月法律三七号・一四年四月三〇号・一五年六月八四号・二四年六月三八号〕

第四二条　次のいずれかに該当する者は、六月以下の懲役又は五十万円以下の罰金に処する。(を)(そ)(の)(く)(ゆ)(せ)

一　第八条第三項（第三十六条第一項において準用する場合を含む。）の規定による命令に違反した者(の)(せ)(チ)

二　第十一条第一項の規定に違反した者(く)(チ)

三　第十一条第五項の規定に違反した者(り)(の)(チ)

四　第十二条の二第一項又は第二項の規定による命令に違反した者(り)(さ)(チ)

五　第十二条の三第一項の規定による命令又は処分に違反した者(の)(せ)(チ)

六　第十三条第一項の規定に違反して危険物保安監督者を定めないで事業を行つた者(ろ)(り)(ら)(さ)(チ)

七　第十三条第三項の規定に違反した者(ろ)(チ)

八　第十四条の二第一項の規定に違反して危険物を貯蔵し、若しくは取り扱つた者又は同条第三項の規定による命令に違反した者(そ)(の)(チ)

九　第十六条の三第三項又は第四項の規定による命令に違反した者(お)(て)(チ)

十　第十七条の五の規定に違反した者(そ)(せ)(チ)

十一　第二十五条第三項（第三十条の二及び第三十六条第八項において準用する場合を含む。）の規定による情報の提供を求められて、正当な理由がなく情報の提供をせず、又は虚偽の情報を提供した者(ん)(チ)(ヲ)

② 前項の罪を犯した者に対しては、情状により懲役及び罰金を併科することができる。(ろ)

一・二項…一部改正〔昭和二五年五月法律一八六号〕、一項…一部改正〔昭和三四年四月法律八六号・三五年七月一一七号・三八年四月八八号・四〇年五月六五号・四六年六月九七号・四九年六月六四号・五〇年一二月八四号・五一年五月三七号・六一年四月二〇号・六三年五月五五号・平成六年六月三七号・一四年四月三〇号・一六年六月六五号・一九年六月九三号・二四年六月三八号〕

第四三条　次のいずれかに該当する者は、三月以下の懲役又は三十万円以下の罰金に処する。(を)(そ)(の)(く)(ゆ)(せ)

一　第十条第三項の規定に違反した者(を)(せ)

二　第十六条の規定に違反した者(を)(せ)

三　第十六条の二第一項の規定に違反した者(ら)(せ)

② 前項の罪を犯した者に対しては、情状により懲役及び罰金を併科することができる。(り)

本条…全部改正〔昭和三四年四月法律八六号〕、一項…全部改正〔昭和三五年七月法律一一七号〕、一部改正〔昭和四〇年五月法律六五号・四六年六月九七号・四九年六月六四号・五一年五月三七号・平成六年六月三七号・一四年四月三〇号〕

第四三条の二　次のいずれかに該当するときは、その違反行為をした第十三条の五第一項又は第十七条の九第一項の規定による指定を受けた者の役員又は職員は、三十万円以下の罰金に処する。(こ)(ゆ)(せ)

一　第十三条の十四（第十七条の九第四項において準用する場合を含む。）の規定に違反して帳簿を備えず、帳簿に記載せず、若しくは帳簿に虚偽の記載をし、又は帳簿を保存しなかつたとき。(こ)

二　第十三条の十六第一項又は第二項（第十七条の九第四項において準用する場合を含む。）の規定による報告を求められて、報告をせず、若しくは虚偽の報告をし、又はこれらの規定による立入り若しくは検査を拒み、妨げ、若しくは忌避したとき。(こ)

三　第十三条の十七第一項（第十七条の九第四項において準用する場合を含む。）の規定による許可を受けないで、危険物取扱者試験又は消防設備士試験の実施に関する事務の全部を廃止したとき。(こ)

本条…追加〔昭和五八年一二月法律八三号〕、一部改正〔平成六年六月法律三七号・一四年四月三〇号〕

第四三条の三　第十六条の四十八第一項若しくは第二十一条の四十三第一項の規定による報告を求められて、報告をせず、若しくは虚偽の報告をし、又はこれらの規定による立入り若しくは検査を拒み、妨げ、若しくは忌避した場合には、その違反行為をした危険物保安技術協会又は日本消防検定協会の役員又は職員は、三十万円以下の罰金に処する。(て)(ゆ)(せ)

本条…追加〔昭和六一年四月法律二〇号〕、一部改正〔平成六年六月法律三七号・一四年四月三〇号〕

第四三条の四　第二十一条の十六の三第三項の規定に違反して検査に係る記録を作成せず、若しくは虚偽の記録を作成し、又は記録を保存しなかつた者は、三十万円以下の罰金に処する。㈦㈣㈩㈢㈠㈦㈤㈪

本条…追加〔昭和三八年四月法律八八号〕、一部改正〔昭和四九年六月法律六四号・五一年五月三七号〕、旧四三条の二…繰下〔昭和五八年一二月法律八三号〕、本条…一部改正〔昭和六〇年一二月法律一〇二号〕、旧四三条の三…繰下〔昭和六一年四月法律二〇号〕、本条…一部改正〔平成六年六月法律三七号・一四年四月三〇号・一四年六月三八号〕

第四三条の五　次の各号のいずれかに該当するときは、その違反行為をした第十七条の二第一項又は第二十一条の三第一項の規定による登録を受けた法人の役員又は職員は、三十万円以下の罰金に処する。㈢㈠㈦㈤

一　第二十一条の五十三の規定に違反して帳簿を備えず、帳簿に記載せず、若しくは帳簿に虚偽の記載をし、又は帳簿を保存しなかつたとき。㈢

二　第二十一条の五十五第一項の規定による報告を求められて、報告をせず、若しくは虚偽の報告をし、又は同項の規定による立入り若しくは検査を拒み、妨げ、若しくは忌避したとき。㈢

三　第二十一条の五十六第一項の規定による許可を受けないで、特殊消防用設備等の性能に関する評価並びに検定対象機械器具等についての試験及び型式適合検定の業務の全部を廃止したとき。㈢㈥㈪

本条…追加〔昭和六一年四月法律二〇号〕、一部改正〔平成六年六月法律三七号・一四年四月三〇号・一五年六月八四号・一四年六月三八号〕

第四四条　次のいずれかに該当する者は、三十万円以下の罰金又は拘留に処する。㈨㈣㈩㈠㈦

一　第三条第一項の規定による命令に従わなかつた者㈨

二　第四条第一項、第十六条の三の二第二項（同条第四項において準用する場合を含む。）、第十六条の五第一項若しくは第三十四条第一項（第三十五条の三第二項及び第三十五条の三の二第二項において準用する場合を含む。）の規定による資料の提出若しくは報告を求められて、資料の提出をせず、虚偽の資料を提出し、報告をせず、若しくは虚偽の報告をし、又はこれらの規定による立入り、検査若しくは収去を拒み、妨げ、若しくは忌避した者㈨㈭㈣㈫㈬㈯㈪

三　第八条の二の二第三項（第八条の二の三第八項（第三十六条第一項において準用する場合を含む。）並びに第三十六条第一項及び第六項において準用する場合を含む。）又は第八条の三第三項の規定に違反した者㈮㈤㈫㈦㈬㈰㈪

四　第十四条の三第一項若しくは第二項又は第十七条の三の二の規定による検査を拒み、妨げ、又は忌避した者㈣㈩㈰

五　第十四条の三の二の規定による点検記録を作成せず、虚偽の点検記録を作成し、又は点検記録を保存しなかつた者㈱㈰

六　第十六条の二第三項の規定に違反した者(ら)(ゐ)(チ)

七　第十六条の五第二項の規定による消防吏員又は警察官の停止に従わず、又は提示の要求を拒んだ者(ら)(ゐ)(の)(チ)

八　第八条第二項（第三十六条第一項において準用する場合を含む。）、第九条の三第一項（同条第二項において準用する場合を含む。）、第十一条第六項、第十一条の四第一項、第十二条の六、第十二条の七第二項、第十三条第二項、第十七条の三の二又は第十七条の十四の規定による届出を怠つた者(り)(を)(た)(そ)(な)(ら)(ゐ)(の)(お)(く)(こ)(さ)(ん)(チ)

九　第十三条の二第五項（第十七条の七第二項において準用する場合を含む。）の規定による命令に違反した者(り)(そ)(ら)(ゐ)(チ)

十　正当な理由がなく消防署、第十六条の三第二項の規定により市町村長の指定した場所、警察署又は海上警備救難機関に同条第一項の事態の発生について虚偽の通報をした者(の)(チ)

十一　第八条の二の二第一項（第三十六条第一項において準用する場合を含む。）又は第十七条の三の三の規定による報告をせず、又は虚偽の報告をした者(の)(せ)(チ)

十二　第十七条の四第一項又は第二項の規定による命令に違反して消防用設備等又は特殊消防用設備等の維持のため必要な措置をしなかつた者(を)(ら)(ゐ)(せ)(す)(チ)

十三　第十八条第一項の規定に違反し、みだりに火災報知機、消火栓、消防の用に供する貯水施設又は消防の用に供する望楼若しくは警鐘台を使用し、又はその正当な使用を妨げた者(り)(を)(ら)(ゐ)(チ)

十四　第十八条第二項の規定に違反した者(り)(を)(ら)(ゐ)(チ)

十五　第二十一条第三項の規定による届出をしないで消防水利を使用不能の状態に置いた者(り)(を)(そ)(ら)(ゐ)(チ)

十六　第二十一条の十四第一項又は第二十一条の十六の七第一項の規定による報告を求められて、報告をせず、若しくは虚偽の報告をし、又はこれらの規定による立入り若しくは検査を拒み、妨げ、若しくは忌避した者(た)(ら)(ゐ)(え)(て)(チ)(ヲ)

十七　第八条の二の二第四項（第八条の二の三第八項（第三十六条第一項において準用する場合を含む。）並びに第三十六条第一項及び第六項において準用する場合を含む。）及び第二十一条の十六の五の規定による命令に違反した者(え)(せ)(チ)(ヲ)

十八　第二十二条第四項又は第二十三条の規定による制限に違反した者(を)(た)(ら)(ゐ)(チ)

十九　第二十三条の二の規定による火気の使用の禁止、退去の命令又は出入の禁止若しくは制限に従わなかつた者(ね)(ら)(ゐ)(チ)

二十　正当な理由がなく消防署又は第二十四条（第三十六条第八項において準用する場合を含む。）の規定による市町村長の指定した場所に火災発生の虚偽の通報又は第二条第九項の傷病者に係る虚偽の通報をした者(り)(を)(た)(そ)(ね)(ら)(ゐ)(チ)(ヲ)

二十一　第二十八条第一項又は第二項（第三十条の二及び第三十

六条第八項において準用する場合を含む。）の規定による退去の命令又は出入の禁止若しくは制限に従わなかつた者(り)(を)(た)(そ)(ね)(ら)(ゐ)(す)(チ)(ヲ)

二十二　第三十二条第一項（第三十五条の三第二項及び第三十五条の三の二第二項において準用する場合を含む。）の規定による資料の提出又は報告を求められて、資料の提出をせず、虚偽の資料を提出し、報告をせず、又は虚偽の報告をした者(ヲ)

二十三　第三十三条の規定による火災後の被害状況の調査を拒んだ者(り)(を)(た)(ね)(ら)(ゐ)(チ)(ヲ)

本条…一部改正〔昭和三四年四月法律八六号・三五年七月一一七号・三八年四月八八号・四〇年五月六五号・四三年六月九五号・四五年六月一一一号・四六年六月九七号・四七年六月九四号・四九年六月六四号・五〇年一二月八四号・五一年五月三七号・五八年一二月八三号・六〇年一二月一〇二号・六一年四月二〇号・六三年五月五五号・平成六年六月三七号・一一年一二月一六〇号・一四年四月三〇号・一五年六月八四号・一六年六月六五号・一八年三月二二号・一九年六月九三号・二〇年五月四一号・二四年六月三八号〕

〔両罰規定〕

第四五条　法人の代表者又は法人若しくは人の代理人、使用人その他の従業者が、その法人又は人の業務に関し、次の各号に掲げる規定の違反行為をしたときは、行為者を罰するほか、その法人に対して当該各号に定める罰金刑を、その人に対して各本条の罰金刑を科する。(せ)

一　第三十九条の二の二第一項、第三十九条の三の二第一項又は第四十一条第一項第七号　一億円以下の罰金刑(せ)(ヲ)

二　第四十一条第一項第三号又は第五号　三千万円以下の罰金刑(せ)(チ)

三　第三十九条の二第一項若しくは第二項、第三十九条の三第一項若しくは第二項、第四十一条第一項（同項第三号、第五号及び第七号を除く。）、第四十二条第一項（同項第七号及び第十号を除く。）、第四十三条第一項、第四十三条の四又は前条第一号、第三号、第十一号、第十二号若しくは第二十二号　各本条の罰金刑(せ)(チ)(ヲ)

本条…全部改正〔昭和二五年五月法律一八六号〕、一部改正〔昭和三四年四月法律八六号・三五年七月一一七号・三八年四月八八号・四〇年五月六五号・四五年六月一一一号〕、全部改正〔昭和四六年六月法律九七号〕、一部改正〔昭和四七年六月法律九四号・五〇年一二月八四号・五八年一二月八三号・六一年四月二〇号〕、全部改正〔平成一四年四月法律三〇号〕、一部改正〔平成一九年六月法律九三号・二四年六月三八号〕

〔条例の罰則規定の設定〕

第四六条　第九条の四の規定に基づく条例には、これに違反した者に対し、三十万円以下の罰金に処する旨の規定を設けることができる。(を)(そ)(つ)(の)(く)(ゆ)(せ)(ん)

本条…全部改正〔昭和三五年七月法律一一七号〕、一部改正〔昭和四〇年五月法律六五号・四二年七月八〇号・四九年六月六四号・五一年五月三七号・平成六年六月三七号・一四年四月三〇号・一六年六月六五号〕

第四六条の二　次の各号の一に該当する場合には、その違反行為を

した危険物保安技術協会又は日本消防検定協会の役員又は職員は、二十万円以下の過料に処する。（た）（く）（て）（ゆ）

一　この法律により総務大臣の認可又は承認を受けなければならない場合において、その認可又は承認を受けなかつたとき。（た）（ゑ）

二　第十六条の十四第一項又は第二十一条の二十一第一項の政令の規定に違反して登記することを怠つたとき。（た）（く）

三　第十六条の三十四第一項及び第三項又は第二十一条の三十六第一項及び第三項に規定する業務以外の業務を行つたとき。（た）（く）（て）（す）

四　第十六条の四十七又は第二十一条の四十二第二項の規定による総務大臣の命令に違反したとき。（た）（く）（て）（ゑ）

本条…追加〔昭和三八年四月法律八八号〕、一部改正〔昭和五一年五月法律三七号・六一年四月法律二〇号・平成六年六月三七号・一一年一二月一六〇号・一五年六月八四号〕

第四六条の三　第二十一条の五十二第二項の規定に違反して財務諸表等を備えて置かず、財務諸表等に記載すべき事項を記載せず、若しくは虚偽の記載をし、又は正当な理由がないのに同条第三項各号の規定による請求を拒んだ者は、二十万円以下の過料に処する。（す）

本条…追加〔平成一五年六月法律八四号〕

第四六条の四　第十六条の十三第二項又は第二十一条の二十二の規定に違反した者は、十万円以下の過料に処する。（ゆ）（ひ）（す）（ニ）

本条…追加〔昭和三八年四月法律八八号〕、一部改正〔昭和五一年五月法律三七号〕、全部改正〔昭和六〇年一二月法律一〇二号〕、一部改正〔昭和六一年四月法律二〇号〕、全部改正〔平成六年六月法律三七号〕、旧四六条の三…繰下〔平成一一年一二月法律一六三号〕、旧四六条の四…繰下〔平成一五年六月法律八四号〕、旧四六条の五…繰上〔平成一八年三月法律二二号〕

第四六条の五　第八条の二の三第五項（第三十六条第一項において準用する場合を含む。）、第十七条の二の三第四項又は第二十一条の十六の四第一項若しくは第二項の規定による届出を怠つた者は、五万円以下の過料に処する。（ゆ）（ひ）（せ）（す）（ニ）（チ）

本条…追加〔平成六年六月法律三七号〕、旧四六条の四…繰下〔平成一一年一二月法律一六三号〕、本条…一部改正〔平成一四年四月法律三〇号〕、旧四六条の五…一部改正し繰下〔平成一五年六月法律八四号〕、旧四六条の六…繰上〔平成一八年三月法律二二号〕、本条…一部改正〔平成一九年六月法律九三号〕

附　則

第四七条　この法律は、昭和二十三年八月一日から、これを施行する。

第四八条　この法律により許可を受け、又は届出をなさなければならない事項で、この法律施行前に警視庁令又は都道府県令により許可又は認可を受け、又は届出をなし、その後事情の変更しないものについては、これをこの法律により当該許可又は認可を受け、又は当該届出をなしたものとみなす。

第四九条　消防法及び消防組織法の一部を改正する法律（昭和六十一年法律第二十号）の施行後においては、日本消防検定協会については、総務省設置法（平成十一年法律第九十一号）第四条第一項第八号の規定並びに同項第十二号及び第十四号の規定（同項第十二号ニに掲げる業務に関する事務に係る部分を除く。）は、適用しない。（て）（ゑ）（タ）（ネ）

本条…追加〔昭和六一年四月法律二〇号〕、一部改正〔平成一一年一二月法律一六〇号・二七年九月六六号・令和三年五月三六号〕

附　則（い）〔昭和二四年六月四日法律第一九三号抄〕

1　この法律は、公布の日から起算して六十日を経過した日から施行する。

附　則（ろ）〔昭和二五年五月一七日法律第一八六号〕

1　この法律は、公布の日から施行する。

2　この法律施行前にした行為に対する罰則の適用については、なお従前の例による。

附　則（は）〔昭和二五年五月二四日法律第二〇一号抄〕

（施行期日）

1　この法律は、公布の日から起算して三月をこえ六月をこえない期間内において政令で定める日から施行する。

〔昭和二五年一〇月政令三一九号により、昭和二五・一一・二三から施行〕

附　則（に）〔昭和二七年七月三一日法律第二五八号抄〕

1　この法律は、昭和二十七年八月一日から施行する。

附　則（ほ）〔昭和二七年八月一日法律第二九三号〕

この法律は、公布の日から起算して三月を経過した日から施行する。

附　則（へ）〔昭和二九年六月八日法律第一六三号抄〕

（施行期日）

1　この法律〔中略〕は、警察法（昭和二十九年法律第百六十二号。同法附則第一項但書に係る部分を除く。）の施行の日〔昭和二九年七月一日〕から施行する。

附　則（と）〔昭和三一年五月二一日法律第一〇七号抄〕

（施行期日）

第一条　この法律は、公布の日から起算して六月をこえない範囲内で政令で定める日から施行する。〔以下略〕

〔昭和三一年一一月政令三三三号により、昭和三一・一一・二〇から施行〕

附　則（ち）〔昭和三一年六月一一日法律第一四一号抄〕

1　この法律は、昭和三十一年七月一日から施行する。

附　則（り）〔昭和三四年四月一日法律第八六号抄〕

1　この法律は、公布の日から起算して六月をこえない範囲内で政令で定める日から施行する。

〔昭和三四年九月政令三〇五号により、昭和三四・九・三〇から施行〕

2　この法律の施行の際、この法律による改正前の第三章の規定に基く市町村条例によりなされている許可の申請、届出その他の手続又は同章の規定に基く市町村条例によりなされた許可その他の処分は、それぞれこの法律による改正後の相当規定に基いてなされた手続又は処分とみなす。

3　この法律の施行の際、この法律による改正前の第三章の規定に基く市町村条例が制定されていない市町村の区域において設置されている製造所、貯蔵所又は取扱所については、この法律の施行の日から起算して三月間は、この法律による改正後の第十条第一項から第三項までの規定、第十一条第一項から第三項までの規定及び第十二条第一項の規定は、適用しない。この場合において、製造所、貯蔵所又は取扱所の所有者、管理者又は占有者が、命令で定めるところにより、その期間内に市町村長等に届け出たときは、その者は、この法律による改正後の第十一条第一項及び第三項の規定により、当該製造所、貯蔵所又は取扱所について設置の許可及び完成検査を受けて使用しているものとみなす。

4　この法律の施行の際、現にこの法律による改正前の第十三条第二項又は第十四条第一項の規定に基き市町村条例で定める取扱主任者又は映写技術者の資格を有する者は、この法律による改正後の第十三条の二第三項又は第十四条第三項の規定にかかわらず、昭和三十六年三月三十一日までの間は、この法律により危険物取扱主任者免状又は映写技術者免状の交付を受けた者とみなす。

5　前項の取扱主任者又は映写技術者が、昭和三十六年三月三十一日までの間において都道府県知事の指定する講習を修了したときは、その者は、この法律による改正後の第十三条の二第三項又は第十四条第三項に規定する試験に合格した者とみなされ、それぞれ危険物取扱主任者免状又は映写技術者免状の交付を受けることができる。

6　この法律の施行の際、この法律による改正前の第三章の規定に基く市町村条例が制定されていない市町村の区域において、現に製造所、貯蔵所又は取扱所に係る危険物の取扱作業に関して保安の監督をしている者又は映写室の映写機を操作している者は、この法律による改正後の第十三条の二第三項又は第十四条第三項の規定にかかわらず、この法律の施行の日から起算して一年間は、当該市町村の区域に限つて、この法律により危険物取扱主任者免状又は映写技術者免状の交付を受けた者とみなす。ただし、この法律の施行の日から起算して三月以内に市町村長等に届け出なかつたときは、この限りでない。

7　この法律の施行前にした行為に対する罰則の適用については、なお従前の例による。

附　則(ぬ)〔昭和三四年四月二四日法律第一五六号抄〕

（施行期日）

1　この法律は、公布の日から起算して八月をこえない範囲内において各規定につき政令で定める日から施行する。〔以下略〕

〔昭和三四年一二月政令三四三号により、昭和三四・一二・二三から施行〕

附　則(る)〔昭和三五年六月三〇日法律第一一三号抄〕

（施行期日）

第一条　この法律は、昭和三十五年七月一日から施行する。

第三条　この法律の施行の際現にこの法律による改正前のそれぞれの法律の規定により内閣総理大臣若しくは自治庁長官がし、又は国家消防本部においてした許可、認可その他これらに準ずる処分は、この法律による改正後のそれぞれの法律の相当規定に基づいて、自治大臣がし、又は消防庁においてした許可、認可その他これらに準ずる処分とみなす。

2　この法律の施行の際現にこの法律による改正前のそれぞれの法律の規定により内閣総理大臣若しくは自治庁長官又は国家消防本部に対してした許可、認可その他これらに準ずる処分の申請、届出その他の行為は、この法律による改正後のそれぞれの法律の相当規定に基づいて、自治大臣又は消防庁に対してした許可、認可その他これらに準ずる処分の申請、届出その他の行為とみなす。

第四条　この法律の施行前にした行為に対する罰則の適用については、なお従前の例による。

附　則(を)　〔昭和三五年七月二日法律第一一七号〕

1　この法律は、公布の日から起算して九月をこえない範囲内において政令で定める日から施行する。

〔昭和三六年三月政令三六号により、昭和三六・四・一から施行〕

2　この法律による改正後の消防法（以下「新法」という。）第八条第一項の政令で定める防火対象物の管理について権原を有する者は、この法律の施行の日から起算して一年間は、同条同項の規定にかかわらず、同条同項の政令で定める資格を有しない者のうちから防火管理者を定めることができる。

3　この法律の施行の際、現に存する新法第十七条第一項の防火対象物における消防用設備等又は現に新築、増築、改築、移転、修繕若しくは模様替えの工事中である同条同項の防火対象物に係る消防用設備等で同法第十七条の二第一項の消火器、避難器具その他政令で定めるものについては、この法律の施行の日から起算して二年間は、当該防火対象物の関係者が命令で定めるところにより消防長（消防長を置かない市町村においては市町村長）又は消防署長に届け出た場合に限り、同法第十七条第一項の消防用設備等の技術上の基準に関する政令若しくはこれに基づく命令又は同条第二項の規定に基づく条例の規定のうち当該消防用設備等に係る部分は、適用しない。この場合において、当該消防用設備等の技術上の基準については、なお従前の例による。

附　則(わ)　〔昭和三六年六月一七日法律第一四五号〕

この法律は、学校教育法の一部を改正する法律（昭和三十六年法律第百四十四号）の施行の日〔昭和三六年六月一七日〕から施行する。〔以下略〕

附　則(か)　〔昭和三七年五月一六日法律第一四〇号抄〕

1　この法律は、昭和三十七年十月一日から施行する。

2　この法律による改正後の規定は、この附則に特別の定めがある場合を除き、この法律の施行前に生じた事項にも適用する。ただし、この法律による改正前の規定によつて生じた効力を妨げない。

3　この法律の施行の際現に係属している訴訟については、当該訴訟を提起することができない旨を定めるこの法律による改正後の規定にかかわらず、なお従前の例による。

4　この法律の施行の際現に係属している訴訟の管轄については、当該管轄を専属管轄とする旨のこの法律による改正後の規定にかかわらず、なお従前の例による。

5　この法律の施行の際現にこの法律による改正前の規定による出訴期間が進行している処分又は裁決に関する訴訟の出訴期間については、なお従前の例による。ただし、この法律による改正後の規定による出訴期間がこの法律による改正前の規定による出訴期間より短い場合に限る。

6　この法律の施行前にされた処分又は裁決に関する当事者訴訟で、この法律による改正により出訴期間が定められることとなつたものについての出訴期間は、この法律の施行の日から起算する。

7　この法律の施行の際現に係属している処分又は裁決の取消しの訴えについては、当該法律関係の当事者の一方を被告とする旨のこの法律による改正後の規定にかかわらず、なお従前の例による。ただし、裁判所は、原告の申立てにより、決定をもつて、当該訴訟を当事者訴訟に変更することを許すことができる。

8　前項ただし書の場合には、行政事件訴訟法第十八条後段及び第二十一条第二項から第五項までの規定を準用する。

附　則（よ）〔昭和三七年九月一五日法律第一六一号抄〕

1　この法律は、昭和三十七年十月一日から施行する。

2　この法律による改正後の規定は、この附則に特別の定めがある場合を除き、この法律の施行前にされた行政庁の処分、この法律の施行前にされた申請に係る行政庁の不作為その他この法律の施行前に生じた事項についても適用する。ただし、この法律による改正前の規定によつて生じた効力を妨げない。

3　この法律の施行前に提起された訴願、審査の請求、異議の申立てその他の不服申立て（以下「訴願等」という。）については、この法律の施行後も、なお従前の例による。この法律の施行前にされた訴願等の裁決、決定その他の処分（以下「裁決等」という。）又はこの法律の施行前に提起された訴願等につきこの法律の施行後にされる裁決等にさらに不服がある場合の訴願等についても、同様とする。

4　前項に規定する訴願等で、この法律の施行後は行政不服審査法による不服申立てをすることができることとなる処分に係るものは、同法以外の法律の適用については、行政不服審査法による不服申立てとみなす。

5　第三項の規定によりこの法律の施行後にされる審査の請求、異議の申立てその他の不服申立ての裁決等については、行政不服審査法による不服申立てをすることができない。

6　この法律の施行前にされた行政庁の処分で、この法律による改正前の規定により訴願等をすることができるものとされ、かつ、その提起期間が定められていなかつたものについて、行政不服審査法による不服申立てをすることができる期間は、この法律の施行の日から起算する。

8　この法律の施行前にした行為に対する罰則の適用については、

なお従前の例による。

9　前八項に定めるもののほか、この法律の施行に関して必要な経過措置は、政令で定める。

10　この法律及び行政事件訴訟法の施行に伴う関係法律の整理等に関する法律（昭和三十七年法律第百四十号）に同一の法律についての改正規定がある場合においては、当該法律は、この法律によつてまず改正され、次いで行政事件訴訟法の施行に伴う関係法律の整理等に関する法律によつて改正されるものとする。

附　則(た)〔昭和三八年四月一五日法律第八八号抄〕

（施行期日）

第一条　この法律は、公布の日から施行する。ただし、第十九条の改正規定及び第四章の次に一章を加える改正規定中第二十一条の二から第二十一条の十六までに関する部分並びに附則第十九条の規定中自治省設置法（昭和二十七年法律第二百六十一号）第二十六条の表に関する部分（附則第七条において「第十九条等の改正規定」という。）は昭和三十九年一月一日から、第二条に一項を加える改正規定、第七章の次に一章を加える改正規定、第三十六条の二の改正規定並びに附則第十二条及び附則第十三条の規定はこの法律の公布の日から起算して一年をこえない範囲内において政令で定める日から施行する。

〔昭和三八年一二月政令三七九号により、昭和三九・四・一〇から施行〕

（協会の設立）

第二条　自治大臣は、日本消防検定協会（以下「協会」という。）の理事長又は監事となるべき者を指名する。

2　前項の規定により指名された理事長又は監事となるべき者は、協会の成立の時において、この法律の規定により、それぞれ理事長又は監事に任命されたものとする。

第三条　自治大臣は、設立委員を命じて、協会の設立に関する事務を処理させる。

2　設立委員は、設立の準備を完了したときは、遅滞なく、政府に対し、出資金の払込みの請求をしなければならない。

3　設立委員は、出資金の払込みがあつた日において、その事務を前条第一項の規定により指名された理事長となるべき者に引き継がなければならない。

第四条　附則第二条第一項の規定により指名された理事長となるべき者は、前条第三項の規定による事務の引継ぎを受けたときは、遅滞なく、政令で定めるところにより、設立の登記をしなければならない。

第五条　協会は、設立の登記をすることによつて成立する。

（土地等をその目的とする出資）

第六条　政府は、この法律（附則第一条本文に係る部分をいう。以下同じ。）の施行の際現に国が消防の用に供する機械器具等の検定の用に供している土地又は建物その他の土地の定着物（以下「土地等」という。）で協会の業務に必要があると認められるものを出資の目的として協会に出資することができる。

2　前項の規定により出資する土地等の価額は、出資の日現在における時価を基準として評価委員が評価した価額とする。

3　前項の評価委員その他同項の規定による評価に関し必要な事項は、政令で定める。

（経過規定）

第七条　第十九条等の改正規定の施行の際、改正前の消防法（以下「旧法」という。）第十九条第一項の規定により勧告されている規格は、改正後の消防法（以下「新法」という。）第二十一条の二第二項に規定する技術上の規格とみなす。

2　第十九条等の改正規定の施行の際、旧法第十九条及びこれに基づく命令の規定によりなされている処分又は申請その他の手続は、それぞれ新法の相当規定に基づいてなされた処分又は申請その他の手続とみなす。

第八条　この法律の施行の際現に日本消防検定協会という名称を使用している者については、新法第二十一条の二十二の規定は、この法律の施行後六月間は、適用しない。

第九条　協会の最初の事業年度は、新法第二十一条の三十八の規定にかかわらず、その成立の日に始まり、昭和三十九年三月三十一日に終わるものとする。

第一〇条　協会の最初の事業年度の事業計画、予算及び資金計画については、新法第二十一条の三十九中「当該事業年度の開始前に」とあるのは、「協会の成立後遅滞なく」とする。

第一一条　この法律の施行前にした行為に対する罰則の適用については、なお従前の例による。

附　則（れ）〔昭和三八年四月一五日法律第九〇号抄〕

1　この法律は、公布の日から起算して三月をこえない範囲内において政令で定める日から施行する。

〔昭和三八年六月政令二〇四号により、昭和三八・七・一四から施行〕

3　この法律の施行前にした行為に対する罰則の適用については、なお従前の例による。

附　則（そ）〔昭和四〇年五月一四日法律第六五号〕

1　この法律は、公布の日から施行する。ただし、第一条中消防法第十条第一項ただし書及び第十三条第一項の改正規定、同法第十四条の次に二条を加える改正規定、同法第十六条の三の改正規定（危険物を仮に貯蔵し、又は取り扱う場合の承認に関する部分に限る。）及び同法第二十一条の改正規定並びに第二条の規定は昭和四十年十月一日から、第一条中消防法第十七条の四の次に八条を加える改正規定（第十七条の六から第十七条の九までに関する部分を除く。以下同じ。）は昭和四十一年十月一日から施行する。

2　第一条中消防法第十条第一項ただし書の改正規定の施行の際、現に第一条による改正前の消防法第十条第一項ただし書の指定を受けている者は、当該指定を受けた日から起算して十日間（当該改正規定の施行の日前に経過した期間を除く。）に限り、この法律による改正後の消防法（以下「新法」という。）第十条第一項ただし書の承認を受けた者とみなす。

3　この法律の施行の日の翌日から起算して十日以内の期間における新法第十一条の二の規定の適用については、同条中「変更しようとする日の十日前までに」とあるのは、「あらかじめ」と読み替えるものとする。

4　第一条中消防法第十七条の四の次に八条を加える改正規定の施行の日の翌日から起算して十日以内の期間における新法第十七条の十二の規定の適用については、同条中「その工事に着手しようとする日の十日前までに」とあるのは、「あらかじめ」と読み替えるものとする。

5　この法律の施行前にした行為に対する罰則の適用については、なお従前の例による。

附　則（つ）〔昭和四二年七月二五日法律第八〇号抄〕

（施行期日）

1　この法律は、公布の日から施行する。ただし、第一条中消防法第九条の二を第九条の三とし、第九条の次に一条を加える改正規定及び同法第四十六条の改正規定〔中略〕は、昭和四十三年四月一日から施行する。

（経過規定）

2　この法律の施行の際、現に改正後の第九条の二第一項に規定する物質を貯蔵し、又は取り扱つている者に対する同項の規定の適用については、同項中「あらかじめ」とあるのは、「昭和四十三年四月一日から三十日以内に」とする。

附　則（ね）〔昭和四三年六月一〇日法律第九五号抄〕

改正　昭和四七年六月法律第九四号（ゐ）

1　この法律は、公布の日から施行する。ただし、第一条中消防法第八条の次に二条を加える改正規定〔中略〕は、昭和四十四年四月一日から施行する。

2　第一条の規定による改正後の消防法第八条の三の規定は、同条に係る改正規定の施行の際現に使用する同条の物品については、昭和四十八年六月三十日までの間、適用しない。（ゐ）

二項…一部改正〔昭和四七年六月法律九四号〕

附　則（な）〔昭和四五年六月一日法律第一一一号抄〕

（施行期日）

1　この法律は、公布の日から施行する。〔以下略〕

附　則（ら）〔昭和四六年六月一日法律第九七号抄〕

（施行期日）

1　この法律は、公布の日から施行する。ただし、別表の改正規定は昭和四十七年一月一日から、第十六条の二及び第十六条の四の改正規定、第四十三条第一項の改正規定（同項第一号に係る部分を除く。）並びに第四十四条の改正規定は同年十月一日から施行する。

（経過措置）

2　この法律の施行の日（別表の改正規定にあつては、当該改正規定の施行の日。以下「施行日」という。）前に改正前の消防法（以下「旧法」という。）の規定に基づいてされている許可の申請、届出その他の手続又は旧法の規定に基づいてされた許可その他の処分は、別段の定めがあるものを除き、改正後の消防法（以下「新法」という。）の相当規定に基づいてされた手続又は処分とみなす。

3 昭和四十七年一月一日において現に設置されている製造所、貯蔵所又は取扱所で、新たに新法第十一条第一項の規定による許可を受けなければならないこととなるものについては、同項の規定は、同年十二月三十一日までの間、適用しない。

4 昭和四十七年一月一日において現に旧法第十一条の規定により許可を受けて設置されている製造所、貯蔵所又は取扱所で、その位置、構造及び設備が新法第十条第四項の技術上の基準に適合しないものについては、同年十二月三十一日までの間、同項の規定にかかわらず、なお従前の例による。

5 この法律の施行の際現に旧法第十三条の二第三項の規定により甲種危険物取扱主任者免状又は乙種危険物取扱主任者免状の交付を受けている者は、それぞれ新法第十三条の二第三項の規定により甲種危険物取扱者免状又は乙種危険物取扱者免状の交付を受けている者とみなす。

6 この法律の施行の際現に旧法第十三条の三第二項に規定する甲種危険物取扱主任者試験又は乙種危険物取扱主任者試験に合格している者は、それぞれ新法第十三条の三第二項に規定する甲種危険物取扱者試験又は乙種危険物取扱者試験に合格した者とみなす。

7 都道府県知事は、新法第十三条の三第二項に規定する丙種危険物取扱者試験を、施行日から昭和四十七年九月三十日までの間において、少なくとも二回以上行なうように努めなければならない。

8 施行日前にした行為に対する罰則の適用については、なお従前の例による。

附　則（む）〔昭和四六年六月一日法律第九八号抄〕

（施行期日）

第一条 この法律は、公布の日から起算して六月をこえない範囲内において政令で定める日から施行する。〔以下略〕

〔昭和四六年一一月政令三四七号により、昭和四六・一二・一から施行〕

附　則（う）〔昭和四六年一二月三一日法律第一三〇号抄〕

（施行期日）

1 この法律は、琉球諸島及び大東諸島に関する日本国とアメリカ合衆国との間の協定（昭和四七年条約第二号）の効力発生の日〔昭和四七年五月一五日〕から施行する。〔以下略〕

附　則（ゐ）〔昭和四七年六月二三日法律第九四号抄〕

1 この法律は、公布の日から施行する。ただし、第一条中消防法

第八条の三の改正規定（同条第二項及び第三項の規定として加える部分に限る。）並びに第四十四条及び第四十五条の改正規定は昭和四十七年十月一日から、同法第八条の三の改正規定（同条第四項及び第五項の規定として加える部分に限る。）は昭和四十九年一月一日から施行する。

附　則（の）〔昭和四九年六月一日法律第六四号〕

1　この法律は、公布の日から施行する。ただし、次の各号に掲げる規定は、当該各号に掲げる日から施行する。

一　第八条に一項を加える改正規定、第十七条第一項の改正規定、第十七条の五の改正規定（「（他人の求めに応じ、報酬を得て行なわれるものに限る。）」を削る部分に限る。）、第十七条の八の次に一条を加える改正規定及び第十七条の九の改正規定　昭和四十九年七月一日

二　第十七条の三の次に二条を加える改正規定　昭和五十年四月一日

三　第十七条の二第二項及び第十七条の三第二項の改正規定中百貨店、地下街及び複合用途防火対象物に係る消防用設備等に係る部分　昭和五十二年四月一日

四　第十七条の二第二項及び第十七条の三第二項の改正規定中前号に規定する防火対象物以外の防火対象物に係る消防用設備等に係る部分　昭和五十四年四月一日

2　改正前の消防法（以下「旧法」という。）の規定により、配管によつて危険物の移送の取扱いを行う取扱所のうち改正後の消防法（以下「新法」という。）第十一条第一項第四号に掲げる移送取扱所に該当するものについて市町村長がした許可その他の処分又は受理した届出は、新法の相当規定に基づいて都道府県知事又は自治大臣がした許可その他の処分又は受理した届出とみなす。

3　旧法第十四条の二第一項の規定による認可を受けた予防規程は、新法第十四条の二第一項の規定による認可を受けた予防規程とみなす。

4　昭和五十二年四月一日（新法第十七条の二第二項第四号に規定する特定防火対象物（以下この項において「特定防火対象物」という。）で百貨店、地下街及び複合用途防火対象物以外のものにあつては、昭和五十四年四月一日。以下「一部施行日」という。）において現に存する特定防火対象物又は現に新築、増築、改築、移転、修繕若しくは模様替えの工事中の特定防火対象物に係る消防用設備等で、一部施行日の前日において旧法第十七条の二第一項又は第十七条の三第一項の規定の適用を受けていたものについては、一部施行日以後、新法第十七条の二第一項又は第十七条の三第一項の規定は、適用しない。

5　この法律の施行の日から昭和五十年三月三十一日までの間に限り、新法第十七条の四及び第十七条の五の規定の適用について

は、これらの規定中「設備等技術基準」とあるのは、「第十七条第一項の政令若しくはこれに基づく命令又は同条第二項の規定に基づく条例で定める技術上の基準（第十七条の二第一項前段又は第十七条の三第一項前段に規定する場合にあつては、それぞれ第十七条の二第一項後段又は第十七条の三第一項後段の規定により適用されることとなる技術上の基準とする。）」とする。

6　国及び地方公共団体は、附則第四項の規定により、一部施行日以後新法第十七条の二第一項又は第十七条の三第一項の規定の適用を受けないこととなる消防用設備等に係る防火対象物の関係者が新法第十七条の規定による技術上の基準に適合させるために行う当該消防用設備等の設置に係る工事又は整備について、必要な資金のあつせん、技術的な助言その他の措置を講ずるよう努めるものとする。

7　この法律の施行前にした行為に対する罰則の適用については、なお従前の例による。

附　則（お）〔昭和五〇年一二月一七日法律第八四号抄〕

（施行期日等）

1　この法律は、公布の日から起算して六月を超えない範囲内において政令で定める日から施行する。

〔昭和五一年五月政令一二八号により、昭和五一・六・一六から施行〕

附　則（く）〔昭和五一年五月二九日法律第三七号抄〕

（施行期日）

第一条　この法律は、公布の日から起算して三月を超えない範囲内において政令で定める日から施行する。ただし、第十一条の二から第十一条の五までに係る改正規定、第十二条の二、第十二条の四第二項、第十四条の三、第十六条の四、第十六条の七並びに第四十四条第三号の二及び第六号の改正規定並びに次条及び附則第三条の規定は、公布の日から起算して九月を超えない範囲内において政令で定める日から施行する。

〔昭和五一年八月政令二三〇号により、昭和五一・八・二八から施行。ただし書の規定は、昭和五二年二月政令九号により、昭和五二・二・一五から施行〕

（経過措置）

第二条　この法律による改正後の消防法（以下「新法」という。）第十一条の二及び第十一条の三の規定は、前条ただし書に定める日（以下「一部施行日」という。）以後に、新法第十一条第一項の規定による許可の申請があつた製造所、貯蔵所若しくは取扱所の設置又はその位置、構造若しくは設備の変更について適用する。

第三条　新法第十六条の七の規定は、一部施行日以後に、消防本部若しくは消防署の設置若しくは廃止又は市町村の廃置分合若しくは境界変更があつた場合について適用し、一部施行日前に、消防本部若しくは消防署の設置若しくは廃止又は市町村の廃置分合若しくは境界変更があつた場合については、なお従前の例による。

第四条　この法律の施行の際現にその名称中に危険物保安技術協会という文字を用いている者については、新法第十六条の十三第二項の規定は、この法律の施行後六月間は、適用しない。

第五条　危険物保安技術協会（以下「協会」という。）の最初の事業年度は、新法第十六条の四十の規定にかかわらず、その成立の日に始まり、翌年三月三十一日に終わるものとする。

2　協会の最初の事業年度の予算、事業計画及び資金計画については、新法第十六条の四十一中「当該事業年度の開始前に」とあるのは、「協会の成立後遅滞なく」とする。

（罰則に関する経過措置）

第一二条　この法律の施行前にした行為及びこの法律の施行後に消防法第十一条第一項又は石油コンビナート等災害防止法第五条第一項若しくは第七条第一項の規定に違反してされたこれらの規定に規定する設置、新設又は変更で当該設置、新設又は変更のための工事がこの法律の施行前に開始されたものに対する罰則の適用については、なお従前の例による。

附　則（や）〔昭和五三年六月一五日法律第七三号抄〕

（施行期日）

第一条　この法律は、公布の日から起算して六月を超えない範囲内において政令で定める日から施行する。

〔昭和五三年一二月政令三八四号により、昭和五三・一二・一四から施行〕

附　則（ま）〔昭和五七年七月一六日法律第六六号〕

この法律は、昭和五十七年十月一日から施行する。

附　則（け）〔昭和五七年七月二三日法律第六九号抄〕

（施行期日等）

1　この法律〔中略〕は、それぞれ当該各号に定める日〔公布の日から起算して六月を経過した日〕から施行する。〔以下略〕

（経過措置）

9　この法律（附則第一項第四号及び第五号に掲げる規定については、当該各規定）の施行前にした行為〔中略〕に対する罰則の適用については、なお従前の例による。

附　則（ふ）〔昭和五八年五月二〇日法律第四四号抄〕

（施行期日）

1　この法律は、公布の日から起算して一年を超えない範囲内において政令で定める日から施行する。

〔昭和五八年一一月政令二三九号により、昭和五九・四・一から施行〕

附　則（こ）〔昭和五八年一二月一〇日法律第八三号抄〕

（施行期日）

第一条　この法律〔中略〕は、それぞれ当該各号に定める日〔公布の日から起算して一年を超えない範囲内において政令で定める

日〕から施行する。〔以下略〕

〔昭和五九年九月政令二七五号により、昭和五九・一二・一から施行〕

附　則(え)　〔昭和六〇年一二月二四日法律第一〇二号抄〕

(施行期日)

第一条　この法律〔中略〕は、それぞれ当該各号に定める日〔公布の日から起算して一年を超えない範囲内において政令で定める日〕から施行する。〔以下略〕

〔昭和六一年八月政令二七三号により、昭和六一・一二・一から施行〕

(罰則に関する経過措置)

第八条　この法律(附則第一条各号に掲げる規定については、当該各規定)の施行前にした行為〔中略〕に対する罰則の適用については、なお従前の例による。

附　則(て)　〔昭和六一年四月一五日法律第二〇号抄〕

(施行期日)

第一条　この法律は、昭和六十二年一月一日から施行する。ただし、第二条(消防組織法第四条第十八号の次に一号を加える改正規定を除く。)並びに次条及び附則第四条の規定は、公布の日から施行する。

(危険物保安技術協会に関する経過措置)

第二条　この法律の公布の日に現に存する危険物保安技術協会は、この法律の施行の日(以下「施行日」という。)までに、その定款を第一条の規定による改正後の消防法(以下「新法」という。)第十六条の二十二第一項の規定に適合するように変更し、自治大臣の認可を受けるものとする。この場合において、その認可の効力は、施行日から生ずるものとする。

第三条　この法律の施行の際現に在職する危険物保安技術協会の理事長、理事又は監事は、それぞれ新法第十六条の二十五の規定によりその選任について自治大臣の認可を受けた理事長、理事又は監事とみなす。

2　前項の規定によりその選任について自治大臣の認可を受けたものとみなされる危険物保安技術協会の役員の任期は、第一条の規定による改正前の消防法(以下「旧法」という。)第十六条の二十六第一項の規定により任期が終了すべき日に終了するものとする。

(日本消防検定協会に関する経過措置)

第四条　日本消防検定協会は、施行日までに、新法第二十一条の二十第一項に規定する定款を作成し、自治大臣の認可を受けるものとする。この場合において、その認可の効力は、施行日から生ずるものとする。

第五条　日本消防検定協会は、旧法第二十一条の二十に規定する資本金に相当する金額を、昭和六十二年三月三十一日までに、国庫に納付しなければならない。

第六条 この法律の施行の際現に在職する日本消防検定協会の理事長、理事又は監事は、それぞれ新法第二十一条の二十六の規定によりその選任について自治大臣の認可を受けた理事長、理事又は監事とみなす。

2 前項の規定によりその選任について自治大臣の認可を受けたものとみなされる日本消防検定協会の役員の任期は、旧法第二十一条の二十七第一項の規定により任期が終了すべき日に終了するものとする。

（罰則に関する経過措置）

第七条 この法律の施行前にした行為に対する罰則の適用については、なお従前の例による。

附 則（あ）〔昭和六一年一二月二六日法律第一〇九号抄〕

（施行期日）

第一条 この法律は、公布の日から施行する。〔以下略〕

附 則（さ）〔昭和六三年五月二四日法律第五五号抄〕

（施行期日）

第一条 この法律は、公布の日から施行する。ただし、第十三条の三の改正規定は昭和六十四年〔平成元年〕四月一日から、第二条第七項、第九条の三、第十条第二項、第十一条の四、第十六条の十及び別表の改正規定並びに附則第三条から第七条までの規定は公布の日から起算して二年を超えない範囲内において政令で定める日（以下「一部施行日」という。）から施行する。

〔昭和六三年一二月政令三五七号により、平成二・五・二三から施行〕

（経過措置）

第二条 この法律の施行の日（第十三条の三の改正規定にあつては昭和六十四年〔平成元年〕四月一日、第二条第七項、第十条第二項、第十一条の四及び別表の改正規定にあつては一部施行日）前に改正前の消防法（以下「旧法」という。）の規定に基づいてされている許可の申請、届出その他の手続又は旧法の規定に基づいてされた許可その他の処分は、別段の定めがあるものを除き、改正後の消防法（以下「新法」という。）の相当規定に基づいてされた手続又は処分とみなす。

第三条 一部施行日において現に設置されている製造所、貯蔵所若しくは取扱所又は現に旧法第十一条第一項の規定により許可を受けて設置されている製造所、貯蔵所若しくは取扱所で、新たに新法第十一条第一項の規定による許可を受けなければならないこととなるものについては、一部施行日から起算して一年間は、同項の規定による許可を受けることを要しない。

第四条 一部施行日において現に旧法第十一条第一項の規定により許可を受けて設置されている製造所、貯蔵所又は取扱所で、その位置、構造及び設備が新法第十条第四項の技術上の基準に適合しないものに係る同項の技術上の基準については、同項の規定にかかわらず、一部施行日から起算して一年以内において新たに新法第十一条第一項の規定による許可を受けるまでの間、なお従前の例による。

第五条　一部施行日の前日において現に旧法第十一条第一項の規定により許可を受けて設置されている製造所、貯蔵所又は取扱所で、新法第十一条第一項の規定による許可を受けることを要しないこととなるものの所有者、管理者又は占有者は、一部施行日から起算して三月以内にその旨を新法第十一条第二項に規定する市町村長等（以下「市町村長等」という。）に届け出なければならない。ただし、次項に規定する届出をする場合は、この限りでない。

2　前項の所有者、管理者又は占有者で、当該製造所、貯蔵所又は取扱所の位置、構造又は設備を変更しないで、引き続き新法第九条の三に規定する指定数量以上の危険物を貯蔵し、又は取り扱おうとするものは、一部施行日から起算して三月以内にその旨を市町村長等に届け出なければならない。

3　前項の場合において、旧法第十一条第一項の規定による許可は、新法第十一条第一項の規定による許可とみなす。

第六条　一部施行日において現に旧法第十一条第一項の規定により許可を受けて設置されている製造所、貯蔵所又は取扱所で、新法第十一条の四に規定する指定数量の倍数が旧法第十一条第一項の規定による許可又は旧法第十一条の四の規定による届出に係る指定数量の倍数（当該製造所、貯蔵所又は取扱所において貯蔵し、又は取り扱う危険物の数量を当該危険物の指定数量で除して得た値（旧法別表に掲げる品名を異にする二以上の危険物を貯蔵し、又は取り扱う場合には、当該貯蔵又は取扱いに係るそれぞれの危険物の数量を当該危険物の指定数量で除して得た値の和）をいう。）を超えることとなるものの所有者、管理者又は占有者は、一部施行日から起算して三月以内にその旨を市町村長等に届け出なければならない。

第七条　一部施行日において現に旧法第十三条の二第三項の規定により乙種危険物取扱者免状の交付を受けている者で、新法第十三条の二第二項の規定によりその者が取り扱うことができる危険物以外の危険物（以下この項において「対象外危険物」という。）を一部施行日の前日において当該乙種危険物取扱者免状に基づき取り扱い、又は当該危険物の取扱作業に関して立ち会い、若しくは保安の監督をしているものは、一部施行日から起算して二年を経過する日までの間に限り、新法第十三条第一項及び第三項、第十三条の二第二項並びに第十六条の二第一項の規定にかかわらず、当該対象外危険物（次項において「取扱危険物」という。）を取り扱い、又は当該危険物の取扱作業に関して立ち会い、若しくは保安の監督をすることができる。

2　前項の危険物取扱者が、一部施行日から起算して二年を経過する日までの間において都道府県知事（当該都道府県知事が旧法第十三条の五第一項の規定により危険物取扱者試験事務を旧法第十三条の七第二項に規定する指定試験機関（以下この条において「指定試験機関」という。）に行わせている場合にあつては、当該指定試験機関。以下同じ。）の指定する講習（以下この条において「指定講習」という。）を修了したときは、その者は、新法第十三条の三第三項に規定する試験に合格した者とみなされ、取扱危険物を取り扱うことのできる乙種危険物取扱者免状の交付を受けることができる。

3　新法第十三条の十二第一項、第十三条の十五から第十三条の十七まで、第十三条の十八第二項第四号、同条第三項及び第四項、第十三条の二十から第十三条の二十二まで並びに第十六条の四の規定は、指定試験機関の指定講習の実施に関する事務について準用する。

4　都道府県知事は、指定講習を、一部施行日から起算して二年を経過する日までの間において、少なくとも二回以上（指定試験機関にあつては、都道府県の区域ごとに少なくとも二回以上）行うように努めなければならない。

第八条　附則第二条から前条までに定めるもののほか、この法律の施行に関し必要な経過措置は、政令で定める。

（罰則に関する経過措置）

第九条　この法律の施行前にした行為及びこの法律の附則においてなお従前の例によることとされる場合におけるこの法律の施行後にした行為に対する罰則の適用については、なお従前の例による。

附　則（き）〔平成五年一一月一二日法律第八九号抄〕

（施行期日）

第一条　この法律は、行政手続法（平成五年法律第八十八号）の施行の日〔平成六年一〇月一日〕から施行する。

（諮問等がされた不利益処分に関する経過措置）

第二条　この法律の施行前に法令に基づき審議会その他の合議制の機関に対し行政手続法第十三条に規定する聴聞又は弁明の機会の付与の手続その他の意見陳述のための手続に相当する手続を執るべきことの諮問その他の求めがされた場合においては、当該諮問その他の求めに係る不利益処分の手続に関しては、この法律による改正後の関係法律の規定にかかわらず、なお従前の例による。

（罰則に関する経過措置）

第一三条　この法律の施行前にした行為に対する罰則の適用については、なお従前の例による。

（聴聞に関する規定の整理に伴う経過措置）

第一四条　この法律の施行前に法律の規定により行われた聴聞、聴問若しくは聴聞会（不利益処分に係るものを除く。）又はこれらのための手続は、この法律による改正後の関係法律の相当規定により行われたものとみなす。

（政令への委任）

第一五条　附則第二条から前条までに定めるもののほか、この法律の施行に関して必要な経過措置は、政令で定める。

附　則(ゆ)〔平成六年六月二二日法律第三七号抄〕

改正　平成一一年一二月法律第一六〇号(ゑ)

（施行期日）

第一条　この法律は、公布の日から起算して一年を超えない範囲内において政令で定める日から施行する。ただし、次の各号に掲げる規定は、当該各号に定める日から施行する。

〔平成六年一一月政令三七二号により、平成七・一・一から施行〕

一　第三十九条の二から第四十四条まで及び第四十六条から第四十六条の三までの改正規定並びに本則中第四十六条の三の次に一条を加える改正規定並びに附則第三条の規定　公布の日から起算して二十日を経過した日

二　第十三条の三及び第十七条の八の改正規定並びに次条の規定　平成七年四月一日

（経過措置）

第二条　平成七年四月一日前に、改正前の消防法（以下この条において「旧法」という。）第十三条の三第四項第一号の規定に基づいて都道府県知事が認定した者（都道府県知事が旧法第十三条の五第一項の規定に基づき自治大臣の指定する者に危険物取扱者試験の実施に関する事務を行わせている場合にあっては、当該自治大臣の指定する者が認定した者）は当該認定に係る試験については中央省庁等改革関係法施行法（平成十一年法律第百六十号）による改正後の消防法（以下この条において「新法」という。）第十三条の三第四項第一号の総務省令で定める者と、旧法第十七条の八第四項第三号の規定に基づいて都道府県知事が認定した者（都道府県知事が旧法第十七条の九第一項の規定に基づき自治大臣の指定する者に消防設備士試験の実施に関する事務を行わせている場合にあっては、当該自治大臣の指定する者が認定した者）は当該認定に係る試験については新法第十七条の八第四項第三号に掲げる者とそれぞれみなす。(ゑ)

本条…一部改正〔平成一一年一二月法律一六〇号〕

（罰則に関する経過措置）

第三条　附則第一条第一号に掲げる規定の施行前にした行為に対する罰則の適用については、なお従前の例による。

附　則(め)〔平成一〇年六月一二日法律第一〇〇号抄〕

改正　平成一一年六月法律第八七号(し)

（施行期日）

第一条　この法律は、公布の日から起算して二年を超えない範囲内において政令で定める日から施行する。ただし〔中略〕次条から附則第六条まで、第八条から第十一条まで、第十二条〔中略〕の規定は公布の日から起算して一年を超えない範囲内において政令で定める日から施行する。（し）

本条…一部改正〔平成一一年六月法律八七号〕

〔平成一二年四月政令二一〇号により、平成一二・六・一から施行。ただし書の規定は、平成一一年一月政令四号により、平成一一・五・一から施行〕

附　則（み）〔平成一〇年六月一二日法律第一〇一号抄〕

（施行期日）

第一条　この法律は、平成十一年四月一日から施行する。〔以下略〕

附　則（し）〔平成一一年七月一六日法律第八七号抄〕

（施行期日）

第一条　この法律は、平成十二年四月一日から施行する。ただし、次の各号に掲げる規定は、当該各号に定める日から施行する。

一　〔前略〕附則〔中略〕第百六十条、第百六十三条、第百六十四条並びに第二百二条の規定　公布の日

二～六　〔略〕

（国等の事務）

第一五九条　この法律による改正前のそれぞれの法律に規定するもののほか、この法律の施行前において、地方公共団体の機関が法律又はこれに基づく政令により管理し又は執行する国、他の地方公共団体その他公共団体の事務（附則第百六十一条において「国等の事務」という。）は、この法律の施行後は、地方公共団体が法律又はこれに基づく政令により当該地方公共団体の事務として処理するものとする。

（処分、申請等に関する経過措置）

第一六〇条　この法律（附則第一条各号に掲げる規定については、当該各規定。以下この条及び附則第百六十三条において同じ。）の施行前に改正前のそれぞれの法律の規定によりされた許可等の処分その他の行為（以下この条において「処分等の行為」という。）又はこの法律の施行の際現に改正前のそれぞれの法律の規定によりされている許可等の申請その他の行為（以下この条において「申請等の行為」という。）で、この法律の施行の日においてこれらの行為に係る行政事務を行うべき者が異なることとなるものは、附則第二条から前条までの規定又は改正後のそれぞれの法律（これに基づく命令を含む。）の経過措置に関する規定に定めるものを除き、この法律の施行の日以後における改正後のそれぞれの法律の適用については、改正後のそれぞれの法律の相当規定によりされた処分等の行為又は申請等の行為とみなす。

2　この法律の施行前に改正前のそれぞれの法律の規定により国又

は地方公共団体の機関に対し報告、届出、提出その他の手続をしなければならない事項で、この法律の施行の日前にその手続がされていないものについては、この法律及びこれに基づく政令に別段の定めがあるもののほか、これを、改正後のそれぞれの法律の相当規定により国又は地方公共団体の相当の機関に対して報告、届出、提出その他の手続をしなければならない事項についてその手続がされていないものとみなして、この法律による改正後のそれぞれの法律の規定を適用する。

（不服申立てに関する経過措置）

第一六一条　施行日前にされた国等の事務に係る処分であって、当該処分をした行政庁（以下この条において「処分庁」という。）に施行日前に行政不服審査法に規定する上級行政庁（以下この条において「上級行政庁」という。）があったものについての同法による不服申立てについては、施行日以後においても、当該処分庁に引き続き上級行政庁があるものとみなして、行政不服審査法の規定を適用する。この場合において、当該処分庁の上級行政庁とみなされる行政庁は、施行日前に当該処分庁の上級行政庁であった行政庁とする。

2　前項の場合において、上級行政庁とみなされる行政庁が地方公共団体の機関であるときは、当該機関が行政不服審査法の規定により処理することとされる事務は、新地方自治法第二条第九項第一号に規定する第一号法定受託事務とする。

（手数料に関する経過措置）

第一六二条　施行日前においてこの法律による改正前のそれぞれの法律（これに基づく命令を含む。）の規定により納付すべきであった手数料については、この法律及びこれに基づく政令に別段の定めがあるもののほか、なお従前の例による。

（罰則に関する経過措置）

第一六三条　この法律の施行前にした行為に対する罰則の適用については、なお従前の例による。

（その他の経過措置の政令への委任）

第一六四条　この附則に規定するもののほか、この法律の施行に伴い必要な経過措置（罰則に関する経過措置を含む。）は、政令で定める。

2　〔略〕

附　則（忍）〔平成一一年一二月二二日法律第一六〇号抄〕

（施行期日）

第一条　この法律〔中略〕は、平成十三年一月六日から施行する。ただし、次の各号に掲げる規定は、当該各号に定める日から施行する。

一　〔前略〕第千三百四十四条の規定　公布の日

二　〔略〕

中央省庁等改革関係法施行法〔抄〕

（平成十一年十二月二十二日法律第百六十号）

第一六章　経過措置等

（処分、申請等に関する経過措置）

第一三〇一条　中央省庁等改革関係法及びこの法律（以下「改革関係法等」と総称する。）の施行前に法令の規定により従前の国の機関がした免許、許可、認可、承認、指定その他の処分又は通知その他の行為は、法令に別段の定めがあるもののほか、改革関係法等の施行後は、改革関係法等の施行後の法令の相当規定に基づいて、相当の国の機関がした免許、許可、認可、承認、指定その他の処分又は通知その他の行為とみなす。

2　改革関係法等の施行の際現に法令の規定により従前の国の機関に対してされている申請、届出その他の行為は、法令に別段の定めがあるもののほか、改革関係法等の施行後は、改革関係法等の施行後の法令の相当規定に基づいて、相当の国の機関に対してされた申請、届出その他の行為とみなす。

3　改革関係法等の施行前に法令の規定により従前の国の機関に対し報告、届出、提出その他の手続をしなければならないとされている事項で、改革関係法等の施行の日前にその手続がされていないものについては、法令に別段の定めがあるもののほか、改革関係法等の施行後は、これを、改革関係法等の施行後の法令の相当規定により相当の国の機関に対して報告、届出、提出その他の手続をしなければならないとされた事項についてその手続がされていないものとみなして、改革関係法等の施行後の法令の規定を適用する。

（従前の例による処分等に関する経過措置）

第一三〇二条　なお従前の例によることとする法令の規定により、従前の国の機関がすべき免許、許可、認可、承認、指定その他の処分若しくは通知その他の行為又は従前の国の機関に対してすべき申請、届出その他の行為については、法令に別段の定めがあるもののほか、改革関係法等の施行後は、改革関係法等の施行後の法令の規定に基づくその任務及び所掌事務の区分に応じ、それぞれ、相当の国の機関がすべきものとし、又は相当の国の機関に対してすべきものとする。

（罰則に関する経過措置）

第一三〇三条　改革関係法等の施行前にした行為に対する罰則の適用については、なお従前の例による。

（守秘義務に関する経過措置）

第一三〇七条　1～3　〔略〕

4　改革関係法等の施行後は、改革関係法等の施行前の消防法第三十五条の三の二第二項において準用する同法第三十四条第二項において準用する同法第四条第六項に規定する従前の消防庁の職員に係る検査又は質問を行った場合に知り得た関係者の秘密は、改革関係法等の施行後の同項に規定する消防庁の職員に係る検査又は質問を行った場合に知り得た関係者の秘密とみなして、同項の規定を適用する。

5　〔略〕

（政令への委任）

第一三四四条　第七十一条から第七十六条まで及び第千三百一条から前条まで並びに中央省庁等改革関係法に定めるもののほか、改革関係法等の施行に関し必要な経過措置（罰則に関する経過措置を含む。）は、政令で定める。

附　則（ひ）〔平成一一年一二月二二日法律第一六三号抄〕

（施行期日）

第一条　この法律は、平成十三年一月六日〔中略〕から起算して六月を超えない範囲内において政令で定める日から施行する。

〔平成一二年六月政令三三三号により、平成一三・四・一から施行〕

附　則（も）〔平成一三年七月四日法律第九八号〕

（施行期日）

第一条　この法律は、公布の日から起算して六月を超えない範囲内において政令で定める日から施行する。ただし、次の各号に掲げる規定は、当該各号に定める日から施行する。

〔平成一三年九月政令二九九号により、平成一三・一二・一から施行〕

一　別表備考第十六号及び第十七号の改正規定並びに附則第五条の規定　公布の日から起算して一年を超えない範囲内において政令で定める日

〔平成一三年九月政令二九九号により、平成一四・六・一から施行〕

二　第九条の改正規定　公布の日から起算して一年六月を超えない範囲内において政令で定める日

〔平成一三年一二月政令三八四号により、平成一五・一・一から施行〕

（経過措置）

第二条　この法律（前条各号に掲げる規定については、当該各規定。以下この条及び附則第七条において同じ。）の施行前に改正前の消防法（以下「旧法」という。）の規定によりされた許可その他の処分又はこの法律の施行の際現に旧法の規定によりされている許可の申請、届出その他の手続は、別段の定めがあるものを除き、改正後の消防法（以下「新法」という。）の相当規定によりされた処分又は手続とみなす。

第三条　この法律の施行の日（以下「施行日」という。）において現に設置されている製造所、貯蔵所若しくは取扱所又は現に旧法第十一条第一項の規定により許可を受けて設置されている製造所、貯蔵所若しくは取扱所で、新たに新法第十一条第一項の規定による許可を受けなければならないこととなるものについては、施行日から起算して六月間は、同項の規定による許可を受けることを要しない。

第四条　施行日において現に旧法第十一条第一項の規定により許可を受けて設置されている製造所、貯蔵所又は取扱所で、その位置、構造及び設備が新法第十条第四項の技術上の基準に適合しないものに係る同項の技術上の基準については、同項の規定にかかわらず、施行日から起算して六月以内において新たに新法第十一条第一項の規定による許可を受けるまでの間、なお従前の例による。

第五条　附則第一条第一号に掲げる規定の施行の日（以下この条において「一部施行日」という。）の前日において現に旧法第十一条第一項の規定により許可を受けて設置されている製造所、貯蔵所又は取扱所で、新法第十一条第一項の規定による許可を受けることを要しないこととなるものの所有者、管理者又は占有者は、一部施行日から起算して三月以内にその旨を同条第二項に規定する市町村長等（以下「市町村長等」という。）に届け出なければならない。ただし、次項の規定による届出をする場合は、この限りでない。

2　前項の所有者、管理者又は占有者で、当該製造所、貯蔵所又は取扱所の位置、構造又は設備を変更しないで、引き続き新法第九条の三に規定する指定数量以上の危険物を貯蔵し、又は取り扱おうとするものは、一部施行日から起算して三月以内にその旨を市町村長等に届け出なければならない。

3　前項の規定による届出があった場合において、旧法第十一条第一項の規定による許可は、新法第十一条第一項の規定による許可とみなす。

第六条　施行日において現に旧法第十一条第一項の規定により許可を受けて設置されている製造所、貯蔵所又は取扱所で、新法第十一条の四に規定する指定数量の倍数が旧法第十一条第一項の規定による許可又は旧法第十一条の四の規定による届出に係る同条に規定する指定数量の倍数を超えることとなるものの所有者、管理者又は占有者は、施行日から起算して三月以内にその旨を市町村長等に届け出なければならない。

（罰則に関する経過措置）

第七条　この法律の施行前にした行為及びこの附則の規定によりなお従前の例によることとされる場合におけるこの法律の施行後にした行為に対する罰則の適用については、なお従前の例による。

（その他の経過措置の政令への委任）

第八条　附則第二条から前条までに定めるもののほか、この法律の施行に関し必要な経過措置（罰則に関する経過措置を含む。）は、政令で定める。

附　則（せ）〔平成一四年四月二六日法律第三〇号〕

改正　平成一五年六月法律八四号（す）

（施行期日）

第一条　この法律は、公布の日から起算して六月を超えない範囲内において政令で定める日から施行する。ただし、第八条の二の次に三条を加える改正規定（第八条の二の四に関する部分を除く。）、第十七条の三の三の改正規定、第四十四条第三号及び第七号の三の改正規定、第四十五条の改正規定（第四十四条第三号及び第七号の三に関する部分に限る。）並びに第四十六条の五の改正規定は、公布の日から起算して一年六月を超えない範囲内において政令で定める日から施行する。

〔平成一四年八月政令二七三号により、平成一四・一〇・二五から施行。ただし書の規定は、平成一五・一〇・一から施行〕

（経過措置）

第二条　この法律の施行前にされた改正前の消防法第五条の規定による命令については、なお従前の例による。

第三条　附則第一条ただし書に規定する規定の施行の日から起算して三年を経過するまでの間は、改正後の消防法第八条の二の三第一項第二号の規定の適用については、同号中「又は第十七条の四第一項若しくは第二項」とあるのは、「若しくは第十七条の四第一項若しくは第二項又は消防法の一部を改正する法律（平成十四年法律第三十号）による改正前の消防法第五条、第八条第三項若しくは第十七条の四」とする。（す）

本条…一部改正〔平成一五年六月法律八四号〕

（罰則に関する経過措置）

第四条　この法律（附則第一条ただし書に規定する規定については、当該規定）の施行前にした行為及びこの附則の規定によりなお従前の例によることとされる場合におけるこの法律の施行後にした行為に対する罰則の適用については、なお従前の例による。

（その他の経過措置の政令への委任）

第五条　前三条に定めるもののほか、この法律の施行に関し必要な経過措置（罰則に関する経過措置を含む。）は、政令で定める。

附　則（す）〔平成一五年六月一八日法律第八四号抄〕

（施行期日）

第一条　この法律は、公布の日から起算して三月を超えない範囲内において政令で定める日から施行する。ただし、次の各号に掲げる規定は、当該各号に定める日から施行する。

〔平成一五年八月政令三七七により、平成一五・九・一から施行〕

一　〔前略〕第二条中消防法第二条第八項の改正規定、同法第三十条の次に二条を加える改正規定並びに同法第三十五条の八、第三十六条、第三十六条の三、第四十条及び第四十四条第十六号の改正規定〔中略〕　平成十六年四月一日

二　第二条中消防法目次の改正規定、同法第二条第七項、第五条の二、第八条の二の三、第十条、第十一条の四、第十三条の

三、第十七条及び第十七条の二の改正規定、同条を同法第十七条の二の五とし、同法第十七条の次に四条を加える改正規定、同法第十七条の三の二から第十七条の五まで、第十七条の八、第十七条の十から第十七条の十二まで、第十七条の十四、第二十一条の三、第二十一条の七から第二十一条の十一まで、第二十一条の十五及び第二十一条の十六の改正規定、同法第二十一条の十六の六の次に章名を付する改正規定、同法第二十一条の十七、第二十一条の三十六及び第二十一条の四十の改正規定、同法第四章の二第三節を同法第四章の三第一節とする改正規定、同法第四章の二第四節の節名の改正規定、同法第二十一条の四十五及び第二十一条の四十六の改正規定、同法第二十一条の四十九を削る改正規定、同法第二十一条の四十八の改正規定、同条を同法第二十一条の四十九とする改正規定、同法第二十一条の四十七の改正規定、同条を同法第二十一条の四十八とし、同法第二十一条の四十六の次に一条を加える改正規定、同法第二十一条の五十から第二十一条の五十七まで、同法第四章の二第四節を同法第四章の三第二節とする改正規定、同法第四十一条、第四十一条の六、第四十三条の五、第四十四条第八号、第四十六条の二及び第四十六条の五の改正規定、同条を同法第四十六条の六とし、同法第四十六条の四を同法第四十六条の五とし、同法第四十六条の三を同法第四十六条の四とし、同法第四十六条の二の次に一条を加える改正規定、同法別表を同法別表第一とし、同表の次に二表を加える改正規定並びに附則第六条から第八条までの規定　公布の日から起算して一年を超えない範囲内において政令で定める日

〔平成一六年二月政令一八号により、平成一六・六・一から施行〕

（経過措置）

第二条　第二条の規定による改正後の消防法（以下「新法」という。）第十七条の二第一項又は第二十一条の三第一項の登録を受けようとする法人は、この法律の施行前においても、その申請を行うことができる。新法第二十一条の五十一第一項の規定による業務規程の認可の申請についても、同様とする。

（罰則に関する経過措置）

第三条　この法律（附則第一条各号に掲げる規定については、当該規定）の施行前にした行為に対する罰則の適用については、なお従前の例による。

（経過措置の政令への委任）

第四条　前二条に定めるもののほか、この法律の施行に関し必要な経過措置（罰則に関する経過措置を含む。）は、政令で定める。

附　則(ん)　〔平成一六年六月二日法律第六五号〕

（施行期日）

第一条　この法律は、公布の日から起算して六月を超えない範囲内

において政令で定める日から施行する。ただし、次の各号に掲げる規定は、当該各号に定める日から施行する。

〔平成一六年一〇月政令三〇六号により、平成一六・一二・一から施行〕

一　第一条中消防法第九条の三に一項を加える改正規定〔中略〕公布の日から起算して一年六月を超えない範囲内において政令で定める日

二　第一条中消防法第九条の三を同法第九条の四とし、同法第九条の二を同法第九条の三とし、同法第九条の次に一条を加える改正規定、同法第四十四条及び第四十六条の改正規定並びに次条の規定　公布の日から起算して二年を超えない範囲内において政令で定める日

〔平成一六年一〇月政令三二四号により、平成一八・六・一から施行〕

（住宅用防災機器に関する経過措置）

第二条　前条第二号に掲げる規定の施行の際、現に存する改正後の消防法第九条の二第一項に規定する住宅（以下この条において「住宅」という。）における同項に規定する住宅用防災機器（以下この条において「住宅用防災機器」という。）又は現に新築、増築、改築、移転、修繕若しくは模様替えの工事中の住宅に係る住宅用防災機器が同条第二項の規定による住宅用防災機器の設置及び維持に関する基準に適合しないときは、当該住宅用防災機器については、市町村（特別区の存する区域においては、都）の条例で定める日までの間、同条第一項の規定は、適用しない。

（罰則に関する経過措置）

第三条　この法律（附則第一条各号に掲げる規定については、当該規定）の施行前にした行為に対する罰則の適用については、なお従前の例による。

（経過措置の政令への委任）

第四条　前二条に定めるもののほか、この法律の施行に関し必要な経過措置（罰則に関する経過措置を含む。）は、政令で定める。

附　則（イ）〔平成一六年六月九日法律第八四号抄〕

（施行期日）

第一条　この法律は、公布の日から起算して一年を超えない範囲内において政令で定める日から施行する。〔以下略〕

〔平成一六年一〇月政令三二一号により、平成一七・四・一から施行〕

附　則（ロ）〔平成一七年三月三一日法律第二一号抄〕

（施行期日）

第一条　この法律は、平成十七年四月一日から施行する。〔以下略〕

（その他の経過措置の政令への委任）

第八九条　この附則に規定するもののほか、この法律の施行に関し必要な経過措置は、政令で定める。

附　則（ハ）〔平成一七年七月二六日法律第八七号〕

この法律は、会社法〔平成一七年法律第八六号〕の施行の日〔平成一八年五月一日〕から施行する。〔以下略〕

附　則(ニ)〔平成一八年三月三一日法律第二二号抄〕

（施行期日）

1　この法律は、平成十八年四月一日から施行する。

附　則(ホ)〔平成一八年六月二日法律第五〇号〕

改正　平成二三年六月法律第七四号(ル)

この法律は、一般社団・財団法人法〔平成一八年法律第四八号〕の施行の日〔平成二〇年一二月一日〕から施行する。〔以下略〕(ル)

見出し・項番号…削除〔平成二三年六月法律七四号〕

一般社団法人及び一般財団法人に関する法律及び公益社団法人及び公益財団法人の認定等に関する法律の施行に伴う関係法律の整備等に関する法律〔抄〕

（平成十八年六月二日法律第五十号）

（罰則に関する経過措置）

第四五七条　施行日前にした行為及びこの法律の規定によりなお従前の例によることとされる場合における施行日以後にした行為に対する罰則の適用については、なお従前の例による。

（政令への委任）

第四五八条　この法律に定めるもののほか、この法律の規定による法律の廃止又は改正に伴い必要な経過措置は、政令で定める。

附　則(ヘ)〔平成一八年六月七日法律第五三号抄〕

（施行期日）

第一条　この法律は、平成十九年四月一日から施行する。〔以下略〕

附　則(ト)〔平成一八年六月一四日法律第六四号抄〕

（施行期日）

第一条　この法律は、公布の日から施行する。

附　則(チ)〔平成一九年六月二二日法律第九三号抄〕

（施行期日）

第一条　この法律は、公布の日から起算して二年を超えない範囲内において政令で定める日から施行する。

〔平成二〇年九月政令三〇〇号により、平成二一・六・一から施行〕

（経過措置の政令への委任）

第二条　この法律の施行に関し必要な経過措置は、政令で定める。

（検討）

第三条　政府は、この法律の施行後五年を経過した場合において、この法律の施行の状況について検討を加え、必要があると認めるときは、その結果に基づいて所要の措置を講ずるものとする。

附　則(リ)〔平成二〇年五月二八日法律第四一号抄〕

（施行期日）

第一条　この法律は、公布の日から起算して三月を超えない範囲内において政令で定める日から施行する。

〔平成二〇年八月政令二五五号により、平成二〇・八・二七から施行〕

（施行前にされた命令等に関する経過措置）

第二条　この法律の施行前にされた第一条の規定による改正前の消

防法第十六条の五第一項の規定による資料の提出の命令、報告の徴収、立入検査及び物の収去については、なお従前の例による。

（罰則に関する経過措置）

第三条　この法律の施行前にした行為及び前条の規定によりなお従前の例によることとされる場合におけるこの法律の施行後にした行為に対する罰則の適用については、なお従前の例による。

（検討）

第四条　政府は、この法律の施行後五年を経過した場合において、第一条の規定による改正後の規定の施行の状況について検討を加え、必要があると認めるときは、その結果に基づいて所要の措置を講ずるものとする。

附　則（ヌ）〔平成二一年五月一日法律第三四号抄〕

（施行期日）

第一条　この法律は、公布の日から起算して六月を超えない範囲内において政令で定める日から施行する。

〔平成二一年八月政令二〇五号により、平成二一・一〇・三〇から施行〕

附　則（ル）〔平成二三年六月二四日法律第七四号抄〕

（施行期日）

第一条　この法律は、公布の日から起算して二十日を経過した日から施行する。〔以下略〕

附　則（ヲ）〔平成二四年六月二七日法律第三八号〕

（施行期日）

第一条　この法律は、平成二十五年四月一日から施行する。ただし、次の各号に掲げる規定は、当該各号に定める日から施行する。

一　附則第五条及び第七条の規定　公布の日

二　第五条の二第一項各号、第八条第一項、第八条の二、第八条の二の二第一項、第三十六条、第三十六条の三第一項、第四十条第一項第三号及び第四十二条第一項第十一号の改正規定、第四十四条第三号の改正規定（「第五項」を「第六項」に改める部分に限る。）並びに同条第十七号、第二十号及び第二十一号の改正規定　平成二十六年四月一日

（統括防火管理者の選任に係る届出に関する経過措置）

第二条　この法律による改正前の消防法（次条において「旧法」という。）第八条の二第一項に規定する防火対象物の管理について権原を有する者は、前条第二号に掲げる規定の施行の日（次項において「一部施行日」という。）前においても、この法律による改正後の消防法（以下「新法」という。）第八条の二第一項の規定の例により同項に規定する統括防火管理者を定め、同条第四項の規定の例によりその旨を所轄消防長又は消防署長に届け出ることができる。

2　一部施行日前に前項の規定によりされた届出は、一部施行日において新法第八条の二第四項の規定によりされた届出とみなす。

3　前二項の規定は、新法第三十六条第一項において読み替えて準

用する新法第八条の二第一項の統括防災管理者について準用する。

（型式適合検定に関する経過措置）

第三条　この法律の施行の日（以下「施行日」という。）前に旧法第二十一条の八（旧法第二十一条の十一第三項において準用する場合を含む。）の規定により個別検定に合格した検定対象機械器具等は、新法第二十一条の八第一項（新法第二十一条の十一第三項において準用する場合を含む。）の規定により型式適合検定に合格した検定対象機械器具等とみなす。

2　この法律の施行の際現にされている旧法第二十一条の七（旧法第二十一条の十一第三項において準用する場合を含む。）の規定による個別検定の申請は、新法第二十一条の七（新法第二十一条の十一第三項において準用する場合を含む。）の規定による型式適合検定の申請とみなす。

（自主表示対象機械器具等の検査に関する経過措置）

第四条　新法第二十一条の十六の三第一項及び第三項の規定は、平成二十五年五月一日以後に自主表示対象機械器具等（新法第二十一条の十六の二に規定する自主表示対象機械器具等をいう。以下この条において同じ。）に係る技術上の規格に適合するものである旨の表示を付する自主表示対象機械器具等について適用し、同日前に自主表示対象機械器具等に係る技術上の規格に適合するものである旨の表示を付する自主表示対象機械器具等については、なお従前の例による。

（登録検定機関の申請に関する経過措置）

第五条　新法第二十一条の四十六第一項の要件を満たしているものは、施行日前においても、その申請を行うことができる。新法第二十一条の三第一項の登録を受けようとする法人で条の五十一第一項の規定による業務規程の認可の申請についても、同様とする。

（罰則に関する経過措置）

第六条　この法律（附則第一条第二号に掲げる規定については、当該規定。以下この条において同じ。）の施行前にした行為及び附則第四条の規定によりなお従前の例によることとされる場合におけるこの法律の施行後にした行為に対する罰則の適用については、なお従前の例による。

（政令への委任）

第七条　附則第二条から前条までに定めるもののほか、この法律の施行に関し必要な経過措置（罰則に関する経過措置を含む。）は、政令で定める。

（検討）

第八条　政府は、この法律の施行後五年を経過した場合において、この法律による改正後の規定の施行の状況について検討を加え、必要があると認めるときは、その結果に基づいて所要の措置を講ずるものとする。

附　則（ワ）〔平成二五年六月一四日法律第四四号抄〕

（施行期日）

第一条　この法律は、公布の日から施行する。〔以下略〕

（罰則に関する経過措置）

第一〇条　この法律（附則第一条各号に掲げる規定にあっては、当該規定）の施行前にした行為に対する罰則の適用については、なお従前の例による。

（政令への委任）

第一一条　この附則に規定するもののほか、この法律の施行に関し必要な経過措置（罰則に関する経過措置を含む。）は、政令で定める。

附　則（カ）〔平成二六年六月四日法律第五四号抄〕

（施行期日）

第一条　この法律は、公布の日から起算して一年を超えない範囲内において政令で定める日から施行する。〔以下略〕

〔平成二七年一月政令一〇〇号により、平成二七・六・一から施行〕

附　則（ヨ）〔平成二六年六月一三日法律第六九号抄〕

（施行期日）

第一条　この法律は、行政不服審査法（平成二十六年法律第六十八号）の施行の日〔平成二八年四月一日〕から施行する。

（経過措置の原則）

第五条　行政庁の処分その他の行為又は不作為についての不服申立てであってこの法律の施行前にされた行政庁の処分その他の行為又はこの法律の施行前にされた申請に係る行政庁の不作為に係るものについては、この附則に特別の定めがある場合を除き、なお従前の例による。

（訴訟に関する経過措置）

第六条　この法律による改正前の法律の規定により不服申立てに対する行政庁の裁決、決定その他の行為を経た後でなければ訴えを提起できないこととされる事項であって、当該不服申立てを提起しないでこの法律の施行前にこれを提起すべき期間を経過したもの（当該不服申立てが他の不服申立てに対する行政庁の裁決、決定その他の行為を経た後でなければ提起できないとされる場合にあっては、当該他の不服申立てを提起しないでこの法律の施行前にこれを提起すべき期間を経過したものを含む。）の訴えの提起については、なお従前の例による。

2　この法律の規定による改正前の法律の規定（前条の規定によりなお従前の例によることとされる場合を含む。）により異議申立てが提起された処分その他の行為であって、この法律の規定による改正後の法律の規定により審査請求に対する裁決を経た後でなければ取消しの訴えを提起することができないこととされるものの取消しの訴えの提起については、なお従前の例による。

3　不服申立てに対する行政庁の裁決、決定その他の行為の取消しの訴えであって、この法律の施行前に提起されたものについては、なお従前の例による。

（罰則に関する経過措置）

第九条　この法律の施行前にした行為並びに附則第五条及び前二条の規定によりなお従前の例によることとされる場合におけるこの

法律の施行後にした行為に対する罰則の適用については、なお従前の例による。

（その他の経過措置の政令への委任）

第一〇条　附則第五条から前条までに定めるもののほか、この法律の施行に関し必要な経過措置（罰則に関する経過措置を含む。）は、政令で定める。

附　則（タ）〔平成二七年九月一一日法律第六六号抄〕

（施行期日）

第一条　この法律は、平成二十八年四月一日から施行する。〔以下略〕

附　則（レ）〔平成二九年五月三一日法律第四一号抄〕

（施行期日）

第一条　この法律は、平成三十一年四月一日から施行する。ただし、次条及び附則第四十八条の規定は、公布の日から施行する。

（政令への委任）

第四八条　この附則に規定するもののほか、この法律の施行に関し必要な経過措置は、政令で定める。

附　則（ソ）〔平成三〇年五月三〇日法律第三三号抄〕

（施行期日）

第一条　この法律は、公布の日から起算して一年六月を超えない範囲内において政令で定める日から施行する。〔以下略〕

〔平成三〇年九月政令二五七号により、令和元・七・一から施行〕

附　則（ツ）〔平成三〇年六月二七日法律第六七号抄〕

（施行期日）

第一条　この法律は、公布の日から起算して一年を超えない範囲内において政令で定める日から施行する。〔以下略〕

〔令和元年六月政令一九号により、令和元・六・二五から施行〕

附　則（ネ）〔令和三年五月一九日法律第三六号抄〕

（施行期日）

第一条　この法律は、令和三年九月一日から施行する。ただし、附則第六十条の規定は、公布の日から施行する。

（処分等に関する経過措置）

第五七条　この法律の施行前にこの法律による改正前のそれぞれの法律（これに基づく命令を含む。以下この条及び次条において「旧法令」という。）の規定により従前の国の機関がした認定等の処分その他の行為は、法令に別段の定めがあるもののほか、この法律の施行後は、この法律による改正後のそれぞれの法律（これに基づく命令を含む。以下この条及び次条において「新法令」という。）の相当規定により相当の国の機関がした認定等の処分その他の行為とみなす。

2　この法律の施行の際現に旧法令の規定により従前の国の機関に対してされている申請、届出その他の行為は、法令に別段の定めがあるもののほか、この法律の施行後は、新法令の相当規定により相当の国の機関に対してされた申請、届出その他の行為とみなす。

3　この法律の施行前に旧法令の規定により従前の国の機関に対して申請、届出その他の手続をしなければならない事項で、この法律の施行の日前に従前の国の機関に対してその手続がされていないものについては、法令に別段の定めがあるもののほか、この法律の施行後は、これを、新法令の相当規定により相当の国の機関に対してその手続がされていないものとみなして、新法令の規定を適用する。

（罰則の適用に関する経過措置）

第五九条　この法律の施行前にした行為に対する罰則の適用については、なお従前の例による。

（政令への委任）

第六〇条　附則第十五条、第十六条、第五十一条及び前三条に定めるもののほか、この法律の施行に関し必要な経過措置（罰則に関する経過措置を含む。）は、政令で定める。

（検討）

第六一条　政府は、この法律の施行後十年を経過した場合において、この法律の施行の状況及びデジタル社会の形成の状況を勘案し、デジタル庁の在り方について検討を加え、必要があると認めるときは、その結果に基づいて必要な措置を講ずるものとする。

附　則（ナ）〔令和四年六月一七日法律第六八号抄〕

（施行期日）

1　この法律は、刑法等一部改正法〔令和四年法律第六十七号〕施行日〔令和七年六月一日〕から施行する。ただし、次の各号に掲げる規定は、当該各号に定める日から施行する。

一　第五百九条の規定　公布の日

二　〔略〕

刑法等の一部を改正する法律の施行に伴う関係法律の整理等に関する法律〔抄〕

（令和四年六月十七日法律第六十八号）

（罰則の適用等に関する経過措置）

第四四一条　刑法等の一部を改正する法律（令和四年法律第六十七号。以下「刑法等一部改正法」という。）及びこの法律（以下「刑法等一部改正法等」という。）の施行前にした行為の処罰については、次章に別段の定めがあるもののほか、なお従前の例による。

2　刑法等一部改正法等の施行後にした行為に対して、他の法律の規定によりなお従前の例によることとされ、なお効力を有することとされ又は改正前若しくは廃止前の法律の規定の例によることとされる罰則を適用する場合において、当該罰則に定める刑（刑法施行法第十九条第一項の規定又は第八十二条の規定による改正後の沖縄の復帰に伴う特別措置に関する法律第二十五条第四項の規定の適用後のものを含む。）に刑法等一部改正法第二条の規定による改正前の刑法（明治四十年法律第四十五号。以下この項において「旧刑法」という。）第十二条に規定する懲役（以下「懲役」という。）、旧刑法第十三条に規定する禁錮（以下「禁錮」という。）又は旧刑法第十六条に規定する拘留（以下「旧拘留」という。）が含まれるときは、当該刑のうち無期の懲役又は禁錮はそれぞれ無期拘禁刑と、有期の懲役又は禁錮はそれぞれその刑と長期及び短期（刑法施行法第二十条の規定の適用後のものを含む。）を同じくする有期拘禁刑と、旧拘留は長期及び短期（刑法施行法第二十条の規定の適用後のものを含む。）を同じくする拘留とする。

（裁判の効力とその執行に関する経過措置）

第四四二条　懲役、禁錮及び旧拘留の確定裁判の効力並びにその執行については、次章に別段の定めがあるもののほか、なお従前の例による。

（人の資格に関する経過措置）

第四四三条　懲役、禁錮又は旧拘留に処せられた者に係る人の資格に関する法令の規定の適用については、無期の懲役又は禁錮に処せられた者はそれぞれ無期拘禁刑に処せられた者と、有期の懲役又は禁錮に処せられた者はそれぞれ刑期を同じくする有期拘禁刑に処せられた者と、旧拘留に処せられた者は拘留に処せられた者とみなす。

2　拘禁刑又は拘留に処せられた者に係る他の法律の規定によりなお従前の例によることとされ、なお効力を有することとされ又は改正前若しくは廃止前の法律の規定の例によることとされる人の資格に関する法令の規定の適用については、無期拘禁刑に処せられた者は無期禁錮に処せられた者と、有期拘禁刑に処せられた者は刑期を同じくする有期禁錮に処せられた者と、拘留に処せられた者は刑期を同じくする旧拘留に処せられた者とみなす。

（経過措置の政令への委任）

第五〇九条　この編に定めるもののほか、刑法等一部改正法等の施行に伴い必要な経過措置は、政令で定める。

附　則（ラ）〔令和四年六月一七日法律第六九号抄〕

（施行期日）

第一条　この法律は、公布の日から起算して三年を超えない範囲内において政令で定める日から施行する。〔以下略〕

附　則（ム）〔令和五年六月一六日法律第五八号抄〕

（施行期日）

第一条　この法律〔中略〕は、当該各号に定める日から施行する。

一・二　〔略〕

三　〔前略〕附則〔中略〕第八条〔中略〕の規定　公布の日から起算して一年を超えない範囲内において政令で定める日

〔令和五年九月政令二九二号により、令和六・四・一から施行〕

（参考）

○刑法等の一部を改正する法律の施行に伴う関係法律の整理等に関する法律〔抄〕

（令和四年六月十七日
法律第六十八号）

（消防法の一部改正）

第一五一条　消防法（昭和二十三年法律第百八十六号）の一部を次のように改正する。

第三十八条から第三十九条の二の二までの規定中「懲役」を「拘禁刑」に改める。

第三十九条の三中「懲役若しくは禁錮」を「拘禁刑」に改める。

第三十九条の三の二、第四十条第一項及び第二項並びに第四十一条から第四十三条までの規定中「懲役」を「拘禁刑」に改める。

附　則

（施行期日）

1　この法律は、刑法等一部改正法（令和四年法律第六十七号）施行日〔令和七年六月一日〕から施行する。〔以下略〕

別表第一（第二条、第十条、第十一条の四関係）（さ）（も）（す）

類別	性質	品名
第一類	酸化性固体	一　塩素酸塩類 二　過塩素酸塩類 三　無機過酸化物 四　亜塩素酸塩類 五　臭素酸塩類 六　硝酸塩類 七　よう素酸塩類 八　過マンガン酸塩類 九　重クロム酸塩類 十　その他のもので政令で定めるもの〔危令第一条第一項〕 十一　前各号に掲げるもののいずれかを含有するもの
第二類	可燃性固体	一　硫化りん 二　赤りん 三　硫黄 四　鉄粉 五　金属粉 六　マグネシウム 七　その他のもので政令で定めるもの〔未制定〕 八　前各号に掲げるもののいずれかを含有するもの 九　引火性固体
第三類	自然発火性物質及び禁水性物質	一　カリウム 二　ナトリウム 三　アルキルアルミニウム 四　アルキルリチウム 五　黄りん 六　アルカリ金属（カリウム及びナトリウムを除く。）及びアルカリ土類金属 七　有機金属化合物（アルキルアルミニウム及びアルキルリチウムを除く。） 八　金属の水素化物 九　金属のりん化物 十　カルシウム又はアルミニウムの炭化物 十一　その他のもので政令で定めるもの〔危令第一条第二項〕 十二　前各号に掲げるもののいずれかを含有するもの
第四類	引火性液体	一　特殊引火物 二　第一石油類 三　アルコール類 四　第二石油類 五　第三石油類 六　第四石油類 七　動植物油類
第五類	自己反応性物質	一　有機過酸化物 二　硝酸エステル類 三　ニトロ化合物 四　ニトロソ化合物 五　アゾ化合物 六　ジアゾ化合物 七　ヒドラジンの誘導体 八　ヒドロキシルアミン 九　ヒドロキシルアミン塩類 十　その他のもので政令で定めるもの〔危令第一条第三項〕 十一　前各号に掲げるもののいずれかを含有するもの
第六類	酸化性液体	一　過塩素酸 二　過酸化水素 三　硝酸 四　その他のもので政令で定めるもの〔危令第一条第四項〕 五　前各号に掲げるもののいずれかを含有するもの

備考

一　酸化性固体とは、固体（液体（一気圧において、温度二〇度で液状であるもの又は温度二〇度を超え四〇度以下の間において液状となるものをいう。以下同じ。）又は気体（一気圧において、温度二〇度で気体状であるものをいう。）以外のものをいう。以下同じ。）であつて、酸化力の潜在的な危険性を判断するための政令〔危令第一条の三〕で定める試験において政令で定める性状を示すもの又は衝撃に対する敏感性を判断するための政令で定める試験において政令で定める性状を示すものであることをいう。

二　可燃性固体とは、固体であつて、火炎による着火の危険性を判断するための政令〔危令第一条の四〕で定める試験において政令で定める性状を示すもの又は引火の危険性を判断するための政令で定める試験において引火性を示すものであることをいう。

三　鉄粉とは、鉄の粉をいい、粒度等を勘案して総務省令〔危則第一条の三第一項〕で定めるものを除く。（ゑ）

四　硫化りん、赤りん、硫黄及び鉄粉は、備考第二号に規定する性状を示すものとみなす。

五　金属粉とは、アルカリ金属、アルカリ土類金属、鉄及びマグネシウム以外の金属の粉をいい、粒度等を勘案して総務省令〔危則第一条の三第二項〕で定めるものを除く。（ゑ）

六　マグネシウム及び第二類の項第八号の物品のうちマグネシウムを含有するものにあつては、形状等を勘案して総務省令〔危則第一条の三第三項〕で定めるものを除く。（ゑ）

七　引火性固体とは、固形アルコールその他一気圧において引火点が四〇度未満のものをいう。

八　自然発火性物質及び禁水性物質とは、固体又は液体であつて、空気中での発火の危険性を判断するための政令〔危令第一条の五〕で定める試験において政令で定める性状を示すもの又は水と接触して発火し、若しくは可燃性ガスを発生する危険性を判断するための政令で定める試験において政令で定める性状を示すものであることをいう。

九　カリウム、ナトリウム、アルキルアルミニウム、アルキルリチウム及び黄りんは、前号に規定する性状を示すものとみなす。

十　引火性液体とは、液体（第三石油類、第四石油類及び動植物油類にあつては、一気圧において、温度二〇度で液状であるものに限る。）であつて、引火の危険性を判断するための政令〔危令第一条の六〕で定める試験において引火性を示すものであることをいう。

十一　特殊引火物とは、ジエチルエーテル、二硫化炭素その他一気圧において、発火点が一〇〇度以下のもの又は引火点が零下二〇度以下で沸点が四〇度以下のものをいう。

十二　第一石油類とは、アセトン、ガソリンその他一気圧において引火点が二一度未満のものをいう。

十三　アルコール類とは、一分子を構成する炭素の原子の数が一個から三個までの飽和一価アルコール（変性アルコールを含む。）をいい、組成等を勘案して総務省令〔危則第一条の三第四項〕で定めるものを除く。（ゑ）

十四　第二石油類とは、灯油、軽油その他一気圧において引火点が二一度以上七〇度未満のものをいい、塗料類その他の物品であつて、組成等を勘案して総務省令〔危則第一条の三第五項〕で定めるものを除く。（ゑ）

十五　第三石油類とは、重油、クレオソート油その他一気圧において引火点が七〇度以上二〇〇度未満のものをいい、塗料類その他の物品であつて、組成を勘案して総務省令〔危則第一条の三第六項〕で定めるものを除く。（ゑ）

十六　第四石油類とは、ギヤー油、シリンダー油その他一気圧において引火点が二〇〇度以上二五〇度未満のものをいい、塗料類その他の物品であつて、組成を勘案して総務省令〔危則第一条の三第六項〕で定めるものを除く。（ゑ）（も）

十七　動植物油類とは、動物の脂肉等又は植物の種子若しくは果肉から抽出したものであつて、一気圧において引火点が二五〇度未満のものをいい、総務省令〔危則第一条の三第七項〕で定めるところにより貯蔵保管されているものを除く。（ゑ）（も）

十八　自己反応性物質とは、固体又は液体であつて、爆発の危険性を判断するための政令〔危令第一条の七〕で定める試験において政令で定める性状を示すもの又は加熱分解の激しさを判断するための政令で定める試験において政令で定める性状を示すものであることをいう。

十九　第五類の項第十一号の物品にあつては、有機過酸化物を含有するもののうち不活性の固体を含有するもので、総務省令〔危則第一条の三第八項〕で定めるものを除く。（ゑ）（も）

二十　酸化性液体とは、液体であつて、酸化力の潜在的な危険性を判断するための政令で定める試験において政令〔危令第一条の八〕で定める性状を示すものであることをいう。

二十一　この表の性質欄に掲げる性状の二以上を有する物品の属する品名は、総務省令〔危則第一条の四〕で定める。（ゑ）

本表…全部改正〔昭和三四年四月法律八六号・四六年六月九七号〕、一部改正〔昭和二五年五月法律一八六号〕、一部改正〔昭和六三年五月法律五五号〕、全部改正〔昭和六三年五月法律五五号〕、一部改正〔平成一一年一二月法律一六〇号・一三年七月九八号〕、旧別表…別表第一に改正〔平成一五年六月法律八四号〕

別表第二（第二十一条の四十六関係）（す）（ロ）（レ）

第二十一条の四十五第一号の業務	一　学校教育法による大学若しくは高等専門学校において機械工学、電気工学若しくは工業化学に関する学科若しくは課程を修めて卒業した者（当該学科又は課程を修めて同法による専門職大学の前期課程を修了した者を含む。）又はこれと同等以上の学力を有する者 二　消防設備士の資格を有する者 三　建築士法（昭和二十五年法律第二百二号）第二条第二項に規定する一級建築士の資格を有する者 四　火災予防に係る審査又は検査に三年以上の実務経験を有する者
第二十一条の四十五第二号から第四号までの業務	学校教育法による大学若しくは高等専門学校において機械工学、電気工学若しくは工業化学に関する学科若しくは課程を修めて卒業した者（当該学科又は課程を修めて同法による専門職大学の前期課程を修了した者を含む。）又はこれと同等以上の学力を有する者

本表…追加〔平成一五年六月法律八四号〕、一部改正〔平成一七年三月法律二一号・二九年五月四一号〕

別表第三（第二十一条の四十六関係）（す）（ロ）

第二十一条の四十五第一号の業務	一　木材クリブ乾燥設備 二　熱分布測定装置 三　煙濃度分布測定装置 四　気流分布測定装置 五　一酸化炭素濃度分布測定装置 六　ロードセル 七　排煙浄化設備
第二十一条の四十五第二号の業務	一　木材クリブ乾燥設備 二　閉鎖型スプリンクラーヘッド感度試験装置 三　散水分布測定装置 四　耐圧試験機 五　高圧大容量試験ポンプ 六　泡消火薬剤発泡装置 七　ガスクロマトグラフ 八　耐候性試験機 九　排煙浄化設備
第二十一条の四十五第三号の業務	一　感知器感度試験装置 二　スペクトルアナライザ 三　繰返し試験機 四　周囲温度試験機 五　衝撃電圧試験機 六　振動試験機 七　衝撃試験機 八　腐食試験機 九　湿度試験機 十　粉じん試験機
第二十一条の四十五第四号の業務	一　引張り強度試験装置 二　圧縮強度試験装置 三　塩水噴霧試験機

本表…追加〔平成一五年六月法律八四号〕、一部改正〔平成一七年三月法律二一号〕

○消防法第十一条の五第一項又は第二項等の規定により命令をした場合の標識を定める件

（平成十四年十月七日　総務省告示第五百六十八号）

消防法（昭和二十三年法律第百八十六号）第十一条の五第一項若しくは第二項、第十二条第二項、第十二条の二第一項若しくは第二項、第十二条の三第一項、第十三条の二十四第一項、第十四条の二第三項、第十六条の三第三項若しくは第四項又は第十六条の六第一項の規定により総務大臣が命令をした場合の標識は次によるものとする。

消防法による命令の公告

移送取扱所の所在地

移送取扱所の名称

命令を受けた者の氏名

この移送取扱所は、消防法に違反しているので、同法第　条の規定に基づき、　を命じたものである。

年　月　日

総務大臣　○○○○

（注意）

一　この標識は、消防法第　条の規定に基づき設置したものである。

二　この標識を損壊した者は、公文書毀棄罪で罰せられることがある。

60センチメートル

45センチメートル

附　則

この告示は平成十四年十月二十五日から施行する。

○危険物の規制に関する政令

（昭和三十四年九月二十六日
政令第三百六号）

〔改正経過〕

昭和三五年六月三〇日　政令第一八五号（い）
昭和三八年四月一五日　政令第一三二号（ろ）
昭和三八年一二月一九日　政令第三八〇号（は）
昭和三九年一二月二八日　政令第三八〇号（に）
昭和四〇年九月二一日　政令第三〇八号（ほ）
昭和四四年六月一三日　政令第一五八号（へ）
昭和四五年三月二四日　政令第二〇号（と）
昭和四六年六月一日　政令第一六八号（ち）
昭和四七年四月二八日　政令第一一七号（り）
昭和四八年一二月二七日　政令第三七八号（ぬ）
昭和四九年六月一日　政令第一八八号（る）
昭和五〇年七月八日　政令第二一五号（を）
昭和五〇年九月三〇日　政令第二九三号（わ）
昭和五一年六月一五日　政令第一五三号（か）
昭和五二年二月一日　政令第一〇号（よ）
昭和五四年七月一〇日　政令第二一一号（た）
昭和五六年一月二三日　政令第六号（れ）
昭和五七年一月六日　政令第二号（そ）
昭和五八年七月二二日　政令第一六七号（つ）
昭和五九年六月八日　政令第一八〇号（ね）
昭和五九年九月二一日　政令第二七六号（な）
昭和六一年八月五日　政令第二七四号（ら）
昭和六二年三月三一日　政令第八六号（む）
昭和六三年一二月二七日　政令第三五八号（う）
平成元年三月一五日　政令第四〇号（ゐ）
平成二年四月六日　政令第一〇一号（の）
平成三年三月一三日　政令第二四号（お）
平成四年一二月二日　政令第三六六号（く）
平成五年七月三〇日　政令第二六八号（や）
平成六年三月一一日　政令第三七号（ま）
平成六年七月一日　政令第二一四号（け）
平成七年二月三日　政令第一五号（ふ）
平成九年二月七日　政令第一三号（こ）
平成九年二月一九日　政令第二〇号（え）
平成一〇年二月二五日　政令第三一号（て）
平成一一年一月一三日　政令第三号（あ）
平成一一年一〇月一四日　政令第三二四号（さ）
平成一二年四月二六日　政令第二一一号（き）
平成一二年六月七日　政令第三〇四号（ゆ）
平成一二年六月七日　政令第三三三号（め）
平成一三年九月一四日　政令第三〇〇号（み）
平成一四年一月二五日　政令第一二号（し）
平成一四年八月二日　政令第二七四号（ゑ）
平成一五年一一月一七日　政令第五一七号（ひ）
平成一五年一二月一九日　政令第五三三号（も）
平成一六年二月六日　政令第一九号（せ）
平成一六年三月二六日　政令第七三号（す）
平成一六年七月二日　政令第二一八号（ん）
平成一六年七月九日　政令第二二五号（イ）
平成一六年一〇月二七日　政令第三二五号（ロ）
平成一七年二月一八日　政令第二三号（ハ）
平成一八年一月二五日　政令第六号（ニ）
平成二一年一〇月一六日　政令第二四七号（ホ）
平成二二年二月二六日　政令第一六号（ヘ）
平成二三年二月二三日　政令第一三号（ト）
平成二三年一二月二一日　政令第四〇五号（チ）
平成二四年五月二三日　政令第一四六号（リ）
平成二五年三月二七日　政令第八八号（ヌ）
平成二九年三月二三日　政令第四〇号（ル）
平成二九年九月一日　政令第二三二号（ヲ）
令和元年一二月一三日　政令第一八三号（ワ）
令和五年九月六日　政令第二七六号（カ）
令和五年一二月六日　政令第三四八号（ヨ）

危険物の規制に関する政令をここに公布する。

危険物の規制に関する政令

内閣は、消防法（昭和二十三年法律第百八十六号）第三章の規定に基き、及び同法同章の規定を実施するため、この政令を制定する。

目　次

第一章　総則

（品名の指定）

第一条　消防法（以下「法」という。）別表第一第一類の項第十号の政令で定めるものは、次のとおりとする。(う)(せ)

一　過よう素酸塩類(う)
二　過よう素酸(う)
三　クロム、鉛又はよう素の酸化物(う)
四　亜硝酸塩類(う)
五　次亜塩素酸塩類(う)
六　塩素化イソシアヌル酸(う)
七　ペルオキソ二硫酸塩類(う)
八　ペルオキソほう酸塩類(う)
九　炭酸ナトリウム過酸化水素付加物(チ)

２　法別表第一第三類の項第十一号の政令で定めるものは、塩素化けい素化合物とする。(う)(せ)

３　法別表第一第五類の項第十号の政令で定めるものは、次のとおりとする。(う)(み)(せ)

一　金属のアジ化物(う)
二　硝酸グアニジン(う)
三　一―アリルオキシ―二・三―エポキシプロパン(へ)
四　四―メチリデンオキセタン―二―オン(へ)

４　法別表第一第六類の項第四号の政令で定めるものは、ハロゲン間化合物とする。(う)(せ)

二項…一部改正〔昭和四六年六月政令一六八号〕、本条…全部改正〔昭和六三年一二月政令三五八号〕、三項…一部改正〔平成一三年九月政令三〇〇号〕、一―四項…一部改正〔平成一六年二月政令一九号〕、三項…一部改正〔平成二二年二月政令一六号〕、一項…一部改正〔平成二三年一二月政令四〇五号〕

（危険物の品名）

第一条の二　法別表第一の品名欄に掲げる物品のうち、同表第一類の項第十号の危険物にあつては前条第一項各号ごとに、同表第五類の項第十号の危険物にあつては同条第三項各号ごとに、それぞれ異なる品名の危険物として、法第十一条の四第一項の規定並びに第六条第一項第四号、第十五条第一項第十七号、第二十条第一項、第二十一条の二、第二十三条、第二十四条第一号、第二十六条第一項第三号及び第六号の二並びに第二十九条第二号の規定を適用する。(う)(み)(せ)

２　法別表第一の品名欄に掲げる物品のうち、同表第一類の項第十一号の危険物で当該危険物に含有されている同項第一号から第九号まで及び前条第一項各号の物品が異なるものは、それぞれ異なる品名の危険物として、法第十一条の四第一項の規定並びに第六条第一項第四号、第十五条第一項第十七号、第二十条第一項、第二十一条の二、第二十三条、第二十四条第一号、第二十六条第一項第三号及び第六号の二並びに第二十九条第二号の規定を適用する。同表第二類の項第八号の危険物で当該危険物に含有されている同項第一号から第七号までの物品が異なるもの、同表第三類の項第十二号の危険物で当該危険物に含有されている同項第一号から第十一号までの物品が異なるもの、同表第五類の項第十一号の危険物で当該危険物に含有されている同項第一号から第九号まで及び前条第三項各号の物品が異なるもの並びに同表第六類の項第五号の危険物で当該危険物に含有されている同項第一号から第四号までの物品が異なるものについても、同様とする。(う)(み)(せ)

本条…追加〔昭和六三年一二月政令三五八号〕、一・二項…一部改正〔平成一三年九月政令三〇〇号・一六年二月一九号〕

解説　【危険物の品名】危則第一条の二　【品名から除外されるもの】危則第一条の三　【複数性状物品の属する品名】危則第一条の四

（第一類の危険物の試験及び性状）

第一条の三　法別表第一備考第一号の酸化力の潜在的な危険性を判断するための政令で定める試験は、粉粒状の物品にあつては過塩素酸カリウムを標準物質（試験物品（試験の対象である物品をいう。以下同じ。）と比較するための基準とすべき物質をいう。以下同じ。）とする燃焼試験とし、その他の物品にあつては過塩素酸カリウムを標準物質とする大量燃焼試験とする。(う)(せ)

2　前項の燃焼試験とは、燃焼時間の比較をするために行う次に掲げる燃焼時間を測定する試験をいう。(う)

一　標準物質と木粉との混合物三十グラムの燃焼時間（混合物に点火した場合において、着火してから発炎しなくなるまでの時間をいう。以下同じ。）(う)

二　試験物品と木粉との混合物三十グラムの燃焼時間(う)

3　第一項の大量燃焼試験とは、燃焼時間の比較をするために行う次に掲げる燃焼時間を測定する試験をいう。(う)

一　標準物質と木粉との混合物五百グラムの燃焼時間(う)

二　試験物品と木粉との混合物五百グラムの燃焼時間(う)

4　法別表第一備考第一号の酸化力の潜在的な危険性に係る政令で定める性状は、粉粒状の物品にあつては第一項に規定する燃焼試験において第二項第二号の燃焼時間が同項第一号の燃焼時間と等しいか又はこれより短いこととし、その他の物品にあつては第一項に規定する大量燃焼試験において前項第二号の燃焼時間が同項第一号の燃焼時間と等しいか又はこれより短いこととする。(う)(せ)

5　法別表第一備考第一号の衝撃に対する敏感性を判断するための政令で定める試験は、粉粒状の物品にあつては硝酸カリウムを標準物質とする落球式打撃感度試験とし、その他の物品にあつては鉄管試験とする。(う)(せ)

6　前項の落球式打撃感度試験とは、標準物質と赤りんとの混合物に鋼球を落下させた場合に五十パーセントの確率で爆発する高さから鋼球を試験物品と赤りんとの混合物に落下させた場合に当該混合物が爆発する確率を求める試験をいう。(う)

7　第五項の鉄管試験とは、試験物品とセルロース粉との混合物を鉄管に詰めて砂中で起爆し、鉄管の破裂の程度を観察する試験をいう。(う)

8　法別表第一備考第一号の衝撃に対する敏感性に係る政令で定める性状は、粉粒状の物品にあつては第五項に規定する落球式打撃感度試験において試験物品と赤りんとの混合物の爆発する確率が五十パーセント以上であることとし、その他の物品にあつては前項の鉄管試験において鉄管が完全に裂けることとする。(う)(せ)

本条…追加〔昭和六三年一二月政令三五八号〕、一・四・五・八項…一部改正〔平成一六年二月政令一九号〕

（第二類の危険物の試験及び性状）

第一条の四　法別表第一備考第二号の火炎による着火の危険性を判断するための政令で定める試験は、小ガス炎着火試験とする。(う)(せ)

2　前項の小ガス炎着火試験とは、試験物品に火炎を接触させてから着火するまでの時間を測定し、燃焼の状況を観察する試験をいう。(う)

3　法別表第一備考第二号の政令で定める性状は、前項の小ガス炎着火試験において試験物品が十秒以内に着火し、かつ、燃焼を継続することとする。(う)(せ)

4　法別表第一備考第二号の引火の危険性を判断するための政令で定める試験は、セタ密閉式引火点測定器により引火点を測定する試験とする。(う)(せ)

本条…追加〔昭和六三年一二月政令三五八号〕、一・三・四項…一部改正〔平成一六年二月政令一九号〕

（第三類の危険物の試験及び性状）

第一条の五　法別表第一備考第八号の空気中での発火の危険性を判断するための政令で定める試験は、自然発火性試験とする。(う)(せ)

2　前項の自然発火性試験とは、固体の試験物品にあつてはろ紙の上で発火するか否かを観察する試験（粉末の試験物品を落下させ、発火するか否かを観察する試験を含む。）をいい、液体の試験物品にあつては磁器の中で発火するか否かを観察する試験（試験物品がろ紙の上で発火するか否か、又はろ紙を焦がすか否かを観察する試験を含む。）をいう。(う)

3　法別表第一備考第八号の空気中での発火の危険性に係る政令で定める性状は、前項の自然発火性試験において試験物品が発火すること又はろ紙を焦がすこととする。(う)(せ)

4　法別表第一備考第八号の水と接触して発火し、又は可燃性ガスを発生する危険性を判断するための政令で定める試験は、水との反応性試験とする。(う)(せ)

5　前項の水との反応性試験とは、純水に浮かべたろ紙の上で試験物品が純水と反応して発生するガスが発火するか否か、若しくは発生するガスに火炎を近づけた場合に着火するか否かを観察し、又は試験物品に純水を加え、発生するガスの量を測定するとともに発生するガスの成分を分析する試験をいう。（う）

6　法別表第一備考第八号の水と接触して発火し、又は可燃性ガスを発生する危険性に係る政令で定める性状は、前項の水との反応性試験において発生するガスが発火し、若しくは着火すること又は発生するガスの量が試験物品一キログラムにつき一時間当たり二百リットル以上であり、かつ、発生するガスが可燃性の成分を含有することとする。（う）（せ）

本条…追加〔昭和六三年一二月政令三五八号〕、一・三・四・六項…一部改正〔平成一六年二月政令一九号〕

（第四類の危険物の試験）

第一条の六　法別表第一備考第十号の引火の危険性を判断するための政令で定める試験は、タグ密閉式引火点測定器により引火点を測定する試験（タグ密閉式引火点測定器により引火点を測定する試験において引火点が八十度以下の温度で測定されない場合にあつてはクリーブランド開放式引火点測定器により引火点を測定する試験、タグ密閉式引火点測定器により引火点を測定する試験において引火点が零度以上八十度以下の温度で測定され、かつ、当該引火点における試験物品の動粘度が十センチストークス以上である場合にあつてはセタ密閉式引火点測定器により引火点を測定する試験）とする。（う）（せ）

本条…追加〔昭和六三年一二月政令三五八号〕、一部改正〔平成一六年二月政令一九号〕

（第五類の危険物の試験及び性状）

第一条の七　法別表第一備考第十八号の爆発の危険性を判断するための政令で定める試験は、二・四―ジニトロトルエン及び過酸化ベンゾイルを標準物質とする熱分析試験とする。（う）（せ）

2　前項の熱分析試験とは、発熱開始温度及び発熱量の比較をするために行う次に掲げる発熱開始温度及び発熱量を示差走査熱量測定装置又は示差熱分析装置により測定する試験をいう。（う）

一　標準物質の発熱開始温度及び発熱量（単位質量当たりの発熱量をいう。以下同じ。）（う）

二　試験物品の発熱開始温度及び発熱量（う）

3　法別表第一備考第十八号の爆発の危険性に係る政令で定める性状は、発熱開始温度から二十五度を減じた温度（以下この項において「補正温度」という。）の値の常用対数を横軸とし、発熱量の値の常用対数を縦軸とする平面直交座標系に第一項に規定する熱分析試験の結果を表示した場合において、試験物品の発熱量の値の常用対数を当該試験物品の補正温度の値の常用対数に対して表示した点が、標準物質の二・四―ジニトロトルエンの発熱量の値に〇・七を乗じて得た値の常用対数及び標準物質の過酸化ベンゾイルの発熱量の値に〇・八を乗じて得た値の常用対数をそれぞれの標準物質に係る補正温度の値の常用対数に対して表示した点を結ぶ直線上又はこれより上にあることとする。この場合において、試験物品の補正温度が一度未満であるときは、当該補正温度を一度とみなす。（う）（せ）

4　法別表第一備考第十八号の加熱分解の激しさを判断するための政令で定める試験は、孔径一ミリメートルのオリフィス板を用いて行う圧力容器試験とする。（う）（せ）

5　前項の圧力容器試験とは、破裂板及びオリフィス板を取り付けた圧力容器の中の試験物品を加熱し、破裂板が破裂するか否かを観察する試験をいう。（う）

6　法別表第一備考第十八号の加熱分解の激しさに係る政令で定める性状は、第四項に規定する圧力容器試験において破裂板が破裂することとする。（う）（せ）

本条…追加〔昭和六三年一二月政令三五八号〕、一・三・四・六項…一部改正〔平成一六年二月政令一九号〕

（第六類の危険物の試験及び性状）

第一条の八　法別表第一備考第二十号の酸化力の潜在的な危険性を判断するための政令で定める試験は、燃焼時間の比較をするために行う次に掲げる燃焼時間を測定する試験とする。（う）（せ）

一　硝酸の九十パーセント水溶液と木粉との混合物の燃焼時間（う）

二　試験物品と木粉との混合物の燃焼時間（う）

2　法別表第一備考第二十号の政令で定める性状は、前項の試験において同項第二号の燃焼時間が同項第一号の燃焼時間と等しいか又はこれより短いこととする。（う）（せ）

本条…追加〔昭和六三年一二月政令三五八号〕、一・二項…一部改正〔平成一六年二月政令一九号〕

（試験及び性状に関する事項の委任）

第一条の九　第一条の三から前条までに定めるもののほか、法別表第一備考に定める試験及び性状に関しその細目〔危険物の試験及び性状に関する省令（平成元年二月自治省令第一号）〕その他必要な事項は、総務省令で定める。（う）（ゆ）（せ）

本条…追加〔昭和六三年一二月政令三五八号〕、一部改正〔平成一二年六月政令三〇四号・一六年二月一九号〕

（届出を要する物質の指定）

第一条の一〇　法第九条の三第一項（同条第二項において準用する場合を含む。）の政令で定める物質は、次の各号に掲げる物質で当該各号に定める数量以上のものとする。（う）（ロ）

一　圧縮アセチレンガス　四十キログラム（う）

二　無水硫酸　二百キログラム（う）

三　液化石油ガス　三百キログラム（う）

四　生石灰（酸化カルシウム八十パーセント以上を含有するものをいう。）　五百キログラム(う)

五　毒物及び劇物取締法（昭和二十五年法律第三百三号）第二条第一項に規定する毒物のうち別表第一の上欄に掲げる物質　当該物質に応じそれぞれ同表の下欄に定める数量(う)

六　毒物及び劇物取締法第二条第二項に規定する劇物のうち別表第二の上欄に掲げる物質　当該物質に応じそれぞれ同表の下欄に定める数量(う)

2　法第九条の三第一項ただし書（同条第二項において準用する場合を含む。）の政令で定める場合は、高圧ガス保安法（昭和二十六年法律第二百四号）第七十四条第一項、ガス事業法（昭和二十九年法律第五十一号）第百七十六条第一項又は液化石油ガスの保安の確保及び取引の適正化に関する法律（昭和四十二年法律第百四十九号）第八十七条第一項の規定により消防庁長官又は消防長（消防本部を置かない市町村にあつては、市町村長）に通報があつた施設において液化石油ガスを貯蔵し、又は取り扱う場合（法第九条の三第二項において準用する場合にあつては、当該施設において液化石油ガスの貯蔵又は取扱いを廃止する場合）とする。(う)(え)(め)(ロ)(ル)

本条…追加〔昭和六三年一二月政令三五八号〕、二項…一部改正〔平成九年二月政令二〇号・一二年六月三三三号〕、一・二項…一部改正〔平成一六年一〇月政令三二五号〕、二項…一部改正〔平成二九年三月政令四〇号〕

（危険物の指定数量）

第一条の一一　法第九条の四の政令で定める数量（以下「指定数量」という。）は、別表第三の類別欄に掲げる類、同表の品名欄に掲げる品名及び同表の性質欄に掲げる性状に応じ、それぞれ同表の指定数量欄に定める数量とする。(う)(ロ)

本条…追加〔昭和六三年一二月政令三五八号〕、一部改正〔平成一六年一〇月政令三二五号〕

解説　【指定数量未満の危険物の貯蔵及び取扱いの技術上の基準等】火災予防条例(例)第三〇条～第三一条
【基準の特例】火災予防条例(例)第三四条の三
【届出等】火災予防条例(例)第四六条
【水張検査等】火災予防条例(例)第四七条

（指定可燃物）

第一条の一二　法第九条の四の物品で政令で定めるものは、別表第四の品名欄に掲げる物品で、同表の数量欄に定める数量以上のものとする。(う)(ロ)

本条…追加〔昭和六三年一二月政令三五八号〕、一部改正〔平成一六年一〇月政令三二五号〕

解説　【指定可燃物等の貯蔵及び取扱いの技術上の基準等】火災予防条例(例)第三三条～第三四条の二・別表八
【基準の特例】火災予防条例(例)第三四条の三
【届出等】火災予防条例(例)第四六条
【水張検査等】火災予防条例(例)第四七条

（貯蔵所の区分）

第二条　法第十条の貯蔵所は、次のとおり区分する。

一　屋内の場所において危険物を貯蔵し、又は取り扱う貯蔵所（以下「屋内貯蔵所」という。）（う）

二　屋外にあるタンク（第四号から第六号までに掲げるものを除く。）において危険物を貯蔵し、又は取り扱う貯蔵所（以下「屋外タンク貯蔵所」という。）

三　屋内にあるタンク（次号から第六号までに掲げるものを除く。）において危険物を貯蔵し、又は取り扱う貯蔵所（以下「屋内タンク貯蔵所」という。）

四　地盤面下に埋没されているタンク（次号に掲げるものを除く。）において危険物を貯蔵し、又は取り扱う貯蔵所（以下「地下タンク貯蔵所」という。）

五　簡易タンクにおいて危険物を貯蔵し、又は取り扱う貯蔵所（以下「簡易タンク貯蔵所」という。）

六　車両（被牽引自動車にあつては、前車軸を有しないものであつて、当該被牽引自動車の一部が牽引自動車に載せられ、かつ、当該被牽引自動車及びその積載物の重量の相当部分が牽引自動車によつてささえられる構造のものに限る。）に固定されたタンクにおいて危険物を貯蔵し、又は取り扱う貯蔵所（以下「移動タンク貯蔵所」という。）（ち）

七　屋外の場所において第二類の危険物のうち硫黄、硫黄のみを含有するもの若しくは引火性固体（引火点が零度以上のものに限る。）又は第四類の危険物のうち第一石油類（引火点が零度以上のものに限る。）、アルコール類、第二石油類、第三石油類、第四石油類若しくは動植物油類を貯蔵し、又は取り扱う貯蔵所（以下「屋外貯蔵所」という。）（ほ）(ち)(た)(う)(し)

本条…一部改正〔昭和四〇年九月政令三〇八号・四六年六月一六八号・五四年七月二一一号・六三年一二月三五八号・平成一四年一月一二号〕

解説

【貯蔵所の区分】　すべての貯蔵所は本条に定めたもののいずれかに分類される。すなわちこれ以外の貯蔵所は存在しない。なお、本条の区分の異なるものに変更する場合の手続きは、前施設を廃止し、新たな施設の設置となる。

【簡易タンク貯蔵所】　ポータブルタンク

【移動タンク貯蔵所】　タンクローリー、セミトレーラー又はタンクコンテナ

（取扱所の区分）

第三条　法第十条の取扱所は、次のとおり区分する。

一　専ら給油設備によつて自動車等の燃料タンクに直接給油するため危険物を取り扱う取扱所及び給油設備によつて自動車等の燃料タンクに直接給油するため危険物を取り扱うほか、次に掲げる作業を行う取扱所（以下これらの取扱所を「給油取扱所」という。）（ヨ）

イ　給油設備からガソリンを容器に詰め替え、又は軽油を車両に固定された容量四千リットル以下のタンク（容量二千リットルを超えるタンクにあつては、その内部を二千リットル以下ごとに仕切つたものに限る。ロにおいて同じ。）に注入する

る作業(ヨ)

ロ　固定した注油設備から灯油若しくは軽油を容器に詰め替え、又は車両に固定された容量四千リットル以下のタンクに注入する作業(ヨ)

二　店舗において容器入りのままで販売するため危険物を取り扱う取扱所で次に掲げるもの(ほ)(ち)

イ　指定数量の倍数（法第十一条の四第一項に規定する指定数量の倍数をいう。以下同じ。）が十五以下のもの（以下「第一種販売取扱所」という。）(ち)(う)

ロ　指定数量の倍数が十五を超え四十以下のもの（以下「第二種販売取扱所」という。）(ち)(う)

三　配管及びポンプ並びにこれらに附属する設備（危険物を運搬する船舶からの陸上への危険物の移送については、配管及びこれに附属する設備）によつて危険物の移送の取扱いを行う取扱所（当該危険物の移送が当該取扱所に係る施設（配管を除く。）の敷地及びこれとともに一団の土地を形成する事業所の用に供する土地内にとどまる構造を有するものを除く。以下「**移送取扱所**」という。）(ぬ)

四　前三号に掲げる取扱所以外の取扱所（以下「一般取扱所」という。）(ぬ)

本条…一部改正〔昭和四〇年九月政令三〇八号・四六年六月一六八号・四八年一二月三七八号・六二年三月八六号・六三年一二月三五八号・平成二年四月一〇一号・一〇年二月三一号・一八年一月六号・令和五年一二月三四八号〕

解説　**【取扱所の区分】**　貯蔵所の区分と異なり「一般取扱所」の区分があるため、あらゆる取扱形態に係る取扱所の設置が可能である。
【給油取扱所】　ガソリンスタンド
【移送取扱所】　パイプライン施設

第四条　削除(ほ)〔昭和四〇年九月政令三〇八号〕

（タンクの容積の算定方法）

第五条　危険物を貯蔵し、又は取り扱うタンクの内容積及び空間容積は、総務省令で定める計算方法〔危則第二条・第三条〕に従つて算出するものとする。(い)(ゆ)

2　前項のタンクの容量は、当該タンクの内容積から空間容積を差し引いた容積とする。

3　前項の規定にかかわらず、製造所又は一般取扱所の危険物を取り扱うタンクのうち、特殊の構造又は設備を用いることにより当該タンク内の危険物の量が当該タンクの内容積から空間容積を差し引いた容積を超えない一定量を超えることのないものの容量は、当該一定量とする。(て)

一項…一部改正〔昭和三五年六月政令一八五号〕、三項…追加〔平成一〇年二月政令三一号〕、一項…一部改正〔平成一二年六月政令三〇四号〕

解説　**【タンク】**　固定的に設置された槽類等をいう。
【空間容積】　消火薬剤等の投入を考慮して定められている。

第二章　製造所等の許可等(る)

章名…改正〔昭和四九年六月政令一八八号〕

（設置の許可の申請）

第六条　法第十一条第一項前段の規定により製造所、貯蔵所又は取扱所（以下「製造所等」という。）の設置の許可を受けようとする者は、次の事項を記載した申請書を、同項各号に掲げる区分に応じ当該各号に定める市町村長、都道府県知事又は総務大臣（以下「市町村長等」という。）に提出しなければならない。(る)(ゆ)

一　氏名又は名称及び住所並びに法人にあつては、その代表者の氏名及び住所

二　**製造所等の別**及び貯蔵所又は取扱所にあつては、その区分〔危令第二条又は第三条〕

三　製造所等の設置の場所（移動タンク貯蔵所にあつては、その常置する場所）

四　貯蔵し、又は取り扱う危険物の類、品名及び最大数量

五　指定数量の倍数(う)

六　製造所等の位置、構造及び設備(う)

七　危険物の**貯蔵又は取扱いの方法**(る)(う)

八　製造所等の着工及び完成の予定期日(う)

2　前項の申請書には、製造所等の位置、構造及び設備に関する図面〔危則第四条第二項〕その他総務省令で定める書類を添付〔危則第四条第三項〕しなければならない。(い)(ゆ)

二項…一部改正〔昭和三五年六月政令一八五号〕、一項…一部改正〔昭和四九年六月政令一八八号・六三年一二月三五八号〕、一・二項…一部改正〔平成一二年六月政令三〇四号〕

解説　**【製造所等の別】**　製造所、貯蔵所、取扱所の別をいう。

【貯蔵又は取扱いの方法】　危険物の貯蔵又は取扱いが公共の安全の維持又は災害の発生の防止に支障を及ぼすおそれがないものかどうかを判断する。

【設置許可申請書】　危則第四条、同別記様式第二又は第三

（変更の許可の申請）

第七条　法第十一条第一項後段の規定により製造所等の位置、構造又は設備の変更の許可を受けようとする者は、次の事項を記載した申請書〔危則第五条・同別記様式第五又は第六〕を市町村長等に提出しなければならない。(る)

一　氏名又は名称及び住所並びに法人にあつては、その代表者の氏名及び住所

二　製造所等の別及び貯蔵所又は取扱所にあつては、その区分

三　製造所等の設置の場所（移動タンク貯蔵所にあつては、その常置する場所）

四　変更の内容

五　変更の理由

2　前項の申請書には、製造所等の位置、構造又は設備の変更の内

容に関する図面〔危則第五条第二項〕その他総務省令で定める書類を添付〔危則第五条第三項〕しなければならない。(い)(ゆ)

二項…一部改正〔昭和三五年六月政令一八五号〕、一項…一部改正〔昭和四九年六月政令一八八号〕、二項…一部改正〔平成一二年六月政令三〇四号〕

（危険物の移送の取扱いを行う取扱所の指定）

第七条の二　法第十一条第一項第一号の政令で定める取扱所は、第三条第三号に掲げる取扱所とする。(る)

本条…追加〔昭和四九年六月政令一八八号〕

（許可等の通報を必要とする製造所等の指定）

第七条の三　法第十一条第七項（法第十一条の四第三項において準用する場合を含む。）の政令で定める製造所、貯蔵所又は取扱所は、次に掲げる製造所等とする。(る)(よ)(う)

一　指定数量〔消防第九条の四、危令第一条の一一・別表第三〕の倍数が十以上の製造所(る)(う)

二　指定数量の倍数が百五十以上の屋内貯蔵所(る)(う)

三　指定数量の倍数が二百以上の屋外タンク貯蔵所(る)(う)

四　指定数量の倍数が百以上の屋外貯蔵所(る)(う)

五　移送取扱所(る)

六　指定数量の倍数が十以上の一般取扱所（第三十一条の二第六号ロに規定するものを除く。）(る)(う)

本条…追加〔昭和四九年六月政令一八八号〕、一部改正〔昭和五二年二月政令一〇号・六三年一二月三五八号〕

（市町村長等の都道府県公安委員会等への許可等の通報）

第七条の四　法第十一条第七項（法第十一条の四第三項において準用する場合を含む。）の規定により、市町村長等は、次の各号に掲げる許可又は届出の受理をしたときは、当該各号に定める者に通報しなければならない。(る)(よ)(う)

一　市町村長又は都道府県知事による法第十一条第一項の規定による許可又は法第十一条の四第一項の規定による届出の受理　当該市町村又は都道府県の区域を管轄する都道府県公安委員会（当該許可又は届出に係る製造所等が海域に係るものである場合には、都道府県公安委員会及び海上保安庁長官）(る)(よ)(ゆ)

二　総務大臣による前号に規定する許可又は届出の受理　国家公安委員会（当該許可又は届出に係る製造所等が海域に係るものである場合には、国家公安委員会及び海上保安庁長官）(る)

本条…追加〔昭和四九年六月政令一八八号〕、一部改正〔昭和五二年二月政令一〇号・六三年一二月三五八号・平成一二年六月三〇四号〕

解説【海域に係るもの】製造所等の一部又は全部が海上に設置されているもの

（完成検査の手続）

第八条　法第十一条第五項の規定による完成検査（以下「完成検

査」という。）を受けようとする者は、その旨を市町村長等に申請〔危則第六条第一項・別記様式第八又は第九〕しなければならない。(ち)(る)(よ)

2　市町村長等は、前項の規定による申請があつたときは、遅滞なく、当該製造所等の完成検査を行わなければならない。

3　市町村長等は、完成検査を行つた結果、製造所にあつては第九条及び第二十条から第二十二条まで、貯蔵所にあつては第十条から第十六条まで及び第二十条から第二十二条まで、取扱所にあつては第十七条から第十九条まで及び第二十条から第二十二条までにそれぞれ定める技術上の基準（法第十一条の二第一項の検査（以下「完成検査前検査」という。）に係るものを除く。）に適合していると認めたときは、当該完成検査の申請をした者に完成検査済証〔危則第六条第二項・別記様式第一〇・第一一〕を交付するものとする。(よ)

4　前項の完成検査済証の交付を受けている者は、完成検査済証を亡失し、滅失し、汚損し、又は破損した場合は、これを交付した市町村長等にその再交付を申請〔危則第六条第三項・別記様式第一二〕することができる。(そ)

5　完成検査済証を汚損し、又は破損したことにより前項の申請をする場合は、申請書に当該完成検査済証を添えて提出しなければならない。(そ)

6　第三項の完成検査済証を亡失してその再交付を受けた者は、亡失した完成検査済証を発見した場合は、これを十日以内に完成検査済証の再交付をした市町村長等に提出しなければならない。(そ)

一項…一部改正〔昭和四六年六月政令一六八号・四九年六月一八八号〕、一・三項…一部改正〔昭和五二年二月政令一〇号〕、四—六項…追加〔昭和五七年一月政令二号〕

（完成検査前検査）

第八条の二　法第十一条の二第一項の政令で定める製造所、貯蔵所又は取扱所は、液体の危険物を貯蔵し、又は取り扱うタンク（以下「液体危険物タンク」という。）を有する製造所等（容量が指定数量以上の液体危険物タンクを有しない製造所及び一般取扱所を除く。）とする。(よ)(ふ)

2　法第十一条の二第一項の政令で定める工事は、液体危険物タンク（製造所又は一般取扱所に係る工事にあつては、容量が指定数量以上の液体危険物タンク）の設置又は変更の工事とする。(よ)(ふ)

3　法第十一条の二第一項の政令で定める工事の工程は、次の各号に掲げる工事の工程とし、同項の製造所、貯蔵所又は取扱所に係る構造及び設備に関する事項で政令で定めるものは、当該工事の工程ごとに、当該各号に定めるものとする。(よ)

一　屋外タンク貯蔵所の液体危険物タンク（岩盤内の空間を利用する液体危険物タンク（以下「岩盤タンク」という。）を除く。）で、その容量が千キロリットル以上のものの基礎及び地盤に関する工事（底部が地盤面下にあり、頂部が地盤面以上にある液体危険物タンクその他の特殊な構造を有するものとして総務省令で定める液体危険物タンク（以下この条、第八条の四及び第十一条において「特殊液体危険物タンク〔危則第六条の二〕」という。）にあつては、基礎及び地盤に関する工事に相当するものとして総務省令で定める工事〔危則第六条の二の二〕）の工程　当該液体危険物タンクの構造及び設備に関する事項のうち第十一条第一項第三号の二に定める基準（特殊液体危険物タンクにあつては、当該基準に相当するものとして総務省令で定める基準〔危則第六条の二の三〕）に適合すべきこととされる事項（以下「液体危険物タンクの基礎及び地盤に関する事項」という。）（よ）（む）（ゆ）

二　前号の液体危険物タンクに配管その他の附属設備を取り付ける前の当該タンクのタンク本体に関する工事の工程　当該液体危険物タンクの構造及び設備に関する事項のうち第十一条第一項第四号に定める基準（水張試験（水以外の適当な液体を張つて行う試験を含む。以下同じ。）又は水圧試験に関する部分に限るものとし、特殊液体危険物タンクにあつては、当該基準に相当するものとして総務省令で定める基準〔危則第六条の二の四〕とする。）に適合すべきこととされる事項（以下「液体危険物タンクの漏れ及び変形に関する事項」という。）並びに当該液体危険物タンクの構造及び設備に関する事項のうち同項第四号の二に定める基準（同号の試験のうち真空試験その他の総務省令で定める試験〔危則第六条の二の五・第二〇条の九〕に関する部分を除くものとし、特殊液体危険物タンクにあつては、当該基準に相当するものとして総務省令で定める基準〔危則第六条の二の六〕とする。）に適合すべきこととされる事項（以下「液体危険物タンクの溶接部に関する事項」という。）（よ）（む）（う）（ゆ）

三　屋外タンク貯蔵所の岩盤タンクのタンク本体に関する工事の工程　当該岩盤タンクの構造及び設備に関する事項のうちタンク本体の安定性に係る基準として総務省令で定める基準〔危則第六条の二の七〕に適合すべきこととされる事項（以下「岩盤タンクのタンク構造に関する事項」という。）（ゆ）（む）

四　液体危険物タンク（第一号及び前号に掲げるものを除く。）に配管その他の附属設備を取り付ける前の当該タンクのタンク本体に関する工事の工程　当該液体危険物タンクの構造及び設備に関する事項のうち第九条第一項第二十号、第十一条第一項第四号、第十二条第一項第五号、第十三条第一項第六号、第十四条第六号、第十五条第一項第二号、第十七条第一項第八号若しくは第二項第二号又は第十九条第一項に定める基準（水張試験又は水圧試験に関する部分に限るものとし、アルキルアルミニウム、アルキルリチウムその他の総務省令で定める危険物

〔危則第六条の二の八第一項〕（以下この条において「アルキルアルミニウム等」という。）を貯蔵し、又は取り扱う移動タンク貯蔵所の液体危険物タンクにあつては、第十五条第一項第二号に定める基準に相当するものとして総務省令で定める基準〔危則第六条の二の八第二項〕とする。）に適合すべきこととされる事項(よ)(む)(う)(ゆ)(二)

4　前項の規定にかかわらず、次の各号に掲げる液体危険物タンクの設置又は変更の工事については、当該各号に定める規定は適用しない。(ね)

一　液体危険物タンクの設置又は変更の工事で、当該液体危険物タンクについて高圧ガス保安法第五十六条の三第一項、第二項若しくは第三項の規定による特定設備検査に合格したもの、同法第五十六条の六の十四第二項（同法第五十六条の六の二十二第二項において準用する場合を含む。）の規定により特定設備基準適合証の交付を受けたもの、労働安全衛生法（昭和四十七年法律第五十七号）第三十八条第一項、第二項若しくは第三項の規定による検査に合格したもの又は同法第四十四条第一項若しくは第二項の規定による検定に合格したもの　前項第二号（液体危険物タンクの漏れ及び変形に関する事項に係る部分に限る。）又は同項第四号の規定(ね)(む)(う)(え)

二　液体危険物タンクの変更の工事のうち、タンクの底部に係る工事（タンクの側板に係る工事を含むものを除く。）で、当該変更の工事の際行われた法第十四条の三第一項又は第二項の規定による保安に関する検査により、当該液体危険物タンクの溶接部に関する事項が、第十一条第一項第四号の二に定める基準に適合していると認められたもの　前項第二号（液体危険物タンクの溶接部に関する事項に係る部分に限る。）の規定(ね)

三　液体危険物タンクの設置又は変更の工事で、当該液体危険物タンクについて国際海事機関が採択した危険物の運送に関する規程に定める基準（水圧試験に関する部分に限る。）に適合している旨の総務省令で定める表示〔危則第六条の二の九〕がされているもの　前項第四号の規定(ふ)(ゆ)

5　液体危険物タンクの基礎及び地盤に関する事項についての完成検査前検査を**基礎・地盤検査**〔危則第六条の三・第二〇条の三・第二二条の三の二・第二二条の三の三〕と、液体危険物タンクの漏れ及び変形に関する事項並びに第三項第四号に定める事項についての完成検査前検査のうち、第九条第一項第二十号、第十一条第一項第四号、第十二条第一項第五号、第十三条第一項第六号、第十四条第六号、第十五条第一項第二号、第十七条第一項第八号若しくは第二項第二号又は第十九条第一項の水張試験又は水圧試験（アルキルアルミニウム等を貯蔵し、又は取り扱う移動タンク貯蔵所の液体危険物タンクにあつては、第十五条第一項第二号の水圧試験に相当するものとして総務省令で定める試験〔危則第六条の二の一〇〕）に係るものをそれぞれ**水張検査**又は**水圧検査**と、液体危険物タンクの溶接部に関する事項についての完成検査前検査を**溶接部検査**と、岩盤タンクのタンク構造に関する事項についての完

成検査前検査を岩盤タンク検査という。(よ)(そ)(む)(う)(ゆ)(ニ)

6　完成検査前検査を受けようとする者は、総務省令で定めるところ〔危則第六条の四・別記様式第一三・第六条の五〕により、市町村長等に申請しなければならない。この場合においては、前条第二項の規定を準用する。(よ)(そ)(ゆ)

7　市町村長等は、完成検査前検査を行つた結果、第三項各号に定める事項が、製造所にあつては第九条、貯蔵所にあつては第十一条から第十五条まで、取扱所にあつては第十七条及び第十九条にそれぞれ定める技術上の基準（完成検査前検査に係るものに限る。）に適合すると認めたときは、当該完成検査前検査の申請をした者に通知（水張検査又は水圧検査にあつては、タンク検査済証〔危則第六条の四・別記様式第一四〕の交付）をするものとする。(よ)(そ)

本条…追加〔昭和五二年二月政令一〇号〕、四項…追加・旧四項…一部改正し五項に繰下・旧五・六項…六・七項に繰下〔昭和五七年一月政令二号〕、四項…一部改正〔昭和五八年七月政令一六七号〕、全部改正〔昭和五九年六月政令一八〇号〕、三—五項…一部改正〔昭和六二年三月政令八六号・六三年一二月三五八号〕、一・二・四項…一部改正〔平成七年二月政令一五号〕、四項…一部改正〔平成九年二月政令二〇号〕、三—六項…一部改正〔平成一二年六月政令三〇四号〕、三・五項…一部改正〔平成一八年一月政令六号〕

解説　【基礎・地盤検査】　昭和五二年二月一五日前に設置許可を受けるか又は設置許可の申請したものについては、平成六年七月一日政令第二一四号により、新基準に適合させる場合に課せられる。

【水張検査】　タンクに水又は水以外の適当な液体を満たし、もれ等の有無を確かめる検査

【水圧検査】　タンクに水を満たし一定の圧力を加えて、もれ等の有無を確かめる検査

【溶接部検査】　タンク本体の側板、底板及びアニュラ板の溶接部を、放射線透過試験、磁粉探傷試験、超音波探傷試験等により行う検査

【手数料】　手数料令第二〇項

第八条の二の二　水張検査又は水圧検査は、**市町村長等以外の他の行政機関**も行うことができる。この場合においては、前条第六項及び第七項の規定を準用する。(ち)(よ)(そ)

本条…追加〔昭和四六年六月政令一六八号〕、旧八条の二…一部改正し繰下〔昭和五二年二月政令一〇号〕、本条…一部改正〔昭和五七年一月政令二号〕

解説　【市町村長等以外の他の行政機関】　許可行政庁以外の行政機関

（危険物保安技術協会への委託）

第八条の二の三　法第十一条の三第一号の政令で定める屋外タンク貯蔵所は、屋外タンク貯蔵所で、その貯蔵し、又は取り扱う液体の危険物の最大数量が五百キロリットル以上のものとする。(よ)(あ)

2　法第十一条の三第一号の屋外タンク貯蔵所に係る構造及び設備に関する事項で政令で定めるものは、液体危険物タンクの**タンク本体に関する事項**並びに液体危険物タンクの基礎及び地盤に関する事項とする。(よ)

3　法第十一条の三第二号の政令で定める屋外タンク貯蔵所は、屋外タンク貯蔵所で、その貯蔵し、又は取り扱う液体の危険物の最

大数量が千キロリットル以上のもの（以下「特定屋外タンク貯蔵所」という。）とする。（あ）

4　法第十一条の三第二号の屋外タンク貯蔵所に係る特定事項のうち政令で定めるものは、液体危険物タンクの基礎及び地盤に関する事項、液体危険物タンクの溶接部に関する事項並びに岩盤タンクのタンク構造に関する事項とする。（よ）（む）（あ）

本条…追加〔昭和五二年二月政令一〇号〕、三項…一部改正〔昭和六二年三月政令八六号〕、一項…一部改正・三項…追加・旧三項…四項に繰下〔平成一一年一月政令三号〕

解説　【タンク本体に関する事項】　タンク本体の他に本体に密接に関連する設備に関する事項も含まれる。

（市町村長との協議を要する移送取扱所の指定）

第八条の三　法第十二条の五の政令で定める移送取扱所は、危険物を移送するための配管の延長（当該配管の起点又は終点が二以上ある場合には、任意の起点から任意の終点までの当該配管の延長のうち最大のもの。以下この条において同じ。）が十五キロメートルを超える移送取扱所及び危険物を移送するための配管に係る最大常用圧力が〇・九五メガパスカル以上であつて、かつ、危険物を移送するための配管の延長が七キロメートル以上十五キロメートル以下の移送取扱所とする。（る）（て）

本条…追加〔昭和四九年六月政令一八八号〕、一部改正〔平成一〇年二月政令三一号〕

解説　【本条の移送取扱所】　特定移送取扱所

（保安に関する検査）

第八条の四　法第十四条の三第一項の政令で定める屋外タンク貯蔵所又は移送取扱所は、特定屋外タンク貯蔵所で、その貯蔵し、若しくは取り扱う液体の危険物の最大数量が一万キロリットル以上のもの又は前条に規定する移送取扱所とする。（よ）

2　法第十四条の三第一項の政令で定める時期は、次の各号に掲げる特定屋外タンク貯蔵所又は移送取扱所の区分に応じ、当該各号に定める時期とする。ただし、災害その他の総務省令で定める事由〔危則第六二条の二〕により、当該時期に法第十四条の三第一項の保安に関する検査を行うことが適当でないと認められるときは、当該特定屋外タンク貯蔵所又は移送取扱所の所有者、管理者又は占有者の申請に基づき、市町村長等が別に定める時期とすることができる。（よ）（ゆ）

一　特定屋外タンク貯蔵所（次号及び第三号に掲げるものを除く。以下この号において同じ。）　完成検査（法第十一条第一項前段の規定による設置の許可に係るものに限る。以下この項において同じ。）を受けた日又は直近において行われた法第十四条の三第一項若しくは第二項の規定による保安に関する検査（以下この号において「前回の保安検査」という。）を受けた日の翌日から起算して八年（次のイ又はロに掲げる特定屋外タンク貯蔵所にあつてはそれぞれイ又はロに定める期間とし、次のイ及びロに掲げる特定屋外タンク貯蔵所のいずれにも該当する屋外タンク貯蔵所にあつては当該イ又はロに定める期間のうちいずれか長い期間とする。）を経過する日前一年目に当たる日から、当該経過する日の翌日から起算して一年を経過する日までの間(よ)(け)(ゆ)(ひ)(ト)

イ　総務省令で定める保安のための措置〔危則第六二条の二の二〕を講じている特定屋外タンク貯蔵所　当該措置に応じ総務省令で定めるところにより市町村長等が定める十年又は十三年のいずれかの期間〔危則第六二条の二の三〕(ト)

ロ　総務省令で定める特殊の方法〔危則第六二条の二の四〕を用いて総務省令で定めるところにより測定された前回の保安検査の直近において行われた完成検査又は法第十四条の三第一項若しくは第二項の規定による保安に関する検査から前回の保安検査までの間の液体危険物タンクの底部の板の厚さの一年当たりの腐食による減少量〔危則第六二条の二の五〕が総務省令で定める基準〔危則第六二条の二の六〕を満たす特定屋外タンク貯蔵所のうち、総務省令で定める保安のための措置〔危則第六二条の二の二〕を講じているもの　総務省令で定めるところにより当該測定された液体危険物タンクの底部の板の厚さの一年当たりの腐食による減少量及び前回の保安検査における液体危険物タンクの底部の板の厚さに基づき市町村長等が定める八年以上十五年以内の期間〔危則第六二条の二の三〕(ト)

二　岩盤タンクに係る特定屋外タンク貯蔵所　完成検査を受けた日又は直近において行われた法第十四条の三第一項若しくは第二項の規定による保安に関する検査を受けた日の翌日から起算して十年を経過する日前一年目に当たる日から、当該経過する日の翌日から起算して一年を経過する日までの間(け)(ゆ)(ひ)

三　特殊液体危険物タンクのうち総務省令で定めるもの〔危則第六二条の二の七〕に係る特定屋外タンク貯蔵所　完成検査を受けた日又は直近において行われた法第十四条の三第一項若しくは第二項の規定による保安に関する検査を受けた日の翌日から起算して十三年を経過する日前一年目に当たる日から、当該経過する日の翌日から起算して一年を経過する日までの間(ひ)

四　移送取扱所　完成検査を受けた日又は直近において行われた法第十四条の三第一項の規定による保安に関する検査を受けた日の翌日から起算して一年を経過する日前一月目に当たる日から、当該経過する日の翌日から起算して一月を経過する日までの間(よ)(け)(ひ)

3　法第十四条の三第一項の屋外タンク貯蔵所又は移送取扱所に係る構造及び設備に関する事項で政令で定めるものは、次の各号に掲げる特定屋外タンク貯蔵所又は移送取扱所の区分に応じ、当該各号に定める事項とする。(よ)

一　特定屋外タンク貯蔵所（次号に掲げるものを除く。）　液体危険物タンクの底部（特殊液体危険物タンクにあつては、総務省令で定める部分〔危則第六二条の二の八〕。以下この項、第六項及び第七項において同じ。）の板の厚さに関する事項（液体危険物タンクの溶接部に関する事項（液体危険物タンクの底

部に係るものに限る。第六項及び第七項において同じ。）（よ）（む）（の）（ゆ）
二　岩盤タンクに係る特定屋外タンク貯蔵所　岩盤タンクの構造及び設備に関する事項（む）
三　移送取扱所　移送取扱所の構造及び設備に関する事項（よ）（む）
4　法第十四条の三第二項の政令で定める屋外タンク貯蔵所は、特定屋外タンク貯蔵所とする。（よ）
5　法第十四条の三第二項の不等沈下その他の政令で定める事由は、液体危険物タンクの直径に対する当該液体危険物タンクの不等沈下の数値の割合が百分の一以上であることその他これに相当するものとして総務省令で定める事由〔危則第六二条の二の九〕とする。（よ）（ゆ）
6　法第十四条の三第二項の屋外タンク貯蔵所に係る構造及び設備に関する事項で政令で定めるものは、次の各号に掲げる特定屋外タンク貯蔵所の区分に応じ、当該各号に定める事項とする。（よ）（む）
一　特定屋外タンク貯蔵所（次号に掲げるものを除く。）　液体危険物タンクの底部の板の厚さに関する事項及び液体危険物タンクの溶接部に関する事項（む）
二　岩盤タンクに係る特定屋外タンク貯蔵所　岩盤タンクの構造及び設備に関する事項（む）
7　法第十四条の三第三項の屋外タンク貯蔵所に係る構造及び設備に関する事項で政令で定めるものは、液体危険物タンクの底部の板の厚さに関する事項、液体危険物タンクの溶接部に関する事項並びに岩盤タンクの構造及び設備に関する事項とする。（よ）（む）（の）

本条…追加〔昭和四九年六月政令一八八号〕、全部改正〔昭和五二年二月政令一〇号〕、三・六・七項…一部改正〔昭和六二年三月政令八六号〕、三・七項…一部改正〔平成六年七月政令二一四号〕、二・三・五項…一部改正〔平成一二年六月政令三〇四号〕、二項…一部改正〔平成二年四月政令一〇一号〕、一項…一部改正〔平成一五年一二月政令五一七号・一三年一月一三号〕

（定期に点検をしなければならない製造所等の指定）
第八条の五　法第十四条の三の二の政令で定める製造所、貯蔵所又は取扱所は、第七条の三に規定する製造所等（第八条の三に規定する移送取扱所を除く。）及び次に掲げる製造所等のうち、総務省令〔危則第九条の二〕で定めるもの以外のものとする。（か）（ゆ）
一　危険物を取り扱うタンクで地下にあるもの（以下この条において「地下タンク」という。）を有する製造所（か）
二　地下タンク貯蔵所（か）
三　移動タンク貯蔵所（か）
四　地下タンクを有する給油取扱所（か）
五　地下タンクを有する一般取扱所（か）

本条…追加〔昭和五一年六月政令一五三号〕、一部改正〔平成一二年六月政令三〇四号〕

第三章　製造所等の位置、構造及び設備の基準

第一節　製造所の位置、構造及び設備の基準

（製造所の基準）

第九条　法第十条第四項の製造所の位置、構造及び設備（消火設備、警報設備及び避難設備を除く。以下この章の第一節から第三節までにおいて同じ。）の技術上の基準は、次のとおりとする。（う）

一　製造所の位置は、次に掲げる建築物等から当該製造所の外壁又はこれに相当する工作物の外側までの間に、それぞれ当該建築物等について定める**距離**を保つこと。ただし、イからハまでに掲げる建築物等について、不燃材料〔危則第一〇条〕（建築基準法（昭和二十五年法律第二百一号）第二条第九号の不燃材料のうち、総務省令で定めるものをいう。以下同じ。）で造つた防火上有効な塀を設けること等により、市町村長等が安全であると認めた場合は、当該市町村長等が定めた距離を当該距離とすることができる。（い）（う）（ゆ）

イ　ロからニまでに掲げるもの以外の建築物その他の工作物で住居の用に供するもの（製造所の存する敷地と同一の敷地内に存するものを除く。）　十メートル以上

ロ　学校、病院、劇場その他多数の人を収容する施設で総務省令で定めるもの〔危則第一一条〕　三十メートル以上（い）（ゆ）

ハ　文化財保護法（昭和二十五年法律第二百十四号）の規定によつて重要文化財、重要有形民俗文化財、史跡若しくは重要な文化財として指定され、又は旧重要美術品等の保存に関する法律（昭和八年法律第四十三号）の規定によつて重要美術品として認定された建造物　五十メートル以上（わ）

ニ　高圧ガスその他災害を発生させるおそれのある物を貯蔵し、又は取り扱う施設で総務省令で定めるもの　総務省令で定める距離〔危則第一二条〕（い）（ゆ）

ホ　使用電圧が七千ボルトをこえ三万五千ボルト以下の特別高圧架空電線　水平距離三メートル以上

へ　使用電圧が三万五千ボルトをこえる特別高圧架空電線　水平距離五メートル以上

二　危険物を取り扱う建築物その他の工作物（危険物を移送するための**配管その他これに準ずる工作物**を除く。）の周囲に、次の表に掲げる区分に応じそれぞれ同表に定める幅の**空地を保有**すること。ただし、総務省令で定めるところにより、防火上有効な隔壁〔危則第一三条〕を設けたときは、この限りでない。（い）（う）（ゆ）

区分	空地の幅
指定数量の倍数が十以下の製造所	三メートル以上
指定数量の倍数が十を超える製造所	五メートル以上

三　製造所には、総務省令で定めるところにより、見やすい箇所に製造所である旨を表示した標識〔危則第一七条〕及び防火に関し必要な事項を掲示した掲示板〔危則第一八条〕を設けること。(い)(ゆ)

四　危険物を取り扱う建築物は、**地階**（建築基準法施行令（昭和二十五年政令第三百三十八号）第一条第二号に規定する地階をいう。）を有しないものであること。

五　危険物を取り扱う建築物は、壁、柱、床、はり及び階段を不燃材料で造るとともに、**延焼のおそれのある外壁**を出入口以外の開口部を有しない耐火構造（建築基準法第二条第七号の耐火構造をいう。以下同じ。）の壁とすること。(ほ)(う)

六　危険物を取り扱う建築物は、屋根を不燃材料で造るとともに、金属板その他の**軽量な不燃材料**でふくこと。ただし、第二類の危険物（粉状のもの及び引火性固体を除く。）のみを取り扱う建築物にあつては、屋根を耐火構造とすることができる。(ほ)(う)

七　危険物を取り扱う建築物の窓及び出入口には、防火設備（建築基準法第二条第九号の二ロに規定する防火設備のうち、防火戸その他の総務省令で定めるもの〔危則第一三条の二〕をいう。以下同じ。）を設けるとともに、延焼のおそれのある外壁に設ける出入口には、随時開けることができる自動閉鎖の特定防火設備（建築基準法施行令第百十二条第一項に規定する特定防火設備のうち、防火戸その他の総務省令で定めるもの〔危則第一三条の二〕をいう。以下同じ。）を設けること。(う)(き)(ゆ)

八　危険物を取り扱う建築物の窓又は出入口にガラスを用いる場合は、網入ガラスとすること。(う)

九　液状の危険物を取り扱う建築物の床は、**危険物が浸透しない構造**とするとともに、適当な傾斜を付け、かつ、漏れた危険物を一時的に貯留する設備（以下「貯留設備」という。）を設けること。(二)

十　危険物を取り扱う建築物には、危険物を取り扱うために必要な採光、照明及び**換気の設備**を設けること。

十一　可燃性の蒸気又は可燃性の微粉が滞留するおそれのある建築物には、その蒸気又は微粉を屋外の高所に排出する設備を設けること。

十二　屋外に設けた液状の危険物を取り扱う設備には、その直下の地盤面の周囲に高さ〇・一五メートル以上の囲いを設け、又は危険物の流出防止にこれと同等以上の効果があると認められる総務省令〔未制定〕で定める措置を講ずるとともに、当該地盤面は、コンクリートその他危険物が浸透しない材料で覆い、かつ、適当な傾斜及び貯留設備を設けること。この場合において、第四類の危険物（水に溶けないものに限る。）を取り扱う設備にあつては、当該危険物が直接排水溝に流入しないようにするため、貯留設備に油分離装置を設けなければならない。（ほ）（う）（ゆ）（ニ）

十三　危険物を取り扱う機械器具その他の設備は、危険物のもれ、あふれ又は飛散を防止することができる構造とすること。ただし、当該設備に危険物のもれ、あふれ又は飛散による災害を防止するための附帯設備を設けたときは、この限りでない。

十四　危険物を加熱し、若しくは冷却する設備又は危険物の取扱いに伴つて温度の変化が起る設備には、温度測定装置を設けること。

十五　危険物を加熱し、又は乾燥する設備は、直火を用いない構造とすること。ただし、当該設備が防火上安全な場所に設けられているとき、又は当該設備に火災を防止するための附帯設備を設けたときは、この限りでない。

十六　危険物を加圧する設備又はその取り扱う危険物の圧力が上昇するおそれのある設備には、圧力計及び総務省令で定める安全装置〔危則第一九条〕を設けること。（い）（ゆ）

十七　電気設備は、電気工作物に係る法令の規定によること。（ほ）

十八　危険物を取り扱うにあたつて静電気が発生するおそれのある設備には、当該設備に蓄積される静電気を有効に除去する装置を設けること。

十九　指定数量の倍数が十以上の製造所には、総務省令で定める避雷設備〔危則第一三条の二の二〕を設けること。ただし、周囲の状況によつて安全上支障がない場合においては、この限りでない。（ぬ）（う）（ゆ）

二十　危険物を取り扱うタンク（屋外にあるタンク又は屋内にあるタンクであつて、その容量が指定数量の五分の一未満のものを除く。）の位置、構造及び設備は、次によること。（て）

イ　屋外にあるタンクの構造及び設備は、第十一条第一項第四号（特定屋外貯蔵タンク及び準特定屋外貯蔵タンクに係る部分を除く。）、第五号から第十号まで及び第十一号から第十二号までに掲げる屋外タンク貯蔵所の危険物を貯蔵し、又は取り扱うタンクの構造及び設備の例（同条第六項の規定により総務省令で定める特例〔危則第二二条の四〕を含む。）によるほか、液体危険物タンクであるものの周囲には、総務省令で定めるところにより、危険物が漏れた場合にその流出を防止するための総務省令で定める防油堤〔危則第一三条の三〕を設けること。（ほ）（か）（よ）（ね）（う）（さ）（ゆ）（チ）

ロ　屋内にあるタンクの構造及び設備は、第十二条第一項第五号から第九号まで及び第十号から第十一号までに掲げる屋内タンク貯蔵所の危険物を貯蔵し、又は取り扱うタンクの構造

及び設備の例によるものであること。(ほ)(ち)(う)

ハ　地下にあるタンクの位置、構造及び設備は、第十三条第一項（第五号、第九号の二及び第十二号を除く。）、同条第二項（同項においてその例によるものとされる同条第一項第五号、第九号の二及び第十二号を除く。）又は同条第三項（同項においてその例によるものとされる同条第一項第五号、第九号の二及び第十二号を除く。）に掲げる地下タンク貯蔵所の危険物を貯蔵し、又は取り扱うタンクの位置、構造及び設備の例によるものであること。(う)(や)

二十一　危険物を取り扱う配管の位置、構造及び設備は、次によること。(ぬ)

イ　配管は、その設置される条件及び使用される状況に照らして十分な強度を有するものとし、かつ、当該配管に係る最大常用圧力の一・五倍以上の圧力で水圧試験（**水以外の不燃性の液体又は不燃性の気体**を用いて行う試験を含む。）を行つたとき漏えいその他の異常がないものであること。(ぬ)(て)

ロ　配管は、取り扱う危険物により容易に劣化するおそれのないものであること。(て)

ハ　配管は、火災等による熱によつて容易に変形するおそれのないものであること。ただし、当該配管が地下その他の火災等による熱により悪影響を受けるおそれのない場所に設置される場合にあつては、この限りでない。(て)

ニ　配管には、総務省令で定めるところにより、外面の腐食を防止するための措置〔危則第一三条の四・危告示第三条～第四条〕を講ずること。ただし、当該配管が設置される条件の下で腐食するおそれのないものである場合にあつては、この限りでない。(て)(ゆ)

ホ　配管を地下に設置する場合には、配管の接合部分（溶接その他危険物の漏えいのおそれがないと認められる方法により接合されたものを除く。）について当該接合部分からの危険物の漏えいを点検することができる措置を講ずること。(ぬ)(て)

ヘ　配管に加熱又は保温のための設備を設ける場合には、火災予防上安全な構造とすること。(ぬ)(て)

ト　イからヘまでに掲げるもののほか、総務省令で定める基準〔危則第一三条の五〕に適合するものとすること。(ぬ)(て)(ゆ)

二十二　電動機及び危険物を取り扱う設備のポンプ、弁、接手等は、火災の予防上支障のない位置に取り付けること。

２　引火点が百度以上の第四類の危険物（以下「高引火点危険物」という。）のみを総務省令〔危則第一三条の六〕で定めるところにより取り扱う製造所については、総務省令で、前項に掲げる基準の特例を定めることができる。(う)(ゆ)(み)

３　アルキルアルミニウム、アルキルリチウム、アセトアルデヒド、酸化プロピレンその他の総務省令で定める危険物〔危則第一三条の七〕を取り扱う製造所については、当該危険物の性質に応じ、総務省令で、第一項に掲げる基準を超える特例〔危則第一三条の六・第一三条の八～第一三条の一〇〕を定めることができる。(う)(ゆ)

本条…一部改正〔昭和三五年六月政令一八五号・四〇年九月三〇八号・四六年六月一六八号・四八年一二月三七八号・五〇年九月二九三号・五一年六月一五三号・五二年二月一〇号・五九年六月一八〇号〕、一項…一部改正・二・三項…追加〔昭和六三年一二月政令三五八号〕、一項…一部改正〔平成五年七月政令二六八号・一〇年二月三一号・一一年一〇月三二四号・一二年四月二一一号〕、一―三項…一部改正〔平成一二年六月政令三〇四号〕、二項…一部改正〔平成一三年九月政令三〇〇号〕、一項…一部改正〔平成一八年一月政令六号・二三年一二月四〇五号〕

解説

【距離】　保安距離

【配管その他これに準ずる工作物】　ベルトコンベアー等

【保有空地】　相互の延焼防止及び消防活動に使用するための空地である。なお、保有空地は製造所の一部に含まれる。

【地階】　床が地盤面下にある階で床面から地盤面までの高さがその階の天井の高さの三分の一以上のものをいう。

【延焼のおそれのある外壁】　隣接する建築物の用途、構造等により客観的に判断する。

【軽量な不燃材料でふく】　放爆措置

【危険物が浸透しない構造】　コンクリート造程度の非浸透性

【換気の設備】　自然換気又は強制（動力）換気

【水に溶けないもの】　ガソリン、灯油、軽油等

【電気工作物に係る法令】　電気事業法に基づく「電気設備に関する技術基準を定める省令」

【危険物を取り扱うタンク】　一般に「二十号タンク」と呼んでおり、混合タンク、静置タンク、計量タンク、サービスタンク等がこれに該当する。

【水以外の不燃性の液体】　水系の不凍液

【不燃性の気体】　窒素ガス等

第二節　貯蔵所の位置、構造及び設備の基準

（屋内貯蔵所の基準）

第一〇条　屋内貯蔵所（次項及び第三項に定めるものを除く。）の位置、構造及び設備の技術上の基準は、次のとおりとする。(う)

一　屋内貯蔵所の位置は、前条第一項第一号に掲げる製造所の位置の例によるものであること。(ち)(う)

二　危険物を貯蔵し、又は取り扱う建築物（以下この条において「貯蔵倉庫」という。）の周囲に、次の表に掲げる区分に応じそれぞれ同表に定める幅の空地を保有すること。ただし、二以上の屋内貯蔵所を隣接して設置するときは、総務省令〔危則第一四条〕で定めるところにより、その空地の幅を減ずることができる。(い)(ち)(う)(ゆ)

区分	空地の幅	
	当該建築物の壁、柱及び床が耐火構造である場合	上欄に掲げる場合以外の場合
指定数量の倍数が五以下の屋内貯蔵所		〇・五メートル以上
指定数量の倍数が五を超え十以下の屋内貯蔵所	一メートル以上	一・五メートル以上

指定数量の倍数が十を超え二十以下の屋内貯蔵所	二メートル以上	三メートル以上
指定数量の倍数が二十を超え五十以下の屋内貯蔵所	三メートル以上	五メートル以上
指定数量の倍数が五十を超え二百以下の屋内貯蔵所	五メートル以上	十メートル以上
指定数量の倍数が二百を超える屋内貯蔵所	十メートル以上	十五メートル以上

三　屋内貯蔵所には、総務省令で定めるところにより、見やすい箇所に屋内貯蔵所である旨を表示した標識〔危則第一七条〕及び防火に関し必要な事項を掲示した掲示板〔危則第一八条〕を設けること。(い)(ゆ)

三の二　貯蔵倉庫は、独立した専用の建築物とすること。(う)

四　貯蔵倉庫は、地盤面から軒までの高さ（以下「軒高」という。）が六メートル未満の平家建とし、かつ、その床を地盤面以上に設けること。ただし、第二類又は第四類の危険物のみの貯蔵倉庫で総務省令で定めるもの〔危則第一六条の二〕にあつては、その軒高を二十メートル未満とすることができる。(ほ)(う)(ゆ)

五　一の貯蔵倉庫の床面積は、千平方メートルを超えないこと。(う)

六　貯蔵倉庫は、壁、柱及び床を耐火構造とし、かつ、はりを不燃材料で造るとともに、延焼のおそれのある外壁を出入口以外の開口部を有しない壁とすること。ただし、指定数量の十倍以下の危険物の貯蔵倉庫又は第二類若しくは第四類の危険物（引火性固体及び引火点が七十度未満の第四類の危険物を除く。）のみの貯蔵倉庫にあつては、延焼のおそれのない外壁、柱及び床を不燃材料で造ることができる。(う)

七　貯蔵倉庫は、屋根を不燃材料で造るとともに、金属板その他の軽量な不燃材料でふき、かつ、天井を設けないこと。ただし、第二類の危険物（粉状のもの及び引火性固体を除く。）のみの貯蔵倉庫にあつては屋根を耐火構造とすることができ、第五類の危険物のみの貯蔵倉庫にあつては当該貯蔵倉庫内の温度を適温に保つため、難燃性の材料又は不燃材料で造つた天井を設けることができる。(う)

八　貯蔵倉庫の窓及び出入口には、防火設備を設けるとともに、延焼のおそれのある外壁に設ける出入口には、随時開けることができる自動閉鎖の特定防火設備を設けること。(う)(き)

九　貯蔵倉庫の窓又は出入口にガラスを用いる場合は、網入ガラスとすること。(う)

十　第一類の危険物のうちアルカリ金属の過酸化物若しくはこれを含有するもの、第二類の危険物のうち鉄粉、金属粉若しくはマグネシウム若しくはこれらのいずれかを含有するもの、第三類の危険物のうち第一条の五第五項の水との反応性試験において同条第六項に定める性状を示すもの（カリウム、ナトリウム、アルキルアルミニウム及びアルキルリチウムを含む。以下「禁水性物品」という。）又は第四類の危険物の貯蔵倉庫の床は、床面に水が浸入し、又は浸透しない構造とすること。(ち)(う)

十一　液状の危険物の貯蔵倉庫の床は、危険物が浸透しない構造とするとともに、適当な傾斜を付け、かつ、貯留設備を設けること。(ニ)

十一の二　貯蔵倉庫に架台〔危則第一六条の二の二〕を設ける場合には、架台の構造及び設備は、総務省令で定めるところによるものであること。(う)(ゆ)

十二　貯蔵倉庫には、危険物を貯蔵し、又は取り扱うために必要な採光、照明及び換気の設備を設けるとともに、引火点が七十度未満の危険物の貯蔵倉庫にあつては、内部に滞留した可燃性の蒸気を屋根上に排出する設備を設けること。(う)

十三　電気設備は、前条第一項第十七号に掲げる製造所の電気設備の例によるものであること。(う)

十四　指定数量の十倍以上の危険物の貯蔵倉庫には、総務省令で定める避雷設備〔危則第一三条の二の二〕を設けること。ただし、周囲の状況によつて安全上支障がない場合においては、この限りでない。(ぬ)(う)(ゆ)

十五　第五類の危険物のうちセルロイドその他温度の上昇により分解し、発火するおそれのあるもので総務省令〔未制定〕で定めるものの貯蔵倉庫は、当該貯蔵倉庫内の温度を当該危険物の発火する温度に達しない温度に保つ構造とし、又は通風装置、冷房装置等の設備を設けること。(う)(ゆ)

2　屋内貯蔵所のうち第二類又は第四類の危険物（引火性固体及び引火点が七十度未満の第四類の危険物を除く。）のみを貯蔵し、又は取り扱うもの（貯蔵倉庫が平家建以外の建築物であるものに限る。）の位置、構造及び設備の技術上の基準は、前項第一号から第三号の二まで及び第七号から第十四号までの規定の例によるほか、次のとおりとする。(う)

一　貯蔵倉庫は、各階の床を地盤面以上に設けるとともに、床面から上階の床の下面（上階のない場合には、軒）までの高さ（以下「階高」という。）を六メートル未満とすること。(う)

二　一の貯蔵倉庫の床面積の合計は、千平方メートルを超えないこと。(う)

三　貯蔵倉庫は、壁、柱、床及びはりを耐火構造とし、かつ、階段を不燃材料で造るとともに、延焼のおそれのある外壁を出入口以外の開口部を有しない壁とすること。(う)

四　貯蔵倉庫の二階以上の階の床には、開口部を設けないこと。ただし、耐火構造の壁又は防火設備で区画された階段室については、この限りでない。(う)(き)

3　屋内貯蔵所のうち指定数量の倍数が二十以下のもの（屋内貯蔵所の用に供する部分以外の部分を有する建築物に設けるものに限る。）の位置、構造及び設備の技術上の基準は、第一項第三号及び第十号から第十五号までの規定の例によるほか、次のとおりと

する。（う）

一　屋内貯蔵所は、壁、柱、床及びはりが耐火構造である建築物の一階又は二階のいずれか一の階に設置すること。（う）

二　建築物の屋内貯蔵所の用に供する部分は、床を地盤面以上に設けるとともに、その階高を六メートル未満とすること。（う）

三　建築物の屋内貯蔵所の用に供する部分の床面積は、七十五平方メートルを超えないこと。（う）

四　建築物の屋内貯蔵所の用に供する部分は、壁、柱、床、はり及び屋根（上階がある場合には、上階の床）を耐火構造とするとともに、出入口以外の開口部を有しない厚さ七十ミリメートル以上の鉄筋コンクリート造又はこれと同等以上の強度を有する構造の床又は壁で当該建築物の他の部分と区画されたものであること。（う）

五　建築物の屋内貯蔵所の用に供する部分の出入口には、随時開けることができる自動閉鎖の特定防火設備を設けること。（う）（き）

六　建築物の屋内貯蔵所の用に供する部分には、窓を設けないこと。（う）

七　建築物の屋内貯蔵所の用に供する部分の換気及び排出の設備には、防火上有効にダンパー等を設けること。（う）

4　指定数量の倍数が五十以下の**屋内貯蔵所**については、総務省令〔危則第一六条の二の三〕で、第一項に掲げる基準の特例を定めることができる。（ほ）（ち）（ぬ）（う）（ゆ）

5　高引火点危険物のみを貯蔵し、又は取り扱う屋内貯蔵所については、総務省令〔危則第一六条の二の四～第一六条の二の六〕で、第一項、第二項及び前項に掲げる基準の特例を定めることができる。（う）（ゆ）

6　蓄電池により貯蔵される総務省令で定める危険物〔危則第一六条の二の七〕のみを貯蔵し、又は取り扱う屋内貯蔵所については、総務省令〔危則第一六条の二の八～第一六条の二の一二〕で、前各項に掲げる基準の特例を定めることができる。（ヨ）

7　有機過酸化物及びこれを含有するもののうち総務省令で定める危険物〔危則第一六条の三〕又はアルキルアルミニウム、アルキルリチウムその他の総務省令で定める危険物〔危則第一六条の五〕を貯蔵し、又は取り扱う屋内貯蔵所については、当該危険物の性質に応じ、総務省令で、第一項から第四項まで及び前項に掲げる基準を超える特例〔危則第一六条の四～第一六条の七〕を定めることができる。（う）（ゆ）（ヨ）

本条…一部改正〔昭和三五年六月政令一八五号〕、一項…一部改正・二項…追加〔昭和四〇年九月政令三〇八号〕、一・二項…一部改正〔昭和四六年六月政令一六八号・四八年一二月三七八号〕、一項…一部改正・二・三・五・六項…追加・旧二項…一部改正し四項に繰下〔昭和六三年一二月政令三五八号〕、一―三項…一部改正〔平成一二年四月政令二一一号〕、一・四―六項…一部改正〔平成一二年六月政令三〇四号〕、一項…一部改正〔平成一八年一月政令六号〕、六項…追加・旧六項…一部改正し七項に繰下〔令和五年一二月政令三四八号〕

解説

【位置】　保安距離
【空地】　保有空地
【軽量な不燃材料でふき】　放爆措置
【換気の設備】　自然換気又は強制（動力）換気（ベンチレーター等）

【排出する設備】強制（動力）換気
【屋内貯蔵所】特定屋内貯蔵所

（屋外タンク貯蔵所の基準）

第一一条　屋外タンク貯蔵所（次項に定めるものを除く。）の位置、構造及び設備の技術上の基準は、次のとおりとする。(う)(チ)

一　屋外タンク貯蔵所の位置は、第九条第一項第一号に掲げる製造所の位置の例によるものであること。(う)

一の二　引火点を有する液体の危険物を貯蔵し、又は取り扱う屋外タンク貯蔵所の位置は、前号によるほか、当該屋外タンク貯蔵所の存する敷地の境界線から危険物を貯蔵し、又は取り扱う屋外タンク（以下この条、第二十六条及び第四十条において「屋外貯蔵タンク」という。）の側板までの間に、次の表の上欄に掲げる屋外貯蔵タンクの区分ごとに、同表の中欄に掲げる当該屋外貯蔵タンクにおいて貯蔵し、又は取り扱う危険物の引火点の区分に応じ、同表の下欄に掲げる距離を保つこと。ただし、不燃材料で造つた防火上有効な塀を設けること、地形上火災が生じた場合においても延焼のおそれが少ないことその他の総務省令で定める事情（危則第一九条の二）があることにより、市町村長等が安全であると認めたときは、当該市町村長等が定めた距離を当該距離とすることができる。(か)(よ)(む)(う)(ゆ)(チ)

屋外貯蔵タンクの区分	危険物の引火点	距離
一　石油コンビナート等災害防止法（昭和五十年法律第八十四号）第二条第四号に規定する第一種事業所（第七項において「第一種事業所」という。）又は同条第五号に規定する第二種事業所（第七項において「第二種事業所」という。）に存する屋外タンク貯蔵所の屋外貯蔵タンクで、その容量が千キロリットル以上のもの	二十一度未満	当該タンクの水平断面の最大直径（横型のものにあつては、横の長さ）の数値（以下「直径等の数値」という。）に一・八を乗じて得た数値（当該数値がタンクの高さの数値より小さい場合には、当該高さの数値）又は五十メートルのうち大きいものに等しい距離以上
	二十一度以上七十度未満	当該タンクの直径等の数値に一・六を乗じて得た数値（当該数値がタンクの高さの数値より小さい場合には、当該高さの数値）又は四十メートルのうち大きいものに等しい距離以上
	七十度以上	当該タンクの直径等の数値（当該数値がタンクの高さの数値より小さい場合には、当該高さの数値）又は三十メートルのうち大きいものに等しい距離以上
二　前号に掲げる屋外貯蔵タンク以外の屋外貯蔵タンク	二十一度未満	当該タンクの直径等の数値に一・八を乗じて得た数値（当該数値がタンクの高さの数値より小さい場合には、当該高さの数値）に等しい距離以上
	二十一度以上七十度未満	当該タンクの直径等の数値に一・六を乗じて

		得た数値（当該数値がタンクの高さの数値より小さい場合には、当該高さの数値）に等しい距離以上
	七十度以上	当該タンクの直径等の数値（当該数値がタンクの高さの数値より小さい場合には、当該高さの数値）に等しい距離以上

二　屋外貯蔵タンク（危険物を移送するための配管その他これに準ずる工作物を除く。）の周囲に、次の表に掲げる区分に応じそれぞれ同表に定める幅の**空地**を保有すること。ただし、二以上の屋外タンク貯蔵所を隣接して設置するときは、総務省令で定めるところにより、その空地〔危則第一五条〕の幅を減ずることができる。（い）（か）（よ）（う）（ゆ）

区　分	空　地　の　幅
指定数量の倍数が五百以下の屋外タンク貯蔵所	三メートル以上
指定数量の倍数が五百を超え千以下の屋外タンク貯蔵所	五メートル以上
指定数量の倍数が千を超え二千以下の屋外タンク貯蔵所	九メートル以上
指定数量の倍数が二千を超え三千以下の屋外タンク貯蔵所	十二メートル以上
指定数量の倍数が三千を超え四千以下の屋外タンク貯蔵所	十五メートル以上
指定数量の倍数が四千を超える屋外タンク貯蔵所	当該タンクの水平断面の最大直径（横型のものは横の長さ）又は高さの数値のうち大きいものに等しい距離以上。ただし、十五メートル未満であつてはならない。

三　屋外タンク貯蔵所には、総務省令で定めるところにより、見やすい箇所に屋外タンク貯蔵所である旨を表示した標識〔危則第一七条〕及び防火に関し必要な事項を掲示した掲示板〔危則第一八条〕を設けること。（い）（ゆ）

三の二　特定屋外タンク貯蔵所の屋外貯蔵タンク（以下この条において「特定屋外貯蔵タンク」という。）の**基礎及び地盤**〔危則第二〇条の二・第二〇条の三〕は、総務省令で定める堅固なものとし、総務省令で定めるところにより行う平板載荷試験、圧密度試験等の試験において、総務省令で定める基準に適合するものであること。（よ）（あ）（ゆ）（チ）

三の三　屋外タンク貯蔵所で、その貯蔵し、又は取り扱う液体の危険物の最大数量が五百キロリットル以上千キロリットル未満のもの（以下「準特定屋外タンク貯蔵所」という。）の屋外貯蔵タンク（次号において「準特定屋外貯蔵タンク」という。）の基礎及び地盤〔危則第二〇条の三の二〕は、総務省令で定める堅固なものとすること。（あ）（ゆ）

四　屋外貯蔵タンクは、特定屋外貯蔵タンク及び準特定屋外貯蔵タンク以外の屋外貯蔵タンクにあつては、厚さ三・二ミリメートル以上の鋼板で、特定屋外貯蔵タンク〔危則第二〇条の四〕及び準特定屋外貯蔵タンク〔危則第二〇条の四の二〕にあつては、総務省令で定めるところにより、総務省令で定める規格〔危則第二〇条の五〕に適合する鋼板その他の材料又はこれらと同等以上の機械的性質及び溶接性を有する鋼板その他の材料で気密に造るとともに、**圧力タンク**を除くタンクにあつては**水張試験**において、圧力タンクにあつては最大常用圧力の一・五倍の圧力で十分間行う**水圧試験**（高圧ガス保安法第二十条第一項若しくは第三項若しくは第三十九条の二十二第一項の規定の適用を受ける高圧ガスの製造のための施設、労働安全衛生法（昭和四十七年法律第五十七号）別表第二第二号若しくは第四号に掲げる機械等又は労働安全衛生法施行令（昭和四十七年政令第三百十八号）第十二条第一項第二号に掲げる機械等である圧力タンクにあつては、総務省令で定めるところにより行う水圧試験〔危則第二〇条の五の二〕）において、それぞれ漏れ、又は変形しないものであること。ただし、固体の危険物の屋外貯蔵タンクにあつては、この限りでない。(か)(よ)(そ)(え)(あ)(ゆ)(も)(カ)

四の二　特定屋外貯蔵タンクの溶接部〔危則第二〇条の六〕は、総務省令で定めるところにより行う放射線透過試験〔危則第二〇条の七〕、真空試験等の試験〔危則第二〇条の八・第二〇条の九〕において、総務省令で定める基準に適合するものであること。(よ)(ね)(ゆ)

五　屋外貯蔵タンクは、総務省令で定めるところにより、地震及び風圧に耐えることができる構造〔危則第二一条〕とするとともに、その**支柱**は、**鉄筋コンクリート造、鉄骨コンクリート造その他これらと同等以上の耐火性能を有するもの**であること。(い)(ほ)(う)(ゆ)

六　屋外貯蔵タンクは、危険物の爆発等によりタンク内の圧力が異常に上昇した場合に内部のガス又は蒸気を上部に放出することができる構造とすること。

七　屋外貯蔵タンクの外面には、さびどめのための塗装をすること。

七の二　屋外貯蔵タンクのうち、底板を地盤面に接して設けるものにあつては、総務省令で定めるところにより、底板の外面の腐食を防止するための措置〔危則第二一条の二〕を講ずること。(ぬ)(ゆ)

八　屋外貯蔵タンクのうち、圧力タンク以外のタンクにあつては総務省令で定めるところにより通気管〔危則第二〇条〕を、圧力タンクにあつては総務省令で定める安全装置〔危則第一九条〕をそれぞれ設けること。(い)(う)(ゆ)

九　液体の危険物の屋外貯蔵タンクには、**危険物の量を自動的に表示する装置**を設けること。(う)

十　液体の危険物の屋外貯蔵タンクの注入口は、次によること。

（ほ）

イ　火災の予防上支障のない場所に設けること。（ほ）

ロ　注入ホース又は注入管と結合することができ、かつ、危険物が漏れないものであること。（ほ）（う）

ハ　注入口には、弁又はふたを設けること。（ぬ）

ニ　ガソリン、ベンゼンその他静電気による災害が発生するおそれのある液体の危険物の屋外貯蔵タンクの注入口付近には、静電気を有効に除去するための接地電極を設けること。（う）

ホ　引火点が二十一度未満の危険物の屋外貯蔵タンクの注入口には、総務省令〔危則第一八条〕で定めるところにより、見やすい箇所に屋外貯蔵タンクの注入口である旨及び防火に関し必要な事項を掲示した掲示板を設けること。ただし、市町村長等が火災の予防上当該掲示板を設ける必要がないと認める場合は、この限りでない。（ほ）（ぬ）（た）（う）（ゆ）

十の二　屋外貯蔵タンクのポンプ設備（ポンプ及びこれに附属する電動機をいい、当該ポンプ及び電動機のための建築物その他の工作物を設ける場合には、当該工作物を含む。以下同じ。）は、次によること。（ほ）

イ　ポンプ設備の周囲に三メートル以上の幅の空地を保有すること。ただし、防火上有効な隔壁を設ける場合その他総務省令〔危則第二一条の三〕で定める場合は、この限りでない。（ほ）（ゆ）

ロ　ポンプ設備から屋外貯蔵タンクまでの間に、当該屋外貯蔵タンクの空地の幅の三分の一以上の距離を保つこと。（ほ）

ハ　ポンプ設備は、堅固な基礎の上に固定すること。（ぬ）

ニ　ポンプ及びこれに附属する電動機のための建築物その他の工作物（以下「ポンプ室」という。）の壁、柱、床及びはりは、不燃材料で造ること。（ほ）（ぬ）（う）

ホ　ポンプ室は、屋根を不燃材料で造るとともに、金属板その他の軽量な不燃材料でふくこと。（ほ）（ぬ）（う）

ヘ　ポンプ室の窓及び出入口には、防火設備を設けること。（ほ）（ぬ）（き）

ト　ポンプ室の窓又は出入口にガラスを用いる場合には、網入りガラスとすること。（ぬ）（き）

チ　ポンプ室の床には、その周囲に高さ〇・二メートル以上の囲いを設けるとともに、当該床は、危険物が浸透しない構造とし、かつ、適当な傾斜及び貯留設備を設けること。（ぬ）（二）

リ　ポンプ室には、危険物を取り扱うために必要な採光、照明及び換気の設備を設けること。（ぬ）

ヌ　可燃性の蒸気が滞留するおそれのあるポンプ室には、その蒸気を屋外の高所に排出する設備を設けること。（ぬ）

ル　ポンプ室以外の場所に設けるポンプ設備には、その直下の地盤面の周囲に高さ〇・一五メートル以上の囲いを設け、又は危険物の流出防止にこれと同等以上の効果があると認められる総務省令〔未制定〕で定める措置を講ずるとともに、当該地盤面は、コンクリートその他危険物が浸透しない材料で覆い、かつ、適当な傾斜及び貯留設備を設けること。この場合において、第四類の危険物（水に溶けないものに限る。）を取り扱うポンプ設備にあつては、当該危険物が直接排水溝に流入しないようにするため、貯留設備に油分離装置を設けなければならない。(ぬ)(う)(ゆ)(二)

ヲ　引火点が二十一度未満の危険物を取り扱うポンプ設備には、総務省令〔危則第一八条〕で定めるところにより、見やすい箇所に屋外貯蔵タンクのポンプ設備である旨及び防火に関し必要な事項を掲示した掲示板を設けること。ただし、市町村長等が火災の予防上当該掲示板を設ける必要がないと認める場合は、この限りでない。(ほ)(ぬ)(た)(う)(ゆ)

十一　屋外貯蔵タンクの弁は、鋳鋼又はこれと同等以上の機械的性質を有する材料で造り、かつ、危険物が漏れないものであること。(う)

十一の二　屋外貯蔵タンクの水抜管は、タンクの側板に設けること。ただし、総務省令〔危則第二一条の四〕で定めるところによる場合は、タンクの底板に設けることができる。(ほ)(ゆ)

十一の三　浮き屋根を有する屋外貯蔵タンク〔危則第二一条の五〕の側板又は浮き屋根に設ける設備は、地震等によりそれぞれ浮き屋根又は側板に損傷を与えないように設置すること。ただし、当該屋外貯蔵タンクに貯蔵する危険物の保安管理上必要な設備で総務省令で定めるものにあつては、この限りでない。(ね)(ゆ)

十二　屋外貯蔵タンクの配管の位置、構造及び設備は、次号及び第十二号の三に定めるもののほか、第九条第一項第二十一号に掲げる製造所の危険物を取り扱う配管の例によるものであること。(ぬ)(う)(て)

十二の二　液体の危険物を移送するための屋外貯蔵タンクの配管は、地震等により当該配管とタンクとの結合部分に損傷を与えないように設置すること。(ほ)

十二の三　液体の危険物を移送するための屋外貯蔵タンク（容量が一万キロリットル以上のものに限る。）の配管には、当該配管とタンクとの結合部分の直近に、非常の場合に直ちに閉鎖することができる弁であつて総務省令で定めるもの〔危則第二一条の六〕を設けること。(て)(ゆ)

十三　電気設備は、第九条第一項第十七号に掲げる製造所の電気設備の例によるものであること。(う)

十四　指定数量の倍数が十以上の屋外タンク貯蔵所には、総務省令で定める避雷設備〔危則第一三条の二の二〕を設けること。ただし、周囲の状況によつて安全上支障がない場合においては、

この限りでない。（ぬ）（う）（ゆ）

十五　液体の危険物の屋外貯蔵タンクの周囲には、総務省令で定めるところにより、危険物が漏れた場合にその流出を防止するための総務省令で定める防油堤〔危則第二二条〕を設けること。（い）（か）（ゆ）

十六　固体の禁水性物品の屋外貯蔵タンクには、防水性の不燃材料で造つた被覆設備を設けること。（う）

十七　二硫化炭素の屋外貯蔵タンクは、厚さ〇・二メートル以上の壁及び底を有する水漏れのない鉄筋コンクリートの水槽（そう）に入れて水没したものであること。

2　屋外タンク貯蔵所（浮き蓋付きの特定屋外貯蔵タンクに係る特定屋外タンク貯蔵所に限る。）の位置、構造及び設備の技術上の基準は、前項第一号から第三号の二まで、第四号、第四号の二、第六号から第七号の二まで、第九号から第十一号の二まで、第十二号から第十五号まで及び第十七号の規定の例によるほか、次のとおりとする。（チ）

一　浮き蓋は、地震等による振動及び衝撃に耐えることができる総務省令で定める構造〔危則第二二条の二〕とすること。（チ）

二　浮き蓋付きの特定屋外貯蔵タンク（不活性ガスを充塡して危険物を貯蔵し、又は取り扱うものを除く。次号において同じ。）には、可燃性の蒸気を屋外に有効に排出するための設備を設けること。（チ）

三　浮き蓋付きの特定屋外貯蔵タンクには、浮き蓋の状態を点検するための設備を設けること。（チ）

四　浮き蓋付きの特定屋外貯蔵タンクのうち、その配管内に気体が滞留するおそれがあり、かつ、当該気体がタンク内に流入することにより損傷を受けるおそれがある浮き蓋として総務省令で定めるもの〔危則第二二条の二の二〕を備えたものの配管には、当該気体がタンク内に流入することにより浮き蓋に損傷を与えることを防止するための総務省令で定める設備を設けること。（チ）

3　高引火点危険物のみを総務省令で定めるところにより貯蔵し、又は取り扱う屋外タンク貯蔵所については、総務省令〔危則第二二条の二の三〕で、前二項に掲げる基準の特例を定めることができる。（う）（ゆ）（チ）

4　アルキルアルミニウム、アルキルリチウム、アセトアルデヒド、酸化プロピレンその他の総務省令〔危則第二二条の二の四〕で定める危険物を貯蔵し、又は取り扱う屋外タンク貯蔵所については、当該危険物の性質に応じ、総務省令〔危則第二二条の二の五～第二二条の二の七〕で、第一項に掲げる基準を超える特例を定めることができる。（う）（ゆ）（チ）

5　岩盤タンク又は特殊液体危険物タンクに係る屋外タンク貯蔵所で総務省令〔危則第二二条の二の八〕で定めるものについては、総務省令で、第一項に掲げる基準の特例〔危則第二二条の二の三・第二二条の二の五～第二二条の二の七・第二二条の三～第二二条の四〕を定めることができる。（む）（う）（ゆ）（チ）

6　屋外タンク貯蔵所につき、構造又は設備の変更の工事（タンクの側板又は底板の取替え工事以外の工事で総務省令〔危則第二二条の四第一項〕で定めるものに限る。）が行われた場合には、当該変更の工事に係る屋外タンク貯蔵所については、総務省令〔危則第二二条の四第二項〕で、第一項第四号（第二項においてその例による場合を含む。）に掲げる基準（水張試験又は水圧試験に関する部分に限る。）の特例を定めることができる。(ね)(む)(う)(ゆ)(チ)

7　第一種事業所でその所在する地域が石油コンビナート等災害防止法第二条第二号に規定する石油コンビナート等特別防災区域（以下「特別防災区域」という。）となつた際現に第一種事業所であつたもの若しくは第一種事業所の新設（同法第五条第一項に規定する新設をいう。）の工事がされていたものに存する屋外タンク貯蔵所（その屋外貯蔵タンクの容量が千キロリットル以上のものに限る。）で、当該地域が特別防災区域となつた際現に法第十一条第一項の規定による許可を受けていたもの又は第二種事業所に存する屋外タンク貯蔵所（その屋外貯蔵タンクの容量が千キロリットル以上のものに限る。）で、当該事業所が第二種事業所として指定された際現に同項の規定による許可を受けていたものに係る第一項第一号の二（第二項においてその例による場合を含む。）の規定の適用については、これらの屋外タンク貯蔵所は、それぞれ当該地域が特別防災区域となつた日又は当該事業所が第二種事業所として指定された日から起算して一年六月を経過する日までの間は、同号の表の第二号に掲げる屋外貯蔵タンクに係る屋外タンク貯蔵所であるものとみなす。(か)(ね)(む)(う)(チ)

本条…一部改正〔昭和三五年六月政令一八五号・四〇年九月三〇八号・四六年六月一六八号・四八年一二月三七八号〕、一項…一部改正・二項…追加〔昭和五一年六月政令一五三号〕、一項…一部改正〔昭和五二年二月政令一〇号・五四年七月二一一号・五七年一月二号〕、一項…一部改正・二項…追加・旧二項…三項に繰下〔昭和五九年六月政令一八〇号〕、一項…一部改正・二項…追加・旧二・三項…一部改正し三・四項に繰下〔昭和六二年三月政令八六号〕、一項…一部改正・二・三項…追加・旧二項…一部改正し四項に繰下・旧三・四項…五・六項に繰下〔昭和六三年一二月政令三五八号〕、一項…一部改正〔平成九年二月政令二〇号・一〇年二月三一号・一一年一月三号・一二年四月二一一号〕、一―五項…一部改正〔平成一二年六月政令三〇四号〕、一項…一部改正〔平成一五年一二月政令五三三号・一八年一月六号〕、一項…一部改正・二項…追加・旧二・五・六項…一部改正し三・六・七項に繰下・旧三・四項…四・五項に繰下〔平成二三年一二月政令四〇五号〕、一項…一部改正〔令和五年九月政令二七六号〕

解説

【一項一号の位置】　保安距離

【一項一号の二の位置】　敷地内距離

【空地】　保有空地

【地盤】　地表面下におけるタンクの支持部分

【基礎】　地盤の上に構築されるタンクの支持構造体

【鋼板材質】　JIS　SS400

【圧力タンク】　圧力を加えることにより一定の圧力を維持させることを目的としているタンク

【水張試験】　タンクに水を満し、漏れ又は変形の有無を試験する。

【水圧試験】　タンクに水を満し、所定の圧力を加え、漏れ又は変形の有無を試験する。

【水張試験等における測定】　危則第二〇条の一〇

【支柱】　タンクをその外部から支える柱をいい、タンク内部の支柱は含まれない。

【鉄筋コンクリート造、鉄骨コンクリート造その他これらと同等以上の耐火性能を有するもの】　鉄骨を塗厚さが四センチメートル以上の鉄網モルタル、厚さが五センチメートル以上のコンクリートブロック、厚さが三センチメートル以上の吹付石綿（かさ比重〇・三以上）等でおおつたもの

【危険物の量を自動的に表示する装置】　フロート式液面計、エアパージ式液面計等

【距離】　当該屋外貯蔵タンクの空地の幅は三分の一以上であるから空地の幅が三メートル以上であるタンクの場合は、タンクとポンプ設備の間の距離は、一メートル以上

【屋外の高所に排出する設備】　動力換気設備
【水抜管】　ドレンパイプ
【被覆設備】　危険物投入口の直上部に雨水の侵入を防止するために設ける設備

（屋内タンク貯蔵所の基準）

第一二条　屋内タンク貯蔵所（次項に定めるものを除く。）の位置、構造及び設備の技術上の基準は、次のとおりとする。（ち）（う）

一　危険物を貯蔵し、又は取り扱う屋内タンク（以下この条及び第二十六条において「屋内貯蔵タンク」という。）は、平家建の建築物に設けられたタンク専用室に設置すること。（ち）

二　屋内貯蔵タンクとタンク専用室の壁との間及び同一のタンク専用室内に屋内貯蔵タンクを二以上設置する場合におけるそれらのタンクの相互間に、〇・五メートル以上の間隔を保つこと。

三　屋内タンク貯蔵所には、総務省令で定めるところにより、見やすい箇所に屋内タンク貯蔵所である旨を表示した標識〔危則第一七条〕及び防火に関し必要な事項を掲示した掲示板〔危則第一八条〕を設けること。（い）（ゆ）

四　屋内貯蔵タンクの容量は、指定数量の四十倍（第四石油類及び動植物油類以外の第四類の危険物にあつては、当該数量が二万リットルを超えるときは、二万リットル）以下であること。同一のタンク専用室に屋内貯蔵タンクを二以上設置する場合におけるそれらのタンクの容量の総計についても、同様とする。（ち）（う）

五　屋内貯蔵タンクの構造は、前条第一項第四号に掲げる屋外貯蔵タンクの構造の例（同条第六項の規定により総務省令で定める特例〔危則第二二条の四〕を含む。）によるものであること。（か）（ね）（む）（う）（ゆ）（チ）

六　屋内貯蔵タンクの外面には、さびどめのための塗装をすること。

七　屋内貯蔵タンクのうち、圧力タンク以外のタンクにあつては総務省令で定めるところにより通気管〔危則第二〇条〕を、圧力タンクにあつては総務省令で定める安全装置〔危則第一九条〕をそれぞれ設けること。（い）（う）（ゆ）

八　液体の危険物の屋内貯蔵タンクには、危険物の量を自動的に表示する装置を設けること。（う）

九　液体の危険物の屋内貯蔵タンクの注入口は、前条第一項第十号に掲げる屋外貯蔵タンクの注入口の例によるものであること。（ほ）（か）

九の二　屋内貯蔵タンクのポンプ設備〔危則第二二条の五〕は、タンク専用室の存する建築物以外の場所に設けるポンプ設備にあつては前条第一項第十号の二（イ及びロを除く。）に掲げる屋外貯蔵タンクのポンプ設備の例により、タンク専用室の存する建築物に設けるポンプ設備にあつては総務省令で定めるところにより設けるものであること。（う）（ゆ）

十　屋内貯蔵タンクの弁は、前条第一項第十一号に掲げる屋外貯蔵タンクの弁の例によるものであること。（う）

十の二　屋内貯蔵タンクの水抜管は、前条第一項第十一号の二に掲げる屋外貯蔵タンクの水抜管の例によるものであること。

（ほ）（か）

十一　屋内貯蔵タンクの配管の位置、構造及び設備は、次号に定めるもののほか、第九条第一項第二十一号に掲げる製造所の危険物を取り扱う配管の例によるものであること。（ぬ）（う）

十一の二　液体の危険物を移送するための屋内貯蔵タンクの配管は、前条第一項第十二号の二に掲げる屋外貯蔵タンクの配管の例によるものであること。（ほ）（か）

十二　タンク専用室は、壁、柱及び床を耐火構造とし、かつ、はりを不燃材料で造るとともに、延焼のおそれのある外壁を出入口以外の開口部を有しない壁とすること。ただし、引火点が七十度以上の第四類の危険物のみの屋内貯蔵タンクを設置するタンク専用室にあつては、延焼のおそれのない外壁、柱及び床を不燃材料で造ることができる。（う）

十三　タンク専用室は、屋根を不燃材料で造り、かつ、天井を設けないこと。

十四　タンク専用室の窓及び出入口には、防火設備を設けるとともに、延焼のおそれのある外壁に設ける出入口には、随時開けることができる自動閉鎖の特定防火設備を設けること。（う）（き）

十五　タンク専用室の窓又は出入口にガラスを用いる場合は、網入ガラスとすること。（う）

十六　液状の危険物の屋内貯蔵タンクを設置するタンク専用室の床は、危険物が浸透しない構造とするとともに、適当な傾斜を付け、かつ、貯留設備を設けること。（に）

十七　タンク専用室の出入口のしきいの高さは、床面から〇・二メートル以上とすること。

十八　タンク専用室の採光、照明、換気及び排出の設備は、第十条第一項第十二号に掲げる屋内貯蔵所の採光、照明、換気及び排出の設備の例によるものであること。（ね）（う）

十九　電気設備は、第九条第一項第十七号に掲げる製造所の電気設備の例によるものであること。（う）

2　屋内タンク貯蔵所のうち引火点が四十度以上の第四類の危険物のみを貯蔵し、又は取り扱うもの（タンク専用室を平家建以外の建築物に設けるものに限る。）の位置、構造及び設備の技術上の基準は、前項第二号から第九号まで、第九号の二（タンク専用室の存する建築物以外の場所に設けるポンプ設備に関する基準に係る部分に限る。）、第十号から第十一号の二まで、第十六号、第十八号及び第十九号の規定の例によるほか、次のとおりとする。（ち）（た）（う）

一　屋内貯蔵タンクは、タンク専用室に設置すること。（ち）

二　屋内貯蔵タンクの注入口付近には、当該屋内貯蔵タンクの危険物の量を表示する装置を設けること。ただし、当該危険物の量を容易に覚知することができる場合は、この限りでない。（ち）（う）

二の二　タンク専用室の存する建築物に設ける屋内貯蔵タンクのポンプ設備〔危則第二二条の六〕は、総務省令で定めるところにより設けるものであること。（う）（ゆ）

三　タンク専用室は、壁、柱、床及びはりを耐火構造とするこ

と。(ち)(う)

四　タンク専用室は、上階がある場合にあつては上階の床を耐火構造とし、上階のない場合にあつては屋根を不燃材料で造り、かつ、天井を設けないこと。(ち)

五　タンク専用室には、窓を設けないこと。(ち)(う)

六　タンク専用室の出入口には、随時開けることができる自動閉鎖の特定防火設備を設けること。(ち)(う)(き)

七　タンク専用室の換気及び排出の設備には、防火上有効にダンパー等を設けること。(ち)(う)

八　タンク専用室は、屋内貯蔵タンクから漏れた危険物がタンク専用室以外の部分に流出しないような構造とすること。(ち)(う)

3　アルキルアルミニウム、アルキルリチウム、アセトアルデヒド、酸化プロピレンその他の総務省令で定める危険物〔危則第二二条の七〕を貯蔵し、又は取り扱う屋内タンク貯蔵所については、当該危険物の性質に応じ、総務省令で、第一項に掲げる基準を超える特例〔危則第二二条の八～第二二条の一〇〕を定めることができる。(う)(ゆ)

本条…一部改正〔昭和三五年六月政令一八五号・四〇年九月三〇八号〕、一項…一部改正・二項…追加〔昭和四六年六月政令一六八号〕、一項…一部改正〔昭和四八年一二月政令三七八号・五一年六月一五三号〕、二項…一部改正〔昭和五四年七月政令二一一号〕、一項…一部改正〔昭和五九年六月政令一八〇号・六二年三月八六号〕、一・二項…一部改正・三項…追加〔昭和六三年一二月政令三五八号〕、一・二項…一部改正〔平成一二年四月政令二一一号〕、一―三項…一部改正〔平成一二年六月政令三〇四号〕、一項…一部改正〔平成一八年一月政令六号・二三年一二月四〇五号〕

（地下タンク貯蔵所の基準）

第一三条　地下タンク貯蔵所（次項及び第三項に定めるものを除く。）の位置、構造及び設備の技術上の基準は、次のとおりとする。(う)(や)

一　危険物を貯蔵し、又は取り扱う地下タンク（以下この条、第十七条及び第二十六条において「地下貯蔵タンク」という。）は、地盤面下に設けられたタンク室に設置すること。(む)(お)(や)(ハ)

二　地下貯蔵タンクとタンク室の内側との間は、〇・一メートル以上の間隔を保つものとし、かつ、当該タンクの周囲に乾燥砂をつめること。

三　**地下貯蔵タンクの頂部**は、〇・六メートル以上地盤面から下にあること。

四　地下貯蔵タンクを二以上隣接して設置する場合は、その相互間に一メートル（当該二以上の地下貯蔵タンクの容量の総和が指定数量の百倍以下であるときは、〇・五メートル）以上の間隔を保つこと。(む)(や)

五　地下タンク貯蔵所には、総務省令で定めるところにより、見やすい箇所に地下タンク貯蔵所である旨を表示した標識〔危則第一七条〕及び防火に関し必要な事項を掲示した掲示板〔危則第一八条〕を設けること。(い)(ゆ)

六　地下貯蔵タンクは、総務省令〔危則第二三条〕で定めるところにより厚さ三・二ミリメートル以上の鋼板又はこれと同等以上の機械的性質を有する材料で気密に造るとともに、圧力タンクを除くタンクにあつては七十キロパスカルの圧力で、圧力タンクにあつては最大常用圧力の一・五倍の圧力で、それぞれ十分間行う水圧試験〔危則第二〇条の五の二〕（高圧ガス保安法第二十条第一項若しくは第三項若しくは第三十九条の二十二第一項の規定の適用を受ける高圧ガスの製造のための施設、労働安全衛生法別表第二第二号若しくは第四号に掲げる機械等であつて、労働安全衛生法施行令第十二条第一項第二号に掲げる機械等である圧力タンクにあつては、総務省令で定めるところにより行う水圧試験。第十五条第一項第二号において同じ。）において、漏れ、又は変形しないものであること。（そ）（え）（て）（ゆ）（も）（ハ）（カ）

七　地下貯蔵タンクの外面は、総務省令で定めるところにより保護〔危則第二三条の二〕すること。（や）（ふ）（ゆ）

八　地下貯蔵タンクには、総務省令で定めるところにより、通気管又は安全装置〔危則第一九条〕を設けること。（い）（う）（ゆ）（ハ）

八の二　液体の危険物の地下貯蔵タンクには、危険物の量を自動的に表示する装置を設けること。（ほ）（む）（う）（ハ）

九　液体の危険物の地下貯蔵タンクの注入口は、屋外に設けることとするほか、第十一条第一項第十号に掲げる屋外貯蔵タンクの注入口の例によるものであること。（ほ）（か）

九の二　地下貯蔵タンクのポンプ設備は、ポンプ及び電動機を地下貯蔵タンク外に設けるポンプ設備にあつては第十一条第一項第十号の二（イ及びロを除く。）に掲げる屋外貯蔵タンクのポンプ設備の例により、ポンプ又は電動機を地下貯蔵タンク内に設けるポンプ設備〔危則第二四条の二〕にあつては総務省令で定めるところにより設けるものであること。（う）（や）（ゆ）

十　地下貯蔵タンクの配管の位置、構造及び設備は、次号に定めるもののほか、第九条第一項第二十一号に掲げる製造所の危険物を取り扱う配管の例によるものであること。（ぬ）（う）

十一　地下貯蔵タンクの配管は、当該タンクの頂部に取り付けること。（ぬ）

十二　電気設備は、第九条第一項第十七号に掲げる製造所の電気設備の例によるものであること。（う）

十三　地下貯蔵タンク又はその周囲には、総務省令〔危則第二三条の三〕で定めるところにより、当該タンクからの液体の危険物の漏れを検知する設備を設けること。（お）（や）（ふ）（ハ）

十四　タンク室は、総務省令〔危則第二三条の四・第二四条〕で定めるところにより、必要な強度を有し、かつ、防水の措置を講じたものとすること。（ハ）

2　地下タンク貯蔵所（地下貯蔵タンクに、鋼板を間げきを有するように取り付け又は強化プラスチックを間げきを有するように被覆したものを設置する地下タンク貯蔵所に限る。）の位置、構造及び設備の技術上の基準は、前項第二号から第五号まで、第六号（水圧試験に係る部分に限る。）、第八号から第十二号まで及び第十四号の規定の例によるほか、次のとおりとする。この場合において、同項第二号から第四号までの規定中「地下貯蔵タンク」とあるのは、「次項第二号に規定する二重殻タンク」とする。（や）（ふ）（ハ）

一　地下貯蔵タンクは、次のいずれかの措置を講じて設置すること。(や)(ハ)

イ　地下貯蔵タンク（第三号イに掲げる材料で造つたものに限る。）に、総務省令〔危則第二四条の二の二〕で定めるところにより鋼板を間げきを有するように取り付け、かつ、危険物の漏れを常時検知するための総務省令〔危則第二四条の二の二〕で定める設備を設けること。(や)(ふ)(ゆ)(ハ)

ロ　地下貯蔵タンクに、総務省令〔危則第二四条の二の二〕で定めるところにより強化プラスチックを間げきを有するように被覆し、かつ、危険物の漏れを検知するための総務省令〔危則第二四条の二の二〕で定める設備を設けること。(や)(ゆ)

二　地下貯蔵タンクに前号イ又はロに掲げる措置を講じたもの（以下この号において「二重殻タンク」という。）は、地盤面下に設けられたタンク室に設置すること。ただし、第四類の危険物の二重殻タンクが次のイからハまでのすべてに適合するものであるときは、この限りでない。(ハ)

イ　当該二重殻タンクがその水平投影の縦及び横よりそれぞれ〇・六メートル以上大きく、かつ、厚さ〇・三メートル以上の鉄筋コンクリート造のふたで覆われていること。(ハ)

ロ　ふたにかかる重量が直接当該二重殻タンクにかからない構造であること。(ハ)

ハ　当該二重殻タンクが堅固な基礎の上に固定されていること。(ハ)

三　地下貯蔵タンクは、次のいずれかの材料で気密に造ること。(ふ)(ハ)

イ　厚さ三・二ミリメートル以上の鋼板(ふ)

ロ　貯蔵し、又は取り扱う危険物の種類に応じて総務省令〔危則第二四条の二の三〕で定める強化プラスチック(ふ)(ゆ)

四　前号ロに掲げる材料で造つた地下貯蔵タンクに第一号ロに掲げる措置を講じたものは、総務省令〔危則第二四条の二の四〕で定めるところにより、当該措置を講じたものに作用する荷重に対して安全な構造とすること。(ふ)(ゆ)(ハ)

五　第三号イに掲げる材料で造つた地下貯蔵タンクの外面（地下貯蔵タンクに第一号イに掲げる措置を講じたものにあつては、その外面）は、総務省令〔危則第二三条の二〕で定めるところにより保護すること。(や)(ふ)(ゆ)(ハ)

3　地下タンク貯蔵所（地下貯蔵タンクを危険物の漏れを防止することができる総務省令で定める構造〔危則第二四条の二の五〕により地盤面下に設置するものに限る。）の位置、構造及び設備の技術上の基準は、第一項第三号、第五号、第六号及び第八号から第十三号まで並びに前項第二号イからハまでの規定の例によるほか、地下貯蔵タンクの外面を総務省令〔危則第二三条の二〕で定めるところにより保護することとする。この場合において、同号イからハまでの規定中「当該二重殻タンク」とあるのは、「地下貯

蔵タンク」とする。(や)(ふ)(ゆ)(ハ)

4　アルキルアルミニウム、アルキルリチウム、アセトアルデヒド、酸化プロピレンその他の総務省令で定める危険物〔危則第二四条の二の六〕を貯蔵し、又は取り扱う地下タンク貯蔵所については、当該危険物の性質に応じ、総務省令で、前三項に掲げる基準を超える特例〔危則第二四条の二の七・第二四条の二の八〕を定めることができる。(う)(や)(ゆ)

本条…一部改正〔昭和三五年六月政令一八五号・四〇年九月三〇八号・四八年一二月三七八号・五一年六月一五三号・五七年一月二号・六二年三月八六号〕、一項…一部改正・二項…追加〔昭和六三年一二月政令三五八号〕、一項…一部改正〔平成三年三月政令二四号〕、一項…一部改正・二・三項…追加・旧二項…一部改正し四項に繰下〔平成五年七月政令二六八号〕、一―三項…一部改正〔平成七年二月政令一五号〕、一―四項…一部改正〔平成九年二月政令二〇号・一〇年二月三一号〕、一―四項…一部改正〔平成一一年六月政令三〇四号〕、一項…一部改正〔平成一五年一二月政令五三三号〕、一―三項…一部改正〔平成一七年二月政令二三号〕、一項…一部改正〔令和五年九月政令二七六号〕

解説　【地下貯蔵タンクの頂部】タンク胴板の最上部

（簡易タンク貯蔵所の基準）

第一四条　簡易タンク貯蔵所の位置、構造及び設備の技術上の基準は、次のとおりとする。(う)

一　危険物を貯蔵し、又は取り扱う簡易タンク（以下この条、第十七条及び第二十六条において「簡易貯蔵タンク」という。）は、屋外に設置すること。ただし、次のイからニまでのすべてに適合する専用室内に設置するときは、この限りでない。(う)

イ　当該専用室の構造が第十二条第一項第十二号及び第十三号に掲げる屋内タンク貯蔵所のタンク専用室の構造の例によるものであること。(ね)

ロ　当該専用室の窓及び出入口が第十二条第一項第十四号及び第十五号に掲げる屋内タンク貯蔵所の窓及び出入口の例によるものであること。(う)

ハ　当該専用室の床が第十二条第一項第十六号に掲げる屋内タンク貯蔵所のタンク専用室の床の構造の例によるものであること。(う)

ニ　当該専用室の採光、照明、換気及び排出の設備が第十条第一項第十二号に掲げる屋内貯蔵所の採光、照明、換気及び排出の設備の例によるものであること。(ね)(う)

二　一の簡易タンク貯蔵所に設置する簡易貯蔵タンクは、その数を三以内とし、かつ、**同一品質の危険物**の簡易貯蔵タンクを二以上設置しないこと。

三　簡易タンク貯蔵所には、総務省令で定めるところにより、見やすい箇所に簡易タンク貯蔵所である旨を表示した標識〔危則第一七条〕及び防火に関し必要な事項を掲示した掲示板〔危則第一八条〕を設けること。(い)(ゆ)

四　簡易貯蔵タンクは、容易に移動しないように地盤面、**架台等**に**固定**するとともに、屋外に設置する場合にあつては当該タンクの周囲に一メートル以上の幅の空地を保有し、専用室内に設置する場合にあつては当該タンクと専用室の壁との間に〇・五メートル以上の間隔を保つこと。

五　簡易貯蔵タンクの容量は、六百リツトル以下であること。

六　簡易貯蔵タンクは、厚さ三・二ミリメートル以上の鋼板で気密に造るとともに、七十キロパスカルの圧力で十分間行う水圧試験において、漏れ、又は変形しないものであること。(て)

七　簡易貯蔵タンクの外面には、さびどめのための塗装をすること。

八　簡易貯蔵タンクには、総務省令で定めるところにより通気管〔危則第二〇条〕を設けること。(い)(う)(ゆ)

九　簡易貯蔵タンクに給油又は注油のための設備を設ける場合は、当該設備は、第十七条第一項第十号に掲げる給油取扱所の固定給油設備又は固定注油設備の例によるものであること。(う)(て)(ニ)

本条…一部改正〔昭和三五年六月政令一八五号・五九年六月一八〇号・六三年一二月三五八号・平成一〇年二月三一号・一二年六月三〇四号・一八年一月六号〕

解説　**【同一品質の危険物】**　品名は同じでも成分等が異なっていれば同一品質のものとはならない。（例えばオクタン価の異なるガソリン等は異品質となる。）

【架台等に固定】　コンクリート等での固定は移動が不可能となるので行うことはできない。ここでの固定は鎖、車止め等によるものである。

（移動タンク貯蔵所の基準）

第一五条　移動タンク貯蔵所の位置、構造及び設備の技術上の基準は、次のとおりとする。(う)

一　移動タンク貯蔵所は、屋外の防火上安全な場所又は壁、床、はり及び屋根を耐火構造とし、若しくは不燃材料で造つた建築物の一階に常置すること。

二　危険物を貯蔵し、又は取り扱う車両（第二条第六号に規定する車両をいう。）に固定されたタンク（以下「移動貯蔵タンク」という。）は、厚さ三・二ミリメートル以上の鋼板又はこれと同等以上の機械的性質を有する材料で気密に造るとともに、圧力タンクを除くタンクにあつては七十キロパスカルの圧力で、圧力タンクにあつては最大常用圧力の一・五倍の圧力で、それぞれ十分間行う水圧試験において、漏れ、又は変形しないものであること。(ほ)(よ)(う)(て)

三　移動貯蔵タンクは、容量を三万リットル以下とし、かつ、その内部に四千リットル以下ごとに完全な間仕切を厚さ三・二ミリメートル以上の鋼板又はこれと同等以上の機械的性質を有する材料で設けること。(ち)(う)(ま)

四　前号の間仕切により仕切られた部分には、それぞれマンホール及び総務省令で定める安全装置〔危則第一九条〕を設けるとともに、総務省令で定めるところにより、厚さ一・六ミリメートル以上の鋼板又はこれと同等以上の機械的性質を有する材料

で造られた防波板〔危則第二四条の二の九〕を設けること。（い）（ほ）（ち）（う）（ゆ）

五　移動貯蔵タンクのマンホール及び注入口のふたは、厚さ三・二ミリメートル以上の鋼板又はこれと同等以上の機械的性質を有する材料で造ること。（ち）（う）

六　移動貯蔵タンクに可燃性の蒸気を回収するための設備を設ける場合にあつては、当該設備は可燃性の蒸気が漏れるおそれのない構造とすること。（う）

七　マンホール、注入口、安全装置等（以下「附属装置」という。）がその上部に突出している移動貯蔵タンクには、総務省令で定めるところにより、当該附属装置の損傷を防止するための装置〔危則第二四条の三（側面枠及び防護枠）〕を設けること。（ち）（ゆ）

八　移動貯蔵タンクの外面には、さびどめのための塗装をすること。（ち）

九　移動貯蔵タンクの下部に排出口を設ける場合は、当該タンクの排出口に底弁を設けるとともに、非常の場合に直ちに当該底弁を閉鎖することができる手動閉鎖装置及び自動閉鎖装置を設けること。ただし、引火点が七十度以上の第四類の危険物の移動貯蔵タンクの排出口又は直径が四十ミリメートル以下の排出口に設ける底弁には、自動閉鎖装置を設けないことができる。（ち）（た）（う）

十　前号の手動閉鎖装置には、総務省令で定めるところにより、レバー〔危則第二四条の四〕を設け、かつ、その直近にその旨を表示すること。（ち）（う）（ゆ）

十一　底弁を設ける移動貯蔵タンクには、外部からの衝撃による底弁の損傷を防止するための措置を講ずること。（ち）

十二　移動貯蔵タンクの配管は、先端部に弁等を設けること。（ち）

十三　移動貯蔵タンク及び附属装置の電気設備で、可燃性の蒸気が滞留するおそれのある場所に設けるものは、可燃性の蒸気に引火しない構造とすること。（う）

十四　ガソリン、ベンゼンその他静電気による災害が発生するおそれのある液体の危険物の移動貯蔵タンクには、接地導線を設けること。（ち）（う）

十五　液体の危険物の移動貯蔵タンクには、危険物を貯蔵し、又は取り扱うタンクの注入口と結合できる結合金具を備えた注入ホースを設けること。この場合において、当該結合金具（第六類の危険物の移動貯蔵タンクに係るものを除く。）は、真鍮その他摩擦等によつて火花を発し難い材料で造らなければならない。（ほ）（ち）（う）

十六　ガソリン、ベンゼンその他静電気による災害が発生するおそれのある液体の危険物の移動貯蔵タンクのうち計量棒によつて当該危険物の量を計量するものには、計量時の静電気による

災害を防止するための装置を設けること。(ち)(う)

十七　移動貯蔵タンクには、当該タンクが貯蔵し、又は取り扱う危険物の類、品名及び最大数量を表示する設備を見やすい箇所に設けるとともに、総務省令で定めるところにより標識〔危則第一七条〕を掲げること。(ほ)(ち)(う)(ゆ)

2　移動タンク貯蔵所のうち移動貯蔵タンクを車両等に積み替えるための構造を有するもの（第二十六条、第二十七条及び第四十条において「積載式移動タンク貯蔵所」という。）については、総務省令で、前項に掲げる基準の特例〔危則第二四条の五〕を定めることができる。(う)(ゆ)

3　航空機又は船舶の燃料タンクに直接給油するための**給油設備**を備えた移動タンク貯蔵所については、総務省令で、第一項に掲げる基準の特例〔危則第二四条の六〕を定めることができる。(う)(ゆ)(ニ)

4　アルキルアルミニウム、アルキルリチウム、アセトアルデヒド、酸化プロピレンその他の総務省令で定める危険物〔危則第二四条の七〕を貯蔵し、又は取り扱う移動タンク貯蔵所については、当該危険物の性質に応じ、総務省令で、第一項及び第二項に掲げる基準を超える特例〔危則第二四条の八～第二四条の九の二〕を定めることができる。(ち)(ぬ)(う)(ゆ)

5　国際海事機関が採択した危険物の運送に関する規程に定める基準に適合する移動タンク貯蔵所については、総務省令で、第一項、第二項及び前項に掲げる基準の特例〔危則第二四条の九の三〕を定めることができる。(ひ)

本条…一部改正〔昭和三五年六月政令一八五号・四〇年九月三〇八号〕、一項…一部改正・二項…追加〔昭和四六年六月政令一六八号〕、二項…一部改正〔昭和四八年一二月政令三七八号〕、一項…一部改正〔昭和五一年六月政令一五三号・五二年二月一〇号・五四年七月二一一号〕、一項…一部改正・二・三項…追加・旧二項…一部改正し四項に繰下〔昭和六三年一二月政令三五八号〕、一項…一部改正〔平成六年三月政令三七号・一〇年二月三一日〕、一―四項…一部改正〔平成一二年六月政令三〇四号〕、五項…追加〔平成一五年一二月政令五一七号〕、三項…一部改正〔平成一八年一月政令六号〕

解説
【常置】　常置場所
【圧力タンク】　最大常用圧力が四六・七キロパスカル以上のもの
【静電気による災害が発生するおそれのある液体】　特殊引火物、第一石油類、第二石油類
【給油設備】　レフューラ

（屋外貯蔵所の基準）

第一六条　屋外貯蔵所のうち危険物を容器に収納して貯蔵し、又は取り扱うものの位置、構造及び設備の技術上の基準は、次のとおりとする。(う)

一　屋外貯蔵所の**位置**は、第九条第一項第一号に掲げる製造所の位置の例によるものであること。(う)

二　屋外貯蔵所は、湿潤でなく、かつ、排水のよい場所に設置すること。

三　危険物を貯蔵し、又は取り扱う場所の周囲には、**さく等**を設けて明確に区画すること。

四　前号のさく等の周囲には、次の表に掲げる区分に応じそれぞれ同表に定める幅の空地を保有すること。ただし、第二類の危険物のうち硫黄又は硫黄のみを含有するもの（以下この条、第二十六条及び第二十九条において「硫黄等」という。）のみを貯蔵し、又は取り扱うときは、総務省令〔危則第二六条〕で定めるところにより、その空地の幅を減ずることができる。（い）（た）（う）（ゆ）

区　分	空地の幅
指定数量の倍数が十以下の屋外貯蔵所	三メートル以上
指定数量の倍数が十を超え二十以下の屋外貯蔵所	六メートル以上
指定数量の倍数が二十を超え五十以下の屋外貯蔵所	十メートル以上
指定数量の倍数が五十を超え二百以下の屋外貯蔵所	二十メートル以上
指定数量の倍数が二百を超える屋外貯蔵所	三十メートル以上

五　屋外貯蔵所には、総務省令で定めるところにより、見やすい箇所に屋外貯蔵所である旨を表示した標識〔危則第一七条〕及び防火に関し必要な事項を掲示した掲示板〔危則第一八条〕を設けること。（い）（ゆ）

六　屋外貯蔵所に架台を設ける場合には、架台の構造及び設備〔危則第二四条の一〇〕は、総務省令で定めるところによるものであること。（う）（ゆ）

2　屋外貯蔵所のうち塊状の硫黄等のみを地盤面に設けた囲いの内側で貯蔵し、又は取り扱うもの（前項に定めるものを除く。）の位置、構造及び設備の技術上の基準は、同項各号の規定の例によるほか、次のとおりとする。（た）（う）

一　一の囲いの内部の面積は、百平方メートル以下であること。（た）

二　二以上の囲いを設ける場合にあつては、それぞれの囲いの内部の面積を合算した面積は千平方メートル以下とし、かつ、隣接する囲いと囲いとの間隔を前項第四号の規定により当該屋外貯蔵所が保有しなければならないこととされる空地の幅の三分の一以上とすること。（た）

三　囲いは、不燃材料で造るとともに、硫黄等が漏れない構造とすること。（た）（う）

四　囲いの高さは、一・五メートル以下とすること。（た）

五　囲いには、総務省令で定めるところにより、硫黄等のあふれ又は飛散を防止するためのシートを固着する装置〔危則第二四条の一一〕を設けること。（た）（う）（ゆ）

六　硫黄等を貯蔵し、又は取り扱う場所の周囲には、排水溝及び分離槽を設けること。（た）（う）

3　高引火点危険物のみを貯蔵し、又は取り扱う屋外貯蔵所については、総務省令で、第一項に掲げる基準の特例〔危則第二四条の一

二〕を定めることができる。（う）（ゆ）

4　第二類の危険物のうち引火性固体（引火点が二十一度未満のものに限る。）又は第四類の危険物のうち第一石油類若しくはアルコール類を貯蔵し、又は取り扱う屋外貯蔵所については、当該危険物の性質に応じ、総務省令で、第一項に掲げる基準を超える特例〔危則第二四条の一三〕を定めることができる。（し）

本条…一部改正〔昭和三五年六月政令一八五号〕、一項…一部改正・二項…追加〔昭和五四年七月政令二一一号〕、一・二項…一部改正・三項…追加〔昭和六三年一二月政令三五八号〕、一—三項…一部改正〔平成一二年六月政令三〇四号〕、四項…追加〔平成一四年一月政令一二号〕

解説【位置】保安距離
【さく等】さく、盛土等
【空地】保有空地

第三節　取扱所の位置、構造及び設備の基準

（給油取扱所の基準）

第一七条　給油取扱所（次項に定めるものを除く。）の位置、構造及び設備の技術上の基準は、次のとおりとする。（う）

一　給油取扱所の給油設備は、ポンプ機器及びホース機器からなる固定された給油設備（以下この条及び第二十七条において「固定給油設備」という。）とすること。（二）

二　固定給油設備のうちホース機器の周囲（懸垂式の固定給油設備にあつては、ホース機器の下方）に、自動車等に直接給油し、及び給油を受ける自動車等が出入りするための、間口十メートル以上、奥行六メートル以上の空地で総務省令で定めるもの〔危則第二四条の一四〕（以下この条及び第二十七条において「給油空地」という。）を保有すること。（う）（二）

三　給油取扱所に灯油若しくは軽油を容器に詰め替え、又は車両に固定された容量四千リットル以下のタンク（容量二千リットルを超えるタンクにあつては、その内部を二千リットル以下ごとに仕切つたものに限る。）に注入するための固定された注油設備（ポンプ機器及びホース機器からなるものをいう。以下この条及び第二十七条において「固定注油設備」という。）を設ける場合は、固定注油設備のうちホース機器の周囲（懸垂式の固定注油設備にあつては、ホース機器の下方）に、灯油若しくは軽油を容器に詰め替え、又は車両に固定されたタンクに注入するための空地で総務省令で定めるもの〔危則第二四条の一五〕（以下この条及び第二十七条において「注油空地」という。）を給油空地以外の場所に保有すること。（う）（の）（て）（二）

四　給油空地及び注油空地は、漏れた危険物が浸透しないための総務省令で定める舗装〔危則第二四条の一六〕をすること。（う）（二）

五　給油空地及び注油空地には、漏れた危険物及び可燃性の蒸気

が滞留せず、かつ、当該危険物その他の液体が当該給油空地及び注油空地以外の部分に流出しないように総務省令で定める措置〔危則第二四条の一七〕を講ずること。(う)(ニ)

六　給油取扱所には、総務省令で定めるところにより、見やすい箇所に給油取扱所である旨を表示した標識〔危則第一七条〕及び防火に関し必要な事項を掲示した掲示板〔危則第一八条〕を設けること。(い)(ゆ)(ニ)

七　給油取扱所には、固定給油設備若しくは固定注油設備に接続する専用タンク又は容量一万リットル以下の廃油タンクその他の総務省令で定めるタンク〔危則第二五条〕（以下この条及び第二十七条において「廃油タンク等」という。）を地盤面下に埋没して設ける場合を除き、危険物を取り扱うタンクを設けないこと。ただし、都市計画法（昭和四十三年法律第百号）第八条第一項第五号の防火地域及び準防火地域以外の地域においては、地盤面上に固定給油設備に接続する容量六百リットル以下の簡易タンクを、その取り扱う同一品質の危険物ごとに一個ずつ三個まで設けることができる。(へ)(む)(う)(て)(ゆ)(み)(ニ)

八　前号の専用タンク、廃油タンク等又は簡易タンクを設ける場合には、当該専用タンク、廃油タンク等又は簡易タンクの位置、構造及び設備は、次によること。(や)(ニ)

イ　専用タンク又は廃油タンク等の位置、構造及び設備は、第十三条第一項（第五号、第九号（掲示板に係る部分に限る。）、第九号の二及び第十二号を除く。）、同条第二項（同項においてその例によるものとされる同条第一項第五号、第九号（掲示板に係る部分に限る。）、第九号の二及び第十二号を除く。）又は同条第三項（同項においてその例によるものとされる同条第一項第五号、第九号（掲示板に係る部分に限る。）、第九号の二及び第十二号を除く。）に掲げる地下タンク貯蔵所の地下貯蔵タンクの位置、構造及び設備の例によるものであること。(や)(み)(ハ)

ロ　簡易タンクの構造及び設備は、第十四条第四号及び第六号から第八号までに掲げる簡易タンク貯蔵所の簡易貯蔵タンクの構造及び設備の例によるものであること。(や)

九　固定給油設備又は固定注油設備に危険物を注入するための配管は、当該固定給油設備又は固定注油設備に接続する第七号の専用タンク又は簡易タンクからの配管のみとすること。(う)(て)(ニ)

十　固定給油設備及び固定注油設備〔危則第二五条の二〕は、漏れるおそれがない等火災予防上安全な総務省令で定める構造とするとともに、先端に弁を設けた全長五メートル（懸垂式の固定給油設備及び固定注油設備にあつては、総務省令で定める長さ〔危則第二五条の二の二〕）以下の給油ホース又は注油ホース及びこれらの先端に蓄積される静電気を有効に除去する装置を設

けること。(む)(う)(や)(て)(ゆ)(二)

十一　固定給油設備及び固定注油設備には、総務省令で定めるところにより、見やすい箇所に防火に関し必要な事項を表示〔危則第二五条の三〕すること。(む)(て)(ゆ)(二)

十二　固定給油設備は、次に掲げる道路境界線等からそれぞれ当該道路境界線等について定める間隔を保つこと。ただし、総務省令〔危則第二五条の三の二〕で定めるところによりホース機器と分離して設置されるポンプ機器については、この限りでない。(む)(う)(や)(ゆ)(二)

イ　道路境界線　次の表に掲げる固定給油設備の区分に応じそれぞれ同表に定める間隔(や)

固定給油設備の区分		間隔
懸垂式の固定給油設備		四メートル以上
その他の固定給油設備	固定給油設備に接続される給油ホースのうちその全長が最大であるものの全長（以下このイ及び次号イにおいて「最大給油ホース全長」という。）が三メートル以下のもの	四メートル以上
	最大給油ホース全長が三メートルを超え四メートル以下のもの	五メートル以上
	最大給油ホース全長が四メートルを超え五メートル以下のもの	六メートル以上

ロ　敷地境界線　二メートル以上(や)

ハ　建築物の壁　二メートル（給油取扱所の建築物の壁に開口部がない場合には、一メートル）以上(や)

十三　固定注油設備は、次に掲げる固定給油設備等からそれぞれ当該固定給油設備等について定める間隔を保つこと。ただし、総務省令〔危則第二五条の三の二〕で定めるところによりホース機器と分離して設置されるポンプ機器については、この限りでない。(む)(う)(や)(て)(ゆ)(二)

イ　固定給油設備（総務省令〔危則第二五条の三の二〕で定めるところによりホース機器と分離して設置されるポンプ機器を除く。）　次の表に掲げる固定給油設備の区分に応じそれぞれ同表に定める間隔(や)(ゆ)

固定給油設備の区分		間隔
懸垂式の固定給油設備		四メートル以上
その他の固定給油設備	最大給油ホース全長が三メートル以下のもの	四メートル以上
	最大給油ホース全長が三メートルを超え四メートル以下のもの	五メートル以上
	最大給油ホース全長が四メートルを超え五メートル以下のもの	六メートル以上

ロ　道路境界線　次の表に掲げる固定注油設備の区分に応じそ

れぞれ同表に定める間隔(や)(て)

固定注油設備の区分		間隔
懸垂式の固定注油設備		四メートル以上
その他の固定注油設備	固定注油設備に接続される注油ホースのうちその全長が最大であるものの全長（以下この口において「最大注油ホース全長」という。）が三メートル以下のもの	四メートル以上
	最大注油ホース全長が三メートルを超え四メートル以下のもの	五メートル以上
	最大注油ホース全長が四メートルを超え五メートル以下のもの	六メートル以上

ハ　敷地境界線　一メートル以上(や)

ニ　建築物の壁　二メートル（給油取扱所の建築物の壁に開口部がない場合には、一メートル）以上(や)

十四　懸垂式の固定給油設備及び固定注油設備にあつては、ホース機器の引出口の高さを地盤面から四・五メートル以下とすること。(う)(て)(二)

十五　懸垂式の固定給油設備又は固定注油設備を設ける給油取扱所には、当該固定給油設備又は固定注油設備のポンプ機器を停止する等により専用タンクからの危険物の移送を緊急に止めることができる装置を設けること。(う)(て)(二)

十六　給油取扱所には、給油その他の業務のための建築物（避難又は防火上支障がないと認められる総務省令で定める用途〔危則第二五条の四〕に供するものに限る。）以外の建築物その他の工作物を設けないこと。この場合において、給油取扱所の係員以外の者が出入する建築物の部分で総務省令で定めるものの床面積の合計は、避難又は防火上支障がないと認められる総務省令で定める面積を超えてはならない。(む)(ゆ)(二)(ヨ)

十七　前号の給油取扱所に設ける建築物は、壁、柱、床、はり及び屋根を耐火構造とし、又は不燃材料で造るとともに、窓及び出入口（自動車等の出入口で総務省令で定めるものを除く。）に防火設備を設けること。この場合において、当該建築物の総務省令で定める部分は、開口部のない耐火構造の床又は壁で当該建築物の他の部分と区画され、かつ、防火上必要な総務省令で定める構造としなければならない。(む)(う)(き)(ゆ)(二)

十八　前号の建築物のうち、事務所その他火気を使用するもの（総務省令で定める部分を除く。）は、漏れた可燃性の蒸気がその内部に流入しない総務省令で定める構造とすること。(む)(う)(こ)(ゆ)(二)

十九　給油取扱所の周囲には、自動車等の出入りする側を除き、火災による被害の拡大を防止するための高さ二メートル以上の塀又は壁であつて、耐火構造のもの又は不燃材料で造られたもので総務省令で定めるもの〔危則第二五条の四の二〕を設けるこ

と。(ニ)

二十　ポンプ室その他危険物を取り扱う室（以下この号において「ポンプ室等」という。）を設ける場合にあつては、ポンプ室等は、次によること。(う)(こ)(ニ)

イ　ポンプ室等の床は、危険物が浸透しない構造とするとともに、漏れた危険物及び可燃性の蒸気が滞留しないように適当な傾斜を付け、かつ、貯留設備を設けること。(う)(ニ)

ロ　ポンプ室等には、危険物を取り扱うために必要な採光、照明及び換気の設備を設けること。(う)

ハ　可燃性の蒸気が滞留するおそれのあるポンプ室等には、その蒸気を屋外に排出する設備を設けること。(う)

二十一　電気設備は、第九条第一項第十七号に掲げる製造所の電気設備の例によるものであること。(う)(ニ)

二十二　自動車等の洗浄を行う設備その他給油取扱所の業務を行うについて必要な設備（危則第二五条の五）は、総務省令で定めるところにより設けること。(い)(む)(ゆ)(ニ)

二十三　給油取扱所には、給油に支障があると認められる設備を設けないこと。(む)(ニ)

2　給油取扱所のうち建築物内に設置するものその他これに類するもので総務省令で定めるもの（以下「屋内給油取扱所（危則第二五条の六）」という。）の位置、構造及び設備の技術上の基準は、前項第一号から第六号まで、第七号本文、第九号から第十六号まで及び第十九号から第二十三号までの規定の例によるほか、次のとおりとする。(う)(こ)(ゆ)(ニ)

一　屋内給油取扱所は、壁、柱、床及びはりが耐火構造で、消防法施行令（昭和三十六年政令第三十七号）別表第一㈥項に掲げる用途に供する部分を有しない建築物（危則第二五条の七）（総務省令で定める設備を備えたものに限る。）に設置すること。(う)(ゆ)

二　屋内給油取扱所に専用タンク又は廃油タンク等を設ける場合には、当該専用タンク又は廃油タンク等の位置、構造及び設備は、次号から第四号までに定めるもののほか、第十三条第一項（第五号、第八号、第九号（注入口は屋外に設けることとする部分及び掲示板に係る部分に限る。）、第九号の二及び第十二号を除く。）、同条第二項（同項においてその例によるものとされる同条第一項第五号、第八号、第九号（注入口は屋外に設けることとする部分及び掲示板に係る部分に限る。）、第九号の二及び第十二号を除く。）又は同条第三項（同項においてその例によるものとされる同条第一項第五号、第八号、第九号（注入口は屋外に設けることとする部分及び掲示板に係る部分に限る。）、第九号の二及び第十二号を除く。）に掲げる地下タンク貯蔵所の地下貯蔵タンクの位置、構造及び設備の例によるものであること。(や)(ゑ)(ハ)

三　専用タンク及び廃油タンク等には、総務省令で定めるところ

により、通気管〔危則第二〇条〕又は安全装置〔危則第一九条〕を設けること。(う)(ゆ)(ハ)

四　専用タンクには、危険物の過剰な注入を自動的に防止する設備を設けること。(う)

五　建築物の屋内給油取扱所の用に供する部分は、壁、柱、床、はり及び屋根を耐火構造とするとともに、開口部のない耐火構造の床又は壁で当該建築物の他の部分と区画されたものであること。ただし、建築物の屋内給油取扱所の用に供する部分の上部に上階がない場合には、屋根を不燃材料で造ることができる。(う)

六　建築物の屋内給油取扱所の用に供する部分のうち総務省令で定める部分は、開口部のない耐火構造の床又は壁で当該建築物の屋内給油取扱所の用に供する部分の他の部分と区画され、かつ、防火上必要な総務省令〔危則第二五条の四〕で定める構造とすること。(う)(ゆ)

七　建築物の屋内給油取扱所の用に供する部分の窓及び出入口（自動車等の出入口で総務省令〔危則第二五条の四〕で定めるものを除く。）には、防火設備を設けること。(う)(き)(ゆ)

七の二　事務所等の窓又は出入口にガラスを用いる場合は、網入りガラスとすること。(こ)

八　建築物の屋内給油取扱所の用に供する部分のうち、事務所その他火気を使用するもの（総務省令〔危則第二五条の四〕で定める部分を除く。）は、漏れた可燃性の蒸気がその内部に流入しない総務省令で定める構造とすること。(う)(ゆ)

九　建築物の屋内給油取扱所の用に供する部分の一階の二方については、自動車等の出入する側又は通風及び避難のための総務省令で定める空地〔危則第二五条の八〕に面するとともに、壁を設けないこと。ただし、総務省令で定める措置〔危則第二五条の九〕を講じた屋内給油取扱所にあつては、当該建築物の屋内給油取扱所の用に供する部分の一階の一方について、自動車等の出入する側に面するとともに、壁を設けないことをもつて足りる。(う)(ゆ)

十　建築物の屋内給油取扱所の用に供する部分については、可燃性の蒸気が滞留するおそれのある穴、くぼみ等を設けないこと。(う)

十一　建築物の屋内給油取扱所の用に供する部分は、当該部分の上部に上階がある場合〔危則第二五条の一〇〕にあつては、危険物の漏えいの拡大及び上階への延焼を防止するための総務省令で定める措置を講ずること。(う)(ゆ)

3　次に掲げる給油取扱所については、総務省令で、前二項に掲げる基準の特例〔危則第二六条～第二七条・第二七条の三～第二七条の五〕（第五号に掲げるものにあつては、第一項に掲げる基準の特例に限る。）を定めることができる。(ふ)(ゆ)(ハ)

一　飛行場で航空機に給油する給油取扱所(ふ)

二　船舶に給油する給油取扱所(ふ)

三　鉄道又は軌道によつて運行する車両に給油する給油取扱所(ふ)

四　圧縮天然ガスその他の総務省令で定めるガス〔危則第二七条の二〕を内燃機関の燃料として用いる自動車等に当該ガスを充てんするための設備を設ける給油取扱所（第六号に掲げるものを除く。）(ふ)(て)(ゆ)(ハ)

五　電気を動力源とする自動車等に水素を充てんするための設備を設ける給油取扱所（次号に掲げるものを除く。）(ハ)

六　総務省令で定める自家用の給油取扱所〔危則第二八条〕(ふ)(ゆ)(ハ)

4　第四類の危険物のうちメタノール若しくはエタノール又はこれらを含有するものを取り扱う給油取扱所については、当該危険物の性質に応じ、総務省令で、前三項に掲げる基準を超える特例〔危則第二八条の二～第二八条の二の三〕を定めることができる。(ま)(ゆ)(チ)

5　顧客に自ら自動車等に給油させ、又は灯油若しくは軽油を容器に詰め替えさせる給油取扱所として総務省令〔危則第二八条の二の四〕で定めるもの（第二十七条第六項第一号及び第一号の三において「顧客に自ら給油等をさせる給油取扱所」という。）については、総務省令で、前各項に掲げる基準を超える特例〔危則第二八条の二の五～第二八条の二の八〕を定めることができる。(て)(ゆ)

一・三項…一部改正〔昭和三五年六月政令一八五号〕、一項…一部改正〔昭和四〇年九月政令三〇八号・四四年六月一五八号・六二年三月八六号〕、一・三項…一部改正・二項…全部改正〔昭和六三年一二月政令三五八号〕、一項…一部改正〔平成二年四月政令一〇一号〕、一・二項…一部改正〔平成五年七月政令二六八号〕、四項…追加〔平成六年三月政令三七号〕、三項…全部改正〔平成七年二月政令一五号〕、一・二項…一部改正〔平成九年二月政令一三号〕、一・三項…一部改正・五項…追加〔平成一〇年二月政令三一号〕、一・二項…一部改正〔平成一一年四月政令二一一号〕、一―五項…一部改正〔平成一二年六月政令三〇四号〕、一項…一部改正〔平成一三年九月政令三〇〇号〕、二項…一部改正〔平成一四年八月政令二七四号〕、一―三項…一部改正〔平成一七年二月政令二三号〕、一・二項…一部改正〔平成一八年一月政令六号〕、四項…一部改正〔平成二三年一二月政令四〇五号〕、一項…一部改正〔令和五年一二月政令三四八号〕

解説　**【同一品質の危険物】**　危険物の品名が同一であっても、例えばオクタン価の異なるガソリンは、異品質

（販売取扱所の基準）

第一八条　第一種販売取扱所の位置、構造及び設備の技術上の基準は、次のとおりとする。(ち)(う)

一　第一種販売取扱所は、建築物の一階に設置すること。(ち)

二　第一種販売取扱所には、総務省令で定めるところにより、見やすい箇所に第一種販売取扱所である旨を表示した標識〔危則第一七条〕及び防火に関し必要な事項を掲示した掲示板〔危則第一八条〕を設けること。(い)(ち)(ゆ)

三　建築物の第一種販売取扱所の用に供する部分は、壁を準耐火構造（建築基準法第二条第七号の二の準耐火構造をいい、耐火構造以外のものにあつては、不燃材料で造られたものに限る。）とすること。ただし、第一種販売取扱所の用に供する部分とその他の部分との隔壁は、耐火構造としなければならない。(ち)(き)

四　建築物の第一種販売取扱所の用に供する部分は、はりを不燃材料で造るとともに、天井を設ける場合にあつては、これを不燃材料で造ること。（ち）
五　建築物の第一種販売取扱所の用に供する部分は、上階がある場合にあつては上階の床を耐火構造とし、上階のない場合にあつては屋根を耐火構造とし、又は不燃材料で造ること。（ち）
六　建築物の第一種販売取扱所の用に供する部分の窓及び出入口には、防火設備を設けること。（ち）（き）
七　建築物の第一種販売取扱所の用に供する部分の窓又は出入口にガラスを用いる場合は、網入ガラスとすること。（ち）（う）
八　建築物の第一種販売取扱所の用に供する部分の電気設備は、第九条第一項第十七号に掲げる製造所の電気設備の例によるものであること。（ち）（う）
九　危険物を配合する室は、次によること。（ち）
イ　床面積は、六平方メートル以上十平方メートル以下であること。（ち）
ロ　壁で区画すること。（ち）
ハ　床は、危険物が浸透しない構造とするとともに、適当な傾斜を付け、かつ、貯留設備を設けること。（ち）（う）（二）
ニ　出入口には、随時開けることができる自動閉鎖の特定防火設備を設けること。（ち）（き）
ホ　出入口のしきいの高さは、床面から〇・一メートル以上とすること。（ち）
ヘ　内部に滞留した可燃性の蒸気又は可燃性の微粉を屋根上に排出する設備を設けること。（ち）（う）
2　第二種販売取扱所の位置、構造及び設備の技術上の基準は、前項第一号、第二号及び第七号から第九号までの規定の例によるほか、次のとおりとする。（ち）
一　建築物の第二種販売取扱所の用に供する部分は、壁、柱、床及びはりを耐火構造とするとともに、天井を設ける場合にあつては、これを不燃材料で造ること。（ち）
二　建築物の第二種販売取扱所の用に供する部分は、上階がある場合にあつては上階の床を耐火構造とするとともに、上階への延焼を防止するための措置を講ずることとし、上階のない場合にあつては屋根を耐火構造とすること。（ち）
三　建築物の第二種販売取扱所の用に供する部分には、当該部分のうち延焼のおそれのない部分に限り、窓を設けることができるものとし、当該窓には防火設備を設けること。（ち）（き）
四　建築物の第二種販売取扱所の用に供する部分の出入口には、防火設備を設けること。ただし、当該部分のうち延焼のおそれのある壁又はその部分に設けられる出入口には、随時開けることができる自動閉鎖の特定防火設備を設けなければならない。（ち）（き）

本条…一部改正〔昭和三五年六月政令一八五号〕、一項…一部改正・二項…追加〔昭和四六年六月政令一六八号〕、一項…一部改正〔昭和六三年一二月政令三五八号〕、一・二項…一部改正〔平成一二年四月政令二一一号〕、一項…一部改正〔平成一二年六月政令三〇四号・一八年一月六号〕

解説　【上階への延焼を防止する措置】　耐火構造のひさしを設ける等の措置

（移送取扱所の基準）

第一八条の二　移送取扱所の位置、構造及び設備の技術上の基準〔危則第二八条の二の九〜第二八条の五一〕は、石油パイプライン事業法（昭和四十七年法律第百五号）第五条第二項第二号に規定する事業用施設に係る同法第十五条第三項第二号の規定に基づく技術上の基準に準じて総務省令で定める。(ぬ)(う)(ゆ)

２　第六類の危険物のうち過酸化水素又はこれを含有するものを取り扱うものであることその他の特別な事情により前項の基準によることが適当でないものとして総務省令で定める移送取扱所については、総務省令で、同項の基準の特例〔危則第二八条の五二・第二八条の五三〕を定めることができる。(ぬ)(う)(ゆ)

本条…追加〔昭和四八年一二月政令三七八号〕、一・二項…一部改正〔昭和六三年一二月政令三五八号・平成一二年六月三〇四号〕

（一般取扱所の基準）

第一九条　第九条第一項の規定は、一般取扱所の位置、構造及び設備の技術上の基準について準用する。(ぬ)(う)

２　次に掲げる一般取扱所のうち総務省令〔危則第二八条の五四〕で定めるものについては、総務省令で、前項に掲げる基準の特例〔危則第二八条の五五〜第二八条の六〇の四〕を定めることができる。(う)(ゆ)

一　専ら吹付塗装作業を行う一般取扱所その他これに類する一般取扱所(う)(リ)

一の二　専ら洗浄の作業を行う一般取扱所その他これに類する一般取扱所(て)(リ)

二　専ら焼入れ作業を行う一般取扱所その他これに類する一般取扱所(う)(リ)

三　危険物を消費するボイラー又はバーナー以外では危険物を取り扱わない一般取扱所その他これに類する一般取扱所(う)(リ)

四　専ら車両に固定されたタンクに危険物を注入する作業を行う一般取扱所その他これに類する一般取扱所(う)(リ)

五　専ら容器に危険物を詰め替える作業を行う一般取扱所(う)(リ)

六　危険物を用いた油圧装置又は潤滑油循環装置以外では危険物を取り扱わない一般取扱所その他これに類する一般取扱所(う)(リ)

七　切削油として危険物を用いた切削装置又は研削装置以外では危険物を取り扱わない一般取扱所その他これに類する一般取扱所(て)(リ)

八　危険物以外の物を加熱するための危険物を用いた熱媒体油循環装置以外では危険物を取り扱わない一般取扱所その他これに類する一般取扱所(て)(リ)

九　危険物を用いた蓄電池設備以外では危険物を取り扱わない一般取扱所(リ)

3　高引火点危険物のみを総務省令で定めるところにより取り扱う一般取扱所については、総務省令で、前二項に掲げる基準の特例〔危則第二八条の六一・第二八条の六二〕を定めることができる。(う)(ゆ)

4　アルキルアルミニウム、アルキルリチウム、アセトアルデヒド、酸化プロピレンその他の総務省令〔危則第二八条の六三〕で定める危険物を取り扱う一般取扱所については、当該危険物の性質に応じ、総務省令で、第一項に掲げる基準を超える特例〔危則第二八条の六四～第二八条の六六〕を定めることができる。(う)(ゆ)

本条…一部改正〔昭和四八年一二月政令三七八号〕、一項…一部改正・二―四項…追加〔昭和六三年一二月政令三五八号〕、二項…一部改正〔平成一〇年二月政令三一号〕、二―四項…一部改正〔平成一二年六月政令三〇四号〕、二項…一部改正〔平成二四年五月政令一四六号〕

解説【一般取扱所の形態等】①危険物から非危険物を製造する施設　②炉・ボイラー等による危険物の消費施設等　③ローリー積場　④容器詰場　⑤油圧装置等　⑥印刷所　⑦塗装所　⑧焼却所　⑨発電所　⑩熱処理工場　⑪その他

第四節　消火設備、警報設備及び避難設備の基準(う)

節名…改正〔昭和六三年一二月政令三五八号〕

（消火設備の基準）

第二〇条　消火設備の技術上の基準は、次のとおりとする。

一　製造所、屋内貯蔵所、屋外タンク貯蔵所、屋内タンク貯蔵所、屋外貯蔵所、給油取扱所及び一般取扱所のうち、その規模、貯蔵し、又は取り扱う危険物の品名及び最大数量等により、火災が発生したとき著しく消火が困難と認められるもので総務省令〔危則第三三条〕で定めるもの並びに移送取扱所は、総務省令で定めるところにより、別表第五に掲げる対象物について同表においてその消火に適応するものとされる消火設備のうち、第一種、第二種又は第三種の消火設備並びに第四種及び第五種の消火設備を設置すること。(い)(ほ)(ぬ)(う)(ゆ)

二　製造所、屋内貯蔵所、屋外タンク貯蔵所、屋内タンク貯蔵所、屋外貯蔵所、給油取扱所、第二種販売取扱所及び一般取扱所のうち、その規模、貯蔵し、又は取り扱う危険物の品名及び最大数量等により、火災が発生したとき消火が困難と認められるもので総務省令〔危則第三四条〕で定めるものは、総務省令で定めるところにより、別表第五に掲げる対象物について同表においてその消火に適応するものとされる消火設備のうち、第四種及び第五種の消火設備を設置すること。(い)(ち)(う)(ゆ)

三　前二号の総務省令で定める製造所等以外の製造所等にあつては、総務省令〔危則第三五条〕で定めるところにより、別表第五に掲げる対象物について同表においてその消火に適応するものとされる消火設備のうち、第五種の消火設備を設置すること。(い)(う)(ゆ)

2　前項に掲げるもののほか、消火設備の技術上の基準については、総務省令〔危則第二九条〜第三二条の一二〕で定める。(い)(ゆ)

3　蓄電池により貯蔵される総務省令で定める危険物のみを貯蔵し、又は取り扱う屋内貯蔵所については、総務省令で、前二項に掲げる基準の特例〔危則第三五条の二〕を定めることができる。(ヨ)

一・二項…一部改正〔昭和三五年六月政令一八五号〕、一項…一部改正〔昭和四〇年九月政令三〇八号・四六年六月一六八号・四八年一二月三七八号・六三年一二月三五八号〕、一・二項…一部改正〔平成一二年六月政令三〇四号〕、三項…追加〔令和五年一二月政令三四八号〕

解説　**【電気設備の消火設備】**　危則第三六条
【技術上の基準の委任】　危則第三八条の三

（警報設備の基準）

第二一条　指定数量の倍数が十以上の製造所等で総務省令〔危則第三六条の二〕で定めるものは、総務省令で定めるところにより、火災が発生した場合自動的に作動する火災報知設備その他の警報設備〔危則第三七条・第三八条・第三八条の三〕を設置しなければならない。(い)(う)(ゆ)

本条…一部改正〔昭和三五年六月政令一八五号・六三年一二月三五八号・平成一二年六月三〇四号〕

（避難設備の基準）

第二一条の二　製造所等のうち、その規模、貯蔵し、又は取り扱う危険物の品名及び最大数量等により、火災が発生したとき避難が容易でないと認められるもので総務省令で定めるものは、総務省令で定めるところにより、避難設備〔危則第三八条の二・第三八条の三〕を設置しなければならない。(う)(ゆ)

本条…追加〔昭和六三年一二月政令三五八号〕、一部改正〔平成一二年六月政令三〇四号〕

（消火設備及び警報設備の規格）

第二二条　消火設備若しくは警報設備又はこれらの部分である機械器具（以下この条において「消火設備等」という。）で消防法施行令第三十七条第一号から第六号まで若しくは第八号から第十号まで又は同令第四十一条第一号から第四号までに掲げるものに該当するものは、これらの消火設備等について定められた法第二十一条の二第二項又は法第二十一条の十六の三第一項の技術上の規格に適合するものでなければならない。(は)(に)(と)(を)(よ)(れ)(ら)(う)(み)(ヌ)

2　前項の規定にかかわらず、法第二十一条の二第二項又は法第二十一条の十六の三第一項の規定に基づく技術上の規格に関する総務省令の規定の施行又は適用の際、現に存する製造所等における消火設備等又は現に法第十一条第一項の規定による許可に係る設置若しくは変更の工事中の製造所等に係る消火設備等のうち消防法施行令第三十七条第一号から第六号まで若しくは第八号から第十号まで又は同令第四十一条第一号から第四号までに掲げるものに該当するもので当該技術上の規格に関する総務省令の規定に適合しないものに係る技術上の基準については、総務省令で、一定の期間を限つて、**前項の特例を定める**ことができる。当該技術上の規格に関する総務省令の規定の施行又は適用の日から当該規定による技術上の規格に適合する消火設備等を供用することができる日として**総務大臣が定める日**の前日までの間において法第十一条第一項の規定による許可に係る設置又は変更の工事が開始された製造所等に係る消火設備等のうち消防法施行令第三十七条第一号から第六号まで若しくは第八号から第十号まで又は同令第四十一条第一号から第四号までに掲げるものに該当するもので当該技術上の規格に関する総務省令の規定に適合しないものについても、同様とする。(よ)(れ)(ら)(ゆ)(み)(ヌ)

本条…一部改正〔昭和三五年六月政令一八五号〕、全部改正〔昭和三八年一二月政令三八〇号〕、一部改正〔昭和三九年一二月政令三八〇号・四五年三月二〇号・五〇年七月二一五号〕、一項…一部改正・二項…追加〔昭和五二年二月政令一〇号〕、一・二項…一部改正〔昭和五六年一月政令六号・六一年八月二七四号〕、一項…一部改正〔昭和六三年一二月政令三五八号〕、二項…一部改正〔平成一二年六月政令三〇四号〕、一・二項…一部改正〔平成一三年九月政令三〇〇号・二五年三月八八号〕

解説 **【本条二項に基づく特例を定める省令】** ①平成二二年一二月二二日総務省令第一二二号　②平成二五年三月二七日総務省令第二七号

【総務大臣が定める日】 ①平成二二年一二月二二日総務省告示第四四〇号　②平成二五年三月二七日総務省告示第一三三号

第五節　雑則

（基準の特例）

第二三条　この章の規定は、製造所等について、市町村長等が、危険物の品名及び最大数量、指定数量の倍数、危険物の貯蔵又は取扱いの方法並びに製造所等の周囲の地形その他の状況等から判断して、この章の規定による製造所等の位置、構造及び設備の基準によらなくとも、火災の発生及び延焼のおそれが著しく少なく、かつ、火災等の災害による被害を最少限度に止めることができると認めるとき、又は予想しない特殊の構造若しくは設備を用いることにより、この章の規定による製造所等の位置、構造及び設備の基準による場合と同等以上の効力があると認めるときにおいては、適用しない。(う)

本条…一部改正〔昭和六三年一二月政令三五八号〕

解説 **【基準の特例】** 本条で定める特例は製造所、貯蔵所（危令第二条）、取扱所（危令第三条）における、位置、構造、設備に関してのみ適用が可能なものである。

第四章　貯蔵及び取扱の基準

（通則）

第二四条　法第十条第三項の製造所等においてする危険物の貯蔵及び取扱いのすべてに共通する技術上の基準は、次のとおりとする。(う)

一　製造所等において、法第十一条第一項の規定による許可若しくは法第十一条の四第一項の規定による届出に係る品名以外の危険物又はこれらの許可若しくは届出に係る数量若しくは指定数量の倍数を超える危険物を貯蔵し、又は取り扱わないこと。(ほ)(か)(よ)(う)

二　製造所等においては、**みだりに火気を使用**しないこと。
三　製造所等には、係員以外の者をみだりに出入させないこと。
四　製造所等においては、常に整理及び清掃を行うとともに、みだりに空箱その他の**不必要な物件を置かない**こと。(る)(う)
四の二　貯留設備又は油分離装置にたまつた危険物は、あふれないように随時くみ上げること。(う)(ニ)
五　危険物のくず、かす等は、一日に一回以上当該危険物の性質に応じて安全な場所で**廃棄**その他適当な処置をすること。
六　危険物を貯蔵し、又は取り扱う建築物その他の工作物又は設備は、当該危険物の性質に応じ、遮光又は換気を行うこと。
七　危険物は、温度計、湿度計、圧力計その他の計器を監視して、当該危険物の性質に応じた適正な温度、湿度又は圧力を保つように貯蔵し、又は取り扱うこと。(う)
八　危険物を貯蔵し、又は取り扱う場合においては、当該危険物が**漏れ、あふれ、又は飛散**しないように必要な措置を講ずること。(う)
九　危険物を貯蔵し、又は取り扱う場合においては、危険物の変質、異物の混入等により、当該危険物の危険性が増大しないように必要な措置を講ずること。(う)
十　危険物が残存し、又は残存しているおそれがある設備、機械器具、容器等を修理する場合は、安全な場所において、危険物を完全に除去した後に行うこと。
十一　危険物を容器に収納して貯蔵し、又は取り扱うときは、その容器は、当該危険物の性質に適応し、かつ、破損、腐食、さけめ等がないものであること。
十二　危険物を収納した容器を貯蔵し、又は取り扱う場合は、みだりに転倒させ、落下させ、衝撃を加え、又は引きずる等粗暴な行為をしないこと。
十三　可燃性の液体、**可燃性の蒸気**若しくは**可燃性のガス**がもれ、若しくは滞留するおそれのある場所又は**可燃性の微粉**が著しく浮遊するおそれのある場所では、電線と電気器具とを完全に接続し、かつ、火花を発する機械器具、工具、履物等を使用しないこと。
十四　危険物を**保護液**中に保存する場合は、当該危険物が保護液から露出しないようにすること。

本条…一部改正〔昭和四〇年九月政令三〇八号・四九年六月一八八号・五一年六月一五三号・五二年二月一〇号・六三年一二月三五八号・一八年一月六号〕

解説
【みだりに火気を使用】　製造所等において必要のないにもかかわらず火気を使用する。
【不必要な物件の放置】　空箱等は整理がなされていても放置することは認められない。
【廃棄】　危令第二七条第五項の廃棄の基準による。
【漏れ、あふれ、又は飛散】　本号の「漏れ等」は比較的小規模のもの。大規模なものは消防第三九条の二、同第三九条の三の規定により罰せられる。
【可燃性の蒸気】　ガソリン等の可燃性液体の蒸気
【可燃性のガス】　水素、メタン、プロパン等の気体
【可燃性の微粉】　紛体硫黄、金属粉等の微紛

【保護液】空気に接触させると著しく危険となる危険物を保護するための液。例えば、金属ナトリウムの場合のパラフィン、灯油、軽油、ニトロセルロースの場合の水等

第二五条 法第十条第三項の製造所等においてする危険物の貯蔵及び取扱いの危険物の類ごとに共通する技術上の基準は、次のとおりとする。(う)

一 第一類の危険物は、可燃物との接触若しくは混合、分解を促す物品との接近又は過熱、衝撃若しくは摩擦を避けるとともに、アルカリ金属の過酸化物及びこれを含有するものにあつては、水との接触を避けること。(ち)(う)

二 第二類の危険物は、酸化剤との接触若しくは混合、炎、火花若しくは高温体との接近又は過熱を避けるとともに、鉄粉、金属粉及びマグネシウム並びにこれらのいずれかを含有するものにあつては水又は酸との接触を避け、引火性固体にあつてはみだりに蒸気を発生させないこと。(う)

三 自然発火性物品(第三類の危険物のうち第一条の五第二項の自然発火性試験において同条第三項に定める性状を示すもの並びにアルキルアルミニウム、アルキルリチウム及び黄りんをいう。)にあつては炎、火花若しくは高温体との接近、過熱又は空気との接触を避け、禁水性物品にあつては水との接触を避けること。(う)

四 第四類の危険物は、炎、火花若しくは高温体との接近又は過熱を避けるとともに、みだりに蒸気を発生させないこと。(う)

五 第五類の危険物は、炎、火花若しくは高温体との接近、過熱、衝撃又は摩擦を避けること。

六 第六類の危険物は、可燃物との接触若しくは混合、分解を促す物品との接近又は過熱を避けること。(う)

2 前項の基準は、危険物を貯蔵し、又は取り扱うにあたつて、同項の基準によらないことが通常である場合においては、適用しない。この場合において、当該貯蔵又は取扱については、災害の発生を防止するため、十分な措置を講じなければならない。

一項…一部改正〔昭和四六年六月政令一六八号・六三年一二月三五八号〕

(貯蔵の基準)

第二六条 法第十条第三項の危険物の貯蔵の技術上の基準は、前二条に定めるもののほか、次のとおりとする。(た)

一 貯蔵所においては、危険物以外の物品を貯蔵しないこと。ただし、総務省令〔危則第三八条の四〕で定める場合は、この限りでない。(う)(ゆ)

一の二 法別表第一に掲げる類を異にする危険物は、同一の貯蔵所(耐火構造の隔壁で完全に区分された室が二以上ある貯蔵所においては、同一の室。次号において同じ。)において貯蔵しないこと。ただし、総務省令で定める場合〔危則第三九条〕は、この限りでない。(ほ)(う)(ゆ)(せ)

一の三 第三類の危険物のうち黄りんその他水中に貯蔵する物品

と禁水性物品とは、同一の貯蔵所において貯蔵しないこと。（う）

二　屋内貯蔵所においては、危険物は、総務省令で定めるところにより容器に収納〔危則第三九条の三〕して貯蔵すること。ただし、総務省令で定める危険物〔危則第四〇条〕については、この限りでない。（い）（ほ）（ち）（う）（ゆ）

三　屋内貯蔵所において、同一品名の**自然発火するおそれのある危険物**又は災害が著しく増大するおそれのある危険物を多量貯蔵するときは、指定数量の十倍以下ごとに区分し、かつ、〇・三メートル以上の間隔を置いて貯蔵すること。ただし、総務省令で定める危険物〔危則第四〇条〕については、この限りでない。（い）（ち）（う）（ゆ）

三の二　屋内貯蔵所で危険物を貯蔵する場合においては、総務省令で定める高さ〔危則第四〇条の二〕を超えて容器を積み重ねないこと。（う）（ゆ）

三の三　屋内貯蔵所においては、容器に収納して貯蔵する危険物の温度が五十五度を超えないように必要な措置を講ずること。（う）

四　屋外貯蔵タンク、屋内貯蔵タンク、地下貯蔵タンク又は簡易貯蔵タンクの計量口は、計量するとき以外は閉鎖しておくこと。（ち）（た）

五　屋外貯蔵タンク、屋内貯蔵タンク又は地下貯蔵タンクの**元弁**（液体の危険物を移送するための配管に設けられた弁のうちタンクの直近にあるものをいう。）及び注入口の弁又はふたは、危険物を入れ、又は出すとき以外は、閉鎖しておくこと。（ほ）（ち）（ぬ）

六　屋外貯蔵タンクの周囲に防油堤がある場合は、その水抜口を通常は閉鎖しておくとともに、当該防油堤の内部に滞油し、又は滞水した場合は、遅滞なくこれを排出すること。（ち）

六の二　移動貯蔵タンクには、当該タンクが貯蔵し、又は取り扱う危険物の類、品名及び最大数量を表示すること。（う）

七　移動貯蔵タンク及びその安全装置並びにその他の附属の配管は、さけめ、結合不良、極端な変形、注入ホースの切損等による漏れが起こらないようにするとともに、当該タンクの底弁は、使用時以外は完全に閉鎖しておくこと。（ち）（う）

八　被けん引自動車に固定された移動貯蔵タンクに危険物を貯蔵するときは、当該被けん引自動車にけん引自動車を結合しておくこと。ただし、総務省令〔危則第四〇条の二の二〕で定める場合は、この限りでない。（ち）（お）（ゆ）

八の二　積載式移動タンク貯蔵所以外の移動タンク貯蔵所にあっては、危険物を貯蔵した状態で移動貯蔵タンクの積替えを行わないこと。（う）

九　移動タンク貯蔵所には、第八条第三項の**完成検査済証**、法第十四条の三の二の規定による点検記録その他総務省令で定める

書類〔危則第四〇条の二の三〕を備え付けること。（ち）（う）（ゆ）

十　アルキルアルミニウム、アルキルリチウムその他の総務省令で定める危険物を貯蔵し、又は取り扱う移動タンク貯蔵所には、緊急時における連絡先その他応急措置に関し必要な事項を記載した書類及び総務省令で定める用具〔危則第四〇条の二の四〕を備え付けておくこと。（ち）（う）（ゆ）

十一　屋外貯蔵所においては、第十二号に定める場合を除き、危険物は、総務省令で定めるところにより容器に収納〔危則第三九条の三〕して貯蔵すること。（い）（ち）（た）（う）（ゆ）

十一の二　屋外貯蔵所で危険物を貯蔵する場合においては、総務省令で定める高さ〔危則第四〇条の二〕を超えて容器を積み重ねないこと。（う）（ゆ）

十一の三　屋外貯蔵所において危険物を収納した容器を架台で貯蔵する場合には、総務省令で定める高さ〔危則第四〇条の二の五〕を超えて容器を貯蔵しないこと。（う）（ゆ）

十二　第十六条第二項に規定する屋外貯蔵所においては、硫黄等を囲いの高さ以下に貯蔵するとともに、硫黄等があふれ、又は飛散しないように囲い全体を難燃性又は不燃性のシートで覆い、当該シートを囲いに固着しておくこと。（た）（う）

2　アルキルアルミニウム、アルキルリチウム、アセトアルデヒド、酸化プロピレンその他の総務省令〔危則第四〇条の三〕で定める危険物の貯蔵の技術上の基準は、前項に定めるもののほか、当該危険物の性質に応じ、総務省令〔危則第四〇条の三の二・第四〇条の三の三〕で定める。（う）（ゆ）

本条…一部改正〔昭和三五年六月政令一八五号〕、一項…一部改正・二項…追加〔昭和四〇年九月政令三〇八号〕、一・二項…一部改正〔昭和四六年六月政令一六八号〕、一項…一部改正〔昭和四八年一二月政令三七八号〕、一・二項…一部改正〔昭和五四年七月政令二一一号〕、一項…一部改正・二項…全部改正〔昭和六三年一二月政令三五八号〕、一項…一部改正〔平成三年三月政令二四号〕、一・二項…一部改正〔平成一二年六月政令三〇四号〕、一項…一部改正〔平成一六年二月政令一九号〕

解説　【危険物の区分】　危則第三九条の二
【自然発火するおそれのある危険物】　黄りん、ニトロセルロース等
【元弁】　メインバルブ
【完成検査済証】　写しは認められない。
【アセトアルデヒドの沸点】　摂氏二〇・二度
【酸化プロピレンの沸点】　摂氏三四度

（取扱いの基準）（た）

第二七条　法第十条第三項の危険物の取扱いの技術上の基準は、第二十四条及び第二十五条に定めるもののほか、この条の定めるところによる。（た）

2　危険物の取扱のうち製造の技術上の基準は、次のとおりとする。

一　蒸留工程においては、危険物を取り扱う設備の内部圧力の変動等により、液体、蒸気又はガスが漏れないようにすること。（う）

二　抽出工程においては、抽出罐の内圧が異常に上昇しないようにすること。
三　乾燥工程においては、危険物の温度が局部的に上昇しない方法で加熱し、又は乾燥すること。
四　粉砕工程においては、危険物の粉末が著しく浮遊し、又は危険物の粉末が著しく機械器具等に附着している状態で当該機械器具等を取り扱わないこと。

3　危険物の取扱のうち詰替の技術上の基準は、次のとおりとする。
一　危険物を容器に詰め替える場合〔危則第三九条の三・第三九条の三の二〕は、総務省令で定めるところにより収納すること。(い)(ゆ)
二　危険物を詰め替える場合は、防火上安全な場所で行うこと。

4　危険物の取扱のうち消費の技術上の基準は、次のとおりとする。
一　吹付塗装作業は、防火上有効な隔壁等で区画された安全な場所で行うこと。
二　焼入れ作業は、危険物が危険な温度に達しないようにして行うこと。
三　染色又は洗浄の作業は、可燃性の蒸気の換気をよくして行うとともに、廃液をみだりに放置しないで安全に処置すること。
四　バーナーを使用する場合においては、バーナーの逆火を防ぎ、かつ、危険物があふれないようにすること。(う)

5　危険物の取扱のうち廃棄の技術上の基準は、次のとおりとする。
一　焼却する場合は、安全な場所で、かつ、燃焼又は爆発によつて他に危害又は損害を及ぼすおそれのない方法で行うとともに、見張人をつけること。
二　埋没する場合は、危険物の性質に応じ、安全な場所で行うこと。
三　危険物は、海中又は水中に流出させ、又は投下しないこと。ただし、他に危害又は損害を及ぼすおそれのないとき、又は災害の発生を防止するための適当な措置を講じたときは、この限りでない。

6　第二項から前項までに定めるもののほか、危険物の取扱いの技術上の基準は、次のとおりとする。(う)
一　給油取扱所（第十七条第三項第一号から第三号までに掲げるもの及び顧客に自ら給油等をさせる給油取扱所を除く。）における取扱いの基準(む)(う)(ふ)(て)
イ　自動車等に給油するときは、固定給油設備を使用して直接給油すること。
ロ　自動車等に給油するときは、自動車等の原動機を停止させること。
ハ　自動車等の一部又は全部が給油空地からはみ出たままで給油しないこと。(う)

ニ　固定給油設備からガソリンを容器に詰め替え、又は軽油を車両に固定されたタンクに注入するときは、容器又は車両の一部若しくは全部が給油空地からはみ出たままでガソリンを容器に詰め替え、又は軽油を車両に固定されたタンクに注入しないこと。（ヨ）

ホ　固定注油設備から灯油若しくは軽油を容器に詰め替え、又は車両に固定されたタンクに注入するときは、容器又は車両の一部若しくは全部が注油空地からはみ出たままで灯油若しくは軽油を容器に詰め替え、又は車両に固定されたタンクに注入しないこと。（う）（て）（ニ）（ヨ）

ヘ　移動貯蔵タンクから専用タンク又は廃油タンク等に危険物を注入するときは、移動タンク貯蔵所を専用タンク又は廃油タンク等の注入口の付近に停車させること。（う）（ヨ）

ト　給油取扱所に専用タンク又は簡易タンク（以下このト及びチにおいて「専用タンク等」という。）がある場合において、当該専用タンク等に危険物を注入するときは、次に掲げる措置を講ずること。（ヨ）

⑴　当該専用タンク等に接続する固定給油設備又は固定注油設備の使用を中止すること。ただし、専用タンクに危険物を注入する場合において、総務省令で定める措置〔危則第四〇条の三の三の二〕を講じたときは、この限りでない。（ヨ）

⑵　自動車等を当該専用タンク等の注入口に近づけないこと。（ヨ）

チ　固定給油設備又は固定注油設備には、当該固定給油設備又は固定注油設備に接続する専用タンク等の配管以外のものによつて、危険物を注入しないこと。（う）（て）（ヨ）

リ　自動車等に給油するときその他の総務省令で定めるとき〔危則第四〇条の三の四〕は、固定給油設備又は専用タンクの注入口若しくは通気管の周囲で総務省令で定める部分〔危則第四〇条の三の四〕においては、他の自動車等が駐車することを禁止するとともに、自動車等の点検若しくは整備又は洗浄を行わないこと。（む）（う）（ゆ）（ヨ）

ヌ　第十七条第二項第九号の総務省令で定める空地には、自動車等が駐車又は停車することを禁止するとともに、避難上支障となる物件を置かないこと。（う）（ゆ）（ヨ）

ル　第十七条第二項第九号ただし書に該当する屋内給油取扱所において専用タンクに危険物を注入するときは、可燃性の蒸気〔危則第四〇条の三の五〕の放出を防止するため、総務省令で定めるところにより行うこと。（う）（ゆ）（ヨ）

ヲ　自動車等の洗浄を行う場合は、引火点を有する液体の洗剤を使用しないこと。（う）（ヨ）

ワ　物品の販売その他の総務省令で定める業務〔危則第四〇条の三の六〕は、総務省令で定める場合を除き、第十七条第一項第十七号の建築物（屋内給油取扱所にあつては、建築物の屋内給油取扱所の用に供する部分）の一階（総務省令で定める部分を除く。）のみで行うこと。（む）（う）（ゆ）（ニ）（ヨ）

カ　給油の業務が行われていないときは、係員以外の者を出入させないため必要な措置を講ずること。ただし、総務省令で定める措置〔危則第四〇条の三の六の二〕を講じたときは、こ

の限りでない。(む)(う)(ヨ)

ヨ　顧客に自ら自動車等に給油させ、又はガソリン、灯油若しくは軽油を容器に詰め替えさせ、若しくは灯油若しくは軽油を車両に固定されたタンクに注入させないこと。(て)(ヨ)

一の二　第十七条第三項第一号から第三号までに掲げる給油取扱所における取扱いの基準〔危則第四〇条の三の七～第四〇条の三の九〕は、前号（イ、ハ及びチを除く。）の規定の例によるほか、総務省令で定めるところによること。(う)(ふ)(ゆ)(ヨ)

一の三　顧客に自ら給油等をさせる給油取扱所における取扱いの基準は、第一号（ヨを除く。）の規定の例によるほか、総務省令〔危則第四〇条の三の一〇〕で定めるところによること。(て)(ゆ)(ヨ)

二　第一種販売取扱所及び第二種販売取扱所における取扱いの基準(ち)(ね)

イ　危険物は、次条に規定する容器に収納し、かつ、容器入りのままで販売すること。

ロ　第一種販売取扱所及び第二種販売取扱所においては、塗料類その他の総務省令で定める危険物〔危則第四〇条の三の一二〕を第十八条第一項第九号で定める室で配合する場合を除き、危険物の配合又は詰替えを行わないこと。(い)(ち)(ね)(う)(ゆ)

三　移送取扱所における取扱いの基準(ぬ)

イ　危険物の移送は、危険物を移送するための配管及びポンプ並びにこれらに附属する設備（危険物を運搬する船舶からの陸上への危険物の移送の取扱いを行う移送取扱所にあつては、危険物を移送するための配管及びこれに附属する設備。ロにおいて同じ。）の安全を確認した後に開始すること。(ぬ)

ロ　危険物の移送中は、移送する危険物の圧力及び流量を常に監視し、並びに一日に一回以上、危険物を移送するための配管及びポンプ並びにこれらに附属する設備の安全を確認するための巡視を行うこと。(ぬ)(る)

ハ　移送取扱所を設置する地域について、地震を感知し、又は地震の情報を得た場合には、直ちに、総務省令で定めるところにより、災害の発生又は拡大を防止〔危則第四〇条の四〕するため必要な措置を講ずること。(ぬ)(ゆ)

四　移動タンク貯蔵所（積載式移動タンク貯蔵所を除く。）における取扱いの基準(ほ)(ぬ)(う)(ま)

イ　移動貯蔵タンクから危険物を貯蔵し、又は取り扱うタンクに液体の危険物を注入するときは、当該タンクの注入口に移動貯蔵タンクの注入ホースを緊結すること。ただし、総務省令〔危則第四〇条の五〕で定めるところにより、総務省令で定めるタンクに引火点が四十度以上の第四類の危険物を注入するときは、この限りでない。(ほ)(る)(た)(う)(ゆ)

ロ　移動貯蔵タンクから液体の危険物を容器に詰め替えないこと。ただし、総務省令で定めるところにより、総務省令で定める容器〔危則第四〇条の五の二〕に引火点が四十度以上の第四類の危険物を詰め替えるときは、この限りでない。(う)(ゆ)

ハ　ガソリン、ベンゼンその他静電気による災害が発生するおそれのある液体の危険物を移動貯蔵タンクに入れ、又は移動貯蔵タンクから出すときは、総務省令で定めるところにより当該移動貯蔵タンクを接地〔危則第四〇条の六〕すること。(ほ)(う)(ゆ)

ニ　移動貯蔵タンクから危険物を貯蔵し、又は取り扱うタンクに引火点が四十度未満の危険物を注入するときは、移動タンク貯蔵所の原動機を停止させること。(ち)(た)(う)

ホ　ガソリン、ベンゼンその他静電気による災害が発生するおそれのある液体の危険物を移動貯蔵タンクにその上部から注入するときは、注入管を用いるとともに、当該注入管の先端を移動貯蔵タンクの底部に着けること。(ち)(う)

ヘ　ガソリンを貯蔵していた移動貯蔵タンクに灯油若しくは軽油を注入するとき、又は灯油若しくは軽油を貯蔵していた移動貯蔵タンクにガソリンを注入するときは、総務省令で定めるところにより、静電気等による災害を防止〔危則第四〇条の七〕するための措置を講ずること。(ち)(う)(ゆ)

五　積載式移動タンク貯蔵所における取扱いの基準は、前号ロからヘまでの規定の例によるほか、総務省令〔危則第四〇条の八〕で定めるところによること。(う)(ゆ)

7　アルキルアルミニウム、アルキルリチウム、アセトアルデヒド、酸化プロピレンその他の総務省令で定める危険物〔危則第四〇条の九〕又は第四類の危険物のうちメタノール若しくはエタノール若しくはこれらを含有するものの取扱いの技術上の基準は、前各項に定めるもののほか、当該危険物の性質に応じ、総務省令〔危則第四〇条の一〇～第四〇条の一四〕で定める。(う)(ま)(ゆ)(チ)

三・六項…一部改正〔昭和三五年六月政令一八五号〕、六項…一部改正〔昭和四〇年九月政令三〇八号・四六年六月一六八号・四八年一二月三七八号・四九年六月一八八号〕、見出し…改正・一・六項…一部改正〔昭和五四年七月政令二一一号〕、六項…一部改正〔昭和五九年六月政令一八〇号・六二年三月八六号〕、二・四・六項…一部改正・七項…追加〔昭和六三年一二月政令三五八号〕、六・七項…一部改正〔平成六年三月政令三七号〕、六項…一部改正〔平成七年二月政令一五号・一〇年二月三一号〕、三・六・七項…一部改正〔平成一二年六月政令三〇四号〕、六項…一部改正〔平成一八年一月政令六号〕、七項…一部改正〔平成二三年一二月政令四〇五号〕、六項…一部改正〔令和五年一二月政令三四八号〕

解説　**【静電気による災害が発生するおそれのある液体危険物】**　特殊引火物、第一石油類、第二石油類等

第五章　運搬及び移送の基準(ち)

章名…改正〔昭和四六年六月政令一六八号〕

（運搬容器）

第二八条　法第十六条の規定による危険物を運搬するための容器（以下「運搬容器」という。）の技術上の基準は、次のとおりとする。

一　運搬容器の材質〔危則第四一条〕は、鋼板、アルミニウム板、ブリキ板、ガラスその他総務省令で定めるものであること。(い)(う)(ゆ)

二　運搬容器の構造及び最大容積〔危則第四二条・第四三条・別表

第三～別表第三の四、危告示第六八条の三～第六八条の四〕は、総務省令で定めるものであること。（い）（ゆ）

本条…一部改正〔昭和三五年六月政令一八五号・六三年一二月三五八号・平成一二年六月三〇四号〕

（積載方法）

第二九条　法第十六条の規定による積載方法の技術上の基準は、次のとおりとする。

一　危険物は、前条の運搬容器に総務省令で定めるところにより収納〔危則第四三条の三〕して積載すること。ただし、塊状の硫黄等を運搬するため積載する場合又は危険物を一の製造所等から当該製造所等の存する敷地と同一の敷地内に存する他の製造所等へ運搬するため積載する場合は、この限りでない。（い）（う）（ゆ）

二　危険物は、運搬容器の外部に、総務省令で定めるところにより、危険物の品名、数量等を表示〔危則第四四条〕して積載すること。（い）（う）（ゆ）

三　危険物は、当該危険物が転落し、又は危険物を収納した運搬容器が落下し、転倒し、若しくは破損しないように積載すること。（う）

四　運搬容器は、収納口を上方に向けて積載すること。（う）

五　総務省令で定める危険物は、日光の直射又は雨水の浸透を防ぐため有効に被覆する等当該危険物の性質に応じて総務省令で定める措置〔危則第四五条〕を講じて積載すること。（い）（う）（ゆ）

六　危険物は、総務省令で定めるところにより、類を異にするその他の危険物又は災害を発生させるおそれのある物品と混載〔危則第四六条〕しないこと。（い）（う）（ゆ）

七　危険物を収納した運搬容器を積み重ねる〔危則第四六条の二〕場合においては、総務省令で定める高さ以下で、総務省令で定めるところにより積載すること。（う）（ゆ）

本条…一部改正〔昭和三五年六月政令一八五号・六三年一二月三五八号・平成一二年六月三〇四号〕

（運搬方法）

第三〇条　法第十六条の規定による運搬方法の技術上の基準は、次のとおりとする。

一　危険物又は危険物を収納した運搬容器が著しく摩擦又は動揺を起さないように運搬すること。

二　指定数量以上の危険物を車両で運搬する場合には、総務省令で定めるところにより、当該車両に標識〔危則第四七条〕を掲げること。（い）（ゆ）

三　指定数量以上の危険物を車両で運搬する場合において、積替、休憩、故障等のため車両を一時停止させるときは、安全な場所を選び、かつ、運搬する危険物の保安に注意すること。

四　指定数量以上の危険物を車両で運搬する場合には、第二十条に規定する消火設備のうち当該危険物に適応するものを備えること。

五　危険物の運搬中危険物が著しくもれる等災害が発生するおそれのある場合は、災害を防止するため応急の措置を講ずるとともに、もよりの消防機関その他の関係機関に通報すること。

2　品名又は指定数量を異にする二以上の危険物を運搬する場合において、当該運搬に係るそれぞれの危険物の数量を当該危険物の指定数量で除し、その商の和が一以上となるときは、指定数量以上の危険物を運搬しているものとみなす。（う）

本条…一部改正〔昭和三五年六月政令一八五号〕、二項…追加〔昭和六三年一二月政令三五八号〕、一項…一部改正〔平成一二年六月政令三〇四号〕

（移送の基準）

第三〇条の二　法第十六条の二第二項の移動タンク貯蔵所による危険物の移送に関し政令で定める基準は、次のとおりとする。（ち）

一　危険物の移送をする者は、移送の開始前に、移動貯蔵タンクの底弁その他の弁、マンホール及び注入口のふた、消火器等の点検を十分に行なうこと。（ち）

二　危険物の移送をする者は、当該移送が総務省令で定める長時間にわたるおそれがある移送〔危則第四七条の二〕であるときは、二人以上の運転要員を確保すること。ただし、動植物油類その他総務省令で定める危険物〔危則第四七条の二〕の移送については、この限りでない。（ち）（う）（ゆ）（ひ）

三　危険物の移送をする者は、移動タンク貯蔵所を休憩、故障等のため一時停止させるときは、安全な場所を選ぶこと。（ち）

四　危険物の移送をする者は、移動貯蔵タンクから危険物が著しくもれる等災害が発生するおそれのある場合には、災害を防止するため応急措置を講ずるとともに、もよりの消防機関その他の関係機関に通報すること。（ち）

五　危険物の移送をする者は、アルキルアルミニウム、アルキルリチウムその他の総務省令で定める危険物〔危則第四七条の三〕の移送をする場合には、総務省令で定めるところにより、移送の経路その他必要な事項を記載した書面〔危則第四七条の三〕を関係消防機関に送付するとともに、当該書面の写しを携帯し、当該書面に記載された内容に従うこと。ただし、災害その他やむを得ない理由がある場合には、当該記載された内容に従わないことができる。（ち）（う）（ゆ）

本条…追加〔昭和四六年六月政令一六八号〕、一部改正〔昭和六三年一二月政令三五八号・平成一二年六月三〇四号・一五年一二月五一七号〕

第五章の二　危険物保安統括管理者（か）

本章…追加〔昭和五一年六月政令一五三号〕

（危険物保安統括管理者を定めなければならない事業所等）

第三〇条の三　法第十二条の七第一項の政令で定める製造所、貯蔵所又は取扱所は、第四類の危険物を取り扱う製造所、移送取扱所又は一般取扱所のうち、総務省令で定めるもの〔危則第四七条の四〕以外のもの（以下「指定施設」という。）とする。(か)(ゆ)

2　法第十二条の七第一項の政令で定める数量は、指定施設において取り扱う第四類の危険物について、指定数量の三千倍に相当する数量（移送取扱所にあつては、総務省令で定める数量〔危則第四七条の五〕）とする。(か)(ゆ)

3　法第十二条の七第一項の**危険物保安統括管理者**は、当該事業所においてその事業の実施を統括管理する者をもつて充てなければならない。(か)(う)

本条…追加〔昭和五一年六月政令一五三号〕、三項…一部改正〔昭和六三年一二月政令三五八号〕、一・二項…一部改正〔平成一二年六月政令三〇四号〕

解説 **【危険物保安統括管理者の資格】** 資格そのものに規制はないが「その事業の実施を統括、管理する者をもつて充てる」こととして運用されている。
【選解任届出書】 危則第四七条の六・別記様式第一九

第六章　危険物保安監督者、危険物取扱者及び危険物取扱者免状(ち)

章名…改正〔昭和四六年六月政令一六八号〕

（危険物保安監督者及び危険物取扱者の責務）(ち)

第三一条　法第十三条第一項の**危険物保安監督者**は、危険物の取扱作業に関して保安の監督をする場合は、誠実にその職務を行わなければならない。(ち)(う)

2　**危険物取扱者**は、危険物の取扱作業に従事するときは、法第十条第三項の貯蔵又は取扱いの技術上の基準を遵守するとともに、当該危険物の保安の確保について細心の注意を払わなければならない。(ち)

3　甲種危険物取扱者又は乙種危険物取扱者は、危険物の取扱作業の立会をする場合は、取扱作業に従事する者が法第十条第三項の貯蔵又は取扱の技術上の基準を遵守するように監督するとともに、必要に応じてこれらの者に指示を与えなければならない。(ち)

見出し…改正・一項…一部改正・二項…追加・旧二項…一部改正し三項に繰下〔昭和四六年六月政令一六八号〕、一項…一部改正〔昭和六三年一二月政令三五八号〕

解説 **【保安監督者の業務】** 危則第四八条。本条は委任命令でなく執行命令である。
【実務経験】 危則第四八条の二

（危険物保安監督者を定めなければならない製造所等）

第三一条の二　法第十三条第一項の政令で定める製造所、貯蔵所又は取扱所は、製造所等のうち次に掲げるもの以外のものとする。(ち)(る)

一　屋内貯蔵所又は地下タンク貯蔵所で、指定数量の倍数が三十

以下のもの（**引火点が四十度以上**の第四類の危険物のみを貯蔵し、又は取り扱うものに限る。）（う）

二　引火点が四十度以上の第四類の危険物のみを貯蔵し、又は取り扱う屋内タンク貯蔵所又は簡易タンク貯蔵所（ち）（た）（う）

三　移動タンク貯蔵所（ち）

四　指定数量の倍数が三十以下の屋外貯蔵所（ち）（う）

五　引火点が四十度以上の第四類の危険物のみを取り扱う第一種販売取扱所又は第二種販売取扱所（ち）（た）（う）

六　指定数量の倍数が三十以下の一般取扱所（引火点が四十度以上の第四類の危険物のみを取り扱うものに限る。）で次に掲げるもの（ち）（た）（う）

イ　ボイラー、バーナーその他これらに類する装置で危険物を消費するもの（ち）

ロ　**危険物を容器に詰め替えるもの**（ち）

本条…追加〔昭和四六年六月政令一六八号〕、一部改正〔昭和四九年六月政令一八八号・五四年七月二一一号・六三年一二月三五八号〕

解説　**【引火点が四十度以上のもの】**　引火点がない危険物はこれに当たらない。

【危険物を容器に詰め替えるもの】「小口詰替の一般取扱所」等、容器へ詰め替えることを取扱いの目的とした一般取扱所がこれに該当する。

（免状の交付の申請）

第三十二条　法第十三条の二第三項の危険物取扱者免状〔危則第五〇条・別記様式第二一〕（以下この章において「免状」という。）の交付を受けようとする者は、申請書に総務省令で定める書類を添えて、当該免状に係る危険物取扱者試験を行つた都道府県知事（法第十三条の七第二項に規定する指定試験機関の行つた危険物取扱者試験を受けた者にあつては、当該危険物取扱者試験の実施に関する事務を当該指定試験機関に行わせることとした都道府県知事）に提出しなければならない。（い）（ち）（な）（ゆ）

本条…一部改正〔昭和三五年六月政令一八五号・四六年六月一六八号・五九年九月二七六号・平成一二年六月三〇四号〕

（免状の記載事項）

第三十三条　**免状**〔危則第五一条・別記様式第二二〕には、次に掲げる事項を記載するものとする。

一　免状の交付年月日及び交付番号

二　氏名及び生年月日

三　本籍地の属する都道府県（ち）（な）

四　免状の種類並びに取り扱うことができる危険物及び甲種危険物取扱者又は乙種危険物取扱者がその取扱作業に関して立ち会うことができる危険物の種類（ち）

五　その他総務省令で定める事項〔危則第五一条〕（い）（ゆ）

本条…一部改正〔昭和三五年六月政令一八五号・四六年六月一六八号・五九年九月二七六号・平成一二年六月三〇四号〕

解説　【事務処理手続】　昭和六三年一二月二七日消防危第一二五号（危険物取扱者免状に関する事務処理手続きについて）

（免状の書換え）（さ）

第三四条　免状の交付を受けている者は、免状の記載事項に変更を生じたときは、遅滞なく、当該免状に総務省令で定める書類を添えて、当該免状を交付した都道府県知事又は居住地若しくは勤務地を管轄する都道府県知事にその書換えを申請〔危則第五二条・別記様式第二三〕しなければならない。（い）（さ）（ゆ）

本条…一部改正〔昭和三五年六月政令一八五号〕、見出し…改正・本条…一部改正〔平成一一年一〇月政令三二四号〕、本条…一部改正〔平成一二年六月政令三〇四号〕

解説　【手数料】　手数料令第二一項

（免状の再交付）

第三五条　免状の交付を受けている者は、免状を亡失し、滅失し、汚損し、又は破損した場合は、当該免状の交付又は書換えをした都道府県知事にその再交付を申請〔危則第五三条・別記様式第二三〕することができる。（ほ）

2　免状の汚損又は破損により前項の申請をする場合は、申請書に当該免状を添えて提出しなければならない。

3　免状を亡失してその交付を受けた者は、亡失した免状を発見した場合は、これを十日以内に免状の再交付を受けた都道府県知事に提出しなければならない。

一項…一部改正〔昭和四〇年九月政令三〇八号〕

解説　【手数料】　手数料令第二一項

（総務省令への委任）（ゆ）

第三五条の二　第三十二条から前条までに定めるもののほか、免状の交付、返納、書換え及び再交付に関し必要な事項は、総務省令〔危則第五〇条の二・第五〇条の三・第五一条の二・第五一条の三・第五二条の二・第五三条の二〕で定める。（さ）（ゆ）

本条…追加〔平成一一年一〇月政令三二四号〕、見出し…改正・本条…一部改正〔平成一二年六月政令三〇四号〕

第七章　危険物施設保安員（ほ）

本章…追加〔昭和四〇年九月政令三〇八号〕

（危険物施設保安員を定めなければならない製造所等の指定）

第三六条　法第十四条の政令で定める製造所、貯蔵所又は取扱所は、指定数量の倍数が百以上の製造所若しくは一般取扱所又は移送取扱所のうち、総務省令〔危則第六〇条〕で定めるもの以外のものとする。（ほ）（ぬ）（う）（ゆ）

本条…全部改正〔昭和四〇年九月政令三〇八号〕、一部改正〔昭和四八年一二月政令三七八号・六三年一二月三五八号・平成一二年六月三〇四号〕

第八章　予防規程（ほ）

本章…追加〔昭和四〇年九月政令三〇八号〕

（予防規程を定めなければならない製造所等の指定）

第三七条　法第十四条の二第一項の政令で定める製造所、貯蔵所又は取扱所は、第七条の三各号に掲げる製造所等又は給油取扱所のうち、総務省令〔危則第六一条〕で定めるもの以外のものとする。（ほ）（ぬ）（る）（む）（ゆ）

本条…全部改正〔昭和四〇年九月政令三〇八号〕、一部改正〔昭和四八年一二月政令三七八号〕、全部改正〔昭和四九年六月政令一八八号〕、一部改正〔昭和六二年三月政令八六号・平成一二年六月三〇四号〕

第九章　自衛消防組織（ほ）

本章…追加〔昭和四〇年九月政令三〇八号〕

（自衛消防組織を置かなければならない事業所）

第三八条　法第十四条の四の政令で定める製造所、貯蔵所又は取扱所は、指定施設〔危令第三〇条の三〕とする。（か）

2　法第十四条の四の政令で定める数量は、第三十条の三第二項に規定する数量とする。（か）

本条…全部改正〔昭和四〇年九月政令三〇八号〕、一・二項…一部改正〔昭和四八年一二月政令三七八号・四九年六月一八八号〕、本条…全部改正〔昭和五一年六月政令一五三号〕

（自衛消防組織の編成）

第三八条の二　法第十四条の四の規定による自衛消防組織（以下「自衛消防組織」という。）は、次の表の上欄に掲げる事業所の区分に応じそれぞれ同表の中欄及び下欄に掲げる数以上の人員及び化学消防自動車（指定施設である移送取扱所を有する事業所にあつては、総務省令〔危則第六四条〕で定める数以上の人員及び化学消防自動車）をもつて編成しなければならない。ただし、火災その他の災害のための相互応援に関する協定を締結している事業所については、総務省令で定めるところにより編成〔危則第六四条の二〕することをもつて足りるものとする。（ほ）（ち）（ぬ）（る）（ゆ）

事業所の区分	人員数	化学消防自動車の台数
指定施設において取り扱う第四類の危険物の最大数量が指定数量の十二万倍未満である事業所	五人	一台
指定施設において取り扱う第四類の危険物の最大数量が指定数量の十二万倍以上二十四万倍未満である事業所	十人	二台

指定施設において取り扱う第四類の危険物の最大数量が指定数量の二十四万倍以上四十八万倍未満である事業所	十五人	三台
指定施設において取り扱う第四類の危険物の最大数量が指定数量の四十八万倍以上である事業所	二十人	四台

2　前項の化学消防自動車〔危則第六五条〕は、総務省令で定める消火能力及び設備を有するものでなければならない。（ほ）（ゆ）

3　第一項の化学消防自動車には、消火活動を実施するために必要な消火薬剤及び器具を備えておかなければならない。（ほ）

本条…追加〔昭和四〇年九月政令三〇八号〕、一部改正〔昭和四六年六月政令一六八号〕、一項…一部改正〔昭和四八年一二月政令三七八号・四九年六月一八八号〕、一・二項…一部改正〔平成一二年六月政令三〇四号〕

解説　【相互応援に関する協定】　二以上の事業所間で一の事業所に火災等の災害が発生した場合、他の事業所の自衛消防組織が直ちに災害現場にかけつけ、消防活動等の応援を行う旨を定めること。

第十章　映写室の構造及び設備の基準（ほ）

章名…改正・旧七章…繰下〔昭和四〇年九月政令三〇八号〕

（映写室の基準）

第三九条　法第十五条に規定する映写室の構造及び設備の技術上の基準は、次のとおりとする。（ち）

一　映写室には、総務省令で定めるところにより、見やすい箇所に映写室である旨を表示した標識〔危則第六六条〕及び防火に関し必要な事項を掲示した掲示板〔危則第六六条〕を設けること。（い）（ゆ）

二　映写室の壁、柱、床及び天井は、耐火構造とすること。

三　映写室は、間口を一メートルに映写機一台につき一メートルを加えた長さ以上、奥行を三メートル以上、天井の高さを二・一メートル以上とすること。

四　出入口は、幅を〇・六メートル以上、高さを一・七メートル以上とし、かつ、外開きの自動閉鎖の特定防火設備を設けること。（き）

五　映写窓その他の開口部には、事故又は火災が発生した場合に当該開口部を直ちに閉鎖することができる装置を有する防火板を設けること。

六　映写室には、不燃材料で作つた映写機用排気筒及び室内換気筒を屋外に通ずるように設けること。

七　映写室には、フィルムを収納するための不燃材料で作つた格納庫を設けること。

八　映写室には、映写機の整流器を設けないこと。

九　映写室には、総務省令で定めるところにより、消火設備〔危則第六七条〕を設けること。（い）（ゆ）

本条…一部改正〔昭和三五年六月政令一八五号・四六年六月一六八号・平成一二年四月二一一号・六月三〇四号〕

第十一章　緊急時の指示（さ）

本章…追加〔平成一一年一〇月政令三二四号〕

（緊急時の指示の手続）

第三九条の二　総務大臣は、法第十六条の八の二の規定により法第十一条の五第二項又は第十六条の三第四項に規定する事務の処理について指示をしたときは、当該指示に係る移動タンク貯蔵所につき法第十一条第一項の規定による許可をした市町村長等に対し、その旨を通知しなければならない。（さ）（ゆ）

本条…追加〔平成一一年一〇月政令三二四号〕、一部改正〔平成一二年六月政令三〇四号〕

（緊急時の指示の対象となる事務）

第三九条の三　法第十六条の八の二の政令で定める事務は、法第十一条の五第一項及び第二項、第十二条第二項、第十二条の三第一項、第十六条の三第三項及び第四項並びに第十六条の六第一項の規定により都道府県知事又は市町村長が行うこととされる事務とする。（さ）（ゑ）

本条…追加〔平成一一年一〇月政令三二四号〕、一部改正〔平成一四年八月政令二七四号〕

第十二章　雑則（ほ）（さ）

旧八章…繰下〔昭和四〇年九月政令三〇八号〕、旧一一章…繰下〔平成一一年一〇月政令三二四号〕

（手数料）

第四〇条　法第十六条の四第一項の規定により納付すべき手数料の額は、次の表のとおりとする。（ろ）（ほ）（ち）（ぬ）（る）（よ）（そ）（ね）（な）（む）（う）（ゐ）（お）（く）（ま）（こ）（て）（あ）（さ）（す）（ワ）

手数料を納付すべき者	区　分	手数料の額
(一) 法第十一条第一項前段の規定による移送取扱所の設置の許可を受けようとする者	危険物を移送するための配管の延長（当該配管の起点又は終点が二以上ある場合には、任意の起点から任意の終点までの当該配管の延長のうち最大のもの。以下同じ。）が十五キロメートル以下の移送取扱所（危険物を移送するための配管に係る最大常用圧力が〇・九五メガパスカル以上のものであつて、かつ、危険物を移送するための配管の延長が七キロメートル以上のものを除く。）	七万六千二百円
	危険物を移送するための配管に係る最大常用圧力が〇・九五メガパスカル以上であつて、かつ、危険物を移送するための配管の延長が七キロメートル以上十五キロメートル以下の移送取扱所	十八万四百円
	危険物を移送するための配管の延長が十五キロメートルを超える移送取扱所	十八万四百円に危険物

項	手数料を納付しなければならない者	区分	金額
			を移送するための配管の延長が十五キロメートル又は十五キロメートルに満たない端数を増すごとに二万九千四百円を加えた額
(二)	法第十一条第一項後段の規定による移送取扱所の変更の許可を受けようとする者	危険物を移送するための配管の延長が十五キロメートル以下の移送取扱所（危険物を移送するための配管に係る最大常用圧力が〇・九五メガパスカル以上のものであつて、かつ、危険物を移送するための配管の延長が七キロメートル以上のものを除く。）	六万二千二百円
		危険物を移送するための配管に係る最大常用圧力が〇・九五メガパスカル以上であつて、かつ、危険物を移送するための配管の延長が七キロメートル以上十五キロメートル以下の移送取扱所	十万八千三百円
		危険物を移送するための配管の延長が十五キロメートルを超える移送取扱所	十万八千三百円に危険物を移送するための配管の延長が十五キロメートル又は十五キロメートルに満たない端数を増すごとに一万四千七百円を加えた額
(三)	移送取扱所の設置の完成検査を受けようとする者	危険物を移送するための配管の延長が十五キロメートル以下の移送取扱所（危険物を移送するための配管に係る最大常用圧力が〇・九五メガパスカル以上のものであつて、かつ、危険物を移送するための配管の延長が七キロメートル以上のものを除く。）	六万二千円
		危険物を移送するための配管に係る最大常用圧力が〇・九五メガパスカル以上であつて、かつ、危険物を移送するための配管の延長が七キロメートル以上十五キロメートル以下の移送取扱所	十一万九千二百円
		危険物を移送するための配管の延長が十五キロメートルを超える移送取扱所	十一万九千二百円に危険物を移送するための配管の延長が十五キロメートル又は十五キロメートルに満たない端数を増すごとに一万四千四百円を加えた額
(四)	移送取扱所の変更の完成検査を受けようとする者	危険物を移送するための配管の延長が十五キロメートル以下の移送取扱所（危険物を移送するための配管に係る最大常用圧力が〇・九五メガパスカル以上のものであつて、かつ、危険物を移送するための配管の延長が七キロメートル以上のものを除く。）	五万五千四百円
		危険物を移送するための配管に係る最	

		大常用圧力が〇・九五メガパスカル以上であつて、かつ、危険物を移送するための配管の延長が七キロメートル以上十五キロメートル以下の移送取扱所	七万七千九百円
		危険物を移送するための配管の延長が十五キロメートルを超える移送取扱所	七万七千九百円に危険物を移送するための配管の延長が十五キロメートル又は十五キロメートルに満たない端数を増すごとに七千円を加えた額
(五)	法第十一条第五項ただし書の規定による移送取扱所の仮使用の承認を受けようとする者		七千三百円
(六)	法第十四条の三第一項の規定による移送取扱所の保安に関する検査を受けようとする者	危険物を移送するための配管に係る最大常用圧力が〇・九五メガパスカル以上であつて、かつ、危険物を移送するための配管の延長が七キロメートル以上十五キロメートル以下の移送取扱所	十五万五千五百円
		危険物を移送するための配管の延長が十五キロメートルを超える移送取扱所	十五万五千五百円に危険物を移送するための配管の延長が十五キロメートル又は十五キロメートルに満たない端数を増すごとに二万三千円を加えた額

備考　この表の上欄に掲げる者が、情報通信技術を活用した行政の推進等に関する法律（平成十四年法律第百五十一号）第六条第一項の規定により同項に規定する電子情報処理組織を使用して同法第三条第八号に規定する申請等をする場合における手数料の額は、同表の下欄に定める額から百円を減じた額とする。

2　法第十六条の四第二項の規定により納付すべき手数料の額は、四千七百円とする。（な）（さ）

本条…一部改正〔昭和三八年四月政令一三二号・四〇年九月三〇八号・四六年六月一六八号・四八年一二月三七八号・四九年六月一八八号・五二年二月一〇号・五七年一月二号・五九年六月一八〇号〕、一項…一部改正・二項…追加〔昭和五九年九月政令二七六号〕、一項…一部改正〔昭和六二年三月政令八六号・六三年一二月三五八号・平成元年三月四〇号・三年三月二四号・四年一二月三六六号・六年三月三七号・九年二月二三号・一〇年二月三一号・一一年一月三号〕、一項…一部改正・二項…全部改正〔平成一一年一〇月政令三二四号〕、一項…一部改正〔平成一六年三月政令七三号・令和元年一二月一八三号〕

解説　手数料の額は徴収すべき額であり、市町村規則等により減免規定を設けることはできない。

【許可申請後の変更】　一般には申請内容の変更として扱い、新たな許可手数料を徴収することはできない。ただし、許可内容の変更によって手数料が増加する場合はその差額を徴収する（減少する場合の差額の返還は行わない。）。

【許可後、完成(前)検査前の変更】　変更許可手数料を徴収する。

（第一類の危険物等の特例）

第四一条　第一類の危険物、第二類の危険物及び第五類の危険物のうち総務省令〔危則第七二条〕で定めるものについては、第九条第一項第二号、第四号から第七号まで、第九号、第二十号及び第二十一号（これらの規定を第十九条第一項において準用する場合を含む。）、第十条第一項第一号、第四号から第七号まで及び第十二号、第二十条第一項第三号並びに第二十七条第五項第三号に定める基準に関して、総務省令で特例を定めることができる。（い）(よ)(ね)(う)(ゆ)

本条…一部改正〔昭和三五年六月政令一八五号・五二年二月一〇号・五九年六月一八〇号・六三年一二月三五八号・平成一二年六月三〇四号〕

解説 【第一類の危険物等の特例】　本条は火薬類取締法との調整を目的としたものである。

（行政庁の変更に伴う特例）

第四一条の二　法第十六条の七に規定する行政庁に変更があつた場合には、当該変更があつた日前に、当該変更に係る変更前の行政庁（以下この条において「変更前行政庁」という。）にされている法第三章の規定による許可の申請、届出その他の手続又は変更前行政庁がした同章の規定による許可その他の処分は、当該変更に係る変更後の行政庁（以下この条において「変更後行政庁」という。）にされている同章の規定による許可の申請、届出その他の手続又は変更後行政庁がした同章の規定による許可その他の処分とみなす。(よ)

本条…追加〔昭和五二年二月政令一〇号〕

解説 【行政庁の変更に伴う事務引継】　危則第七一条

（危険物保安技術協会の検査員の資格）

第四一条の三　法第十六条の三十八第一項の政令で定める資格を有する者は、次の各号のいずれかに該当する者とする。(う)

一　学校教育法（昭和二十二年法律第二十六号）による大学（同法による短期大学を除く。）において機械工学、造船工学、土木工学又は建築工学の学科又は課程を修めて卒業した者であつて、石油タンク、高圧ガスタンク等の鋼構造物の建設、改造又は修理に係る研究、設計、工事の監督又は検査（次号及び第三号において「石油タンク等の研究等」という。）に三年以上の実務の経験を有するもの(う)(ヲ)

二　学校教育法による短期大学（同法による専門職大学の前期課程を含む。）又は高等専門学校において機械工学、造船工学、土木工学又は建築工学の学科又は課程を修めて卒業した者（同法による専門職大学の前期課程にあつては、修了した者）であつて、石油タンク等の研究等に五年以上の実務の経験を有するもの(う)(ヲ)

三　石油タンク等の研究等に七年以上の実務の経験を有する者(う)

四　総務大臣が前三号のいずれかに掲げる者と同等以上の学力及び経験を有すると認定した者(う)(ゆ)

本条…追加〔昭和六三年一二月政令三五八号〕、一部改正〔平成一二年六月政令三〇四号・一九年九月二三二号〕

（総務省令への委任）(い)(ゆ)

第四二条　この政令で定めるもののほか、申請書等の様式及び提出部数は、総務省令〔危則第九条等〕で定める。(い)(ゆ)

見出し…改正・本条…一部改正〔昭和三五年六月政令一八五号・平成一二年六月三〇四号〕

附　則

1　この政令は、昭和三十四年九月三十日から施行する。

2　消防法の一部を改正する法律（昭和三十四年法律第八十六号）附則第二項の規定により、法第十一条第一項及び第三項の規定に基く設置若しくは変更の許可又は完成検査を受けて使用しているものとみなされる製造所等については、昭和三十五年三月三十一日までの間は、第九条（第十九条において準用する場合を含む。）第二号、第四号から第六号まで、第十条第二号、第四号から第七号まで及び第十五号、第十一条第二号、第五号及び第十五号、第十二条第一号、第四号、第十二号及び第十三号、第十七条第一項第一号、第二号、第九号、第十号及び第二項第一号から第三号まで、第十八条第三号から第六号まで及び第九号、第二十条第一項第一号並びに第二十一条の規定は、適用しない。この場合において、当該製造所等の位置、構造及び設備のうち、当該各規定に係るものの制限については、なお従前の例による。

3　消防法の一部を改正する法律附則第三項後段の規定により、法第十一条第一項及び第三項の規定による設置の許可及び完成検査を受けて使用しているものとみなされる製造所等については、昭和三十五年三月三十一日までの間は、第九条（第十九条において準用する場合を含む。）第二号、第四号から第六号まで、第十条第二号、第四号から第七号まで及び第十五号、第十一条第二号、第五号及び第十五号、第十二条第一号、第四号、第十二号及び第十三号、第十七条第一項第一号、第二号、第九号、第十号及び第二項第一号から第三号まで、第十八条第三号から第六号まで及び第九号、第二十条第一項第一号並びに第二十一条の規定は、適用しない。

4　沖縄県の区域内の製造所等の位置、構造及び設備の技術上の基準については、沖縄の復帰に伴う特別措置に関する法律（昭和四十六年法律第百二十九号。第六項において「沖縄特別措置法」という。）の施行の日から昭和四十八年三月三十一日までの間は、第三章の規定にかかわらず、同章の規定に相当する沖縄法令の規定の例による。(り)

5　昭和四十八年四月一日において現に消防法第十一条の規定によ

り許可を受けている前項の製造所等のうち、その位置、構造又は設備が第三章の規定に適合しないものに係る技術上の基準については、同章の規定にかかわらず、当分の間、同章の規定に相当する沖縄法令の規定の例による。〔り〕

6　沖縄県の区域内において行なう危険物の貯蔵、取扱い及び運搬の基準については、沖縄特別措置法の施行の日から昭和四十八年三月三十一日（これらの基準のうち容器に係るものにあつては、昭和五十年三月三十一日）までの間は、第四章及び第五章の規定にかかわらず、これらの規定に相当する沖縄法令の規定の例による。〔り〕

7　〔略〕〔り〕

四―六項…追加・旧四項…七項に繰下〔昭和四七年四月政令一一七号〕

附　則（い）〔昭和三五年六月三〇日政令第一八五号〕

この政令は、自治庁設置法の一部を改正する法律の施行の日（昭和三十五年七月一日）から施行する。

附　則（ろ）〔昭和三八年四月一五日政令第一三二号〕

この政令は、公布の日から施行する。

附　則（は）〔昭和三八年一二月一九日政令第三八〇号抄〕

（施行期日）

1　この政令は、昭和三十九年一月一日から施行する。〔以下略〕

附　則（に）〔昭和三九年一二月二八日政令第三八〇号〕

この政令は、昭和四十年〔中略〕七月一日から施行する。

附　則（ほ）〔昭和四〇年九月二一日政令第三〇八号〕

1　この政令は、昭和四十年十月一日から施行する。ただし、第十一条第十号の改正規定、同号の次に一号を加える改正規定及び第十五条第十号の改正規定は、昭和四十一年一月一日から施行する。

2　この政令の施行の際、現に消防法（昭和二十三年法律第百八十六号。以下「法」という。）第十一条第一項の規定による許可を受けている製造所、貯蔵所又は取扱所（以下「許可施設」という。）の構造及び設備のうち、改正後の危険物の規制に関する政令（以下「新令」という。）第十一条第十一号の二又は第十五条第四号の規定に適合しないものに係る技術上の基準については、なお従前の例による。

3　許可施設の構造及び設備のうち新令第九条第二十四号、第十一条第五号、第十二号の二若しくは第十二号の四又は第十五条第二号の二の規定に適合しないものに係る技術上の基準については、昭和四十二年九月三十日までの間は、なお従前の例による。

4　許可施設のうち新令第三十七条に規定する製造所、貯蔵所又は取扱所の所有者、管理者又は占有者は、この政令の施行の日から三月以内に法第十四条の二第一項前段の認可を受けなければならない。

附　則（へ）〔昭和四四年六月一三日政令第一五八号抄〕

（施行期日）

第一条　この政令は、法の施行の日（昭和四十四年六月十四日）から施行する。

附　則（と）〔昭和四五年三月二四日政令第二〇号抄〕

1　この政令は、昭和四十六年一月一日から施行する。

附　則（ち）〔昭和四六年六月一日政令第一六八号〕

（施行期日）

1　この政令は、公布の日から施行する。ただし、第八条の改正規定、同条の次に一条を加える改正規定、第十二条、第十五条、第二十六条第一項及び第二十七条第六項の改正規定並びに第四十条の表の改正規定（同表の㈣の項の次に一項を加える改正部分を除く。）は昭和四十六年十月一日から、第三十条の次に一条を加える改正規定は昭和四十七年十月一日から施行する。

（経過措置）

2　この政令の施行の際現に消防法第十一条の規定により改正前の危険物の規制に関する政令第三条第二号の販売取扱所として許可を受けている取扱所は、改正後の危険物の規制に関する政令（以下「新令」という。）第三条第二号イの第一種販売取扱所として許可を受けたものとみなし、その位置、構造及び設備が新令第十八条の規定に適合しないものに係る技術上の基準については、同条の規定にかかわらず、なお従前の例による。

3　昭和四十六年十月一日において現に消防法第十一条の規定により許可を受けている屋内タンク貯蔵所及び移動タンク貯蔵所のうち、その位置、構造及び設備が新令第十二条又は第十五条の規定に適合しないものに係る技術上の基準については、これらの規定にかかわらず、なお従前の例による。

附　則（り）〔昭和四七年四月二八日政令第一一七号〕

この政令は、沖縄の復帰に伴う特別措置に関する法律（昭和四十六年法律第百二十九号）の施行の日（昭和四十七年五月十五日）から施行する。

附　則（ぬ）〔昭和四八年一二月二七日政令第三七八号〕

（施行期日）

1　この政令は、昭和四十九年五月一日から施行する。ただし、第三十八条及び第三十八条の二の改正規定は、昭和五十年五月一日から施行する。

（経過措置）

2　この政令の施行の際、現に消防法第十一条の規定により改正前の危険物の規制に関する政令第三条第三号の一般取扱所として許可を受けている取扱所のうち、改正後の危険物の規制に関する政令（以下「新令」という。）第三条第三号の規定に該当することとなるものは、同号の移送取扱所として許可を受けたものとみなす。

3　この政令の施行の際、現に消防法第十一条の規定により許可を受けている製造所、貯蔵所又は取扱所（以下「許可施設」という。）の構造及び設備のうち、新令第九条第二十一号イからニまでに定める技術上の基準（新令第九条第二十号、第十一条第十二号、第十二条第一項第十一号及び第十三条第十号においてその例による場合を含む。）又は新令第九条第二十号イにおいてその例による場合を含む。）に適合しないものに係る技術上の基準については、これらの規定にかかわらず、なお従前の例による。

4　許可施設の構造及び設備のうち、新令第十一条第十号ハに定める技術上の基準（新令第九条第二十号、第十二条第一項第九号及び第二項並びに第十三条第九号においてその例による場合を含む。）に適合しないものに係る技術上の基準については、これらの規定にかかわらず、昭和四十九年十月三十一日までの間は、なお従前の例による。

5　許可施設の構造及び設備のうち、新令第十一条第十号の二ハ又はトからルまでに定める技術上の基準に適合しないものに係る技術上の基準については、これらの規定にかかわらず、昭和五十年四月三十日までの間は、なお従前の例による。

附　則(る)〔昭和四九年六月一日政令第一八八号抄〕

（施行期日）

1　この政令は、公布の日から施行する。

附　則(を)〔昭和五〇年七月八日政令第二一五号抄〕

1　この政令は、昭和五十年十二月一日から施行する。

4　この政令の施行の際、現に消防法第十一条の規定により許可を受けている製造所、貯蔵所又は取扱所における流水検知装置又は一斉開放弁のうち、前項の規定による改正後の危険物の規制に関する政令第二十二条に定める技術上の基準に適合しないものに係る技術上の基準については、同条の規定にかかわらず、なお従前の例による。

附　則(わ)〔昭和五〇年九月三〇日政令第二九三号〕

この政令は、昭和五十年十月一日から施行する。

附　則(か)〔昭和五一年六月一五日政令第一五三号抄〕

1　この政令は、昭和五十一年六月十六日から施行する。

2　この政令の施行の際、現に消防法第十一条第一項の規定による許可を受けている屋外タンク貯蔵所で、その位置が改正後の危険物の規制に関する政令（以下「新令」という。）第十一条第一項第一号の二に定める技術上の基準に適合しないものの位置に係る技術上の基準については、同号の規定にかかわらず、なお従前の例による。

3　前項に規定する屋外タンク貯蔵所の存する事業所が、石油コンビナート等災害防止法第二条第四号に規定する第一種事業所（以下「第一種事業所」という。）に該当することとなり、又は同条第五号に規定する第二種事業所（以下「第二種事業所」という。）として指定されたときは、当該屋外タンク貯蔵所（その屋外貯蔵タンクの容量が千キロリットル以上のものに限る。）の位置に係る技術上の基準については、同項の規定にかかわらず、次の各号に掲げる場合の区分に応じ、当該各号に定める日後においては、新令第十一条第一項第一号の二の規定を適用する。

一　当該事業所が新令第十一条第二項に規定する第一種事業所に該当することとなつた場合　当該事業所の所在する地域が石油コンビナート等災害防止法第二条第二号に規定する石油コンビナート等特別防災区域となつた日から起算して一年六月を経過する日

二　当該事業所が前号に規定する第一種事業所以外の第一種事業所に該当することとなつた場合　当該該当することとなつた日

三　当該事業所が第二種事業所として指定された場合　当該指定された日から起算して一年六月を経過する日

附　則(よ)〔昭和五二年二月一日政令第一〇号〕

改正　平成六年七月政令第二一四号(け)、九年二月第二〇号(え)、一二年六月第三〇四号(ゆ)

1　この政令は、昭和五十二年二月十五日から施行する。ただし、第一条中危険物の規制に関する政令第二十二条の改正規定及び附則第四項の規定は同年三月一日から、第一条中同令第四十条の表の㈥の項から㈩の項までの改正規定は同年四月一日から〔中略〕施行する。

2　この政令の施行の日（以下この項において「施行日」という。）前に、消防法第十一条第五項の規定による完成検査（同条第一項前段の規定による設置の許可に係るものに限る。以下この項において「完成検査」という。）を受けた屋外タンク貯蔵所で、第一条の規定による改正後の危険物の規制に関する政令（以下「新令」という。）第八条の四第一項に規定するものがこの政令の施行後最初に受けるべき同法第十四条の三第一項の規定による保安に関する検査に係る同項に規定する政令で定める時期は、新令第八条の四第二項の規定にかかわらず、当該屋外タンク貯蔵所に係る次の表の上欄に掲げる完成検査を受けた日の属する時期の区分に応じ、同表の下欄に掲げる時期とする。この場合においては、同項ただし書の規定を準用する。

完成検査を受けた日の属する時期	時期
昭和四十一年十二月三十一日以前	昭和五十八年十二月三十一日まで
昭和四十二年一月一日以降施行日の前日までの間	昭和六十三年二月十四日まで

3　この政令の施行の際、現に消防法第十一条第一項前段の規定による設置に係る許可を受け、又は当該許可の申請がされている新令第八条の二の三第一項に規定する特定屋外タンク貯蔵所で、その構造及び設備が新令第十一条第一項第三号の二及び第四号に定める技術上の基準に適合しないものに係る技術上の基準については、これらの規定は、当該特定屋外タンク貯蔵所が次に掲げる基準のすべてに適合している場合に限り、適用しない。(け)

一　当該特定屋外タンク貯蔵所の屋外貯蔵タンクの基礎及び地盤

は、総務省令で定める堅固なもの〔危則（平成六自令三〇号）附則第五条〕とし、総務省令で定めるところにより行う標準貫入試験等の試験〔危則（平成六自令三〇号）附則第六条〕において、総務省令で定める基準に適合するものであること。（け）（ゆ）

二　当該特定屋外タンク貯蔵所の屋外貯蔵タンクは、総務省令〔危則（平成六自令三〇号）附則第七条〕で定めるところにより、厚さ三・二ミリメートル以上の鋼板で気密に造るとともに、圧力タンクを除くタンクにあつては水張試験において、圧力タンクにあつては最大常用圧力の一・五倍の圧力で十分間行う水圧試験（高圧ガス保安法（昭和二十六年法律第二百四号）第二十条第一項若しくは第三項の規定の適用を受ける高圧ガスの製造のための施設、労働安全衛生法施行令（昭和四十七年政令第三百十八号）第十二条第二号に掲げる機械等又は同令第十三条第八号若しくは第二十四号に掲げる機械等である圧力タンクにあつては、総務省令で定めるところにより行う水圧試験〔危則（平成六自令三〇号）附則第八条〕において、それぞれ漏れ、又は変形しないものであること。（け）（え）（ゆ）

4　昭和五十二年三月一日において、現に存する製造所、貯蔵所若しくは取扱所における消火設備等（新令第二十二条第一項の消火設備等をいう。以下この項において同じ。）又は現に消防法第十一条第一項の規定による許可に係る設置若しくは変更の工事中の製造所、貯蔵所若しくは取扱所に係る消火設備等のうち消防法施行令第三十七条第一号から第七号まで又は第九号から第十一号までに掲げるものに該当するもので当該消火設備等について定められた同法第二十一条の二第二項の技術上の規格に適合しないもののうち総務省令で定めるものに係る技術上の基準については、新令第二十二条の規定にかかわらず、総務省令で、一定の期間を限つて、**同条の特例を定めること**ができる。（ゆ）

三項…一部改正・五項…削除〔平成六年七月政令二一四号〕、三項…一部改正〔平成九年二月政令二〇号〕、三・四項…一部改正〔平成一二年六月政令三〇四号〕

解説　**【附則四項に基づく特例を定める省令】**昭和五二年二月二八日自治省令第三号

附　則（た）〔昭和五四年七月一〇日政令第二一一号〕

この政令は、昭和五十四年八月一日から施行する。

附　則（れ）〔昭和五六年一月二三日政令第六号抄〕

1　この政令は、昭和五十六年七月一日から施行する。

附　則（そ）〔昭和五七年一月六日政令第二号〕

1　この政令は、昭和五十七年三月一日から施行する。ただし、第四十条の改正規定は、同年四月一日から施行する。

2　この政令の施行の際、現に消防法第十一条第一項の規定により許可を受けている製造所、貯蔵所又は取扱所の構造のうち、改正後の危険物の規制に関する政令（以下「新令」という。）第十一条第一項第四号に定める技術上の基準（新令第九条第二十号イ若しくはロ（新令第十九条においてこれらの規定を準用する場合を含む。）又は新令第十二条第一項第五号においてその例によるものとされる場合を含む。）、新令第十三条第六号に定める技術上の基準（新令第九条第二十号ハ（新令第十九条において準用する場合を含む。）又は新令第十七条第一項第六号においてその例によるものとされる場合を含む。）又は新令第十五条第一項第二号に定める技術上の基準に適合しないものに係る技術上の基準については、これらの規定にかかわらず、なお従前の例による。

附　則（つ）〔昭和五八年七月二二日政令第一六七号〕

この政令は、外国事業者による型式承認等の取得の円滑化のための関係法律の一部を改正する法律の施行の日（昭和五十八年八月一日）から施行する。

附　則（ね）〔昭和五九年六月八日政令第一八〇号〕

1　この政令は、昭和五十九年八月一日から施行する。

2　この政令の施行の際、現に消防法第十一条第一項の規定により許可を受けている屋外タンク貯蔵所の設備のうち、改正後の危険物の規制に関する政令第十一条第一項第十一号の三に定める技術上の基準に適合しないものに係る技術上の基準については、同号の規定にかかわらず、なお従前の例による。

3　この政令の施行前に実施の公示がされた消防法第十三条の二第三項の危険物取扱者試験又は同法第十三条の五の規定による講習を受けようとする者が納付すべき手数料については、なお従前の例による。

附　則（な）〔昭和五九年九月二一日政令第二七六号〕

この政令は、昭和五十九年十二月一日から施行する。〔以下略〕

附　則（ら）〔昭和六一年八月五日政令第二七四号抄〕

（施行期日）

1　この政令は、許可、認可等民間活動に係る規制の整理及び合理化に関する法律（昭和六十年法律第百二号）第二十六条の規定の施行の日（昭和六十一年十二月一日）から施行する。〔以下略〕

附　則（む）〔昭和六二年三月三一日政令第八六号〕

1　この政令は、昭和六十二年五月一日から施行する。

2　この政令の施行の際、現に消防法第十一条第一項の規定により改正前の危険物の規制に関する政令第三条第一号の給油取扱所として許可を受けている取扱所が同条第四号の一般取扱所として許可を受けている取扱所（灯油を容器に詰め替えるため固定した注油設備によつて危険物を取り扱う取扱所に限る。）に接している場合において、当該給油取扱所及び一般取扱所が改正後の危険物の規制に関する政令（以下「新令」という。）第三条第一号の規定に該当することとなるものは、同号の給油取扱所として許可を受けたものとみなす。この場合において、当該給油取扱所の位置、構造及び設備のうち、新令第十七条第一項第五号、第六号又は第八号の二に定める技術上の基準に適合しないものに係る技術上の基準については、これらの規定にかかわらず、なお従前の例による。

3　この政令の施行の際、現に消防法第十一条第一項の規定により許可を受けている地下タンク貯蔵所の構造及び設備のうち、新令第十三条第八号の二又は第十二号に定める技術上の基準（新令第九条第二十号ハ（新令第十九条において準用する場合を含む。）

又は新令第十七条第一項第六号においてその例によるものとされる場合を含む。）に適合しないものに係る技術上の基準については、これらの規定にかかわらず、なお従前の例による。

4　この政令の施行前に実施の公示がされた消防法第十三条の二十三の規定による講習を受けようとする者が納付すべき手数料については、なお従前の例による。

附　則（う）〔昭和六三年一二月二七日政令第三五八号抄〕

改正　平成一二年四月政令第二一一号(き)、六月第三〇四号(ゆ)

（施行期日）

第一条　この政令は、消防法の一部を改正する法律（昭和六十三年法律第五十五号。以下「六十三年改正法」という。）附則第一条ただし書に規定する一部施行日（昭和六十五年〔平成二年〕五月二十三日）から施行する。ただし、次の各号に掲げる規定は、当該各号に定める日から施行する。

一　第一条中危険物の規制に関する政令第三十条の三第三項及び第三十一条第一項の改正規定、同令第四十条第一項の表の㈡の項の改正規定（「一万円」を「一万五千円」に、「四万円」を「六万円」に改める部分に限る。）、同表の㈩の項の改正規定〔中略〕並びに附則第十八条及び附則第十九条の規定〔中略〕

公布の日

二　第一条中危険物の規制に関する政令目次の改正規定、同令第三条第一号の改正規定（「詰め替える」を「詰め替え、又は車両に固定された容量二千リットル以下のタンクに注入する」に改める部分に限る。）、同令第八条の二第三項第二号の改正規定、同項第四号の改正規定（「第十七条第一項第六号」の下に「若しくは第二項第二号」を加える部分に限る。）、同条第五項の改正規定（「第十七条第一項第六号」の下に「若しくは第二項第二号」を加える部分に限る。）、同令第九条各号列記以外の部分の改正規定、同令第十四条第九号の改正規定、同令第十七条第一項の改正規定（同項第六号及び第十四号の改正規定を除く。）、同条第二項の改正規定、同令第三章第四節の節名の改正規定、同令第二十条第一項第一号の改正規定（「屋外貯蔵所又は」を「屋外貯蔵所、給油取扱所及び」に改める部分に限る。）、同項第二号の改正規定（「別表」を「別表第五」に改める部分を除く。）、同令第二十一条の次に一条を加える改正規定、同令第二十二条第一項の改正規定、同令第二十四条第四号の次に一号を加える改正規定、同令第二十七条第六項第一号の改正規定（「給油取扱所における」を「給油取扱所（航空機給油取扱所、船舶給油取扱所及び鉄道給油取扱所を除く。）における」に改める部分を除く。）及び同令第四十条第一項の表の㈡の項の改正規定

「

㈡	給油取扱所	三万六千円

」を

「

給油取扱所（屋内給油取扱所を除く。）	三万六千円
屋内給油取扱所	四万五千円

」に

改める部分に限る。）並びに附則第十条の規定　昭和六十四年〔平成元年〕三月十五日

三　第一条中危険物の規制に関する政令第四十条第一項の表の㈦の項から㈨の項までの改正規定〔中略〕昭和六十四年〔平成元年〕四月一日

（製造所の基準に関する経過措置）

第二条　この政令の施行の際、現に設置されている製造所で、新たに消防法第十一条第一項の規定により製造所として許可を受けなければならないこととなるもの（以下「新規対象の製造所」という。）のうち、第一条の規定による改正後の危険物の規制に関する政令（以下「新令」という。）第九条第一項第一号に定める技術上の基準に適合しないもの（指定数量の倍数が五以下のものに限る。）又は同項第二号に定める技術上の基準に適合しないものの位置に係る技術上の基準については、これらの規定は、当該新規対象の製造所が次に掲げる基準のすべてに適合している場合に限り、適用しない。

一　当該製造所の危険物を取り扱う工作物（建築物及び危険物を移送するための配管その他これに準ずる工作物を除く。）の周囲に、一メートル以上の幅の空地を保有し、又は不燃材料で造つた防火上有効な塀が設けられていること。

二　当該製造所の建築物の危険物を取り扱う室の壁、柱、床及び天井（天井がない場合にあつては、はり及び屋根又は上階の床。以下この号において同じ。）が不燃材料で造られ、又は当該壁、柱、床及び天井の室内に面する部分が不燃材料で覆われていること。

三　前号の室の開口部には、防火設備（建築基準法施行令の一部を改正する政令（平成十二年政令第二百十一号）による改正後の危険物の規制に関する政令第九条第一項第七号に規定する防火設備をいう。以下同じ。）が設けられていること。㋖

四　当該製造所に係る指定数量の倍数が、昭和六十五年〔平成二年〕五月二十三日（以下「施行日」という。）における指定数量の倍数を超えないこと。

2　新規対象の製造所の構造及び設備で、この政令の施行の際現に存するもののうち、新令第九条第一項第四号から第七号まで又は第二十一号に定める技術上の基準に適合しないものの構造及び設備に係る技術上の基準については、これらの規定は、当該新規対象の製造所が前項各号に掲げる基準のすべてに適合している場合に限り、適用しない。

3　新規対象の製造所の危険物を取り扱うタンクで、この政令の施行の際現に存するもののうち、新令第九条第一項第二十号イにおいてその例によるものとされる新令第十一条第一項第四号（特定屋外貯蔵タンクに係る部分を除く。）、第六号、第七号の二若しくは第十一号から第十二号までに定める技術上の基準に適合しないもの、新令第九条第一項第二十号ロにおいてその例によるものと

される新令第十二条第一項第五号若しくは第十号から第十一号までに定める技術上の基準に適合しないもの又は新令第九条第一項第二十号ハにおいてその例によるものとされる新令第十三条第一項第一号から第四号まで、第六号、第七号、第八号の二後段、第九号（注入口は屋外に設けることとする部分に限る。）、第十号、第十一号若しくは第十四号に定める技術上の基準に適合しないものの構造及び設備に係る技術上の基準については、これらの規定は、当該新規対象の製造所が第一項各号に掲げる基準のすべてに適合し、かつ、当該危険物を取り扱うタンクがそれぞれ附則第四条第一項第二号、第五条第一項第一号又は第六条第一項第一号に掲げる基準に適合している場合に限り、適用しない。

4　この政令の施行の際、現に消防法第十一条第一項の規定により許可を受けて設置されている製造所（以下「既設の製造所」という。）のうち、新令第九条第一項第一号に定める技術上の基準に適合しないもの（指定数量の倍数が五以下のものに限る。）又は同項第二号に定める技術上の基準に適合しないものの位置に係る技術上の基準については、これらの規定にかかわらず、当該既設の製造所が第一項第四号に掲げる基準に適合している場合に限り、なお従前の例による。

5　既設の製造所の構造及び設備で、この政令の施行の際現に存するもののうち、新令第九条第一項第五号から第七号まで又は第二十一号に定める技術上の基準に適合しないものの構造及び設備に係る技術上の基準については、これらの規定にかかわらず、当該既設の製造所が第一項第四号に掲げる基準に適合している場合に限り、なお従前の例による。

6　既設の製造所の危険物を取り扱うタンクで、この政令の施行の際現に存するもののうち、新令第九条第一項第二十号イにおいてその例によるものとされる新令第十一条第一項第四号（特定屋外貯蔵タンクに係る部分を除く。）、第六号、第七号の二若しくは第十一号から第十二号までに定める技術上の基準に適合しないもの、新令第九条第一項第二十号ロにおいてその例によるものとされる新令第十二条第一項第五号若しくは第十号から第十一号までに定める技術上の基準に適合しないもの又は新令第九条第一項第二十号ハにおいてその例によるものとされる新令第十三条第一項第一号から第四号まで、第六号、第七号、第八号の二後段、第九号（注入口は屋外に設けることとする部分に限る。）、第十号、第十一号若しくは第十四号に定める技術上の基準に適合しないものの構造及び設備に係る技術上の基準については、これらの規定にかかわらず、当該既設の製造所が第一項第四号に掲げる基準に適合し、かつ、当該危険物を取り扱うタンクがそれぞれ附則第四条第一項第二号、第五条第一項第一号又は第六条第一項第一号に掲げる基準に適合している場合に限り、なお従前の例による。

7　既設の製造所の構造及び設備で、この政令の施行の際現に存するもののうち、新令第九条第一項第十九号又は同項第二十号イにおいてその例によるものとされる新令第十一条第一項第五号に定める技術上の基準に適合しないものの構造及び設備に係る技術上の基準については、これらの規定にかかわらず、昭和六十六年〔平成三年〕五月二十二日までの間は、なお従前の例による。

8　新規対象の製造所のうち、新令第九条第一項第一号に定める技術上の基準に適合しないもの（指定数量の倍数が五を超えるものに限る。）の位置に係る技術上の基準については、同号の規定は、昭和六十七年〔平成四年〕五月二十二日までの間は、適用しない。

9　既設の製造所のうち、新令第九条第一項第一号に定める技術上の基準に適合しないもの（指定数量の倍数が五を超えるものに限る。）の位置に係る技術上の基準については、同号の規定にかかわらず、昭和六十七年〔平成四年〕五月二十二日までの間は、なお従前の例による。

10　この政令の施行の際、現に消防法第十一条第一項の規定により第一条の規定による改正前の危険物の規制に関する政令（以下「旧令」という。）第三条第四号の一般取扱所として許可を受けている取扱所のうち、新たに同法第十条第一項の製造所に該当することとなるものは、同項の製造所として許可を受けたものとみなす。

11　第四項から第七項まで及び第九項の規定は、前項の製造所の位置、構造及び設備に係る技術上の基準について準用する。

一項…一部改正〔平成一二年四月政令二一一号〕

（屋内貯蔵所の基準に関する経過措置）

第三条　この政令の施行の際、現に設置されている貯蔵所で、新たに消防法第十一条第一項の規定により新令第二条第一号の屋内貯蔵所として許可を受けなければならないこととなるもの（以下「新規対象の屋内貯蔵所」という。）のうち、新令第十条第一項第一号（同条第二項においてその例によるものとされる場合を含む。以下この条において同じ。）に定める技術上の基準に適合しないもの（指定数量の倍数が五以下のものに限る。）又は新令第十条第一項第二号（同条第二項においてその例によるものとされる場合を含む。以下この条において同じ。）若しくは新令第十条第三項第一号に定める技術上の基準に適合しないものの位置に係る技術上の基準については、これらの規定は、当該新規対象の屋内貯蔵所が次に掲げる基準のすべてに適合している場合に限り、適用しない。

一　当該屋内貯蔵所の貯蔵倉庫又は建築物の当該屋内貯蔵所の用に供する部分（次号において「貯蔵倉庫等」という。）の壁、柱、床及び天井（天井がない場合にあつては、はり及び屋根又は上階の床。以下この号において同じ。）が不燃材料で造られ、又は当該壁、柱、床及び天井の室内に面する部分が不燃材料で覆われていること。

二　貯蔵倉庫等の開口部には、防火設備が設けられていること。

（き）

三　当該屋内貯蔵所に係る指定数量の倍数が、施行日における指定数量の倍数を超えないこと。

2　新規対象の屋内貯蔵所の構造で、この政令の施行の際現に存するもののうち、新令第十条第一項第四号（軒高に係る部分に限る。）に定める技術上の基準に適合しないもの（軒高が二十メートル未満のものに限る。）又は同条第二項第一号（階高に係る部分に限る。）若しくは第二号から第四号までに定める技術上の基準に適合しないものの構造に係る技術上の基準については、これらの規定は、当該新規対象の屋内貯蔵所が前項各号に掲げる基準のすべてに適合し、かつ、この政令の施行の際現に貯蔵し、又は取り扱つている危険物に係る品名（六十三年改正法による改正後の消防法別表に掲げる品名をいう。以下同じ。）の危険物のみを貯蔵し、又は取り扱う場合に限り、適用しない。

3　新規対象の屋内貯蔵所の構造で、この政令の施行の際現に存するもののうち、新令第十条第一項第五号、第六号、第七号（同条第二項においてその例によるものとされる場合を含む。以下この条において同じ。）若しくは第八号（新令第十条第二項においてその例によるものとされる場合を含む。以下この条において同じ。）又は新令第十条第三項第二号から第六号までに定める技術上の基準に適合しないものの構造に係る技術上の基準については、これらの規定は、当該新規対象の屋内貯蔵所が第一項各号に掲げる基準のすべてに適合している場合に限り、適用しない。

4　この政令の施行の際、現に消防法第十一条第一項の規定により許可を受けて設置されている屋内貯蔵所（以下「既設の屋内貯蔵所」という。）のうち、新令第十条第一項第一号に定める技術上の基準に適合しないもの（指定数量の倍数が五以下のものに限る。）又は同項第二号に定める技術上の基準に適合しないものの位置に係る技術上の基準については、これらの規定にかかわらず、当該既設の屋内貯蔵所が第一項第三号に掲げる基準に適合している場合に限り、なお従前の例による。

5　既設の屋内貯蔵所の構造で、この政令の施行の際現に存するもののうち、新令第十条第一項第四号（軒高に係る部分に限る。）に定める技術上の基準に適合しないもの（軒高が二十メートル未満のものに限る。）又は同条第二項第一号（階高に係る部分に限る。）若しくは第二号から第四号までに定める技術上の基準に適合しないものの構造に係る技術上の基準については、これらの規定にかかわらず、当該既設の屋内貯蔵所が第一項第三号に掲げる基準に適合し、かつ、この政令の施行の際現に貯蔵し、又は取り扱つている危険物に係る品名の危険物のみを貯蔵し、又は取り扱う場合に限り、なお従前の例による。

6　既設の屋内貯蔵所の構造で、この政令の施行の際現に存するもののうち、新令第十条第一項第六号から第八号までに定める技術上の基準に適合しないものの構造に係る技術上の基準については、これらの規定にかかわらず、当該既設の屋内貯蔵所が第一項第三号に掲げる基準に適合している場合に限り、なお従前の例による。

7　既設の屋内貯蔵所の構造及び設備で、この政令の施行の際現に存するもののうち、新令第十条第一項第十号（同条第二項においてその例によるものとされる場合を含む。）又は第十四号（同条第二項においてその例によるものとされる場合を含む。）に定める技術上の基準に適合しないものの構造及び設備に係る技術上の基準については、これらの規定にかかわらず、昭和六十六年（平成三年）五月二十二日までの間は、なお従前の例による。

8　新規対象の屋内貯蔵所のうち、新令第十条第一項第一号に定める技術上の基準に適合しないもの（指定数量の倍数が五を超えるものに限る。）の位置に係る技術上の基準については、同号の規定は、昭和六十七年（平成四年）五月二十二日までの間は、適用しない。

9　既設の屋内貯蔵所のうち、新令第十条第一項第一号に定める技術上の基準に適合しないもの（指定数量の倍数が五を超えるものに限る。）の位置に係る技術上の基準については、同号の規定にかかわらず、昭和六十七年（平成四年）五月二十二日までの間は、なお従前の例による。

10　新規対象の屋内貯蔵所又は既設の屋内貯蔵所で、貯蔵倉庫が平家建以外の独立した専用の建築物であるもののうち、この政令の施行の際現に第二類又は第四類の危険物（引火性固体及び引火点が七十度未満の第四類の危険物を除く。）以外の危険物を貯蔵し、又は取り扱つているものは、この政令の施行の際現に貯蔵し、又は取り扱つている危険物に係る品名の危険物のみを貯蔵し、又は取り扱う場合に限り、前各項及び新令第十条第二項の規定の適用については、同項の屋内貯蔵所とみなす。

一項…一部改正〔平成一二年四月政令二一一号〕

（屋外タンク貯蔵所の基準に関する経過措置）

第四条　この政令の施行の際、現に設置されている貯蔵所で、新たに消防法第十一条第一項の規定により新令第二条第二号の屋外タンク貯蔵所として許可を受けなければならないこととなるもの（以下「新規対象の屋外タンク貯蔵所」という。）のうち、新令第十一条第一項第一号に定める技術上の基準に適合しないもの（指定数量の倍数が五以下のものに限る。）、同項第一号の二に定める技術上の基準に適合しないもの（同号の表の第二号に掲げる屋外貯蔵タンクに係るものに限る。）又は同項第二号に定める技術上の基準に適合しないものの位置に係る技術上の基準については、これらの規定は、当該新規対象の屋外タンク貯蔵所が次に掲げる基準のすべてに適合している場合に限り、適用しない。

一　当該屋外タンク貯蔵所の屋外貯蔵タンク（危険物を移送するための配管その他これに準ずる工作物を除く。）の周囲に、一メートル以上の幅の空地を保有し、又は不燃材料で造つた防火上有効な塀が設けられていること。

二　当該屋外タンク貯蔵所の屋外貯蔵タンクは、鋼板その他の金属板で造られ、かつ、漏れない構造であること。

三　当該屋外タンク貯蔵所に係る指定数量の倍数が、施行日における指定数量の倍数を超えないこと。

2　新規対象の屋外タンク貯蔵所の構造及び設備で、この政令の施行の際現に存するもののうち、新令第十一条第一項第三号の二、第四号、第六号、第七号の二、第十号の二イ若しくはロ又は第十一号から第十二号までに定める技術上の基準に適合しないものの構造及び設備に係る技術上の基準については、これらの規定は、当該新規対象の屋外タンク貯蔵所が前項各号に掲げる基準のすべてに適合している場合に限り、適用しない。

3　この政令の施行の際、現に消防法第十一条第一項の規定により許可を受けて設置されている屋外タンク貯蔵所（以下「既設の屋外タンク貯蔵所」という。）のうち、新令第十一条第一項第一号に定める技術上の基準に適合しないもの（指定数量の倍数が五以下のものに限る。）又は同項第二号に定める技術上の基準に適合しないものの位置に係る技術上の基準については、これらの規定にかかわらず、当該既設の屋外タンク貯蔵所が第一項第三号に掲げる基準に適合している場合に限り、なお従前の例による。

4　既設の屋外タンク貯蔵所の構造及び設備で、この政令の施行の際現に存するもののうち、新令第十一条第一項第五号、第十号の二ニ若しくはホ又は第十四号に定める技術上の基準に適合しないものの構造及び設備に係る技術上の基準については、これらの規定にかかわらず、昭和六十六年〔平成三年〕五月二十二日までの間は、なお従前の例による。

5　新規対象の屋外タンク貯蔵所のうち、新令第十一条第一項第一号の二に定める技術上の基準に適合しないもの（同号の表の第一号に掲げる屋外貯蔵タンクに係るものに限る。）の位置に係る技術上の基準については、同項第一号の二の規定は、昭和六十六年〔平成三年〕十一月二十二日までの間は、適用しない。

6　新規対象の屋外タンク貯蔵所のうち、新令第十一条第一項第一号に定める技術上の基準に適合しないもの（指定数量の倍数が五を超えるものに限る。）の位置に係る技術上の基準については、同号の規定は、昭和六十七年〔平成四年〕五月二十二日までの間は、適用しない。

7　既設の屋外タンク貯蔵所のうち、新令第十一条第一項第一号に定める技術上の基準に適合しないもの（指定数量の倍数が五を超えるものに限る。）の位置に係る技術上の基準については、同号の規定にかかわらず、昭和六十七年〔平成四年〕五月二十二日までの間は、なお従前の例による。

（**屋内タンク貯蔵所の基準に関する経過措置**）

第五条　この政令の施行の際、現に設置されている貯蔵所で、新たに消防法第十一条第一項の規定により新令第二条第三号の屋内タンク貯蔵所として許可を受けなければならないこととなるもの

(以下「新規対象の屋内タンク貯蔵所」という。)の構造及び設備で、この政令の施行の際現に存するもののうち、新令第十二条第一項第二号(同条第二項においてその例によるものとされる場合を含む。)、第四号(同条第二項においてその例によるものとされる場合を含む。以下この条において同じ。)、第五号(新令第十二条第二項においてその例によるものとされる場合を含む。)、第十号から第十一号まで(同条第二項においてその例によるものとされる場合を含む。)又は第十二号から第十四号までに定める技術上の基準に適合しないものの構造及び設備に係る技術上の基準については、これらの規定は、当該新規対象の屋内タンク貯蔵所が次に掲げる基準のすべてに適合している場合に限り、適用しない。

一 当該屋内タンク貯蔵所の屋内貯蔵タンクは、鋼板その他の金属板で造られ、かつ、漏れない構造であること。

二 当該屋内タンク貯蔵所のタンク専用室の壁、柱、床及び天井(天井がない場合にあつては、はり及び屋根又は上階の床。以下この号において同じ。)が不燃材料で造られ、又は当該壁、柱、床及び天井の室内に面する部分が不燃材料で覆われていること。

三 前号のタンク専用室の開口部には、防火設備が設けられていること。(き)

四 当該屋内タンク貯蔵所に係る指定数量の倍数が、施行日における指定数量の倍数を超えないこと。

2 新規対象の屋内タンク貯蔵所の構造及び設備で、この政令の施行の際現に存するもののうち、新令第十二条第二項第三号から第六号までに定める技術上の基準に適合しないものの構造及び設備に係る技術上の基準については、これらの規定は、当該新規対象の屋内タンク貯蔵所が前項各号に掲げる基準のすべてに適合し、かつ、この政令の施行の際現に貯蔵し、又は取り扱つている危険物に係る品名の危険物のみを貯蔵し、又は取り扱う場合に限り、適用しない。

3 この政令の施行の際、現に消防法第十一条第一項の規定により許可を受けて設置されている屋内タンク貯蔵所(以下「既設の屋内タンク貯蔵所」という。)の構造及び設備で、この政令の施行の際現に存するもののうち、新令第十二条第一項第四号、第十二号又は第十四号に定める技術上の基準に適合しないものの構造及び設備に係る技術上の基準については、これらの規定にかかわらず、当該既設の屋内タンク貯蔵所が第一項第四号に掲げる基準に適合している場合に限り、なお従前の例による。

4 既設の屋内タンク貯蔵所の構造及び設備で、この政令の施行の際現に存するもののうち、新令第十二条第二項第三号、第五号又は第六号に定める技術上の基準に適合しないものの構造及び設備に係る技術上の基準については、これらの規定にかかわらず、当該既設の屋内タンク貯蔵所が第一項第四号に掲げる基準に適合し、かつ、この政令の施行の際現に貯蔵し、又は取り扱つている危険物に係る品名の危険物のみを貯蔵し、又は取り扱う場合に限り、なお従前の例による。

5　既設の屋内タンク貯蔵所の設備で、この政令の施行の際現に存するもののうち、新令第十二条第一項第九号の二においてその例によるものとされる新令第十一条第一項第十号の二（新令第十二条第二項においてその例によるものとされる場合を含む。）ニ若しくはホ又は新令第十二条第二項第七号に定める技術上の基準に適合しないものの設備に係る技術上の基準については、これらの規定にかかわらず、昭和六十六年〔平成三年〕五月二十二日までの間は、なお従前の例による。

6　新規対象の屋内タンク貯蔵所又は既設の屋内タンク貯蔵所で、タンク専用室を平家建以外の建築物に設けるもののうち、この政令の施行の際現に引火点が四十度以上の第四類の危険物以外の危険物を貯蔵し、又は取り扱つているものは、この政令の施行の際現に貯蔵し、又は取り扱つている危険物に係る品名の危険物のみを貯蔵し、又は取り扱う場合に限り、前各項及び新令第十二条第二項の規定の適用については、同項の屋内タンク貯蔵所とみなす。

一項…一部改正〔平成一二年四月政令二一一号〕

（地下タンク貯蔵所の基準に関する経過措置）

第六条　この政令の施行の際、現に設置されている貯蔵所で、新たに消防法第十一条第一項の規定により新令第二条第四号の地下タンク貯蔵所として許可を受けなければならないこととなるもののうち、新構造及び設備で、この政令の施行の際現に存するもののうち、新令第十三条第一項第一号から第四号まで、第六号、第七号、第八号の二後段、第九号（注入口は屋外に設けることとする部分に限る。）、第十号、第十一号又は第十四号に定める技術上の基準に適合しないものの構造及び設備に係る技術上の基準については、これらの規定は、当該地下タンク貯蔵所が次に掲げる基準のすべてに適合している場合に限り、適用しない。

一　当該地下タンク貯蔵所の地下貯蔵タンクは、漏れない構造であること。

二　当該地下タンク貯蔵所に係る指定数量の倍数が、施行日における指定数量の倍数を超えないこと。

2　この政令の施行の際、現に消防法第十一条第一項の規定により許可を受けて設置されている地下タンク貯蔵所（以下「既設の地下タンク貯蔵所」という。）の構造で、この政令の施行の際現に存するもののうち、新令第十三条第一項第一号又は第四号に定める技術上の基準に適合しないものの構造に係る技術上の基準については、これらの規定にかかわらず、当該既設の地下タンク貯蔵所が前項第二号に掲げる基準に適合している場合に限り、なお従前の例による。

3　既設の地下タンク貯蔵所の設備で、この政令の施行の際現に存するもののうち、新令第十三条第一項第九号の二においてその例によるものとされる新令第十一条第一項第十号の二ニ又はホに定める技術上の基準に適合しないものの設備に係る技術上の基準については、これらの規定にかかわらず、昭和六十六年〔平成三年〕五月二十二日までの間は、なお従前の例による。

（簡易タンク貯蔵所の基準に関する経過措置）

第七条　この政令の施行の際、現に設置されている貯蔵所で、新たに消防法第十一条第一項の規定により新令第二条第五号の簡易タンク貯蔵所として許可を受けなければならないこととなるものの構造で、この政令の施行の際現に存するもののうち、新令第十四条第一項第一号イ又はロに定める技術上の基準に適合しないものの構造に係る技術上の基準については、これらの規定は、当該簡易タンク貯蔵所が次に掲げる基準のすべてに適合している場合に限り、適用しない。

一　当該簡易タンク貯蔵所の簡易貯蔵タンクが屋内に設けられているものにあつては、当該簡易貯蔵タンクの専用室の壁、柱、床及び天井（天井がない場合にあつては、はり及び屋根又は上階の床。以下この号において同じ。）が不燃材料で造られ、又は当該壁、柱、床及び天井の室内に面する部分が不燃材料で覆われていること。

二　前号の専用室の開口部には、防火設備が設けられていること。（き）

三　当該簡易タンク貯蔵所に係る指定数量の倍数が、施行日における指定数量の倍数を超えないこと。

2　この政令の施行の際、現に消防法第十一条第一項の規定により許可を受けて設置されている簡易タンク貯蔵所の構造で、この政令の施行の際現に存するもののうち、新令第十四条第一項第一号イ又はロに定める技術上の基準に適合しないものの構造に係る技術上の基準については、これらの規定にかかわらず、当該簡易タンク貯蔵所が前項第三号に掲げる基準に適合している場合に限り、なお従前の例による。

一項…一部改正〔平成一二年四月政令二一一号〕

（移動タンク貯蔵所の基準に関する経過措置）

第八条　この政令の施行の際、現に消防法第十一条第一項の規定により許可を受けて設置されている移動タンク貯蔵所の設備で、この政令の施行の際現に存するもののうち、新令第十五条第一項第九号ただし書に定める技術上の基準に適合しないものの設備に係る技術上の基準については、同号ただし書の規定にかかわらず、なお従前の例による。

2　この政令の施行の際、現に設置されている貯蔵所で、新たに消防法第十一条第一項の規定により新令第二条第六号の移動タンク貯蔵所として許可を受けなければならないこととなるものの構造及び設備で、この政令の施行の際現に存するもののうち、新令第十五条第一項第三号、第四号、第七号又は第九号から第十一号までに定める技術上の基準に適合しないものの構造及び設備に係る技術上の基準については、これらの規定は、昭和六十七年〔平成四年〕五月二十二日までの間は、適用しない。

（屋外貯蔵所の基準に関する経過措置）

第九条　この政令の施行の際、現に設置されている貯蔵所で、新たに消防法第十一条第一項の規定により新令第二条第七号の屋外貯蔵所として許可を受けなければならないこととなるもの（以下「新規対象の屋外貯蔵所」という。）のうち、新令第十六条第一項第一号（同条第二項においてその例によるものとされる場合を含む。以下この条において同じ。）に定める技術上の基準に適合しないもの（指定数量の倍数が五以下のものに限る。）又は新令第十六条第一項第四号（同条第二項においてその例によるものとされる場合を含む。以下この条において同じ。）に定める技術上の基準に適合しないものの位置に係る技術上の基準については、これらの規定は、当該新規対象の屋外貯蔵所が次に掲げる基準のすべてに適合している場合に限り、適用しない。

一　当該屋外貯蔵所の危険物を貯蔵し、又は取り扱う場所の周囲に、一メートル以上の幅の空地を保有し、又は不燃材料で造つた防火上有効な塀が設けられていること。

二　当該屋外貯蔵所に係る指定数量の倍数が、施行日における指定数量の倍数を超えないこと。

2　この政令の施行の際、現に消防法第十一条第一項の規定により許可を受けて設置されている屋外貯蔵所（以下「既設の屋外貯蔵所」という。）のうち、新令第十六条第一項第四号に定める技術上の基準に適合しないものの位置に係る技術上の基準については、同号の規定にかかわらず、当該既設の屋外貯蔵所が前項第二号に掲げる基準に適合している場合に限り、なお従前の例による。

3　新規対象の屋外貯蔵所のうち、新令第十六条第一項第一号に定める技術上の基準に適合しないもの（指定数量の倍数が五を超えるものに限る。）の位置に係る技術上の基準については、同号の規定は、昭和六十七年〔平成四年〕五月二十二日までの間は、適用しない。

4　この政令の施行の際、現に設置されている貯蔵所で、新令第二条第七号中「第二石油類」とあるのを「第一石油類（引火点が零度以上のものに限る。）、第二石油類」と読み替えた場合に新たに消防法第十一条第一項の規定により新令第二条第七号の屋外貯蔵所として許可を受けなければならないこととなるものは、第一石油類（引火点が零度以上のものに限る。）に新たに該当することとなる危険物以外の第一石油類の危険物を貯蔵し、又は取り扱わず、かつ、第一項第二号に掲げる基準に適合するものに限り、同条第七号の屋外貯蔵所とみなす。

5　既設の屋外貯蔵所で、第一石油類（引火点が零度以上のものに限る。）に新たに該当することとなる危険物を貯蔵し、又は取り扱うものは、第一石油類（引火点が零度以上のものに限る。）に新たに該当することとなる危険物以外の第一石油類の危険物を貯蔵し、又は取り扱わず、かつ、第一項第二号に掲げる基準に適合するものに限り、消防法第十一条第一項の規定により許可を受けた新令第二条第七号の屋外貯蔵所とみなす。

6　第四項又は前項の規定に該当する屋外貯蔵所（以下この項において「みなし屋外貯蔵所」という。）に係る消防法第十条第四項の位置、構造及び設備の技術上の基準は、新令第十六条第一項各号及び第二十条から第二十三条までの規定の例によるほか、次のとおりとする。

一　みなし屋外貯蔵所において貯蔵し、又は取り扱う危険物を適温に保つための散水設備等を設けること。

二　危険物を貯蔵し、又は取り扱う場所の周囲には、排水溝及びためますを設けること。この場合において、水に溶けない危険物を貯蔵し、又は取り扱うみなし屋外貯蔵所にあつては、ためますに油分離装置を設けなければならない。

三　指定数量の倍数が百以上のみなし屋外貯蔵所及び指定数量の倍数が十以上百未満のみなし屋外貯蔵所は、総務省令で定めるところにより、新令別表第五に掲げる対象物について同表においてその消火に適応するものとされる消火設備のうち、それぞれ第三種又は第四種の消火設備を設置すること。（ゆ）

六項…一部改正〔平成一二年六月政令三〇四号〕

（給油取扱所の基準に関する経過措置）

第一〇条　昭和六十四年〔平成元年〕三月十五日において現に消防法第十一条第一項の規定により許可を受けて設置されている給油取扱所（以下「既設の給油取扱所」という。）の構造及び設備で、同日において現に存するもののうち、新令第十七条第二項においてその例によるものとされる同条第一項第五号本文又は同条第二項第一号（総務省令で定める設備に係る部分を除く。）に定める技術上の基準に適合しないものの構造及び設備に係る技術上の基準については、これらの規定にかかわらず、なお従前の例による。（ゆ）

2　既設の給油取扱所（旧令第十七条第一項の屋外に設置する給油取扱所に限る。）で、屋内給油取扱所（新令第十七条第二項に規定する屋内給油取扱所をいう。以下同じ。）に新たに該当することとなるものの構造で、昭和六十四年〔平成元年〕三月十五日において現に存するもののうち、新令第十七条第二項第五号に定める技術上の基準に適合しないものの構造に係る技術上の基準については、同号の規定にかかわらず、なお従前の例による。

3　既設の給油取扱所の構造及び設備で、昭和六十四年〔平成元年〕三月十五日において現に存するもののうち、新令第十七条第一項第十三号の二（同条第二項においてその例によるものとされる場合を含む。）又は同条第二項第二号ただし書若しくは第四号に定める技術上の基準に適合しないものの構造及び設備に係る技術上の基準については、これらの規定にかかわらず、昭和六十五年〔平成二年〕三月十四日までの間は、なお従前の例による。

4　既設の給油取扱所の専用タンクで、昭和六十四年〔平成元年〕三月十五日において現に存するものに係る危険物の過剰な注入を防止するための警報装置で、市町村長等が安全であると認めたものは、昭和六十五年〔平成二年〕三月十四日までに設置された場合に限り、新令第十七条第二項第四号の危険物の過剰な注入を自動的に防止する設備とみなす。

5　既設の給油取扱所（旧令第十七条第一項の屋外に設置する給油取扱所に限る。）で、屋内給油取扱所に新たに該当することとなるものの構造で、昭和六十四年〔平成元年〕三月十五日において現に存するもののうち、新令第十七条第二項第九号又は第十号に定める技術上の基準に適合しないものの構造に係る技術上の基準については、これらの規定にかかわらず、昭和六十五年〔平成二年〕三月十四日までの間は、なお従前の例による。

6　昭和六十四年〔平成元年〕三月十五日から昭和六十五年〔平成二年〕五月二十二日までの間に限り、新令第十七条第二項第二号の規定の適用については、同号中「第十三条第一項第五号」とあるのは「第十三条第五号」と、「同項第一号ただし書」とあるのは「同条第一号ただし書」と、「同項に」とあるのは「同条に」とする。

一項…一部改正〔平成一二年六月政令三〇四号〕

（販売取扱所の基準に関する経過措置）

第一一条　この政令の施行の際、現に設置されている取扱所で、新たに消防法第十一条第一項の規定により新令第三条第二号イの第一種販売取扱所として許可を受けなければならないこととなるもの（以下「新規対象の第一種販売取扱所」という。）の構造で、この政令の施行の際現に存するもののうち、新令第十八条第一項第三号から第五号までに定める技術上の基準に適合しないものの構造に係る技術上の基準については、これらの規定は、当該新規対象の第一種販売取扱所が次に掲げる基準のすべてに適合している場合に限り、適用しない。

一　建築物の当該第一種販売取扱所の用に供する部分の壁、柱、床及び天井（天井がない場合にあつては、はり及び屋根又は上階の床。以下この号において同じ。）は、不燃材料で造られ、又は当該壁、柱、床及び天井の室内に面する部分が不燃材料で覆われていること。

二　当該第一種販売取扱所に係る指定数量の倍数が、施行日における指定数量の倍数を超えないこと。

2　新規対象の第一種販売取扱所の構造で、この政令の施行の際現に存するもののうち、新令第十八条第一項第九号ニに定める技術上の基準に適合しないものの構造に係る技術上の基準については、同号ニの規定は、当該新規対象の第一種販売取扱所が前項各号に掲げる基準のすべてに適合し、かつ、危険物を配合する室の出入口に防火設備が設けられている場合に限り、適用しない。
（き）

3　この政令の施行の際、現に消防法第十一条第一項の規定により旧令第三条第二号ロの第二種販売取扱所として許可を受けている取扱所のうち、新令第三条第二号イの規定に該当することとなるものは、同号イの第一種販売取扱所として許可を受けたものとみなす。ただし、次項に規定する届出をした場合は、この限りでない。

4　前項の取扱所の所有者、管理者又は占有者で、当該取扱所の位置、構造又は設備を変更しないで、指定数量の十五倍を超える危険物を取り扱おうとするものは、施行日から起算して三月以内にその旨を市町村長等に届け出なければならない。

5　前項の場合において、当該取扱所は、新令第三条第二号ロの第二種販売取扱所として許可を受けたものとみなす。

二項…一部改正〔平成一二年四月政令二一一号〕

（一般取扱所の基準に関する経過措置）

第一二条　附則第二条第一項から第三項まで及び第八項の規定は、この政令の施行の際現に設置されている取扱所で、新たに消防法第十一条第一項の規定により新令第三条第四号の一般取扱所として許可を受けなければならないこととなるものの位置、構造及び設備に係る技術上の基準について準用する。

2　附則第二条第四項から第七項まで及び第九項の規定は、この政令の施行の際現に設置されている一般取扱所の位置、構造及び設備に係る技術上の基準について準用する。

3　この政令の施行の際、現に消防法第十一条第一項の規定により許可を受けている製造所のうち、新令第三条第四号の規定に該当することとなるものは、同号の一般取扱所として許可を受けたものとみなす。

4　第二項の規定は、前項の一般取扱所の位置、構造及び設備に係る技術上の基準について準用する。

（消火設備の基準に関する経過措置）

第一三条　この政令の施行の際、現に消防法第十一条第一項の規定により許可を受けて設置されている製造所、貯蔵所又は取扱所（以下「既設の製造所等」という。）の消火設備で、この政令の施行の際現に存するもののうち、新令第二十条第一項第二号又は第三号に定める技術上の基準に適合しないものに係る消火設備の技術上の基準については、自治省令で定める場合を除き、これらの規定にかかわらず、昭和六十六年〔平成三年〕五月二十二日までの間は、なお従前の例による。

2　この政令の施行の際、現に設置されている製造所、貯蔵所又は取扱所で、新たに消防法第十一条第一項の規定により許可を受けなければならないこととなるものの消火設備で、この政令の施行の際現に存するもののうち、新令第二十条第一項第一号に定める技術上の基準に適合しないものに係る消火設備の技術上の基準については、自治省令で定める場合を除き、同号の規定は、昭和六十七年〔平成四年〕五月二十二日までの間は、適用しない。

3　既設の製造所等の消火設備で、この政令の施行の際現に存するもののうち、新令第二十条第一項第一号に定める技術上の基準に適合しないものに係る消火設備の技術上の基準については、自治省令で定める場合を除き、同号の規定にかかわらず、昭和六十七年〔平成四年〕五月二十二日までの間は、なお従前の例による。

4　第一項及び前項の規定は、附則第二条第十項の製造所及び前条第三項の一般取扱所に係る消火設備の技術上の基準について準用する。

（危険物の品名）

第一四条　新令第一条の二の規定は、附則第三条第二項、第五項及び第十項並びに附則第五条第二項、第四項及び第六項の規定を適用する場合について準用する。

（法第九条の二第一項の適用に関する経過措置）

第一五条　この政令の施行の際、現に新令第一条の十第一項に定める物質（第二条の規定による改正前の消防法施行令第四条の五第一項に定める物質を除く。）を貯蔵し、又は取り扱つている者に対する消防法第九条の二第一項の規定の適用については、同項中「あらかじめ」とあるのは、「昭和六十五年〔平成二年〕五月二十三日から起算して三月以内に」とする。

（指定講習の手数料）

第一六条　六十三年改正法附則第七条第二項の指定講習を受けようとする者が納付すべき手数料の額は、三千四百円とする。

2　新令第四十条第二項の規定は、前項の手数料について準用する。

（総務省令への委任）（ゆ）

第一八条　附則第二条から前条までに定めるもののほか、製造所等の位置、構造及び設備に係る技術上の基準その他危険物の貯蔵、取扱い又は運搬に関し必要な経過措置は、総務省令で定める。（ゆ）

見出し…改正・本条…一部改正〔平成一二年六月政令三〇四号〕

（罰則に関する経過措置）

第一九条　この政令の施行前にした行為及びこの政令の附則においてなお従前の例によることとされる場合におけるこの政令の施行後にした行為に対する罰則の適用については、なお従前の例による。

附　則（ゐ）〔平成元年三月二五日政令第四〇号〕

この政令は、平成元年四月一日から施行する。

附　則（の）〔平成二年四月六日政令第一〇一号〕

この政令は、公布の日から施行する。ただし、第三条第一号及び第十七条第一項第一号の二の改正規定は、平成二年五月二十三日から施行する。

附　則（お）〔平成三年三月一三日政令第二四号〕

この政令は、平成三年四月一日から施行する。

附　則（く）〔平成四年一二月二日政令第三六六号〕

1　この政令は、平成五年一月一日から施行する。
2　この政令の施行前に実施の公示がされた消防法第十三条の二十三の規定による講習を受けようとする者が納付すべき手数料については、なお従前の例による。

附　則（や）〔平成五年七月三〇日政令第二六八号〕

1　この政令は、公布の日から施行する。
2　この政令の施行前にした行為に対する罰則の適用については、なお従前の例による。

附　則（ま）〔平成六年三月一一日政令第三七号〕

1　この政令は、平成六年四月一日から施行する。
2　この政令の施行前にした行為に対する罰則の適用については、なお従前の例による。

附　則（け）〔平成六年七月一日政令第二一四号〕

改正　平成一二年六月政令第三〇四号（ゆ）、一六年七月第二一八号（ん）、二一年一〇月第二四七号（ホ）

（施行期日）

1　この政令は、平成七年一月一日から施行する。

（保安検査の時期に関する経過措置）

2　危険物の規制に関する政令の一部を改正する政令（昭和五十二年政令第十号。以下「五十二年政令」という。）の施行の際現に消防法第十一条第一項前段の規定による設置に係る許可を受け、又は当該許可の申請がされていた特定屋外タンク貯蔵所（以下「既設の特定屋外タンク貯蔵所」という。）のうち、次に掲げるもので、第一条の規定による改正後の危険物の規制に関する政令（以下「新令」という。）第八条の四第一項に規定するものが受けるべき同法第十四条の三第一項の規定による保安に関する検査（以下「保安検査」という。）に係る同項に規定する政令で定める時期（以下「検査時期」という。）は、新令第八条の四第二項の規定にかかわらず、なお従前の例による。

一　この政令の施行後においてその構造及び設備が第二条の規定による改正後の五十二年政令（以下「新五十二年政令」という。）附則第三項各号に掲げる基準（以下「新基準」という。）に適合しない既設の特定屋外タンク貯蔵所

二　その所有者、管理者又は占有者が、その構造及び設備がこの政令の施行後において新基準のすべてに適合することとなった日（この政令の施行の際現にその構造及び設備が新基準のすべてに適合する既設の特定屋外タンク貯蔵所の所有者、管理者又は占有者にあっては、この政令の施行の日。以下「新基準適合日」という。）以後、市町村長等に総務省令で定めるところによるその構造及び設備が新基準のすべてに適合している旨の届出〔危則（平成六自令三〇号）附則第十条〕（以下「新基準適合届出」という。）をしていない既設の特定屋外タンク貯蔵所（ゆ）

3　その所有者、管理者又は占有者が、新基準適合日以後、市町村長等に新基準適合届出をした既設の特定屋外タンク貯蔵所のうち、次に掲げるもの（以下「第二段階基準の特定屋外タンク貯蔵

所」という。）で、新令第八条の四第一項に規定するものが受けるべき保安検査に係る検査時期に関する新令第八条の四第二項第一号の規定の適用については、同号中「八年」とあるのは「七年」と、「九年又は十年」とあるのは「八年、九年又は十年」とする。

一　その構造及び設備が新令第十一条第一項第三号の二及び第四号に規定する技術上の基準に準ずるものとして総務省令で定める技術上の基準（以下「第一段階基準」という。）〔危則（平成六自令三〇号）附則第九条〕に適合しない既設の特定屋外タンク貯蔵所(ゆ)

二　その所有者、管理者又は占有者が、その構造及び設備がこの政令の施行後において第一段階基準に適合することとなった日（この政令の施行の際現にその構造及び設備が第一段階基準に適合する既設の特定屋外タンク貯蔵所の所有者、管理者又は占有者にあっては、この政令の施行の日。以下「第一段階基準適合日」という。）以後、市町村長等に総務省令で定めるところによるその構造及び設備が第一段階基準に適合している旨の届出〔危則（平成六自令三〇号）附則第十条〕（以下「第一段階基準適合届出」という。）をしていない既設の特定屋外タンク貯蔵所(ゆ)

4　五十二年政令の施行後消防法第十一条第一項前段の規定による設置に係る許可の申請がされた特定屋外タンク貯蔵所（新令第八条の四第二項第二号に掲げるものを除く。）のうち、この政令の施行の日前に同法第十一条第五項の規定による完成検査（同条第一項前段の規定による設置に係るものに限る。以下「設置に係る完成検査」という。）を受けたもので、新令第八条の四第一項に規定するものがこの政令の施行後最初に受けるべき保安検査に係る検査時期は、同条第二項本文の規定にかかわらず、設置に係る完成検査を受けた日、直近において行われた同法第十四条の三第一項若しくは第二項の規定による保安に関する検査を受けた日又は同法第十四条の三の二の規定による点検のうち新令第八条の四第三項第一号に定める事項に係るものが行われた日の翌日から起算して八年を経過する日前一年目に当たる日から、当該経過する日の翌日から起算して一年を経過する日までの間とする。この場合において、当該保安検査に係る検査時期が、当該特定屋外タンク貯蔵所に係る設置に係る完成検査又は同法第十四条の三第一項若しくは第二項の規定による保安に関する検査のうち、直近において行われたものを受けた日の翌日から起算して十一年を経過する日後となるときにあっては、当該保安検査に係る検査時期は、当該経過する日前一年目に当たる日から当該経過する日までの間とする。

5　その所有者、管理者又は占有者が、第一段階基準適合日以後、市町村長等に第一段階基準適合届出をした既設の特定屋外タンク貯蔵所（当該第一段階基準適合届出後、現にその構造及び設備が第一段階基準に適合しているものに限る。）のうち、この政令の施行の日前に設置に係る完成検査を受けたもので、新令第八条の四第一項に規定するものが当該第一段階基準適合届出後最初に受けるべき保安検査に係る検査時期については、前項の規定を準用する。

6　第二段階基準の特定屋外タンク貯蔵所のうち、この政令の施行の日前に設置に係る完成検査を受けたもので、新令第八条の四第一項に規定するものが当該第二段階基準の特定屋外タンク貯蔵所に係る新基準適合届出後最初に受けるべき保安検査に係る検査時期については、附則第四項の規定を準用する。この場合において、同項中「同条第二項本文」とあるのは「同条第二項本文及び前項」と、「八年」とあるのは「七年」と読み替えるものとする。

（危険物の規制に関する政令の一部を改正する政令の一部改正に伴う経過措置）

7　既設の特定屋外タンク貯蔵所のうち、五十二年政令施行の際現にその構造及び設備が新令第十一条第一項第三号の二及び第四号に定める技術上の基準に適合していなかったもので、この政令の施行の際現にその構造及び設備が新基準に適合しないもの（以下「旧基準の特定屋外タンク貯蔵所」という。）に係る技術上の基準については、次の各号に掲げる旧基準の特定屋外タンク貯蔵所の区分に応じ、当該各号に定める日（その日前に当該旧基準の特定屋外タンク貯蔵所の構造及び設備が新基準のすべてに適合することとなった場合にあっては、当該適合することとなった日）までの間は、同項第三号の二及び第四号の規定にかかわらず、なお従前の例による。

一　その所有者、管理者又は占有者が、平成七年十二月三十一日までの間に、市町村長等に総務省令で定めるところによる旧基準の特定屋外タンク貯蔵所の構造及び設備の実態についての調査並びに当該構造及び設備を新基準のすべてに適合させるための工事に関する計画の届出（危則（平成六自令三〇号）附則第十条）（次号において「調査・工事計画届出」という。）をした旧基準の特定屋外タンク貯蔵所で、新令第八条の四第一項に規定するもの　平成二十一年十二月三十一日（当該日までの間に、その所有者、管理者又は占有者が、危険物の貯蔵及び取扱い（総務省令で定めるものを除く。以下同じ。）を休止し、かつ、その旨の確認を総務省令で定めるところにより市町村長等から受けた旧基準の特定屋外タンク貯蔵所であって、当該日の翌日以後において危険物の貯蔵及び取扱いを当該確認を受けた時から引き続き休止しているものにあっては、同日の翌日以後において危険物の貯蔵及び取扱いを再開する日の前日）（ゆ）（ん）（ホ）

二　その所有者、管理者又は占有者が、平成七年十二月三十一日までの間に、市町村長等に調査・工事計画届出をした旧基準の特定屋外タンク貯蔵所で、前号に掲げるもの以外のもの　平成二十五年十二月三十一日（当該日までの間に、その所有者、管理者又は占有者が、危険物の貯蔵及び取扱いを休止し、かつ、その旨の確認を総務省令で定めるところにより市町村長等から受けた旧基準の特定屋外タンク貯蔵所であって、当該日の翌日以後において危険物の貯蔵及び取扱いを当該確認を受けた時から引き続き休止しているものにあっては、同日の翌日以後において危険物の貯蔵及び取扱いを再開する日の前日）（ん）（ホ）

三　前二号に掲げるもの以外の旧基準の特定屋外タンク貯蔵所

平成七年十二月三十一日

8 旧基準の特定屋外タンク貯蔵所について消防法第十一条第一項後段の規定による変更の許可を受けようとする者が納付すべき手数料の区分については、前項各号に掲げる旧基準の特定屋外タンク貯蔵所の区分に応じ、当該各号に定める日（その日前に当該旧基準の特定屋外タンク貯蔵所の構造及び設備が新基準に適合することとなった場合にあっては、当該適合することとなった日）までの間は、なお**従前の例**による。ただし、当該旧基準の特定屋外タンク貯蔵所の構造及び設備を新基準に適合させるため、当該変更の許可を受けようとする者にあっては、この限りでない。

二・三・七項…一部改正〔平成一二年六月政令三〇四号〕、七項…一部改正〔平成一六年七月政令二一八号・二一年一〇月二四七号〕

解説 **【従前の例】** 昭和五二年二月一日政令第一〇号附則第五項では、「既設の特定屋外タンク貯蔵所については、当該既設の特定屋外タンク貯蔵所を新令第八条の二の三第一項に規定する特定屋外タンク貯蔵所以外の屋外タンク貯蔵所とみなして、新令第四十条の表の㈢の項の規定を適用する。」とされていた。

附　則（ふ）〔平成七年二月三日政令第一五号〕

1 この政令は、平成七年四月一日から施行する。

2 この政令の施行の際現に消防法第十一条第一項の規定により許可を受けて設置されている製造所、貯蔵所又は取扱所の構造及び設備で、この政令の施行の際現に存するもののうち、改正後の危険物の規制に関する政令（以下「新令」という。）第十三条第二項（新令第九条第一項第二十号ハ（新令第十九条第一項において準用する場合を含む。）又は新令第十七条第一項第六号イ若しくは第二項第二号においてその例によるものとされる場合を含む。）においてその例によるものとされる新令第十三条第一項第二号から第四号までに定める技術上の基準に適合しないものの構造及び設備に係る技術上の基準については、これらの規定にかかわらず、なお従前の例による。

3 この政令の施行前にした行為に対する罰則の適用については、なお従前の例による。

附　則（こ）〔平成九年二月七日政令第一三号〕

1 この政令は、公布の日から施行する。ただし、第四十条第一項の改正規定は、平成九年四月一日から施行する。

2 この政令の施行前にした行為に対する罰則の適用については、なお従前の例による。

附　則（え）〔平成九年二月一九日政令第二〇号抄〕

（施行期日）

第一条 この政令は、平成九年四月一日から施行する。

附　則（て）〔平成一〇年二月二五日政令第三一号〕

1 この政令は、平成十年三月十六日から施行する。ただし、次の各号に掲げる規定は、当該各号に定める日から施行する。

一 第十一条第一項第十二号の改正規定、同項第十二号の二の次に一号を加える改正規定、第十七条に一項を加える改正規定、第二十七条第六項第一号の改正規定（「掲げるもの」の下に「及び顧客に自ら給油等をさせる給油取扱所」を加える部分及び同号にカを加える部分に限る。）及び同項第一号の二の次に

一号を加える改正規定並びに次項の規定　平成十年四月一日

二　第八条の三の改正規定、第十三条第一項第六号の改正規定、第十四条第六号の改正規定（「〇・七重量キログラム毎平方センチメートル」を「七十キロパスカル」に改める部分に限る。）、第十五条第一項第二号の改正規定、第四十条第一項の表の㈡の項及び㈩の項の改正規定並びに別表第四備考第五号ハ及びニの改正規定並びに附則第三項の規定　平成十一年十月一日

2　平成十年四月一日において現に消防法第十一条第一項の規定により許可を受けている屋外タンク貯蔵所で、その設備が改正後の危険物の規制に関する政令（以下「新令」という。）第十一条第一項第十二号の三に定める技術上の基準に適合しないものに係る技術上の基準については、同号の規定にかかわらず、平成二十一年三月三十一日までの間は、なお従前の例による。

3　平成十一年十月一日において現に消防法第十一条第一項の規定により許可を受けている製造所、貯蔵所又は取扱所の構造で、同日において現に存するもののうち、新令第十三条第一項第六号に定める技術上の基準（新令第九条第一項第二十号ハ（新令第十九条第一項において準用する場合を含む。）、新令第十三条第二項若しくは第三項又は新令第十七条第一項第六号イ若しくは第二項第二号においてその例によるものとされる場合を含む。）、新令第十四条第六号に定める技術上の基準（新令第十七条第一項第六号ロにおいてその例によるものとされる場合を含む。）又は新令第十五条第一項第二号に定める技術上の基準に適合しないものの構造に係る技術上の基準については、これらの規定にかかわらず、なお従前の例による。

4　この政令（附則第一項各号に掲げる規定については、当該各規定）の施行前にした行為に対する罰則の適用については、なお従前の例による。

附　則（あ）〔平成一一年一月一三日政令第三号〕

改正　平成一二年六月政令第三〇四号（ゆ）、一六年七月第二一八号（ん）、二一年一〇月第二四七号（ホ）

1　この政令は、平成十一年四月一日から施行する。

2　この政令の施行の際、現に消防法第十一条第一項前段の規定による設置に係る許可を受け、又は当該許可の申請がされていることの政令による改正後の危険物の規制に関する政令（以下「新令」という。）第十一条第一項第三号の三に規定する準特定屋外タンク貯蔵所で、その構造及び設備が同号及び同項第四号に定める技術上の基準（以下「新基準」という。）に適合しないもの（以下「旧基準の準特定屋外タンク貯蔵所」という。）に係る技術上の基準については、次の各号に掲げる旧基準の準特定屋外タンク貯蔵所の区分に応じ、当該各号に定める日（その日前に当該旧基準の準特定屋外タンク貯蔵所の構造及び設備が新基準のすべてに適合することとなった場合にあっては、当該適合することとなった日）までの間は、同項第三号の三及び第四号の規定にかかわらず、なお従前の例による。

一　その所有者、管理者又は占有者が、平成十三年三月三十一日までの間に、市町村長等に総務省令で定めるところによる旧基準の準特定屋外タンク貯蔵所の構造及び設備の実態についての

調査並びに当該構造及び設備を新基準のすべてに適合させるための工事に関する計画の届出をした旧基準の準特定屋外タンク貯蔵所　平成二十九年三月三十一日（当該日までの間に、その所有者、管理者又は占有者が、危険物の貯蔵及び取扱い（総務省令で定めるものを除く。以下同じ。）を休止し、かつ、その旨の確認を総務省令で定めるところにより市町村長等から受けた旧基準の準特定屋外タンク貯蔵所であって、当該日の翌日以後において危険物の貯蔵及び取扱いを当該確認を受けた時から引き続き休止しているものにあっては、同日の翌日以後において危険物の貯蔵及び取扱いを再開する日の前日）(ゆ)(ん)(ホ)

二　前号に掲げるもの以外の旧基準の準特定屋外タンク貯蔵所　平成十三年三月三十一日

3　旧基準の準特定屋外タンク貯蔵所について消防法第十一条第一項後段の規定による変更の許可を受けようとする者が納付すべき手数料については、前項各号に掲げる旧基準の準特定屋外タンク貯蔵所の区分に応じ、当該各号に定める日（その日前に当該旧基準の準特定屋外タンク貯蔵所の構造及び設備が新基準に適合することとなった場合にあっては、当該適合することとなった日）までの間は、当該旧基準の準特定屋外タンク貯蔵所を特定屋外タンク貯蔵所及び新令第十一条第一項第三号の三に規定する準特定屋外タンク貯蔵所以外の屋外タンク貯蔵所とみなして、新令第四十条の表の㈢の項の規定を適用する。ただし、当該旧基準の準特定屋外タンク貯蔵所の構造及び設備を新基準に適合させるため、当該変更の許可を受けようとする者にあっては、この限りでない。

二項…一部改正〔平成一二年六月政令三〇四号・二一年一〇月二四七号〕

附　則(さ)　〔平成一一年一〇月一四日政令第三二四号抄〕

（施行期日）

第一条　この政令は、平成十二年四月一日から施行する。〔以下略〕

附　則(き)　〔平成一二年四月二六日政令第二一一号抄〕

（施行期日）

第一条　この政令は、建築基準法の一部を改正する法律（平成十年法律第百号）の施行の日（平成十二年六月一日）から施行する。

附　則(ゆ)　〔平成一二年六月七日政令第三〇四号抄〕

1　この政令は、内閣法の一部を改正する法律（平成十一年法律第八十八号）の施行の日（平成十三年一月六日）から施行する。

〔以下略〕

附　則(め)　〔平成一二年六月七日政令第三三三号抄〕

（施行期日）

1　この政令（第一条を除く。）は、平成十三年四月一日から施行する。

附　則(み)　〔平成一三年九月一四日政令第三〇〇号〕

（施行期日）

第一条　この政令は、消防法の一部を改正する法律（以下「改正法」という。）の施行の日（平成十三年十二月一日）から施行する。ただし、第九条第二項及び別表第四備考第七号の改正規定並びに附則第十条第一項の規定は、改正法附則第一条第一号に掲げる規定の施行の日（平成十四年六月一日）から施行する。

（製造所の基準に関する経過措置）

第二条　改正法の施行の際、現に設置されている製造所で、改正法による消防法別表第五類の項の規定の改正により新たに同法第十一条第一項の規定により製造所として許可を受けなければならないこととなるもの（以下この条において「新規対象の製造所」という。）のうち、危険物の規制に関する政令（以下「危険物規制令」という。）第九条第一項第二号に定める技術上の基準に適合しないものの位置に係る技術上の基準については、同号の規定は、当該製造所が次に掲げる基準のすべてに適合している場合に限り、適用しない。

一　当該製造所の危険物を取り扱う工作物（建築物及び危険物を移送するための配管その他これに準ずる工作物を除く。）の周囲に、一メートル以上の幅の空地を保有し、又は不燃材料（危険物規制令第九条第一項第一号に規定する不燃材料をいう。以下同じ。）で造った防火上有効な塀が設けられていること。

二　当該製造所の建築物の危険物を取り扱う室の壁、柱、床及び天井（天井がない場合にあっては、はり及び屋根又は上階の床。以下この号において同じ。）が不燃材料で造られ、又は当該壁、柱、床及び天井の室内に面する部分が不燃材料で覆われていること。

三　前号の室の開口部には、防火設備（危険物規制令第九条第一項第七号に規定する防火設備をいう。以下同じ。）が設けられていること。

四　当該製造所の危険物を取り扱う配管は、その設置される条件及び使用される状況に照らして、十分な強度を有し、かつ、漏れない構造であること。

五　当該製造所に係る指定数量の倍数が、改正法の施行の日（以下「施行日」という。）における指定数量の倍数を超えないこと。

2　新規対象の製造所の構造及び設備で、改正法の施行の際現に存するもののうち、危険物規制令第九条第一項第四号から第七号まで又は第二十一号に定める技術上の基準に適合しないものの構造及び設備に係る技術上の基準については、これらの規定は、当該製造所が前項各号に掲げる基準のすべてに適合している場合に限り、適用しない。

3　新規対象の製造所の危険物を取り扱うタンクで、改正法の施行の際現に存するもののうち、危険物規制令第九条第一項第二十号イにおいてその例によるものとされる危険物規制令第十一条第一項第四号、第六号、第七号の二若しくは第十一号から第十二号までに定める技術上の基準に適合しないもの、危険物規制令第九条第一項第二十号ロにおいてその例によるものとされる危険物規制令第十二条第一項第五号若しくは第十号から第十一号までに定める技術上の基準に適合しないもの又は危険物規制令第九条第一項第二十号ハにおいてその例によるものとされる危険物規制令第十三条第一項第一号から第四号まで、第六号、第七号、第八号の二後段、第九号（注入口は屋外に設けることとする部分に限る。）、第十号、第十一号若しくは第十四号に定める技術上の基準に適合しないものの構造及び設備に係る技術上の基準については、これらの規定は、当該製造所が第一項各号に掲げる基準のすべてに適合し、かつ、当該危険物を取り扱うタンクがそれぞれ附則第四条第一項第二号、第五条第一号又は第六条第一号に掲げる基準に適合している場合に限り、適用しない。

4　改正法の施行の際、現に消防法第十一条第一項の規定により許可を受けて設置されている製造所（以下この条において「既設の製造所」という。）のうち、改正法による消防法別表第五類の項の規定の改正により危険物規制令第九条第一項第二号に定める技術上の基準に適合しないこととなるものの位置に係る技術上の基準については、同号の規定にかかわらず、当該製造所が第一項第四号及び第五号に掲げる基準に適合している場合に限り、なお従前の例による。

5　既設の製造所の危険物を取り扱うタンクで、改正法の施行の際現に存するもののうち、改正法による消防法別表第五類の項の規定の改正により、危険物規制令第九条第一項第二十号イにおいてその例によるものとされる危険物規制令第十一条第一項第四号、第六号、第七号の二若しくは第十一号から第十二号までに定める技術上の基準に適合しないこととなるもの、危険物規制令第九条第一項第二十号ロにおいてその例によるものとされる危険物規制令第十二条第一項第五号若しくは第十号から第十一号までに定める技術上の基準に適合しないこととなるもの又は危険物規制令第九条第一項第二十号ハにおいてその例によるものとされる危険物規制令第十三条第一項第一号から第四号まで、第六号、第七号、第八号の二後段、第九号（注入口は屋外に設けることとする部分に限る。）、第十号、第十一号若しくは第十四号に定める技術上の基準に適合しないこととなるものの構造及び設備に係る技術上の基準については、これらの規定にかかわらず、当該製造所が第一項第四号及び第五号に掲げる基準に適合し、かつ、当該危険物を取り扱うタンクがそれぞれ附則第四条第一項第二号、第五条第一号又は第六条第一号に掲げる基準に適合している場合に限り、なお従前の例による。

6　既設の製造所の危険物を取り扱う配管で、改正法の施行の際現に存するもののうち、改正法による消防法別表第五類の項の規定の改正により危険物規制令第九条第一項第二十一号に定める技術上の基準に適合しないこととなるものの構造及び設備に係る技術上の基準については、同号の規定にかかわらず、当該製造所が第一項第四号及び第五号に掲げる基準に適合している場合に限り、なお従前の例による。

7　新規対象の製造所のうち、危険物規制令第九条第一項第一号に定める技術上の基準に適合しないもの（ヒドロキシルアミン若しくはヒドロキシルアミン塩類又はこれらのいずれかを含有する物品（以下「ヒドロキシルアミン等」という。）で、危険物規制令別表第三備考第十一号の第一種自己反応性物質の性状を有するものを貯蔵し、又は取り扱う製造所を除く。）の位置に係る技術上の基準については、同項第一号の規定は、平成十五年五月三十一日までの間は、適用しない。

8　改正法の施行の際、現に消防法第十一条第一項の規定により危険物規制令第三条第四号の一般取扱所として許可を受けている取扱所のうち、改正法による消防法別表第五類の項の規定の改正により新たに同法第十条第一項の製造所に該当することとなるものは、同項の製造所として許可を受けたものとみなす。

9　第四項から第六項までの規定は、前項の製造所の位置、構造及び設備に係る技術上の基準について準用する。

（屋内貯蔵所の基準に関する経過措置）

第三条　改正法の施行の際、現に設置されている貯蔵所で、改正法による消防法別表第五類の項の規定の改正により新たに同法第十一条第一項の規定により危険物規制令第二条第一号の屋内貯蔵所として許可を受けなければならないこととなるもの（以下この条において「新規対象の屋内貯蔵所」という。）のうち、危険物規制令第十条第一項第二号又は第三項第一号に定める技術上の基準に適合しないものの位置に係る技術上の基準については、これらの規定は、当該屋内貯蔵所が次に掲げる基準のすべてに適合している場合に限り、適用しない。

一　当該屋内貯蔵所の貯蔵倉庫又は建築物の当該屋内貯蔵所の用に供する部分（次号において「貯蔵倉庫等」という。）の壁、柱、床及び天井（天井がない場合にあっては、はり及び屋根又は上階の床。以下この号において同じ。）が不燃材料で造られ、又は当該壁、柱、床及び天井の室内に面する部分が不燃材料で覆われていること。

二　貯蔵倉庫等の開口部には、防火設備が設けられていること。

三　当該屋内貯蔵所に係る指定数量の倍数が、施行日における指定数量の倍数を超えないこと。

2　新規対象の屋内貯蔵所の構造で、改正法の施行の際現に存するもののうち、危険物規制令第十条第一項第四号（軒高に係る部分に限る。）に定める技術上の基準に適合しないもの（軒高が二十メートル未満のものに限る。）又は同項第五号から第八号まで若しくは同条第三項第二号から第六号までに定める技術上の基準に適合しないものの構造に係る技術上の基準については、これらの規定は、当該屋内貯蔵所が前項各号に掲げる基準のすべてに適合している場合に限り、適用しない。

3　新規対象の屋内貯蔵所のうち、危険物規制令第十条第一項第一号に定める技術上の基準に適合しないもの（ヒドロキシルアミン等で危険物規制令別表第三備考第十一号の第一種自己反応性物質の性状を有するものを貯蔵し、又は取り扱う屋内貯蔵所を除く。）

の位置に係る技術上の基準については、同項第一号の規定は、平成十五年五月三十一日までの間は、適用しない。

（屋外タンク貯蔵所の基準に関する経過措置）

第四条　改正法の施行の際、現に設置されている貯蔵所で、改正法による消防法別表第五類の項の規定の改正により新たに同法第十一条第一項の規定により危険物規制令第二条第二号の屋外タンク貯蔵所として許可を受けなければならないこととなるもの（以下この条において「新規対象の屋外タンク貯蔵所」という。）のうち、危険物規制令第十一条第一項第一号の二に定める技術上の基準に適合しないもの（同号の表の第二号に掲げる屋外貯蔵タンクに係るものに限る。）又は同項第二号に定める技術上の基準に適合しないものの位置に係る技術上の基準については、これらの規定は、当該屋外タンク貯蔵所が次に掲げる基準のすべてに適合している場合に限り、適用しない。

一　当該屋外タンク貯蔵所の屋外貯蔵タンク（危険物を移送するための配管その他これに準ずる工作物を除く。）の周囲に、一メートル以上の幅の空地を保有し、又は不燃材料で造った防火上有効な塀が設けられていること。

二　当該屋外タンク貯蔵所の屋外貯蔵タンクは、鋼板その他の金属板で造られ、かつ、漏れない構造であること。

三　当該屋外タンク貯蔵所の危険物を取り扱う配管は、その設置される条件及び使用される状況に照らして、十分な強度を有し、かつ、漏れない構造であること。

四　当該屋外タンク貯蔵所に係る指定数量の倍数が、施行日における指定数量の倍数を超えないこと。

2　新規対象の屋外タンク貯蔵所の構造及び設備で、改正法の施行の際現に存するもののうち、危険物規制令第十一条第一項第四号、第六号、第七号の二、第十号の二イ若しくはロ又は第十一号から第十二号までに定める技術上の基準に適合しないものの構造及び設備に係る技術上の基準については、これらの規定は、当該屋外タンク貯蔵所が前項各号に掲げる基準のすべてに適合している場合に限り、適用しない。

3　新規対象の屋外タンク貯蔵所のうち、危険物規制令第十一条第一項第一号に定める技術上の基準に適合しないもの（ヒドロキシルアミン等で危険物規制令別表第三備考第十一号の第一種自己反応性物質の性状を有するものを貯蔵し、又は取り扱う屋外タンク貯蔵所を除く。）の位置に係る技術上の基準については、同項第一号の規定は、平成十五年五月三十一日までの間は、適用しない。

（屋内タンク貯蔵所の基準に関する経過措置）

第五条　改正法の施行の際、現に設置されている貯蔵所で、改正法による消防法別表第五類の項の規定の改正により新たに同法第十一条第一項の規定により危険物規制令第二条第三号の屋内タンク貯蔵所として許可を受けなければならないこととなるものの構造及び設備で、改正法の施行の際現に存するもののうち、危険物規制令第十二条第一項第二号、第四号、第五号、第十号から第十一号まで又は第十二号から第十四号までに定める技術上の基準に適合しないものの構造及び設備に係る技術上の基準については、これらの規定は、当該屋内タンク貯蔵所が次に掲げる基準のすべてに適合している場合に限り、適用しない。

一　当該屋内タンク貯蔵所の屋内貯蔵タンクは、鋼板その他の金属板で造られ、かつ、漏れない構造であること。

二　当該屋内タンク貯蔵所の危険物を取り扱う配管は、その設置される条件及び使用される状況に照らして、十分な強度を有し、かつ、漏れない構造であること。

三　当該屋内タンク貯蔵所のタンク専用室の壁、柱、床及び天井（天井がない場合にあっては、はり及び屋根又は上階の床。以下この号において同じ。）が不燃材料で造られ、又は当該壁、柱、床及び天井の室内に面する部分が不燃材料で覆われていること。

四　前号のタンク専用室の開口部には、防火設備が設けられていること。

五　当該屋内タンク貯蔵所に係る指定数量の倍数が、施行日における指定数量の倍数を超えないこと。

（地下タンク貯蔵所の基準に関する経過措置）

第六条　改正法の施行の際、現に設置されている貯蔵所で、改正法による消防法別表第五類の項の規定の改正により新たに同法第十一条第一項の規定により危険物規制令第二条第四号の地下タンク貯蔵所として許可を受けなければならないこととなるものの構造及び設備で、改正法の施行の際現に存するもののうち、危険物規制令第十三条第一項第一号から第四号まで、第六号、第七号、第八号の二後段、第九号（注入口は屋外に設けることとする部分に限る。）、第十号、第十一号若しくは第十四号（同条第二項及び第三項においてこれらの規定の例によるものとされる場合を含む。）又は同条第二項第二号から第四号までに定める技術上の基準に適合しないものの構造及び設備に係る技術上の基準については、これらの規定は、当該地下タンク貯蔵所が次に掲げる基準のすべてに適合している場合に限り、適用しない。

一　当該地下タンク貯蔵所の地下貯蔵タンクは、鋼板その他の金属板又は強化プラスチックで造られ、かつ、漏れない構造であること。

二　当該地下タンク貯蔵所の危険物を取り扱う配管は、その設置される条件及び使用される状況に照らして、十分な強度を有し、かつ、漏れない構造であること。

三　当該地下タンク貯蔵所に係る指定数量の倍数が、施行日における指定数量の倍数を超えないこと。

（移動タンク貯蔵所の基準に関する経過措置）

第七条　改正法の施行の際、現に設置されている貯蔵所で、改正法による消防法別表第五類の項の規定の改正により新たに同法第十一条第一項の規定により危険物規制令第二条第六号の移動タンク貯蔵所として許可を受けなければならないこととなるものの構造及び設備で、改正法の施行の際現に存するもののうち、危険物規制令第十五条第一項第三号、第四号、第七号又は第九号から第十一号までに定める技術上の基準に適合しないものの構造及び設備に係る技術上の基準については、これらの規定は、平成十五年五月三十一日までの間は、適用しない。

（一般取扱所の基準に関する経過措置）

第八条　附則第二条第一項から第三項まで及び第七項の規定は、改正法の施行の際現に設置されている取扱所で、改正法による消防法別表第五類の項の規定の改正により新たに同法第十一条第一項の規定により危険物規制令第三条第四号の一般取扱所として許可を受けなければならないこととなるものの位置、構造及び設備に係る技術上の基準について準用する。

2　附則第二条第四項から第六項までの規定は、改正法の施行の際現に消防法第十一条第一項の規定により許可を受けて設置されている危険物規制令第三条第四号の一般取扱所の位置、構造及び設備に係る技術上の基準について準用する。

（消火設備の基準に関する経過措置）

第九条　改正法の施行の際、現に設置されている製造所、貯蔵所又は取扱所で、改正法による消防法別表第五類の項の規定の改正により新たに同法第十一条第一項の規定により許可を受けなければならないこととなるもの（指定数量の倍数が施行日における指定数量の倍数を超えないものに限る。）の消火設備で、改正法の施行の際現に存するもののうち、危険物規制令第二十条第一項第一号に定める技術上の基準に適合しないものに係る消火設備の技術上の基準については、同号の規定は、平成十五年五月三十一日までの間は、適用しない。

2　改正法の施行の際、現に消防法第十一条第一項の規定により許可を受けて設置されている製造所又は危険物規制令第三条第四号の一般取扱所（いずれも指定数量の倍数が施行日における指定数量の倍数を超えないものに限る。）の消火設備で、改正法の施行の際現に存するもののうち、改正法による消防法別表第五類の項の規定の改正により危険物規制令第二十条第一項第一号に定める技術上の基準に適合しないこととなるものに係る消火設備の技術上の基準については、同号の規定にかかわらず、平成十五年五月三十一日までの間は、なお従前の例による。

3　前二項の規定は、附則第二条第八項の製造所に係る消火設備の技術上の基準について準用する。

（消防法施行令に関する経過措置）

第一〇条　改正法附則第一条第一号に掲げる規定の施行の際、現に存する防火対象物若しくはその部分又は現に新築、増築、改築、移転、修繕若しくは模様替えの工事中の防火対象物若しくはその部分のうち、同号に掲げる規定の施行の日の前日において現に消防法第十一条第一項の規定により許可を受けている製造所、貯蔵所又は取扱所で、改正法による消防法別表備考第十六号及び第十七号の規定の改正により新たに同項の規定による許可を受けることを要しないこととなるものに係るものについては、消防法施行令（昭和三十六年政令第三十七号）第十条、第二十二条及び第二十四条から第二十六条までの規定は平成十五年五月三十一日までの間、同令第十一条から第十三条まで、第十九条から第二十一条の二まで、第二十三条及び第二十七条から第二十九条の三までの規定は平成十六年五月三十一日までの間は、適用しない。

2 改正法の施行の際、現に存する防火対象物若しくはその部分又は現に新築、増築、改築、移転、修繕若しくは模様替えの工事中の防火対象物若しくはその部分のうち、改正法による消防法別表第五類の項の規定の改正により消防法施行令第十条第一項第四号の少量危険物を貯蔵し、又は取り扱うこととなるものにおける消火器及び簡易消火用具に係る技術上の基準については、同号の規定にかかわらず、平成十四年十一月三十日までの間は、なお従前の例による。

（罰則に関する経過措置）

第一一条 この政令（附則第一条ただし書に規定する規定については、当該規定）の施行前にした行為及びこの政令の附則の規定によりなお従前の例によることとされる場合におけるこの政令の施行後にした行為に対する罰則の適用については、なお従前の例による。

（総務省令への委任）

第一二条 附則第二条から第九条まで及び前条に定めるもののほか、改正法の施行に伴う製造所等の位置、構造及び設備に係る技術上の基準その他危険物の貯蔵、取扱い又は運搬に関し必要な経過措置は、総務省令で定める。

附　則（し）〔平成一四年一月二五日政令第一二号〕

1 この政令は、平成十四年四月一日から施行する。

2 この政令の施行前にした行為に対する罰則の適用については、なお従前の例による。

附　則（ゑ）〔平成一四年八月二日政令第二七四号抄〕

（施行期日）

第一条 この政令は、消防法の一部を改正する法律（平成十四年法律第三十号。以下「改正法」という。）の施行の日（平成十四年十月二十五日）から施行する。ただし、次の各号に掲げる規定は、当該各号に定める日から施行する。

一 附則第三条の規定（危険物の規制に関する政令（昭和三十四年政令第三百六号）第十七条第二項第二号の改正規定に限る。）公布の日

二・三 〔略〕

附　則（ひ）〔平成一五年一二月一七日政令第五一七号〕

（施行期日）

第一条　この政令は、平成十六年四月一日から施行する。

（保安検査の時期に関する経過措置）

第二条　危険物の規制に関する政令及び消防法施行令の一部を改正する政令（昭和五十二年政令第十号。以下「昭和五十二年政令」という。）の施行の際現に消防法第十一条第一項前段の規定による設置に係る許可を受け、又は当該許可の申請がされていたこの政令による改正後の危険物の規制に関する政令（以下「新令」という。）第八条の二の三第三項に規定する特定屋外タンク貯蔵所（以下「既設の特定屋外タンク貯蔵所」という。）のうち、次に掲げるもので、新令第八条の四第一項に規定するものが受けるべき同法第十四条の三第一項の規定による保安に関する検査（以下「保安検査」という。）に係る同項に規定する政令で定める時期（以下「検査時期」という。）は、新令第八条の四第二項の規定にかかわらず、なお従前の例による。

一　その構造及び設備が新基準（危険物の規制に関する政令等の一部を改正する政令（平成六年政令第二百十四号。以下「平成六年政令」という。）附則第二項第一号に規定する新基準をいう。以下同じ。）に適合しない既設の特定屋外タンク貯蔵所

二　その所有者、管理者又は占有者が、新基準適合日（平成六年政令附則第二項第二号に規定する新基準適合日をいう。以下同じ。）以後、市町村長、都道府県知事又は総務大臣（以下「市町村長等」という。）に新基準適合届出（同号に規定する新基準適合届出をいう。以下同じ。）をしていない既設の特定屋外タンク貯蔵所

2　その所有者、管理者又は占有者が、新基準適合日以後、市町村長等に新基準適合届出をした既設の特定屋外タンク貯蔵所のうち、次に掲げるもの（以下「第二段階基準の特定屋外タンク貯蔵所」という。）で、新令第八条の四第一項に規定するものが受けるべき保安検査に係る検査時期に関する同条第二項第一号の規定の適用については、同号中「八年」とあるのは「七年」と、「十年又は十三年」とあるのは「八年、九年又は十年」とする。

一　その構造及び設備が第一段階基準（平成六年政令附則第三項第一号に規定する第一段階基準をいう。以下同じ。）に適合しない既設の特定屋外タンク貯蔵所

二　その所有者、管理者又は占有者が、第一段階基準適合日（平成六年政令附則第三項第二号に規定する第一段階基準適合日をいう。以下同じ。）以後、市町村長等に第一段階基準適合届出（同号に規定する第一段階基準適合届出をいう。以下同じ。）をしていない既設の特定屋外タンク貯蔵所

3　昭和五十二年政令の施行後消防法第十一条第一項前段の規定による設置に係る許可の申請がされた新令第八条の二の三第三項に規定する特定屋外タンク貯蔵所（新令第八条の四第二項第一号に掲げるものに限る。）のうち、この政令の施行の日前に同法第十

一条第五項の規定による完成検査（同条第一項前段の規定による設置に係るものに限る。以下「設置に係る完成検査」という。）を受けたもので、新令第八条の四第一項に規定するものがこの政令の施行後最初に受けるべき保安検査に係る検査時期は、同条第二項本文の規定にかかわらず、なお従前の例による。

4　この政令の施行の日前に設置に係る完成検査を受けた既設の特定屋外タンク貯蔵所のうち、その所有者、管理者又は占有者が、第一段階基準適合日以後、市町村長等に第一段階基準適合届出をしたもの（以下この項において「第一段階基準の特定屋外タンク貯蔵所」という。）で、新令第八条の四第一項に規定するものが当該第一段階基準適合届出をした日（この政令の施行の日前に当該第一段階基準適合届出をした第一段階基準の特定屋外タンク貯蔵所の所有者、管理者又は占有者にあっては、この政令の施行の日）後最初に受けるべき保安検査に係る検査時期に関する同条第二項第一号の規定の適用については、同号中「又は直近において行われた法第十四条の三第一項若しくは第二項の規定による保安に関する検査を受けた日」とあるのは「、直近において行われた法第十四条の三第一項若しくは第二項の規定による保安に関する検査を受けた日又は法第十四条の三の二の規定による点検のうち次項第一号に定める事項に係るものが行われた日」と、「特定屋外タンク貯蔵所にあつては」とあるのは「特定屋外タンク貯蔵所（その所有者、管理者又は占有者が、危険物の規制に関する政令の一部を改正する政令（平成十五年政令第五百十七号）の施行後同令附則第二条第二項第二号に規定する第一段階基準適合届出をした特定屋外タンク貯蔵所で、同条第一項第二号に規定する新基準適合届出をしていないものを除く。）にあつては」と、「十年又は十三年のいずれか」とあるのは「十年」と、「経過する日までの間」とあるのは「経過する日までの間（当該経過する日が、当該完成検査又は法第十四条の三第一項若しくは第二項の規定による保安に関する検査のうち、直近において行われたものを受けた日の翌日から起算して十年を経過する日後となる場合にあつては、当該経過する日から、当該経過する日から起算して一年を経過する日までの間）」とする。

5　この政令の施行の日前に設置に係る完成検査を受けた第二段階基準の特定屋外タンク貯蔵所のうち、その所有者、管理者又は占有者が、この政令の施行後、市町村長等に新基準適合届出をしたもので、新令第八条の四第一項に規定するものが当該新基準適合届出をした日後最初に受けるべき保安検査に係る検査時期に関する同条第二項第一号の規定の適用については、同号中「又は直近において行われた法第十四条の三第一項若しくは第二項の規定による保安に関する検査を受けた日」とあるのは「、直近において行われた法第十四条の三第一項若しくは第二項の規定による保安に関する検査を受けた日又は法第十四条の三の二の規定による点検のうち次項第一号に定める事項に係るものが行われた日」と、

「八年（総務省令で定める保安のための措置を講じている特定屋外タンク貯蔵所にあつては、当該措置に応じ総務省令で定めるところにより市町村長等が定める十年又は十三年のいずれかの期間）」とあるのは「七年」と、「経過する日までの間」とあるのは「経過する日までの間（当該経過する日が、当該完成検査又は法第十四条の三第一項若しくは第二項の規定による保安に関する検査のうち、直近において行われたものを受けた日の翌日から起算して十年を経過する日後となる場合にあつては、当該経過する日から、当該経過する日から起算して一年を経過する日までの間）」とする。

（罰則に関する経過措置）

第三条　この政令の施行前にした行為に対する罰則の適用については、なお従前の例による。

附　則(も)〔平成一五年一二月一九日政令第五三三号抄〕

（施行期日）

第一条　この政令は、公益法人に係る改革を推進するための厚生労働省関係法律の整備に関する法律（以下「法」という。）の施行の日（平成十六年三月三十一日）から施行する。

附　則(せ)〔平成一六年二月六日政令第一九号抄〕

（施行期日）

第一条　この政令は、消防組織法及び消防法の一部を改正する法律（平成十五年法律第八十四号）附則第一条第二号に掲げる規定の施行の日（平成十六年六月一日）から施行する。〔以下略〕

附　則(す)〔平成一六年三月二六日政令第七三号〕

この政令〔中略〕は平成十六年三月二十九日〔中略〕から施行する。

附　則(ん)〔平成一六年七月二日政令第二一八号〕

（施行期日）

1　この政令は、平成十六年十月一日から施行する。

（危険物の規制に関する政令等の一部を改正する政令の一部改正に伴う経過措置）

2　第一条の規定による改正前の危険物の規制に関する政令等の一部を改正する政令（平成六年政令第二百十四号。以下この項において「平成六年政令」という。）附則第七項第一号又は第二号の規定に基づき、これらの規定に規定する調査・工事計画届出をした特定屋外タンク貯蔵所の所有者、管理者又は占有者のうち、同条の規定による改正後の平成六年政令附則第七項第一号又は第二号に定める日の翌日以後に当該特定屋外タンク貯蔵所の構造及び設備を平成六年政令附則第二項第一号に規定する新基準のすべてに適合させることとしている者は、当該調査・工事計画届出に係る計画を変更し、この政令の施行後遅滞なく、総務省令で定めるところにより、その旨を消防法第十一条第二項に規定する市町村長等（次項において「市町村長等」という。）に届け出なければならない。

（危険物の規制に関する政令の一部を改正する政令の一部改正に伴う経過措置）

3　第二条の規定による改正前の危険物の規制に関する政令の一部を改正する政令（平成十一年政令第三号。以下この項において「平成十一年政令」という。）附則第二項第一号の規定に基づき、同号に規定する届出をした準特定屋外タンク貯蔵所の所有者、管理者又は占有者のうち、同条の規定による改正後の平成十一年政令附則第二項第一号に定める日の翌日以後に当該準特定屋外タンク貯蔵所の構造及び設備を同項に規定する新基準のすべてに適合させることとしている者は、当該届出に係る計画を変更し、この政令の施行後遅滞なく、総務省令で定めるところにより、その旨を市町村長等に届け出なければならない。

附　則（イ）〔平成一六年七月九日政令第二二五号抄〕

（施行期日）

第一条　この政令は、平成十七年十二月一日から施行する。

附　則（ロ）〔平成一六年一〇月二七日政令第三二五号〕

この政令は、消防法及び石油コンビナート等災害防止法の一部を改正する法律附則第一条第二号に掲げる規定の施行の日（平成十八年六月一日）から施行する。

附　則（ハ）〔平成一七年二月一八日政令第二三号〕

（施行期日）

第一条　この政令は、平成十七年四月一日から施行する。

（地下タンク貯蔵所等の基準に関する経過措置）

第二条　この政令の施行の際、現に消防法第十一条第一項の規定により許可を受けている製造所、貯蔵所又は取扱所の構造及び設備のうち、この政令による改正後の危険物の規制に関する政令（以下「新令」という。）第十三条第一項第一号、第六号、第八号の二、第十三号及び第十四号に定める技術上の基準（新令第九条第一項第二十号ハ（新令第十九条第一項において準用する場合を含む。）、新令第十三条第二項若しくは第三項又は新令第十七条第一項第六号イ若しくは第二項第二号においてその例によるものとされる場合を含む。）に適合しないものの構造及び設備に係る技術上の基準については、これらの規定にかかわらず、なお従前の例による。

（罰則に関する経過措置）

第三条　この政令の施行前にした行為に対する罰則の適用については、なお従前の例による。

附　則（ニ）〔平成一八年一月二五日政令第六号抄〕

（施行期日）

第一条　この政令は、平成十八年四月一日から施行する。

（給油取扱所の基準に関する経過措置）

第二条　この政令の施行の際現に消防法第十一条第一項の規定により許可を受けている給油取扱所の構造及び設備でこの政令の施行の際現に存するもののうち、この政令による改正後の第十七条第一項第二号から第五号まで又は第十九号に定める技術上の基準（同条第二項においてその例によるものとされる場合を含む。）に適合しないものの構造及び設備に係る技術上の基準については、これらの規定にかかわらず、なお従前の例による。

（罰則に関する経過措置）

第三条　この政令の施行前にした行為に対する罰則の適用については、なお従前の例による。

附　則（ホ）〔平成二一年一〇月一六日政令第二四七号〕

この政令は、平成二十一年十一月一日から施行する。

附　則（ヘ）〔平成二二年二月二六日政令第一六号〕

（施行期日）

第一条　この政令は、平成二十二年九月一日から施行する。

（製造所等の許可等に関する経過措置）

第二条　この政令の施行の際現に設置されている製造所、貯蔵所若しくは取扱所又は現に消防法（以下「法」という。）第十一条第一項の規定により許可を受けて設置されている製造所、貯蔵所若しくは取扱所で、この政令による危険物の規制に関する政令（以下「危険物規制令」という。）第一条第三項の規定の改正により新たに法第十一条第一項の規定による許可を受けなければならないこととなるものについては、この政令の施行の日（以下「施行日」という。）から平成二十三年二月二十八日までの間は、同項の規定による許可を受けることを要しない。

第三条　この政令の施行の際現に法第十一条第一項の規定により許可を受けて設置されている製造所、貯蔵所又は取扱所で、その位置、構造及び設備がこの政令による危険物規制令第一条第三項の規定の改正により法第十条第四項の技術上の基準に適合しないこととなるものに係る同項の技術上の基準については、同項の規定にかかわらず、施行日から平成二十三年二月二十八日までの間において新たに法第十一条第一項の規定による許可を受けるまでの間、なお従前の例による。

第四条　この政令の施行の際現に法第十一条第一項の規定により許可を受けて設置されている製造所、貯蔵所又は取扱所で、この政令による危険物規制令第一条第三項の規定の改正により指定数量の倍数（法第十一条の四第一項に規定する指定数量の倍数をいう。以下同じ。）がこの政令の施行前にされた法第十一条第一項の規定による許可又は法第十一条の四第一項の規定による届出に係る指定数量の倍数を超えることとなるものの所有者、管理者又は占有者は、施行日から平成二十二年十一月三十日までの間にその旨を法第十一条第二項に規定する市町村長等に届け出なければならない。

（製造所の基準に関する経過措置）

第五条　この政令の施行の際現に設置されている製造所で、この政令による危険物規制令第一条第三項の規定の改正により新たに法第十一条第一項の規定により製造所として許可を受けなければならないこととなるもの（以下この条において「新規対象の製造所」という。）のうち、危険物規制令第九条第一項第二号に定める技術上の基準に適合しないものの位置に係る技術上の基準については、同号の規定は、当該製造所が次に掲げる基準のすべてに適合している場合に限り、適用しない。

一　当該製造所の危険物を取り扱う工作物（建築物及び危険物を移送するための配管その他これに準ずる工作物を除く。）の周囲に、一メートル以上の幅の空地を保有し、又は不燃材料（危険物規制令第九条第一項第一号に規定する不燃材料をいう。以下同じ。）で造った防火上有効な塀が設けられていること。

二　当該製造所の建築物の危険物を取り扱う室の壁、柱、床及び天井（天井がない場合にあっては、はり及び屋根又は上階の床。以下この号において同じ。）が不燃材料で造られ、又は当該壁、柱、床及び天井の室内に面する部分が不燃材料で覆われていること。

三　前号の室の開口部に、防火設備（危険物規制令第九条第一項第七号に規定する防火設備をいう。以下同じ。）が設けられていること。

四　当該製造所の危険物を取り扱う配管が、その設置される条件及び使用される状況に照らして、十分な強度を有し、かつ、漏れない構造であること。

五　当該製造所に係る指定数量の倍数が、施行日における指定数量の倍数を超えないこと。

2　新規対象の製造所の構造及び設備で、この政令の施行の際現に存するもののうち、危険物規制令第九条第一項第四号から第七号まで又は第二十一号に定める技術上の基準に適合しないものの構造及び設備に係る技術上の基準については、これらの規定は、当該製造所が前項各号に掲げる基準のすべてに適合している場合に限り、適用しない。

3　新規対象の製造所の危険物を取り扱うタンクで、この政令の施行の際現に存するもののうち、次の各号に掲げる規定に定める技術上の基準に適合しないものの構造及び設備に係る技術上の基準については、当該各号に掲げる規定は、当該各号に掲げる規定の区分に応じ当該各号に定める場合に限り、適用しない。

一　危険物規制令第九条第一項第二十号イにおいてその例によるものとされる危険物規制令第十一条第一項第四号、第六号、第七号の二又は第十一号から第十二号までの規定　当該製造所が第一項各号に掲げる基準のすべてに適合し、かつ、当該タンクが附則第七条第一項第二号に掲げる基準に適合している場合

二　危険物規制令第九条第一項第二十号ロにおいてその例によるものとされる危険物規制令第十二条第一項第五号又は第十号から第十一号までの規定　当該製造所が第一項各号に掲げる基準のすべてに適合し、かつ、当該タンクが附則第八条第一項第一号に掲げる基準に適合している場合

三　危険物規制令第九条第一項第二十号ハにおいてその例によるものとされる危険物規制令第十三条第一項第一号から第四号まで、第六号、第七号、第九号（注入口は屋外に設けることとする部分に限る。）、第十号、第十一号又は第十四号の規定　当該製造所が第一項各号に掲げる基準のすべてに適合し、かつ、当該タンクが附則第九条第一項第一号に掲げる基準に適合している場合

4　この政令の施行の際現に法第十一条第一項の規定により許可を受けて設置されている製造所（以下この条において「既設の製造所」という。）のうち、この政令による危険物規制令第一条第三項の規定の改正により危険物規制令第九条第一項第二号に定める技術上の基準に適合しないこととなるものの位置に係る技術上の基準については、同号の規定にかかわらず、当該製造所が第一項第五号に掲げる基準に適合している場合に限り、なお従前の例による。

5　既設の製造所の危険物を取り扱うタンクで、この政令の施行の際現に存するもののうち、この政令による危険物規制令第一条第三項の規定の改正により次の各号に掲げる規定に定める技術上の基準に適合しないこととなるものの構造及び設備に係る技術上の基準については、当該各号に掲げる規定にかかわらず、当該各号に掲げる規定の区分に応じ当該各号に定める場合に限り、なお従前の例による。

一　危険物規制令第九条第一項第二十号イにおいてその例によるものとされる危険物規制令第十一条第一項第四号、第六号、第七号の二又は第十一号から第十一号の三までの規定　当該製造所が第一項第五号に掲げる基準に適合し、かつ、当該タンクが附則第七条第一項第二号に掲げる基準に適合している場合

二　危険物規制令第九条第一項第二十号ロにおいてその例によるものとされる危険物規制令第十二条第一項第五号、第十号又は第十号の二の規定　当該製造所が第一項第五号に掲げる基準に適合し、かつ、当該タンクが附則第八条第一項第一号に掲げる基準に適合している場合

三　危険物規制令第九条第一項第二十号ハにおいてその例によるものとされる危険物規制令第十三条第一項第四号の規定　当該製造所が第一項第五号に掲げる基準に適合している場合

6　新規対象の製造所のうち、危険物規制令第九条第一項第一号に定める技術上の基準に適合しないものの位置に係る技術上の基準については、同号の規定は、施行日から平成二十四年二月二十九日までの間は、適用しない。

（屋内貯蔵所の基準に関する経過措置）

第六条　この政令の施行の際現に設置されている貯蔵所で、この政令による危険物規制令第一条第三項の規定の改正により新たに法第十一条第一項の規定により危険物規制令第二条第一号の屋内貯蔵所として許可を受けなければならないこととなるもの（以下こ

の条において「新規対象の屋内貯蔵所」という。）のうち、危険物規制令第十条第一項第二号又は第三項第一号に定める技術上の基準に適合しないものの位置に係る技術上の基準については、これらの規定は、当該屋内貯蔵所が次に掲げる基準のすべてに適合している場合に限り、適用しない。

一　当該屋内貯蔵所の貯蔵倉庫又は建築物の当該屋内貯蔵所の用に供する部分（次号において「貯蔵倉庫等」という。）の壁、柱、床及び天井（天井がない場合にあつては、はり及び屋根又は上階の床。以下この号において同じ。）が不燃材料で造られ、又は当該壁、柱、床及び天井の室内に面する部分が不燃材料で覆われていること。

二　貯蔵倉庫等の開口部に、防火設備が設けられていること。

三　当該屋内貯蔵所に係る指定数量の倍数が、施行日における指定数量の倍数を超えないこと。

2　新規対象の屋内貯蔵所の構造で、この政令の施行の際現に存するもののうち、危険物規制令第十条第一項第四号（軒高に係る部分に限る。）に定める技術上の基準に適合しないもの（軒高が二十メートル未満のものに限る。）又は同項第五号から第八号まで若しくは同条第三項第二号から第六号までに定める技術上の基準に適合しないものの構造に係る技術上の基準については、これらの規定は、当該屋内貯蔵所が前項各号に掲げる基準のすべてに適合している場合に限り、適用しない。

3　この政令の施行の際現に法第十一条第一項の規定により危険物規制令第二条第一号の屋内貯蔵所として許可を受けて設置されているもの（以下この条において「既設の屋内貯蔵所」という。）のうち、この政令による危険物規制令第一条第三項の規定の改正により危険物規制令第十条第一項第二号（同条第二項においてその例によるものとされる場合を含む。）に定める技術上の基準に適合しないこととなるものの位置に係る技術上の基準については、同号の規定にかかわらず、当該屋内貯蔵所が第一項第三号に掲げる基準に適合している場合に限り、なお従前の例による。

4　既設の屋内貯蔵所の構造で、この政令の施行の際現に存するもののうち、この政令による危険物規制令第一条第三項の規定の改正により危険物規制令第十条第一項第四号（軒高に係る部分に限る。）に定める技術上の基準に適合しないこととなるもの（軒高が二十メートル未満のものに限る。）又は同項第六号、同条第二項第一号（階高に係る部分に限る。）若しくは第三号に定める技術上の基準に適合しないこととなるものの構造に係る技術上の基準については、これらの規定にかかわらず、当該屋内貯蔵所が第一項第三号に掲げる基準に適合している場合に限り、なお従前の例による。

5　既設の屋内貯蔵所のうち、危険物の規制に関する政令等の一部を改正する政令（昭和六十三年政令第三百五十八号）附則第三条第十項の規定により危険物規制令第十条第二項に規定する屋内貯蔵所とみなされていたものは、この政令の施行の際現に貯蔵し、又は取り扱っている危険物に係る品名の危険物のみを貯蔵し、又は取り扱い、かつ、第一項第三号に掲げる基準に適合するものに限り、危険物規制令第十条第二項の屋内貯蔵所とみなして、同項及び前二項の規定を適用する。

6　既設の屋内貯蔵所で、危険物規制令第十条第三項に規定する屋内貯蔵所のうち、この政令による危険物規制令第一条第三項の規定の改正により危険物規制令第十条第三項に規定する屋内貯蔵所に該当しないこととなるものは、この政令の施行の際現に貯蔵し、又は取り扱っている危険物に係る品名の危険物のみを貯蔵し、又は取り扱い、かつ、第一項第三号に掲げる基準に適合するものに限り、危険物規制令第十条第三項の屋内貯蔵所とみなして、同項の規定を適用する。

7　新規対象の屋内貯蔵所のうち、危険物規制令第十条第一項第一号に定める技術上の基準に適合しないものの位置に係る技術上の基準については、同号の規定は、施行日から平成二十四年二月二十九日までの間は、適用しない。

（屋外タンク貯蔵所の基準に関する経過措置）

第七条　この政令の施行の際現に設置されている貯蔵所で、この政令による危険物規制令第一条第三項の規定の改正により新たに法第十一条第一項の規定により危険物規制令第二条第二号の屋外タンク貯蔵所として許可を受けなければならないこととなるもの（以下この条において「新規対象の屋外タンク貯蔵所」という。）のうち、危険物規制令第十一条第一項第一号の二又は第二号に定める技術上の基準に適合しないものの位置に係る技術上の基準については、これらの規定は、当該屋外タンク貯蔵所が次に掲げる基準のすべてに適合している場合に限り、適用しない。

一　当該屋外タンク貯蔵所の屋外貯蔵タンク（危険物を移送するための配管その他これに準ずる工作物を除く。）の周囲に、一メートル以上の幅の空地を保有し、又は不燃材料で造った防火上有効な塀が設けられていること。

二　当該屋外タンク貯蔵所の屋外貯蔵タンクが、鋼板その他の金属板で造られ、かつ、漏れない構造であること。

三　当該屋外タンク貯蔵所の危険物を取り扱う配管が、その設置される条件及び使用される状況に照らして、十分な強度を有し、かつ、漏れない構造であること。

四　当該屋外タンク貯蔵所に係る指定数量の倍数が、施行日における指定数量の倍数を超えないこと。

2　新規対象の屋外タンク貯蔵所の構造及び設備で、この政令の施行の際現に存するもののうち、危険物規制令第十一条第一項第四号、第六号、第七号の二、第十号の二イ若しくはロ又は第十一号から第十二号までに定める技術上の基準に適合しないものの構造及び設備に係る技術上の基準については、これらの規定は、当該屋外タンク貯蔵所が前項各号に掲げる基準のすべてに適合している場合に限り、適用しない。

3　この政令の施行の際現に法第十一条第一項の規定により危険物規制令第二条第二号の屋外タンク貯蔵所として許可を受けて設置されているもの（以下この条において「既設の屋外タンク貯蔵所」という。）のうち、この政令による危険物規制令第一条第三項の規定の改正により危険物規制令第十一条第一項第二号に定める技術上の基準に適合しないこととなるものの位置に係る技術上の基準については、同号の規定にかかわらず、当該屋外タンク貯蔵所が第一項第四号に掲げる基準に適合している場合に限り、なお従前の例による。

4　既設の屋外タンク貯蔵所の設備で、この政令の施行の際現に存するもののうち、この政令による危険物規制令第一条第三項の規定の改正により危険物規制令第十一条第一項第十号の二イ又はロに定める技術上の基準に適合しないこととなるものの設備に係る技術上の基準については、これらの規定にかかわらず、当該屋外タンク貯蔵所が第一項第四号に掲げる基準に適合している場合に限り、なお従前の例による。

5　新規対象の屋外タンク貯蔵所のうち、危険物規制令第十一条第一項第一号に定める技術上の基準に適合しないものの位置に係る技術上の基準については、同号の規定は、施行日から平成二十四年二月二十九日までの間は、適用しない。

（屋内タンク貯蔵所の基準に関する経過措置）

第八条　この政令の施行の際現に設置されている貯蔵所で、この政令による危険物規制令第一条第三項の規定の改正により新たに法第十一条第一項の規定により危険物規制令第二条第三号の屋内タンク貯蔵所として許可を受けなければならないこととなるものの構造及び設備で、この政令の施行の際現に存するもののうち、危険物規制令第十二条第一項第一号、第二号、第四号、第五号、第十号から第十一号まで又は第十二号から第十四号までに定める技術上の基準に適合しないものの構造及び設備に係る技術上の基準については、これらの規定は、当該屋内タンク貯蔵所が次に掲げる基準のすべてに適合している場合に限り、適用しない。

一　当該屋内タンク貯蔵所の屋内貯蔵タンクが、鋼板その他の金属板で造られ、かつ、漏れない構造であること。

二　当該屋内タンク貯蔵所の危険物を取り扱う配管が、その設置される条件及び使用される状況に照らして、十分な強度を有し、かつ、漏れない構造であること。

三　当該屋内タンク貯蔵所のタンク専用室の壁、柱、床及び天井（天井がない場合にあっては、はり及び屋根又は上階の床。以下この号において同じ。）が不燃材料で造られ、又は当該壁、柱、床及び天井の室内に面する部分が不燃材料で覆われていること。

四　前号のタンク専用室の開口部に、防火設備が設けられていること。

五　当該屋内タンク貯蔵所に係る指定数量の倍数が、施行日における指定数量の倍数を超えないこと。

2　この政令の施行の際現に法第十一条第一項の規定により危険物規制令第二条第三号の屋内タンク貯蔵所として許可を受けて設置されているもの（以下この条において「既設の屋内タンク貯蔵所」という。）の構造で、この政令の施行の際現に存するもののうち、この政令による危険物規制令第一条第三項の規定の改正により危険物規制令第十二条第一項第四号（同条第二項においてその例によるものとされる場合を含む。）に定める技術上の基準に適合しないこととなるものの構造に係る技術上の基準については、同号の規定にかかわらず、当該屋内タンク貯蔵所が前項第五号に掲げる基準に適合している場合に限り、なお従前の例による。

3　既設の屋内タンク貯蔵所で、危険物規制令第十二条第二項に規定する屋内タンク貯蔵所のうち、この政令による危険物規制令第一条第三項の規定の改正により危険物規制令第十二条第二項に規定する屋内タンク貯蔵所に該当しないこととなるものは、この政令の施行の際現に貯蔵し、又は取り扱っている危険物に係る品名の危険物のみを貯蔵し、又は取り扱い、かつ、第一項第五号に掲げる基準に適合するものに限り、危険物規制令第十二条第二項の屋内タンク貯蔵所とみなして、同項及び前項の規定を適用する。

（地下タンク貯蔵所の基準に関する経過措置）

第九条　この政令の施行の際現に設置されている貯蔵所で、この政令による危険物規制令第一条第三項の規定の改正により新たに法第十一条第一項の規定により危険物規制令第二条第四号の地下タンク貯蔵所として許可を受けなければならないこととなるものの構造及び設備で、この政令の施行の際現に存するもののうち、危険物規制令第十三条第一項第一号から第四号まで、第六号、第七号、第九号（注入口は屋外に設けることとする部分に限る。）、第十号、第十一号若しくは第十四号（同条第二項及び第三項においてこれらの規定の例によるものとされる場合を含む。）又は同条第二項第三号から第五号までに定める技術上の基準に適合しないものの構造及び設備に係る技術上の基準については、これらの規定は、当該地下タンク貯蔵所が次に掲げる基準のすべてに適合している場合に限り、適用しない。

一　当該地下タンク貯蔵所の地下貯蔵タンクが、鋼板その他の金属板又は強化プラスチックで造られ、かつ、漏れない構造であること。

二　当該地下タンク貯蔵所の危険物を取り扱う配管が、その設置される条件及び使用される状況に照らして、十分な強度を有し、かつ、漏れない構造であること。

三　当該地下タンク貯蔵所に係る指定数量の倍数が、施行日における指定数量の倍数を超えないこと。

2　この政令の施行の際現に法第十一条第一項の規定により危険物

規制令第二条第四号の地下タンク貯蔵所として許可を受けて設置されているものの構造で、この政令の施行の際現に存するもののうち、この政令による危険物規制令第一条第三項の規定の改正により危険物規制令第十三条第一項第四号（同条第二項においてその例によるものとされる場合を含む。）に定める技術上の基準に適合しないこととなるものの構造に係る技術上の基準については、同号の規定にかかわらず、当該地下タンク貯蔵所が前項第三号に掲げる基準に適合している場合に限り、なお従前の例による。

（移動タンク貯蔵所の基準に関する経過措置）

第一〇条　この政令の施行の際現に設置されている貯蔵所で、この政令による危険物規制令第一条第三項の規定の改正により新たに法第十一条第一項の規定により危険物規制令第二条第六号の移動タンク貯蔵所として許可を受けなければならないこととなるものの設備で、この政令の施行の際現に存するもののうち、危険物規制令第十五条第一項第四号、第七号又は第九号から第十一号までに定める技術上の基準に適合しないものの設備に係る技術上の基準については、これらの規定は、施行日から平成二十四年二月二十九日までの間は、適用しない。

（一般取扱所の基準に関する経過措置）

第一一条　附則第五条第一項から第三項まで及び第六項の規定は、この政令の施行の際現に設置されている取扱所で、この政令による危険物規制令第一条第三項の規定の改正により新たに法第十一条第一項の規定により危険物規制令第三条第四号の一般取扱所として許可を受けなければならないこととなるものの位置、構造及び設備に係る技術上の基準について準用する。

2　附則第五条第四項及び第五項の規定は、この政令の施行の際現に法第十一条第一項の規定により許可を受けて設置されている危険物規制令第三条第四号の一般取扱所の位置、構造及び設備に係る技術上の基準について準用する。

（消火設備の基準に関する経過措置）

第一二条　この政令の施行の際現に設置されている製造所、貯蔵所又は取扱所で、この政令による危険物規制令第一条第三項の規定の改正により新たに法第十一条第一項の規定により許可を受けなければならないこととなるもの（指定数量の倍数が施行日における指定数量の倍数を超えないものに限る。）の消火設備で、この政令の施行の際現に存するもののうち、危険物規制令第二十条第一項第一号（第一種、第二種又は第三種の消火設備に係る部分に限る。以下この条において同じ。）に定める技術上の基準に適合しないものに係る消火設備の技術上の基準については、同号の規定は、施行日から平成二十四年二月二十九日までの間は、適用しない。

2　この政令の施行の際現に法第十一条第一項の規定により許可を受けて設置されている製造所、貯蔵所又は取扱所（指定数量の倍数が施行日における指定数量の倍数を超えないものに限る。）の消火設備で、この政令の施行の際現に存するもののうち、この政令による危険物規制令第一条第三項の規定の改正により危険物規制令第二十条第一項第一号に定める技術上の基準に適合しないこととなるものに係る消火設備の技術上の基準については、同号の規定にかかわらず、施行日から平成二十四年二月二十九日までの間は、なお従前の例による。

（罰則に関する経過措置）

第一三条　この政令の施行前にした行為及びこの政令の附則の規定によりなお従前の例によることとされる場合におけるこの政令の施行後にした行為に対する罰則の適用については、なお従前の例による。

（総務省令への委任）

第一四条　附則第二条から前条までに定めるもののほか、この政令の施行に伴う製造所等の位置、構造及び設備に係る技術上の基準その他危険物の貯蔵、取扱い又は運搬に関し必要な経過措置は、総務省令で定める。

附　則（ト）〔平成二三年二月二三日政令第二三号〕

（施行期日）

第一条　この政令は、平成二十三年四月一日から施行する。

（保安検査の時期に関する経過措置）

第二条　危険物の規制に関する政令及び消防法施行令の一部を改正する政令（昭和五十二年政令第十号。以下「昭和五十二年政令」という。）の施行の際現に消防法第十一条第一項前段の規定による設置に係る許可を受け、又は当該許可の申請がされていたこの政令による改正後の危険物の規制に関する政令（以下「新令」という。）第八条の二の三第三項に規定する特定屋外タンク貯蔵所（以下「既設の特定屋外タンク貯蔵所」という。）のうち、次に掲げるもので、新令第八条の四第一項に規定するものが受けるべき同法第十四条の三第一項の規定による保安に関する検査（以下「保安検査」という。）に係る同項に規定する政令で定める時期（以下「検査時期」という。）については、新令第八条の四第二項の規定にかかわらず、なお従前の例による。

一　その構造及び設備が新基準（危険物の規制に関する政令等の一部を改正する政令（平成六年政令第二百十四号。以下「平成六年政令」という。）附則第二項第一号に規定する新基準をいう。）に適合しない既設の特定屋外タンク貯蔵所

二　その所有者、管理者又は占有者が、新基準適合日（平成六年政令附則第二項第二号に規定する新基準適合日をいう。以下同じ。）以後、市町村長、都道府県知事又は総務大臣（以下「市町村長等」という。）に新基準適合届出（同号に規定する新基準適合届出をいう。以下同じ。）をしていない既設の特定屋外タンク貯蔵所

2　その所有者、管理者又は占有者が、新基準適合日以後、市町村

長等に新基準適合届出をした既設の特定屋外タンク貯蔵所のうち、次に掲げるもので、新令第八条の四第一項に規定するものが受けるべき保安検査に係る検査時期については、同条第二項の規定にかかわらず、なお従前の例による。

一 その構造及び設備が第一段階基準（平成六年政令附則第三項第一号に規定する第一段階基準をいう。）に適合しない既設の特定屋外タンク貯蔵所

二 その所有者、管理者又は占有者が、第一段階基準適合日（平成六年政令附則第三項第二号に規定する第一段階基準適合日をいう。以下同じ。）以後、市町村長等に第一段階基準適合届出（同号に規定する第一段階基準適合届出をいう。以下同じ。）をしていない既設の特定屋外タンク貯蔵所

3 危険物の規制に関する政令の一部を改正する政令（平成十五年政令第五百十七号。以下「平成十五年政令」という。）の施行の日前に消防法第十一条第五項の規定による完成検査（同条第一項前段の規定による設置に係るものに限る。以下「設置に係る完成検査」という。）を受けた既設の特定屋外タンク貯蔵所のうち、その所有者、管理者又は占有者が、第一段階基準適合日以後、市町村長等に第一段階基準適合届出をしたもの（以下「第一段階基準の特定屋外タンク貯蔵所」という。）のうち、平成十五年政令の施行の日前に当該第一段階基準適合届出をし、かつ、平成十五年政令の施行の日前に保安検査を受けていないもの又は平成十五年政令の施行後に当該第一段階基準適合届出をしたもので、新令第八条の四第一項に規定するものが当該第一段階基準適合届出をした日後最初に受けるべき保安検査に係る検査時期については、同条第二項の規定にかかわらず、なお従前の例による。

4 第一段階基準の特定屋外タンク貯蔵所のうち、平成十五年政令の施行の日前に市町村長等に第一段階基準適合届出をし、かつ、平成十五年政令の施行の日前に保安検査を受けたもので、新令第八条の四第一項に規定するものが平成十五年政令の施行後最初に受けるべき保安検査に係る検査時期に関する同条第二項第一号の規定の適用については、同号中「又は直近において行われた法第十四条の三第一項若しくは第二項の規定による保安に関する検査（以下この号において「前回の保安検査」という。）を受けた日」とあるのは「、直近において行われた法第十四条の三第一項若しくは第二項の規定による保安に関する検査（以下この号において「前回の保安検査」という。）を受けた日又は法第十四条の三の二の規定による点検のうち次項第一号に定める事項に係るものが行われた日」と、「経過する日までの間」とあるのは「経過する日までの間（当該経過する日が、当該完成検査又は法第十四条の三第一項若しくは第二項の規定による保安に関する検査のうち、直近において行われたものを受けた日の翌日から起算して十年を経過する日後となる場合にあつては、当該経過する日から、当該経過する日から起算して一年を経過する日までの間）」と、同号イ

中「十年又は十三年のいずれか」とあるのは「十年」とする。

5　昭和五十二年政令の施行後消防法第十一条第一項前段の規定による設置に係る許可の申請がされた新令第八条の二の三第三項に規定する特定屋外タンク貯蔵所（新令第八条の四第二項第一号に掲げるものに限る。）のうち、平成十五年政令の施行の日前に設置に係る完成検査を受けたもので、新令第八条の四第一項に規定するものが平成十五年政令の施行後最初に受けるべき保安検査に係る検査時期に関する同条第二項第一号イの規定の適用については、同号イ中「十年又は十三年のいずれか」とあるのは、「十年」とする。

（罰則に関する経過措置）

第三条　この政令の施行前にした行為に対する罰則の適用については、なお従前の例による。

附　則（チ）〔平成二三年一二月二一日政令第四〇五号抄〕

改正　令和元年一二月政令第一八三号（ワ）

（施行期日）

第一条　この政令は、平成二十四年七月一日から施行する。ただし、次の各号に掲げる規定は、当該各号に定める日から施行する。

一　第十七条第四項及び第二十七条第七項の改正規定　平成二十四年一月十一日

二　別表第五第三種の項の改正規定　平成二十四年三月一日

三　第九条第一項第二十号イ、第十一条及び第十二条第一項第五号の改正規定並びに附則第十条及び第十三条の規定　平成二十四年四月一日

（製造所等の許可等に関する経過措置）

第二条　この政令の施行の際現に設置されている製造所、貯蔵所若しくは取扱所又は現に消防法（以下「法」という。）第十一条第一項の規定により許可を受けて設置されている製造所、貯蔵所若しくは取扱所で、この政令による危険物の規制に関する政令（以下「危険物規制令」という。）第一条第一項の規定の改正により新たに法第十一条第一項の規定による許可を受けなければならないこととなるものについては、この政令の施行の日（以下「施行日」という。）から平成二十四年十二月三十一日までの間は、同項の規定による許可を受けることを要しない。

第三条　この政令の施行の際現に法第十一条第一項の規定により許可を受けて設置されている製造所、貯蔵所又は取扱所で、その位置、構造及び設備がこの政令による危険物規制令第一条第一項の規定の改正により法第十条第四項の技術上の基準に適合しないこととなるものに係る同項の技術上の基準については、同項の規定にかかわらず、施行日から平成二十四年十二月三十一日までの間において新たに法第十一条第一項の規定による許可を受けるまでの間、なお従前の例による。

第四条　この政令の施行の際現に法第十一条第一項の規定により許可を受けて設置されている製造所、貯蔵所又は取扱所で、この政

令による危険物規制令第一条第一項の規定の改正により指定数量の倍数（法第十一条の四第一項に規定する指定数量の倍数をいう。以下同じ。）がこの政令の施行前にされた法第十一条第一項の規定による許可又は法第十一条の四第一項の規定による届出に係る指定数量の倍数を超えることとなるものの所有者、管理者又は占有者は、施行日から平成二十四年九月三十日までの間にその旨を法第十一条第二項に規定する市町村長等（附則第十条第二項において「市町村長等」という。）に届け出なければならない。

（製造所の基準に関する経過措置）

第五条 この政令の施行の際現に設置されている製造所で、この政令による危険物規制令第一条第一項の規定の改正により新たに法第十一条第一項の規定により製造所として許可を受けなければならないこととなるもの（以下この条において「新規対象の製造所」という。）のうち、この政令による改正後の危険物規制令（以下「新令」という。）第九条第一項第二号に定める技術上の基準に適合しないものの位置に係る技術上の基準については、同号の規定は、当該製造所が次に掲げる基準の全てに適合している場合に限り、適用しない。

一 当該製造所の危険物を取り扱う工作物（建築物及び危険物を移送するための配管その他これに準ずる工作物を除く。）の周囲に、一メートル以上の幅の空地を保有し、又は不燃材料（新令第九条第一項第一号に規定する不燃材料をいう。以下同じ。）で造った防火上有効な塀が設けられていること。

二 当該製造所の建築物の危険物を取り扱う室の壁、柱、床及び天井（天井がない場合にあっては、はり及び屋根又は上階の床。以下この号において同じ。）が不燃材料で造られ、又は当該壁、柱、床及び天井の室内に面する部分が不燃材料で覆われていること。

三 前号の室の開口部に、防火設備（新令第九条第一項第七号に規定する防火設備をいう。以下同じ。）が設けられていること。

四 当該製造所の危険物を取り扱う配管が、その設置される条件及び使用される状況に照らして、十分な強度を有し、かつ、漏れない構造であること。

五 当該製造所に係る指定数量の倍数が、施行日における指定数量の倍数を超えないこと。

2 新規対象の製造所の構造及び設備で、この政令の施行の際現に存するもののうち、新令第九条第一項第四号から第七号まで又は第二十一号に定める技術上の基準に適合しないものの構造及び設備に係る技術上の基準については、これらの規定は、当該製造所が前項各号に掲げる基準の全てに適合している場合に限り、適用しない。

3 新規対象の製造所の危険物を取り扱うタンクで、この政令の施行の際現に存するもののうち、新令第九条第一項第二十号ロにおいてその例によるものとされる新令第十二条第一項第五号又は第十号から第十一号までに定める技術上の基準に適合しないものの構造及び設備に係る技術上の基準については、これらの規定は、次に掲げる全ての要件を満たす場合に限り、適用しない。

一 当該製造所が第一項各号に掲げる基準の全てに適合すること。

二 当該タンクが、鋼板その他の金属板で造られ、かつ、漏れない構造であること。

4 この政令の施行の際現に法第十一条第一項の規定により許可を受けて設置されている製造所（以下この条において「既設の製造所」という。）のうち、この政令による危険物規制令第一条第一項の規定の改正により新令第九条第一項第二号に定める技術上の基準に適合しないこととなるものの位置に係る技術上の基準については、同号の規定にかかわらず、当該製造所が第一項第四号及び第五号に掲げる基準に適合している場合に限り、なお従前の例による。

5 既設の製造所の危険物を取り扱うタンクで、この政令の施行の際現に存するもののうち、この政令による危険物規制令第一条第一項の規定の改正により新令第九条第一項第二十号ロにおいてその例によるものとされる新令第十二条第一項第五号又は第十号から第十一号までの規定に定める技術上の基準に適合しないこととなるものの構造及び設備に係る技術上の基準については、これらの規定にかかわらず、次に掲げる全ての要件を満たす場合に限り、なお従前の例による。

一 当該製造所が第一項第四号及び第五号に掲げる基準に適合すること。

二 当該タンクが、鋼板その他の金属板で造られ、かつ、漏れない構造であること。

6 既設の製造所の危険物を取り扱う配管で、この政令の施行の際現に存するもののうち、この政令による危険物規制令第一条第一項の規定の改正により新令第九条第一項第二十一号に定める技術上の基準に適合しないこととなるものの構造及び設備に係る技術上の基準については、同号の規定にかかわらず、当該製造所が第一項第四号及び第五号に掲げる基準に適合している場合に限り、なお従前の例による。

7 新規対象の製造所のうち、新令第九条第一項第一号に定める技術上の基準に適合しないものの位置に係る技術上の基準については、同号の規定は、施行日から平成二十五年十二月三十一日までの間は、適用しない。

8 この政令の施行の際現に法第十一条第一項の規定により新令第三条第四号の一般取扱所として許可を受けている取扱所のうち、この政令による危険物規制令第一条第一項の規定の改正により新たに法第十条第一項の製造所に該当することとなるものは、同項の製造所として許可を受けたものとみなす。

9 第四項から第六項までの規定は、前項の製造所の位置、構造及び設備に係る技術上の基準について準用する。

（屋内貯蔵所の基準に関する経過措置）

第六条　この政令の施行の際現に設置されている貯蔵所で、この政令による危険物規制令第一条第一項の規定の改正により新たに法第十一条第一項の規定により新令第二条第一号の屋内貯蔵所として許可を受けなければならないこととなるもの（以下この条において「新規対象の屋内貯蔵所」という。）のうち、新令第十条第一項第二号又は第三項第一号に定める技術上の基準に適合しないものの位置に係る技術上の基準については、これらの規定は、当該屋内貯蔵所が次に掲げる基準の全てに適合している場合に限り、適用しない。

一　当該屋内貯蔵所の貯蔵倉庫又は建築物の当該屋内貯蔵所の用に供する部分（次号において「貯蔵倉庫等」という。）の壁、柱、床及び天井（天井がない場合にあっては、はり及び屋根又は上階の床。以下この号において同じ。）が不燃材料で造られ、又は当該壁、柱、床及び天井の室内に面する部分が不燃材料で覆われていること。

二　貯蔵倉庫等の開口部に、防火設備が設けられていること。

三　当該屋内貯蔵所に係る指定数量の倍数が、施行日における指定数量の倍数を超えないこと。

2　新規対象の屋内貯蔵所の構造で、この政令の施行の際現に存するもののうち、新令第十条第一項第四号（軒高に係る部分に限る。）に定める技術上の基準に適合しないもの（軒高が二十メートル未満のものに限る。）又は同項第五号から第八号まで若しくは同条第三項第二号から第六号までに定める技術上の基準に適合しないものの構造に係る技術上の基準については、これらの規定は、当該屋内貯蔵所が前項各号に掲げる基準の全てに適合している場合に限り、適用しない。

3　新規対象の屋内貯蔵所のうち、新令第十条第一項第一号に定める技術上の基準に適合しないものの位置に係る技術上の基準については、同号の規定は、施行日から平成二十五年十二月三十一日までの間は、適用しない。

（販売取扱所の基準に関する経過措置）

第七条　この政令の施行の際現に設置されている取扱所で、この政令による危険物規制令第一条第一項の規定の改正により新たに法第十一条第一項の規定により新令第三条第二号イの第一種販売取扱所として許可を受けなければならないこととなるもの（以下この条において「新規対象の第一種販売取扱所」という。）の構造で、この政令の施行の際現に存するもののうち、新令第十八条第一項第三号から第五号までに定める技術上の基準に適合しないものの構造に係る技術上の基準については、これらの規定は、当該新規対象の第一種販売取扱所が次に掲げる基準の全てに適合している場合に限り、適用しない。

一　建築物の当該取扱所の用に供する部分の壁、柱、床及び天井

（天井がない場合にあっては、はり及び屋根又は上階の床。以下この号において同じ。）は、不燃材料で造られ、又は当該壁、柱、床及び天井の室内に面する部分が不燃材料で覆われていること。

二　当該取扱所に係る指定数量の倍数が、施行日における指定数量の倍数を超えないこと。

2　新規対象の第一種販売取扱所の構造で、この政令の施行の際現に存するもののうち、新令第十八条第一項第九号ニに定める技術上の基準に適合しないものの構造に係る技術上の基準については、同号ニの規定は、当該新規対象の第一種販売取扱所が前項各号に掲げる基準の全てに適合し、かつ、当該第一種販売取扱所の危険物を配合する室の出入口に防火設備が設けられている場合に限り、適用しない。

3　この政令の施行の際現に設置されている取扱所で、この政令による危険物規制令第一条第一項の規定の改正により新たに法第十一条第一項の規定により新令第三条第二号ロの第二種販売取扱所として許可を受けなければならないこととなるもの（以下この条において「新規対象の第二種販売取扱所」という。）の構造で、この政令の施行の際現に存するもののうち、新令第十八条第二項第一号、第二号又は第四号ただし書に定める技術上の基準に適合しないものの構造に係る技術上の基準については、これらの規定は、当該新規対象の第二種販売取扱所が第一項各号に掲げる基準の全てに適合している場合に限り、適用しない。

4　新規対象の第二種販売取扱所の構造で、この政令の施行の際現に存するもののうち、新令第十八条第二項においてその例によるものとされる同条第一項第九号ニ又は同条第二項第三号に定める技術上の基準に適合しないものの構造に係る技術上の基準については、これらの規定は、当該新規対象の第二種販売取扱所が次に掲げる基準の全てに適合している場合に限り、適用しない。

一　当該第二種販売取扱所が第一項各号に掲げる基準の全てに適合すること。

二　当該第二種販売取扱所の危険物を配合する室の出入口に防火設備が設けられていること。

三　建築物の当該第二種販売取扱所の用に供する部分の窓に防火設備が設けられていること。

5　この政令の施行の際現に法第十一条第一項の規定により新令第三条第二号イの第一種販売取扱所として許可を受けている取扱所のうち、この政令による危険物規制令第一条第一項の規定の改正により同号イに規定する第一種販売取扱所に該当しないこととなるものは、この政令の施行の際現に貯蔵し、又は取り扱っている危険物に係る品名の危険物のみを貯蔵し、又は取り扱い、かつ、第一項第二号に掲げる基準に適合するものに限り、新令第三条第二号イの第一種販売取扱所とみなして、新令第十八条第一項の規定を適用する。

6　この政令の施行の際現に法第十一条第一項の規定により新令第三条第二号ロの第二種販売取扱所として許可を受けている取扱所のうち、この政令による危険物規制令第一条第一項の規定の改正により同号ロに規定する第二種販売取扱所に該当しないこととなるものは、この政令の施行の際現に貯蔵し、又は取り扱っている危険物に係る品名の危険物のみを貯蔵し、又は取り扱い、かつ、第一項第二号に掲げる基準に適合するものに限り、新令第三条第二号ロの第二種販売取扱所とみなして、新令第十八条第二項の規定を適用する。

（一般取扱所の基準に関する経過措置）

第八条　附則第五条第一項から第三項まで及び第七項の規定は、この政令の施行の際現に設置されている取扱所で、この政令による危険物規制令第一条第一項の規定の改正により新たに法第十一条第一項の規定により新令第三条第四号の一般取扱所として許可を受けなければならないこととなるものの位置、構造及び設備に係る技術上の基準について準用する。

2　附則第五条第四項から第六項までの規定は、この政令の施行の際現に法第十一条第一項の規定により許可を受けて設置されている新令第三条第四号の一般取扱所の位置、構造及び設備に係る技術上の基準について準用する。

（消火設備の基準に関する経過措置）

第九条　この政令の施行の際現に設置されている製造所、貯蔵所又は取扱所で、この政令による危険物規制令第一条第一項の規定の改正により新たに法第十一条第一項の規定により許可を受けなければならないこととなるもの（指定数量の倍数が施行日における指定数量の倍数を超えないものに限る。）の消火設備で、この政令の施行の際現に存するもののうち、新令第二十条第一項第一号（第一種、第二種又は第三種の消火設備に係る部分に限る。以下この条において同じ。）に定める技術上の基準に適合しないものに係る消火設備の技術上の基準については、同号の規定は、施行日から平成二十五年十二月三十一日までの間は、適用しない。

2　この政令の施行の際現に法第十一条第一項の規定により許可を受けて設置されている製造所、貯蔵所又は取扱所（指定数量の倍数が施行日における指定数量の倍数を超えないものに限る。）の消火設備で、この政令の施行の際現に存するもののうち、この政令による危険物規制令第一条第一項の規定の改正により新令第二十条第一項第一号に定める技術上の基準に適合しないこととなるものに係る消火設備の技術上の基準については、同号の規定にかかわらず、施行日から平成二十五年十二月三十一日までの間は、なお従前の例による。

（浮き蓋付きの特定屋外貯蔵タンクに係る特定屋外タンク貯蔵所に関する経過措置）

第一〇条　この政令の施行の際現に法第十一条第一項の規定により許可を受けて設置されている新令第十一条第二項に規定する屋外

タンク貯蔵所（以下この条において「既設の浮き蓋付特定屋外タンク貯蔵所」という。）の構造及び設備のうち、同項第一号に定める技術上の基準に適合しないものの構造及び設備に係る技術上の基準については、同号の規定は、当該既設の浮き蓋付特定屋外タンク貯蔵所が次に掲げる全ての要件を満たす場合に限り、適用しない。

一　次に掲げる要件のいずれかを満たすこと。

イ　浮き蓋付きの特定屋外貯蔵タンク内に不活性ガスを充塡して危険物を貯蔵し、又は取り扱うこと。

ロ　浮き蓋付きの特定屋外貯蔵タンクで貯蔵し、又は取り扱う液体の危険物の引火点が四十度以上であること。

二　浮き蓋付きの特定屋外貯蔵タンクに、当該タンク内に滞留した可燃性の蒸気を検知するための設備を設けていること。

2　既設の浮き蓋付特定屋外タンク貯蔵所の構造及び設備のうち、新令第十一条第二項第一号（前項の規定の適用を受ける場合を除く。）及び同条第二項第二号から第四号までに定める技術上の基準に適合しないものの構造及び設備に係る技術上の基準については、これらの規定にかかわらず、令和六年三月三十一日（当該日までの間に、その所有者、管理者又は占有者が、危険物の貯蔵及び取扱い（総務省令で定めるものを除く。以下この項において同じ。）を休止し、かつ、その旨の確認を総務省令で定めるところにより市町村長等から受けた既設の浮き蓋付特定屋外タンク貯蔵所であって、当該日の翌日以降において危険物の貯蔵及び取扱いを当該確認を受けた時から引き続き休止しているものにあっては、同日の翌日以降において危険物の貯蔵及び取扱いを再開する日の前日）までの間は、なお従前の例による。（ワ）

二項…一部改正〔令和元年一二月政令一八三号〕

（罰則に関する経過措置）

第一一条　この政令の施行前にした行為及びこの政令の附則の規定によりなお従前の例によることとされる場合におけるこの政令の施行後にした行為に対する罰則の適用については、なお従前の例による。

（総務省令への委任）

第一二条　附則第二条から前条までに定めるもののほか、この政令の施行に伴う製造所等の位置、構造及び設備に係る技術上の基準その他危険物の貯蔵、取扱い又は運搬に関し必要な経過措置は、総務省令で定める。

附　則（リ）〔平成二四年五月二三日政令第一四六号〕

この政令は、公布の日から施行する。

附　則（ヌ）〔平成二五年三月二七日政令第八八号抄〕

（施行期日）

第一条　この政令は、平成二十六年四月一日から施行する。〔以下略〕

附　則（ル）〔平成二九年三月二三日政令第四〇号抄〕

（施行期日）

第一条　この政令は、第五号施行日（平成二十九年四月一日）から施行する。〔以下略〕

附　則（ヲ）〔平成二九年九月一日政令第二三二号抄〕

（施行期日）

1　この政令は、平成三十一年四月一日から施行する。

附　則（ワ）〔令和元年一二月一三日政令第一八三号抄〕

（施行期日）

第一条　この政令は、情報通信技術の活用による行政手続等に係る関係者の利便性の向上並びに行政運営の簡素化及び効率化を図るための行政手続等における情報通信の技術の利用に関する法律等の一部を改正する法律（次条において「改正法」という。）の施行の日（令和元年十二月十六日）から施行する。

附　則（カ）〔令和五年九月六日政令第二七六号〕

この政令は、高圧ガス保安法等の一部を改正する法律の施行の日（令和五年十二月二十一日）から施行する。

附　則（ヨ）〔令和五年一二月六日政令第三四八号〕

（施行期日）

1　この政令は、令和五年十二月二十七日から施行する。ただし、第十条及び第十七条第一項第十六号の改正規定並びに第二十条に一項を加える改正規定は、公布の日の翌日から施行する。

（罰則に関する経過措置）

2　この政令の施行前にした行為に対する罰則の適用については、なお従前の例による。

別表第一（第一条の十関係）（う）（ゆ）

		キログラム
(一)	シアン化水素	三〇
(二)	シアン化ナトリウム	三〇
(三)	水銀	三〇
(四)	セレン	三〇
(五)	ひ素	三〇
(六)	ふつ化水素	三〇
(七)	モノフルオール酢酸	三〇
(八)	前各項に掲げる物質のほか、水又は熱を加えること等により、人体に重大な障害をもたらすガスを発生する等消火活動に重大な支障を生ずる物質で総務省令で定めるもの	総務省令で定める数量

本表…全部改正〔昭和四〇年九月政令三〇号・四六年六月一六八号・六三年一二月三五八号〕、一部改正〔平成一二年六月政令三〇四号〕

解説　危険物の規制に関する政令別表第一及び同令別表第二の総務省令で定める物質及び数量を指定する省令（平成元年二月一七日自治省令第二号）

別表第二（第一条の十関係）（う）（ゆ）

		キログラム
(一)	アンモニア	二〇〇
(二)	塩化水素	二〇〇
(三)	クロルスルホン酸	二〇〇
(四)	クロルピクリン	二〇〇
(五)	クロルメチル	二〇〇
(六)	クロロホルム	二〇〇

(七) けいふつ化水素酸	二〇〇
(八) 四塩化炭素	二〇〇
(九) 臭素	二〇〇
(十) 発煙硫酸	二〇〇
(十一) ブロム水素	二〇〇
(十二) ブロムメチル	二〇〇
(十三) ホルムアルデヒド	二〇〇
(十四) モノクロル酢酸	二〇〇
(十五) よう素	二〇〇
(十六) 硫酸	二〇〇
(十七) りん化亜鉛	二〇〇
(十八) 前各項に掲げる物質のほか、水又は熱を加えること等により、人体に重大な障害をもたらすガスを発生する等消火活動に重大な支障を生ずる物質で総務省令で定めるもの	総務省令で定める数量

本表…追加〔昭和六三年一二月政令三五八号〕、一部改正〔平成一二年六月政令三〇四号〕

解説 危険物の規制に関する政令別表第一及び同令別表第二の総務省令で定める物質及び数量を指定する省令（平成元年二月一七日自治省令第二号）

別表第三（第一条の十一関係）（う）

類別	品名	性質	指定数量
第一類		第一種酸化性固体	キログラム 五〇
		第二種酸化性固体	三〇〇

類別	品名	性質	指定数量
		第三種酸化性固体	一、〇〇〇キログラム
第二類	硫化りん		一〇〇キログラム
	赤りん		一〇〇
	硫黄		一〇〇
		第一種可燃性固体	一〇〇
	鉄粉		五〇〇
		第二種可燃性固体	五〇〇
	引火性固体		一、〇〇〇
第三類	カリウム		一〇キログラム
	ナトリウム		一〇
	アルキルアルミニウム		一〇
	アルキルリチウム		一〇
		第一種自然発火性物質及び禁水性物質	一〇
	黄りん		二〇
		第二種自然発火性物質及び禁水性物質	五〇
		第三種自然発火性物質及び禁水性物質	三〇〇
	特殊引火物		五〇リットル
	第一石油類	非水溶性液体	二〇〇
		水溶性液体	四〇〇
	アルコール類		四〇〇

第四類	第二石油類	非水溶性液体	一、〇〇〇
		水溶性液体	二、〇〇〇
	第三石油類	非水溶性液体	二、〇〇〇
		水溶性液体	四、〇〇〇
	第四石油類		六、〇〇〇
	動植物油類		一〇、〇〇〇
第五類		第一種自己反応性物質	一〇キログラム
		第二種自己反応性物質	一〇〇
第六類			三〇〇キログラム

備考

一　第一種酸化性固体とは、粉粒状の物品にあつては次のイに掲げる性状を示すもの、その他の物品にあつては次のイ及びロに掲げる性状を示すものであることをいう。

イ　臭素酸カリウムを標準物質とする第一条の三第二項の燃焼試験において同項第二号の燃焼時間が同項第一号の燃焼時間と等しいか若しくはこれより短いこと又は塩素酸カリウムを標準物質とする同条第六項の落球式打撃感度試験において試験物品と赤りんとの混合物の爆発する確率が五十パーセント以上であること。

ロ　第一条の三第一項に規定する大量燃焼試験において同条第三項第二号の燃焼時間が同項第一号の燃焼時間と等しいか又はこれより短いこと及び同条第七項の鉄管試験において鉄管が完全に裂けること。

二　第二種酸化性固体とは、粉粒状の物品にあつては次のイに掲げる性状を示すもの、その他の物品にあつては次のイ及びロに掲げる性状を示すもので、第一種酸化性固体以外のものであることをいう。

イ　第一条の三第一項に規定する燃焼試験において同条第二項第二号の燃焼時間が同項第一号の燃焼時間と等しいか又はこれより短いこと及び同条第五項に規定する落球式打撃感度試験において試験物品と赤りんとの混合物の爆発する確率が五十パーセント以上

であること。

ロ　前号ロに掲げる性状

三　第三種酸化性固体とは、第一種酸化性固体又は第二種酸化性固体以外のものであることをいう。

四　第一種可燃性固体とは、第一条の四第二項の小ガス炎着火試験において試験物品が三秒以内に着火し、かつ、燃焼を継続するものであることをいう。

五　第二種可燃性固体とは、第一種可燃性固体以外のものであることをいう。

六　第一種自然発火性物質及び禁水性物質とは、第一条の五第二項の自然発火性試験において試験物品が発火するもの又は同条第五項の水との反応性試験において発生するガスが発火するものであることをいう。

七　第二種自然発火性物質及び禁水性物質とは、第一条の五第二項の自然発火性試験において試験物品がろ紙を焦がすもの又は同条第五項の水との反応性試験において発生するガスが着火するもので、第一種自然発火性物質及び禁水性物質以外のものであることをいう。

八　第三種自然発火性物質及び禁水性物質とは、第一種自然発火性物質及び禁水性物質又は第二種自然発火性物質及び禁水性物質以外のものであることをいう。

九　非水溶性液体とは、水溶性液体以外のものであることをいう。

十　水溶性液体とは、一気圧において、温度二〇度で同容量の純水と緩やかにかき混ぜた場合に、流動がおさまつた後も当該混合液が均一な外観を維持するものであることをいう。

十一　第一種自己反応性物質とは、孔径が九ミリメートルのオリフィス板を用いて行う第一条の七第五項の圧力容器試験において破裂板が破裂するものであることをいう。

十二　第二種自己反応性物質とは、第一種自己反応性物質以外のものであることをいう。

本表…追加〔昭和六三年一二月政令三五八号〕

別表第四（第一条の十二関係）（う）（て）（ゆ）（み）（せ）（イ）

品名		数量
綿花類		二〇〇キログラム
木毛及びかんなくず		四〇〇
ぼろ及び紙くず		一、〇〇〇
糸類		一、〇〇〇
わら類		一、〇〇〇
再生資源燃料		一、〇〇〇
可燃性固体類		三、〇〇〇
石炭・木炭類		一〇、〇〇〇
可燃性液体類		二立方メートル
木材加工品及び木くず		一〇
合成樹脂類	発泡させたもの	二〇
	その他のもの	三、〇〇〇キログラム

備考

一　綿花類とは、不燃性又は難燃性でない綿状又はトップ状の繊維及び麻糸原料をいう。

二　ぼろ及び紙くずは、不燃性又は難燃性でないもの（動植物油がしみ込んでいる布又は紙及びこれらの製品を含む。）をいう。

三　糸類とは、不燃性又は難燃性でない糸（糸くずを含む。）及び繭をいう。

四　わら類とは、乾燥わら、乾燥藺及びこれらの製品並びに干し草をいう。

五　再生資源燃料とは、資源の有効な利用の促進に関する法律（平成三年法律第四十八号）第二条第四項に規定する再生資源を原材料

とする燃料をいう。(イ)

六　可燃性固体類とは、固体で、次のイ、ハ又はニのいずれかに該当するもの（一気圧において、温度二〇度を超え四〇度以下の間において液状となるもので、次のロ、ハ又はニのいずれかに該当するものを含む。）をいう。

イ　引火点が四〇度以上一〇〇度未満のもの

ロ　引火点が七〇度以上一〇〇度未満のもの

ハ　引火点が一〇〇度以上二〇〇度未満で、かつ、燃焼熱量が三四キロジュール毎グラム以上であるもの(て)

ニ　引火点が二〇〇度以上で、かつ、燃焼熱量が三四キロジュール毎グラム以上であるもので、融点が一〇〇度未満のもの(て)

七　石炭・木炭類には、コークス、粉状の石炭が水に懸濁しているもの、豆炭、練炭、石油コークス、活性炭及びこれらに類するものを含む。

八　可燃性液体類とは、法別表第一備考第十四号の総務省令で定める物品で液体であるもの、同表備考第十五号及び第十六号の総務省令で定める物品で一気圧において温度二〇度で液状であるもの、同表備考第十七号の総務省令で定めるところにより貯蔵保管されている動植物油で一気圧において温度二〇度で液状であるもの並びに引火性液体の性状を有する物品（一気圧において、温度二〇度で液状であるものに限る。）で一気圧において引火点が二五〇度以上のものをいう。(ゆ)(み)(せ)

九　合成樹脂類とは、不燃性又は難燃性でない固体の合成樹脂製品、合成樹脂半製品、原料合成樹脂及び合成樹脂くず（不燃性又は難燃性でないゴム製品、ゴム半製品、原料ゴム及びゴムくずを含む。）をいい、合成樹脂の繊維、布、紙及び糸並びにこれらのぼろ及びくずを除く。

本表…追加〔昭和六三年一二月政令三五八号〕、一部改正〔平成一〇年二月政令三一号・一二年六月三〇四号・一三年九月三〇〇号・一六年二月一九号・七月二二五号〕

別表第五（第二十条関係）（う）（チ）

消火設備の区分		対象物の区分：建築物その他の工作物	電気設備	第一類の危険物：アルカリ金属の過酸化物又はこれを含有するもの	第一類の危険物：その他の第一類の危険物	第二類の危険物：鉄粉、金属粉若しくはマグネシウム又はこれらのいずれかを含有するもの	第二類の危険物：引火性固体	第二類の危険物：その他の第二類の危険物	第三類の危険物：禁水性物品	第三類の危険物：その他の第三類の危険物	第四類の危険物	第五類の危険物	第六類の危険物
第一種	屋内消火栓設備又は屋外消火栓設備	○			○		○	○		○		○	○
第二種	スプリンクラー設備	○			○		○	○		○		○	○
第三種	水蒸気消火設備又は水噴霧消火設備	○	○		○		○	○		○	○	○	○
	泡消火設備	○			○		○	○		○	○	○	○
	不活性ガス消火設備		○				○				○		
	ハロゲン化物消火設備		○				○				○		
	粉末消火設備：りん酸塩類等を使用するもの	○	○		○		○	○			○		○
	粉末消火設備：炭酸水素塩類等を使用するもの		○	○		○	○		○		○		
	粉末消火設備：その他のもの			○		○			○				
	棒状の水を放射する消火器	○			○		○	○		○		○	○

第四種又は第五種									第五種		
霧状の水を放射する消火器	棒状の強化液を放射する消火器	霧状の強化液を放射する消火器	泡を放射する消火器	二酸化炭素を放射する消火器	ハロゲン化物を放射する消火器	消火粉末を放射する消火器			水バケツ又は水槽	乾燥砂	膨張ひる石又は膨張真珠岩
						りん酸塩類等を使用するもの	炭酸水素塩類等を使用するもの	その他のもの			
○	○	○	○			○			○		
○		○		○	○	○	○				
							○	○		○	○
○	○	○	○			○			○	○	○
							○	○		○	○
○	○	○	○	○	○	○	○		○	○	○
○	○	○	○			○			○	○	○
							○	○		○	○
○	○	○	○						○	○	○
		○	○	○	○	○	○			○	○
○	○	○	○						○	○	○
○	○	○	○			○			○	○	○

備考

一　○印は、対象物の区分の欄に掲げる建築物その他の工作物、電気設備及び第一類から第六類までの危険物に、当該各項に掲げる第一種から第五種までの消火設備がそれぞれ適応するものであることを示す。

二　消火器は、第四種の消火設備については大型のものをいい、第五種の消火設備については小型のものをいう。

三　りん酸塩類等とは、りん酸塩類、硫酸塩類その他防炎性を有する薬剤をいう。

四　炭酸水素塩類等とは、炭酸水素塩類及び炭酸水素塩類と尿素との反応生成物をいう。

本表…追加〔昭和六三年一二月政令三五八号〕、一部改正〔平成二三年一二月政令四〇五号〕

○危険物の規制に関する規則

（昭和三十四年九月二十九日
総理府令第五十五号）

〔改正経過〕

昭和三五年　七月　一日　自治省令第　三号（い）
昭和三八年　四月一五日　自治省令第　一三号（ろ）
昭和四〇年　五月二九日　自治省令第　一七号（は）
昭和四〇年一〇月　一日　自治省令第　二八号（に）
昭和四二年一二月二八日　自治省令第　三七号（ほ）
昭和四四年一一月二一日　自治省令第　三一号（へ）
昭和四六年　六月　一日　自治省令第　一二号（と）
昭和四七年　五月一五日　自治省令第　一二号（ち）
昭和四九年　五月　一日　自治省令第　一二号（り）
昭和四九年　六月　一日　自治省令第　一七号（ぬ）
昭和五一年　三月三一日　自治省令第　七号（る）
昭和五一年　六月一五日　自治省令第　一八号（を）
昭和五二年　二月一〇日　自治省令第　二号（わ）
昭和五三年　二月　九日　自治省令第　一号（か）
昭和五三年一〇月　六日　自治省令第　二四号（よ）
昭和五四年　七月二一日　自治省令第　一六号（た）
昭和五四年　九月一三日　自治省令第　二〇号（れ）
昭和五六年　九月一九日　自治省令第　二二号（そ）
昭和五七年　一月　八日　自治省令第　一号（つ）
昭和五八年　四月二八日　自治省令第　一六号（ね）
昭和五九年　三月　五日　自治省令第　一号（な）
昭和五九年　七月一〇日　自治省令第　一七号（ら）
昭和五九年一二月一五日　自治省令第　三〇号（む）
昭和六一年　七月二五日　自治省令第　一六号（う）
昭和六一年一二月二五日　自治省令第　三二号（ゐ）
昭和六二年　四月二〇日　自治省令第　一六号（の）
昭和六二年一二月二六日　自治省令第　三六号（お）
昭和六三年　一月二〇日　自治省令第　三号（く）
昭和六三年　四月二五日　自治省令第　一八号（や）
平成　元年　二月二三日　自治省令第　五号（ま）
平成　二年　二月　五日　自治省令第　一号（け）
平成　二年　五月二二日　自治省令第　一六号（ふ）
平成　二年一二月二六日　自治省令第　三二号（こ）
平成　三年　三月一三日　自治省令第　三号（え）
平成　三年　五月二八日　自治省令第　二〇号（て）
平成　五年　七月三〇日　自治省令第　二二号（あ）
平成　六年　一月一九日　自治省令第　四号（さ）
平成　六年　三月一一日　自治省令第　五号（き）
平成　六年　九月　一日　自治省令第　三〇号（ゆ）
平成　六年一一月二八日　自治省令第　四三号（め）
平成　七年　二月二四日　自治省令第　二号（み）
平成　七年　六月二八日　自治省令第　二二号（し）
平成　八年　三月　八日　自治省令第　三号（ゑ）
平成　八年　九月三〇日　自治省令第　三二号（ひ）
平成　九年　二月　七日　自治省令第　一号（も）
平成　九年　三月二六日　自治省令第　一二号（せ）
平成一〇年　三月　四日　自治省令第　六号（す）
平成一〇年一二月一八日　自治省令第　四六号（ん）
平成一一年　三月三〇日　自治省令第　一〇号（イ）
平成一一年　九月二二日　自治省令第　三一号（ロ）
平成一二年　三月二一日　自治省令第　一一号（ハ）
平成一二年　三月二四日　自治省令第　一二号（ニ）
平成一二年　五月三一日　自治省令第　三五号（ホ）
平成一二年　九月一四日　自治省令第　四四号（ヘ）
平成一二年一一月一七日　自治省令第　四九号（ト）
平成一三年　三月三〇日　総務省令第　四五号（チ）
平成一三年一〇月一一日　総務省令第一三六号（リ）
平成一四年　一月二五日　総務省令第　四号（ヌ）
平成一四年一〇月　七日　総務省令第一〇六号（ル）
平成一五年　七月二四日　総務省令第一〇一号（ヲ）
平成一五年一二月一七日　総務省令第一四三号（ワ）
平成一六年　一月一四日　総務省令第　三号（カ）
平成一七年　三月　七日　総務省令第　二〇号（ヨ）
平成一七年　三月一四日　総務省令第　三七号（タ）
平成一七年　八月三一日　総務省令第一三六号（レ）
平成一八年　三月一七日　総務省令第　三一号（ソ）
平成一八年　六月一四日　総務省令第　九六号（ツ）

平成一八年九月二九日総務省令第一一四号(ネ)
平成一九年三月一二日総務省令第二六号(ナ)
平成一九年九月二一日総務省令第一〇六号(ラ)
平成二一年一〇月一六日総務省令第九八号(ム)
平成二一年一一月六日総務省令第一〇六号(ウ)
平成二二年二月二六日総務省令第一〇号(ヰ)
平成二二年六月二八日総務省令第七一号(ノ)
平成二三年二月二三日総務省令第五号(オ)
平成二三年六月一七日総務省令第五五号(ク)
平成二三年九月一五日総務省令第一二九号(ヤ)
平成二三年九月二二日総務省令第一三一号(マ)
平成二三年一二月二一日総務省令第一六五号(ケ)
平成二四年三月一六日総務省令第一二号(フ)
平成二四年三月三〇日総務省令第二四号(コ)
平成二四年五月二三日総務省令第四九号(エ)
平成二四年一二月一八日総務省令第一〇三号(テ)
平成二五年四月一日総務省令第四二号(ア)
平成二五年一二月二七日総務省令第一二八号(サ)
平成二六年三月二七日総務省令第二二号(キ)
平成二六年一〇月一日総務省令第七七号(ユ)
平成二七年三月三一日総務省令第三五号(メ)
平成二七年六月五日総務省令第五六号(ミ)
平成二七年九月三〇日総務省令第八一号(シ)
平成二八年三月一日総務省令第一二号(ヱ)
平成二八年四月一日総務省令第四六号(ヒ)
平成二九年一月二六日総務省令第三号(モ)
平成三〇年三月三〇日総務省令第二一号(セ)
平成三〇年一一月三〇日総務省令第六五号(ス)
令和元年五月七日総務省令第三号(ン)
令和元年六月二八日総務省令第一九号(い)
令和元年八月二七日総務省令第三四号(ろ)
令和元年一二月二〇日総務省令第六七号(は)
令和二年四月一五日総務省令第四〇号(に)
令和二年一二月二五日総務省令第一二四号(ほ)
令和三年七月二一日総務省令第七一号(へ)
令和四年三月三一日総務省令第二八号(と)
令和五年九月一九日総務省令第七〇号(ち)
令和五年一二月六日総務省令第八三号(り)

消防法第三章及び危険物の規制に関する政令の規定に基き、並びにこれらを実施するため、危険物の規制に関する総理府令を次のように定める。

危険物の規制に関する規則(に)

題名…改正〔昭和四〇年一〇月自令二八号〕

目次

第一章　総則

（定義）

第一条　この規則において、次の各号に掲げる用語の意義は、それぞれ当該各号に定めるところによる。（り）

一　「道路」とは、次のイからニまでの一に該当するものをいう。（り）

イ　道路法（昭和二十七年法律第百八十号）による道路（り）

ロ　土地区画整理法（昭和二十九年法律第百十九号）、旧住宅地造成事業に関する法律（昭和三十九年法律第百六十号）、都市計画法（昭和四十三年法律第百号）、都市再開発法（昭和四十四年法律第三十八号）又は新都市基盤整備法（昭和四十七年法律第八十六号）による道路（り）

ハ　港湾法（昭和二十五年法律第二百十八号）第二条第五項第四号に規定する臨港交通施設である道路（り）

ニ　イからハまでに定めるもののほか、一般交通の用に供する幅員四メートル以上の道で自動車（道路運送車両法（昭和二十六年法律第百八十五号）第二条第二項に規定するものをいう。以下同じ。）の通行が可能なもの（り）

二　「河川」とは、河川法（昭和三十九年法律第百六十七号）第四条第一項に規定する一級河川及び同法第五条第一項に規定する二級河川並びに同法第百条第一項に規定する河川をいう。（り）

三　「水路」とは、次のイからハまでの一に該当するものをいう。（り）

イ　運河法（大正二年法律第十六号）による運河（り）

ロ　下水道法（昭和三十三年法律第七十九号）による排水施設のうち開渠構造のもの（り）

ハ　イ及びロに定めるもののほか、告示で定める重要な水路〔危告示第二条〕（り）

四　「線路敷」とは、線路を敷設してある鉄道〔新設軌道を含む。以下同じ。〕用地又は敷設するための鉄道用地をいう。（り）

五　「市街地」とは、次のイからハまでの一に該当する地域であつて、都市計画法第八条第一項第一号に規定する工業専用地域（以下「工業専用地域」という。）以外の地域をいう。（り）

イ　都市計画法第七条第二項に規定する市街化区域（り）

ロ　都市計画法第八条第一項第一号に規定する用途地域（り）

ハ　五十ヘクタール以下のおおむね整形の土地の区域ごとに算定した場合における人口密度が一ヘクタール当たり四十人以上である土地の区域が連たんしている土地の区域で当該区域内の人口が五千以上であるもの及びこれに接続する土地の区域で五十ヘクタール以下のおおむね整形の土地の区域ごとに算定した場合における建築物の敷地その他これに類するものの面積の合計が当該区域の面積の三分の一以上であるもの（り）

本条…追加〔昭和四九年五月自令一二号〕

（危険物の品名）

第一条の二　消防法（昭和二十三年法律第百八十六号。以下「法」という。）別表第一の品名欄に掲げる物品のうち、同表第一類の項第十号の危険物にあつては危険物の規制に関する政令（昭和三十四年政令第三百六号。以下「令」という。）第一条第一項各号ごとに、同表第五類の項第十号の危険物にあつては同条第三項各号ごとに、それぞれ異なる品名の危険物として、第四条第一項及び第三項第一号、第五条第一項及び第三項第一号、第六条第二項、第七条から第八条まで、第十八条第一項第二号及び第二項第二号、第四十三条第四項、第四十四条第一項第一号、第四十七条の三第二項、第五十五条第一項第二号及び第二項第二号、第六十二条第一項並びに第六十二条の三第一項の規定を適用する。（ま）（り）（タ）

2　法別表第一の品名欄に掲げる物品のうち、同表第一類の項第十一号の危険物で当該危険物に含有されている同項第一号から第九号まで及び令第一条第一項各号の物品が異なるものは、それぞれ異なる品名の危険物として、第四条第一項及び第三項第一号、第五条第一項及び第三項第一号、第六条第二項、第七条から第八条まで、第十八条第一項第二号及び第二項第二号、第四十三条第四項、第四十四条第一項第一号、第四十七条の三第二項、第五十五条第一項第二号及び第二項第二号、第六十二条第一項並びに第六十二条の三第一項の規定を適用する。同表第二類の項第八号の危険物で当該危険物に含有されている同項第一号から第七号までの物品が異なるもの、同表第三類の項第十二号の危険物で当該危険物に含有されている同項第一号から第十一号までの物品が異なるもの、同表第五類の項第十一号の危険物で当該危険物に含有されている同項第一号から第九号まで及び令第一条第三項各号の物品が異なるもの並びに同表第六類の項第五号の危険物で当該危険物に含有されている同項第一号から第四号までの物品が異なるものについても、同様とする。（ま）（リ）（タ）

旧一条…繰下〔昭和四九年五月自令一二号〕、本条…全部改正〔平成元年二月自令五号〕、一・二項…一部改正〔平成一三年一〇月総令一三六号・一七年三月三七号〕

（品名から除外されるもの）

第一条の三　法別表第一備考第三号の粒度等を勘案して総務省令で定めるものは、目開きが五十三マイクロメートルの網ふるい（日本産業規格（産業標準化法（昭和二十四年法律第百八十五号）第二十条第一項の日本産業規格をいう。以下同じ。）Ｚ八八〇一—一に規定する網ふるいをいう。以下この条において同じ。）を通過するものが五十パーセント未満のものとする。(ま)(ヘ)(タ)(い)(に)

2　法別表第一備考第五号の粒度等を勘案して総務省令で定めるものは、次のものとする。(ま)(ヘ)(タ)

一　銅粉(ま)

二　ニッケル粉(ま)

三　目開きが百五十マイクロメートルの網ふるいを通過するものが五十パーセント未満のもの(ま)

3　法別表第一備考第六号の形状等を勘案して総務省令で定めるものは、次のものとする。(ま)(ヘ)(タ)

一　目開きが二ミリメートルの網ふるいを通過しない塊状のもの(ま)

二　直径が二ミリメートル以上の棒状のもの(ま)

4　法別表第一備考第十三号の組成等を勘案して総務省令で定めるものは、次のものとする。(ま)(ヘ)(タ)

一　一分子を構成する炭素の原子の数が一個から三個までの飽和一価アルコールの含有量が六十パーセント未満の水溶液(ま)

二　可燃性液体量が六十パーセント未満であって、引火点がエタノールの六十パーセント水溶液の引火点を超えるもの（燃焼点（タグ開放式引火点測定器による燃焼点をいう。以下同じ。）がエタノールの六十パーセント水溶液の燃焼点以下のものを除く。）(ま)(ナ)(ケ)(に)

5　法別表第一備考第十四号の組成等を勘案して総務省令で定めるものは、可燃性液体量が四十パーセント以下であって、引火点が四十度以上のもの（燃焼点が六十度未満のものを除く。）とする。(ま)(す)(ヘ)(タ)(ナ)(に)

6　法別表第一備考第十五号及び第十六号の組成を勘案して総務省令で定めるものは、可燃性液体量が四十パーセント以下のものとする。(ま)(ヘ)(タ)

7　法別表第一備考第十七号の総務省令で定めるところにより貯蔵保管されているものは、次のものとする。(ま)(ヘ)(タ)

一　令第十一条第一項第三号の二から第九号まで（特定屋外タンク貯蔵所（令第八条の二の三第三項に規定する特定屋外タンク貯蔵所をいう。以下同じ。）であって、昭和五十二年二月十五日前に法第十一条第一項前段の規定による設置の許可を受け、又は当該許可の申請がされていたもののうち、令第十一条第一項第三号の二及び第四号に定める技術上の基準に適合しないものについては、当該各号は、危険物の規制に関する政令等の一部を改正する政令（平成六年政令第二百十四号）第二条の規定による改正後の危険物の規制に関する政令の一部を改正する政令（昭和五十二年政令第十号）附則第三項各号とし、準特定屋外タンク貯蔵所（令第十一条第一項第三号の三に規定する準特定屋外タンク貯蔵所をいう。以下同じ。）であって、平成十一年四月一日前に現に設置され、又は設置の工事中であったもののうち、令第十一条第一項第三号の三及び第四号に定める技術上の基準に適合しないものについては、当該各号は、危険物の規制に関する政令の一部を改正する政令（平成十一年政令第三号）による改正前の令第十一条第一項第四号とする。）、第十一号から第十一号の三まで及び第十五号、同条第二項（同項においてその例によるものとされる同条第一項第一号から第三号まで、第十号、第十号の二、第十二号から第十四号まで及び第十七号を除く。）、令第十二条第一項第一号、第二号、第四号から第八号まで、第十号、第十号の二及び第十二号から第十八号まで、同条第二項（同項においてその例によるものとされる同条第一項第三号、第九号、第九号の二、第十一号、第十一号の二及び第十九号を除く。）、令第十三条第一項（第五号及び第九号から第十二号までを除く。）、同条第二項（同項においてその例によるものとされる同条第一項第五号及び第九号から第十二号までを除く。）又は同条第三項（同項においてその例によるものとされる同条第一項第五号及び第九号から第十二号までを除く。）の基準の例によるタンクに加圧しないで、常温で貯蔵保管されているもの(ま)(あ)(ひ)(リ)(ケ)に

二　第四十二条及び第四十三条に規定する構造及び最大容積の基準の例による容器であって、収納する物品の通称名、数量及び「火気厳禁」又はこれと同一の意味を有する他の表示を容器の外部に施したものに、第四十三条の三に規定する容器への収納の基準に従って収納され、貯蔵保管されているもの(ま)(け)(リ)に

8　法別表第一備考第十九号の総務省令で定めるものは、次のものとする。(ま)(へ)(タ)

一　過酸化ベンゾイルの含有量が三十五・五パーセント未満のもので、でんぷん粉、硫酸カルシウム二水和物又はりん酸一水素カルシウム二水和物との混合物(ま)

二　ビス（四―クロロベンゾイル）パーオキサイドの含有量が三十パーセント未満のもので、不活性の固体との混合物(ま)

三　過酸化ジクミルの含有量が四十パーセント未満のもので、不活性の固体との混合物(ま)

四　一・四―ビス（二―ターシャリブチルパーオキシイソプロピル）ベンゼンの含有量が四十パーセント未満のもので、不活性の固体との混合物(ま)

五　シクロヘキサノンパーオキサイドの含有量が三十パーセント未満のもので、不活性の固体との混合物(ま)

本条…追加〔平成元年二月自令五号〕、七項…一部改正〔平成二年二月自令一号・五年七月二二号・八年九月三二号〕、五項…一部改正〔平成一〇年三月自令六号〕、七項…一部改正〔平成一二年九月自令四四号〕、一―八項…一部改正〔平成一三年一〇月総令一三六号〕、一―八項…一部改正〔平成一七年三月総令三七号〕、四・五項…一部改正〔平成一九年三月総令二六号〕、四・七項…一部改正〔平成二三年一二月総令一六五号〕、一項…一部改正〔令和元年六月総令一九号〕、一・四・五・七項…一部改正〔令和二年四月総令四〇号〕

（複数性状物品の属する品名）

第一条の四　法別表第一備考第二十一号の規定により、同表の性質欄に掲げる性状の二以上を有する物品（以下この条において「複数性状物品」という。）の属する品名は、次の各号に掲げる区分に応じ、当該各号に掲げる品名とする。(ま)(タ)

一　複数性状物品が酸化性固体の性状及び可燃性固体の性状を有する場合　法別表第一第二類の項第八号に掲げる品名(ま)(タ)

二　複数性状物品が酸化性固体の性状及び自己反応性物質の性状を有する場合　法別表第一第五類の項第十一号に掲げる品名(ま)(リ)(タ)

三　複数性状物品が可燃性固体の性状並びに自然発火性物質及び禁水性物質の性状を有する場合　法別表第一第三類の項第十二号に掲げる品名(ま)(タ)

四　複数性状物品が自然発火性物質及び禁水性物質の性状並びに引火性液体の性状を有する場合　法別表第一第三類の項第十二号に掲げる品名(ま)(タ)

五　複数性状物品が引火性液体の性状及び自己反応性物質の性状を有する場合　法別表第一第五類の項第十一号に掲げる品名(ま)(リ)(タ)

本条…追加〔平成元年二月自令五号〕、一部改正〔平成一三年一〇月総令一三六号・一七年三月三七号〕

（圧縮アセチレンガス等の貯蔵又は取扱いの届出書）

第一条の五　法第九条の三の規定による貯蔵又は取扱いの届出は、別記様式第一の届出書によつて行わなければならない。(ま)(ソ)

本条…追加〔平成元年二月自令五号〕、一部改正〔平成一八年三月総令三一号〕

（仮貯蔵又は仮取扱いの承認の申請）

第一条の六　法第十条第一項ただし書の危険物の仮貯蔵又は仮取扱いの承認を受けようとする者は、別記様式第一の二の申請書を所轄消防長又は消防署長に提出しなければならない。(へ)

本条…追加〔令和三年七月総令七一号〕

（タンクの内容積の計算方法）

第二条　令第五条第一項の総務省令で定めるタンクの内容積（屋根を有するタンクにあつては、当該屋根の部分を除いた部分。以下同じ。）の計算方法は、次の各号のとおりとする。(い)(ま)(へ)(チ)

一　容易にその内容積を計算し難いタンク(と)(チ)
　当該タンクの内容積の近似計算によること。

二　前号以外のタンク(チ)
　通常の計算方法によること。

本条…一部改正〔昭和三五年七月自令三号・四六年六月一二号・平成元年二月五号・一二年九月四四号・一三年三月総令四五号〕

（タンクの空間容積の計算方法）

第三条　令第五条第一項の総務省令で定めるタンクの空間容積の計算方法は、当該タンクの内容積に百分の五以上百分の十以下の数値を乗じて算出する方法とする。ただし、令第二十条第一項第一号の規定により第三種の消火設備〔危令別表第五〕（消火剤放射口をタンク内の上部に設けるものに限る。）を設ける屋外タンク貯蔵所又は屋内タンク貯蔵所の危険物を貯蔵し、又は取り扱うタンク及び製造所又は一般取扱所の危険物を取り扱うタンクの空間容積は、当該タンクの内容積のうち、当該消火設備の消火剤放射口の下部〇・三メートル以上一メートル未満の面から上部の容積とする。(の)(ま)(へ)

2　前項の規定にかかわらず、次の各号に掲げるタンクの空間容積は、それぞれ当該各号に定める容積とする。(の)

一　特定屋外タンク貯蔵所の屋外貯蔵タンク（以下「特定屋外貯蔵タンク」という。）であつて、海上タンク（海上に浮かび、同一場所に定置するよう措置され、かつ、陸上に設置された諸設備と配管等により接続された液体危険物タンクをいう。以下同じ。）及び次号に掲げるもの以外のもの　前項の規定により算出された容積又は告示で定める容積〔危告示第二条の二〕のいずれか大なる容積(の)(ま)(ひ)

二　岩盤タンク（令第八条の二第三項第一号に規定する岩盤タンクをいう。以下同じ。）　当該タンク内に湧出する七日間の地下水の量に相当する容積又は当該タンクの内容積に百分の一の数値を乗じて算出された容積のいずれか大なる容積(の)

本条…一部改正〔昭和三五年七月自令三号〕、二項…追加〔昭和五八年四月自令一六号〕、全部改正〔昭和六二年四月自令一六号〕、一・二項…一部改正〔平成元年二月自令五号〕、二項…一部改正〔平成八年九月自令三二号〕、一項…一部改正〔平成一二年九月自令四四号〕

第二章　製造所等の許可及び完成検査の申請等

（設置の許可の申請書の様式及び添付書類）

第四条　令第六条第一項の規定による製造所、貯蔵所又は取扱所（以下「製造所等」という。）の設置の許可の申請書は、別記様式第二又は第三によるものとする。(り)(ま)

2　令第六条第二項の製造所等の位置、構造及び設備に関する図面は、次の事項を記載した図面とする。(ゐ)

一　当該製造所等を含む事業所内の主要な建築物その他の工作物の配置(ゐ)

二　当該製造所等の周囲の状況（屋内給油取扱所（令第十七条第二項に規定する屋内給油取扱所をいう。以下同じ。）にあつては、建築物の屋内給油取扱所の用に供する部分以外の部分の構造及び用途を含む。）(ゐ)(ま)

三　当該製造所等を構成する建築物その他の工作物及び機械器具その他の設備の配置（製造所又は一般取扱所にあつては、工程の概要を含む。）(ゐ)

四　当該製造所等において危険物を貯蔵し、又は取り扱う建築物その他の工作物及び機械器具その他の設備（給油取扱所にあつては、第二十五条の四第一項各号及び第二十七条の三第三項各号（第二十七条の五第一項においてその例による場合を含む。）に掲げる用途に供する建築物及び附随設備を含む。）の構造(ゐ)(の)㋷

五　当該製造所等に設ける電気設備、避雷設備並びに消火設備、警報設備及び避難設備の概要(ゐ)(ま)

六　緊急時対策に係る機械器具その他の設備を設ける製造所等にあつては、当該設備の概要(ゐ)

3　令第六条第二項の総務省令で定める添付書類は、同項で定めるもののほか、次のとおりとする。(い)(ゐ)(へ)

一　別記様式第四のイからルまでの当該製造所等に係る構造及び設備明細書(り)(ま)

二　第一種、第二種又は第三種の消火設備〔危令別表第五〕を設けるものにあつては、当該消火設備の設計書

三　火災報知設備を設けるものにあつては、当該火災報知設備の設計書

三の二　令第七条の三に掲げる製造所及び一般取扱所にあつては、危険物の取扱いに伴う危険要因に対応して設置する設備等に関する書類(カ)

四　特定屋外タンク貯蔵所（岩盤タンク、地中タンク（底部が地盤面（タンクの周囲に土を盛ることにより造られた人工の地盤（以下「人工地盤」という。）を設ける場合にあつては、人工地盤の上面をいう。以下同じ。）下にあり、頂部が地盤面以上にあつて、タンク内の危険物の最高液面が地盤面下にある縦置きの円筒型の液体危険物タンク（令第八条の二第一項に規定する液体危険物タンクをいう。以下同じ。）をいう。以下同じ。）及び海上タンクに係る屋外タンク貯蔵所を除く。）にあつては、当該特定屋外タンク貯蔵所の屋外貯蔵タンクの基礎及び地盤並びにタンク本体の設計図書、工事計画書及び工事工程表並びに別表第一の上欄に掲げる構造及び設備に応じて同表の下欄に掲げる書類(わ)(ね)(の)(お)(ま)

四の二　準特定屋外タンク貯蔵所（岩盤タンク、地中タンク及び海上タンクに係る屋外タンク貯蔵所を除く。）にあつては、当該準特定屋外タンク貯蔵所の屋外貯蔵タンク（以下「準特定屋外貯蔵タンク」という。）の基礎及び地盤並びにタンク本体の設計図書及び別表第一の上欄に掲げる構造及び設備に応じて同表の下欄に掲げる書類(イ)(リ)

五　岩盤タンクに係る屋外タンク貯蔵所にあつては、当該岩盤タンクのタンク本体及び坑道、配管その他の設備の設計図書、工事計画書及び工事工程表並びに地質・水文調査書(の)

六　地中タンクに係る屋外タンク貯蔵所にあつては、当該地中タンクの地盤及びタンク本体の設計図書、工事計画書及び工事工程表並びに別表第一の上欄に掲げる構造及び設備に応じて同表の下欄に掲げる書類（基礎に関し必要な資料を除く。）(お)(ま)

六の二　海上タンクに係る屋外タンク貯蔵所にあつては、当該海上タンクのタンク本体及び定置設備（海上タンクを同一場所に定置するための設備をいう。以下同じ。）その他の設備の設計

図書、工事計画書及び工事工程表(ま)

七　移送取扱所にあつては、工事計画書、工事工程表並びに別表第一の二の上欄に掲げる構造及び設備に応じて同表の下欄に掲げる書類(り)(わ)(の)(お)(ま)

八　前号の工事計画書には申請に係る構造及び設備に応じて別表第一の二の中欄に掲げる事項を記載すること。(り)(わ)(の)(お)(ま)

二項…一部改正〔昭和三五年七月自令三号〕、一・二項…一部改正〔昭和四九年五月自令一二号〕、二項…一部改正〔昭和五二年二月自令二号・五八年四月一六号〕、二項…追加・旧二項…三項に繰下〔昭和六一年一二月自令三二号〕、二・三項…一部改正〔昭和六二年四月自令一六号〕、三項…一部改正〔昭和六二年一二月自令三六号〕、一―三項…一部改正〔平成元年二月自令五号〕、三項…一部改正〔平成一一年三月自令一〇号・一二年九月四四号・一三年一〇月総令一三六号・一七年一月三号〕、二項…一部改正〔令和五年一二月総令八三号〕

（変更の許可の申請書の様式及び添付書類）

第五条　令第七条第一項の規定による製造所等の位置、構造又は設備の変更の許可の申請書は、別記様式第五又は第六によるものとする。(り)(ま)

2　令第七条第二項の製造所等の位置、構造又は設備の変更の内容に関する図面は、次の事項を記載した図面とする。(ゐ)

一　当該製造所等を含む事業所内の主要な建築物その他の工作物の配置(ゐ)

二　当該製造所等の周囲の状況（屋内給油取扱所にあつては、建築物の屋内給油取扱所の用に供する部分以外の部分の構造及び用途を含む。）(ゐ)(ま)

三　当該製造所等を構成する建築物その他の工作物及び機械器具その他の設備の配置（製造所又は一般取扱所にあつては、工程の概要を含む。）(ゐ)

四　当該製造所等において危険物を貯蔵し、又は取り扱う建築物その他の工作物及び機械器具その他の設備（給油取扱所にあつては、第二十五条の四第一項各号及び第二十七条の三第三項各号（第二十七条の五第一項においてその例による場合を含む。）に掲げる用途に供する建築物及び附随設備を含む。）のうち、変更に係るものの構造(ゐ)(の)(り)

五　当該製造所等に設ける電気設備、避雷設備並びに消火設備、警報設備及び避難設備のうち、変更に係るものの概要(ゐ)(ま)

六　緊急時対策に係る機械器具その他の設備を設ける製造所等にあつては、当該設備のうち、変更に係るものの概要(ゐ)

3　令第七条第二項の総務省令で定める添付書類は、同項で定めるもののほか、次のとおりとする。(い)(ゐ)(へ)

一　変更に係る部分を記載した別記様式第四のイからルまでの当該製造所等に係る構造及び設備明細書(り)(ま)

二　第一種、第二種又は第三種の消火設備〔危令別表第五〕を変更するものにあつては、当該消火設備の設計書

三　火災報知設備を変更するものにあつては、当該火災報知設備の設計書

三の二　令第七条の三に掲げる製造所及び一般取扱所において危険物の取扱いに伴う危険要因に対応して設置する設備等について変更するものにあつては、当該設備等に関する書類(カ)

四　特定屋外貯蔵タンク（岩盤タンク、地中タンク及び海上タンクを除く。）の基礎若しくは地盤又はタンク本体を変更するものにあつては、当該変更に係る部分を記載した設計図書、工事計画書及び工事工程表並びに別表第一の上欄に掲げる構造及び設備に応じて同表の下欄に掲げる書類(わ)(の)(お)(ま)

四の二　準特定屋外貯蔵タンク（岩盤タンク、地中タンク及び海上タンクを除く。）の基礎若しくは地盤又はタンク本体を変更するものにあつては、当該変更に係る部分を記載した設計図書及び別表第一の上欄に掲げる構造及び設備に応じて同表の下欄に掲げる書類(イ)

五　岩盤タンクのタンク本体又は坑道、配管その他の設備を変更するものにあつては、当該変更に係る部分を記載した設計図書、工事計画書及び工事工程表(の)

六　地中タンクの地盤又はタンク本体を変更するものにあつては、当該変更に係る部分を記載した設計図書、工事計画書及び工事工程表並びに別表第一の上欄に掲げる構造及び設備に応じて同表の下欄に掲げる書類（基礎に関し必要な資料を除く。）(お)(ま)

六の二　海上タンクのタンク本体又は定置設備その他の設備を変更するものにあつては、当該変更に係る部分を記載した設計図書、工事計画書及び工事工程表(ま)

七　移送取扱所にあつては、変更に係る部分を記載した工事計画書、工事工程表並びに別表第一の二の上欄に掲げる構造及び設備に応じて同表の下欄に掲げる書類(り)(わ)(の)(お)(ま)

八　前号の工事計画書には変更申請に係る構造及び設備に応じて別表第一の二の中欄に掲げる事項を記載すること。この場合においては、変更前と変更後とを対照しやすいように記載しなければならない。(り)(わ)(の)(お)(ま)

二項…一部改正〔昭和三五年七月自令三号〕、一・二項…一部改正〔昭和五二年二月自令二号〕、二項…一部改正〔昭和四九年五月自令一二号〕、二項…追加・旧二項…三項に繰下〔昭和六一年一二月自令三二号〕、二・三項…一部改正〔昭和六二年四月自令一六号〕、三項…一部改正〔昭和六二年一二月自令三六号〕、一—三項…一部改正〔平成元年二月自令五号〕、三項…一部改正〔平成一一年三月自令一〇号・一二年九月四四号・一七年一月総令三号〕、二項…一部改正〔令和五年一二月総令八三号〕

（仮使用の承認の申請）

第五条の二　法第十一条第五項ただし書の製造所等の仮使用の承認を受けようとする者は、別記様式第七の申請書に変更の工事に際して講ずる火災予防上の措置について記載した書類を添えて同条第一項各号に掲げる区分に応じ当該各号に定める市町村長、都道府県知事又は総務大臣（以下「市町村長等」という。）に提出しなければならない。(な)(ま)ⓡ

本条…追加〔昭和五九年三月自令一号〕、一部改正〔平成元年二月自令五号・令和五年一二月総令八三号〕

（変更の許可及び仮使用の承認の同時申請）

第五条の三　法第十一条第一項後段の規定による製造所等の位置、構造又は設備の変更の許可及び同条第五項ただし書の製造所等の仮使用の承認を同時に申請しようとする者は、第五条第一項及び前条の規定にかかわらず、別記様式第七の二又は第七の三の申請書によつて行うことができる。（ロ）

本条…追加〔平成一一年九月自令三一号〕

（完成検査の申請書等の様式）（と）

第六条　令第八条第一項の規定による完成検査の申請は、別記様式第八又は第九の申請書によつて行わなければならない。（り）（わ）（ま）

2　令第八条第三項の完成検査済証は、別記様式第十及び第十一によるものとする。（と）（わ）（ま）

3　令第八条第四項の規定による完成検査済証の再交付の申請は、別記様式第十二の申請書によつて行わなければならない。（つ）（ま）

見出し…改正・二項…追加〔昭和四六年六月自令一二号〕、一項…一部改正〔昭和四九年五月自令一二号〕、一・二項…一部改正〔昭和五二年二月自令二号〕、三項…追加〔昭和五七年一月自令一号〕、一—三項…一部改正〔平成元年二月自令五号〕

（特殊液体危険物タンク）

第六条の二　令第八条の二第三項第一号の総務省令で定める液体危険物タンクは、地中タンク及び海上タンクとする。（お）（ま）（へ）

本条…追加〔昭和六二年一二月自令三六号〕、一部改正〔平成元年二月自令五号・一二年九月四四号〕

（特殊液体危険物タンクの基礎・地盤検査に係る工事）

第六条の二の二　令第八条の二第三項第一号の総務省令で定める工事は、地中タンクにあつては地盤に関する工事とし、海上タンクにあつては定置設備の地盤に関する工事とする。（お）（ま）（へ）

本条…追加〔昭和六二年一二月自令三六号〕、一部改正〔平成元年二月自令五号・一二年九月四四号〕

（特殊液体危険物タンクの基礎・地盤検査に係る基準）

第六条の二の三　令第八条の二第三項第一号の総務省令で定める基準は、地中タンクにあつては第二十二条の三の二第三項第四号に定める基準とし、海上タンクにあつては第二十二条の三の三第三項第四号に定める基準とする。（お）（ま）（へ）

本条…追加〔昭和六二年一二月自令三六号〕、一部改正〔平成元年二月自令五号・一二年九月四四号〕

（特殊液体危険物タンクの水張検査又は水圧検査に係る基準）

第六条の二の四　令第八条の二第三項第二号の令第十一条第一項第四号に定める基準に相当するものとして総務省令で定める基準は、地中タンクにあつては同号に定める基準（水張試験（水以外

の適当な液体を張つて行う試験を含む。）又は水圧試験に関する部分に限る。）とする。(ま)(へ)

本条…追加〔平成元年二月自令五号〕、一部改正〔平成一二年九月自令四四号〕

（完成検査前検査より除かれる試験）

第六条の二の五　令第八条の二第三項第二号の総務省令で定める試験は、第二十条の九に定める試験とする。(わ)(お)(ま)(へ)

本条…追加〔昭和五二年二月自令二号〕、旧六条の二…繰下〔昭和六二年一二月自令三六号〕、旧六条の二の四…繰下〔平成元年二月自令五号〕、本条…一部改正〔平成一二年九月自令四四号〕

（特殊液体危険物タンクの溶接部検査に係る基準）

第六条の二の六　令第八条の二第三項第二号の令第十一条第一項第四号の二に定める基準に相当するものとして総務省令で定める基準は、地中タンクにあつては第二十二条の三の二第三項第五号ニ(4)に定める基準（溶接部に関する部分に限る。）とする。(お)(ま)(へ)

本条…追加〔昭和六二年一二月自令三六号〕、旧六条の二の五…一部改正し繰下〔平成元年二月自令五号〕、本条…一部改正〔平成一二年九月自令四四号〕

（岩盤タンク検査に係る基準）

第六条の二の七　令第八条の二第三項第三号の総務省令で定める基準は、第二十二条の三第三項第四号及び第六号に定める基準とする。(の)(お)(ま)(へ)

本条…追加〔昭和六二年四月自令一六号〕、旧六条の二の二…繰下〔昭和六二年一二月自令三六号〕、旧六条の二の六…繰下〔平成元年二月自令五号〕、本条…一部改正〔平成一二年九月自令四四号〕

（アルキルアルミニウム等の移動貯蔵タンクに係る基準）

第六条の二の八　令第八条の二第三項第四号の総務省令で定める危険物は、第三類の危険物のうちアルキルアルミニウム若しくはアルキルリチウム又はこれらのいずれかを含有するもの（以下「アルキルアルミニウム等」という。）とする。(ま)(へ)

2　令第八条の二第三項第四号の総務省令で定める基準は、第二十四条の八第一号に定める基準（水圧試験に関する部分に限る。）とする。(ま)(へ)

本条…追加〔平成元年二月自令五号〕、一・二項…一部改正〔平成一二年九月自令四四号〕

（タンクコンテナの表示）

第六条の二の九　令第八条の二第四項第三号の総務省令で定める表示は、国際海上危険物規程（ＩＭＤＧコード）に従つて次に掲げる事項が記されたものとする。(み)(へ)

一　最初の試験に関する事項で、次に掲げるもの(み)

イ　水圧試験の実施年月日(み)

ロ　水圧試験の試験圧力(み)

ハ　水圧試験の立会者による証明(み)

二　最近の定期試験に関する事項で、次に掲げるもの（最初の試験を実施した日から五年以上経過しているタンクに限る。）(み)

イ　圧力試験の実施年月(み)

ロ　圧力試験の試験圧力(み)

ハ　圧力試験の実施者の刻印(み)

三　タンクの最大常用圧力(み)

本条…追加〔平成七年二月自令二号〕、一部改正〔平成一二年九月自令四四号〕

（アルキルアルミニウム等の移動貯蔵タンクの水圧検査に係る試験）

第六条の二の一〇　令第八条の二第五項の総務省令で定める試験は、第二十四条の八第一号に定める試験とする。(ま)(み)(へ)

本条…追加〔平成元年二月自令五号〕、旧六条の二の九…繰下〔平成七年二月自令二号〕、本条…一部改正〔平成一二年九月自令四四号〕

（完成検査前検査に係る試験）

第六条の三　令第八条の二第五項の基礎・地盤検査は、第二十条の三に定める試験（地中タンクである特定屋外貯蔵タンクにあつては第二十二条の三の二第三項第四号ロ(2)（第二十条の二第二項第二号ロ(3)に定める試験に限る。）及び(3)に定める試験、海上タンクである特定屋外貯蔵タンクにあつては第二十二条の三の三第三項第四号に定める試験）により行うものとする。(わ)(つ)(お)(ま)(け)

本条…追加〔昭和五二年二月自令二号〕、一部改正〔昭和五七年一月自令一号・六二年一二月三六号・平成元年二月五号・二年二月一号〕

（完成検査前検査の申請書等の様式）

第六条の四　令第八条の二第六項の規定による完成検査前検査の申請は、別記様式第十三の申請書によつて行わなければならない。(わ)(つ)(ま)

２　令第八条の二第七項のタンク検査済証（令第八条の二の二において準用する場合を含む。）は、別記様式第十四によるものとする。(わ)(つ)(ま)

本条…追加〔昭和五二年二月自令二号〕、一・二項…一部改正〔昭和五七年一月自令一号・平成元年二月五号〕

（完成検査前検査の申請時期）

第六条の五　令第八条の二第六項の規定により完成検査前検査を受けようとする者は、次の各号に掲げる検査の区分に応じ、当該各号に定める時期に市町村長等に申請しなければならない。ただし、法第十四条の三の規定による保安に関する検査の申請書を提出している等の場合は、この限りでない。(わ)(つ)(ら)

一　基礎・地盤検査　特定屋外貯蔵タンクの基礎及び地盤に関す

る工事（地中タンクである特定屋外貯蔵タンクにあつては地盤に関する工事、海上タンクである特定屋外貯蔵タンクにあつては定置設備の地盤に関する工事）の開始前(わ)(お)(ま)(け)

二　溶接部検査　特定屋外貯蔵タンクのタンク本体に関する工事の開始前(わ)

三　水張検査又は水圧検査　液体の危険物を貯蔵し、又は取り扱うタンクに配管その他の附属設備を取り付ける前(わ)

四　岩盤タンク検査　岩盤タンクのタンク本体に関する工事の開始前(の)

本条…追加〔昭和五二年二月自令二号〕、一部改正〔昭和五七年一月自令一号・五九年七月一七号・六二年四月一六号・一二月三六号・平成元年二月五号・二年二月一号〕

（製造所等の譲渡又は引渡の届出書）

第七条　法第十一条第六項の規定による製造所等の譲渡又は引渡の届出は、別記様式第十五の届出書によつて行わなければならない。(ぬ)(ま)

本条…一部改正〔昭和四九年六月自令一七号・平成元年二月五号〕

（許可の通報を必要としない軽易な事項）

第七条の二　法第十一条第七項の総務省令で定める軽易な事項は、危険物の品名、数量又は指定数量の倍数の変更を伴わない位置、構造又は設備の変更とする。(ぬ)(ま)(へ)

本条…追加〔昭和四九年六月自令一七号〕、一部改正〔平成元年二月自令五号・一二年九月四四号〕

（品名、数量又は指定数量の倍数の変更の届出書）(ま)

第七条の三　法第十一条の四第一項の規定による製造所等において貯蔵し、又は取り扱う危険物の品名、数量又は指定数量の倍数の変更の届出は、別記様式第十六の届出書によつて行わなければならない。(に)(ぬ)(わ)(ま)

本条…追加〔昭和四〇年一〇月自令二八号〕、旧七条の二…一部改正し繰下〔昭和四九年六月自令一七号〕、一部改正〔昭和五二年二月自令二号〕、見出し…改正・本条…一部改正〔平成元年二月自令五号〕

（移動タンク貯蔵所につき命令をした市町村長が通知しなければならない事項）

第七条の四　法第十一条の五第三項の規定により、移動タンク貯蔵所につき命令をした市町村長が当該移動タンク貯蔵所につき法第十一条第一項の規定による許可をした市町村長等に対し通知する事項は、次のとおりとする。(ゐ)

一　命令をした市町村長(ゐ)

二　命令を受けた者の氏名又は名称及び住所並びに法人にあつては、その代表者の氏名及び住所(ゐ)

三　命令に係る移動タンク貯蔵所の設置者、常置場所及び設置又は変更の許可番号(ゐ)

四　違反の内容(ゐ)
五　命令の内容及びその履行状況(ゐ)
六　その他命令をした市町村長が必要と認める事項(ゐ)

本条…追加〔昭和六一年一二月自令三二号〕

（公示の方法）

第七条の五　法第十一条の五第四項（法第十二条第三項、法第十二条の二第三項、法第十二条の三第二項、法第十三条の二十四第二項、法第十四条の二第五項、法第十六条の三第六項及び法第十六条の六第二項において準用する場合を含む。）の規定により総務省令で定める方法は、官報又は公報への掲載その他市町村長等が定める方法とする。

本条…追加〔平成一四年一〇月総令一〇六号〕

（製造所等の用途廃止の届出書）

第八条　法第十二条の六の規定による製造所等の用途の廃止の届出は、別記様式第十七の届出書によつて行わなければならない。(ぬ)(ま)

本条…一部改正〔昭和四九年六月自令一七号・平成元年二月五号〕

（申請書等の提出部数）

第九条　第四条第一項及び第五条第一項の許可の申請書、第五条の二の承認の申請書、第六条及び第六条の四の検査の申請書並びに第七条及び第七条の三の届出書の提出部数は、それぞれ二部（特定屋外タンク貯蔵所及び準特定屋外タンク貯蔵所に係る申請書（第四条第一項の許可及び第五条第一項の許可（令第八条の二の三第二項に掲げる事項に係るものに限る。）の申請書並びに第六条の四の検査（水張検査又は水圧検査に係るものを除く。）の申請書に限る。）については三部）とする。(ま)(イ)

本条…一部改正〔昭和四〇年一〇月自令二八号・五一年六月一八号・五二年二月二号〕、全部改正〔平成元年二月自令五号〕、一部改正〔平成一一年三月自令一〇号〕

（定期点検をしなければならない製造所等から除かれるもの）

第九条の二　令第八条の五の総務省令で定める製造所等は、次のとおりとする。(を)(へ)

一　鉱山保安法（昭和二十四年法律第七十号）第十九条第一項の規定による保安規程を定めている製造所等(を)(タ)
二　火薬類取締法（昭和二十五年法律第百四十九号）第二十八条第一項の規定による危害予防規程を定めている製造所等(を)

本条…追加〔昭和五一年六月自令一八号〕、一部改正〔平成一二年九月自令四四号・一七年三月総令三七号〕

第三章　製造所等の位置、構造及び設備の基準

（不燃材料）

第一〇条　令第九条第一項第一号本文ただし書の総務省令で定める不燃材料は、建築基準法（昭和二十五年法律第二百一号）第二条第九号に掲げる不燃材料のうち、ガラス以外のものとする。（い）（ま）（せ）（へ）

本条…一部改正〔昭和三五年七月自令三号・平成元年二月五号・九年三月一二号・一二年九月四四号〕

（学校等の多数の人を収容する施設）

第一一条　令第九条第一項第一号ロ（令第十条第一項第一号（同条第二項においてその例による場合を含む。）、令第十一条第一項第一号及び第一号の二（同条第二項においてその例による場合を含む。）並びに令第十六条第一項第一号（同条第二項においてその例による場合を含む。）においてその例による場合並びに令第十九条第一項において準用する場合を含む。）の総務省令で定める学校、病院、劇場その他多数の人を収容する施設は、それぞれ次のとおりとする。（い）（に）（を）（た）（な）（ま）（へ）（ケ）

一　学校教育法（昭和二十二年法律第二十六号）第一条に規定する学校のうち、幼稚園、小学校、中学校、義務教育学校、高等学校、中等教育学校、特別支援学校及び高等専門学校（へ）（イ）（ネ）（ナ）（ウ）（ヒ）

二　医療法（昭和二十三年法律第二百五号）第一条の五第一項に規定する病院（く）（あ）（ネ）

三　劇場、映画館、演芸場、公会堂その他これらに類する施設で、三百人以上の人員を収容することができるもの

四　次に掲げる施設であつて、二十人以上の人員を収容することができるもの（に）（へ）（な）（く）（ま）（け）（こ）（き）（し）（す）（ん）（ソ）（ネ）

イ　児童福祉法（昭和二十二年法律第百六十四号）第七条第一項に規定する児童福祉施設（ネ）

ロ　身体障害者福祉法（昭和二十四年法律第二百八十三号）第五条第一項に規定する身体障害者社会参加支援施設（ネ）

ハ　生活保護法（昭和二十五年法律第百四十四号）第三十八条第一項に規定する保護施設（授産施設及び宿所提供施設を除く。）（ネ）

ニ　老人福祉法（昭和三十八年法律第百三十三号）第五条の三に規定する老人福祉施設又は同法第二十九条第一項に規定する有料老人ホーム（ネ）

ホ　母子及び父子並びに寡婦福祉法（昭和三十九年法律第百二十九号）第三十九条第一項に規定する母子・父子福祉施設（ネ）（ユ）

ヘ　職業能力開発促進法（昭和四十四年法律第六十四号）第十五条の七第一項第五号に規定する障害者職業能力開発校（ネ）（シ）

ト　地域における医療及び介護の総合的な確保の促進に関する法律（平成元年法律第六十四号）第二条第四項（第四号を除

く。）に規定する特定民間施設(ネ)(ア)(シ)

チ　介護保険法（平成九年法律第百二十三号）第八条第二十八項に規定する介護老人保健施設及び同条第二十九項に規定する介護医療院(ネ)(コ)(セ)

リ　障害者の日常生活及び社会生活を総合的に支援するための法律（平成十七年法律第百二十三号）第五条第一項に規定する障害福祉サービス事業（同条第七項に規定する生活介護、同条第十二項に規定する自立訓練、同条第十三項に規定する就労移行支援又は同条第十四項に規定する就労継続支援を行う事業に限る。）の用に供する施設、同条第十一項に規定する障害者支援施設、同条第二十七項に規定する地域活動支援センター又は同条第二十八項に規定する福祉ホーム(ネ)(マ)(コ)(ア)(キ)(セ)

本条…一部改正〔昭和三五年七月自令三号・四〇年一〇月二八号・四四年一一月三一号・五一年六月一八号・五四年七月一六号・五九年三月一号・六三年一月三号・平成元年二月五号・二年二月一号・一二月三二号・五年七月二二号・六年三月五号・七年六月二二号・一〇年三月六号・一二月四六号・一一年三月一〇号・一二年九月四四号・一八年三月総令三一号・九月一一四号・一九年三月二六号・二一年一一月一〇六号・二三年九月一三一号・一二月一六五号・二四年三月二四号・二五年四月四二号・二六年三月二二号・一〇月七七号・二七年九月八一号・二八年四月四六号・三〇年三月二一号〕

（高圧ガスの施設に係る距離）

第一二条　令第九条第一項第一号ニ（令第十条第一項第一号（同条第二項においてその例による場合を含む。）、令第十一条第一項第一号及び第一号の二（同条第二項においてその例による場合を含む。）並びに令第十六条第一項第一号（同条第二項においてその例による場合並びに令第十九条第一項において準用する場合を含む。）において準用する場合を含む。）の総務省令で定める施設及び距離は、それぞれ次の各号に定める施設（当該施設の配管のうち製造所の存する敷地と同一の敷地内に存するものを除く。）及び距離とする。(い)(に)(た)(ま)(き)(へ)(ケ)

一　高圧ガス保安法（昭和二十六年法律第二百四号）第五条第一項の規定により、都道府県知事の許可を受けなければならない高圧ガスの製造のための施設（高圧ガスの製造のための設備が移動式製造設備（一般高圧ガス保安規則（昭和四十一年通商産業省令第五十三号）第二条第一項第十二号又は液化石油ガス保安規則（昭和四十一年通商産業省令第五十二号）第二条第一項第九号の移動式製造設備をいう。）である高圧ガスの製造のための施設にあつては、移動式製造設備が常置される施設（貯蔵設備を有しない移動式製造設備に係るものを除く。）をいう。以下この号において同じ。）及び同条第二項第一号の規定により都道府県知事に届け出なければならない高圧ガスの製造のための施設であつて、圧縮、液化その他の方法で処理することができるガスの容積が一日三十立方メートル以上である設備を使用して高圧ガスの製造（容器に充てんすることを含む。）をするもの　二十メートル以上(を)(ひ)(す)

二　高圧ガス保安法第十六条第一項の規定により、都道府県知事の許可を受けなければならない貯蔵所及び同法第十七条の二の規定により都道府県知事に届け出て設置する貯蔵所　二十メートル以上(ひ)

三　高圧ガス保安法第二十四条の二第一項の規定により、都道府県知事に届け出なければならない液化酸素の消費のための施設　二十メートル以上(ひ)(ア)

四　液化石油ガスの保安の確保及び取引の適正化に関する法律（昭和四十二年法律第百四十九号）第三条第一項の規定により経済産業大臣又は都道府県知事の登録を受けなければならない販売所で三百キログラム以上の貯蔵施設を有するもの

二十メートル以上(り)(ひ)(へ)

本条…一部改正〔昭和三五年七月自令三号・四〇年一〇月二八号・四九年五月一二号・五一年六月一八号・五四年七月一六号・平成元年二月五号・六年三月五号・八年九月三二号・一〇年三月六号・一二年九月四四号・一三年一二月総令一六五号・一五年四月四二号〕

（空地の幅に関する防火上有効な隔壁）

第一三条　令第九条第一項第二号ただし書（令第十九条第一項において準用する場合を含む。）の規定により同号の表に定める幅の空地を保有しないことができる場合は、製造所又は一般取扱所の作業工程が他の作業工程と連続しているため建築物その他の工作物の周囲に空地の幅をとることにより当該製造所又は一般取扱所の当該作業に著しく支障を生ずるおそれがある場合で、かつ、当該製造所又は一般取扱所と連続する他の作業工程の存する場所との間に小屋裏に達する防火上有効な隔壁を設けた場合とする。(ま)(け)

本条…一部改正〔平成元年二月自令五号・二年二月一号〕

（防火設備及び特定防火設備）

第一三条の二　令第九条第一項第七号の総務省令で定める防火設備は、建築基準法第二条第九号の二ロに規定する防火設備のうち、防火戸であるものとする。(ホ)(ヘ)

2　令第九条第一項第七号の総務省令で定める特定防火設備は、建築基準法施行令（昭和二十五年政令第三百三十八号）第百十二条第一項に規定する特定防火設備のうち、防火戸であるものとする。(ホ)(ヘ)

本条…追加〔平成一二年五月自令三五号〕、一・二項…一部改正〔平成一二年九月自令四四号〕

（避雷設備）

第一三条の二の二　令第九条第一項第十九号（令第十九条第一項において準用する場合を含む。）、令第十条第一項第十四号（同条第二項及び第三項においてその例による場合を含む。）及び令第十一条第一項第十四号（同条第二項においてその例による場合を含む。）の総務省令で定める避雷設備は、日本産業規格Ａ四二〇一「建築物等の雷保護」に適合するものとする。(り)(を)(な)(ま)(ホ)(ヘ)(カ)(ケ)㋑

本条…追加〔昭和四九年五月自令一二号〕、一部改正〔昭和五一年六月自令一八号・五九年三月一号・平成元年二月五号〕、旧一三条の二…繰下〔平成一二年五月自令三五号〕、本条…一部改正〔平成一二年九月自令四四号・一七年一月総令三号・二三年一二月一六五号・令和元年六月一九号〕

（二十号防油堤）

第一三条の三　令第九条第一項第二十号イ（令第十九条第一項において準用する場合を含む。）の規定により、液体の危険物を取り扱うタンクの周囲には、防油堤を設けなければならない。(わ)

（ま）

2　前項の防油堤（以下「**二十号防油堤**」という。）の基準は、次のとおりとする。（わ）

一　一のタンクの周囲に設ける二十号防油堤の容量〔危告示第四条の二〕（告示で定めるところにより算定した容量をいう。以下この項において同じ。）は、当該タンクの容量の五十パーセント以上とし、二以上のタンクの周囲に設ける二十号防油堤の容量は、当該タンクのうち、その容量が最大であるタンクの容量の五十パーセントに他のタンクの容量の合計の十パーセントを加算した量以上の容量とすること。（わ）

二　第二十二条第二項第二号、第九号、第十二号、第十三号及び第十六号の規定は、二十号防油堤の技術上の基準について準用する。（わ）

本条…追加〔昭和五二年二月自令二号〕、一項…一部改正〔平成元年二月自令五号〕

解説 【**二十号防油堤**】製造所又は一般取扱所内にある液体の危険物を取り扱うタンクの周囲に設ける防油堤

（配管の外面の防食措置）（す）

第一三条の四　令第九条第一項第二十一号ニ（令第十一条第一項第十二号（令第九条第一項第二十号イにおいてその例による場合及びこれを令第十九条第一項において準用する場合並びに令第十一条第二項においてその例による場合を含む。）、令第十二条第一項第十一号（令第九条第一項第二十号ロにおいてその例による場合及びこれを令第十九条第一項において準用する場合並びに令第十二条第二項においてその例による場合を含む。）及び令第十三条第一項第十号（令第九条第一項第二十号ハにおいてその例による場合及びこれを令第十九条第一項において準用する場合並びに令第十三条第二項（令第九条第一項第二十号ハにおいてその例による場合及びこれを令第十九条第一項において準用する場合並びに令第十七条第一項第八号イ及び同条第二項第二号においてその例による場合を含む。）、令第十三条第三項（令第九条第一項第二十号ハにおいてその例による場合及びこれを令第十九条第一項において準用する場合並びに令第十七条第一項第八号イ及び同条第二項第二号においてその例による場合を含む。）、令第十七条第一項第八号イ及び同条第二項第二号においてその例による場合を含む。）においてその例による場合並びに令第十九条第一項において準用する場合を含む。）の規定による配管の外面の腐食を防止するための措置は、地上に設置する配管にあつては、地盤面に接しないようにするとともに、外面の腐食を防止するための塗装を行うことにより、地下の電気的腐食のおそれのある場所に設置する配管にあつては、告示で定めるところにより、塗覆装〔危告示第三条〕又はコーティング〔危告示第三条の二〕及び電気防食〔危告示第四条〕により、地下のその他の配管にあつては、告示で定めるところにより、塗覆装又はコーティングにより行うものとする。

（り）（わ）（お）（ま）（あ）（す）（ソ）（ケ）

本条…追加〔昭和四九年五月自令一二号〕、旧一三条の三…繰下〔昭和五二年二月自令二号〕、本条…一部改正〔昭和六二年一二月自令三六号

・平成元年二月五号・五年七月二二号〕、見出し…改正・本条…一部改正〔平成一〇年三月自令六号〕、本条…一部改正〔平成一八年三月総令三一号・二三年一二月一六五号〕

（配管の基準）

第一三条の五　令第九条第一項第二十一号ト（令第十一条第一項第十二号（令第九条第一項第二十号イにおいてその例による場合及びこれを令第十九条第一項において準用する場合並びに令第十一条第二項においてその例による場合を含む。）、令第十二条第一項第十一号（令第九条第一項第二十号ロにおいてその例による場合及びこれを令第十九条第一項において準用する場合並びに令第十二条第二項においてその例による場合を含む。）及び令第十三条第一項第十号（令第九条第一項第二十号ハにおいてその例による場合及びこれを令第十九条第一項において準用する場合並びに令第十三条第二項（令第九条第一項第二十号ハにおいてその例による場合及びこれを令第十九条第一項において準用する場合並びに令第十七条第一項第八号イ及び同条第二項第二号においてその例による場合を含む。）、令第十三条第三項（令第九条第一項第二十号ハにおいてその例による場合及びこれを令第十九条第一項において準用する場合並びに令第十七条第一項第八号イ及び同条第二項第二号においてその例による場合を含む。）、令第十七条第一項第八号イ及び同条第二項第二号においてその例による場合並びに令第十九条第一項において準用する場合を含む。）の総務省令で定める基準は、次のとおりとする。(ま)(あ)(す)(へ)(ソ)(ケ)

一　配管を地上に設置する場合には、配管は、地震、風圧、地盤沈下、温度変化による伸縮等に対し安全な構造の支持物により支持すること。(ま)

二　前号の支持物は、鉄筋コンクリート造又はこれと同等以上の耐火性を有するものとすること。ただし、火災によつて当該支持物が変形するおそれのない場合は、この限りでない。(ま)

三　配管を地下に設置する場合には、その上部の地盤面にかかる重量が当該配管にかからないように保護すること。(ま)

本条…追加〔平成元年二月自令五号〕、一部改正〔平成五年七月自令二二号・一〇年三月六号・一二年九月四四号・一八年三月総令三一号・二三年一二月一六五号〕

（高引火点危険物の製造所の特例）

第一三条の六　令第九条第二項の規定により同条第一項に掲げる基準の特例を定めることができる製造所は、引火点が百度以上の第四類の危険物（以下「高引火点危険物」という。）のみを百度未満の温度で取り扱うものとする。(ま)(リ)

2　前項の製造所に係る令第九条第二項の規定による同条第一項に掲げる基準の特例は、次項に定めるところによる。(ま)

3　第一項の製造所のうち、その位置及び構造が次の各号に掲げる基準に適合するものについては、令第九条第一項第一号、第二号、第四号、第六号から第八号まで、第十八号及び第十九号並びに第十三条の三第二項第二号において準用する第二十二条第二項

第二号の規定は、適用しない。(ま)(リ)

一　製造所の位置は、次に掲げる建築物等から当該製造所の外壁又はこれに相当する工作物の外側までの間に、それぞれ当該建築物等について定める距離を保つこと。ただし、イからハまでに掲げる建築物等について、不燃材料で造つた防火上有効な塀を設けること等により、市町村長等が安全であると認めた場合は、当該市町村長等が定めた距離を当該距離とすることができる。(ま)

イ　ロからニまでに掲げるもの以外の建築物その他の工作物で住居の用に供するもの（製造所の存する敷地と同一の敷地内に存するものを除く。）　十メートル以上(ま)

ロ　第十一条各号に掲げる学校、病院、劇場その他多数の人を収容する施設　三十メートル以上(ま)

ハ　文化財保護法（昭和二十五年法律第二百十四号）の規定によつて重要文化財、重要有形民俗文化財、史跡若しくは重要な文化財として指定され、又は旧重要美術品等の保存に関する法律（昭和八年法律第四十三号）の規定によつて重要美術品として認定された建造物　五十メートル以上(ま)

ニ　第十二条各号に掲げる高圧ガスその他災害を発生させるおそれのある物を貯蔵し、又は取り扱う施設（不活性ガスのみを貯蔵し、又は取り扱うものを除く。）　二十メートル以上(ま)

二　危険物を取り扱う建築物その他の工作物（危険物を移送するための配管その他これに準ずる工作物を除く。）の周囲に三メートル以上の幅の空地を保有すること。ただし、第十三条に定めるところにより、防火上有効な隔壁を設けた場合は、この限りでない。(ま)

三　危険物を取り扱う建築物は、屋根を不燃材料で造ること。(ま)

四　危険物を取り扱う建築物の窓及び出入口には、防火設備（令第九条第一項第七号の防火設備をいう。第二十七条の三第六項及び第七項並びに第二十七条の五第五項及び第六項を除き、以下同じ。）又は不燃材料若しくはガラスで造られた戸を設けるとともに、延焼のおそれのある外壁に設ける出入口には、随時開けることができる自動閉鎖の特定防火設備（令第九条第一項第七号の特定防火設備をいう。以下同じ。）を設けること。(リ)(タ)

五　危険物を取り扱う建築物の延焼のおそれのある外壁に設ける出入口にガラスを用いる場合は、網入ガラスとすること。(リ)

本条…追加〔平成元年二月自令五号〕、一・三項…一部改正〔平成一三年一〇月総令一三六号〕、三項…一部改正〔平成一七年三月総令三七号〕

（製造所の特例を定めることができる危険物）

第一三条の七　令第九条第三項の総務省令で定める危険物は、アルキルアルミニウム等、第四類の危険物のうち特殊引火物のアセトアルデヒド若しくは酸化プロピレン又はこれらのいずれかを含有するもの（以下「アセトアルデヒド等」という。）及び第五類の危険物のうちヒドロキシルアミン若しくはヒドロキシルアミン塩類又はこれらのいずれかを含有するもの（以下「ヒドロキシルア

ミン等」という。）とする。（ま）（へ）（リ）

本条…追加〔平成元年二月自令五号〕、一部改正〔平成一二年九月自令四四号・一三年一〇月総令一三六号〕

（アルキルアルミニウム等の製造所の特例）

第一三条の八　アルキルアルミニウム等を取り扱う製造所に係る令第九条第三項の規定による同条第一項に掲げる基準を超える特例は、次のとおりとする。（ま）

一　アルキルアルミニウム等を取り扱う設備の周囲には、漏えい範囲を局限化するための設備及び漏れたアルキルアルミニウム等を安全な場所に設けられた槽に導入することができる設備を設けること。（ま）

二　アルキルアルミニウム等を取り扱う設備には、不活性の気体を封入する装置を設けること。（ま）

本条…追加〔平成元年二月自令五号〕

（アセトアルデヒド等の製造所の特例）

第一三条の九　アセトアルデヒド等を取り扱う製造所に係る令第九条第三項の規定による同条第一項に掲げる基準を超える特例は、次のとおりとする。（ま）

一　アセトアルデヒド等を取り扱う設備は、銅、マグネシウム、銀若しくは水銀又はこれらを成分とする合金で造らないこと。（ま）

二　アセトアルデヒド等を取り扱う設備には、燃焼性混合気体の生成による爆発を防止するための不活性の気体又は水蒸気を封入する装置を設けること。（ま）

三　前号の規定にかかわらず、アセトアルデヒド等を取り扱うタンク（屋外にあるタンク又は屋内にあるタンクであつて、その容量が指定数量の五分の一未満のものを除く。）には、冷却装置又は低温を保持するための装置（以下「保冷装置」という。）及び燃焼性混合気体の生成による爆発を防止するための不活性の気体を封入する装置を設けること。ただし、地下にあるタンクがアセトアルデヒド等の温度を適温に保つことができる構造である場合には、冷却装置及び保冷装置を設けないことができる。（ま）（す）

本条…追加〔平成元年二月自令五号〕、一部改正〔平成三年三月自令三号・五年七月二二号・一〇年三月六号・一七年三月総令三七号〕

（ヒドロキシルアミン等の製造所の特例）

第一三条の一〇　ヒドロキシルアミン等を取り扱う製造所に係る令第九条第三項の規定による同条第一項に掲げる基準を超える特例は、次のとおりとする。（リ）

一　令第九条第一項第一号イからハまでの規定にかかわらず、指定数量以上の第一種自己反応性物質（令別表第三備考第十一号の第一種自己反応性物質をいう。以下同じ。）の性状を有するヒドロキシルアミン等を取り扱う製造所の位置は、令第九条第一項第一号イからハまでに掲げる建築物等から当該製造所の外壁又はこれに相当する工作物の外側までの間に、次の式により求めた距離以上の距離を保つこと。（リ）

$D = 51.1\sqrt[3]{N}$

Dは、距離（単位　メートル）

Nは、当該製造所において取り扱う第一種自己反応性物質の性状を有するヒドロキシルアミン等の指定数量の倍数

二　前号の製造所の周囲には、次に掲げる基準に適合する塀又は土盛りを設けること。（リ）

イ　塀又は土盛りは、当該製造所の外壁又はこれに相当する工作物の外側から二メートル以上離れた場所にできるだけ接近して設けること。（リ）

ロ　塀又は土盛りの高さは、当該製造所におけるヒドロキシルアミン等を取り扱う部分の高さ以上とすること。（リ）

ハ　塀は、厚さ十五センチメートル以上の鉄筋コンクリート造若しくは鉄骨鉄筋コンクリート造又は厚さ二十センチメートル以上の補強コンクリートブロック造とすること。（リ）

ニ　土盛りには、六十度以上の勾配を付けないこと。（リ）（ソ）

三　ヒドロキシルアミン等を取り扱う設備には、ヒドロキシルアミン等の温度及び濃度の上昇による危険な反応を防止するための措置を講ずること。（リ）

四　ヒドロキシルアミン等を取り扱う設備には、鉄イオン等の混入による危険な反応を防止するための措置を講ずること。（リ）

本条…追加〔平成一三年一〇月総令一三六号〕、一部改正〔平成一八年三月総令三一号〕

（屋内貯蔵所の空地の特例）

第一四条　令第十条第一項第二号ただし書の規定により、同号の表に定める空地の幅を減ずることができる範囲は、次のとおりとする。（に）（ま）

一　指定数量の倍数が二十を超える屋内貯蔵所（第七十二条第一項に規定する危険物のみを貯蔵し、又は取り扱うものを除く。）が同一の敷地内に設置されている他の屋内貯蔵所との間に令第十条第一項第二号の表に定める空地の幅の三分の一の幅の空地を保有することができる範囲までであること。ただし、当該屋内貯蔵所の空地の幅は、三メートル未満とすることはできない。（ま）

二　第七十二条第一項に規定する危険物のみを貯蔵し、又は取り扱う二以上の屋内貯蔵所を同一の敷地内に隣接して設置するときは、当該屋内貯蔵所が相互間に〇・五メートルの幅の空地を保有することができる範囲までであること。（に）（ま）

本条…一部改正〔昭和四〇年一〇月自令二八号・四四年一一月三一号・四六年六月一二号・平成元年二月五号〕

（屋外タンク貯蔵所の空地の特例）

第一五条　令第十一条第一項第二号ただし書（同条第二項において その例による場合を含む。）の規定により、同号の表に定める空地の幅を減ずることができる範囲は、引火点が七十度以上の第四類の危険物を貯蔵し、又は取り扱う屋外タンク貯蔵所が同一の敷地内に設置されている他の屋外タンク貯蔵所との間に同号の表に定める空地の幅の三分の二の幅の空地を保有することができる範囲までとする。ただし、当該屋外タンク貯蔵所の空地の幅は、三メートル未満とすることはできない。（に）（を）（ま）（ケ）

本条…全部改正〔昭和四〇年一〇月自令二八号〕、一部改正〔昭和五一年六月自令一八号・平成元年二月五号・一三年一〇月総令一六五号〕

（屋外貯蔵所の空地の特例）

第一六条　令第十六条第一項第四号ただし書（同条第二項においてその例による場合を含む。）の規定により、硫黄等（令第十六条第一項第四号に規定する硫黄等をいう。以下同じ。）のみを貯蔵し、又は取り扱う屋外貯蔵所が減ずることができる空地の幅は、当該屋外貯蔵所が同号の表に定める空地の幅の三分の一を保有することができる範囲までとする。（に）（た）（ま）

本条…一部改正〔昭和四〇年一〇月自令二八号・五四年七月一六号・平成元年二月五号〕

（高層倉庫の基準）

第一六条の二　令第十条第一項第四号の総務省令で定める貯蔵倉庫は、次に掲げる基準のすべてに適合する貯蔵倉庫（令第十条第一項第二号の貯蔵倉庫をいう。以下同じ。）とする。（ま）（ヘ）（せ）

一　貯蔵倉庫は、壁、柱、はり及び床を耐火構造（建築基準法第二条第七号の耐火構造をいう。以下同じ。）とすること。（ま）

二　貯蔵倉庫の窓及び出入口には、特定防火設備を設けること。（ま）（ホ）（リ）

三　貯蔵倉庫には、第十三条の二の二に規定する避雷設備を設けること。ただし、周囲の状況によつて安全上支障がない場合においては、この限りでない。（ま）（ヌ）

本条…追加〔平成元年二月自令五号〕、一部改正〔平成九年三月自令一二号・平成一二年五月三五号・九月四四号・一三年一〇月総令一三六号・一四年一月四号〕

（屋内貯蔵所の架台の基準）

第一六条の二の二　令第十条第一項第十一号の二の規定による架台の構造及び設備は、次のとおりとする。（ま）

一　架台は、不燃材料で造るとともに、堅固な基礎に固定すること。（ま）

二　架台は、当該架台及びその附属設備の自重、貯蔵する危険物の重量、地震の影響等の荷重によつて生ずる応力に対して安全なものであること。（ま）

三　架台には、危険物を収納した容器が容易に落下しない措置を講ずること。（ま）

2　前項に規定するもののほか、架台の構造及び設備に関し必要な事項は、告示〔未制定〕で定める。（ま）

本条…追加〔平成元年二月自令五号〕

（特定屋内貯蔵所の特例）（ま）

第一六条の二の三　指定数量の倍数が五十以下の屋内貯蔵所に係る令第十条第四項の規定による同条第一項に掲げる基準の特例は、この条の定めるところによる。（と）（ま）

2　前項の屋内貯蔵所（次項に定めるものを除く。）のうち、その貯蔵倉庫が次の各号に掲げる基準に適合するものについては、令第十条第一項第一号、第二号及び第五号から第八号までの規定は、適用しない。（と）（ま）

一　貯蔵倉庫の周囲に、次の表に掲げる区分に応じそれぞれ同表に定める幅の空地を保有すること。（ま）

区　分	空地の幅
指定数量の倍数が五以下の屋内貯蔵所	
指定数量の倍数が五を超え二十以下の屋内貯蔵所	一メートル以上
指定数量の倍数が二十を超え五十以下の屋内貯蔵所	二メートル以上

二　第一の貯蔵倉庫の床面積は、百五十平方メートルを超えないこと。（ま）

三　貯蔵倉庫は、壁、柱、床、はり及び屋根を耐火構造とすること。（ま）

四　貯蔵倉庫の出入口には、随時開けることができる自動閉鎖の特定防火設備を設けること。（と）（ま）（ホ）

五　貯蔵倉庫には、窓を設けないこと。（と）（ま）

3　第一項の屋内貯蔵所（貯蔵倉庫の軒高（令第十条第一項第四号に規定する軒高をいう。以下同じ。）が六メートル以上二十メートル未満のものに限る。）のうち、その貯蔵倉庫が前項第二号から第五号までに掲げる基準に適合するものについては、令第十条第一項第一号及び第五号から第八号までの規定は、適用しない。（ま）

本条…追加〔昭和四六年六月自令一二号〕、見出し…改正・一・二項…一部改正・三項…全部改正・旧一六条の二…繰下〔平成元年二月自令五号〕、二項…一部改正〔平成一二年五月自令三五号〕

（高引火点危険物の平家建の屋内貯蔵所の特例）

第一六条の二の四　高引火点危険物のみを貯蔵し、又は取り扱う屋内貯蔵所に係る令第十条第五項の規定による同条第一項に掲げる基準の特例は、この条の定めるところによる。（ま）

2　前項の屋内貯蔵所（次項に定めるものを除く。）のうち、その位置及び構造が次の各号に掲げる基準に適合するものについては、令第十条第一項第一号、第二号、第七号から第九号まで及び

第十四号の規定は、適用しない。（ま）（リ）

一　屋内貯蔵所（指定数量の倍数が二十を超えるものに限る。）の位置は、第十三条の六第三項第一号に掲げる高引火点危険物のみを取り扱う製造所の位置の例によるものであること。（ま）

二　貯蔵倉庫の周囲に、次の表に掲げる区分に応じそれぞれ同表に定める幅の空地を保有すること。（ま）

区分	空地の幅	
	当該建築物の壁、柱及び床が耐火構造である場合	上欄に掲げる場合以外の場合
指定数量の倍数が二十以下の屋内貯蔵所		〇・五メートル以上
指定数量の倍数が二十を超え五十以下の屋内貯蔵所	一メートル以上	一・五メートル以上
指定数量の倍数が五十を超え二百以下の屋内貯蔵所	二メートル以上	三メートル以上
指定数量の倍数が二百を超える屋内貯蔵所	三メートル以上	五メートル以上

三　貯蔵倉庫は、屋根を不燃材料で造ること。（ま）

四　貯蔵倉庫の窓及び出入口には、防火設備又は不燃材料若しくはガラスで造られた戸を設けるとともに、延焼のおそれのある外壁に設ける出入口には、随時開けることができる自動閉鎖の特定防火設備を設けること。（リ）

五　貯蔵倉庫の延焼のおそれのある外壁に設ける出入口にガラスを用いる場合は、網入ガラスとすること。（リ）

3　第一項の屋内貯蔵所（貯蔵倉庫の軒高が六メートル以上二十メートル未満のものに限る。）のうち、その位置が前項第一号に掲げる基準に適合するものについては、令第十条第一項第一号の規定は、適用しない。（ま）

本条…追加〔平成元年二月自令五号〕、二項…一部改正〔平成一三年一〇月総令一三六号〕

（高引火点危険物の平家建以外の屋内貯蔵所の特例）

第一六条の二の五　高引火点危険物のみを貯蔵し、又は取り扱う屋内貯蔵所に係る令第十条第五項の規定による同条第二項に掲げる基準の特例は、この条の定めるところによる。（ま）

2　前項の屋内貯蔵所のうち、その位置及び構造が次の各号に掲げる基準に適合するものについては、令第十条第二項においてその例による令第十条第一項第一号、第二号、第七号から第九号まで及び第十四号並びに令第十条第二項第三号の規定は、適用しない。（ま）（リ）

一　前条第二項各号に掲げる基準に適合するものであること。（ま）

二　貯蔵倉庫は、壁、柱、床、はり及び階段を不燃材料で造るとともに、延焼のおそれのある外壁は、出入口以外の開口部を有しない耐火構造の壁とすること。（ま）

本条…追加〔平成元年二月自令五号〕、二項…一部改正〔平成一三年一〇月総令一三六号〕

（高引火点危険物の特定屋内貯蔵所の特例）

第一六条の二の六　高引火点危険物のみを貯蔵し、又は取り扱う屋内貯蔵所に係る令第十条第五項の規定による同条第四項に掲げる基準の特例は、この条の定めるところによる。

2　前項の屋内貯蔵所（次項に定めるものを除く。）のうち、第十六条の二の三第二項第二号から第五号までに掲げる基準に適合するものについては、令第十条第一項第一号、第二号、第五号から第八号まで及び第十四号の規定は、適用しない。㋮

3　第一項の屋内貯蔵所（軒高が六メートル以上二十メートル未満のものに限る。）のうち、その貯蔵倉庫が第十六条の二の三第二項各号に掲げる基準に適合するものについては、令第十条第一項第一号、第二号及び第五号から第八号までの規定は、適用しない。㋮

本条…追加〔平成元年二月自令五号〕

（屋内貯蔵所の特例を定めることができる危険物）

第一六条の二の七　令第十条第六項の蓄電池により貯蔵される総務省令で定める危険物は、リチウムイオン蓄電池により貯蔵される第二類又は第四類の危険物とする。㋷

本条…追加〔令和五年一二月総令八三号〕

（蓄電池により貯蔵される危険物の屋内貯蔵所の特例）

第一六条の二の八　蓄電池により貯蔵される前条に規定する危険物のみを貯蔵し、又は取り扱う屋内貯蔵所に係る令第十条第六項の規定による同条第一項に掲げる基準の特例は、この条の定めるところによる。㋷

2　前項の屋内貯蔵所のうち、次の各号に掲げる基準に適合するものについては、令第十条第一項第四号から第六号まで、第十一号及び第十二号から第十五号までの規定は、適用しない。㋷

一　貯蔵倉庫は、各階の床を地盤面以上に設けるとともに、床面から上階の床の下面（上階のない場合には、軒）までの高さを十二メートル未満とすること。㋷

二　貯蔵倉庫は、壁、柱、床及びはりを耐火構造とし、かつ、階段を不燃材料で造るとともに、延焼のおそれのある外壁を出入口以外の開口部を有しない壁とすること。㋷

三　貯蔵倉庫の二階以上の階の床には、開口部を設けないこと。ただし、耐火構造の壁又は防火設備で区画された階段室については、この限りでない。㋷

四　前条に規定する危険物を用いた蓄電池（以下次号及び第三十五条の二第三項第一号において単に「蓄電池」という。）の充電率は、六十パーセント以下とすること。㋷

五　蓄電池の貯蔵方法は、水が浸透する素材で包装し、又は梱包するほか、次のいずれかの方法とすること。㋷

イ　次に定める基準により架台を用いて貯蔵する方法㋷
(1)　架台は水平遮へい板（架台の内部を水平方向に遮へいする板をいう。）及び天板を設置しないものとすること。㋷
(2)　架台の段数は、三以下とすること。㋷
(3)　床面から架台の最上段に貯蔵する蓄電池の上端までの高さは、四・五メートル以下とすること。㋷
ロ　次に定める基準により蓄電池を載せたパレットを用いて貯蔵する方法（パレットを二段以上に積み重ねて用いる場合に限る。）（イに該当する場合を除く。）㋷
(1)　パレットを積み重ねる段数は、三以下とすること。㋷
(2)　パレットを積み重ねる高さは、四・五メートル以下とすること。㋷
ハ　次に定める基準により蓄電池を載せたパレットを用いて貯蔵する方法（パレットを一段で用いる場合に限る。）（イに該当する場合を除く。）㋷
(1)　一のパレットにおける蓄電池の容量の合計は、五十キロワット時以下とすること。㋷
(2)　パレットは、床面積二十平方メートル以下ごとに区分するとともに、各区分の間は二・四メートル以上の間隔を保つこと。㋷
(3)　床面から貯蔵する蓄電池の上端までの高さは、一・五メートル以下とすること。㋷

六　消火設備は、第三十五条の二第三項に定めるところにより設けること。㋷

本条…追加〔令和五年一二月総令八三号〕

（蓄電池により貯蔵される危険物の指定数量の倍数が二十以下の屋内貯蔵所の特例）

第一六条の二の九　蓄電池により貯蔵される第十六条の二の七に規定する危険物のみを貯蔵し、又は取り扱う屋内貯蔵所に係る令第十条第六項の規定による同条第三項に掲げる基準の特例は、この条の定めるところによる。㋷

2　前項の屋内貯蔵所のうち、前条第二項各号に掲げる基準に適合するものについては、令第十条第三項においてその例による同条第一項第十一号及び第十二号から第十五号まで並びに同条第三項第一号から第三号までの規定は、適用しない。㋷

本条…追加〔令和五年一二月総令八三号〕

（蓄電池により貯蔵される危険物の特定屋内貯蔵所の特例）

第一六条の二の一〇　蓄電池により貯蔵される第十六条の二の七に規定する危険物のみを貯蔵し、又は取り扱う屋内貯蔵所に係る令第十条第六項の規定による同条第四項に掲げる基準の特例は、この条の定めるところによる。㋷

2　前項の屋内貯蔵所のうち、第十六条の二の三第二項第一号及び第三号から第五号まで並びに第十六条の二の八第二項各号に掲げる基準に適合するものについては、令第十条第一項第一号、第二号、第四号から第八号まで、第十一号及び第十二号から第十五号までの規定は、適用しない。㋷

本条…追加〔令和五年一二月総令八三号〕

（蓄電池により貯蔵される高引火点危険物の屋内貯蔵所の特例）

第一六条の二の一一　蓄電池により貯蔵される第十六条の二の七に規定する危険物のみを貯蔵し、又は取り扱う屋内貯蔵所に係る令第十条第六項の規定による同条第五項に掲げる基準の特例は、この条の定めるところによる。㋷

２　前項の屋内貯蔵所のうち、第十六条の二の四第二項各号及び第十六条の二の八第二項各号に掲げる基準に適合するものについては、令第十条第一項第一号、第二号、第四号から第九号まで、第十一号及び第十二号から第十五号までの規定は、適用しない。㋷

本条…追加〔令和五年一二月総令八三号〕

（指定過酸化物）

第一六条の三　令第十条第七項の有機過酸化物及びこれを含有するもののうち総務省令で定める危険物は、第五類の危険物のうち有機過酸化物又はこれを含有するものであつて、第一種自己反応性物質の性状を有するもの（以下「指定過酸化物」という。）とする。（ま）（へ）（リ）㋷

本条…追加〔昭和四〇年一〇月自令二八号〕、旧一六条の二…一部改正し繰下〔昭和四六年六月自令一二号〕、本条…一部改正〔昭和四九年五月自令一二号・五二年二月二号〕、全部改正〔平成元年二月自令五号〕、一部改正〔平成一二年九月自令四四号・一三年一〇月総令一三六号・令和五年一二月八三号〕

（指定過酸化物の屋内貯蔵所の特例）

第一六条の四　指定過酸化物を貯蔵し、又は取り扱う屋内貯蔵所に係る令第十条第七項の規定による同条第一項から第四項までに掲げる基準を超える特例は、この条の定めるところによる。（に）（と）（ま）㋷

２　令第十条第一項第一号（同号においてその例によるものとされる令第九条第一項第一号イからハまでに掲げる建築物等に係る部分に限る。）の規定にかかわらず、前項の屋内貯蔵所の位置は、当該屋内貯蔵所の外壁から令第九条第一項第一号イからハまでに掲げる建築物等までの間に、次の表に掲げる区分に応じそれぞれ同表に定める距離以上の距離を保たなければならない。ただし、指定数量の倍数が五以下の屋内貯蔵所で当該屋内貯蔵所の貯蔵倉庫の外壁を第四項ただし書に規定する構造としたものの周囲に同項本文に定める塀又は土盛りを設けるときは、当該屋内貯蔵所の外壁から令第九条第一項第一号イに掲げる建築物その他の工作物までの間の距離を十メートル以上とすることをもつて足りる。（に）（と）（ま）

区分	距離					
	令第九条第一項第一号イに掲げる建築物その他の工作物		令第九条第一項第一号ロに掲げる施設		令第九条第一項第一号ハに掲げる建造物	
	貯蔵倉庫の周囲に第四項に定める塀又は土盛りを設ける場合	上欄に掲げる場合以外の場合	貯蔵倉庫の周囲に第四項に定める塀又は土盛りを設ける場合	上欄に掲げる場合以外の場合	貯蔵倉庫の周囲に第四項に定める塀又は土盛りを設ける場合	上欄に掲げる場合以外の場合
指定数量の倍数が十以下の屋内貯蔵所	二十メートル	四十メートル	三十メートル	五十メートル	五十メートル	六十メートル
指定数量の倍数が十を超え二十以下の屋内貯蔵所	二十二メートル	四十五メートル	三十三メートル	五十五メートル	五十四メートル	六十五メートル
指定数量の倍数が二十を超え四十以下の屋内貯蔵所	二十四メートル	五十メートル	三十六メートル	六十メートル	五十八メートル	七十メートル
指定数量の倍数が四十を超え六十以下の屋内貯蔵所	二十七メートル	五十五メートル	三十九メートル	六十五メートル	六十二メートル	七十五メートル
指定数量の倍数が六十を超え九十以下の屋内貯蔵所	三十二メートル	六十五メートル	四十五メートル	七十五メートル	七十メートル	八十五メートル
指定数量の倍数が九十を超え百五十以下の屋内貯蔵所	三十七メートル	七十五メートル	五十一メートル	八十五メートル	七十九メートル	九十五メートル
指定数量の倍数が百五十を超え三百以下の屋内貯蔵所	四十二メートル	八十五メートル	五十七メートル	九十五メートル	八十七メートル	百五メートル
指定数量の倍数が三百を超える屋内貯蔵所	四十七メートル	九十五メートル	六十六メートル	百十メートル	百メートル	百二十メートル

3　令第十条第一項第二号の規定にかかわらず、第一項の屋内貯蔵所の貯蔵倉庫の周囲に、次の表に掲げる区分に応じそれぞれ同表に定める幅の空地を保有しなければならない。ただし、二以上の第一項の屋内貯蔵所を同一の敷地内に隣接して設置するときは当該屋内貯蔵所の相互間の空地の幅を同表に定める空地の幅の三分の二とし、指定数量の倍数が五以下の第一項の屋内貯蔵所で当該屋内貯蔵所の貯蔵倉庫の外壁を次項ただし書に規定する構造としたものの周囲に同項本文に定める塀又は土盛りを設けるときはその空地の幅を二メートル以上とすることをもつて足りる。（に）（ま）

区分	空地の幅	
	貯蔵倉庫の周囲に次項に定める塀又は土盛りを設ける場合	上欄に掲げる場合以外の場合
指定数量の倍数が五以下の屋内貯蔵所	三メートル以上	十メートル以上
指定数量の倍数が五を超え十以下の屋内貯蔵所	五メートル以上	十五メートル以上
指定数量の倍数が十を超え二十以下の屋内貯蔵所	六・五メートル以上	二十メートル以上
指定数量の倍数が二十を超え四十以下の屋内貯蔵所	八メートル以上	二十五メートル以上
指定数量の倍数が四十を超え六十以下の屋内貯蔵所	十メートル以上	三十メートル以上
指定数量の倍数が六十を超え九十以下の屋内貯蔵所	十一・五メートル以上	三十五メートル以上
指定数量の倍数が九十を超え百五十以下の屋内貯蔵所	十三メートル以上	四十メートル以上
指定数量の倍数が百五十を超え三百以下の屋内貯蔵所	十五メートル以上	四十五メートル以上
指定数量の倍数が三百を超える屋内貯蔵所	十六・五メートル以上	五十メートル以上

4　第二項の表又は前項の表に規定する塀又は土盛りは、次の各号に適合するものでなければならない。ただし、指定数量の倍数が五以下の第一項の屋内貯蔵所については、当該屋内貯蔵所の貯蔵倉庫の外壁を厚さ三十センチメートル以上の鉄筋コンクリート造又は鉄骨鉄筋コンクリート造とすることをもつて第二項の表又は前項の表の塀又は土盛りに代えることができる。（に）（ま）

一　塀又は土盛りは、貯蔵倉庫の外壁から二メートル以上離れた場所に設けること。ただし、塀又は土盛りと当該貯蔵倉庫との間隔は、当該屋内貯蔵所の空地の幅の五分の一を超えることはできない。（に）（ま）

二　塀又は土盛りの高さは、貯蔵倉庫の軒高以上とすること。（に）（ま）

三　塀は、厚さ十五センチメートル以上の鉄筋コンクリート造若しくは鉄骨鉄筋コンクリート造又は厚さ二十センチメートル以上の補強コンクリートブロック造とすること。（に）（ま）

四　土盛りには、六十度以上の勾配を付けないこと。(に)(リ)(ソ)

5　第二項及び第三項に定めるもののほか、第一項の屋内貯蔵所の特例は、次のとおりとする。(に)(ま)

一　貯蔵倉庫は、百五十平方メートル以内ごとに隔壁で完全に区分するとともに、当該隔壁は、厚さ三十センチメートル以上の鉄筋コンクリート造若しくは鉄骨鉄筋コンクリート造又は厚さ四十センチメートル以上の補強コンクリートブロック造とし、かつ、当該貯蔵倉庫の両側に外壁から一メートル以上、上部に屋根から五十センチメートル以上突き出したものであること。(に)(ま)

二　貯蔵倉庫の外壁は、厚さ二十センチメートル以上の鉄筋コンクリート造若しくは鉄骨鉄筋コンクリート造又は厚さ三十センチメートル以上の補強コンクリートブロック造とすること。(に)

三　貯蔵倉庫の屋根は、次のいずれかに適合するものであること。(に)

イ　**もや又はたる木**の間隔を三十センチメートル以下とすること。(に)

ロ　屋根の下面に一辺の長さ四十五センチメートル以下の丸鋼、軽量型鋼等の鋼製の格子を設けること。(に)

ハ　屋根の下面に金網を張り、当該金網を不燃材料のけた、はり又はたる木に緊結すること。(に)

ニ　厚さ五センチメートル以上、幅三十センチメートル以上の木材で造つた下地を設けること。(に)

四　貯蔵倉庫の出入口には、**特定防火設備**を設けること。(に)(ホ)

五　貯蔵倉庫の窓は、床面から二メートル以上の高さに設けるとともに、一の面の壁に設ける窓の面積の合計をその面の壁の面積の八十分の一以内とし、かつ、一の窓の面積を〇・四平方メートル以内とすること。(に)

6　第一項の屋内貯蔵所については、令第十条第二項から第四項までの規定は、適用しない。(ま)

本条…追加〔昭和四〇年一〇月自令二八号〕、一・二項…一部改正・旧一六条の三…繰下〔昭和四六年六月自令一二号〕、一―五項…一部改正・六項…追加〔平成元年二月自令五号〕、五項…一部改正〔平成一二年五月自令三五号〕、四項…一部改正〔平成一三年一〇月総令一三六号・一八年三月三一号〕、一項…一部改正〔令和五年一二月総令八二号〕

解説

【貯蔵倉庫】 保有空地の幅の五分の一の幅が二メートル未満である場合は、塀又は土盛の位置は当該貯蔵倉庫の外壁から二メートルの位置となる。

【もや又はたる木】 不燃材料のものに限られる。もや（棟及び軒げたに平行し、たる木を受ける部材）たる木（棟よりけたに渡し、屋根板を受ける部材）

【特定防火設備】 建基令第一一二条第一項

（屋内貯蔵所の特例を定めることができる危険物）

第一六条の五　令第十条第七項のアルキルアルミニウム、アルキルリチウムその他の総務省令で定める危険物は、アルキルアルミニウム等及びヒドロキシルアミン等とする。(ま)(へ)(リ)㋷

本条…追加〔平成元年二月自令五号〕、一部改正〔平成一二年九月自令

四四号・一三年一〇月総令一三六号・令和五年一二月八三号〕

（アルキルアルミニウム等の屋内貯蔵所の特例）

第一六条の六　アルキルアルミニウム等を貯蔵し、又は取り扱う屋内貯蔵所に係る令第十条第七項の規定による同条第一項から第四項までに掲げる基準を超える特例は、この条の定めるところによる。（ま）(り)

２　前項の屋内貯蔵所には、漏えい範囲を局限化するための設備及び漏れたアルキルアルミニウム等を安全な場所に設けられた槽に導入することができる設備を設けなければならない。（ま）

３　第一項の屋内貯蔵所については、令第十条第二項から第四項までの規定は、適用しない。（ま）

本条…追加〔平成元年二月自令五号〕、一項…一部改正〔令和五年一二月総令八三号〕

（ヒドロキシルアミン等の屋内貯蔵所の特例）

第一六条の七　ヒドロキシルアミン等を貯蔵し、又は取り扱う屋内貯蔵所に係る令第十条第七項の規定による同条第一項、第三項及び第四項に掲げる基準を超える特例は、ヒドロキシルアミン等の温度の上昇による危険な反応を防止するための措置を講ずることとする。（り）(り)

本条…追加〔平成一三年一〇月総令一三六号〕、一部改正〔令和五年一二月総令八三号〕

（標識）

第一七条　令第九条第一項第三号（令第十九条第一項において準用する場合を含む。）、令第十条第一項第三号（同条第二項及び第三項においてその例による場合を含む。）、令第十一条第一項第三号（同条第二項においてその例による場合を含む。）、令第十二条第一項第三号（同条第二項においてその例による場合を含む。）、令第十三条第一項第五号（同条第二項及び第三項においてその例による場合を含む。）、令第十四条第三号、令第十六条第一項第五号（同条第二項においてその例による場合を含む。）、令第十七条第一項第六号（同条第二項においてその例による場合を含む。）又は令第十八条第一項第二号（同条第二項においてその例による場合を含む。）の規定による標識は、次のとおりとする。（に）（と）（を）（た）（ま）（あ）（ソ）（ケ）

一　標識は、幅〇・三メートル以上、長さ〇・六メートル以上の板であること。

二　標識の色は、地を白色、文字を黒色とすること。

２　令第十五条第一項第十七号の規定による標識は、〇・三メートル平方以上〇・四メートル平方以下の地が黒色の板に黄色の反射塗料その他反射性を有する材料で「危」と表示したものとし、車両の前後の見やすい箇所に掲げなければならない。（と）

一項…一部改正・二項…追加〔昭和四〇年一〇月自令二八号〕、一項…一部改正・二項…全部改正〔昭和四六年六月自令一二号〕、一項…一部改正〔昭和五一年六月自令一八号・五四年七月一六号・平成元年二月五号・五年七月二二号〕、二項…一部改正〔平成一三年三月総令四五号〕、一項…一部改正〔平成一八年三月総令三一号・二三年一二月一六五号〕

解説【一項の標識】一般の製造所等の標識
【二項の標識】移動タンク貯蔵所の標識

（掲示板）

第一八条　令第九条第一項第三号（令第十九条第一項において準用する場合を含む。）、令第十条第一項第三号（同条第二項及び第三項においてその例による場合を含む。）、令第十一条第一項第三号（同条第二項においてその例による場合を含む。）、令第十二条第一項第三号（同条第二項においてその例による場合を含む。）、令第十三条第一項第五号（同条第二項及び第三項においてその例による場合を含む。）、令第十四条第三号、令第十六条第一項第五号（同条第二項においてその例による場合を含む。）、令第十七条第一項第六号（同条第二項においてその例による場合を含む。）又は令第十八条第一項第二号（同条第二項においてその例による場合を含む。）の規定による**掲示板**は、次のとおりとする。（に）（と）（を）（た）（ま）（あ）（ソ）（ケ）

一　掲示板は、幅〇・三メートル以上、長さ〇・六メートル以上の板であること。

二　掲示板には、貯蔵し、又は取り扱う危険物の類、品名及び貯蔵最大数量又は取扱最大数量、指定数量の倍数並びに令第三十一条の二の製造所等にあつては危険物保安監督者の氏名又は職名を表示すること。（と）（の）（ま）

三　前号の掲示板の色は、地を白色、文字を黒色とすること。

四　第二号の掲示板のほか、貯蔵し、又は取り扱う危険物に応じ、次に掲げる注意事項を表示した掲示板を設けること。（ま）

イ　第一類の危険物のうちアルカリ金属の過酸化物若しくはこれを含有するもの又は禁水性物品（令第十条第一項第十号の禁水性物品をいう。以下同じ。）にあつては「禁水」（ま）

ロ　第二類の危険物（引火性固体を除く。）にあつては「火気注意」（ま）

ハ　第二類の危険物のうち引火性固体、自然発火性物品（令第二十五条第一項第三号の自然発火性物品をいう。以下同じ。）、第四類の危険物又は第五類の危険物にあつては「火気厳禁」（ま）

五　前号の掲示板の色は、「禁水」を表示するものにあつては地を青色、文字を白色とし、「火気注意」又は「火気厳禁」を表示するものにあつては地を赤色、文字を白色とすること。（ま）

六　第二号及び第四号の掲示板のほか、給油取扱所にあつては地を黄赤色、文字を黒色として「給油中エンジン停止」と表示した掲示板を設けること。（に）

2　令第十一条第一項第十号ホ（令第九条第一項第二十号イにおいてその例による場合及びこれを令第十九条第一項において準用する場合並びに令第十一条第二項、令第十二条第一項第九号（令第九条第一項第二十号ロにおいてその例による場合及びこれを令第十九条第一項において準用する場合並びに令第十二条第二項においてその例による場合を含む。）及び令第十三条第一項第九号（令第九条第一項第二十号ハにおいてその例による場合及びこれを令第十九条第一項において準用する場合並びに令第十三条第二項（令第九条第一項第二十号ハにおいてその例による場合及びこれを令第十九条第一項において準用する場合を含む。）及び令第十三条第三項（令第九条第一項第二十号ハにおいてその例による場合及びこれを令第十九条第一項において準用する場合を含む。）においてその例による場合を含む。）においてその例による場合を含む。）又は令第十一条第一項第十号の二ヲ（同条第二項、令第十二条第一項第九号の二（同条第二項においてその例による場合を含む。）及び令第十三条第一項第九号の二（同条第二項及び第三項においてその例による場合を含む。）においてその例による場合を含む。）の規定による掲示板は、次のとおりとする。（に）（あ）（ケ）

一　掲示板は、幅〇・三メートル以上、長さ〇・六メートル以上の板であること。（に）

二　掲示板には、「屋外貯蔵タンク注入口」、「屋内貯蔵タンク注入口」若しくは「地下貯蔵タンク注入口」又は「屋外貯蔵タンクポンプ設備」、「屋内貯蔵タンクポンプ設備」若しくは「地下貯蔵タンクポンプ設備」と表示するほか、取り扱う危険物の類別、品名及び前項第四号に規定する注意事項を表示すること。（に）（ま）

三　掲示板の色は、地を白色、文字を黒色（前項第四号に規定する注意事項については、赤色）とすること。（に）

一項…一部改正・二項…追加〔昭和四〇年一〇月自令二八号〕、一項…一部改正〔昭和四六年六月自令一二号〕、二項…一部改正〔昭和四九年六月自令一七号〕、一・二項…一部改正〔昭和五一年六月自令一八号〕、一項…一部改正〔昭和五四年七月自令一六号・六二年四月一六号〕、一・二項…一部改正〔平成元年二月自令五号・五年七月二二号〕、一項…一部改正〔平成一八年三月総令三一号〕、一・二項…一部改正〔平成二三年一二月総令一六五号〕

解説　【一項の掲示板】製造所等の掲示板
【二項の掲示板】屋外貯蔵タンク注入口又はポンプ設備の掲示板

（安全装置）

第一九条　令第九条第一項第十六号（令第十九条第一項において準用する場合を含む。）、令第十一条第一項第八号（令第九条第一項第二十号イにおいてその例による場合及びこれを令第十九条第一項において準用する場合を含む。）、令第十二条第一項第七号（令第九条第一項第二十号ロにおいてその例による場合及びこれを令第十九条第一項において準用する場合並びに令第十二条第二項においてその例による場合を含む。）、令第十三条第一項第八号（令第九条第一項第二十号ハにおいてその例による場合及びこれを令第十九条第一項において準用する場合並びに令第十三条第二項（令第九条第一項第二十号ハにおいてその例による場合及びこれを令第十九条第一項において準用する場合並びに令第十七条第一項第八号イにおいてその例による場合を含む。）、令第十三条第三項（令第九条第一項第二十号ハにおいてその例による場合及びこれを令第十九条第一項において準用する場合並びに令第十七条第一項第八号イにおいてその例による場合を含む。）及び令第十七条第一項第八号イにおいてその例による場合を含む。）及び令第十七条第二項第三号の総務省令で定める安全装置は、次の各号のとおりとする。ただし、第四号に掲げるものは、危険物の性質により安全弁の作動が困難である加圧設備に限つて用いることがで

きる。(い)(と)(を)(ま)(あ)(へ)(タ)(ソ)
一　自動的に圧力の上昇を停止させる装置
二　減圧弁で、その減圧側に安全弁を取り付けたもの
三　警報装置で、安全弁を併用したもの
四　破壊板
2　令第十五条第一項第四号の総務省令で定める安全装置は、次の各号のとおりとする。(い)(と)(ま)(へ)
一　常用圧力が二十キロパスカル以下のタンクに係るものにあつては二十キロパスカルを超え二十四キロパスカル以下の範囲の圧力で、常用圧力が二十キロパスカルを超えるタンクに係るものにあつては常用圧力の一・一倍以下の圧力で作動するもの(と)(す)
二　吹き出し部分の有効面積が、容量が二千リットル以下のタンク室（間仕切により仕切られたタンク部分をいう。以下同じ。）に係るものにあつては十五平方センチメートル以上、容量が二千リットルを超えるタンク室に係るものにあつては二十五平方センチメートル以上であるもの(と)(す)
3　前二項に掲げる安全装置の構造は、告示で定める規格〔未制定〕に適合するものでなければならない。
一・二項…一部改正〔昭和三五年七月自令三号・四六年六月一二号〕、一項…一部改正〔昭和五一年六月自令一八号〕、一・二項…一部改正〔平成元年二月自令五号〕、一項…一部改正〔平成五年七月自令二二号〕、二項…一部改正〔平成一〇年三月自令六号〕一・二項…一部改正〔平成一二年九月自令四四号〕、一項…一部改正〔平成一七年三月総令三七号・一八年三月三一号〕

解説　**【一項の適用製造所等】**　製造所、一般取扱所、屋外タンク貯蔵所、屋内タンク貯蔵所、地下タンク貯蔵所
【破壊板】　一定圧力以上になると板が破壊され、圧力が放出されるもの。危険物の性質により安全弁の作動が困難なものに限って使用できる。安全装置の放出口は、通風が良好で周囲に火源がなく、また災害活動の支障とならない安全な場所に設置する必要がある。
【二項の適用製造所等】　移動タンク貯蔵所

（屋外タンク貯蔵所の保安距離の特例）
第一九条の二　令第十一条第一項第一号の二ただし書（同条第二項においてその例による場合を含む。）の総務省令で定める事情は、次に掲げるものとする。(を)(ま)(へ)(ケ)
一　不燃材料で造つた防火上有効なへいを設けること。(を)
二　**地形上火災が生じた場合においても延焼のおそれが少ないこと。**(を)
三　防火上有効な水幕設備を設けること。(を)
四　敷地境界線の外縁に、告示で定める施設〔危告示第四条の二の二〕が存在すること。(を)
本条…追加〔昭和五一年六月自令一八号〕、旧一九条の三…繰上〔平成元年二月自令五号〕、本条…一部改正〔平成一二年九月自令四四号・二三年一二月総令一六五号〕

解説　**【地形上火災が生じた場合においても延焼のおそれが少ない】**　海、河川、工業専用地域内の空地等が存する場所に面する場合が該当。緑地、公園、道路、公共護岸、物揚場、荷さばき地等は該当しない。

（通気管）

第二〇条　令第十一条第一項第八号（令第九条第一項第二十号イにおいてその例による場合及びこれを令第十九条第一項において準用する場合を含む。）の規定により、第四類の危険物の屋外貯蔵タンクのうち圧力タンク以外のタンクに設ける通気管は、**無弁通気管**又は**大気弁付通気管**とし、その構造は、それぞれ次の各号のとおりとする。（を）（ま）

一　無弁通気管

イ　直径は、三十ミリメートル以上であること。

ロ　先端は、水平より下に四十五度以上曲げ、雨水の浸入を防ぐ構造とすること。

ハ　細目の銅網等による引火防止装置を設けること。ただし、高引火点危険物のみを百度未満の温度で貯蔵し、又は取り扱うタンクに設ける通気管にあつては、この限りでない。（ま）

二　大気弁付通気管

イ　五キロパスカル以下の圧力差で作動できるものであること。（か）（す）

ロ　前号ハの基準に適合するものであること。

2　令第十二条第一項第七号（令第九条第一項第二十号ロにおいてその例による場合及びこれを令第十九条第一項において準用する場合並びに令第十二条第二項においてその例による場合を含む。）の規定により、第四類の危険物の屋内貯蔵タンクのうち圧力タンク以外のタンクに設ける通気管は、無弁通気管とし、その位置及び構造は、次のとおりとする。（と）（の）（ま）

一　先端は、屋外にあつて地上四メートル以上の高さとし、かつ、建築物の窓、出入口等の開口部から一メートル以上離すものとするほか、引火点が四十度未満の危険物のタンクに設ける通気管にあつては敷地境界線から一・五メートル以上離すこと。ただし、高引火点危険物のみを百度未満の温度で貯蔵し、又は取り扱うタンクに設ける通気管にあつては、先端をタンク専用室内とすることができる。（の）（ま）

二　通気管は、滞油するおそれがある屈曲をさせないこと。

三　前項第一号の基準に適合するものであること。

3　令第十三条第一項第八号（令第九条第一項第二十号ハにおいてその例による場合及びこれを令第十九条第一項において準用する場合並びに令第十三条第二項（令第九条第一項第二十号ハにおいてその例による場合及びこれを令第十九条第一項において準用する場合並びに令第十七条第一項第八号イにおいてその例による場合を含む。）、令第十三条第三項（令第九条第一項第二十号ハにおいてその例による場合及びこれを令第十九条第一項において準用する場合並びに令第十七条第一項第八号イにおいてその例による場合を含む。）及び令第十七条第一項第八号イにおいてその例による場合を含む。）の規定により、第四類の危険物の地下貯蔵タンクに設ける通気管の位置及び構造は、次のとおりとする。（の）（ま）（あ）（タ）（ソ）

一　通気管は、地下貯蔵タンクの頂部に取り付けること。(の)

二　通気管のうち地下の部分については、その上部の地盤面にかかる重量が直接当該部分にかからないように保護するとともに、当該通気管の接合部分（溶接その他危険物の漏えいのおそれがないと認められる方法により接合されたものを除く。）については、当該接合部分の損傷の有無を点検することができる措置を講ずること。(の)(す)

三　可燃性の蒸気を回収するための弁を通気管に設ける場合にあつては、当該通気管の弁は、地下貯蔵タンクに危険物を注入する場合を除き常時開放している構造であるとともに、閉鎖した場合にあつては、十キロパスカル以下の圧力で開放する構造のものであること。(ま)(す)

四　無弁通気管にあつては、前項各号の基準に適合するものであること。(タ)

五　大気弁付通気管にあつては、第一項第二号並びに前項第一号及び第二号の基準に適合するものであること。(タ)

4　令第十四条第八号（令第十七条第一項第八号ロにおいてその例による場合を含む。）の規定により第四類の危険物の簡易貯蔵タンクのうち圧力タンク以外のタンクに設ける通気管は、無弁通気管とし、その構造は、次のとおりとする。(ま)(あ)(ソ)

一　直径は、二十五ミリメートル以上とすること。

二　先端の高さは、屋外にあつて、地上一・五メートル以上とすること。

三　第一項第一号ロ及びハの基準に適合するものであること。

5　第三項の規定は、令第十七条第二項第三号の規定により専用タンク及び廃油タンク等に設ける通気管の位置及び構造の基準について準用する。この場合において、第二項第一号中「屋外」とあるのは、「屋外又は建築物の屋内給油取扱所の用に供する部分の可燃性の蒸気が滞留するおそれのない場所」と読み替えるものとする。(ま)

二項…一部改正〔昭和四六年六月自令一二号〕、一項…一部改正〔昭和五一年六月自令一八号・五三年二月一号〕、二・三項…一部改正〔昭和六二年四月自令一六号〕、一―四項…一部改正・五項…追加〔平成元年二月自令五号〕、三・四項…一部改正〔平成五年七月自令二二号〕、一・三項…一部改正〔平成一〇年三月自令六号〕、三項…一部改正〔平成一七年三月総令三七号〕、三・四項…一部改正〔平成一八年三月総令三一号〕

解説

【無弁通気管】単なる管であつてタンク内に収納されている危険物が常時大気に接し、タンク内部の圧力が大気圧と同一であるもの。

【大気弁付通気管】無弁通気管による蒸気の放出損失を防止することを目的として造られた通気管でタンク内部に収納されている危険物は、通常時は大気と遮断されているが、タンク内部が一定以上の圧力に達した場合、弁が開放され一定圧力が保たれるような構造としたもの。主として低沸点の可燃性液を収納するタンクに用いられる。

（**基礎及び地盤**）

第二〇条の二　令第十一条第一項第三号の二（同条第二項においてその例による場合を含む。）の総務省令で定める基礎及び地盤は、当該基礎及び地盤上に設置する特定屋外貯蔵タンク及びその附属設備の自重、貯蔵する危険物の重量〔危告示第四条の一二〕等の荷重（以下「タンク荷重」という。）によつて生ずる応力に対して安全なものとする。(わ)(ま)(へ)(ケ)

2　基礎及び地盤は、次の各号に定める基準に適合するものでなければならない。(わ)

一　地盤は、岩盤の断層、切土及び盛土にまたがるもの等すべりを生ずるおそれのあるものでないこと。(わ)

二　地盤は、次のいずれかに適合するものであること。(わ)

イ　告示で定める範囲内における地盤〔危告示第四条の三〕が標準貫入試験及び平板載荷試験において、それぞれ標準貫入試験値が二十以上及び平板載荷試験値（五ミリメートル沈下時における試験値（K_{30}値）とする。第四号において同じ。）が百メガニユートン毎立方メートル以上の値を有するものであること。(わ)(す)

ロ　告示で定める範囲内における地盤〔危告示第四条の四〕が次の各号に適合するものであること。(わ)

(1)　タンク荷重に対する支持力の計算〔危告示第四条の一三〕における支持力の安全率〔危告示第四条の五〕及び沈下量の計算〔危告示第四条の一四〕における計算沈下量〔危告示第四条の六〕が告示で定める値を有するものであること。(わ)

(2)　基礎〔危告示第四条の七〕（告示で定めるものに限る。以下この号において同じ。）の上面から三メートル以内の基礎直下の地盤部分が基礎と同等以上の堅固さを有するもので、かつ、地表面からの深さが十五メートルまでの地質〔危告示第四条の八〕（基礎の上面から三メートル以内の基礎直下の地盤部分を除く。）が告示で定めるもの以外のものであること。(わ)

(3)　粘性土地盤にあつては圧密度試験において、砂質土地盤にあつては標準貫入試験において、それぞれ圧密荷重に対して圧密度が九十パーセント（微少な沈下が長期間継続する場合において、十日間（以下この号において「微少沈下測定期間」という。）継続して測定した沈下量の和の一日当たりの平均沈下量が、沈下の測定を開始した日から微少沈下測定期間の最終日までにおける総沈下量の〇・三パーセント以下となつたときは、当該地盤における圧密度が九十パーセントになつたものとみなす。）以上又は標準貫入試験値が平均的に十五以上の値を有するものであること。(わ)

ハ　イ又はロと同等以上の堅固さを有するものであること。(わ)

三　地盤が海、河川、湖沼等に面している場合は、すべり〔危告示第四条の一五〕に関し、告示で定める安全率〔危告示第四条の九〕を有するものであること。(わ)

四　基礎は、砂質土又はこれと同等以上の締固め性を有するものを用いて告示で定めるところにより造るものであつて、かつ、平板載荷試験において平板載荷試験値が百メガニュートン毎立方メートル以上の値を有するもの（以下「盛り土」〔危告示第四条の一〇〕という。）又はこれと同等以上の堅固さを有するものとすること。（わ）（す）

五　基礎（盛り土であるものに限る。次号において同じ。）は、その上面が特定屋外貯蔵タンクを設置する場所の地下水位と二メートル以上の間隔が確保できるものであること。（わ）

六　基礎又は基礎の周囲には、告示で定めるところにより当該基礎を補強〔危告示第四条の一一〕するための措置を講ずること。（わ）

3　前二項に規定するもののほか、基礎及び地盤に関し必要な事項〔危告示第四条の一二～第四条の一五〕は、告示で定める。（わ）

本条…追加〔昭和五二年二月自令二号〕、一項…一部改正〔平成元年二月自令五号〕、二項…一部改正〔平成一〇年三月自令六号〕、一項…一部改正〔平成一二年九月自令四四号・一三年一二月総令一六五号〕

解説【基礎】地盤の上に構築されるタンクの支持構造作
【地盤】地表面下のタンク支持部

（基礎及び地盤に関する試験）

第二〇条の三　令第十一条第一項第三号の二（同条第二項においてその例による場合を含む。以下この条において同じ。）の総務省令で定めるところにより行う試験は、前条第二項第二号イに定める標準貫入試験及び平板載荷試験、同号ロ(3)に定める圧密度試験又は標準貫入試験、同項第四号に定める平板載荷試験並びに告示で定める試験〔危告示第四条の一六〕とし、令第十一条第一項第三号の二の総務省令で定める基準は、これらの試験に係る規定に定める基準とする。（わ）（へ）（ケ）（コ）

本条…追加〔昭和五二年二月自令二号〕、一部改正〔平成一二年九月自令四四号・一三年一二月総令一六五号・二四年三月二四号〕

（準特定屋外貯蔵タンクの基礎及び地盤）

第二〇条の三の二　令第十一条第一項第三号の三の総務省令で定める基礎及び地盤は、当該基礎及び地盤上に設置する準特定屋外貯蔵タンク及びその附属設備の自重、貯蔵する危険物の重量等の荷重（以下「準特定屋外貯蔵タンク荷重」という。）によつて生ずる応力に対して安全なものとする。（イ）（ヘ）

2　基礎及び地盤は、次の各号に定める基準に適合するものでなければならない。（イ）

一　地盤は、岩盤の断層、切土及び盛土にまたがるもの等すべりを生ずるおそれのあるものでないこと。（イ）

二　地盤は、次のいずれかに適合するものであること。（イ）

イ　告示〔危告示第四条の二二の二〕で定める範囲内における地盤が岩盤その他堅固なものであること。（イ）

ロ　告示〔危告示第四条の二二の三〕で定める範囲内における地盤が次の各号に適合するものであること。（イ）

(1)　当該地盤上に設置する準特定屋外貯蔵タンク荷重に対す

る支持力の計算における支持力の安全率〔危告示第四条の二二の四〕及び沈下量の計算における計算沈下量〔危告示第四条の二二の五〕が告示で定める値を有するものであること。

（イ）

(2)　告示〔危告示第四条の二二の六〕で定める地質以外のものであること（基礎が告示〔危告示第四条の二二の七〕に定める構造である場合を除く。）。（イ）

ハ　ロと同等以上の堅固さを有するものであること。（イ）

三　地盤が海、河川、湖沼等に面している場合は、すべりに関し、告示〔危告示第四条の二二の八〕で定める安全率を有するものであること。（イ）

四　基礎は、砂質土又はこれと同等以上の締固め性を有するものを用いて告示〔危告示第四条の二二の九〕で定めるところにより造るもの又はこれと同等以上の堅固さを有するものとすること。（イ）

五　基礎（砂質土又はこれと同等以上の締固め性を有するものを用いて告示〔危告示第四条の二二の九〕で定めるところにより造るものに限る。）は、その上面が準特定屋外貯蔵タンクを設置する場所の地下水位と二メートル以上の間隔が確保できるものであること。（イ）

3　前二項に規定するもののほか、基礎及び地盤に関し必要な事項は、告示〔危告示第四条の二二の二～第四条の二二の九〕で定める。

（イ）

本条…追加〔平成一一年三月自令一〇号〕、二項…一部改正〔平成一二年九月自令四四号〕

（特定屋外貯蔵タンクの構造）

第二〇条の四　特定屋外貯蔵タンクは、当該特定屋外貯蔵タンク及びその附属設備の自重、貯蔵する危険物の重量、当該特定屋外貯蔵タンクに係る内圧、温度変化の影響等の主荷重〔危告示第四条の一八〕及び積雪荷重、風荷重〔危告示第四条の一九〕、地震の影響〔危告示第四条の二〇〕等の従荷重〔危告示第四条の一八〕によつて生ずる応力及び変形に対して安全なものでなければならない。

（わ）

2　特定屋外貯蔵タンクの構造は、次に定める基準に適合するものでなければならない。（わ）（ね）

一　主荷重及び主荷重と従荷重との組合せにより特定屋外貯蔵タンク本体に生ずる応力は、告示で定めるそれぞれの許容応力〔危告示第四条の一六の二〕以下であること。（わ）（ね）

一の二　特定屋外貯蔵タンクの保有水平耐力は、地震の影響による必要保有水平耐力以上であること。この場合において、保有水平耐力及び必要保有水平耐力の計算方法は、告示〔危告示第七九条〕で定める。（ひ）

二　側板〔危告示第四条の二一〕、底板及び屋根〔危告示第四条の二二〕の最小厚さ〔危告示第四条の一七〕並びにアニュラ板（特定屋外貯蔵タンクの側板の最下段の厚さが十五ミリメートルを超えるものの側板の直下に設けなければならない板をいう。以下同じ。）の側板外面からの最小張出し寸法、側板内面からタンク中心部に向かつての最小張出しの長さ及び最小厚さは、告示で定める基準に適合するものであること。（わ）（ね）

三　特定屋外貯蔵タンクのうち告示で定めるもの〔危告示第四条の二一の三〕の浮き屋根は、液面揺動により損傷を生じない構造を有するものであること。（カ）

3　特定屋外貯蔵タンクの溶接（重ね補修及び肉盛り補修に係るものを除く。）の方法は、次の各号に掲げるところによる。この場合において、これらの方法は、告示で定める溶接施工方法確認試験において告示で定める基準〔危告示第四条の二一の二〕に適合するもの又はこれと同等のものであることがあらかじめ確認されていなければならない。（わ）（ら）（せ）

一　側板の溶接は、次によること。（わ）

イ　縦継手及び水平継手は、完全溶込み突合せ溶接とすること。（わ）

ロ　側板の縦継手は、段を異にする側板のそれぞれの縦継手と同一線上に位置しないものであること。この場合において、当該縦継手と縦継手との間隔は、相接する側板のうち厚い方の側板の厚さの五倍以上とすること。（わ）

二　側板とアニュラ板（アニュラ板を設けないものにあつては、底板）との溶接は、部分溶込みグループ溶接又はこれと同等以上の溶接強度を有する溶接方法による溶接とすること。この場合において、溶接ビードは、滑らかな形状を有するものでなければならない。（わ）（ら）

三　アニュラ板とアニュラ板、アニュラ板と底板及び底板と底板との溶接は、裏当て材を用いた突合せ溶接又はこれと同等以上の溶接強度を有する溶接方法による溶接とすること。ただし、底板の厚さが九ミリメートル以下であるものについては、アニュラ板と底板及び底板と底板との溶接をすみ肉溶接とすることができる。この場合において、アニュラ板と底板及び底板と底板とが接する面は、当該アニュラ板と底板及び底板と底板との溶接部の強度に有害な影響を与える間隙（げき）があつてはならない。（わ）

四　すみ肉溶接のサイズ（不等サイズとなる場合にあつては、小さい方のサイズをいう。）の大きさは、次の式により求めた値とすること。（わ）

$t_1 \geqq S \geqq \sqrt{2t_2}$（ただし、$S \geqq 4.5$）

t_1は、薄い方の鋼板の厚さ（単位　ミリメートル）

t_2は、厚い方の鋼板の厚さ（単位　ミリメートル）

Sは、サイズ（単位　ミリメートル）

4　前三項に規定するもののほか、特定屋外貯蔵タンクの構造〔危告示第四条の一八～第四条の二一・第四条の二二〕に関し必要な事項は、告示で定める。（わ）

本条…追加〔昭和五二年二月自令二号〕、二項…一部改正〔昭和五八年四月自令一六号〕、三項…一部改正〔昭和五九年七月自令一七号〕、二項…一部改正〔平成八年九月自令三二号〕、三項…一部改正〔平成九年三月自令一二号〕、二項…一部改正〔平成一七年一月総令三号〕

解説 【溶接方法】完全溶け込みグループ溶接等の溶接

（準特定屋外貯蔵タンクの構造）

第二〇条の四の二　準特定屋外貯蔵タンクは、当該準特定屋外貯蔵タンク及びその附属設備の自重、貯蔵する危険物の重量、当該準特定屋外貯蔵タンクに係る内圧、温度変化の影響等の主荷重及び積雪荷重、風荷重、地震の影響等の従荷重〔危告示第四条の二二の一〇〕によつて生ずる応力及び変形に対して安全なものでなければならない。(イ)

2　準特定屋外貯蔵タンクの構造は、次に定める基準に適合するものでなければならない。(イ)

一　厚さ三・二ミリメートル以上であること。(イ)

二　準特定屋外貯蔵タンクの側板に生ずる常時の円周方向引張応力は、告示〔危告示第四条の二二の一一〕で定める許容応力以下であること。(イ)

三　準特定屋外貯蔵タンクの側板に生ずる地震時の軸方向圧縮応力は、告示〔危告示第四条の二二の一一〕で定める許容応力以下であること。(イ)

四　準特定屋外貯蔵タンクの保有水平耐力は、地震の影響による必要保有水平耐力以上であること。この場合において、保有水平耐力及び必要保有水平耐力の計算方法は、告示〔危告示第七九条〕で定める。(イ)

3　前二項に規定するもののほか、準特定屋外貯蔵タンクの構造に関し必要な事項は、告示〔危告示第四条の二二の一〇・第四条の二二の一一・第七九条〕で定める。(イ)

本条…追加〔平成一一年三月自令一〇号〕

（タンク材料の規格）

第二〇条の五　令第十一条第一項第四号（同条第二項においてその例による場合を含む。）の総務省令で定める材料の規格は、次のとおりとする。ただし、アニュラ板の材料は、日本産業規格G三一〇六「溶接構造用圧延鋼材」のうちSM400C又はSM490Cとする。(わ)(な)(こ)(へ)(ケ)(い)

一　鋼板にあつては、日本産業規格G三一〇一「一般構造用圧延鋼材」（SS400に係る規格に限る。）、日本産業規格G三一〇六「溶接構造用圧延鋼材」、日本産業規格G三一一四「溶接構造用耐候性熱間圧延鋼材」又は日本産業規格G三一一五「圧力容器用鋼板」(わ)(な)(こ)(い)

二　構造用形鋼にあつては、日本産業規格G三一〇一「一般構造用圧延鋼材」（SS400に係る規格に限る。）又は日本産業規格G三一〇六「溶接構造用圧延鋼材」(わ)(な)(こ)(い)

三　鋼管にあつては、日本産業規格G三四五二「配管用炭素鋼鋼管」、日本産業規格G三四五四「圧力配管用炭素鋼鋼管」（ST

PG370に係る規格に限る。）、日本産業規格G三四四四「一般構造用炭素鋼鋼管」（STK400に係る規格に限る。）、日本産業規格G三四五七「配管用アーク溶接炭素鋼鋼管」又は日本産業規格G三四六〇「低温配管用鋼管」（STPL380に係る規格に限る。）（わ）（な）（こ）㋑

四　フランジにあつては、日本産業規格G三一〇一「一般構造用圧延鋼材」（SS400に係る規格に限る。）、日本産業規格G三二〇一「炭素鋼鍛鋼品」（SF390A又はSF440Aに係る規格に限る。）又は日本産業規格G四〇五一「機械構造用炭素鋼鋼材」（S20C又はS25Cに係る規格に限る。）（わ）（な）（ま）（こ）㋑

本条…追加〔昭和五二年二月自令二号〕、一部改正〔昭和五九年三月自令一号・平成元年二月五号・二年一二月三二号・一二年九月四四号・二三年一二月総令一六五号・令和元年六月一九号〕

（水圧試験の基準）

第二〇条の五の二　令第十一条第一項第四号（令第九条第一項第二十号イにおいてその例による場合及びこれを令第十九条第一項において準用する場合並びに令第十一条第二項及び令第十二条第一項第五号（令第九条第一項第二十号ロにおいてその例による場合及びこれを令第十九条第一項において準用する場合並びに令第十二条第二項においてその例による場合を含む。）においてその例による場合を含む。）及び令第十三条第一項第六号（令第九条第一項第二十号ハにおいてその例による場合及びこれを令第十九条第一項において準用する場合並びに令第十三条第二項（令第九条第一項第二十号ハにおいてその例による場合及びこれを令第十九条第一項において準用する場合並びに令第十七条第一項第八号イ及び同条第二項第二号においてその例による場合を含む。）、令第十三条第三項（令第九条第一項第二十号ハにおいてその例による場合及びこれを令第十九条第一項において準用する場合並びに令第十七条第一項第八号イ及び同条第二項第二号においてその例による場合を含む。）、令第十七条第一項第八号イ及び同条第二項第二号においてその例による場合を含む。）の総務省令で定めるところにより行う水圧試験は、次の各号に掲げる区分に応じ、当該各号に定める水圧試験とする。（つ）（ま）（あ）（へ）（ソ）（ケ）

一　高圧ガス保安法第二十条第一項又は第三項の規定の適用を受ける高圧ガスの製造のための施設である圧力タンク（つ）（せ）

イ　一般高圧ガス保安規則又は液化石油ガス保安規則の適用を受けるもの（ロに掲げるものを除く。）

最大常用圧力の一・五倍以上の圧力で行う水圧試験（つ）（す）

ロ　高圧ガス保安法第五十六条の三第一項に定める特定設備に当たるもの（つ）（せ）

(1)　設計圧力が〇・四三メガパスカル以下のもの（(4)に掲げるものを除く。）

設計圧力の二倍の圧力で行う水圧試験（つ）（せ）

(2)　設計圧力が〇・四三メガパスカルを超え一・五メガパスカル以下のもの（(4)に掲げるものを除く。）

設計圧力の一・三倍に〇・三メガパスカルを加えた圧力で行う水圧試験（つ）（せ）

(3) 設計圧力が一・五メガパスカルを超えるもの（(4)に掲げるものを除く。）
　設計圧力の一・五倍の圧力で行う水圧試験(つ)(せ)

(4) 高合金鋼を材料とするもの
　設計圧力の一・五倍の圧力で行う水圧試験(つ)

二 労働安全衛生法（昭和四十七年法律第五十七号）別表第二第二号又は労働安全衛生法施行令（昭和四十七年政令第三百十八号）第十二条第一項第二号に掲げる機械等である圧力タンク
　設計圧力の一・五倍の圧力に温度補正係数（水圧試験を行うときの温度における当該圧力タンクの材料の許容引張応力を使用温度における当該圧力タンクの材料の許容引張応力で除して得た値のうち最小の値）を乗じた圧力で行う水圧試験(け)(カ)

三 労働安全衛生法別表第二第四号に掲げる機械等である圧力タンク(つ)(カ)

イ 設計圧力が〇・一メガパスカル以下のもの
　〇・二メガパスカルの圧力で行う水圧試験(つ)(ニ)

ロ 設計圧力が〇・一メガパスカルを超え〇・四二メガパスカル以下のもの
　設計圧力の二倍の圧力で行う水圧試験(つ)(ニ)

ハ 設計圧力が〇・四二メガパスカルを超えるもの
　設計圧力の一・三倍に〇・三メガパスカルを加えた圧力で行う水圧試験(つ)(ニ)

本条…追加〔昭和五七年一月自令一号〕、一部改正〔平成元年二月自令五号・二年二月一号・五年七月二二号・九年三月一二号・一〇年三月六号・一二年三月一二号・九月四四号・一七年一月総令三号・一八年三月三一号・二三年一二月一六五号〕

（溶接部の試験等）

第二〇条の六　令第十一条第一項第四号の二（同条第二項においてその例による場合を含む。以下この条において同じ。）の総務省令で定めるところにより行う試験は、次条から第二十条の九までに定める試験とし、令第十一条第一項第四号の二の総務省令で定める基準は、これらの試験に係る規定に定める基準とする。(わ)(へ)(ケ)(コ)

本条…追加〔昭和五二年二月自令二号〕、一部改正〔平成一二年九月自令四四号・二三年一二月総令一六五号・二四年三月二四号〕

（放射線透過試験）(な)

第二〇条の七　特定屋外貯蔵タンクの側板の縦継手及び水平継手（それぞれ重ね補修に係るもの及び接液部（令第五条第二項に規定する容量の危険物を貯蔵する場合に当該危険物に接する部分の側板をいう。以下同じ。）以外の部分における工事（取替え工事を除く。）に係るものを除く。）は、放射線透過試験を行い、次項に定める基準に適合するものでなければならない。(わ)(な)(ら)(せ)

2　放射線透過試験に関する合格の基準は、次のとおりとする。(わ)

一　割れ、溶け込み不足及び融合不足がないものであること。(わ)(な)

二　アンダーカットは、縦継手にあつては○・四ミリメートル、水平継手にあつては○・八ミリメートル以下のものであること。(わ)(す)

三　ブローホール及びこれに類する丸みを帯びた部分（以下この項において「ブローホール等」という。）は、その長径が母材の厚さの二分の一を超えず、かつ、任意の箇所について一辺が十ミリメートルの正方形（母材の厚さが二十五ミリメートルを超えるものにあつては、一辺が十ミリメートル他の一辺が二十ミリメートルの長方形）の部分（以下この項において「試験部分」という。）において、次の表イに掲げるブローホール等（ブローホール等の長径が、母材の厚さが二十ミリメートル以下のものにあつては○・五ミリメートル以下、母材の厚さが二十ミリメートルを超えるものにあつては○・七ミリメートル以下のものを除く。）の長径に応じて定める点数（以下この項において「ブローホール点数」という。）の合計が、次の表ロに掲げる母材の材質及び厚さに応じて定めるブローホール点数の合計以下であること。(な)(リ)

イ　(な)

ブローホール等の長径(単位　ミリメートル)	点　数
一・○以下	一
一・○を超え二・○以下	二
二・○を超え三・○以下	三
三・○を超え四・○以下	六
四・○を超え六・○以下	十
六・○を超え八・○以下	十五
八・○を超える	二十五

ロ　(な)(す)

母材 材質	母材 厚さ(単位　ミリメートル)	ブローホール点数の合計 縦継手	ブローホール点数の合計 水平継手
高張力鋼（引張り強さが四百九十ニュートン毎平方ミリメートル以上の強度を有する鋼板をいう。以下この項において同じ。）以外の鋼	十以下	六	六
	十を超え二十五以下	十二	十二
	二十五を超える	十二	二十四
高張力鋼	十以下	三	六
	十を超え二十五以下	六	十二
	二十五を超える	十二	二十四

四　細長いスラグ巻き込み及びこれに類するもの（以下この項において「スラグ巻き込み等」という。）は、その長さ（二以上

のスラグ巻き込み等が存する場合で、相互の間隔が相隣接するスラグ巻き込み等のうちその長さが短くないものの長さ以下であるときは、当該スラグ巻き込み等の長さの合計の長さ。以下この項において同じ。）が次の表に掲げる母材の材質及び厚さに応じて定める長さ以下であること。（な）

母材		長さ	
材質	厚さ（単位　ミリメートル）	縦継手	水平継手
高張力鋼以外の鋼	十二以下	六ミリメートル	六ミリメートル
	十二を超え二十五以下	母材の厚さの二分の一	母材の厚さの二分の一
	二十五を超える	母材の厚さの三分の一	母材の厚さの二分の一
高張力鋼	十二以下	四ミリメートル	六ミリメートル
	十二を超える	母材の厚さの三分の一	母材の厚さの二分の一

五　ブローホール等及びスラグ巻き込み等が混在する場合は、前二号に掲げるところによるほか、ブローホール点数の合計が最大となる試験部分において、ブローホール点数の合計が次の表イに掲げる母材の材質及び厚さに応じて定めるブローホール点数の合計以下であり、又は、スラグ巻き込み等の長さが次の表ロに掲げる母材の材質及び厚さに応じて定める長さ以下であること。（な）

イ（な）

母材		ブローホール点数の合計	
材質	厚さ（単位　ミリメートル）	縦継手	水平継手
高張力鋼以外の鋼	十以下	三	三
	十を超え二十五以下	六	六
	二十五を超える	四	十二
高張力鋼	十以下	一	三
	十を超え二十五以下	二	六
	二十五を超える	四	十二

ロ（な）

母材		長さ	
材質	厚さ（単位　ミリメートル）	縦継手	水平継手
高張力鋼以外の鋼	十二以下	四ミリメートル	四ミリメートル
	十二を超え二十五以下	母材の厚さの三分の一	母材の厚さの三分の一
	二十五を超える	母材の厚さの四分の一	母材の厚さの三分の一

高張力鋼	十二以下	三ミリメートル	四ミリメートル
	十二を超える	母材の厚さの四分の一	母材の厚さの三分の一

本条…追加〔昭和五二年二月自令二号〕、二項…一部改正〔昭和五八年四月自令一六号〕、見出し…改正・一・二項…一部改正・三項…削除〔昭和五九年三月自令一号〕、一項…一部改正〔昭和五九年七月自令一七号・平成九年三月自令一二号〕、二項…一部改正〔平成一〇年三月自令六号・一三年一〇月総令一三六号〕

（磁粉探傷試験及び浸透探傷試験）

第二〇条の八　特定屋外貯蔵タンクの側板とアニュラ板（アニュラ板を設けないものにあつては、底板）、アニュラ板とアニュラ板、アニュラ板と底板及び底板と底板との溶接継手並びに重ね補修に係る側板と側板との溶接継手（接液部に係るものに限る。）は、磁粉探傷試験を行い、次項に定める基準に適合するものでなければならない。ただし、**磁粉探傷試験によることが困難な場合**は、浸透探傷試験を行うことができる。この場合においては、第三項に定める基準に適合するものでなければならない。（わ）（ら）（せ）（な）

2　磁粉探傷試験に関する合格の基準は、次のとおりとする。（わ）

一　割れがないものであること。（わ）

二　アンダーカットは、アニュラ板と底板及び底板と底板との溶接継手については、〇・四ミリメートル以下のもの、その他の部分の溶接継手については、ないものであること。（わ）

三　磁粉模様（疑似磁粉模様を除く。以下この項において同じ。）は、その長さ（磁粉模様の長さがその幅の三倍未満のものは浸透探傷試験による指示模様の長さとし、二以上の磁粉模様がほぼ同一線上に二ミリメートル以下の間隔で存する場合（相隣接する磁粉模様のいずれかが長さ二ミリメートル以下のものであつて当該磁粉模様の長さ以上の間隔で存する場合を除く。）は、当該磁粉模様の長さ及び当該間隔の合計の長さとする。次号において同じ。）が四ミリメートル以下であること。（な）

四　磁粉模様が存する任意の箇所について二十五平方センチメートルの長方形（一辺の長さは十五センチメートルを限度とする。）の部分において、長さが一ミリメートルを超える磁粉模様の長さの合計が八ミリメートル以下であること。（な）

3　浸透探傷試験に関する合格の基準は、次のとおりとする。（わ）（な）

一　割れがないものであること。（わ）

二　指示模様（疑似指示模様を除く。以下この項において同じ。）は、その長さ（二以上の指示模様がほぼ同一線上に二ミリメートル以下の間隔で存する場合（相隣接する指示模様のいずれかが長さ二ミリメートル以下のものであつて当該指示模様の長さ以上の間隔で存する場合を除く。）は、当該指示模様の長さ及び当該間隔の合計の長さ。次号において同じ。）が四ミリメートル以下であること。（な）

三　指示模様が存する任意の箇所について二十五平方センチメートルの長方形（一辺の長さは十五センチメートルを限度とする。）の部分において、長さが一ミリメートルを超える指示模様の長さの合計が八ミリメートル以下であること。（な）

本条…追加〔昭和五二年二月自令二号〕、二・三項…一部改正〔昭和五

九年三月自令一号）、三項…一部改正〔昭和五九年七月自令一七号・平成九年三月一二号〕

解説　【磁粉探傷試験によることが困難な場合】既設タンクであって、タンク底部に加熱コイル等の配管が設けられている部分について探傷試験を行う場合等の場合

（漏れ試験）

第二〇条の九　特定屋外貯蔵タンクの溶接部で次の各号に掲げるものは、真空試験、加圧漏れ試験、浸透液漏れ試験等の試験によって漏れがないものでなければならない。（わ）（ら）（せ）㋒

一　構造上の影響を与える有害な変形がないタンクの底部に係る溶接部（ぜい性破壊を起こすおそれのないものであって、補修工事（タンク本体の変形に対する影響が軽微なものに限る。）に係るものに限る。）㋒

二　接液部以外の側板に係る溶接部（取替え工事に係るものを除く。）（せ）㋒

三　屋根（浮き屋根のものにあっては、その総体とする。）及び浮き蓋の総体に係る溶接部（せ）（ケ）㋒

四　ノズル、マンホール等に係る溶接部（せ）㋒

本条…追加〔昭和五二年二月自令二号〕、一部改正〔昭和五九年七月自令一七号・平成九年三月一二号・二三年一二月総令一六五号・令和元年八月三四号〕

（水張試験等における測定）

第二〇条の一〇　特定屋外貯蔵タンクにおいて令第十一条第一項第四号（同条第二項においてその例による場合を含む。）に定める水張試験又は水圧試験（以下この条において「水張試験等」という。）を行う場合は、次の各号に掲げる水張試験等の実施の時期の区分に応じ、当該各号に掲げる測定を行うものとする。（わ）（ケ）

一　水張試験等の前及び水張試験等において特定屋外貯蔵タンクに水を満たしたとき　側板最下端（地中タンクである特定屋外貯蔵タンクにあっては、側板最上端）の水平度の測定（わ）（お）

二　水張試験等の直後　特定屋外貯蔵タンクの底部（地中タンクである特定屋外貯蔵タンクにあっては、第二十二条の三の二第三項第五号イに規定する漏液防止板の底部）の凹凸状態の測定（わ）（お）

本条…追加〔昭和五二年二月自令二号〕、一部改正〔昭和六二年一二月自令三六号・平成二三年一二月総令一六五号〕

解説　【測定】結果は、完成検査時の資料として提出

（屋外貯蔵タンクの耐震又は耐風圧構造）

第二一条　令第十一条第一項第五号の規定による地震又は風圧に耐えることができる構造（特定屋外貯蔵タンク及び準特定屋外貯蔵タンク以外のタンクに限る。）は、地震動による慣性力又は風荷重による応力が屋外貯蔵タンクの側板又は支柱の限られた点に集中しないように当該タンクを堅固な基礎及び地盤の上に固定したものとする。（に）（り）（を）（わ）（イ）

2　前項の地震動による慣性力及び風荷重の計算方法〔危告示第四条の二三〕は、告示で定める。（わ）

一項…一部改正〔昭和四〇年一〇月自令二八号〕、一項…一部改正・二項…全部改正〔昭和四九年五月自令一二号〕、一項…一部改正〔昭和五一年六月自令一八号〕、一項…一部改正・二項…全部改正〔昭和五二年二月自令二号〕、一項…一部改正〔平成一一年三月自令一〇号〕

（底部の外面の防食措置）（わ）

第二一条の二　令第十一条第一項第七号の二（同条第二項において その例による場合を含む。）の規定による屋外貯蔵タンクの底板（アニュラ板を設ける特定屋外貯蔵タンクにあつては、アニュラ板を含む。以下この条において同じ。）の外面の腐食を防止するための措置は、次に掲げるいずれかによるものとする。（り）（を）（わ）（ケ）

一　タンクの底板の下に、タンクの底板の腐食を有効に防止できるようにアスファルトサンド等の防食材料を敷くこと。（り）

二　タンクの底板に電気防食の措置を講ずること。（り）

三　前各号に掲げるものと同等以上の底板の腐食を防止することができる措置を講ずること。（り）

本条…追加〔昭和四九年五月自令一二号〕、一部改正〔昭和五一年六月自令一八号〕、見出し…改正・本条…一部改正〔昭和五二年二月自令二号〕、本条…一部改正〔平成二三年一二月総令一六五号〕

解説【アスファルトサンド等】アスファルトサンドとはアスファルトと砂の混合物。アスファルトサンド等にはオイルサンドを含まない。

（ポンプ設備の空地の特例）

第二一条の三　令第十一条第一項第十号の二イただし書（同条第二項においてその例による場合を含む。）の総務省令で定める場合は、指定数量の十倍以下の危険物の屋外貯蔵タンクのポンプ設備を設ける場合とする。（に）（り）（を）（ま）（へ）（ケ）

本条…追加〔昭和四〇年一〇月自令二八号〕、旧二一条の二…繰下〔昭和四九年五月自令一二号〕、本条…一部改正〔昭和五一年六月自令一八号・平成元年二月五号・一二年九月四四号・二三年一二月総令一六五号〕

（水抜管）

第二一条の四　令第十一条第一項第十一号の二ただし書（令第九条第一項第二十号イにおいてその例による場合及びこれを令第十九条第一項において準用する場合並びに令第十一条第二項及び令第十二条第一項第十号の二（令第九条第一項第二十号ロにおいてその例による場合及びこれを令第十九条第一項において準用する場合並びに令第十二条第二項においてその例による場合を含む。）においてその例による場合を含む。）の総務省令で定めるところによる場合は、タンクと水抜管との結合部分が地震等により損傷を受けるおそれのない方法により水抜管を設ける場合とする。（に）（り）（を）（ま）（へ）（ケ）

本条…追加〔昭和四〇年一〇月自令二八号〕、旧二一条の三…繰下〔昭和四九年五月自令一二号〕、本条…一部改正〔昭和五一年六月自令一八号・平成元年二月五号・一二年九月四四号・二三年一二月総令一六五号〕

（浮き屋根を有する屋外貯蔵タンクに設ける設備の特例）

第二一条の五　令第十一条第一項第十一号の三ただし書の総務省令で定める設備は、可動はしご、回転止め、危険物の液面の高さを測定するための設備、サンプリング設備その他これらに附属する設備とする。（ら）（へ）

本条…追加〔昭和五九年七月自令一七号〕、一部改正〔平成一二年九月

自令四四号〕

（容量一万キロリットル以上の屋外貯蔵タンクの配管に設ける弁）

第二一条の六　令第十一条第一項第十二号の三（同条第二項においてその例による場合を含む。）の総務省令で定める弁は、遠隔操作によつて閉鎖する機能を有するとともに、当該操作を行うための予備動力源が確保されたものとする。(す)(へ)(ケ)

本条…追加〔平成一〇年三月自令六号〕、一部改正〔平成一二年九月自令四四号・二三年一二月総令一六五号〕

（防油堤）

第二二条　令第十一条第一項第十五号（同条第二項においてその例による場合を含む。）の規定により、液体の危険物（二硫化炭素を除く。）の屋外貯蔵タンクの周囲には、防油堤を設けなければならない。(る)(を)(ま)(ケ)

2　前項の防油堤（引火点を有する液体の危険物以外の液体の危険物の屋外貯蔵タンクの周囲に設けるものを除く。）の基準は、次のとおりとする。(を)(ま)

一　一の屋外貯蔵タンクの周囲に設ける防油堤の容量〔危告示第四条の二〕（告示で定めるところにより算定した容量をいう。以下同じ。）は、当該タンクの容量の百十パーセント以上とし、二以上の屋外貯蔵タンクの周囲に設ける防油堤の容量は、当該タンクのうち、その容量が最大であるタンクの容量の百十パーセント以上とすること。(る)

二　防油堤の高さは、〇・五メートル以上であること。(る)

三　防油堤内の面積は、八万平方メートル以下であること。(に)(る)

四　防油堤内に設置する屋外貯蔵タンクの数は、十（防油堤内に設置するすべての屋外貯蔵タンクの容量が二百キロリットル以下で、かつ、当該屋外貯蔵タンクにおいて貯蔵し、又は取り扱う危険物の引火点が七十度以上二百度未満である場合には二十）以下であること。ただし、引火点が二百度以上の危険物を貯蔵し、又は取り扱う屋外貯蔵タンクにあつてはこの限りでない。(る)(た)

五　防油堤内に設置する屋外貯蔵タンクは、次の表の上欄に掲げる屋外貯蔵タンクの容量に応じ同表の下欄に掲げる路面幅員を有する構内道路（屋外タンク貯蔵所の存する敷地内の道路をいう。以下同じ。）に直接面するように設けること。ただし、引火点が二百度以上の危険物を貯蔵し、又は取り扱う屋外貯蔵タンクにあつてはこの限りでない。(る)(た)

屋外貯蔵タンクの容量	構内道路の路面幅員	
	引火点が七十度未満の危険物を貯蔵し、又は取り扱う屋外貯蔵タンク	引火点が七十度以上二百度未満の危険物を貯蔵し、又は取り扱う屋外貯蔵タンク
五千キロリットル以下	六メートル以上	六メートル以上
五千キロリットルを超え一万キロリットル以下	八メートル以上	
一万キロリットルを超え五万キロリットル以下	十二メートル以上	八メートル以上
五万キロリットルを超える	十六メートル以上	

六　防油堤内に設置する屋外貯蔵タンクのすべてについて、その

容量がいずれも二百キロリツトル以下である場合は、**前号の規定**にかかわらず、消防活動に支障がないと認められる道路又は空地に面していれば足りるものであること。（る）

七　**防油堤**は、周囲が構内道路に接するように設けなければならないこと。（を）

八　防油堤は、次の表の上欄に掲げる屋外貯蔵タンクの直径に応じ、当該タンクの側板から同表下欄に掲げる距離を保つこと。ただし、引火点が二百度以上の危険物を貯蔵し、又は取り扱う屋外貯蔵タンクにあつてはこの限りでない。（る）（を）（た）

屋外貯蔵タンクの直径	距　　　離
十五メートル未満	タンクの高さの三分の一以上の距離
十五メートル以上	タンクの高さの二分の一以上の距離

九　防油堤は、鉄筋コンクリート又は土で造り、かつ、その中に収納された危険物が当該防油堤の外に流出しない構造であること。（る）（を）

十　容量が一万キロリツトル以上の屋外貯蔵タンクの周囲に設ける防油堤には、次に掲げるところにより、当該タンクごとに仕切堤を設けること。（る）（を）

イ　仕切堤の高さは、〇・三メートル（防油堤内に設置される屋外貯蔵タンクの容量の合計が、二十万キロリツトルを超える防油堤内に設けるものにあつては、一メートル）以上であり、かつ、防油堤の高さから〇・二メートルを減じた高さ以下であること。（る）

ロ　仕切堤は、土で造ること。（る）

十一　防油堤内には、当該防油堤内に設置する屋外貯蔵タンクのための配管（当該屋外貯蔵タンクの消火設備のための配管を含む。）以外の配管を設けないこと。（る）（を）

十二　防油堤又は仕切堤（以下「防油堤等」という。）には、当該防油堤等を貫通して配管を設けないこと。ただし、防油堤等に損傷を与えないよう必要な措置を講じた場合は、この限りでない。（る）（を）

十三　防油堤には、その内部の滞水を外部に排水するための水抜口を設けるとともに、これを開閉する弁等を防油堤の外部に設けること。（る）（を）

十四　容量が千キロリツトル以上の屋外貯蔵タンクにあつては、前号の弁等には、弁等の開閉状況を容易に確認できる装置を設けること。（る）（を）

十五　容量が一万キロリツトル以上の屋外貯蔵タンクの周囲に設ける防油堤内には、流出した危険物を容易に確認できる箇所に流出した危険物を自動的に検知し、必要な措置を講ずることができる場所にその事態を直ちに警報することができる装置を設けること。（る）（を）

十六　高さが一メートルを超える防油堤等には、おおむね三十メートルごとに堤内に出入りするための階段を設置し、又は土砂の盛上げ等を行うこと。（る）（を）（ま）

3　前項第一号、第二号、第九号から第十四号まで及び第十六号の規定は、**引火点を有する液体の危険物以外の液体の危険物**の屋外貯蔵タンクの周囲に設ける防油堤の技術上の基準について準用する。この場合において、同項第一号中「百十パーセント」とあるのは「百パーセント」と読み替えるものとする。（を）（ま）

二項…一部改正〔昭和四〇年一〇月自令二八号〕、一・二項…一部改正〔昭和五一年三月自令七号〕、一・二項…一部改正・三項…追加〔昭和五一年六月自令一八号〕、二項…一部改正〔昭和五四年七月自令一六号〕、一―三項…一部改正〔平成元年二月自令五号〕、一項…一部改正〔平成二三年一二月総令一六五号〕

解説　**【前号の規定】**　引火点二百度未満の危険物を貯蔵し、取り扱う屋外貯蔵タンクの規定

【防油堤（六号・七号）】　五号の適用を受ける防油堤

【引火点を有する液体の危険物以外の液体の危険物】　過酸化水素、硝酸等の第六類の危険物

（浮き蓋の構造）

第二二条の二　令第十一条第二項第一号の総務省令で定める浮き蓋の構造は、次の各号に掲げる当該浮き蓋の区分に応じ、当該各号に定める技術上の基準に適合するものでなければならない。（ケ）

一　一枚板構造の浮き蓋にあつては、次のとおりとする。（ケ）

イ　厚さ三・二ミリメートル以上の鋼板で造ること。（ケ）

ロ　告示で定める浮力を有する構造〔危告示四の二三の二〕とすること。（ケ）

ハ　特定屋外貯蔵タンクのうち告示〔危告示四の二三の三〕で定めるものの浮き蓋は、告示〔危告示四の二三の四〕で定めるところにより液面揺動により損傷を生じない構造とすること。（ケ）

ニ　ハに規定する浮き蓋の浮き部分の溶接及び浮き部分と当該浮き部分以外の部分との溶接は、告示で定める方法〔危告示四の二三の五〕によること。（ケ）

ホ　浮き蓋の浮き部分が仕切り板で仕切られた室には告示で定めるマンホール〔危告示四の二三の六〕を設けること。（ケ）

ヘ　危険物の出し入れによつて浮き蓋が損傷しないように必要な通気管等を設けること。（ケ）

ト　浮き蓋を常に特定屋外貯蔵タンクの中心位置に保持し、かつ、当該浮き蓋の回転を防止するための設備（リにおいて「回転止め」という。）を設けること。（ケ）

チ　浮き蓋の外周縁は、たわみ性があり、かつ、側板に密着する性質を有する材料により被覆されていること。（ケ）

リ　回転止め及び浮き蓋の外周縁の被覆等の滑動部分に用いる材料又は構造は、発火のおそれのないものとすること。（ケ）

ヌ　浮き蓋に蓄積される静電気を有効に除去する装置を設けること。（ケ）

二　二枚板構造の浮き蓋にあつては、前号イ、ロ及びホからヌまでの規定の例によるものとする。（ケ）

三　簡易フロート型の浮き蓋（ステンレス製のものに限る。）にあつては、第一号ヘからヌまでの規定の例によるほか、次のとおりとする。（ケ）

イ　簡易フロート型の浮き蓋は、告示で定める浮力を有する構造〔危告示四の二三の七〕とすること。（ケ）

ロ　簡易フロート型の浮き蓋の浮き部分相互の接続箇所は回転性を有する構造とすること。（ケ）

四　簡易フロート型の浮き蓋（前号に掲げるものを除く。）にあつては、前号の規定の例によるほか、次のとおりとする。ただし、特定屋外貯蔵タンクのうち告示で定めるもの〔危告示四の二三の八〕については、イは適用しない。（ケ）

イ　フロートチューブの長さは六メートル以下であること。（ケ）

ロ　フロートチューブの円周方向に溶接接合がないこと。（ケ）

本条…追加〔平成二三年一二月総令一六五号〕

（噴き上げ防止措置）

第二十二条の二の二　令第十一条第二項第四号の総務省令で定める浮き蓋は、前条第三号及び第四号に規定するものとし、当該浮き蓋を備えた特定屋外貯蔵タンクの配管には、次に掲げるいずれかの設備を設けなければならない。（ケ）

一　当該配管内に滞留した気体がタンク内に流入することを防止するための設備（ケ）

二　当該配管内に滞留した気体がタンク内に流入するものとした場合において当該気体を分散させるための設備（ケ）

三　前二号に掲げるもののほか、当該配管内に滞留した気体がタンク内に流入することにより浮き蓋に損傷を与えることを防止するための設備（ケ）

本条…追加〔平成二三年一二月総令一六五号〕

（高引火点危険物の屋外タンク貯蔵所の特例）

第二十二条の二の三　令第十一条第三項の規定により同条第一項及び第二項に掲げる基準の特例を定めることができる屋外タンク貯蔵所は、高引火点危険物のみを百度未満の温度で貯蔵し、又は取り扱うものとする。（ま）（ケ）

2　前項の屋外タンク貯蔵所に係る令第十一条第一項及び第二項に掲げる基準の特例は、次項に定めるところによる。（ま）（ケ）

3　第一項の屋外タンク貯蔵所のうち、その位置、構造及び設備が次の各号に掲げる基準に適合するものについては、令第十一条第一項第一号から第二号まで（同条第二項においてその例による場合を含む。）並びに同条第一項第五号（支柱に係る部分に限る。）並びに同項第十号の二、第十四号及び第十五号（同条第二項においてその例による場合を含む。）の規定は、適用しない。（ま）（リ）（ケ）

一　屋外タンク貯蔵所の位置は、第十三条の六第三項第一号に掲げる高引火点危険物のみを取り扱う製造所の位置の例によるものであること。（ま）

二　屋外貯蔵タンク（危険物を移送するための配管その他これに準ずる工作物を除く。）の周囲に、次の表に掲げる区分に応じそれぞれ同表に定める幅の空地を保有すること。（ま）

区分	空地の幅
指定数量の倍数が二千以下の屋外タンク貯蔵所	三メートル以上
指定数量の倍数が二千を超え四千以下の屋外タンク貯蔵所	五メートル以上
指定数量の倍数が四千を超える屋外タンク貯蔵所	当該タンクの水平断面の最大直径（横型のものは横の長さ）又は高さの数値のうち大きいものの三分の一に等しい距離以上。ただし、五メートル未満であつてはならない。

三　屋外貯蔵タンクの支柱は、鉄筋コンクリート造、鉄骨コンクリート造その他これらと同等以上の耐火性能を有するものであること。ただし、一の防油堤内に設置する屋外貯蔵タンクのすべてが、第一項に定める屋外タンク貯蔵所の屋外貯蔵タンクである場合にあつては、支柱を不燃材料で造ることができる。（リ）

四　屋外貯蔵タンクのポンプ設備（令第十一条第一項第十号の二のポンプ設備をいう。以下この条において同じ。）は、同号（イ、ヘ及びトを除く。）に掲げる屋外貯蔵タンクのポンプ設備の例によるほか、次によること。（ま）（リ）

イ　防火上有効な隔壁を設ける場合又は指定数量の十倍以下の危険物の屋外貯蔵タンクのポンプ設備を設ける場合を除き、ポンプ設備の周囲に一メートル以上の幅の空地を保有すること。（リ）

ロ　ポンプ室の窓及び出入口には、防火設備を設けること。ただし、延焼のおそれのない外壁に設ける窓及び出入口には、防火設備に代えて、不燃材料又はガラスで造られた戸を設けることができる。（リ）

ハ　ポンプ室の延焼のおそれのある外壁に設ける窓及び出入口にガラスを用いる場合は、網入ガラスとすること。（リ）

五　屋外貯蔵タンクの周囲には、危険物が漏れた場合にその流出を防止するための防油堤を設けること。（ま）（リ）

六　第二十二条第二項第一号から第三号まで及び第九号から第十六号までの規定は、前号の防油堤の技術上の基準について準用する。この場合において、同項第一号中「百十パーセント」とあるのは「百パーセント」と読み替えるものとする。（ま）（リ）

本条…追加〔平成元年二月自令五号〕、三項…一部改正〔平成一三年一〇月総令一三六号〕、一―三項…一部改正・旧二二条の二…繰下〔平成二三年一二月総令一六五号〕

（屋外タンク貯蔵所の特例を定めることができる危険物）

第二十二条の二の四　令第十一条第四項の総務省令で定める危険物は、第十三条の七に規定する危険物とする。（ま）（ヘ）（ケ）

本条…追加〔平成元年二月自令五号〕、一部改正〔平成一二年九月自令四四号〕、旧二二条の二の二…一部改正し繰下〔平成二三年一二月総令一六五号〕

（アルキルアルミニウム等の屋外タンク貯蔵所の特例）

第二十二条の二の五　アルキルアルミニウム等を貯蔵し、又は取り扱う屋外タンク貯蔵所に係る令第十一条第四項の規定による同条第一項に掲げる基準を超える特例は、次のとおりとする。（ま）（ケ）

一　屋外貯蔵タンクの周囲には、漏えい範囲を局限化するための設備及び漏れたアルキルアルミニウム等を安全な場所に設けられた槽に導入することができる設備を設けること。（ま）

二　屋外貯蔵タンクには、不活性の気体を封入する装置を設けること。（ま）

本条…追加〔平成元年二月自令五号〕、旧二二条の二の三…一部改正し繰下〔平成二三年一二月総令一六五号〕

（アセトアルデヒド等の屋外タンク貯蔵所の特例）

第二十二条の二の六　アセトアルデヒド等を貯蔵し、又は取り扱う屋外タンク貯蔵所に係る令第十一条第四項の規定による同条第一項に掲げる基準を超える特例は、次のとおりとする。（ま）（ケ）

一　屋外貯蔵タンクの設備は、銅、マグネシウム、銀若しくは水銀又はこれらを成分とする合金で造らないこと。（ま）

二　屋外貯蔵タンクには、冷却装置又は保冷装置及び燃焼性混合気体の生成による爆発を防止するための不活性の気体を封入する装置を設けること。（ま）

本条…追加〔平成元年二月自令五号〕、旧二二条の二の四…一部改正し繰下〔平成二三年一二月総令一六五号〕

（ヒドロキシルアミン等の屋外タンク貯蔵所の特例）

第二十二条の二の七　ヒドロキシルアミン等を貯蔵し、又は取り扱う屋外タンク貯蔵所に係る令第十一条第四項の規定による同条第一項に掲げる基準を超える特例は、次のとおりとする。(リ)(ケ)

一　屋外タンク貯蔵所には、ヒドロキシルアミン等の温度の上昇による危険な反応を防止するための措置を講ずること。(リ)

二　屋外タンク貯蔵所には、鉄イオン等の混入による危険な反応を防止するための措置を講ずること。(リ)

本条…追加〔平成一三年一〇月総令一三六号〕、旧二二条の二の五…一部改正し繰下〔平成二三年一二月総令一六五号〕

（特例を定めることができる屋外タンク貯蔵所）

第二十二条の二の八　令第十一条第五項の総務省令で定める屋外タンク貯蔵所は、次のとおりとする。(の)(お)(ま)(へ)(リ)(ケ)

一　原油、灯油、軽油又は重油を岩盤タンクにおいて貯蔵し、又は取り扱う屋外タンク貯蔵所のうち、岩盤タンク内の最大常用圧力が五十キロパスカル以下のもの(お)(す)

二　第四類の危険物を地中タンクにおいて貯蔵し、又は取り扱う屋外タンク貯蔵所(お)

三　原油、灯油、軽油又は重油を海上タンクにおいて貯蔵し、又は取り扱う屋外タンク貯蔵所のうち、海上タンクを容量十万キロリットル以下ごとに水で満たした二重の隔壁で完全に区分し、かつ、海上タンクの側部及び底部を水で満たした二重の壁の構造としたもの(ま)

本条…追加〔昭和六二年四月自令一六号〕、一部改正〔昭和六二年一二月自令三六号〕、旧二二条の二…一部改正し繰下〔平成元年二月自令五号〕、本条…一部改正〔平成一〇年三月自令六号・一二年九月四四号〕、旧二二条の二の五…繰下〔平成一三年一〇月総令一三六号〕、旧二二条の二の六…一部改正し繰下〔平成二三年一二月総令一六五号〕

（岩盤タンクに係る屋外タンク貯蔵所の特例）

第二十二条の三　前条第一号の屋外タンク貯蔵所に係る令第十一条第五項の規定による同条第一項に掲げる基準の特例は、この条の定めるところによる。(の)(お)(ま)(ケ)

2　前条第一号の屋外タンク貯蔵所については、令第十一条第一項第一号から第二号まで、第三号の二から第七号の二まで、第十号の二、第十二号、第十二号の三及び第十五号の規定は、適用しない。(の)(お)(す)

3　前項に定めるもののほか、前条第一号の屋外タンク貯蔵所の特例は、次のとおりとする。(の)(お)

一　岩盤タンクの位置は、水道法（昭和三十二年法律第百七十七号）第三条第八項に規定する水道施設であつて危険物の流入のおそれのあるもの又は地下トンネル、隣接する岩盤タンクその他の地下工作物から当該タンクの内壁までの間に、安全を確保するために必要と認められる距離を保つこと。(の)

二　坑道の出入口は、防火上支障がないように設けること。(の)

三　岩盤タンクの内壁から岩盤タンクの最大幅の五倍の水平距離を有する範囲の地下水位は、安定したものであること。(の)

四　岩盤タンクは、地下水位から十分な深さとするとともに、その岩盤は、構造に支障を及ぼす断層等のない堅固なものとし、

かつ、変位が収束していること。(の)
五　岩盤タンク及び坑道その他の設備は、地震の影響等の想定される荷重によつて生ずる応力及び変形に対して安全なものであること。(の)
六　岩盤タンクのプラグ（岩盤タンクの坑道に接続する部分に設ける遮へい材をいう。）は、鉄筋コンクリート等で気密に造るとともに、その配管が貫通する部分及び岩盤と接触する部分は、危険物又は可燃性の蒸気の漏れがないこと。(の)(ま)
七　岩盤タンクのポンプ設備は、次によること。(の)
イ　危険物中に設けるポンプ設備は、その電動機の内部に冷却水を循環させるとともに、金属製の保護管内に設置すること。(の)
ロ　イ以外のポンプ設備は、令第十一条第一項第十号の二（坑道に設けるものにあつては、イ、ロ、ホ及びルを除く。）に掲げる屋外貯蔵タンクのポンプ設備の例によるものであること。(の)
八　危険物を取り扱う配管、管継手及び弁の構造は、令第十八条の二に掲げる移送取扱所の配管等の例によるものであること。(の)
九　岩盤タンクに係る屋外タンク貯蔵所には、危険物若しくは可燃性の蒸気の漏えい又は危険物の爆発等の災害の発生又は拡大を防止する設備を設けること。(の)(ま)

本条…追加〔昭和六二年四月自令一六号〕、一―三項…一部改正〔昭和六二年一二月自令三六号〕、一・三項…一部改正〔平成元年二月自令五号〕、二項…一部改正〔平成一〇年三月自令六号〕、一項…一部改正〔平成一三年一〇月総令一六五号〕

（地中タンクに係る屋外タンク貯蔵所の特例）

第二十二条の三の二　第二十二条の二の八第二号の屋外タンク貯蔵所に係る令第十一条第五項の規定による同条第一項に掲げる基準の特例は、この条の定めるところによる。(お)(ま)(リ)(ケ)
2　第二十二条の二の八第二号の屋外タンク貯蔵所については、令第十一条第一項第一号の二、第二号、第三号の二、第三号の三、第四号（水張試験又は水圧試験に関する部分を除く。）、第四号の二、第五号、第七号、第七号の二、第十号の二、第十一号の二、第十二号の三及び第十五号の規定は、適用しない。(お)(ま)(す)(リ)(ケ)
3　前項に定めるもののほか、第二十二条の二の八第二号の屋外タンク貯蔵所の特例は、次のとおりとする。(お)(ま)(リ)(ケ)
一　地中タンクに係る屋外タンク貯蔵所は、次に掲げる場所その他告示で定める場所〔危告示第四条の二四〕に設置してはならないものであること。(お)
イ　第二十八条の三第一項第六号及び第七号に掲げる場所(お)
ロ　現に隆起、沈降等の地盤変動の生じている場所又は地中タンクの構造に支障を及ぼす地盤変動の生ずるおそれのある場所(お)
二　地中タンクに係る屋外タンク貯蔵所の位置は、令第十一条第一項第一号によるほか、当該屋外タンク貯蔵所の存する敷地の境界線から地中タンクの地盤面上の側板までの間に、当該地中タンクの水平断面の内径の数値に〇・五を乗じて得た数値（当該数値が地中タンクの底板上面から地盤面までの高さの数値より小さい場合には、当該高さの数値）又は五十メートル（当該地中タンクにおいて貯蔵し、又は取り扱う危険物の引火点が二十一度以上七十度未満の場合にあつては四十メートル、七十度以上の場合にあつては三十メートル）のうち大きいものに等しい距離以上の距離を保つこと。（お）

三　地中タンク（危険物を移送するための配管その他これに準ずる工作物を除く。）の周囲に、当該地中タンクの水平断面の内径の数値に〇・五を乗じて得た数値又は地中タンクの底板上面から地盤面までの高さの数値のうち大きいものに等しい距離以上の幅の空地を保有すること。（お）

四　地中タンクの地盤は次によること。

イ　地盤は、当該地盤上に設置する地中タンク及びその附属設備の自重、貯蔵する危険物の重量等の荷重（以下「地中タンク荷重」という。）によつて生ずる応力に対して安全なものであること。（お）（ま）

ロ　地盤は、次に定める基準に適合するものであること。（お）

(1)　地盤は、第二十条の二第二項第一号に定める基準に適合するものであること。（お）

(2)　告示で定める範囲〔危告示第四条の二五〕内における地盤は、地中タンク荷重に対する支持力の計算における支持力の安全率〔危告示第四条の二六〕及び沈下量の計算における計算沈下量〔危告示第四条の二七〕が告示で定める値を有するものであり、かつ、第二十条の二第二項第二号ロ(3)に定める基準に適合するものであること。（お）

(3)　地中タンク下部の地盤（第五号ハに定める揚水設備を設ける場合にあつては、当該揚水設備の排水層下の地盤）の表面の平板載荷試験において、平板載荷試験値（極限支持力の値とする。）が地中タンク荷重に(2)の安全率を乗じて得た値以上の値を有するものであること。（お）

(4)　告示で定める範囲〔危告示第四条の二八〕内における地盤の地質〔危告示第四条の八、同第四条の二九〕が告示で定めるもの以外のものであること。（お）

(5)　地盤が海、河川、湖沼等に面している場合又は人工地盤を設ける場合は、すべりに関し、告示で定める安全率〔危告示第四条の三〇〕を有するものであること。（お）

(6)　人工地盤〔危告示第四条の三一〕については、(1)から(5)までに定めるもののほか告示で定める基準に適合するものであること。（お）

五　地中タンクの構造は次によること。（お）

イ　地中タンクは、側板及び底板を鉄筋コンクリート又はプレストレストコンクリートで造り、屋根を鋼板で造るとともに、側板及び底板の内側には漏液防止板を設け、気密に造ること。（お）

ロ　地中タンクの材料は、告示で定める規格〔危告示第四条の三二〕に適合するもの又はこれと同等以上の強度等を有するものであること。（お）

ハ　地中タンクは、当該地中タンク及びその附属設備の自重、貯蔵する危険物の重量、土圧、地下水圧、揚圧力、コンクリートの乾燥収縮及びクリープの影響、温度変化の影響、地震の影響等の荷重によつて生ずる応力及び変形に対して安全なものであり、かつ、有害な沈下及び浮き上がりを生じないものであること。ただし、告示で定める基準に適合する揚水設備〔危告示第四条の三三〕を設ける場合は、揚圧力を考慮しないことができる。（お）

ニ　地中タンクの構造は、イからハまでに掲げるもののほか、次に定める基準に適合するものであること。（お）

(1)　荷重により地中タンク本体（屋根及び漏液防止板を含む。）に生ずる応力は、告示で定めるそれぞれの許容応力〔危告示第四条の三四〕以下であること。（お）

(2)　側板及び底板の最小厚さ〔危告示第四条の三五〕は、告示で定める基準に適合するものであること。（お）

(3)　屋根〔危告示第四条の二二・第四条の三六〕は、二枚板構造の浮き屋根とし、その外面にはさび止めのための塗装をするとともに、告示で定める基準に適合するものであること。（お）

(4)　漏液防止板〔危告示第四条の三七〕は、告示で定めるところにより鋼板で造るとともに、その溶接部〔危告示第四条の三八〕は、告示で定めるところにより行う磁粉探傷試験等の試験において、告示で定める基準〔危告示第四条の三九〕に適合するものであること。（お）

六　地中タンクのポンプ設備は、前条第三項第七号に掲げる岩盤タンクのポンプ設備の例によるものであること。（お）

七　地中タンクには、当該地中タンク内の水を適切に排水することができる設備を設けること。（お）

八　地中タンクに係る屋外タンク貯蔵所に坑道を設ける場合にあつては、次によること。（お）

イ　坑道の出入口は、地中タンク内の危険物の最高液面を超える位置に設けること。ただし、最高液面を超える位置を経由する場合にあつては、この限りでない。（お）

ロ　可燃性の蒸気が滞留するおそれのある坑道には、可燃性の蒸気を外部に排出することができる設備を設けること。（お）（ま）

九　地中タンクは、その周囲が告示で定める構内道路〔危告示第四条の四〇〕に直接面するように設けること。ただし、二以上の地中タンクを隣接して設ける場合にあつては、当該地中タンクのすべてが包囲され、かつ、各タンクの二方以上が構内道路に直接面することをもつて足りる。（お）

十　地中タンクに係る屋外タンク貯蔵所には、告示で定めるところにより、危険物又は可燃性の蒸気の漏えいを自動的に検知する設備〔危告示第四条の四一〕及び地下水位の変動を監視する設備〔危告示第四条の四二〕を設けること。（お）（ま）

十一　地中タンクに係る屋外タンク貯蔵所には、告示で定めるところにより地中壁〔危告示第四条の四三〕を設けること。ただし、周囲の地盤の状況等により漏えいした危険物が拡散するおそれのない場合には、この限りでない。（お）

4　前二項に規定するもののほか、第二十二条の二の八第二号の屋外タンク貯蔵所に関し必要な事項は、告示〔危告示第四条の四四～第四条の四六〕で定める。（お）（ま）（リ）（ケ）

本条…追加〔昭和六二年一二月自令三六号〕、一—四項…一部改正〔平成元年二月自令五号〕、二項…一部改正〔平成一〇年三月自令六号〕、一—四項…一部改正〔平成一三年一〇月総令一三六号・一三年一二月一六五号〕

（海上タンクに係る屋外タンク貯蔵所の特例）

第二二条の三の三　第二十二条の二の八第三号の屋外タンク貯蔵所に係る令第十一条第五項の規定による同条第一項に掲げる基準の

特例は、この条の定めるところによる。（ま）（リ）（ケ）

2　第二十二条の二の八第三号の屋外タンク貯蔵所については、令第十一条第一項第一号の二、第二号、第三号の二から第八号まで及び第十号の二から第十五号までの規定は、適用しない。（ま）（リ）（ケ）

3　前項に定めるもののほか、第二十二条の二の八第三号の屋外タンク貯蔵所の特例は、次のとおりとする。（ま）（リ）（ケ）

一　海上タンクの位置は、次によること。（ま）

イ　海上タンクは、自然に、又は人工的にほぼ閉鎖された静穏な海域に設置すること。（ま）

ロ　海上タンクの位置は、陸地、海底又は当該海上タンクに係る屋外タンク貯蔵所に係る工作物以外の海洋工作物から当該海上タンクの外面までの間に、安全を確保するために必要と認められる距離を保つこと。（ま）

二　海上タンクの構造は、船舶安全法（昭和八年法律第十一号）の定めるところによること。（ま）

三　海上タンクの定置設備は、次によること。（ま）

イ　定置設備は、海上タンクを安全に保持するように配置すること。（ま）

ロ　定置設備は、当該定置設備に作用する荷重によつて生ずる応力及び変形に対して安全な構造とすること。（ま）

四　定置設備の直下で、海底面から定置設備の自重及び当該定置設備に作用する荷重によつて生ずる応力に対して当該定置設備を安全に支持するのに必要な深さの範囲の地盤は、標準貫入試験において標準貫入試験値が平均的に十五以上の値を有するとともに、当該定置設備の自重及び当該定置設備に作用する荷重によつて生ずる応力に対して安全なものであること。（ま）

五　海上タンクのポンプ設備は、令第十一条第一項第十号の二に掲げる屋外貯蔵タンクのポンプ設備の例によるものであること。（ま）

六　危険物を取り扱う配管は、次によること。（ま）

イ　海上タンクの配管の位置、構造及び設備は、令第十一条第一項第十二号に掲げる屋外貯蔵タンクの配管の例によるものであること。（ま）

ロ　海上タンクに設置する配管とその他の配管との結合部分は、波浪等により当該部分に損傷を与えないように措置すること。（ま）

七　電気設備は、電気工作物に係る法令の規定によるほか、熱及び腐食に対して耐久性を有するとともに、天候の変化に耐えるものであること。（ま）

八　前三号の規定にかかわらず、海上タンクに設置するポンプ設備、配管及び電気設備（第十号に定める設備に係る電気設備及び令第二十条に規定する消火設備に係る電気設備を除く。）については、船舶安全法の定めるところによること。（ま）

九　海上タンクの周囲には、危険物が漏れた場合にその流出を防止するための防油堤（浮き式のものを含む。）を設けること。（ま）

十　海上タンクに係る屋外タンク貯蔵所には、危険物若しくは可燃性の蒸気の漏えい又は危険物の爆発等の災害の発生又は拡大を防止する設備を設けること。（ま）

本条…追加〔平成元年二月自令五号〕、四一―三項…一部改正〔平成一三年一〇月総令一三六号・二三年一二月一六五号〕

（屋外タンク貯蔵所の水張試験の特例）

第二二条の四 令第十一条第六項の総務省令で定める屋外タンク貯蔵所の構造又は設備の変更の工事は、タンク本体に関する工事を含む変更の工事で、当該タンク本体に関する工事が次の各号（特定屋外タンク貯蔵所以外の屋外タンク貯蔵所にあつては、第一号、第二号、第三号、第五号、第六号、第八号及び第九号）に掲げるものに限り行われる変更の工事とする。（ら）（の）（ま）（せ）（へ）（ケ）㋺

一　ノズル、マンホール等の取付工事（ら）
二　ノズル、マンホール等に係る溶接部の補修工事（せ）
三　屋根及び浮き蓋に係る工事（ら）（せ）（ケ）
四　側板に係る重ね補修工事（ら）（せ）
五　側板に係る肉盛り補修工事（溶接部に対する熱影響が軽微なものに限る。）（せ）
六　接液部以外の側板に係る溶接部の補修工事（せ）
七　底部に係る重ね補修工事のうち、側板から六百ミリメートルの範囲以外の部分に係るもので、当該重ね補修の部分が底部（張出し部を除く。）の面積の二分の一未満のもの（ら）（せ）
八　底部に係る肉盛り補修工事（溶接部に対する熱影響が軽微なものに限る。）（せ）
九　構造上の影響を与える有害な変形がないタンクの底部に係る溶接部（ぜい性破壊を起こすおそれのないものに限る。）の補修工事のうち、タンク本体の変形に対する影響が軽微なもの㋺

2　前項の変更の工事が行われた場合には、当該変更の工事に係る屋外タンク貯蔵所については、令第十一条第一項第四号（同条第二項においてその例による場合を含む。）の規定（水張試験に関する基準に係る部分に限る。）は、適用しない。（ら）（ケ）

本条…追加〔昭和五九年七月自令一七号〕、一項…一部改正・旧二二条の二…繰下〔昭和六二年四月自令一六号〕、一項…一部改正〔平成元年二月自令五号・九年三月一二号・一二年九月四四号〕、一・二項…一部改正〔平成二三年一二月総令一六五号〕、一項…一部改正〔令和元年八月総令三四号〕

（平家建の建築物内に設ける屋内貯蔵タンクのポンプ設備）

第二二条の五 令第十二条第一項第九号の二の規定により、ポンプ設備をタンク専用室の存する建築物に設ける場合は、次のとおりとする。（ま）

一　タンク専用室以外の場所に設ける場合は、令第十一条第一項第十号の二ハからヌまで及びヲの規定の例によること。（ま）
二　タンク専用室に設ける場合は、ポンプ設備を堅固な基礎の上に固定するとともに、その周囲にタンク専用室の出入口のしきいの高さ以上の高さの不燃材料で造つた囲いを設けるか、又はポンプ設備の基礎の高さをタンク専用室の出入口のしきいの高さ以上とすること。（ま）

本条…追加〔平成元年二月自令五号〕

（平家建以外の建築物内に設ける屋内貯蔵タンクのポンプ設備）

第二二条の六 令第十二条第二項第二号の二の規定により、ポンプ設備をタンク専用室の存する建築物に設ける場合は、次のとおりとする。（ま）

一　タンク専用室以外の場所に設ける場合は、次によること。（ま）
イ　ポンプ室は、壁、柱、床及びはりを耐火構造とすること。

（ま）

ロ　ポンプ室は、上階がある場合にあつては上階の床を耐火構造とし、上階のない場合にあつては屋根を不燃材料で造り、かつ、天井を設けないこと。（ま）

ハ　ポンプ室には、窓を設けないこと。（ま）

ニ　ポンプ室の出入口には、随時開けることができる自動閉鎖の特定防火設備を設けること。（ま）（ホ）

ホ　ポンプ室の換気及び排出の設備には、防火上有効にダンパー等を設けること。（ま）

ヘ　令第十一条第一項第十号の二ハ、チからヌまで及びヲの規定の例によること。（ま）

二　タンク専用室に設ける場合は、ポンプ設備を堅固な基礎の上に固定するとともに、その周囲に高さ〇・二メートル以上の不燃材料で造つた囲いを設ける等漏れた危険物が流出し、又は流入しないように必要な措置を講ずること。（ま）

本条…追加〔平成元年二月自令五号〕、一部改正〔平成一二年五月自令三五号〕

（屋内タンク貯蔵所の特例を定めることができる危険物）

第二十二条の七　令第十二条第三項の総務省令で定める危険物は、第十三条の七に規定する危険物とする。（ま）（へ）

本条…追加〔平成元年二月自令五号〕、一部改正〔平成一二年九月自令四四号〕

（アルキルアルミニウム等の屋内タンク貯蔵所の特例）

第二十二条の八　アルキルアルミニウム等を貯蔵し、又は取り扱う屋内タンク貯蔵所に係る令第十二条第三項の規定による同条第一項に掲げる基準を超える特例は、第二十二条の二の五に掲げるアルキルアルミニウム等を貯蔵し、又は取り扱う屋外タンク貯蔵所の規定の例によるものとする。（ま）（ケ）

本条…追加〔平成元年二月自令五号〕、一部改正〔平成一三年一〇月総令一六五号〕

（アセトアルデヒド等の屋内タンク貯蔵所の特例）

第二十二条の九　アセトアルデヒド等を貯蔵し、又は取り扱う屋内タンク貯蔵所に係る令第十二条第三項の規定による同条第一項に掲げる基準を超える特例は、第二十二条の二の六に掲げるアセトアルデヒド等を貯蔵し、又は取り扱う屋外タンク貯蔵所の規定の例によるものとする。（ま）（ケ）

本条…追加〔平成元年二月自令五号〕、一部改正〔平成一三年一〇月総令一六五号〕

（ヒドロキシルアミン等の屋内タンク貯蔵所の特例）

第二十二条の一〇　ヒドロキシルアミン等を貯蔵し、又は取り扱う屋内タンク貯蔵所に係る令第十二条第三項の規定による同条第一項に掲げる基準を超える特例は、第二十二条の二の七に掲げるヒドロキシルアミン等を貯蔵し、又は取り扱う屋外タンク貯蔵所の規定の例によるものとする。（リ）（ケ）

本条…追加〔平成一三年一〇月総令一三六号〕、一部改正〔平成一三年一〇月総令一六五号〕

（地下貯蔵タンクの構造）（タ）

第二三条 令第十三条第一項第六号の規定により、地下貯蔵タンクは、当該地下貯蔵タンク及びその附属設備の自重、貯蔵する危険物の重量、当該地下貯蔵タンクに係る内圧、土圧等の主荷重及び地震の影響等の従荷重によつて生ずる応力及び変形に対して安全に造らなければならない。(タ)

2　主荷重及び主荷重と従荷重との組合せにより地下貯蔵タンク本体に生ずる応力は、告示で定めるそれぞれの許容応力〔危告示第四条の四七〕以下でなければならない。(タ)

本条…一部改正〔昭和三五年七月自令三号〕、旧二三条…繰下〔昭和六二年四月自令一六号〕、本条…一部改正〔平成元年二月自令五号〕、旧二三条の二…繰下〔平成三年三月自令三号〕、旧二三条の三…一部改正し繰上〔平成五年七月自令二二号〕、本条…一部改正〔平成一二年九月自令四四号〕、全部改正〔平成一七年三月総令三七号〕

（地下貯蔵タンクの外面の保護）

第二三条の二 令第十三条第一項第七号（令第九条第一項第二十号ハにおいてその例による場合及びこれを令第十九条第一項において準用する場合並びに令第十七条第一項第八号イ及び同条第二項第二号においてその例による場合を含む。）の規定により、地下貯蔵タンクの外面は、次の各号に掲げる当該地下貯蔵タンクの区分に応じ、当該地下貯蔵タンクの腐食を防止するための当該各号に定める方法により保護しなければならない。ただし、腐食のおそれが著しく少ないと認められる材料で地下貯蔵タンクを造る場合は、この限りでない。(タ)(ソ)(ノ)

一　内面に告示で定める腐食を防止するためのコーティング〔危告示第四条の四七の二〕を講じた告示で定める腐食のおそれが特に高い地下貯蔵タンク〔危告示第四条の四七の三〕　告示で定める塗覆装〔危告示第四条の四八第一項〕(ノ)

二　前号に規定するもの以外の告示で定める腐食のおそれが特に高い地下貯蔵タンク〔危告示第四条の四七の三〕　告示で定める塗覆装〔危告示第四条の四八第一項〕及び電気防食〔危告示第四条の四九〕(ノ)

三　前二号に規定するもの以外の地下貯蔵タンクで電気的腐食のおそれのある場所に設置されたもの　告示で定める塗覆装〔危告示第四条の四八第二項〕及び電気防食〔危告示第四条の四九〕(タ)(ノ)

四　前三号に規定するもの以外の地下貯蔵タンク　告示で定める塗覆装〔危告示第四条の四八第二項〕(タ)(ノ)

2　令第十三条第二項第五号（令第九条第一項第二十号ハにおいてその例による場合及びこれを令第十九条第一項において準用する場合並びに令第十七条第一項第八号イ及び同条第二項第二号においてその例による場合を含む。）の規定により、令第十三条第二項第三号イに掲げる材料で造つた地下貯蔵タンク又は同号イに掲げる材料で造つた地下貯蔵タンクに同項第一号イに掲げる措置を講じたものの外面は、腐食を防止するため告示で定める方法〔危告示第四条の四八第三項〕により保護しなければならない。(タ)(ソ)

3　令第十三条第三項（令第九条第一項第二十号ハにおいてその例による場合及びこれを令第十九条第一項において準用する場合並びに令第十七条第一項第八号イ及び同条第二項第二号においてその例による場合を含む。）の規定により、地下貯蔵タンクの外面

は、腐食を防止するため告示で定める方法〔危告示第四条の四八第四項〕により保護しなければならない。(タ)(ソ)

本条…追加〔平成一七年三月総令三七号〕、一—三項…一部改正〔平成一八年三月総令三一号〕、一項…一部改正〔平成二一年六月総令七一号〕

（危険物の漏れを検知する設備）

第二三条の三　令第十三条第一項第十三号の規定により、地下貯蔵タンク又はその周囲には、次の各号に掲げる当該地下貯蔵タンクの区分に応じ、当該各号に定める危険物の漏れを検知する設備を設けなければならない。(タ)(ノ)

一　告示で定める腐食のおそれが高い地下貯蔵タンク〔危告示第四条の四九の三〕（当該地下貯蔵タンクの内面に告示で定める腐食を防止するためのコーティング〔危告示第四条の四七の二〕を講じたもの又は電気防食により保護されたものを除く。）　地下貯蔵タンクからの危険物の微少な漏れを検知するための告示で定める設備〔危告示第四条の四九の二〕(ノ)

二　前号以外の地下貯蔵タンク　前号に定める設備又は地下貯蔵タンクの周囲に四箇所以上設ける管により液体の危険物の漏れを検知する設備(ノ)

本条…追加〔平成一七年三月総令三七号〕、一部改正〔平成二二年六月総令七一号〕

（タンク室の構造）

第二三条の四　令第十三条第一項第十四号の規定により、タンク室は、当該タンク室の自重、地下貯蔵タンク及びその附属設備並びに貯蔵する危険物の重量、土圧、地下水圧等の主荷重並びに上載荷重、地震の影響等の従荷重によつて生ずる応力及び変形に対して安全なものでなければならない。(タ)

2　主荷重及び主荷重と従荷重との組合せによりタンク室に生ずる応力は、告示で定めるそれぞれの許容応力〔危告示第四条の五〇〕以下でなければならない。(タ)

本条…追加〔平成一七年三月総令三七号〕

（タンク室の防水の措置）(タ)

第二四条　令第十三条第一項第十四号の規定により、タンク室は、次の各号に掲げる防水の措置を講じたものでなければならない。(タ)

一　タンク室は、水密コンクリート又はこれと同等以上の水密性を有する材料で造ること。(タ)

二　鉄筋コンクリート造とする場合の目地等の部分及びふたとの接合部分には、雨水、地下水等がタンク室の内部に浸入しない措置を講ずること。(タ)

本条…一部改正〔昭和三五年七月自令三号・四九年五月一二号・五九年三月一号・六二年四月一六号・平成元年二月五号〕、全部改正〔平成五年七月自令二二号〕、一—三項…一部改正〔平成七年二月自令二号〕、二項…一部改正〔平成一〇年三月自令六号〕、全部改正〔平成一七年三月総令三七号〕

（地下貯蔵タンク内に設けるポンプ設備）

第二四条の二　令第十三条第一項第九号の二（同条第二項及び第三項においてその例による場合を含む。）の規定により、ポンプ又は電動機を地下貯蔵タンク内に設ける設備（以下この条において「油中ポンプ設備」という。）は、次のとおり設けるものとする。（あ）

一　油中ポンプ設備の電動機の構造は、次のとおりとすること。（あ）

イ　固定子は、危険物に侵されない樹脂が充塡された金属製の容器に収納されていること。（あ）

ロ　運転中に固定子が冷却される構造とすること。（あ）

ハ　電動機の内部に空気が滞留しない構造とすること。（あ）

二　電動機に接続される電線は、危険物に侵されないものとし、かつ、直接危険物に触れないよう保護すること。（あ）

三　油中ポンプ設備は、締切運転による電動機の温度の上昇を防止するための措置が講じられたものであること。（あ）

四　油中ポンプ設備は、次の場合において電動機を停止する措置が講じられたものであること。（あ）

イ　電動機の温度が著しく上昇した場合。（あ）

ロ　ポンプの吸引口が露出した場合。（あ）

五　油中ポンプ設備は、次により設置すること。（あ）

イ　油中ポンプ設備は、地下貯蔵タンクとフランジ接合すること。（あ）

ロ　油中ポンプ設備のうち、地下貯蔵タンク内に設けられる部分は、保護管内に設けること。ただし、当該部分が十分な強度を有する外装により保護されている場合にあつては、この限りでない。（あ）

ハ　油中ポンプ設備のうち、地下貯蔵タンクの上部に設けられる部分は、危険物の漏えいを点検することができる措置が講じられた安全上必要な強度を有するピット内に設けること。（あ）

本条…追加〔平成五年七月自令二二号〕

（二重殻タンクの構造及び設備）

第二四条の二の二　令第十三条第二項第一号イ（令第九条第一項第二十号ハにおいてその例による場合及びこれを令第十九条第一項において準用する場合並びに令第十七条第一項第八号イ及び同条第二項第二号においてその例による場合を含む。）の規定により、地下貯蔵タンクには、当該タンクの底部から危険物の最高液面を超える部分までの外側に厚さ三・二ミリメートル以上の鋼板を間げきを有するように取り付けなければならない。（あ）（ソ）

2　令第十三条第二項第一号イ（令第九条第一項第二十号ハにおいてその例による場合及びこれを令第十九条第一項において準用する場合並びに令第十七条第一項第八号イ及び同条第二項第二号においてその例による場合を含む。）の総務省令で定める設備は、前項の規定により取り付けられた鋼板と地下貯蔵タンクの間げき内に満たされた鋼板の腐食を防止する措置を講じた液体の漏れを検知することができる設備とする。（あ）（へ）（ソ）

3　令第十三条第二項第一号ロ（令第九条第一項第二十号ハにおいてその例による場合及びこれを令第十九条第一項において準用する場合並びに令第十七条第一項第八号イ及び同条第二項第二号においてその例による場合を含む。）の規定により、地下貯蔵タンクには、次の各号に掲げる地下貯蔵タンクの区分に応じ、当該各

号に定めるところにより被覆しなければならない。(あ)(み)(ソ)

一　令第十三条第二項第三号イに掲げる材料で造つた地下貯蔵タンク　当該タンクの底部から危険物の最高液面を超える部分までの外側に厚さ二ミリメートル以上のガラス繊維等を強化材とした強化プラスチックを間げきを有するように被覆すること。(み)(タ)

二　令第十三条第二項第三号ロに掲げる材料で造つた地下貯蔵タンク　当該タンクの外側にイに掲げる樹脂及びロに掲げる強化材で造られた強化プラスチックを間げきを有するように被覆すること。(み)(タ)

イ　日本産業規格K六九一九「繊維強化プラスチック用液状不飽和ポリエステル樹脂」に適合する樹脂又はこれと同等以上の品質を有するビニルエステル樹脂(み)Ⓘ

ロ　日本産業規格R三四一一「ガラスチョップドストランドマット」、日本産業規格R三四一二「ガラスロービング」、日本産業規格R三四一三「ガラス糸」、日本産業規格R三四一五「ガラステープ」、日本産業規格R三四一六「処理ガラスクロス」又は日本産業規格R三四一七「ガラスロービングクロス」に適合するガラス繊維(み)Ⓘ

4　令第十三条第二項第一号ロ（令第九条第一項第二十号ハにおいてその例による場合及びこれを令第十九条第一項において準用する場合並びに令第十七条第一項第八号イ及び同条第二項第二号においてその例による場合を含む。）の総務省令で定める設備は、前項の規定により被覆された強化プラスチックと地下貯蔵タンクの間げき内に漏れた危険物を検知することができる設備とする。(あ)(へ)(ソ)

本条…追加〔平成五年七月自令二二号〕、三項…一部改正〔平成七年二月自令二号〕、二・四項…一部改正〔平成一二年九月自令四四号〕、三項…一部改正〔平成一七年三月総令三七号〕、一―四項…一部改正〔平成一八年三月総令三一号〕、三項…一部改正〔令和元年六月総令一九号〕

（強化プラスチックの材質）

第二四条の二の三　令第十三条第二項第三号ロの総務省令で定める強化プラスチックは、次の各号に掲げる樹脂及び強化材で造られたものとする。この場合において、強化プラスチックは、貯蔵し、又は取り扱う危険物の種類に応じて、告示で定める耐薬品性試験〔危告示第四条の五〇の二第一項〕において告示で定める基準〔危告示第四条の五〇の二第二項〕に適合することがあらかじめ確認されていなければならない。ただし、自動車ガソリン（日本産業規格K二二〇二「自動車ガソリン」に規定するものをいう。）、灯油、軽油又は重油（日本産業規格K二二〇五「重油」に規定するもののうち一種に限る。）については、当該確認を要しない。(ノ)Ⓘ

一　樹脂は、次のイ及びロに掲げる地下貯蔵タンクに使用される部分に応じ、それぞれイ及びロに定める樹脂とすること。(ノ)

イ　危険物と接する部分　日本産業規格K六九一九「繊維強化プラスチック用液状不飽和ポリエステル樹脂」（UP―CM、UP―CE又はUP―CEEに係る規格に限る。）に適合する樹脂又はこれと同等以上の耐薬品性を有するビニルエステル樹脂(ノ)Ⓘ

ロ　その他の部分　前条第三項第二号イに掲げる樹脂(ノ)

二　強化材は、前条第三項第二号ロに掲げる強化材とすること。

（ノ）

本条…追加〔平成七年二月自令二号〕、一部改正〔平成八年三月自令三号・一二年九月四四号・一七年三月総令三七号〕、全部改正〔平成二二年六月総令七一号〕、一部改正〔令和元年六月総令一九号〕

（強化プラスチック製二重殻タンクの安全な構造）

第二四条の二の四　令第十三条第二項第四号の規定により、同項第三号ロに掲げる材料で造つた地下貯蔵タンクに同項第一号ロに掲げる措置を講じたもの（第一号において「強化プラスチック製二重殻タンク」という。）は、次に掲げる荷重が作用した場合において、変形が当該地下貯蔵タンク直径の三パーセント以下であり、かつ、曲げ応力度比（曲げ応力を許容曲げ応力で除したものをいう。）の絶対値と軸方向応力度比（引張応力又は圧縮応力を許容軸方向応力で除したものをいう。）の絶対値の和が一以下である構造としなければならない。この場合において、許容応力を算定する際の安全率は、四以上の値とする。（み）（タ）

一　強化プラスチック製二重殻タンクの頂部が水面から〇・五メートル下にある場合に当該タンクに作用する圧力（み）

二　タンクの種類に応じ、次に掲げる圧力の内水圧（み）

イ　圧力タンク以外のタンク　七十キロパスカル（み）（す）

ロ　圧力タンク　最大常用圧力の一・五倍の圧力（み）

本条…追加〔平成七年二月自令二号〕、一部改正〔平成一〇年三月自令六号・一七年三月総令三七号〕

（危険物の漏れを防止することのできる構造）

第二四条の二の五　令第十三条第三項（令第九条第一項第二十号ハにおいてその例による場合及びこれを令第十九条第一項において準用する場合並びに令第十七条第一項第八号イ及び同条第二項第二号においてその例による場合を含む。）の総務省令で定める構造は、地下貯蔵タンクを適当な防水の措置を講じた厚さ十五センチメートル（側方及び下方にあつては、三十センチメートル）以上のコンクリートで被覆する構造とする。（あ）（み）（へ）（ソ）

本条…追加〔平成五年七月自令二二号〕、旧二四条の二の三…繰下〔平成七年二月自令二号〕、本条…一部改正〔平成一二年九月自令四四号・一八年三月総令三一号〕

（地下タンク貯蔵所の特例を定めることができる危険物）

第二四条の二の六　令第十三条第四項の総務省令で定める危険物は、アセトアルデヒド等及びヒドロキシルアミン等とする。（ま）（あ）（み）（へ）（リ）

本条…追加〔平成元年二月自令五号〕、旧二四条の二…一部改正し繰下〔平成五年七月自令二二号〕、旧二四条の二の四…繰下〔平成七年二月自令二号〕、本条…一部改正〔平成一二年九月自令四四号・一三年一〇月総令一三六号〕

（アセトアルデヒド等の地下タンク貯蔵所の特例）

第二四条の二の七　アセトアルデヒド等を貯蔵し、又は取り扱う地下タンク貯蔵所に係る令第十三条第四項の規定による同条第一項から第三項までに掲げる基準を超える特例は、第二十二条の二の六に掲げるアセトアルデヒド等を貯蔵し、又は取り扱う屋外タンク貯蔵所の規定の例によるものとする。ただし、地下貯蔵タンクがアセトアルデヒド等の温度を適温に保つことができる構造である場合には、冷却装置又は保冷装置を設けないことができる。

(ま)(あ)(み)(タ)(ケ)

本条…追加〔平成元年二月自令五号〕、一部改正〔平成三年三月自令三号〕、旧二四条の二の二…一部改正し繰下〔平成五年七月自令二二号〕、旧二四条の二の五…繰下〔平成七年二月自令二号〕、本条…一部改正〔平成一七年三月総令三七号・二三年一二月一六五号〕

（ヒドロキシルアミン等の地下タンク貯蔵所の特例）

第二四条の二の八　ヒドロキシルアミン等を貯蔵し、又は取り扱う地下タンク貯蔵所に係る令第十三条第四項の規定による同条第一項から第三項までに掲げる基準を超える特例は、第二十二条の二の七に掲げるヒドロキシルアミン等を貯蔵し、又は取り扱う屋外タンク貯蔵所の規定の例によるものとする。(リ)(ケ)

本条…追加〔平成一三年一〇月総令一三六号〕、一部改正〔平成二三年一二月総令一六五号〕

（防波板）

第二四条の二の九　令第十五条第一項第四号の規定により、**防波板**は、次の各号に定めるところにより設けなければならない。(と)
(ま)(あ)(み)(リ)

一　容量が二千リットル以上のタンク室に設けること。(と)

二　タンク室内の二箇所に、その移動方向と平行に、高さ又は間仕切からの距離を異にして設けること。(と)

三　一箇所に設ける防波板の面積は、タンク室の移動方向の最大断面積の五十パーセント以上とすること。ただし、タンク室の移動方向に直角の断面の形状が円形又は短径が一メートル以下のだ円形である場合は、四十パーセント以上とすることができる。(と)

四　貯蔵する危険物の動揺により容易に湾曲しないような構造とすること。(と)

本条…追加〔昭和四〇年一〇月自令二八号〕、全部改正〔昭和四六年六月自令一二号〕、旧二四条の二…一部改正し繰下〔平成元年二月自令五号〕、旧二四条の二の三…繰下〔平成五年七月自令二二号〕、旧二四条の二の六…繰下〔平成七年二月自令二号〕、旧二四条の二の八…繰下〔平成一三年一〇月総令一三六号〕

解説　**【防波板】**移送中における危険物の動揺を抑えるためにタンク内部に設ける板

（側面枠及び防護枠）(ま)

第二四条の三　令第十五条第一項第七号の規定により、附属装置の損傷を防止するための装置は、次の各号に定めるところにより設けなければならない。(と)(ま)

一　移動貯蔵タンクの両側面の上部に設けるもの（以下「**側面枠**」という。）(と)(ま)

イ　当該移動タンク貯蔵所の後部立面図において、当該側面枠の最外側と当該移動タンク貯蔵所の最外側とを結ぶ直線（以下「最外側線」という。）と地盤面とのなす角度が七十五度以上で、かつ、貯蔵最大数量の危険物を貯蔵した状態における当該移動タンク貯蔵所の重心点と当該側面枠の最外側とを結ぶ直線と当該重心点から最外側線におろした垂線とのなす角度が三十五度以上となるように設けること。(と)(ま)

ロ　外部からの荷重に耐えるように作ること。(と)

ハ　移動貯蔵タンクの両側面の上部の四隅に、それぞれ当該移動貯蔵タンクの前端又は後端から水平距離で一メートル以内の位置に設けること。ただし、被けん引自動車に固定された移動貯蔵タンクにあつては、当該移動貯蔵タンクの前端又は後端から水平距離で一メートルを超えた位置に設けることができる。(と)(ま)

ニ　取付け箇所には、当該側面枠にかかる荷重によつて移動貯蔵タンクが損傷しないように、当て板をすること。(と)(ま)

二　附属装置の周囲に設けるもの（以下「防護枠」という。）(と)(ま)

イ　厚さ二・三ミリメートル以上の鋼板又はこれと同等以上の機械的性質を有する材料で、通し板補強を行つた底部の幅が百二十ミリメートル以上の山形又はこれと同等以上の強度を有する構造に造ること。(と)(の)

ロ　頂部は、附属装置より五十ミリメートル以上高くすること。ただし、当該高さを確保した場合と同等以上に附属装置を保護することができる措置を講じたときは、この限りでない。(と)

本条…追加〔昭和四六年六月自令一二号〕、一部改正〔昭和六二年四月自令一六号〕、見出し…改正・本条…一部改正〔平成元年二月自令五号〕

解説　**【側面枠】**　転倒した場合に転覆を防止するための枠である。
【防護枠】　注入口、安全装置等タンク上部にある附属設備を防護するための枠である。

（手動閉鎖装置のレバー）

第二四条の四　令第十五条第一項第十号の規定により、手動閉鎖装置のレバーは、次の各号に定めるところにより設けなければならない。(と)

一　手前に引き倒すことにより手動閉鎖装置を作動させるものであること。(と)

二　長さは、十五センチメートル以上であること。(と)

本条…追加〔昭和四六年六月自令一二号〕

（積載式移動タンク貯蔵所の基準の特例）

第二四条の五　積載式移動タンク貯蔵所（令第十五条第二項に規定する積載式移動タンク貯蔵所をいう。以下同じ。）に係る令第十五条第二項の規定による同条第一項に掲げる基準の特例は、この条の定めるところによる。(ま)

2　積載式移動タンク貯蔵所については、令第十五条第一項第十五号の規定は、適用しない。(ま)

3　次の各号に適合する移動貯蔵タンクに係る積載式移動タンク貯蔵所については、令第十五条第一項第三号（間仕切に係る部分に限る。）、第四号及び第七号の規定は、適用しない。(ま)

一　移動貯蔵タンク及び附属装置（底弁等を含む。以下この条において同じ。）は、鋼製の箱状の枠（以下この条において「箱枠」という。）に収納されていること。(ま)

二　箱枠は、移動貯蔵タンクの移動方向に平行のもの及び垂直のものにあつては当該移動貯蔵タンク、附属装置及び箱枠の自重、貯蔵する危険物の重量等の荷重（以下「移動貯蔵タンク荷重」という。）の二倍以上、移動貯蔵タンクの移動方向に直角

のものにあつては移動貯蔵タンク荷重以上の荷重に耐えることができる強度を有する構造とすること。（ま）
三　移動貯蔵タンクは、厚さ六ミリメートル（当該タンクの直径又は長径が一・八メートル以下のものにあつては、五ミリメートル）以上の鋼板又はこれと同等以上の機械的性質を有する材料で造ること。（ま）
四　移動貯蔵タンクに間仕切を設ける場合には、当該タンクの内部に完全な間仕切を厚さ三・二ミリメートル以上の鋼板又はこれと同等以上の機械的性質を有する材料で造ること。（ま）
五　移動貯蔵タンク（タンク室を設ける場合にあつては、当該タンク室。以下この項において同じ。）には、マンホール及び安全装置を設けること。（ま）
六　前号の安全装置は、第十九条第二項の規定の例によるほか、容量が四千リットルを超える移動貯蔵タンクの安全装置にあつては、吹き出し部分の有効面積の総和が二十五平方センチメートルに当該容量を四千リットルで除して得た値を乗じて得た値以上となるように設けること。（ま）
七　移動貯蔵タンクのマンホール及び注入口のふたは、厚さ六ミリメートル（当該タンクの直径又は長径が一・八メートル以下のものにあつては、五ミリメートル）以上の鋼板又はこれと同等以上の機械的性質を有する材料で造ること。（ま）
八　附属装置は、箱枠の最外側との間に五十ミリメートル以上の間隔を保つこと。（ま）
4　前二項に定めるもののほか、積載式移動タンク貯蔵所の特例は、次のとおりとする。（ま）（チ）（ワ）
一　移動貯蔵タンクは、積替え時に移動貯蔵タンク荷重によつて生ずる応力及び変形に対して安全なものであること。（ま）
二　積載式移動タンク貯蔵所には、移動貯蔵タンク荷重の四倍のせん断荷重に耐えることができる緊締金具及びすみ金具を設けること。ただし、容量が六千リットル以下の移動貯蔵タンクを積載する移動タンク貯蔵所にあつては、緊締金具及びすみ金具に代えて当該移動貯蔵タンクを車両のシャーシフレームに緊結できる構造のUボルトとすることができる。（ま）
三　積載式移動タンク貯蔵所に注入ホースを設ける場合には、令第十五条第一項第十五号に掲げる基準の例によること。（ま）
四　移動貯蔵タンクには、当該タンクの見やすい箇所に「消」の文字、積載式移動タンク貯蔵所の許可に係る行政庁名及び設置の許可番号を表示すること。この場合において、表示の大きさは縦〇・一五メートル以上、横〇・四メートル以上とするとともに、表示の色は、地を白色、文字を黒色とすること。（ま）

本条…追加〔平成元年二月自令五号〕、四項…追加・旧四項…一部改正し五項に繰下〔平成一三年三月総令四五号〕、四項…削除・旧五項…一部改正し四項に繰上〔平成一五年一二月総令一四三号〕

（給油タンク車の基準の特例）
第二四条の六　航空機又は船舶の燃料タンクに直接給油するための給油設備を備えた移動タンク貯蔵所（以下この条、第二十六条、第二十六条の二、第四十条の三の七及び第四十条の三の八においいて「給油タンク車」という。）に係る令第十五条第三項の規定による同条第一項に掲げる基準の特例は、この条の定めるところによる。（ま）（み）（ソ）

2　給油タンク車については、令第十五条第一項第十五号の規定は、適用しない。（ま）

3　前項に定めるもののほか、給油タンク車の特例は、次のとおりとする。（ま）

一　給油タンク車には、エンジン排気筒の先端部に火炎の噴出を防止する装置を設けること。（ま）

二　給油タンク車には、給油ホース等が適正に格納されないと発進できない装置を設けること。（ま）

三　給油設備は、次に定める構造のものであること。（ま）

イ　配管は、金属製のものとし、かつ、最大常用圧力の一・五倍以上の圧力で十分間水圧試験を行つたとき漏えいその他の異常がないものであること。（ま）

ロ　給油ホースの先端に設ける弁は、危険物の漏れを防止することができる構造とすること。（ま）

ハ　外装は、難燃性を有する材料で造ること。（ま）

四　給油設備には、当該給油設備のポンプ機器を停止する等により移動貯蔵タンクからの危険物の移送を緊急に止めることができる装置を設けること。（ま）

五　給油設備には、開放操作時のみ開放する自動閉鎖の開閉装置を設けるとともに、給油ホースの先端部には航空機又は船舶の燃料タンク給油口に緊結できる結合金具（真ちゆうその他摩擦等によつて火花を発し難い材料で造られたものに限る。）を設けること。ただし、航空機の燃料タンクに直接給油するための給油設備の給油ホースの先端部に手動開閉装置を備えた給油ノズル（手動開閉装置を開放状態で固定する装置を備えたものを除く。第四十条の三の七において同じ。）を設ける場合は、この限りでない。（ま）（ソ）

六　給油設備には、給油ホースの先端に蓄積される静電気を有効に除去する装置を設けること。（ま）

七　給油ホースは、最大常用圧力の二倍以上の圧力で水圧試験を行つたとき漏えいその他の異常がないものであること。（ま）

八　船舶の燃料タンクに直接給油するための給油設備の給油ホースは、著しい引張力が加わつたときに当該給油タンク車（当該給油ホースを除く。）に著しい引張力を加えず、かつ、当該給油ホース等の破断による危険物の漏れを防止する措置が講じられたものであること。（ソ）

本条…追加〔平成元年二月自令五号〕、一項…一部改正〔平成七年二月自令二号〕、一・三項…一部改正〔平成一八年三月総令三一号〕

解説　【給油設備】レフューラ

（移動タンク貯蔵所の特例を定めることができる危険物）

第二四条の七　令第十五条第四項の総務省令で定める危険物は、第十三条の七に規定する危険物とする。（ま）（へ）

本条…追加〔平成元年二月自令五号〕、一部改正〔平成一二年九月自令四四号〕

（アルキルアルミニウム等の移動タンク貯蔵所の特例）

第二四条の八　アルキルアルミニウム等を貯蔵し、又は取り扱う移動タンク貯蔵所に係る令第十五条第四項の規定による同条第一項及び第二項に掲げる基準を超える特例は、次のとおりとする。（ま）（チ）（ワ）

一　令第十五条第一項第二号の規定にかかわらず、移動貯蔵タンクは、厚さ十ミリメートル以上の鋼板又はこれと同等以上の機械的性質を有する材料で気密に造るとともに、一メガパスカル以上の圧力で十分間行う水圧試験において、漏れ、又は変形しないものであること。（ま）（す）

二　令第十五条第一項第三号の規定にかかわらず、移動貯蔵タンクの容量は、千九百リットル未満であること。（ま）

三　第十九条第二項第一号の規定にかかわらず、安全装置は、移動貯蔵タンクの水圧試験の圧力の三分の二を超え五分の四以下の範囲の圧力で作動するものであること。（ま）

四　令第十五条第一項第五号の規定にかかわらず、移動貯蔵タンクのマンホール及び注入口のふたは、厚さ十ミリメートル以上の鋼板又はこれと同等以上の機械的性質を有する材料で造ること。（ま）

五　令第十五条第一項第九号の規定にかかわらず、移動貯蔵タンクの配管及び弁等は、当該タンクの頂部に取り付けること。（ま）

六　第二十四条の五第四項第二号の規定にかかわらず、移動タンク貯蔵所には、移動貯蔵タンク荷重の四倍のせん断荷重に耐えることができる緊締金具及びすみ金具を設けること。（ま）（ヌ）（ワ）

七　移動貯蔵タンクは、不活性の気体を封入できる構造とすること。（ま）

八　移動貯蔵タンクは、その外面を赤色で塗装するとともに、文字を白色として胴板の両側面及び鏡板に第十八条第一項第四号に掲げる注意事項を表示すること。（ま）

本条…追加〔平成元年二月自令五号〕、一部改正〔平成一〇年三月自令六号・一三年三月総令四五号・一四年一月四号・一五年一二月一四三号〕

（アセトアルデヒド等の移動タンク貯蔵所の特例）

第二四条の九　アセトアルデヒド等を貯蔵し、又は取り扱う移動タンク貯蔵所に係る令第十五条第四項の規定による同条第一項及び第二項に掲げる基準を超える特例は、次のとおりとする。（ま）（チ）（ワ）

一　移動貯蔵タンクは、不活性の気体を封入できる構造とすること。（ま）

二　移動貯蔵タンク及びその設備は、銅、マグネシウム、銀若しくは水銀又はこれらを成分とする合金で造らないこと。（ま）

本条…追加〔平成元年二月自令五号〕、一部改正〔平成一三年三月総令四五号・一五年一二月一四三号〕

（ヒドロキシルアミン等の移動タンク貯蔵所の特例）

第二四条の九の二　ヒドロキシルアミン等を貯蔵し、又は取り扱う移動タンク貯蔵所に係る令第十五条第四項の規定による同条第一項及び第二項に掲げる基準を超える特例は、第二十二条の二の七に掲げるヒドロキシルアミン等を貯蔵し、又は取り扱う屋外タンク貯蔵所の規定の例によるものとする。（リ）（ケ）

本条…追加〔平成一三年一〇月総令一三六号〕、一部改正〔平成二三年一二月総令一六五号〕

（国際海事機関が採択した危険物の運送に関する規程に定める基準に適合する移動タンク貯蔵所の基準の特例）

第二四条の九の三　国際海事機関が採択した危険物の運送に関する規程に定める基準に適合する移動タンク貯蔵所に係る令第十五条第五項の規定による同条第一項、第二項及び第四項に掲げる基準の特例は、この条の定めるところによる。（ワ）

2　前項の移動タンク貯蔵所については、令第十五条第一項第二号から第五号まで及び第七号から第十四号まで、第二十四条の五第四項第一号、第二号（すみ金具に係る部分に限る。）及び第四号、第二十四条の八第一号から第六号（すみ金具に係る部分に限る。）まで、第七号及び第八号（外面の塗装及び文字の色に係る部分に限る。）並びに第二十四条の九第二号の規定は、適用しない。（ワ）

本条…追加〔平成二五年一二月総令一四三号〕

（屋外貯蔵所の架台の基準）

第二四条の一〇　令第十六条第一項第六号の規定による架台の構造及び設備は、次のとおりとする。（ま）

一　架台は、不燃材料で造るとともに、堅固な地盤面に固定すること。（ま）

二　架台は、当該架台及びその附属設備の自重、貯蔵する危険物の重量、風荷重、地震の影響等の荷重によつて生ずる応力に対して安全なものであること。（ま）

三　架台の高さは、六メートル未満とすること。（ま）

四　架台には、危険物を収納した容器が容易に落下しない措置を講ずること。（ま）

2　前項に規定するもののほか、架台の構造及び設備に関し必要な事項は、告示〔未制定〕で定める。（ま）

本条…追加〔平成元年二月自令五号〕

（シートを固着する装置）

第二四条の一一　令第十六条第二項第五号の規定によるシートを固着する装置は、囲いの長さ二メートルごとに一個以上設けなければならない。（た）（ま）

本条…追加〔昭和五四年七月自令一六号〕、旧二四条の五…繰下〔平成元年二月自令五号〕

（高引火点危険物の屋外貯蔵所の特例）

第二四条の一二　高引火点危険物のみを貯蔵し、又は取り扱う屋外貯蔵所に係る令第十六条第三項の規定による同条第一項に掲げる基準の特例は、この条の定めるところによる。（ま）

２　前項の屋外貯蔵所のうち、その位置が次の各号に掲げる基準に適合するものについては、令第十六条第一項第一号及び第四号の規定は、適用しない。（ま）

一　屋外貯蔵所の位置は、第十三条の六第三項第一号に掲げる高引火点危険物のみを取り扱う製造所の位置の例によるものであること。（ま）

二　令第十六条第一項第三号のさく等の周囲には、次の表に掲げる区分に応じそれぞれ同表に定める幅の空地を保有すること。（ま）

区　　分	空地の幅
指定数量の倍数が五十以下の屋外貯蔵所	三メートル以上
指定数量の倍数が五十を超え二百以下の屋外貯蔵所	六メートル以上
指定数量の倍数が二百を超える屋外貯蔵所	十メートル以上

本条…追加〔平成元年二月自令五号〕

（引火性固体、第一石油類又はアルコール類の屋外貯蔵所の特例）

第二四条の一三　第二類の危険物のうち引火性固体（引火点が二十一度未満のものに限る。以下この条において同じ。）又は第四類の危険物のうち第一石油類若しくはアルコール類を貯蔵し、又は取り扱う屋外貯蔵所に係る令第十六条第四項の規定による同条第一項に掲げる基準の特例は、次のとおりとする。（ヌ）

一　引火性固体、第一石油類又はアルコール類を貯蔵し、又は取り扱う場所には、当該危険物を適温に保つための散水設備等を設けること。（ヌ）

二　第一石油類又はアルコール類を貯蔵し、又は取り扱う場所の周囲には、排水溝及び貯留設備（令第九条第一項第九号に規定する貯留設備をいう。以下同じ。）を設けること。この場合において、第一石油類（水に溶けないものに限る。）を貯蔵し、又は取り扱う場所にあつては、貯留設備に油分離装置を設けなければならない。（ヌ）（ソ）

本条…追加〔平成一四年一月総令四号〕、一部改正〔平成一八年三月総令三一号〕

（給油空地）

第二四条の一四　令第十七条第一項第二号（同条第二項においてその例による場合を含む。）の総務省令で定める空地は、次に掲げる要件に適合する空地とする。（ソ）

一　自動車等が安全かつ円滑に出入りすることができる幅で道路に面していること。（ソ）

二　自動車等が当該空地からはみ出さずに安全かつ円滑に通行することができる広さを有すること。（ソ）

三　自動車等が当該空地からはみ出さずに安全かつ円滑に給油を受けることができる広さを有すること。（ソ）

本条…追加〔平成一八年三月総令三一号〕

（注油空地）

第二四条の一五　令第十七条第一項第三号（同条第二項においてその例による場合を含む。）の総務省令で定める空地は、給油取扱所に設置する固定注油設備（令第十七条第一項第三号の固定注油設備をいう。以下同じ。）に係る次の各号に掲げる区分に応じ、当該各号に定める広さを有する空地とする。（ソ）

一　灯油又は軽油を容器に詰め替えるための固定注油設備　容器を安全に置くことができ、かつ、当該容器に灯油又は軽油を安全かつ円滑に詰め替えることができる広さ（ソ）

二　灯油又は軽油を車両に固定されたタンクに注入するための固定注油設備　タンクを固定した車両が当該空地からはみ出さず、かつ、当該タンクに灯油又は軽油を安全かつ円滑に注入することができる広さ（ソ）

本条…追加〔平成一八年三月総令三一号〕

（給油空地及び注油空地の舗装）

第二四条の一六　令第十七条第一項第四号（同条第二項においてその例による場合を含む。）の総務省令で定める舗装は、次に掲げる要件に適合する舗装とする。（ソ）

一　漏れた危険物が浸透し、又は当該危険物によつて劣化し、若しくは変形するおそれがないものであること。（ソ）

二　当該給油取扱所において想定される自動車等の荷重により損傷するおそれがないものであること。（ソ）

三　耐火性を有するものであること。（ソ）

本条…追加〔平成一八年三月総令三一号〕

（滞留及び流出を防止する措置）

第二四条の一七　令第十七条第一項第五号（同条第二項においてその例による場合を含む。）の総務省令で定める措置は、次に掲げる要件に適合する措置とする。（ソ）

一　可燃性の蒸気が給油空地（令第十七条第一項第二号の給油空地をいう。以下同じ。）及び注油空地（同項第三号の注油空地をいう。以下同じ。）内に滞留せず、給油取扱所外に速やかに排出される構造とすること。（ソ）

二　当該給油取扱所内の固定給油設備（令第十七条第一項第一号の固定給油設備をいう。以下同じ。）（ホース機器と分離して設置されるポンプ機器を除く。）又は固定注油設備（ホース機器と分離して設置されるポンプ機器を除く。）の一つから告示で定める数量の危険物（危告示第四条の五二）が漏えいするものとした場合において、当該危険物が給油空地及び注油空地内に滞

留せず、火災予防上安全な場所に設置された貯留設備に収容されること。(ソ)

三　貯留設備に収容された危険物が外部に流出しないこと。この場合において、水に溶けない危険物を収容する貯留設備にあつては、当該危険物と雨水等が分離され、雨水等のみが給油取扱所外に排出されること。(ソ)

本条…追加〔平成一八年三月総令三一号〕

(給油取扱所のタンク)

第二五条　令第十七条第一項第七号(同条第二項においてその例による場合を含む。)の総務省令で定めるタンクは、次のとおりとする。(の)(ま)(へ)(ソ)

一　廃油タンク(の)

二　ボイラー等に直接接続するタンク(の)

本条…追加〔昭和六二年四月自令一六号〕、一部改正〔平成元年二月自令五号・一二年九月四四号・一八年三月総令三一号〕

(固定給油設備等の構造)

第二五条の二　令第十七条第一項第十号(令第十四条第九号及び令第十七条第二項においてその例による場合を含む。)の総務省令で定める構造は、次のとおりとする。(の)(ま)(あ)(へ)(ソ)

一　ポンプ機器の構造は、次のとおりとすること。(あ)

イ　固定給油設備のポンプ機器は、当該ポンプ機器に接続される給油ホースの先端における最大吐出量がガソリン、第四類の危険物のうちメタノール若しくはこれを含有するもの(第二十七条の三第八項、第二十八条の二から第二十八条の二の三まで、第二十八条の二の七第四項及び第四十条の十四において「メタノール等」という。)又は第四類の危険物のうちエタノール若しくはこれを含有するもの(第二十七条の三第八項、第二十八条の二から第二十八条の二の三まで、第二十八条の二の七第四項、第二十八条の二の八及び第四十条の十四において「エタノール等」という。)にあつては毎分五十リットル以下、軽油にあつては毎分百八十リットル以下となるものとすること。(あ)(き)(す)(ケ)(モ)

ロ　固定注油設備のポンプ機器は、当該ポンプ機器に接続される注油ホースの先端における最大吐出量が毎分六十リットル以下となるものとすること。ただし、車両に固定されたタンクにその上部から注入する用に供する固定注油設備のポンプ機器にあつては、当該ポンプ機器に接続される注油ホースの先端における最大吐出量が毎分百八十リットル以下となるものとすることができる。(す)

ハ　懸垂式の固定給油設備及び固定注油設備のポンプ機器には、ポンプ吐出側の圧力が最大常用圧力を超えて上昇した場合に、危険物を自動的に専用タンクに戻すことができる装置をポンプ吐出管部に設けること。(あ)(す)

ニ　ポンプ又は電動機を専用タンク内に設けるポンプ機器(以下この条、第二十五条の三の二、第二十五条の五第二項、第二十八条の五十九第二項第八号及び第四十条の三の四第一号

において「油中ポンプ機器」という。）は、第二十四条の二に掲げるポンプ設備の例によるものであること。(あ)(す)

ホ　油中ポンプ機器には、当該ポンプ機器に接続されているホース機器が転倒した場合において当該ポンプ機器の運転を停止する措置が講じられていること。(あ)(す)

二　ホース機器の構造は、次のとおりとすること。(あ)

イ　給油ホース又は注油ホース（以下「給油ホース等」という。）は、危険物に侵されないものとするほか、日本産業規格K六三四三「送油用ゴムホース」に定める一種の性能を有するものとすること。(あ)(き)(す)(い)

ロ　給油ホース等の先端に設ける弁及び給油ホース等の継手は、危険物の漏れを防止することができる構造とすること。(あ)

ハ　給油ホース等は、著しい引張力が加わつたときに当該給油ホース等の破断による危険物の漏れを防止する措置が講じられたものであること。(あ)

ニ　ホース機器は、当該ホース機器に接続される給油ホース等が地盤面に接触しない構造とすること。(あ)

ホ　車両に固定されたタンクにその上部から注入する用に供する固定給油設備及び固定注油設備のホース機器には、当該タンクの底部に達する注入管が設けられていること。(あ)(す)(り)

へ　車両に固定されたタンクにその上部から注入する用に供する固定給油設備及び固定注油設備のホース機器の給油ホース等のうち、その先端における吐出量が毎分六十リットルを超えるものにあつては、危険物の過剰な注入を自動的に防止できる構造のものとするとともに、注油ホースにあつては当該タンクに専用に注入するものとすること。(あ)(き)(す)(り)

ト　油中ポンプ機器に接続するホース機器には、当該ホース機器が転倒した場合において当該ホース機器への危険物の供給を停止する装置が設けられていること。(あ)

チ　固定給油設備の給油ノズルで、容器への詰替えの用に供するものは、容器が満量となつたときにガソリンの注入を自動的に停止する構造のものとすること。(り)

三　配管は、金属製のものとし、かつ、〇・五メガパスカルの圧力で十分間水圧試験を行つたとき漏えいその他の異常がないものであること。(の)(あ)(す)

四　難燃性を有する材料で造られた外装を設けること。ただし、ポンプ室に設けるポンプ機器又は油中ポンプ機器にあつては、この限りでない。(ま)(あ)

五　火花を発するおそれのある機械器具を設ける部分は、可燃性蒸気が流入しない構造とすること。(チ)

本条…追加〔昭和六二年四月自令一六号〕、一部改正〔平成元年二月自令五号・五年七月二二号・六年三月五号・一〇年三月六号・一二年九月四四号・一三年三月総令四五号・一八年三月三一号・二三年一二月一六五号・二九年一月三号・令和元年六月一九号・五年一二月八三号〕

（懸垂式の固定給油設備等の給油ホース等の長さ）

第二五条の二の二　令第十七条第一項第十号（同条第二項においてその例による場合を含む。）の総務省令で定める長さは、ホース機器の引出口から地盤面上〇・五メートルの水平面に垂線を下ろし、その交点を中心として当該水平面において給油ホース等の先端で円を描いた場合において、半径三メートルを超える円を描くことができない長さとする。（ま）（あ）（へ）（ソ）

本条…追加〔平成元年二月自令五号〕、一部改正〔平成五年七月自令二二号・一二年九月四四号・一八年三月総令三一号〕

（固定給油設備等の表示）

第二五条の三　令第十七条第一項第十一号（同条第二項においてその例による場合を含む。）の規定による表示は、次のとおりとする。（の）（ま）（ソ）

一　給油ホース等の直近の位置に表示すること。（の）（ま）（き）

二　取り扱う危険物の品目を表示すること。（の）

本条…追加〔昭和六二年四月自令一六号〕、一部改正〔平成元年二月自令五号・六年三月五号・一八年三月総令三一号〕

（道路境界線等からの間隔を保つことを要しない場合）（あ）

第二五条の三の二　令第十七条第一項第十二号ただし書（同条第二項においてその例による場合を含む。）、同条第一項第十三号ただし書（同条第二項においてその例による場合を含む。）及び同条第一項第十三号イ（同条第二項においてその例による場合を含む。）の規定により、同条第一項第十二号、同条第一項第十三号及び同号イに定める間隔を保つことを要しない場合は、次に掲げる要件に適合するポンプ室にポンプ機器を設ける場合又は油中ポンプ機器を設ける場合とする。（ま）（あ）（ソ）

一　ポンプ室は、壁、柱、床、はり及び屋根（上階がある場合は、上階の床）を耐火構造とすること。（ま）

二　ポンプ室の出入口は、給油空地に面するとともに、当該出入口には、随時開けることができる自動閉鎖の特定防火設備を設けること。（ま）（ホ）（ソ）

三　ポンプ室には、窓を設けないこと。（ま）

本条…追加〔平成元年二月自令五号〕、見出し…改正・本条…一部改正〔平成五年七月自令二二号〕、本条…一部改正〔平成一二年五月自令三五号・一八年三月総令三一号〕

（給油取扱所の建築物）

第二五条の四　令第十七条第一項第十六号（同条第二項においてその例による場合を含む。）の総務省令で定める用途は、次のとおりとする。（の）（ま）（へ）（ソ）

一　給油又は灯油若しくは軽油の詰替えのための作業場（ま）（す）

二　給油取扱所の業務を行うための事務所（の）（ま）ⓡ

三　自動車等の点検・整備を行う作業場（の）

四　自動車等の洗浄を行う作業場（の）

五　給油取扱所の所有者、管理者若しくは占有者が居住する住居

　又はこれらの者に係る他の給油取扱所の業務を行うための事務所（の）

六　消防法施行令（昭和三十六年政令第三十七号）別表第一㈠項、㈢項、㈣項、㈧項、(十一)項から(十三)項イまで、(十四)項及び(十五)項に掲げる防火対象物の用途（前各号に掲げるものを除く。）ⓡ

2　令第十七条第一項第十六号（同条第二項においてその例による場合を含む。）の総務省令で定める部分は、前項第二号、第三号及び第六号の用途に供する床又は壁で区画された部分（給油取扱所の係員のみが出入りするものを除く。）とし、令第十七条第一項第十六号（同条第二項においてその例による場合を含む。）の総務省令で定める面積は、三百平方メートルとする。（の）（ま）（き）（へ）（ソ）ⓡ

3　令第十七条第一項第十七号及び同条第二項第七号の総務省令で定める自動車等の出入口は、第一項第一号、第三号及び第四号の用途に供する部分に設ける自動車等の出入口とする。（の）（ま）（へ）（ソ）

4　令第十七条第一項第十七号及び同条第二項第六号の総務省令で定める部分は、第一項第五号の用途に供する部分とし、令第十七条第一項第十七号及び同条第二項第六号の総務省令で定める構造は、給油取扱所の敷地に面する側の壁に出入口がない構造とする。（ま）（へ）（ソ）

5　令第十七条第一項第十八号及び同条第二項第八号の総務省令で定める部分は、第一項第三号及び第四号の用途に供する部分とし、令第十七条第一項第十八号及び同条第二項第八号の総務省令で定める構造は、次のとおりとする。（の）（ま）（も）（へ）（ソ）

一　出入口は、随時開けることができる自動閉鎖のものとすること。（の）

二　犬走り又は出入口の敷居の高さは、十五センチメートル以上であること。（の）

本条…追加〔昭和六二年四月自令一六号〕、一―三項…一部改正・四項…追加・旧四項…一部改正し五項に繰下〔平成元年二月自令五号〕、二項…一部改正〔平成六年三月自令五号〕、五項…一部改正〔平成九年二月自令一号〕、一項…一部改正〔平成一〇年三月自令六号〕、一―五項…一部改正〔平成一二年九月自令四四号・一八年三月総令三一号〕、一・二項…一部改正〔令和五年一二月総令八三号〕

（給油取扱所の塀又は壁）

第二五条の四の二　令第十七条第一項第十九号（同条第二項においてその例による場合を含む。）の総務省令で定める塀又は壁は、次に掲げる要件に適合する塀又は壁とする。（ソ）

一　開口部（防火設備ではめごろし戸であるもの（ガラスを用いるものである場合には、網入りガラスを用いたものに限る。）が設けられたものを除く。）を有しないものであること。（ソ）

二　給油取扱所において告示で定める火災〔危告示第四条の五二第一項〕が発生するものとした場合において、当該火災により当該給油取扱所に隣接する敷地に存する建築物の外壁その他の告示で定める箇所〔危告示第四条の五二第二項〕における輻射熱が告示で定める式〔危告示第四条の五二第三項〕を満たすこと。（ソ）

本条…追加〔平成一八年三月総令三一号〕

（給油取扱所の附随設備）

第二五条の五　令第十七条第一項第二十二号（同条第二項においてその例による場合を含む。）の規定により給油取扱所の業務を行うについて必要な設備は、自動車等の洗浄を行う設備、自動車等の点検・整備を行う設備、**混合燃料油調合器**、尿素水溶液供給機及び急速充電設備（対象火気設備等の位置、構造及び管理並びに対象火気器具等の取扱いに関する条例の制定に関する基準を定める省令（平成十四年総務省令第二十四号。以下「対象火気省令」という。）第三条第二十号に規定する急速充電設備をいう。以下同じ。）とする。(の)(ま)(ソ)(り)

2　前項の設備の位置、構造又は設備の基準は、それぞれ次の各号のとおりとする。

一　自動車等の洗浄を行う設備(の)

イ　**蒸気洗浄機**(の)

(1)　位置は、固定給油設備（ポンプ室（第二十五条の三の二各号に適合するポンプ室に限る。以下この項及び第四十条の三の四第一号において同じ。）に設けられたポンプ機器及び油中ポンプ機器を除く。）から(2)に規定する囲いが次の表に掲げる固定給油設備の区分に応じそれぞれ同表に定める距離以上離れた場所であること。(の)(ま)(あ)

固定給油設備の区分		距離
懸垂式の固定給油設備		四メートル
その他の固定給油設備	固定給油設備に接続される給油ホースのうちその全長が最大であるものの全長（以下この(1)、ロ、次号イ及び第四十条の三の四第一号において「最大給油ホース全長」という。）が三メートル以下のもの	四メートル
	最大給油ホース全長が三メートルを超え四メートル以下のもの	五メートル
	最大給油ホース全長が四メートルを超え五メートル以下のもの	六メートル

(2)　周囲には、不燃材料で造つた高さ一メートル以上の囲いを設けるとともに、その囲いの出入口は、固定給油設備に面しないものとすること。(の)

(3)　排気筒には、高さ一メートル以上の煙突を設けること。(の)

ロ　洗車機(の)

位置は、固定給油設備（ポンプ室に設けられたポンプ機器及び油中ポンプ機器を除く。）から次の表に掲げる固定給油設備の区分に応じそれぞれ同表に定める距離以上離れた場所であること。ただし、建築物の第二十五条の四第一項第四号の用途に供する部分で、床又は壁で区画されたものの内部に

設ける場合は、この限りでない。(の)(ま)(あ)(チ)

固定給油設備の区分		距離
懸垂式の固定給油設備		四メートル
その他の固定給油設備	最大給油ホース全長が三メートル以下のもの	四メートル
	最大給油ホース全長が三メートルを超え四メートル以下のもの	五メートル
	最大給油ホース全長が四メートルを超え五メートル以下のもの	六メートル

二　自動車等の点検・整備を行う設備(の)

イ　位置は、固定給油設備（ポンプ室に設けられたポンプ機器及び油中ポンプ機器を除く。）から次の表に掲げる固定給油設備の区分に応じそれぞれ同表に定める距離以上、かつ、道路境界線から二メートル以上離れた場所であること。ただし、建築物の第二十五条の四第一項第三号の用途に供する部分で、床又は壁で区画されたものの内部に設ける場合は、この限りでない。(の)(ま)(あ)

固定給油設備の区分		距離
懸垂式の固定給油設備		四メートル
その他の固定給油設備	最大給油ホース全長が三メートル以下のもの	四メートル
	最大給油ホース全長が三メートルを超え四メートル以下のもの	五メートル
	最大給油ホース全長が四メートルを超え五メートル以下のもの	六メートル

ロ　危険物を取り扱う設備は、危険物の漏れ、あふれ又は飛散を防止することができる構造とすること。(の)

三　混合燃料油調合器

イ　位置は、給油に支障がない場所であつて、建築物（第二十五条の四第一項第一号の用途に供する部分を除く。）から一メートル以上、かつ、道路境界線から四メートル以上離れた場所であること。(の)(ま)

ロ　蓄圧圧送式のものは、常用圧力に堪える構造とし、かつ、適当な安全装置を設けること。

四　尿素水溶液供給機(り)

イ　位置は、給油に支障がない場所であること。(り)

ロ　給油空地内に設置する場合は、自動車等の衝突を防止するための措置を講ずるとともに、堅固な基礎の上に固定すること。(り)

五　急速充電設備(り)

イ　位置は、給油に支障がない場所であつて、次に掲げる場所であること。(り)

(1)　可燃性の蒸気が滞留するおそれのない場所であること。(り)

(2)　第二十八条の二の四に規定する給油取扱所にあつては、制御卓から全ての急速充電設備における使用状況を直接視認できる場所であること。ただし、第二十八条の二の五第六号イただし書の規定により制御卓を設けた場合にあつては、この限りでない。㋷

ロ　自動車等の衝突を防止するための措置を講ずること。㋷

ハ　急速充電設備の電気回路を電源から遮断する装置を、危険物の流出その他の事故が発生した場合に容易に操作できる場所に設けること。ただし、危険物の流出その他の事故により発生した可燃性の蒸気が滞留するおそれのない場所に設けた急速充電設備については、当該装置を設けないことができる。㋷

ニ　対象火気省令第十条第十三号、第十二条第十号、第十四条第七号並びに第十六条第九号（チを除く。）及び第十一号の規定の例によること。㋷

3　給油取扱所に設ける附随設備に収納する危険物の数量の総和は、指定数量未満としなければならない。㋮

一・二項…一部改正・旧二五条…繰下〔昭和六二年四月自令一六号〕、一—三項…一部改正〔平成元年二月自令五号〕、二項…一部改正〔平成五年七月自令二二号・一三年三月総令四五号〕、一項…一部改正〔平成一八年三月総令三一号〕、一・二項…一部改正〔令和五年一二月総令八三号〕

解説　【**混合燃料油調合器**】ガソリンと潤滑油とを一定の比率をもつて調合する装置
【**蒸気洗浄機**】水蒸気により車体を洗浄する装置

（**屋内給油取扱所**）

第二五条の六　令第十七条第二項の総務省令で定める給油取扱所（同項の屋内給油取扱所をいう。）は、建築物の給油取扱所の用に供する部分の水平投影面積から当該部分のうち床又は壁で区画された部分の一階の床面積（以下この条において「区画面積」という。）を減じた面積の、給油取扱所の敷地面積から区画面積を減じた面積に対する割合が三分の一を超えるもの（当該割合が三分の二までのものであつて、かつ、火災の予防上安全であると認められるものを除く。）とする。㋮㋖㋬㋬

本条…追加〔平成元年二月自令五号〕、全部改正〔平成六年三月自令五号〕、一部改正〔平成一二年九月自令四四号・令和三年七月総令七一号〕

（**屋内給油取扱所の建築物**）

第二五条の七　令第十七条第二項第一号の総務省令で定める設備は、屋内給油取扱所で発生した火災を建築物の屋内給油取扱所の用に供する部分以外の部分に自動的に、かつ、有効に報知できる自動火災報知設備その他の設備とする。㋮㋬

本条…追加〔平成元年二月自令五号〕、一部改正〔平成一二年九月自令四四号〕

（**二方が開放されている屋内給油取扱所の空地**）

第二五条の八　令第十七条第二項第九号の総務省令で定める空地は、次のとおりとする。㋮㋬

一　当該空地は、給油空地、注油空地並びに第二十五条の四第一

項第三号及び第四号の用途に供する部分以外の給油取扱所の敷地内の屋外の場所に保有すること。(ま)(き)(す)(ソ)

二　当該空地は、間口が六メートル以上、奥行が建築物の第二十五条の四第一項第一号の用途に供する部分の奥行以上であり、かつ、避難上及び通風上有効な空地であること。(ま)

三　当該空地は、その範囲を表示するとともに、その地盤面に「駐停車禁止」の文字を表示すること。この場合において、表示の色は黄色とするとともに、文字の表示の大きさは、縦一メートル以上、横五メートル以上とすること。(ま)

本条…追加〔平成元年二月自令五号〕、一部改正〔平成六年三月自令五号・一〇年三月六号・一二年九月四四号・一八年三月総令三一号〕

（一方のみが開放されている屋内給油取扱所において講ずる措置）

第二五条の九　令第十七条第二項第九号ただし書の総務省令で定める措置は、次のとおりとする。(ま)(へ)

一　給油取扱所の建築物の第二十五条の四第一項第一号の用途に供する部分の各部分から次に掲げるいずれかの場所までの距離が十メートル以内であること。(ま)

イ　給油取扱所の敷地外に直接通ずる避難口（随時開けることができる自動閉鎖の特定防火設備が設けられたものに限る。）が設けられ、かつ、壁等により区画された事務所等（当該事務所等の出入口には、随時開けることができる自動閉鎖の防火設備が設けられ、かつ、窓には、はめごろし戸である防火設備が設けられたものに限る。）の出入口(ま)(ホ)(リ)

ロ　自動車等の出入する側に面する屋外の空地のうち避難上安全な場所(ま)

二　専用タンクの注入口及び第二十五条第二号に掲げるタンクの注入口は、前号イの事務所等の出入口の付近その他避難上支障のある場所に設けないこと。(ま)

三　通気管の先端が建築物の屋内給油取扱所の用に供する部分に設けられる専用タンクで、引火点が四十度未満の危険物を取り扱うものには、移動貯蔵タンクから危険物を注入するときに放出される可燃性の蒸気を回収する設備を設けること。(ま)

四　建築物の第二十五条の四第一項第三号の用途に供する部分で床又は壁で区画されたもの及びポンプ室の内部には、可燃性の蒸気を検知する警報設備を設けること。(ま)

五　固定給油設備及び固定注油設備には、自動車等の衝突を防止するための措置を講ずること。(ま)(す)

本条…追加〔平成元年二月自令五号〕、一部改正〔平成一〇年三月自令六号・一二年五月三五号・九月四四号・一三年一〇月総令一三六号〕

（上部に上階を有する屋内給油取扱所において講ずる措置）

第二五条の一〇　令第十七条第二項第十一号の総務省令で定める措置は、次のとおりとする。(ま)(へ)

一　専用タンクの注入口及び第二十五条第二号に掲げるタンクの注入口並びに固定給油設備及び固定注油設備は、上階への延焼防止上安全な建築物の屋内給油取扱所の用に供する部分に設けること。この場合において、当該部分の屋根は上階への延焼防

止上有効な幅を有して外壁と接続し、かつ、開口部を有しないものでなければならない。(ま)(す)

二　前号の注入口の周囲には、危険物の漏えい範囲を十五平方メートル以下に局限化するための設備及び漏れた危険物を収容する容量四立方メートル以上の設備を設けるとともに、これらの設備の付近には、可燃性の蒸気を検知する警報設備を設けること。(ま)

三　建築物の第二十五条の四第一項第一号の用途に供する部分の開口部には、当該開口部の上部に上階の外壁から水平距離一・五メートル以上張り出した屋根又は耐火性能を有するひさしを設けること。ただし、当該開口部の上端部から高さ七メートルの範囲内の上階の外壁に開口部がない場合にあつては、この限りでない。(ま)

四　前号の屋根又はひさしの先端は、上階の開口部（次に掲げる開口部を除く。）までの間に、七メートルから当該屋根又はひさしの上階の外壁から張り出した水平距離を減じた長さ以上の距離を保つこと。(ま)

イ　はめごろし戸である防火設備を設けた開口部(ま)(ホ)

ロ　延焼防止上有効な措置を講じた開口部（消防法施行令別表第一㈠項から㈣項まで、㈤項イ、㈥項及び㈨項イに掲げる防火対象物の用途以外の用途に供する部分に設けるものに限る。）(ま)(り)

本条…追加〔平成元年二月自令五号〕、一部改正〔平成一〇年三月自令六号・一二年五月三五号・九月四四号・令和五年一二月総令八三号〕

（航空機給油取扱所の基準の特例）

第二六条　令第十七条第三項第一号に掲げる給油取扱所（以下この条及び第四十条の三の七において「航空機給油取扱所」という。）に係る令第十七条第三項の規定による同条第一項及び第二項に掲げる基準の特例は、この条の定めるところによる。(ま)(ソ)

2　航空機給油取扱所については、令第十七条第一項第一号、第二号、第四号（給油空地に係る部分に限る。）、第五号（給油空地に係る部分に限る。）、第七号ただし書、第九号、第十号（給油ホースの長さに係る部分に限る。）及び第十九号の規定は、適用しない。(ま)(も)(ソ)

3　前項に定めるもののほか、航空機給油取扱所の特例は、次のとおりとする。(ま)

一　航空機給油取扱所の給油設備は、次のいずれかとすること。(ソ)

イ　固定給油設備(ソ)

ロ　給油配管（燃料を移送するための配管をいう。以下同じ。）及び当該給油配管の先端部に接続するホース機器（以下第二十七条までにおいて「給油配管等」という。）(ソ)

ハ　給油配管及び**給油ホース車**（給油配管の先端部に接続するホース機器を備えた車両をいう。以下この条及び第四十条の三の七において同じ。）(ソ)

ニ　給油タンク車(ソ)

一の二　航空機給油取扱所には、航空機に直接給油するための空地で次に掲げる要件に適合するものを保有すること。(ま)(ソ)

イ　航空機（給油設備が給油タンク車である航空機給油取扱所にあつては、航空機及び給油タンク車）が当該空地からはみ出さず、かつ、安全かつ円滑に給油を受けることができる広さを有すること。（ソ）
ロ　給油設備が固定給油設備、給油配管等又は給油配管及び給油ホース車である航空機給油取扱所にあつては、固定給油設備又は給油配管の先端部の周囲に設けること。（ソ）
二　前号の空地は、漏れた危険物が浸透しないための第二十四条の十六の例による舗装をすること。（ま）（ソ）
三　第一号の二の空地には、可燃性の蒸気が滞留せず、かつ、漏れた危険物その他の液体が当該空地以外の部分に流出しないように次に掲げる要件に適合する措置を講ずること。（ま）（ソ）
イ　可燃性の蒸気が滞留しない構造とすること。（ソ）
ロ　当該航空機給油取扱所の給油設備の一つから告示で定める数量〔危告示第四条の五二〕の危険物が漏えいするものとした場合において、当該危険物が第一号の二の空地以外の部分に流出せず、火災予防上安全な場所に設置された貯留設備に収容されること。ただし、漏れた危険物その他の液体の流出を防止することができるその他の措置が講じられている場合は、この限りでない。（ソ）
ハ　ロの貯留設備に収容された危険物が外部に流出しないこと。この場合において、水に溶けない危険物を収容する貯留設備にあつては、当該危険物と雨水等が分離され、雨水等のみが航空機給油取扱所外に排出されること。（ソ）

四　給油設備が固定給油設備である航空機給油取扱所は、次によること。（ま）（ソ）
イ　地下式（ホース機器が地盤面下の箱に設けられる形式をいう。以下この号において同じ。）の固定給油設備を設ける場合には、ホース機器を設ける箱は適当な防水の措置を講ずること。（ま）
ロ　固定給油設備に危険物を注入するための配管のうち、専用タンクの配管以外のものは、令第九条第一項第二十一号に掲げる製造所の危険物を取り扱う配管の例によるものであること。（ま）
ハ　地下式の固定給油設備（ポンプ機器とホース機器とが分離して設置されるものに限る。）を設ける航空機給油取扱所には、当該固定給油設備のポンプ機器を停止する等により専用タンク又は危険物を貯蔵し、若しくは取り扱うタンクからの危険物の移送を緊急に止めることができる装置を設けること。（ま）
五　給油設備が給油配管等である航空機給油取扱所は、次によること。（ま）（ソ）
イ　給油配管には、先端部に弁を設けること。（ま）
ロ　給油配管は、令第九条第一項第二十一号に掲げる製造所の危険物を取り扱う配管の例によるものであること。（ま）
ハ　給油配管の先端部を地盤面下の箱に設ける場合には、当該箱は、適当な防水の措置を講ずること。（ま）
ニ　給油配管の先端部に接続するホース機器は、漏れるおそれ

がない等火災予防上安全な構造とすること。（ま）

ホ　給油配管の先端部に接続するホース機器には、給油ホースの先端に蓄積される静電気を有効に除去する装置を設けること。（ま）

へ　航空機給油取扱所には、ポンプ機器を停止する等により危険物を貯蔵し、又は取り扱うタンクからの危険物の移送を緊急に止めることができる装置を設けること。（ま）

六　給油設備が給油配管及び給油ホース車である航空機給油取扱所は、前号イからハまで及びへの規定の例によるほか、次によること。（ま）（ソ）

イ　給油ホース車は、防火上安全な場所に常置すること。（ま）

ロ　給油ホース車には、第二十四条の六第三項第一号及び第二号の装置を設けること。（ま）

ハ　給油ホース車のホース機器は、第二十四条の六第三項第三号、第五号本文及び第七号に掲げる給油タンク車の給油設備の例によるものであること。（ま）

ニ　給油ホース車の電気設備は、令第十五条第一項第十三号に掲げる移動タンク貯蔵所の電気設備の例によるものであること。（ま）

ホ　給油ホース車のホース機器には、航空機と電気的に接続するための導線を設けるとともに、給油ホースの先端に蓄積される静電気を有効に除去する装置を設けること。（ま）（ヱ）

本条…全部改正〔平成元年二月自令五号〕、二項…一部改正〔平成九年二月自令一号〕、一―三項…一部改正〔平成一八年三月総令三一号〕、三項…一部改正〔平成二八年三月総令一二号〕

解説　【給油配管】ハイドラント
【給油ホース車】サービサー

（船舶給油取扱所の基準の特例）

第二十六条の二　令第十七条第三項第二号に掲げる給油取扱所（以下この条及び第四十条の三の八において「船舶給油取扱所」という。）に係る令第十七条第三項の規定による同条第一項及び第二項に掲げる基準の特例は、この条の定めるところによる。（ま）（み）

2　船舶給油取扱所については、令第十七条第一項第一号、第二号、第四号（給油空地に係る部分に限る。）、第五号（給油空地に係る部分に限る。）、**第七号**ただし書、第九号、第十号（給油ホースの長さに係る部分に限る。）及び**第十九号**の規定は、適用しない。（ま）（も）（ソ）

3　前項に定めるもののほか、船舶給油取扱所の特例は、次のとおりとする。（ま）

一　船舶給油取扱所の給油設備は、固定給油設備又は給油配管等とすること。ただし、引火点が四十度以上の第四類の危険物のみを取り扱う給油設備は、給油タンク車（第二十四条の六第三項第五号本文及び第八号に定める基準に適合するものに限る。）とすることができる。（ソ）

一の二　船舶給油取扱所には、船舶に直接給油するための空地で次に掲げる要件に適合するものを保有すること。（ま）（ソ）

イ　係留された船舶に安全かつ円滑に給油することができる広さを有すること。（ソ）

ロ　固定給油設備又は給油配管の先端部の周囲に設けること（給油設備が給油タンク車のみである船舶給油取扱所を除く。）。（ソ）

ハ　給油設備が給油タンク車である船舶給油取扱所にあつては、当該給油タンク車が当該空地からはみ出さない広さを有すること。（ソ）

二　前号の空地は、漏れた危険物が浸透しないための第二十四条の十六の例による舗装をすること。（ま）（ソ）

三　第一号の二の空地には、可燃性の蒸気が滞留せず、かつ、漏れた危険物その他の液体が当該空地以外の部分に流出しないように前条第三項第三号の例による措置を講ずること。（ま）（ソ）

三の二　船舶給油取扱所には、危険物が流出した場合の回収等の応急措置を講ずるための設備を設けること。（ソ）

四　給油設備が固定給油設備である船舶給油取扱所は、前条第三項第四号の規定の例によるものであること。（ま）（ソ）

五　給油設備が給油配管等である船舶給油取扱所は、前条第三項第五号の規定の例によるものであること。（ま）（ソ）

六　給油設備が給油タンク車である船舶給油取扱所には、静電気を有効に除去するための接地電極を設けるとともに、給油タンク車が転落しないようにするための措置を講ずること。（ソ）（エ）

本条…追加〔平成元年二月自令五号〕、一項…一部改正〔平成七年二月自令二号〕、二項…一部改正〔平成九年二月自令一号〕、二・三項…一部改正〔平成一八年三月総令三二号〕、三項…一部改正〔平成二八年三月総令一二号〕

解説　【第七号】タンクの容量、設備場所に関する規定
【第十九号】へいに関する規定

（鉄道給油取扱所の基準の特例）

第二七条　令第十七条第三項第三号に掲げる給油取扱所（以下この条及び第四十条の三の九において「鉄道給油取扱所」という。）に係る令第十七条第三項の規定による同条第一項及び第二項に掲げる基準の特例は、この条の定めるところによる。（ま）（み）

2　鉄道給油取扱所については、令第十七条第一項第一号、第二号、第四号（給油空地に係る部分に限る。）、第五号（給油空地に係る部分に限る。）、第七号ただし書、第九号、第十号（給油ホースの長さに係る部分に限る。）及び第十九号並びに同条第二項第九号及び第十号の規定は、適用しない。（ま）（も）（ソ）

3　前項に定めるもののほか、鉄道給油取扱所の特例は、次のとおりとする。（ま）

一　鉄道給油取扱所の給油設備は、固定給油設備又は給油配管等とすること。（ソ）

一の二　鉄道給油取扱所には、鉄道又は軌道によつて運行する車両に直接給油するための空地で次に掲げる要件に適合するものを保有すること。（ま）（ソ）

イ　当該車両が当該空地からはみ出さず、かつ、安全かつ円滑に給油を受けることができる広さを有すること。（ソ）

ロ　固定給油設備又は給油配管の先端部の周囲に設けること。（ソ）

二　前号の空地のうち危険物が漏れるおそれのある部分は、漏れた危険物が浸透しないための第二十四条の十六の例による舗装をすること。（ま）（ソ）

三　第一号の二の空地には、可燃性の蒸気が滞留せず、かつ、漏れた危険物その他の液体が前号の規定により舗装した部分以外の部分に流出しないように次に掲げる要件に適合する措置を講ずること。（ま）（ソ）

イ　可燃性の蒸気が滞留しない構造とすること。（ソ）

ロ　当該鉄道給油取扱所の給油設備の一つから告示で定める数量の危険物〔危告示第四条の五二〕が漏えいするものとした場合において、当該危険物が前号の規定により舗装した部分以外の部分に流出せず、火災予防上安全な場所に設置された貯留設備に収容されること。（ソ）

ハ　ロの貯留設備に収容された危険物が外部に流出しないこと。この場合において、水に溶けない危険物を収容する貯留設備にあつては、当該危険物と雨水等が分離され、雨水等のみが鉄道給油取扱所外に排出されること。（ソ）

四　給油設備が固定給油設備である鉄道給油取扱所は、第二十六条第三項第四号の規定の例によるものであること。（ま）（ソ）

五　給油設備が給油配管等である鉄道給油取扱所は、第二十六条第三項第五号の規定の例によるものであること。（ま）（ソ）

本条…全部改正〔平成元年二月自令五号〕、一項…一部改正〔平成七年二月自令二号〕、二項…一部改正〔平成九年二月自令一号〕、二・三項…一部改正〔平成一八年三月総令三一号〕

（圧縮天然ガス等充てん設備設置給油取扱所において充てんするガス）

第二十七条の二　令第十七条第三項第四号の圧縮天然ガスその他の総務省令で定めるガスは、圧縮天然ガス又は液化石油ガス（次条及び第二十八条において「圧縮天然ガス等」という。）とする。（す）（へ）

本条…追加〔平成一〇年三月自令六号〕、一部改正〔平成一二年九月自令四四号〕

（圧縮天然ガス等充塡設備設置屋外給油取扱所の基準の特例）（す）（モ）

第二十七条の三　令第十七条第三項第四号に掲げる給油取扱所（以下「圧縮天然ガス等充塡設備設置給油取扱所」という。）に係る令第十七条第三項の規定による同条第一項に掲げる基準の特例は、この条の定めるところによる。（み）（す）（エ）（モ）

2　圧縮天然ガス等充塡設備設置給油取扱所については、令第十七条第一項第十六号から第十八号まで及び第二十二号の規定は、適用しない。（み）（も）（す）（ソ）（モ）

3　圧縮天然ガス等充塡設備設置給油取扱所には、給油又はこれに付帯する業務その他の業務のための避難又は防火上支障がないと認められる次に掲げる用途に供する建築物以外の建築物その他の工作物を設けてはならない。この場合において、第二号、第三号及び第六号の用途に供する床又は壁で区画された部分（給油取扱

所の係員のみが出入するものを除く。）の床面積の合計は、三百平方メートルを超えてはならない。(み)(す)(モ)㋷

一　給油、灯油若しくは軽油の詰替え又は圧縮天然ガス等の充塡のための作業場(み)(す)(モ)

二　給油取扱所の業務を行うための事務所(み)㋷

三　自動車等の点検・整備を行う作業場(み)

四　自動車等の洗浄を行う作業場(み)

五　給油取扱所の所有者、管理者若しくは占有者が居住する住居又はこれらの者に係る他の給油取扱所の業務を行うための事務所(み)

六　消防法施行令別表第一㈠項、㈢項、㈣項、㈧項、㈩項から㈦項イまで、㈯項及び㈲項に掲げる防火対象物の用途（前各号に掲げるものを除く。）㋷

4　前項の圧縮天然ガス等充塡設備設置給油取扱所に設ける建築物は、壁、柱、床、はり及び屋根を耐火構造とし、又は不燃材料で造るとともに、窓及び出入口（自動車等の出入口で前項第一号、第三号及び第四号の用途に供する部分に設けるものを除く。）に防火設備を設けること。この場合において、当該建築物の前項第五号の用途に供する部分は、開口部のない耐火構造の床又は壁で当該建築物の他の部分と区画され、かつ、給油取扱所の敷地内に面する側の壁に出入口がない構造としなければならない。(み)(す)(ホ)(モ)

5　前項の建築物のうち、事務所その他火気を使用するもの（第三項第三号及び第四号の用途に供する部分を除く。）は、漏れた可燃性の蒸気がその内部に流入しない第二十五条の四第五項各号に掲げる構造としなければならない。(み)

6　圧縮天然ガス等充塡設備設置給油取扱所の業務を行うについて必要な設備は、第一号に掲げるものとし、当該設備は、第二号から第六号までに定めるところにより設けなければならない。(み)(す)(タ)(モ)

一　自動車等の洗浄を行う設備、自動車等の点検・整備を行う設備、混合燃料油調合器、尿素水溶液供給機及び急速充電設備並びに圧縮天然ガススタンド（一般高圧ガス保安規則第二条第一項第二十三号の圧縮天然ガススタンドをいう。以下この項から第八項まで並びに第二十八条の二の七第四項及び第五項において同じ。）又は液化石油ガススタンド（液化石油ガス保安規則第二条第一項第二十号の液化石油ガススタンドをいう。以下この項及び次項において同じ。）及び防火設備（一般高圧ガス保安規則第六条第一項第三十九号の防消火設備又は液化石油ガス保安規則第六条第一項第三十一号の防消火設備のうち防火設備をいう。以下この項及び次項において同じ。）(す)(モ)㋷

二　自動車等の洗浄を行う設備、自動車等の点検・整備を行う設備、混合燃料油調合器、尿素水溶液供給機及び急速充電設備の位置、構造又は設備の基準は、それぞれ次のとおりとすること。(み)㋷

イ　自動車等の洗浄を行う設備　第二十五条の五第二項第一号に定める基準(み)

ロ　自動車等の点検・整備を行う設備　第二十五条の五第二項第二号に定める基準(み)

ハ　混合燃料油調合器　第二十五条の五第二項第三号に定める基準（み）
ニ　尿素水溶液供給機　第二十五条の五第二項第四号に定める基準㋷
ホ　急速充電設備　第二十五条の五第二項第五号に定める基準㋷
三　圧縮天然ガス等充塡設備設置給油取扱所に設ける自動車等の洗浄を行う設備、自動車等の点検・整備を行う設備、混合燃料油調合器、尿素水溶液供給機及び急速充電設備に収納する危険物の数量の総和は、指定数量未満とすること。（タ）（モ）㋷
四　圧縮天然ガススタンドの圧縮機、貯蔵設備、ディスペンサー及びガス配管の位置、構造又は設備の基準は、当該設備に係る法令の規定によるほか、それぞれ次のとおりとすること。（み）（す）（タ）
イ　圧縮機（み）
(1)　位置は、給油空地及び注油空地（以下この条及び第二十七条の五において「給油空地等」という。）以外の場所であること。（み）（す）（タ）
(2)　ガスの吐出圧力が最大常用圧力を超えて上昇するおそれのあるものにあっては、吐出圧力が最大常用圧力を超えて上昇した場合に圧縮機の運転を自動的に停止させる装置を設けること。（み）（す）㋫
(3)　吐出側直近部分の配管に逆止弁を設けること。（み）
(4)　自動車等の衝突を防止するための措置を講ずること。（す）
ロ　貯蔵設備（す）
(1)　位置は、イ(1)の圧縮機の位置の例によるほか、(2)に定めるところによること。（す）
(2)　専用タンクの注入口及び第二十五条第二号に掲げるタンクの注入口から八メートル以上の距離を保つこと。ただし、地盤面下に設置される場合又はこれらの注入口の周囲で発生した火災の熱の影響を受けないための措置が講じられている場合にあっては、この限りでない。（す）㋫
ハ　ディスペンサー（み）
(1)　位置は、イ(1)の圧縮機の位置の例によるほか、給油空地等においてガスの充塡を行うことができない場所であること。（み）（モ）
(2)　充塡ホースは、自動車等のガスの充塡口と正常に接続されていない場合にガスが供給されない構造とし、かつ、著しい引張力が加わった場合に当該充塡ホースの破断によるガスの漏れを防止する措置が講じられたものであること。（み）（モ）㋫
(3)　自動車等の衝突を防止するための措置を講ずること。（み）
ニ　ガス配管（み）
(1)　位置は、イ(1)の圧縮機の位置の例によるほか、(2)に定めるところによること。（す）
(2)　自動車等が衝突するおそれのない場所に設置すること。ただし、自動車等の衝突を防止するための措置を講じた場

合は、この限りでない。(み)(す)

(3) 漏れたガスが滞留するおそれのある場所に設置する場合には、接続部を溶接とすること。ただし、当該接続部の周囲にガスの漏れを検知することができる設備を設けた場合は、この限りでない。(み)

(4) ガス導管から圧縮機へのガスの供給及び貯蔵設備からディスペンサーへのガスの供給を緊急に停止することができる装置を設けること。この場合において、当該装置の起動装置は、火災その他の災害に際し、速やかに操作することができる箇所に設けること。(み)(す)

五 液化石油ガススタンドの受入設備、圧縮機、貯蔵設備、充塡用ポンプ機器、ディスペンサー及びガス配管の位置、構造又は設備の基準は、当該設備に係る法令の規定によるほか、圧縮機、貯蔵設備、ディスペンサー及びガス配管にあってはそれぞれ前号イ(3)を除く。)、ロ、ハ又はニ(4)中ガス導管から圧縮機へのガスの供給に係る部分を除く。)の規定の例によることとし、受入設備及び充塡用ポンプ機器にあってはそれぞれ次のとおりとすること。(す)(タ)(モ)ろ

イ 受入設備(す)

(1) 位置は、前号イ(1)の圧縮機の位置の例によるほか、給油空地等においてガスの受入を行うことができない場所であること。(す)

(2) 自動車等の衝突を防止するための措置を講ずること。(す)

ロ 充塡用ポンプ機器(す)

(1) 位置は、前号イ(1)の圧縮機の位置の例によること。(す)

(2) ガスの吐出圧力が最大常用圧力を超えて上昇することを防止するための措置を講ずること。(す)

(3) 自動車等の衝突を防止するための措置を講ずること。(す)

六 防火設備の位置、構造又は設備の基準は、当該設備に係る法令の規定によるほか、そのポンプ機器にあっては、次のとおりとすること。(す)(タ)ろ

イ 位置は、第四号イ(1)の圧縮機の位置の例によること。(す)(タ)

ロ 起動装置は、火災その他の災害に際し、速やかに操作することができる箇所に設けること。(す)

7 第三項から前項までに定めるもののほか、圧縮天然ガス等充塡設備設置給油取扱所の特例は、この項及び次項のとおりとする。(み)(す)(モ)

一 防火設備から放出された水が、給油空地等、令第十七条第一項第二十号に規定するポンプ室等並びに専用タンクの注入口及び第二十五条第二号に掲げるタンクの注入口付近に達することを防止するための措置を講ずること。(み)(す)(タ)(ソ)

二 簡易タンク又は専用タンクの注入口若しくは第二十五条第二号に掲げるタンクの注入口から漏れた危険物が、前項第四号から第六号までに掲げる設備が設置されている部分（地盤面下の部分を除く。）に達することを防止するための措置を講ずるこ

と。（す）（モ）

三　固定給油設備（懸垂式のものを除く。）、固定注油設備（懸垂式のものを除く。）及び簡易タンクには、自動車等の衝突を防止するための措置を講ずること。（み）（す）

四　簡易タンクを設ける場合には、圧縮天然ガススタンド又は液化石油ガススタンドのガス設備から火災が発生した場合に当該タンクへの延焼を防止するための措置を講ずること。（み）（す）

8　第六項第四号ハ(1)及びニ(1)の規定にかかわらず、次に掲げる措置のすべてを講じた場合又は給油空地が軽油のみを取り扱う固定給油設備のうちホース機器の周囲に保有する空地である場合は、圧縮天然ガススタンドのディスペンサー及びガス配管を給油空地（固定給油設備（懸垂式のものを除く。）のうちホース機器の周囲に保有する空地に限る。以下この項、第二十七条の五第七項並びに第二十八条の二の七第四項及び第五項において同じ。）に設置することができる。（モ）ろ

一　固定給油設備（ホース機器の周囲に保有する給油空地に圧縮天然ガススタンドのディスペンサー及びガス配管を設置するものに限る。以下この項並びに第二十八条の二の七第四項及び第五項において同じ。）の構造及び設備は、次によること。（モ）

イ　給油ホース（ガソリン、メタノール等又はエタノール等を取り扱うものに限る。以下この号及び第二十七条の五第七項第一号において同じ。）の先端部に手動開閉装置を備えた給油ノズルを設けること。（モ）ろ

ロ　手動開閉装置を開放状態で固定する装置を備えた給油ノズル（ガソリン、メタノール等又はエタノール等を取り扱うものに限る。以下この号及び第二十七条の五第七項第一号において同じ。）を設ける固定給油設備は、次によること。（モ）ろ

(1)　給油ノズルは、自動車等の燃料タンク給油口から脱落した場合に給油を自動的に停止する構造のものとすること。（モ）

(2)　第二十五条の二第二号ハの規定にかかわらず、給油ホースは、著しい引張力が加わつたときに安全に分離するとともに、分離した部分からの危険物の漏えいを防止することができる構造のものとすること。（モ）

ハ　給油ノズルは、自動車等の燃料タンクが満量となつたときに給油を自動的に停止する構造のものとすること。（モ）ろ

ニ　一回の連続したガソリン、メタノール等又はエタノール等の給油量が一定の数量を超えた場合に給油を自動的に停止する構造のものとすること。（モ）

ホ　固定給油設備には、当該固定給油設備（ホース機器と分離して設置されるポンプ機器を有する固定給油設備にあつては、ホース機器。以下この号及び第二十七条の五第七項第一号において同じ。）が転倒した場合において当該固定給油設備の配管及びこれに接続する配管からのガソリン、メタノール等又はエタノール等の漏えいの拡散を防止するための措置

を講ずること。（モ）ろ

二　固定給油設備又は給油中の自動車等から漏れたガソリン、メタノール等又はエタノール等が、当該給油空地内の圧縮天然ガスを充塡するために自動車等が停車する場所、圧縮天然ガススタンドのディスペンサー及びガス配管が設置されている部分に達することを防止するための措置を講ずること。（モ）

三　火災その他の災害に際し速やかに操作することができる箇所に、給油取扱所内の全ての固定給油設備及び固定注油設備のホース機器への危険物の供給を一斉に停止するための装置を設けること。（モ）ろ

本条…追加〔平成七年二月自令二号〕、二項…一部改正〔平成九年二月自令一号〕、見出し…改正・一―四項・六・七項…一部改正・旧二七条の二…繰下〔平成一〇年三月自令六号〕、四項…一部改正〔平成一二年五月自令三五号〕、六・七項…一部改正〔平成一七年三月総令三七号〕、二・七項…一部改正〔平成一八年三月総令三一号〕、一項…一部改正〔平成二四年五月総令四九号〕、見出し…改正・一―四項・六・七項…一部改正・八項…追加〔平成二九年一月総令三号〕、六・八項…一部改正〔令和元年八月総令三四号〕、三・六項…一部改正〔令和五年一二月総令八三号〕

（圧縮天然ガス等充塡設備設置屋内給油取扱所の基準の特例）（す）（モ）

第二七条の四　圧縮天然ガス等充塡設備設置給油取扱所に係る令第十七条第三項の規定による同条第二項に掲げる基準の特例は、前条第三項及び第六項から第八項までの規定の例によるほか、この条の定めるところによる。（み）（す）（モ）

2　圧縮天然ガス等充塡設備設置給油取扱所については、令第十七条第二項においてその例によるものとされる同条第一項第十六号及び第二十二号並びに同条第二項第七号及び第九号ただし書の規定は、適用しない。（み）（す）（ソ）（モ）

3　建築物の屋内給油取扱所の用に供する部分の窓及び出入口（自動車等の出入口で前条第三項第一号、第三号及び第四号の用途に供する部分に設けるものを除く。）には、防火設備を設けなければならない。（み）（ホ）

4　令第十七条第二項第一号の建築物は、建築物の屋内給油取扱所の用に供する部分の上部に上階を有しないものでなければならない。（み）

本条…追加〔平成七年二月自令二号〕、見出し…改正・二項…一部改正・旧二七条の三…繰下〔平成一〇年三月自令六号〕、三項…一部改正〔平成一二年五月自令三五号〕、二項…一部改正〔平成一八年三月総令三一号〕、見出し…改正・一・二項…一部改正〔平成二九年一月総令三号〕

（圧縮水素充塡設備設置給油取扱所の基準の特例）（ミ）

第二七条の五　令第十七条第三項第五号に掲げる給油取扱所（水素を充塡するための設備は、圧縮水素を充塡するための設備に限る。以下「圧縮水素充塡設備設置給油取扱所」という。）に係る令第十七条第三項の規定による同条第一項に掲げる基準の特例は、第二十七条の三第三項から第五項までの規定の例によるほか、この条の定めるところによる。この場合において、同条第三

項及び第四項中「圧縮天然ガス等」とあるのは、「圧縮水素」とする。(タ)(エ)(ミ)

２　圧縮水素充塡設備設置給油取扱所については、令第十七条第一項第七号、第八号、第十六号から第十八号まで及び第二十二号の規定は、適用しない。(タ)(ソ)(ミ)

３　圧縮水素充塡設備設置給油取扱所には、固定給油設備若しくは固定注油設備に接続する専用タンク、危険物から水素を製造するための改質装置に接続する原料タンク又は容量一万リットル以下の第二十五条で定めるタンク（以下この条において「専用タンク等」という。）を地盤面下に埋没して設ける場合を除き、危険物を取り扱うタンクを設けてはならない。ただし、都市計画法第八条第一項第五号の防火地域及び準防火地域以外の地域においては、地盤面上に固定給油設備に接続する容量六百リットル以下の簡易タンクを、その取り扱う同一品質の危険物ごとに一個ずつ三個まで設けることができる。(タ)(ミ)

４　前項の専用タンク等又は簡易タンクを設ける場合には、当該専用タンク等又は簡易タンクの位置、構造及び設備は、次によらなければならない。(タ)

一　専用タンク等の位置、構造及び設備は、令第十三条第一項（第五号、第九号（掲示板に係る部分に限る。）、第九号の二及び第十二号を除く。）、同条第二項（同項においてその例によるものとされる同条第一項第五号、第九号（掲示板に係る部分に限る。）、第九号の二及び第十二号を除く。）又は同条第三項（同項においてその例によるものとされる同条第一項第五号、第九号（掲示板に係る部分に限る。）、第九号の二及び第十二号を除く。）に掲げる地下タンク貯蔵所の地下貯蔵タンクの位置、構造及び設備の例によるものであること。(タ)

二　簡易タンクの構造及び設備は、令第十四条第四号及び第六号から第八号までに掲げる簡易タンク貯蔵所の簡易貯蔵タンクの構造及び設備の例によるものであること。(タ)

５　圧縮水素充塡設備設置給油取扱所の業務を行うについて必要な設備は、第一号に掲げるものとし、当該設備は、第二十七条の三第六項第二号、第三号及び第六号の規定の例によるほか、第二号及び第三号に定めるところにより設けなければならない。この場合において、第二十七条の三第六項第三号中「圧縮天然ガス等」とあるのは「圧縮水素」と、同項第六号中「防火設備」とあるのは「第二十七条の五第五項第一号に規定する防火設備又は温度の上昇を防止するための装置」とする。(タ)(ミ)ろり

一　自動車等の洗浄を行う設備、自動車等の点検・整備を行う設備、混合燃料油調合器、尿素水溶液供給機、急速充電設備及び危険物から水素を製造するための改質装置並びに圧縮水素スタンド（一般高圧ガス保安規則第二条第一項第二十五号の圧縮水素スタンドをいう。以下この項から第七項までにおいて同じ。）及び防火設備（同規則第六条第一項第三十九号の防消火設備のうち防火設備をいう。次項において同じ。）又は温度の上昇を防止するための装置（同規則第七条の三第二項第十五号、第十九号及び第二十号の温度の上昇を防止するための装置をいう。次項において同じ。）(タ)(テ)ろり

二　危険物から水素を製造するための改質装置の位置、構造及び設備の基準は、令第九条第一項第十二号から第十六号まで、第

十八号、第二十一号及び第二十二号の規定の例によるほか、次のとおりとすること。(タ)
イ　危険物から水素を製造するための改質装置は、自動車等が衝突するおそれのない屋外に設置すること。(タ)
ロ　改質原料及び水素が漏えいした場合に危険物から水素を製造するための改質装置の運転を自動的に停止させる装置を設けること。(タ)
ハ　ポンプ設備は、改質原料の吐出圧力が最大常用圧力を超えて上昇することを防止するための措置を講ずること。(タ)
ニ　危険物から水素を製造するための改質装置における危険物の取扱量は、指定数量の十倍未満であること。(タ)
三　圧縮水素スタンドの改質装置（前号に掲げる改質装置を除く。以下この号において同じ。）、液化水素の貯槽、液化水素昇圧ポンプ、送ガス蒸発器、圧縮機、蓄圧器、ディスペンサー、液化水素配管及びガス配管並びに液化水素、圧縮水素及び液化石油ガスの受入設備の位置、構造又は設備の基準は、当該設備に係る法令の規定によるほか、それぞれ次のとおりとすること。(タ)(テ)(ミ)ろ
イ　改質装置の位置、構造及び設備の基準は、前号イからハまでの規定の例によること。(タ)
ロ　液化水素の貯槽には、自動車等の衝突を防止するための措置を講ずること。(ミ)
ハ　液化水素昇圧ポンプには、自動車等の衝突を防止するための措置を講ずること。ろ
ニ　送ガス蒸発器には、自動車等の衝突を防止するための措置を講ずること。(ミ)ろ
ホ　圧縮機(タ)(ミ)ろ
(1)　ガスの吐出圧力が最大常用圧力を超えて上昇するおそれのあるものにあつては、吐出圧力が最大常用圧力を超えて上昇した場合に圧縮機の運転を自動的に停止させる装置を設けること。(タ)ろ
(2)　吐出側直近部分の配管に逆止弁を設けること。(タ)
(3)　自動車等の衝突を防止するための措置を講ずること。(タ)
ヘ　蓄圧器には、自動車等の衝突を防止するための措置を講ずること。(ミ)ろ
ト　ディスペンサー(タ)(ミ)ろ
(1)　位置は、給油空地等以外の場所であり、かつ、給油空地等において圧縮水素の充塡を行うことができない場所であること。(タ)(ミ)
(2)　充塡ホースは、自動車等のガスの充塡口と正常に接続されていない場合にガスが供給されない構造とし、かつ、著しい引張力が加わつた場合に当該充塡ホースの破断によるガスの漏れを防止する措置が講じられたものであること。(タ)(ミ)ろ
(3)　自動車等の衝突を防止するための措置を講ずること。(タ)
(4)　自動車等の衝突を検知し、運転を自動的に停止する構造のものとすること。(タ)
チ　液化水素配管及びガス配管(タ)(ミ)ろ
(1)　位置は、給油空地等以外の場所とするほか、(2)に定めるところによること。(タ)

(2)　自動車等が衝突するおそれのない場所に設置すること。ただし、自動車等の衝突を防止するための措置を講じた場合は、この限りでない。(タ)

(3)　液化水素配管又はガス配管から火災が発生した場合に給油空地等及び専用タンク等の注入口への延焼を防止するための措置を講ずること。(タ)(ミ)

(4)　漏れたガスが滞留するおそれのある場所に設置する場合には、接続部を溶接とすること。ただし、当該接続部の周囲にガスの漏れを検知することができる設備を設けた場合は、この限りでない。(タ)

(5)　蓄圧器からディスペンサーへのガスの供給を緊急に停止することができる装置を設けること。この場合において、当該装置の起動装置は、火災その他の災害に際し、速やかに操作することができる箇所に設けること。(タ)

リ　液化水素、圧縮水素及び液化石油ガスの受入設備(タ)(ミ)㋜

(1)　位置は、給油空地等以外の場所であり、かつ、給油空地等において液化水素又はガスの受入れを行うことができない場所であること。(タ)(ミ)

(2)　自動車等の衝突を防止するための措置を講ずること。(タ)

6　第三項から前項までに定めるもののほか、圧縮水素充塡設備設置給油取扱所の特例は、次のとおりとする。(タ)(ミ)

一　改質装置、液化水素の貯槽、液化水素昇圧ポンプ、送ガス蒸発器、圧縮機及び蓄圧器と給油空地等、簡易タンク及び専用タンク等の注入口との間に障壁を設けること。(タ)(ミ)㋜

二　防火設備又は温度の上昇を防止するための装置から放出された水が、給油空地等、令第十七条第一項第二十号に規定するポンプ室等及び専用タンク等の注入口付近に達することを防止するための措置を講ずること。(タ)(ソ)㋜

三　固定給油設備、固定注油設備、簡易タンク又は専用タンク等の注入口から漏れた危険物が、ディスペンサーに達することを防止するための措置を講ずること。(タ)

四　固定給油設備（懸垂式のものを除く。）、固定注油設備（懸垂式のものを除く。）及び簡易タンクには、自動車等の衝突を防止するための措置を講ずること。(タ)

五　簡易タンクを設ける場合には、圧縮水素スタンドの設備から火災が発生した場合に当該タンクへの延焼を防止するための措置を講ずること。(タ)(テ)(ミ)

六　液化水素の貯槽を設ける場合には、固定給油設備又は固定注油設備から火災が発生した場合にその熱が当該貯槽に著しく影響を及ぼすおそれのないようにするための措置を講ずること。(ミ)

7　第五項第三号ト(1)及びチ(1)の規定にかかわらず、次に掲げる措置の全てを講じた場合又は給油空地が軽油のみを取り扱う固定給油設備のうちホース機器の周囲に保有する空地である場合は、圧縮水素スタンドのディスペンサー及びガス配管を給油空地に設置することができる。㋜

一　固定給油設備（ホース機器の周囲に保有する給油空地に圧縮水素スタンドのディスペンサー及びガス配管を設置するものに限る。以下この項において同じ。）の構造及び設備は、次によること。㋜

イ　給油ホースの先端部に手動開閉装置を備えた給油ノズルを設けること。㋾

ロ　手動開閉装置を開放状態で固定する装置を備えた給油ノズルを設ける固定給油設備は、次によること。㋾

(1)　給油ノズルは、自動車等の燃料タンク給油口から脱落した場合に給油を自動的に停止する構造のものとすること。㋾

(2)　第二十五条の二第二号ハの規定にかかわらず、給油ホースは、著しい引張力が加わつたときに安全に分離するとともに、分離した部分からの危険物の漏えいを防止することができる構造のものとすること。㋾

ハ　給油ノズルは、自動車等の燃料タンクが満量となつたときに給油を自動的に停止する構造のものとすること。㋾

ニ　一回の連続したガソリン、メタノール等又はエタノール等の給油量が一定の数量を超えた場合に給油を自動的に停止する構造のものとすること。㋾

ホ　固定給油設備には、当該固定給油設備が転倒した場合において当該固定給油設備の配管及びこれに接続する配管からのガソリン、メタノール等又はエタノール等の漏えいの拡散を防止するための措置を講ずること。㋾

二　固定給油設備又は給油中の自動車等から漏れたガソリン、メタノール等又はエタノール等が、当該給油空地内の圧縮水素を充塡するために自動車等が停車する場所、圧縮水素スタンドのディスペンサー及びガス配管が設置されている部分に達することを防止するための措置を講ずること。㋾

三　火災その他の災害に際し速やかに操作することができる箇所に、給油取扱所内の全ての固定給油設備及び固定注油設備のホース機器への危険物の供給を一斉に停止するための装置を設けること。㋾

本条…追加〔平成一七年三月総令三七号〕、二・六項…一部改正〔平成一八年三月総令三一号〕、一項…一部改正〔平成二四年五月総令四九号〕、五・六項…一部改正〔平成二四年一二月総令一〇三号〕、見出し…改正・一―三・五・六項…一部改正〔平成二七年六月総令五六号〕、五・六項…一部改正・七項…追加〔令和元年八月総令三四号〕、五項…一部改正〔令和五年一二月総令八三号〕

（自家用給油取扱所の基準の特例）

第二八条　令第十七条第三項第六号の総務省令で定める自家用の給油取扱所は、専ら給油設備によつて給油取扱所の所有者、管理者又は占有者が所有し、管理し、又は占有する自動車等（以下この条において「所有者等の自動車等」という。）の燃料タンクに直接給油するため危険物を取り扱う取扱所及び給油設備によつて給油取扱所の所有者等の自動車等に直接給油するため危険物を取り扱うほか、次に掲げる作業を行う取扱所とする。㋮㋯㋬㋟㋷

一　給油設備からガソリンを当該給油取扱所の所有者、管理者若しくは占有者が所有し、管理し、若しくは占有する容器（次号において「所有者等の容器」という。）に詰め替え、又は軽油を当該給油取扱所の所有者、管理者若しくは占有者が所有し、管理し、若しくは占有する車両に固定された容量四千リットル以下のタンク（容量二千リットルを超えるタンクにあつては、

その内部を二千リットル以下ごとに仕切つたものに限る。次号において「所有者等のタンク」という。）に注入する作業㋷

二　固定した注油設備から灯油若しくは軽油を当該給油取扱所の所有者等の容器に詰め替え、又は当該給油取扱所の所有者等のタンクに注入する作業㋷

2　前項の給油取扱所に係る令第十七条第三項の規定による同条第一項及び第二項に掲げる基準の特例は、次項から第五項までに定めるところによる。㋮㋯㋟

3　第一項の給油取扱所（次項及び第五項に定めるものを除く。）については、令第十七条第一項第二号（間口及び奥行の長さに係る部分に限る。）及び同項第七号ただし書（簡易タンクを設けることができる地域に関する制限に係る部分に限る。）並びに第二十四条の十四第一号の規定は、適用しない。㋮㋯㋟㋞

4　第一項の給油取扱所（圧縮天然ガス等を充てんするための設備を設けるものに限る。）は、屋内給油取扱所以外の給油取扱所にあつては第二十七条の三、屋内給油取扱所にあつては第二十七条の四の規定に適合しなければならない。㋯㋜㋟

5　第一項の給油取扱所（電気を動力源とする自動車等に水素を充てんするための設備を設けるものに限る。）は、屋内給油取扱所以外の給油取扱所であつて、かつ、第二十七条の五の規定に適合しなければならない。㋟

本条…全部改正〔平成元年二月自令五号〕、一―三項…一部改正・四項…追加〔平成七年二月自令二号〕、四項…一部改正〔平成一〇年三月自令六号〕、一項…一部改正〔平成一二年九月自令四四号〕、一―四項…一部改正・五項…追加〔平成一七年三月総令三七号〕、三項…一部改正〔平成一八年三月総令三一号〕、一項…一部改正〔令和五年一二月総令八三号〕

（メタノール等及びエタノール等の屋外給油取扱所の特例）㋘

第二八条の二　メタノール等を取り扱う給油取扱所に係る令第十七条第四項の規定による同条第一項に掲げる基準を超える特例は、次のとおりとする。㋖

一　削除㋞

二　メタノールを取り扱う専用タンクを設ける場合には、当該専用タンクの位置、構造及び設備は、次によること。㋖

イ　令第十七条第一項第八号イにおいてその例によるものとされる令第十三条第一項第十三号の規定にかかわらず、専用タンク又はその周囲には、当該専用タンクからのメタノールの漏れを検知することができる装置を設けること。ただし、専用タンクに同条第二項第一号イ又はロに掲げる措置を講じたものにあつては、この限りでない。㋖㋟㋞

ロ　専用タンクの注入口には、弁及び危険物の過剰な注入を自動的に防止する設備を設けること。㋖㋟

ハ　専用タンクの注入口の周囲には、排水溝、切替弁及び漏れた危険物を収容する容量四立方メートル以上の設備を設けること。㋖㋟

ニ　令第十七条第一項第八号イにおいてその例によるものとされる令第十三条第三項の規定は、適用しないこと。㋖㋟㋞

三　第四類の危険物のうちメタノールを含有するものを取り扱う専用タンクを設ける場合には、当該専用タンクの位置、構造及び設備は、前号ハ及びニに適合するものであること。㋖㋟

四　メタノールを取り扱う簡易タンクを設ける場合には、当該簡易タンクの注入口に弁を設けること。（き）

2　エタノールを取り扱う給油取扱所に係る令第十七条第四項の規定による同条第一項に掲げる基準を超える特例は、前項（第三号を除く。）の例による。（ケ）

3　第四類の危険物のうちエタノールを含有するものを取り扱う給油取扱所に係る令第十七条第四項の規定による同条第一項に掲げる基準を超える特例は、次のとおりとする。（ケ）

一　第四類の危険物のうちエタノールを含有するものを取り扱う専用タンクの注入口の周囲には、排水溝、切替弁及び漏れた危険物を収容する容量四立方メートル以上の設備を設けること。ただし、専用タンクの注入口から当該危険物が漏れた場合において危険物が給油空地及び注油空地以外の部分に流出するおそれのない場合にあつては、この限りではない。（ケ）

二　第二十三条の三第二号に規定する設備のうち、専用タンクの周囲に四箇所以上設ける管により液体の危険物の漏れを検知する設備を設けるものにあつては、当該設備により当該専用タンクから漏れた危険物を検知することが困難な場合には、令第十七条第一項第八号イにおいてその例によるものとされる令第十三条第三項の規定は、適用しない。（ケ）

本条…追加〔平成六年三月自令五号〕、一部改正〔平成一七年三月総令三七号・一八年三月三一号〕、見出し…改正・二・三項…追加〔平成二三年一二月総令一六五号〕

第二八条の二の二（メタノール等及びエタノール等の屋内給油取扱所の特例）（ケ）　メタノール等を取り扱う給油取扱所に係る令第十七条第四項の規定による同条第二項に掲げる基準を超える特例は、次のとおりとする。（き）

一　削除（ソ）

二　メタノールを取り扱う専用タンクを設ける場合には、当該専用タンクの位置、構造及び設備は、前条第二号ハの規定の例によるほか、次によること。（き）（タ）

イ　令第十七条第二項第二号においてその例によるものとされる令第十三条第一項第十三号の規定にかかわらず、専用タンク又はその周囲には、当該専用タンクからのメタノールの漏れを検知することができる装置を設けること。ただし、専用タンクに同条第二項第一号イ又はロに掲げる措置を講じたものにあつては、この限りでない。（き）（タ）

ロ　専用タンクの注入口には、弁を設けること。（き）（タ）

ハ　令第十七条第二項第二号においてその例によるものとされる令第十三条第三項の規定は、適用しないこと。（き）（タ）

三　第四類の危険物のうちメタノールを含有するものを取り扱う専用タンクを設ける場合には、当該専用タンクの位置、構造及び設備は、前条第二号ハ及び前号ハに適合するものであるこ

と。(き)(タ)

2　エタノールを取り扱う給油取扱所に係る令第十七条第四項の規定による同条第二項に掲げる基準を超える特例は、前項（第三号を除く。）の例による。(ケ)

3　第四類の危険物のうちエタノールを含有するものを取り扱う給油取扱所に係る令第十七条第四項の規定による同条第二項に掲げる基準を超える特例は、次のとおりとする。(ケ)

一　第四類の危険物のうちエタノールを含有するものを取り扱う専用タンクの注入口の周囲には、排水溝、切替弁及び漏れた危険物を収容する容量四立方メートル以上の設備を設けること。ただし、専用タンクの注入口から当該危険物が漏れた場合において危険物が給油空地及び注油空地以外の部分に流出するおそれのない場合にあつては、この限りではない。(ケ)

二　第二十三条の三第二号に規定する設備のうち、専用タンクの周囲に四箇所以上設ける管により液体の危険物の漏れを検知する設備を設けるものにあつては、当該設備により当該専用タンクから漏れた危険物を検知することが困難な場合には、令第十七条第一項第八号イにおいてその例によるものとされる令第十三条第三項の規定は、適用しない。(ケ)

本条…追加〔平成六年三月自令五号〕、一部改正〔平成一〇年三月自令六号・一七年三月総令三七号・一八年三月三一号〕、見出し…改正・二・三項…追加〔平成二三年一二月総令一六五号〕

（メタノール等及びエタノール等の圧縮天然ガス等充てん設備設置給油取扱所等の基準の特例）(み)(す)(ケ)(エ)

第二八条の二の三　メタノール等又はエタノール等を取り扱う給油取扱所（圧縮天然ガス等充てん設備設置給油取扱所、圧縮水素充てん設備設置給油取扱所及び第二十八条第一項の自家用の給油取扱所に限る。）に係る令第十七条第四項の規定による同条第三項に掲げる基準を超える特例は、この条の定めるところによる。(き)(み)(す)(ケ)(エ)

2　前項の給油取扱所（次項に定めるものを除く。）のうち、メタノール等を取り扱うものにあつては第二十八条の二第一項の規定に、エタノールを取り扱うものにあつては同条第二項の規定に、第四類の危険物のうちエタノールを含有するものを取り扱うものにあつては同条第三項の規定に、それぞれ適合しなければならない。(き)(ケ)

3　第一項の給油取扱所（屋内給油取扱所に該当するものに限る。）のうち、メタノール等を取り扱うものにあつては前条第一項の規定に、エタノールを取り扱うものにあつては同条第二項の規定に、第四類の危険物のうちエタノールを含有するものを取り扱うものにあつては同条第三項の規定に、それぞれ適合しなければならない。(き)(み)(ケ)

本条…追加〔平成六年三月自令五号〕、見出し…改正・一・三項…一部改正〔平成七年二月自令二号〕、見出し…改正・一項…一部改正〔平成一〇年三月自令六号〕、見出し…改正・一項…一部改正・二・三項…全

部改正〔平成二三年一二月総令一六五号〕、見出し…改正・一項…一部改正〔平成二四年五月総令四九号〕

（顧客に自ら給油等をさせる給油取扱所）

第二八条の二の四　令第十七条第五項の総務省令で定める給油取扱所は、顧客に自ら自動車若しくは原動機付自転車に給油させ、又は灯油若しくは軽油を容器に詰め替えさせることができる給油取扱所とする。（す）（へ）

本条…追加〔平成一〇年三月自令六号〕、一部改正〔平成一二年九月自令四四号〕

（顧客に自ら給油等をさせる屋外給油取扱所の特例）

第二八条の二の五　前条の給油取扱所に係る令第十七条第五項の規定による同条第一項に掲げる基準を超える特例は、次のとおりとする。（す）

一　顧客に自ら給油等をさせる給油取扱所には、当該給油取扱所へ進入する際見やすい箇所に顧客が自ら給油等を行うことができる給油取扱所である旨を表示すること。（す）

二　顧客に自ら自動車等に給油させるための固定給油設備（以下「顧客用固定給油設備」という。）の構造及び設備は、次によること。（す）

イ　給油ホースの先端部に手動開閉装置を備えた給油ノズルを設けること。（す）（ラ）

ロ　手動開閉装置を開放状態で固定する装置を備えた給油ノズルを設ける顧客用固定給油設備は、次によること。（ラ）

(1)　給油作業を開始しようとする場合において、給油ノズルの手動開閉装置が開放状態であるときは、当該手動開閉装置を一旦閉鎖しなければ給油を開始することができない構造のものとすること。（ラ）㈻

(2)　給油ノズルが自動車等の燃料タンク給油口から脱落した場合に給油を自動的に停止する構造のものとすること。（ラ）

(3)　引火点が四十度未満の危険物を取り扱うホース機器にあっては、自動車等の燃料タンクに給油するときに放出される可燃性の蒸気を回収する装置を設けること。（ラ）㈻

ハ　引火点が四十度未満の危険物を取り扱う給油ノズルは、給油時に人体に蓄積された静電気を有効に除去することができる構造のものとすること。ただし、ロ(3)に規定する可燃性の蒸気を回収する装置を設けた顧客用固定給油設備については、この限りでない。（ラ）

ニ　給油ノズルは、自動車等の燃料タンクが満量となったときに給油を自動的に停止する構造のものとするとともに、自動車等の燃料タンク給油口から危険物が噴出した場合において顧客に危険物が飛散しないための措置を講ずること。（す）（ラ）㈻

ホ　第二十五条の二第二号ハの規定にかかわらず、給油ホースは、著しい引張力が加わったときに安全に分離するとともに、分離した部分からの危険物の漏えいを防止することができる構造のものとすること。(す)(ラ)ⓗ
ヘ　ガソリン及び軽油相互の誤給油を有効に防止することができる構造のものとすること。(す)(ラ)
ト　一回の連続した給油量及び給油時間の上限をあらかじめ設定できる構造のものとすること。(す)(ラ)
チ　地震時にホース機器への危険物の供給を自動的に停止する構造のものとすること。(す)(ラ)

三　顧客に自ら灯油又は軽油を容器に詰め替えさせるための固定注油設備（以下「顧客用固定注油設備」という。）の構造及び設備は、次によること。(す)

イ　注油ホースの先端部に開放状態で固定できない手動開閉装置を備えた注油ノズルを設けること。(す)
ロ　注油ノズルは、容器が満量となったときに危険物の注入を自動的に停止する構造のものとすること。(す)ⓗ
ハ　一回の連続した注油量及び注油時間の上限をあらかじめ設定できる構造のものとすること。(す)
ニ　地震時にホース機器への危険物の供給を自動的に停止する構造のものとすること。(す)

四　固定給油設備及び固定注油設備並びに簡易タンクには、次に定める措置を講ずること。ただし、顧客の運転する自動車等が衝突するおそれのない場所に当該固定給油設備若しくは固定注油設備又は簡易タンクが設置される場合にあっては、この限りでない。(す)ⓗ

イ　固定給油設備及び固定注油設備並びに簡易タンクには、自動車等の衝突を防止するための措置を講ずること。(す)
ロ　固定給油設備及び固定注油設備には、当該固定給油設備又は固定注油設備（ホース機器と分離して設置されるポンプ機器を有する固定給油設備及び固定注油設備にあっては、ホース機器。以下この号において同じ。）が転倒した場合において当該固定給油設備又は固定注油設備の配管及びこれらに接続する配管からの危険物の漏えいの拡散を防止するための措置を講ずること。(す)ⓗ

五　固定給油設備及び固定注油設備並びにその周辺には、次に定めるところにより必要な事項を表示すること。(す)

イ　顧客用固定給油設備及び顧客用固定注油設備には、それぞれ顧客が自ら自動車等に給油することができる固定給油設備又は顧客が自ら危険物を容器に詰め替えることができる固定注油設備である旨を見やすい箇所に表示するとともに、その周囲の地盤面等に自動車等の停止位置又は容器の置き場所等を表示すること。(す)
ロ　第二十五条の三の規定にかかわらず、顧客用固定給油設備及び顧客用固定注油設備にあつては、その給油ホース等の直近その他の見やすい箇所に、ホース機器等の使用方法及び危険物の品目を表示すること。この場合において、危険物の品目の表示は、次の表の上欄に掲げる取り扱う危険物の種類に応じそれぞれ同表の中欄に定める文字を表示するとともに、文字及び地並びに給油ホース等その他危険物を取り扱うために顧客が使用する設備に彩色を施す場合には、それぞれ同表の下欄に定める色とすること。(す)(フ)㋑㋩

取り扱う危険物の種類	文字	色
自動車ガソリン（日本産業規格K二二〇二「自動車ガソリン」に規定するもののうち一号に限る。）	「ハイオクガソリン」又は「ハイオク」	黄
自動車ガソリン（日本産業規格K二二〇二「自動車ガソリン」に規定するもののうち一号（E）に限る。）	「ハイオクガソリン（E）」又は「ハイオク（E）」	ピンク
自動車ガソリン（日本産業規格K二二〇二「自動車ガソリン」に規定するもののうち二号に限る。）	「レギュラーガソリン」又は「レギュラー」	赤
自動車ガソリン（日本産業規格K二二〇二「自動車ガソリン」に規定するもののうち二号（E）に限る。）	「レギュラーガソリン（E）」又は「レギュラー（E）」	紫
軽油	「軽油」	緑
灯油	「灯油」	青

ハ　顧客用固定給油設備及び顧客用固定注油設備以外の固定給油設備又は固定注油設備を設置する場合にあつては、顧客が自ら用いることができない固定給油設備又は固定注油設備である旨を見やすい箇所に表示すること。(す)㋩

六　顧客自らによる給油作業又は容器への詰替え作業（以下「顧客の給油作業等」という。）を監視し、及び制御し、並びに顧客に対し必要な指示を行うための制御卓その他の設備を次に定めるところにより設けること。(す)㋩

イ　制御卓は、給油取扱所内で、かつ、全ての顧客用固定給油設備及び顧客用固定注油設備における使用状況を直接視認できる位置に設置すること。ただし、給油取扱所内で、かつ、全ての顧客用固定給油設備及び顧客用固定注油設備における使用状況を監視設備により視認できる位置に制御卓を設置する場合にあつては、この限りでない。(す)㋩㋠

ロ　給油中の自動車等により顧客用固定給油設備及び顧客用固定注油設備の使用状況について制御卓からの直接的な視認が妨げられるおそれのある部分については、制御卓における視認を常時可能とするための監視設備を設けること。(す)

ハ　制御卓には、それぞれの顧客用固定給油設備及び顧客用固定注油設備のホース機器への危険物の供給を開始し、及び停止するための制御装置を設けること。(す)

ニ　制御卓及び火災その他の災害に際し速やかに操作することができる箇所に、全ての固定給油設備及び固定注油設備のホース機器への危険物の供給を一斉に停止するための制御装

置を設けること。(す)(は)

ホ　制御卓には、顧客と容易に会話することができる装置を設けるとともに、給油取扱所内の全ての顧客に対し必要な指示を行うための放送機器を設けること。(す)(は)

七　顧客の給油作業等を制御するための可搬式の制御機器を設ける場合にあっては、次に定めるところによること。(は)

イ　可搬式の制御機器には、前号ハに規定する制御装置を設けること。(は)

ロ　可搬式の制御機器には、前号ニに規定する制御装置を設けること。(は)

本条…追加〔平成一〇年三月自令六号〕、一部改正〔平成一八年三月総令三一号・一九年九月一〇六号・二四年三月一二号・令和元年六月一九号・一二月六七号・五年九月七〇号〕

（顧客に自ら給油等をさせる屋内給油取扱所の特例）

第二八条の二の六　第二十八条の二の四の給油取扱所に係る令第十七条第五項の規定による同条第二項に掲げる基準を超える特例は、前条（第四号中簡易タンクに係る部分を除く。）の規定の例によるものとする。(す)

本条…追加〔平成一〇年三月自令六号〕

（顧客に自ら給油等をさせる圧縮天然ガス等充塡設備設置給油取扱所等の特例）(モ)

第二八条の二の七　第二十八条の二の四の給油取扱所（圧縮天然ガス等充塡設備設置給油取扱所、圧縮水素充塡設備設置給油取扱所及び第二十八条第一項の自家用の給油取扱所に該当するものに限る。）に係る令第十七条第五項の規定による同条第三項に掲げる基準を超える特例は、この条の定めるところによる。(す)(エ)(モ)

2　前項の給油取扱所（次項から第五項までに定めるものを除く。）は、第二十八条の二の五（圧縮天然ガス等充塡設備設置給油取扱所及び圧縮水素充塡設備設置給油取扱所にあつては、第四号イを除く。）の規定に適合しなければならない。(す)(エ)(モ)

3　第一項の給油取扱所（屋内給油取扱所に該当するものに限り、第五項に定めるものを除く。）は、前条（圧縮天然ガス等充塡設備設置給油取扱所にあつては、同条においてその例によるものとされる第二十八条の二の五第四号イを除く。）の規定に適合しなければならない。(モ)

4　第一項の給油取扱所（圧縮天然ガススタンドのディスペンサー及びガス配管を給油空地に設置するもの（次項に定めるものを除く。））は、第二十八条の二の五（同条第四号イのほか、固定給油設備（ガソリン、メタノール等又はエタノール等を取り扱う給油ノズル、給油ホース及び配管に限る。以下この項及び次項において同じ。）にあつては、同条第二号イ、ロ(2)、ニ（顧客に危険物が飛散しないための措置に係る部分を除く。）及びホ（手動開閉装置を開放状態で固定する装置を備えた給油ノズルを設ける固定給油設備を設置する場合に限る。）を除く。）の規定に適合しなければならない。(モ)

5　第一項の給油取扱所（圧縮天然ガススタンドのディスペンサー

及びガス配管を給油空地に設置するもの（屋内給油取扱所に該当するものに限る。）」は、前条（同条においてその例によるものとされる第二十八条の二の五第四号イのほか、固定給油設備にあつては、前条においてその例によるものとされる第二十八条の二の五第二号イ、ロ⑵、ニ（顧客に危険物が飛散しないための措置に係る部分を除く。）及びホ（手動開閉装置を開放状態で固定する装置を備えた給油ノズルを設ける固定給油設備を設置する場合に限る。）を除く。）の規定に適合しなければならない。（モ）

本条…追加〔平成一〇年三月自令六号〕、一・二項…一部改正〔平成二四年五月総令四九号〕、見出し…改正・一―三項…一部改正・四・五項…追加〔平成二九年一月総令三号〕

（顧客に自ら給油等をさせるエタノール等の給油取扱所等の特例）

第二八条の二の八　第二十八条の二の四の給油取扱所（エタノール等を取り扱う給油取扱所に限る。）に係る令第十七条第五項の規定による同条第四項に掲げる基準を超える特例は、この条の定めるところによる。（ケ）

2　前項の給油取扱所（次項及び第四項に定めるものを除く。）は、第二十八条の二の五の規定に適合しなければならない。（ケ）

3　第一項の給油取扱所（屋内給油取扱所に該当するもの（次項に定めるものを除く。）に限る。）は、第二十八条の二の六の規定に適合しなければならない。（ケ）（エ）

4　第一項の給油取扱所（圧縮天然ガス等充てん設備設置給油取扱所、圧縮水素充てん設備設置給油取扱所及び第二十八条第一項の自家用の給油取扱所に該当するものに限る。）は、前条の規定に適合しなければならない。（ケ）（エ）

本条…追加〔平成二三年一二月総令一六五号〕、三・四項…一部改正〔平成二四年五月総令四九号〕

（移送取扱所の基準）

第二八条の二の九　令第十八条の二第一項に規定する移送取扱所の位置、構造及び設備の技術上の基準は、次条から第二十八条の五十一までに定めるとおりとする。（り）（き）（ケ）

本条…追加〔昭和四九年五月自令一二号〕、旧二八条の二…繰下〔平成六年三月自令五号〕、旧二八条の二の四…繰下〔平成一〇年三月自令六号〕、旧二八条の二の八…繰下〔平成二三年一二月総令一六五号〕

（移送取扱所の設置場所）

第二八条の三　移送取扱所は、次の各号に掲げる場所に設置してはならない。（り）

一　災害対策基本法（昭和三十六年法律第二百二十三号）第四十条に規定する都道府県地域防災計画又は同法第四十二条に規定する市町村地域防災計画において定められている震災時のための避難空地（り）

二　鉄道及び道路の隧（すい）道内（り）

三　高速自動車国道及び自動車専用道路の車道、路肩及び中央帯並びに狭あいな道路（り）

四　河川区域及び水路敷（り）

五　利水上の水源である湖沼、貯水池等(り)
六　急傾斜地の崩壊による災害の防止に関する法律（昭和四十四年法律第五十七号）第三条第一項の規定により指定された急傾斜地崩壊危険区域(り)
七　地すべり等防止法（昭和三十三年法律第三十号）第三条第一項の規定により指定された地すべり防止区域及び同法第四条第一項の規定により指定されたぼた山崩壊防止区域(り)
八　海岸法（昭和三十一年法律第百一号）第二条に規定する海岸保全施設及びその敷地(り)

2　前項の規定にかかわらず、前項第三号から第八号までに掲げる場所については、地形の状況その他特別の理由によりやむを得ない場合であつて、かつ、保安上適切な措置を講ずる場合は、当該移送取扱所を当該場所に設置することができる。(り)

3　移送取扱所を第一項第三号若しくは第四号に掲げる場所に横断して設置する場合又は第八号に掲げる場所に架空横断して設置する場合は、第一項の規定は適用しない。(り)

本条…追加〔昭和四九年五月自令一二号〕

（材料）

第二八条の四　配管、管継手及び弁（以下「配管等」という。）の材料は、告示で定める規格〔危告示第五条〕に適合するものでなければならない。ただし、配管の設置場所の状況等からこれによることが困難であると認められる場合は、これと同等以上の機械的性質を有するものとすることができる。(り)

本条…追加〔昭和四九年五月自令一二号〕

（配管等の構造）

第二八条の五　配管等の構造は、移送される危険物の重量、配管等の内圧、配管等及びその附属設備の自重、土圧、水圧、列車荷重、自動車荷重、浮力等の主荷重並びに風荷重、雪荷重、温度変化の影響、振動の影響、地震の影響〔危告示第一三条〕、投錨（びよう）による衝撃の影響、波浪及び潮流の影響、設置時における荷重の影響、他工事による影響等の従荷重によつて生ずる応力に対して安全なものでなければならない。(り)

2　配管は、次の各号に定める基準に適合するものでなければならない。(り)

一　主荷重及び主荷重と従荷重との組合せによつて生ずる配管（鋼製のものに限る。以下この項において同じ。）の円周方向応力度及び軸方向応力度が当該配管のそれぞれの許容応力度を超えるものでないこと。(り)

二　配管の内圧によつて生じる当該配管の円周方向応力度が当該配管の規格最小降伏点（配管の材料の規格に最小降伏点の定めがないものにあつては、材料試験成績等により保証される降伏点とする。ただし、当該降伏点が、当該材料の規格に定める引張強さの最小の値に〇・六を乗じた値を超える場合にあつては、当該値とする。以下この条において同じ。）の四十パーセント以下であること。(り)(ひ)

三　主荷重と従荷重の組合せによつて生じる配管の円周方向応力度、軸方向応力度及び管軸に垂直方向のせん断応力度を合成した応力度〔危告示第一四条〕が当該配管の規格最小降伏点の九十パーセント以下であること。(り)

四　橋に設置する配管は、橋のたわみ、伸縮、振動等に対し安全

な構造であること。（り）

五　配管の最小厚さ〔危告示第六条〕は、告示で定める基準に適合するものであること。ただし、告示で定める方法により破損試験〔危告示第七条〕を行つたとき破損しないものは、この限りでない。（り）

3　前項第一号の「許容応力度」とは、許容引張応力度、許容圧縮応力度、許容せん断応力度及び許容支圧応力度をいう。この場合において、「許容引張応力度」及び「許容圧縮応力度」とは配管の規格最小降伏点に告示で定める長手継手の継手効率〔危告示第八条〕を乗じた値を二・〇で除した値（主荷重と従荷重との組合せに係る許容引張応力度及び許容圧縮応力度にあつては、当該二・〇で除した値に告示で定める従荷重に係る割増係数〔危告示第九条〕を乗じた値）、「許容せん断応力度」とは許容引張応力度に〇・六を乗じた値、「許容支圧応力度」とは許容引張応力度に一・四を乗じた値をそれぞれいうものとする。（り）

4　前三項に規定するもののほか、配管等の構造に関し必要な事項〔危告示第一〇条～第一二条・第一五条～第一七条〕は、告示で定める。（り）

本条…追加〔昭和四九年五月自令一二号〕、二項…一部改正〔平成八年九月自令三二号〕

解説　【主荷重と従荷重の組合せ】全主荷重と一の従荷重の組合せとする。

（伸縮吸収措置）

第二八条の六　配管の有害な伸縮が生じるおそれのある箇所には、告示で定めるところにより当該有害な伸縮を吸収する措置〔危告示第一八条〕を講じなければならない。（り）

本条…追加〔昭和四九年五月自令一二号〕

（配管等の接合）

第二八条の七　配管等の接合は、溶接によつて行わなければならない。ただし、溶接によることが適当でない場合は、安全上必要な強度を有するフランジ接合をもつて代えることができる。（り）

2　前項ただし書の場合においては、当該接合部分の点検を可能とし、かつ、危険物の漏えい拡散を防止するための措置を講じなければならない。（り）

本条…追加〔昭和四九年五月自令一二号〕

（溶接）

第二八条の八　配管等の溶接は、アーク溶接その他の告示で定める溶接方法〔危告示第一九条〕によつて行わなければならない。（り）

2　配管等の溶接に使用する溶接機器及び溶接材料〔危告示第二〇条〕は、告示で定める規格に適合するもの又はこれと同等以上の性能を有するものでなければならない。（り）

3　前二項に規定するもののほか、溶接の方法その他溶接に関し必要な事項〔危告示第二一条〕は、告示で定める。（り）

本条…追加〔昭和四九年五月自令一二号〕

（防食被覆）

第二八条の九　地下又は海底に設置する配管等には、告示で定めるところにより、耐久性があり、かつ、電気絶縁抵抗の大きい塗覆装材により外面腐食を防止するための措置〔危告示第二二条〕を講じなければならない。（り）

２　地上又は海上に設置する配管等には、外面腐食を防止するための塗装を施さなければならない。（り）

本条…追加〔昭和四九年五月自令一二号〕

（**電気防食**）

第二八条の一〇　地下又は海底に設置する配管等には、告示で定めるところにより電気防食措置〔危告示第二三条（排流法等）〕を講じなければならない。（り）

２　前項の措置を講ずる場合は、近接する埋設物その他の構造物に対し悪影響を及ぼさないための必要な措置を講じなければならない。（り）

本条…追加〔昭和四九年五月自令一二号〕

（**加熱及び保温のための設備**）

第二八条の一一　配管等に加熱又は保温のための設備を設ける場合は、火災予防上安全で、かつ、他に悪影響を与えないような構造としなければならない。（り）

本条…追加〔昭和四九年五月自令一二号〕

（**地下埋設**）

第二八条の一二　配管を地下に埋設する場合は、次の各号に掲げるところによらなければならない。（り）

一　配管は、その外面から建築物、地下街、隧道その他の告示で定める工作物に対し告示で定める水平距離〔危告示第二四条〕を有すること。（り）

二　配管は、その外面から他の工作物に対し〇・三メートル以上の距離を保たせ、かつ、当該工作物の保全に支障を与えないこと。ただし、配管の外面から他の工作物に対し〇・三メートル以上の距離を保たせることが困難な場合であつて、かつ、当該工作物の保全のための適切な措置を講じる場合は、この限りでない。（り）

三　配管の外面と地表面との距離は、山林原野にあつては〇・九メートル以下、その他の地域にあつては一・二メートル以下としないこと。ただし、当該配管を告示で定める防護構造物〔危告示第二五条〕の中に設置する場合は、この限りでない。（り）

四　配管は、地盤の凍結によつて損傷を受けることのないよう適切な深さに埋設すること。（り）

五　盛土又は切土の斜面の近傍に配管を埋設する場合は、告示で定める安全率〔危告示第二六条〕以上のすべり面の外側に埋設すること。（り）

六　配管の立ち上がり部、地盤の急変部等支持条件が急変する箇所については、曲り管のそう入、地盤改良その他必要な措置を講じること。（り）

七　掘さく及び埋めもどし〔危告示第二七条〕は、告示で定める方法によつて行うこと。（り）

本条…追加〔昭和四九年五月自令一二号〕

（道路下埋設）

第二八条の一三 配管を道路下に埋設する場合は、前条（第二号及び第三号を除く。）の規定の例によるほか、次の各号に掲げるところによらなければならない。（り）

一 配管は、原則として自動車荷重の影響の少ない場所に埋設すること。（り）

二 配管は、その外面から道路の境界に対し一メートル以上の水平距離を有すること。（り）

三 配管（防護工又は防護構造物により配管を防護する場合は、当該防護工又は防護構造物。以下この号、第六号及び第七号において同じ。）は、その外面から他の工作物に対し〇・三メートル以上の距離を保たせ、かつ、当該工作物の保全に支障を与えないこと。ただし、配管の外面から他の工作物に対し〇・三メートル以上の距離を保たせることが困難な場合であつて、かつ、当該工作物の保全のための適切な措置を講ずる場合は、この限りでない。（り）

四 市街地の道路下に埋設する場合は、当該道路に係る工事によつて配管が損傷を受けることのないよう告示で定める防護工〔危告示第二八条〕を設けること。ただし、配管を告示で定める防護構造物〔危告示第二九条〕の中に設置する場合は、この限りでない。（り）

五 市街地の道路の路面下に埋設する場合は、配管（告示で定める防護構造物の中に設置するものを除く。）の外面と路面との距離は、一・八メートル以下と、告示で定める防護工〔危告示第二八条〕又は防護構造物〔危告示第二九条〕により防護された配管の当該防護工又は防護構造物の外面と路面との距離は、一・五メートル以下としないこと。（り）

六 市街地以外の道路の路面下に埋設する場合は、配管の外面と路面との距離は、一・五メートル以下としないこと。（り）

七 舗装されている車道に埋設する場合は、当該舗装部分の路盤（しや断層がある場合は、当該しや断層。以下同じ。）の下に埋設し、配管の外面と路盤の最下部との距離は、〇・五メートル以下としないこと。（り）

八 路面下以外の道路下に埋設する場合は、配管の外面と地表面との距離は、一・二メートル（告示で定める防護工又は防護構造物〔危告示第三〇条〕により防護された配管にあつては、〇・六メートル（市街地の道路下に埋設する場合は、〇・九メートル））以下としないこと。（り）

九 電線、水管、下水道管、ガス管その他これらに類するもの（各戸に引き込むためのもの及びこれが取り付けられるものに限る。）が埋設されている道路又は埋設する計画のある道路に埋設する場合は、これらの上部に埋設しないこと。（り）

本条…追加〔昭和四九年五月自令一二号〕

（線路敷下埋設）

第二八条の一四 配管を線路敷下に埋設する場合については、第二十八条の十二（第三号を除く。）の規定を準用するほか、次の各号に掲げるところによらなければならない。（り）

一 配管は、その外面から軌道中心に対し四メートル以上、当該線路敷の用地境界に対し一メートル以上の水平距離を有すること。ただし、告示で定める場合〔危告示第三二条〕は、この限りでない。(り)

二　配管の外面と地表面との距離は、一・二メートル以下としないこと。(り)

本条…追加〔昭和四九年五月自令一二号〕

（河川保全区域内埋設）

第二八条の一五　配管を河川に沿つて河川保全区域（河川法第五十四条に規定する河川保全区域をいう。）内に埋設する場合については、第二十八条の十二の規定を準用するほか、当該配管は、堤防法尻又は護岸法肩に対し河川管理上必要な距離を有しなければならない。(り)

本条…追加〔昭和四九年五月自令一二号〕

（地上設置）

第二八条の一六　配管を地上に設置する場合は、次の各号に掲げるところによらなければならない。(り)

一　配管は、地表面に接しないようにすること。(り)

二　配管（移送基地（ポンプにより危険物を送り出し、又は受け入れを行う場所をいう。以下同じ。）の構内に設置されるものを除く。）は、住宅、学校、病院、鉄道その他の告示で定める施設に対し告示で定める水平距離〔危告示第三二条〕を有すること。(り)

三　配管（移送基地の構内に設置されるものを除く。）の両側には、当該配管に係る最大常用圧力に応じ、次の表に掲げる幅（工業専用地域に設置する配管にあつては、その三分の一）の空地を保有すること。ただし、保安上必要な措置を講じた場合はこの限りでない。(り)(す)

配管に係る最大常用圧力	空地の幅
〇・三メガパスカル未満	五メートル以上
〇・三メガパスカル以上一メガパスカル未満	九メートル以上
一メガパスカル以上	十五メートル以上

四　配管は、地震、風圧、地盤沈下、温度変化による伸縮等に対し安全な構造の支持物により支持すること。(り)

五　前号の支持物は、鉄筋コンクリート造又はこれと同等以上の耐火性を有するものとすること。ただし、火災によつて当該支持物が変形するおそれのない場合は、この限りでない。(り)

六　自動車、船舶等の衝突により配管又は配管の支持物が損傷を受けるおそれのある場合は、告示で定めるところにより防護設備〔危告示第三三条〕を設置すること。(り)

七　配管は、他の工作物（当該配管の支持物を除く。）に対し当該配管の維持管理上必要な間隔を有すること。(り)

本条…追加〔昭和四九年五月自令一二号〕、一部改正〔平成一〇年三月自令六号〕

（海底設置）

第二八条の一七　配管を海底に設置する場合は、次の各号に掲げるところによらなければならない。（り）

一　配管は、埋設すること。ただし、投錨（びよう）等により配管が損傷を受けるおそれのない場合その他やむを得ない場合は、この限りでない。（り）

二　配管は、原則として既設の配管と交差しないこと。（り）

三　配管は、原則として既設の配管に対し三十メートル以上の水平距離を有すること。（り）

四　二本以上の配管を同時に設置する場合は、当該配管が相互に接触することのないよう必要な措置を講ずること。（り）

五　配管の立ち上がり部には、告示で定める防護工〔危告示第三四条〕を設けること。ただし、係船浮標にいたる立ち上がり部の配管に鋼製以外のものを使用する場合は、この限りでない。（り）

六　配管を埋設する場合は、配管の外面と海底面との距離は、投錨（びよう）試験の結果、土質、埋めもどしの材料、船舶交通事情等を勘案して安全な距離とすること。この場合において、当該配管を埋設する海底についてしゆんせつ計画がある場合は、しゆんせつ計画面（当該しゆんせつ計画において計画されているしゆんせつ後の海底面をいう。以下〇・六メートルを海底面とみなすものとする。（り）

七　洗掘のおそれがある場所に埋設する配管には、当該洗掘を防止するための措置を講ずること。（り）

八　掘さく及び埋めもどし〔危告示第三五条〕は、告示で定める方法によつて行うこと。（り）

九　配管を埋設しないで設置する場合は、配管が連続して支持されるよう当該設置に係る海底面をならすこと。（り）

十　配管が浮揚又は移動するおそれがある場合は、当該配管に当該浮揚又は移動を防止するための措置を講ずること。（り）

本条…追加〔昭和四九年五月自令一二号〕

解説　【係船浮標】イモドコブイ等

（**海上設置**）

第二八条の一八　配管を海上に設置する場合は、次の各号に掲げるところによらなければならない。（り）

一　配管は、地震、風圧、波圧等に対し安全な構造の支持物により支持すること。（り）

二　配管は、船舶の航行により、損傷を受けることのないよう海面との間に必要な空間を確保して設置すること。（り）

三　船舶の衝突等によつて配管又はその支持物が損傷を受けるおそれのある場合は、告示で定める防護設備〔危告示第三六条〕を設置すること。（り）

四　配管は、他の工作物（当該配管の支持物を除く。）に対し当該配管の維持管理上必要な間隔を有すること。（り）

本条…追加〔昭和四九年五月自令一二号〕

（**道路横断設置**）

第二八条の一九　道路を横断して配管を設置する場合は、道路下に埋設しなければならない。ただし、地形の状況その他特別の理由により道路の上空以外に適当な場所がなく、かつ、保安上適切な措置を講じた場合は、道路上を架空横断して設置することができる。(り)

2　道路を横断して配管を埋設する場合は、配管をさや管その他の告示で定める構造物〔危告示第三七条〕の中に設置しなければならない。ただし、支持条件の急変に対し適切な措置が講じられ、かつ、当該配管に係る工事の実施によつて交通に著しい支障が生じるおそれのない場合は、この限りでない。(り)

3　道路上を架空横断して配管を設置する場合は、当該配管及び当該配管に係るその他の工作物並びにこれらの附属設備の地表面と接しない部分の最下部と路面との垂直距離は、五メートル以上としなければならない。(り)

4　道路を横断して配管を設置する場合は、前三項の規定によるほか、第二十八条の十三（第一号及び第二号を除く。）及び第二十八条の十六（第一号を除く。）の規定を準用する。(り)

本条…追加〔昭和四九年五月自令一二号〕

（線路下横断埋設）

第二八条の二〇　線路敷を横断して配管を埋設する場合は、第二十八条の十四（第一号を除く。）及び前条第二項の規定を準用する。(り)

本条…追加〔昭和四九年五月自令一二号〕

（河川等横断設置）

第二八条の二一　河川を横断して配管を設置する場合は、橋に設置しなければならない。ただし、橋に設置することが適当でない場合は、河川の下を横断して埋設することができる。(り)

2　河川又は水路を横断して配管を埋設する場合は、原則としてさや管その他の告示で定める構造物〔危告示第三八条〕の中に設置し、かつ、当該構造物の浮揚又は船舶の投錨による損傷を防止するための措置を講じなければならない。(り)

3　第一項ただし書の場合にあつては配管の外面と計画河床高（計画河床高が最深河床高より高いときは、最深河床高。以下この項において同じ。）との距離は原則として四・〇メートル以上、水路を横断して配管を埋設する場合にあつては配管の外面と計画河床高との距離は原則として二・五メートル以上、その他の小水路（第一条第三号に規定する水路以外の小水路で、用水路、側溝又はこれらに類するものを除く。）を横断して配管を埋設する場合にあつては配管の外面と計画河床高との距離は原則として一・二メートル以上とするほか、護岸その他河川管理施設の既設又は計画中の基礎工に支障を与えず、かつ、河床変動、洗掘、投錨等の影響を受けない深さに埋設しなければならない。(り)

4　河川及び水路を横断して配管を設置する場合は、前三項の規定によるほか、第二十八条の十二（第二号、第三号及び第七号を除く。）及び第二十八条の十六（第一号を除く。）の規定を準用する。(り)

本条…追加〔昭和四九年五月自令一二号〕

（漏えい拡散防止措置）

第二八条の二二　市街地並びに河川上、隧道上及び道路上その他の告示で定める場所に配管を設置する場合は、告示で定めるところにより漏えいした危険物の拡散を防止するための措置〔危告示第三九条〕を講じなければならない。(り)

本条…追加〔昭和四九年五月自令一二号〕

（可燃性の蒸気の滞留防止措置）(ま)

第二八条の二三　配管を設置するために設ける隧道（人が立ち入る可能性のあるものに限る。）には、可燃性の蒸気が滞留しないよう必要な措置を講じなければならない。(り)(ま)

本条…追加〔昭和四九年五月自令一二号〕、見出し…改正・本条…一部改正〔平成元年二月自令五号〕

（不等沈下等のおそれのある場所における配管の設置）

第二八条の二四　不等沈下、地すべり等の発生するおそれのある場所に配管を設置する場合は、当該不等沈下、地すべり等により配管が損傷を受けることのないよう必要な措置を講じ、かつ、配管に生じる応力を検知するための装置を設置しなければならない。(り)

本条…追加〔昭和四九年五月自令一二号〕

（配管と橋との取付部）

第二八条の二五　配管を橋に取り付ける場合は、当該配管に過大な応力が生じることのないよう必要な措置を講じなければならない。(り)

本条…追加〔昭和四九年五月自令一二号〕

（掘さくにより周囲が露出することとなつた配管の保護）

第二八条の二六　掘さくにより、周囲が臨時に露出することとなつた配管は、次の各号に適合するものでなければならない。(り)

一　露出している部分の両端は、地くずれの生ずるおそれがない地中に支持されていること。(り)

二　露出している部分に過大な応力を生ずるおそれがある場合は、つり防護、受け防護その他の適切な防護措置を講ずること。(り)

本条…追加〔昭和四九年五月自令一二号〕

（非破壊試験）

第二八条の二七　配管等の溶接部は、放射線透過試験（放射線透過試験を実施することが適当でない場合にあつては、告示で定める配管以外の配管については超音波探傷試験〔危告示第四〇条〕及び磁粉探傷試験又は浸透探傷試験を、告示で定める配管については磁粉探傷試験又は浸透探傷試験）を行い、これに合格するものでなければならない。この場合において、移送基地の構内の地上に設置される配管等の溶接部に限り、全溶接部の二十パーセント以上の溶接部の抜取り試験によることができる。(り)

2　配管等の溶接部のうち振動、衝撃、温度変化等によつて損傷の生じるおそれのあるものは、告示で定める配管以外の配管については放射線透過試験、超音波探傷試験〔危告示第四〇条〕及び磁粉探傷試験又は浸透探傷試験を、告示で定める配管については放射線透過試験及び磁粉探傷試験又は浸透探傷試験を行い、これに合格するものでなければならない。(り)

3　前二項の試験の合格の基準〔危告示第四一条〕は、告示で定める。(り)

本条…追加〔昭和四九年五月自令一二号〕

（耐圧試験）

第二八条の二八　配管等は、告示で定める方法により当該配管等に係る最大常用圧力の一・五倍以上の圧力で試験〔危告示第四二条〕を行つたとき漏えいその他の異常がないものでなければならない。ただし、告示〔危告示第四三条〕で定める場合は、当該配管等について前条第二項に掲げる試験を行い、これに合格することをもつて代えることができる。(り)

本条…追加〔昭和四九年五月自令一二号〕

（運転状態の監視装置）

第二八条の二九　配管系（配管並びにその配管と一体となつて危険物の移送の用に供されるポンプ、弁及びこれらの附属設備の総合体をいう。以下同じ。）には、ポンプ及び弁の作動状況等当該配管系の運転状態を監視する装置を設けなければならない。(り)

2　配管系には、告示で定めるところにより圧力又は流量の異常な変動等の異常な事態が発生した場合にその旨を警報する装置〔危告示第四四条〕を設けなければならない。(り)

本条…追加〔昭和四九年五月自令一二号〕

（安全制御装置）

第二八条の三〇　配管系には、次に掲げる制御機能を有する安全制御装置を設けなければならない。(り)

一　次条に規定する圧力安全装置、第二十八条の三十二に規定する自動的に危険物の漏えいを検知することができる装置、第二十八条の三十三に規定する緊急しや断弁、第二十八条の三十五に規定する感震装置その他の保安のための設備等の制御回路が正常であることが確認されなければポンプが作動しない制御機能(り)

二　保安上異常な事態が発生した場合に災害の発生を防止するため、ポンプ、緊急しや断弁等が自動又は手動により連動して速やかに停止又は閉鎖する制御機能(り)

本条…追加〔昭和四九年五月自令一二号〕

（圧力安全装置）

第二八条の三一　配管系には、配管内の圧力が最大常用圧力を超えず、かつ、油撃作用等によつて生ずる圧力が最大常用圧力の一・一倍を超えないように制御する装置（以下「圧力安全装置」という。）を設けなければならない。(り)

2　圧力安全装置の材質及び強度は、配管等の例による。(り)

3　圧力安全装置は、配管系の圧力変動を十分に吸収することができる容量を有しなければならない。(り)

本条…追加〔昭和四九年五月自令一二号〕

（漏えい検知装置等）

第二八条の三二　配管系には、次の各号に掲げる漏えい検知装置及び漏えい検知口を設けなければならない。(り)

一　可燃性の蒸気を発生する危険物を移送する配管系の点検箱には、可燃性の蒸気を検知することができる装置(り)(ま)

二　配管系内の危険物の流量を測定することによつて自動的に危険物の漏えいを検知することができる装置又はこれと同等以上の性能を有する装置(り)

三　配管系内の圧力を測定することによつて自動的に危険物の漏えいを検知することができる装置又はこれと同等以上の性能を有する装置(り)

四　配管系内の圧力を一定に静止させ、かつ、当該圧力を測定することによつて危険物の漏えいを検知できる装置又はこれと同等以上の性能を有する装置〔ラインパックテスト装置〕(り)

五　配管を地下に埋設する場合は、告示〔危告示第四五条〕で定めるところにより設けられる検知口(り)

2　前項に規定するもののほか、漏えい検知装置の設置に関し必要な事項〔危告示第四六条〕は、告示で定める。(り)

本条…追加〔昭和四九年五月自令一二号〕、一項…一部改正〔平成元年二月自令五号〕

（緊急しや断弁）

第二八条の三三　配管を第一条第五号ハに規定する地域に設置する場合にあつては約一キロメートルの間隔で、主要な河川等を横断して設置する場合その他の告示で定める場合にあつては告示で定めるところにより当該配管に緊急しや断弁〔危告示第四七条〕を設けなければならない。(り)

2　緊急しや断弁は、次の各号に掲げる機能を有するものでなければならない。(り)

一　遠隔操作及び現地操作によつて閉鎖する機能(り)

二　前条に規定する自動的に危険物の漏えいを検知する装置によつて異常が検知された場合、第二十八条の三十五に規定する感震装置又は強震計によつて告示で定める加速度〔危告示第四八条（八〇ガル）〕以下に設定した加速度以上の地震動が検知された場合及び緊急遮断弁を閉鎖するための制御が不能となつた場合に自動的に、かつ、速やかに閉鎖する機能(り)(ま)

3　緊急しや断弁は、その開閉状態が当該緊急しや断弁の設置場所において容易に確認されるものでなければならない。(り)

4　緊急しや断弁を地下に設ける場合は、当該緊急しや断弁を点検箱内に設置しなければならない。ただし、緊急しや断弁を道路以外の地下に設ける場合であつて、当該緊急しや断弁の点検を可能とする措置を講ずる場合は、この限りでない。(り)

5　緊急しや断弁は、当該緊急しや断弁の管理を行う者及び当該管理を行う者が指定した者以外の者が手動によつて開閉することができないものでなければならない。(り)

本条…追加〔昭和四九年五月自令一二号〕、二項…一部改正〔平成元年二月自令五号〕

（危険物除去措置）

第二八条の三四　配管には、告示で定めるところにより当該配管内の危険物を除去するための措置〔危告示第四九条〕を講じなければならない。（り）

本条…追加〔昭和四九年五月自令一二号〕

（感震装置等）

第二八条の三五　配管の経路には、告示で定めるところにより感震装置及び強震計〔危告示第五〇条〕を設けなければならない。（り）

本条…追加〔昭和四九年五月自令一二号〕

（通報設備）

第二八条の三六　配管の経路には、次の各号に定める通報設備を設けなければならない。（り）

一　緊急通報設備（り）

二　消防機関に通報する設備（り）

2　緊急通報設備は、発信部を告示で定める場所〔危告示第五一条〕に、受信部を緊急の通報を受信した場合に直ちに必要な措置を講ずることができる場所にそれぞれ設けなければならない。（り）

3　消防機関に通報する設備は、専用設備とし、かつ、緊急通報設備の受信部を設ける場所に設けなければならない。（り）

本条…追加〔昭和四九年五月自令一二号〕

（警報設備）

第二八条の三七　移送取扱所には、告示で定めるところにより警報設備〔危告示第五二条〕を設けなければならない。（り）

本条…追加〔昭和四九年五月自令一二号〕

（巡回監視車等）

第二八条の三八　配管の経路には、告示で定めるところにより巡回監視車〔危告示第五三条〕及び資機材倉庫等を設けなければならない。（り）

本条…追加〔昭和四九年五月自令一二号〕

（予備動力源）

第二八条の三九　保安のための設備には、告示で定めるところにより予備動力源〔危告示第五四条〕を設置しなければならない。（り）

本条…追加〔昭和四九年五月自令一二号〕

（保安用接地等）

第二八条の四〇　配管系には、必要に応じて保安用接地等を設けなければならない。（り）

本条…追加〔昭和四九年五月自令一二号〕

（絶縁）

第二八条の四一　配管系は、保安上必要がある場合には、支持物その他の構造物から絶縁しなければならない。〔り〕

2　配管系には、保安上必要がある場合は、絶縁用継手をそう入しなければならない。〔り〕

3　避雷器の接地箇所に近接して配管を設置する場合は、絶縁のための必要な措置を講じなければならない。〔り〕

本条…追加〔昭和四九年五月自令一二号〕

（**避雷設備**）

第二八条の四二　移送取扱所（危険物を移送する配管等の部分を除く。）には、第十三条の二の二に定める避雷設備を設けなければならない。ただし、周囲の状況によつて安全上支障がない場合においては、この限りでない。〔り〕〔ヌ〕

本条…追加〔昭和四九年五月自令一二号〕、一部改正〔平成一四年一月総令四号〕

（**電気設備**）

第二八条の四三　電気設備は、電気工作物に係る法令の規定によらなければならない。〔り〕

本条…追加〔昭和四九年五月自令一二号〕

（**標識等**）

第二八条の四四　移送取扱所（危険物を移送する配管等の部分を除く。）には、告示で定めるところにより、見やすい箇所に移送取扱所である旨を表示した標識〔危告示第五五条〕及び防火に関し必要な事項を掲示した掲示板を設けなければならない。〔り〕

2　配管の経路には、告示で定めるところにより位置標識〔危告示第五六条〕、注意標示及び注意標識を設けなければならない。〔り〕

本条…追加〔昭和四九年五月自令一二号〕

（**保安設備の作動試験**）

第二八条の四五　保安のための設備〔危告示第五七条〕であつて告示で定めるものは、告示で定める方法により試験を行つたとき正常に作動するものでなければならない。〔り〕

本条…追加〔昭和四九年五月自令一二号〕

（**船舶より又は船舶へ移送する場合の配管系の保安設備等**）

第二八条の四六　船舶より又は船舶へ移送する場合の配管系の保安設備等について、第二十八条の二十九から前条までの規定により難いものについては、告示でこれらの規定の特例〔未制定〕を定めることができる。〔り〕

本条…追加〔昭和四九年五月自令一二号〕

（**ポンプ等**）

第二八条の四七　ポンプ及びその附属設備（以下「ポンプ等」という。）を設置する場合は、次の各号に掲げるところによらなければならない。（り）

一　ポンプは、告示で定める基準〔危告示第五八条〕に適合するもの又はこれと同等以上の機械的性質を有するものを使用すること。（り）

二　ポンプ等（ポンプをポンプ室内に設置する場合は、当該ポンプ室。次号において同じ。）は、その周囲に告示で定める幅の空地〔危告示第五九条〕を有すること。（り）

三　ポンプ等は、住宅、学校、病院、鉄道その他の告示で定める施設に対し告示で定める距離〔危告示第六〇条〕を有すること。ただし、保安上必要な措置を講じた場合は、この限りでない。（り）

四　ポンプは、堅固な基礎の上に固定して設置すること。（り）

五　ポンプをポンプ室内に設置する場合は、当該ポンプ室の構造〔危告示第六一条〕は、告示で定める基準に適合するものであること。（り）

六　ポンプ等を屋外に設置する場合〔危告示第六二条〕は、告示で定める方法により設置すること。（り）

本条…追加〔昭和四九年五月自令一二号〕

（ピグ取扱い装置）

第二八条の四八　ピグ取扱い装置の設置〔危告示第六三条〕に関し必要な事項は、告示で定める。（り）

本条…追加〔昭和四九年五月自令一二号〕

（切替え弁等）

第二八条の四九　切替え弁、制御弁等〔危告示第六四条〕は、告示で定めるところにより設けなければならない。（り）

本条…追加〔昭和四九年五月自令一二号〕

（危険物の受入れ口及び払出し口）

第二八条の五〇　危険物を受け入れ、又は払い出す口の設置に関し必要な事項〔危告示第六五条〕は、告示で定める。（り）

本条…追加〔昭和四九年五月自令一二号〕

（移送基地の保安措置）

第二八条の五一　移送基地〔危則第二八条の一六〕には、構内に公衆がみだりに入らないようにさく、へい等を設けなければならない。ただし、周囲の状況により公衆が立入るおそれがない場合は、この限りでない。（り）

2　移送基地には、告示で定めるところにより当該移送基地の構外への危険物の流出を防止するための措置〔危告示第六六条〕を講じなければならない。ただし、保安上支障がないと認められる場合

は、この限りでない。（り）

本条…追加〔昭和四九年五月自令一二号〕

（移送取扱所の基準の特例を認める移送取扱所の指定）

第二八条の五二　令第十八条の二第二項に規定する総務省令で定める移送取扱所は、危険物を移送するための配管の延長（当該配管の起点又は終点が二以上ある場合には任意の起点から任意の終点までの当該配管の延長のうち最大のもの。以下同じ。）が十五キロメートルを超えるもの又は危険物を移送するための配管に係る最大常用圧力が〇・九五メガパスカル以上であつて、かつ、危険物を移送するための配管の延長が七キロメートル以上のもの（以下「特定移送取扱所」という。）以外の移送取扱所とする。（り）（す）（へ）

本条…追加〔昭和四九年五月自令一二号〕、一部改正〔平成一〇年三月自令六号・一二年九月四四号〕

（移送取扱所の基準の特例）

第二八条の五三　第二十八条の二十九第一項、第二十八条の三十第一号、第二十八条の三十二第一項第二号及び第三号並びに第二十八条の三十五の規定は、特定移送取扱所以外の移送取扱所には適用しないものとする。（り）

2　第二十八条の三十一第一項の規定は、油撃作用等によつて配管に生ずる応力が主荷重に対する許容応力度を超えない配管系で特定移送取扱所以外の移送取扱所に係るものには適用しないものとする。（り）

3　第二十八条の三十二第一項第五号の規定は、危険物を移送するための配管に係る最大常用圧力が一メガパスカル未満で、かつ、内径が百ミリメートル以下の配管（以下「低圧小口径管」という。）で特定移送取扱所以外の移送取扱所に係るものには適用しないものとする。（り）（す）

4　特定移送取扱所以外の移送取扱所に係る低圧小口径管でその延長が四キロメートル未満のもの及び当該移送取扱所に係る低圧小口径管以外の配管でその延長が一キロメートル未満のものを第一条第五号ハに規定する地域に設置する場合（主要な河川等を横断して設置する場合その他の告示〔未制定〕で定める場合を除く。）には第二十八条の三十三第一項の規定にかかわらず、緊急しや断弁〔危告示第四七条〕を設けることを要しない。（り）

5　特定移送取扱所以外の移送取扱所に係る低圧小口径管でその延長が四キロメートル以上のものを第一条第五号ハに規定する地域に設置する場合にあつては、第二十八条の三十三第一項の規定にかかわらず、約四キロメートルの間隔で当該配管に緊急しや断弁を設けることができる。（り）

6　告示で定める場所に設置する緊急しや断弁〔危告示第六七条〕で特定移送取扱所以外の移送取扱所に係るものは、第二十八条の三

十三第二項第一号の規定にかかわらず、現地操作によつて閉鎖する機能を有するものとすることができる。(り)

7　第二十八条の三十三第二項第二号の規定は、緊急遮断弁を閉鎖するための制御が不能となつた場合に自動的に、かつ、速やかに閉鎖する機能に係る部分を除き、特定移送取扱所以外の移送取扱所に係る緊急遮断弁には適用しないものとする。(り)(ま)

8　消防機関に通報する設備で特定移送取扱所以外の移送取扱所に係るものは、第二十八条の三十六第三項の規定にかかわらず、専用設備にしないことができる。(り)

9　前八項に定めるもののほか、特定移送取扱所以外の移送取扱所の基準の特例に関し必要な事項は、告示〔危告示第六八条〕で定める。(り)(ま)

本条…追加〔昭和四九年五月自令一二号〕、七・九項…一部改正〔平成元年二月自令五号〕、三項…一部改正〔平成一〇年三月自令六号〕

（特例を定めることができる一般取扱所）

第二八条の五四　令第十九条第二項の総務省令で定める一般取扱所は、次の各号に掲げる一般取扱所の区分に応じ、当該各号に定めるものとする。(ま)(へ)

一　令第十九条第二項第一号に掲げる一般取扱所　専ら塗装、印刷又は塗布のために危険物（第二類の危険物又は第四類の危険物（特殊引火物を除く。）に限る。）を取り扱う一般取扱所で指定数量の倍数が三十未満のもの（危険物を取り扱う設備を建築物に設けるものに限る。）(ま)(エ)

一の二　令第十九条第二項第一号の二に掲げる一般取扱所　専ら洗浄のために危険物（引火点が四十度以上の第四類の危険物に限る。）を取り扱う一般取扱所で指定数量の倍数が三十未満のもの（危険物を取り扱う設備を建築物に設けるものに限る。）(す)(エ)

二　令第十九条第二項第二号に掲げる一般取扱所　専ら焼入れ又は放電加工のために危険物（引火点が七十度以上の第四類の危険物に限る。）を取り扱う一般取扱所で指定数量の倍数が三十未満のもの（危険物を取り扱う設備を建築物に設けるものに限る。）(ま)(エ)

三　令第十九条第二項第三号に掲げる一般取扱所　危険物（引火点が四十度以上の第四類の危険物に限る。）を消費するボイラー、バーナーその他これらに類する装置以外では危険物を取り扱わない一般取扱所で指定数量の倍数が三十未満のもの（危険物を取り扱う設備を建築物に設けるものに限る。）(ま)(エ)

四　令第十九条第二項第四号に掲げる一般取扱所　専ら車両に固定されたタンクに液体の危険物（アルキルアルミニウム等、アセトアルデヒド等及びヒドロキシルアミン等を除く。この号において同じ。）を注入する一般取扱所（当該取扱所において併せて液体の危険物を容器に詰め替える取扱所を含む。）(ま)(き)(リ)(エ)

五　令第十九条第二項第五号に掲げる一般取扱所　専ら固定した注油設備によつて危険物（引火点が四十度以上の第四類の危険物に限る。）を容器に詰め替え、又は車両に固定された容量四千リットル以下のタンク（容量二千リットルを超えるタンクにあつては、その内部を二千リットル以下ごとに仕切つたものに限る。）に注入する一般取扱所で指定数量の倍数が三十未満のもの(ま)(ふ)(エ)

六　令第十九条第二項第六号に掲げる一般取扱所　危険物を用いた油圧装置又は潤滑油循環装置以外では危険物を取り扱わない一般取扱所（高引火点危険物のみを百度未満の温度で取り扱うものに限る。）で指定数量の倍数が五十未満のもの（危険物を取り扱う設備を建築物に設けるものに限る。）(ま)(エ)

七　令第十九条第二項第七号に掲げる一般取扱所　切削油として危険物を用いた切削装置、研削装置その他これらに類する装置以外では危険物を取り扱わない一般取扱所（高引火点危険物のみを百度未満の温度で取り扱うものに限る。）で指定数量の倍数が三十未満のもの（危険物を取り扱う設備を建築物に設けるものに限る。）(す)(エ)

八　令第十九条第二項第八号に掲げる一般取扱所　危険物以外の物を加熱するための危険物（高引火点危険物に限る。）を用いた熱媒体油循環装置以外では危険物を取り扱わない一般取扱所で指定数量の倍数が三十未満のもの（危険物を取り扱う設備を建築物に設けるものに限る。）(す)(エ)

九　令第十九条第二項第九号に掲げる一般取扱所　危険物（リチウムイオン蓄電池により貯蔵される第二類又は第四類の危険物に限る。）を用いた蓄電池設備以外では危険物を取り扱わない一般取扱所(エ)ⓒⓡ

本条…追加〔平成元年二月自令五号〕、一部改正〔平成二年五月自令一六号・六年三月五号・一〇年三月六号・一二年九月四四号・一三年一〇月総令一三六号・二四年五月四九号・令和五年九月七〇号・一二月八三号〕

（専ら吹付塗装作業等を行う一般取扱所の特例）(エ)

第二八条の五五　前条第一号の一般取扱所に係る令第十九条第二項の規定による同条第一項に掲げる基準の特例は、この条の定めるところによる。(ま)(け)

2　前条第一号の一般取扱所のうち、その位置、構造及び設備が次の各号に掲げる基準に適合するものについては、令第十九条第一項において準用する令第九条第一項第一号、第二号及び第四号から第十一号までの規定は、適用しない。(ま)

一　建築物の一般取扱所の用に供する部分は、地階を有しないものであること。(ま)

二　建築物の一般取扱所の用に供する部分は、壁、柱、床、はり及び屋根（上階がある場合には、上階の床）を耐火構造とするとともに、出入口以外の開口部を有しない厚さ七十ミリメートル以上の鉄筋コンクリート造又はこれと同等以上の強度を有する構造の床又は壁で当該建築物の他の部分と区画されたものであること。(ま)

三　建築物の一般取扱所の用に供する部分には、窓を設けないこと。(ま)

四　建築物の一般取扱所の用に供する部分の出入口には、特定防火設備を設けるとともに、延焼のおそれのある外壁及び当該部

分以外の部分との隔壁に設ける出入口には、随時開けることができる自動閉鎖の特定防火設備を設けること。（ま）（ホ）

五　液状の危険物を取り扱う建築物の一般取扱所の用に供する部分の床は、危険物が浸透しない構造とするとともに、適当な傾斜を付け、かつ、貯留設備を設けること。（ま）（ソ）

六　建築物の一般取扱所の用に供する部分には、危険物を取り扱うために必要な採光、照明及び換気の設備を設けること。（ま）

七　可燃性の蒸気又は可燃性の微粉が滞留するおそれのある建築物の一般取扱所の用に供する部分には、その蒸気又は微粉を屋外の高所に排出する設備を設けること。（ま）

八　換気の設備及び前号の設備には、防火上有効にダンパー等を設けること。（ま）

本条…追加〔平成元年二月自令五号〕、一項…一部改正〔平成二年二月自令一号〕、二項…一部改正〔平成一二年五月自令三五号・一八年三月総令三一号〕、見出し…改正〔平成二四年五月総令四九号〕

（専ら洗浄作業を行う一般取扱所の特例）（エ）

第二八条の五五の二　第二十八条の五十四第一号の二の一般取扱所に係る令第十九条第二項の規定による同条第一項に掲げる基準の特例は、この条の定めるところによる。（す）

2　第二十八条の五十四第一号の二の一般取扱所のうち、その位置、構造及び設備が次の各号に掲げる基準に適合するものについては、令第十九条第一項において準用する令第九条第一項第一号、第二号及び第四号から第十一号までの規定は、適用しない。（す）

一　危険物を取り扱うタンク（容量が指定数量の五分の一未満のものを除く。）の周囲には、第十三条の三第二項第一号の規定の例による囲いを設けること。（す）

二　危険物を加熱する設備には、危険物の過熱を防止することができる装置を設けること。（す）

三　前条第二項各号に掲げる基準に適合するものであること。（す）

3　第二十八条の五十四第一号の二の一般取扱所（指定数量の倍数が十未満のものに限る。）のうち、その位置、構造及び設備が次の各号に掲げる基準に適合するものについては、令第十九条第一項において準用する令第九条第一項第一号、第二号及び第四号から第十一号までの規定は、適用しない。（す）

一　一般取扱所は、壁、柱、床、はり及び屋根が不燃材料で造られ、かつ、天井を有しない平家建の建築物に設置すること。（す）

二　危険物を取り扱う設備（危険物を移送するための配管を除く。）は、床に固定するとともに、当該設備の周囲に幅三メートル以上の空地を保有すること。ただし、当該設備から三メートル未満となる建築物の壁（出入口（随時開けることができる自動閉鎖の特定防火設備が設けられているものに限る。）以外の開口部を有しないものに限る。）及び柱が耐火構造である場合にあつては、当該設備から当該壁及び柱までの距離の幅の空地を保有することをもつて足りる。（す）（ホ）

三　建築物の一般取扱所の用に供する部分（前号の空地を含む。第六号において同じ。）の床は、危険物が浸透しない構造とするとともに、適当な傾斜を付け、かつ、貯留設備及び当該床の周囲に排水溝を設けること。（す）（ソ）
四　危険物を取り扱う設備は、当該設備の内部で発生した可燃性の蒸気又は可燃性の微粉が当該設備の外部に拡散しない構造とすること。ただし、その蒸気又は微粉を直接屋外の高所に有効に排出することができる設備を設けた場合は、この限りでない。（す）
五　前号ただし書の設備には、防火上有効にダンパー等を設けること。（す）
六　前条第二項第六号から第八号まで並びに前項第一号及び第二号に掲げる基準に適合するものであること。（す）
本条…追加〔平成一〇年三月自令六号〕、三項…一部改正〔平成一二年五月自令三五号・一八年三月総令三一号〕、見出し…改正〔平成二四年五月総令四九号〕

（専ら焼入れ作業等を行う一般取扱所の特例）（エ）
第二八条の五六　第二十八条の五十四第二号の一般取扱所に係る令第十九条第二項の規定による同条第一項に掲げる基準の特例は、この条の定めるところによる。（ま）
2　第二十八条の五十四第二号の一般取扱所のうち、その位置、構造及び設備が次の各号に掲げる基準に適合するものについては、令第十九条第一項において準用する令第九条第一項第一号、第二号及び第四号から第十一号までの規定は、適用しない。（ま）
一　建築物の一般取扱所の用に供する部分は、壁、柱、床及びはりを耐火構造とするとともに、出入口以外の開口部を有しない厚さ七十ミリメートル以上の鉄筋コンクリート造又はこれと同等以上の強度を有する構造の床又は壁で当該建築物の他の部分と区画されたものであること。（ま）
二　建築物の一般取扱所の用に供する部分は、上階がある場合にあつては上階の床を耐火構造とし、上階のない場合にあつては屋根を不燃材料で造ること。（ま）
三　建築物の一般取扱所の用に供する部分には、危険物が危険な温度に達するまでに警報することができる装置を設けること。（ま）
四　第二十八条の五十五第二項（第二号を除く。）に掲げる基準に適合するものであること。（ま）（す）
3　第二十八条の五十四第二号の一般取扱所（指定数量の倍数が十未満のものに限る。）のうち、その位置、構造及び設備が次の各号に掲げる基準に適合するものについては、令第十九条第一項において準用する令第九条第一項第一号、第二号及び第四号から第十一号までの規定は、適用しない。（ま）
一　危険物を取り扱う設備（危険物を移送するための配管を除く。）は、床に固定するとともに、当該設備の周囲に幅三メートル以上の空地を保有すること。ただし、当該設備から三メートル未満となる建築物の壁（出入口（随時開けることができる自動閉鎖の特定防火設備が設けられているものに限る。）以外の開口部を有しないものに限る。）及び柱が耐火構造である場合にあつては、当該設備から当該壁及び柱までの距離の幅の空地を保有することをもつて足りる。(ま)(す)(ホ)

二　建築物の一般取扱所の用に供する部分（前号の空地を含む。次号において同じ。）の床は、危険物が浸透しない構造とするとともに、適当な傾斜を付け、かつ、貯留設備及び当該床の周囲に排水溝を設けること。(ま)(す)(ソ)

三　第二十八条の五十五第二項第六号から第八号まで、前条第三項第一号及び前項第三号に掲げる基準に適合するものであること。(ま)(す)

本条…追加〔平成元年二月自令五号〕、二・三項…一部改正〔平成一〇年三月自令六号〕、三項…一部改正〔平成一二年五月自令三五号・一八年三月総令三一号〕、見出し…改正〔平成二四年五月総令四九号〕

（危険物を消費するボイラー等以外では危険物を取り扱わない一般取扱所の特例）(エ)

第二八条の五七　第二十八条の五十四第三号の一般取扱所に係る令第十九条第二項の規定による同条第一項に掲げる基準の特例は、この条の定めるところによる。(ま)

2　第二十八条の五十四第三号の一般取扱所のうち、その位置、構造及び設備が次の各号に掲げる基準に適合するものについては、令第十九条第一項において準用する令第九条第一項第一号、第二号及び第四号から第十一号までの規定は、適用しない。(ま)

一　第二十八条の五十五第二項第三号から第八号まで並びに前条第二項第一号及び第二号に掲げる基準に適合するものであること。(ま)

二　建築物の一般取扱所の用に供する部分には、地震時及び停電時等の緊急時にボイラー、バーナーその他これらに類する装置（非常用電源に係るものを除く。）への危険物の供給を自動的に遮断する装置を設けること。(ま)(す)

三　危険物を取り扱うタンクは、その容量の総計を指定数量未満とするとともに、当該タンク（容量が指定数量の五分の一未満のものを除く。）の周囲に第十三条の三第二項第一号の規定の例による囲いを設けること。(ま)(す)

3　第二十八条の五十四第三号の一般取扱所（指定数量の倍数が十未満のものに限る。）のうち、その位置、構造及び設備が次の各号に掲げる基準に適合するものについては、令第十九条第一項において準用する令第九条第一項第一号、第二号及び第四号から第十一号までの規定は、適用しない。(ま)

一　危険物を取り扱う設備（危険物を移送するための配管を除く。）は、床に固定するとともに、当該設備の周囲に幅三メートル以上の空地を保有すること。ただし、当該設備から三メートル未満となる建築物の壁（出入口（随時開けることができる自動閉鎖の特定防火設備が設けられているものに限る。）以外の開口部を有しないものに限る。）及び柱が耐火構造である場合にあつては、当該設備から当該壁及び柱までの距離の幅の空地を保有することをもつて足りる。(ま)(ホ)

二　建築物の一般取扱所の用に供する部分（前号の空地を含む。

次号において同じ。）の床は、危険物が浸透しない構造とするとともに、適当な傾斜を付け、かつ、貯留設備及び当該床の周囲に排水溝を設けること。（ま）（ソ）

三　第二十八条の五十五第二項第六号から第八号まで、第二十八条の五十五の二第三項第一号並びに前項第二号及び第三号に掲げる基準に適合するものであること。（ま）（す）

4　第二十八条の五十四第三号の一般取扱所（指定数量の倍数が十未満のものに限る。）のうち、その位置、構造及び設備が次の各号に掲げる基準に適合するものについては、令第十九条第一項において準用する令第九条第一項第一号、第二号、第四号から第十二号まで及び第二十号イ（防油堤に係る部分に限る。）の規定は、適用しない。（す）

一　一般取扱所は、壁、柱、床、はり及び屋根が耐火構造である建築物の屋上に設置すること。（す）

二　危険物を取り扱う設備（危険物を移送するための配管を除く。）は、屋上に固定すること。（す）

三　危険物を取り扱う設備（危険物を取り扱うタンク及び危険物を移送するための配管を除く。）は、キュービクル式（鋼板で造られた外箱に収納されている方式をいう。以下同じ。）のものとし、当該設備の周囲に高さ〇・一五メートル以上の囲いを設けること。（す）（エ）

四　前号の設備の内部には、危険物を取り扱うために必要な採光、照明及び換気の設備を設けること。（す）

五　危険物を取り扱うタンクは、その容量の総計を指定数量未満とすること。（す）

六　屋外にある危険物を取り扱うタンクの周囲に高さ〇・一五メートル以上の第十三条の三第二項第一号の規定の例による囲いを設けること。（す）

七　第三号及び前号の囲いの周囲に幅三メートル以上の空地を保有すること。ただし、当該囲いから三メートル未満となる建築物の壁（出入口（随時開けることができる自動閉鎖の特定防火設備が設けられているものに限る。）以外の開口部を有しないものに限る。）及び柱が耐火構造である場合にあつては、当該囲いから当該壁及び柱までの距離の幅の空地を保有することをもつて足りる。（す）（ホ）

八　第三号及び第六号の囲いの内部は、危険物が浸透しない構造とするとともに、適当な傾斜及び貯留設備を設けること。この場合において、危険物が直接排水溝に流入しないようにするため、貯留設備に油分離装置を設けなければならない。（す）（ソ）

九　屋内にある危険物を取り扱うタンクは、次に掲げる基準に適合するタンク専用室に設置すること。（す）

イ　令第十二条第一項第十三号から第十六号までの基準の例によること。（す）

ロ　タンク専用室は、床を耐火構造とし、壁、柱及びはりを不燃材料で造ること。（す）

ハ　タンク専用室には、危険物を取り扱うために必要な採光、照明及び換気の設備を設けること。（す）

ニ　可燃性の蒸気又は可燃性の微粉が滞留するおそれのあるタ

ンク専用室には、その蒸気又は微粉を屋外の高所に排出する設備を設けること。（す）

ホ　危険物を取り扱うタンクの周囲には、第十三条の三第二項第一号の規定の例による囲いを設けるか、又はタンク専用室の出入口のしきいを高くすること。（す）

十　換気の設備及び前号ニの設備には、防火上有効にダンパー等を設けること。（す）

十一　第二項第二号に掲げる基準に適合するものであること。（す）

本条…追加〔平成元年二月自令五号〕、二・三項…一部改正・四項…追加〔平成一〇年三月自令六号〕、三・四項…一部改正〔平成一二年五月自令三五号・一八年三月総令三一号〕、見出し…改正・四項…一部改正〔平成二四年五月総令四九号〕

（専ら充塡作業を行う一般取扱所の特例）（エ）

第二八条の五八　第二十八条の五十四第四号の一般取扱所に係る令第十九条第二項の規定による同条第一項に掲げる基準の特例は、この条の定めるところによる。（ま）

2　第二十八条の五十四第四号の一般取扱所のうち、その構造及び設備が次の各号に掲げる基準に適合するものについては、令第十九条第一項において準用する令第九条第一項第五号から第十二号までの規定は、適用しない。（ま）

一　建築物を設ける場合にあつては、当該建築物は、壁、柱、床、はり及び屋根を耐火構造とし、又は不燃材料で造るとともに、窓及び出入口に防火設備を設けること。（ま）（ホ）

二　前号の建築物の窓又は出入口にガラスを設ける場合は、網入ガラスとすること。（ま）

三　第一号の建築物の二方以上は、通風のため壁を設けないこと。（ま）

四　一般取扱所には、危険物を車両に固定されたタンクに注入するための設備（危険物を移送する配管を除く。）の周囲に、タンクを固定した車両が当該空地からはみ出さず、かつ、当該タンクに危険物を安全かつ円滑に注入することができる広さを有する空地を保有すること。（き）（ソ）

五　一般取扱所に危険物を容器に詰め替えるための設備を設ける場合は、当該設備（危険物を移送する配管を除く。）の周囲に、容器を安全に置くことができ、かつ、当該容器に危険物を安全かつ円滑に詰め替えることができる広さを有する空地を前号の空地以外の場所に保有すること。（き）（ソ）

六　前二号の空地は、漏れた危険物が浸透しないための第二十四条の十六の例による舗装をすること。（ま）（き）（ソ）

七　第四号及び第五号の空地には、漏れた危険物及び可燃性の蒸気が滞留せず、かつ、当該危険物その他の液体が当該空地以外の部分に流出しないように第二十四条の十七の例による措置を講ずること。（ま）（き）（ソ）

本条…追加〔平成元年二月自令五号〕、二項…一部改正〔平成六年三月自令五号・一二年五月三五号・一八年三月総令三一号〕、見出し…改正〔平成二四年五月総令四九号〕

（専ら詰替え作業を行う一般取扱所の特例）（エ）

第二八条の五九　第二十八条の五十四第五号の一般取扱所に係る令第十九条第二項の規定による同条第一項に掲げる基準の特例は、この条の定めるところによる。（ま）

2　第二十八条の五十四第五号の一般取扱所のうち、その位置、構造及び設備が次の各号に掲げる基準に適合するものについては、令第十九条第一項において準用する令第九条第一項（第三号、第十七号及び第二十一号を除く。）の規定は、適用しない。（ま）

一　一般取扱所には、固定注油設備のうちホース機器の周囲（懸垂式の固定注油設備にあつては、ホース機器の下方）に、容器に詰め替え、又はタンクに注入するための空地であつて、当該一般取扱所に設置する固定注油設備に係る次のイ又はロに掲げる区分に応じそれぞれイ又はロに定める広さを有するものを保有すること。（ま）（す）（ソ）

イ　危険物を容器に詰め替えるための固定注油設備　容器を安全に置くことができ、かつ、当該容器に危険物を安全かつ円滑に詰め替えることができる広さ（ソ）

ロ　危険物を車両に固定されたタンクに注入するための固定注油設備　タンクを固定した車両が当該空地からはみ出さず、かつ、当該タンクに危険物を安全かつ円滑に注入することができる広さ（ソ）

二　前号の空地は、漏れた危険物が浸透しないための第二十四条の十六の例による舗装をすること。（ま）（ソ）

三　第一号の空地には、漏れた危険物及び可燃性の蒸気が滞留せず、かつ、当該危険物その他の液体が当該空地以外の部分に流出しないように第二十四条の十七の例による措置を講ずること。（ま）（ソ）

四　一般取扱所には、固定注油設備に接続する容量三万リットル以下の地下の専用タンク（以下「地下専用タンク」という。）を地盤面下に埋没して設ける場合を除き、危険物を取り扱うタンクを設けないこと。（ま）

五　地下専用タンクの位置、構造及び設備は、令第十三条第一項（第五号、第九号（掲示板に係る部分に限る。）、第九号の二及び第十二号を除く。）、同条第二項（同項においてその例によるものとされる同条第一項第五号、第九号（掲示板に係る部分に限る。）、第九号の二及び第十二号を除く。）又は同条第三項（同項においてその例によるものとされる同条第一項第五号、第九号（掲示板に係る部分に限る。）、第九号の二及び第十二号を除く。）に掲げる地下タンク貯蔵所の地下貯蔵タンクの位置、構造及び設備の例によるものであること。（あ）（タ）

六　固定注油設備に危険物を注入するための配管は、当該固定注油設備に接続する地下専用タンクからの配管のみとすること。（ま）

七　固定注油設備は、令第十七条第一項第十号に定める給油取扱所の固定注油設備の例によるものであること。（ま）（す）（ソ）

八　固定注油設備は、道路境界線から次の表に掲げる固定注油設備の区分に応じそれぞれ同表に定める距離以上、建築物の壁から二メートル（一般取扱所の建築物の壁に開口部がない場合には、当該壁から一メートル）以上、敷地境界線から一メートル以上の間隔を保つこと。ただし、ホース機器と分離して第二十五条の三の二各号に適合するポンプ室に設けられるポンプ機器又は油中ポンプ機器については、この限りでない。（ま）（あ）

固定注油設備の区分		距離
懸垂式の固定注油設備		四メートル
その他の固定注油設備	固定注油設備に接続される注油ホースのうちその全長が最大であるものの全長（以下この号において「最大注油ホース全長」という。）が三メートル以下のもの	四メートル
	最大注油ホース全長が三メートルを超え四メートル以下のもの	五メートル
	最大注油ホース全長が四メートルを超え五メートル以下のもの	六メートル

九　懸垂式の固定注油設備を設ける一般取扱所には、当該固定注油設備のポンプ機器を停止する等により地下専用タンクからの危険物の移送を緊急に止めることができる装置を設けること。（ま）

十　一般取扱所の周囲には、高さ二メートル以上の塀又は壁であつて、耐火構造のもの又は不燃材料で造られたもので次に掲げる要件に該当するものを設けること。（ま）（ソ）

イ　開口部（防火設備ではめごろし戸であるもの（ガラスを用いるものである場合には、網入りガラスを用いたものに限る。）を除く。）を有しないものであること。（ソ）

ロ　当該一般取扱所において告示で定める火災〔危告示第六八条の二第一項〕が発生するものとした場合において、当該火災により当該一般取扱所に隣接する敷地に存する建築物の外壁その他の告示で定める箇所〔危告示第六八条の二第二項〕における輻射熱が告示で定める式〔危告示第六八条の二第三項〕を満たすこと。（ソ）

十一　一般取扱所の出入口には、防火設備を設けること。（ま）（ホ）

十二　ポンプ室その他危険物を取り扱う室は、令第十七条第一項第二十号に掲げる給油取扱所のポンプ室その他危険物を取り扱う室の例によるものであること。（ま）（も）（ソ）

十三　一般取扱所に屋根、上屋その他の詰替えのために必要な建築物（以下この項において「屋根等」という。）を設ける場合には、屋根等は不燃材料で造ること。（ま）

十四　屋根等の水平投影面積は、一般取扱所の敷地面積の三分の一以下であること。（ま）

本条…追加〔平成元年二月自令五号〕、二項…一部改正〔平成五年七月自令二二号・九年二月一号・一〇年三月六号・一二年五月三五号・一七年三月総令三七号・一八年三月三一号〕、見出し…改正〔平成二四年五月総令四九号〕

（エ）

（油圧装置等以外では危険物を取り扱わない一般取扱所の特例）

第二八条の六〇　第二十八条の五十四第六号の一般取扱所に係る令

第十九条第二項の規定による同条第一項に掲げる基準の特例は、この条の定めるところによる。（ま）

2　第二十八条の五十四第六号の一般取扱所のうち、その位置、構造及び設備が次の各号に掲げる基準に適合するものについては、令第十九条第一項において準用する令第九条第一項第一号、第二号、第四号から第十一号まで、第十八号及び第十九号の規定は、適用しない。（ま）

一　一般取扱所は、壁、柱、床、はり及び屋根が不燃材料で造られた平家建の建築物に設置すること。（ま）

二　建築物の一般取扱所の用に供する部分は、壁、柱、床、はり及び屋根を不燃材料で造るとともに、延焼のおそれのある外壁は、出入口以外の開口部を有しない耐火構造の壁とすること。（ま）

三　建築物の一般取扱所の用に供する部分の窓及び出入口には、防火設備を設けるとともに、延焼のおそれのある外壁に設ける出入口には、随時開けることができる自動閉鎖の特定防火設備を設けること。（ま）（ホ）

四　建築物の一般取扱所の用に供する部分の窓又は出入口にガラスを用いる場合は、網入ガラスとすること。（ま）

五　危険物を取り扱う設備（危険物を移送するための配管を除く。第四項において同じ。）は、建築物の一般取扱所の用に供する部分の床に堅固に固定すること。（ま）

六　危険物を取り扱うタンク（容量が指定数量の五分の一未満のものを除く。）の直下には、第十三条の三第二項第一号の規定の例による囲いを設けるか、又は建築物の一般取扱所の用に供する部分のしきいを高くすること。（ま）（す）

七　第二十八条の五十五第二項第五号から第八号までに掲げる基準に適合するものであること。（ま）

3　第二十八条の五十四第六号の一般取扱所のうち、その位置、構造及び設備が次の各号に掲げる基準に適合するものについては、令第十九条第一項において準用する令第九条第一項第一号、第二号、第四号から第十一号まで、第十八号及び第十九号の規定は、適用しない。（ま）

一　建築物の一般取扱所の用に供する部分は、壁、柱、床及びはりを耐火構造とすること。（ま）

二　第二十八条の五十五第二項第三号から第八号まで、第二十八条の五十六第二項第二号及び前項第六号に掲げる基準に適合するものであること。（ま）（す）

4　第二十八条の五十四第六号の一般取扱所（指定数量の倍数が三十未満のものに限る。）のうち、その位置、構造及び設備が次の各号に掲げる基準に適合するものについては、令第十九条第一項において準用する令第九条第一項第一号、第二号、第四号から第十一号まで、第十八号及び第十九号の規定は、適用しない。（ま）

一　危険物を取り扱う設備は、床に固定するとともに、当該設備の周囲に幅三メートル以上の空地を保有すること。ただし、当該設備から三メートル未満となる建築物の壁（出入口（随時開けることができる自動閉鎖の特定防火設備が設けられているものに限る。）以外の開口部を有しないものに限る。）及び柱が耐

火構造である場合にあつては、当該設備から当該壁及び柱までの距離の幅の空地を保有することをもつて足りる。（ま）（ホ）

二　建築物の一般取扱所の用に供する部分（前号の空地を含む。第四号において同じ。）の床は、危険物が浸透しない構造とするとともに、適当な傾斜を付け、かつ、貯留設備及び当該床の周囲に排水溝を設けること。（ま）（ソ）

三　危険物を取り扱うタンク（容量が指定数量の五分の一未満のものを除く。）の直下には、第十三条の三第二項第一号の規定の例による囲いを設けること。（ま）（す）

四　第二十八条の五十五第二項第六号から第八号まで及び第二十八条の五十五の二第三項第一号に掲げる基準に適合するものであること。（ま）（す）

本条…追加〔平成元年二月自令五号〕、二―四項…一部改正〔平成一〇年三月自令六号〕、二・四項…一部改正〔平成一二年五月自令三五号〕、四項…一部改正〔平成一八年三月総令三一号〕、見出し…改正〔平成二四年五月総令四九号〕

（エ）

（切削装置等以外では危険物を取り扱わない一般取扱所の特例）

第二八条の六〇の二　第二十八条の五十四第七号の一般取扱所に係る令第十九条第二項の規定による同条第一項に掲げる基準の特例は、この条の定めるところによる。（す）

2　第二十八条の五十四第七号の一般取扱所のうち、その位置、構造及び設備が第二十八条の五十五第二項第一号及び第三号から第八号まで、第二十八条の五十六第二項第二号並びに前条第二項第六号及び第三項第一号に掲げる基準に適合するものについては、令第十九条第一項において準用する令第九条第一項第一号、第二号、第四号から第十一号まで、第十八号及び第十九号の規定は、適用しない。（す）（リ）

3　第二十八条の五十四第七号の一般取扱所（指定数量の倍数が十未満のものに限る。）のうち、その位置、構造及び設備が次の各号に掲げる基準に適合するものについては、令第十九条第一項において準用する令第九条第一項第一号、第二号、第四号から第十一号まで、第十八号及び第十九号の規定は、適用しない。（す）

一　危険物を取り扱う設備（危険物を移送するための配管を除く。）は、床に固定するとともに、当該設備の周囲に幅三メートル以上の空地を保有すること。ただし、当該設備から三メートル未満となる建築物の壁（出入口（随時開けることができる自動閉鎖の特定防火設備が設けられているものに限る。）以外の開口部を有しないものに限る。）及び柱が耐火構造である場合にあつては、当該設備から当該壁及び柱までの距離の幅の空地を保有することをもつて足りる。（す）（ホ）

二　建築物の一般取扱所の用に供する部分（前号の空地を含む。次号において同じ。）の床は、危険物が浸透しない構造とするとともに、適当な傾斜を付け、かつ、貯留設備及び当該床の周囲に排水溝を設けること。（す）（ソ）

三　第二十八条の五十五第二項第六号から第八号まで、第二十八条の五十五の二第三項第一号及び前条第四項第三号に掲げる基準に適合するものであること。（す）

本条…追加〔平成一〇年三月自令六号〕、三項…一部改正〔平成一二年五月自令三五号〕、一項…一部改正〔平成一三年一〇月総令一三六号〕、三項…一部改正〔平成一八年三月総令三一号〕、見出し…改正〔平成二四年五月総令四九号〕

（熱媒体油循環装置以外では危険物を取り扱わない一般取扱所の特例）（エ）

第二八条の六〇の三　第二十八条の五十四第八号の一般取扱所に係る令第十九条第二項の規定による同条第一項に掲げる基準の特例は、この条の定めるところによる。（す）

2　第二十八条の五十四第八号の一般取扱所のうち、その位置、構造及び設備が次の各号に掲げる基準に適合するものについては、令第十九条第一項において準用する令第九条第一項第一号、第二号及び第四号から第十一号までの規定は、適用しない。（す）

一　危険物を取り扱う設備は、危険物の体積膨張による危険物の漏えいを防止することができる構造のものとすること。（す）

二　第二十八条の五十五第二項第一号及び第三号から第八号まで、第二十八条の五十五の二第二項第一号及び第二号並びに第二十八条の五十六第二項第一号及び第二号に掲げる基準に適合するものであること。（す）

本条…追加〔平成一〇年三月自令六号〕、見出し…改正〔平成二四年五月総令四九号〕

（蓄電池設備以外では危険物を取り扱わない一般取扱所の特例）

第二八条の六〇の四　第二十八条の五十四第九号の一般取扱所に係る令第十九条第二項の規定による同条第一項に掲げる基準の特例は、この条の定めるところによる。（エ）

2　第二十八条の五十四第九号の一般取扱所のうち、危険物を用いた蓄電池設備が告示で定める基準〔危告示第六八条の二の二〕に適合するものについては、令第十九条第一項において準用する令第九条第一項第十二号及び第十七号の規定は、適用しない。ⓒ

3　第二十八条の五十四第九号の一般取扱所（指定数量の倍数が三十未満のもので、危険物を取り扱う設備を建築物に設けるものに限る。）のうち、その位置、構造及び設備が第二十八条の五十五第二項第三号から第八号まで並びに第二十八条の五十六第二項第一号及び第二号に掲げる基準に適合するものについては、令第十九条第一項において準用する令第九条第一項第一号、第二号及び第四号から第十一号までの規定は、適用しない。（エ）ⓒ

4　第二十八条の五十四第九号の一般取扱所（指定数量の倍数が十未満のもので、危険物を取り扱う設備を建築物に設けるものに限る。）のうち、その位置、構造及び設備が次の各号に掲げる基準に適合するものについては、令第十九条第一項において準用する令第九条第一項第一号、第二号及び第四号から第十二号までの規定は、適用しない。（エ）ⓒ

一　一般取扱所は、壁、柱、床、はり及び屋根が耐火構造である建築物の屋上に設置すること。（エ）

二　危険物を取り扱う設備は、屋上に固定すること。（エ）

三　危険物を取り扱う設備は、キュービクル式のものとし、当該設備の周囲に高さ〇・一五メートル以上の囲いを設けること。

(エ)

四　前号の囲いの周囲に幅三メートル以上の空地を保有すること。ただし、当該囲いから三メートル未満となる建築物の壁（出入口（随時開けることができる自動閉鎖の特定防火設備が設けられているものに限る。）以外の開口部を有しないものに限る。）及び柱が耐火構造である場合にあつては、当該囲いから当該壁及び柱までの距離の幅の空地を保有することをもつて足りる。(エ)

五　第三号の囲いの内部は、危険物が浸透しない構造とするとともに、適当な傾斜及び貯留設備を設けること。この場合において、危険物が直接排水溝に流入しないようにするため、貯留設備に油分離装置を設けなければならない。(エ)

5　第二十八条の五十四第九号の一般取扱所（危険物を取り扱う設備を屋外に設けるものに限る。）のうち、その位置、構造及び設備が次の各号に掲げる基準に適合するものについては、令第十九条第一項において準用する令第九条第一項第一号、第二号、第十二号及び第十七号の規定は、適用しない。(ち)

一　危険物を取り扱う設備の周囲に、幅三メートル以上の空地を保有すること。ただし、危険物を取り扱う設備から三メートル未満となる建築物の壁（出入口（随時開けることができる自動閉鎖の特定防火設備が設けられているものに限る。）以外の開口部を有しないものに限る。）及び柱が耐火構造である場合にあつては、危険物を取り扱う設備から当該壁及び柱までの距離の幅の空地を保有することをもつて足りる。(ち)

二　危険物を取り扱う設備は、堅固な基礎の上に固定すること。(ち)

三　危険物を取り扱う設備は、キュービクル式とすること。(ち)

四　危険物を用いた蓄電池設備は、告示で定める基準〔危告示第六八条の二の二〕に適合するものであること。(ち)

五　指定数量の百倍以上の危険物を取り扱うものにあつては、冷却するための散水設備をその放射能力範囲が危険物を取り扱う設備を包含するように設けること。(ち)

本条…追加〔平成二四年五月総令四九号〕、二・五項…追加・旧二・三項…一部改正し三・四項に繰下〔令和五年九月総令七〇号〕

（高引火点危険物の一般取扱所の特例）

第二八条の六一　令第十九条第三項の規定により同条第一項に掲げる基準の特例を定めることができる一般取扱所は、高引火点危険物のみを百度未満の温度で取り扱うものとする。(ま)

2　前項の一般取扱所に係る令第十九条第三項の規定による同条第一項に掲げる基準の特例は、次項に定めるところによる。(ま)

3　第一項の一般取扱所のうち、その位置及び構造が第十三条の六第三項各号に掲げる基準に適合するものについては、令第十九条第一項において準用する令第九条第一項第一号、第二号、第四号、第六号から第八号まで、第十八号及び第十九号並びに第十三条の三第二項第二号において準用する第二十二条第二項第二号の規定は、適用しない。(ま)(リ)

本条…追加〔平成元年二月自令五号〕、三項…一部改正〔平成一三年一〇月総令一三六号〕

第二八条の六二　令第十九条第三項の規定により同条第二項に掲げる基準（第二十八条の五十四第四号に定める一般取扱所に係る基準に限る。次項において同じ。）の特例を定めることができる一般取扱所は、高引火点危険物のみを百度未満の温度で取り扱うものとする。（ま）

2　前項の一般取扱所に係る令第十九条第三項の規定による同条第二項に掲げる基準の特例は、次項に定めるところによる。（ま）

3　第一項の一般取扱所のうち、その位置、構造及び設備が次の各号に掲げる基準に適合するものについては、令第十九条第一項において準用する令第九条第一項第一号、第二号、第四号から第十二号まで、第十八号及び第十九号並びに第十三条の三第二項第二号において準用する第二十二条第二項第二号の規定は、適用しない。（ま）（リ）

一　第十三条の六第三項第一号及び第二号並びに第二十八条の五十八第二項第三号から第七号までに掲げる基準に適合するものであること。（リ）

二　建築物を設ける場合にあつては、当該建築物は、壁、柱、床、はり及び屋根を耐火構造とし、又は不燃材料で造るとともに、窓及び出入口に防火設備又は不燃材料若しくはガラスで造られた戸を設けること。（リ）

本条…追加〔平成元年二月自令五号〕、三項…一部改正〔平成一三年一〇月総令一三六号〕

（一般取扱所の特例を定めることができる危険物）

第二八条の六三　令第十九条第四項の総務省令で定める危険物は、第十三条の七に規定する危険物とする。（ま）（へ）

本条…追加〔平成元年二月自令五号〕、一部改正〔平成一二年九月自令四四号〕

（アルキルアルミニウム等の一般取扱所の特例）

第二八条の六四　第十三条の八の規定は、アルキルアルミニウム等を取り扱う一般取扱所に係る令第十九条第四項の規定による同条第一項の基準を超える特例について準用する。（ま）

本条…追加〔平成元年二月自令五号〕

（アセトアルデヒド等の一般取扱所の特例）

第二八条の六五　第十三条の九の規定は、アセトアルデヒド等を取り扱う一般取扱所に係る令第十九条第四項の規定による同条第一項の基準を超える特例について準用する。（ま）

本条…追加〔平成元年二月自令五号〕

（ヒドロキシルアミン等の一般取扱所の特例）

第二八条の六六　第十三条の十の規定は、ヒドロキシルアミン等を取り扱う一般取扱所に係る令第十九条第四項の規定による同条第一項に掲げる基準を超える特例について準用する。（リ）

本条…追加〔平成一三年一〇月総令一三六号〕

第四章　消火設備、警報設備及び避難設備の基準（け）

章名…改正〔平成二年二月自令一号〕

（所要単位及び能力単位）

第二九条　所要単位は、消火設備の設置の対象となる建築物その他の工作物の規模又は危険物の量の基準の単位をいう。

2　能力単位は、前項の所要単位に対応する消火設備の消火能力の基準の単位をいう。

（所要単位の計算方法）

第三〇条　建築物その他の工作物又は危険物の所要単位の計算方法は、次の各号のとおりとする。

一　製造所又は取扱所の建築物は、外壁が耐火構造のものにあつては延べ面積（製造所等の用に供する部分以外の部分を有する建築物に設ける製造所等にあつては当該建築物の製造所等の用に供する部分の床面積の合計、その他の製造所等にあつては当該製造所等の建築物の床面積の合計をいう。以下同じ。）百平方メートル、外壁が耐火構造でないものにあつては延べ面積五十平方メートルを一所要単位とすること。（ま）

二　貯蔵所の建築物は、外壁が耐火構造であるものにあつては延べ面積百五十平方メートル、外壁が耐火構造でないものにあつては延べ面積七十五平方メートルを一所要単位とすること。

三　製造所等の屋外にある工作物は、外壁を耐火構造とし、かつ、工作物の水平最大面積を建坪とする建築物とみなして前二号の規定により所要単位を算出すること。

四　危険物は、指定数量の十倍を一所要単位とすること。

本条…一部改正〔平成元年二月自令五号〕

（消火設備の能力単位）

第三一条　第五種の消火設備の能力単位の数値は、消火器の技術上の規格を定める省令（昭和三十九年自治省令第二十七号）によるほか、別表第二のとおりとする。（と）

本条…一部改正〔昭和四六年六月自令一二号〕

（屋内消火栓設備の基準）

第三二条　第一種の屋内消火栓設備の設置の基準は、次のとおりとする。（ま）

一　屋内消火栓は、製造所等の建築物の階ごとに、その階の各部分から一のホース接続口までの水平距離が二十五メートル以下となるように設けること。この場合において、屋内消火栓は、各階の出入口付近に一個以上設けなければならない。（ま）

二　水源は、その水量が屋内消火栓の設置個数が最も多い階における当該設置個数（当該設置個数が五を超えるときは、五）に七・八立方メートルを乗じて得た量以上の量となるように設けること。（ま）

三　屋内消火栓設備は、いずれの階においても、当該階のすべての屋内消火栓（設置個数が五を超えるときは、五個の屋内消火栓）を同時に使用した場合に、それぞれのノズルの先端において、放水圧力が〇・三五メガパスカル以上で、かつ、放水量が二百六十リットル毎分以上の性能のものとするこ と。(ま)(す)

四　屋内消火栓設備には、予備動力源を附置すること。(ま)

本条…一部改正〔昭和五二年二月自令二号〕、全部改正〔平成元年二月自令五号〕、一部改正〔平成一〇年三月自令六号〕

（屋外消火栓設備の基準）

第三十二条の二　第一種の屋外消火栓設備の設置の基準は、次のとおりとする。(ま)

一　屋外消火栓は、防護対象物（当該消火設備によつて消火すべき製造所等の建築物その他の工作物及び危険物をいう。以下同じ。）の各部分（建築物の場合にあつては、当該建築物の一階及び二階の部分に限る。）から一のホース接続口までの水平距離が四十メートル以下となるように設けること。この場合において、その設置個数が一であるときは二としなければならない。(ま)

二　水源は、その水量が屋外消火栓の設置個数（当該設置個数が四を超えるときは、四）に十三・五立方メートルを乗じて得た量以上の量となるように設けること。(ま)

三　屋外消火栓設備は、すべての屋外消火栓（設置個数が四を超えるときは、四個の屋外消火栓）を同時に使用した場合に、それぞれのノズルの先端において、放水圧力が〇・三五メガパスカル以上で、かつ、放水量が四百五十リットル毎分以上の性能のものとすること。(ま)(す)

四　屋外消火栓設備には、予備動力源を附置すること。(ま)

本条…追加〔平成元年二月自令五号〕、一部改正〔平成一〇年三月自令六号〕

（スプリンクラー設備の基準）

第三十二条の三　第二種のスプリンクラー設備の設置の基準は、次のとおりとする。(ま)

一　スプリンクラーヘッドは、防護対象物の天井又は小屋裏に、当該防護対象物の各部分から一のスプリンクラーヘッドまでの水平距離が一・七メートル以下となるように設けること。(ま)

二　開放型スプリンクラーヘッドを用いるスプリンクラー設備の放射区域（一の一斉開放弁により同時に放射する区域をいう。以下この条、第三十二条の五、第三十五条の二及び第三十八条において同じ。）は、百五十平方メートル以上（防護対象物の床面積が百五十平方メートル未満であるときは、当該床面積）とすること。(ま)(り)

三　水源は、その水量が閉鎖型スプリンクラーヘッドを設けるものにあつては三十（ヘッドの設置個数が三十未満である防護対象物にあつては、当該設置個数）、開放型スプリンクラーヘッドを設けるものにあつてはヘッドの設置個数が最も多い放射区域における当該設置個数に二・四立方メートルを乗じて得た量以上の量となるように設けること。(ま)

四　スプリンクラー設備は、前号に定める個数のスプリンクラーヘッドを同時に使用した場合に、それぞれの先端において、放射圧力が〇・一メガパスカル以上で、かつ、放水量が八十リットル毎分以上の性能のものとすること。(ま)(す)

五　スプリンクラー設備には、予備動力源を附置すること。(ま)

本条…追加〔平成元年二月自令五号〕、一部改正〔平成一〇年三月自令六号・令和五年一二月総令八三号〕

（水蒸気消火設備の基準）

第三二条の四　第三種の水蒸気消火設備の設置の基準は、次のとおりとする。(ま)

一　蒸気放出口は、タンクにおいて貯蔵し、又は取り扱う危険物の火災を有効に消火することができるように設けること。(ま)

二　水蒸気発生装置は、次に定めるところによること。(ま)

イ　タンクの内容積に応じ、当該内容積一立方メートルにつき三・五キログラム毎時以上の量の割合で計算した量の水蒸気を一時間以上連続して放射することができるものであること。(ま)(す)

ロ　水蒸気の圧力を〇・七メガパスカル以上に維持することができるものであること。(ま)(す)

三　水蒸気消火設備には、予備動力源を附置すること。(ま)

本条…追加〔平成元年二月自令五号〕、一部改正〔平成一〇年三月自令六号〕

（水噴霧消火設備の基準）

第三二条の五　第三種の水噴霧消火設備の設置の基準は、次のとおりとする。(ま)

一　噴霧ヘッドの個数及び配置は、次に定めるところによること。(ま)

イ　防護対象物のすべての表面を噴霧ヘッドから放射する水噴霧によつて有効に消火することができる空間内に包含するように設けること。(ま)

ロ　防護対象物の表面積（建築物の場合にあつては、床面積。以下この条において同じ。）一平方メートルにつき第三号で定める量の割合で計算した水量を標準放射量（当該消火設備のヘッドの設計圧力により放射し、又は放出する消火剤の放射量をいう。以下同じ。）で放射することができるように設けること。(ま)

二　水噴霧消火設備の放射区域は、百五十平方メートル以上（防護対象物の表面積が百五十平方メートル未満であるときは、当該表面積）とすること。(ま)

三　水源は、その水量が噴霧ヘッドの設置個数が最も多い放射区域におけるすべての噴霧ヘッドを同時に使用した場合に、当該放射区域の表面積一平方メートルにつき二十リットル毎分の量の割合で計算した量で、三十分間放射することができる量以上の量となるように設けること。(ま)

四　水噴霧消火設備は、前号に定める噴霧ヘッドを同時に使用した場合に、それぞれの先端において、放射圧力が〇・三五メガパスカル以上で、かつ、標準放射量で放射することができる性

能のものとすること。(ま)(す)

五　水噴霧消火設備には、予備動力源を附置すること。(ま)

本条…追加〔平成元年二月自令五号〕、一部改正〔平成一〇年三月自令六号〕

（泡消火設備の基準）

第三十二条の六　第三種の泡消火設備の設置の基準は、次のとおりとする。(ま)

一　固定式の泡消火設備の泡放出口等は、防護対象物の形状、構造、性質、数量又は取扱いの方法に応じ、標準放射量で当該防護対象物の火災を有効に消火することができるように、必要な個数を適当な位置に設けること。(ま)

二　移動式の泡消火設備の泡消火栓は、屋内に設けるものにあつては第三十二条第一号、屋外に設けるものにあつては第三十二条の二第一号の規定の例により設けること。(ま)

三　水源の水量及び泡消火薬剤の貯蔵量は、防護対象物の火災を有効に消火することができる量以上の量となるようにすること。(ま)

四　泡消火設備には、予備動力源を附置すること。ただし、第三十三条第一項第六号に規定する顧客に自ら給油等をさせる給油取扱所に同条第二項第一号に規定する基準により設置されるものにあつては、この限りでない。(ま)(す)

本条…追加〔平成元年二月自令五号〕、一部改正〔平成一〇年三月自令六号〕

（不活性ガス消火設備の基準）(ケ)

第三十二条の七　第三種の不活性ガス消火設備の設置の基準は、次のとおりとする。(ま)(ケ)

一　全域放出方式の不活性ガス消火設備の噴射ヘッドは、不燃材料で造つた壁、柱、床、はり又は屋根（天井がある場合にあつては、天井）により区画され、かつ、開口部に自動閉鎖装置（防火設備又は不燃材料で造つた戸で不活性ガス消火剤が放射される直前に開口部を自動的に閉鎖する装置をいう。）が設けられている部分に当該部分の容積及び当該部分にある防護対象物の性質に応じ、標準放射量で当該防護対象物の火災を有効に消火することができるように、必要な個数を適当な位置に設けること。ただし、当該部分から外部に漏れる量以上の量の不活性ガス消火剤を有効に追加して放出することができる設備であるときは、当該開口部の自動閉鎖装置を設けないことができる。(ま)(ホ)(ケ)

二　局所放出方式の不活性ガス消火設備の噴射ヘッドは、防護対象物の形状、構造、性質、数量又は取扱いの方法に応じ、防護対象物に不活性ガス消火剤を直接放射することによつて標準放射量で当該防護対象物の火災を有効に消火することができるように、必要な個数を適当な位置に設けること。(ま)(ケ)

三　移動式の不活性ガス消火設備のホース接続口は、すべての防護対象物について、当該防護対象物の各部分から一のホース接続口までの水平距離が十五メートル以下となるように設けること。(ま)(ケ)

四　不活性ガス消火剤容器に貯蔵する不活性ガス消火剤の量は、防護対象物の火災を有効に消火することができる量以上の量となるようにすること。（ま）（ケ）

五　全域放出方式又は局所放出方式の不活性ガス消火設備には、予備動力源を附置すること。（ま）（ケ）

本条…追加〔平成元年二月自令五号〕、一部改正〔平成一二年五月自令三五号〕、見出し…改正・本条…一部改正〔平成二三年一二月総令一六五号〕

（ハロゲン化物消火設備の基準）

第三二条の八　第三種のハロゲン化物消火設備の設置の基準は、前条各号に掲げる不活性ガス消火設備の基準の例による。（ま）（ケ）

本条…追加〔平成元年二月自令五号〕、一部改正〔平成二三年一二月総令一六五号〕

（粉末消火設備の基準）

第三二条の九　第三種の粉末消火設備の設置の基準は、第三十二条の七各号に掲げる不活性ガス消火設備の基準の例による。（ま）（ケ）

本条…追加〔平成元年二月自令五号〕、一部改正〔平成二三年一二月総令一六五号〕

（第四種の消火設備の基準）

第三二条の一〇　第四種の消火設備は、防護対象物の各部分から一の消火設備に至る歩行距離が三十メートル以下となるように設けなければならない。ただし、第一種、第二種又は第三種の消火設備と併置する場合にあつては、この限りでない。（ま）

本条…追加〔平成元年二月自令五号〕

（第五種の消火設備の基準）

第三二条の一一　第五種の消火設備は、地下タンク貯蔵所、簡易タンク貯蔵所、移動タンク貯蔵所、給油取扱所、第一種販売取扱所又は第二種販売取扱所にあつては有効に消火することができる位置に設け、その他の製造所等にあつては防護対象物の各部分から一の消火設備に至る歩行距離が二十メートル以下となるように設けなければならない。ただし、第一種から第四種までの消火設備と併置する場合にあつては、この限りでない。（ま）

本条…追加〔平成元年二月自令五号〕

（著しく消火困難な製造所等及びその消火設備）

第三三条　令第二十条第一項第一号の総務省令で定める製造所、屋内貯蔵所、屋外タンク貯蔵所、屋内タンク貯蔵所、屋外貯蔵所、給油取扱所及び一般取扱所は、次の各号のとおりとする。（い）（た）（ま）（へ）

一　製造所及び一般取扱所のうち、高引火点危険物のみを百度未満の温度で取り扱うものにあつては延べ面積が千平方メートル以上のもの、その他のものにあつては指定数量の百倍以上の危険物（第七十二条第一項に規定する危険物を除く。）を取り扱うもの（第二十八条の五十四第九号の一般取扱所（危険物を取り扱う設備を屋外に設けるものに限る。）のうち、第二十八条の六十の四第五項各号に掲げる基準に適合するものを除く。）、延べ面積が千平方メートル以上のもの、地盤面若しくは消火活動上有効な床面からの高さが六メートル以上の部分において危険物を取り扱う設備（高引火点危険物のみを百度未満の温度で取り扱うものを除く。）を有するもの又は一般取扱所の用に供する部分以外の部分を有する建築物に設ける一般取扱所（当該建築物の一般取扱所の用に供する部分以外の部分と開口部のない耐火構造の床又は壁で区画されているものを除く。）（ま）㋠

二　屋内貯蔵所にあつては、指定数量の百五十倍以上の危険物（第七十二条第一項に規定する危険物を除く。）を貯蔵し、若しくは取り扱うもの（高引火点危険物のみを貯蔵し、又は取り扱うものを除く。）、貯蔵倉庫の延べ面積が百五十平方メートルを超えるもの（当該貯蔵倉庫が百五十平方メートル以内ごとに不燃材料で造られた開口部のない隔壁で完全に区分されているもの及び第二類又は第四類の危険物（引火性固体及び引火点が七十度未満の第四類の危険物を除く。）のみを貯蔵し、又は取り扱うものを除く。）、軒高が六メートル以上の平家建のもの又は令第十条第三項の屋内貯蔵所（建築物の屋内貯蔵所の用に供する部分以外の部分と開口部のない耐火構造の床又は壁で区画されているもの及び第二類又は第四類の危険物（引火性固体及び引火点が七十度未満の第四類の危険物を除く。）のみを貯蔵し、又は取り扱うものを除く。）（ま）

三　屋外タンク貯蔵所のうち、液体の危険物（第六類の危険物を除く。）を貯蔵し、又は取り扱うもの（高引火点危険物のみを百度未満の温度で貯蔵し、又は取り扱うものを除く。）にあつては当該危険物の液表面積が四十平方メートル以上のもの、高さが六メートル以上のもの、地中タンクに係る屋外タンク貯蔵所又は海上タンクに係る屋外タンク貯蔵所、固体の危険物を貯蔵し、又は取り扱うものにあつては指定数量の倍数が百以上のもの（と）（お）（ま）

四　屋内タンク貯蔵所のうち、液体の危険物（第六類の危険物を除く。）を貯蔵し、又は取り扱うもの（高引火点危険物のみを百度未満の温度で貯蔵し、又は取り扱うものを除く。）にあつては当該危険物の液表面積が四十平方メートル以上のもの、高さが六メートル以上のもの又はタンク専用室を平家建以外の建築物に設けるもので引火点が四十度以上七十度未満の危険物に係るもの（当該建築物のタンク専用室以外の部分と開口部のない耐火構造の床又は壁で区画されているものを除く。）（と）（わ）（た）（ま）

五　屋外貯蔵所のうち、塊状の硫黄等のみを地盤面に設けた囲いの内側で貯蔵し、又は取り扱うものにあつては当該囲いの内部の面積（二以上の囲いを設ける場合にあつては、それぞれの囲いの内部の面積を合算した面積をいう。次条第一項第四号において同じ。）が百平方メートル以上のもの、令第十六条第四項の屋外貯蔵所にあつては指定数量の倍数が百以上のもの（た）（ま）（ヌ）

六　給油取扱所にあつては、令第十七条第二項第九号ただし書に該当する屋内給油取扱所のうち上部に上階を有するもの（以下この条において「一方開放型上階付き屋内給油取扱所」という。）又は顧客に自ら給油等をさせる給油取扱所（一方開放型上階付き屋内給油取扱所に該当するものを除く。以下この条において同じ。）(ま)(す)

2　令第二十条第一項第一号の規定により、前項各号に掲げる製造所、屋内貯蔵所、屋外タンク貯蔵所、屋内タンク貯蔵所、屋外貯蔵所、給油取扱所及び一般取扱所並びに移送取扱所の消火設備の設置の基準は、次のとおりとする。(り)(た)(ま)

一　次の表の上欄に掲げる製造所等には、同表の下欄に掲げる消火設備をその放射能力範囲が当該製造所、屋内貯蔵所、屋外タンク貯蔵所（岩盤タンクに係る屋外タンク貯蔵所にあつては、当該屋外タンク貯蔵所のうち岩盤タンクに係る部分を除く。）、屋内タンク貯蔵所、屋外貯蔵所、給油取扱所、移送取扱所（当該移送取扱所のうち移送基地〔危則第二八条の一六〕内に存する部分に限る。以下この条において同じ。）又は一般取扱所の建築物その他の工作物及び危険物（給油取扱所にあつては、危険物（顧客に自ら給油等をさせる給油取扱所にあつては、引火点が四十度未満のもので、顧客が自ら取り扱うものに限る。）に限る。）を包含するように設けること。ただし、高引火点危険物のみを百度未満の温度で取り扱う製造所及び一般取扱所にあつては、当該製造所又は一般取扱所の建築物その他の工作物を包含するように設けることをもつて足りる。(ま)(す)(ケ)

製造所等			消火設備
製造所及び一般取扱所			第一種、第二種又は第三種の消火設備（火災のとき煙が充満するおそれのある場所等に設けるものは、第二種又は移動式以外の第三種の消火設備に限る。）
屋内貯蔵所	軒高が六メートル以上の平家建のもの又は令第十条第三項の屋内貯蔵所		第二種の消火設備又は移動式以外の第三種の消火設備
	その他のもの		第一種の屋外消火栓設備、第二種の消火設備、第三種の移動式の泡消火設備（泡消火栓を屋外に設けるものに限る。）又は移動式以外の第三種の消火設備
屋外タンク貯蔵所	地中タンク及び海上タンクに係るもの以外のもの	硫黄等のみを貯蔵し、又は取り扱うもの	第三種の水蒸気消火設備又は水噴霧消火設備
		引火点が七十度以上の第四類の危険物のみを貯蔵し、又は取り扱うもの	第三種の水噴霧消火設備又は固定式の泡消火設備
		その他のもの	第三種の固定式の泡消火設備
	地中タンクに係るもの		第三種の固定式の泡消火設備及び移動式以外の不活性ガス消火設備又は移動式以外のハロゲン化物消火設備

	海上タンクに係るもの	第三種の固定式の泡消火設備及び水噴霧消火設備、移動式以外の不活性ガス消火設備又は移動式以外のハロゲン化物消火設備
屋内タンク貯蔵所	硫黄等のみを貯蔵し、又は取り扱うもの	第三種の水蒸気消火設備又は水噴霧消火設備
	引火点が七十度以上の第四類の危険物のみを貯蔵し、又は取り扱うもの	第三種の水噴霧消火設備、固定式の泡消火設備、移動式以外の不活性ガス消火設備、移動式以外のハロゲン化物消火設備又は移動式以外の粉末消火設備
	その他のもの	第三種の固定式の泡消火設備、移動式以外の不活性ガス消火設備、移動式以外のハロゲン化物消火設備又は移動式以外の粉末消火設備
屋外貯蔵所及び移送取扱所		第一種、第二種又は第三種の消火設備（火災のとき煙が充満するおそれのある場所等に設けるものは、第二種の消火設備又は第三種の移動式以外の消火設備に限る。）
給油取扱所		第三種の固定式の泡消火設備

一の二　高引火点危険物のみを百度未満の温度で取り扱う製造所及び一般取扱所にあつては、当該危険物について、第四種及び当該危険物の所要単位の数値に達する能力単位の数値の第五種の消火設備を設けること。ただし、当該製造所及び一般取扱所に第一種、第二種又は第三種の消火設備を設けるときは、当該設備の放射能力範囲内の部分について第四種の消火設備を設けないことができる。（ま）

二　可燃性の蒸気又は可燃性の微粉が滞留するおそれがある建築物又は室においては、第一号の基準によるほか、第四種及び当該危険物の所要単位の数値に達する能力単位の数値の第五種の消火設備を設けること。（ま）

三　第四類の危険物を貯蔵し、又は取り扱う屋外タンク貯蔵所又は屋内タンク貯蔵所にあつては、第五種の消火設備を二個以上設けること。（ま）

三の二　一方開放型上階付き屋内給油取扱所にあつては、第五種の消火設備を、その能力単位の数値が建築物その他の工作物の所要単位の数値に達するように設けること。（ま）（す）

三の三　顧客に自ら給油等をさせる給油取扱所にあつては、第四種の消火設備をその放射能力範囲が建築物その他の工作物及び危険物（第三種の消火設備により包含されるものを除く。）を包含するように設け、並びに第五種の消火設備をその能力単位の数値が危険物の所要単位の数値の五分の一以上になるように設けること。（す）

四　製造所、屋内タンク貯蔵所、移送取扱所又は一般取扱所の作業工程上、消火設備の放射能力範囲に当該製造所等において貯蔵し、又は取り扱う危険物の全部を包含することができないときは、当該危険物について、第四種及び当該危険物の所要単位の数値に達する能力単位の数値の第五種の消火設備を設けること。(り)

一項…一部改正〔昭和三五年七月自令三号〕、一・二項…一部改正〔昭和四六年六月自令一二号〕、二項…一部改正〔昭和四九年五月自令一二号〕、一項…一部改正〔昭和五二年二月自令二号〕、一・二項…一部改正〔昭和五四年七月自令一六号〕、二項…一部改正〔昭和五九年一二月自令三〇号・六二年四月一六号〕、一・二項…一部改正〔昭和六二年一二月自令三六号・平成元年二月五号・一〇年三月六号〕、一項…一部改正〔平成一二年九月自令四四号・一四年一月総令四号〕、二項…一部改正〔平成二三年一二月総令一六五号〕、一項…一部改正〔令和五年九月総令七〇号〕

解説　**【液表面積】**　最大水平断面積
【高さ】　地盤面からタンク側板の頂部までの高さ

（消火困難な製造所等及びその消火設備）

第三四条　令第二十条第一項第二号の総務省令で定める製造所、屋内貯蔵所、屋外タンク貯蔵所、屋内タンク貯蔵所、屋外貯蔵所、給油取扱所、第二種販売取扱所及び一般取扱所は、次の各号のとおりとする。(い)(と)(ま)(へ)

一　製造所及び一般取扱所のうち、前条第一項第一号に掲げるもの以外のもので、高引火点危険物のみを百度未満の温度で取り扱うものにあつては延べ面積が六百平方メートル以上のもの、その他のものにあつては指定数量の十倍以上の危険物（第七十二条第一項に規定する危険物を除く。）を取り扱うもの（第二十八条の五十四第九号の一般取扱所（危険物を取り扱う設備を屋外に設けるものに限る。）のうち、第二十八条の六十一の四第五項各号に掲げる基準に適合するもので、指定数量の三十倍未満の危険物を取り扱うものを除く。）、延べ面積が六百平方メートル以上のもの又は第二十八条の五十五第二項、第二十八条の五十五の二第二項若しくは第三項、第二十八条の五十六第二項若しくは第三項、第二十八条の五十七第二項、第三項若しくは第四項、第二十八条の六十第二項、第三項若しくは第四項、第二十八条の六十の二第二項若しくは第三項若しくは第二十八条の六十の三第二項の一般取扱所(ま)(す)(ち)

二　屋内貯蔵所のうち、前条第一項第二号に掲げるもの以外のもので、令第十条第二項の屋内貯蔵所若しくは第十六条の二の三第二項の屋内貯蔵所にあつては指定数量以上の、その他のものにあつては指定数量の十倍以上の危険物（第七十二条第一項に規定する危険物を除く。）を貯蔵し、若しくは取り扱うもの（高引火点危険物のみを貯蔵し、又は取り扱うものを除く。）、貯蔵倉庫の延べ面積が百五十平方メートルを超えるもの又は令第十条第三項の屋内貯蔵所(ま)

三　屋外タンク貯蔵所及び屋内タンク貯蔵所にあつては、前条第一項第三号及び第四号に掲げるもの以外のもの（高引火点危険物のみを百度未満の温度で貯蔵し、又は取り扱うもの及び第六類の危険物のみを貯蔵し、又は取り扱うものを除く。）(ぬ)(ま)

四　屋外貯蔵所のうち、塊状の硫黄等のみを地盤面に設けた囲いの内側で貯蔵し、又は取り扱うものにあつては当該囲いの内部の面積が五平方メートル以上百平方メートル未満のもの、令第十六条第四項の屋外貯蔵所にあつては指定数量の倍数が十以上百未満のもの、その他のものにあつては指定数量の倍数が百以上のもの（高引火点危険物のみを貯蔵し、又は取り扱うものを除く。）(た)(ま)(ヌ)

四の二　給油取扱所にあつては、屋内給油取扱所のうち前条第一項第六号に掲げるもの以外のもの及びメタノール又はエタノールを取り扱う給油取扱所（令第十七条第二項の屋内給油取扱所に該当するものを除く。）(ま)(き)(ケ)

五　第二種販売取扱所(と)

2　令第二十条第一項第二号の規定により、前項各号に掲げる製造所、屋内貯蔵所、屋外タンク貯蔵所、屋内タンク貯蔵所、屋外貯蔵所、給油取扱所、第二種販売取扱所及び一般取扱所の消火設備の設置の基準は、次のとおりとする。(と)(ま)

一　製造所、屋内貯蔵所、屋外貯蔵所、給油取扱所、第二種販売取扱所及び一般取扱所にあつては、第四種の消火設備をその放射能力範囲が建築物その他の工作物及び危険物を包含するように設け、並びに第五種の消火設備をその能力単位の数値が危険物の所要単位の数値の五分の一以上になるように設けること。(と)(ま)

二　屋外タンク貯蔵所又は屋内タンク貯蔵所にあつては、第四種及び第五種の消火設備をそれぞれ一個以上設けること。

3　第一項各号に掲げる製造所等に第一種、第二種又は第三種の消火設備を設けるときは、前項の規定にかかわらず、当該設備の放射能力範囲内の部分について第四種の消火設備を設けないことができる。(ま)

一項…一部改正〔昭和三五年七月自令三号〕、一・二項…一部改正〔昭和四六年六月自令一二号〕、一項…一部改正〔昭和四九年六月自令一七号・五四年七月一六号〕、一・二項…一部改正・三項…追加〔平成元年二月自令五号〕、一項…一部改正〔平成六年三月自令五号・一〇年三月六号・一二年九月四四号・一四年一月総令四号・二三年一二月一六五号・令和五年九月七〇号〕

（その他の製造所等の消火設備）

第三五条　令第二十条第一項第三号の規定により、第三十三条第一項及び前条第一項に掲げるもの以外の製造所等の消火設備の設置の基準は、次のとおりとする。(と)

一　地下タンク貯蔵所にあつては、第五種の消火設備を二個以上設けること。(と)

二　移動タンク貯蔵所にあつては、自動車用消火器のうち、霧状の強化液を放射するもので充てん量が八リットル以上のもの、二酸化炭素を放射するもので充てん量が三・二キログラム以上のもの、ブロモクロロジフルオロメタンを放射するもので充てん量が二リットル以上のもの、ブロモトリフルオロメタンを放射するもので充てん量が二リットル以上のもの、ジブロモテトラフルオロエタンを放射するもので充てん量が一リットル以上のもの又は消火粉末を放射するもので充てん量が三・五キログラム以上のものを二個以上、アルキルアルミニウム等を貯蔵し、又は取り扱う移動タンク貯蔵所にあつては、これらのほか、百五十リットル以上の乾燥砂及び六百四十リットル以上の膨張ひる石又は膨張真珠岩を設けること。(と)(た)(ま)

三　前二号に掲げるもの以外の製造所等にあつては、第五種の消火設備を、その能力単位の数値が建築物その他の工作物及び危険物の所要単位の数値に達するように設けること。ただし、当該製造所等に第一種から第四種までの消火設備を設けるときは、当該設備の放射能力範囲内の部分について第五種の消火設備を、その能力単位の数値が当該所要単位の数値の五分の一以上になるように設けることをもつて足りる。(と)(ま)

本条…全部改正〔昭和四六年六月自令一二号〕、一部改正〔昭和五四年七月自令一六号・平成元年二月五号〕

（蓄電池により貯蔵される危険物のみを貯蔵し、又は取り扱う屋内貯蔵所の消火設備の特例）

第三五条の二　令第二十条第三項の蓄電池により貯蔵される総務省令で定める危険物は、第十六条の二の七に規定する危険物とする。(り)

2　蓄電池により貯蔵される前項に規定する危険物のみを貯蔵し、又は取り扱う屋内貯蔵所に係る令第二十条第三項の規定による同条第一項及び第二項に掲げる基準の特例は、次項に定めるところによる。(り)

3　前項の屋内貯蔵所のうち、次の各号に掲げる消火設備をそれぞれ当該各号に掲げる基準に適合するように設けたものについては、令第二十条第一項各号及び第二項の規定は適用しない。(り)

一　第二種のスプリンクラー設備（開放型スプリンクラーヘッドを用いるものに限る。）　第三十二条の三第一号、第二号及び第五号の規定によるほか、次に掲げる場合の区分に応じ、それぞれ次に定める基準に適合するものであること。(り)

イ　第十六条の二の八第二項第五号イ又はロに規定する方法により、蓄電池を貯蔵する場合　次に掲げる基準(り)

(1)　水源は、その水量がスプリンクラーヘッドの設置個数が最も多い放射区域における当該設置個数に三十三・六立方メートルを乗じて得た量以上の量となるように設けること。(り)

(2)　いずれの放射区域であつても、それぞれの先端において、放水圧力が〇・二四メガパスカル以上で、かつ、放水量が五百六十リットル毎分以上の性能のものとすること。(り)

(3)　放射区域と同一の区域にある自動火災報知設備の感知器の作動又は火災感知用ヘッドの作動若しくは開放による圧力検知装置の作動と連動して加圧送水装置及び一斉開放弁

を起動することができるものとすること。㋷

ロ　第十六条の二の八第二項第五号ハに規定する方法により、蓄電池を貯蔵する場合　イ(3)の規定の例によるほか、次に掲げる基準㋷

(1)　水源は、その水量が最も広い放射区域の面積に一・〇五メートルを乗じて得た量以上の量となるように設けること。㋷

(2)　いずれの放射区域であつても、当該放射区域内の放水密度が十七・五ミリメートル毎分以上となる性能のものとすること。㋷

二　第四種の消火設備　第三十二条の十の規定の例によること。㋷

三　第五種の消火設備　第三十二条の十一の規定の例によること。㋷

本条…追加〔令和五年一二月総令八三号〕

（電気設備の消火設備）

第三六条　電気設備に対する消火設備は、電気設備のある場所の面積百平方メートルごとに一個以上設けるものとする。（わ）

本条…一部改正〔昭和五二年二月自令二号〕

解説　【電気設備】電動機、配電盤等

（警報設備を設置しなければならない製造所等）

第三六条の二　令第二十一条の総務省令で定める製造所等は、製造所等のうち移動タンク貯蔵所以外のものとする。（と）（へ）

本条…追加〔昭和四六年六月自令一二号〕、一部改正〔平成一二年九月自令四四号〕

（製造所等の警報設備）

第三七条　令第二十一条の規定により、警報設備は、次のとおり区分する。

一　自動火災報知設備

二　消防機関に報知ができる電話

三　非常ベル装置

四　拡声装置

五　警鐘

第三八条　令第二十一条の規定により、製造所等の警報設備の設置の基準は、次のとおりとする。

一　次に掲げる製造所等には、自動火災報知設備を設けること。（ま）

イ　製造所又は一般取扱所のうち、高引火点危険物のみを百度未満の温度で取り扱うものにあつては延べ面積が五百平方メートル以上のもの、その他のものにあつては指定数量の倍数が百以上のもので屋内にあるもの、延べ面積が五百平方メートル以上のもの又は一般取扱所の用に供する部分以外の部分を有する建築物に設ける一般取扱所（当該建築物の一般取扱所の用に供する部分以外の部分と開口部のない耐火構造の床又は壁で区画されているものを除く。）（ま）

ロ　屋内貯蔵所にあつては、指定数量の倍数が百以上のもの（高引火点危険物のみを貯蔵し、又は取り扱うものを除く。）、貯蔵倉庫の延べ面積が百五十平方メートルを超えるもの（当該貯蔵倉庫が百五十平方メートル以内ごとに不燃材料で造られた開口部のない隔壁で完全に区分されているもの又は第二類若しくは第四類の危険物（引火性固体及び引火点が七十度未満の第四類の危険物を除く。）のみを貯蔵し、若しくは取り扱うものにあつては、貯蔵倉庫の延べ面積が五百平方メートル以上のものに限る。）、軒高が六メートル以上の平家建のもの又は令第十条第三項の屋内貯蔵所（建築物の屋内貯蔵所の用に供する部分以外の部分と開口部のない耐火構造の床又は壁で区画されているもの及び第二類又は第四類の危険物（引火性固体及び引火点が七十度未満の第四類の危険物を除く。）のみを貯蔵し、又は取り扱うものを除く。）（ま）

ハ　岩盤タンクに係る屋外タンク貯蔵所（ま）

ニ　タンク専用室を平家建以外の建築物に設ける屋内タンク貯蔵所で第三十三条第一項第四号に掲げるもの（ま）

ホ　給油取扱所のうち、令第十七条第二項第九号ただし書に該当する屋内給油取扱所又は上部に上階を有する屋内給油取扱所（ま）

二　前号に掲げるもの以外の製造所等（移送取扱所を除く。）で、指定数量の倍数が十以上のものにあつては、前条第二号から第五号までに掲げる警報設備のうち一種類以上設けること。（か）（ま）

2　自動火災報知設備の設置の基準は、次のとおりとする。（ま）

一　自動火災報知設備の警戒区域（火災の発生した区域を他の区域と区分して識別することができる最小単位の区域をいう。以下この号及び次号において同じ。）は、建築物その他の工作物の二以上の階にわたらないものとすること。ただし、一の警戒区域の面積が五百平方メートル以下であり、かつ、当該警戒区域が二の階にわたる場合又は階段、傾斜路、エレベータの昇降路その他これらに類する場所に煙感知器を設ける場合は、この限りでない。（ま）（て）

二　一の警戒区域の面積は、六百平方メートル以下とし、その一辺の長さは、五十メートル（光電式分離型感知器を設置する場合にあつては、百メートル）以下とすること。ただし、当該建築物その他の工作物の主要な出入口からその内部を見通すことができる場合にあつては、その面積を千平方メートル以下とすることができる。（ま）

三　自動火災報知設備の感知器は、屋根（上階のある場合にあつては、上階の床）又は壁の屋内に面する部分（天井のある場合にあつては、天井又は壁の屋内に面する部分及び天井裏の部分）に、有効に火災の発生を感知することができるように設け

ること。（ま）（て）

四　自動火災報知設備には、非常電源を附置すること。（ま）

3　自動信号装置を備えた第二種又は第三種の消火設備は、第一項の基準を適用するにあたつては、自動火災報知設備とみなす。（ま）

一項…一部改正〔昭和五三年二月自令一号・六二年四月一六号〕、一項…一部改正・二項…追加・旧二項…一部改正し三項に繰下〔平成元年二月自令五号〕、二項…一部改正〔平成三年五月自令二〇号〕

（避難設備を設置しなければならない製造所等及びその避難設備）

第三八条の二　令第二十一条の二の総務省令で定める製造所等は、給油取扱所のうち建築物の二階の部分を第二十五条の四第一項第二号の用途に供するもの及び屋内給油取扱所のうち第二十五条の九第一号イの事務所等を有するものとする。（ま）（へ）

2　令第二十一条の二の規定による前項の製造所等の避難設備の設置の基準は、次のとおりとする。（ま）

一　給油取扱所のうち建築物の二階の部分を第二十五条の四第一項第二号の用途に供するものにあつては、当該建築物の二階から直接給油取扱所の敷地外へ通ずる出入口並びにこれを通ずる通路、階段及び出入口に誘導灯を設けること。（ま）

二　屋内給油取扱所のうち第二十五条の九第一号イの事務所等を有するものにあつては、当該事務所等の出入口、避難口並びに当該避難口に通ずる通路、階段及び出入口に誘導灯を設けること。（ま）

三　誘導灯には、非常電源を附置すること。（ま）

本条…追加〔平成元年二月自令五号〕、一項…一部改正〔平成一二年九月自令四四号〕

解説　【第二五条の四第一項第二号の用途】物販店舗等

（技術上の基準の委任）（カ）

第三八条の三　この章に定めるもののほか、消火設備、警報設備及び避難設備の技術上の基準に関し必要な事項は、告示で定める。（ま）（カ）

本条…追加〔平成元年二月自令五号〕、見出し…改正・本条…一部改正〔平成一七年一月総令三号〕

解説　【製造所等の不活性ガス消火設備の技術上の基準の細目を定める告示】平成二三年一二月二一日総務省告示第五五七号

【製造所等のハロゲン化物消火設備の技術上の基準の細目を定める告示】平成二三年一二月二一日総務省告示第五五八号

【製造所等の泡消火設備の技術上の基準の細目を定める告示】平成二三年一二月二一日総務省告示第五五九号

【必要な事項】平成二三年一二月二一日総務省告示第五五七～五五九号

第五章　貯蔵及び取扱いの基準（ま）

章名…改正〔平成元年二月自令五号〕

（危険物以外の物品の貯蔵禁止の例外）

第三八条の四　令第二十六条第一項第一号ただし書の総務省令で定

める場合は、次のとおりとする。(け)(へ)
一　屋内貯蔵所又は屋外貯蔵所において次に掲げる危険物と危険物以外の物品とを貯蔵する場合で、それぞれを取りまとめて貯蔵し、かつ、相互に一メートル以上の間隔を置く場合(け)(ナ)
イ　危険物（引火性固体及び第四類の危険物を除く。）と法別表第一の当該危険物が属する類の項の品名欄に掲げる物品（同表第一類の項第十一号、第二類の項第八号、第三類の項第十二号、第五類の項第十一号及び第六類の項第五号に掲げる物品を除く。）を主成分として含有するもので危険物に該当しない物品(け)(リ)(タ)
ロ　第二類の危険物のうち引火性固体と危険物に該当しない固体若しくは液体であつて引火点を有するもの又は合成樹脂類（令別表第四備考第九号の合成樹脂類をいう。）（以下この条において「合成樹脂類等」という。）又はこれらのいずれかを主成分として含有するもので危険物に該当しない物品(け)(す)(ロ)(ナ)
ハ　第四類の危険物と合成樹脂類等又はこれらのいずれか若しくは法別表第一第四類の項の品名欄に掲げる物品を主成分として含有するもので危険物に該当しない物品(け)(す)(ロ)(タ)
ニ　第四類の危険物のうち有機過酸化物又はこれを含有するものと有機過酸化物又は有機過酸化物のみを含有するもので危険物に該当しない物品(け)
ホ　第七十二条第一項に規定する危険物と危険物に該当しない火薬類（火薬類取締法第二条に掲げられた火薬類に該当するものをいう。以下同じ。）(け)
ヘ　危険物と危険物に該当しない不燃性の物品（貯蔵する危険物及び危険物以外の物品と危険な反応を起こさないものに限る。）(す)
ト　第十六条の二の七に規定する危険物（第三十五条の二第三項第一号に掲げる基準により第二種のスプリンクラー設備が設置されている屋内貯蔵所において貯蔵するものに限る。）と危険物に該当しない物品（水又は当該危険物と危険な反応を起こさないものに限る。）(り)
二　次に掲げる危険物を貯蔵し、又は取り扱う屋外タンク貯蔵所、屋内タンク貯蔵所、地下タンク貯蔵所又は移動タンク貯蔵所（以下この号において「屋外タンク貯蔵所等」という。）において、それぞれ当該屋外タンク貯蔵所等について定める危険物以外の物品を当該屋外タンク貯蔵所等の構造及び設備に悪影響を与えないよう貯蔵する場合(す)
イ　第四類の危険物を貯蔵し、又は取り扱う屋外タンク貯蔵所等　合成樹脂類等若しくはこれらのいずれか若しくは法別表第一第四類の項の品名欄に掲げる物品を主成分として含有するもので危険物に該当しない物品又は危険物に該当しない不

燃性の物品（貯蔵し、又は取り扱う危険物若しくは危険物以外の物品と危険な反応を起こさないものに限る。）（す）（ロ）（タ）

ロ　第六類の危険物を貯蔵し、又は取り扱う屋外タンク貯蔵所等　法別表第一第六類の項の品名欄に掲げる物品（同表第六類の項第五号に掲げる物品を除く。）を主成分として含有するもので危険物に該当しない物品又は危険物に該当しない不燃性の物品（貯蔵し、又は取り扱う危険物若しくは危険物以外の物品と危険な反応を起こさないものに限る。）（す）（タ）

本条…追加〔平成元年二月自令五号〕、全部改正〔平成二年二月自令一号〕、一部改正〔平成一〇年三月自令六号・一一年九月三一号・一二年九月四四号・一三年一〇月総令一三六号・一七年三月三七号・一九年三月二六号・令和五年一二月八三号〕

（類を異にする危険物の同時貯蔵禁止の例外）

第三九条　令第二十六条第一項第一号の二ただし書の総務省令で定める場合は、次のとおりとする。（ま）（へ）（ナ）

一　屋内貯蔵所又は屋外貯蔵所において次に掲げる危険物を貯蔵する場合で、危険物の類ごとに取りまとめて貯蔵し、かつ、相互に一メートル以上の間隔を置く場合（ナ）

イ　第一類の危険物（アルカリ金属の過酸化物又はこれを含有するものを除く。）と第五類の危険物（ナ）

ロ　第一類の危険物と第六類の危険物（ナ）

ハ　第二類の危険物と自然発火性物品（黄りん又はこれを含有するものに限る。）（ナ）

ニ　第二類の危険物のうち引火性固体と第四類の危険物（ナ）

ホ　アルキルアルミニウム等と第四類の危険物のうちアルキルアルミニウム又はアルキルリチウムのいずれかを含有するもの（ナ）

ヘ　第四類の危険物のうち有機過酸化物又はこれを含有するものと第五類の危険物のうち有機過酸化物又はこれを含有するもの（ナ）

ト　第四類の危険物と第五類の危険物のうち一―アリルオキシ―二・三―エポキシプロパン若しくは四―メチリデンオキセタン―二―オン又はこれらのいずれかを含有するもの（キ）

二　屋内貯蔵所において第四十三条の三第一項第五号ただし書に規定する告示で定めるところにより類を異にする危険物を収納した容器を貯蔵する場合（当該類を異にする危険物を収納した二以上の容器を貯蔵する場合を含み、当該容器に収納された危険物以外の危険物を貯蔵する場合を除く。）（ナ）

本条…追加〔昭和四〇年一〇月自令二八号〕、一部改正〔昭和四六年六月自令一二号〕、全部改正〔平成元年二月自令五号〕、一部改正〔平成一二年九月自令四四号・一九年三月総令二六号・二二年二月一〇号〕

（危険物の区分）

第三九条の二　次条、第四十三条及び第四十四条において危険物は、危険等級Ⅰ、危険等級Ⅱ及び危険等級Ⅲに区分する。（ま）

2　危険等級Ⅰの危険物は、次に掲げるものとする。(ま)
一　第一類の危険物のうち、令別表第三備考第一号の第一種酸化性固体の性状を有するもの(ま)
二　第三類の危険物のうち、カリウム、ナトリウム、アルキルアルミニウム、アルキルリチウム、黄りん並びに令別表第三備考第六号の第一種自然発火性物質及び禁水性物質の性状を有するもの(ま)
三　第四類の危険物のうち、特殊引火物(ま)
四　第五類の危険物のうち、第一種自己反応性物質の性状を有するもの(ま)(リ)
五　第六類の危険物(ま)
3　危険等級Ⅱの危険物は、次に掲げるものとする。(ま)
一　第一類の危険物のうち、令別表第三備考第二号の第二種酸化性固体の性状を有するもの(ま)
二　第二類の危険物のうち、硫化りん、赤りん、硫黄及び令別表第三備考第四号の第一種可燃性固体の性状を有するもの(ま)
三　第三類の危険物のうち、前項第二号に掲げる危険物以外のもの(ま)
四　第四類の危険物のうち、第一石油類及びアルコール類(ま)
五　第五類の危険物のうち、前項第四号に掲げる危険物以外のもの(ま)
4　危険等級Ⅲの危険物は、危険等級Ⅰの危険物及び危険等級Ⅱの危険物以外の危険物とする。(ま)

本条…追加〔平成元年二月自令五号〕、二項…一部改正〔平成一三年一〇月総令一三六号〕

（危険物の容器及び収納）

第三九条の三　令第二十六条第一項第二号及び第十一号の規定により危険物を容器に収納するとき、又は令第二十七条第三項第一号の規定により危険物を容器に詰め替えるときは、次の各号に掲げる容器の区分に応じ、当該各号の定めるところによるものとする。ただし、製造所等が存する敷地と同一の敷地内において危険物を貯蔵し、又は取り扱うため、次の各号に定める容器以外の容器に収納し、又は詰め替える場合において、当該容器の貯蔵又は取扱いが火災の予防上安全であると認められるときは、この限りでない。(に)(と)(そ)(ま)(け)(み)
一　次号に掲げる容器以外の容器　固体の危険物にあつては別表第三、液体の危険物にあつては別表第三の二に定める基準に適合する内装容器（内装容器の容器の種類の項が空欄のものにあつては、外装容器）又は総務大臣が貯蔵若しくは取扱いの安全上この基準に適合する容器と同等以上であると認めて告示したもの〔危告示第六八条の二の三〕（以下この条において「内装容器等」という。）であり、かつ、第四十三条の三第一項に定める収納の基準に適合すること。(み)(へ)
二　機械によるつり上げ又は持ち上げを行うためのつり具、

フォークリフトポケット等を有する容器（第四十条の二及び第四十三条において「機械により荷役する構造を有する容器」という。）第四十三条第一項第二号に規定する運搬容器であり、かつ、第四十三条の三第二項に定める収納の基準に適合すること。（み）（ヌ）

2　前項第一号の内装容器等（内装容器等を他の容器に収納する場合にあつては、当該容器を含む。以下この条において同じ。）にあつては第四十四条第一項各号に定める表示を、前項第二号の容器にあつては同条第一項各号及び第六項各号に定める表示を、それぞれ見やすい箇所にしたものでなければならない。（ま）（み）

3　前項の規定にかかわらず、第一類、第二類又は第四類の危険物（危険等級Ｉの危険物を除く。）の内装容器等で、最大容積が五百ミリリットル以下のものについては、第四十四条第一項第一号及び第三号の表示についてそれぞれ危険物の通称名及び同号に掲げる表示と同一の意味を有する他の表示をもつて代えることができる。（ま）

4　前二項の規定にかかわらず、第四類の危険物に該当する化粧品（エアゾールを除く。）の内装容器等で、最大容積が百五十ミリリットル以下のものについては第四十四条第一項第一号及び第三号に掲げる表示をすることを要せず、最大容積が百五十ミリリットルを超え三百ミリリットル以下のものについては同項第一号に掲げる表示をすることを要せず、かつ、同項第三号の注意事項について同号に掲げる表示と同一の意味を有する他の表示をもつて代えることができる。（ま）（け）

5　第二項及び第三項の規定にかかわらず、第四類の危険物に該当するエアゾールの内装容器等で、最大容積が三百ミリリットル以下のものについては、第四十四条第一項第一号に掲げる表示をすることを要せず、かつ、同項第三号の注意事項について同号に掲げる表示と同一の意味を有する他の表示をもつて代えることができる。（ま）

6　第二項及び第三項の規定にかかわらず、第四類の危険物のうち動植物油類の内装容器等で、最大容積が二・二リットル以下のものについては、第四十四条第一項第一号及び第三号の表示についてそれぞれ危険物の通称名及び同号に掲げる表示と同一の意味を有する他の表示をもつて代えることができる。（ま）（け）

旧三九条…一部改正し繰下〔昭和四〇年一〇月自令二八号〕、本条…一部改正〔昭和四六年六月自令一二号・五六年九月二二号〕、一項…一部改正・二―六項…追加・旧三九条の二…繰下〔平成元年二月自令五号〕、一・四・六項…一部改正〔平成二年二月自令一号〕、一・二項…一部改正〔平成七年二月自令二号〕、一項…一部改正〔平成一二年九月自令四四号・一四年一月総令四号〕

（ガソリンを容器に詰め替えるときの確認等）

第三九条の三の二　前条に定めるもののほか、令第二十七条第三項第一号の規定によりガソリンを販売するため容器に詰め替えるときは、顧客の本人確認、使用目的の確認及び当該販売に関する記録の作成をしなければならない。㋩

本条…追加〔令和元年一二月総令六七号〕

（容器に収納しないこと等ができる危険物）

第四〇条　令第二十六条第一項第二号ただし書の総務省令で定める危険物は、塊状の硫黄等及び第七十二条第一項に規定する危険物とする。(い)(に)(と)(ま)(へ)

2　令第二十六条第一項第三号ただし書の総務省令で定める危険物は、第七十二条第一項に規定する危険物とする。(い)(に)(と)(へ)

一・二項…一部改正〔昭和三五年七月自令三号・四〇年一〇月二八号・四六年六月一二号〕、一項…一部改正〔平成元年二月自令五号〕、一・二項…一部改正〔平成一二年九月自令四四号〕

（容器の積み重ね高さ）

第四〇条の二　令第二十六条第一項第三号の二及び第十一号の二の総務省令で定める高さは、第十六条の二の八第二項第五号イ、ロ又はハの規定に基づき蓄電池により貯蔵される危険物を貯蔵する場合を除き、三メートル（第四類の危険物のうち第三石油類、第四石油類及び動植物油類を収納する容器のみを積み重ねる場合（機械により荷役する構造を有する容器のみを積み重ねる場合を除く。）にあつては四メートル、機械により荷役する構造を有する容器のみを積み重ねる場合にあつては六メートル）とする。(ま)(へ)(ヌ)ⓡ

本条…追加〔平成元年二月自令五号〕、一部改正〔平成一二年九月自令四四号・一四年一月総令四号・令和五年一二月八三号〕

（被けん引自動車における貯蔵の例外）

第四〇条の二の二　令第二十六条第一項第八号ただし書の総務省令で定める場合は、次の各号に掲げるところにより、被けん引自動車を車両（鉄道上又は軌道上の車両をいう。以下この条において同じ。）に積み込み、又は車両から取り卸す場合とする。(え)(へ)

一　被けん引自動車の積卸しは火災予防上安全な場所で行うとともに、火災が発生した場合に被害の拡大の防止を図ることができるよう必要な措置を講ずること。(え)

二　被けん引自動車の積卸しの際に、移動貯蔵タンクに変形又は損傷を生じないように必要な措置を講ずること。(え)

三　被けん引自動車の車両への積込みはけん引自動車を切り離した後直ちに行うとともに、被けん引自動車を車両から取り卸したときは直ちに当該被けん引自動車をけん引自動車に結合すること。(え)

本条…追加〔平成三年三月自令三号〕、一部改正〔平成一二年九月自令四四号〕

（書類の備付け）

第四〇条の二の三　令第二十六条第一項第九号の総務省令で定める書類は、第七条及び第七条の三の届出書とする。(ま)(え)(へ)

本条…追加〔平成元年二月自令五号〕、旧四〇条の二の二…繰下〔平成三年三月自令三号〕、本条…一部改正〔平成一二年九月自令四四号〕

（用具の備付け等）（た）（ま）

第四〇条の二の四　令第二十六条第一項第十号の総務省令で定める危険物は、アルキルアルミニウム等とする。（た）（ま）（え）（へ）

2　令第二十六条第一項第十号の総務省令で定める用具は、防護服、ゴム手袋、弁等の締付け工具及び携帯用拡声器とする。（と）（た）（へ）

本条…追加〔昭和四六年六月自令一二号〕、見出し…改正・一項…追加・旧一項…二項に繰下〔昭和五四年七月自令一六号〕、見出し…改正・一項…一部改正・旧四〇条の二…繰下〔平成元年二月自令五号〕、旧四〇条の二の三…繰下〔平成三年三月自令三号〕、一・二項…一部改正〔平成一二年九月自令四四号〕

（架台での貯蔵高さ）

第四〇条の二の五　令第二十六条第一項第十一号の三の総務省令で定める高さは、六メートルとする。（ま）（え）（へ）

本条…追加〔平成元年二月自令五号〕、旧四〇条の二の四…繰下〔平成三年三月自令三号〕、本条…一部改正〔平成一二年九月自令四四号〕

（特別の貯蔵基準を必要とする危険物）

第四〇条の三　令第二十六条第二項の総務省令で定める危険物は、第十三条の七に規定するもの並びに第四類の危険物のうち特殊引火物のジエチルエーテル及びこれを含有するもの（第四十条の三の三において「ジエチルエーテル等」という。）とする。（ま）（へ）

本条…追加〔昭和四〇年一〇月自令二八号〕、旧四〇条の二…一部改正し繰下〔昭和四六年六月自令一二号〕、本条…全部改正〔平成元年二月自令五号〕、一部改正〔平成一二年九月自令四四号〕

（アルキルアルミニウム等の貯蔵所における貯蔵の基準）

第四〇条の三の二　令第二十六条第二項の規定によるアルキルアルミニウム等の貯蔵の技術上の基準は、次のとおりとする。（ま）

一　屋外貯蔵タンク、屋内貯蔵タンク又は移動貯蔵タンクに、新たにアルキルアルミニウム等を注入するときは、あらかじめ当該タンク内の空気を不活性の気体と置換しておくこと。（ま）

二　屋外貯蔵タンク又は屋内貯蔵タンクのうち、圧力タンクにあつてはアルキルアルミニウム等の取出しにより当該タンク内の圧力が常用圧力以下に低下しないように、圧力タンク以外のタンクにあつてはアルキルアルミニウム等の取出し又は温度の低下による空気の混入の防止ができるように不活性の気体を封入すること。（ま）

三　移動貯蔵タンクにアルキルアルミニウム等を貯蔵する場合は、二十キロパスカル以下の圧力で不活性の気体を封入しておくこと。（ま）（す）

本条…追加〔平成元年二月自令五号〕、一部改正〔平成一〇年三月自令六号〕

（アセトアルデヒド等の貯蔵所における貯蔵の基準）

第四〇条の三の三　令第二十六条第二項の規定によるアセトアルデヒド等及びジエチルエーテル等の貯蔵の技術上の基準は、次のとおりとする。（ま）

一　屋外貯蔵タンク、屋内貯蔵タンク、地下貯蔵タンク又は移動貯蔵タンクに新たにアセトアルデヒド等を注入するときは、あらかじめ当該タンク内の空気を不活性の気体と置換しておくこと。（ま）

二　屋外貯蔵タンク、屋内貯蔵タンク又は地下貯蔵タンクのうち、圧力タンクにあつてはアセトアルデヒド等の取出しにより当該タンク内の圧力が常用圧力以下に低下しないように、圧力タンク以外のタンクにあつてはアセトアルデヒド等の取出し又は温度の低下による空気の混入の防止ができるように不活性の気体を封入すること。（ま）

三　移動貯蔵タンクにアセトアルデヒド等を貯蔵する場合は、常時不活性の気体を封入しておくこと。（ま）

四　屋外貯蔵タンク、屋内貯蔵タンク又は地下貯蔵タンクのうち、圧力タンク以外のものに貯蔵するアセトアルデヒド等又はジエチルエーテル等の温度は、アセトアルデヒド又はこれを含有するものにあつては十五度以下に、酸化プロピレン若しくはこれを含有するもの又はジエチルエーテル等にあつては三十度以下に、それぞれ保つこと。（ま）

五　屋外貯蔵タンク、屋内貯蔵タンク又は地下貯蔵タンクのうち、圧力タンクに貯蔵するアセトアルデヒド等又はジエチルエーテル等の温度は、四十度以下に保つこと。（ま）

六　保冷装置を有する移動貯蔵タンクに貯蔵するアセトアルデヒド等又はジエチルエーテル等の温度は、当該危険物の沸点以下の温度に保つこと。（ま）

七　保冷装置のない移動貯蔵タンクに貯蔵するアセトアルデヒド等又はジエチルエーテル等の温度は、四十度以下に保つこと。（ま）

本条…追加〔平成元年二月自令五号〕

（専用タンクに危険物を注入するときの措置）

第四〇条の三の三の二　令第二十七条第六項第一号ト(1)の総務省令で定める措置は、次の各号のとおりとする。(り)

一　専用タンクに接続する固定給油設備の給油ノズルは、自動車等の燃料タンクが満量となつたときに給油を自動的に停止する構造のものとすること。(り)

二　専用タンクに接続する固定注油設備の注油ノズルは、容器が満量となつたときに危険物の注入を自動的に停止する構造のものとすること。(り)

三　専用タンク及び専用タンクに危険物を注入する移動タンク貯蔵所は、専用タンクに貯蔵されている危険物と異なる種類の危険物が誤つて注入されることを有効に防止することができる構造のものとすること。ただし、当該専用タンクを設ける給油取扱所及び当該移動タンク貯蔵所において貯蔵し、又は取り扱う

危険物がいずれも一種類であつて、かつ、同一である場合その他の保安上支障がないと認められる場合はこの限りでない。㋷

本条…追加〔令和五年一二月総令八三号〕

（給油するとき等の基準）

第四〇条の三の四　令第二十七条第六項第一号リの総務省令で定めるとき及び同号チの総務省令で定める部分は、次の各号のとおりとする。(の)(ま)(へ)㋷

一　自動車等に給油するとき　固定給油設備（ポンプ室に設けられたポンプ機器及び油中ポンプ機器を除く。）から次の表に掲げる固定給油設備の区分に応じそれぞれ同表に定める距離以内の部分（第二十五条の四第一項第三号及び第四号の用途に供する部分で、床又は壁で区画されたものの内部を除く。）(の)(ま)(あ)

固定給油設備の区分		距離
懸垂式の固定給油設備		四メートル
その他の固定給油設備	最大給油ホース全長が三メートル以下のもの	四メートル
	最大給油ホース全長が三メートルを超え四メートル以下のもの	五メートル
	最大給油ホース全長が四メートルを超え五メートル以下のもの	六メートル

二　移動貯蔵タンクから専用タンクに危険物を注入するとき　専用タンクの注入口から三メートル以内の部分及び専用タンクの通気管の先端から水平距離一・五メートル以内の部分(の)

本条…追加〔昭和六二年四月自令一六号〕、旧四〇条の三の二…一部改正し繰下〔平成元年二月自令五号〕、本条…一部改正〔平成五年七月自令二二号・一二年九月四号・令和五年一二月総令八三号〕

（可燃性の蒸気の回収措置）

第四〇条の三の五　令第二十七条第六項第一号ルの規定により、移動貯蔵タンクから専用タンクに引火点が四十度未満の危険物を注入するときは、第二十五条の九第三号の設備を用いて、可燃性の蒸気を有効に回収しなければならない。(ま)㋷

本条…追加〔平成元年二月自令五号〕、一部改正〔令和五年一二月総令八三号〕

（物品等の販売等の基準）

第四〇条の三の六　令第二十七条第六項第一号ワの総務省令で定める業務は、第二十五条の四第一項第六号に掲げる用途に係る業務とする。(の)(ま)(へ)㋷

2　令第二十七条第六項第一号ワの総務省令で定める場合は、次に掲げる場所において前項の業務を行う場合とする。ただし、火災の予防上危険がある場合又は消火、避難その他の消防の活動に支障になる場合を除く。(の)(へ)㋩㋷

一　容易に給油取扱所の敷地外へ避難することができる建築物の

二階㋨㋩

二　建築物の周囲の空地（自動車等の通行が妨げられる部分を除く。）㋨㋮㋩

3　令第二十七条第六項第一号ワの総務省令で定める部分は、開口部に防火設備が設けられた壁等で区画された部分以外の部分とする。㋮㋭㋬㋷

本条…追加〔昭和六二年四月自令一六号〕、一・二項…一部改正・三項…追加・旧四〇条の三の三…繰下〔平成元年二月自令五号〕、三項…一部改正〔平成一二年五月自令三五号〕、一—三項…一部改正〔平成一二年九月自令四四号〕、二項…一部改正〔令和元年一二月総令六七号〕、一—三項…一部改正〔令和五年一二月総令八三号〕

（給油の業務が行われていないときの措置）

第四〇条の三の六の二　令第二十七条第六項第一号カの総務省令で定める措置は、次のとおりとする。㋷

一　固定給油設備、固定注油設備、簡易タンク、通気管、専用タンクの注入口、第二十五条第二号に掲げるタンクの注入口その他危険物を取り扱う箇所の周囲には、係員以外の者を近寄らせないための措置を講ずること。㋷

二　固定給油設備、固定注油設備、簡易タンク、ポンプ、制御卓その他危険物を取り扱う設備には、みだりに操作を行わせないための措置を講ずること。㋷

三　前二号に定めるもののほか、係員以外の者の利用を禁止する箇所又は設備には、係員以外の者を近寄らせないための措置を講ずること。㋷

本条…追加〔令和五年一二月総令八三号〕

（航空機給油取扱所における取扱いの基準）

第四〇条の三の七　令第二十七条第六項第一号の二の規定による航空機給油取扱所における取扱いの基準は、次のとおりとする。㋮

一　航空機以外には給油しないこと。㋞

一の二　給油するときは、当該給油取扱所の給油設備を使用して直接給油すること。㋮㋞

二　航空機（給油タンク車を用いて給油する場合にあつては、航空機及び給油タンク車）の一部又は全部が、第二十六条第三項第一号の二の空地からはみ出たままで給油しないこと。㋮㋞

三　固定給油設備には、当該給油設備に接続する専用タンク又は危険物を貯蔵し、若しくは取り扱うタンクの配管以外のものによつて、危険物を注入しないこと。㋮

四　給油ホース車又は給油タンク車で給油するときは、給油ホースの先端を航空機の燃料タンクの給油口に緊結すること。ただし、給油タンク車で給油ホースの先端部に手動開閉装置を備えた給油ノズルにより給油するときは、この限りでない。㋮

五　給油ホース車又は給油タンク車で給油するときは、給油ホース車のホース機器又は給油タンク車の給油設備を航空機と電気

的に接続することにより接地すること。(ま)(ヱ)

本条…追加〔平成元年二月自令五号〕、一部改正〔平成一八年三月総令三一号・二八年三月総令一二号〕

（船舶給油取扱所における取扱いの基準）

第四〇条の三の八　令第二十七条第六項第一号の二の規定による船舶給油取扱所における取扱いの基準は、前条第三号の規定によるほか、次のとおりとする。(ま)

一　係留された船舶以外には給油しないこと。(ソ)

二　給油するときは、当該給油取扱所の給油設備を使用して直接給油すること。(ソ)

三　給油タンク車を用いて給油するときは、次によること。(ソ)

イ　引火点が四十度以上の第四類の危険物以外の危険物を給油しないこと。(ソ)

ロ　当該給油タンク車が移動しないための措置を講ずること。(ソ)

ハ　当該給油タンク車（給油ホースを除く。）の一部又は全部が、第二十六条の二第三項第一号の二の空地からはみ出たまま給油しないこと。(ソ)

ニ　当該給油タンク車の給油ホースの先端を船舶の燃料タンクの給油口に緊結すること。(ソ)

ホ　当該給油タンク車の給油設備を接地すること。ただし、静電気による災害が発生するおそれのない危険物を給油する場合は、この限りでない。(ソ)

本条…追加〔平成元年二月自令五号〕、一部改正〔平成一八年三月総令三一号〕

（鉄道給油取扱所における取扱いの基準）

第四〇条の三の九　令第二十七条第六項第一号の二の規定による鉄道給油取扱所における取扱いの基準は、第四十条の三の七第三号の規定によるほか、次のとおりとする。(ま)

一　鉄道又は軌道によつて運行する車両以外には給油しないこと。(ソ)

二　給油するときは、当該給油取扱所の給油設備を使用して直接給油すること。(ま)(ソ)

三　給油するときは、第二十七条第三項第一号の二の空地のうち舗装された部分で給油すること。(ま)(ソ)

本条…追加〔平成元年二月自令五号〕、一部改正〔平成一八年三月総令三一号〕

（顧客に自ら給油等をさせる給油取扱所における取扱いの基準）

第四〇条の三の一〇　令第二十七条第六項第一号の三の規定による顧客に自ら給油等をさせる給油取扱所における取扱いの基準は、次のとおりとする。(す)

一　顧客用固定給油設備以外の固定給油設備を使用して顧客自らによる給油を行わないこと。(す)(り)

一の二　顧客用固定注油設備以外の固定注油設備を使用して顧客

自らによる容器への詰替えを行わないこと。(り)

二　顧客用固定給油設備の一回の給油量及び給油時間の上限並びに顧客用固定注油設備の一回の注油量及び注油時間の上限をそれぞれ顧客の一回当たりの給油量及び給油時間又は注油量及び注油時間を勘案し、適正な数値に設定すること。(す)

三　次に定めるところにより顧客の給油作業等を監視し、及び制御し、並びに顧客に対し必要な指示を行うこと。(す)(は)

イ　顧客の給油作業等を直視等により適切に監視すること。(す)

ロ　顧客の給油作業等が開始されるときには、火気のないことその他安全上支障のないことを確認した上で、第二十八条の二の五第六号ハ又は同条第七号イに規定する制御装置を用いてホース機器への危険物の供給を開始し、顧客の給油作業等が行える状態にすること。(す)(は)

ハ　顧客の給油作業等が終了したとき並びに顧客用固定給油設備及び顧客用固定注油設備のホース機器が使用されていないときには、第二十八条の二の五第六号ハ又は同条第七号イに規定する制御装置を用いてホース機器への危険物の供給を停止し、顧客の給油作業等が行えない状態にすること。(す)(は)

ニ　非常時その他安全上支障があると認められる場合には、第二十八条の二の五第六号ニ又は同条第七号ロに規定する制御装置によりホース機器への危険物の供給を一斉に停止し、給油取扱所内の全ての固定給油設備及び固定注油設備における危険物の取扱いが行えない状態にすること。(す)(は)

ホ　第二十八条の二の五第六号ホに規定する装置等により顧客の給油作業等について必要な指示を行うこと。(す)

本条…追加〔平成一〇年三月自令六号〕、一部改正〔令和元年一二月総令六七号・五年一二月八三号〕

（配合することができる危険物）

第四〇条の三の一一　令第二十七条第六項第二号ロの総務省令で定める危険物は、塗料類、第一類の危険物のうち塩素酸塩類若しくは塩素酸塩類のみを含有するもの又は硫黄等とする。(ま)(す)(へ)

本条…追加〔平成元年二月自令五号〕、旧四〇条の三の一〇…繰下〔平成一〇年三月自令六号〕、本条…一部改正〔平成一二年九月自令四四号〕

（地震時における災害の防止措置）

第四〇条の四　令第二十七条第六項第三号ハの規定により、地震時における災害を防止するための措置は、次のとおりとする。(り)

一　特定移送取扱所〔危則第二八条の五二〕において第二十八条の三十五に規定する感震装置が加速度四十ガルを超えない範囲内で設定した加速度以上の地震動を感知した場合には、速やかにポンプの停止、緊急しや断弁の閉鎖、危険物を移送するための配管及びポンプ並びにこれらに附属する設備の安全を確認するための巡視等緊急時における適切な措置が講じられるよう準備すること。(り)

二　移送取扱所を設置する地域において、震度五弱以上の地震の情報を得た場合には、ポンプの停止及び緊急しや断弁の閉鎖を行うこと。(り)(せ)

三　移送取扱所を設置する地域において、震度四の地震の情報を得た場合には、当該地域についての地震による災害の情報の収集に努めるとともに、その状況に応じて、ポンプの停止及び緊急しや断弁の閉鎖を行うこと。(り)(せ)

四　前二号の規定によつてポンプの停止及び緊急しや断弁の閉鎖を行つた場合又は第二十八条の三十に規定する安全制御装置が地震によつて作動し、ポンプの停止及び緊急しや断弁の閉鎖を行つた場合においては、危険物を移送するための配管及びポンプ並びにこれらに附属する設備の安全を確認するための巡視を速やかに行うこと。(り)

五　配管系が告示で定める加速度〔未制定〕以上の地震動を受けたときは、当該配管に係る最大常用圧力の一・二五倍の圧力で二十四時間行う水圧試験（水以外の適当な液体又は気体を用いて行う試験を含む。次号において同じ。）において、異常がないことを確認すること。(り)

六　前号の場合において、最大常用圧力の一・二五倍の圧力で水圧試験を行うことが適当でないときは、当該最大常用圧力の一・二五倍未満の圧力で水圧試験を行うことができること。この場合において、当該水圧試験の結果異常がないと認められたときは、当該試験圧力を一・二五で除した値以下の圧力で移送すること。(り)

本条…追加〔昭和四九年五月自令一二号〕、一部改正〔平成九年三月自令一二号〕

（注入ホースを緊結しないことができるタンク等）(ま)

第四〇条の五　令第二十七条第六項第四号イの規定による注入は、注入ホースの先端部に手動開閉装置を備えた注入ノズル（手動開閉装置を開放の状態で固定する装置を備えたものを除く。）により行わなければならない。(ぬ)(ま)

2　令第二十七条第六項第四号イの総務省令で定めるタンクは、指定数量〔消防第九条の四〕未満の量の危険物を貯蔵し、又は取り扱うタンクとする。(ぬ)(へ)

本条…追加〔昭和四九年六月自令一七号〕、見出し…改正・一項…一部改正〔平成元年二月自令五号〕、二項…一部改正〔平成一二年九月自令四四号〕

解説　**【手動開閉装置を備えた注入ノズル】**　ピストルノズル

（移動貯蔵タンクから詰替えできる容器）

第四〇条の五の二　令第二十七条第六項第四号ロの規定による詰替えは、安全な注油に支障がない範囲の注油速度で前条第一項に定

める ノズルにより行わなければならない。（ま）

２　令第二十七条第六項第四号ロの総務省令で定める容器は、令第二十八条に規定する運搬容器とする。（ま）（へ）

本条…追加〔平成元年二月自令五号〕、二項…一部改正〔平成一二年九月自令四四号〕

（移動貯蔵タンクの接地）

第四〇条の六　令第二十七条第六項第四号ハの規定による接地は、導線により移動貯蔵タンクと接地電極等との間を緊結して行わなければならない。（に）（と）（り）（ぬ）（ま）

本条…追加〔昭和四〇年一〇月自令二八号〕、旧四〇条の三…繰下〔昭和四六年六月自令一二号〕、旧四〇条の四…一部改正し繰下〔昭和四九年五月自令一二号〕、旧四〇条の五…繰下〔昭和四九年六月自令一七号〕、本条…一部改正〔平成元年二月自令五号〕

（静電気等による災害の防止措置）

第四〇条の七　令第二十七条第六項第四号への規定により、静電気等による災害を防止するための措置は、次のとおりとする。（と）（り）（ぬ）（ま）

一　移動貯蔵タンクの上部から危険物を注入するときは、その注入速度を、当該危険物の液表面が注入管の先端を超える高さとなるまで、毎秒一メートル以下とすること。（と）（ま）

二　移動貯蔵タンクの底部から危険物を注入するときは、その注入速度を、当該危険物の液表面が底弁の頂部をこえる高さとなるまで、毎秒一メートル以下とすること。（と）

三　前二号に掲げる方法以外の方法による危険物の注入は、移動貯蔵タンクに可燃性の蒸気が残留しないように措置し、安全な状態であることを確認した後にすること。（と）

本条…追加〔昭和四六年六月自令一二号〕、旧四〇条の五…一部改正し繰下〔昭和四九年五月自令一二号〕、旧四〇条の六…繰下〔昭和四九年六月自令一七号〕、本条…一部改正〔平成元年二月自令五号〕

（積載式移動タンク貯蔵所における取扱いの基準）

第四〇条の八　令第二十七条第六項第五号の規定による積載式移動タンク貯蔵所における取扱いの基準は、次のとおりとする。（ま）

一　移動貯蔵タンクから危険物を貯蔵し、又は取り扱うタンクに液体の危険物を注入するときは、当該タンクの注入口に注入ホースを緊結すること。ただし、第四十条の五第一項に定める注入ノズルにより、同条第二項に規定するタンクに引火点が四十度以上の第四類の危険物を注入するときは、この限りでない。（ま）

二　移動貯蔵タンクを、緊締金具及びすみ金具又はシャーシフレームに緊結できる構造のＵボルトを用いて、車両に緊結すること。（ま）

本条…追加〔平成元年二月自令五号〕

（特別の取扱基準を必要とする危険物）

第四〇条の九　令第二十七条第七項の総務省令で定める危険物は、第十三条の七に規定する危険物とする。（ま）（き）（へ）

本条…追加〔平成元年二月自令五号〕、旧四〇条の一一…繰上〔平成六年三月自令五号〕、本条…一部改正〔平成一二年九月自令四四号〕

（アルキルアルミニウム等の製造所又は一般取扱所における取扱いの基準）

第四〇条の一〇　令第二十七条第七項の規定により、製造所又は一般取扱所のアルキルアルミニウム等を取り扱う設備には、不活性の気体を封入しなければならない。（ま）（き）

本条…追加〔平成元年二月自令五号〕、旧四〇条の一二…繰上〔平成六年三月自令五号〕

（アルキルアルミニウム等の移動タンク貯蔵所における取扱いの基準）

第四〇条の一一　令第二十七条第七項の規定により、移動タンク貯蔵所において、移動貯蔵タンクからアルキルアルミニウム等を取り出すときは、同時に〇・二メガパスカル以下の圧力で不活性の気体を封入しなければならない。（き）（す）

本条…追加〔平成六年三月自令五号〕、一部改正〔平成一〇年三月自令六号〕

（アセトアルデヒド等の製造所又は一般取扱所における取扱いの基準）

第四〇条の一二　令第二十七条第七項の規定により、製造所又は一般取扱所のアセトアルデヒド等を取り扱う設備には、燃焼性混合気体の生成による爆発の危険が生じた場合に、不活性の気体又は水蒸気（アセトアルデヒド等を取り扱うタンク（屋外にあるタンク又は屋内にあるタンクであつて、その容量が指定数量の五分の一未満のものを除く。）にあつては、不活性の気体）を封入しなければならない。（ま）（き）（す）

本条…追加〔平成元年二月自令五号〕、旧四〇条の一三…繰上〔平成六年三月自令五号〕、本条…一部改正〔平成一〇年三月自令六号〕

（アセトアルデヒド等の移動タンク貯蔵所における取扱いの基準）

第四〇条の一三　令第二十七条第七項の規定により、移動タンク貯蔵所において、移動貯蔵タンクからアセトアルデヒド等を取り出すときは、同時に〇・一メガパスカル以下の圧力で不活性の気体を封入しなければならない。（き）（す）

本条…追加〔平成六年三月自令五号〕、一部改正〔平成一〇年三月自令六号〕

（メタノール等及びエタノール等の給油取扱所における取扱いの基準）（ケ）

第四〇条の一四　令第二十七条第七項の規定により、給油取扱所において、メタノール等又はエタノール等を取り扱うときは、次に

よらなければならない。（き）（ケ）

一　メタノール等又はエタノール等を自動車等に給油し、又は車両に固定されたタンク及び容器から専用タンク若しくは簡易タンクに注入するときは、排水溝を切替弁により漏れた危険物を収容する設備に接続すること。（き）（ケ）

二　メタノール又はエタノールを取り扱う専用タンク及び簡易タンクの注入口の弁は、当該注入口に車両に固定されたタンクの注入ホース又は容器から注入するためのホースが緊結されているとき以外は、閉鎖しておくこと。（き）（ケ）

本条…追加〔平成六年三月自令五号〕、見出し…改正・本条…一部改正〔平成二三年一二月総令一六五号〕

第六章　運搬及び移送の基準（と）

章名…改正〔昭和四六年六月自令一二号〕

（運搬容器の材質）

第四一条　令第二十八条第一号の総務省令で定める運搬容器の材質は、同号で定めるもののほか、金属板、紙、プラスチック、ファイバー板、ゴム類、合成繊維、麻、木又は陶磁器とする。（い）（へ）（よ）（へ）（ナ）

本条…一部改正〔昭和三五年七月自令三号・四四年一一月三一号・五三年一〇月二四号・平成一二年九月四四号・一九年三月総令二六号〕

（運搬容器の構造及び最大容積）（ま）

第四二条　令第二十八条第二号の総務省令で定める運搬容器の構造は、堅固で容易に破損するおそれがなく、かつ、その口から収納された危険物が漏れるおそれがないものでなければならない。（い）（は）（ま）（へ）

本条…一部改正〔昭和三五年七月自令三号・四〇年五月一七号〕、見出し…改正・本条…一部改正〔平成元年二月自令五号〕、本条…一部改正〔平成一二年九月自令四四号〕

第四三条　令第二十八条第二号の総務省令で定める運搬容器の構造及び最大容積は、次の各号に掲げる容器の区分に応じ、当該各号

に定めるところによるものとする。〔(ま)(み)(へ)〕

一　次号に掲げる容器以外の容器　固体の危険物を収納するものにあつては別表第三、液体の危険物を収納するものにあつては別表第三の二に定める基準に適合すること。ただし、総務大臣が運搬の安全上この基準に適合する運搬容器と同等以上であると認めて告示したもの〔危告示第六八条の三〕については、この限りでない。〔(み)(へ)〕

二　機械により荷役する構造を有する容器　固体の危険物を収納するものにあつては別表第三の三、液体の危険物を収納するものにあつては別表第三の四に定める基準及びイからへまでに定める基準に適合すること。ただし、総務大臣が運搬の安全上これらの基準に適合する運搬容器と同等以上であると認めて告示したもの〔危告示第六八条の三の三〕については、この限りでない。〔(み)(へ)〕

イ　運搬容器は、腐食等の劣化に対して適切に保護されたものであること。〔(み)〕

ロ　運搬容器は、収納する危険物の内圧及び取扱い時又は運搬時の荷重によつて当該容器に生じる応力に対して安全なものであること。〔(み)〕

ハ　運搬容器の附属設備には、収納する危険物が当該附属設備から漏れないように措置が講じられていること。〔(み)〕

ニ　容器本体が枠で囲まれた運搬容器は、次の要件に適合すること。〔(み)〕

(1)　容器本体は、常に枠内に保たれていること。〔(み)〕

(2)　容器本体は、枠との接触により損傷を生ずるおそれがないこと。〔(み)〕

(3)　運搬容器は、容器本体又は枠の伸縮等により損傷が生じないものであること。〔(み)〕

ホ　下部に排出口を有する運搬容器は、次の要件に適合すること。〔(み)〕

(1)　排出口には、閉鎖位置に固定できる弁が設けられていること。〔(み)〕

(2)　排出のための配管及び弁には、外部からの衝撃による損傷を防止するための措置が講じられていること。〔(み)〕

(3)　閉止板等によつて排出口を二重に密閉することができる構造であること。ただし、固体の危険物を収納する運搬容器にあつては、この限りでない。〔(み)〕

へ　イからホまでに規定するもののほか、運搬容器の構造に関し必要な事項〔危告示第六八条の三の二〕は、告示で定める。〔(み)〕

2　前項の規定にかかわらず、専ら乗用の用に供する車両（乗用の用に供する車室内に貨物の用に供する部分を有する構造のものを含む。）により引火点が四十度未満の危険物のうち告示で定めるものを運搬する場合の運搬容器の構造及び最大容積の基準〔危告

示第六八条の四〕は、告示で定める。(ぬ)(た)(ま)

3　第一項の規定にかかわらず、総務大臣が運搬の安全上運搬を制限する必要があると認めて告示した危険物〔未制定〕を運搬する場合の運搬容器の構造及び最大容積の基準〔未制定〕は、告示で定める。(ま)(へ)

4　前三項の運搬容器は、次の各号に掲げる容器の区分に応じ、当該各号に定める性能を有しなければならない。(ま)(み)

一　次号に掲げる容器以外の容器　告示で定める落下試験、気密試験、内圧試験及び積み重ね試験において告示で定める基準〔危告示第六八条の五〕に適合すること。ただし、収納する危険物の品名、数量、性状等に応じて告示で定める容器〔危告示第六八条の六〕にあつては、この限りでない。(み)

二　機械により荷役する構造を有する容器　告示で定める落下試験、気密試験、内圧試験、積み重ね試験、底部持ち上げ試験、頂部つり上げ試験、裂け伝播試験、引き落とし試験及び引き起こし試験において告示で定める基準〔危告示第六八条の六の二〕に適合すること。ただし、収納する危険物の品名、数量、性状等に応じて告示で定める容器〔危告示第六八条の六の三〕にあつては、この限りでない。(み)

本条…一部改正〔昭和三五年七月自令三号・四〇年五月一七号〕、二項…追加〔昭和四九年六月自令一七号〕、一部改正〔昭和五四年七月自令一六号〕、一・二項…一部改正・三・四項…追加〔平成元年二月自令五号〕、一・四項…一部改正〔平成七年二月自令二号〕、一・三項…一部改正〔平成一二年九月自令四四号〕

（運搬容器の検査）

第四三条の二　総務大臣又は総務大臣が認定した法人（以下この条において「認定法人」という。）は、申請により、運搬容器についての検査を行うものとする。(け)(へ)

2　総務大臣の行う前項の検査を受けようとする者は、告示〔未制定〕で定めるところにより、総務大臣に申請しなければならない。(け)(へ)

3　総務大臣又は認定法人は、第一項の検査において、当該運搬容器が前三条に定める基準に適合し、かつ、危険物の運搬上支障がないと認められるときは、これに別記様式第十七の二の表示を付するものとする。(け)(へ)

4　第一項の規定による認定は、運搬容器についての検査を行おうとする法人の申請により行う。(け)

5　第一項の規定による認定を受けようとする法人は、申請書に次の事項を記載した書類を添付して総務大臣に提出しなければならない。(け)(へ)

一　定款又は寄附行為(け)

二　役員の氏名(け)

三　検査員、手数料等について定めた業務規程(け)

6　認定法人は、前項第三号の業務規程を変更しようとするとき

は、あらかじめ、その旨を総務大臣に届け出なければならない。（け）（へ）

7　総務大臣は、認定法人の検査業務が適正に行われていないと認めるときは、認定法人に対し、期間を定めて検査業務の停止を命じ、又は認定を取り消すことができる。（け）（へ）

8　総務大臣は、第一項の規定による認定又は前項の規定による検査業務の停止若しくは認定の取消しをしたときは、その旨を公示する。（け）（へ）

本条…追加〔平成二年二月自令一号〕、一―三・五―八項…一部改正〔平成一二年九月自令四四号〕

（運搬容器への収納）

第四三条の三　令第二十九条第一号の規定により、第四十三条第一項第一号に定める運搬容器への収納は、次のとおりとする。（ま）（け）（み）

一　危険物は、温度変化等により危険物が漏れないように運搬容器を密封して収納すること。ただし、温度変化等により危険物からのガスの発生によつて運搬容器内の圧力が上昇するおそれがある場合は、発生するガスが毒性又は引火性を有する等の危険性があるときを除き、ガス抜き口（危険物の漏えい及び他の物質の浸透を防止する構造のものに限る。）を設けた運搬容器に収納することができる。（ま）

二　危険物は、収納する危険物と危険な反応を起こさない等当該危険物の性質に適応した材質の運搬容器に収納すること。（ま）

三　固体の危険物は、運搬容器の内容積の九十五パーセント以下の収納率で運搬容器に収納すること。ただし、収納の態様等を勘案して告示〔危告示第六八条の六の四第一項〕で定める場合にあつては、この限りでない。（ま）（ナ）

四　液体の危険物は、運搬容器の内容積の九十八パーセント以下の収納率であつて、かつ、五十五度の温度において漏れないように十分な空間容積を有して運搬容器に収納すること。ただし、収納する危険物の品名、収納の態様等を勘案して告示〔危告示第六八条の六の四第二項〕で定める場合にあつては、この限りでない。（ま）（ナ）

五　一の外装容器には、類を異にする危険物を収納しないこと。ただし、収納する危険物の性状、収納の態様等を勘案して告示〔危告示第六八条の六の四第三項〕で定める場合にあつては、この限りでない。（ま）（ナ）

六　第三類の危険物は、次に定めるところにより運搬容器に収納すること。（ま）

イ　自然発火性物品にあつては、不活性の気体を封入して密封する等空気と接しないようにすること。（ま）

ロ　イに掲げる物品以外の物品にあつては、パラフィン、軽油、灯油等の保護液で満たして密封し、又は不活性の気体を封入して密封する等水分と接しないようにすること。（ま）

ハ　第四号の規定にかかわらず、イに掲げる物品のうちアルキルアルミニウム等は、運搬容器の内容積の九十パーセント以下の収納率であつて、かつ、五十度の温度において五パーセ

ント以上の空間容積を有して運搬容器に収納すること。（イ）

2　令第二十九条第一号の規定により、第四十三条第一項第二号に定める運搬容器（次条及び第四十五条において「機械により荷役する構造を有する運搬容器」という。）への収納は、前項（第三号を除く。）の規定の例によるほか、次のとおりとする。（み）

一　次に掲げる要件に適合する運搬容器に収納すること。（み）

イ　腐食、損傷等異常がないこと。（み）

ロ　金属製の運搬容器、硬質プラスチック製の運搬容器又はプラスチック内容器付きの運搬容器にあつては、次に掲げる試験及び点検において、漏れ等異常がないこと。ただし、収納する危険物の品名、収納の態様等に応じて告示で定める容器〔危告示第六八条の六の五〕にあつては、この限りでない。（み）（ソ）

(1)　二年六月以内の間に行われた気密試験（液体の危険物又は十キロパスカル以上の圧力を加えて収納し、若しくは排出する固体の危険物を収納する運搬容器に限る。）（み）（す）

(2)　二年六月以内の間に行われた運搬容器の外部の点検及び附属設備の機能点検並びに五年以内の間に行われた運搬容器の内部の点検（み）

二　複数の閉鎖装置が連続して設けられている運搬容器に危険物を収納する場合は、容器本体に近い閉鎖装置を先に閉鎖すること。（み）

三　ガソリン、ベンゼンその他静電気による災害が発生するおそれのある液体の危険物を運搬容器に収納し、又は排出するときは、当該災害の発生を防止するための措置を講ずること。（み）

四　温度変化等により液状になる固体の危険物は、液状となつた当該危険物が漏れない運搬容器に収納すること。（み）

五　液体の危険物を収納する場合には、五十五度の温度における蒸気圧が百三十キロパスカル以下のものを収納すること。（み）（す）

六　硬質プラスチック製の運搬容器又はプラスチック内容器付きの運搬容器に液体の危険物を収納する場合には、当該運搬容器は製造されてから五年以内のものとすること。（み）

七　前各号に規定するもののほか、運搬容器への収納に関し必要な事項〔危告示第六八条の六の五〕は、告示で定める。（み）

本条…追加〔平成元年二月自令五号〕、旧四三条の二…繰下〔平成二年二月自令一号〕、一項…一部改正・二項…追加〔平成七年二月自令二号〕、二項…一部改正〔平成一〇年三月自令六号〕、一項…一部改正〔平成一一年三月自令一〇号〕、二項…一部改正〔平成一八年三月総令三一号〕、一項…一部改正〔平成一九年三月総令二六号〕

（表示）

第四四条　令第二十九条第二号の規定により、運搬容器の外部に行う表示は、次のとおりとする。（ま）

一　危険物の品名、危険等級及び化学名並びに第四類の危険物のうち水溶性の性状を有するものにあつては「水溶性」（ま）

二　危険物の数量

三　収納する危険物に応じ、次に掲げる注意事項

イ　第一類の危険物のうちアルカリ金属の過酸化物又はこれを含有するものにあつては「火気・衝撃注意」、「可燃物接触注意」及び「禁水」、その他のものにあつては「火気・衝撃注意」及び「可燃物接触注意」（ま）
ロ　第二類の危険物のうち鉄粉、金属粉若しくはマグネシウム又はこれらのいずれかを含有するものにあつては「火気注意」及び「禁水」、引火性固体にあつては「火気厳禁」、その他のものにあつては「火気注意」（ま）
ハ　自然発火性物品にあつては「空気接触厳禁」及び「火気厳禁」、禁水性物品にあつては「禁水」（ま）
ニ　第四類の危険物にあつては「火気厳禁」（は）
ホ　第五類の危険物にあつては「火気厳禁」及び「衝撃注意」（は）（ま）
ヘ　第六類の危険物にあつては「可燃物接触注意」

2　前項の規定にかかわらず、第一類、第二類又は第四類の危険物（危険等級Iの危険物を除く。）の運搬容器で、最大容積が五百ミリリットル以下のものについては、同項第一号及び第三号の表示についてそれぞれ危険物の通称名及び同号に掲げる表示と同一の意味を有する他の表示をもつて代えることができる。（ま）

3　前二項の規定にかかわらず、第四類の危険物に該当する化粧品（エアゾールを除く。）の運搬容器で、最大容積が百五十ミリリットル以下のものについては第一項第一号及び第三号に掲げる表示をすることを要せず、最大容積が百五十ミリリットルを超え三百ミリリットル以下のものについては同項第一号に掲げる表示をすることを要せず、かつ、同項第三号の注意事項について同号に掲げる表示と同一の意味を有する他の表示をもつて代えることができる。（は）（ま）（け）

4　第一項及び第二項の規定にかかわらず、第四類の危険物に該当するエアゾールの運搬容器で最大容積が三百ミリリットル以下のものについては、第一項第一号に掲げる表示をすることを要せず、かつ、同項第三号の注意事項について同号に掲げる表示と同一の意味を有する他の表示をもつて代えることができる。（は）（よ）（ま）（け）

5　第一項及び第二項の規定にかかわらず、第四類の危険物のうち動植物油類の運搬容器で最大容積が二・二リットル以下のものについては、第一項第一号及び第三号の表示についてそれぞれ危険物の通称名及び同号に掲げる表示と同一の意味を有する他の表示をもつて代えることができる。（よ）（ま）

6　機械により荷役する構造を有する運搬容器の外部に行う表示は、第一項各号に掲げるもののほか、次のとおりとする。（み）
一　運搬容器の製造年月及び製造者の名称（み）
二　第四十三条第四項第二号ただし書の告示で定める容器〔危告示第六八条の六の三〕以外の容器にあつては、積み重ね試験荷重（み）（ソ）
三　運搬容器の種類に応じ、次に掲げる重量（み）
イ　フレキシブル以外の運搬容器　最大総重量（最大収容重量の危険物を収納した場合の運搬容器の全重量をいう。）（み）
ロ　フレキシブルの運搬容器　最大収容重量（み）
四　前三号に規定するもののほか、運搬容器の外部に行う表示に関し必要な事項〔危告示第六八条の六の六〕は、告示で定める。

（み）

7　運搬容器を他の容器に収納し、又は包装して運搬する場合であつて、その外部に前各項の規定に適合する表示を行うときは、これらの規定にかかわらず、当該運搬容器にこれらの規定による表示を行わないことができる。（ナ）

一項…一部改正・二・三項…追加〔昭和四〇年五月自令一七号〕、一項…一部改正〔昭和四六年六月自令一二号〕、三項…一部改正・四項…追加〔昭和五三年一〇月自令二四号〕、一項…一部改正・二項…追加・旧二―四項…一部改正し三―五項に繰下〔平成元年二月自令五号〕、三・四項…一部改正〔平成二年二月自令一号〕、六項…追加〔平成七年二月自令二号〕、一部改正〔平成一八年三月総令三一号〕、七項…追加〔平成一九年三月総令二六号〕

（危険物の被覆等）（ま）

第四五条　令第二十九条第五号の規定により、第一類の危険物、自然発火性物品、第四類の危険物のうち特殊引火物、第五類の危険物又は第六類の危険物は、日光の直射を避けるため遮光性の被覆で覆わなければならない。（と）（ま）

2　令第二十九条第五号の規定により、第一類の危険物のうちアルカリ金属の過酸化物若しくはこれを含有するもの、第二類の危険物のうち鉄粉、金属粉若しくはマグネシウム若しくはこれらのいずれかを含有するもの又は禁水性物品は、雨水の浸透を防ぐため防水性の被覆で覆わなければならない。（と）（ま）

3　令第二十九条第五号の規定により、第五類の危険物のうち五十五度以下の温度で分解するおそれのあるものは、保冷コンテナに収納する等適正な温度管理をしなければならない。（ま）

4　令第二十九条第五号の規定により、液体の危険物又は危険等級Ⅱの固体の危険物を機械により荷役する構造を有する運搬容器に収納して積載する場合には、当該容器に対する衝撃等を防止するための措置を講じなければならない。ただし、危険等級Ⅱの固体の危険物をフレキシブルの運搬容器、ファイバ板製の運搬容器及び木製の運搬容器以外の運搬容器に収納して積載する場合は、この限りでない。（み）

一・二項…一部改正〔昭和四六年六月自令一二号〕、見出し…改正・一・二項…一部改正・三項…追加〔平成元年二月自令五号〕、四項…追加〔平成七年二月自令二号〕

（危険物と混載を禁止される物品）

第四六条　令第二十九条第六号の規定により、危険物と混載することができない物品は、次のとおりとする。（は）（ま）（け）

一　別表第四において、混載を禁止されている危険物

二　高圧ガス保安法第二条各号に掲げる高圧ガス（告示〔危告示第六八条の七〕で定めるものを除く。）（は）（け）（ひ）

2　前項第一号の規定は、第四十三条の三第一項第五号ただし書に規定する告示〔危告示第六八条の六の四第三項〕で定めるところにより類を異にする危険物を収納した容器を積載する場合（当該類を異にする危険物を収納した二以上の容器を積載する場合を含む。）には、適用しない。ただし、当該容器に収納された危険物以外に別表第四において当該危険物のいずれかとの混載を禁止されている危険物を混載する場合は、この限りでない。（ナ）

本条…一部改正〔昭和四〇年五月自令一七号・四六年六月一二号・平

成元年二月五号・二年二月一号・八年九月三二号〕、二項…追加〔平成一九年三月総令二六号〕

（運搬容器の積み重ね高さ）

第四六条の二　令第二十九条第七号の総務省令で定める高さは、三メートルとする。（ま）（へ）

２　令第二十九条第七号の規定により、危険物を収納した運搬容器を積み重ねる場合は、当該容器の上部にかかる荷重が当該容器の上に当該容器と同種の容器を積み重ねて前項の高さとしたときにかかる荷重以下としなければならない。（ま）

本条…追加〔平成元年二月自令五号〕、一項…一部改正〔平成一二年九月自令四四号〕

（標識）

第四七条　令第三十条第一項第二号の規定により、車両に掲げる標識は、〇・三メートル平方の地が黒色の板に黄色の反射塗料その他反射性を有する材料で「危」と表示したものとし、車両の前後の見やすい箇所に掲げなければならない。（と）（ま）

本条…全部改正〔昭和四六年六月自令一二号〕、一部改正〔平成元年二月自令五号〕

（運転要員の確保）

第四七条の二　令第三十条の二第二号の総務省令で定める長時間にわたるおそれがある移送は、移送の経路、交通事情、自然条件その他の条件から判断して、次の各号のいずれかに該当すると認められる移送とする。（ワ）

一　一の運転要員による連続運転時間（一回がおおむね連続十分以上で、かつ、合計が三十分以上の運転の中断をすることなく連続して運転する時間をいう。）が、四時間を超える移送（ワ）（り）

二　一の運転要員による運転時間が、一日当たり九時間を超える移送（ワ）

２　令第三十条の二第二号ただし書の総務省令で定める危険物は、第二類の危険物、第三類の危険物のうちカルシウム又はアルミニウムの炭化物及びこれのみを含有するもの並びに第四類の危険物のうち第一石油類及び第二石油類（原油分留品、酢酸エステル、ぎ酸エステル及びメチルエチルケトンに限る。）、アルコール類、第三石油類並びに第四石油類とする。（ま）（へ）

本条…追加〔昭和四六年六月自令一二号〕、一項…一部改正・二項…全部改正〔平成元年二月自令五号〕、二項…一部改正〔平成一二年九月自令四四号〕、一項…全部改正〔平成一五年一二月総令一四三号〕、一部改正〔令和五年一二月総令八三号〕

（移送の経路等の通知）（た）

第四七条の三　令第三十条の二第五号の総務省令で定める危険物は、アルキルアルミニウム等とする。（た）（ま）（へ）

２　令第三十条の二第五号の規定により、移送の経路その他必要な事項を記載した書面は、別記様式第十八によるものとし、あらかじめ、関係消防機関に送付しなければならない。（と）（た）（ま）

本条…追加〔昭和四六年六月自令一二号〕、見出し…改正・一項…追加・旧一項…二項に繰下〔昭和五四年七月自令一六号〕、一・二項…一部改正〔平成元年二月自令五号〕、一項…一部改正〔平成一二年九月自令四四号〕

第六章の二　危険物保安統括管理者（を）

本章…追加〔昭和五一年六月自令一八号〕

（危険物保安統括管理者を定めなければならない事業所から除かれる製造所、移送取扱所又は一般取扱所）

第四七条の四　令第三十条の三第一項の総務省令で定める製造所、移送取扱所又は一般取扱所は、第六十条第一号から第五号までに掲げるもの、特定移送取扱所以外の移送取扱所及び告示で定める特定移送取扱所〔危告示第六九条〕とする。（を）（へ）

本条…追加〔昭和五一年六月自令一八号〕、一部改正〔平成一二年九月自令四四号〕

（危険物保安統括管理者を定めなければならない移送取扱所に係る危険物の数量）

第四七条の五　令第三十条の三第二項の総務省令で定める数量は、指定数量とする。（を）（へ）

本条…追加〔昭和五一年六月自令一八号〕、一部改正〔平成一二年九月自令四四号〕

（危険物保安統括管理者の選任又は解任の届出書）

第四七条の六　法第十二条の七第二項の規定による危険物保安統括管理者の選任又は解任の届出は、別記様式第十九の届出書によつて行わなければならない。（を）（な）（ま）

本条…追加〔昭和五一年六月自令一八号〕、一部改正〔昭和五九年三月自令一号・平成元年二月自令五号〕

第七章　危険物保安監督者及び危険物取扱者（と）

章名…改正〔昭和四六年六月自令一二号〕

（危険物保安監督者の業務）（と）

第四八条　法第十三条第一項の規定により、製造所等の所有者、管理者又は占有者が危険物保安監督者に行わせなければならない業務は、次のとおりとする。（に）（と）（ま）

一　危険物の取扱作業の実施に際し、当該作業が法第十条第三項の技術上の基準及び予防規程等の保安に関する規定に適合するように作業者（当該作業に立ち会う危険物取扱者を含む。次号において同じ。）に対し必要な指示を与えること。（に）（と）

二　火災等の災害が発生した場合は、作業者を指揮して応急の措置を講ずるとともに、直ちに消防機関その他関係のある者に連絡すること。（に）

三　危険物施設保安員を置く製造所等〔危令第三六条〕にあつては、危険物施設保安員に必要な指示を行ない、その他の製造所等にあつては、第五十九条各号に掲げる業務を行なうこと。（に）

四　火災等の災害の防止に関し、当該製造所等に隣接する製造所等その他関連する施設の関係者との間に連絡を保つこと。（に）

五　前各号に掲げるもののほか、危険物の取扱作業の保安に関し必要な監督業務（に）

本条…追加〔昭和四〇年一〇月自令二八号〕、見出し…改正・本条…一部改正〔昭和四六年六月自令一二号〕、本条…一部改正〔平成元年二月自令五号〕

（実務経験）

第四八条の二　法第十三条第一項及び法第十三条の三第四項に規定する実務経験は、製造所等における実務経験に限るものとする。（ま）

本条…追加〔平成元年二月自令五号〕

（危険物保安監督者の選任又は解任の届出書）（と）

第四八条の三　法第十三条第二項の規定による危険物保安監督者の選任又は解任の届出は、別記様式第二十の届出書によつて行わなければならない。この場合において、選任の届出書には、別記様式第二十の二による書類を添付しなければならない。（に）（と）（を）（な）（ま）（け）（へ）

旧四八条…繰下〔昭和四〇年一〇月自令二八号〕、見出し…改正・本条…一部改正〔昭和四六年六月自令一二号〕、本条…一部改正〔昭和五一年六月自令一八号・五九年三月一号〕、旧四八条の二…一部改正し繰下〔平成元年二月自令五号〕、本条…一部改正〔平成二年二月自令一号・令和三年七月総令七一号〕

（取扱い等をすることができる危険物の種類）

第四九条　法第十三条の二第二項の規定により、危険物取扱者が取り扱うことができる危険物及び甲種危険物取扱者又は乙種危険物取扱者がその取扱作業に関して立ち会うことができる危険物の種類は、甲種危険物取扱者にあつてはすべての種類の危険物とし、乙種危険物取扱者にあつては当該乙種危険物取扱者免状に指定する種類の危険物とし、丙種危険物取扱者にあつてはガソリン、灯油、軽油、第三石油類（重油、潤滑油及び引火点百三十度以上のものに限る。）、第四石油類及び動植物油類とする。（と）（な）

本条…全部改正〔昭和四六年六月自令一二号〕、一部改正〔昭和五九年三月自令一号〕

（免状の交付の申請書の様式及び添付書類）

第五〇条　令第三十二条に規定する危険物取扱者免状（以下この章において「免状」という。）の交付の申請書は、別記様式第二十

一によるものとする。(と)(ま)

2　令第三十二条の総務省令で定める書類は、次のとおりとする。(ニ)(ヘ)

一　危険物取扱者試験に合格したことを証明する書類(ニ)

二　現に交付を受けている免状（以下この条から第五十条の三まで及び第五十一条の三において「既得免状」という。）（他の種類（乙種危険物取扱者免状については、取り扱うことができる危険物及びその取扱作業に関して立ち会うことができる危険物の種類を含む。以下この条から第五十条の三までにおいて同じ。）の免状の交付を現に受けている者に限る。）(ニ)

3　都道府県知事は、免状の交付を現に受けている者が免状の交付の申請の際既得免状を添付しないことについてやむを得ない事情があると認めるときは、前項第二号の規定にかかわらず、既得免状に代えて既得免状の写しを添付させることができる。(ニ)

二項…一部改正〔昭和三五年七月自令三号〕、一・二項…一部改正〔昭和四六年六月自令一二号〕、一項…一部改正〔平成元年二月自令五号〕、二項…全部改正・三項…追加〔平成一二年三月自令一二号〕、二項…一部改正〔平成一二年九月自令四四号〕

（免状の交付）

第五〇条の二　都道府県知事は、同一人に対し、日を同じくして二以上の種類の免状を交付するときは、一の種類の免状に他の種類の免状に係る事項を記載して、当該他の種類の免状の交付に代えるものとする。(ニ)

2　都道府県知事は、免状の交付を現に受けている者に対し、既得免状の種類と異なる種類の免状を交付するときは、当該異なる種類の免状に既得免状に係る事項を記載して交付するものとする。この場合において、前条第三項の規定により免状の交付の申請の際既得免状の写しを添付した者に対しては、既得免状と引き換えに免状を交付するものとする。(ニ)

本条…追加〔平成一二年三月自令一二号〕

第五〇条の三　免状の交付を現に受けている者は、既得免状と同一の種類の免状の交付を重ねて受けることができない。(ニ)

本条…追加〔平成一二年三月自令一二号〕

（免状の様式及び記載事項）(や)

第五一条　免状は、別記様式第二十二によるものとする。(ま)

2　令第三十三条第五号の総務省令で定める免状の記載事項は、過去十年以内に撮影した写真とする。(や)(ヘ)

見出し…改正・二項…追加〔昭和六三年四月自令一八号〕、一項…一部改正〔平成元年二月自令五号〕、二項…一部改正〔平成一二年九月自令四四号〕

（免状の返納命令に係る通知）

第五一条の二　都道府県知事は、法第十三条の二第五項の規定により、他の都道府県知事から免状の交付を受けている者に対し免状の返納を命じようとするときは、あらかじめ、当該他の都道府県知事にその旨を通知するものとする。（ニ）

本条…追加〔平成一二年三月自令一二号〕

（危険物取扱者の違反行為に係る通知）

第五一条の三 法第十三条の二第六項の通知は、法又は法に基づく命令の規定に違反していると認められる危険物取扱者の氏名及び当該違反事実の概要を記載した文書に、当該危険物取扱者の既得免状の写しを添えて行うものとする。（ニ）

本条…追加〔平成一二年三月自令一二号〕

（免状の書換えの申請書の様式）（や）

第五二条 令第三十四条に規定する免状の書換えの申請は、別記様式第二十三の申請書によって行わなければならない。（ま）Ⓣ

２ 令第三十四条の総務省令で定める添付書類は、次の各号に掲げる書換えの事由に応じ、当該各号に定める書類とする。（や）（へ）

一 第五十一条第二項に定める免状の記載事項に変更を生じたとき 書換えの申請前六月以内に撮影した写真（正面、無帽（申請者が宗教上又は医療上の理由により顔の輪郭を識別することができる範囲内において頭部を布等で覆う者である場合を除く。）、無背景、上三分身像の縦四・五センチメートル、横三・五センチメートルのもの又は旅券法施行規則（平成元年外務省令第十一号）別表第一に定める要件を満たしたもので、その裏面に撮影年月日、氏名及び年齢を記載したものをいう。第五十三条及び第五十七条において同じ。）（や）（ま）（ニ）（ウ）ⓗⓉ

二 前号に掲げるもの以外の免状の記載事項に変更を生じたとき 書換えの事由を証明する書類（や）

３ 前項の規定にかかわらず、令第三十三条第二号に定める免状の記載事項の変更に係る免状の書換えの申請を行おうとする者は、都道府県知事が住民基本台帳法（昭和四十二年法律第八十一号）第三十条の十一第一項（同項第一号に係る部分に限る。）の規定により地方公共団体情報システム機構から当該申請を行おうとする者に係る機構保存本人確認情報（同法第三十条の九に規定する機構保存本人確認情報をいう。）のうち同法第七条第八号の二に規定する個人番号（以下この項において「個人番号」という。）以外のものの提供を受けるとき又は同法第三十条の十五第一項（同項第一号に係る部分に限る。）の規定により当該申請を行おうとする者に係る都道府県知事保存本人確認情報（同法第三十条の八に規定する都道府県知事保存本人確認情報をいう。）のうち個人番号以外のものを利用するときは、前項第二号に掲げる書類を添付することを要しない。（メ）

二項…一部改正〔昭和三五年七月自令三号〕、見出し…改正・二項…全部改正〔昭和六三年四月自令一八号〕、一・二項…一部改正〔平成元年二月自令五号〕、二項…一部改正〔平成一二年三月自令一二号・九月四四号〕、三項…追加〔平成一四年一〇月総令一〇六号〕、三項…一部改正〔平成二一年一一月総令一〇六号〕、二項…一部改正〔平成二七年三月総令三五号〕、二項…一部改正〔令和二年一二月総令一二四号〕、一・二項…一部改正〔令和四年三月総令二八号〕

（免状の書換えに係る通知）

第五二条の二 都道府県知事は、他の都道府県知事から免状の交付を受けている者について免状の書換え（第五十一条第二項に規定する免状の記載事項に係る書換えを除く。）をしたときは、当該他の都道府県知事にその旨を通知するものとする。（ニ）

本条…追加〔平成一二年三月自令一二号〕

（**免状の再交付の申請書の様式**）

第五三条　令第三十五条第一項に規定する免状の再交付の申請は、別記様式第二十三の申請書によつて行わなければならない。（ま）（ニ）

2　令第三十五条第一項の規定により免状の再交付の申請を行おうとする者は、再交付の申請前六月以内に撮影した写真を提出しなければならない。（や）

二項…追加〔昭和六三年四月自令一八号〕、一項…一部改正〔平成元年二月自令五号・一二年三月一二号〕

（**免状の再交付に係る照会**）

第五三条の二　都道府県知事は、他の都道府県知事から免状の交付を受けている者について当該免状の再交付をしようとするときは、あらかじめ、当該他の都道府県知事に対し、当該免状の交付を受けている者に対し交付した免状の内容について照会するものとする。（ニ）

本条…追加〔平成一二年三月自令一二号〕

（**受験資格**）

第五三条の三　法第十三条の三第四項第一号の総務省令で定める者は、次のとおりとする。（め）（ニ）（ヘ）

一　学校教育法による大学、高等専門学校、高等学校若しくは中等教育学校の専攻科（高等学校又は中等教育学校の専攻科にあつては、修業年限二年以上のものに限る。）又は専修学校（同法第百三十二条に規定する専門課程に限る。次号において同じ。）その他消防庁長官が定める学校において化学に関する学科又は課程を修めて卒業した者（当該学科又は課程を修めて同法による専門職大学の前期課程を修了した者を含む。）（め）（ラ）（ウ）（ス）

二　学校教育法による大学、高等専門学校、大学院又は専修学校において化学に関する授業科目（高等専門学校にあつては、専門科目に限る。）を履修して、大学（同法による専門職大学及び短期大学を除く。）にあつては大学設置基準（昭和三十一年文部省令第二十八号）、専門職大学にあつては専門職大学設置基準（平成二十九年文部科学省令第三十三号）、短期大学（同法による専門職短期大学を除く。）にあつては短期大学設置基準（昭和五十年文部省令第二十一号）、専門職短期大学にあつては専門職短期大学設置基準（平成二十九年文部科学省令第三十四号）、高等専門学校にあつては高等専門学校設置基準（昭和三十六年文部省令第二十三号）、大学院にあつては大学院設置基準（昭和四十九年文部省令第二十八号）若しくは専門職大学院設置基準（平成十五年文部科学省令第十六号）による単位又は専修学校にあつては専修学校設置基準（昭和五十一年文部省令第二号）により換算した単位を通算して十五単位以上修得した者（め）（ラ）（ス）

三　学校教育法による大学又は高等専門学校の専攻科その他消防庁長官が定める学校において化学に関する授業科目を、講義については十五時間、演習については三十時間並びに実験、実習及び実技については四十五時間の授業をもつてそれぞれ一単位として十五単位以上修得した者(め)(ラ)

四　学校教育法第百四条の規定により修士又は博士の学位を授与された者（外国においてこれらに相当する学位を授与された者を含む。）で、化学に関する事項を専攻したもの(め)(ウ)

五　乙種危険物取扱者免状の交付を受けている者で、法第十三条の二第二項の規定により取り扱うことができる危険物及びその取扱作業に関して立ち会うことができる危険物の種類が、第一類又は第六類の危険物、第二類又は第四類の危険物、第三類の危険物及び第五類の危険物であるもの(め)(ラ)

六　前各号に掲げる者に準ずる者として消防庁長官が定める者(め)(ラ)

本条…追加〔平成六年一一月自令四三号〕、旧五三条の二…繰下〔平成一二年三月自令一二号〕、本条…一部改正〔平成一二年九月自令四四号・一九年九月総令一〇六号・二一年一一月一〇六号・三〇年一一月六五号〕

（試験の方法）

第五四条　危険物取扱者試験（以下この章において「試験」という。）は、筆記によつて行うものとする。(と)

本条…一部改正〔昭和四六年六月自令一二号〕

（試験科目）

第五五条　甲種危険物取扱者試験の試験科目は、次のとおりとする。(と)

一　物理学及び化学(と)

イ　危険物の取扱作業に関する保安に必要な物理学(と)

ロ　危険物の取扱作業に関する保安に必要な化学(と)

ハ　燃焼及び消火に関する理論(と)

二　危険物の性質並びにその火災予防及び消火の方法

イ　すべての種類の危険物の性質に関する概論(と)

ロ　危険物の類ごとに共通する特性

ハ　危険物の類ごとに共通する火災予防及び消火の方法

ニ　品名ごとの危険物の一般性質

ホ　品名ごとの危険物の火災予防及び消火の方法

三　危険物に関する法令

2　乙種危険物取扱者試験の試験科目は、次のとおりとする。(と)

一　基礎的な物理学及び基礎的な化学(と)

イ　危険物の取扱作業に関する保安に必要な基礎的な物理学(と)

ロ　危険物の取扱作業に関する保安に必要な基礎的な化学(と)

ハ　燃焼及び消火に関する基礎的な理論(と)

二　危険物の性質並びにその火災予防及び消火の方法

イ　すべての種類の危険物の性質に関する基礎的な概論(と)

ロ　第一類から第六類までのうち受験に係る類の危険物に共通する特性

ハ　第一類から第六類までのうち受験に係る類の危険物に共通する火災予防及び消火の方法

ニ　受験に係る類の危険物の品名ごとの一般性質

ホ　受験に係る類の危険物の品名ごとの火災予防及び消火の方法

三　危険物に関する法令

3　丙種危険物取扱者試験の試験科目は、次のとおりとする。（と）

一　燃焼及び消火に関する基礎知識

二　危険物の性質並びにその火災予防及び消火の方法

イ　丙種危険物取扱者の取り扱うことができる危険物の性質に関する基礎知識

ロ　丙種危険物取扱者の取り扱うことができる危険物の火災予防及び消火の方法

三　危険物に関する法令

4　同時に二種類以上の乙種危険物取扱者試験を受ける者については、第二項の試験科目のうち一種類の当該試験の第一号及び第三号の試験科目をもつて他の種類の当該試験の当該科目を兼ねることができる。（と）

5　第一類又は第五類の危険物に係る乙種危険物取扱者試験を受ける者であつて、火薬類取締法第三十一条第一項の規定による甲種火薬類製造保安責任者免状、乙種火薬類製造保安責任者免状若しくは丙種火薬類製造保安責任者免状又は同条第二項の規定による甲種火薬類取扱保安責任者免状若しくは乙種火薬類取扱保安責任者免状を有する者については、申請により、第二項第一号イ及びロ並びに第二号ロ及びニの試験科目を免除するものとする。（に）（と）（を）（ニ）

6　一種類以上の乙種危険物取扱者免状の交付を受けている者で、他の種類の乙種危険物取扱者試験を受けるものについては、第二項第一号及び第三号の試験科目を免除するものとする。（に）（と）

7　丙種危険物取扱者試験を受ける者であつて、五年以上消防団員として勤務し、かつ、消防組織法（昭和二十二年法律第二百二十六号）第五十一条第四項の消防学校の教育訓練のうち基礎教育（消防学校の教育訓練の基準（平成十五年消防庁告示第三号）第三条第三項の基礎教育をいう。第五十七条において同じ。）又は専科教育（同基準第三条第四項の専科教育をいう。第五十七条において同じ。）の警防科（同基準第九条第一項の警防科をいう。第五十七条において同じ。）を修了したものについては、第三項第一号の試験科目を免除するものとする。（ヌ）（ワ）（ツ）

四項…一部改正・五項…追加〔昭和四〇年一〇月自令二八号〕、一・二項…一部改正・三項…追加・旧三―五項…一部改正し四―六項に繰下〔昭和四六年六月自令一二号〕、五項…一部改正〔昭和五一年六月自令一八号・平成一二年三月一二号〕、七項…追加〔平成一四年一月総令四号〕、一部改正〔平成一五年一二月総令一四三号・一八年六月九六号〕

（合格基準）

第五五条の二　試験の合格基準は、甲種危険物取扱者試験については前条第一項各号の試験科目ごとの成績が、乙種危険物取扱者試験については同条第二項各号の試験科目（同条第五項又は第六項の規定により試験科目の一部が免除された者については、当該免除された試験科目を除く。）ごとの成績が、丙種危険物取扱者試験については同条第三項各号の試験科目（同条第七項の規定により試験科目の一部が免除された者については、当該免除された試験科目を除く。）ごとの成績が、それぞれ六十パーセント以上であることとする。(ニ)(ヌ)

本条…追加〔平成一二年三月自令一二号〕、一部改正〔平成一四年一月総令四号〕

（試験の公示）

第五六条　試験を施行する日時、場所その他試験の施行に関し必要な事項は、都道府県知事（法第十三条の五第一項の規定による指定を受けた者（以下この章において「指定試験機関」という。）が試験の実施に関する事務（以下この章において「試験事務」という。）を行う場合にあつては、指定試験機関。次条及び第五十八条第一項において同じ。）があらかじめ公示する。(と)(む)

2　指定試験機関が前項の公示を行うときは、法第十三条の五第一項の規定に基づき当該指定試験機関に試験事務を行わせることとした都道府県知事（以下この章において「委任都道府県知事」という。）を明示し、法第十三条の十二第一項の試験事務規程に定める方法により行わなければならない。(む)

本条…一部改正〔昭和四六年六月自令一二号〕、一項…一部改正・二項…追加〔昭和五九年一二月自令三〇号〕

（受験手続）

第五七条　試験を受けようとする者は、都道府県知事が定めるところにより、別記様式第二十五の受験願書並びに次の書類及び写真を都道府県知事に提出しなければならない。(ま)(ウ)

一　甲種危険物取扱者試験を受けようとする者は、法第十三条の三第四項に規定する受験資格を有することを証明する書類(ニ)

二　第五十五条第五項又は第六項の規定により試験科目の一部の免除を受けようとする者は、その有する又は交付を受けている当該各項に規定する免状の写し(ニ)

二の二　第五十五条第七項の規定により試験科目の一部の免除を受けようとする者は、次に掲げる書類(ヌ)

イ　五年以上消防団員として勤務したことを証明する書類(ヌ)

ロ　基礎教育又は専科教育の警防科を修了したことを証明する書類(ヌ)(ワ)

三　提出前六月以内に撮影した写真(や)(ニ)(ウ)

本条…一部改正〔昭和四六年六月自令一二号・五一年六月一八号・六三年四月一八号・平成元年二月五号・一二年三月一二号・一四年一月総令四号・一五年一二月一四三号・二一年一一月一〇六号〕

（合格の通知及び公示）

第五八条　都道府県知事は、試験に合格した者に当該試験に合格したことを通知するとともに、合格した者の受験番号を公示する。(む)(ニ)

2　指定試験機関が前項の公示を行うときは、第五十六条第二項の規定は公示の方法について準用する。(む)

一項…一部改正・二項…追加〔昭和五九年一二月自令三〇号〕、一項…一部改正〔平成一二年三月自令一二号〕

（指定試験機関の指定の申請）

第五八条の二　法第十三条の五第二項の規定による申請は、次に掲げる事項を記載した申請書によつて行わなければならない。(む)

一　名称及び主たる事務所の所在地(む)

二　指定を受けようとする年月日(む)

2　前項の申請書には、次に掲げる書類を添付しなければならない。(む)

一　定款又は寄附行為及び登記事項証明書(む)(ヨ)

二　申請の日の属する事業年度の前事業年度における財産目録及び貸借対照表（申請の日の属する事業年度に設立された法人にあつては、その設立時における財産目録）(む)

三　申請の日の属する事業年度及び翌事業年度における事業計画書及び収支予算書(む)

四　現に行つている業務の概要を記載した書類(む)

五　組織及び運営に関する事項を記載した書類(む)

六　役員の氏名、住所及び経歴を記載した書類(む)

七　指定の申請に関する意思の決定を証する書類(む)

八　試験事務を取り扱う事務所の名称及び所在地を記載した書類(む)

九　試験用設備の概要及び整備計画を記載した書類(む)

十　試験事務の実施の方法の概要を記載した書類(む)

十一　法第十三条の十第一項に規定する試験委員の選任に関する事項を記載した書類(む)

十二　その他参考となる事項を記載した書類(む)

本条…追加〔昭和五九年一二月自令三〇号〕、二項…一部改正〔平成一七年三月総令二〇号〕

（指定試験機関の名称等の変更の届出）

第五八条の三　法第十三条の七第二項の規定による指定試験機関の名称又は主たる事務所の所在地の変更の届出は、次に掲げる事項を記載した届出書によつて行わなければならない。(む)

一　変更後の指定試験機関の名称又は主たる事務所の所在地(む)

二　変更しようとする年月日(む)

三　変更の理由(む)

2　前項の規定は、法第十三条の八第二項の規定による指定試験機関の名称、主たる事務所の所在地又は試験事務を取り扱う事務所の所在地の変更の届出について準用する。この場合において、前項第一号中「又は主たる事務所の所在地」とあるのは、「、主たる事務所の所在地又は試験事務を取り扱う事務所の所在地」と読み替えるものとする。(む)

本条…追加〔昭和五九年一二月自令三〇号〕

（役員の選任又は解任の認可の申請）

第五八条の四　法第十三条の九第一項の規定による役員の選任又は解任の認可を受けようとするときは、次に掲げる事項を記載した申請書を総務大臣に提出しなければならない。(む)(へ)

一　役員として選任しようとする者の氏名、住所及び経歴又は解任しようとする役員の氏名(む)

二　選任し、又は解任しようとする年月日(む)

三　選任又は解任の理由(む)

本条…追加〔昭和五九年一二月自令三〇号〕、一部改正〔平成一二年九月自令四四号〕

（試験委員の要件）

第五八条の五　法第十三条の十第一項の総務省令で定める要件は、次のいずれかに該当する者であることとする。(む)(へ)

一　学校教育法による大学（短期大学を除く。）において物理学、化学又は行政法学に関する科目を担当する教授又は准教授の職にあり、又はあつた者その他これらの者に相当する知識及び経験を有する者(む)(ナ)(ラ)

二　国若しくは地方公共団体の職員若しくは職員であつた者又は行政執行法人（独立行政法人通則法（平成十一年法律第百三号）第二条第四項に規定する法人をいう。）の役員若しくは職員若しくは役員若しくは職員であつた者で、危険物の性質、その火災予防若しくは消火の方法又は危険物に関する法令について専門的な知識を有するもの(む)(ト)(ユ)

本条…追加〔昭和五九年一二月自令三〇号〕、一部改正〔平成一二年九月自令四四号・一三年一月四九号・一九年三月総令二六号・九月一〇六号・二六年一〇月七七号〕

（試験委員の選任又は解任の届出）

第五八条の六　法第十三条の十第二項の規定による試験委員の選任又は解任の届出は、次に掲げる事項を記載した届出書によつて行わなければならない。(む)

一　選任した試験委員の氏名及び経歴又は解任した試験委員の氏名(む)

二　選任し、又は解任した年月日(む)

三　選任又は解任の理由(む)

2　前項の場合において、選任の届出をしようとするときは、同項の届出書に、当該選任した試験委員が前条に規定する要件を備えていることを証明する書類の写しを添付しなければならない。(む)

本条…追加〔昭和五九年一二月自令三〇号〕

（試験事務規程の記載事項）

第五八条の七　法第十三条の十二第一項の総務省令で定める試験事務の実施に関する事項は、次のとおりとする。(む)(へ)

一　試験事務を取り扱う日及び時間に関する事項(む)

二　試験事務を取り扱う事務所及び当該事務所が担当する試験地に関する事項(む)

三　試験事務の実施の方法に関する事項(む)

四　試験の手数料の収納の方法に関する事項(む)
五　試験委員の人数及び担当科目に関する事項(む)
六　試験委員の選任及び解任に関する事項(む)
七　試験事務に関する秘密の保持に関する事項(む)
八　試験事務に関する帳簿及び書類の管理に関する事項(む)
九　その他試験事務の実施に関し必要な事項(む)

本条…追加〔昭和五九年一二月自令三〇号〕、一部改正〔平成一二年九月自令四四号〕

（試験事務規程の認可の申請）

第五八条の八　法第十三条の十二第一項の規定による試験事務規程の認可を受けようとするときは、その旨を記載した申請書に当該試験事務規程を添付して、これを総務大臣に提出しなければならない。(む)(へ)

2　法第十三条の十二第一項後段の規定による試験事務規程の変更の認可を受けようとするときは、次に掲げる事項を記載した申請書を総務大臣に提出しなければならない。(む)(へ)
一　変更しようとする事項(む)
二　変更しようとする年月日(む)
三　変更の理由(む)
四　法第十三条の十二第二項の規定による委任都道府県知事の意見の概要(む)

本条…追加〔昭和五九年一二月自令三〇号〕、一・二項…一部改正〔平成一二年九月自令四四号〕

（事業計画及び収支予算の認可の申請）

第五八条の九　法第十三条の十三第一項の規定による事業計画及び収支予算の認可を受けようとするときは、その旨及び同条第二項の規定による委任都道府県知事の意見の概要を記載した申請書に事業計画書及び収支予算書を添付して、これを総務大臣に提出しなければならない。(む)(へ)

2　前条第二項の規定は、法第十三条の十三第一項後段の規定による事業計画及び収支予算の変更の認可について準用する。この場合において、前条第二項第四号中「第十三条の十二第二項」とあるのは、「第十三条の十三第二項」と読み替えるものとする。(む)

本条…追加〔昭和五九年一二月自令三〇号〕、一項…一部改正〔平成一二年九月自令四四号〕

（帳簿）

第五八条の一〇　法第十三条の十四の総務省令で定める事項は、次のとおりとする。(む)(へ)
一　委任都道府県知事(む)
二　試験の種類(む)
三　試験を施行した日(む)
四　試験地(む)

五　受験者の受験番号、氏名、住所及び生年月日（む）
六　合否の別（む）
七　合格した者の受験番号を公示した日（次項及び次条において「合格公示日」という。）（む）（ニ）
2　法第十三条の十四に規定する帳簿は、委任都道府県知事及び試験の種類ごとに備え、合格公示日から五年間保存しなければならない。（む）
本条…追加〔昭和五九年一二月自令三〇号〕、一項…一部改正〔平成一二年三月自令一二号・九月四四号〕

（試験結果の報告）
第五八条の一一　指定試験機関は、試験を実施したときは、遅滞なく、次に掲げる事項を記載した報告書を委任都道府県知事に提出しなければならない。（む）
一　試験の種類（む）
二　試験を施行した日（む）
三　試験地（む）
四　受験申込者数（む）
五　受験者数（む）
六　合格者数（む）
七　合格公示日（む）
2　前項の報告書には、合格した者の氏名及び生年月日を記載した合格者一覧表を添付しなければならない。（む）

本条…追加〔昭和五九年一二月自令三〇号〕

（試験事務の休止又は廃止の許可の申請）
第五八条の一二　法第十三条の十七第一項の規定による試験事務の休止又は廃止の許可を受けようとするときは、次に掲げる事項を記載した申請書を総務大臣に提出しなければならない。（む）（へ）
一　休止し、又は廃止しようとする試験事務（む）
二　休止しようとする年月日及びその期間又は廃止しようとする年月日（む）
三　休止又は廃止の理由（む）
本条…追加〔昭和五九年一二月自令三〇号〕、一部改正〔平成一二年九月自令四四号〕

（試験事務の引継ぎ等）
第五八条の一三　法第十三条の二十一の総務省令で定める事項は、次のとおりとする。（む）（へ）
一　試験事務を委任都道府県知事に引き継ぐとともに、当該試験事務に関する帳簿及び書類を委任都道府県知事に引き渡すこと。この場合において、試験を受けようとする者から提出された受験願書及びその添付書類並びに納付された手数料で施行していない試験に係るものがあるときは、指定試験機関はこれらのものをその者に返還しなければならない。（む）
二　その他委任都道府県知事が必要と認める事項を行うこと。

（む）

本条…追加〔昭和五九年一二月自令三〇号〕、一部改正〔平成一二年九月自令四四号〕

（講習）

第五八条の一四　法第十三条の二十三の規定により、製造所等において危険物の取扱作業に従事する危険物取扱者は、当該取扱作業に従事することとなつた日から一年以内に講習を受けなければならない。ただし、当該取扱作業に従事することとなつた日前二年以内に危険物取扱者免状の交付を受けている場合又は講習を受けている場合は、それぞれ当該免状の交付を受けた日又は当該講習を受けた日以後における最初の四月一日から三年以内に講習を受けることをもつて足りるものとする。（と）（む）（の）（ク）

2　前項の危険物取扱者は、同項の講習を受けた日以後における最初の四月一日から三年以内に講習を受けなければならない。当該講習を受けた日以降においても、同様とする。（と）（の）（ク）

3　前二項に定めるもののほか、講習の科目、講習時間その他講習の実施に関し必要な細目〔「危険物の取扱作業の保安に関する講習の実施細目」（昭和六二年一一月二四日消防庁告示第四号）〕は、消防庁長官が定める。（と）

本条…追加〔昭和四六年六月自令一二号〕、一項…一部改正・旧五八条の二…繰下〔昭和五九年一二月自令三〇号〕、一・二項…一部改正〔昭和六二年四月自令一六号・平成二三年六月総令五五号〕

第八章　危険物施設保安員（に）

本章…追加〔昭和四〇年一〇月自令二八号〕

（危険物施設保安員の業務）

第五九条　法第十四条の規定により、製造所等の所有者、管理者又は占有者が危険物施設保安員に行なわせなければならない業務は、次のとおりとする。（に）

一　製造所等の構造及び設備を法第十条第四項の技術上の基準に適合するように維持するため、定期及び臨時の点検を行なうこと。（に）

二　前号の点検を行なつたときは、点検を行なつた場所の状況及び保安のために行なつた措置を記録し、保存すること。（に）

三　製造所等の構造及び設備に異常を発見した場合は、危険物保安監督者その他関係のある者に連絡するとともに状況を判断して適当な措置を講ずること。（に）（と）（ま）

四　火災が発生したとき又は火災発生の危険性が著しいときは、危険物保安監督者と協力して、応急の措置を講ずること。（に）（と）（ま）

五　製造所等の計測装置、制御装置、安全装置等の機能が適正に保持されるようにこれを保安管理すること。（に）

六　前各号に掲げるもののほか、製造所等の構造及び設備の保安

に関し必要な業務（に）

本条…全部改正〔昭和四〇年一〇月自令二八号〕、一部改正〔昭和四六年六月自令一二号・平成元年二月五号〕

（危険物施設保安員等の設置対象から除かれる製造所、移送取扱所又は一般取扱所）（り）

第六〇条　令第三十六条の総務省令で定める製造所、移送取扱所又は一般取扱所は、次のとおりとする。（に）（り）（ま）（へ）

一　ボイラー、バーナーその他これらに類する装置で危険物を消費する一般取扱所（に）

二　**車両に固定されたタンクその他これに類するもの**に危険物を注入する一般取扱所（に）（ま）

三　容器に危険物を詰め替える一般取扱所（に）（ま）

四　油圧装置、潤滑油循環装置その他これらに類する装置で危険物を取り扱う一般取扱所（に）（ま）

五　鉱山保安法の適用を受ける製造所、移送取扱所又は一般取扱所（に）（り）（を）

六　火薬類取締法の適用を受ける製造所又は一般取扱所（に）

本条…全部改正〔昭和四〇年一〇月自令二八号〕、見出し…改正・本条…一部改正〔昭和四九年五月自令一二号〕、本条…一部改正〔昭和五一年六月自令一八号・平成元年二月五号・一二年九月四四号〕

解説　【車両に固定されたタンクその他これに類するもの】移動貯蔵タンク、油槽船等

第九章　予防規程（に）

本章…追加〔昭和四〇年一〇月自令二八号〕

（予防規程に定めなければならない事項）

第六〇条の二　法第十四条の二第一項に規定する総務省令で定める事項は、次項、第四項又は第六項に定める場合を除き、次のとおりとする。（ぬ）（れ）（へ）（ヲ）（レ）

一　危険物の保安に関する業務を管理する者の職務及び組織に関すること。（ぬ）

二　危険物保安監督者が、旅行、疾病その他の事故によつてその職務を行うことができない場合にその職務を代行する者に関すること。（ぬ）（ま）

三　化学消防自動車の設置その他自衛の消防組織に関すること。（ぬ）

四　危険物の保安に係る作業に従事する者に対する保安教育に関すること。（ぬ）

五　危険物の保安のための巡視、点検及び検査に関すること（第十号に掲げるものを除く。）。（ぬ）

六　危険物施設の運転又は操作に関すること。（ぬ）

七　危険物の取扱い作業の基準に関すること。（ぬ）

八　補修等の方法に関すること。（ぬ）

八の二　施設の工事における火気の使用若しくは取扱いの管理又は危険物等の管理等安全管理に関すること。(カ)
八の三　製造所及び一般取扱所にあつては、危険物の取扱工程又は設備等の変更に伴う危険要因の把握及び当該危険要因に対する対策に関すること。(カ)
八の四　第四十条の三の三の二各号に定める措置を講じた給油取扱所にあつては、専用タンクへの危険物の注入作業が行われているときに給油又は容器への詰替えが行われる場合の当該危険物の取扱作業の立会及び監視その他保安のための措置に関すること。(り)
八の五　第四十条の三の六の二各号に定める措置を講じた給油取扱所にあつては、緊急時の対応に関する表示その他給油の業務が行われていないときの保安のための措置に関すること。(り)
八の六　顧客に自ら給油等をさせる給油取扱所にあつては、顧客に対する監視その他保安のための措置に関すること。(す)(カ)(り)
九　移送取扱所にあつては、配管の工事現場の責任者の条件その他配管の工事現場における保安監督体制に関すること。(ぬ)
十　移送取扱所にあつては、配管の周囲において移送取扱所の施設の工事以外の工事を行う場合における当該配管の保安に関すること。(ぬ)
十一　災害その他の非常の場合に取るべき措置に関すること。(ぬ)
十一の二　地震が発生した場合及び地震に伴う津波が発生し、又は発生するおそれがある場合における施設及び設備に対する点検、応急措置等に関すること。(カ)(エ)
十二　危険物の保安に関する記録に関すること。(ぬ)
十三　製造所等の位置、構造及び設備を明示した書類及び図面の整備に関すること。(ぬ)
十四　前各号に掲げるもののほか、危険物の保安に関し必要な事項(ぬ)(の)

2　大規模地震対策特別措置法（昭和五十三年法律第七十三号）第三条第一項の規定により地震防災対策強化地域として指定された地域（以下「強化地域」という。）に所在する製造所等の所有者、管理者又は占有者（同法第六条第一項に規定する者を除く。次項において同じ。）が定める予防規程に係る法第十四条の二第一項に規定する総務省令で定める事項は、前項各号に掲げる事項のほか、次のとおりとする。(れ)(へ)
一　大規模地震対策特別措置法第二条第三号に規定する地震予知情報及び同条第十三号に規定する警戒宣言（以下「警戒宣言」という。）の伝達に関すること。(れ)
二　警戒宣言が発せられた場合における避難に関すること。(れ)
三　警戒宣言が発せられた場合における自衛の消防組織に関すること。(れ)
四　警戒宣言が発せられた場合における施設及び設備の整備及び点検その他地震による被害の発生の防止又は軽減を図るための応急対策に関すること。(れ)
五　大規模な地震に係る防災訓練に関すること。(れ)

六　大規模な地震による被害の発生の防止又は軽減を図るために必要な教育及び広報に関すること。（れ）

3　強化地域の指定の際現に当該地域に所在する製造所等の所有者、管理者又は占有者は、当該指定があつた日から六月以内に、当該製造所等に係る予防規程に、前項各号に掲げる事項を定めるものとする。（れ）

4　南海トラフ地震に係る地震防災対策の推進に関する特別措置法（平成十四年法律第九十二号）第三条第一項の規定により南海トラフ地震防災対策推進地域として指定された地域（次項において「推進地域」という。）に所在する製造所等の所有者、管理者又は占有者（同法第五条第一項に規定する者を除き、同法第二条第二項に規定する南海トラフ地震（以下「南海トラフ地震」という。）に伴い発生する津波に係る地震防災対策を講ずべき者として同法第四条第一項に規定する南海トラフ地震防災対策推進基本計画で定める者に限る。次項において同じ。）が定める予防規程に係る法第十四条の二第一項に規定する総務省令で定める事項は、第一項各号に掲げる事項のほか、次のとおりとする。（ヲ）（レ）（サ）

一　南海トラフ地震に伴い発生する津波からの円滑な避難の確保に関すること。（ヲ）（サ）

二　南海トラフ地震に係る防災訓練に関すること。（ヲ）（サ）

三　南海トラフ地震による被害の発生の防止又は軽減を図るために必要な教育及び広報に関すること。（ヲ）（サ）

5　推進地域の指定の際現に当該地域に所在する製造所等の所有者、管理者又は占有者は、当該指定があつた日から六月以内に、当該製造所等に係る予防規程に、前項各号に掲げる事項を定めるものとする。（ヲ）

6　日本海溝・千島海溝周辺海溝型地震に係る地震防災対策の推進に関する特別措置法（平成十六年法律第二十七号）第三条第一項の規定により日本海溝・千島海溝周辺海溝型地震防災対策推進地域として指定された地域（次項において「推進地域」という。）に所在する製造所等の所有者、管理者又は占有者（同法第五条第一項に規定する者を除き、同法第二条第一項に規定する日本海溝・千島海溝周辺海溝型地震（以下「日本海溝・千島海溝周辺海溝型地震」という。）に伴い発生する津波に係る地震防災対策を講ずべき者として同法第四条第一項に規定する日本海溝・千島海溝周辺海溝型地震防災対策推進基本計画で定める者に限る。次項において同じ。）が定める予防規程に係る法第十四条の二第一項に規定する総務省令で定める事項は、第一項各号に掲げる事項のほか、次のとおりとする。（レ）㋠

一　日本海溝・千島海溝周辺海溝型地震に伴い発生する津波からの円滑な避難の確保に関すること。（レ）

二　日本海溝・千島海溝周辺海溝型地震に係る防災訓練に関すること。（レ）

三　日本海溝・千島海溝周辺海溝型地震による被害の発生の防止又は軽減を図るために必要な教育及び広報に関すること。（レ）

7　推進地域の指定の際現に当該地域に所在する製造所等の所有者、管理者又は占有者は、当該指定があつた日から六月以内に、当該製造所等に係る予防規程に、前項各号に掲げる事項を定める

ものとする。（レ）

本条…追加〔昭和四九年六月自令一七号〕、一項…一部改正・二・三項…追加〔昭和五四年九月自令二〇号〕、一項…一部改正〔昭和六二年四月自令一六号・平成元年二月五号・一〇年三月六号〕、一・二項…一部改正〔平成一二年九月自令四四号〕、一項…一部改正・四・五項…追加〔平成一五年七月総令一〇一号〕、一項…一部改正〔平成一七年一月総令三号〕、一・四項…一部改正・六・七項…追加〔平成一七年八月総令一三六号〕、一項…一部改正〔平成二四年五月総令四九号〕、四項…一部改正〔平成二五年一二月総令一二八号〕、六項…一部改正〔令和五年九月総令七〇号〕、一項…一部改正〔令和五年一二月総令八三号〕

（**予防規程を定めなければならない製造所等から除かれるもの**）

第六一条　令第三十七条の総務省令で定める製造所等は、**第九条の二に規定する製造所等及び第二十八条に規定する自家用の給油取扱所のうち屋内給油取扱所以外のもの**とする。（を）（の）（ま）（え）（へ）

本条…全部改正〔昭和四〇年一〇月自令二八号〕、一部改正〔昭和四六年六月自令一二号・四九年六月一七号〕、全部改正〔昭和五一年六月自令一八号〕、一部改正〔昭和六二年四月自令一六号・平成元年二月五号・三年三月三号・一二年九月四四号〕

解説　**【第九条の二に規定する製造所等】**　定期点検をしなければならない製造所等から除かれるもの

（**予防規程の認可の申請**）（ま）

第六二条　法第十四条の二第一項の規定による予防規程の認可を受けようとする者は、別記様式第二十六の申請書に当該認可を受けようとする予防規程を添えて市町村長等に提出しなければならない。（に）（ま）

２　前項の申請書の提出部数は、二部とする。（ぬ）（ま）

本条…全部改正〔昭和四〇年一〇月自令二八号〕、二項…追加〔昭和四九年六月自令一七号〕、見出し…改正・一・二項…一部改正〔平成元年二月自令五号〕

第九章の二　保安に関する検査等（ぬ）（わ）

本章…追加〔昭和四九年六月自令一七号〕、章名…改正〔昭和五二年二月自令二号〕

（**保安に関する検査を受けなければならない時期の特例事由**）

第六二条の二　令第八条の四第二項ただし書の総務省令で定める事由は、次に掲げるものとする。（わ）（へ）

一　**災害その他非常事態**が生じたこと。（わ）

二　**保安上の必要**が生じたこと。（わ）

三　危険物の貯蔵及び取扱いが休止されたこと。（ム）

四　前号に掲げるもののほか、**使用の状況**（計画を含む。）**等に変更**が生じたこと。（わ）（ム）

２　前項第三号の危険物の貯蔵及び取扱いからは、次に掲げるものを除く。（ム）

一　消火設備又は保安のための設備の動力源の燃料タンクにおける危険物の貯蔵又は取扱い（ム）

二　ポンプその他の潤滑油又は作動油を用いる機器における潤滑油又は作動油の取扱い（一の機器において取り扱う潤滑油又は作動油の数量が指定数量の五分の一未満である場合に限る。）

（ム）

三　屋外タンク貯蔵所の配管の他の製造所等との共用部分における危険物の取扱い（当該他の製造所等における危険物の貯蔵又は取扱いに伴うものに限る。）（ム）

本条…追加〔昭和四九年六月自令一七号〕、全部改正〔昭和五二年二月自令二号〕、一部改正〔平成一二年九月自令四四号〕、一項…一部改正・二項…追加〔平成二一年一〇月総令九八号〕

解説【**その他の非常事態**】タンク底部からの危険物の漏えい等の発生した場合等の事態

【**保安の必要**】使用上タンク内部の安全の確認をする必要が生じた場合等

【**使用の状況等の変更**】油種変更等の変更

（**保安のための措置**）

第六二条の二の二　令第八条の四第二項第一号イの総務省令で定める保安のための措置は、特定屋外貯蔵タンクの腐食等に対する安全性を確保するうえで有効な措置とし、次の各号のいずれかに該当するものとする。（ゆ）（へ）（オ）

一　特定屋外貯蔵タンクの腐食防止等の状況が次のイからトまでの全ての要件に適合するもの（ゆ）（オ）

イ　特定屋外貯蔵タンクの内部の腐食を防止するための告示で定めるコーティング〔危告示第六九条の二〕又はこれと同等以上の措置を講じていること。（ゆ）（オ）

ロ　特定屋外貯蔵タンクの底部の外面の腐食を防止する措置を講じていること。（ゆ）

ハ　特定屋外貯蔵タンクの底部の板厚が適正であること。（ゆ）

ニ　特定屋外貯蔵タンクに構造上の影響を与えるおそれのある補修又は変形がないこと。（ゆ）

ホ　著しい不等沈下がないこと。（ゆ）

ヘ　地盤が十分な支持力を有するとともに沈下に対し十分な安全性を有していること。（ゆ）

ト　特定屋外貯蔵タンクの維持管理体制が適切であること。（ゆ）

二　危険物の貯蔵管理等の状況が次のイからヌまでの全ての要件に適合するもの（ゆ）（オ）

イ　腐食の発生に影響する水等の成分を適切に管理していること。（ゆ）

ロ　特定屋外貯蔵タンクに対し著しい腐食性を有する危険物を貯蔵しないこと。（ゆ）

ハ　腐食の発生に著しい影響を及ぼす貯蔵条件の変更を行わないこと。（ゆ）

ニ　特定屋外貯蔵タンクの底部の腐食率（底部の板が腐食により減少した値を板の経過年数で除した値をいう。以下同じ。）が一年当たり〇・〇五ミリメートル以下であること。（ゆ）（ワ）

ホ　特定屋外貯蔵タンクの底部の外面の腐食を防止する措置を

講じていること。（ゆ）

ヘ 特定屋外貯蔵タンクの底部の板厚が適正であること。（ゆ）

ト 特定屋外貯蔵タンクに構造上の影響を与えるおそれのある補修又は変形がないこと。（ゆ）

チ 著しい不等沈下がないこと。（ゆ）

リ 地盤が十分な支持力を有するとともに沈下に対し十分な安全性を有していること。（ゆ）

ヌ 特定屋外貯蔵タンクの維持管理体制が適切であること。（ゆ）

三 特定屋外貯蔵タンクの腐食量（底部の板が腐食により減少した値をいう。）に係る管理等の状況が次のイからルまでの全ての要件に適合するもの（ワ）（オ）

イ 特定屋外貯蔵タンク底部の板厚予測値が適正と認められること。（ワ）

ロ 腐食の発生に著しい影響を及ぼす貯蔵条件の変更を行わないこと。（ワ）

ハ 特定屋外貯蔵タンクの底部の腐食率が一年当たり〇・〇五ミリメートル以下であること。（ワ）

ニ 特定屋外貯蔵タンクの内部の腐食を防止するための告示で定めるコーティング〔危告示第六九条の二〕又はこれと同等以上の措置を講じていること。（ワ）（オ）

ホ 危険物が加温貯蔵されていないこと。（ワ）

ヘ 特定屋外貯蔵タンクの基礎内部に浸透した水を排除するための措置が講じられていること。（ワ）

ト 特定屋外貯蔵タンクの底部の外面の腐食を防止する措置を講じていること。（ワ）

チ 特定屋外貯蔵タンクに構造上の影響を与えるおそれのある補修又は変形がないこと。（ワ）

リ 著しい不等沈下がないこと。（ワ）

ヌ 地盤が十分な支持力を有するとともに沈下に対し十分な安全性を有していること。（ワ）

ル 特定屋外貯蔵タンクの維持管理体制が適切であること。（ワ）

2 令第八条の四第二項第一号ロの総務省令で定める保安のための措置は、特定屋外貯蔵タンクが次の各号に掲げる要件を全て満たすための措置とする。（オ）

一 特定屋外貯蔵タンクの底部の外面の腐食の発生に影響を及ぼす基礎の変更及び底部の板の取替え等を行つていないこと。（オ）

二 特定屋外貯蔵タンクの内部の腐食を防止するための告示で定めるコーティング〔危告示第六九条の二〕又はこれと同等以上の措置を講じていること。コーティングを講じていない特定屋外貯蔵タンクにあつては、屋根（浮き屋根を除く。）を有するものであつて腐食の発生に影響する水等の成分を適切に管理しており、かつ、告示で定める期間〔危告示第六九条の三〕を通じて、当該タンクの内部へのコーティングの施工、貯蔵する危険物の変更等当該タンクの内部の腐食の発生に影響を及ぼす貯蔵条件の変更を行つていないこと。（オ）

三　危険物が加温貯蔵されていないこと。（オ）

四　特定屋外貯蔵タンクに構造上の影響を与えるおそれのある補修又は変形がないこと。（オ）

五　著しい不等沈下がないこと。（オ）

六　地盤が十分な支持力を有するとともに沈下に対し十分な安全性を有していること。（オ）

七　特定屋外貯蔵タンクの維持管理体制が適切であること。（オ）

本条…追加〔平成六年九月自令三〇号〕、一部改正〔平成一二年九月自令四四号・一五年一二月総令一四三号〕、一項…一部改正・二項…追加〔平成二三年二月総令五号〕

（保安のための措置を講じている場合の市町村長等が定める期間等）

第六二条の二の三　令第八条の四第二項第一号の総務省令で定めるところにより市町村長等が定める期間は、次のとおりとする。なお、当該期間は、令第八条第二項の完成検査（法第十一条第一項前段の規定による設置の許可に係るものに限る。第六十二条の二の五において同じ。）を受けた日又は直近において行われた法第十四条の三第一項若しくは第二項の規定による保安に関する検査を受けた日の翌日から起算して前条に規定する措置が講じられていると認められた後最初に受けるべき法第十四条の三第一項の規定による保安に関する検査の日までとする。（ゆ）（へ）（ワ）（オ）

一　令第八条の四第二項第一号イの総務省令で定めるところにより市町村長等が定める期間は、前条第一項第一号又は第二号に規定する保安のための措置が講じられていると認められるものにあつては、十年と、第三号に規定する保安のための措置が講じられていると認められるものにあつては、十三年とする。（オ）

二　令第八条の四第二項第一号ロの総務省令で定めるところにより市町村長等が定める期間は、直近において行われた法第十四条の三第一項又は第二項の規定による保安に関する検査（以下「前回の保安検査」という。）における液体危険物タンクの底板及びアニュラ板の厚さのそれぞれについてその最小値から告示で定める値〔危告示第六九条の四〕を減じたものを第六十二条の二の五第一項で算出した値（当該液体危険物タンクがコーティングを講じていない場合は同項及び同条第二項で算出した値）で除して得た値に相当する年数のうち最小のものとする。この場合において、一年未満の端数があるときはこれを切り捨て、当該年数が八年未満であるときは八年とし、十五年を超えるときは十五年とする。（オ）

2　前項の規定の適用を受けようとする者は、前条に規定する保安のための措置を講じている旨を記載した別記様式第二十六の二、別記様式第二十六の三、別記様式第二十六の四、別記様式第二十六の五又は別記様式第二十六の六の申請書を市町村長等に提出しなければならない。（ゆ）（ワ）（オ）

本条…追加〔平成六年九月自令三〇号〕、一項…一部改正〔平成一二年九月自令四四号〕、一・二項…一部改正〔平成一五年一二月総令一四三号・二三年二月五号〕

（**特殊の方法**）

第六二条の二の四　令第八条の四第二項第一号ロの総務省令で定める特殊の方法は、告示で定める測定装置〔危告示第六九条の五〕により液体危険物タンクの底部の板の厚さ又は腐食量を三十ミリメートル以下の間隔で全面にわたつて測定すること（次項及び次条において「連続板厚測定方法」という。）とする。（オ）

2　連続板厚測定方法を用いて液体危険物タンクの底部の板の厚さを測定できない箇所においては、別途当該箇所の板の厚さを測定しなければならない。（オ）

本条…追加〔平成二三年二月総令五号〕

（**液体危険物タンクの底部の板の厚さの一年当たりの腐食による減少量の算出方法等**）

第六二条の二の五　令第八条の四第二項第一号ロに規定する液体危険物タンクの底部の板の厚さの一年当たりの腐食による減少量は、底板及びアニュラ板について、前回の保安検査の直近において行われた法第十四条の三第一項又は第二項の規定による保安に関する検査（以下この条及び次条において「前々回の保安検査」という。）における板の厚さ（前々回の保安検査の前六月以内に連続板厚測定方法を用いて測定され、かつ、当該測定後底部の板の取替えが行われていない場合にあつては当該測定結果、連続板厚測定方法を用いて測定されていない場合又は前回の保安検査が法第十一条第五項の規定による完成検査を受けた日後最初の保安検査である場合にあつては当該板の使用を開始した時の板の厚さ）から前回の保安検査の前六月以内に連続板厚測定方法を用いて測定された板の厚さを減じて得た値を前々回の保安検査の日から前回の保安検査の日までの期間の年数で除して得たもののうち、それぞれ最大のものとする。（オ）（ケ）

2　液体危険物タンクの内部にコーティングが講じられていない場合における令第八条の四第二項第一号ロに規定する液体危険物タンクの底部の板の厚さの一年当たりの腐食による減少量は、底板及びアニュラ板について、前項で算出した値並びに液体危険物タンクの底部の板のうち内面の腐食が生じている箇所及び外面の腐食と内面の腐食がいずれも生じている箇所において当該箇所の前々回の保安検査における板の厚さから前回の保安検査における板の厚さを減じて得た値を前々回の保安検査の日から前回の保安検査の日までの期間の年数で除して得たもののうち、それぞれ最大のものとする。（オ）

本条…追加〔平成二三年二月総令五号〕、一項…一部改正〔平成二三年一二月総令一六五号〕

第六二条の二の六　令第八条の四第二項第一号ロの総務省令で定める基準は、次のとおりとする。(オ)

一　前条第一項で算出される液体危険物タンクの底部の板の厚さの一年当たりの腐食による減少量が〇・二ミリメートル以下であること。(オ)

二　液体危険物タンクの内部にコーティングが講じられていない場合にあつては、前条第二項で算出される液体危険物タンクの底部の板の厚さの一年当たりの腐食による減少量のうち内面の腐食を生じている箇所における減少量及び同項の規定の例により算出される前々回の保安検査の直近において行われた完成検査又は法第十四条の三第一項若しくは第二項の規定による保安に関する検査から前々回の保安検査までの間の当該液体危険物タンクの底部の板の厚さの一年当たりの腐食による減少量のうち内面の腐食を生じている箇所における減少量がいずれも〇・一ミリメートル以下であること。(オ)(ケ)

本条…追加〔平成二三年二月総令五号〕、一部改正〔平成二三年一二月総令一六五号〕

（特殊液体危険物タンク）

第六二条の二の七　令第八条の四第二項第三号の総務省令で定める特殊液体危険物タンクは、地中タンクとする。(ゆ)(へ)(ワ)(オ)

本条…追加〔平成六年九月自令三〇号〕、一部改正〔平成一二年九月自令四四号・一五年一二月総令一四三号〕、旧六二条の二の四…繰下〔平成二三年二月総令五号〕

（保安に関する検査を受けなければならない特殊液体危険物タンクの部分）

第六二条の二の八　令第八条の四第三項第一号の総務省令で定める部分は、地中タンクの漏液防止板の部分とする。(お)(ゆ)(へ)(オ)

本条…追加〔昭和六二年一二月自令三六号〕、旧六二条の二の二…繰下〔平成六年九月自令三〇号〕、本条…一部改正〔平成一二年九月自令四四号〕、旧六二条の二の五…繰下〔平成二三年二月総令五号〕

（保安に関する検査を受けなければならない事由）

第六二条の二の九　令第八条の四第五項の総務省令で定める事由は、次に掲げるものとする。(の)(お)(ゆ)(へ)(オ)

一　岩盤タンクに第二十二条の三第三項第五号の想定される荷重を著しく超える荷重が加えられることその他の危険物又は可燃性の蒸気の漏えいのおそれがあると認められること。(お)(ま)

二　地中タンクに第二十二条の三の二第三項第五号ハの荷重を著しく超える荷重が加えられることその他の危険物又は可燃性の蒸気の漏えいのおそれがあると認められること。(お)(ま)

本条…追加〔昭和六二年四月自令一六号〕、旧六二条の二の二…一部改正し繰下〔昭和六二年一二月自令三六号〕、本条…一部改正〔平成元年二月自令五号〕、旧六二条の二の三…繰下〔平成六年九月自令三〇号〕、本条…一部改正〔平成一二年九月自令四四号〕、旧六二条の二の六…繰下〔平成二三年二月総令五号〕

（保安に関する検査の申請書等の様式）

第六二条の三　法第十四条の三の規定による保安に関する検査を受けようとする者は、屋外タンク貯蔵所又は移送取扱所の区分に応じて別記様式第二十七又は別記様式第二十八の申請書を市町村長等に提出しなければならない。（ぬ）（わ）（な）（ま）

２　令第八条の四第二項ただし書の規定の適用を受けようとする者は、別記様式第二十九の申請書に変更を必要とする理由を記載した書類を添えて市町村長等に提出しなければならない。（ぬ）（わ）（な）（ま）

３　市町村長等は、保安に関する検査を行つた結果、特定屋外タンク貯蔵所（岩盤タンクに係る特定屋外タンク貯蔵所及び地中タンクに係る特定屋外タンク貯蔵所を除く。）にあつては第二十条の四第二項第二号及び第二十条の八に定める技術上の基準、岩盤タンクに係る特定屋外タンク貯蔵所にあつては第二十二条の三（同条第三項第一号を除く。）に定める技術上の基準、地中タンクに係る特定屋外タンク貯蔵所にあつては告示で定める技術上の基準〔危告示第七〇条〕、移送取扱所にあつては第二十八条の三から第二十八条の五十一まで、第三十三条第二項、第三十六条及び第三十八条の三に定める技術上の基準に適合していると認めたときは、別記様式第三十の保安検査済証を交付するものとする。（ぬ）（わ）（な）（お）（ま）

本条…追加〔昭和四九年六月自令一七号〕、一―三項…一部改正〔昭和五二年二月自令二号・五九年三月一号〕、三項…一部改正〔昭和六二年一二月自令三六号〕、一―三項…一部改正〔平成元年二月自令五号〕

（**定期点検を行わなければならない時期等**）

第六二条の四　法第十四条の三の二の規定による定期点検は、一年（告示で定める構造又は設備にあつては告示で定める期間）に一回以上行わなければならない。ただし、第六十二条の二第一項第一号に掲げる事由により、定期点検を行うことが困難であると認められるときは、市町村長等が点検を行うべき期限を別に定めることができる。（を）ほ

２　法第十四条の三の二の規定による定期点検は、法第十条第四項の技術上の基準に適合しているかどうかについて行う。（を）

本条…追加〔昭和五一年六月自令一八号〕、一項…一部改正〔令和二年一二月総令一二四号〕

第六二条の五　引火点を有する液体の危険物を貯蔵し、又は取り扱う屋外タンク貯蔵所（岩盤タンクに係る屋外タンク貯蔵所及び海上タンクに係る屋外タンク貯蔵所を除く。）で容量が千キロリットル以上一万キロリットル未満のものに係る定期点検は、前条の規定によるほか、令第八条第三項の完成検査済証（法第十一条第一項前段の規定による設置の許可に係るものに限る。）の交付を受けた日若しくは直近において当該屋外貯蔵タンクの内部を点検（以下「**内部点検**」という。）した日又は法第十四条の三第二項の保安に関する検査を受けた日から十三年（当該屋外貯蔵タンクに第六十二条の二の二第一項第一号及び第二号に規定する保安のための措置が講じられており、あらかじめ、その旨を市町村長等に届け出た場合には十五年）を超えない日までの間に一回以上当該屋外貯蔵タンクの内部点検を行わなければならない。ただし、当

該期間内に内部点検を行うことが困難な場合において、その旨を市町村長等に届け出たときは、二年に限り、当該期間を延長することができる。(を)(む)(の)(ま)(ゆ)(ハ)(オ)

2　前項括弧書に規定する届出は、別記様式第三十三又は別記様式第三十四の届出書によつて行わなければならない。(ハ)

3　第一項の規定にかかわらず、同項に規定する屋外タンク貯蔵所について同項に規定する期間内に第六十二条の二第一項第三号に掲げる事由が生じ、市町村長等が保安上支障がないと認める場合には、当該屋外タンク貯蔵所の所有者、管理者又は占有者の申請に基づき、当該期間を市町村長等が定める期間延長することができる。(ム)

4　前項の申請は、別記様式第三十五の申請書に理由書その他の参考となるべき事項を記載した書類を添えて行わなければならない。(ム)

本条…追加〔昭和五一年六月自令一八号〕、一部改正〔昭和五二年二月自令二号・五九年一二月三〇号・六二年四月一六号・一二月三六号・平成元年二月五号・六年九月三〇号〕、一項…一部改正・二項…追加〔平成一二年三月自令一二号〕、三・四項…追加〔平成二一年一〇月総令九八号〕、一項…一部改正〔平成二三年二月総令五号〕

解説　【内部点検事項】屋外貯蔵タンクの底部の溶接部に関する事項及び板の厚さに関する事項

第六二条の五の二　令第八条の五第一号、第二号、第四号及び第五号に掲げる製造所等に係る定期点検は、第六十二条の四の規定によるほか、告示〔危告示第七一条第一・二項〕で定めるところにより、令第十三条第一項第一号に規定する地下貯蔵タンク（令第九条第一項第二十号ハにおいてその例による場合及びこれを令第十九条第一項において準用する場合並びに令第十七条第一項第八号イ及び同条第二項第二号においてその例による場合を含む。以下この条において「地下貯蔵タンク」という。）及び令第十三条第二項に規定する二重殻タンク（令第九条第一項第二十号ハにおいてその例による場合及びこれを令第十九条第一項において準用する場合並びに令第十七条第一項第八号イ及び同条第二項第二号においてその例による場合を含む。以下この条において「二重殻タンク」という。）の強化プラスチック製の外殻の漏れの点検を行わなければならない。ただし、次の各号に掲げる地下貯蔵タンク若しくはその部分又は二重殻タンクの強化プラスチック製の外殻にあっては、この限りでない。(ワ)(ソ)㋺

一　地下貯蔵タンク又はその部分のうち、次のイ又はロのいずれかに適合するもの(ワ)

イ　二重殻タンクの内殻(ワ)

ロ　危険物の微少な漏れを検知しその漏えい拡散を防止するための告示で定める措置〔危告示第七一条第三項〕が講じられているもの(ワ)

二　二重殻タンクの強化プラスチック製の外殻のうち、当該外殻と地下貯蔵タンクとの間げきに危険物の漏れを検知するための液体が満たされているもの(ワ)

2　前項の点検は、地下貯蔵タンク又は二重殻タンクの強化プラスチック製の外殻（以下この項において「地下貯蔵タンク等」という。）を有する製造所等について令第八条第三項の完成検査済証（法第十一条第一項後段の規定による変更の許可（以下この条から第六十二条の五の四までにおいて「変更の許可」という。）に係るものについては、当該地下貯蔵タンク等の変更の許可に係るものに限る。）の交付を受けた日又は直近において当該地下貯蔵タンク等について前項の点検を行った日から、次の各号に掲げる区分に応じ、当該各号に定める期間を経過する日の属する月の末日までの間に一回以上行わなければならない。ただし、第六十二条の二第一項第一号に掲げる事由により、前項の点検を行うことが困難であると認められるときは、市町村長等が点検を行うべき期限を別に定めることができる。(ワ)(ノ)㋺㋭

一　地下貯蔵タンク　一年（完成検査を受けた日から十五年を超えないもの又は危険物の漏れを覚知しその漏えい拡散を防止するための告示で定める措置〔危告示第七一条第四項〕が講じられているものにあっては三年）(ワ)㋺

二　二重殻タンクの強化プラスチック製の外殻　三年(ワ)

3　前項の規定にかかわらず、当該期間内に当該地下貯蔵タンク又は二重殻タンクにおける危険物の貯蔵及び取扱いが休止され、かつ、市町村長等が保安上支障がないと認める場合には、当該地下貯蔵タンク又は二重殻タンクを有する製造所等の所有者、管理者又は占有者の申請に基づき、当該期間を当該市町村長等が定める期間延長することができる。㋭

4　前項の申請は、別記様式第四十二の申請書に理由書その他の参考となるべき事項を記載した書類を添えて行わなければならない。(ノ)㋭

本条…追加〔平成一二年三月自令一一号〕、全部改正〔平成一五年一二月総令一四三号〕、一項…一部改正〔平成一八年三月総令三一号〕、二項…一部改正・三項…追加〔平成二二年六月総令七一号〕、一・二項…一部改正〔令和元年八月総令三四号〕、二項…一部改正・三項…追加・旧三項…一部改正し四項に繰下〔令和二年一二月総令一二四号〕

第六二条の五の三　製造所等のうち地盤面下に設置された配管（以下この条において「地下埋設配管」という。）を有するものに係る定期点検は、第六十二条の四の規定によるほか、告示〔危告示第七一条の二第一項〕で定めるところにより、当該地下埋設配管の漏れの点検を行わなければならない。ただし、地下埋設配管又はその部分のうち、危険物の微少な漏れを検知しその漏えい拡散を防止するための告示で定める措置〔危告示第七一条の二第二項〕が講じられているものにあっては、この限りではない。(ワ)㋺

2　前項の点検は、地下埋設配管を有する製造所等について令第八条第三項の完成検査済証（変更の許可に係るものについては、当該地下埋設配管の変更の許可に係るものに限る。）の交付を受けた日又は直近において前項の点検を行った日から一年（完成検査を受けた日から十五年を超えないもの又は危険物の漏れを覚知しその漏えい拡散を防止するための告示で定める措置〔危告示第七一条の二第三項〕が講じられているものにあっては三年）を経過する日の属する月の末日までの間に一回以上行わなければならない。ただし、第六十二条の二第一項第一号に掲げる事由により、前項の点検を行うことが困難であると認められるときは、市町村長等が点検を行うべき期限を別に定めることができる。(ワ)(ノ)(ろ)(ほ)

3　前項の規定にかかわらず、当該期間内に当該地下埋設配管における危険物の取扱いが休止され、かつ、市町村長等が保安上支障がないと認める場合には、当該地下埋設配管を有する製造所等の所有者、管理者又は占有者の申請に基づき、当該期間を当該市町村長等が定める期間延長することができる。(ほ)

4　前項の申請は、別記様式第四十三の申請書に理由書その他の参考となるべき事項を記載した書類を添えて行わなければならない。(ノ)(ほ)

本条…追加〔平成一二年三月自令一一号〕、全部改正〔平成一五年一二月総令一四三号〕、一項…一部改正・三項…追加〔平成二二年六月総令七一号〕、一・二項…一部改正〔令和元年八月総令三四号〕、一項…一部改正・三項…追加・旧三項…一部改正し四項に繰下〔令和二年一二月総令一二四号〕

第六二条の五の四　移動タンク貯蔵所に係る定期点検は、第六十二条の四の規定によるほか、告示〔危告示第七一条の三〕で定めるところにより、令第八条第三項の完成検査済証（変更の許可に係るものについては、当該移動貯蔵タンクの変更の許可に係るものに限る。）の交付を受けた日又は直近において当該移動貯蔵タンクの漏れの点検を行った日から五年を経過する日の属する月の末日までの間に一回以上当該移動貯蔵タンクの漏れの点検を行わなければならない。ただし、第六十二条の二第一項第一号に掲げる事由により、当該点検を行うことが困難であると認められるときは、市町村長等が点検を行うべき期限を別に定めることができる。(ハ)(ろ)(ほ)

本条…追加〔平成一二年三月自令一一号〕、一部改正〔令和元年八月総令三四号・二年一二月一二四号〕

第六二条の五の五　令第二十条第一項第一号の規定により第三種の固定式の泡消火設備を設ける屋外タンク貯蔵所に係る定期点検は、第六十二条の四の規定によるほか、告示〔危告示第七二条〕で定めるところにより、当該泡消火設備の泡の適正な放出を確認する一体的な点検を行わなければならない。(カ)

本条…追加〔平成一七年一月総令三号〕

第六二条の六　第六十二条の四から前条までの規定による点検は、危険物取扱者又は危険物施設保安員（第六十二条の五の二から第六十二条の五の四までの規定による点検については、当該各条の告示で定めるところによる点検の方法に関する知識及び技能を有する者、前条の規定による点検については、泡の発泡機構、泡消火薬剤の性状及び性能の確認等に関する知識及び技能を有する者に限る。）が行わなければならない。(を)(ハ)(カ)

2　前項の規定にかかわらず、危険物取扱者の立会を受けた場合は、危険物取扱者以外の者（第六十二条の五の二から第六十二条の五の四までの規定による点検については、当該各条の告示で定めるところによる点検の方法に関する知識及び技能を有する者、前条の規定による点検については、泡の発泡機構、泡消火薬剤の性状及び性能の確認等に関する知識及び技能を有する者に限る。）が点検を行うことができる。(を)(ハ)(カ)

本条…追加〔昭和五一年六月自令一八号〕、一・二項…一部改正〔平成一二年三月自令一一号・一七年一月総令三号〕

第六二条の七　法第十四条の三の二の規定による点検記録には、次の各号に掲げる事項を記載しなければならない。(を)

一　点検をした製造所等の名称(を)

二　点検の方法及び結果(を)

三　点検年月日(を)

四　点検を行つた危険物取扱者若しくは危険物施設保安員又は点検に立会つた危険物取扱者の氏名(を)

本条…追加〔昭和五一年六月自令一八号〕

第六二条の八　前条に規定する点検記録は、次の各号に掲げる区分に応じ、それぞれ当該各号に定める期間これを保存しなければならない。(を)(あ)(ゆ)(ハ)

一　第六十二条の五第一項の規定による屋外貯蔵タンクの内部点検に係る点検記録　二十六年間（同項括弧書の期間の適用を受けた場合にあつては三十年間）。ただし、当該期間内に同条第三項の規定により市町村長等が延長期間を定めた場合にあつては、当該延長期間を加えた期間(ハ)(ム)

二　第六十二条の五の二第一項の規定による地下貯蔵タンク及び二重殻タンクの強化プラスチック製の外殻の漏れの点検に係る点検記録　三年間。ただし、当該期間内に同条第二項ただし書の規定により市町村長等が延長期間を定めた場合にあつては、当該延長期間を加えた期間(ノ)

三　第六十二条の五の三第一項の規定による地下埋設配管の漏れの点検に係る点検記録　三年間。ただし、当該期間内に同条第二項ただし書の規定により市町村長等が延長期間を定めた場合にあつては、当該延長期間を加えた期間(ノ)

四　第六十二条の五の四の規定による移動貯蔵タンクの漏れの点検に係る点検記録　十年間(ハ)(ノ)

五　前各号以外の点検記録　三年間(ハ)(ノ)

本条…追加〔昭和五一年六月自令一八号〕、一部改正〔平成五年七月自令二二号・六年九月三〇号・一二年三月一一号・二一年一〇月総令九八号・二三年六月七一号〕

第十章　自衛消防組織（に）

本章…追加〔昭和四〇年一〇月自令二八号〕

第六三条　削除（わ）〔昭和五二年二月自令二号〕

（移送取扱所を有する事業所の自衛消防組織の編成）

第六四条　令第三十八条の二第一項に規定する総務省令で定める人員数及び化学消防自動車の台数は、次のとおりとする。（り）（へ）

一　指定施設〔危令第三〇条の三〕である移送取扱所を有する事業所のうち移送取扱所以外の指定施設を有する事業所については、別表第五及び第六の人員数及び化学消防自動車の台数を合計した数。ただし、第六十五条第五号に規定する化学消防ポンプ自動車を置く事業所については、人員数五名及び化学消防自動車一台を減じた数とすることができる。（り）（わ）（う）（タ）

二　指定施設である移送取扱所のみを有する事業所については、別表第六の人員数及び化学消防自動車の台数。（り）

本条…追加〔昭和四九年五月自令一二号〕、一部改正〔昭和五二年二月自令二号・六一年七月一六号・平成一二年九月四四号・一七年三月総令三七号〕

（自衛消防組織の編成の特例）

第六四条の二　令第三十八条の二第一項ただし書の総務省令で定める編成は、火災その他の災害のための相互応援に関する協定を締結しているすべての事業所を一の事業所と、当該すべての事業所の指定施設において取り扱う第四類の危険物の最大数量を一の事業所の指定施設において取り扱う第四類の危険物の最大数量とみなして同項本文の規定を適用した場合における人員及び化学消防自動車の台数とすることができる。ただし、相互応援に関する協定を締結している各事業所の自衛消防組織は、少くとも当該事業所の指定施設において取り扱う第四類の危険物の最大数量に応じ、令第三十八条の二第一項の表に掲げる化学消防自動車の台数の二分の一以上の台数の化学消防自動車及び化学消防自動車一台につき五人以上の人員をもつて編成しなければならない。（に）（と）（り）（へ）

本条…全部改正〔昭和四〇年一〇月自令二八号〕、一部改正〔昭和四六年六月自令一二号〕、旧六四条…繰下〔昭和四九年五月自令一二号〕、本条…一部改正〔平成一二年九月自令四四号〕

（化学消防自動車の基準）

第六五条　令第三十八条の二第二項の総務省令で定める化学消防自動車の消火能力及び設備の基準は、次のとおりとする。（に）（へ）

一　泡を放射する化学消防自動車にあつてはその放水能力が毎分二千リットル以上、消火粉末を放射する化学消防自動車にあつてはその放射能力が毎秒三十五キログラム以上であること。（と）（ら）（タ）

二　泡を放射する化学消防自動車にあつては消火薬液槽及び消火薬液混合装置を、消火粉末を放射する化学消防自動車にあつては消火粉末槽及び加圧用ガス設備を車体に固定すること。（と）（ら）

三　泡を放射する化学消防自動車にあつては二十四万リットル以上の泡水溶液を放射することができる量の消火薬液を、消火粉末を放射する化学消防自動車にあつては千四百キログラム以上の量の消火粉末を備えておくこと。（と）（ら）（タ）

四　泡を放射する化学消防自動車の台数は、令第三十八条の二第一項の表に掲げる化学消防自動車の台数の三分の二以上とすること。（と）（ら）

五　指定施設である移送取扱所を有する事業所の自衛消防組織に編成されるべき化学消防自動車のうち、移送取扱所に係るものとして別表第六で算定される化学消防自動車は、第一号から第三号までに定める基準のほか、容量千リットル以上の水槽及び放水銃等を備えていること。（り）（わ）（う）（タ）

本条…全部改正〔昭和四〇年一〇月自令二八号〕、一部改正〔昭和四六年六月自令一二号・四九年五月一二号・五二年二月二号・五九年七月一七号・六一年七月一六号・平成一二年九月四四号・一七年三月総令三七号〕

第十一章　映写室（に）

章名…改正・旧八章…繰下〔昭和四〇年一〇月自令二八号〕

（映写室の標識及び掲示板）

第六六条　令第三十九条第一号の規定により、映写室に設けなければならない標識及び掲示板は、次のとおりとする。

一　標識は、幅〇・三メートル以上、長さ〇・六メートル以上の板であること。

二　標識の色は、地を白色、文字を黒色とすること。

三　掲示板は、第一号の標識と同一寸法の板とし、かつ、地を赤色、文字を白色として「火気厳禁」と表示すること。

（映写室の消火設備）

第六七条　令第三十九条第九号の規定により、映写室には、第五種の消火設備を二個以上設けるものとする。

第六八条及び第六九条　削除（の）〔昭和六二年四月自令一六号〕

第十二章　雑則(の)

章名…追加〔昭和六二年四月自令一六号〕

（液状の定義）

第六九条の二　法別表第一備考第一号の液状とは、垂直にした試験管（内径三十ミリメートル、高さ百二十ミリメートルの平底円筒型のガラス製のものとする。以下「試験管」という。）に物品を試験管の底からの高さが五十五ミリメートルとなるまで入れ、当該試験管を水平にした場合に、当該物品の移動面の先端が試験管の底からの距離が八十五ミリメートルの部分を通過するまでの時間が九十秒以内であることをいう。(ま)(タ)

本条…追加〔平成元年二月自令五号〕、一部改正〔平成一七年三月総令三七号〕

第七〇条　削除〔平成一二年三月自令一二号〕

（行政庁の変更に伴う事務引継）

第七一条　法第十六条の七の規定による当該行政庁に変更があつた場合においては、変更前の行政庁は、変更の日から十四日以内にその担任する事務を変更後の行政庁に引き継がなければならない。(に)(ぬ)

2　前項の規定による事務引継の場合においては、変更前の行政庁は、書類及び帳簿を調整し、処分未了若しくは未着手の事項又は将来企画すべき事項については、その処理の順序及び方法並びにこれに対する意見を記載しなければならない。

一項…一部改正〔昭和四〇年一〇月自令二八号・四九年六月一七号〕

（塩素酸塩類等の特例）

第七二条　令第四十一条の規定により、総務省令で定める危険物は、第一類の危険物のうち塩素酸塩類、過塩素酸塩類若しくは硝酸塩類又はこれらのいずれかを含有するもの、第二類の危険物のうち硫黄、鉄粉、金属粉若しくはマグネシウム又はこれらのいずれかを含有するもの及び第五類の危険物のうち硝酸エステル類、ニトロ化合物若しくは金属のアジ化物又はこれらのいずれかを含有するもののうち火薬類に該当するものをいう。(い)(ま)(へ)

2　前項の危険物については、令第九条第一項（令第十九条第一項において準用する場合を含む。）第二号、第四号から第七号まで、第九号、第二十号及び第二十一号、令第十条第一項第一号、第四号から第七号まで及び第十二号、令第二十条第一項第三号並びに令第二十七条第五項第三号の規定並びに第三十六条、第三十八条、第三十九条の三、第四十一条及び第四十三条の規定は、当分の間適用しない。(ま)

一項…一部改正〔昭和三五年七月自令三号〕、一・二項…一部改正〔平成元年二月自令五号〕、一項…一部改正〔平成一二年九月自令四四号〕

附　則

1　この府令は、昭和三十四年九月三十日から施行する。

2　法附則第三項後段の規定による製造所等の届出は、別記様式第二十二の届出書に別記様式第二のイからリまでの当該製造所等に係る構造及び設備明細書、製造所等の位置、構造及び設備に関する図面、第一種、第二種又は第三種の消火設備を設けるものにあつては当該消火設備の設計書並びに火災報知設備を設けるものにあつては当該火災報知設備の設計書を添付して行わなければならない。

3　法附則第六項ただし書の規定による危険物の取扱作業に関して保安の監督をしている者又は映写室の映写機を操作している者の届出は、別記様式第二十三の届出書又は別記様式第二十四の届出書によつて行わなければならない。

4　前二項の届出書の提出部数は、それぞれ正本一部及び副本一部とする。

5　沖縄の復帰に伴う地方税関係以外の自治省関係法令の適用の特別措置等に関する政令（昭和四十七年政令第百六十号）第二十七条第八項の規定による危険物取扱者免状の交付の申請については、第五十条第二項中「危険物取扱者試験に合格」とあるのは「沖縄の復帰に伴う地方税関係以外の自治省関係法令の適用の特別措置等に関する政令（昭和四十七年政令第百六十号）第二十七条第八項に規定する講習の課程を終了」とし、別記様式第十中「試験施行」とあるのは「講習修了」と、「合格した試験」とあるのは「交付希望免状」とする。（ち）

6　沖縄の復帰に伴う地方税関係以外の自治省関係法令の適用の特別措置等に関する政令第二十七条第七項の規定の適用を受ける者については、第五十八条の二の規定は、昭和四十九年三月三十一日までの間、適用しない。（ち）

五・六項…追加〔昭和四七年五月自令一二号〕

附　則（い）〔昭和三五年七月一日自治省令第三号〕

この省令は、公布の日から施行する。

附　則（ろ）〔昭和三八年四月一五日自治省令第一三号〕

この省令は、公布の日から施行する。

附　則（は）〔昭和四〇年五月二九日自治省令第一七号〕

1　この省令は、公布の日から施行する。

2　この省令による改正後の危険物の規制に関する総理府令第四十四条第三号イ及びホの規定にかかわらず、第一類及び第五類の危険物の運搬容器及び包装の外部に行なう表示は、この省令の施行の日から起算して三月間は、なお従前の例によることができる。

3　この省令による改正後の危険物の規制に関する総理府令別表第三にかかわらず、危険物の運搬容器、収納及び包装については、この省令の施行の日から起算して六月間は、なお従前の例によることができる。

附　則（に）〔昭和四〇年一〇月一日自治省令第二八号〕

1　この省令は、昭和四十年十月一日から施行する。ただし、第十八条の改正規定（各号列記以外の部分の改正規定を除く。）は、昭和四十一年一月一日から施行する。

2　この省令の施行の際、現に消防法第十一条第一項の規定による許可を受けている貯蔵所（以下「許可貯蔵所」という。）の構造のうち、改正後の危険物の規制に関する規則（以下「規則」という。）第十六条の三第五項第三号及び第五号の規定に適合しないものに係る技術上の基準については、なお従前の例による。

3　許可貯蔵所の位置、構造及び設備のうち規則第十六条の三第二項から第五項まで（第五項第三号及び第五号を除く。）並びに第二十二条第二項第三号及び第五号の規定に適合しないものに係る技術上の基準については、昭和四十二年九月三十日までの間は、なお従前の例による。

附　則（ほ）〔昭和四二年一二月二八日自治省令第三七号〕

この省令は、公布の日から施行する。

附　則（へ）〔昭和四四年二月二一日自治省令第三号〕

この省令は、公布の日から施行する。

附　則（と）〔昭和四六年六月一日自治省令第一二号〕

（施行期日）

1　この省令は、公布の日から施行する。ただし、第六条の改正規定、第十七条第一項の改正規定（令第十八条第二号に係る改正部分を除く。）、第十八条の改正規定（令第十二条第三号に係る改正部分に限る。）、第十九条、第十九条の二、第二十条及び第二十四条の二の改正規定、同条の次に二条を加える改正規定、第三十三条、第三十五条、第三十九条の二及び第四十条の改正規定、第四十条の三の前に一条を加える改正規定、第四十条の四の次に一条を加える改正規定、別記様式第二の八及び第五の改正規定並びに別記様式第五の次に第五の二、第五の三及び第五の四を加える改正規定は昭和四十六年十月一日から、第十七条第二項、第六十四条及び第六十五条の改正規定は昭和四十七年一月一日から、第四十七条の改正規定、同条の次に二条を加える改正規定、第五十三条の次に一条を加える改正規定及び別記様式第七の次に第七の二を加える改正規定は同年十月一日から施行する。

（経過措置）

2　昭和四十六年十月一日において現に危険物の規制に関する政令第八条第三項の規定により交付されている完成検査済証は、改正後の危険物の規制に関する規則（以下「新規則」という。）第六条第二項の規定による完成検査済証とみなす。

3　この省令の施行の際現に交付されている危険物取扱主任者免状は、新規則別記様式第十一の危険物取扱者免状とみなし、この省令の施行の際現にある危険物取扱主任者免状の用紙は、当分の間、これを取り繕つて使用することができる。

4　この省令の施行の際現に消防法第十一条第一項の規定による許可を受けている製造所、貯蔵所又は取扱所において危険物の取扱作業に従事している危険物取扱者については、新規則第五十八条の二第一項ただし書の規定は適用せず、その者に対する同項本文の規定の適用については、同項中「当該取扱作業に従事することとなつた日から一年」とあるのは、「昭和四十六年六月一日から五年」とする。

附　則（ち）〔昭和四七年五月一五日自治省令第一二号〕

この省令は、公布の日から施行する。

附　則（り）〔昭和四九年五月一日自治省令第一二号〕

（施行期日）

1　この省令は、公布の日から施行する。ただし、改正後の危険物の規制に関する規則（以下「新規則」という。）第十三条の二、第二十一条及び第二十四条第一号の規定は昭和四十九年八月一日から、新規則第十二条第四号の規定は昭和四十九年十一月一日から施行する。

（経過措置）

2　この省令の施行の際、現に消防法第十一条の規定により許可を受けている製造所、貯蔵所又は取扱所の位置、構造及び設備のうち、新規則第十二条第四号、第二十一条又は第二十四条第一号若しくは第二号に定める技術上の基準に適合しないものに係る技術上の基準については、これらの規定にかかわらず、なお従前の例による。

3　危険物の規制に関する政令の一部を改正する政令（昭和四十八年政令第三百七十八号）附則第二項の規定により移送取扱所として許可を受けたものとみなされる取扱所（以下「みなし移送取扱所」という。）の設備のうち、新規則第二十八条の四十二又は第二十八条の四十四第一項に定める技術上の基準に適合しないものに係る技術上の基準については、当該規定にかかわらず、昭和四十九年七月三十一日までの間は、なお従前の例による。

4　みなし移送取扱所の位置、構造及び設備のうち、新規則第二十八条の三、第二十八条の二十三から第二十八条の二十五まで、第二十八条の二十九から第二十八条の三十一まで、第二十八条の三十二（漏えい検知口に関する部分を除く。）、第二十八条の三十三から第二十八条の四十一まで、第二十八条の四十四第二項（注意標示に関する部分を除く。）、第二十八条の四十七から第二十八条の五十まで、第二十八条の五十一第一項又は第二十八条の五十三第五項、第六項若しくは第八項に定める技術上の基準に適合しないものに係る技術上の基準については、これらの規定にかかわらず、昭和五十一年四月三十日までの間は、なお従前の例による。

5　みなし移送取扱所の位置、構造及び設備のうち、新規則第二十八条の四から第二十八条の二十二まで、第二十八条の三十二（漏えい検知口に関する部分に限る。）、第二十八条の四十四第二項（注意標示に関する部分に限る。）又は第二十八条の五十一第二項に定める技術上の基準に適合しないものに係る技術上の基準については、これらの規定にかかわらず、なお従前の例による。

附　則(ぬ)〔昭和四九年六月一日自治省令第一七号〕

(施行期日)

1　この省令は、公布の日から施行する。ただし、第四十三条に一項を加える改正規定は、昭和四十九年九月一日から施行する。

2　この省令の施行の際、現に危険物の規制に関する政令第八条第三項の完成検査済証(設置に係るものに限る。この項において同じ。)の交付を受けている移送取扱所については、公布の日から一年を経過した日を完成検査済証の交付を受けた日とみなして、改正後の危険物の規制に関する規則第六十二条の二の規定を適用する。

附　則(る)〔昭和五一年三月三一日自治省令第七号〕

改正　昭和五二年二月自治省令第二号(わ)

1　この省令は、昭和五十一年四月一日から施行する。

2　この省令の施行の際、現に消防法第十一条の規定により許可を受けている屋外タンク貯蔵所(以下「既設の屋外タンク貯蔵所」という。)のうち、改正後の危険物の規制に関する規則(以下「新規則」という。)第二十二条第二項第十三号から第十五号までに定める技術上の基準に適合しないものに係る技術上の基準については、当該規定にかかわらず、昭和五十二年十二月三十一日までの間は、なお従前の例による。(わ)

3　既設の屋外タンク貯蔵所のうち、新規則第二十二条第一項並びに第二項第一号、第二号、第九号、第十号、第十二号及び第十六号に定める技術上の基準に適合しないものに係る技術上の基準については、当該規定にかかわらず、昭和五十五年十二月三十一日までの間は、なお従前の例による。(わ)

4　既設の屋外タンク貯蔵所のうち、新規則第二十二条第二項第三号から第六号まで、第八号及び第十一号に定める技術上の基準に適合しないものに係る技術上の基準については、当該規定にかかわらず、なお従前の例による。(わ)

二—四項…一部改正〔昭和五二年二月自令二号〕

附　則(を)〔昭和五一年六月一五日自治省令第一八号〕

1　この省令は、昭和五十一年六月十六日から施行する。

2　この省令の施行の際、現に消防法(以下「法」という。)第十一条第一項の規定による許可を受けている屋外タンク貯蔵所(以下「既設の屋外タンク貯蔵所」という。)で容量が一万キロリットル未満のもののうち、その位置が改正後の危険物の規制に関する規則(以下「新規則」という。)第十五条第一号に定める技術上の基準に適合しないものの位置に係る技術上の基準については、同号の規定にかかわらず、なお従前の例による。

3　既設の屋外タンク貯蔵所で容量が一万キロリットル以上のもののうち、その位置が新規則第十五条第一号に定める技術上の基準に適合しないものの位置に係る技術上の基準については、昭和五十六年六月三十日までの間は、同号の規定にかかわらず、なお従前の例による。

4　前項の規定の適用を受ける屋外タンク貯蔵所であつて、昭和五十六年六月三十日までの間において、当該屋外貯蔵タンクに冷却用散水設備を設ける等により、市町村長等が安全であると認めたものに係る新規則第十五条第一号の規定の適用に関しては、その日後においても、なお従前の例による。

5　既設の屋外タンク貯蔵所のうち新規則第六十二条の五第一号又は第二号の規定の適用を受けるものに係る最初の内部点検を行う期間は、これらの規定にかかわらず、次の表の上欄に掲げる屋外タンク貯蔵所の容量の区分ごとに、同表の中欄に掲げる当該屋外タンク貯蔵所に係る危険物の規制に関する政令第八条第三項の完成検査済証の交付を受けた日の区分に応じ、同表の下欄に掲げる期間とする。

容量	完成検査済証の交付年月日	点検を行う期間
千キロリットル以上一万キロリットル未満	昭和四十一年六月三十日以前	昭和五十一年六月十六日から昭和六十年六月三十日まで
	昭和四十一年七月一日以降	昭和五十一年六月十六日から昭和六十二年六月三十日まで
一万キロリットル以上	昭和四十一年六月三十日以前	昭和五十一年六月十六日から昭和五十八年六月三十日まで
	昭和四十一年七月一日以降	昭和五十一年六月十六日から昭和五十九年六月三十日まで

6　既設の屋外タンク貯蔵所のうち、第四類の危険物以外の液体の危険物を貯蔵し、又は取り扱う屋外貯蔵タンクの周囲に設ける防油堤に係る新規則第二十二条第二項又は第三項に定める技術上の基準に適合しないものに係る技術上の基準については、同項の規定にかかわらず、昭和五十六年六月三十日までの間は、なお従前の例による。

7　既設の屋外タンク貯蔵所のうち、新規則第二十二条第二項第七号に定める技術上の基準に適合しないものに係る技術上の基準については、同号の規定にかかわらず、なお従前の例による。

附　則（わ）〔昭和五二年二月一〇日自治省令第二号抄〕

1　この省令は、昭和五十二年二月十五日から施行する。

附　則（か）〔昭和五三年二月九日自治省令第一号〕

この省令は、昭和五十三年三月一日から施行する。

附　則（よ）〔昭和五三年一〇月六日自治省令第二四号〕

この省令は、公布の日から施行する。

附　則（た）〔昭和五四年七月二一日自治省令第一六号〕

この省令は、昭和五十四年八月一日から施行する。ただし、第三十五条第二号の改正規定、第四十条の二及び第四十七条の三に一項を加える改正規定、別表第三の改正規定（アルキルリチウムの追加に係る部分に限る。）並びに同表備考15の改正規定は昭和五十四年十月一日から施行する。

附　則（れ）〔昭和五四年九月一三日自治省令第二〇号〕

この省令は、公布の日から施行する。

附　則（そ）〔昭和五六年九月一九日自治省令第二二号〕

この省令は、公布の日から施行する。

附　則（つ）〔昭和五七年一月八日自治省令第一号〕

1　この省令は、昭和五十七年三月一日から施行する。

2　この省令の施行の際、現に消防法第十一条第一項の規定により許可を受けている製造所、貯蔵所又は取扱所の構造のうち、改正後の危険物の規制に関する規則第二十条の五の二に定める技術上の基準に適合しないものに係る技術上の基準については、同条の規定にかかわらず、なお従前の例による。

附　則（ね）〔昭和五八年四月二八日自治省令第一六号〕

この省令は、昭和五十八年五月九日から施行する。

附　則（な）〔昭和五九年三月五日自治省令第一号〕

この省令は、公布の日から施行する。ただし、第五条の次に一条を加える改正規定、第四十七条の六及び第四十八条の二の改正規定、別記様式第三の二の次に一様式を加える改正規定、別記様式第七の三及び別記様式第七の四を削る改正規定並びに別記様式第八及び別記様式第九の改正規定は昭和五十九年四月一日から、第四十九条の改正規定は昭和五十九年七月一日から施行する。

附　則（ら）〔昭和五九年七月二〇日自治省令第一七号〕

この省令は、昭和五十九年八月一日から施行する。

附　則（む）〔昭和五九年一二月一五日自治省令第三〇号〕

この省令は、公布の日から施行する。ただし、第一条中危険物の規制に関する規則別記様式第十及び別記様式第十四の改正規定〔中略〕は、昭和六十年四月一日から施行する。

附　則（う）〔昭和六一年七月一五日自治省令第一六号〕

この省令は、公布の日から施行する。

附　則（ゐ）〔昭和六一年一二月一五日自治省令第三二号〕

この省令は、昭和六十二年一月一日から施行する。

附　則（の）〔昭和六二年四月二〇日自治省令第一六号〕

（施行期日）

1　この省令は、昭和六十二年五月一日から施行する。

（経過措置）

2　この省令の施行の際、現に消防法（以下「法」という。）第十一条第一項の規定による許可を受けている製造所、貯蔵所又は取扱所の位置、構造及び設備のうち、改正後の危険物の規制に関する規則（以下「新規則」という。）第二十条第二項第一号若しくは第三項、第二十四条の三第二号イ、第二十五条の二、第二十五条の四第四項又は第二十五条の五第二項第一号若しくは第二号イの規定に適合しないものに係る技術上の基準については、これらの規定にかかわらず、なお従前の例による。

3　この省令の施行の際、現に法第十一条第一項の規定により許可を受けている給油取扱所の建築物のうち、新規則第二十五条の四第一項第一号から第三号までに掲げる用途に係る部分が三百平方メートルを超えるものに係る同条第二項の規定の適用については、同項中「三百平方メートル」とあるのは、「昭和六十二年四月三十日における前項第一号から第三号までに掲げる用途に係る部分の面積」とする。

4　昭和六十二年五月一日前に改正前の危険物の規制に関する規則（以下「旧規則」という。）第五十八条の十四第一項又は第二項の規定により講習を受けた者が、昭和六十二年五月一日以降初めて講習を受けなければならない日については、新規則第五十八条の十四第一項ただし書及び第二項の規定にかかわらず、なお従前の例による。

5　旧規則第五十八条の十四第一項ただし書の規定による当該取扱作業に従事することとなつた日が、昭和六十二年五月一日前であつて、この日前四年以内に危険物取扱者免状の交付を受けている者が、昭和六十二年五月一日以降初めて講習を受けなければならない日については、新規則第五十八条の十四第一項ただし書の規定にかかわらず、なお従前の例による。

附　則（お）〔昭和六二年一二月二六日自治省令第三六号〕

1　この省令は、公布の日から施行する。

2　この省令の施行の際、現に消防法第十一条第一項の規定により許可を受けている屋外タンク貯蔵所のうち、改正後の危険物の規制に関する規則第二十二条の三の二第三項第三号及び第九号から第十一号までに定める技術上の基準に適合しないものに係る技術上の基準については、当該規定にかかわらず、なお従前の例による。

3　この省令による改正後の危険物の規制に関する規則別表第三にかかわらず、危険物の運搬容器、収納及び包装については、この省令の施行の日から起算して六月間は、なお従前の例によることができる。

附　則（く）〔昭和六三年一月二〇日自治省令第三号〕

この省令は、公布の日から施行する。

附　則（や）〔昭和六三年四月二五日自治省令第一八号〕

（施行期日）

1　この省令は、昭和六十四年〔平成元年〕四月一日から施行する。

（経過措置）

2　この省令の施行の際現に交付されている危険物取扱者免状は、改正後の危険物の規制に関する規則（以下「新規則」という。）別記様式第十一の危険物取扱者免状とみなす。

3　新規則第五十一条第二項に定める免状の記載事項は、昭和六十七年〔平成四年〕三月三十一日までの間は、昭和六十四年〔平成元年〕三月三十一日において現に交付されている危険物取扱者免状に貼付されている写真とすることを妨げない。

附　則（ま）〔平成元年二月二三日自治省令第五号〕

改正　平成二年二月自治省令第一号（け）、五月第一六号（ふ）、一三年一〇月総務省令第一三六号（リ）

（施行期日）

第一条　この省令は、平成二年五月二十三日から施行する。ただし、次の各号に掲げる規定は、当該各号に定める日から施行する。

一　第三条第一項の改正規定、第十一条第四号の改正規定、第十八条第一項第二号の改正規定（「危険物の保安の監督をする者」を「危険物保安監督者」に改める部分に限る。）、第二十条の五の改正規定、第三十四条に一項を加える改正規定、第三十五条第二号の改正規定（「アルキルアルミニウム又はアルキルリチウムに係る」を「アルキルアルミニウム等を貯蔵し、又は取り扱う」に改める部分を除く。）、同条第三号にただし書を加える改正規定、第四十七条の六の改正規定（「危険物の保安に関する業務を統括管理する者」を「危険物保安統括管理者」に改める部分に限る。）、第四十八条の改正規定、第四十八条の二の改正規定（「危険物の保安の監督をする者」を「危険物保安監督者」に改め、同条に後段を加え、これを第四十八条の三とする部分に限る。）、第四十八条の次に一条を加える改正規定、第五十九条の改正規定及び第六十条の二の改正規定　公布の日

二　目次の改正規定（「第四章　消火設備及び警報設備の基準（第二十九条―第三十八条）」を「第四章　消火設備、警報設備及び避難設備の基準（第二十九条―第三十八条の三）」に改める部分に限る。）、第三条第二項の改正規定、第四条第二項の改正規定、同条第三項第四号の改正規定（「別表第一の二」を「別表第一」に改める部分を除く。）、同項第六号の次に一号を加える改正規定、第五条第二項の改正規定、第五条第三項第四号の改正規定（「別表第一の二」を「別表第一」に改める部分を除く。）、同項第六号の次に一号を加える改正規定、第六条の二の改正規定、第六条の二の二の改正規定、第六条の二の三の改正規定、第六条の二の六を第六条の二の七とする改正規定、第六条の二の五中「第八条の二第三項第二号の」の下に「令第十一条第一項第四号の二に定める基準に相当するものとして」を、「基準は、」の下に「地中タンクにあつては」を加え、同条を第六条の二の六とする改正規定、第六条の二の四を第六条の二の五とする改正規定、第六条の二の三の次に一条を加える改正規定、第六条の三の改正規定、第六条の五の改正規定、第十三条の四の改正規定、第十七条第一項の改正規定（「第十七条第一項第四号」の下に「（同条第二項においてその例による場合を含む。）」を加える部分に限る。）、第十八条第一項の改正規定（「第十七条第一項第四号」の下に「（同条第二項においてその例による場合を含む。）」を加える部分に限る。）、第二十条第三項に一号を加える改正規定、同条に一項を加える改正規定、第二十条の五の二の改正規定、第二十二条の二に一号を加える改正規定、第二十二条の三の二の次に一条を加える改正規定、第二十三条の改正規定、第二十五条の改正規定、第二十五条の二の改正規定、第二十五条の二の次に一条を加える改正規定、

第二十五条の三の改正規定、第二十五条の三の次に一条を加える改正規定、第二十五条の四の改正規定、第二十五条の五の改正規定、第二十五条の五の次に五条を加える改正規定、第三十三条第一項各号列記以外の部分の改正規定、同項第三号の改正規定（「又は地中タンクに係る屋外タンク貯蔵所又は海上タンクに係る屋外タンク貯蔵所」を「、地中タンクに係る屋外タンク貯蔵所」に改める部分に限る。）、同項に一号を加える改正規定、同条第二項各号列記以外の部分の改正規定、同項第一号の改正規定、同項第三号の次に一号を加える改正規定、第三十四条第一項各号列記以外の部分の改正規定、同項第四号の次に一号を加える改正規定、同条第二項の改正規定、第三十八条第一項第一号の改正規定、同条第二項中「前項」を「第一項」に改め、同項を同条第三項とする改正規定、同条第一項の次に一項を加える改正規定、第三十八条の次に二条を加える改正規定、第四十条の三の二中「第二十七条第六項第一号ト」を「第二十七条第六項第一号チ」に、「同号ト」を「同号チ」に改め、同条第一号中「固定給油設備」の下に「（ポンプ室に設けられたポンプ機器を除く。）」を加え、「建築物内の部分」を「第二十五条の四第一項第三号及び第四号の用途に供する部分で、床又は壁で区画されたものの内部」に改め、同条を第四十条の三の四とする改正規定、第四十条の三の三中「第二十七条第六項第一号リ」を「第二十七条第六項第一号ヲ」に改め、同条第二項第二号中「建築物」を「建築物の第二十五条の四第一項第一号の二又は第二号の用途に供する部分」に改め、同条に一項を加え、これを第四十条の三の六とする改正規定、第四十条の三の四の次に一条を加える改正規定、第四十条の五の改正規定、第六十二条の三第三項の改正規定（「又は第三十六条から第三十八条まで」を「、第三十六条及び第三十八条の三」に、「別記様式第二十」を「別記様式第三十」に改める部分を除く。）、第六十二条の五の改正規定（「引火性液体」を「引火点を有する液体」に改める部分を除く。）及び第七十条の改正規定、別記様式第二のチの改正規定（様式を改める部分に限る。）並びに附則第十一条、附則第十六条第一項、附則第十七条第一項及び附則第十八条の規定　平成元年三月十五日

三　第五十二条第二項の改正規定、第五十三条の二を削る改正規定、第五十七条第一号の改正規定及び第七十条の次に一条を加える改正規定　平成元年四月一日

（読替規定）

第二条　平成元年三月十五日から平成二年五月二十二日までの間に限り、改正後の危険物の規制に関する規則（以下「新規則」という。）第十三条の四、第二十条の五の二、第二十二条の三の三及び第二十三条の規定の適用については、新規則第十三条の四中「第九条第一項」とあるのは「第九条」と、「第十三条第一項」とあるのは「第十三条」と、「第十九条第一項」とあるのは「第十

九条」とし、新規則第二十条の五の二中「第九条第一項」とあるのは「第九条」と、「第十九条第一項」とあるのは「第十九条」と、「第十三条第一項」とあるのは「第十三条」とし、新規則第二十二条の三の三中「第二十二条の二の五」とあるのは「第二十二条の二」と、「第十一条第四項」とあるのは「第十一条第二項」とし、新規則第二十三条中「第十三条第一項」とあるのは「第十三条」と、「第九条第一項」とあるのは「第九条」と、「第十九条第一項」とあるのは「第十九条」とする。

（適用区分）

第三条　新規則第三十三条第二項第一号の規定は、平成元年三月十五日から平成二年五月二十二日までの間、同条第一項第三号に掲げる海上タンクに係る屋外タンク貯蔵所及び同項第六号に掲げる給油取扱所について適用し、同項各号に掲げる製造所、屋内貯蔵所、屋外タンク貯蔵所（海上タンクに係る屋外タンク貯蔵所を除く。）、屋内タンク貯蔵所、屋外貯蔵所及び一般取扱所並びに移送取扱所については、なお従前の例による。

2　新規則第三十八条第二項及び第三項の規定は、平成元年三月十五日から平成二年五月二十二日までの間、同条第一項第一号ホに掲げる給油取扱所について適用し、同号に掲げる製造所等（給油取扱所を除く。）については、なお従前の例による。

（製造所の基準に関する経過措置）

第四条　この省令の施行の際、現に設置されている製造所で、新たに消防法第十一条第一項の規定により製造所として許可を受けなければならないこととなるもの（以下「新規対象の製造所」という。）の構造及び設備で、この省令の施行の際現に存するもののうち、新規則第十三条の三第一項に定める技術上の基準に適合しないものの構造及び設備に係る技術上の基準については、同項の規定は、当該新規対象の製造所が次に掲げる基準のすべてに適合している場合に限り、適用しない。

一　当該製造所の危険物を取り扱う工作物（建築物及び危険物を移送するための配管その他これに準ずる工作物を除く。）の周囲に、一メートル以上の幅の空地を保有し、又は不燃材料で造つた防火上有効な塀が設けられていること。

二　当該製造所の建築物の危険物を取り扱う室の壁、柱、床及び天井（天井がない場合にあつては、はり及び屋根又は上階の床。以下この号において同じ。）が不燃材料で造られ、又は当該壁、柱、床及び天井の室内に面する部分が不燃材料で覆われていること。

三　前号の室の開口部には、甲種防火戸又は乙種防火戸が設けられていること。

四　当該製造所に係る指定数量の倍数が、平成二年五月二十三日（以下「施行日」という。）における指定数量の倍数を超えないこと。

2　この省令の施行の際、現に消防法第十一条第一項の規定により許可を受けて設置されている製造所（以下「既設の製造所」という。）の構造及び設備で、この省令の施行の際現に存するもののうち、新規則第十三条の三第一項に定める技術上の基準に適合しないものの構造及び設備に係る技術上の基準については、同項の規定にかかわらず、当該既設の製造所が前項第四号に掲げる基準に適合している場合に限り、なお従前の例による。

3　前項の規定は、危険物の規制に関する政令等の一部を改正する政令（昭和六十三年政令第三百五十八号。以下「三五八号改正政令」という。）附則第二条第十項の製造所（以下「みなし製造所」という。）の構造及び設備に係る技術上の基準について準用する。

（屋内貯蔵所の基準に関する経過措置）

第五条　この省令の施行の際、現に設置されている貯蔵所で、新たに消防法第十一条第一項の規定により危険物の規制に関する政令（以下「令」という。）第二条第一号の屋内貯蔵所として許可を受けなければならないこととなるもの（以下「新規対象の屋内貯蔵所」という。）のうち、新規則第十六条の四第二項又は第三項に定める技術上の基準に適合しないものの位置に係る技術上の基準については、これらの規定は、当該新規対象の屋内貯蔵所が次に掲げる基準のすべてに適合している場合に限り、適用しない。

一　当該屋内貯蔵所の貯蔵倉庫は、壁、柱及び床を耐火構造とし、かつ、はりが不燃材料で造られていること。

二　当該貯蔵倉庫の開口部には、甲種防火戸又は乙種防火戸が設けられていること。

三　当該貯蔵倉庫の屋根は、軽量な不燃材料で造られていること。

四　当該屋内貯蔵所に係る指定数量の倍数が、施行日における指定数量の倍数を超えないこと。

2　新規対象の屋内貯蔵所の構造で、この省令の施行の際現に存するもののうち、新規則第十六条の四第五項に定める技術上の基準に適合しないものの構造に係る技術上の基準については、これらの規定は、当該新規対象の屋内貯蔵所が前項各号に掲げる基準のすべてに適合している場合に限り、適用しない。

3　この省令の施行の際、現に消防法第十一条第一項の規定により許可を受けて設置されている屋内貯蔵所（以下「既設の屋内貯蔵所」という。）で、改正前の危険物の規制に関する規則（以下「旧規則」という。）第十六条の二の規定の適用を受けていたもののうち、新規則第十六条の二の三第二項第一号に定める技術上の基準に適合しないものの位置に係る技術上の基準については、同号の規定にかかわらず、当該既設の屋内貯蔵所が第一項第四号に掲げる基準に適合している場合に限り、なお従前の例による。

4　既設の屋内貯蔵所のうち旧規則第十六条の二の規定の適用を受けていたものの構造で、この省令の施行の際現に存するもののうち、新規則第十六条の二の三第二項第二号に定める技術上の基準に適合しないものの構造に係る技術上の基準については、同号の規定にかかわらず、当該既設の屋内貯蔵所が第一項第四号に掲げる基準に適合している場合に限り、なお従前の例による。

5　既設の屋内貯蔵所のうち、新規則第十六条の四第二項又は第三項に定める技術上の基準に適合しないものの位置に係る技術上の基準については、これらの規定にかかわらず、当該既設の屋内貯蔵所が第一項第一号及び第四号に掲げる基準に適合している場合に限り、なお従前の例による。

6　既設の屋内貯蔵所の構造で、この省令の施行の際現に存するもののうち、新規則第十六条の四第五項に定める技術上の基準に適合しないものの構造に係る技術上の基準については、これらの規定にかかわらず、当該既設の屋内貯蔵所が第一項第一号及び第四号に掲げる基準に適合している場合に限り、なお従前の例による。

（屋外タンク貯蔵所の基準に関する経過措置）

第六条　この省令の施行の際、現に設置されている貯蔵所で、新たに消防法第十一条第一項の規定により令第二条第二号の屋外タンク貯蔵所として許可を受けなければならないこととなるもの（以下「新規対象の屋外タンク貯蔵所」という。）の構造及び設備で、この省令の施行の際現に存するもののうち、新規則第二十二条第二項第三号から第八号まで又は第十一号（同条第三項において準用する場合を含む。）に定める技術上の基準に適合しないものの構造及び設備に係る技術上の基準については、これらの規定は、当該新規対象の屋外タンク貯蔵所が次に掲げる基準のすべてに適合している場合に限り、適用しない。

一　当該屋外タンク貯蔵所の屋外貯蔵タンク（危険物を移送するための配管その他これに準ずる工作物を除く。）の周囲に、一メートル以上の幅の空地を保有し、又は不燃材料で造つた防火上有効な塀が設けられていること。

二　当該屋外タンク貯蔵所の屋外貯蔵タンクは、鋼板その他の金属板で造られ、かつ、漏れない構造であること。

三　当該屋外タンク貯蔵所に係る指定数量の倍数が、施行日における指定数量の倍数を超えないこと。

2　この省令の施行の際、現に消防法第十一条第一項の規定により許可を受けて設置されている屋外タンク貯蔵所（以下「既設の屋外タンク貯蔵所」という。）の設備で、この省令の施行の際現に存するもののうち、令第十一条第一項第十号の二イに定める技術上の基準に適合しないものの設備に係る技術上の基準については、同号イの規定にかかわらず、当該既設の屋外タンク貯蔵所が前項第三号に掲げる基準に適合している場合に限り、なお従前の例による。

3　新規対象の屋外タンク貯蔵所の構造及び設備で、この省令の施行の際現に存するもののうち、新規則第二十二条第二項第一号、第二号、第九号、第十号、第十二号若しくは第十六号又は同条第三項（同項において準用する同条第二項第十一号、第十三号及び第十四号を除く。）に定める技術上の基準に適合しないものの構造及び設備に係る技術上の基準については、これらの規定は、当該新規対象の屋外タンク貯蔵所が第一項各号に掲げる基準のすべてに適合している場合に限り、平成五年十一月二十二日までの間は、適用しない。

（屋内タンク貯蔵所の基準に関する経過措置）

第七条　この省令の施行の際、現に設置されている貯蔵所で、新たに消防法第十一条第一項の規定により令第二条第三号の屋内タンク貯蔵所として許可を受けなければならないこととなるもの（以下「新規対象の屋内タンク貯蔵所」という。）の構造及び設備で、この省令の施行の際現に存するもののうち、新規則第二十二条の六第一号イからニまでに定める技術上の基準に適合しないものの構造及び設備に係る技術上の基準については、これらの規定は、当該新規対象の屋内タンク貯蔵所が次に掲げる基準のすべてに適合している場合に限り、適用しない。

一　当該屋内タンク貯蔵所の屋内貯蔵タンクは、鋼板その他の金属板で造られ、かつ、漏れない構造であること。

二　当該屋内タンク貯蔵所のタンク専用室及びポンプ室の壁、柱、床及び天井（天井がない場合にあつては、はり及び屋根又は上階の床。以下この条において同じ。）が不燃材料で造られ、又は当該壁、柱、床及び天井の室内に面する部分が不燃材料で覆われていること。

三　前号のタンク専用室及びポンプ室の開口部には、甲種防火戸又は乙種防火戸が設けられていること。

四　当該屋内タンク貯蔵所に係る指定数量の倍数が、施行日における指定数量の倍数を超えないこと。

2　この省令の施行の際、現に消防法第十一条第一項の規定により許可を受けて設置されている屋内タンク貯蔵所（以下「既設の屋内タンク貯蔵所」という。）の構造及び設備で、この省令の施行の際現に存するもののうち、新規則第二十二条の六第一号ハに定める技術上の基準に適合しないものの構造及び設備に係る技術上の基準については、同号ハの規定にかかわらず、当該既設の屋内タンク貯蔵所が前項第四号に掲げる基準に適合している場合に限り、なお従前の例による。

3　既設の屋内タンク貯蔵所の構造及び設備で、この省令の施行の際現に存するもののうち、新規則第二十二条の六第一号イ、ロ又はニに定める技術上の基準に適合しないものの構造及び設備に係る技術上の基準については、これらの規定にかかわらず、当該既設の屋内タンク貯蔵所が第一項第四号に掲げる基準に適合している場合に限り、平成三年五月二十二日までの間は、なお従前の例による。

4　前項の規定の適用を受ける屋内タンク貯蔵所であつて、平成三年五月二十二日までの間において、当該屋内タンク貯蔵所のポンプ室の壁、柱、床及び天井を不燃材料で造り、又は当該壁、柱、床及び天井の室内に面する部分を不燃材料で覆うことにより、市町村長等が安全であると認めたものに係る新規則第二十二条の六第一号イ、ロ及びニの規定の適用に関しては、その日後においても、なお従前の例による。

5　既設の屋内タンク貯蔵所の構造及び設備で、この省令の施行の際現に存するもののうち、新規則第二十二条の五第一号においてその例によるものとされる令第十一条第一項第十号の二ニ又はホに定める技術上の基準に適合しないものの構造及び設備に係る技術上の基準については、これらの規定にかかわらず、平成三年五月二十二日までの間は、なお従前の例による。

（地下タンク貯蔵所の基準に関する経過措置）

第八条　この省令の施行の際、現に消防法第十一条第一項の規定により許可を受けて設置されている地下タンク貯蔵所の構造で、この省令の施行の際現に存するもののうち、新規則第二十四条の二の二第一号に定める技術上の基準に適合しないものの構造に係る技術上の基準については、同号の規定にかかわらず、当該地下タンク貯蔵所に係る指定数量の倍数が、施行日における指定数量の倍数を超えない場合に限り、なお従前の例による。

（移動タンク貯蔵所の基準に関する経過措置）

第九条　この省令の施行の際、現に消防法第十一条第一項の規定により許可を受けて設置されている移動タンク貯蔵所の構造及び設備で、この省令の施行の際現に存するもののうち、新規則第二十四条の三、新規則第二十四条の五第四項第三号又は新規則第二十四条の八第一号、第四号若しくは第六号に定める技術上の基準に適合しないものの構造及び設備に係る技術上の基準については、これらの規定にかかわらず、なお従前の例による。

2　この省令の施行の際、現に設置されている貯蔵所で、新たに消防法第十一条第一項の規定により令第二条第六号の移動タンク貯蔵所として許可を受けなければならないこととなるものの構造及び設備で、この省令の施行の際現に存するもののうち、新規則第二十四条の五第四項第三号に定める技術上の基準に適合しないものの構造及び設備に係る技術上の基準については、同号の規定は、平成四年五月二十二日までの間は、適用しない。

（みなし屋外貯蔵所の基準の特例）

第一〇条　三五八号改正政令附則第九条第六項第三号の規定により、みなし屋外貯蔵所の消火設備の設置の基準は、次のとおりとする。

一　指定数量の倍数が百以上のみなし屋外貯蔵所にあつては、第三種の泡消火設備をその放射能力範囲が当該屋外貯蔵所の工作物及び危険物を包含するように設けること。

二　指定数量の倍数が十以上百未満のみなし屋外貯蔵所にあつては、第四種の消火設備をその放射能力範囲が当該屋外貯蔵所の工作物及び危険物を包含するように設けること。

（給油取扱所の基準に関する経過措置）

第一一条　給油取扱所のうち、平成元年三月十五日において現に消防法第十一条第一項の規定により許可を受けて設置されているもの（以下「既設の給油取扱所」という。）の構造及び設備で、同日において現に存するもののうち、新規則第二十五条の十第一号（専用タンクの注入口及び新規則第二十五条第二号に掲げるタンクの注入口を上階への延焼防止上安全な建築物の屋内給油取扱所の用に供する部分に設けることとする部分に限る。）又は第二号に定める技術上の基準に適合しないものの構造及び設備に係る技術上の基準については、これらの規定にかかわらず、なお従前の例による。

2　既設の給油取扱所の構造で、平成元年三月十五日において現に存するもののうち、新規則第二十五条の四第一項第一号の用途に供する建築物に係る令第十七条第一項第十号（建築物の屋根を耐火構造とし、又は不燃材料で造ることとする部分に限る。）に定める技術上の基準に適合しないものの構造に係る技術上の基準については、同号の規定にかかわらず、平成二年三月十四日までの間は、なお従前の例による。

3　既設の給油取扱所が設置される建築物の設備で、平成元年三月十五日において現に存するもののうち、令第十七条第二項第一号（自治省令で定める設備に係る部分に限る。）に定める技術上の基準に適合しないものの設備に係る技術上の基準については、同号の規定にかかわらず、平成二年三月十四日までの間は、なお従前の例による。

4　既設の給油取扱所の構造及び設備で、平成元年三月十五日において現に存するもののうち、新規則第二十五条の十第一号（固定給油設備及び灯油用固定注油設備を上階への延焼防止上安全な建築物の屋内給油取扱所の用に供する部分に設けることとする部分並びに屋根は上階への延焼防止上有効な幅を有して外壁と接続し、かつ、開口部を有しないものとする部分に限る。）、第三号又は第四号に定める技術上の基準に適合しないものの構造及び設備に係る技術上の基準については、これらの規定にかかわらず、平成三年三月十四日までの間は、なお従前の例による。

5　前項の規定の適用を受ける給油取扱所であつて、平成三年三月十四日までの間において、当該給油取扱所に第三種の泡消火設備を設ける等により、市町村長等が安全であると認めたものに係る新規則第二十五条の十第三号及び第四号の規定の適用に関しては、その日後においても、なお従前の例による。

（航空機給油取扱所等の基準に関する経過措置）

第一二条　この省令の施行の際、現に消防法第十一条第一項の規定により許可を受けて設置されている航空機給油取扱所又は鉄道給油取扱所（以下「航空機給油取扱所等」という。）の設備で、この省令の施行の際現に存するもののうち、令第十七条第一項第五号本文に定める技術上の基準に適合しないもの（簡易タンクに限る。）の設備に係る技術上の基準については、同号の規定にかかわらず、当該航空機給油取扱所等が次に掲げる基準のすべてに適合している場合に限り、なお従前の例による。

一　当該航空機給油取扱所等の簡易タンクが、令第十四条第四号から第九号までの基準に適合していること。

二　当該航空機給油取扱所等の簡易タンクの数は、三以内とし、かつ、同一品質の危険物のタンクを二以上設置していないこと。

三　当該航空機給油取扱所等の簡易タンクにおいて、この省令の施行の際現に取り扱つている危険物に係る品名の危険物のみを取り扱うこと。

2　航空機給油取扱所等の構造及び設備で、この省令の施行の際現に存するもののうち、令第十七条第一項第六号若しくは同条第二項第二号又は新規則第二十六条第三項第四号ロ（新規則第二十七条第三項第四号においてその例によるものとされる場合を含む。）若しくは新規則第二十六条第三項第五号ロ（新規則第二十七条第三項第五号においてその例によるものとされる場合を含む。）に定める技術上の基準に適合しないものの構造及び設備に係る技術上の基準については、これらの規定にかかわらず、なお従前の例による。

3　航空機給油取扱所等の構造及び設備で、平成元年三月十五日において現に存するもののうち、令第十七条第一項第六号の二又は同条第二項第二号に定める技術上の基準に適合しないものの構造及び設備に係る技術上の基準については、これらの規定にかかわらず、平成二年五月二十二日までの間は、なお従前の例による。

（船舶給油取扱所の基準に関する経過措置）

第一三条　前条第一項の規定は、この省令の施行の際現に消防法第十一条第一項の規定により許可を受けて設置されている船舶給油取扱所（以下「船舶給油取扱所」という。）の設備に係る技術上の基準について準用する。

（一般取扱所の基準に関する経過措置）

第一四条　附則第四条第一項の規定は、この省令の施行の際現に設置されている取扱所で、新たに消防法第十一条第一項の規定により令第三条第四号の一般取扱所として許可を受けなければならないこととなるものの構造及び設備に係る技術上の基準について準用する。

2　附則第四条第二項の規定は、この省令の施行の際現に消防法第十一条第一項の規定により許可を受けて設置されている一般取扱所（以下「既設の一般取扱所」という。）の構造及び設備に係る技術上の基準について準用する。

3　前項の規定は、三五八号改正政令附則第十二条第三項の一般取扱所（以下「みなし一般取扱所」という。）の構造及び設備に係る技術上の基準について準用する。

4　この省令の施行の際、現に消防法第十一条第一項の規定により令第二条第二号の屋外タンク貯蔵所、同条第三号の屋内タンク貯蔵所又は同条第四号の地下タンク貯蔵所として許可を受けて設置されている貯蔵所のうち、一気圧において温度二十度で液状である動植物油を一万リットル以上加圧しないで、常温で貯蔵し、又は取り扱つているタンク（新規則第一条の三第七項第一号のタンクに限る。）に附属する注入口及び当該注入口に接続する配管、弁等の設備で指定数量以上の動植物油を取り扱う取扱所は、令第三条第四号の一般取扱所として許可を受けたものとみなす。

5　第二項及び三五八号改正政令附則第十二条第二項の規定は、前項の一般取扱所の位置、構造及び設備に係る技術上の基準について準用する。

（掲示板の基準に関する経過措置）

第一五条　この省令の施行の際、現に消防法第十一条第一項の規定により許可を受けて設置されている製造所、貯蔵所又は取扱所の掲示板の表示については、新規則第十八条第一項第二号及び第四号の規定にかかわらず、平成二年八月二十二日までの間は、なお従前の例によることができる。

（消火設備の基準に関する経過措置）

第一六条　既設の給油取扱所の消火設備で、平成元年三月十五日において現に存するもののうち、新規則第三十四条第二項第一号に定める技術上の基準に適合しないものに係る消火設備の技術上の基準については、同号の規定にかかわらず、平成元年六月十四日までの間は、なお従前の例による。

2　三五八号改正政令附則第十三条第一項及び第三項の規定は、附則第十四条第四項の一般取扱所に係る消火設備の技術上の基準について準用する。

（警報設備の基準に関する経過措置）

第一七条　既設の給油取扱所の警報設備で、平成元年三月十五日において現に存するもののうち、新規則第三十八条第二項各号に定める技術上の基準に適合しないものに係る警報設備の技術上の基準については、これらの規定にかかわらず、平成二年三月十四日までの間は、なお従前の例による。

2　既設の製造所、既設の屋内貯蔵所、既設の屋外タンク貯蔵所、既設の屋内タンク貯蔵所及び既設の一般取扱所の警報設備で、この省令の施行の際現に存するもののうち、新規則第三十八条第二項各号に定める技術上の基準に適合しないものに係る警報設備の技術上の基準については、これらの規定にかかわらず、平成三年五月二十二日までの間は、なお従前の例による。

3　前項の規定は、みなし製造所、みなし一般取扱所及び附則第十四条第四項の一般取扱所に係る警報設備の技術上の基準について準用する。

（避難設備の基準に関する経過措置）

第一八条　既設の給油取扱所の避難設備で、平成元年三月十五日において現に存するもののうち、新規則第三十八条の二第二項各号に定める技術上の基準に適合しないものに係る避難設備の技術上の基準については、これらの規定は、平成元年九月十四日までの間は、適用しない。

（みなし規定）

第一九条　この省令の施行の際、航空機給油取扱所等又は船舶給油取扱所のタンク（容量三万リットル以下の地盤面下に埋没して設けられたもの及び簡易タンクを除く。）において、危険物を貯蔵し、又は取り扱う貯蔵所のうち、令第二条第二号から第四号までの規定に該当することとなるものは、同条第二号から第四号までの区分に応じそれぞれ消防法第十一条第一項の規定により許可を受けた令第二条第二号の屋外タンク貯蔵所、同条第三号の屋内タンク貯蔵所又は同条第四号の地下タンク貯蔵所とみなす。

（みなし屋外タンク貯蔵所等の基準に関する経過措置）

第二〇条　三五八号改正政令附則第四条第一項、第二項、第五項及び第六項並びに三五八号改正政令附則第十三条第二項並びに附則第十五条並びに附則第十七条第二項の規定は、前条の規定に該当する屋外タンク貯蔵所（以下「みなし屋外タンク貯蔵所」という。）の位置、構造及び設備に係る技術上の基準について準用する。（け）

2　みなし屋外タンク貯蔵所で、令第八条の四第一項に規定するものが施行日後最初に受けるべき消防法第十四条の三第一項の規定による保安に関する検査に係る同項に規定する政令で定める時期は、令第八条の四第二項の規定にかかわらず、当該屋外タンク貯蔵所に係る次の表の上欄に掲げる消防法第十一条第五項の規定による完成検査（同条第一項前段の規定による設置の許可に係るものに限る。）を受けた日の属する時期の区分に応じ、同表の下欄に掲げる時期とする。この場合においては、令第八条の四第二項ただし書の規定を準用する。

完成検査を受けた日の属する時期	時　期
昭和五十四年十二月三十一日以前	平成八年十二月三十一日まで
昭和五十五年一月一日以降施行日の前日までの間	平成十三年五月二十二日まで

3　みなし屋外タンク貯蔵所のうち、新規則第六十二条の五第一号又は第二号の規定の適用を受けるものに係る最初の内部点検を行う期間は、これらの規定にかかわらず、次の表の上欄に掲げる屋外タンク貯蔵所に係る令第八条第三項の完成検査済証（消防法第十一条第一項前段の規定による設置の許可に係るものに限る。）の交付を受けた日の区分に応じ、同表の下欄に掲げる期間とする。

完成検査済証の交付年月日	点検を行う期間
昭和五十五年五月三十一日以前	平成二年五月二十三日から平成十一年五月三十一日まで
昭和五十五年六月一日以降施行日の前日までの間	平成二年五月二十三日から平成十三年五月三十一日まで

一項…一部改正〔平成二年二月自令一号〕

第二一条 三五八号改正政令附則第五条第一項、第二項及び第六項並びに三五八号改正政令附則第十三条第二項並びに附則第七条第一項、附則第十五条及び附則第十七条第二項の規定は、附則第十九条の規定に該当する屋内タンク貯蔵所の位置、構造及び設備に係る技術上の基準について準用する。

第二二条 三五八号改正政令附則第六条第一項及び附則第十五条の規定は、附則第十九条の規定に該当する地下タンク貯蔵所の位置、構造及び設備に係る技術上の基準について準用する。

（**貯蔵の基準に関する経過措置**）

第二三条 指定数量の倍数が十以下の新規対象の屋内貯蔵所（第一類の危険物のうち第三種酸化性固体の性状を有するもののみを貯蔵し、又は取り扱うものに限る。）においては、令第二十六条第一項第一号に基づく新規則第三十八条の四の規定にかかわらず、平成七年五月二十二日までの間は、危険物と危険物以外の物品とをそれぞれとりまとめて貯蔵し、かつ、相互に一メートル以上の間隔を置く場合に限り、危険物以外の物品を貯蔵することができる。

（**運搬容器の基準等に関する経過措置**）

第二四条 第一類の危険物（危険等級Iの危険物に限る。）の運搬容器のうち樹脂クロス袋（防水性のものに限る。）、プラスチックフィルム袋、織布袋（防水性のものに限る。）又は紙袋（多層、かつ、防水性のものに限る。）で、最大収容重量が五十キログラム以下のものについては、新規則別表第三にかかわらず、当分の間、なお従前の例によることができる。

2 第六類の危険物のうち過酸化水素を含有するもの（過酸化水素の含有率が五十五パーセント以下のものに限る。）の運搬容器のうちプラスチック容器で、最大容積が三十リットル以下のものについては、新規則別表第三の二にかかわらず、当分の間、なお従前の例によることができる。（ふ）

3 新規則第四十三条第四項の規定は、前二項の運搬容器について準用する。（ふ）

4 第五類の危険物のうち過酸化ベンゾイルを含有するもの（過酸化ベンゾイルの含有率が七十七パーセント以下のもので、水で湿性としたものに限る。）の内装容器（新規則別表第三に規定する内装容器をいう。）で、プラスチックフィルム袋であるものの最大収容重量については、同表にかかわらず、当分の間、同表のプラスチックフィルム袋又は紙袋の欄中「5kg」とあるのは「10kg」と読み替えることができる。（ふ）

5 新規則第三十九条の三第二項及び第四十四条第一項各号の規定にかかわらず、容器の外部に行う表示は、平成三年五月二十二日までの間は、なお従前の例によることができる。（ふ）

二項…追加・旧二項…一部改正し三項に繰下・旧三・四項…四・五項に繰下〔平成二年五月自令一六号〕

（実務経験に関する経過措置）

第二五条　この省令の施行の際、現に設置されている製造所、貯蔵所又は取扱所で、新たに消防法第十一条第一項の規定により許可を受けなければならないこととなるもの（以下「新規対象の製造所等」という。）のうち、消防法第十三条第一項の規定により危険物保安監督者を定めなければならないこととなるもので従事している甲種危険物取扱者又は乙種危険物取扱者（平成二年五月二十三日前において当該新規対象の製造所等で六月以上従事している者に限る。）は、新規則第四十八条の二の規定にかかわらず、平成三年十一月二十二日までの間に限り、当該新規対象の製造所等の危険物保安監督者となることができる。

（危険物の品名）

第二六条　新規則第一条の二の規定は、附則第十二条第一項の規定を適用する場合について準用する。

（届出の様式等）

第二七条　消防法の一部を改正する法律（昭和六十三年法律第五十五号。以下この条において「六十三年改正法」という。）附則第五条第一項の規定による届出にあつては別記様式第三十一の届出書によつて、同条第二項の規定による届出にあつては別記様式第三十二の届出書によつて、六十三年改正法附則第六条の規定による届出にあつては別記様式第三十三の届出書によつて行わなければならない。

2　三五八号改正政令附則第十一条第四項の規定による届出は、別記様式第三十四の届出書によつて行わなければならない。

3　前二項の届出書の提出部数は、別記様式第三十一の届出書にあつては一部、その他のものにあつては二部とする。

（罰則に関する経過措置）

第二八条　この省令の施行前にした行為及びこの省令の附則においてなお従前の例によることとされる場合におけるこの省令の施行後にした行為に対する罰則の適用については、なお従前の例による。

附　則（け）〔平成二年二月五日自治省令第一号〕

1　この省令は、平成二年五月二十三日から施行する。ただし、第一条中危険物の規制に関する規則第十一条第四号、第二十条の五の二第二号、第四十八条の三及び別記様式第四のリの改正規定は公布の日（以下「一部施行日」という。）から施行する。

2　一部施行日において、現に消防法第十一条第一項の規定により許可を受けて設置されている製造所、貯蔵所又は取扱所の構造及び設備で、一部施行日において現に存するもののうち、第一条の規定による改正後の危険物の規制に関する規則第二十条の五の二第二号に定める技術上の基準に適合しないものの構造及び設備に係る技術上の基準については、同号の規定にかかわらず、なお従前の例による。

附　則（ふ）〔平成二年五月二十二日自治省令第一六号〕

この省令は、平成二年五月二十三日から施行する。

附　則(こ)〔平成二年一二月二六日自治省令第三二号〕

この省令は、平成三年一月一日から施行する。

附　則(え)〔平成三年三月一三日自治省令第三号〕

この省令は、平成三年四月一日から施行する。

附　則(て)〔平成三年五月二八日自治省令第二〇号抄〕

1　この省令は、平成三年六月一日から施行する。

附　則(あ)〔平成五年七月三〇日自治省令第二二号〕

1　この省令は、公布の日から施行する。

2　この省令の施行の際、現に消防法第十一条第一項の規定により許可を受けて設置されている貯蔵所又は取扱所の設備で、この省令の施行の際現に存するもののうち、改正後の危険物の規制に関する規則第二十五条の二第一号又は第二号に定める技術上の基準に適合しないものの設備に係る技術上の基準については、これらの規定にかかわらず、なお従前の例による。

附　則(さ)〔平成六年一月一九日自治省令第四号抄〕

改正　平成六年三月自治省令第五号(き)

1　この省令は、平成六年四月一日から施行する。〔以下略〕

2　この省令による改正後の危険物の規制に関する規則別記様式第一から別記様式第四のニまで、別記様式第四のへから別記様式第四のチまで、別記様式第四のヌから別記様式第十七まで、別記様式第十八から別記様式第二十まで、別記様式第二十三、別記様式第二十四及び別記様式第二十六から別記様式第三十までに規定する様式は、前項の規定にかかわらず、平成七年三月三十一日までの間は、なお従前の例によることができる。(き)

二項…一部改正〔平成六年三月自令五号〕

附　則(き)〔平成六年三月一一日自治省令第五号抄〕

1　この省令は、平成六年四月一日から施行する。

2　この省令の施行の際、現に消防法第十一条第一項の規定により許可を受けて設置されている給油取扱所の設備で、この省令の施行の際現に存するもののうち、改正後の危険物の規制に関する規則(以下「新規則」という。)第二十八条の二第三号(同条第二号イに適合するものであることとされる部分に限る。)に定める技術上の基準に適合しないものの設備に係る技術上の基準については、同条第三号の規定にかかわらず、なお従前の例による。

3　この省令の施行の際、現に消防法第十一条第一項の規定により許可を受けて設置されている給油取扱所の設備で、この省令の施行の際現に存するもののうち、新規則第二十八条の二第一号、第二号ハからホまで、第三号(同条第二号ホに適合するものであることとされる部分に限る。)若しくは第二十八条の二の三第二項(第二十八条の二第一号又は第四号に適合するものであることとされる部分に限る。)に定める技術上の基準に適合しないものの設備に係る技術上の基準については、これらの規定にかかわらず、平成七年三月三十一日までの間は、なお従前の例による。

附　則(ゆ)〔平成六年九月一日自治省令第三〇号〕

改正　平成一二年九月自治省令第四四号（ヘ）、二三年二月総務省令第五号（オ）

（施行期日）

第一条　この省令は、平成七年一月一日から施行する。

（第二段階基準の特定屋外タンク貯蔵所の保安のための措置及び市町村長等が定める期間）

第二条　危険物の規制に関する政令等の一部を改正する政令（平成六年政令第二百十四号。以下「二一四号改正政令」という。）附則第三項に定める第二段階基準の特定屋外タンク貯蔵所（次条において「第二段階基準の特定屋外タンク貯蔵所」という。）に係る改正後の危険物の規制に関する規則（以下「新規則」という。）第六十二条の二の二第一項の規定の適用については、同項第一号イ中「告示で定めるコーティング」とあるのは「コーティング（告示で定めるコーティング、エポキシ系塗装又はタールエポキシ系塗装に限る。）」とする。（オ）

本条…一部改正〔平成二三年二月総令五号〕

第三条　第二段階基準の特定屋外タンク貯蔵所に係る新規則第六十二条の二の三第一項第一号の規定の適用については、新規則第六十二条の二の二第一項第一号に該当する場合は十年（前条の規定によるエポキシ系塗装又はタールエポキシ系塗装によるコーティングの場合は八年）、新規則第六十二条の二の二第一項第二号に該当する場合は九年とする。（オ）

本条…一部改正〔平成二三年二月総令五号〕

（内部点検の時期に関する経過措置）

第四条　二一四号改正政令附則第二項各号に掲げる特定屋外タンク貯蔵所で、二一四号改正政令第一条の規定による改正後の危険物の規制に関する政令第八条の四第一項に規定するものに係る新規則第六十二条の五及び第六十二条の八の規定の適用については、当該特定屋外タンク貯蔵所が二一四号改正政令第二条の規定による改正後の危険物の規制に関する政令の一部を改正する政令（昭和五十二年政令第十号）（以下「新五十二年政令」という。）附則第三項各号に掲げる基準のすべてに適合し、かつ、その旨を市町村長等に届け出るまでの間は、なお従前の例による。

（新基準の基礎及び地盤）

第五条　新五十二年政令附則第三項第一号の総務省令で定める基礎及び地盤は、当該基礎及び地盤上に設置した特定屋外貯蔵タンク及びその附属設備の自重、貯蔵する危険物の重量等の荷重によって生ずる応力に対して安全なものとする。（ヘ）

2　基礎及び地盤は、次の各号に定める基準に適合するものでなければならない。

一　告示で定める平面の範囲内〔危告示第七三条〕において地表面からの深さが二十メートルまでの地盤の地質は、標準貫入試験において告示で定める計算方法〔危告示第七四条〕により求めた地盤の液状化指数の値が五以下のものであって、かつ、告示で定めるもの以外のもの又はこれと同等以上の堅固さを有するものであること。

二　基礎は、局部的なすべりに関し、告示で定める安全率〔危告示第七五条〕を有するもの又はこれと同等以上の堅固さを有するものであること。

3　前二項に規定するもののほか、基礎及び地盤に関し必要な事項は、告示で定める。

一項…一部改正〔平成一一年九月自令四四号〕

（新基準の地盤に関する試験）

第六条　新五十二年政令附則第三項第一号の総務省令で定めるところにより行う試験は、前条第二項第一号に定める標準貫入試験又は告示で定める試験〔危告示第七六条〕とし、新五十二年政令附則第三項第一号の総務省令で定める基準は、これらの試験に係る規定に定める基準とする。（へ）

本条…一部改正〔平成一一年九月自令四四号〕

（新基準の特定屋外貯蔵タンクの構造）

第七条　新五十二年政令附則第三項第二号に規定する特定屋外貯蔵タンクは、当該特定屋外貯蔵タンク及びその附属設備の自重、貯蔵する危険物の重量、当該特定屋外貯蔵タンクに係る内圧、温度変化の影響等の主荷重及び積雪荷重、地震の影響等の従荷重によって生ずる応力及び変形に対して安全なものでなければならない。

2　特定屋外貯蔵タンクの構造は、次の各号に定める基準に適合するものでなければならない。

一　特定屋外貯蔵タンクの側板に生ずる円周方向引張応力及び軸方向圧縮応力は、告示で定める許容応力〔危告示第七八条〕以下であること。

二　特定屋外貯蔵タンクの保有水平耐力は、地震の影響による必要保有水平耐力以上であること。

3　前二項に規定するもののほか、特定屋外貯蔵タンクの構造に関し必要な事項は、告示〔危告示第七七条・七九条〕で定める。

（水圧試験の基準）

第八条　新五十二年政令附則第三項第二号の総務省令で定めるところにより行う水圧試験は、新規則第二十条の五の二各号に定めるものとする。（へ）

本条…一部改正〔平成一一年九月自令四四号〕

（第一段階基準の構造及び設備）

第九条　二一四号改正政令附則第三項第一号の総務省令で定める技術上の基準は、次のとおりとする。（へ）

一　基礎及び地盤については、新規則第二十条の二第一項並びに第二項第二号ロ(2)、第四号（平板載荷試験に係るもの及び盛り土の構造のうち告示で定めるもの〔危告示第八〇条〕を除く。）及び第六号（基礎を補強するための措置のうち告示で定めるもの〔危告示第八一条〕を除く。）に定めるもの又はこれらと同等以上のものとする。

二　特定屋外貯蔵タンクの構造については、新規則第二十条の四第一項、第二項（側板及び屋根の最小厚さに係るものを除く。）及び第三項第二号並びに第二十条の五に定めるもの又はこれらと同等以上のものとする。

本条…一部改正〔平成一一年九月自令四四号〕

（届出の様式）

第一〇条 二一四号改正政令附則第二項第二号の規定による新基準適合届出にあっては別記様式第三十一の届出書によって、二一四号改正政令附則第三項第二号の規定による第一段階基準適合届出にあっては別記様式第三十二の届出書によって行わなければならない。

2 二一四号改正政令附則第七項第一号の規定による調査・工事計画届出にあっては、別記様式第三十三の届出書によって行わなければならない。

附　則（め）〔平成六年一一月二八日自治省令第四三号〕

この省令は、平成七年四月一日から施行する。

附　則（み）〔平成七年二月二四日自治省令第二号〕

1 この省令は、平成七年四月一日から施行する。

2 この省令の施行前にした行為に対する罰則の適用については、なお従前の例による。

附　則（し）〔平成七年六月二八日自治省令第二二号〕

この省令は、平成七年七月一日から施行する。

附　則（ゑ）〔平成八年三月八日自治省令第三号〕

この省令は、平成八年四月一日から施行する。

附　則（ひ）〔平成八年九月三〇日自治省令第三二号〕

1 この省令は、平成九年一月一日から施行する。ただし、次の各号に掲げる規定は、当該各号に定める日から施行する。

一 第一条の三第七項第一号の改正規定及び第三条第二項第一号の改正規定　公布の日

二 第十二条各号の改正規定及び第四十六条第二号の改正規定　平成九年四月一日

2 この省令の施行の際、現に消防法第十一条第一項の規定により許可を受けている特定屋外タンク貯蔵所のうち、危険物の規制に関する政令第十一条第一項第三号の二及び第四号の規定の適用を受けるもので、改正後の危険物の規制に関する規則第二十条の四第二項第一号の二に定める技術上の基準に適合しないものに係る技術上の基準については、同号の規定にかかわらず、平成十九年十二月三十一日までの間は、なお従前の例による。

3 第一条の三第七項第一号の改正規定の施行の際現に消防法第十一条第一項の規定により許可を受けている特定屋外タンク貯蔵所のうち一気圧において温度二十度で液状である動植物油を加圧しないで常温で貯蔵し、又は取り扱っているタンクで、第一条の三第七項第一号の改正規定の施行後において、引き続き貯蔵又は取扱いの状態を変更しないものであって、危険物の規制に関する政令等の一部を改正する政令（平成六年政令第二百十四号）第二条の規定による改正後の危険物の規制に関する政令の一部を改正する政令（昭和五十二年政令第十号）附則第三項各号に掲げる基準（以下「新基準」という。）に適合するもの（以下「適合タンク」という。）に附属する注入口及び当該注入口に接続する配管、弁等の設備で指定数量以上の動植物油を取り扱う取扱所は、危険物の規制に関する政令第三条第四号の一般取扱所として許可を受けたものとみなす。ただし、適合タンクを有する特定屋外タンク貯蔵所の所有者、管理者又は占有者で、引き続き指定数量以上の危険物を貯蔵し、又は取り扱おうとするものが、当該適合タンクが新基準に適合することとなった日（第一条の三第七項第一号の改正規定の施行の際現に新基準に適合しているタンクにあっては当該改正規定の施行の日）から起算して六月以内にその旨を市町村長等に届け出た場合にあっては、当該特定屋外タンク貯蔵所の許可については、なお効力を有する。

附　則(も)〔平成九年二月七日自治省令第一号〕

この省令は、公布の日から施行する。

附　則(せ)〔平成九年三月二六日自治省令第一二号〕

1　この省令は、公布の日から施行する。ただし、次の各号に掲げる規定は、当該各号に定める日から施行する。

一　第二十条の五の二第一号の改正規定　平成九年四月一日

二　第二十条の四第三項に後段を加える改正規定　平成九年九月一日

2　この省令による改正後の危険物の規制に関する規則（以下「新規則」という。）第二十条の四第三項後段の規定は、前項第二号に定める日以後に消防法第十一条第一項による設置又は変更の許可の申請があった特定屋外タンク貯蔵所の当該許可に係る工事の溶接の方法について適用する。

3　この省令の施行の際、現に消防法第十一条第一項後段の規定による変更の許可を受け、又は当該許可の申請がされていた屋外タンク貯蔵所のうち、その屋外貯蔵タンクが新規則第二十二条の四第一項第七号の規定により新たに水張試験において漏れ、又は変形しないものであることを要するものについての当該変更の工事に係る危険物の規制に関する政令第十一条第一項第四号（水張試験に関する基準に係る部分に限る。）の規定の適用については、新規則第二十二条の四第一項第七号の規定にかかわらず、なお従前の例による。

附　則(す)〔平成一〇年三月四日自治省令第六号〕

1　この省令は、平成十年三月十六日から施行する。ただし、次の各号に掲げる規定は、当該各号に定める日から施行する。

一　第二十一条の五の次に一条を加える改正規定、第二十二条の三第二項及び第二十二条の三の二第二項の改正規定、第二十七条の二第一項の改正規定（「及び第二十八条の二の三」を「、第二十八条の二の三及び第二十八条の二の七」に改める部分に限る。）、第二十八条の二の四を第二十八条の二の八とし、第二十八条の二の三の次に四条を加える改正規定、第三十二条の六第四号にただし書を加える改正規定、第三十三条第一項第六号、同条第二項第一号及び同項第三号の二の改正規定、同号の次に一号を加える改正規定、第四十条の三の十を第四十条の三の十一とし、第四十条の三の九の次に一条を加える改正規定、第六十条の二第一項第八号の次に一号を加える改正規定並びに別記様式第二十一、別記様式第二十三、別記様式第二十四及び別記様式第二十五の改正規定並びに附則第三項の規定　平成十

年四月一日

二　第十一条第四号の改正規定（「第十五条の六第二項第四号」を「第十五条の六第二項第五号」に改める部分に限る。）　平成十一年四月一日

三　第十九条第二項第一号の改正規定（「こえ」を「超え」に改める部分を除く。）、第二十条第一項第二号イ、同項第四号、同条第三項第三号、第二十条の二第二項第二号イ、第二十条の七第二項第三号ロの表、第二十二条の二の五第一号、第二十四条の二の四第二号イ、第二十四条の八第一号、第二十五条の五第三号、第二十八条の十六第三号の表、第二十八条の五十二、第二十八条の五十三第三項、第三十四条第三号、第三十二条の二第三号、第三十二条の三第四号、第三十二条の四第三号ロ、第三十二条の五第四号、第四十条の三の二第三号、第四十条の十一、第四十条の十三、第四十三条の三第二項第一号ロ(1)、同項第五号、別記様式第四のハ、別記様式第四のニ、別記様式第四のホ、別記様式第四のト、別記様式第四のル及び別記様式第十一の改正規定、別記様式第十三の改正規定（「kgf／cm²」を「kPa」に改める部分に限る。）並びに別記様式第十四、別記様式第三十一及び別記様式第三十二の改正規定並びに附則第四項及び附則第五項の規定　平成十一年十月一日

四　第十一条第四号の改正規定（「老人保健法（昭和五十七年法律第八十号）第六条第四項の老人保健施設」を「介護保険法（平成九年法律第百二十三号）第七条第二十二項の介護老人保健施設」に改める部分に限る。）　平成十二年四月一日

2　平成十年三月十六日において現に存するこの省令による改正前の危険物の規制に関する規則（以下「旧規則」という。）別記様式第四のリによる給油取扱所構造設備明細書の用紙は、当分の間、これを取り繕い使用することができる。

3　平成十年四月一日において現に存する旧規則別記様式第二十一、別記様式第二十三、別記様式第二十四及び別記様式第二十五による危険物取扱者免状交付申請書、危険物取扱者免状書換申請書、危険物取扱者免状再交付申請書及び危険物取扱者試験受験願書は、この省令による改正後の危険物の規制に関する規則（以下「新規則」という。）別記様式第二十一、別記様式第二十三、別記様式第二十四及び別記様式第二十五にかかわらず、当分の間、これを使用することができる。この場合においては、押印することを要しない。

4　平成十一年十月一日において現に消防法第十一条第一項の規定により許可を受けている製造所、貯蔵所又は取扱所の構造及び設備で、同日において現に存するもののうち、新規則第十九条第二項第一号、第二十条の二第二項第二号イ若しくは第四号、第二十条の七第二項第三号ロ、第二十四条の二の四第二号イ、第二十四条の八第一号又は第二十五条の二第三号に定める技術上の基準に適合しないものの構造及び設備に係る技術上の基準については、これらの規定にかかわらず、なお従前の例による。〔平成一一年一〇月一日施行〕

5　平成十一年十月一日において現に消防法第十一条第一項の規定により許可を受けている製造所、貯蔵所又は取扱所の消火設備で、同日において現に存するもののうち、新規則第三十二条第三号、第三十二条の二第三号、第三十二条の三第四号、第三十二条の四第二号ロ又は第三十二条の五第四号に定める技術上の基準に適合しないものの消火設備に係る技術上の基準については、これらの規定にかかわらず、なお従前の例による。〔平成一一年一〇月一日施行〕

附　則(ん)〔平成一〇年一二月一八日自治省令第四六号〕

この省令は、平成十一年四月一日から施行する。

附　則(イ)〔平成一一年三月三〇日自治省令第一〇号〕

1　この省令は、平成十一年四月一日から施行する。ただし、第二条の改正規定は、公布の日から施行する。

2　危険物の規制に関する政令の一部を改正する政令（平成十一年政令第三号）附則第二項第一号の規定による調査・工事計画届出にあっては、別記様式によって行わなければならない。

3　この省令の施行の際、現に消防法第十一条第一項の規定により許可を受け、又は当該許可の申請がされている準特定屋外タンク貯蔵所で、第二十条の五又はこの省令による改正後の危険物の規制に関する規則第二十条の三の二第二項第一号、第二号ロ(1)若しくは第三号から第五号までに定める技術上の基準に適合しないものに係る技術上の基準については、これらの規定にかかわらず、なお従前の例による。

別記様式

調　査　・　工　事　計　画　届　出　書

年　月　日 殿 届出者 住　所　（電話　　） 氏　名		
設置者	住　所	電話
	氏　名	
タンクの呼称又は番号		
設置場所		
設置の許可申請年月日		年　月　日
設置の許可年月日及び許可番号		年　月　日　第　号
調査予定年月		タンク本体　年　月 基　礎　年　月 地　盤　年　月
新基準に適合させるための工事予定期間		タンク本体　年　月　　年　月 基　礎　年　月から　年　月まで 地　盤　年　月　　年　月 〔　　〕
※受　付　欄		※備　　考

備考　1　この用紙の大きさは、日本工業規格Ａ４とすること。
2　法人にあっては、その名称、代表者氏名及び主たる事業所の所在地を記入すること。
3　「新基準に適合させるための工事予定期間」欄について工事予定期間を記入することが困難な場合には、その理由を記入すること。
4　※印の欄は、記入しないこと。

附　則（ロ）〔平成一一年九月二二日自治省令第三一号〕

この省令は、公布の日から施行する。

附　則（ハ）〔平成一二年三月二一日自治省令第一一号〕

改正　平成二三年二月総務省令第五号（オ）、二一月第一六五号（ケ）

1　この省令は、平成十二年十月一日から施行する。ただし、第六十二条の五の改正規定及び第六十二条の八の次に三号を加える改正規定（同条第一号に係る部分に限る。）については、公布の日から施行する。

2　危険物の規制に関する政令及び消防法施行令の一部を改正する政令（昭和五十二年政令第十号。以下「五十二年政令」という。）の施行の際、現に消防法第十一条第一項前段の規定による設置に係る許可を受け、又は当該許可の申請がされていた特定屋外タンク貯蔵所のうち、この省令の施行の際現にその構造及び設備が危険物の規制に関する政令第十一条第一項第三号の二及び第四号に定める技術上の基準に適合しないもの（以下「旧基準の特定屋外タンク貯蔵所」という。）で、五十二年政令附則第三項各号に掲げる基準の全てに適合するもの（以下「新基準の特定屋外タンク貯蔵所」という。）についての、この省令による改正後の危険物の規制に関する規則（以下「新規則」という。）第六十二条の五第一項の規定の適用については、同条中「十三年」とあるのは、「十二年」と、「（当該屋外貯蔵タンクに第六十二条の二の二第一項第一号及び第二号に規定する保安のための措置が講じられており、あらかじめ、その旨を市町村長等に届け出た場合には十五年）」とあるのは、「（当該屋外貯蔵タンクに第六十二条の二の二第一項第一号に規定する保安のための措置が講じられており、あらかじめ、その旨を市町村長等に届け出た場合（以下附則第三項において「一号措置」という。）にあつては十五年、第六十二条の二の二第一項第二号に規定する保安のための措置が講じられており、あらかじめ、その旨を市町村長等に届け出た場合（以下附則第三項において「二号措置」という。）にあつては十四年、第六十二条の二の二第一項第一号（イを除く。）に規定する保安のための措置及び特定屋外貯蔵タンクの内部の腐食を防止するためのコーティング（エポキシ系塗装又はタールエポキシ系塗装に限る。）が講じられており、あらかじめ、その旨を市町村長等に届け出た場合（以下附則第三項において「特例措置」という。）にあつては十三年）」と読み替えるものとする。（オ）（ケ）

3　新基準の特定屋外タンク貯蔵所についての新規則第六十二条の八第一号の規定の適用については、同条第一号中「二十六年間」とあるのは、「二十四年間」と、「（同項括弧書の期間の適用を受けた場合にあつては三十年間）」とあるのは、「（同項括弧書の期間の適用を受けた場合にあつては、一号措置にあつては三十年間、二号措置にあつては二十八年間、特例措置にあつては二十六年間）」と読み替えるものとする。

4　旧基準の特定屋外タンク貯蔵所のうち、五十二年政令附則第三項各号に掲げる基準に適合しないものについての、新規則第六十二条の五及び第六十二条の八第一号の規定の適用については、なお従前の例による。

附則二項…一部改正〔平成二三年二月総令五号・一二月一六五号〕

附　則(ニ)〔平成一二年三月二四日自治省令第一二号〕

1　この省令は、平成十二年四月一日から施行する。ただし、第二十条の五の二第三号の改正規定は、公布の日から施行する。

2　この省令の施行の際現に交付されている危険物取扱者免状は、この省令による改正後の危険物の規制に関する規則（次項において「新規則」という。）別記様式第二十二の危険物取扱者免状とみなす。

3　この省令の施行の際現に存するこの省令による改正前の危険物の規制に関する規則別記様式第二十一、別記様式第二十三、別記様式第二十四及び別記様式第二十五による危険物取扱者免状交付申請書、危険物取扱者免状書換申請書、危険物取扱者免状再交付申請書及び危険物取扱者試験受験願書は、新規則別記様式第二十一、別記様式第二十三及び別記様式第二十五にかかわらず、当分の間、これを使用することができる。

附　則(ホ)〔平成一二年五月三一日自治省令第三五号〕

この省令は、平成十二年六月一日から施行する。

附　則(ヘ)〔平成一二年九月一四日自治省令第四四号〕

この省令は、内閣法の一部を改正する法律（平成十一年法律第八十八号）の施行の日（平成十三年一月六日）から施行する。

附　則(ト)〔平成一二年一一月一七日自治省令第四九号〕

この省令は、平成十三年一月六日から施行する。

附　則(チ)〔平成一三年三月三〇日総務省令第四五号〕

この省令は、平成十三年五月一日から施行する。

附　則(リ)〔平成一三年一〇月一一日総務省令第一三六号〕

（施行期日）

第一条　この省令は、消防法の一部を改正する法律（以下「改正法」という。）の施行の日（平成十三年十二月一日）から施行する。ただし、第一条中危険物の規制に関する規則（以下「規則」という。）第一条の三第七項の改正規定、規則第四条第三項第四号の二の改正規定、規則第十三条の六第一項及び第三項の改正規定、規則第十六条の二第二号の改正規定、規則第十六条の二の四第二項の改正規定、規則第十六条の二の五第二項の改正規定、規則第二十二条の二第三項の改正規定、規則第二十五条の九第一号イの改正規定、規則第二十八条の六十一第三項の改正規定並びに規則第二十八条の六十二第三項の改正規定並びに第二条中危険物の規制に関する規則の一部を改正する省令附則第三条の二を削る改正規定は、改正法附則第一条第一号に掲げる規定の施行の日（平成十四年六月一日）から施行する。

（屋外タンク貯蔵所の基準に関する経過措置）

第二条　改正法の施行の際、現に設置されている貯蔵所で、改正法による消防法別表第五類の項の規定の改正により新たに同法第十一条第一項の規定により危険物の規制に関する政令第二条第二号の屋外タンク貯蔵所として許可を受けなければならないこととなるもの（以下「新規対象の屋外タンク貯蔵所」という。）の設備で、改正法の施行の際現に存するもののうち、規則第二十二条第三項において準用する同条第二項第十一号に定める技術上の基準に適合しないものの設備に係る技術上の基準については、同号の規定は、当該屋外タンク貯蔵所が次に掲げる基準のすべてに適合している場合に限り、適用しない。

一　当該屋外タンク貯蔵所の屋外貯蔵タンク（危険物を移送するための配管その他これに準ずる工作物を除く。）の周囲に、一メートル以上の幅の空地を保有し、又は不燃材料で造った防火上有効な塀が設けられていること。

二　当該屋外タンク貯蔵所の屋外貯蔵タンクは、鋼板その他の金属板で造られ、かつ、漏れない構造であること。

三　当該屋外タンク貯蔵所の危険物を取り扱う配管は、その設置される条件及び使用される状況に照らして、十分な強度を有し、かつ、漏れない構造であること。

四　当該屋外タンク貯蔵所に係る指定数量の倍数が、改正法の施行の日における指定数量の倍数を超えないこと。

2　新規対象の屋外タンク貯蔵所の設備で、改正法の施行の際現に存するもののうち、規則第二十二条第三項において準用する同条第二項第一号、第二号、第九号、第十二号又は第十六号に定める技術上の基準に適合しないものの設備に係る技術上の基準については、これらの規定は、当該屋外タンク貯蔵所が前項各号に掲げる基準のすべてに適合している場合に限り、平成十四年十一月三十日までの間は、適用しない。

（運搬容器の表示に関する経過措置）

第三条　改正法の施行の際、現に存する運搬容器で、改正法による消防法別表第五類の項の規定の改正により規則第四十四条第一項又は第六項に定める技術上の基準に適合しないこととなるものの積載方法に係る技術上の基準については、これらの規定は、平成十四年十一月三十日までの間は、適用しない。

（実務経験に関する経過措置）

第四条　改正法の施行の際、現に設置されている製造所、貯蔵所又は取扱所（以下この条において「製造所等」という。）で、改正法による消防法別表第五類の項の規定の改正により新たに同法第十一条第一項の規定により許可を受けなければならないこととなるもののうち、同法第十三条第一項の規定により危険物保安監督者を定めなければならないこととなるもので従事している甲種危険物取扱者又は乙種危険物取扱者（当該製造所等で六月以上従事している者に限る。）は、同項及び規則第四十八条の二の規定にかかわらず、平成十四年十一月三十日までの間に限り、当該製造所等の危険物保安監督者となることができる。

（届出の様式等）

第五条　改正法附則第五条第一項の規定による届出にあっては別記様式第一の届出書によって、同条第二項の規定による届出にあっては別記様式第二の届出書によって、改正法附則第六条の規定による届出にあっては別記様式第三の届出書によって行わなければならない。

2　前項の届出書の提出部数は、別記様式第一の届出書にあっては一部、その他のものにあっては二部とする。

（罰則に関する経過措置）

第六条　この省令（附則第一条ただし書に規定する規定については、当該規定）の施行前にした行為に対する罰則の適用については、なお従前の例による。

別記様式第１

製造所
危険物貯蔵所除外届出書
取扱所

<table>
<tr><td colspan="5">年　月　日
殿
届出者
住所　（電話　）
氏名　㊞</td></tr>
<tr><td rowspan="2">設置者</td><td>住所</td><td colspan="3">電話</td></tr>
<tr><td>氏名</td><td colspan="3"></td></tr>
<tr><td colspan="2">設置場所</td><td colspan="3"></td></tr>
<tr><td colspan="2">設置の許可年月日及び許可番号</td><td colspan="3">年　月　日　第　号</td></tr>
<tr><td colspan="2">設置の完成検査年月日及び検査番号</td><td colspan="3">年　月　日　第　号</td></tr>
<tr><td colspan="2">製造所等の別</td><td></td><td>貯蔵所又は取扱所の区分</td><td></td></tr>
<tr><td colspan="2">改正法施行前の危険物の類、品名（指定数量）、最大数量</td><td></td><td>指定数量の倍数</td><td></td></tr>
<tr><td colspan="2">改正法施行により製造所、貯蔵所、取扱所でなくなる理由</td><td colspan="3"></td></tr>
<tr><td colspan="2">その他必要な事項</td><td colspan="3"></td></tr>
<tr><td colspan="2">※受付欄</td><td colspan="3">※経過欄</td></tr>
<tr><td colspan="2"></td><td colspan="3"></td></tr>
</table>

備考　１　この用紙の大きさは、日本工業規格Ａ４とすること。
２　法人にあっては、その名称、代表者氏名及び主たる事務所の所在地を記入すること。
３　品名（指定数量）の記載については、当該危険物の指定数量が品名の記載のみでは明確でない場合に（　）内に該当する指定数量を記載すること。
４　※印の欄は、記入しないこと。

別記様式第２

製造所
危険物貯蔵所継続届出書
取扱所

<table>
<tr><td colspan="5">年　月　日
殿
届出者
住所　（電話　）
氏名　㊞</td></tr>
<tr><td rowspan="2">設置者</td><td>住所</td><td colspan="3">電話</td></tr>
<tr><td>氏名</td><td colspan="3"></td></tr>
<tr><td colspan="2">設置場所</td><td colspan="3"></td></tr>
<tr><td colspan="2">設置の許可年月日及び許可番号</td><td colspan="3">年　月　日　第　号</td></tr>
<tr><td colspan="2">設置の完成検査年月日及び検査番号</td><td colspan="3">年　月　日　第　号</td></tr>
<tr><td colspan="2">製造所等の別</td><td></td><td>貯蔵所又は取扱所の区分</td><td></td></tr>
<tr><td colspan="2">改正法施行前の危険物の類、品名（指定数量）、最大数量</td><td></td><td>指定数量の倍数</td><td></td></tr>
<tr><td colspan="2">改正法施行により製造所、貯蔵所、取扱所でなくなる理由</td><td colspan="3"></td></tr>
<tr><td colspan="2">改正法施行後の危険物の類、品名（指定数量）、最大数量</td><td></td><td>指定数量の倍数</td><td></td></tr>
<tr><td colspan="2">その他必要な事項</td><td colspan="3"></td></tr>
<tr><td colspan="2">※受付欄</td><td colspan="3">※経過欄</td></tr>
<tr><td colspan="2"></td><td colspan="3"></td></tr>
</table>

備考　１　この用紙の大きさは、日本工業規格Ａ４とすること。
２　法人にあっては、その名称、代表者氏名及び主たる事務所の所在地を記入すること。
３　品名（指定数量）の記載については、当該危険物の指定数量が品名の記載のみでは明確でない場合に（　）内に該当する指定数量を記載すること。
４　※印の欄は、記入しないこと。

別記様式第3

製造所
危険物貯蔵所指定数量の倍数変更届出書
取扱所

年　月　日

殿

届出者
住所　（電話　）
氏名　㊞

設置者	住所	電話		
	氏名			
設置場所				
設置の許可年月日及び許可番号	年　月　日　第　号			
設置の完成検査年月日及び検査番号	年　月　日　第　号			
製造所等の別		貯蔵所又は取扱所の区分		
改正法施行前の危険物の類、品名（指定数量）、最大数量		指定数量の倍数		
改正法施行により指定数量の倍数が増加することとなる理由				
その他必要な事項				
※受付欄		※経過欄		

備考
1　この用紙の大きさは、日本工業規格A4とすること。
2　法人にあっては、その名称、代表者氏名及び主たる事務所の所在地を記入すること。
3　品名（指定数量）の記載については、当該危険物の指定数量が品名の記載のみでは明確でない場合に（　）内に該当する指定数量を記載すること。
4　指定数量の倍数については、上欄に改正法施行前の倍数を、下欄に改正法施行後の倍数を記入すること。
5　※印の欄は、記入しないこと。

附　則（ヌ）〔平成一四年一月二五日総務省令第四号〕

1　この省令は、平成十四年四月一日から施行する。ただし、第五十五条に一項を加える改正規定、第五十五条の二の改正規定及び第五十七条第二号の次に一号を加える改正規定は、同年七月一日から施行する。

2　この省令の施行前にした行為に対する罰則の適用については、なお従前の例による。

附　則（ル）〔平成一四年一〇月七日総務省令第一〇六号〕

この省令は公布の日から施行する。ただし、第七条の四の次に一条を加える改正規定は平成十四年十月二十五日から施行する。

附　則（ヲ）〔平成一五年七月二四日総務省令第一〇一号抄〕

第一条　この省令は、東南海・南海地震に係る地震防災対策の推進に関する特別措置法の施行の日（平成十五年七月二十五日）から施行する。

附　則（ワ）〔平成一五年一二月一七日総務省令第一四三号〕

1　この省令は、平成十六年四月一日から施行する。

2　この省令の施行の際現にこの省令による改正前の危険物の規制に関する規則第五十五条第七項に規定する普通教育又は専科教育の警防科を修了している者は、この省令による改正後の危険物の規制に関する規則（以下「新規則」という。）第五十五条第七項の適用については、同項に規定する基礎教育又は専科教育の警防科を修了した者とみなす。この場合において、丙種危険物取扱者試験の受験願書及びこれに添付する書類については、新規則第五十七条第二号の二ロの規定及び別記様式第二十五の様式にかかわらず、なお従前の例による。

3　この省令の施行の際現に消防法第十一条第一項前段の規定による設置に係る許可を受け、又は当該許可の申請がされていた製造所、貯蔵所又は取扱所（以下「既設の製造所等」という。）に係る、次の各号に掲げる措置は、新規則第六十二条の五の二第二項第一号及び第六十二条の五の三第二項の規定の適用については、これらの規定中「危険物の漏れを覚知しその漏えい拡散を防止するための告示で定める措置」とみなす。

一　既設の製造所等に設けられた漏えい検査管により一週間に一回以上危険物の漏れを確認しているとともに、地下貯蔵タンク及び地下埋設配管に電気防食の措置が講じられており、又は地下貯蔵タンク及び地下埋設配管が設置される条件の下で腐食するおそれのないものであること。

二　既設の製造所等に設けられた漏えい検査管を用いるとともに、危険物の貯蔵又は取扱い数量の百分の一以上の精度で在庫管理を行うことにより、一週間に一回以上危険物の漏れを確認していること。この場合において、当該既設の製造所等の所有者、管理者又は占有者は、危険物の在庫管理に従事する者の職務及び組織に関すること、当該者に対する教育に関すること並びに在庫管理の方法及び危険物の漏れが確認された場合に取るべき措置に関することその他必要な事項について計画を定め、市町村長等に届け出なければならない。

附　則(カ)〔平成一七年一月一四日総務省令第三号〕

改正　平成二一年一〇月総務省令第九八号(ム)

（施行期日）

第一条　この省令は、平成十七年四月一日から施行する。ただし、次の各号に掲げる規定は、当該各号に定める日から施行する。

一　第二十条の五の二第二号及び第三号の改正規定並びに第三十八条の三の改正規定　公布の日

二　第六十条の二第一項中第八号の二を第八号の四とし、第八号の次に二号を加える改正規定（第八号の二を加える部分に限る。）及び同項第十一号の次に一号を加える改正規定　平成十七年六月一日

三　第四条第三項第三号の次に一号を加える改正規定、第五条第三項第三号の次に一号を加える改正規定、第六十条の二第一項中第八号の二を第八号の四とし、第八号の次に二号を加える改正規定（第八号の三を加える改正規定に限る。）、第六十二条の五の四の次に一条を加える改正規定並びに第六十二条の六の改正規定　平成十八年四月一日

（経過措置）

第二条　この省令の施行の際、現に消防法第十一条第一項の規定により許可を受けて設置されている製造所、貯蔵所又は取扱所の設

備で、この省令の施行の際現に存するもののうち、この省令による改正後の危険物の規制に関する規則（以下「新規則」という。）第十三条の二の二に定める技術上の基準に適合しないものの設備に係る技術上の基準については、同条の規定にかかわらず、なお従前の例による。

第三条　この省令の施行の際、現に消防法第十一条第一項の規定により許可を受けている特定屋外タンク貯蔵所で、その構造及び設備が新規則第二十条の四第二項第三号に定める技術上の基準（以下「新基準」という。）に適合しないもの（以下「旧浮き屋根の特定屋外タンク貯蔵所」という。）に係る技術上の基準については、次の各号に掲げる旧浮き屋根の特定屋外タンク貯蔵所の区分に応じ、当該各号に定める日（その日前に当該旧浮き屋根の特定屋外タンク貯蔵所の構造及び設備が新基準のすべてに適合することとなった場合にあっては、当該適合することとなった日）までの間は、同項第三号の規定にかかわらず、なお従前の例による。

一　その所有者、管理者又は占有者が、平成十九年三月三十一日までの間に、市町村長等に旧浮き屋根の特定屋外タンク貯蔵所の構造及び設備の実態についての調査並びに当該構造及び設備を新基準のすべてに適合させるための工事に関する計画の届出をした旧浮き屋根の特定屋外タンク貯蔵所　平成二十九年三月三十一日（当該日までの間に、その所有者、管理者又は占有者が、危険物の貯蔵及び取扱い（危険物の規制に関する規則第六十二条の二第二項各号に規定するものを除く。以下同じ。）を休止し、かつ、その旨の確認を市町村長等から受けた旧浮き屋根の特定屋外タンク貯蔵所であって、当該日の翌日以後において危険物の貯蔵及び取扱いを当該確認を受けた時から引き続き休止しているものにあっては、同日の翌日以後において危険物の貯蔵及び取扱いを再開する日の前日）（ム）

二　前号に掲げるもの以外の旧浮き屋根の特定屋外タンク貯蔵所　平成十九年三月三十一日

2　前項第一号の届出にあっては別記様式の届出書によって行わなければならない。

一項…一部改正〔平成二一年一〇月総令九八号〕

別記様式

浮き屋根新基準適合工事計画届出書

平成　年　月　日

殿

届出者
住所　　　　（電話　　　）
氏名
設置者
住所　　　　（電話　　　）
氏名

	タンクの呼称又は番号	許可容量	浮き屋根の構造	告示第二条の二に定める空間高さHc	設置場所	設置許可申請年月日	設置許可年月日及び許可番号	新基準に適合させるための工事予定期間
1		kl	1．一枚板構造 2．一枚板構造以外	m		年　月　日	年　月　日 第　号	年　月から　年　月
2		kl	1．一枚板構造 2．一枚板構造以外	m		年　月　日	年　月　日 第　号	年　月から　年　月
3		kl	1．一枚板構造 2．一枚板構造以外	m		年　月　日	年　月　日 第　号	年　月から　年　月
4		kl	1．一枚板構造 2．一枚板構造以外	m		年　月　日	年　月　日 第　号	年　月から　年　月
5		kl	1．一枚板構造 2．一枚板構造以外	m		年　月　日	年　月　日 第　号	年　月から　年　月
※受付欄			※備考					

備考
1　この用紙の大きさは、日本工業規格Ａ４とすること。
2　法人にあっては、その名称、代表者氏名及び主たる事業所の所在地を記入すること。
3　「新基準に適合させるための工事予定期間」欄について工事予定期間を記入することが困難な場合には、その理由を記入すること。
4　※印の欄は、記入しないこと。

附　則(ヨ)〔平成一七年三月七日総務省令第二〇号〕

この省令は、公布の日から施行する。

附　則(タ)〔平成一七年三月二四日総務省令第三七号〕

改正　平成二三年六月総務省令第七一号(ノ)

（施行期日）

第一条　この省令は、平成十七年四月一日から施行する。ただし、第一条の二から第一条の四までの改正規定、第三十八条の四の改正規定、第六十四条の改正規定、第六十五条の改正規定及び第六十九条の二の改正規定は、公布の日から施行する。

（地下タンク貯蔵所等の基準に関する経過措置）

第二条　この省令の施行の際、現に消防法第十一条第一項の規定により許可を受けている製造所、貯蔵所又は取扱所の構造及び設備のうち、この省令による改正後の危険物の規制に関する規則第二十三条の二に定める技術上の基準に適合しないもの（同条第一項第一号及び第二号に規定する腐食のおそれが特に高い地下貯蔵タンクを除く。）又は第二十八条の五十九第二項第五号に定める技術上の基準に適合しないものの構造及び設備に係る技術上の基準については、これらの規定にかかわらず、なお従前の例による。

（ノ）

本条…一部改正〔平成二三年六月総令七一号〕

附　則(レ)〔平成一七年八月三一日総務省令第一三六号〕

この省令は、日本海溝・千島海溝周辺海溝型地震に係る地震防災対策の推進に関する特別措置法の施行の日（平成十七年九月一日）から施行する。

附　則(ソ)〔平成一八年三月一七日総務省令第三一号〕

（施行期日）

第一条　この省令は、平成十八年四月一日から施行する。ただし、第一条の五の改正規定は、消防法及び石油コンビナート等災害防止法の一部を改正する法律（平成十六年法律第六十五号）附則第一条第二号に掲げる規定の施行の日（平成十八年六月一日）から施行する。

（経過措置）

第二条　この省令の施行の際現に消防法第十一条第一項の規定により許可を受けている取扱所の構造及び設備でこの省令の施行の際現に存するもののうち、この省令による改正後の危険物の規制に関する規則（以下次条までにおいて「新規則」という。）第二十六条第三項第一号の二から第三号までに定める技術上の基準、新規則第二十六条の二第三項第一号の二から第三号までに定める技術上の基準、新規則第二十七条第三項第一号の二から第三号までに定める技術上の基準、新規則第二十八条の五十八第二項第四号から第七号までに定める技術上の基準又は新規則第二十八条の五十九第二項第一号から第三号まで若しくは第十号に定める技術上の基準に適合しないものに係る技術上の基準については、これらの規定にかかわらず、なお従前の例による。

第三条　新規則別記様式第四のイ、別記様式第四のホ、別記様式第四のト及び別記様式第四のリに規定する様式は、第一条の規定にかかわらず、平成十八年九月三十日までの間は、なお従前の例によることができる。

第四条　この省令の施行前にした行為に対する罰則の適用について

は、なお従前の例による。

附　則（ツ）〔平成一八年六月一四日総務省令第九六号〕

この省令は、公布の日から施行する。

附　則（ネ）〔平成一八年九月二九日総務省令第一一四号〕

改正　平成二三年九月総務省令第一三一号（マ）

（施行期日）

第一条　この省令は、平成十八年十月一日から施行する。

（経過措置）

第二条　この省令の施行の日から障害者自立支援法（平成十七年法律第百二十三号）附則第一条第三号に掲げる規定の施行の日〔平成二四年四月一日〕の前日までの間は、この省令による改正後の危険物の規制に関する規則第十一条第四号リ中「又は同条第二十三項に規定する福祉ホーム」とあるのは、「、同条第二十三項に規定する福祉ホーム又は同法附則第四十一条第一項、第四十八条若しくは第五十八条第一項の規定によりなお従前の例により運営をすることができることとされた同法附則第四十一条第一項に規定する身体障害者更生援護施設、同法附則第四十八条に規定する精神障害者社会復帰施設若しくは同法附則第五十八条第一項に規定する知的障害者援護施設」とする。（マ）

本条…一部改正〔平成二三年九月総令一三一号〕

附　則（ナ）〔平成一九年三月一二日総務省令第二六号〕

（施行期日）

第一条　この省令は、平成十九年四月一日から施行する。

（助教授の在職に関する経過措置）

第二条　この省令の規定による改正後の第五十八条の五の規定の適用については、この省令の施行前における助教授としての在職は、准教授としての在職とみなす。

（罰則に関する経過措置）

第三条　この省令の施行前にした行為に対する罰則の適用については、なお従前の例による。

附　則（ラ）〔平成一九年九月二一日総務省令第一〇六号〕

（施行期日）

第一条　この省令中第二十八条の二の五の改正規定は平成十九年十月一日から、第五十三条の三及び第五十八条の五の改正規定は平成二十年四月一日から施行する。

（給油取扱所の技術上の基準に関する経過措置）

第二条　平成十九年十月一日において現に消防法第十一条第一項の規定により許可を受けて設置されている給油取扱所の設備でこの省令の施行の際現に存するもののうち、この省令による改正後の危険物の規制に関する規則第二十八条の二の五第二号に定める技術上の基準に適合しないものの設備に係る技術上の基準については、同号の規定にかかわらず、平成十九年十一月三十日までの間は、なお従前の例による。

附　則（ム）〔平成二一年一〇月一六日総務省令第九八号〕

（施行期日）

第一条　この省令は、平成二十一年十一月一日から施行する。

（屋外タンク貯蔵所の内部点検の時期に関する経過措置）

第二条　危険物の規制に関する政令及び消防法施行令の一部を改正する政令（昭和五十二年政令第十号。以下「昭和五十二年政令」という。）の施行の際、現に消防法第十一条第一項前段の規定による設置に係る許可を受け、又は当該許可の申請がされていた特定屋外タンク貯蔵所のうち、この省令の施行の際現にその構造及び設備が危険物の規制に関する政令第十一条第一項第三号の二及び第四号に定める技術上の基準に適合しないもので、昭和五十二年政令附則第三項各号に掲げる基準に適合しないものについての、内部点検の実施及び内部点検に係る記録の保存については、なお従前の例による。ただし、市町村長等が定める期間の延長については、この省令による改正後の危険物の規制に関する規則（以下「新規則」という。）第六十二条の五第三項及び第四項並びに第六十二条の八第一号の規定の定めるところによる。

（確認の手続等）

第三条　危険物の規制に関する政令等の一部を改正する政令等の一部を改正する政令（平成二十一年政令第二百四十七号。以下「平成二十一年改正政令」という。）による改正後の危険物の規制に関する政令等の一部を改正する政令（平成六年政令第二百十四号。以下「新二百十四号改正政令」という。）附則第七項及び平成二十一年改正政令による改正後の危険物の規制に関する政令の一部を改正する政令（平成十一年政令第三号。以下「新平成十一年改正政令」という。）附則第二項の総務省令で定める危険物の貯蔵及び取扱いは、新規則第六十二条の二第二項各号に掲げるものとする。

2　新二百十四号改正政令附則第七項の規定又は新平成十一年改正政令附則第二項の規定による確認を受けようとする者は、別記様式第三十六の申請書に理由書その他の参考となるべき事項を記載した書類を添えて市町村長等に提出しなければならない。

3　市町村長等は、前項の申請があったときは、当該申請に係る旧基準の特定屋外タンク貯蔵所又は旧基準の準特定屋外タンク貯蔵所が次の各号のいずれにも該当すると認められる場合に限り、新二百十四号改正政令附則第七項又は新平成十一年改正政令附則第二項の確認をするものとする。

一　危険物（第一項の危険物の貯蔵及び取扱いに係るものを除く。次号において同じ。）を除去する措置が講じられていること。

二　誤って危険物が流入するおそれがないようにするための措置が講じられていること。

三　見やすい箇所に、幅〇・三メートル以上、長さ〇・六メートル以上の地が白色の板に赤色の文字で「休止中」と表示した標識が掲示されていること。

4　新二百十四号改正政令附則第七項の確認を受けている旧基準の

特定屋外タンク貯蔵所又は新平成十一年改正政令附則第二項の確認を受けている旧基準の準特定屋外タンク貯蔵所の所有者、管理者又は占有者は、当該旧基準の特定屋外タンク貯蔵所又は当該旧基準の準特定屋外タンク貯蔵所における危険物の貯蔵及び取扱いを再開しようとするときは、あらかじめ、その旨を別記様式第三十七の届出書により市町村長等に届け出なければならない。

5　新二百十四号改正政令附則第七項の確認を受けている旧基準の特定屋外タンク貯蔵所又は新平成十一年改正政令附則第二項の確認を受けている旧基準の準特定屋外タンク貯蔵所の所有者、管理者又は占有者は、前項の届出をするまでの間、当該旧基準の特定屋外タンク貯蔵所又は旧基準の準特定屋外タンク貯蔵所について、第二項の申請書又は書類に記載された事項に変更が生じる場合には、あらかじめ、その旨を別記様式第三十八の届出書により市町村長等に届け出なければならない。その届出事項に変更が生じるときも、同様とする。

6　市町村長等は、新二百十四号改正政令附則第七項の確認をした旧基準の特定屋外タンク貯蔵所又は新平成十一年改正政令附則第二項の確認をした旧基準の準特定屋外タンク貯蔵所について、危険物の貯蔵及び取扱いが再開される前に、第三項各号のいずれかに該当しないと認めるに至つたときは、当該確認を取り消すことができる。

7　第二項から前項までの規定は、この省令による改正後の危険物の規制に関する規則の一部を改正する省令（平成十七年総務省令第三号）附則第三条第一項の規定による確認について準用する。この場合において、第二項中「別記様式第三十六」とあるのは「別記様式第三十九」と、第四項中「別記様式第三十七」とあるのは「別記様式第四十」と、第五項中「別記様式第三十八」とあるのは「別記様式第四十一」とする。

附　則（ウ）〔平成二一年一一月六日総務省令第一〇六号〕

この省令は、平成二十二年四月一日から施行する。

附　則（ヰ）〔平成二二年二月二六日総務省令第一〇号〕

改正　令和元年六月総務省令第一九号(い)

（施行期日）

第一条　この省令は、平成二十二年九月一日から施行する。

（製造所の基準に関する経過措置）

第二条　この省令の施行の際現に設置されている製造所で、危険物の規制に関する政令の一部を改正する政令（平成二十二年政令第十六号。以下「十六号改正政令」という。）による危険物の規制に関する政令（昭和三十四年政令第三百六号。以下「令」という。）第一条第三項の規定の改正により新たに消防法（以下「法」という。）第十一条第一項の規定により製造所として許可を受けなければならないこととなるものの設備で、この省令の施行の際現に存するもののうち、危険物の規制に関する規則（以下「規則」という。）第十三条の三第一項に定める技術上の基準に適合しないものの設備に係る技術上の基準については、同項の規定は、当該製造所が次に掲げる基準のすべてに適合している場合に限り、適用しない。

一　当該製造所の危険物を取り扱う工作物（建築物及び危険物を移送するための配管その他これに準ずる工作物を除く。）の周囲に、一メートル以上の幅の空地を保有し、又は不燃材料で造った防火上有効な塀が設けられていること。

二　当該製造所の建築物の危険物を取り扱う室の壁、柱、床及び天井（天井がない場合にあっては、はり及び屋根又は上階の床。以下この号において同じ。）が不燃材料で造られ、又は当該壁、柱、床及び天井の室内に面する部分が不燃材料で覆われていること。

三　前号の室の開口部に、規則第十三条の二第一項に規定する防火設備が設けられていること。

四　当該製造所の危険物を取り扱う配管が、その設置される条件及び使用される状況に照らして、十分な強度を有し、かつ、漏れない構造であること。

五　当該製造所の液体の危険物を取り扱うタンク（屋外にあるタンクに限る。）が、鋼板その他の金属板で造られ、かつ、漏れない構造であること。

六　前号のタンクの周囲には、危険物が漏れた場合にその流出を防止するための有効な措置が講じられていること。

七　当該製造所に係る指定数量の倍数が、平成二十二年九月一日（以下「施行日」という。）における指定数量の倍数を超えないこと。

2　この省令の施行の際現に法第十一条第一項の規定により許可を受けて設置されている製造所の設備で、この省令の施行の際現に存するもののうち、十六号改正政令による令第一条第三項の規定の改正により規則第十三条の三第一項に定める技術上の基準に適合しないこととなるものの設備に係る技術上の基準については、同項の規定にかかわらず、当該製造所が前項第五号から第七号までに掲げる基準に適合している場合に限り、なお従前の例による。

（屋外タンク貯蔵所の基準に関する経過措置）

第三条　この省令の施行の際現に設置されている貯蔵所で、十六号改正政令による令第一条第三項の規定の改正により新たに法第十一条第一項の規定により令第二条第二号の屋外タンク貯蔵所として許可を受けなければならないこととなるものの設備で、この省令の施行の際現に存するもののうち、規則第二十二条第一項に定める技術上の基準に適合しないものの設備に係る技術上の基準については、同項の規定は、当該屋外タンク貯蔵所が次に掲げる基準のすべてに適合している場合に限り、適用しない。

一　当該屋外タンク貯蔵所の屋外貯蔵タンク（危険物を移送するための配管その他これに準ずる工作物を除く。）の周囲に、一メートル以上の幅の空地を保有し、又は不燃材料で造った防火上有効な堺が設けられていること。

二　当該屋外タンク貯蔵所の屋外貯蔵タンクが、鋼板その他の金属板で造られ、かつ、漏れない構造であること。

三　当該屋外タンク貯蔵所の危険物を取り扱う配管が、その設置される条件及び使用される状況に照らして、十分な強度を有し、かつ、漏れない構造であること。

四　当該屋外タンク貯蔵所の液体の危険物を貯蔵し、又は取り扱う屋外貯蔵タンクの周囲には、危険物が漏れた場合にその流出を防止するための有効な措置が講じられていること。

五　当該屋外タンク貯蔵所に係る指定数量の倍数が、施行日における指定数量の倍数を超えないこと。

（**一般取扱所の基準に関する経過措置**）

第四条　附則第二条第一項の規定は、この省令の施行の際現に設置されている取扱所で、十六号改正政令による令第一条第三項の規定の改正により新たに法第十一条第一項の規定により令第三条第四号の一般取扱所として許可を受けなければならないこととなるものの設備に係る技術上の基準について準用する。

2　附則第二条第二項の規定は、この省令の施行の際現に法第十一条第一項の規定により許可を受けて設置されている令第三条第四号の一般取扱所の設備に係る技術上の基準について準用する。

（**避雷設備の基準に関する経過措置**）

第五条　この省令の施行の際現に設置されている製造所、貯蔵所又は取扱所で、十六号改正政令による令第一条第三項の規定の改正により新たに法第十一条第一項の規定により許可を受けなければならないこととなるもの（指定数量の倍数が施行日における指定数量の倍数を超えないものに限る。）の避雷設備で、この省令の施行の際現に存するもののうち、規則第十三条の二の二に定める技術上の基準に適合しないものに係る同条の規定の適用については、同条中「日本産業規格A四二〇一「建築物等の雷保護」」とあるのは、「日本工業規格A四二〇一（一九九二）「建築物等の避雷設備（避雷針）」」とする。㋑

2　この省令の施行の際現に法第十一条第一項の規定により許可を受けて設置されている製造所、貯蔵所又は取扱所（指定数量の倍数が施行日における指定数量の倍数を超えないものに限る。）の避雷設備で、この省令の施行の際現に存するもののうち、十六号改正政令による令第一条第三項の規定の改正により規則第十三条の二の二に定める技術上の基準に適合しないこととなるものに係る同条の規定の適用については、同条中「日本産業規格A四二〇一「建築物等の雷保護」」とあるのは、「日本工業規格A四二〇一（一九九二）「建築物等の避雷設備（避雷針）」」とする。㋑

一・二項…一部改正〔令和元年六月総令一九号〕

（**掲示板の基準に関する経過措置**）

第六条　この省令の施行の際現に法第十一条第一項の規定により許可を受けて設置されている製造所、貯蔵所又は取扱所の掲示板で、この省令の施行の際現に存するもののうち、十六号改正政令による令第一条第三項の規定の改正により規則第十八条第一項第二号に定める技術上の基準に適合しないこととなるものに係る掲示板の技術上の基準については、同号の規定にかかわらず、施行日から平成二十二年十一月三十日までの間は、なお従前の例によることができる。

（警報設備の基準に関する経過措置）

第七条　この省令の施行の際現に設置されている製造所、貯蔵所又は取扱所で、十六号改正政令による令第一条第三項の規定の改正により新たに法第十一条第一項の規定により許可を受けなければならないこととなるもの（指定数量の倍数が施行日における指定数量の倍数を超えないものに限る。）の警報設備で、この省令の施行の際現に存するもののうち、規則第三十八条第二項各号に定める技術上の基準に適合しないものに係る警報設備の技術上の基準については、これらの規定は、施行日から平成二十四年二月二十九日までの間は、適用しない。

2　この省令の施行の際現に法第十一条第一項の規定により許可を受けて設置されている製造所、貯蔵所又は取扱所（指定数量の倍数が施行日における指定数量の倍数を超えないものに限る。）の警報設備で、この省令の施行の際現に存するもののうち、十六号改正政令による危険物規制令第一条第三項の規定の改正により規則第三十八条第二項各号に定める技術上の基準に適合しないこととなるものに係る警報設備の技術上の基準については、これらの規定にかかわらず、施行日から平成二十四年二月二十九日までの間は、なお従前の例による。

（危険物の容器の表示に関する経過措置）

第八条　この省令の施行の際現に存する内装容器等（規則第三十九条の三第二項に規定する内装容器等をいう。）で、十六号改正政令による令第一条第三項の規定の改正により規則第三十九条の三第二項に定める技術上の基準に適合しないこととなるものの貯蔵に係る技術上の基準については、同項の規定にかかわらず、施行日から平成二十四年二月二十九日までの間は、なお従前の例によることができる。

（運搬容器の表示に関する経過措置）

第九条　この省令の施行の際現に存する運搬容器で、十六号改正政令による令第一条第三項の規定の改正により規則第四十四条第一項又は第六項に定める技術上の基準に適合しないこととなるものの積載方法に係る技術上の基準については、これらの規定にかかわらず、施行日から平成二十四年二月二十九日までの間は、なお従前の例によることができる。

（実務経験に関する経過措置）

第一〇条　この省令の施行の際現に設置されている製造所、貯蔵所又は取扱所で、十六号改正政令による令第一条第三項の規定の改正により新たに法第十一条第一項の規定により許可を受けなければならないこととなるものの所有者、管理者又は占有者のうち、法第十三条第一項の規定により危険物保安監督者を定めなければならないこととなるものは、同項及び規則第四十八条の二の規定にかかわらず、施行日から平成二十四年二月二十九日までの間に限り、甲種危険物取扱者又は乙種危険物取扱者（施行日前に当該製造所、貯蔵所又は取扱所で六月以上従事している者に限る。）のうちから当該製造所、貯蔵所又は取扱所の危険物保安監督者を定めることができる。

（**取扱い等をすることができる危険物の種類に関する経過措置**）

第一一条　この省令の施行の際現に法第十三条の二第三項の規定により乙種危険物取扱者免状の交付を受けている者で、規則第四十九条の規定によりその者が取り扱うことができる危険物以外の危険物を施行日の前日において当該乙種危険物取扱者免状に基づき取り扱い、又は当該危険物の取扱作業に関して立ち会っているものは、同条の規定にかかわらず、施行日から平成二十四年二月二十九日までの間に限り、当該危険物を取り扱い、又は当該危険物の取扱作業に関して立ち会うことができる。

（**届出の様式等**）

第一二条　十六号改正政令附則第四条の規定による届出にあっては別記様式の届出書によって行わなければならない。

2　前項の届出書の提出部数は、二部とする。

（**罰則に関する経過措置**）

第一三条　この省令の施行前にした行為及びこの省令の附則においてなお従前の例によることとされる場合におけるこの省令の施行後にした行為に対する罰則の適用については、なお従前の例による。

別記様式

危険物 製造所／貯蔵所／取扱所 指定数量の倍数変更届出書

年　月　日

殿

届出者
住　所　　（電話　　）
氏　名　　㊞

設置者	住所		電話
	氏名		
設置場所			
設置の許可年月日及び許可番号	年　月　日　第　号		
設置の完成検査年月日及び検査番号	年　月　日　第　号		
製造所等の別		貯蔵所又は取扱所の区分	
16号改正政令施行前の危険物の類、品名（指定数量）、最大数量		指定数量の倍数	
16号改正政令施行により指定数量の倍数が増加することとなる理由			
その他必要な事項			
※受付欄		※経過欄	

備考1　この用紙の大きさは、日本工業規格Ａ４とすること。
2　法人にあっては、その名称、代表者氏名及び主たる事務所の所在地を記入すること。
3　品名（指定数量）の記載については、当該危険物の指定数量が品名の記載のみでは明確でない場合に（　）内に該当する指定数量を記載すること。
4　指定数量の倍数については、上欄に16号改正政令施行前の倍数を、下欄に16号改正政令施行後の倍数を記入すること。
5　※印の欄は、記入しないこと。

附　則（ノ）〔平成二二年六月二八日総務省令第七一号〕

改正　平成二三年九月総務省令第一二九号（ヤ）

（施行期日）

第一条　この省令は、平成二十三年二月一日から施行する。

（経過措置）

第二条　この省令の施行の際、現に消防法第十一条第一項の規定により許可を受けて設置されている製造所、貯蔵所又は取扱所（以下「既設の製造所等」という。）の構造及び設備で、この省令の施行の際現に存するもののうち、改正後の危険物の規制に関する規則（以下「新規則」という。）第二十三条の二及び第二十三条の三に定める技術上の基準に適合しないものの構造及び設備に係る技術上の基準については、これらの規定にかかわらず、平成二十五年一月三十一日までの間は、なお従前の例による。（ヤ）

2　東日本大震災（平成二十三年三月十一日に発生した東北地方太平洋沖地震及びこれに伴う原子力発電所の事故による災害をいう。以下この項及び次項において同じ。）に際し、災害救助法（昭和二十二年法律第百十八号）が適用された市町村の区域（東京都の区域を除く。）において設置されている既設の製造所等のうち、東日本大震災により損壊したことについて市町村長等が確認したもので、かつ、当該既設の製造所等の危険物の規制に関する政令（以下「令」という。）第十三条第一項第一号に規定する地下貯蔵タンク（令第九条第一項第二十号ハにおいてその例による場合及びこれを令第十九条第一項において準用する場合並びに令第十七条第一項第八号イ、同条第二項第二号、新規則第二十七条の五第四項第一号及び新規則第二十八条の五十九第二項第五号においてその例による場合を含む。以下この条において「地下貯蔵タンク」という。）に第四項に掲げる措置が講じられているものについては、前項の規定を準用する。この場合において、前項中「平成二十五年一月三十一日」とあるのは、「平成二十八年一月三十一日」と読み替えるものとする。（ヤ）

3　前項の規定の適用を受けようとする者は、次の各号に定める書類を、平成二十五年一月二十一日までに、市町村長等に提出しなければならない。（ヤ）

一　別記様式の申請書（ヤ）

二　東日本大震災により当該既設の製造所等が損壊したことを明らかにすることができる書類（ヤ）

三　次項第二号に該当する地下貯蔵タンクを有する既設の製造所等にあっては、同号ハにより定める計画を記載した書類（ヤ）

4　第二項に規定する既設の製造所等の地下貯蔵タンクに講じる措置は、次の各号に掲げる地下貯蔵タンクの区分に応じ、当該各号に定めるものとする。（ヤ）

一　新規則第二十三条の二第一項第一号及び第二号に規定する腐食のおそれが特に高い地下貯蔵タンク　新規則第二十三条の三第一号に規定する地下貯蔵タンクからの危険物の微少な漏れを

検知するための告示で定める設備を設けること。（ヤ）

二　新規則第二十三条の三第一号に規定する腐食のおそれが高い地下貯蔵タンク　次のイからハまでに掲げる措置を講じること。（ヤ）

イ　新規則第六十二条の四第一項及び第六十二条の五の二第二項の規定にかかわらず、消防法第十四条の三の二の規定による定期点検及び新規則第六十二条の五の二第一項の規定による地下貯蔵タンクの漏れの点検を六月に一回以上行うこと。（ヤ）

ロ　危険物の貯蔵又は取扱数量の百分の一以上の精度で一日に一回以上在庫管理を行うとともに、当該既設の製造所等に設けられた漏えい検査管を用いることにより一週間に一回以上危険物の漏れを確認すること。（ヤ）

ハ　当該既設の製造所等における危険物の在庫管理に従事する者の職務及び組織に関すること、当該者に対する教育に関すること、在庫管理の方法及び危険物の漏れが確認された場合に取るべき措置に関することその他必要な事項について計画を定めること。（ヤ）

一項…一部改正・二―四項…追加〔平成二三年九月総令一二九号〕

別記様式（ヤ）

危険物 製造所／貯蔵所／取扱所 新規則適合期限延長に係る申請書

年　月　日 殿 届出者 住　所　　　　（電話　　　） 氏　名　　　　　　　㊞ 危険物の規制に関する規則等の一部を改正する省令（平成22年総務省令第71号）附則第２条第３項の規定に基づき、申請します。			
設置者	住　所		電話
	氏　名		
設置場所			
製造所等の別		貯蔵所又は取扱所の区分	
設置の許可年月日及び許可番号	年　月　日　第　号		
設置の完成検査年月日及び完成検査番号	年　月　日　第　号		
対象となる地下貯蔵タンク＊			
当該地下貯蔵タンクの設置時の完成検査日＊			
塗覆装の種類＊			
設計板厚＊	mm		
腐食のおそれが特に高い地下貯蔵タンク又は腐食のおそれが高い地下貯蔵タンクの別＊			
その他参考となる事項			
※受付欄	※備考		

備考　１　この用紙の大きさは、日本工業規格Ａ４とすること。
　２　法人にあっては、その名称、代表者氏名及び主たる事業所の所在地を記入すること。
　３　＊印の欄は、適合期限延長の対象となる全てのタンクについて記載すること。
　４　その他参考となる事項の欄に関しては、必要に応じ図面、資料等を添付すること。
　５　※印の欄は記入しないこと。

本様式…追加〔平成23年９月総令129号〕

附　則（オ）〔平成二三年二月二三日総務省令第五号〕

この省令は、平成二十三年四月一日から施行する。

附　則（ク）〔平成二三年六月一七日総務省令第五五号〕

（施行期日）

第一条　この省令は、公布の日から施行する。ただし、次の各号に掲げる規定は、当該各号に定める日から施行する。

一　〔前略〕第二条の規定　平成二十四年四月一日

二　〔略〕

（経過措置）

第二条　1　〔略〕

2　第一号施行日前までに第二条による改正前の危険物の規制に関する規則第五十八条の十四第一項又は第二項に規定する講習を受けなければならない者については、第二条による改正後の危険物の規制に関する規則第五十八条の十四第一項又は第二項の規定にかかわらず、当該講習を受けるまでの間に限り、なお従前の例による。

3　〔略〕

附　則（ヤ）〔平成二三年九月一五日総務省令第一二九号〕

（施行期日）

第一条　この省令は、公布の日から施行する。

（経過措置）

第二条　危険物の規制に関する規則等の一部を改正する省令（平成二十二年総務省令第七十一号。以下この条において「改正規則」という。）の施行の日において現に消防法第十一条第一項の規定により許可を受けて設置されている製造所、貯蔵所又は取扱所の構造及び設備で、同日において現に存するもののうち、平成二十五年二月一日から平成二十八年一月三十一日までの間に危険物の規制に関する規則第二十三条の二及び第二十三条の三に定める技術上の基準に適合しないこととなるものの構造及び設備に係る技術上の基準については、この省令による改正後の改正規則（以下この条において「新改正規則」という。）附則第二条の規定を準用する。この場合において、新改正規則附則第二条第三項中「平成二十五年一月二十一日」とあるのは、「新規則第二十三条の二及び第二十三条の三に定める技術上の基準に適合しないこととなる日の十日前」と読み替えるものとする。

附　則（マ）〔平成二三年九月二二日総務省令第一三一号〕

この省令は、平成二十三年十月一日から施行する。

附　則（ケ）〔平成二三年一二月二一日総務省令第一六五号〕

改正　令和元年六月総務省令第一九号㋑、二年一二月第一二四号㋭

（施行期日）

第一条　この省令は、危険物の規制に関する政令の一部を改正する政令（平成二十三年政令第四百五号。以下「四百五号改正政令」という。）の施行の日（平成二十四年七月一日）から施行する。ただし、次の各号に掲げる規定は、当該各号に定める日から施行する。

一　第一条中危険物の規制に関する規則（以下「規則」という。）第一条の三第四項第二号、第六十二条の二の五第一項及び第六十二条の二の六第二号の改正規定並びに第二条中危険物の規制に関する規則の一部を改正する省令（平成十二年自治省令第十一号）附則第二項の改正規定　公布の日

二　第一条中規則第二十五条の二第一号イの改正規定、規則第二十八条の二の見出し中「メタノール等」の下に「及びエタノール等」を加え、同条に二項を加える改正規定、規則第二十八条の二の二の見出し中「メタノール等」の下に「及びエタノール等」を加え、同条に二項を加える改正規定、規則第二十八条の二の三（見出しを含む。）の改正規定、規則第二十八条の二の八を規則第二十八条の二の九とする改正規定、規則第二十八条の二の七の次に一条を加える改正規定並びに規則第三十四条第一項第四号の二及び第四十条の十四（見出しを含む。）の改正規定　四百五号改正政令附則第一条第一号に掲げる規定の施行の日（平成二十四年一月十一日）

三　第一条中規則第三十二条の七（見出しを含む。）から第三十二条の九まで及び第三十三条第二項第一号の表の改正規定　四百五号改正政令附則第一条第二号に掲げる規定の施行の日（平成二十四年三月一日）

四　第一条中規則第一条の三第七項第一号、第十一条、第十二条、第十三条の二の二、第十三条の四、第十三条の五、第十五条、第十七条第一項、第十八条、第十九条の二、第二十条の二第一項、第二十条の三、第二十条の五、第二十条の五の二、第二十条の六、第二十条の九第二号、第二十条の十、第二十一条の二、第二十一条の三、第二十一条の四、第二十一条の六及び第二十二条第一項の改正規定、規則第二十二条の二の六中「第十一条第四項」を「第十一条第五項」に改め、同条を規則第二十二条の二の八とする改正規定、規則第二十二条の二の五中「第十一条第三項」を「第十一条第四項」に改め、同条を規則第二十二条の二の七とする改正規定、規則第二十二条の二の四中「第十一条第三項」を「第十一条第四項」に改め、同条を規則第二十二条の二の六とする改正規定、規則第二十二条の二の三中「第十一条第三項」を「第十一条第四項」に改め、同条を規則第二十二条の二の五とする改正規定、規則第二十二条の二の二中「第十一条第三項」を「第十一条第四項」に改め、同条を規則第二十二条の二の四とする改正規定、規則第二十二条の二の改正規定、同条を規則第二十二条の二の三とする改正規定、規則第二十二条の次に二条を加える改正規定、規則第二十二条の三第一項、第二十二条の三の二、第二十二条の三の三、第二十二条の四、第二十二条の八、第二十二条の九、第二十二条の十、第二十四条の二の七、第二十四条の二の八及び第二十四条の九の二の改正規定〔中略〕並びに附則第九条　四百五号改正政令附則第一条第三号に掲げる規定の施行の日（平成二十

四年四月一日）

（避雷設備の基準に関する経過措置）

第二条　この省令の施行の際現に設置されている製造所、貯蔵所又は取扱所で、四百五号改正政令による危険物の規制に関する政令（以下「令」という。）第一条第一項の規定の改正により新たに消防法（以下「法」という。）第十一条第一項の規定により許可を受けなければならないこととなるもの（指定数量の倍数が施行日における指定数量の倍数を超えないものに限る。）の避雷設備で、この省令の施行の際現に存するもののうち、この省令による改正後の規則（以下「新規則」という。）第十三条の二の二に定める技術上の基準に適合しないものに係る同条の規定の適用については、同条中「日本産業規格A四二〇一「建築物等の雷保護」」とあるのは、「日本工業規格A四二〇一（一九九二）「建築物等の避雷設備（避雷針）」」とする。㋑

2　この省令の施行の際現に法第十一条第一項の規定により許可を受けて設置されている製造所、貯蔵所又は取扱所（指定数量の倍数が施行日における指定数量の倍数を超えないものに限る。）の避雷設備で、この省令の施行の際現に存するもののうち、四百五号改正政令による令第一条第一項の規定の改正により新規則第十三条の二の二に定める技術上の基準に適合しないこととなるものに係る同条の規定の適用については、同条中「日本産業規格A四二〇一「建築物等の雷保護」」とあるのは、「日本工業規格A四二〇一（一九九二）「建築物等の避雷設備（避雷針）」」とする。㋑

一・二項…一部改正〔令和元年六月総令一九号〕

（掲示板の基準に関する経過措置）

第三条　この省令の施行の際現に法第十一条第一項の規定により許可を受けて設置されている製造所、貯蔵所又は取扱所の掲示板で、この省令の施行の際現に存するもののうち、四百五号改正政令による令第一条第一項の規定の改正により新規則第十八条第一項第二号に定める技術上の基準に適合しないこととなるものに係る掲示板の技術上の基準については、同号の規定にかかわらず、施行日から平成二十四年九月三十日までの間は、なお従前の例によることができる。

（警報設備の基準に関する経過措置）

第四条　この省令の施行の際現に設置されている製造所、貯蔵所又は取扱所で、四百五号改正政令による令第一条第一項の規定の改正により新たに法第十一条第一項の規定により許可を受けなければならないこととなるもの（指定数量の倍数が施行日における指定数量の倍数を超えないものに限る。）の警報設備で、この省令の施行の際現に存するもののうち、新規則第三十八条第二項各号に定める技術上の基準に適合しないものに係る警報設備の技術上の基準については、これらの規定は、施行日から平成二十五年十二月三十一日までの間は、適用しない。

2　この省令の施行の際現に法第十一条第一項の規定により許可を受けて設置されている製造所、貯蔵所又は取扱所（指定数量の倍数が施行日における指定数量の倍数を超えないものに限る。）の警報設備で、この省令の施行の際現に存するもののうち、四百五号改正政令による令第一条第一項の規定の改正により新規則第三十八条第二項各号に定める技術上の基準に適合しないこととなるものに係る警報設備の技術上の基準については、これらの規定にかかわらず、施行日から平成二十五年十二月三十一日までの間は、なお従前の例による。

（危険物の容器の表示に関する経過措置）

第五条　この省令の施行の際現に存する内装容器等（新規則第三十九条の三第二項に規定する内装容器等をいう。）で、四百五号改正政令による令第一条第一項の規定の改正により新規則第三十九条の三第二項に定める技術上の基準に適合しないこととなるものの貯蔵に係る技術上の基準については、同項の規定にかかわらず、施行日から平成二十五年十二月三十一日までの間は、なお従前の例によることができる。

（運搬容器の表示に関する経過措置）

第六条　この省令の施行の際現に存する運搬容器で、四百五号改正政令による令第一条第一項の規定の改正により新規則第四十四条第一項又は第六項に定める技術上の基準に適合しないこととなるものの積載方法に係る技術上の基準については、これらの規定にかかわらず、施行日から平成二十五年十二月三十一日までの間は、なお従前の例によることができる。

（実務経験に関する経過措置）

第七条　この省令の施行の際現に設置されている製造所、貯蔵所又は取扱所で、四百五号改正政令による令第一条第一項の規定の改正により新たに法第十一条第一項の規定により許可を受けなければならないこととなるものの所有者、管理者又は占有者のうち、法第十三条第一項の規定により危険物保安監督者を定めなければならないこととなるものは、同項及び新規則第四十八条の二の規定にかかわらず、施行日から平成二十五年十二月三十一日までの間に限り、甲種危険物取扱者又は乙種危険物取扱者（施行日前に当該製造所、貯蔵所又は取扱所で六月以上従事している者に限る。）のうちから当該製造所、貯蔵所又は取扱所の危険物保安監督者を定めることができる。

（届出の様式等）

第八条　四百五号改正政令附則第四条の規定による届出にあっては別記様式第一の届出書によって行わなければならない。

2　前項の届出書の提出部数は、二部とする。

（確認の手続等）

第九条　四百五号改正政令附則第十条第二項の総務省令で定める危険物の貯蔵及び取扱いは、新規則第六十二条の二第二項各号に掲げるものとする。

2　四百五号改正政令附則第十条第二項の規定による確認を受けようとする者は、別記様式第二の申請書に理由書その他の参考となるべき事項を記載した書類を添えて法第十一条第二項に規定する市町村長等（以下この条において「市町村長等」という。）に提出しなければならない。

3　市町村長等は、前項の申請があったときは、当該申請に係るこの省令の施行の際現に法第十一条第一項の規定により許可を受けて設置されている四百五号改正政令による改正後の令第十一条第二項に規定する屋外タンク貯蔵所（以下この条において「既設の浮き蓋付特定屋外タンク貯蔵所」という。）が次の各号のいずれにも該当すると認められる場合に限り、四百五号改正政令附則第十条第二項の確認をするものとする。

一　危険物（第一項の危険物の貯蔵及び取扱いに係るものを除く。次号において同じ。）を除去する措置が講じられていること。

二　誤って危険物が流入するおそれがないようにするための措置が講じられていること。

三　見やすい箇所に、幅〇・三メートル以上、長さ〇・六メートル以上の地が白色の板に赤色の文字で「休止中」と表示した標識が掲示されていること。

4　四百五号改正政令附則第十条第二項の確認を受けている既設の浮き蓋付特定屋外タンク貯蔵所の所有者、管理者又は占有者は、当該既設の浮き蓋付特定屋外タンク貯蔵所における危険物の貯蔵及び取扱いを再開しようとするときは、あらかじめ、その旨を別記様式第三の届出書により市町村長等に届け出なければならない。

5　四百五号改正政令附則第十条第二項の確認を受けている既設の浮き蓋付特定屋外タンク貯蔵所の所有者、管理者又は占有者は、前項の届出をするまでの間、当該既設の浮き蓋付特定屋外タンク貯蔵所について、第二項の申請書又は書類に記載された事項に変更が生じる場合には、あらかじめ、その旨を別記様式第四の届出書により市町村長等に届け出なければならない。その届出事項に変更が生じるときも、同様とする。

6　市町村長等は、四百五号改正政令附則第十条第二項の確認をした既設の浮き蓋付特定屋外タンク貯蔵所について、危険物の貯蔵及び取扱いが再開される前に、第三項各号のいずれかに該当しないと認めるに至ったときは、当該確認を取り消すことができる。

（罰則に関する経過措置）

第一〇条　この省令の施行前にした行為及びこの省令の附則においてなお従前の例によることとされる場合におけるこの省令の施行後にした行為に対する罰則の適用については、なお従前の例による。

別記様式第１

製造所／危険物貯蔵所／取扱所 指定数量の倍数変更届出書

年　月　日

殿

届出者
住　所　　　　（電話　　　）
氏　名　　　　　　　　　㊞

設置者	住所	電話		
	氏名			
設置場所				
設置の許可年月日及び許可番号		年　月　日　第　　号		
設置の完成検査年月日及び検査番号		年　月　日　第　　号		
製造所等の別			貯蔵所又は取扱所の区分	
405号改正政令施行前の危険物の類、品名（指定数量）、最大数量			指定数量の倍数	
405号改正政令施行により指定数量の倍数が増加することとなる理由				
その他必要な事項				

※　受　付　欄	※　経　過　欄

備考１　この用紙の大きさは、日本工業規格Ａ４とすること。
　２　法人にあっては、その名称、代表者氏名及び主たる事務所の所在地を記入すること。
　３　品名（指定数量）の記載については、当該危険物の指定数量が品名の記載のみでは明確でない場合に（　）内に該当する指定数量を記載すること。
　４　指定数量の倍数については、上欄に405号改正政令施行前の倍数を、下欄に405号改正政令施行後の倍数を記入すること。
　５　※印の欄は、記入しないこと。

別記様式第２㋑㋭

浮き蓋付特定屋外タンク貯蔵所の休止確認申請書

年　月　日

殿

申請者
住　所　　　　（電話　　　）
氏　名

設置者	住所	電話		
	氏名			
設置場所				
タンクの呼称又は番号				
設置の許可年月日及び許可番号		年　月　日　第　　号		
貯蔵最大数量		kℓ		
浮き蓋の構造		□一枚板構造 □二枚板構造 □簡易フロート型（ＳＵＳ製、ＳＵＳ製以外） □パン型 □バルクヘッド型 □上記以外	告示第２条の２に定める空間高さ　Hc	m
			タンク内径	m
			告示第４条の20に定める　ν_s	
休止措置の内容＊	危険物の除去			
	危険物の誤流入防止措置			
	休止標識の掲示場所等			
危険物以外の物品の貯蔵又は取扱い＊		□無　□有（物品名：　　）		
危険物の貯蔵又は取扱いの再開予定期日				
その他参考となる事項＊				

※　受　付　欄	※　経　過　欄	備　考
	休止確認年月日	

備考１　この用紙の大きさは、日本産業規格Ａ４とすること。
　２　法人にあっては、その名称、代表者氏名及び主たる事業所の所在地を記入すること。
　３　＊印の欄に関しては、必要に応じ図面、資料等を添付すること。
　４　※印の欄は記入しないこと。

本様式…一部改正〔令和元年６月総令19号・２年12月124号〕

別記様式第3㋑㋭

休止中の浮き蓋付特定屋外タンク貯蔵所の再開届出書

年　月　日 殿 届出者 住　所　　（電話　　） 氏　名			
設置者	住　所	電話	
	氏　名		
設置場所			
タンクの呼称又は番号			
設置の許可年月日及び許可番号	年　月　日　第　号		
貯蔵最大数量	kℓ		
浮き蓋の構造	□一枚板構造 □二枚板構造 □簡易フロート型（SUS製、SUS製以外） □パン型 □バルクヘッド型 □上記以外	告示第2条の2に定める空間高さ Hc	m
		タンク内径	m
		告示第4条の20に定める ν_5	
休止確認年月日	年　月　日		
危険物の貯蔵又は取扱いを再開する日	年　月　日		
新基準に適合することとなった日又は適合することとなる予定の日	年　月　日		
※　受付欄	備　考		

備考1　この用紙の大きさは、日本産業規格A4とすること。
2　法人にあっては、その名称、代表者氏名及び主たる事業所の所在地を記入すること。
3　新基準に適合している場合は、新基準の適合確認に用いた計算書、図面等を添付すること。
4　※印の欄は記入しないこと。

本様式…一部改正〔令和元年6月総令19号・2年12月124号〕

別記様式第4㋑㋭

浮き蓋付特定屋外タンク貯蔵所の休止確認に係る変更届出書

年　月　日 殿 届出者 住　所　　（電話　　） 氏　名				
設置者	住　所	電話		
	氏　名			
設置場所				
タンクの呼称又は番号				
設置の許可年月日及び許可番号	年　月　日　第　号			
休止確認年月日	年　月　日			
貯蔵最大数量	kℓ			
浮き蓋の構造	□一枚板構造 □二枚板構造 □簡易フロート型（SUS製、SUS製以外） □パン型 □バルクヘッド型 □上記以外	告示第2条の2に定める空間高さ Hc	m	
		タンク内径	m	
		告示第4条の20に定める ν_5		
変更の内容		変更前	変更後	変更の理由
休止措置の内容＊	危険物の除去			
	危険物の誤流入防止措置			
	休止標識の掲示場所等			
危険物以外の物品の貯蔵又は取扱い＊				
危険物の貯蔵又は取扱いの再開予定期日				
その他の変更の内容＊				
変更予定期日				
その他必要な事項＊				
※　受付欄	備　考			

備考1　この用紙の大きさは、日本産業規格A4とすること。
2　法人にあっては、その名称、代表者氏名及び主たる事業所の所在地を記入すること。
3　＊印の欄に関しては、必要に応じ図面、資料等を添付すること。
4　※印の欄は記入しないこと。

本様式…一部改正〔令和元年6月総令19号・2年12月124号〕

附　則(フ)〔平成二四年三月一六日総務省令第一二号〕

この省令は、平成二十四年四月一日から施行する。

附　則(コ)〔平成二四年三月三〇日総務省令第二四号〕

この省令は、平成二十四年四月一日から施行する。

附　則(エ)〔平成二四年五月二三日総務省令第四九号〕

この省令は、公布の日から施行する。ただし、第六十条の二第一項第十一号の二の改正規定は、平成二十四年十二月一日から施行する。

附　則(テ)〔平成二四年一二月一八日総務省令第一〇三号〕

この省令は、公布の日から施行する。

附　則(ア)〔平成二五年四月一日総務省令第四二号〕

この省令は、公布の日から施行する。

附　則(サ)〔平成二五年一二月二七日総務省令第一二八号抄〕

(施行期日)

第一条　この省令は、東南海・南海地震に係る地震防災対策の推進に関する特別措置法の一部を改正する法律(平成二十五年法律第八十七号)の施行の日(平成二十五年十二月二十七日)から施行する。

(危険物の規制に関する規則の一部改正に伴う経過措置)

第二条　この省令の施行前に消防法(昭和二十三年法律第百八十六号)第十四条の二第一項の規定により認可を受けた予防規程のこの省令による改正前の危険物規則第六十条の二第四項各号に掲げる事項について定めた部分は、この省令による改正後の危険物規則第六十条の二第四項各号に掲げる事項について定めたものについては、この省令による改正後の危険物規則第六十条の二第四項各号に掲げる事項について定めた部分とみなす。

附　則(キ)〔平成二六年三月二七日総務省令第二二号〕

この省令は、地域社会における共生の実現に向けて新たな障害保健福祉施策を講ずるための関係法律の整備に関する法律(平成二十四年法律第五十一号)附則第一条第二号に掲げる規定の施行の日(平成二十六年四月一日)から施行する。〔以下略〕

附　則(ユ)〔平成二六年一〇月一日総務省令第七七号〕

(施行期日)

1　この省令は、次代の社会を担う子どもの健全な育成を図るための次世代育成支援対策推進法等の一部を改正する法律(平成二十六年法律第二十八号)附則第一条第二号に掲げる規定の施行の日(平成二十六年十月一日)から施行する。ただし、第五十八条の五第二号の改正規定及び附則第二項の規定は、独立行政法人通則法の一部を改正する法律(平成二十六年法律第六十六号)の施行の日(平成二十七年四月一日)から施行する。

(経過措置)

2　附則第一項ただし書に規定する規定の施行前に独立行政法人通則法の一部を改正する法律(平成二十六年法律第六十六号)による改正前の独立行政法人通則法(平成十一年法律第百三号)第二

条第二項に規定する特定独立行政法人を退職した役員若しくは職員に対する危険物の規制に関する規則第五十八条の五第二号（消防法施行規則（昭和三十六年自治省令第六号）第三十三条の十六の規定により読み替えて準用する場合を含む。）の規定の適用については、同号中「行政執行法人（独立行政法人通則法（平成十一年法律第百三号）第二条第四項に規定する法人をいう。）の役員若しくは職員若しくは役員若しくは職員であつた者」とあるのは、「独立行政法人通則法の一部を改正する法律（平成二十六年法律第六十六号）による改正前の独立行政法人通則法（平成十一年法律第百三号）第二条第二項に規定する特定独立行政法人の役員若しくは職員であつた者」とする。

附　則(メ)〔平成二七年三月三一日総務省令第三五号抄〕

（**施行期日**）

第一条　この省令は、行政手続における特定の個人を識別するための番号の利用等に関する法律の施行の日〔平成二七年一〇月五日〕から施行する。

附　則(ミ)〔平成二七年六月五日総務省令第五六号〕

この省令は、公布の日から施行する。

附　則(シ)〔平成二七年九月三〇日総務省令第八一号〕

この省令は、勤労青少年福祉法等の一部を改正する法律（平成二十七年法律第七十二号）の施行の日（平成二十七年十月一日）から施行する。ただし、第十一条第四号トの改正規定は、公布の日から施行する。

附　則(ヱ)〔平成二八年三月一日総務省令第一二号〕

この省令は、公布の日から施行する。

附　則(ヒ)〔平成二八年四月一日総務省令第四六号〕

この省令は、公布の日から施行する。

附　則(モ)〔平成二九年一月二六日総務省令第三号〕

この省令は、公布の日から施行する。

附　則(セ)〔平成三〇年三月三〇日総務省令第二一号〕

この省令は、平成三十年四月一日から施行する。

附　則(ス)〔平成三〇年一一月三〇日総務省令第六五号〕

この省令は、平成三十一年四月一日から施行する。

附　則(ン)〔令和元年五月七日総務省令第三号〕

この省令は、公布の日から施行する。

附　則(い)〔令和元年六月二八日総務省令第一九号〕

この省令は、不正競争防止法等の一部を改正する法律の施行の日（令和元年七月一日）から施行する。

附　則(ろ)〔令和元年八月二七日総務省令第三四号〕

この省令は、公布の日から施行する。

附　則(は)〔令和元年一二月二〇日総務省令第六七号〕

（**施行期日**）

1　この省令は、令和二年四月一日から施行する。ただし、第三十九条の三の二の改正規定は、令和二年二月一日から施行する。

（**罰則に関する経過措置**）

2　この省令の施行前にした行為に対する罰則の適用については、なお従前の例による。

附　則(に)〔令和二年四月一五日総務省令第四〇号〕

この省令は、令和二年五月一日から施行する。

附　則(ほ)〔令和二年一二月二五日総務省令第一二四号〕

この省令は、公布の日から施行する。

附　則(へ)〔令和三年七月二一日総務省令第七一号〕

この省令は、令和四年一月一日から施行する。ただし、第二十五条の六の改正規定は、公布の日から施行する。

附　則(と)〔令和四年三月三一日総務省令第二八号〕

この省令〔中略〕は、公布の日から施行する。

附　則(ち)〔令和五年九月一九日総務省令第七〇号〕

この省令は、公布の日から施行する。

附　則(り)〔令和五年一二月六日総務省令第八三号〕

（施行期日）

1　この省令は、令和五年十二月二十七日から施行する。ただし、次の各号に掲げる規定は、当該各号に定める日から施行する。

一　第四条第二項第四号、第五条第二項第四号及び第五条の二の改正規定、第十六条の二の六の次に五条を加える改正規定、第十六条の三から第十六条の七まで、第二十五条の四第一項及び第二項、第二十五条の五第一項及び第二項、第二十五条の十第四号ロ、第二十七条の三第三項及び第六項、第二十七条の五第五項、第二十八条の五十四第九号並びに第三十二条の三第二号の改正規定、第三十五条の次に一条を加える改正規定、第三十八条の四第一号への次にトを加える改正規定並びに第四十条の二の改正規定　公布の日の翌日

二　第四十七条の二第一項第一号の改正規定　令和六年四月一日

（給油取扱所の基準に関する経過措置）

2　この省令の施行の際現に消防法第十一条第一項の規定により許可を受けて設置されている給油取扱所の設備で、この省令の施行の際現に存するもののうち、この省令による改正後の危険物の規制に関する規則第二十五条の五第二項第四号又は第二十七条の三第六項第二号ニ（この省令による改正後の危険物の規制に関する規則第二十七条の五第五項においてその例による場合を含む。）に定める技術上の基準に適合しないものの位置、構造又は設備に係る技術上の基準については、これらの規定にかかわらず、なお従前の例による。

別表第１（第４条及び第５条関係）(わ)(ま)

構造及び設備	添付書類
基礎及び地盤に関するもの	地質調査資料、その他基礎及び地盤に関し必要な資料
タンクに関するもの	溶接部に関する説明書、その他タンクに関し必要な資料

本表…追加〔昭和52年２月自令２号〕、旧別表１の２…繰上〔平成元年２月自令５号〕

別表第１の２（第４条及び第５条関係）(り)(る)(わ)(ま)(リ)

構造及び設備	記載すべき事項（許可の申請に係る工事の内容に関係のあるものに限る。）	添付書類
1　配管	1　配管の起点、分岐点及び終点の位置（都道府県郡市区町村字番地を記載すること。） 2　延長（道路下、線路敷下、海底下、河川下、地上、海上その他の別に記載すること。） 3　配管内の最大常用圧力 4　主要寸法及び材料 5　接合の方法	1　位置図（縮尺は５万分の１以上とし、配管の経路及び移送基地の位置を記載すること。） 2　平面図（縮尺は３千分の１以上とし、配管の中心線から左右各300メートルにわたる区域内の地形、付近に存する道路、河川、鉄道及び建築物その他の施設の位置、配管の中心線、伸縮構造、感震装置、配管系内の圧力を測定することによつて自動的に危険物の漏えいを検知することができる装置の圧力計、防護措置及び弁の位置、第１条第５号に規定する市街地、同号ハに規定する区域、第28条の３各号に規定する場所並びに行政区画の境界を記載するものとし、配管の中心線には200メートルごとに逓（てい）加距離を記載すること。） 3　縦断面図（縮尺は横を２の平面図と同一とし、縦を300分の１以上とし、配管の中心線の地盤の高さ及び配管の頂部の高さを100メートルごとに並びに配管の勾配、主要な工作物の種類及び位置を記載すること。） 4　横断定規図（縮尺は200分の１以上とし、配管を敷設する道路、鉄道等の横断面に配管の中心並びに地上及び地下の工作物の位置を記載すること。） 5　道路、河川、水路及び鉄道の地下を配管が横断する場合であつて、配管をさや管その他の第28条の19第２項（第28条の20において準用する場合を含む。）及び第28条の21第２項の告示で定める構造物の中に設置する場合並びに配管を架空横断させる場合にあつては、当該横断箇所の詳細を示す図面 6　強度計算書

		7　接合部の構造図 8　溶接に関する説明書 9　その他配管についての設備等に関する説明図書
2　緊急しや断弁及びしや断弁	弁の種類、型式及び材料	1　構造説明書（アクチユエーター等附帯設備を含む。） 2　機能説明書 3　強度に関する説明書 4　制御系統図
3　漏えい検知装置		
⑴　配管系内の危険物の流量を測定することによつて自動的に危険物の漏えいを検知することができる装置又はこれと同等以上の性能を有する装置	1　漏えい検知能 2　流量計の種類、型式、精度及び測定範囲 3　演算処理装置の種類及び型式	1　漏えい検知能に関する説明書 2　漏えい検知に関するフローチヤート 3　演算処理装置の処理機能に関する説明書
⑵　配管系内の圧力を測定することによつて自動的に危険物の漏えいを検知することができる装置又はこれと同等以上の性能を有する装置	1　漏えい検知能 2　圧力計の種類、型式、精度及び測定範囲	1　漏えい検知能に関する説明書 2　漏えい検知に関するフローチヤート 3　受信部の構造に関する説明書
⑶　配管系内の圧力を一定に静止させ、かつ、当該圧力を測定することによつて危険物の漏えいを検知することができる装置又はこれと同等以上の性能を有する装置	1　漏えい検知能 2　圧力計の種類、型式、精度及び測定範囲	漏えい検知能に関する説明書
4　圧力安全装置		構造説明図又は圧力制御方式に関する説明書
5　感震装置及び強震計	種類及び型式	1　構造説明図 2　地震検知に関するフローチヤート
6　ポンプ	1　種類、型式、容量、揚程、回転数並びに常用及び予備の別 2　ケーシング又はシリンダーの主要寸法及び材料 3　原動機の種類及び出力 4　高圧パネルの容量	1　構造説明図 2　強度に関する説明書 3　容積式ポンプの圧力上昇防止装置に関する説明書 4　高圧パネル、変圧器等電気設備の系統図（原動機を動かすための電気設備に限る。）

	5　変圧器容量	
7　ピグ取扱い装置		構造説明図
8　電気防食設備、加熱及び保温のための設備、支持物、漏えい拡散防止のための設備、運転状態監視装置、安全制御装置、警報設備、予備動力源、危険物の受入れ口及び払出し口、防護工、防護構造物、衝突防護工、伸縮吸収装置、危険物除去のための設備、通報設備、可燃性蒸気滞留防止のための設備、不等沈下測定設備、資機材倉庫、点検箱、標識その他移送取扱所に係る設備	設備の種類、型式、材料、強度その他設備の機能、性能等に関し必要な事項	設備の設置に関し必要な説明書及び図面

本表…追加〔昭和49年５月自令12号〕、一部改正〔昭和51年３月自令７号〕、旧別表１の２…一部改正し繰下〔昭和52年２月自令２号〕、旧別表１の３…繰上〔平成元年２月自令５号〕、本表…一部改正〔平成13年10月総令136号〕

別表第２（第31条関係）（と）（る）（ま）

消火設備	種別	容量	対象物に対する能力単位	
			第一類から第六類までの危険物に対するもの	電気設備及び第四類の危険物を除く対象物に対するもの
水バケツ又は水槽	消火専用バケツ	8*l*		3個にて　1.0
	水槽（消火専用バケツ3個付）	80*l*		1.5
	水槽（消火専用バケツ6個付）	190*l*		2.5
乾燥砂	乾燥砂（スコップ付）	50*l*	0.5	
膨張ひる石又は膨張真珠岩	膨張ひる石又は膨張真珠岩（スコップ付）	160*l*	1.0	

本表…一部改正〔昭和46年６月自令12号・51年３月７号・平成元年２月５号〕

別表第３（第39条の３及び第43条関係）（ま）

運搬容器（固体用のもの）				危険物の類別及び危険等級の別								
内装容器		外装容器		第一類			第二類		第三類		第五類	
容器の種類	最大容積又は最大収容重量	容器の種類	最大容積又は最大収容重量	Ⅰ	Ⅱ	Ⅲ	Ⅱ	Ⅲ	Ⅰ	Ⅱ	Ⅰ	Ⅱ
ガラス容器又はプラスチック容器	10*l*	木箱又はプラスチック箱（必要に応じ、不活性の緩衝材を詰める。）	125kg	○	○	○	○	○	○	○	○	○
			225kg		○	○		○		○		○
		ファイバ板箱（必要に応じ、不活性の緩衝材を詰める。）	40kg	○	○	○	○	○	○	○	○	○
			55kg		○	○		○		○		○
金属製容器	30*l*	木箱又はプラスチック箱	125kg	○	○	○	○	○	○	○	○	○
			225kg		○	○		○		○		○
		ファイバ板箱	40kg	○	○	○	○	○	○	○	○	○
			55kg		○	○		○		○		○
プラスチックフィルム袋又は紙袋	5kg	木箱又はプラスチック箱	50kg	○	○	○	○	○		○	○	○
	50kg		50kg	○	○	○	○	○				○
	125kg		125kg		○	○	○	○				
	225kg		225kg			○		○				
	5kg	ファイバ板箱	40kg	○	○	○	○	○		○	○	○
	40kg		40kg	○	○	○	○	○				○
	55kg		55kg			○		○				
		金属製容器（金属製ドラムを除く。）	60*l*	○	○	○	○	○	○	○	○	○
		プラスチック容器（プラスチックドラムを除く。）	10*l*		○	○	○	○		○		○
			30*l*			○		○				○
		金属製ドラム	250*l*	○	○	○	○	○	○	○	○	○
		プラスチックドラム又はファイバドラム（防水性のもの）	60*l*	○	○	○	○	○	○	○	○	○
			250*l*		○	○		○		○		○
		樹脂クロス袋（防水性のもの）、プラスチックフィルム袋、織布袋（防水性のもの）又は紙袋（多層、かつ、防水性のもの）	50kg		○	○	○	○		○		○

備考

1　○印は、危険物の類別及び危険等級の別の項に掲げる危険物には、当該各欄に掲げる運搬容器がそれぞれ適応するものであることを示す。

2　内装容器とは、外装容器に収納される容器であつて危険物を直接収納するためのものをいう。

3　内装容器の容器の種類の項が空欄のものは、外装容器に危険物を直接収納することができ、又はガラス容器、プラスチック容器、金属製容器、プラスチックフィルム袋若しくは紙袋の内装容器を収納する外装容器とすることができることを示す。

本表…全部改正〔昭和40年５月自令17号〕、一部改正〔昭和42年12月自令37号・44年11月31号・46年6月12号・51年３月７号・53年２月１号・10月24号・54年７月16号・56年９月22号・59年３月１号・12月30号・61年７月16号・12月32号・62年12月36号〕、全部改正〔平成元年２月自令５号〕

別表第３の２（第39条の３及び第43条関係）（ま）

運搬容器（液体用のもの）				危険物の類別及び危険等級の別							
内装容器		外装容器		第三類		第四類			第五類		第六類
容器の種類	最大容積又は最大収容重量	容器の種類	最大容積又は最大収容重量	Ⅰ	Ⅱ	Ⅰ	Ⅱ	Ⅲ	Ⅰ	Ⅱ	Ⅰ
ガラス容器	5l	木箱又はプラスチック箱（不活性の緩衝材を詰める。）	75kg	○	○	○	○	○	○	○	○
	10l		125kg		○		○	○		○	
			225kg					○			
	5l	ファイバ板箱（不活性の緩衝材を詰める。）	40kg	○	○	○	○	○	○	○	○
	10l		55kg					○			
プラスチック容器	10l	木箱又はプラスチック箱（必要に応じ、不活性の緩衝材を詰める。）	75kg	○	○	○	○	○	○	○	○
			125kg		○		○	○		○	
			225kg					○			
		ファイバ板箱（必要に応じ、不活性の緩衝材を詰める。）	40kg	○	○	○	○	○	○	○	○
			55kg					○			
金属製容器	30l	木箱又はプラスチック箱	125kg	○	○	○	○	○	○	○	○
			225kg					○			
		ファイバ板箱	40kg	○	○	○	○	○	○	○	○
			55kg		○		○	○		○	
		金属製容器（金属製ドラムを除く。）	60l		○		○	○		○	
		プラスチック容器（プラスチックドラムを除く。）	10l		○		○	○		○	
			30l					○		○	
		金属製ドラム（天板固定式のもの）	250l	○	○	○	○	○	○	○	○
		金属製ドラム（天板取外し式のもの）	250l				○	○			
		プラスチックドラム又はファイバドラム（プラスチック内容器付きのもの）	250l		○			○		○	

備考

１　○印は、危険物の類別及び危険等級の別の項に掲げる危険物には、当該各欄に掲げる運搬容器がそれぞれ適応するものであることを示す。

２　内装容器とは、外装容器に収納される容器であつて危険物を直接収納するためのものをいう。

３　内装容器の容器の種類の項が空欄のものは、外装容器に危険物を直接収納することができ、又はガラス容器、プラスチック容器若しくは金属製容器の内装容器を収納する外装容器とすることができることを示す。

本表…追加〔平成元年２月自令５号〕

別表第３の３（第43条関係）（み）

運搬容器（固体用のもの）			危険物の類別及び危険等級の別								
種類		最大容積	第一類			第二類		第三類		第五類	
			Ⅰ	Ⅱ	Ⅲ	Ⅱ	Ⅲ	Ⅰ	Ⅱ	Ⅰ	Ⅱ
金属製		3,000l	○	○	○	○	○	○	○		○
フレキシブル	樹脂クロス製	3,000l		○	○	○	○		○		○
	プラスチックフィルム製	3,000l		○	○	○	○		○		○
	織布製	3,000l		○	○	○	○		○		○
	紙製（多層のもの）	3,000l		○	○	○	○		○		○
硬質プラスチック製		1,500l	○	○	○	○	○		○		○
		3,000l		○	○	○	○		○		○
プラスチック内容器付き		1,500l	○	○	○	○	○		○		○
		3,000l		○	○	○	○		○		○
ファイバ板製		3,000l		○	○	○	○		○		○
木製（ライナー付き）		3,000l		○	○	○	○		○		○

備考
1　○印は、危険物の類別及び危険等級の別の項に掲げる危険物には、当該各欄に掲げる運搬容器がそれぞれ適応するものであることを示す。
2　フレキシブル、ファイバ板製及び木製の運搬容器にあつては、収納及び排出方法が重力によるものに限る。

本表…追加〔平成７年２月自令２号〕

別表第３の４（第43条関係）（み）

運搬容器（液体用のもの）		危険物の類別及び危険等級の別							
種類	最大容積	第三類		第四類			第五類		第六類
		Ⅰ	Ⅱ	Ⅰ	Ⅱ	Ⅲ	Ⅰ	Ⅱ	Ⅰ
金属製	3,000l		○		○	○		○	
硬質プラスチック製	3,000l		○		○	○		○	
プラスチック内容器付き	3,000l		○		○	○		○	

備考　○印は、危険物の類別及び危険等級の別の項に掲げる危険物には、当該各欄に掲げる運搬容器がそれぞれ適応するものであることを示す。

本表…追加〔平成７年２月自令２号〕

別表第４（第46条関係）（ま）

	第一類	第二類	第三類	第四類	第五類	第六類
第一類		×	×	×	×	○
第二類	×		×	○	○	×
第三類	×	×		○	×	×
第四類	×	○	○		○	×
第五類	×	○	×	○		×
第六類	○	×	×	×	×	

備考

1　×印は、混載することを禁止する印である。

2　○印は、混載にさしつかえない印である。

3　この表は、指定数量の$\frac{1}{10}$以下の危険物については、適用しない。

本表…一部改正〔昭和51年３月自令７号〕、全部改正〔平成元年２月自令５号〕

別表第５（第64条関係）(り)(る)

事　業　所　の　区　分	人　員　数	化学消防自動車の台数
指定施設（移送取扱所を除く。以下この表において同じ。）において取り扱う第四類の危険物の最大数量が指定数量の12万倍未満である事業所	５人	１台
指定施設において取り扱う第四類の危険物の最大数量が指定数量の12万倍以上24万倍未満である事業所	10人	２台
指定施設において取り扱う第四類の危険物の最大数量が指定数量の24万倍以上48万倍未満である事業所	15人	３台
指定施設において取り扱う第四類の危険物の最大数量が指定数量の48万倍以上である事業所	20人	４台

本表…追加〔昭和49年５月自令12号〕、一部改正〔昭和51年３月自令７号〕

別表第６（第64条関係）(り)(る)

事　業　所　の　区　分	人　員　数	化学消防自動車の台数
危険物を移送するための配管の延長が15キロメートル以下である移送取扱所を有する事業所	５人	１台
危険物を移送するための配管の延長が15キロメートルを超え、かつ、当該配管の経路が移送基地を中心として半径50キロメートルの円の範囲内にとどまる移送取扱所を有する事業所	10人	２台
危険物を移送するための配管の延長が15キロメートルを超え、かつ、当該配管の経路が移送基地を中心として半径50キロメートルの円の範囲外に及ぶ移送取扱所を有する事業所	10人に左欄の半径50キロメートルの円の範囲外の配管経路について当該配管経路を半径50キロメートルの円の範囲内に包含する場所１箇所につき５人を加えた数	２台に左欄の半径50キロメートルの円の範囲外の配管経路について当該配管経路を半径50キロメートルの円の範囲内に包含する場所１箇所につき１台を加えた数

本表…追加〔昭和49年５月自令12号〕、一部改正〔昭和51年３月自令７号〕

様式第１（第１条の５関係）（ま）（さ）㋑㋭

圧縮アセチレンガス等の貯蔵又は取扱いの開始（廃止）届出書

<table>
<tr><td colspan="8">年　月　日
殿
届出者
住所　（電話　）
氏名</td></tr>
<tr><td rowspan="2">事業所の所在地及び名称</td><td>所在地</td><td colspan="6"></td></tr>
<tr><td>名称</td><td colspan="6"></td></tr>
<tr><td>貯蔵し、又は取り扱う倉庫、施設等の名称</td><td colspan="2">貯蔵し、又は取り扱う倉庫、施設等の構造等の概要</td><td colspan="2">貯蔵し、又は取り扱う物質の名称</td><td colspan="2">最大貯蔵数量又は最大取扱数量（kg）</td><td>消火設備の概要</td></tr>
<tr><td></td><td colspan="2"></td><td colspan="2"></td><td colspan="2"></td><td></td></tr>
<tr><td rowspan="2">物質に対する処理剤の種類及び保有量</td><td colspan="3">種類</td><td colspan="2">保有量</td><td colspan="2">対象物質</td></tr>
<tr><td colspan="3"></td><td colspan="2"></td><td colspan="2"></td></tr>
<tr><td colspan="2">貯蔵又は取扱開始（廃止）予定年月日</td><td colspan="6"></td></tr>
<tr><td colspan="2" rowspan="2">緊急時の連絡先</td><td colspan="2">昼間</td><td colspan="4">（電話　）</td></tr>
<tr><td colspan="2">夜間・休日</td><td colspan="4">（電話　）</td></tr>
<tr><td colspan="2">その他必要な事項</td><td colspan="6"></td></tr>
<tr><td colspan="4">※受付欄</td><td colspan="4">※経過欄</td></tr>
<tr><td colspan="4"></td><td colspan="4"></td></tr>
</table>

備考　1　この用紙の大きさは、日本産業規格Ａ４とすること。

2　法人にあつては、その名称、代表者氏名及び主たる事務所の所在地を記入すること。

3　「処理剤」とは、消石灰等の化学処理剤及び乾燥砂等の吸着剤をいう。

4　※印の欄は、記入しないこと。

5　貯蔵又は取扱いを開始しようとするときは、倉庫、施設等の位置及び倉庫、施設等内における物質の貯蔵又は取扱場所を示す見取図を添付すること。

本様式…追加〔平成元年２月自令５号〕、一部改正〔平成６年１月自令４号・令和元年６月総令19号・２年12月124号〕

様式第1の2（第1条の6関係）㈠

危険物 仮貯蔵／仮取扱い 承認申請書

<table>
<tr><td colspan="5">年　月　日
殿
申請者
住所　　　（電話　　　）
氏名</td></tr>
<tr><td rowspan="2">危険物の所有者、管理者又は占有者</td><td>住所</td><td colspan="3">電話　（　　）</td></tr>
<tr><td>氏名</td><td colspan="3"></td></tr>
<tr><td>仮貯蔵・仮取扱いの場所</td><td>所在地・名称</td><td colspan="3"></td></tr>
<tr><td colspan="2">危険物の類、品名及び最大数量</td><td></td><td>指定数量の倍数</td><td>倍</td></tr>
<tr><td colspan="2">仮貯蔵・仮取扱いの方法</td><td colspan="3"></td></tr>
<tr><td colspan="2">仮貯蔵・仮取扱いの期間</td><td colspan="3">年　月　日から　年　月　日まで　日間</td></tr>
<tr><td colspan="2">管理の状況（消火設備の設置状況を含む）</td><td colspan="3"></td></tr>
<tr><td rowspan="2">現場管理責任者</td><td>住所</td><td colspan="3">緊急連絡先　（　　）</td></tr>
<tr><td>氏名</td><td colspan="3">【危険物取扱者免状：有（種類：　　）・無】</td></tr>
<tr><td colspan="2">仮貯蔵・仮取扱いの理由及び期間経過後の処理</td><td colspan="3"></td></tr>
<tr><td colspan="2">その他必要事項</td><td colspan="3"></td></tr>
<tr><td colspan="2">※受付欄</td><td colspan="2">※経過欄</td><td>※手数料欄</td></tr>
<tr><td colspan="2"></td><td colspan="2">承認年月日
承認番号</td><td></td></tr>
</table>

備考
1　この用紙の大きさは、日本産業規格Ａ４とすること。
2　法人にあっては、その名称、代表者氏名及び主たる事務所の所在地を記入すること。
3　案内図、配置図、平面図、構造図その他関係書類を添付すること。
4　※印の欄は、記入しないこと。

本様式…追加〔令和３年７月総令71号〕

様式第２（第４条関係）（ま）（さ）㋑㋭

製造所
危険物貯蔵所設置許可申請書
取扱所

<table>
<tr><td colspan="6">年　月　日
殿
申　請　者
住　所　（電話　）
氏　名</td></tr>
<tr><td rowspan="2">設置者</td><td>住　所</td><td colspan="4">電話</td></tr>
<tr><td>氏　名</td><td colspan="4"></td></tr>
<tr><td colspan="2">設置場所</td><td colspan="4"></td></tr>
<tr><td colspan="2" rowspan="2">設置場所の地域別</td><td colspan="2">防火地域別</td><td colspan="2">用途地域別</td></tr>
<tr><td colspan="2"></td><td colspan="2"></td></tr>
<tr><td colspan="2">製造所等の別</td><td></td><td>貯蔵所又は取扱所の区分</td><td colspan="2"></td></tr>
<tr><td colspan="2">危険物の類、品名（指定数量）、最大数量</td><td colspan="2"></td><td>指定数量の倍数</td><td></td></tr>
<tr><td colspan="2">位置、構造及び設備の基準に係る区分</td><td colspan="4">令第　条第　項
（規則第　条第　項）</td></tr>
<tr><td colspan="2">位置、構造、設備の概要</td><td colspan="4"></td></tr>
<tr><td colspan="2">危険物の貯蔵又は取扱方法の概要</td><td colspan="4"></td></tr>
<tr><td colspan="2">着工予定期日</td><td></td><td>完成予定期日</td><td colspan="2"></td></tr>
<tr><td colspan="2">その他必要な事項</td><td colspan="4"></td></tr>
<tr><td colspan="2">※受付欄</td><td colspan="2">※経過欄</td><td colspan="2">※手数料欄</td></tr>
<tr><td colspan="2"></td><td colspan="2">許可年月日
許可番号</td><td colspan="2"></td></tr>
</table>

備考　1　この用紙の大きさは、日本産業規格Ａ４とすること。
2　この設置許可申請書は、移送取扱所以外の製造所等に用いるものであること。
3　法人にあつては、その名称、代表者氏名及び主たる事務所の所在地を記入すること。
4　品名（指定数量）の記載については、当該危険物の指定数量が品名の記載のみでは明確でない場合に（　）内に該当する指定数量を記載すること。
5　位置、構造及び設備の基準に係る区分の欄には、適用を受けようとする危険物の規制に関する政令の条文を記入すること。危険物の規制に関する規則の適用条文の記載がさらに必要な場合は（　）内に記載すること。
6　※印の欄は、記入しないこと。

本様式…一部改正〔昭和49年５月自令12号・51年３月７号〕、旧様式第１…全部改正し繰下〔平成元年２月自令５号〕、本様式…一部改正〔平成６年１月自令４号・令和元年６月総令19号・２年12月124号〕

様式第３（第４条関係）（ま）（さ）（へ）㋑㋭

移送取扱所設置許可申請書

<table>
<tr><td colspan="5">年　月　日
殿
申　請　者
住　所　　　　（電話　　）
氏　名</td></tr>
<tr><td rowspan="2">設置者</td><td>住所</td><td colspan="3">電話</td></tr>
<tr><td>氏名</td><td colspan="3"></td></tr>
<tr><td rowspan="3">設置場所</td><td>起点</td><td colspan="3"></td></tr>
<tr><td>終点</td><td colspan="3"></td></tr>
<tr><td>経過地</td><td colspan="3"></td></tr>
<tr><td rowspan="3">配管</td><td>延長</td><td colspan="3">km</td></tr>
<tr><td>外径</td><td colspan="3">mm</td></tr>
<tr><td>条数</td><td colspan="3">条</td></tr>
<tr><td colspan="2">危険物の類、品名（指定数量）及び化学名又は通称名</td><td></td><td>指定数量の倍数</td><td></td></tr>
<tr><td colspan="2">危険物の移送量</td><td colspan="3">kℓ/日</td></tr>
<tr><td rowspan="4">ポンプの種類等</td><td>種類・型式</td><td colspan="3"></td></tr>
<tr><td>全揚程</td><td colspan="3">m</td></tr>
<tr><td>吐出量</td><td colspan="3">kℓ/時</td></tr>
<tr><td>基数</td><td colspan="3">基</td></tr>
<tr><td colspan="2">危険物の取扱方法の概要</td><td colspan="3"></td></tr>
<tr><td colspan="2">着工予定期日</td><td colspan="3"></td></tr>
<tr><td colspan="2">完成予定期日</td><td colspan="3"></td></tr>
<tr><td colspan="2">その他必要な事項</td><td colspan="3"></td></tr>
<tr><td colspan="2">※受付欄</td><td colspan="2">※経過欄</td><td>※手数料欄</td></tr>
<tr><td colspan="2"></td><td colspan="2">許可年月日
許可番号</td><td></td></tr>
</table>

備考　１　この用紙の大きさは、日本産業規格Ａ４とすること。
２　この設置許可申請書は、移送取扱所に用いるものであること。
３　法人にあつては、その名称、代表者氏名及び主たる事務所の所在地を記入すること。
４　設置場所の欄中、起点及び終点の欄には、起点又は終点の事業所名を併記し、経過地の欄には、配管系が設置される市町村名を記入すること。
５　品名（指定数量）の記載については、当該危険物の指定数量が品名の記載のみでは明確でない場合に（　）内に該当する指定数量を記載すること。
６　※印の欄は、記入しないこと。
７　総務大臣に申請する場合は、収入印紙（消印をしないこと。）をはり付けること。

本様式…追加〔昭和49年５月自令12号〕、一部改正〔昭和49年６月自令17号・51年３月７号〕、旧様式第１の２…全部改正し繰下〔平成元年２月自令５号〕、本様式…一部改正〔平成６年１月自令４号・12年９月44号・令和元年６月総令19号・２年12月124号〕

様式第４のイ（第４条、第５条関係）(ま)(さ)(ソ)㋑

製造所／一般取扱所　構造設備明細書

<table>
<tr><td colspan="3">事業の概要</td><td colspan="6"></td></tr>
<tr><td colspan="3">危険物の取扱作業の内容</td><td colspan="6"></td></tr>
<tr><td colspan="3">製造所(一般取扱所)の敷地面積</td><td colspan="6">㎡</td></tr>
<tr><td rowspan="4">建築物の構造</td><td colspan="2">階数</td><td></td><td>建築面積</td><td>㎡</td><td>延べ面積</td><td colspan="2">㎡</td></tr>
<tr><td rowspan="2">壁</td><td>延焼のおそれのある外壁</td><td></td><td>柱</td><td></td><td>床</td><td colspan="2"></td></tr>
<tr><td>その他の壁</td><td></td><td>はり</td><td></td><td>屋根</td><td colspan="2"></td></tr>
<tr><td colspan="2">窓</td><td></td><td>出入口</td><td></td><td>階段</td><td colspan="2"></td></tr>
<tr><td colspan="3" rowspan="2">建築物の一部に製造所（一般取扱所）を設ける場合の建築物の構造</td><td>階数</td><td></td><td>建築面積</td><td>㎡</td><td>延べ面積</td><td>㎡</td></tr>
<tr><td colspan="2">建築物の構造概要</td><td colspan="4"></td></tr>
<tr><td colspan="3">製造（取扱）設備の概要</td><td colspan="6"></td></tr>
<tr><td colspan="3">令第九条第一項第二十号のタンクの概要</td><td colspan="6"></td></tr>
<tr><td colspan="3">配管</td><td colspan="2"></td><td>加圧設備</td><td colspan="3"></td></tr>
<tr><td colspan="3">加熱設備</td><td colspan="2"></td><td>乾燥設備</td><td colspan="3"></td></tr>
<tr><td colspan="3">貯留設備</td><td colspan="2"></td><td>電気設備</td><td colspan="3"></td></tr>
<tr><td colspan="3">換気、排出の設備</td><td colspan="2"></td><td>静電気除去設備</td><td colspan="3"></td></tr>
<tr><td colspan="3">避雷設備</td><td colspan="2"></td><td>警報設備</td><td colspan="3"></td></tr>
<tr><td colspan="3">消火設備</td><td colspan="6"></td></tr>
<tr><td colspan="3">工事請負者住所氏名</td><td colspan="3"></td><td>電話</td><td colspan="2"></td></tr>
</table>

備考　1　この用紙の大きさは、日本産業規格Ａ４とすること。

2　建築物の一部に製造所（一般取扱所）を設ける場合の建築物の構造の欄は、該当する場合のみ記入すること。

3　令第９条第１項第20号のタンクにあつては、構造設備明細書（様式第４のハ、様式第４のニ又は様式第４のホ）を添付すること。

本様式…一部改正〔昭和51年３月自令７号〕、旧様式第２のイ…全部改正し繰下〔平成元年２月自令５号〕、本様式…一部改正〔平成６年１月自令４号・18年３月総令31号・令和元年６月19号〕

様式第４のロ（第４条、第５条関係）(ま)(さ)㋑

屋内貯蔵所構造設備明細書

<table>
<tr><td colspan="3">事業の概要</td><td colspan="6"></td></tr>
<tr><td rowspan="4">建築物の構造</td><td colspan="2">階数</td><td></td><td>建築面積</td><td>㎡</td><td>延べ面積</td><td colspan="2">㎡</td></tr>
<tr><td rowspan="2">壁</td><td>延焼のおそれのある外壁</td><td></td><td>柱</td><td></td><td>床</td><td colspan="2"></td></tr>
<tr><td>その他の壁</td><td></td><td>はり</td><td></td><td>屋根又は上階の床</td><td colspan="2"></td></tr>
<tr><td>窓</td><td></td><td>出入口</td><td></td><td>階段</td><td></td><td>軒高
階高</td><td>m</td></tr>
<tr><td colspan="3" rowspan="2">建築物の一部に貯蔵所を設ける場合の建築物の構造</td><td>階数</td><td></td><td>建築面積</td><td>㎡</td><td>延べ面積</td><td>㎡</td></tr>
<tr><td colspan="2">建築物の構造概要</td><td colspan="4"></td></tr>
<tr><td colspan="3">架台の構造</td><td colspan="6"></td></tr>
<tr><td colspan="3">採光、照明設備</td><td colspan="6"></td></tr>
<tr><td colspan="3">換気、排出の設備</td><td colspan="6"></td></tr>
<tr><td colspan="3">電気設備</td><td colspan="6"></td></tr>
<tr><td colspan="3">避雷設備</td><td colspan="6"></td></tr>
<tr><td colspan="3">通風、冷房装置等の設備</td><td colspan="6"></td></tr>
<tr><td colspan="3">消火設備</td><td colspan="6"></td></tr>
<tr><td colspan="3">警報設備</td><td colspan="6"></td></tr>
<tr><td colspan="3">工事請負者住所氏名</td><td colspan="6">電話</td></tr>
</table>

備考　１　この用紙の大きさは、日本産業規格Ａ４とすること。
　　　２　建築物の一部に貯蔵所を設ける場合の建築物の構造の欄は、該当する場合のみ記入すること。

本様式…一部改正〔昭和51年３月自令７号〕、旧様式第２のロ…全部改正し繰下〔平成元年２月自令５号〕、本様式…一部改正〔平成６年１月自令４号・令和元年６月総令19号〕

様式第４のハ（第４条、第５条関係）（ま）（さ）（す）㋑

屋外タンク貯蔵所構造設備明細書

<table>
<tr><td colspan="2">事業の概要</td><td colspan="6"></td></tr>
<tr><td colspan="2">貯蔵する危険物の概要</td><td>引火点</td><td colspan="2">℃</td><td>貯蔵温度</td><td colspan="2">℃</td></tr>
<tr><td colspan="2">基礎、据付方法の概要</td><td colspan="6"></td></tr>
<tr><td rowspan="9">タンクの構造、設備</td><td>形状</td><td colspan="2"></td><td colspan="4">常圧・加圧（　kPa）</td></tr>
<tr><td>寸法</td><td colspan="2"></td><td>容量</td><td colspan="3"></td></tr>
<tr><td>材質、板厚</td><td colspan="6"></td></tr>
<tr><td rowspan="2">通気管</td><td colspan="2">種別</td><td>数</td><td colspan="3">内径又は作動圧</td></tr>
<tr><td colspan="2"></td><td></td><td colspan="3">mm
kPa</td></tr>
<tr><td rowspan="2">安全装置</td><td colspan="2">種別</td><td>数</td><td colspan="3">作動圧</td></tr>
<tr><td colspan="2"></td><td></td><td colspan="3">kPa</td></tr>
<tr><td>液量表示装置</td><td colspan="2"></td><td>引火防止装置</td><td colspan="3">有・無</td></tr>
<tr><td>不活性気体の封入設備</td><td colspan="2"></td><td>タンク保温材の概要</td><td colspan="3"></td></tr>
<tr><td colspan="2">注入口の位置</td><td colspan="2"></td><td>注入口付近の接地電極</td><td colspan="3">有・無</td></tr>
<tr><td rowspan="2">防油堤</td><td colspan="3">構造</td><td colspan="2">容量</td><td colspan="2">排水設備</td></tr>
<tr><td colspan="3"></td><td colspan="2"></td><td colspan="2"></td></tr>
<tr><td colspan="2">ポンプ設備の概要</td><td colspan="6"></td></tr>
<tr><td colspan="2">避雷設備</td><td colspan="6"></td></tr>
<tr><td colspan="2">配管</td><td colspan="6"></td></tr>
<tr><td colspan="2">消火設備</td><td colspan="2"></td><td>タンクの加熱設備</td><td colspan="3"></td></tr>
<tr><td colspan="2">工事請負者住所氏名</td><td colspan="6">電話</td></tr>
</table>

備考　この用紙の大きさは、日本産業規格Ａ４とすること。

本様式…一部改正〔昭和51年３月自令７号〕、旧様式第２のハ…全部改正し繰下〔平成元年２月自令５号〕、本様式…一部改正〔平成６年１月自令４号・10年３月６号・令和元年６月総令19号〕

様式第４の二（第４条、第５条関係）（ま）（さ）（す）㋑

屋内タンク貯蔵所構造設備明細書

<table>
<tr><td colspan="3">事業の概要</td><td colspan="5"></td></tr>
<tr><td rowspan="3">タンク専用室の構造</td><td rowspan="2">壁</td><td>延焼のおそれのある外壁</td><td colspan="2"></td><td>床</td><td colspan="2"></td></tr>
<tr><td>その他の壁</td><td colspan="2"></td><td>出入口</td><td colspan="2">（しきい高さ　　cm）</td></tr>
<tr><td colspan="2">屋根</td><td colspan="2"></td><td>その他</td><td colspan="2"></td></tr>
<tr><td rowspan="2">建築物の一部にタンク専用室を設ける場合の建築物の構造</td><td colspan="2">階数</td><td></td><td>設置階</td><td></td><td>建築面積</td><td>m²</td></tr>
<tr><td colspan="2">建築物の構造概要</td><td colspan="5"></td></tr>
<tr><td rowspan="10">タンクの構造、設備</td><td colspan="2">形状</td><td colspan="2"></td><td colspan="3">常圧・加圧（　　　kPa）</td></tr>
<tr><td colspan="2">寸法</td><td colspan="2"></td><td>容量</td><td colspan="2"></td></tr>
<tr><td colspan="2">材質、板厚</td><td colspan="5"></td></tr>
<tr><td colspan="2" rowspan="2">通気管</td><td colspan="2">種別</td><td>数</td><td colspan="2">内径又は作動圧</td></tr>
<tr><td colspan="2"></td><td></td><td colspan="2">mm
kPa</td></tr>
<tr><td colspan="2" rowspan="2">安全装置</td><td colspan="2">種別</td><td>数</td><td colspan="2">作動圧</td></tr>
<tr><td colspan="2"></td><td></td><td colspan="2">kPa</td></tr>
<tr><td colspan="2">液量表示装置</td><td colspan="2"></td><td>引火防止装置</td><td colspan="2">有・無</td></tr>
<tr><td colspan="3">注入口の位置</td><td colspan="2"></td><td>注入口付近の接地電極</td><td colspan="2">有・無</td></tr>
<tr><td colspan="3">ポンプ設備の概要</td><td colspan="5"></td></tr>
<tr><td colspan="3">採光、照明設備</td><td colspan="2"></td><td>換気、排出の設備</td><td colspan="2"></td></tr>
<tr><td colspan="3">配管</td><td colspan="5"></td></tr>
<tr><td colspan="3">消火設備</td><td colspan="2"></td><td>警報設備</td><td colspan="2"></td></tr>
<tr><td colspan="3">工事請負者住所氏名</td><td colspan="5">電話</td></tr>
</table>

備考　１　この用紙の大きさは、日本産業規格Ａ４とすること。
　　　２　建築物の一部にタンク専用室を設ける場合の建築物の構造の欄は、該当する場合のみ記入すること。

本様式…追加〔平成元年２月自令５号〕、一部改正〔平成６年１月自令４号・10年３月６号・令和元年６月総令19号〕

様式第４のホ（第４条、第５条関係）（き）（み）（す）（ソ）㋐

地下タンク貯蔵所構造設備明細書

<table>
<tr><td colspan="2">事業の概要</td><td colspan="5"></td></tr>
<tr><td colspan="2">タンクの設置方法</td><td colspan="5">タンク室　・　直埋設　・　漏れ防止</td></tr>
<tr><td colspan="2">タンクの種類</td><td colspan="5">鋼製タンク・強化プラスチック製二重殻タンク・鋼製二重殻タンク・鋼製強化プラスチック製二重殻タンク</td></tr>
<tr><td rowspan="11">タンクの構造、設備</td><td>形状</td><td></td><td colspan="4">常圧・加圧（　　kPa）</td></tr>
<tr><td>寸法</td><td></td><td colspan="3">容量</td><td></td></tr>
<tr><td>材質、板厚</td><td colspan="5"></td></tr>
<tr><td>外面の保護</td><td colspan="5"></td></tr>
<tr><td>危険物の漏れ検知設備又は漏れ防止構造の概要</td><td colspan="5"></td></tr>
<tr><td rowspan="2">通気管</td><td colspan="2">種別</td><td>数</td><td colspan="2">内径又は作動圧</td></tr>
<tr><td colspan="2"></td><td></td><td colspan="2">㎜
kPa</td></tr>
<tr><td rowspan="2">安全装置</td><td colspan="2">種別</td><td>数</td><td colspan="2">作動圧</td></tr>
<tr><td colspan="2"></td><td></td><td colspan="2">kPa</td></tr>
<tr><td>可燃性蒸気回収設備</td><td colspan="5">有（　　　　　　　　　　）・無</td></tr>
<tr><td>液量表示装置</td><td></td><td colspan="3">引火防止装置</td><td>有・無</td></tr>
<tr><td colspan="2">タンク室又はタンク室以外の基礎、固定方法の概要</td><td colspan="5"></td></tr>
<tr><td colspan="2">注入口の位置</td><td></td><td colspan="3">注入口付近の接地電極</td><td>有・無</td></tr>
<tr><td colspan="2">ポンプ設備の概要</td><td colspan="5"></td></tr>
<tr><td colspan="2">配管</td><td colspan="5"></td></tr>
<tr><td colspan="2">電気設備</td><td colspan="5"></td></tr>
<tr><td colspan="2">消火設備</td><td colspan="5"></td></tr>
<tr><td colspan="2">工事請負者住所氏名</td><td colspan="5">電話</td></tr>
</table>

備考　1　この用紙の大きさは、日本産業規格Ａ４とすること。

2　「直埋設」とは、二重殻タンクをタンク室以外の場所に設置する方法（地下貯蔵タンクを危険物の漏れを防止することができる構造により地盤面下に設置する方法を除く。）をいう。

3　「鋼製強化プラスチック製二重殻タンク」とは、令第13条第２項第２号イに掲げる材料で造つた地下貯蔵タンクに同項第１号ロに掲げる措置を講じたものをいう。

本様式…一部改正〔昭和51年３月自令７号〕、旧様式第２のニ…全部改正し繰下〔平成元年２月自令５号〕、本様式…一部改正〔平成２年２月自令１号・６年１月４号〕、全部改正〔平成６年３月自令５号〕、一部改正〔平成７年２月自令２号・10年３月６号・18年３月総令31号・令和元年６月19号〕

様式第４のへ（第４条、第５条関係）（ま）（さ）㋑

簡易タンク貯蔵所構造設備明細書

<table>
<tr><td colspan="3">事業の概要</td><td colspan="3"></td></tr>
<tr><td rowspan="3">専用室の構造</td><td rowspan="2">壁</td><td>延焼のおそれのある外壁</td><td></td><td>床</td><td></td></tr>
<tr><td>その他の壁</td><td></td><td>屋根</td><td></td></tr>
<tr><td colspan="2">出入口</td><td>（しきい高さ　　　cm）</td><td>その他</td><td></td></tr>
<tr><td rowspan="3">タンクの構造、設備</td><td colspan="2">形状</td><td></td><td>寸法</td><td></td></tr>
<tr><td colspan="2">容量</td><td></td><td>材質、板厚</td><td></td></tr>
<tr><td colspan="2">通気管</td><td></td><td>給油、注油設備</td><td></td></tr>
<tr><td colspan="3">タンクの固定方法</td><td colspan="3"></td></tr>
<tr><td colspan="3">採光、照明設備</td><td colspan="3"></td></tr>
<tr><td colspan="3">換気、排気の設備</td><td colspan="3"></td></tr>
<tr><td colspan="3">消火設備</td><td colspan="3"></td></tr>
<tr><td colspan="3">工事請負者住所氏名</td><td colspan="3">電話</td></tr>
</table>

備考　この用紙の大きさは、日本産業規格Ａ４とすること。

本様式…一部改正〔昭和51年３月自令７号〕、旧様式第２のホ…全部改正し繰下〔平成元年２月自令５号〕、本様式…一部改正〔平成６年１月自令４号・令和元年６月総令19号〕

様式第４のト（第４条、第５条関係）（ま）（さ）（す）（ソ）㋑

移動タンク貯蔵所構造設備明細書

車名及び型式			
製造事業所名			
危険物	類別		
	品名		
	化学名		
	比重		
タンク諸元	断面形状		
	内測寸法	長さ	mm
		幅	mm
		高さ	mm
	最大容量		ℓ
	タンク室の容量		ℓ
	材料	材質記号	
		引張り強さ	N/㎟
	板厚	胴板	mm
		鏡板	mm
		間仕切板	mm
防波板	材料	材質記号	
		引張り強さ	N/㎟
	板厚		mm
	面積比 $\frac{\text{防波板面積}}{\text{タンク断面積}}\times 100$		%
タンクの最大常用圧力			kPa
安全装置	作動圧力		kPa
	有効吹き出し面積		㎠
側面枠	材料	材質記号	
		引張り強さ	N/㎟
	板厚		mm
	取付角度		
	接地角度		

側面枠	当て板	材料	材質記号	
			引張り強さ	N/㎟
		板厚		mm
防護枠	材料	材質記号		
		引張り強さ		N/㎟
	板厚			mm
閉鎖装置	自動閉鎖装置			有・無
	手動閉鎖装置			有・無
吐出口の位置				左 右 後
レバーの位置				左 右 後
底弁損傷防止方法				
接地導線				有(長さ m)・無
緊結装置	緊締金具（すみ金具）			有・無
	Uボルト	材質記号		
		引張り強さ		N/㎟
		直径、本数		mm・本
箱枠	材料	材質記号		
		引張り強さ		N/㎟
消火器	薬剤の種類			
	薬剤量		kg	kg
	個数		個	個
可燃性蒸気回収設備				有・無
給油設備				有（航空機・船舶）・無
備考				

備考　この用紙の大きさは、日本産業規格Ａ４とすること。

本様式…全部改正〔昭和46年６月自令12号〕、一部改正〔昭和51年３月自令７号・54年７月16号〕、旧様式第２のへ…全部改正し繰下〔平成元年２月自令５号〕、本様式…一部改正〔平成６年１月自令４号・10年３月６号・18年３月総令31号・令和元年６月19号〕

様式第４のトの２（第４条、第５条関係）（チ）㋑

積載式移動タンク貯蔵所（移動貯蔵タンクが国際海事機関が採択した危険物の運送に関する規程に定める基準に適合するもの）構造設備明細書

<table>
<tr><td colspan="3">車名及び型式</td><td colspan="2"></td></tr>
<tr><td colspan="3">製造事業所名</td><td colspan="2"></td></tr>
<tr><td rowspan="4">危険物</td><td colspan="2">類別</td><td colspan="2"></td></tr>
<tr><td colspan="2">品名</td><td colspan="2"></td></tr>
<tr><td colspan="2">化学名</td><td colspan="2"></td></tr>
<tr><td colspan="2">比重</td><td colspan="2"></td></tr>
<tr><td colspan="3">移動貯蔵タンクが国際海事機関が採択した危険物の運送に関する規程に定める基準に適合していることを承認した国名（機関名）及び承認番号</td><td colspan="2">国名（機関名）
承認番号</td></tr>
<tr><td rowspan="4">緊結装置</td><td colspan="2">緊締金具</td><td colspan="2">有　・　無</td></tr>
<tr><td rowspan="3">Uボルト</td><td>材質記号</td><td colspan="2"></td></tr>
<tr><td>引張り強さ</td><td colspan="2">N／㎟</td></tr>
<tr><td>直径、本数</td><td colspan="2">㎜・　本</td></tr>
<tr><td rowspan="3">消火器</td><td colspan="2">薬剤の種類</td><td></td><td></td></tr>
<tr><td colspan="2">薬剤量</td><td>kg</td><td>kg</td></tr>
<tr><td colspan="2">個数</td><td>個</td><td>個</td></tr>
<tr><td>備考</td><td colspan="4"></td></tr>
</table>

備考　この用紙の大きさは、日本産業規格Ａ４とすること。

本様式…追加〔平成13年３月総令45号〕、一部改正〔令和元年６月総令19号〕

様式第４のチ（第４条、第５条関係）(ま)(さ)㋑

屋外貯蔵所構造設備明細書

事業の概要	
区画内面積	
さく等の構造	
地盤面の状況	
架台の構造	
消火設備	
工事請負者 住所氏名	電話

備考　この用紙の大きさは、日本産業規格Ａ４とすること。

本様式…一部改正〔昭和51年３月自令７号〕、旧様式第２のト…全部改正し繰下〔平成元年２月自令５号〕、本様式…一部改正〔平成６年１月自令４号・令和元年６月総令19号〕

様式第４のリ（第４条、第５条関係）（ソ）㋑

（表）

給油取扱所構造設備明細書

<table>
<tr><td>事業の概要</td><td colspan="7"></td></tr>
<tr><td>敷地面積</td><td colspan="7">㎡</td></tr>
<tr><td>給油空地</td><td colspan="7">間口　m　奥行　m</td></tr>
<tr><td>注油空地</td><td colspan="7">有（容器詰替・移動貯蔵タンクに注入）・無</td></tr>
<tr><td>空地の舗装</td><td colspan="7">コンクリート・その他（　）</td></tr>
<tr><td rowspan="4">建築物の給油取扱所の用に供する部分の構造</td><td colspan="2">階数</td><td colspan="2">建築面積</td><td colspan="3">水平投影面積</td></tr>
<tr><td colspan="2">階</td><td colspan="2">㎡</td><td colspan="3">㎡</td></tr>
<tr><td>壁</td><td>柱</td><td>床</td><td>はり</td><td>屋根</td><td>窓</td><td>出入口</td></tr>
<tr><td></td><td></td><td></td><td></td><td></td><td></td><td></td></tr>
<tr><td rowspan="2">建築物の一部に給油取扱所を設ける場合の建築物の構造</td><td>階数</td><td>延べ面積</td><td>建築面積</td><td>壁</td><td>柱</td><td>床</td><td>はり</td></tr>
<tr><td></td><td>㎡</td><td>㎡</td><td></td><td></td><td></td><td></td></tr>
<tr><td>上階の有無
（給油取扱所以外）</td><td colspan="7">有（用途　）・無
（有の場合、屋根又はひさしの有無　有（　m）・無）</td></tr>
</table>

<table>
<tr><td rowspan="8">建築物の用途別面積</td><td>項目
用途</td><td>床又は壁で区画された部分の１階の床面積</td><td>床又は壁で区画された部分（係員のみが出入りするものを除く。）の床面積（２階以上を含む。）</td></tr>
<tr><td>第１号</td><td>㎡</td><td></td></tr>
<tr><td>第１号の２</td><td>㎡</td><td>㎡</td></tr>
<tr><td>第２号</td><td>㎡</td><td>㎡</td></tr>
<tr><td>第３号</td><td>㎡</td><td>㎡</td></tr>
<tr><td>第４号</td><td>㎡</td><td></td></tr>
<tr><td>第５号</td><td>㎡</td><td></td></tr>
<tr><td>計</td><td>㎡</td><td>㎡</td></tr>
</table>

<table>
<tr><td rowspan="2">周囲の塀又は壁</td><td>構造等</td><td></td><td>高さ</td><td>m</td></tr>
<tr><td colspan="4">はめごろし戸の有無　有（網入りガラス・その他（　））・無</td></tr>
</table>

（裏）

<table>
<tr><td rowspan="3">固定給油設備等</td><td>項目
設備</td><td>型式</td><td>数</td><td>道路境界線からの間隔</td><td>敷地境界線からの間隔</td></tr>
<tr><td>固定給油設備</td><td></td><td></td><td>m</td><td>m</td></tr>
<tr><td>固定注油設備</td><td></td><td></td><td>m</td><td>m</td></tr>
<tr><td colspan="2">固定給油設備以外の給油設備</td><td colspan="4">給油配管及び（ホース機器・給油ホース車（　台））・給油タンク車</td></tr>
<tr><td colspan="2">附随設備の概要</td><td colspan="4"></td></tr>
<tr><td colspan="2">電気設備</td><td colspan="4"></td></tr>
<tr><td colspan="2">消火設備</td><td colspan="4"></td></tr>
<tr><td colspan="2">警報設備</td><td colspan="4"></td></tr>
<tr><td colspan="2">避難設備</td><td colspan="4"></td></tr>
<tr><td colspan="2">事務所等その他火気使用設備</td><td colspan="4"></td></tr>
<tr><td colspan="2">滞留防止措置</td><td colspan="4">地盤面を高くし傾斜を設ける措置
その他（　　　　）</td></tr>
<tr><td colspan="2">流出防止措置</td><td colspan="4">排水溝及び油分離装置を設ける措置
その他（　　　　）</td></tr>
<tr><td colspan="2" rowspan="2">タンク設備</td><td>専用タンク</td><td></td><td>可燃性蒸気回収設備</td><td>有・無</td></tr>
<tr><td>廃油タンク等</td><td></td><td>簡易タンク</td><td></td></tr>
<tr><td colspan="2">工事請負者
住所氏名</td><td colspan="4">電話</td></tr>
</table>

備考１　この様式の大きさは、日本産業規格Ａ４とすること。

２　建築物の一部に給油取扱所を設ける場合の建築物の構造の欄は、該当する場合のみ記入すること。

３　建築物の用途別面積の欄中「用途」とは、第25条の４第１項各号又は第27条の３第３項各号に定める用途をいう。

４　専用タンク、廃油タンク等又は簡易タンクにあつては、構造設備明細書（様式第４のホ又は様式第４のヘ）を添付すること。

本様式…一部改正〔昭和51年３月自令７号〕、全部改正〔昭和62年４月自令16号〕、旧様式第２のチ…全部改正し繰下〔平成元年２月自令５号〕、本様式…一部改正〔平成２年２月自令１号・６年１月４号〕、全部改正〔平成６年３月自令５号〕、一部改正〔平成10年３月自令６号〕、全部改正〔平成18年３月総令31号〕、一部改正〔令和元年６月総令19号〕

様式第４のヌ（第４条、第５条関係）(ま)(さ)㋑

第一種販売取扱所
第二種販売取扱所 構造設備明細書

<table>
<tr><td colspan="2">事業の概要</td><td colspan="6"></td></tr>
<tr><td rowspan="2">建築物の構造</td><td>階数</td><td></td><td>建築面積</td><td>㎡</td><td>延べ面積</td><td colspan="2">㎡</td></tr>
<tr><td>構造概要</td><td colspan="6"></td></tr>
<tr><td rowspan="6">店舗部分の構造</td><td>面積</td><td colspan="2">㎡</td><td rowspan="2">壁</td><td>延焼のおそれのある外壁</td><td colspan="2"></td></tr>
<tr><td>床</td><td colspan="2"></td><td>その他の壁</td><td colspan="2"></td></tr>
<tr><td>柱</td><td colspan="2"></td><td colspan="2">屋根又は上階の床</td><td colspan="2"></td></tr>
<tr><td>天井</td><td colspan="2"></td><td colspan="2">はり</td><td colspan="2"></td></tr>
<tr><td>窓</td><td colspan="2"></td><td colspan="2">出入口</td><td colspan="2"></td></tr>
<tr><td rowspan="2">配合室</td><td>面積</td><td colspan="6">㎡</td></tr>
<tr><td>排出の設備</td><td colspan="6"></td></tr>
<tr><td colspan="2">電気設備</td><td colspan="6"></td></tr>
<tr><td colspan="2">消火設備</td><td colspan="6"></td></tr>
<tr><td colspan="2">工事請負者住所氏名</td><td colspan="6">電話</td></tr>
</table>

備考　１　この用紙の大きさは、日本産業規格Ａ４とすること。
　　　２　建築物欄は、第一種販売取扱所／第二種販売取扱所を設置する建築物について記入すること。

本様式…一部改正〔昭和46年６月自令12号・51年３月７号〕、旧様式第２のリ…全部改正し繰下〔平成元年２月自令５号〕、本様式…一部改正〔平成６年１月自令４号・令和元年６月総令19号〕

様式第４のル（第４条、第５条関係）（す）㋑

（表）

移送取扱所構造設備明細書

区分	項目	記載	区分	項目	記載
事業の概要					
配管の設置	地上設置	有・無	配管の諸元	溶接　方法	
	地下設置	有・無		溶接　機器	
	道路下設置	有・無		溶接　材料	
	線路下設置	有・無		伸縮吸収措置の方法	
	河川保全区域内設置	有・無		防食被覆　塗装覆材　塗装材料	
	海上設置	有・無		防食被覆　塗装覆材　覆装材料	
	海底設置	有・無		防食被覆　防食被覆の方法	
	道路横断設置	有・無		電気防食　対地電位平均値	
	線路下横断設置	有・無		電気防食　電位測定端子間隔	km
	河川等横断設置	有・無		電気防食　防食の種類	
	専用隧道内設置	有・無		加熱又は加温設備	有・無
	不等沈下等のおそれのある場所への設置	有・無		漏えい拡散防止措置の方法	
	橋への取付け設置	有・無	保安設備	運転状態の監視装置	要・不要(有無)
配管の諸元	配管　延長	km		配管系の警報装置	要・不要(有無)
	配管　外径	mm		安全制御装置	要・不要(有無)
	配管　厚さ	mm		圧力安全装置	要・不要(有無)
	配管　材料			圧力安全装置の材料	
	配管　条数	条		漏えい検知装置	要・不要(有無)
	最大常用圧力	kPa		漏えい検知装置　流量測定	秒
	弁の材料			漏えい検知装置　圧力測定器設置間隔	km
	管継手　溶接管継手材料			漏えい検知口設置間隔	m
	管継手　フランジ式継手材料			緊急遮断弁	要・不要(有無)
	管継手　絶縁用継手材料			緊急遮断弁設置間隔	km

備考　この用紙の大きさは、日本産業規格Ａ４とすること。

（裏）

移送取扱所構造設備明細書

保安設備	危険物除去装置			要・不要（有無）
保安設備	感震装置等			要・不要（有無）
保安設備	感震装置等	感震装置設置間隔		km
保安設備	感震装置等	強震計	設置間隔	km
保安設備	感震装置等	強震計	性能	
保安設備	通報設備			要・不要（有無）
保安設備	警報装置の種類			
保安設備	化学消防自動車			要・不要（有無）
保安設備	化学消防自動車等	化学消防自動車	台数	台
保安設備	化学消防自動車等	化学消防自動車	設置場所	
保安設備	化学消防自動車等	巡回監視車	台数	台
保安設備	化学消防自動車等	巡回監視車	設置場所	
保安設備	化学消防自動車等	資機材倉庫設置場所		
保安設備	化学消防自動車等	資機材置場設置間隔		km
保安設備	予備動力源の容量			
保安設備	保安用接地			有・無
保安設備	標識等	位置標識設置間隔		m
保安設備	標識等	注意標示設置間隔		m
保安設備	標識等	注意標識設置場所		

ポンプ等	ポンプ	種類・型式	
ポンプ等	ポンプ	全揚程	m
ポンプ等	ポンプ	吐出量	kℓ/時
ポンプ等	ポンプ	基数	基
ポンプ等	ポンプ室の構造	壁	
ポンプ等	ポンプ室の構造	床	
ポンプ等	ポンプ室の構造	柱	
ポンプ等	ポンプ室の構造	はり	
ポンプ等	ポンプ室の構造	屋根	
ポンプ等	ポンプ室の構造	窓	
ポンプ等	ポンプ室の構造	出入口	
ポンプ等	ポンプ室の構造	階数	
ポンプ等	ポンプ室の構造	建築面積	m^2
ポンプ等	ポンプ室の構造	延べ面積	m^2
ポンプ等	ピグ取扱い装置		有・無
消火設備			

その他必要な事項	

本様式…追加〔昭和49年5月自令12号〕、一部改正〔昭和51年3月自令7号〕、旧様式第2のヌ…全部改正し繰下〔平成元年2月自令5号〕、本様式…全部改正〔平成6年1月自令4号・10年3月6号〕、一部改正〔令和元年6月総令19号〕

様式第５（第５条関係）（ま）（さ）㋑㋭

製造所
危険物貯蔵所変更許可申請書
取扱所

年　月　日

殿

申請者
住所　（電話　）
氏名

設置者	住所		電話		
	氏名				
設置場所					
設置場所の地域別		防火地域別		用途地域別	
設置の許可年月日及び許可番号		年　月　日　第　号			
製造所等の別			貯蔵所又は取扱所の区分		
危険物の類、品名（指定数量）、最大数量			指定数量の倍数		
位置、構造及び設備の基準に係る区分		令第　条　第　項 （規則第　条　第　項）			
変更の内容					
変更の理由					
着工予定期日			完成予定期日		
その他必要な事項					

※受付欄	※経過欄	※手数料欄
	許可年月日 許可番号	

備考　1　この用紙の大きさは、日本産業規格Ａ４とすること。
2　この変更許可申請書は、移送取扱所以外の製造所等に用いるものであること。
3　法人にあつては、その名称、代表者氏名及び主たる事務所の所在地を記入すること。
4　品名（指定数量）の記載については、当該危険物の指定数量が品名の記載のみでは明確でない場合に（　）内に該当する指定数量を記載すること。
5　位置、構造及び設備の基準に係る区分の欄には、適用を受けようとする危険物の規制に関する政令の条文を記入すること。危険物の規制に関する規則の適用条文の記載がさらに必要な場合は（　）内に記載すること。
6　※印の欄は、記入しないこと。

本様式…一部改正〔昭和49年５月自令12号・51年３月７号〕、旧様式第３…全部改正し繰下〔平成元年２月自令５号〕、本様式…一部改正〔平成６年１月自令４号・令和元年６月総令19号・２年12月124号〕

様式第６（第５条関係）（ま）（さ）（へ）（い）（ほ）

移送取扱所変更許可申請書

年　月　日

殿

申請者
住所　　　　（電話　　）
氏名

設置者	住所	電話		
	氏名			
変更の内容		変更前	変更後	変更の理由
設置場所	起点			
	終点			
	経過地			
配管	延長	km	km	
	外径	mm	mm	
	条数	条	条	
設置の許可年月日及び許可番号		年　月　日　第　号		
危険物の類、品名（指定数量）及び化学名又は通称名				
指定数量の倍数				
危険物の移送量		kℓ／日	kℓ／日	
ポンプの種類等	種類・型式			
	全揚程	m	m	
	吐出量	kℓ／時	kℓ／時	
	基数	基	基	
その他の位置、構造及び設備				
着工予定期日				
完成予定期日				
その他必要な事項				

※受付欄	※経過欄	※手数料欄
	許可年月日 許可番号	

備考　１　この用紙の大きさは、日本産業規格Ａ４とすること。
２　この変更許可申請書は、移送取扱所に用いるものであること。
３　法人にあつては、その名称、代表者氏名及び主たる事務所の所在地を記入すること。
４　設置場所の欄中、起点及び終点の欄には、起点又は終点の事業所名を併記し、経過地の欄には、配管系が設置される市町村名を記入すること。
５　品名（指定数量）の記載については、当該危険物の指定数量が品名の記載のみでは明確でない場合に（　）内に該当する指定数量を記載すること。
６　※印の欄は、記入しないこと。
７　総務大臣に申請する場合は、収入印紙（消印をしないこと。）をはり付けること。

本様式…一部改正〔昭和51年３月自令７号〕、全部改正〔平成元年２月自令５号〕、一部改正〔平成６年１月自令４号・12年９月44号・令和元年６月総令19号・２年12月124号〕

様式第７（第５条の２関係）(ま)(さ)(い)(ほ)

製造所
危険物貯蔵所仮使用承認申請書
取扱所

<table>
<tr><td colspan="5">年　月　日

殿

申請者
住　所　　　　　　（電話　　　）
氏　名</td></tr>
<tr><td>設置場所</td><td colspan="4"></td></tr>
<tr><td>製造所等の別</td><td></td><td colspan="2">貯蔵所又は取扱所の区分</td><td></td></tr>
<tr><td>変更許可申請年月日</td><td colspan="4">年　月　日</td></tr>
<tr><td>変更の許可年月日
及び許可番号</td><td colspan="4">年　月　日
第　号</td></tr>
<tr><td>仮使用の承認を
申請する部分</td><td colspan="4">別添図面のとおり</td></tr>
<tr><td>※　受　付　欄</td><td colspan="2">※　経　過　欄</td><td colspan="2">※　手　数　料　欄</td></tr>
<tr><td></td><td colspan="2">承認年月日

承認番号</td><td colspan="2"></td></tr>
</table>

備考　１　この用紙の大きさは、日本産業規格Ａ４とすること。
　　　２　法人にあつては、その名称、代表者氏名及び主たる事務所の所在地を記入すること。
　　　３　変更の許可前にこの申請を行おうとする場合にあつては変更許可申請年月日の欄に、変更の許可後にこれを行おうとする場合にあつては変更の許可年月日及び許可番号の欄にそれぞれ記入し、いずれか記入しない欄には斜線を入れること。
　　　４　※印の欄は、記入しないこと。

本様式…追加〔昭和59年３月自令１号〕、旧様式第３の３…全部改正し繰下〔平成元年２月自令５号〕、本様式…一部改正〔平成６年１月自令４号・令和元年６月総令19号・２年12月124号〕

様式第７の２（第５条の３関係）(ロ)㋑㋭

製造所
危険物貯蔵所変更許可及び仮使用承認申請書
取扱所

年　月　日

殿

申 請 者
住　所　　　　（電話　　）
氏　名

設置者	住所	電話		
	氏名			
設置場所				
設置場所の地域別	防火地域別		用途地域別	
設置の許可年月日及び許可番号	年　月　日　第　号			
製造所等の別		貯蔵所又は取扱所の区分		
危険物の類、品名（指定数量）、最大数量		指定数量の倍数		
位置、構造及び設備の基準に係る区分	令第　条　第　項 （規則第　条第　項）			
変更の内容				
変更の理由				
着工予定期日		完成予定期日		
その他必要な事項				

※受付欄	※経過欄	※手数料欄
	許可年月日 許可番号	

仮使用の承認を申請する部分	別添図面のとおり	
※受付欄	※経過欄	※手数料欄
	承認年月日 承認番号	

備考　1　この用紙の大きさは、日本産業規格Ａ４とすること。
2　この申請書は、移送取扱所以外の製造所等について、変更許可申請と仮使用承認申請を同時に行う場合に用いるものであること。
3　法人にあつては、その名称、代表者氏名及び主たる事務所の所在地を記入すること。
4　品名（指定数量）の記載については、当該危険物の指定数量が品名の記載のみでは明確でない場合に（　）内に該当する指定数量を記載すること。
5　位置、構造及び設備の基準に係る区分の欄には、適用を受けようとする危険物の規制に関する政令の条文を記入すること。危険物の規制に関する規則の適用条文の記載がさらに必要な場合は（　）内に記載すること。
6　※印の欄は、記入しないこと。

本様式…追加〔平成11年９月自令31号〕、一部改正〔令和元年６月総令19号・２年12月124号〕

様式第７の３（第５条の３関係）（ロ）（へ）㋑㋭

移送取扱所変更許可及び仮使用承認申請書

年　月　日 殿 申請者 住所　（電話　） 氏名				
設置者	住所	電話		
	氏名			
変更の内容		変更前	変更後	変更の理由
設置場所	起点			
	終点			
	経過地			
配管	延長	km	km	
	外径	mm	mm	
	条数	条	条	
設置の許可年月日及び許可番号		年　月　日　第　号		
危険物の類、品名（指定数量）及び化学名又は通称名				
指定数量の倍数				
危険物の移送量		kℓ／日	kℓ／日	
ポンプの種類等	種類・型式			
	全揚程	m	m	
	吐出量	kℓ／時	kℓ／時	
	基数	基	基	
その他の位置、構造及び設備				
着工予定期日				
完成予定期日				
その他必要な事項				

※受付欄	※経過欄	※手数料欄
	許可年月日 許可番号	

仮使用の承認を申請する部分	別添図面のとおり	
※受付欄	※経過欄	※手数料欄
	承認年月日 承認番号	

備考　1　この用紙の大きさは、日本産業規格Ａ４とすること。
2　この申請書は、移送取扱所について、変更許可申請と仮使用承認申請を同時に行う場合に用いるものであること。
3　法人にあつては、その名称、代表者氏名及び主たる事務所の所在地を記入すること。
4　設置場所の欄中、起点及び終点の欄には、起点又は終点の事業所名を併記し、経過地の欄には、配管系が設置される市町村名を記入すること。
5　品名（指定数量）の記載については、当該危険物の指定数量が品名の記載のみでは明確でない場合に（　）内に該当する指定数量を記載すること。
6　※印の欄は、記入しないこと。
7　総務大臣に申請する場合は、収入印紙（消印をしないこと。）をはり付けること。

本様式…追加〔平成11年９月自令31号〕、一部改正〔平成12年９月自令44号・令和元年６月総令19号・２年12月124号〕

様式第８（第６条関係）（ま）（さ）㋑㋭

製造所
危険物貯蔵所完成検査申請書
取扱所

<table>
<tr><td colspan="6">年　月　日

殿

申請者
住　所　　　　（電話　　）
氏　名</td></tr>
<tr><td rowspan="2">設置者</td><td>住所</td><td colspan="4">電話</td></tr>
<tr><td>氏名</td><td colspan="4"></td></tr>
<tr><td colspan="2">設置場所</td><td colspan="4"></td></tr>
<tr><td colspan="2">製造所等の別</td><td colspan="2"></td><td>貯蔵所又は取扱所の区分</td><td></td></tr>
<tr><td colspan="2">設置又は変更の許可年月日及び許可番号</td><td colspan="4">年　月　日　第　号</td></tr>
<tr><td colspan="2">製造所等の完成期日</td><td colspan="4"></td></tr>
<tr><td colspan="2">使用開始予定期日</td><td colspan="4"></td></tr>
<tr><td colspan="2">※　受付欄</td><td colspan="2">※　経過欄</td><td colspan="2">※　手数料欄</td></tr>
<tr><td colspan="2"></td><td colspan="2">検査年月日
検査番号</td><td colspan="2"></td></tr>
</table>

備考　１　この用紙の大きさは、日本産業規格Ａ４とすること。
２　この完成検査申請書は、移送取扱所以外の製造所等に用いるものであること。
３　法人にあつては、その名称、代表者氏名及び主たる事務所の所在地を記入すること。
４　※印の欄は、記入しないこと。

本様式…一部改正〔昭和49年５月自令12号・51年３月７号・52年２月２号〕、旧様式第４…全部改正し繰下〔平成元年２月自令５号〕、本様式…一部改正〔平成６年１月自令４号・令和元年６月総令19号・２年12月124号〕

様式第９（第６条関係）（ま）（さ）（へ）㋑㋭

移送取扱所完成検査申請書

<table>
<tr><td colspan="4">年　月　日

殿

申請者
住　所　　　　　（電話　　　）
氏　名</td></tr>
<tr><td rowspan="2">設置者</td><td>住所</td><td colspan="2">電話</td></tr>
<tr><td>氏名</td><td colspan="2"></td></tr>
<tr><td rowspan="3">設置場所</td><td>起点</td><td colspan="2"></td></tr>
<tr><td>終点</td><td colspan="2"></td></tr>
<tr><td>経過地</td><td colspan="2"></td></tr>
<tr><td colspan="2">設置又は変更の許可年月日及び許可番号</td><td colspan="2">年　月　日　第　号</td></tr>
<tr><td colspan="2">完成期日</td><td colspan="2"></td></tr>
<tr><td colspan="2">使用開始予定期日</td><td colspan="2"></td></tr>
<tr><td colspan="2">※　受付欄</td><td>※　経過欄</td><td>※　手数料欄</td></tr>
<tr><td colspan="2"></td><td>検査年月日
検査番号</td><td></td></tr>
</table>

備考　1　この用紙の大きさは、日本産業規格Ａ４とすること。

2　この完成検査申請書は、移送取扱所に用いるものであること。

3　法人にあつては、その名称、代表者氏名及び主たる事務所の所在地を記入すること。

4　設置場所の欄中、起点及び終点の欄には、起点又は終点の事業所名を併記し、経過地の欄には、配管系が設置される市町村名を記入すること。

5　※印の欄は記入しないこと。

6　総務大臣に申請する場合は、収入印紙（消印をしないこと。）をはり付けること。

本様式…追加〔昭和49年５月自令12号〕、一部改正〔昭和49年６月自令17号・51年３月７号〕、旧様式第４の２…全部改正し繰下〔平成元年２月自令５号〕、本様式…一部改正〔平成６年１月自令４号・12年９月44号・令和元年６月総令19号・２年12月124号〕

様式第10（第6条関係）(ま)(さ)(い)

完　成　検　査　済　証

<table>
<tr><td colspan="2">製造所等の別</td><td></td><td>貯蔵所又は取扱所の区分</td><td></td></tr>
<tr><td rowspan="2">設置者</td><td>住　所</td><td colspan="3"></td></tr>
<tr><td>氏　名</td><td colspan="3"></td></tr>
<tr><td colspan="2">設置場所</td><td colspan="3"></td></tr>
<tr><td colspan="2">設置又は変更の許可年月日及び許可番号</td><td colspan="3">年　月　日　第　号</td></tr>
<tr><td colspan="2">備　考</td><td colspan="3"></td></tr>
<tr><td colspan="5">設置又は変更の完成検査番号　第　　号
年　月　日
市町村長等　印</td></tr>
</table>

備考　1　この用紙の大きさは、日本産業規格A４とすること。

2　この完成検査済証は、移動タンク貯蔵所以外の製造所等に用いるものであること。

3　法人にあつては、その名称、代表者氏名及び主たる事務所の所在地を記入すること。

本様式…追加〔昭和46年６月自令12号〕、一部改正〔昭和51年３月自令７号〕、旧様式第５の２…全部改正し繰下〔平成元年２月自令５号〕、本様式…一部改正〔平成６年１月自令４号・令和元年６月総令19号〕

様式第11（第６条関係）（す）㋑

（表）

完　成　検　査　済　証

<table>
<tr><td colspan="2">単一車又は被けん引車</td><td></td><td>積載式又は積載式以外</td><td></td></tr>
<tr><td rowspan="2">設置者</td><td>住　　所</td><td colspan="3"></td></tr>
<tr><td>氏　　名</td><td colspan="3"></td></tr>
<tr><td colspan="2">常置場所</td><td colspan="3"></td></tr>
<tr><td colspan="2">設置又は変更の許可年月日及び許可番号</td><td colspan="3">年　　月　　日　　第　　号</td></tr>
<tr><td colspan="2">タンク検査年月日及び検査番号</td><td colspan="3"></td></tr>
<tr><td colspan="2">備　　考</td><td colspan="3"></td></tr>
<tr><td colspan="5">設置又は変更の完成検査番号　第　　　号
年　　月　　日
市町村長等　　　　印</td></tr>
</table>

備考　１　この用紙の大きさは、日本産業規格Ａ４とすること。
　　　２　この完成検査済証は、移動タンク貯蔵所に用いるものであること。
　　　３　法人にあつては、その名称、代表者氏名及び主たる事務所の所在地を記入すること。
　　　４　変更の完成検査にあつては、設置の許可に係る行政庁名、許可年月日及び許可番号を備考欄に記載すること。

（裏）

車名及び型式			
危険物	類別		
	品名		
	化学名		
	比重		
タンク	最大容量	ℓ	
	タンク室の容量	ℓ	
タンクの最大常用圧力		kPa	
安全装置の作動圧		kPa	
可燃性蒸気回収設備		有　・　無	
閉鎖装置	自動閉鎖装置	有　・　無	
	手動閉鎖装置	有　・　無	
接地導線		有　・　無	
消火器	薬剤の種類		
	薬剤量	kg	kg
	個数	個	個
備考			

本様式…追加〔昭和46年６月自令12号〕、一部改正〔昭和51年３月自令７号〕、旧様式第５の３…全部改正し繰下〔平成元年２月自令５号〕、本様式…一部改正〔平成６年１月自令４号〕、全部改正〔平成10年３月自令６号〕、一部改正〔令和元年６月総令19号〕

様式第12（第6条関係）（ま）（さ）㋑㋭

完成検査済証再交付申請書

<table>
<tr><td colspan="4">年　月　日
殿
申請者
住　所　（電話　）
氏　名</td></tr>
<tr><td rowspan="2">設置者</td><td>住所</td><td colspan="2">電話</td></tr>
<tr><td>氏名</td><td colspan="2"></td></tr>
<tr><td colspan="2">設置場所</td><td colspan="2"></td></tr>
<tr><td colspan="2">製造所等の別</td><td></td><td>貯蔵所又は取扱所の区分</td></tr>
<tr><td colspan="2">設置又は変更の許可年月日及び許可番号</td><td colspan="2">年　月　日　第　号</td></tr>
<tr><td colspan="2">設置又は変更の完成検査年月日及び検査番号</td><td colspan="2">年　月　日　第　号</td></tr>
<tr><td colspan="2">タンク検査年月日及び検査番号</td><td colspan="2">年　月　日　第　号</td></tr>
<tr><td colspan="2">理由</td><td colspan="2"></td></tr>
<tr><td colspan="2">※受付欄</td><td colspan="2">※経過欄</td></tr>
<tr><td colspan="2"></td><td colspan="2">再交付年月日</td></tr>
</table>

備考　1　この用紙の大きさは、日本産業規格A４とすること。
2　法人にあつては、その名称、代表者氏名及び主たる事務所の所在地を記入すること。
3　※印の欄は、記入しないこと。

本様式…追加〔昭和57年１月自令１号〕、旧様式第４の３…全部改正し繰下〔平成元年２月自令５号〕、本様式…一部改正〔平成６年１月自令４号・令和元年６月総令19号・２年12月124号〕

様式第13（第６条の４関係）（ま）（さ）（す）(い)(ほ)

製造所
危険物貯蔵所完成検査前検査申請書
取扱所

<table>
<tr><td colspan="6">年　　月　　日
殿
申　請　者
住　所　　　　　　（電話　　　）
氏　名</td></tr>
<tr><td rowspan="2">設置者</td><td>住　　所</td><td colspan="4">電話</td></tr>
<tr><td>氏　　名</td><td colspan="4"></td></tr>
<tr><td colspan="2">設　置　場　所</td><td colspan="4"></td></tr>
<tr><td colspan="2">製 造 所 等 の 別</td><td></td><td>貯蔵所又は取扱所の区分</td><td colspan="2"></td></tr>
<tr><td colspan="2">設置又は変更の許可年月日及び許可番号</td><td colspan="4">年　　月　　日　　第　　号</td></tr>
<tr><td rowspan="3">タンク構造</td><td>形　　状</td><td colspan="4"></td></tr>
<tr><td>寸　　法</td><td>mm</td><td>容　　量</td><td colspan="2">ℓ</td></tr>
<tr><td>材質記号及び板厚</td><td colspan="4"></td></tr>
<tr><td colspan="2">タンクの最大常用圧力</td><td colspan="4">kPa</td></tr>
<tr><td colspan="2">検査の種類及び検査希望年月日</td><td colspan="4"></td></tr>
<tr><td colspan="2">タンクの製造者及び製造年月日</td><td colspan="4"></td></tr>
<tr><td colspan="2">製造所等の完成予定期日</td><td colspan="4"></td></tr>
<tr><td colspan="2" rowspan="2">他法令の適用の有無</td><td colspan="2">高圧ガス保安法</td><td colspan="2">労働安全衛生法</td></tr>
<tr><td colspan="2"></td><td colspan="2"></td></tr>
<tr><td colspan="2">その他必要な事項</td><td colspan="4"></td></tr>
<tr><td colspan="2">※　受　付　欄</td><td colspan="2">※　経　過　欄</td><td colspan="2">※　手　数　料　欄</td></tr>
<tr><td colspan="2"></td><td colspan="2">検査年月日
検査番号</td><td colspan="2"></td></tr>
</table>

備考　1　この用紙の大きさは、日本産業規格Ａ４とすること。
2　法人にあつては、その名称、代表者氏名及び主たる事務所の所在地を記入すること。
3　設置又は変更の許可年月日及び許可番号の欄は、完成検査前検査の申請が設置の許可に係るものにあつては設置許可の年月日及び許可番号を、変更許可に係るものにあつては変更の許可年月日及び許可番号を記入すること。
4　水張検査又は水圧検査以外の検査の申請をするときは、タンクの製造者及び製造年月日の欄は記入を必要としないこと。
5　製造所等を管轄する市町村長等以外の行政機関に水張検査又は水圧検査の申請をするときは、設置者の欄、設置場所の欄、設置又は変更の許可年月日及び許可番号の欄は記入を必要としないこと。
6　上記５の申請をするときは、タンクの構造明細図書を２部添付すること。
7　※印の欄は、記入しないこと。

本様式…全部改正〔昭和46年６月自令12号〕、一部改正〔昭和49年５月自令12号・51年３月７号〕、全部改正〔昭和52年２月自令２号〕、一部改正〔昭和57年１月自令１号・62年４月16号〕、旧様式第５…全部改正し繰下〔平成元年２月自令５号〕、本様式…一部改正〔平成６年１月自令４号・10年３月６号・令和元年６月総令19号・２年12月124号〕

様式第14（第６条の４関係）（す）㋑

正　　　　　　　　タンク検査済証

<table>
<tr><td colspan="2">水張又は水圧検査の別</td><td colspan="3"></td></tr>
<tr><td colspan="2">検　査　圧　力</td><td colspan="3">kPa</td></tr>
<tr><td rowspan="3">タンクの構造</td><td>形　　状</td><td></td><td>容　量</td><td>l</td></tr>
<tr><td>寸　　法</td><td colspan="3">㎜</td></tr>
<tr><td>材質記号及び板厚</td><td colspan="3"></td></tr>
<tr><td colspan="2">製造者及び製造年月日</td><td colspan="3"></td></tr>
<tr><td colspan="5">タンク検査番号　　第　　号
年　月　日
検査行政庁　㊞</td></tr>
</table>

備考　この用紙の大きさは、日本産業規格Ａ４とすること。

副

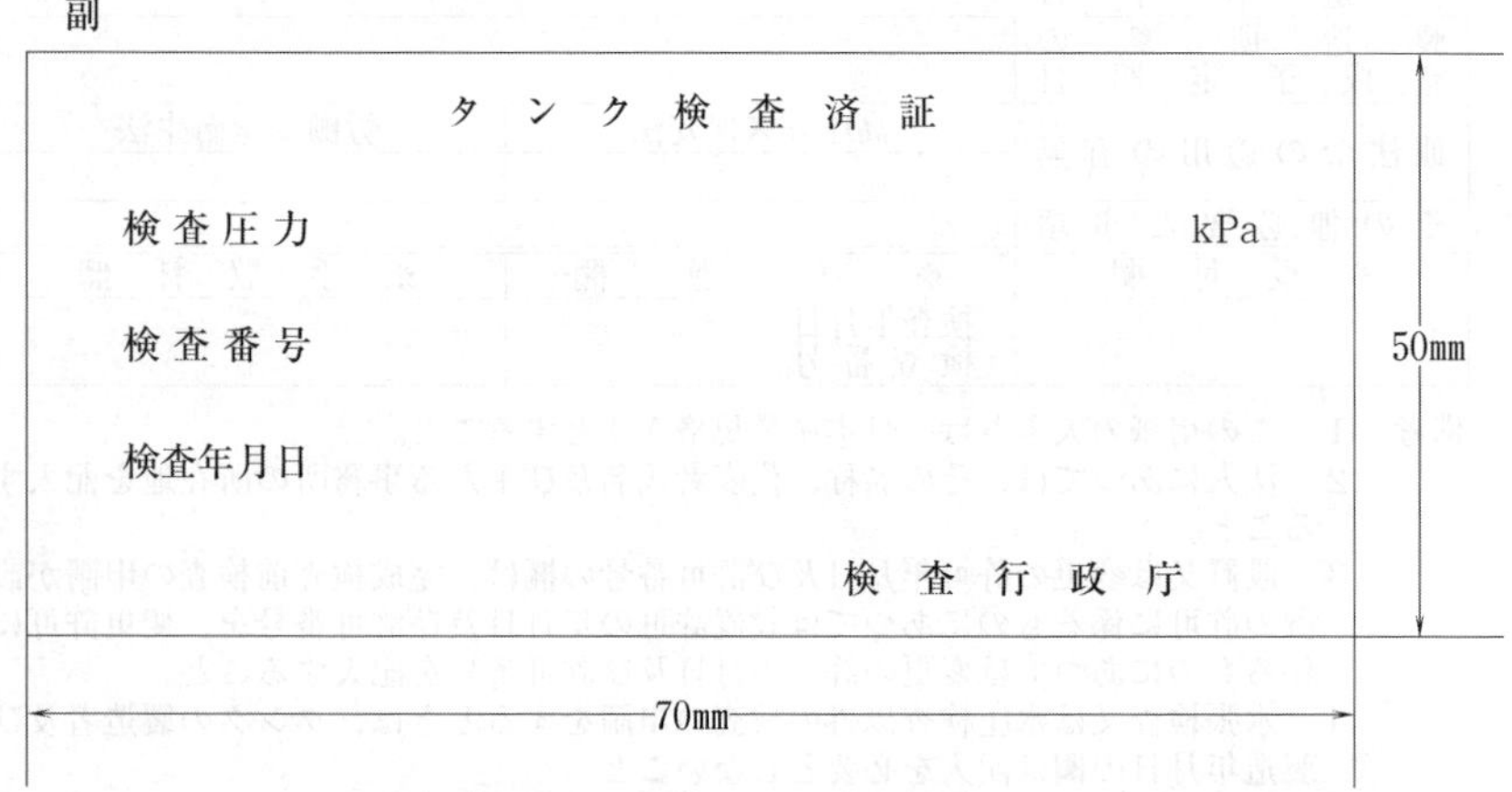

タンク検査済証

検査圧力　　　　kPa

検査番号

検査年月日

検査行政庁

50㎜

70㎜

備考　１　このタンク検査済証は、金属板とすること。

２　このタンク検査済証は、タンクの見やすい箇所に取り付けること。

本様式…追加〔昭和46年６月自令12号〕、一部改正〔昭和51年３月自令７号・52年２月２号〕、旧様式第５の４…全部改正し繰下〔平成元年２月自令５号〕、本様式…一部改正〔平成６年１月自令４号〕、全部改正〔平成10年３月自令６号〕、一部改正〔令和元年６月総令19号〕

様式第15（第７条関係）（ま）（さ）㋑㋭

製造所
危険物貯蔵所譲渡引渡届出書
取扱所

<table>
<tr><td colspan="5">年　月　日
殿
届出者
住所　　　　（電話　　）
氏名</td></tr>
<tr><td colspan="2" rowspan="2">譲渡又は引渡を受けた者</td><td>住　所</td><td colspan="2">電話</td></tr>
<tr><td>氏　名</td><td colspan="2"></td></tr>
<tr><td colspan="2" rowspan="2">譲渡又は引渡をした者</td><td>住　所</td><td colspan="2">電話</td></tr>
<tr><td>氏　名</td><td colspan="2"></td></tr>
<tr><td rowspan="5">製造所等</td><td colspan="2">設置場所</td><td colspan="2"></td></tr>
<tr><td colspan="2">製造所等の別</td><td></td><td>貯蔵所又は取扱所の区分</td></tr>
<tr><td colspan="2">設置の許可年月日及び許可番号</td><td colspan="2">年　月　日　第　号</td></tr>
<tr><td colspan="2">設置の完成検査年月日及び検査番号</td><td colspan="2">年　月　日　第　号</td></tr>
<tr><td colspan="2">危険物の類、品名（指定数量）、最大数量</td><td></td><td>指定数量の倍数</td></tr>
<tr><td colspan="3">譲渡又は引渡のあつた理由</td><td colspan="2"></td></tr>
<tr><td colspan="3">※　受　付　欄</td><td colspan="2">※　経　過　欄</td></tr>
<tr><td colspan="3"></td><td colspan="2"></td></tr>
</table>

備考　1　この用紙の大きさは、日本産業規格Ａ４とすること。
2　法人にあつては、その名称、代表者氏名及び主たる事務所の所在地を記入すること。
3　品名（指定数量）の記載については、当該危険物の指定数量が品名の記載のみでは明確でない場合に（　）内に該当する指定数量を記載すること。
4　※印欄は、記入しないこと。
5　譲渡引渡を証明する書類を添付すること。

本様式…全部改正〔平成元年２月自令５号〕、一部改正〔平成６年１月自令４号・令和元年６月総令19号・２年12月124号〕

様式第16（第７条の３関係）（ま）（さ）㋑㋭

製造所
危険物貯蔵所品名、数量又は指定数量の倍数変更届出書
取扱所

<table>
<tr><td colspan="7">年　月　日

殿
届 出 者
住 所　　　　（電話　　）
氏 名</td></tr>
<tr><td rowspan="2">設 置 者</td><td>住　　所</td><td colspan="5">電話</td></tr>
<tr><td>氏　　名</td><td colspan="5"></td></tr>
<tr><td colspan="2">設　置　場　所</td><td colspan="5"></td></tr>
<tr><td colspan="2">設置の許可年月日
及び許可番号</td><td colspan="5">年　月　日　第　　号</td></tr>
<tr><td colspan="2">製造所等の別</td><td></td><td>貯蔵所又は取扱所の区分</td><td colspan="3"></td></tr>
<tr><td rowspan="2">危険物の類、品名（指定数量）、最大数量</td><td>変 更 前</td><td colspan="2"></td><td rowspan="2">指定数量の倍数</td><td></td></tr>
<tr><td>変 更 後</td><td colspan="2"></td><td></td></tr>
<tr><td colspan="2">変 更 予 定 期 日</td><td colspan="5"></td></tr>
<tr><td colspan="2">※　受　付　欄</td><td colspan="5">※　　経　　過　　欄</td></tr>
<tr><td colspan="2"></td><td colspan="5"></td></tr>
</table>

備考　1　この用紙の大きさは、日本産業規格Ａ４とすること。
　　　2　法人にあつては、その名称、代表者氏名及び主たる事務所の所在地を記入すること。
　　　3　品名（指定数量）の記載については、当該危険物の指定数量が品名の記載のみでは明確でない場合に（　）内に該当する指定数量を記載すること。
　　　4　※印の欄は、記入しないこと。

本様式…全部改正〔平成元年２月自令５号〕、一部改正〔平成６年１月自令４号・令和元年６月総令19号・２年12月124号〕

様式第17（第８条関係）（カ）㋑㋭

製造所
危険物貯蔵所廃止届出書
取扱所

<table>
<tr><td colspan="5">年　月　日
殿
届出者
住所　　（電話　）
氏名</td></tr>
<tr><td rowspan="2">設置者</td><td>住所</td><td colspan="3">電話</td></tr>
<tr><td>氏名</td><td colspan="3"></td></tr>
<tr><td colspan="2">設置場所</td><td colspan="3"></td></tr>
<tr><td colspan="2">設置の許可年月日
及び許可番号</td><td colspan="3">年　月　日　第　号</td></tr>
<tr><td colspan="2">設置の完成検査年月日
及び検査番号</td><td colspan="3">年　月　日　第　号</td></tr>
<tr><td colspan="2">製造所等の別</td><td></td><td>貯蔵所又は取扱所の区分</td><td></td></tr>
<tr><td colspan="2">危険物の類、品名（指定数量）、最大数量</td><td></td><td>指定数量の倍数</td><td></td></tr>
<tr><td colspan="2">廃止年月日</td><td colspan="3"></td></tr>
<tr><td colspan="2">廃止の理由</td><td colspan="3"></td></tr>
<tr><td colspan="2">残存危険物の処理</td><td colspan="3"></td></tr>
<tr><td colspan="2">※受付欄</td><td colspan="3">※経過欄</td></tr>
<tr><td colspan="2"></td><td colspan="3"></td></tr>
</table>

備考　1　この用紙の大きさは、日本産業規格Ａ４とすること。
　2　法人にあつては、その名称、代表者氏名及び主たる事務所の所在地を記入すること。
　3　品名（指定数量）の記載については、当該危険物の指定数量が品名の記載のみでは明確でない場合に（　）内に該当する指定数量を記載すること。
　4　※印の欄は、記入しないこと。

本様式…一部改正〔昭和51年３月自令７号〕、旧様式第７…全部改正し繰下〔平成元年２月自令５号〕、本様式…一部改正〔平成６年１月自令４号〕、全部改正〔平成17年１月総令３号〕、一部改正〔令和元年６月総令19号・２年12月124号〕

様式第17の２（第43条の２関係）(け)

ℓは、２センチメートル以上とする。

本様式…追加〔平成２年２月自令１号〕

様式第18（第47条の３関係）(ま)(さ)㋑㋭

移 送 の 経 路 等 に 関 す る 書 面

<table>
<tr><td colspan="3">年　月　日
殿
移 送 者
住 所　　　　（電話　　）
氏 名</td></tr>
<tr><td rowspan="2">危 険 物
製 造 者</td><td>住　　所</td><td>電話</td></tr>
<tr><td>氏　　名</td><td></td></tr>
<tr><td rowspan="2">危 険 物</td><td>類、品名及び化学名</td><td></td></tr>
<tr><td>最大数量</td><td>kg</td></tr>
<tr><td colspan="2">移 送 予 定 回 数</td><td>回</td></tr>
<tr><td colspan="2">移 送 の 経 路</td><td>別添移送経路のとおり</td></tr>
<tr><td colspan="2">備　　考</td><td></td></tr>
<tr><td colspan="2">※ 受 付 欄</td><td>※ 経 過 欄</td></tr>
<tr><td colspan="2"></td><td></td></tr>
</table>

備考　１　この用紙の大きさは、日本産業規格Ａ４とすること。
　　　２　法人にあつては、その名称、代表者氏名及び主たる事務所の所在地を記入すること。
　　　３　移送予定回数欄は、１ケ月の平均予定回数を記入すること。
　　　４　※印の欄は、記入しないこと。

本様式…追加〔昭和46年６月自令12号〕、一部改正〔昭和51年３月自令７号〕、旧様式第７の２…全部改正し繰下〔平成元年２月自令５号〕、本様式…一部改正〔平成６年１月自令４号・令和元年６月総令19号・２年12月124号〕

様式第19（第47条の６関係）（ま）（さ）㋑㋭

危険物保安統括管理者選任・解任届出書

<table>
<tr><td colspan="4">年　月　日
殿
届出者
住所　　　　（電話　　）
氏名</td></tr>
<tr><td colspan="2">事業所の設置場所及び名称</td><td colspan="2"></td></tr>
<tr><td colspan="2">区分</td><td>選任</td><td>解任</td></tr>
<tr><td rowspan="3">危険物保安統括管理者</td><td>氏名</td><td></td><td></td></tr>
<tr><td>選任・解任年月日</td><td>年　月　日</td><td>年　月　日</td></tr>
<tr><td>職務上の地位</td><td></td><td></td></tr>
<tr><td colspan="2">※受付欄</td><td colspan="2">※備考</td></tr>
<tr><td colspan="2"></td><td colspan="2"></td></tr>
</table>

備考　1　この用紙の大きさは、日本産業規格Ａ４とすること。
　　　2　法人にあつては、その名称、代表者氏名及び主たる事務所の所在地を記入すること。
　　　3　※印の欄は、記入しないこと。

本様式…一部改正〔昭和46年６月自令12号・51年３月７号・53年10月24号〕、全部改正〔昭和59年３月自令１号〕、旧様式第８…全部改正し繰下〔平成元年２月自令５号〕、本様式…一部改正〔平成６年１月自令４号・令和元年６月総令19号・２年12月124号〕

様式第20（第48条の３関係）（ま）（さ）㋑㋭

危険物保安監督者選任・解任届出書

<table>
<tr><td colspan="5">年　月　日
殿
届出者
住所　（電話　）
氏名</td></tr>
<tr><td rowspan="2" colspan="2">設置者</td><td>住所</td><td colspan="2">電話</td></tr>
<tr><td>氏名</td><td colspan="2"></td></tr>
<tr><td colspan="3">製造所等の別</td><td></td><td>貯蔵所又は取扱所の区分</td></tr>
<tr><td colspan="3">設置の許可年月日及び許可番号</td><td colspan="2">年　月　日　第　号</td></tr>
<tr><td colspan="3">設置場所</td><td colspan="2"></td></tr>
<tr><td colspan="3">区分</td><td>選任</td><td>解任</td></tr>
<tr><td rowspan="3">危険物保安監督者</td><td colspan="2">氏名</td><td></td><td></td></tr>
<tr><td colspan="2">危険物取扱者免状の種類</td><td></td><td></td></tr>
<tr><td colspan="2">選任・解任年月日</td><td>年　月　日</td><td>年　月　日</td></tr>
<tr><td colspan="3">※受付欄</td><td colspan="2">※備考</td></tr>
<tr><td colspan="3"></td><td colspan="2"></td></tr>
</table>

備考　1　この用紙の大きさは、日本産業規格Ａ４とすること。

2　法人にあつては、その名称、代表者氏名及び主たる事務所の所在地を記入すること。

3　※印の欄は、記入しないこと。

本様式…一部改正〔昭和46年６月自令12号・51年３月７号・53年10月24号〕、全部改正〔昭和59年３月自令１号〕、旧様式第９…全部改正し繰下〔平成元年２月自令５号〕、本様式…一部改正〔平成６年１月自令４号・令和元年６月総令19号・２年12月124号〕

様式第20の２（第48条の３関係）㋬

実　務　経　験　証　明　書

氏　　　名	（　　　年　　　月　　　日生）			
取り扱った危険物	類　　別	第　　　類	品　　名	
取り扱った期間	年　　月　　日から　　年　　月　　日まで（　　年　　月）			
製造所等の別（該当するものを○で囲むこと）	製造所　・　貯蔵所　・　取扱所			

上記のとおり相違ないことを証明します。

証明年月日　　　　　年　　月　　日

事業所名

所在地

証明者　　職　名

　　　　　氏　名

　　　　　電話番号　　（　　）

備考　この用紙の大きさは、日本産業規格Ａ４とすること。

本様式…追加〔令和３年７月総令71号〕

様式第21（第50条関係）（ニ）

危険物取扱者免状交付申請書

<table>
<tr><td colspan="3">申請日　　　年　　月　　日
知事殿
申請者氏名
電話番号　勤務先等　　―　　―
内線（　　）
自宅又は携帯電話　　―　　―</td></tr>
<tr><td>住　　　所</td><td colspan="2"></td></tr>
<tr><td>フ　リ　ガ　ナ
氏　　　　名</td><td></td><td>本籍　　都道府県</td></tr>
<tr><td>生　年　月　日</td><td>年　　月　　日生</td><td rowspan="2">※　受付欄</td></tr>
<tr><td>試　験　日</td><td>年　　月　　日</td></tr>
<tr><td>合格した試験の種類</td><td>種　　　　類</td><td rowspan="2">※　手数料欄</td></tr>
<tr><td>受　験　番　号</td><td></td></tr>
<tr><td>既　得　免　状</td><td></td><td>※　経過欄</td></tr>
<tr><td>他都道府県知事への申請状況</td><td colspan="2"></td></tr>
</table>

備考　1　本籍の欄は、本籍地の属する都道府県名を記入すること。ただし、外国籍の者は「外国籍」と記入すること。

2　危険物取扱者免状の交付を現に受けている者は、既得免状の欄に当該免状の種類を記入すること。

3　他の都道府県知事に免状の交付申請をしている場合には、他都道府県知事への申請状況の欄に、当該他の都道府県名及び申請している免状の種類を記入すること。

4　※印の欄は、記入しないこと。

本様式…一部改正〔昭和46年６月自令12号・51年３月７号・53年10月24号・59年12月30号〕、旧様式第10…繰下〔平成元年２月自令５号〕、本様式…一部改正〔平成10年３月自令６号〕、全部改正〔平成12年３月自令12号〕

様式第22（第51条関係）（ニ）

表面

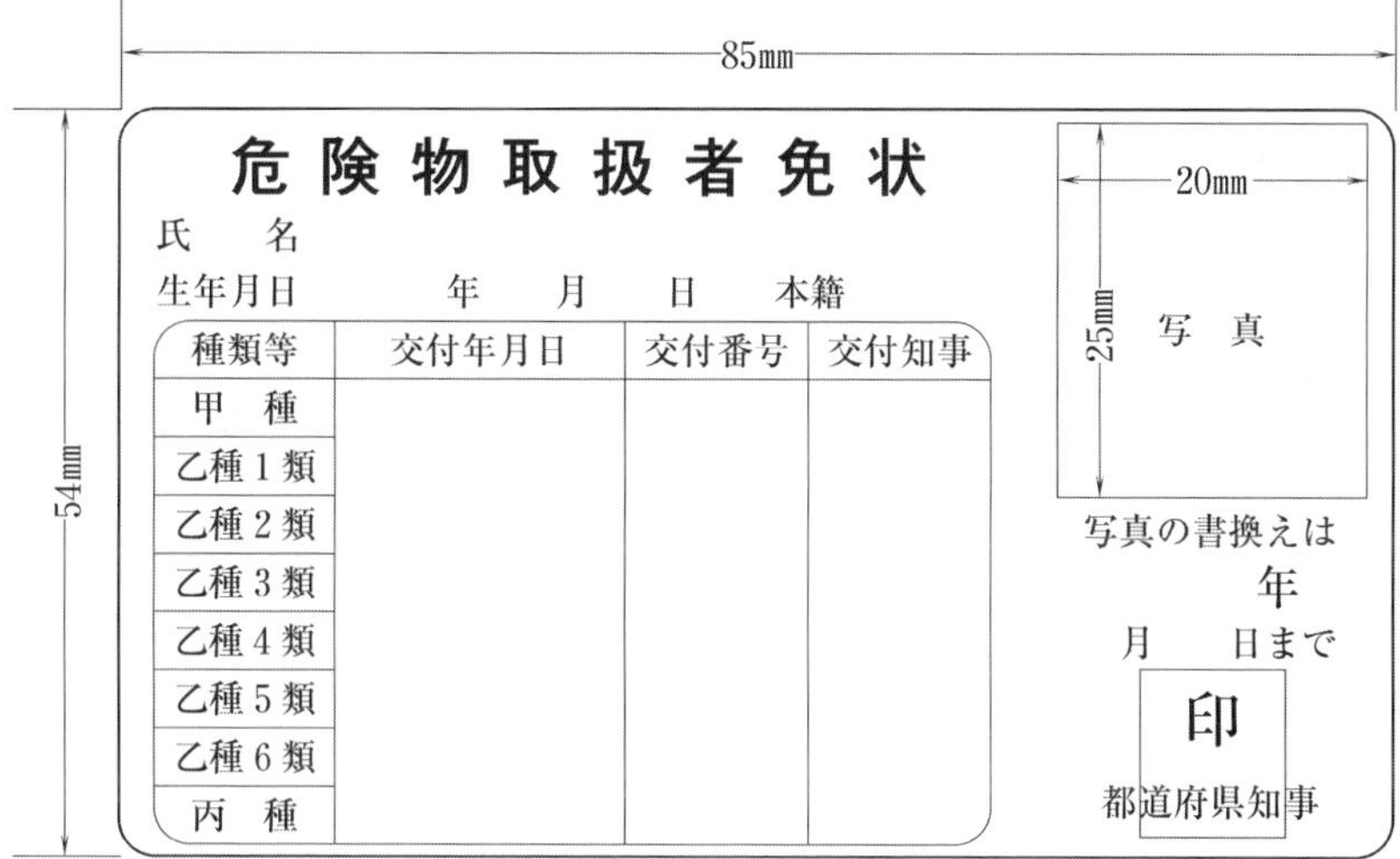

85㎜　54㎜　20㎜　25㎜

危険物取扱者免状

氏　名

生年月日　年　月　日　本籍

種類等	交付年月日	交付番号	交付知事
甲　種			
乙種１類			
乙種２類			
乙種３類			
乙種４類			
乙種５類			
乙種６類			
丙　種			

写　真

写真の書換えは
年
月　日まで

印

都道府県知事

裏面

危険物取扱者講習の状況		
修了年月日	講習実施機関	証　印
（備　考）		

備考　1　種類等の欄の「乙種１類」、「乙種２類」、「乙種３類」、「乙種４類」、「乙種５類」又は「乙種６類」とは、乙種危険物取扱者免状であって、取り扱うことができる危険物及びその取扱作業に関して立ち会うことができる危険物の種類が、それぞれ第１類、第２類、第３類、第４類、第５類又は第６類の危険物であることを示す。

2　白色のプラスチック板を用い、裏面には免状作成後に記入する文字及び証印が容易に消えない処理を施すこと。

本様式…全部改正〔昭和46年６月自令12号〕、一部改正〔昭和51年３月自令７号〕、全部改正〔昭和63年４月自令18号〕、旧様式第11…繰下〔平成元年２月自令５号〕、全部改正〔平成12年３月自令12号〕

様式第23（第52条、第53条関係）(ニ)(ン)ⓘ

危険物取扱者免状
書換・再交付申請書

知事殿	申請日	年　月　日	
申請者氏名	フリガナ		
生年月日	大・昭・平・令　年　月　日生	本籍	都道府県
郵便番号 住所	自宅電話番号 又は携帯電話番号	勤務先等連絡先	
		連絡先電話番号 ―　― 内線(　　)	

○申請区分（書換事項(1～4)・再交付理由(5～8)のうち該当するものの番号を○で囲み、1～3に該当する場合は、旧内容を必ず記入してください。）

書換事項	1　氏　名	旧フリガナ 旧氏名	再交付理由	5　亡失
	2　本　籍	旧本籍　都道府県		6　滅失
	3　生年月日	旧生年月日　大・昭・平・令　年　月　日生		7　汚損
	4　写　真			8　破損

※　手数料欄
※　経　過　欄

交付を受けている危険物取扱者免状	種類等	交付年月日	交付番号	交付知事
	甲	昭·平·令　年　月　日		
	乙1	昭·平·令　年　月　日		
	乙2	昭·平·令　年　月　日		
	乙3	昭·平·令　年　月　日		
	乙4	昭·平·令　年　月　日		
	乙5	昭·平·令　年　月　日		
	乙6	昭·平·令　年　月　日		
	丙	昭·平·令　年　月　日		

※受付日	※受付番号

備考　1　この用紙の大きさは、日本産業規格Ａ４とすること。
　　　2　本籍の欄は、本籍地の属する都道府県名を記入すること。ただし、外国籍の者は「外国籍」と記入すること。
　　　3　※印の欄は、記入しないこと。

本様式…一部改正〔昭和46年６月自令12号・51年３月７号・53年10月24号〕、旧様式第12…全部改正し繰下〔平成元年２月自令５号〕、本様式…一部改正〔平成６年１月自令４号・10年3月６号〕、全部改正〔平成12年３月自令12号〕、一部改正〔令和元年５月総令３号・６月19号〕

様式第24　削除(ニ)〔平成12年３月自令12号〕

様式第25（第57条関係）(ウ)(ン)㋑

危険物取扱者試験受験願書

殿	申請日	年　月　日
申請者氏名	フリガナ	
生年月日	大・昭・平・令　年　月　日生	本籍　都道府県
郵便番号	□□□－□□□□	自宅電話番号又は携帯電話番号
住所		勤務先等連絡先
		連絡先電話番号　－　－　内線(　)

試験日	年　月　日
試験種類	甲　乙　丙　種　－　第　類
受験地	
甲種受験資格	
科目免除	火薬類製造保安責任者免状又は火薬類取扱保安責任者免状による試験科目免除を　受ける
	乙種危険物取扱者免状の交付を　受けている
	５年以上消防団員として勤務し、かつ、基礎教育又は専科教育の警防科を修了した者に　該当する

※手数料欄	※受付欄

※受験番号

備考

1　この用紙の大きさは、日本産業規格Ａ４とすること。

2　本籍の欄は、本籍地の属する都道府県名を記入すること。ただし、外国籍の者は、「外国籍」と記入すること。

3　※印の欄は、記入しないこと。

本様式…一部改正〔昭和46年６月自令12号・51年３月７号・53年10月24号〕、全部改正〔昭和59年12月自令30号〕、旧様式第14…繰下〔平成元年２月自令５号〕、本様式…一部改正〔平成10年3月自令６号〕、全部改正〔平成12年３月自令12号・14年1月総令４号〕、一部改正〔平成15年12月総令143号〕、全部改正〔平成21年11月総令106号〕、一部改正〔令和元年５月総令３号・６月19号〕

様式第26（第62条関係）（ま）（さ）㋑㋭

予防規程 制定/変更 認可申請書

<table>
<tr><td colspan="4">年　月　日
殿
申請者
住所　　（電話　）
氏名</td></tr>
<tr><td rowspan="2">設置者</td><td>住所</td><td colspan="2">電話</td></tr>
<tr><td>氏名</td><td colspan="2"></td></tr>
<tr><td colspan="2">設置場所</td><td colspan="2"></td></tr>
<tr><td colspan="2">製造所等の別</td><td></td><td>貯蔵所又は取扱所の区分</td></tr>
<tr><td colspan="2">設置の許可年月日及び許可番号</td><td colspan="2">年　月　日　第　号</td></tr>
<tr><td colspan="2">危険物の類、品名（指定数量）、最大数量</td><td></td><td>指定数量の倍数</td></tr>
<tr><td colspan="2">予防規程 作成/変更 年月日</td><td colspan="2">年　月　日</td></tr>
<tr><td colspan="2">※受付欄</td><td colspan="2">※備考</td></tr>
<tr><td colspan="2"></td><td colspan="2"></td></tr>
</table>

備考　1　この用紙の大きさは、日本産業規格Ａ４とすること。

2　法人にあつては、その名称、代表者氏名及び主たる事務所の所在地を記入すること。

3　品名（指定数量）の記載については、当該危険物の指定数量が品名の記載のみでは明確でない場合に（　）内に該当する指定数量を記載すること。

4　※印の欄は、記入しないこと。

本様式…全部改正〔昭和40年10月自令28号・46年６月17号〕、一部改正〔昭和51年３月自令７号〕、旧様式第17…全部改正し繰下〔平成元年２月自令５号〕、本様式…一部改正〔平成６年１月自令４号・令和元年６月総令19号・２年12月124号〕

様式第26の２（第62条の２の２第１項関係）（オ）(い)(ほ)

特定屋外タンク貯蔵所の保安検査時期延長申請書（タンクの腐食防止等の状況）

<table>
<tr><td colspan="7">年　月　日
殿
申　請　者
住　所　　　　（電話　　）
氏　名</td></tr>
<tr><td rowspan="2">設置者</td><td colspan="2">住　所</td><td colspan="4">電話</td></tr>
<tr><td colspan="2">氏　名</td><td colspan="4"></td></tr>
<tr><td colspan="3">設置場所</td><td colspan="4"></td></tr>
<tr><td colspan="3">タンクの呼称又は番号</td><td colspan="4"></td></tr>
<tr><td colspan="3">設置の許可申請年月日</td><td colspan="4">年　月　日</td></tr>
<tr><td colspan="3">設置の許可年月日及び許可番号</td><td colspan="4">年　月　日　第　号</td></tr>
<tr><td colspan="3">基準適合届出</td><td colspan="4">新基準適合届出（　年　月　日）・第一段階基準適合届出（　年　月　日）</td></tr>
<tr><td colspan="3">貯蔵最大数量</td><td colspan="4">kl</td></tr>
<tr><td rowspan="2">＊
コーティング</td><td colspan="2">種類</td><td colspan="4">1　ガラスフレークコーティング
2　エポキシ系塗装　3　タールエポキシ系塗装
4　その他（　）</td></tr>
<tr><td colspan="2">施工の区分</td><td colspan="4">新規　・　中途　・　塗り替え
（コーティング施工年月日　年　月　日）</td></tr>
<tr><td rowspan="2">タンク底部外面の腐食防止措置＊</td><td colspan="2">外面防食措置</td><td colspan="4">アスファルトサンド・電気防食・その他（　）</td></tr>
<tr><td colspan="2">雨水浸入防止措置</td><td colspan="4">適　・　否</td></tr>
<tr><td rowspan="3">板　厚＊</td><td rowspan="3">アニュラ板厚</td><td>設計板厚</td><td>mm</td><td rowspan="3">底板板厚</td><td>設計板厚</td><td>mm</td></tr>
<tr><td>最小測定板厚平均値</td><td>mm</td><td>最小測定板厚平均値</td><td>mm</td></tr>
<tr><td>測定板厚最小値</td><td>mm</td><td>測定板厚最小値</td><td>mm</td></tr>
<tr><td rowspan="2">補修・変形＊</td><td colspan="2">補修の適否</td><td colspan="4">適　・　否</td></tr>
<tr><td colspan="2">有害な変形の有無</td><td colspan="4">有　・　無</td></tr>
<tr><td colspan="3">不等沈下＊</td><td colspan="4">最大値のタンク直径に対する割合</td></tr>
<tr><td colspan="3">支持力・沈下＊</td><td colspan="4">平均沈下量　mm／年</td></tr>
<tr><td rowspan="5">維持管理体制</td><td colspan="5">過去３年間の特定屋外貯蔵タンクの維持管理に起因する事故の発生</td><td>有・無</td></tr>
<tr><td colspan="5">過去３年間の消防法第12条第２項に基づく措置命令</td><td>有・無</td></tr>
<tr><td colspan="5">消防法第14条の２、第14条の３及び第14条の３の２の規定に関する違反</td><td>有・無</td></tr>
<tr><td colspan="5">保安作業従事者に対する適切な教育訓練＊</td><td>適・否</td></tr>
<tr><td colspan="5">保安のための適切な巡視、点検＊</td><td>適・否</td></tr>
<tr><td colspan="2">※　受　付　欄</td><td colspan="5">備　　考</td></tr>
<tr><td colspan="2"></td><td colspan="5"></td></tr>
</table>

備考　1　この用紙の大きさは、日本産業規格Ａ４とすること。

2　法人にあつては、その名称、代表者氏名及び主たる事業所の所在地を記入すること。

3　＊印の欄に関しては、必要に応じ図面、資料等を添付すること。

4　※印の欄は、記入しないこと。

本様式…追加〔平成６年９月自令30号〕、全部改正〔平成23年２月総令５号〕、一部改正〔令和元年６月総令19号・２年12月124号〕

様式第26の３（第62条の２の２第１項関係）(ゆ)(オ)㋑㋭

特定屋外タンク貯蔵所の保安検査時期延長申請書（危険物の貯蔵管理等の状況）

<table>
<tr><td colspan="8">年　月　日
殿
申請者
住所　（電話　）
氏名</td></tr>
<tr><td rowspan="2">設置者</td><td>住所</td><td colspan="6">電話</td></tr>
<tr><td>氏名</td><td colspan="6"></td></tr>
<tr><td colspan="2">設置場所</td><td colspan="6"></td></tr>
<tr><td colspan="2">タンクの呼称又は番号</td><td colspan="6"></td></tr>
<tr><td colspan="2">設置の許可申請年月日</td><td colspan="6">年　月　日</td></tr>
<tr><td colspan="2">設置の許可年月日及び許可番号</td><td colspan="6">年　月　日　第　号</td></tr>
<tr><td colspan="2">基準適合届出</td><td colspan="6">新基準適合届出(　年　月　日)・第一段階基準適合届出(　年　月　日)</td></tr>
<tr><td colspan="2">貯蔵危険物の類、品名、化学名</td><td colspan="6">第　類</td></tr>
<tr><td colspan="2">貯蔵最大数量</td><td colspan="6">kℓ</td></tr>
<tr><td colspan="2">水等の管理</td><td colspan="6">屋根形式(固定屋根・固定屋根以外)・水等成分管理の実施＊(有・無)</td></tr>
<tr><td colspan="2">貯蔵危険物の腐食性</td><td colspan="6">有　・　無</td></tr>
<tr><td colspan="2">貯蔵条件</td><td colspan="5">油種、管理温度、不活性ガス封入等腐食の発生に著しい影響を及ぼす貯蔵条件の変更の予定</td><td>有・無</td></tr>
<tr><td rowspan="5">タンクの腐食率＊</td><td rowspan="5">アニュラ板</td><td>設計板厚</td><td>mm</td><td rowspan="5">底板</td><td>設計板厚</td><td colspan="2">mm</td></tr>
<tr><td>検査時最小板厚</td><td>mm</td><td>検査時最小板厚</td><td colspan="2">mm</td></tr>
<tr><td>最小板厚</td><td>mm</td><td>最小板厚</td><td colspan="2">mm</td></tr>
<tr><td>腐食率が最大となる板の経過年数</td><td>年</td><td>腐食率が最大となる板の経過年数</td><td colspan="2">年</td></tr>
<tr><td>腐食率</td><td>mm／年</td><td>腐食率</td><td colspan="2">mm／年</td></tr>
<tr><td colspan="2" rowspan="2">タンク底部外面の腐食防止措置＊</td><td>外面防食措置</td><td colspan="5">アスファルトサンド・電気防食・その他(　)</td></tr>
<tr><td>雨水浸入防止措置</td><td colspan="5">適　・　否</td></tr>
<tr><td colspan="2" rowspan="2">次期開放時期板厚推定値</td><td>次期開放予定時期</td><td colspan="5">年　月</td></tr>
<tr><td>アニュラ板の板厚推定値</td><td colspan="2">mm</td><td>底板の板厚推定値</td><td colspan="2">mm</td></tr>
<tr><td colspan="2" rowspan="2">補修・変形＊</td><td>補修の適否</td><td colspan="5">適　・　否</td></tr>
<tr><td>有害な変形の有無</td><td colspan="5">有　・　無</td></tr>
<tr><td colspan="3">不等沈下＊</td><td colspan="5">最大値のタンク直径に対する割合</td></tr>
<tr><td colspan="3">支持力・沈下＊</td><td colspan="5">平均沈下量　mm／年</td></tr>
<tr><td rowspan="5">維持管理体制</td><td colspan="6">過去３年間の特定屋外貯蔵タンクの維持管理に起因する事故の発生</td><td>有・無</td></tr>
<tr><td colspan="6">過去３年間の消防法第12条第２項に基づく措置命令</td><td>有・無</td></tr>
<tr><td colspan="6">消防法第14条の２、第14条の３及び第14条の３の２の規定に関する違反</td><td>有・無</td></tr>
<tr><td colspan="6">保安作業従事者に対する適切な教育訓練＊</td><td>適・否</td></tr>
<tr><td colspan="6">保安のための適切な巡視、点検＊</td><td>適・否</td></tr>
<tr><td colspan="2">※受付欄</td><td colspan="6">備考</td></tr>
<tr><td colspan="2"></td><td colspan="6"></td></tr>
</table>

備考　１　この用紙の大きさは、日本産業規格Ａ４とすること。
２　法人にあつては、その名称、代表者氏名及び主たる事業所の所在地を記入すること。
３　＊印の欄に関しては、必要に応じ図面、資料等を添付すること。
４　※印の欄は、記入しないこと。

本様式…追加〔平成６年９月自令30号〕、一部改正〔平成23年２月総令５号・令和元年６月19号・２年12月124号〕

様式第26の４（第62条の２の２第１項関係）（オ）㋑㋭

特定屋外タンク貯蔵所の保安検査時期延長申請書（タンクの腐食量に係る管理等の状況）

年　月　日

殿

申請者

住所　　（電話　　）

氏名

設置者	住所	電話		
	氏名			
設置場所				
タンクの呼称又は番号				
設置の許可申請年月日	年　月　日			
設置の許可年月日及び許可番号	年　月　日　第　号			
基準適合届出	新基準適合届出（　年　月　日）・第一段階基準適合届出（　年　月　日）			
貯蔵危険物の類、品名、化学名	第　類			
貯蔵最大数量	kl			
水等の管理	屋根形式（固定屋根・固定屋根以外）・水等成分管理の実施＊（有・無）			
貯蔵危険物の腐食性	有・無			
次期開放時期板厚推定値	次期開放予定時期	年　月		
	アニュラ板の板厚推定値	mm	底板の板厚推定値	mm
貯蔵条件	油種、管理温度、不活性ガス封入等腐食の発生に著しい影響を及ぼす貯蔵条件の変更の予定	有・無		
タンクの腐食率 アニュラ板	設計板厚	mm	底板 設計板厚	mm
	検査時最小板厚	mm	検査時最小板厚	mm
	最小板厚	mm	最小板厚	mm
	腐食率が最大となる板の経過年数	年	腐食率が最大となる板の経過年数	年
	腐食率	mm／年	腐食率	mm／年
板厚予測値	mm			
コーティング＊	種類	1　ガラスフレークコーティング 2　その他（　　）		
	施工の区分	新規・中途・塗り替え （コーティング施工年月日　年　月　日）		
加温貯蔵の有無	有・無			
基礎内部の排水措置の状況				
タンク底部外面の腐食防止措置＊	外面防食措置	アスファルトサンド・電気防食・その他（　）		
	雨水浸入防止措置	適・否		
補修・変形＊	補修の適否	適・否		
	有害な変形の有無	有・無		
不等沈下＊	最大値のタンク直径に対する割合			
支持力・沈下＊	平均沈下量　mm／年			
維持管理体制	過去３年間の特定屋外貯蔵タンクの維持管理に起因する事故の発生	有・無		
	過去３年間の消防法第12条第２項に基づく措置命令	有・無		
	消防法第14条の２、第14条の３及び第14条の３の２の規定に関する違反	有・無		
	保安作業従事者に対する適切な教育訓練＊	適・否		
	保安のための適切な巡視、点検＊	適・否		
※受付欄	備考			

備考　1　この用紙の大きさは、日本産業規格Ａ４とすること。

2　法人にあつては、その名称、代表者氏名及び主たる事業所の所在地を記入すること。

3　＊印の欄に関しては、必要に応じ図面、資料等を添付すること。

4　※印の欄は、記入しないこと。

本様式…追加〔平成15年12月総令143号〕、全部改正〔平成23年２月総令５号〕、一部改正〔令和元年６月総令19号・２年12月124号〕

様式第26の５（第62条の２の２第２項関係）（オ）㋑㋭

特定屋外タンク貯蔵所の保安検査時期延長申請書（コーティング有）

年　月　日

殿

申　請　者

住　所　（電話　）

氏　名

<table>
<tr><td rowspan="2">設置者</td><td>住所</td><td colspan="5">電話</td></tr>
<tr><td>氏名</td><td colspan="5"></td></tr>
<tr><td colspan="2">設置場所</td><td colspan="5"></td></tr>
<tr><td colspan="2">タンクの呼称又は番号</td><td colspan="5"></td></tr>
<tr><td colspan="2">設置の許可申請年月日</td><td colspan="5">年　月　日</td></tr>
<tr><td colspan="2">設置の許可年月日及び許可番号</td><td colspan="5">年　月　日　第　号</td></tr>
<tr><td colspan="2">基準適合届出</td><td colspan="5">新基準適合届出（　年　月　日）・第一段階基準適合届出（　年　月　日）</td></tr>
<tr><td colspan="2">貯蔵危険物の類、品名、化学名</td><td colspan="5">第　類</td></tr>
<tr><td colspan="2">貯蔵最大数量</td><td colspan="5">kl</td></tr>
<tr><td colspan="2" rowspan="2">底部外面の腐食の発生に影響を及ぼす変更の予定</td><td colspan="4">基礎</td><td>有・無</td></tr>
<tr><td colspan="4">構造（底部の板の張り替え等）</td><td>有・無</td></tr>
<tr><td colspan="2" rowspan="2">コーティング＊</td><td>種類</td><td colspan="4">1 ガラスフレークコーティング
2 その他（　）</td></tr>
<tr><td>施工の区分</td><td colspan="4">新規・中途・塗り替え
（コーティング施工年月日　年　月　日）</td></tr>
<tr><td rowspan="4">タンクの腐食量＊</td><td>前々回保安検査日</td><td>年　月　日</td><td rowspan="2">連続板厚測定</td><td>有・無</td><td rowspan="2">連続板厚測定日</td><td>年　月　日</td></tr>
<tr><td>前回保安検査日</td><td>年　月　日</td><td>有・無</td><td>年　月　日</td></tr>
<tr><td>アニュラ板　1年当たりの板厚減少量</td><td>mm／年</td><td rowspan="2">底板</td><td colspan="2">1年当たりの板厚減少量</td><td>mm／年</td></tr>
<tr><td>アニュラ板　前回保安検査時最小板厚</td><td>mm</td><td colspan="2">前回保安検査時最小板厚</td><td>mm</td></tr>
<tr><td colspan="3">上記からの算出期間</td><td colspan="4">年</td></tr>
<tr><td colspan="3">算出期間又は15年のうち短い方</td><td colspan="4">年</td></tr>
<tr><td colspan="2">加温貯蔵の有無</td><td colspan="5">有・無</td></tr>
<tr><td rowspan="2">タンク底部外面の腐食防止措置＊</td><td colspan="2">外面防食措置</td><td colspan="4">アスファルトサンド・電気防食・その他（　）</td></tr>
<tr><td colspan="2">雨水浸入防止措置</td><td colspan="4">有（適・否）・無</td></tr>
<tr><td rowspan="2">補修・変形＊</td><td colspan="2">補修の適否</td><td colspan="4">適・否</td></tr>
<tr><td colspan="2">有害な変形の有無</td><td colspan="4">有・無</td></tr>
<tr><td colspan="3">不等沈下＊</td><td colspan="4">最大値のタンク直径に対する割合</td></tr>
<tr><td colspan="3">支持力・沈下＊</td><td colspan="4">平均沈下量　mm／年</td></tr>
<tr><td rowspan="5">維持管理体制</td><td colspan="5">過去３年間の特定屋外貯蔵タンクの維持管理に起因する事故の発生</td><td>有・無</td></tr>
<tr><td colspan="5">過去３年間の消防法第12条第２項に基づく措置命令</td><td>有・無</td></tr>
<tr><td colspan="5">消防法第14条の２、第14条の３及び第14条の３の２の規定に関する違反</td><td>有・無</td></tr>
<tr><td colspan="5">保安作業従事者に対する適切な教育訓練＊</td><td>適・否</td></tr>
<tr><td colspan="5">保安のための適切な巡視、点検＊</td><td>適・否</td></tr>
<tr><td colspan="2">※受付欄</td><td colspan="5">備考</td></tr>
<tr><td colspan="2"></td><td colspan="5"></td></tr>
</table>

備考　1　この用紙の大きさは、日本産業規格Ａ４とすること。
　　　2　法人にあつては、その名称、代表者氏名及び主たる事業所の所在地を記入すること。
　　　3　＊印の欄に関しては、必要に応じ図面、資料等を添付すること。
　　　4　※印の欄は、記入しないこと。

本様式…追加〔平成23年２月総令５号〕、一部改正〔令和元年６月総令19号・２年12月124号〕

様式第26の６（第62条の２の２第２項関係）（オ）㋑㋭

特定屋外タンク貯蔵所の保安検査時期延長申請書(コーティング無)

<table>
<tr><td colspan="8">年　月　日
殿
申　請　者
住　所　　　　　　　　（電話　　　）
氏　名</td></tr>
<tr><td rowspan="2">設置者</td><td colspan="2">住　　　　所</td><td colspan="5">電話</td></tr>
<tr><td colspan="2">氏　　　　名</td><td colspan="5"></td></tr>
<tr><td colspan="3">設　置　場　所</td><td colspan="5"></td></tr>
<tr><td colspan="3">タンクの呼称又は番号</td><td colspan="5"></td></tr>
<tr><td colspan="3">設置の許可申請年月日</td><td colspan="5">年　月　日</td></tr>
<tr><td colspan="3">設置の許可年月日及び許可番号</td><td colspan="5">年　月　日　第　号</td></tr>
<tr><td colspan="3">基　準　適　合　届　出</td><td colspan="5">新基準適合届出(　年　月　日)・第一段階基準適合届出(　年　月　日)</td></tr>
<tr><td colspan="3">貯蔵危険物の類、品名、化学名</td><td colspan="5">第　類</td></tr>
<tr><td colspan="3">貯　蔵　最　大　数　量</td><td colspan="5">kl</td></tr>
<tr><td colspan="3" rowspan="2">貯　蔵　条　件</td><td colspan="4">油種、管理温度、不活性ガス封入等腐食の発生に著しい影響を及ぼす貯蔵条件の変更の有無</td><td>有・無</td></tr>
<tr><td colspan="4">過去におけるコーティングの有無＊</td><td>有・無</td></tr>
<tr><td colspan="3" rowspan="2">底部外面の腐食の発生に影響を及ぼす変更の有無</td><td colspan="4">基　礎</td><td>有・無</td></tr>
<tr><td colspan="4">構　造（底部の板の張り替え等）</td><td>有・無</td></tr>
<tr><td colspan="3">水　等　の　管　理</td><td colspan="5">屋根形式（固定屋根・固定屋根以外）・水等成分管理の実施＊（有・無）</td></tr>
<tr><td rowspan="8">タンクの腐食量＊</td><td colspan="2">前々回保安検査日</td><td>年　月　日</td><td rowspan="2">連続板厚測定</td><td>有・無</td><td rowspan="2">連続板厚測定日</td><td>年　月　日</td></tr>
<tr><td colspan="2">前回保安検査日</td><td>年　月　日</td><td>有・無</td><td>年　月　日</td></tr>
<tr><td rowspan="5">アニュラ板</td><td rowspan="4">１年当たりの板厚減少量（内面については直近過去２回）</td><td>内面（前々回）㎜／年</td><td rowspan="5">底板</td><td colspan="2" rowspan="4">１年当たりの板厚減少量（内面については直近過去２回）</td><td>内面（前々回）㎜／年</td></tr>
<tr><td>内面（前回）㎜／年</td><td>内面（前回）㎜／年</td></tr>
<tr><td>外面（前回）㎜／年</td><td>外面（前回）㎜／年</td></tr>
<tr><td>内外面同箇所(前回)㎜／年</td><td>内外面同箇所(前回)㎜／年</td></tr>
<tr><td>前回保安検査時最小板厚</td><td>㎜</td><td colspan="2">前回保安検査時最小板厚</td><td>㎜</td></tr>
<tr><td colspan="7"></td></tr>
<tr><td colspan="4">上記からの算出期間</td><td colspan="4">年</td></tr>
<tr><td colspan="4">算出期間又は15年のうち短い期間</td><td colspan="4">年</td></tr>
<tr><td colspan="3">加　温　貯　蔵　の　有　無</td><td colspan="5">有　・　無</td></tr>
<tr><td colspan="2" rowspan="2">タンク底部外面の腐食防止措置＊</td><td colspan="2">外　面　防　食　措　置</td><td colspan="4">アスファルトサンド・電気防食・その他(　　　)</td></tr>
<tr><td colspan="2">雨水浸入防止措置</td><td colspan="4">有（適・否）・無</td></tr>
<tr><td colspan="2" rowspan="2">補修・変形＊</td><td colspan="2">補　修　の　適　否</td><td colspan="4">適　・　否</td></tr>
<tr><td colspan="2">有害な変形の有無</td><td colspan="4">有　・　無</td></tr>
<tr><td colspan="4">不　等　沈　下＊</td><td colspan="4">最大値のタンク直径に対する割合</td></tr>
<tr><td colspan="4">支　持　力　・　沈　下＊</td><td colspan="4">平均沈下量　㎜／年</td></tr>
<tr><td rowspan="5">維持管理体制</td><td colspan="6">過去３年間の特定屋外貯蔵タンクの維持管理に起因する事故の発生</td><td>有・無</td></tr>
<tr><td colspan="6">過去３年間の消防法第12条第２項に基づく措置命令</td><td>有・無</td></tr>
<tr><td colspan="6">消防法第14条の２、第14条の３及び第14条の３の２の規定に関する違反</td><td>有・無</td></tr>
<tr><td colspan="6">保安作業従事者に対する適切な教育訓練＊</td><td>適・否</td></tr>
<tr><td colspan="6">保安のための適切な巡視、点検＊</td><td>適・否</td></tr>
<tr><td colspan="3">※　受　付　欄</td><td colspan="5">備　　　考</td></tr>
<tr><td colspan="3"></td><td colspan="5"></td></tr>
</table>

備考　1　この用紙の大きさは、日本産業規格Ａ４とすること。
　　　2　法人にあつては、その名称、代表者氏名及び主たる事業所の所在地を記入すること。
　　　3　＊印の欄に関しては、必要に応じ図面、資料等を添付すること。
　　　4　※印の欄は、記入しないこと。

本様式…追加〔平成23年２月総令５号〕、一部改正〔令和元年６月総令19号・２年12月124号〕

様式第27（第62条の３関係）（ま）（さ）㋑㋭

屋外タンク貯蔵所保安検査申請書

<table>
<tr><td colspan="4">年　月　日
殿
申請者
住所　　（電話　）
氏名</td></tr>
<tr><td rowspan="2">設置者</td><td>住所</td><td colspan="2">電話</td></tr>
<tr><td>氏名</td><td colspan="2"></td></tr>
<tr><td colspan="2">設置場所</td><td>呼称又は
番号</td><td></td></tr>
<tr><td colspan="2">設置の許可年月日
及び許可番号</td><td colspan="2">年　月　日第　号</td></tr>
<tr><td colspan="2">貯蔵最大数量</td><td colspan="2">kℓ</td></tr>
<tr><td colspan="2">定期保安検査又は
臨時保安検査の別</td><td colspan="2">定期保安検査・臨時保安検査</td></tr>
<tr><td colspan="2">設置に係る完成検査又は
直近の保安検査を受けた
年月日及び検査番号</td><td colspan="2">年　月　日
第　号</td></tr>
<tr><td colspan="2">検査希望年月日</td><td colspan="2">年　月　日</td></tr>
<tr><td colspan="2">変更工事予定の有無</td><td colspan="2">有（完成予定期日　年　月　日）・無</td></tr>
<tr><td colspan="2">※受付欄</td><td>※備考</td><td>※手数料欄</td></tr>
<tr><td colspan="2"></td><td></td><td></td></tr>
</table>

備考　1　この用紙の大きさは、日本産業規格Ａ４とすること。
　　　2　法人にあつては、その名称、代表者氏名及び主たる事務所の所在地を記入すること。
　　　3　※印の欄は、記入しないこと。

本様式…追加〔昭和52年２月自令２号〕、全部改正〔昭和59年７月自令17号〕、旧様式第18…全部改正し繰下〔平成元年２月自令５号〕、本様式…一部改正〔平成６年１月自令４号・令和元年６月総令19号・２年12月124号〕

様式第28（第62条の３関係）(ま)(さ)(へ)㋑㋭

移送取扱所保安検査申請書

<table>
<tr><td colspan="3">年　月　日
殿
申請者
住所　　　（電話　　）
氏名</td></tr>
<tr><td rowspan="2">設置者</td><td>住所</td><td>電話</td></tr>
<tr><td>氏名</td><td></td></tr>
<tr><td rowspan="3">設置場所</td><td>起点</td><td></td></tr>
<tr><td>終点</td><td></td></tr>
<tr><td>経過地</td><td></td></tr>
<tr><td rowspan="3">配管</td><td>延長</td><td>km</td></tr>
<tr><td>外径</td><td>mm</td></tr>
<tr><td>条数</td><td>条</td></tr>
<tr><td colspan="2">危険物の類、品名（指定数量）及び化学名又は通称名</td><td></td></tr>
<tr><td colspan="2">危険物の移送量</td><td>kℓ／日</td></tr>
<tr><td rowspan="4">ポンプの種類等</td><td>種類・型式</td><td></td></tr>
<tr><td>全揚程</td><td>m</td></tr>
<tr><td>吐出量</td><td>kℓ／時</td></tr>
<tr><td>基数</td><td>基</td></tr>
<tr><td colspan="2">設置又は変更の許可年月日及び許可番号</td><td>年　月　日　第　号</td></tr>
<tr><td colspan="2">設置又は変更の完成検査年月日及び検査番号</td><td>年　月　日　第　号</td></tr>
<tr><td colspan="2">前回保安検査年月日及び検査番号</td><td>年　月　日　第　号</td></tr>
<tr><td colspan="2">検査希望年月日</td><td>年　月　日</td></tr>
</table>

※受付欄	※経過欄	※手数料欄
	検査年月日　年　月　日 検査番号　第　号	

備考
1　この用紙の大きさは、日本産業規格Ａ４とすること。
2　法人にあつては、その名称、代表者氏名及び主たる事務所の所在地を記入すること。
3　設置場所の欄中、起点及び終点の欄には、起点又は終点の事業所名を併記し、経過地の欄には、配管系が設置される市町村名を記入すること。
4　※印の欄は、記入しないこと。
5　総務大臣に申請する場合は、収入印紙（消印をしないこと。）をはり付けること。

本様式…追加〔昭和49年６月自令17号〕、一部改正〔昭和51年３月自令７号〕、旧様式第18…一部改正し繰下〔昭和52年２月自令２号〕、旧様式第18の２…全部改正し繰下〔平成元年２月自令５号〕、本様式…一部改正〔平成６年１月自令４号・12年９月44号・令和元年６月総令19号・２年12月124号〕

様式第29（第62条の３関係）（ま）（さ）(い)(ほ)

保安検査時期変更承認申請書

年　月　日 殿 申　請　者 住　所　　　　（電話　　） 氏　名				
設置者	住　　所	電話		
	氏　　名			
製造所等の別			貯蔵所又は取扱所の区分	
設置場所			呼称又は番号	
設置の許可年月日及び許可番号	年　月　日　第　号			
設置に係る完成検査又は直近の保安検査を受けた年月日及び検査番号	年　月　日 第　号			
検査希望年月日	年　月　日			
変更の事由				
※受付欄	備　考			

備考　1　この用紙の大きさは、日本産業規格Ａ４とすること。

2　法人にあつては、その名称、代表者氏名及び主たる事務所の所在地を記入すること。

3　設置場所の欄は、移送取扱所については配管の起点、終点及び経過地を記入すること。

4　※印の欄は、記入しないこと。

5　既に保安検査申請書を提出している場合は、保安検査申請書受付年月日及び受付番号を備考欄に記入すること。

本様式…追加〔昭和49年６月自令17号〕、一部改正〔昭和51年３月自令７号・52年２月２号〕、全部改正〔昭和59年７月自令17号〕、旧様式第19…全部改正し繰下〔平成元年２月自令５号〕、本様式…一部改正〔平成６年１月自令４号・令和元年６月総令19号・２年12月124号〕

様式第30（第62条の３関係）（ま）（さ）㋑

保　安　検　査　済　証

<table>
<tr><td rowspan="2">設置者</td><td>住　所</td><td colspan="3"></td></tr>
<tr><td>氏　名</td><td colspan="3"></td></tr>
<tr><td colspan="2">設置場所</td><td colspan="3"></td></tr>
<tr><td colspan="2">製造所等の別</td><td></td><td>貯蔵所又は取扱所の区分</td><td></td></tr>
<tr><td colspan="2">設置の許可年月日
及び許可番号</td><td colspan="3">年　月　日　第　号</td></tr>
<tr><td colspan="2">備　考</td><td colspan="3"></td></tr>
<tr><td colspan="5">保安検査番号　第　号

年　月　日

市町村長等　印</td></tr>
</table>

備考　１　この用紙の大きさは、日本産業規格Ａ４とすること。
　　　２　法人にあつては、その名称、代表者氏名及び主たる事務所の所在地を記入すること。

本様式…追加〔昭和49年６月自令17号〕、一部改正〔昭和51年３月自令７号・52年２月２号〕、旧様式第20…全部改正し繰下〔平成元年２月自令５号〕、本様式…一部改正〔平成６年１月自令４号・令和元年６月総令19号〕

様式第31（附則第10条関係）（ゆ）（す）㋑㋭

新　基　準　適　合　届　出　書

<table>
<tr><td colspan="6" align="right">年　　月　　日</td></tr>
<tr><td colspan="6">　　　　　　　　殿
　　　　　　　　　　届出者
　　　　　　　　　　　住　所　　　　　　（電話　　　）
　　　　　　　　　　　氏　名</td></tr>
<tr><td rowspan="2">設置者</td><td colspan="2">住　　　所</td><td colspan="3">電話</td></tr>
<tr><td colspan="2">氏　　　名</td><td colspan="3"></td></tr>
<tr><td colspan="3">設　置　場　所</td><td colspan="3"></td></tr>
<tr><td colspan="3">タンクの呼称又は番号</td><td colspan="3"></td></tr>
<tr><td colspan="3">設置の許可申請年月日</td><td colspan="3">年　　月　　日</td></tr>
<tr><td colspan="3">設置の許可年月日及び許可番号</td><td colspan="3">年　　月　　日　第　　号</td></tr>
<tr><td colspan="3">設置の完成検査年月日及び検査番号</td><td colspan="3">年　　月　　日　第　　号</td></tr>
<tr><td colspan="3">第一段階基準適合届出の有無</td><td colspan="3">有　・　無</td></tr>
<tr><td rowspan="5">タンク本体</td><td rowspan="3">側　板</td><td>主荷重によつて生ずる応力</td><td>円周方向引張応力　N/㎟</td><td colspan="2">円周方向引張許容応力　N/㎟</td></tr>
<tr><td rowspan="2">主荷重及び従荷重によつて生ずる応力</td><td>円周方向引張応力　N/㎟</td><td colspan="2">円周方向引張許容応力　N/㎟</td></tr>
<tr><td>軸方向圧縮応力　N/㎟</td><td colspan="2">軸方向圧縮許容応力　N/㎟</td></tr>
<tr><td rowspan="2">保有水平耐力</td><td colspan="2">保有水平耐力</td><td colspan="2">必要保有水平耐力</td></tr>
<tr><td colspan="2">N</td><td colspan="2">N</td></tr>
<tr><td rowspan="2" colspan="2">基礎・地盤</td><td>地盤の液状化指数(P_L)</td><td colspan="3"></td></tr>
<tr><td>基礎のすべりの安全率</td><td colspan="3"></td></tr>
<tr><td colspan="3">※　受　付　欄</td><td colspan="3">備　　考</td></tr>
<tr><td colspan="3"></td><td colspan="3"></td></tr>
</table>

備考　1　この用紙の大きさは、日本産業規格Ａ４とすること。

2　法人にあつては、その名称、代表者氏名及び主たる事業所の所在地を記入すること。

3　「円周方向引張応力」及び「軸方向圧縮応力」に関しては、側板各段のうち許容応力との比が最も大きな段についてその値を記入すること。

4　※印の欄は、記入しないこと。

5　新基準の適合確認に用いた計算書、図面等を添付すること。

本様式…追加〔平成６年９月自令30号〕、一部改正〔平成10年３月自令６号・令和元年６月総令19号・２年12月124号〕

様式第32（附則第10条関係）(ゆ)(す)㋑㋭

第一段階基準適合届出書

<table>
<tr><td colspan="6">年　月　日
殿
届出者
住所　　（電話　　）
氏名</td></tr>
<tr><td rowspan="2">設置者</td><td colspan="2">住所</td><td colspan="3">電話</td></tr>
<tr><td colspan="2">氏名</td><td colspan="3"></td></tr>
<tr><td colspan="3">設置場所</td><td colspan="3"></td></tr>
<tr><td colspan="3">タンクの呼称又は番号</td><td colspan="3"></td></tr>
<tr><td colspan="3">設置の許可申請年月日</td><td colspan="3">年　月　日</td></tr>
<tr><td colspan="3">設置の許可年月日及び許可番号</td><td colspan="3">年　月　日　第　号</td></tr>
<tr><td colspan="3">設置の完成検査年月日及び検査番号</td><td colspan="3">年　月　日　第　号</td></tr>
<tr><td colspan="3">新基準適合届出の有無</td><td colspan="3">有　・　無</td></tr>
<tr><td rowspan="10">タンク本体</td><td colspan="2">側板とアニュラ板(底板)との溶接方法・形状</td><td colspan="2">溶接方法</td><td>形状　適　・　否</td></tr>
<tr><td rowspan="6">側板</td><td rowspan="2">主荷重によつて生ずる応力</td><td>円周方向引張応力</td><td>N/㎟</td><td>円周方向引張許容応力　N/㎟</td></tr>
<tr><td>軸方向圧縮応力</td><td>N/㎟</td><td>軸方向圧縮許容応力　N/㎟</td></tr>
<tr><td rowspan="2">主荷重及び従荷重によつて生ずる応力</td><td>円周方向引張応力</td><td>N/㎟</td><td>円周方向引張許容応力　N/㎟</td></tr>
<tr><td>軸方向圧縮応力</td><td>N/㎟</td><td>軸方向圧縮許容応力　N/㎟</td></tr>
<tr><td>風荷重に対する安全性</td><td colspan="3">適　・　否</td></tr>
<tr><td>側板の厚さ</td><td colspan="3">適　・　否</td></tr>
<tr><td>アニュラ板</td><td>アニュラ板の厚さ等</td><td colspan="3">適　・　否</td></tr>
<tr><td>底板</td><td>底板の厚さ</td><td colspan="3">適　・　否</td></tr>
<tr><td colspan="2" rowspan="2">基礎・地盤</td><td>地盤の液状化対策</td><td colspan="3">適　・　否</td></tr>
<tr><td>盛り土の構造・補強措置</td><td colspan="3">適　・　否</td></tr>
<tr><td colspan="3">※受付欄</td><td colspan="3">備考</td></tr>
<tr><td colspan="3"></td><td colspan="3"></td></tr>
</table>

備考
1　この用紙の大きさは、日本産業規格Ａ４とすること。
2　法人にあつては、その名称、代表者氏名及び主たる事業所の所在地を記入すること。
3　「円周方向引張応力」及び「軸方向圧縮応力」に関しては、側板各段のうち許容応力との比が最も大きな段についてその値を記入すること。
4　※印の欄は、記入しないこと。
5　第一段階基準の適合確認に用いた計算書、図面等を添付すること。

本様式…追加〔平成６年９月自令30号〕、一部改正〔平成10年３月自令６号・令和元年６月総令19号・２年12月124号〕

様式第33（第62条の５関係）（オ）㋑㋭

特定屋外タンク貯蔵所の内部点検時期延長届出書（タンクの腐食防止等の状況）

<table>
<tr><td colspan="6">年　月　日

殿
届出者
住　所　　　　（電話　　）
氏　名</td></tr>
<tr><td rowspan="2">設置者</td><td>住　所</td><td colspan="4">電話</td></tr>
<tr><td>氏　名</td><td colspan="4"></td></tr>
<tr><td colspan="2">設置場所</td><td colspan="4"></td></tr>
<tr><td colspan="2">タンクの呼称又は番号</td><td colspan="4"></td></tr>
<tr><td colspan="2">設置の許可申請年月日</td><td colspan="4">年　月　日</td></tr>
<tr><td colspan="2">設置の許可年月日及び許可番号</td><td colspan="4">年　月　日　第　号</td></tr>
<tr><td colspan="2">新基準適合年月日</td><td colspan="4">年　月　日</td></tr>
<tr><td colspan="2">貯蔵最大数量</td><td colspan="4">kl</td></tr>
<tr><td>＊
コーティング</td><td>種類</td><td colspan="4">1　ガラスフレークコーティング
2　エポキシ系塗装　3　タールエポキシ系塗装
4　その他（　　）</td></tr>
<tr><td rowspan="2">タンク底部外面の腐食防止措置＊</td><td>外面防食措置</td><td colspan="4">アスファルトサンド・電気防食・その他（　）</td></tr>
<tr><td>雨水浸入防止措置</td><td colspan="4">適・否</td></tr>
<tr><td rowspan="3">板厚＊</td><td rowspan="3">側板直下底板</td><td>設計板厚 ㎜</td><td rowspan="3">底板板厚</td><td>設計板厚</td><td>㎜</td></tr>
<tr><td>最小測定板厚平均値 ㎜</td><td>最小測定板厚平均値</td><td>㎜</td></tr>
<tr><td>測定板厚最小値 ㎜</td><td>測定板厚最小値</td><td>㎜</td></tr>
<tr><td rowspan="2">補修・変形＊</td><td>補修の適否</td><td colspan="4">適・否</td></tr>
<tr><td>有害な変形の有無</td><td colspan="4">有・無</td></tr>
<tr><td colspan="2">不等沈下＊</td><td colspan="4">最大値のタンク直径に対する割合</td></tr>
<tr><td colspan="2">支持力・沈下＊</td><td colspan="4">平均沈下量　㎜／年</td></tr>
<tr><td rowspan="5">維持管理体制</td><td colspan="4">過去３年間の特定屋外貯蔵タンクの維持管理に起因する事故の発生</td><td>有・無</td></tr>
<tr><td colspan="4">過去３年間の消防法第12条第２項に基づく措置命令</td><td>有・無</td></tr>
<tr><td colspan="4">消防法第14条の２、第14条の３及び第14条の３の２の規定に関する違反</td><td>有・無</td></tr>
<tr><td colspan="4">保安作業従事者に対する適切な教育訓練＊</td><td>適・否</td></tr>
<tr><td colspan="4">保安のための適切な巡視、点検＊</td><td>適・否</td></tr>
<tr><td colspan="2">※受付欄</td><td colspan="4">備考</td></tr>
<tr><td colspan="2"></td><td colspan="4"></td></tr>
</table>

備考　1　この用紙の大きさは、日本産業規格Ａ４とすること。
2　法人にあつては、その名称、代表者氏名及び主たる事業所の所在地を記入すること。
3　＊印の欄に関しては、必要に応じ図面、資料等を添付すること。
4　※印の欄は、記入しないこと。

本様式…追加〔平成12年３月自令11号〕、一部改正〔平成13年10月総令136号〕、全部改正〔平成23年２月総令５号〕、一部改正〔令和元年６月総令19号・２年12月124号〕

様式第34（第62条の５関係）(ハ)(リ)(い)(ほ)

特定屋外タンク貯蔵所の内部点検時期延長届出書（危険物の貯蔵管理等の状況）

年　月　日

殿

届出者

住所　（電話　）

氏名

設置者	住所		電話		
設置者	氏名				
設置場所					
タンクの呼称又は番号					
設置の許可申請年月日		年　月　日			
設置の許可年月日及び許可番号		年　月　日　第　号			
新基準適合年月日		年　月　日			
貯蔵危険物の類、品名、化学名		第　類			
貯蔵最大数量		kl			
水等の管理		屋根形式（固定屋根・固定屋根以外）・水等成分管理の実施＊（有・無）			
貯蔵危険物の腐食性		有・無			
貯蔵条件		油種、管理温度、不活性ガス封入等腐食の発生に著しい影響を及ぼす貯蔵条件の変更の予定	有・無		
タンクの腐食率＊	側板直下底板	設計板厚	mm	底板	設計板厚　mm
		検査時最小板厚	mm		検査時最小板厚　mm
		最小板厚	mm		最小板厚　mm
		腐食率が最大となる板の経過年数	年		腐食率が最大となる板の経過年数　年
		腐食率	mm／年		腐食率　mm／年
タンク底部外面の腐食防止措置＊	外面防食措置	アスファルトサンド・電気防食・その他（　）			
	雨水浸入防止措置	適・否			
次期開放時期板厚推定値	次期開放予定時期	年　月			
	側板直下底板の板厚推定値	mm	底板の板厚推定値	mm	
補修・変形＊	補修の適否	適・否			
	有害な変形の有無	有・無			
不等沈下＊		最大値のタンク直径に対する割合			
支持力・沈下＊		平均沈下量　mm／年			
維持管理体制	過去３年間の特定屋外貯蔵タンクの維持管理に起因する事故の発生	有・無			
	過去３年間の消防法第12条第２項に基づく措置命令	有・無			
	消防法第14条の２、第14条の３及び第14条の３の２の規定に関する違反	有・無			
	保安作業従事者に対する適切な教育訓練＊	適・否			
	保安のための適切な巡視、点検＊	適・否			
※受付欄	備考				

備考　１　この用紙の大きさは、日本産業規格Ａ４とすること。
２　法人にあつては、その名称、代表者氏名及び主たる事業所の所在地を記入すること。
３　＊印の欄に関しては、必要に応じ図面、資料等を添付すること。
４　※印の欄は、記入しないこと。

本様式…追加〔平成12年３月自令11号〕、一部改正〔平成13年10月総令136号・令和元年６月19号・２年12月124号〕

様式第35（第62条の５関係）（ム）㋑㋭

休止中の特定屋外タンク貯蔵所の内部点検期間延長申請書

年　月　日 殿 申　請　者 住　所　（電話　） 氏　名		
設　置　者	住　所	電話
	氏　名	
設　置　場　所		
タンクの呼称又は番号		
設置の許可年月日及び許可番号		年　月　日　第　号
設置の完成検査年月日及び検査番号		年　月　日　第　号
直近の保安検査を受けた日又は内部点検を行つた日		年　月　日（□保安検査　□内部点検）
貯蔵最大数量		kℓ
危険物以外の物品の貯蔵又は取扱い＊		□無　□有（物品：　）
期間延長後の内部点検予定期日		
その他参考となる事項＊		
※受　付　欄	備　考	

備考　1　この用紙の大きさは、日本産業規格Ａ４とすること。

2　法人にあつては、その名称、代表者氏名及び主たる事業所の所在地を記入すること。

3　＊印の欄に関しては、必要に応じ図面、資料等を添付すること。

4　※印の欄は記入しないこと。

本様式…追加〔平成21年10月総令98号〕、一部改正〔令和元年６月総令19号・２年12月124号〕

様式第36（附則第３条関係）（ム）㋑㋭

特　定
準特定 屋外タンク貯蔵所の休止確認申請書（新基準適合期限延長）

年　月　日 殿 申　請　者 住　　所　　　　（電話　　　） 氏　　名		
設　置　者	住　所	電話
	氏　名	
設置場所		
タンクの呼称又は番号		
設置の許可年月日及び許可番号		年　月　日　第　号
貯蔵最大数量		kℓ
休止措置の内容＊	危険物の除去	
	危険物の誤流入防止措置	
	休止標識の掲示場所等	
危険物以外の物品の貯蔵又は取扱い　＊		□無　□有（物品名：　　）
危険物の貯蔵又は取扱いの再開予定期日		
その他参考となる事項＊		

※受　付　欄	※経　過　欄	備　　考
	休止確認年月日	

備考　1　この用紙の大きさは、日本産業規格Ａ４とすること。
　　　2　法人にあつては、その名称、代表者氏名及び主たる事業所の所在地を記入すること。
　　　3　＊印の欄に関しては、必要に応じ図面、資料等を添付すること。
　　　4　※印の欄は記入しないこと。

本様式…追加〔平成21年10月総令98号〕、一部改正〔令和元年６月総令19号・２年12月124号〕

様式第37（附則第３条関係）（ム）㋑㋭

休止中の特定・準特定屋外タンク貯蔵所の再開届出書（新基準適合期限延長）

<table>
<tr><td colspan="3">年　月　日

殿

届出者
住　所　　　　（電話　　　）
氏　名</td></tr>
<tr><td rowspan="2">設　置　者</td><td>住　所</td><td>電話</td></tr>
<tr><td>氏　名</td><td></td></tr>
<tr><td colspan="2">設置場所</td><td></td></tr>
<tr><td colspan="2">タンクの呼称又は番号</td><td></td></tr>
<tr><td colspan="2">設置の許可年月日
及び許可番号</td><td>年　月　日　　第　　号</td></tr>
<tr><td colspan="2">貯蔵最大数量</td><td>kℓ</td></tr>
<tr><td colspan="2">休止確認年月日</td><td>年　月　日</td></tr>
<tr><td colspan="2">危険物の貯蔵又は取扱いを
再開する日</td><td>年　月　日</td></tr>
<tr><td colspan="2">新基準に適合することと
なつた日又は適合すること
となる予定の日</td><td>年　月　日</td></tr>
<tr><td colspan="2">※受　付　欄</td><td>備　　考</td></tr>
<tr><td colspan="2"></td><td></td></tr>
</table>

備考　1　この用紙の大きさは、日本産業規格Ａ４とすること。

2　法人にあつては、その名称、代表者氏名及び主たる事業所の所在地を記入すること。

3　新基準に適合している場合は、新基準の適合確認に用いた計算書、図面等を添付すること。

4　※印の欄は記入しないこと。

本様式…追加〔平成21年10月総令98号〕、一部改正〔令和元年６月総令19号・２年12月124号〕

様式第38（附則第３条関係）（ム）ⓘⓗ

特　定
準特定　屋外タンク貯蔵所の休止確認に係る変更届出書（新基準適合期限延長）

<table>
<tr><td colspan="5">年　　月　　日

殿

届出者
住　　所　　　　　　（電話　　　　）
氏　　名</td></tr>
<tr><td rowspan="2">設置者</td><td>住所</td><td colspan="3">電話</td></tr>
<tr><td>氏名</td><td colspan="3"></td></tr>
<tr><td colspan="2">設置場所</td><td colspan="3"></td></tr>
<tr><td colspan="2">タンクの呼称又は番号</td><td colspan="3"></td></tr>
<tr><td colspan="2">設置の許可年月日
及び許可番号</td><td colspan="3">年　　月　　日　　第　　　号</td></tr>
<tr><td colspan="2">貯蔵最大数量</td><td colspan="3">kℓ</td></tr>
<tr><td colspan="2">休止確認年月日</td><td colspan="3">年　　月　　日</td></tr>
<tr><td colspan="2">変更の内容</td><td>変更前</td><td>変更後</td><td>変更の理由</td></tr>
<tr><td rowspan="3">休止措置の内容＊</td><td>危険物の除去</td><td></td><td></td><td></td></tr>
<tr><td>危険物の誤流入
防止措置</td><td></td><td></td><td></td></tr>
<tr><td>休止標識の
掲示場所等</td><td></td><td></td><td></td></tr>
<tr><td colspan="2">危険物以外の物品の
貯蔵又は取扱い　＊</td><td></td><td></td><td></td></tr>
<tr><td colspan="2">危険物の貯蔵又は取扱いの
再開予定期日</td><td></td><td></td><td></td></tr>
<tr><td colspan="2">その他の変更の内容＊</td><td colspan="3"></td></tr>
<tr><td colspan="2">変更予定期日</td><td colspan="3"></td></tr>
<tr><td colspan="2">その他必要な事項＊</td><td colspan="3"></td></tr>
<tr><td colspan="2">※受付欄</td><td colspan="3">備考</td></tr>
<tr><td colspan="2"></td><td colspan="3"></td></tr>
</table>

備考　1　この用紙の大きさは、日本産業規格Ａ４とすること。
2　法人にあつては、その名称、代表者氏名及び主たる事業所の所在地を記入すること。
3　＊印の欄に関しては、必要に応じ図面、資料等を添付すること。
4　※印の欄は記入しないこと。

本様式…追加〔平成21年10月総令98号〕、一部改正〔令和元年６月総令19号・２年12月124号〕

様式第39（附則第３条関係）（ム）㋑㋭

特定屋外タンク貯蔵所の休止確認申請書（浮き屋根新基準適合期限延長）

<table>
<tr><td colspan="5">年　月　日
殿
申 請 者
住　　所　　（電話　　）
氏　　名</td></tr>
<tr><td rowspan="2" colspan="2">設置者</td><td>住所</td><td colspan="2">電話</td></tr>
<tr><td>氏名</td><td colspan="2"></td></tr>
<tr><td colspan="3">設置場所</td><td colspan="2"></td></tr>
<tr><td colspan="3">タンクの呼称又は番号</td><td colspan="2"></td></tr>
<tr><td colspan="3">設置の許可年月日
及び許可番号</td><td colspan="2">年　月　日　第　号</td></tr>
<tr><td colspan="3">貯蔵最大数量</td><td colspan="2">kℓ</td></tr>
<tr><td colspan="3">浮き屋根の構造</td><td>□一枚板構造
□一枚板構造以外</td><td>告示第２条の２に定める空間高さ　Hc　　m</td></tr>
<tr><td rowspan="3">休止措置の内容＊</td><td colspan="2">危険物の除去</td><td colspan="2"></td></tr>
<tr><td colspan="2">危険物の誤流入防止措置</td><td colspan="2"></td></tr>
<tr><td colspan="2">休止標識の掲示場所等</td><td colspan="2"></td></tr>
<tr><td colspan="3">危険物以外の物品の貯蔵又は取扱い　＊</td><td colspan="2">□無　□有（物品名：　）</td></tr>
<tr><td colspan="3">危険物の貯蔵又は取扱いの再開予定期日</td><td colspan="2"></td></tr>
<tr><td colspan="3">その他参考となる事項＊</td><td colspan="2"></td></tr>
</table>

※受　付　欄	※経　過　欄	備　　考
	休止確認年月日	

備考　１　この用紙の大きさは、日本産業規格Ａ４とすること。
２　法人にあつては、その名称、代表者氏名及び主たる事業所の所在地を記入すること。
３　＊印の欄に関しては、必要に応じ図面、資料等を添付すること。
４　※印の欄は記入しないこと。

本様式…追加〔平成21年10月総令98号〕、一部改正〔令和元年６月総令19号・２年12月124号〕

様式第40（附則第３条関係）（ム）㋑㋭

休止中の特定屋外タンク貯蔵所の再開届出書（浮き屋根新基準適合期限延長）

<table>
<tr><td colspan="5">年　　月　　日
殿
届 出 者
住　　所　　　　　（電話　　　）
氏　　名</td></tr>
<tr><td rowspan="2">設　置　者</td><td>住　所</td><td colspan="3">電話</td></tr>
<tr><td>氏　名</td><td colspan="3"></td></tr>
<tr><td colspan="2">設　置　場　所</td><td colspan="3"></td></tr>
<tr><td colspan="2">タンクの呼称又は番号</td><td colspan="3"></td></tr>
<tr><td colspan="2">設置の許可年月日
及び許可番号</td><td colspan="3">年　月　日　第　号</td></tr>
<tr><td colspan="2">貯蔵最大数量</td><td colspan="3">kℓ</td></tr>
<tr><td colspan="2">浮き屋根の構造</td><td>□一枚板構造
□一枚板構造以外</td><td>告示第２条の２に定める空間高さ　Hc</td><td>m</td></tr>
<tr><td colspan="2">休止確認年月日</td><td colspan="3">年　月　日</td></tr>
<tr><td colspan="2">危険物の貯蔵又は取扱いを再開する日</td><td colspan="3">年　月　日</td></tr>
<tr><td colspan="2">新基準に適合することとなつた日又は適合することとなる予定の日</td><td colspan="3">年　月　日</td></tr>
<tr><td colspan="2">※受　付　欄</td><td colspan="3">備　　考</td></tr>
<tr><td colspan="2"></td><td colspan="3"></td></tr>
</table>

備考　１　この用紙の大きさは、日本産業規格Ａ４とすること。
　　　２　法人にあつては、その名称、代表者氏名及び主たる事業所の所在地を記入すること。
　　　３　新基準に適合している場合は、新基準の適合確認に用いた計算書、図面等を添付すること。
　　　４　※印の欄は記入しないこと。

本様式…追加〔平成21年10月総令98号〕、一部改正〔令和元年６月総令19号・２年12月124号〕

様式第41（附則第３条関係）（ム）(い)(ほ)

特定屋外タンク貯蔵所の休止確認に係る変更届出書（浮き屋根新基準適合期限延長）

年　月　日

殿

届 出 者

住　所　　　　（電話　　　）

氏　名

設置者	住所		電話	
	氏名			
設置場所				
タンクの呼称又は番号				
設置の許可年月日及び許可番号		年　月　日	第	号
休止確認年月日		年　月　日		
貯蔵最大数量				kℓ
浮き屋根の構造		□一枚板構造 □一枚板構造以外	告示第２条の２に定める空間高さ Hc	m
変更の内容		変更前	変更後	変更の理由
休止措置の内容＊	危険物の除去			
	危険物の誤流入防止措置			
	休止標識の掲示場所等			
危険物以外の物品の貯蔵又は取扱い　＊				
危険物の貯蔵又は取扱いの再開予定期日				
その他の変更の内容＊				
変更予定期日				
その他必要な事項＊				

※受　付　欄	備　　考

備考　1　この用紙の大きさは、日本産業規格Ａ４とすること。
　2　法人にあつては、その名称、代表者氏名及び主たる事業所の所在地を記入すること。
　3　＊印の欄に関しては、必要に応じ図面、資料等を添付すること。
　4　※印の欄は記入しないこと。

本様式…追加〔平成21年10月総令98号〕、一部改正〔令和元年６月総令19号・２年12月124号〕

様式第42（第62条の５の２関係）（ノ）㋑㋭

休止中の地下貯蔵タンク又は二重殻タンクの漏れの点検期間延長申請書

<table>
<tr><td colspan="4">年　月　日
殿
申請者
住　所　（電話　）
氏　名</td></tr>
<tr><td rowspan="2">設置者</td><td>住所</td><td colspan="2">電話</td></tr>
<tr><td>氏名</td><td colspan="2"></td></tr>
<tr><td colspan="2">設置場所</td><td colspan="2"></td></tr>
<tr><td colspan="2">製造所等の別</td><td></td><td>貯蔵所又は取扱所の区分</td></tr>
<tr><td colspan="2">設置の許可年月日及び許可番号</td><td colspan="2">年　月　日　第　号</td></tr>
<tr><td colspan="2">設置の完成検査年月日及び検査番号</td><td colspan="2">年　月　日　第　号</td></tr>
<tr><td colspan="2">タンクの種類</td><td></td><td>対象となる地下貯蔵タンク又は二重殻タンク</td></tr>
<tr><td colspan="2">当該地下貯蔵タンク又は二重殻タンクの設置時の完成検査期日</td><td colspan="2"></td></tr>
<tr><td colspan="2">危険物の漏れを覚知しその漏えい拡散を防止するための措置の有無</td><td colspan="2">告示第71条第４項第１号イ又はロに掲げる措置　（有・無）
告示第71条第４項第２号に掲げる措置　（有・無）
平成15年総務省令第143号附則第３項に掲げる措置　（有・無）</td></tr>
<tr><td colspan="2">直近の漏れの点検を行つた年月日</td><td colspan="2"></td></tr>
<tr><td colspan="2">期間延長後の漏れの点検予定期日</td><td colspan="2"></td></tr>
<tr><td colspan="2">その他参考となる事項</td><td colspan="2"></td></tr>
<tr><td colspan="2">※受付欄</td><td colspan="2">備考</td></tr>
<tr><td colspan="2"></td><td colspan="2"></td></tr>
</table>

備考１　この用紙の大きさは、日本産業規格Ａ４とすること。

２　法人にあつては、その名称、代表者氏名及び主たる事業所の所在地を記入すること。

３　告示は、危険物の規制に関する技術上の基準の細目を定める告示（昭和49年自治省告示第99号）とすること。

４　※印の欄は記入しないこと。

本様式…追加〔平成22年６月総令71号〕、一部改正〔令和元年６月総令19号・２年12月124号〕

様式第43（第62条の５の３関係）（ノ）㋑㋭

休止中の地下埋設配管の漏れの点検期間延長申請書

<table>
<tr><td colspan="4">年　月　日
殿
申請者
住　所　　　（電話　　）
氏　名</td></tr>
<tr><td rowspan="2">設置者</td><td>住所</td><td colspan="2">電話</td></tr>
<tr><td>氏名</td><td colspan="2"></td></tr>
<tr><td colspan="2">設置場所</td><td colspan="2"></td></tr>
<tr><td colspan="2">製造所等の別</td><td></td><td>貯蔵所又は取扱所の区分</td></tr>
<tr><td colspan="2">設置の許可年月日及び許可番号</td><td colspan="2">年　月　日　第　号</td></tr>
<tr><td colspan="2">設置の完成検査年月日及び検査番号</td><td colspan="2">年　月　日　第　号</td></tr>
<tr><td colspan="2">対象となる地下埋設配管</td><td colspan="2"></td></tr>
<tr><td colspan="2">当該地下埋設配管の設置時の完成検査期日</td><td colspan="2"></td></tr>
<tr><td colspan="2">危険物の漏れを覚知しその漏えい拡散を防止するための措置の有無</td><td colspan="2">告示第71条の２第３項第１号イ又はロに掲げる措置（有・無）
告示第71条の２第３項第２号に掲げる措置（有・無）
平成15年総務省令第143号附則第３項に掲げる措置（有・無）</td></tr>
<tr><td colspan="2">直近の漏れの点検を行つた年月日</td><td colspan="2"></td></tr>
<tr><td colspan="2">期間延長後の漏れの点検予定期日</td><td colspan="2"></td></tr>
<tr><td colspan="2">その他参考となる事項</td><td colspan="2"></td></tr>
<tr><td colspan="2">※受付欄</td><td colspan="2">備考</td></tr>
<tr><td colspan="2"></td><td colspan="2"></td></tr>
</table>

備考１　この用紙の大きさは、日本産業規格Ａ４とすること。
　２　法人にあつては、その名称、代表者氏名及び主たる事業所の所在地を記入すること。
　３　告示は、危険物の規制に関する技術上の基準の細目を定める告示（昭和49年自治省告示第99号）とすること。
　４　※印の欄は記入しないこと。

本様式…追加〔平成22年６月総令71号〕、一部改正〔令和元年６月総令19号・２年12月124号〕

○危険物の試験及び性状に関する省令

（平成元年二月十七日
自治省令第一号）

〔改正経過〕
平成　二年　二月　五日　自治省令第　　一号
平成一一年　九月二二日　自治省令第　三二号
平成一三年一〇月一一日　総務省令第一三六号
令和　元年　六月二八日　総務省令第　一九号
令和　二年　四月一五日　総務省令第　四〇号

危険物の規制に関する政令（昭和三十四年政令第三百六号）第一条の九の規定に基づき、及び同令を実施するため、危険物の試験及び性状に関する省令を次のように定める。

危険物の試験及び性状に関する省令

（第一類の危険物の試験及び性状）

第一条　粉粒状の物品は、目開きが二ミリメートルの網ふるい（日本産業規格（産業標準化法（昭和二十四年法律第百八十五号）第二十条第一項の日本産業規格をいう。以下同じ。）Ｚ八八〇一―一に規定する網ふるいをいう。以下同じ。）を回転させながら毎分百六十回の打振を与えてふるった場合に、当該網ふるいを三十分間で通過するものが十パーセント以上のものとする。

2　危険物の規制に関する政令（昭和三十四年政令第三百六号。以下「令」という。）第一条の三第二項の燃焼試験の細目その他必要な事項は、別表第一に定めるところによる。

3　令第一条の三第三項の大量燃焼試験の細目その他必要な事項は、別表第二に定めるところによる。

4　令第一条の三第六項の落球式打撃感度試験の細目その他必要な事項は、別表第三に定めるところによる。

5　令第一条の三第七項の鉄管試験の細目その他必要な事項は、別表第四に定めるところによる。

6　令第一条の三第八項の鉄管が完全に裂けることとは、鉄管が上端から下端まで連続して裂けることをいう。

二項…一部改正〔平成二年二月自令一号〕、一項…一部改正〔令和元年六月総令一九号・二年四月四〇号〕

（第二類の危険物の試験）

第二条　令第一条の四第二項の小ガス炎着火試験の細目その他必要な事項は、別表第五に定めるところによる。

2　令第一条の四第四項のセタ密閉式引火点測定器により引火点を測定する試験の細目その他必要な事項は、別表第六に定めるところによる。

（第三類の危険物の試験）

第三条　令第一条の五第二項の自然発火性試験の細目その他必要な事項は、別表第七に定めるところによる。

２　令第一条の五第五項の水との反応性試験の細目その他必要な事項は、別表第八に定めるところによる。

（第四類の危険物の試験）

第四条　令第一条の六のタグ密閉式引火点測定器により引火点を測定する試験の細目その他必要な事項は、別表第九に定めるところによる。

２　令第一条の六のクリーブランド開放式引火点測定器により引火点を測定する試験の細目その他必要な事項は、別表第十に定めるところによる。

３　令第一条の六のセタ密閉式引火点測定器により引火点を測定する試験の細目その他必要な事項は、別表第十一に定めるところによる。

（第五類の危険物の試験）

第五条　令第一条の七第二項の熱分析試験の細目その他必要な事項は、別表第十二に定めるところによる。

２　令第一条の七第五項の圧力容器試験の細目その他必要な事項は、別表第十三に定めるところによる。

（第六類の危険物の試験）

第六条　令第一条の八第一項の燃焼時間を測定する試験の細目その他必要な事項は、別表第十四に定めるところによる。

附　則

１　この省令は、平成二年五月二十三日から施行する。

２　消防法（昭和二十三年法律第百八十六号）別表第一類の項の品名欄の第十一号に掲げる物品のうち塩素酸塩類、過塩素酸塩類又は硝酸塩類のいずれかを含有するもの、同表第二類の項の品名欄の第八号に掲げる物品のうち硫黄、鉄粉、金属粉又はマグネシウムのいずれかを含有するもの及び同表第五類の項の品名欄の第十一号に掲げる物品のうち硝酸エステル類、ニトロ化合物又は金属のアジ化物のいずれかを含有するもののうち、火薬類取締法（昭和二十五年法律第百四十九号）第二条に掲げられた火薬類に該当するものについては、当分の間、第一類、第二類及び第五類の危険物の試験は、適用しない。

一項…一部改正・二項…追加〔平成二年二月自令一号〕、二項…一部改正〔平成一三年一〇月総令一三六号〕

附　則〔平成二年二月五日自治省令第一号抄〕

１　この省令は、平成二年五月二十三日から施行する。〔以下略〕

附　則〔平成一一年九月二二日自治省令第三一号〕

この省令は、平成十一年十月一日から施行する。

附　則〔平成一三年一〇月一一日総務省令第一三六号抄〕

（施行期日）

第一条　この省令は、消防法の一部を改正する法律（以下「改正

法」という。）の施行の日（平成十三年十二月一日）から施行する。〔以下略〕

附　則〔令和元年六月二八日総務省令第一九号〕

この省令は、不正競争防止法等の一部を改正する法律の施行の日（令和元年七月一日）から施行する。

附　則〔令和二年四月一五日総務省令第四〇号〕

この省令は、令和二年五月一日から施行する。

別表第一（第一条関係）

第一　過塩素酸カリウムを標準物質とする燃焼試験

過塩素酸カリウムを標準物質とする燃焼試験は、三に規定する試験場所において、四に規定する試験の実施手順で、一に規定する標準物質と二に規定する木粉との混合物及び試験物品と二に規定する木粉との混合物をそれぞれ燃焼させた場合の燃焼時間を測定するものとする。

一　標準物質

標準物質は、目開きが三百マイクロメートルの網ふるいを通過し、百五十マイクロメートルの網ふるいを通過しないものとする。

二　木粉

イ　木粉の材質は、日本杉の辺材とする。

ロ　木粉は、目開きが五百マイクロメートルの網ふるいを通過し、二百五十マイクロメートルの網ふるいを通過しないものとする。

三　試験場所

試験場所は、温度二十度、湿度五十パーセント、気圧一気圧の無風の場所とする。

四　試験の実施手順

イ　標準物質に係る実施手順

(1)　標準物質（乾燥用シリカゲルを入れたデシケータ中に温度二十度で二十四時間以上保存されているもの）と木粉（温度百五度で四時間乾燥し、乾燥用シリカゲルを入れたデシケータ中に温度二十度で二十四時間以上保存されているもの。ロ(1)において同じ。）とを重量比一対一で合計が三十グラムになるようにとり、均一に混合する。

(2)　厚さが十ミリメートル以上の無機質の断熱板（温度零度における熱伝導率が〇・一ワット毎メートル毎度以下のものとする。以下同じ。）の上に、(1)の混合物を高さと底面の直径の比が一対一・七五となるように円錐形にたい積させ、これを一時間放置する。

(3)　点火源（円輪状にした直径が二ミリメートルのニクロム線で温度千度に加熱されているもの）を上方から(2)の円錐形のたい積の基部に、当該基部の全周が着火するまで接触させる。この場合において、点火源の当該基部への接触時間は十秒までとする。

(4)　燃焼時間（混合物に点火した場合において、(2)の円錐形のたい積の基部の全周が着火してから発炎しなくなるまでの時間をいい、間欠的に発炎する場合には、最後の発炎が終了するまでの時間とする。以下この表において同じ。）を測定する。

ロ　試験物品に係る実施手順

(1)　試験物品（目開きが一・一八ミリメートルの網ふるいを通

過する成分であって、乾燥用シリカゲルを入れたデシケータ中に温度二十度で二十四時間以上保存されているもの）と木粉とを重量比一対一及び四対一でそれぞれ合計が三十グラムになるようにとり、均一に混合する。この場合において、目開きが一・一八ミリメートルの網ふるいを通過する成分を有しない試験物品にあっては、粉砕して当該網ふるいを通過するものを用いるものとする。

(2)　重量比一対一及び四対一の混合物についてそれぞれイ(2)から(4)までと同様の手順により実施する。

(3)　試験物品と木粉との混合物の燃焼時間は、(2)で測定した燃焼時間のうち時間の短い方の燃焼時間とする。

第二　臭素酸カリウムを標準物質とする燃焼試験

第一の一から四までは、臭素酸カリウムを標準物質とする燃焼試験について準用する。

本表…一部改正〔平成一一年九月自令三一号〕

別表第二（第一条関係）

過塩素酸カリウムを標準物質とする大量燃焼試験は、三に規定する試験場所において、四に規定する試験の実施手順で、一に規定する標準物質と二に規定する木粉との混合物及び試験物品と二に規定する木粉との混合物を燃焼させた場合の燃焼時間を測定するものとする。

一　標準物質

標準物質は、目開きが三百マイクロメートルの網ふるいを通過し、百五十マイクロメートルの網ふるいを通過しないものとする。

二　木粉

イ　木粉の材質は、日本杉の辺材とする。

ロ　木粉は、目開きが五百マイクロメートルの網ふるいを通過し、二百五十マイクロメートルの網ふるいを通過しないものとする。

三　試験場所

試験場所は、温度二十度、湿度五十パーセント、気圧一気圧の無風の場所とする。

四　試験の実施手順

イ　標準物質に係る実施手順

(1)　標準物質（乾燥用シリカゲルを入れたデシケータ中に温度二十度で二十四時間以上保存されているもの）と木粉（温度百五度で四時間乾燥し、乾燥用シリカゲルを入れたデシケータ中に温度二十度で二十四時間以上保存されているもの。ロ(1)において同じ。）とを重量比二対三で合計が五百グラムになるようにとり、均一に混合する。

(2)　厚さが十ミリメートル以上の無機質の断熱板の上に、(1)の混合物を高さと底面の直径の比が一対二となるように円錐形にたい積させる。

(3)　点火源（筒の直径が二十ミリメートルの発炎筒の火炎で、火炎が安定した後の長さが八十ミリメートル、温度が千度のもの）を(2)の円錐形のたい積の基部に三十秒間接触させる。

(4)　燃焼時間（混合物に点火した場合において、(2)の円錐形のたい積の基部の点火源の接触箇所が着火してから当該混合物が発炎しなくなるまでの時間をいい、間欠的に発炎する場合には、最後の発炎が終了するまでの時間とする。）を測定する。

ロ　試験物品に係る実施手順

(1)　試験物品（乾燥用シリカゲルを入れたデシケータ中に温度二十度で二十四時間以上保存されているもの）と木粉とを体積比一対一で合計が五百グラムになるようにとり、均一に混合する。この場合において、試験に供するのに不適当な形状の試験物品にあっては、適当な大きさに分割したものを用いるものとする。

(2)　イ(2)から(4)までと同様の手順により実施する。

別表第三（第一条関係）

第一　硝酸カリウムを標準物質とする落球式打撃感度試験

硝酸カリウムを標準物質とする落球式打撃感度試験は、三に規定する試験場所において、四に規定する試験の実施手順で、一に規定する標準物質と二に規定する赤りんとの混合物に鋼球を落下させた場合に五十パーセントの確率で爆発する高さから、鋼球を試験物品と二に規定する赤りんとの混合物に落下させた場合に爆発する確率を求めるものとする。

一　標準物質

標準物質は、目開きが三百マイクロメートルの網ふるいを通過し、百五十マイクロメートルの網ふるいを通過しないものとする。

二　赤りん

赤りんは、目開きが百八十マイクロメートルの網ふるいを通過するものとする。

三　試験場所

試験場所は、温度二十度、湿度五十パーセント、気圧一気圧の無風の場所とする。

四　試験の実施手順

イ　標準物質に係る実施手順

(1)　鋼製の円柱（材質が日本産業規格G四八〇五に規定するもので、直径及び高さがいずれも十二ミリメートルの円柱。以下同じ。）の上に赤りん（乾燥用シリカゲルを入れたデシケータ中に温度二十度で二十四時間以上保存されているもの）五ミリグラムを載せ、その上に標準物質（乾燥用シリカゲルを入れたデシケータ中に温度二十度で二十四時間以上保存されているもの）五ミリグラムを載せる。

(2)　鋼球（材質が日本産業規格G四八〇五に規定するもので、直径が四十ミリメートルの球）を混合物の上に直接落下させて、爆発するか否かを観察する。

(3)　爆発した場合には、落高（鋼製の円柱の上面から鋼球の下端までの高さ。以下この号において同じ。）を爆発した落高の値の常用対数と比較して、常用対数の差が〇・一となる高さに下げ、爆発しなかった場合には、落高を爆発しなかった落高の値の常用対数と比較して、常用対数の差が〇・一となる高さに上げる方法で(1)及び(2)と同様の手順により繰り返し、実施する。

(4)　(3)の結果に基づき標準物質と赤りんとの混合物が五十パーセントの確率で爆発する落高（以下この号において「五十パーセント爆点」という。）を求める。

ロ　試験物品に係る実施手順

(1)　イ(1)及び(2)と同様の手順により繰り返し、実施する。この場合において、落高はイ(4)で求めた五十パーセント爆点とし、試験物品は、目開きが一・一八ミリメートルの網ふるいを通過する成分（目開きが一・一八ミリメートルの網ふるいを通過する成分を有しない物品にあっては、粉砕して当該網ふるいを通過するもの）であって、乾燥用シリカゲルを入れたデシケータ中に温度二十度で二十四時間以上保存されているものとする。

(2)　(1)の結果に基づき試験物品と赤りんとの混合物が爆発する確率を求める。

第二　塩素酸カリウムを標準物質とする落球式打撃感度試験

塩素酸カリウムを標準物質とする落球式打撃感度試験は、三に規定する試験場所において、四に規定する試験の実施手順で、一に規定する標準物質と二に規定する赤りんとの混合物に鋼球を落下させた場合に五十パーセントの確率で爆発する高さから、鋼球を試験物品と二に規定する赤りんとの混合物に落下させた場合に爆発する確率を求めるものとする。

一　標準物質

標準物質は、目開きが三百マイクロメートルの網ふるいを通過し、百五十マイクロメートルの網ふるいを通過しないものとする。

二　赤りん

赤りんは、目開きが百八十マイクロメートルの網ふるいを通過するものとする。

三　試験場所

試験場所は、温度二十度、湿度五十パーセント、気圧一気圧の無風の場所とする。

四　試験の実施手順

イ　標準物質に係る実施手順

(1)　鋼製の円柱の上に赤りん（乾燥用シリカゲルを入れたデシケータ中に温度二十度で二十四時間以上保存されているもの）二ミリグラムを載せ、その上に標準物質（乾燥用シリカゲルを入れたデシケータ中に温度二十度で二十四時間以上保存されているもの）二ミリグラムを載せ、これらの上に鋼製の円柱を載せる。

(2)　鋼球（材質が日本産業規格G四八〇五に規定するもので、直径が七ミリメートルの球）を混合物の上部の鋼製の円柱の上に落下させて、爆発するか否かを観察する。

(3)　爆発した場合には、落高（上部の鋼製の円柱の上面から鋼球の下端までの高さ。以下この号において同じ。）を爆発した落高の値の常用対数と比較して、常用対数の差が〇・一となる高さに下げ、爆発しなかった場合には、落高を爆発しなかった落高の値の常用対数と比較して、常用対数の差が〇・一となる高さに上げる方法で(1)及び(2)と同様の手順により繰り返し、実施する。

(4)　(3)の結果に基づき標準物質と赤りんとの混合物が五十パーセントの確率で爆発する落高（以下この号において「五十パーセント爆点」という。）を求める。

ロ　試験物品に係る実施手順

(1)　イ(1)及び(2)と同様の手順により繰り返し、実施する。この場合において、落高は、イ(4)で求めた五十パーセント爆点とし、試験物品は、目開きが一・一八ミリメートルの網ふるいを通過する成分（目開きが一・一八ミリメートルの網ふるいを通過する成分を有しない物品にあっては、粉砕して当該網ふるいを通過するもの）であって、乾燥用シリカゲルを入れたデシケータ中に温度二十度で二十四時間以上保存されているものとする。

(2)　(1)の結果に基づき試験物品と赤りんとの混合物が爆発する確率を求める。

本表…一部改正〔令和元年六月総令一九号・二年四月四〇号〕

別表第四（第一条関係）

鉄管試験は、二に規定する試験の実施手順で、試験物品と一に規定するセルロース粉との混合物を鉄管に詰め、電気雷管で起爆した場合の鉄管の破裂の程度を観察するものとする。

一　セルロース粉

セルロース粉は、目開きが五十三マイクロメートルの網ふるいを通過するものとする。

二　試験の実施手順

イ　鉄管は、下ふた（材質が日本産業規格G三四五四に規定するもので、外径六十ミリメートル、高さ三十八ミリメートル、底の厚さ六ミリメートルのもの）を溶接して取り付けた鋼管（材質が日本産業規格G三四五四に規定するもので、外径六十ミリメートル、厚さ五ミリメートル、長さ五百ミリメートルの継目無鋼管）とし、これにプラスチック製の袋を入れる。

ロ　試験物品（乾燥用シリカゲルを入れたデシケータ中に温度二十度で二十四時間以上保存されているもの）とセルロース粉（乾燥用シリカゲルを入れたデシケータ中に温度二十度で二十四時間以上保存されているもの）とを重量比で三対一に混合し、イの袋に均一になるように充てんし、五十グラムの伝爆薬（トリメチレントリニトロアミンとワックスとを重量比十九対一に混合したものを百五十メガパスカルの圧力で、直径三十ミリメートル、高さ四十五ミリメートルの円柱状（中央に電気雷管（日本産業規格K四八〇六に規定する電気雷管。以下同じ。）を挿入する穴が開いているもの）に圧縮成型したもの）を挿入する。この場合において、試験に供するのに不適当な形状の試験物品にあっては、適当な大きさに分割したものを用いるものとする。

ハ　中央に電気雷管を装着するための孔が開いているねじ止めの上ふた（材質が日本産業規格G五七〇五に規定するFCMB275-5で、外径七十五ミリメートル、高さ三十五ミリメートル、上部の厚さ七ミリメートルのもの）を鉄管に取り付ける。

ニ　上ふたの孔から伝爆薬の穴に電気雷管を挿入する。

ホ　鉄管を砂中に埋めて起爆する。

ヘ　鉄管の破裂の程度を観察する。

本表…一部改正〔平成一一年九月自令三二号・令和元年六月総令一九号・二年四月四〇号〕

別表第五（第二条関係）

小ガス炎着火試験は、一に規定する試験場所において、二に規定する試験の実施手順で、試験物品に火炎を接触させてから着火するまでの時間を測定し、燃焼の状況を観察するものとする。

一　試験場所

試験場所は、温度二十度、湿度五十パーセント、気圧一気圧の無風の場所とする。

二　試験の実施手順

イ　厚さが十ミリメートル以上の無機質の断熱板の上に試験物品（乾燥用シリカゲルを入れたデシケータ中に温度二十度で二十四時間以上保存されているもの）三立方センチメートルを置く。この場合において、試験物品が粉状又は粒状のものにあっては、無機質の断熱板の上に半球状に置くものとする。

ロ　液化石油ガスの火炎（先端が棒状の着火器具の拡散炎とし、火炎の長さが当該着火器具の口を上に向けた状態で七十ミリメートルとなるように調節したもの）を試験物品に十秒間接触（火炎と試験物品の接触面積は二平方センチメートルとし、接触角度は三十度とする。）させる。

ハ　火炎を試験物品に接触させてから試験物品が着火するまでの時間を測定し、試験物品が燃焼（炎を上げずに燃焼する状態を含む。）を継続するか否かを観察する。この場合において、火炎を試験物品に接触させている間に当該試験物品のすべてが燃焼した場合、火炎を離した後十秒経過するまでの間に試験物品のすべてが燃焼した場合又は火炎を離した後十秒以上継続して試験物品が燃焼した場合には、燃焼を継続したものとする。

別表第六（第二条関係）

セタ密閉式引火点測定器による引火点測定試験は、一に規定する装置を用い、二に規定する試験場所で、三に規定する試験の実施手順により試験物品の引火点を測定するものとする。

一　装置

装置は、セタ密閉式引火点測定器（日本産業規格K二二六五―二に規定する迅速平衡密閉法引火点試験器をいう。以下同じ。）とする。

二　試験場所

試験場所は、気圧一気圧の無風の場所とする。

三　試験の実施手順

イ　試料カップを設定温度（試験物品が引火するか否かを確認する温度。以下同じ。）まで加熱又は冷却し、試料カップの温度を設定温度にし、試験物品（設定温度が常温より低い温度の場合には、設定温度まで冷却したもの）二グラムを試料カップに入れ、直ちにふた及び開閉器を閉じる。

ロ　試料カップの温度を五分間設定温度に保持する。

ハ　試験炎を点火し、直径四ミリメートルとなるように調整する。

ニ　五分経過後、開閉器を作動して試験炎を試料カップにのぞかせ元に戻すことを二・五秒間で行う。この場合において、試験炎を急激に上下させてはならない。

ホ　ニで引火した場合には引火しなくなるまで設定温度を下げ、引火しなかった場合には引火するまで設定温度を上げ、イからニまでの操作を繰り返し、引火点を測定する。

本表…一部改正〔令和二年四月総令四〇号〕

別表第七（第三条関係）

自然発火性試験は、一に規定する試験場所において、二に規定する試験の実施手順で試験物品が空気と接触して発火するか否か又はろ紙を焦がすか否かを観察するものとする。

一　試験場所

試験場所は、温度二十度、湿度五十パーセント、気圧一気圧の無風の場所とする。

二　試験の実施手順

イ　固体の試験物品に係る実施手順

(1)　試験物品（粉末（三百マイクロメートルの網ふるいを通過するものが十パーセント以上存するもの）の試験物品にあっては、当該網ふるいを通過するもの（(2)において「粉末の試験物品」という。））一立方センチメートルを、直ちに直径七十ミリメートルの磁器カッセロールの上に置いた直径九十ミリメートルのろ紙（日本産業規格P三八〇一に規定する定量分析用のろ紙で、乾燥用シリカゲルを入れたデシケータ中に温度二十度で二十四時間以上保存されているもの。以下同じ。）の中央に置き、十分以内に自然発火するか否かを観察する。

(2)　粉末の試験物品が(1)で自然発火しない場合には、試験物品二立方センチメートルを無機質の断熱板上に一メートルの高さから落下させ、落下中又は落下後十分以内に自然発火するか否かを観察する。

ロ　液体の試験物品に係る実施手順

(1)　試験物品〇・五立方センチメートルを直径七十ミリメートルの磁器の底の上二十ミリメートルの高さから全量を三十秒間均一な速度で注射器を用いて滴下し、十分以内に自然発火するか否かを観察する。

(2)　(1)で自然発火しない場合には、試験物品〇・五立方センチメートルを、直径七十ミリメートルの磁器の上に直径九十ミリメートルのろ紙を置き、ろ紙の上二十ミリメートルの高さから全量を三十秒間均一な速度で注射器を用いて滴下し、十分以内に自然発火するか否か、又はろ紙を焦がすか否かを観察する。

本表…一部改正〔令和元年六月総令一九号・二年四月四〇号〕

別表第八（第三条関係）

水との反応性試験は、一に規定する試験場所において、二に規定する試験の実施手順で試験物品が純水と反応して発生するガスが発火するか否か、若しくは発生するガスに火炎を近づけた場合に着火するか否かを観察し、又は試験物品に純水を加え、発生するガスの量を測定するとともに発生するガスの成分を分析するものとする。

一　試験場所

試験場所は、温度二十度、湿度五十パーセント、気圧一気圧の無風の場所とする。

二　試験の実施手順

イ　容量五百立方センチメートルのビーカーの底にろ紙が沈下しないようにするための台を置き、当該台の上に直径七十ミリメートルのろ紙を載せ、ろ紙が水面に浮いた状態になるように温度二十度の純水を入れた後、試験物品五十立方ミリメートルをろ紙の中央に置き（液体の試験物品にあっては、ろ紙の中央に注ぎ）、発生するガスが自然発火するか否かを観察する。

ロ　イで発生するガスが自然発火しない場合には、当該ガスに火炎を近づけて着火するか否かを観察する。

ハ　イで発生するガスが自然発火しない場合若しくはガスの発生が認められない場合又はロで発生するガスが着火しない場合には、試験物品二グラムを容量百立方センチメートルの丸底のフラスコに入れ、これを温度四十度に保った水槽につけ、温度四十度の純水五十立方センチメートルを速やかに加える。直径十二ミリメートルの球形のかくはん子及び磁気かくはん機を用いてフラスコ内をかくはんしながら、一時間当たりのガスの発生量を測定する。

ニ　試験物品一キログラムにつき一時間当たりのガスの発生量が最大となるものを当該物品のガスの発生量とする。

ホ　発生するガスに可燃性の成分が含まれているか否かを分析する。

別表第九（第四条関係）

タグ密閉式引火点測定器による引火点測定試験は、一に規定する装置を用い、二に規定する試験場所で、三に規定する試験の実施手順により試験物品の引火点を測定するものとする。

一　装置

装置は、日本産業規格K二二六五―一に規定するタグ密閉法引火点試験器とする。

二　試験場所

試験場所は、一気圧の無風の場所とする。

三　試験の実施手順

イ　試験物品五十立方センチメートルを試料カップに入れ、ふたをする。

ロ　試験炎を点火し、火炎の大きさを直径が四ミリメートルとなるように調整する。

ハ　試験物品の温度が六十秒間に一度の割合で上昇するように液浴の加熱を調節し、試験物品の温度が設定温度の五度下の温度に達したならば、開閉器を作動して試験炎を試料カップにのぞかせ元に戻すことを一秒間で行う。この場合において、試験炎を急激に上下させてはならない。

ニ　ハで引火しなかった場合には、試験物品の温度が〇・五度上昇するごとに開閉器を作動して試験炎を試料カップにのぞかせ元に戻すことを一秒間で行う操作を引火するまで繰り返す。

ホ　ニで引火した温度が六十度未満の温度であり、かつ、設定温度との差が二度を超えない場合には、これを引火点とする。

ヘ　ハで引火した場合及びニで引火した温度と設定温度との差が二度を超えた場合には、イからニまでと同様の手順により繰り返し、実施する。

ト　ニ及びヘで引火した温度が六十度未満の温度でない場合にあっては、以下の手順により実施する。

チ　イ及びロと同様の手順により実施する。

リ　試験物品の温度が六十秒間に三度の割合で上昇するように液浴の加熱を調節し、試験物品の温度が設定温度の五度下の温度に達したならば、開閉器を作動して試験炎を試料カップにのぞかせ元に戻すことを一秒間で行う。この場合において、試験炎を急激に上下させてはならない。

ヌ　リで引火しなかった場合には、試験物品の温度が一度上昇するごとに開閉器を作動して試験炎を試料カップにのぞかせ元に戻すことを一秒間で行う操作を引火するまで繰り返す。

ル　ヌで引火した温度と設定温度との差が二度を超えない場合には、ヌで引火した温度を引火点とする。

ヲ　リで引火した場合及びヌで引火した温度と設定温度との差が二度を超えた場合には、チからヌまでと同様の手順により繰り返し、実施する。

本表…一部改正〔令和元年六月総令一九号・二年四月四〇号〕

別表第一〇（第四条関係）

クリーブランド開放式引火点測定器による引火点測定試験は、一に規定する装置を用い、二に規定する試験場所で、三に規定する試験の実施手順により試験物品の引火点を測定するものとする。

一　装置

装置は、日本産業規格K二二六五―四に規定するクリーブランド開放法引火点試験器とする。

二　試験場所

試験場所は、気圧一気圧の無風の場所とする。

三　試験の実施手順

イ　試験物品を試料カップの標線まで満たす。

ロ　試験炎を点火し、火炎の大きさを直径が四ミリメートルとなるように調整する。

ハ　試験物品の温度が六十秒間に十四度の割合で上昇するように加熱し、設定温度の五十五度下の温度に達したならば加熱を調節して、設定温度の二十八度下の温度から六十秒間に五・五度の割合で温度が上昇するようにする。

ニ　試験物品の温度が設定温度の二十八度下の温度に達したならば、試験炎を試料カップの中心を横切り一直線に一秒間で通過させる。試験炎を通過させる場合において、試験炎の中心を試料カップ上縁の上方二ミリメートル以下で水平に動かさなければならない。

ホ　ニで引火しなかった場合には、試験物品の温度が二度上昇するごとに試験炎を試料カップの中心を横切り一直線に一秒間で通過させる操作を引火するまで繰り返す。

ヘ　ホで引火した温度と設定温度との差が四度を超えない場合には、ホで引火した温度を引火点とする。

ト　ニで引火した場合及びホで引火した温度と設定温度との差が四度を超えた場合には、イからホまでと同様の手順により繰り返し、実施する。

本表…一部改正〔令和元年六月総令一九号・二年四月四〇号〕

別表第一一（第四条関係）

セタ密閉式引火点測定器による引火点測定試験は、一に規定する装置を用い、二に規定する試験場所で、三に規定する試験の実施手順により試験物品の引火点を測定するものとする。

一　装置

装置は、セタ密閉式引火点測定器とする。

二　試験場所

試験場所は、気圧一気圧の無風の場所とする。

三　試験の実施手順

イ　試料カップを設定温度まで加熱又は冷却し、試料カップの温度を設定温度にし、試験物品（設定温度が常温より低い温度の場合には、設定温度まで冷却したもの）二ミリリットルを試料カップに入れ、直ちにふた及び開閉器を閉じる。

ロ　試料カップの温度を一分間設定温度に保持する。

ハ　試験炎を点火し、直径四ミリメートルとなるように調整する。

ニ　一分経過後、開閉器を作動して試験炎を試料カップにのぞかせ元に戻すことを二・五秒間で行う。この場合において、試験炎を急激に上下させてはならない。

ホ　ニで引火した場合には引火しなくなるまで設定温度を下げ、引火しなかった場合には引火するまで設定温度を上げ、イからニまでの操作を繰り返し、引火点を測定する。

本表…一部改正〔令和二年四月総令四〇号〕

別表第一二（第五条関係）

二・四―ジニトロトルエン及び過酸化ベンゾイルを標準物質とする熱分析試験は、一に規定する装置を用い、二に規定する試験の実施手順により標準物質及び試験物品を加熱した場合における発熱開始温度及び発熱量を測定するものとする。

一　装置

装置は、基準物質として酸化アルミニウム（α）を用いた示差走査熱量測定装置又は示差熱分析装置とする。

二　試験の実施手順

イ　二・四―ジニトロトルエンに係る実施手順

(1)　二・四―ジニトロトルエン及び基準物質それぞれ一ミリグラムをそれぞれ破裂圧力が五メガパスカル以上のステンレス鋼製の耐圧性のセルに密封したものを装置に装てんし、二・四―ジニトロトルエン及び基準物質の温度が六十秒間に十度の割合で上昇するように加熱する。

(2)　発熱開始温度及び発熱量を測定する。

ロ　過酸化ベンゾイルに係る実施手順

イ(1)及び(2)と同様の手順により実施する。ただし、過酸化ベンゾイル及び基準物質の量はそれぞれ二ミリグラムとする。

ハ　試験物品に係る実施手順

イ(1)及び(2)と同様の手順により実施する。ただし、試験物品及び基準物質の量はそれぞれ二ミリグラムとする。

本表…一部改正〔平成一一年九月自令三二号〕

別表第一三（第五条関係）

第一　孔径が一ミリメートルのオリフィス板を用いる圧力容器試験

孔径が一ミリメートルのオリフィス板を用いる圧力容器試験は、一に規定する装置を用い、二に規定する試験の実施手順により試験物品を圧力容器内で加熱した場合に破裂板が破裂するか否かを観察するものとする。

一　装置

イ　圧力容器は、図に示すものとする。

ロ　圧力容器は、その上部及び側面にそれぞれ破裂板及びオリフィス板を取り付けることができ、かつ、その内部に試料容器を入れることができる内容量二百立方センチメートルのステンレス鋼製のものとする。

ハ　試料容器は、内径三十ミリメートル、高さ五十ミリメートル、厚さ〇・四ミリメートルのもので、かつ、底が平面で、上部が開放されたアルミニウム製の円筒形のものとする。

ニ　孔径が一ミリメートルのオリフィス板は、厚さが二ミリメートルのステンレス鋼製のものとする。

ホ　破裂板は、その破裂圧力が〇・六メガパスカルの金属製のものとする。

ヘ　加熱器は、出力七百ワット以上の電気炉とする。

二　試験の実施手順

イ　圧力容器の底にシリコン油五グラムを入れた試料容器を置き、当該圧力容器を加熱器により加熱した場合に、当該シリコン油の温度が百度から二百度までの間において六十秒間に四十度の割合で上昇するように加熱器の電圧及び電流を設定する。

ロ　加熱器を三十分以上かけて加熱し続ける。

ハ　圧力容器の側面に孔径が一ミリメートルのオリフィス板を取り付け、圧力容器の底に試験物品五グラムを入れた試料容器を置き、圧力容器の上部に破裂板を取り付ける。

ニ　破裂板の上部に水を張る。

ホ　圧力容器を加熱器に入れて試料容器を加熱し、破裂板が破裂するか否かを観察する。

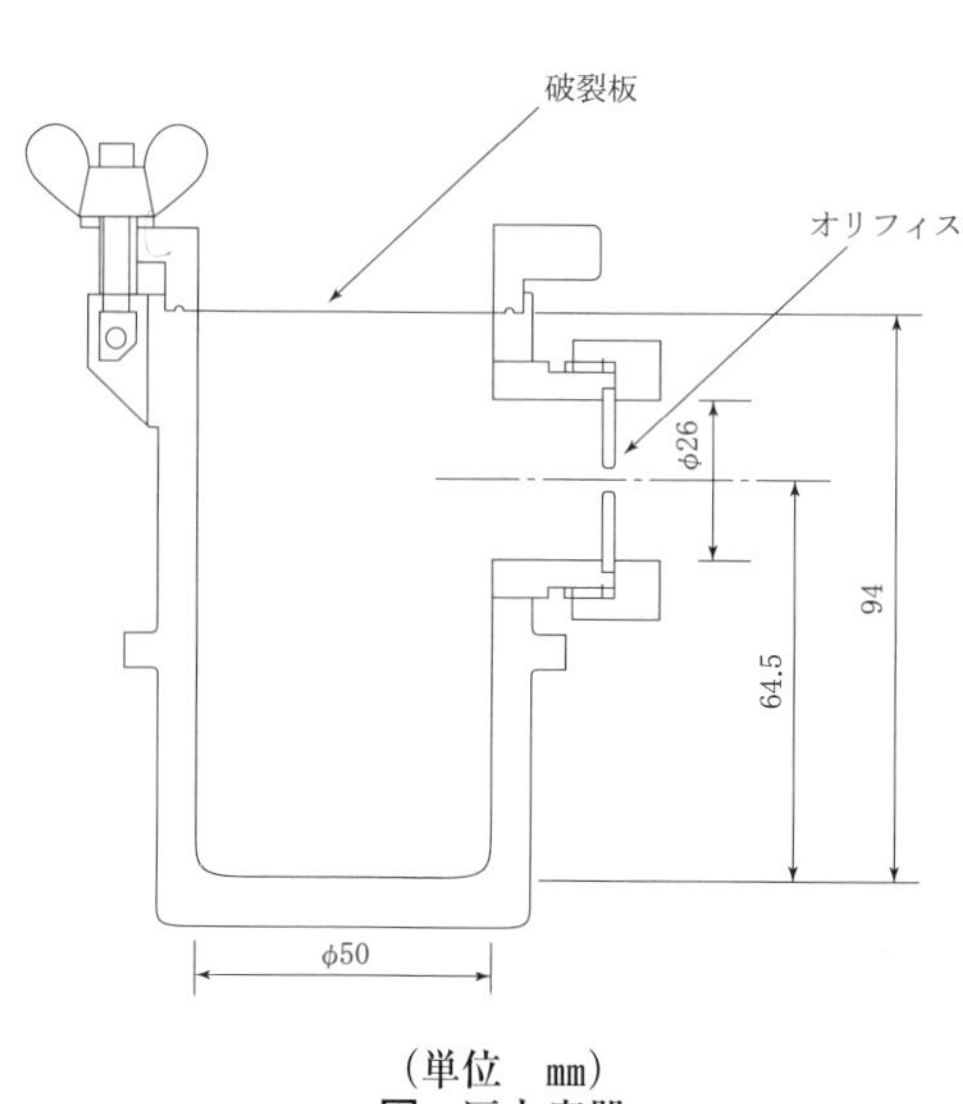

（単位　㎜）

図　圧力容器

第二　孔径が九ミリメートルのオリフィス板を用いる圧力容器試験

　第一の一及び二は、孔径が九ミリメートルのオリフィス板を用いる圧力容器試験について準用する。この場合において、第一中「孔径が一ミリメートル」とあるのは「孔径が九ミリメートル」と読み替えるものとする。

本表…一部改正〔平成一一年九月自令三二号〕

別表第一四（第六条関係）

　第六類の危険物の試験は、二に規定する試験場所において、三に規定する試験の実施手順で、硝酸の九十パーセント水溶液と一に規定する木粉との混合物及び試験物品と一に規定する木粉との混合物をそれぞれ燃焼させた場合の燃焼時間を測定するものとする。

一　木粉

イ　木粉の材質は、日本杉の辺材とする。

ロ　木粉は、目開きが五百マイクロメートルの網ふるいを通過し、二百五十マイクロメートルの網ふるいを通過しないものとする。

二　試験場所

試験場所は、温度二十度、湿度五十パーセント、気圧一気圧の無風の場所とする。

三　試験の実施手順

イ　硝酸の九十パーセント水溶液に係る実施手順

(1)　外径百二十ミリメートルの平底蒸発皿（日本産業規格R一三〇二に規定するもの）の上に、木粉（温度百五度で四時間乾燥し、乾燥用シリカゲルを入れたデシケータ中に温度二十度で二十四時間以上保存されているもの。ロ(1)において同じ。）十五グラムを高さと底面の直径の比が一対一・七五となるように円錐形にたい積させ、これを一時間放置する。

(2)　(1)の円錐形のたい積に硝酸の九十パーセント水溶液十五グ

ラムを注射器で上部から均一に注ぐことにより、木粉と混合する。

(3)　点火源（円輪状にした直径が二ミリメートルのニクロム線で温度千度に加熱されているもの）を上方から(2)の円錐形のたい積の基部に、当該基部の全周が着火するまで接触させる。この場合において、点火源の当該基部への接触時間は十秒までとする。

(4)　燃焼時間（混合物に点火した場合において、(2)の円錐形のたい積の基部の全周が着火してから発炎しなくなるまでの時間をいい、間欠的に発炎する場合には、最後の発炎が終了するまでの時間とする。以下この表において同じ。）を測定する。

ロ　試験物品に係る実施手順

(1)　外径百二十ミリメートル及び外径八十ミリメートルのそれぞれの平底蒸発皿の上に、それぞれ木粉十五グラム及び六グラムを高さと底面の直径の比が一対一・七五となるように円錐形にたい積させ、これをそれぞれ一時間放置する。

(2)　(1)の木粉十五グラム及び六グラムの円錐形のたい積に、それぞれ試験物品十五グラム及び二十四グラムを注射器で上部から均一に注ぐことにより、木粉と混合する。

(3)　(2)のそれぞれの混合物について、イ(3)及び(4)と同様の手順により実施する。

(4)　試験物品と木粉との混合物の燃焼時間は、(3)で測定した燃焼時間のうち時間の短い方の燃焼時間とする。

本表…一部改正〔令和元年六月総令一九号・二年四月四〇号〕

○危険物の規制に関する政令別表第一及び同令別表第二の総務省令で定める物質及び数量を指定する省令

（平成元年二月十七日自治省令第二号）

〔改正経過〕
平成　八年　三月　八日　自治省令第　四号
平成　九年　三月二六日　自治省令第　一三号
平成一二年　九月一四日　自治省令第　四四号
平成二三年一二月二一日　総務省令第一六六号
平成二五年　七月　四日　総務省令第　七一号
平成二七年　七月一七日　総務省令第　六三号
平成二八年　八月　八日　総務省令第　八〇号
平成二九年　六月二七日　総務省令第　四三号
令和　二年　五月二九日　総務省令第　五七号
令和　四年　八月　一日　総務省令第　五三号

危険物の規制に関する政令（昭和三十四年政令第三百六号）別表第一及び同令別表第二の規定に基づき、危険物の規制に関する政令別表第一及び同令別表第二の自治省令で定める物質及び数量を指定する省令を次のように定める。

危険物の規制に関する政令別表第一及び同令別表第二の総務省令で定める物質及び数量を指定する省令

題名…改正〔平成一二年九月自令四四号〕

（危険物の規制に関する政令別表第一の総務省令で定める物質及び数量）

第一条　危険物の規制に関する政令別表第一の上欄に掲げる総務省令で定める物質は、次の表の上欄に掲げる物質とし、同令別表第一の下欄に定める総務省令で定める数量は、次の表の下欄に定める数量とする。

物質	数量
(一) 塩化ホスホリル及びこれを含有する製剤	三〇キログラム
(二) 五塩化りん及びこれを含有する製剤	
(三) 三塩化ほう素及びこれを含有する製剤	
(四) 三塩化りん及びこれを含有する製剤	
(五) 三ふっ化ほう素及びこれを含有する製剤	
(六) シアン化水素を含有する製剤	
(七) シアン化ナトリウムを含有する製剤	
(八) シアン化亜鉛及びこれを含有する製剤	
(九) シアン化カリウム及びこれを含有する製剤	
(十) シアン化銀及びこれを含有する製剤	
(十一) シアン化第一金カリウム及びこれを含有する製剤	
(十二) シアン化第一銅及びこれを含有する製剤	
(十三) シアン化第二水銀及びこれを含有する製剤	

㈣　シアン化銅酸カリウム及びこれを含有する製剤
㈤　シアン化銅酸ナトリウム及びこれを含有する製剤
㈥　二・三―ジシアノ―一・四―ジチアアントラキノン（別名ジチアノン）及びこれを含有する製剤（二・三―ジシアノ―一・四―ジチアアントラキノン五〇％以下を含有するものを除く。）
㈦　塩化第二水銀及びこれを含有する製剤
㈧　酸化第二水銀及びこれを含有する製剤（酸化第二水銀五％以下を含有するものを除く。）
㈨　硫セレン化カドミウム及びこれを含有する製剤
㈩　亜ひ酸及びこれを含有する製剤
(二十一)　三塩化ひ素及びこれを含有する製剤
(二十二)　ひ化水素及びこれを含有する製剤
(二十三)　ひ酸及びこれを含有する製剤
(二十四)　ふっ化水素を含有する製剤
(二十五)　ヘキサキス（β・β―ジメチルフエネチル）ジスタンノキサン（別名酸化フエンブタスズ）及びこれを含有する製剤
(二十六)　ホスゲン及びこれを含有する製剤
(二十七)　メチルメルカプタン及びこれを含有する製剤
(二十八)　モノフルオール酢酸ナトリウム及びこれを含有する製剤
(二十九)　りん化アルミニウムとその分解促進剤とを含有する製剤
(三十)　りん化水素及びこれを含有する製剤

本条…一部改正〔平成八年三月自令四号・九年三月一三号〕、見出し…改正・本条…一部改正〔平成一二年九月自令四四号〕、本条…一部改正〔平成二五年七月総令七一号〕

（危険物の規制に関する政令別表第二の総務省令で定める物質及び数量）

第二条　危険物の規制に関する政令別表第二の上欄に掲げる総務省令で定める物質は、次の表の上欄に掲げる物質とし、同令別表第二の下欄に定める総務省令で定める数量は、次の表の下欄に定める数量とする。

㈠　塩化亜鉛	二〇〇キログラム
㈡　酢酸亜鉛	
㈢　硫酸亜鉛	
㈣　りん酸亜鉛	
㈤　アクリルアミド及びこれを含有する製剤	
㈥　五塩化アンチモン及びこれを含有する製剤	
㈦　三酸化アンチモン	

(八) 酒石酸アンチモニルカリウム及びこれを含有する製剤
(九) アンモニアを含有する製剤（アンモニア三〇％以下を含有するものを除く。）
(十) 一水素二ふっ化アンモニウム及びこれを含有する製剤
(十一) エチレンオキシド及びこれを含有する製剤
(十二) 塩化水素を含有する製剤（塩化水素三六％以下を含有するものを除く。）
(十三) 塩素
(十四) オキシ三塩化バナジウム及びこれを含有する製剤
(十五) 酸化カドミウム
(十六) 硝酸カドミウム
(十七) 硫化カドミウム
(十八) クロム酸亜鉛カリウム及びこれを含有する製剤
(十九) クロム酸ストロンチウム及びこれを含有する製剤
(二十) クロム酸鉛及びこれを含有する製剤（クロム酸鉛七〇％以下を含有するものを除く。）
(二十一) 四塩基性クロム酸亜鉛及びこれを含有する製剤
(二十二) クロルピクリンを含有する製剤
(二十三) クロルメチルを含有する製剤（容量三〇〇ミリリットル以下の容器に収められた殺虫剤であって、クロルメチル五〇％以下を含有するものを除く。）
(二十四) クロロアセチルクロライド及びこれを含有する製剤
(二十五) 二―クロロニトロベンゼン及びこれを含有する製剤
(二十六) けいふっ化水素酸を含有する製剤
(二十七) けいふっ化カリウム及びこれを含有する製剤
(二十八) けいふっ化ナトリウム及びこれを含有する製剤
(二十九) けいふっ化マグネシウム及びこれを含有する製剤
(三十) 五酸化バナジウム（溶融した五酸化バナジウムを固形化したものを除く。）及びこれを含有する製剤（五酸化バナジウム（溶融した五酸化バナジウムを固形化したものを除く。）一〇％以下を含有するものを除く。）
(三十一) 三塩化アルミニウム及びこれを含有する製剤
(三十二) シアナミド及びこれを含有する製剤（シアナミド一〇％以下を含有するものを除く。）
(三十三) 二・三―ジシアノ―一・四―ジチアアントラキノン（別名ジチアノン）五〇％以下を含有する製剤
(三十四) 四塩化炭素を含有する製剤

(三十五) ジメチルアミン及びこれを含有する製剤（ジメチルアミン五〇％以下を含有するものを除く。）
(三十六) 塩化第一すず
(三十七) 塩化第二すず
(三十八) 硫酸第一すず
(三十九) 塩化第一銅
(四十) 塩化第二銅
(四十一) 硫酸銅
(四十二) 一酸化鉛
(四十三) 塩基性けい酸鉛
(四十四) けい酸鉛
(四十五) 酢酸鉛
(四十六) 三塩基性硫酸鉛
(四十七) シアナミド鉛
(四十八) ステアリン酸鉛
(四十九) 鉛酸カルシウム
(五十) 二塩基性亜硫酸鉛
(五十一) 二塩基性亜りん酸鉛
(五十二) 二塩基性ステアリン酸鉛
(五十三) 二酸化鉛

(五十四) 塩化バリウム
(五十五) カルボン酸のバリウム塩
(五十六) 水酸化バリウム
(五十七) 炭酸バリウム
(五十八) チタン酸バリウム
(五十九) ふっ化バリウム
(六十) メタホウ酸バリウム
(六十一) ピロカテコール及びこれを含有する製剤
(六十二) オルトフェニレンジアミン
(六十三) メタフェニレンジアミン
(六十四) ブロム水素を含有する製剤
(六十五) ブロムメチルを含有する製剤
(六十六) 一―ブロモ―三―クロロプロパン及びこれを含有する製剤
(六十七) ほうふっ化水素酸
(六十八) ほうふっ化カリウム
(六十九) ホルムアルデヒドを含有する製剤（ホルムアルデヒド一％以下を含有するものを除く。）
(七十) メタバナジン酸アンモニウム及びこれを含有する製剤（メタバナジン酸アンモニウム〇・〇一％以下を含有するものを除く。）

(七十一) 二―メチリデンブタン二酸（別名メチレンコハク酸）及びこれを含有する製剤	
(七十二) メチルアミン及びこれを含有する製剤（メチルアミン四〇％以下を含有するものを除く。）	
(七十三) 四―メチルベンゼンスルホン酸及びこれを含有する製剤（四―メチルベンゼンスルホン酸五％以下を含有するものを除く。）	
(七十四) 硫酸を含有する製剤（硫酸六〇％以下を含有するものを除く。）	
(七十五) りん化亜鉛を含有する製剤（りん化亜鉛一％以下を含有するものを除く。）	

本条…一部改正（平成八年三月自令四号・九年三月一三号）、見出し…改正・本条…一部改正（平成一二年九月自令四四号）、本条…一部改正〔平成二三年一二月総令一六六号・二五年七月七一号・二七年七月六三号・二八年八月八〇号・二九年六月四三号・令和二年五月五七号・四年八月五三号〕

附　則

1　この省令は、平成二年五月二十三日から施行する。

2　消防法施行令別表第一の二及び同令別表第一の三の自治省令で定める物及び数量を指定する省令（昭和五十六年自治省令第十三号）は、廃止する。

附　則〔平成八年三月八日自治省令第四号〕

この省令は、平成八年九月一日から施行する。

附　則〔平成九年三月二六日自治省令第一三号〕

この省令は、平成九年九月一日から施行する。

附　則〔平成一二年九月一四日自治省令第四四号〕

この省令は、内閣法の一部を改正する法律（平成十一年法律第八十八号）の施行の日（平成十三年一月六日）から施行する。

附　則〔平成二三年一二月二一日総務省令第一六六号〕

この省令は、平成二十四年七月一日から施行する。

附　則〔平成二五年七月四日総務省令第七一号〕

この省令は、平成二十六年二月一日から施行する。

附　則〔平成二七年七月一七日総務省令第六三号〕

この省令は、平成二十八年二月一日から施行する。

附　則〔平成二八年八月八日総務省令第八〇号〕

この省令は、平成二十九年三月一日から施行する。

附　則〔平成二九年六月二七日総務省令第四三号〕

この省令は、公布の日から施行する。

附　則〔令和二年五月二九日総務省令第五七号〕

この省令は、令和二年十二月一日から施行する。

附　則〔令和四年八月一日総務省令第五三号〕

この省令は、令和五年二月一日から施行する。

○危険物の規制に関する技術上の基準の細目を定める告示

（昭和四十九年五月一日　自治省告示第九十九号）

〔改正経過〕

昭和五一年　三月三一日　自治省告示第　五二号
昭和五一年　六月一五日　自治省告示第一〇三号
昭和五二年　二月一〇日　自治省告示第　二二号
昭和五四年一〇月　九日　自治省告示第一八三号
昭和五八年　四月二八日　自治省告示第一一九号
昭和五九年　三月　五日　自治省告示第　二四号
昭和六二年一二月二六日　自治省告示第二〇〇号
昭和六三年　一月二〇日　自治省告示第　　四号
昭和六三年　四月　一日　自治省告示第　六六号
平成　元年　三月　一日　自治省告示第　三七号
平成　二年　二月　五日　自治省告示第　　五号
平成　二年一二月二六日　自治省告示第二〇四号
平成　五年　七月三〇日　自治省告示第　九〇号
平成　六年　三月一一日　自治省告示第　六一号
平成　六年　九月　一日　自治省告示第一二九号
平成　七年　二月二四日　自治省告示第　二八号
平成　七年　六月二八日　自治省告示第一一九号
平成　八年　九月三〇日　自治省告示第二一七号
平成　九年　三月二六日　自治省告示第　六五号
平成一〇年　三月　四日　自治省告示第　七二号
平成一一年　三月三〇日　自治省告示第　八〇号
平成一一年　九月二〇日　自治省告示第二〇三号
平成一二年　三月二一日　自治省告示第　三八号
平成一二年　五月三一日　自治省告示第一二九号
平成一二年一二月二六日　自治省告示第二七七号
平成一五年一二月一七日　総務省告示第七三三号
平成一七年　一月一四日　総務省告示第　三〇号
平成一七年　三月二四日　総務省告示第三四九号
平成一八年　三月一七日　総務省告示第一四八号
平成一八年　九月一九日　総務省告示第五一五号
平成一八年一一月一〇日　総務省告示第五八四号
平成一九年　三月一二日　総務省告示第一三六号
平成一九年　九月二一日　総務省告示第五三二号
平成二二年　六月二八日　総務省告示第二四六号
平成二三年　二月二三日　総務省告示第　四八号
平成二三年　九月二二日　総務省告示第四二〇号
平成二三年一二月二一日　総務省告示第五五六号
平成二四年　三月三〇日　総務省告示第一二九号
平成二五年　四月　一日　総務省告示第一六六号
平成二六年　三月二七日　総務省告示第一一六号
平成二六年一〇月　一日　総務省告示第三五六号
平成二七年　九月三〇日　総務省告示第三三四号
平成二八年　四月　一日　総務省告示第一四六号
平成三〇年　三月三〇日　総務省告示第一四一号
平成三〇年　八月三一日　総務省告示第三〇六号
令和　元年　六月二八日　総務省告示第　七八号
令和　二年　九月　九日　総務省告示第二六五号
令和　五年　三月　三日　総務省告示第　五二号
令和　五年　九月一九日　総務省告示第三二一号
令和　五年一〇月二七日　総務省告示第三六〇号
令和　五年一二月　六日　総務省告示第四〇六号

危険物の規制に関する規則（昭和三十四年総理府令第五十五号）の規定に基づき、製造所及び取扱所の位置、構造及び設備の技術上の基準の細目を定める告示を次のとおり定める。

　危険物の規制に関する技術上の基準の細目を定める告示

題名…改正〔昭和五一年三月自告五二号〕

（定義）

第一条　この告示において使用する用語は、危険物の規制に関する規則（以下「規則」という。）において使用する用語の例による。

（重要な水路）

第二条　規則第一条第三号ハに規定する重要な水路は、同条第二号に規定する河川以外の河川（公共の水流及び水面をいう。）であつて、移送取扱所が設置される地点からの流域面積が二平方キロメートル以上のものとする。

（特定屋外貯蔵タンクの空間容積）

第二条の二　規則第三条第二項の告示で定める容積は、次の式により求めた側板の最上端までの空間高さに応じた容積以上の容積とする。

$$Hc=0.45D\cdot Kh_2$$

Hcは、側板の最上端までの空間高さ（単位　m）

Dは、特定屋外貯蔵タンクの内径（単位　m）

Kh_2は、第四条の二十第二項第三号に規定する液面揺動の設計水平震度

本条…追加〔昭和五八年四月自告一一九号〕

（地下配管の塗覆装）

第三条　規則第十三条の四の規定により地下配管に塗覆装を行う場合においては、次に掲げるところにより行わなければならない。

一　塗覆装材は、次に掲げるもの又はこれと同等以上の防食効果を有するものを用いること。

イ　塗装材にあつては、アスファルトエナメル又はブローンアスファルトであつて、配管に塗装した場合において、十分な強度を有し、かつ、配管と塗覆装との間に間げきが生じないための配管との付着性能を有するもの

ロ　覆装材にあつては、日本産業規格（産業標準化法（昭和二十四年法律第百八十五号）第二十条第一項の日本産業規格をいう。以下同じ。）Ｌ三四〇五「ヘッシャンクロス」に適合するもの又は耐熱用ビニロンクロス、ガラスクロス若しくはガラスマットであつて、イの塗装材による塗装を保護又は補強するための十分な強度を有するもの

二　塗覆装の方法は、次に掲げる方法又はこれと同等以上の防食効果を有する方法とすること。

イ　配管の外面にプライマーを塗装し、その表面に前号イの塗装材を塗装した後、当該塗装材を含浸した前号ロの覆装材を巻き付けること。

ロ　塗覆装の厚さは、配管の外面から厚さ三・〇ミリメートル以上とすること。

本条…一部改正〔昭和五二年二月自告二二号・五九年三月二四号・六二年一二月二〇〇号・平成一八年三月総告一四八号・二三年一二月五五六号・令和元年六月七八号〕

（地下配管のコーティング）

第三条の二　規則第十三条の四の規定により地下配管にコーティングを行う場合においては、次に掲げるところにより行わなければならない。

一　コーティング材料は、日本産業規格Ｇ三四七七―一「ポリエチレン被覆鋼管―第一部：外面三層ポリエチレン押出被覆鋼管」、日本産業規格Ｇ三四七七―二「ポリエチレン被覆鋼管―第二部：外面ポリエチレン押出被覆鋼管」若しくは日本産業規格Ｇ三四七七―三「ポリエチレン被覆鋼管―第三部：外面ポリエチレン粉体被覆鋼管」に定めるポリエチレン又はこれらと同等以上の防食効果を有するものを用いること。

二　コーティングの方法は、日本産業規格Ｇ三四七七―一「ポリエチレン被覆鋼管―第一部：外面三層ポリエチレン押出被覆鋼管」、日本産業規格Ｇ三四七七―二「ポリエチレン被覆鋼管―第二部：外面ポリエチレン押出被覆鋼管」若しくは日本産業規格Ｇ三四七七―三「ポリエチレン被覆鋼管―第三部：外面ポリエチレン粉体被覆鋼管」に定める方法又はこれらと同等以上の防食効果を有する方法とすること。

本条…追加〔昭和六二年一二月自告二〇〇号〕、一部改正〔令和元年六月総告七八号・五年三月五二号〕

（**地下配管の電気防食**）

第四条　規則第十三条の四の規定により、地下配管に電気防食を行う場合においては、次の各号に掲げるところにより行わなければならない。

一　配管の対地電位平均値は、飽和硫酸銅電極基準による場合にあつてはマイナス〇・八五ボルト、飽和カロメル電極基準による場合にあつてはマイナス〇・七七ボルトより負の電位であつて、かつ、過防食による悪影響を生じない範囲内とすること。

二　配管には、適切な間隔で電位測定端子を設けること。

三　電気鉄道の線路敷下等漏えい電流の影響を受けるおそれのある箇所に設置する配管には、排流法等による措置を講じること。

本条…一部改正〔昭和五二年二月自告二二号〕

（**防油堤等の容量の算定の方法**）

第四条の二　規則第十三条の三第二項に規定する二十号防油堤及び規則第二十二条第二項に規定する防油堤（以下この条において「防油堤等」という。）の容量は、当該防油堤等の内容積から容量が最大であるタンク以外のタンクの防油堤等の高さ以下の部分の容積、当該防油堤等内にあるすべてのタンクの基礎の体積、仕切堤の体積及び当該防油堤等内に設置する配管の体積を差し引いたものとする。

本条…追加〔昭和五一年三月自告五二号〕、見出し…改正・本条…一部改正〔昭和五二年二月自告二二号〕

（**敷地境界線の外縁に存する施設**）

第四条の二の二　規則第十九条の二第四号の告示で定める施設は、次に掲げるものとする。

一　専ら貨物の輸送の用に供する鉄道又は軌道

二　製造業（物品の加工修理業を含む。）、電気供給業、ガス供給業、熱供給業及び倉庫業に係る事業所並びに油槽所の敷地であつて、当該敷地内に危険物の規制に関する政令（昭和三十四年政令第三百六号。以下「令」という。）第九条第一号イからハに掲げる建築物等の存しないもののうち、現に当該事業の用に供されているもの

三　都市計画法（昭和四十三年法律第百号）第八条第一項第一号の工業専用地域内に存する道路で前号に掲げる事業所（油槽所を含む。以下この号において同じ。）の敷地相互間に存するもので、かつ、専ら当該事業所の交通の用に供するもの

本条…追加〔平成一八年三月総告一四八号〕

（**地盤の範囲**）

第四条の三　規則第二十条の二第二項第二号イの告示で定める範囲は、地表面からの深さが十五メートルで、かつ、基礎の外縁が地表面と接する線で囲まれた範囲とする。

本条…追加〔昭和五二年二月自告二二号〕

第四条の四　規則第二十条の二第二項第二号ロの告示で定める範囲は、次項に定める地表面からの深さで、かつ、第三項に定める平面の範囲とする。

2　地表面からの深さは、次の各号に掲げる特定屋外貯蔵タンクの設置場所の地層の区分に応じ、当該各号に掲げる深さとする。

一　タンク荷重を支える地層が水平層状（標準貫入試験における標準貫入試験値が二十以上の相当な厚さの水平地層が存するとともに、当該地層と地表面との間にくさび状の地層が存しない状態をいう。第四条の六において同じ。）であるもの　地表面からの深さ十五メートル

二　前号の地層以外のもの　規則第二十条の二第二項第二号ロ(1)に定めるタンク荷重に対する支持力の安全率及び計算沈下量を確保するのに必要な深さ

3　平面の範囲は、次の式により求めた水平距離（当該距離が五メートル未満であるときは五メートル、十メートルを超えるときは十メートル）に特定屋外貯蔵タンクの半径を加えた距離を半径とし、当該特定屋外貯蔵タンクの設置位置の中心を中心とした円の範囲とする。

$$L = \frac{2}{3}l$$

Lは、水平距離（単位　m）

lは、前項の規定により求めた地表面からの深さ（単位　m）

本条…追加〔昭和五二年二月自告二二号〕

（支持力の安全率）

第四条の五　規則第二十条の二第二項第二号ロ(1)の告示で定める安全率の値は、一・五以上とする。

本条…追加〔昭和五二年二月自告二二号〕

（計算沈下量）

第四条の六　規則第二十条の二第二項第二号ロ(1)の告示で定める計算沈下量の値は、次の各号に掲げる特定屋外貯蔵タンクの直径の区分に応じ、当該各号に掲げる沈下量（タンク荷重を支える地層が水平層状である場合は、当該沈下量の三倍の値とする。）以下とする。

一　直径が十五メートル未満のもの　当該タンクの不等沈下が〇・〇五メートル

二　直径が十五メートル以上のもの　当該タンクの直径に対するタンクの不等沈下の数値の割合が三百分の一

本条…追加〔昭和五二年二月自告二二号〕、一部改正〔平成一一年九月自告二〇三号〕

（基礎の指定）

第四条の七　規則第二十条の二第二項第二号ロ(2)の告示で定める基礎は、同項第四号で定める盛り土であるものとする。

本条…追加〔昭和五二年二月自告二二号〕

（地盤を構成する地質の制限）

第四条の八　規則第二十条の二第二項第二号ロ(2)の告示で定める地質は、砂質土であつて、次の各号に該当するものとする。

一　地下水によつて飽和されているものであること。

二　粒径加積曲線による通過重量百分率の五十パーセントに相当する粒径（D_{50}）が、二・〇ミリメートル以下のものであるこ

と。

三　次の表の上欄に掲げる細粒分含有率（篩い目の開き〇・〇七五ミリメートルを通過する土粒子の含有率をいう。第七十四条において同じ。）の区分に応じ、それぞれ同表の下欄に掲げる標準貫入試験値以下のものであること。

細粒分含有率	標準貫入試験値	
	A	B
五パーセント未満	十二	十五
五パーセント以上十パーセント以下	八	十二
十パーセントを超え三十五パーセント未満	六	七

備考

一　Aは、タンクの設置位置の中心を中心とし当該タンクの半径から五メートルを減じた値を半径とする円の範囲内の砂質土に係る値をいう。

二　Bは、第四条の四第三項に規定する平面の範囲（備考一の範囲を除く。）内の砂質土に係る値をいう。

本条…追加〔昭和五二年二月自告二二号〕、一部改正〔平成六年九月自告一二九号・一一年九月二〇三号〕

（**すべりの安全率**）

第四条の九　規則第二十条の二第二項第三号の告示で定める安全率は、一・二以上の値とする。

本条…追加〔昭和五二年二月自告二二号〕

（**盛り土の構造**）

第四条の一〇　規則第二十条の二第二項第四号の告示で定めるところにより造る盛り土は、次のとおりとする。

一　締固めのまき出し厚さは、〇・三メートル以下とし、均一に締め固めること。

二　犬走りの最小幅は、特定屋外貯蔵タンクの直径が二十メートル未満のものにあつては一メートル以上、二十メートル以上のものにあつては一・五メートル以上とすること。

三　犬走り及び法面の勾配は、それぞれ二十分の一以下及び二分の一以下とすること。

四　犬走り及び法面は、雨水等が浸透しないようアスファルト等で保護すること。

五　締固めが完了した後において盛り土を掘削しないこと。ただし、規則第二十条の二第二項第六号の規定により基礎を補強するための措置を講ずる場合等の必要があるときは、この限りでない。この場合において、当該盛り土の埋戻し部分は、粒調砕石又はソイルセメント等により盛り土が部分的に沈下しないよう締固めを行うこと、当該埋戻し部分の特定屋外貯蔵タンクの沈下を防止するための板を設けること等の措置を講ずること。

六　盛り土の表面の仕上げは、次によること。

イ　側板の外部の近傍の表面は、当該近傍の円周上の十メートル以下の等間隔の点（当該点の和が八点未満となるときは、八点とする。）相互における高低差の最高値が二十五ミリメートル以下で、かつ、隣接する当該各点における高低差が十ミリメートル以下であること。

ロ　イによるほか盛り土の表面は、特定屋外貯蔵タンクの設置位置の中心を中心として半径約十メートルを増すごとの同心円（特定屋外貯蔵タンクの直径が四十メートル以下のものにあつては当該特定屋外貯蔵タンクの半径の二分の一を半径とする円とし、直径が四十メートルを超えるものにあつてはイによる円との間隔が十メートル未満となる円は除くものとする。）を描き、それぞれの円周上の十メートル以下の等間隔の点相互における高低差の最高値が二十五ミリメートル以下で、かつ、隣接する当該各点における高低差が十ミリメートル以下であること。

本条…追加〔昭和五二年二月自告二二号〕

（基礎の補強）

第四条の一一　規則第二十条の二第二項第六号の告示で定めるところにより当該基礎を補強するための措置は、特定屋外貯蔵タンクの側板の直下又は側板の外傍について鉄筋コンクリートリングにより行うものとする。ただし、側板の直下については、砕石リングにより行うことができる。

2　前項の措置を鉄筋コンクリートリングにより行う場合は、次によるものとする。

一　鉄筋コンクリートリングの高さは、一メートル以上とすること。

二　鉄筋コンクリートリングの天端の幅は、一メートル（側板の外傍に設けるものにあつては、〇・三メートル）以上とすること。

三　コンクリートの設計基準強度は、二十一ニュートン毎平方ミリメートル以上のものであること。

四　コンクリートの許容圧縮応力度は、七ニュートン毎平方ミリメートル以上のものであること。

五　コンクリートの許容曲げ引張り応力度は、〇・三ニュートン毎平方ミリメートル以上のものであること。

六　鉄筋の許容応力度は、日本産業規格G三一一二「鉄筋コンクリート用棒鋼」（SR235、SD295A又はSD295Bに係る規格に限る。）のうちSR235を用いる場合にあつては百四十ニュートン毎平方ミリメートル、SD295A又はSD295Bを用いる場合にあつては百八十ニュートン毎平方ミリメートルとすること。

七　側板の直下に設ける鉄筋コンクリートリングには、当該鉄筋コンクリートリングの内部に浸透した水を排除するための排水口を設けるとともに、当該鉄筋コンクリートリングの天端と特定屋外貯蔵タンクの底部との間に緩衝材を設けること。

3　第一項の措置を砕石リングにより行う場合は、次によるものとする。

一　砕石リングの高さ及び天端の幅は、二メートル以上とすること。

二　砕石リングに用いる砕石は、最大粒径が五十ミリメートル以下のもので、かつ、十分締め固めることができるよう当該粒度が調整されているものであること。

三　砕石リングは、平板載荷試験における平板載荷試験値（五ミリメートル沈下時における試験値（K_{30}値）とする。）が二百メガニュートン毎立方メートル以上の値を有するものであること。

と。

本条…追加〔昭和五二年二月自告二二号〕、二項…一部改正〔昭和五九年三月自告二四号・平成二年一二月二〇四号〕、二・三項…一部改正〔平成一一年九月自告二〇三号〕、二項…一部改正〔令和元年六月総告七八号〕

（貯蔵する危険物の比重）

第四条の一二　特定屋外貯蔵タンクに貯蔵する危険物の重量については、当該貯蔵する危険物の比重が一・〇に満たないときは、当該比重を一・〇として計算するものとする。

本条…追加〔昭和五二年二月自告二二号〕

（支持力の計算方法）

第四条の一三　特定屋外貯蔵タンクの地盤の支持力の計算方法は、次のイの式及びロの式によるものとする。ただし、第四条の十一第二項及び第三項に規定する特定屋外貯蔵タンクの側板の直下に設ける鉄筋コンクリートリング又は砕石リング（砕石リングの天端が当該タンクの側板の内側に二メートル以上張り出しているものに限る。）を設けるものにあつては、イの式によるものとする。

イ　$qd_1 = 1.3C \cdot N_c + 0.3\gamma_1 \cdot B \cdot N\gamma + \gamma_2 \cdot D_f \cdot N_q$

ロ　$qd_2 = 1.0C \cdot N_c + 0.75\gamma_1 \cdot N\gamma + \gamma_2 \cdot D_f \cdot N_q$

qd_1は、地盤の極限支持力（単位　kN／㎡）

qd_2は、局部的地盤の極限支持力（単位　kN／㎡）

Cは、粘着力（単位　kN／㎡）

N_c、N_q及び$N\gamma$は、支持力係数（次の図により土の内部摩擦角からそれぞれ求める値）

γ_1及びγ_2は、それぞれ根入の下方及び上方の土の有効単位体積重量（単位　kN／㎥）

Bは、特定屋外貯蔵タンクの直径（単位　m）

D_fは、地表面からの根入深さ（単位　m）

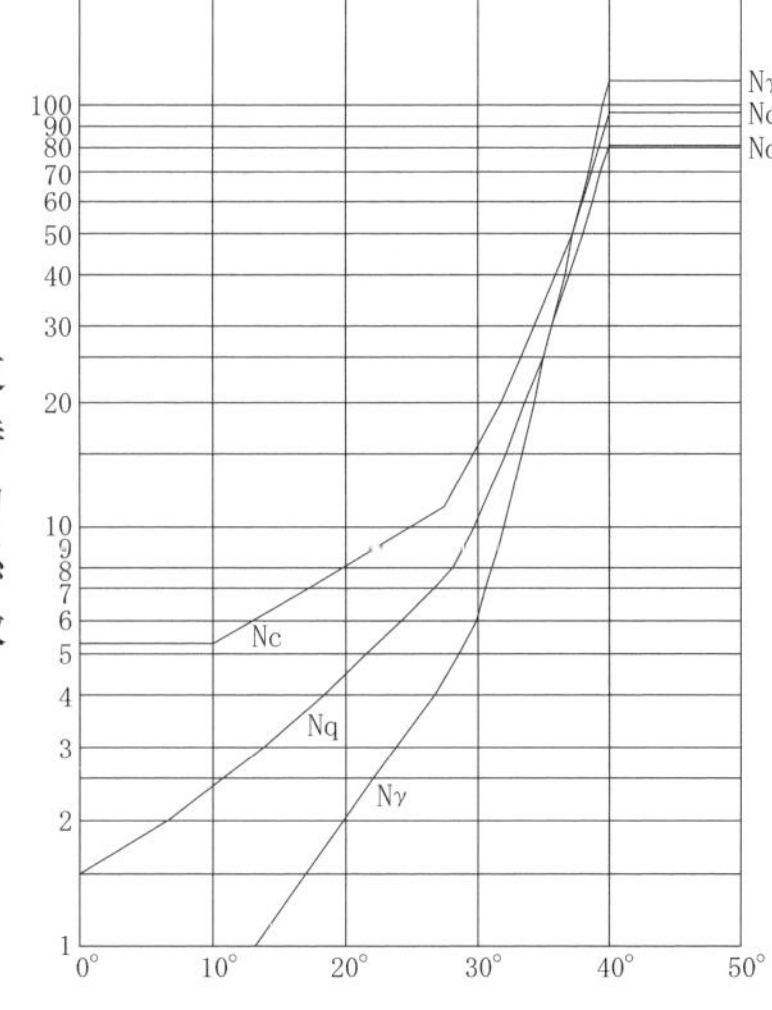

本条…追加〔昭和五二年二月自告二二号〕、一部改正〔平成一一年九月自告二〇三号〕

（沈下量の計算方法）

第四条の一四　特定屋外貯蔵タンクの地盤の沈下量の計算方法は、粘性土層にあつては次のイの式により、砂質土層にあつては次のロの式によるものとする。

イ　$S = \int \frac{C_c}{1+e_0} \log \frac{P_1 + \Delta P}{P_0} dZ$

ロ　$S=4.00\times10^{-3}\int\frac{P_1}{N}\log\frac{P_1+\varDelta P}{P_1}dZ$

Sは、沈下量（単位　m）

C_cは、標準圧密試験により求めた圧縮指数

e_0は、標準圧密試験により求めた初期間げき比

P_1は、有効土被り荷重（単位　kN／㎡）

$\varDelta P$は、タンク荷重による増加地中荷重（単位　kN／㎡）

P_0は、圧密降伏荷重（単位　kN／㎡）

Zは、地表面からの深さ（単位　m）

Nは、標準貫入試験値

本条…追加〔昭和五二年二月自告二二号〕、一部改正〔平成一一年九月自告二〇三号・二二年六月総告二四六号〕

（すべりの計算方法）

第四条の一五　特定屋外貯蔵タンクの地盤のすべりの計算方法は、次の式によるものとする。

$$F=\frac{\Sigma(1.3C\cdot l+W\cdot\cos\theta\cdot\tan\phi)}{\Sigma W_0\cdot\sin\theta}$$

Fは、安全率

Cは、粘着力（単位　kN／㎡）

lは、分割片におけるすべり面の長さ（単位　m）

Wは、分割片における幅一メートル当たりの有効重量（単位　kN／m）

θは、分割片でのすべり面と水平面のなす角（単位　度）

ϕは、内部摩擦角（単位　度）

W_0は、分割片における幅一メートル当たりの全重量（単位　kN／m）

本条…追加〔昭和五二年二月自告二二号〕、一部改正〔平成一一年九月自告二〇三号〕

（基礎及び地盤に係る試験）

第四条の一六　規則第二十条の三の告示で定める試験は、次の各号に掲げるものとする。

一　規則第二十条の二第二項第二号ハの地盤の堅固さを確認するための試験

二　規則第二十条の二第二項第四号の基礎の堅固さを確認するための試験

三　第四条の十一第三項第三号の平板載荷試験

本条…追加〔昭和五二年二月自告二二号〕

（許容応力）

第四条の一六の二　規則第二十条の四第二項第一号の告示で定める許容応力は、次の各号に掲げる応力の区分に応じ、当該各号に定める許容応力とする。

一　主荷重によつて生ずる応力　次の表の上欄に掲げる応力の種類ごとに、同表の下欄に掲げる値

応力の種類	許容応力
引張応力	S
圧縮応力	S又はS′のいずれか小なる値

備考

一　Sは、材料の規格最小降伏点又は〇・二パーセント耐力の六十パーセントの値（単位　N／㎟）

二　S′は、次の式により求めた値

$$S' = \frac{0.4E \cdot t}{\gamma \cdot D}$$

Eは、205,939.7（単位　N／㎟）

tは、座屈を求める段の側板の厚さ（単位　㎜）

γは、2.25

Dは、特定屋外貯蔵タンクの内径（単位　㎜）

二　主荷重と風荷重又は地震の影響との組合せによつて生ずる応力　前号の表の上欄に掲げる応力の種類ごとに、同表の下欄に掲げる値に一・五を乗じた値

本条…追加〔昭和五八年四月自告一一九号〕、一部改正〔平成一一年九月自告二〇三号〕

（最小厚さ等）

第四条の一七　規則第二十条の四第二項第二号の告示で定める基準は、次のとおりとする。

一　側板の最小厚さは、次の表の上欄に掲げる特定屋外貯蔵タンクの内径の区分に応じ、同表の下欄に掲げる厚さとすること。

内　径（単位　m）	厚さ（単位　㎜）
十六以下のもの	四・五
十六を超え三十五以下のもの	六
三十五を超え六十以下のもの	八
六十を超えるもの	十

二　底板の最小厚さは、特定屋外貯蔵タンクの容量が千キロリットル以上一万キロリットル未満のものにあつては九ミリメートル、一万キロリットル以上のものにあつては十二ミリメートルとすること。ただし、貯蔵する危険物の性状等から底板が腐食するおそれがないと認められる場合は、当該底板の厚さを減ずることができる。

三　屋根の最小厚さは、四・五ミリメートルとすること。

四　アニュラ板の側板外面からの最小張出し寸法、側板内面からタンク中心部に向かつての最小張出しの長さ及びアニュラ板の最小厚さは、次の表の上欄に掲げる特定屋外貯蔵タンクの側板の最下段の厚さの区分に応じ、同表の下欄に掲げる寸法等とする。

側板の最下段の厚さ（単位　㎜）	アニュラ板の各寸法等（単位　㎜）		
	側板外面からの張出し寸法	側板内面からタンク中心部に向かつての張出しの長さ	最小厚さ
十五を超え二十以下のもの	七十五	千	十二
二十を超え二十五以下のもの	百	千五百	十五
二十五を超え三十以下のもの	百	千五百	十八

三十を超えるもの	百	千五百	二十一

本条…追加〔昭和五二年二月自告二二号〕、一部改正〔昭和五八年四月自告一一九号〕

（主荷重及び従荷重）

第四条の一八　特定屋外貯蔵タンクに係る主荷重及び従荷重（次条及び第四条の二十に定めるものを除く。）の計算方法は、次の各号に掲げるとおりとする。

一　特定屋外貯蔵タンクの自重は、当該特定屋外貯蔵タンクの鋼材の比重を七・八五として計算すること。

二　貯蔵する危険物の重量については、当該貯蔵する危険物の比重が一・〇に満たないときは、当該比重を一・〇として計算すること。

三　温度変化の影響は、貯蔵する危険物の最高液温と当該特定屋外貯蔵タンクを設置する地域における年間平均気温との差とし、特定屋外貯蔵タンクの鋼材の線膨張係数を12×10^{-6}として計算すること。

四　積雪荷重は、積雪量が一平方メートル当たり一センチメートルにつき十九・六ニュートン以上として計算すること。

本条…追加〔昭和五二年二月自告二二号〕、一部改正〔平成一一年九月自告二〇三号〕

（風荷重等）

第四条の一九　特定屋外貯蔵タンクに係る風荷重の計算方法等は、次に掲げるとおりとする。

一　一平方メートル当たりの風荷重は、次の式によること。

$$q=0.588k\sqrt{h}$$

qは、風荷重（単位　kN／㎡）

kは、風力係数（円筒形タンクの場合は〇・七、円筒形タンク以外のタンクの場合は一・〇）

hは、地盤面からの高さ（単位　m）

二　前号の規定にかかわらず、海岸、河岸、山上等強風を受けるおそれのある場所に設置するタンク又は円筒形タンクで地盤面からの高さが二十五メートル以上のものに係る風荷重の値は、一平方メートルにつき二・〇五キロニュートン、円筒形タンク以外のタンクで地盤面からの高さが二十五メートル以上のものに係る風荷重の値は、一平方メートルにつき二・九四キロニュートンとすること。

2　特定屋外貯蔵タンクにウインドガーダーを設ける場合における断面係数等の計算方法は、次に掲げるところによるものとする。

一　ウインドガーダーの必要断面係数は、特定屋外貯蔵タンクの側板の最上部に設けるもの（以下「上部ウインドガーダー」という。）にあっては次のイの式により、上部ウインドガーダー以外のウインドガーダー（以下「中間ウインドガーダー」という。）にあっては次のロの式により求めた値から設計に係る上部ウインドガーダー又は中間ウインドガーダーの形状を考慮して次号により求めた断面係数の値を減じた値を超える値とすること。

イ　$Z=0.042D^2\cdot H\cdot\left(\frac{V}{45}\right)^2$

Zは、断面係数（単位　cm³）

Dは、特定屋外貯蔵タンクの内径（単位　m）

Hは、特定屋外貯蔵タンクの底部から上部ウインドガーダーを取り付ける位置までの高さ（単位　m）

Vは、$62\left(\frac{h}{15}\right)^{\frac{1}{4}}$（単位　m／s）

hは、地盤面から上部ウインドガーダーを取り付ける位置までの高さ（単位　m）

ロ　$Z=0.042D^2\cdot H\cdot\left(\frac{V}{45}\right)^2$

Zは、断面係数（単位　cm³）

Dは、特定屋外貯蔵タンクの内径（単位　m）

Hは、上部ウインドガーダーと中間ウインドガーダー又は中間ウインドガーダー相互の取付け間隔（単位　m）

Vは、$62\left(\frac{h}{15}\right)^{\frac{1}{4}}$（単位　m／s）

hは、地盤面から中間ウインドガーダーを取り付ける位置までの高さ（単位　m）

二　前号の規定により減ずる断面係数の値は、ウインドガーダーの設置位置に応じ、次に掲げるものとすること。

イ　上部ウインドガーダーにあつては、当該上部ウインドガーダーの取付け幅に当該上部ウインドガーダーを取り付ける位置の上方及び下方にそれぞれ側板の厚さの十六倍に相当する値を加えた値（上部ウインドガーダーの取付け位置から側板の最上端までの間隔が当該側板の厚さの十六倍未満である場合は、当該取付け幅に当該間隔と当該上部ウインドガーダーを取り付ける位置の下方に側板の厚さの十六倍に相当する値とを加えた値）を幅とする側板の板厚方向の断面係数の値

ロ　中間ウインドガーダーにあつては、当該中間ウインドガーダーの取付け幅に当該中間ウインドガーダーを取り付ける位置の上方及び下方に次の式により求めた値を加えた値を幅とする側板の板厚方向の断面係数の値

$L=1.34\sqrt{D\cdot t}$

Lは、求める値（単位　cm）

Dは、特定屋外貯蔵タンクの内径（単位　m）

tは、中間ウインドガーダーを取り付ける側板の厚さ（くされ代を除く。）（単位　mm）

三　中間ウインドガーダーの設置位置は、次の式によること。

$H=9.46t\sqrt{\left(\frac{t}{D}\right)^3}\left(\frac{45}{V}\right)^2$

Hは、上部ウインドガーダーと中間ウインドガーダー又は中間ウインドガーダー相互の間隔（単位　m）

tは、上部ウインドガーダーと中間ウインドガーダー又は中間ウインドガーダーとを取り付ける位置の範囲内に存する側板の厚さ（くされ代を除く。）から

求めた加重平均板厚（単位　㎜）
Dは、特定屋外貯蔵タンクの内径（単位　m）
Vは、$62\left(\frac{h}{15}\right)^{\frac{1}{4}}$（単位　m／s）
hは、地盤面から中間ウインドガーダーを取り付ける位置までの高さ（単位　m）

本条…追加〔昭和五二年二月自告二二号〕、一・二項…一部改正〔平成一一年九月自告二〇三号〕

（地震の影響）

第四条の二〇　特定屋外貯蔵タンクに係る地震の影響は、次に掲げる地震動による慣性力等によつて生ずる影響をいうものとする。

一　水平方向及び鉛直方向地震動によるタンク本体慣性力
二　水平方向及び鉛直方向地震動による側板部に作用する動液圧
三　水平方向地震動による底部水平力
四　水平方向地震動による側板部のモーメント
五　水平方向地震動による底板部のモーメント
六　液面揺動による側板部に作用する動液圧
七　液面揺動による底部水平力
八　液面揺動による側板部のモーメント
九　液面揺動による底板部のモーメント

2　地震の影響に関する特定屋外貯蔵タンクの設計震度の計算方法は、次に定めるとおりとする。

一　設計水平震度は、次の式によること。

$$Kh_1 = 0.15\nu_1 \cdot \nu_2 \cdot \nu_3$$

Kh_1は、設計水平震度
ν_1は、地域別補正係数（次の表イの中欄に掲げる地域区分に応じ、同表の下欄に掲げる値とする。第三号、第四条の二十三第一号、第四条の四十五第二項第一号及び第二号、第十三条第二項第一号並びに第七十九条第二号において同じ。）
ν_2は、地盤別補正係数（次の表ロの上欄に掲げる特定屋外貯蔵タンクが設置される地盤の区分に応じ、同表の下欄に掲げる値とする。第四条の二十三第一号、第四条の四十五第二項第二号及び第七十九条第二号において同じ。）
ν_3は、特定屋外貯蔵タンクの固有周期を考慮した応答倍率（次の図ハに掲げる地盤の区分に応じて特定屋外貯蔵タンクの固有周期より求めた値とする。第七十九条第二号において同じ。）

イ

	地域区分	地域別補正係数
㈠	㈡又は㈢に掲げる地域以外の地域	一・〇〇
	北海道のうち 札幌市　函館市　小樽市　室蘭市　北見市　夕張市　岩見沢市　網走市　苫小牧市　美唄市　芦別市　江別市　赤平市　三笠市　千歳市　滝川市　砂川市　歌志内市　深川市　富良野市　登別市　恵庭市　伊達市　北広島市　石狩市　北斗市　石狩郡　松前郡　上磯郡　亀田郡　茅部郡　二海郡	

	山越郡　檜山郡　爾志郡　久遠郡　奥尻郡　瀬棚郡　島牧郡　寿都郡　磯谷郡　虻田郡　岩内郡　古宇郡　積丹郡　古平郡　余市郡　空知郡　夕張郡　樺戸郡　雨竜郡　上川郡（東神楽町、上川町、東川町及び美瑛町に限る。）　勇払郡　網走郡　斜里郡　常呂郡　有珠郡　白老郡 青森県のうち 青森市　弘前市　黒石市　五所川原市　むつ市　つがる市　平川市　東津軽郡　西津軽郡　中津軽郡　南津軽郡　北津軽郡　下北郡 秋田県 山形県 福島県のうち 会津若松市　郡山市　白河市　須賀川市　喜多方市　岩瀬郡　南会津郡　耶麻郡　河沼郡　大沼郡　西白河郡 新潟県 富山県のうち 魚津市　滑川市　黒部市　下新川郡 石川県のうち 輪島市　珠洲市　鳳至郡 鳥取県のうち 米子市　倉吉市　境港市　東伯郡　西伯郡　日野郡 島根県 岡山県 広島県 徳島県のうち 美馬市　三好市　美馬郡　三好郡 香川県のうち 高松市（旧木田郡庵治町及び牟礼町の区域を除く。）　丸亀市　坂出市　善通寺市　観音寺市　三豊市　小豆郡　香川郡　綾歌郡　仲多度郡 愛媛県 高知県 熊本県（㈢に掲げる市及び郡を除く。） 大分県（㈢に掲げる市及び郡を除く。） 宮崎県	〇・八五
㈢	北海道のうち 旭川市　留萌市　稚内市　紋別市　士別市　名寄市　上川郡（鷹栖町、当麻町、比布町、愛別町、和寒町、剣淵町及び下川町に限る。）　中川郡（美深町、音威子府村及び中川町に限る。）　増毛郡　留萌郡　苫前郡　天塩郡　宗谷郡　枝幸郡　礼文郡　利尻郡　紋別郡 山口県 福岡県 佐賀県 長崎県 熊本県のうち 八代市（旧八代郡坂本村、千丁町、鏡町、東陽村及び泉村の区域を除く。）　荒尾市　水俣市　玉名市　山鹿市　宇土市　上天草市　宇城市（旧下益城郡松橋町、小川町及び豊野町の区域を除く。）　天草市　玉名郡　鹿本郡　葦北郡　天草郡	〇・七〇

大分県のうち 中津市　日田市（旧日田郡前津江村、中津江村、上津江村、大山町及び天瀬町の区域を除く。）　豊後高田市　杵築市　宇佐市 国東市　東国東郡　速見郡 鹿児島県（奄美市及び大島郡を除く。） 沖縄県	
備考　この表に掲げる区域は、平成十八年四月一日における行政区画によつて表示されたものとする。	

ロ

地盤の区分	地盤別補正係数
第三紀以前の地盤（以下この表において「岩盤」という。）又は岩盤までの洪積層の厚さが十メートル未満の地盤（以下「一種地盤」という。）	一・五〇
岩盤までの洪積層の厚さが十メートル以上の地盤又は岩盤までの沖積層の厚さが十メートル未満の地盤（以下「二種地盤」という。）	一・六七
岩盤までの沖積層の厚さが十メートル以上二十五メートル未満であつて、かつ、耐震設計上支持力を無視する必要があると認められる土層の厚さが五メートル未満の地盤（以下「三種地盤」という。）	一・八三
その他の地盤（以下「四種地盤」という。）	二・〇〇

ハ

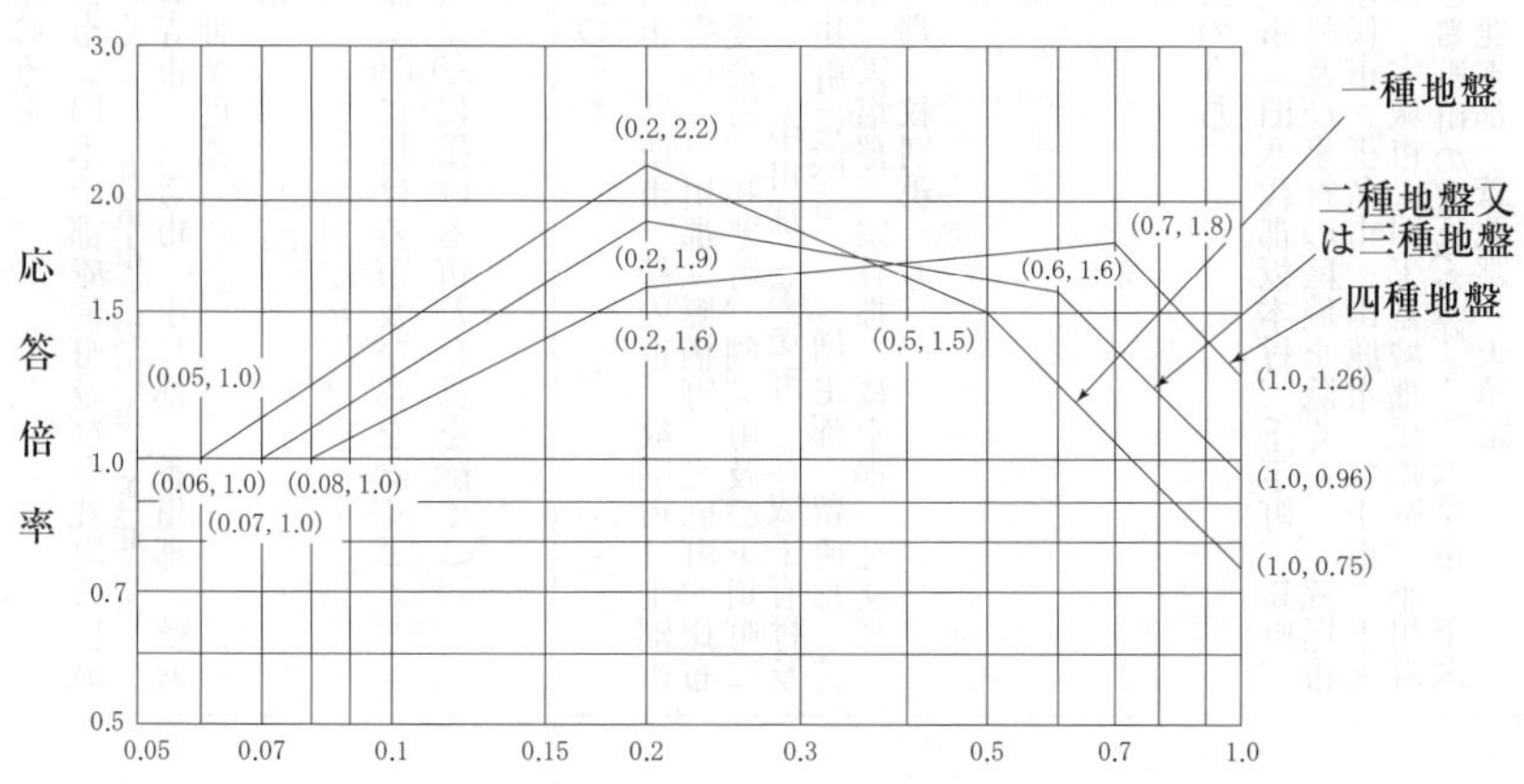

備考

特定屋外貯蔵タンクの固有周期の計算方法は、次の式によること。

$$T_b = \frac{2}{\lambda} \cdot \sqrt{\frac{W}{\pi \cdot g \cdot E \cdot t_{1/3}}} \cdot j$$

T_bは、特定屋外貯蔵タンクの固有周期（単位　s）

λは、次の式により求めた値

$$\lambda = 0.067 (H/D)^2 - 0.30 (H/D) + 0.46$$

Hは、最高液面高さ（単位　m）

Dは、特定屋外貯蔵タンクの内径（単位　m）

Wは、危険物の貯蔵重量（単位　kN）

gは、重力加速度（単位　m／s^2）

Eは、205,939.7（単位　N／mm^2）

$t_{1/3}$は、タンク底部から最高液面高さの三分の一の高さにおける側板の板厚（くされ代を除く。）（単位　㎜）

jは、基礎及び地盤とタンク本体との連成の影響に基づく補正係数で、四種地盤上に設置された直接基礎型式の特定屋外貯蔵タンクにあつては一・一、それ以外の特定屋外貯蔵タンクにあつては一・〇とする。

二　設計鉛直震度は、設計水平震度の二分の一とすること。

三　液面揺動の設計水平震度は次の式によること。

$$Kh_2 = 0.15 \nu_1 \cdot \nu_4 \cdot \nu_5$$

Kh_2は、液面揺動の設計水平震度

ν_1は、地域別補正係数

ν_4は、液面揺動の一次固有周期を考慮した応答倍率であつて、次の式により求めた値

$$\nu_4 = \frac{4.5}{Ts_1}$$

Ts_1は、液面揺動の一次固有周期であつて、次の式により求めた値

$$Ts_1 = 2\pi \sqrt{\frac{D}{3.68g} \cdot \coth\left(\frac{3.68H}{D}\right)}$$

Ts_1は、液面揺動の一次固有周期（単位　s）

Dは、特定屋外貯蔵タンクの内径（単位　m）

gは、重力加速度（単位　m／s^2）

Hは、最高液面高さ（単位　m）

ν_5は、長周期地震動に係る地域特性に応じた補正係数（次のイからハまでに規定する区域に設置される特定屋外貯蔵タンクにあつては当該特定屋外貯蔵タンクの存する敷地又はその周辺で得られた強震計地震動記録等に基づき、地域特性を考慮して予想された速度応答スペクトルから、当該特定屋外貯蔵タンクの液面揺動の一次固有周期に応じた速度を100㎝／sで除した値（当該値が次のイからハまでにそれぞれ掲げる図から当該特定屋外貯蔵タンクの液面揺動の一次固有周期に応じて求めた値を下回る場合にあつては、当該図か

ら求めた値とする。ただし、適切な強震計地震動記録等が得られていない場合にあつては、当該図から求めた値とすることができる。）とし、その他の特定屋外貯蔵タンクにあつては一・〇とする。）

イ　石油コンビナート等特別防災区域を指定する政令（昭和五十一年政令第百九十二号。以下この号において「区域令」という。）別表第二号、第十二号、第二十二号及び第二十三号に掲げる地区ごとの区域

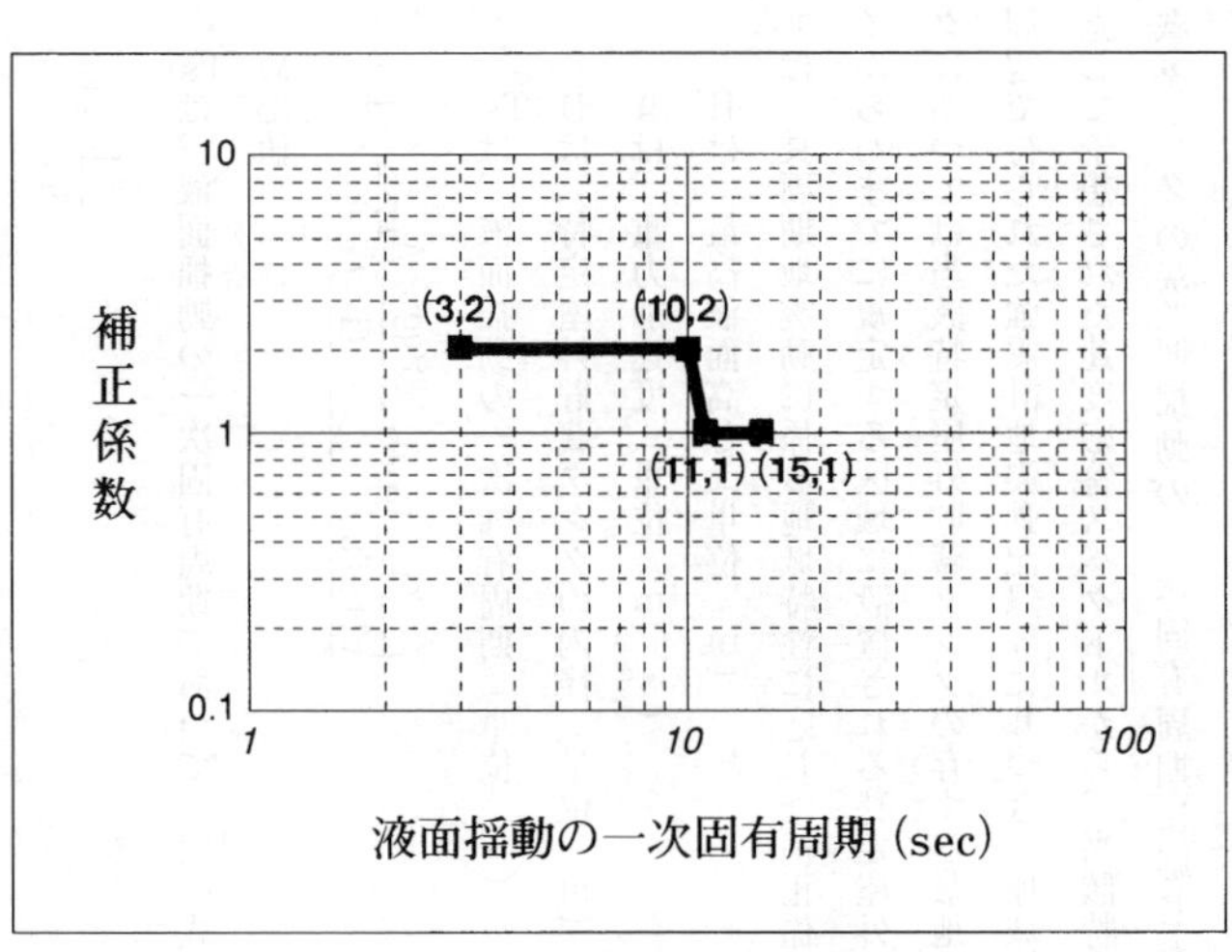

ロ　区域令別表第十六号から第二十一号までに掲げる地区ごとの区域

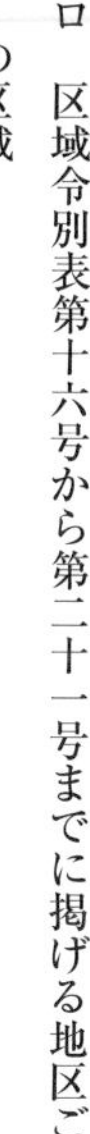
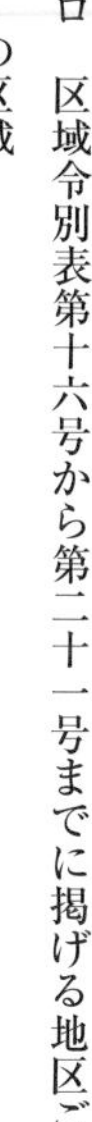

ハ　区域令別表第二号の二、第四号、第十一号、第三十二号及び第三十四号から第三十九号までに掲げる地区ごとの区域

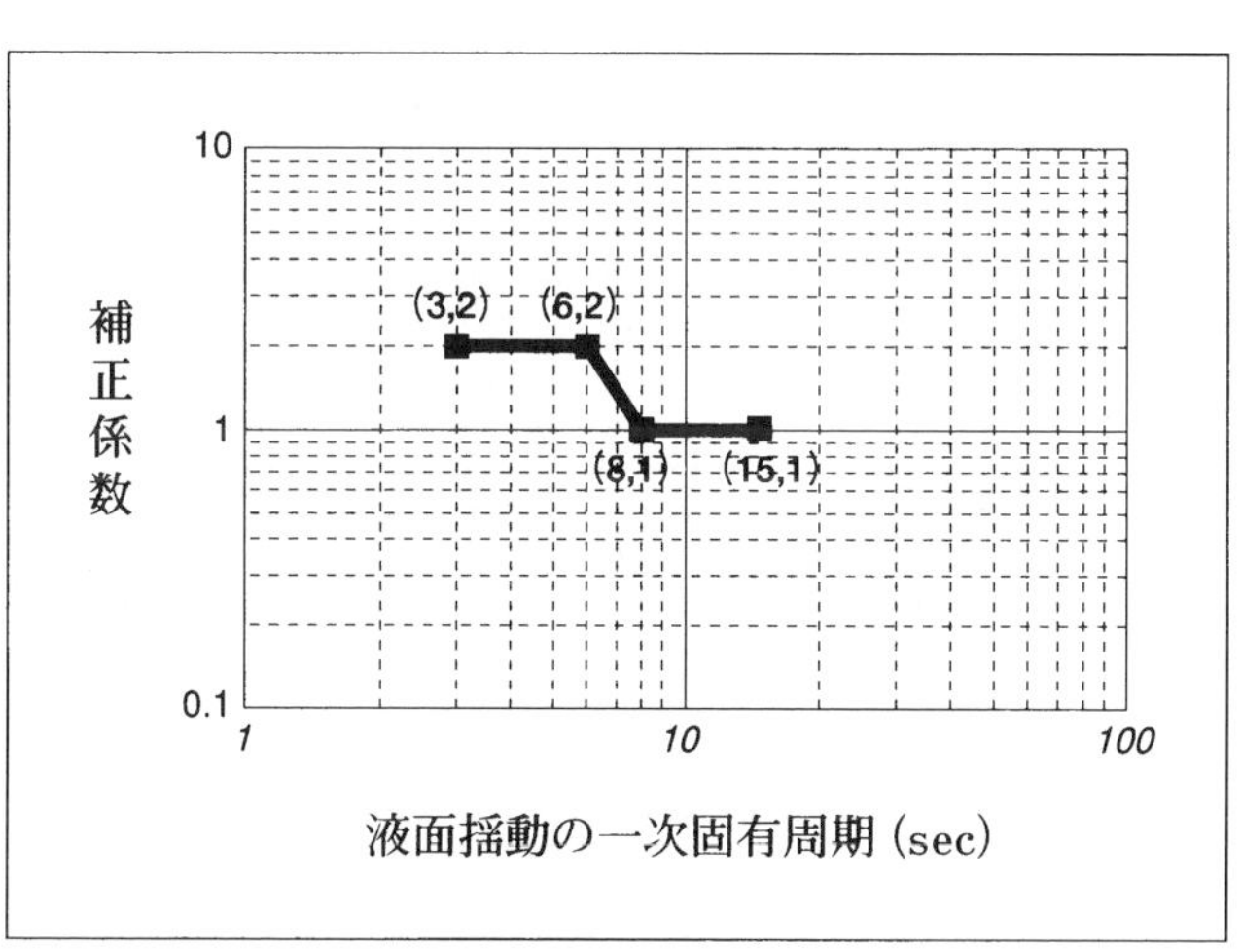

本条…追加〔昭和五二年二月自告二二号〕、全部改正〔昭和五八年四月自告一一九号〕、二項…一部改正〔昭和六二年一二月自告二〇〇号・平成六年九月一二九号・八年九月二一七号・一一年九月二〇三号・一七年一月総告三〇号・一八年三月一四八号・一一月五八四号・二八年四月一四六号・三〇年八月三〇六号・令和二年九月二六五号・五年一〇月三六〇号〕

（側板の厚さの計算方法）

第四条の二一　特定屋外貯蔵タンクの側板の厚さは、次の式により求めた値（側板最下段にあつては、当該値に一・一八を乗じた値）にくされ代を加えた値とする。

$$t = \frac{D(H-0.3)\rho}{0.204S}$$

tは、最小必要厚さ（単位　mm）
Dは、特定屋外貯蔵タンクの内径（単位　m）
Hは、側板の厚さを求める段の下端から貯蔵する危険物の最高液面までの高さ（単位　m）
ρは、貯蔵する危険物の比重
Sは、材料の規格最小降伏点又は〇・二パーセント耐力の六十パーセントの値（単位　N／mm^2）

本条…追加〔昭和五二年二月自告二二号〕、全部改正〔昭和五八年四月自告一一九号〕、一部改正〔平成一一年九月自告二〇三号〕

（溶接施工方法確認試験の方法等）

第四条の二一の二　規則第二十条の四第三項の告示で定める溶接施工方法確認試験の方法等は、次に掲げるとおりとする。

一　溶接施工方法確認試験は、特定屋外貯蔵タンクに用いる鋼板、当該タンクの工事に用いる溶接材料、溶接方法等の組合せが同一となる溶接条件又はこれに準ずるものによつて行うこと。

二　溶接施工方法確認試験は、突合せ溶接又はすみ肉溶接により溶接をした材料から試験片を作成し、当該試験片について断面マクロ試験及び次に掲げる機械試験を行うこと。

イ　突合せ溶接についての試験方法は、次に掲げるとおりとすること。

⑴　引張り試験は、日本産業規格Z三一二一「突合せ溶接継手の引張試験方法」によること。

⑵　曲げ試験は、日本産業規格Z三一二二「突合せ溶接継手の曲げ試験方法」によること。

⑶　衝撃試験（母材に衝撃値の規格がある継手に限る。）は、日本産業規格Z二二四二「金属材料のシャルピー衝撃試験方法」によること。

ロ　T型すみ肉溶接についての試験方法は、日本産業規格Z三一三四「T型すみ肉溶接継手の曲げ試験方法」によること。

ハ　重ねすみ肉溶接についての試験方法は、イに掲げる引張り試験によること。

2　規則第二十条の四第三項の告示で定める基準は、次に掲げるとおりとする。

一　断面マクロ試験においては、溶込み不良及び割れがないこと。

二　突合せ溶接継手の引張り試験においては、試験片の引張強さが、母材の規格引張強さの最小値以上であること。

三　重ねすみ肉溶接継手の引張り試験においては、試験片の引張強さが、母材の規格引張強さの最小値の五十パーセント以上であること。

四　突合せ溶接継手の曲げ試験においては、試験片の曲がりの外側の表面に次の欠陥が生じないこと。

イ　一の割れ（縁角に生じる小さな割れを除く。）の長さが三ミリメートル以上のもの

ロ　割れの長さの合計が七ミリメートルを超えるもの

ハ　割れ及びブローホールの個数の合計が十を超えるもの

五　T型すみ肉溶接継手の曲げ試験においては、曲げ角度がそれぞれ十五度になるまで試験片に割れが生じないこと。

六　衝撃試験においては、吸収エネルギーが次の表に掲げる母材の規格に応じて定める値以上であること。

母材の規格	試験温度	吸収エネルギー（単位ジュール）	
		三個の平均	一個の最低
日本産業規格G三一〇六「溶接構造用圧延鋼材」のうち、SM400B、SM490B、SM490YB若しくはSM520B又は日本産業規格G三一一四「溶接構造用耐候性熱間圧延鋼材」のうち、SMA400B若しくはSMA490B	〇	二十一	十四
日本産業規格G三一〇六「溶接構造用圧延鋼材」のうち、SM400C、SM490C若しくはSM520C、日本産業規格G三一一四「溶接構造用耐候性熱間圧延鋼材」のうち、SMA400C若しくはSMA490C又は日本産業規格G三一一五「圧力容器用鋼板」のうち、SPV235、SPV315若しくはSPV355	〇	三十五	二十八
日本産業規格G三一〇六「溶接構造用圧延鋼材」のうち、SM570又は日本産業規格G三一一四「溶接構造用耐候性熱間圧延鋼材」のうち、SMA570	零下五	四十	二十八
日本産業規格G三一一五「圧力容器用鋼板」のうち、SPV450又はSPV490	零下十	四十	二十八

本条…追加〔平成九年三月自告六五号〕、一項…一部改正〔平成一八年三月総告一四八号〕、一・二項…一部改正〔令和元年六月総告七八号〕

（損傷を生じない浮き屋根とする特定屋外貯蔵タンク）

第四条の二十一の三　規則第二十条の四第二項第三号の告示で定める特定屋外貯蔵タンクは、一枚板構造の浮き屋根を有するもののうち次のものとする。

一　容量二万キロリットル以上のもの

二　容量二万キロリットル未満であつて、かつ、第二条の二に規定するHcが二・〇メートル以上となるもの

本条…追加〔平成一七年一月総告三〇号〕

（浮き屋根に作用する荷重等）

第四条の二十一の四　前条に規定する特定屋外貯蔵タンクの浮き屋根

は、一次及び二次のモードを考慮した液面揺動の影響によつて浮き屋根に作用する次の荷重により、外周浮き部分に生じる応力が材料の規格最小降伏点又は〇・二パーセント耐力の九十パーセントの値以下であること。

一　円周方向面外曲げモーメント

二　水平面内曲げモーメント

三　円周方向圧縮力

本条…追加〔平成一七年一月総告三〇号〕

（浮き屋根等の構造）

第四条の二二　第四条の十八から前条までに規定するもののほか、特定屋外貯蔵タンクの浮き屋根及び底部の構造は、次の各号に掲げるところによるものとする。

一　浮き屋根の構造は、次に掲げるところによること。

イ　浮き屋根は、当該浮き屋根の浮き部分が仕切り板により完全に仕切られたもので、かつ、当該仕切り板で仕切られた室（以下この号において「室」という。）が、一枚板構造の浮き屋根にあつては相隣接する二の室（第四条の二十一の三に規定する特定屋外貯蔵タンクにあつては、連続する三の室に加えて回転止め、検尺管等が貫通している室）及び当該浮き屋根の浮き部分以外の部分が破損した場合において、二枚板構造の浮き屋根にあつては相隣接する二の室が破損した場合においても沈下しないものであること。

ロ　浮き屋根の浮力計算において貯蔵する危険物の比重が〇・七以上であるときは、当該比重を〇・七として計算するものとすること。

ハ　第四条の二十一の三に規定する特定屋外貯蔵タンクの浮き屋根の浮き部分の溶接及び浮き部分と当該浮き部分以外の部分との溶接は、完全溶込み溶接又はこれと同等以上の溶接強度を有する溶接方法による溶接とすること。

ニ　浮き屋根は、当該浮き屋根上に少なくとも二百五十ミリメートルに相当する水が滞留した場合において沈下しないものであること。

ホ　室には、マンホールを設けるものとし、当該マンホールは、イに規定する浮き屋根の破損による当該浮き屋根の傾斜又はニに規定する水の滞留がある場合においても当該マンホールから室内に危険物又は水が浸入しない構造とするとともに、当該マンホールのふたは、風、地震動等によつて離脱しないものであること。

ヘ　浮き屋根には、当該特定屋外貯蔵タンクを設置する地域の降雨量に応じて必要な排水能力を有する排水設備（貯蔵する危険物が浮き屋根上に流出することが防止できる装置を設けたものに限る。）を設けるほか、当該排水設備が正常に機能しない場合又は当該排水設備の排水能力を超える降雨があつた場合において排水できる非常排水設備（貯蔵する危険物が浮き屋根上に流出することが防止できる装置を設けたものに限る。）を設けること。この場合において、特定屋外貯蔵タンクの直径が四十メートル以下のものにあつては口径が八十ミリメートル以上の排水管を、直径が四十メートルを超えるものにあつては口径が百ミリメートル以上の排水管をそれぞれ一以上設けること。

ト　ヘに規定する排水設備及び非常排水設備のうち第四条の二十一の三に規定する特定屋外貯蔵タンクの浮き屋根に設けるものにあつては、当該排水設備又は非常排水設備から危険物が当該特定屋外貯蔵タンク外部に流出するおそれが生じた場合に速やかに流出を防止できる機能を有すること。

チ　浮き屋根には、浮き屋根が支柱で支えられている場合において、危険物の出し入れによつて、屋根が破損しないよう必要な通気管等を設けること。

リ　浮き屋根には、当該浮き屋根を常に特定屋外貯蔵タンクの中心位置に保持し、かつ、当該浮き屋根の回転を防止するための機構が設けられていること。

ヌ　浮き屋根の外周縁は、たわみ性があり、かつ、側板に密着する性能を有する材料により被覆すること。

ル　浮き屋根の上に設けられている可動はしご、回転止め、検尺管、浮き屋根の外周縁の被覆等の滑動部分に用いる材料又は構造は、発火のおそれのないものであること。

二　特定屋外貯蔵タンクの底部には、地震等により当該タンクの底部を損傷するおそれのある貯留設備等を設けないこと。

本条…追加〔昭和五二年二月自告二二号〕、一部改正〔平成一七年一月総告三〇号・一八年三月一四八号〕

（準特定屋外貯蔵タンクの地盤の範囲）

第四条の二十二の二　規則第二十条の三の二第二項第二号イの告示で定める範囲は、基礎の外縁が地表面と接する線で囲まれた範囲とする。

本条…追加〔平成一一年三月自告八〇号〕

第四条の二十二の三　規則第二十条の三の二第二項第二号ロの告示で定める範囲は、五メートルに準特定屋外貯蔵タンクの半径を加えた距離を半径とし、当該準特定屋外貯蔵タンクの設置位置の中心を中心とした円の範囲とする。

本条…追加〔平成一一年三月自告八〇号〕

（準特定屋外貯蔵タンクの支持力の安全率）

第四条の二十二の四　規則第二十条の三の二第二項第二号ロ(1)の告示で定める支持力の計算方法は、第四条の十三で定めるイの式によるものとし、その安全率の値は三以上とする。

本条…追加〔平成一一年三月自告八〇号〕

（準特定屋外貯蔵タンクの計算沈下量）

第四条の二十二の五　規則第二十条の三の二第二項第二号ロ(1)の告示で定める沈下量の計算方法は、第四条の十四に定める式によるものとし、その計算沈下量は〇・一五メートル以下とする。ただし、最高液面高さのタンク内径に対する比が一・〇を超える場合の計算沈下量は、次の式によるものとする。

S＝0.15×D／H

Hは、準特定屋外貯蔵タンクの最高液面高さ（単位　m）

Dは、準特定屋外貯蔵タンクの内径（単位　m）

Sは、計算沈下量（単位　m）

本条…追加〔平成一一年三月自告八〇号〕

（準特定屋外貯蔵タンクの地盤を構成する地質の制限）

第四条の二二の六　規則第二十条の三の二第二項第二号ロ(2)の告示で定める地質は、砂質土であつて、次の各号のいずれかに該当するものとする。

一　地表面からの深さが三メートル以内の地質が、次に掲げるものであること。

イ　地下水によつて飽和されているものであること。

ロ　粒径加積曲線による通過重量百分率の五十パーセントに相当する粒径（D_{50}）が、二・〇ミリメートル以下のものであること。

ハ　次のいずれかに該当するものであること。

(1)　次の表の上欄に掲げる細粒分含有率（篩（ふるい）い目の開き〇・〇七五ミリメートルを通過する土粒子の含有率をいう。）の区分に応じ、それぞれ同表の下欄に掲げる標準貫入試験値以下のものであること。

細粒分含有率	標準貫入試験値
五パーセント未満	十五
五パーセント以上十パーセント以下	十二
十パーセントを超え三十五パーセント未満	七

(2)　第七十四条に定める計算式により計算されるF_Lの値が一以下であること。

二　地表面からの深さが二十メートル以内の地質が、次に掲げるものであること。

イ　第七十四条に定める計算式により計算される地質の液状化指数が五を超えるものであること。

ロ　前号イ及びロに該当するものであること。

本条…追加〔平成一一年三月自告八〇号〕、一部改正〔平成一一年九月自告二〇三号〕

（準特定屋外貯蔵タンクの基礎の補強）

第四条の二二の七　規則第二十条の三の二第二項第二号ロ(2)の告示で定める基礎の構造は、次の各号のいずれかとする。

一　局部的な沈下を防止できる鉄筋コンクリートスラブを有するものであること。

二　局部的な沈下を防止できる一体構造の鉄筋コンクリートリングを側板の直下に有するものであること。

三　局部的なすべりを防止できる一体構造の鉄筋コンクリートリ

ングを側板の外傍に有するものであること。

本条…追加〔平成一一年三月自告八〇号〕

（**準特定屋外貯蔵タンクのすべりの安全率**）

第四条の二二の八　規則第二十条の三の二第二項第三号の告示で定める安全率は、一・二以上の値とする。この場合において、安全率は、第四条の十五に定める計算方法によるものとする。

本条…追加〔平成一一年三月自告八〇号〕

（**準特定屋外貯蔵タンクの基礎の構造**）

第四条の二二の九　規則第二十条の三の二第二項第四号及び第五号の告示で定めるところにより造る基礎は、次のとおりとする。

一　締固めのまき出し厚さは、〇・三メートル以下とし、均一に締め固めること。

二　犬走り及び法面の勾配は、それぞれ二十分の一以下及び二分の一以下とすること。

三　犬走り及び法面は、雨水等が浸透しないようアスファルト等で保護すること。

本条…追加〔平成一一年三月自告八〇号〕

（**準特定屋外貯蔵タンクの主荷重及び従荷重**）

第四条の二二の一〇　規則第二十条の四の二第一項の主荷重及び積雪荷重、風荷重、地震の影響等の従荷重の計算方法は、第四条の十八第一号、第三号及び第四号、第四条の十九第一項並びに第四条の二十第一項第一号から第五号まで並びに第二項第一号及び第二号の規定を準用するほか、貯蔵する危険物の重量については、当該貯蔵する危険物の実比重に基づき計算することができることとする。

本条…追加〔平成一一年三月自告八〇号〕

（**準特定屋外貯蔵タンクの許容応力**）

第四条の二二の一一　規則第二十条の四の二第二項第二号及び第三号の告示で定める許容応力は、次の表の上欄に掲げる応力の種類ごとに、同表の下欄に掲げる値とする。

応力の種類	許容応力	
	常時	地震時
引張応力	S	／
圧縮応力	／	S′

備考

一　Sは、次の式により求めた値

$S = 2\sigma_y / 3$

σ_yは、使用材料の実降伏強度（単位　N／mm²）

二　S′は、次の式により求めた値

$S' = \frac{0.4E \cdot t}{\gamma \cdot D}$

Eは、使用材料のヤング率（単位　N／mm²）

tは、座屈を求める段の側板の実板厚（単位　mm）

γは、1.1

Dは、準特定屋外貯蔵タンクの内径（単位　mm）

本条…追加〔平成一一年三月自告八〇号〕、一部改正〔平成一一年九月自告二〇三号〕

（**地震動による慣性力及び風荷重の計算方法**）

第四条の二三　規則第二十一条第二項の告示で定める計算方法は、

次の各号に掲げるとおりとする。

一　地震動による慣性力は、タンクの自重と当該タンクに貯蔵する危険物の重量との和に設計水平震度を乗じて求めること。この場合において、設計水平震度は、次の式によるものとする。

$$Kh'_1 = 0.15\,\nu_1 \cdot \nu_2$$

Kh'_1は、設計水平震度

ν_1は、地域別補正係数

ν_2は、地盤別補正係数

二　風荷重は、第四条の十九第一項に定めるところによること。

本条…追加〔昭和五二年二月自告二二号〕、一部改正〔昭和五八年四月自告一一九号〕

（浮き蓋の浮力を有する構造）

第四条の二三の二　規則第二十二条の二第一号ロの告示で定める浮力を有する構造は、第四条の二十二第一号イ及びロの規定の例によるものとする。この場合において、同号イ及びロ中「浮き屋根」とあるのは「浮き蓋」とする。

本条…追加〔平成二三年一二月総告五五六号〕

（損傷を生じない一枚板構造の浮き蓋とする特定屋外貯蔵タンク）

第四条の二三の三　規則第二十二条の二第一号ハの告示で定める特定屋外貯蔵タンクは、第四条の二十一の三に規定するものとする。この場合において、同条中「浮き屋根」とあるのは「浮き蓋」とする。

本条…追加〔平成二三年一二月総告五五六号〕

（浮き蓋に作用する荷重等）

第四条の二三の四　規則第二十二条の二第一号ハの告示で定める液面揺動により損傷を生じない構造は、第四条の二十一の四の規定の例によるものとする。この場合において、同条中「浮き屋根」とあるのは「浮き蓋」とする。

本条…追加〔平成二三年一二月総告五五六号〕

（浮き蓋の溶接方法）

第四条の二三の五　規則第二十二条の二第一号ニの告示で定める溶接方法は、第四条の二十二第一号ハの規定の例によるものとする。この場合において、同号ハ中「浮き屋根」とあるのは「浮き蓋」とする。

本条…追加〔平成二三年一二月総告五五六号〕

（浮き蓋の浮き室に設けるマンホール）

第四条の二三の六　規則第二十二条の二第一号ホの告示で定めるマンホールは、第四条の二十二第一号ホ（水の滞留がある場合に係る部分を除く。）の規定の例によるものとする。この場合において、同号ホ中「浮き屋根」とあるのは「浮き蓋」とする。

本条…追加〔平成二三年一二月総告五五六号〕

（簡易フロート型の浮き蓋の浮力を有する構造）

第四条の二三の七　規則第二十二条の二第三号イの告示で定める浮力を有する構造は、次の各号に掲げるところによるものとする。

一　浮き蓋の浮き部分が有する浮力は、浮き蓋の重量の二倍以上であること。

二　浮き蓋の浮き部分のうち二つが破損した場合における浮力が、浮き蓋の重量以上であること。

三　前二号の浮き蓋の浮力計算において貯蔵する危険物の比重が〇・七以上であるときは、当該比重を〇・七として計算するものとすること。

本条…追加〔平成二三年一二月総告五五六号〕

（損傷を生じない構造の簡易フロート型の浮き蓋とする特定屋外貯蔵タンク）

第四条の二三の八　規則第二十二条の二第四号ただし書の告示で定める特定屋外貯蔵タンクは、次の各号に掲げるものとする。

一　第四条の二十第二項第三号に規定するν_5が一・〇となるもの。

二　タンクの内径が三十メートル以上となるもの。

本条…追加〔平成二三年一二月総告五五六号〕

（地中タンクに係る屋外タンク貯蔵所の設置場所の制限）

第四条の二四　規則第二十二条の三の二第三項第一号の告示で定める場所は、次に掲げる場所とする。

一　水道法（昭和三十二年法律第百七十七号）第三条第八項に規定する水道施設であつて危険物の流入のおそれのあるものから水平距離三百メートルの範囲内の場所

二　地下鉄、地下トンネル又は地下街その他の地下工作物（当該地中タンクに係る坑道等の地下工作物を除く。）から水平距離が地中タンクの水平断面の内径の数値に〇・五を乗じて得た数値又は地中タンク底板上面から地盤面までのタンク高さの数値のうち大きいものに等しい距離の範囲内の場所

本条…追加〔昭和六二年一二月自告二〇〇号〕

（地盤の範囲）

第四条の二五　第四条の四の規定は、規則第二十二条の三の二第三項第四号ロ(2)の告示で定める範囲について準用する。この場合において、同条中「規則第二十条の二第二項第二号ロの告示で定める範囲」とあるのは「規則第二十二条の三の二第三項第四号ロ(2)の告示で定める範囲」と、「地表面」とあるのは「タンク底部（第四条の三十三第三号に定める排水層を設ける場合にあつては、排水層下面）」と、「特定屋外貯蔵タンク」とあるのは「地中タンク」と、「タンク荷重」とあるのは「地中タンク荷重」と、「規則第二十条の二第二項第二号ロ(1)」とあるのは「規則第二十二条の三の二第三項第四号ロ(2)」と読み替えるものとする。

本条…追加〔昭和六二年一二月自告二〇〇号〕

（支持力の安全率）

第四条の二六　規則第二十二条の三の二第三項第四号ロ(2)の告示で定める安全率の値は、三以上とする。

本条…追加〔昭和六二年一二月自告二〇〇号〕

（計算沈下量）

第四条の二七　規則第二十二条の三の二第三項第四号ロ(2)の告示で定める計算沈下量の値は、当該タンクの直径に対する沈下差（タンク底板の中心部の沈下量と側板下端の沈下量との差の最大値をいう。）の数値の割合が六百分の一以下とする。

本条…追加〔昭和六二年一二月自告二〇〇号〕

（地盤の範囲）

第四条の二八　規則第二十二条の三の二第三項第四号ロ(4)の告示で定める範囲は、地盤面から、タンク底部からの深さが十五メートルの深さまでの範囲で、かつ、当該タンクの設置位置の中心を中

心として当該タンクの半径に十メートルを加えた距離を半径とする円の範囲とする。

本条…追加〔昭和六二年一二月自告二〇〇号〕

（地盤を構成する地質の制限）

第四条の二九　第四条の八の規定は、規則第二十二条の三の二第三項第四号ロ(4)の告示で定める地質について準用する。この場合において、同条第三号の表備考二中「第四条の四第三項に規定する平面の範囲（備考一の範囲を除く。）内」とあるのは「第四条の二十八に規定する平面の範囲（備考一の範囲を除く。）内」と読み替えるものとする。

本条…追加〔昭和六二年一二月自告二〇〇号〕

（すべりの安全率）

第四条の三〇　規則第二十二条の三の二第三項第四号ロ(5)の告示で定める安全率は一・三以上の値とする。

本条…追加〔昭和六二年一二月自告二〇〇号〕

（人工地盤）

第四条の三一　規則第二十二条の三の二第三項第四号ロ(6)の告示で定める基準は次のとおりとする。

一　人工地盤は、砂質土又はこれと同等以上の締固め性を有するものを用いて、十分に締め固めること。

二　人工地盤の高さは、周辺の在来地盤面（地中タンクを設置する以前の地盤面をいう。以下同じ。）から十メートル以下であること。

三　人工地盤の法面（のり）の勾配は、九分の五以下であること。

四　人工地盤の天端の幅は、十メートル又は周辺の在来地盤面から地中タンクの人工地盤面までの高さの二倍のうちの大きいものに等しい値以上の値であること。

五　人工地盤の法面（のり）には、高さ七メートル以内ごとに幅員一メートル以上の小段を設けること。

本条…追加〔昭和六二年一二月自告二〇〇号〕

（材料の規格）

第四条の三二　規則第二十二条の三の二第三項第五号ロの告示で定める規格は、次のとおりとする。

一　セメントにあつては、日本産業規格R五二一〇「ポルトランドセメント」、日本産業規格R五二一一「高炉セメント」、日本産業規格R五二一二「シリカセメント」又は日本産業規格R五二一三「フライアッシュセメント」

二　鉄筋コンクリート又はプレストレストコンクリートの鉄筋にあつては、日本産業規格G三一一二「鉄筋コンクリート用棒鋼」（SD490に係る規格を除く。）

三　プレストレストコンクリートのPC鋼材にあつては、日本産業規格G三五三六「PC鋼線及びPC鋼より線」又は日本産業規格G三一〇九「PC鋼棒」

四　鋼材（前二号に掲げるものを除く。）にあつては、規則第二十条の五各号に掲げる規格、日本産業規格G四〇五一「機械構造用炭素鋼鋼材」（S20C及びS25Cに係る規格に限る。）、日本産業規格G四〇五三「機械構造用合金鋼鋼材」（SCM435に係る規格に限る。）、日本産業規格A五五二五「鋼管ぐい」、日本産業規格A五五二六「H形鋼ぐい」又は日本産業規格A五五二八「熱間圧延鋼矢板」

五　骨材にあつては、清浄、堅硬かつ耐久的であり、適当な粒度を有するもの。ただし、コンクリートに用いる骨材にあつては、コンクリート部材の寸法及び鉄筋等の配置に適合した最大寸法並びに適当な粒度を有し、清浄、堅硬かつ耐久的であつて、コンクリートの品質に悪影響を与える有害物を含んでいないものとする。

本条…追加〔昭和六二年一二月自告二〇〇号〕、一部改正〔平成二年一二月自告二〇四号・一八年三月総告一四八号・令和元年六月七八号〕

（揚水設備）

第四条の三三　規則第二十二条の三の二第三項第五号ハの告示で定める基準は次のとおりとする。

一　揚水設備は、有孔管、集水槽等の集水装置及び排水層並びにポンプ、電動機、配管等の揚水装置により構成され、底板に揚圧力を生じさせない機能を有するものであること。

二　揚水設備の集水装置は次によること。

イ　有孔管は、次号に定める排水層内に、当該排水層の表面のいずれの箇所からも十メートル以内に存するように配置すること。

ロ　集水槽は、地中タンクの周囲に四箇所以上均等に設けること。

三　地中タンクの底板全面の下部には次の各号に定める基準に適合する排水層を設けること。

イ　排水層は、粒度分布が適切な砕石を良好に締め固めた適切な透水性能を有するものであること。

ロ　排水層の表面は、平板載荷試験において、平板載荷試験値（五ミリメートル沈下時における試験値（K_{30}値）とする。）が百メガニュートン毎立方メートル以上の値を有するものであること。

ハ　排水層の厚さは、設計湧水量の七十二時間分に相当する水量を確保できる層の厚さに、五十センチメートル又は設計湧水量の三十六時間分に相当する水量を確保できる層の厚さのうちの大きいものに等しい層の厚さを加えた厚さ以上の厚さとすること。

ニ　排水層には、地中タンクの底板中央部の水位を測定するための装置を設けること。

四　揚水設備の揚水装置は次によること。

イ　揚水装置は、集水槽ごとに設けること。

ロ　各揚水装置の揚水能力の和は、設計湧水量の三倍以上の揚水能力を有するものであること。

五　揚水設備には、揚水装置が故障した場合において継続して揚水することができる十分な能力を有する予備の揚水装置及び非常用動力源を設置すること。

本条…追加〔昭和六二年一二月自告二〇〇号〕、一部改正〔平成一一年九月自告二〇三号〕

（許容応力）

第四条の三四　規則第二十二条の三の二第三項第五号ニ(1)の告示で定める許容応力は、次の各号に掲げる応力の区分に応じ、当該各号に定める許容応力とする。

一　コンクリート（次号に掲げるものを除く。）の許容曲げ圧縮応力　設計基準強度（二十一ニュートン毎平方ミリメートル以

上であること。）を三で除して得られる値

二　プレストレストコンクリート部材として用いるコンクリートの許容曲げ圧縮応力及び許容曲げ引張応力　次の表の上欄に掲げるコンクリートの設計基準強度（三十ニュートン毎平方ミリメートル以上であること。）に応じ、同表の下欄に掲げる値

設計基準強度（単位　N／mm^2）	応力の種類（単位　N／mm^2）			
	許容曲げ圧縮応力		許容曲げ引張応力	
三十	十二	十五	○	一・二
四十	十五	十九	○	一・五
五十	十七	二十一	○	一・八
六十	十九	二十三	○	二・一
備考		プレストレッシング直後		プレストレッシング直後

三　鋼材（第五号及び第六号に掲げるものを除く。次号において同じ。）の許容引張応力　材料の規格最小降伏点又は○・二パーセント耐力の六十パーセントの値

四　鋼材の許容圧縮応力　許容引張応力をもとにし、かつ、座屈を考慮した値

五　プレストレストコンクリート部材におけるＰＣ鋼材の許容引張応力　ＰＣ鋼材の引張強さの六十パーセントの値又はＰＣ鋼材の規格最小降伏点若しくは○・二パーセント耐力の七十五パーセントの値のいずれか小さい値。ただし、プレストレッシング中にあつてはＰＣ鋼材の引張強さの八十パーセントの値又はＰＣ鋼材の規格最小降伏点若しくは○・二パーセント耐力の九十パーセントの値、プレストレッシング直後にあつてはＰＣ鋼材の引張強さの七十パーセントの値又はＰＣ鋼材の規格最小降伏点若しくは○・二パーセント耐力の八十五パーセントの値のいずれか小さい値とすることができる。

六　鉄筋コンクリート部材又はプレストレストコンクリート部材における鉄筋の許容引張応力　日本産業規格Ｇ三一一二「鉄筋コンクリート用棒鋼」（SD490に係る規格を除く。）のうちSR235を用いる場合にあつては百四十ニュートン毎平方ミリメートル、SD295A又はSD295Bを用いる場合にあつては百八十ニュートン毎平方ミリメートル、SD345を用いる場合にあつては二百ニュートン毎平方ミリメートル、SD390を用いる場合にあつては二百十ニュートン毎平方ミリメートル

2　前項第一号、第三号、第四号及び第六号の許容応力については、次の各号に掲げる場合にあつては、前項に定める許容応力の値にそれぞれ当該各号に掲げる割増係数を乗じて得られる値とすることができる。

一　地中タンクに作用する次に掲げる荷重を同時に考慮する場合　一・一五（ただし、屋根に対しては一・○とする。）

イ　地中タンク及びその附属設備の自重

ロ　貯蔵する危険物の重量

ハ　貯蔵する危険物の液圧

ニ　土圧、地下水圧及び揚圧力

ホ　積雪荷重

ヘ　コンクリートの乾燥収縮及びクリープの影響
ト　温度変化の影響
二　前号イからホまでに掲げる荷重及び地震の影響を同時に考慮する場合　一・五〇
三　第一号イからトまでに掲げる荷重及び地震の影響を同時に考慮する場合　一・六五（ただし、屋根に対しては一・五〇とする。）

本条…追加〔昭和六二年一二月自告二〇〇号〕、一項…一部改正〔平成二年一二月自告二〇四号・一一年九月二〇三号・令和元年六月総告七八号〕

（最小厚さ）

第四条の三五　規則第二十二条の三の二第三項第五号ニ(2)の告示で定める基準は、側板及び底板の厚さが五十センチメートル以上であることとする。

本条…追加〔昭和六二年一二月自告二〇〇号〕

（屋根の構造）

第四条の三六　第四条の二十二第一号の規定（一枚板構造の浮き屋根に関する部分を除く。）は、規則第二十二条の三の二第三項第五号ニ(3)の告示で定める基準について準用する。この場合において、同条同号ハ中「二百五十ミリメートル」とあるのは「三百ミリメートル」と読み替えるものとする。

2　前項に定めるもののほか、規則第二十二条の三の二第三項第五号ニ(3)の告示で定める基準は、次のとおりとする。

一　屋根の最小厚さは、容量が千キロリットル未満の地中タンクにあつては三・二ミリメートル以上、容量が千キロリットル以上の地中タンクにあつては四・五ミリメートル以上とすること。
二　屋根は、三時間以上の耐火性能を有するものであること。
三　屋根に係る溶接部は、規則第二十条の九に定める試験において同条に定める基準に適合するものであること。

本条…追加〔昭和六二年一二月自告二〇〇号〕

（漏液防止板の構造）

第四条の三七　規則第二十二条の三の二第三項第五号ニ(4)の告示で定める漏液防止板は、次のとおりとする。

一　漏液防止板は、厚さ四・五ミリメートル以上の鋼板であること。
二　漏液防止板の溶接は、次によること。

イ　漏液防止板の溶接は、突合せ溶接とすること。ただし、底板の内側に設ける漏液防止板の厚さが九ミリメートル以下であるものについては、底板の内側に設ける漏液防止板の溶接をすみ肉溶接とすることができる。この場合において、漏液防止板と漏液防止板とが接する面は、当該漏液防止板と漏液防止板との溶接部の強度に有害な影響を与える間げきがあつてはならない。

ロ　すみ肉溶接のサイズ（不等サイズとなる場合にあつては、小さい方のサイズをいう。）の大きさは、次の式により求めた値とすること。

$t_1 \geqq S \geqq \sqrt{2t_2}$（ただし、$S \geqq 4.5$）

t_1は、薄い方の鋼板の厚さ（単位　ミリメートル）
t_2は、厚い方の鋼板の厚さ（単位　ミリメートル）
Sは、サイズ（単位　ミリメートル）

三　漏液防止板は、沈下等による地中タンク本体の変位の影響を吸収できるものであること。
四　漏液防止板は、日射等による熱影響、コンクリートの乾燥収縮等によつて生ずる応力に対して安全なものであること。
五　側板に設ける漏液防止板は、側板と一体化した構造とするとともに、側板と接する部分には腐食を防止するための措置を講ずること。
六　底板に設ける漏液防止板には、その下に厚さ五十ミリメートル以上のアスファルトサンド等を敷設すること。

本条…追加〔昭和六二年一二月自告二〇〇号〕、一部改正〔平成二二年六月総告二四六号〕

（**漏液防止板の溶接部の試験**）

第四条の三八　規則第二十二条の三の二第三項第五号ニ(4)の告示で定めるところにより行う試験は、磁粉探傷試験とする。ただし、磁粉探傷試験によることが困難な場合は、浸透探傷試験とすることができる。

本条…追加〔昭和六二年一二月自告二〇〇号〕

（**漏液防止板の溶接部の試験基準**）

第四条の三九　規則第二十条の八第二項及び第三項の規定は、規則第二十二条の三の二第三項第五号ニ(4)の告示で定める基準について準用する。この場合において、同条第二項第三号中「アニュラ板と底板及び底板と底板と」とあるのは「底板の内側に設ける漏液防止板と漏液防止板と」と読み替えるものとする。

本条…追加〔昭和六二年一二月自告二〇〇号〕

（**構内道路**）

第四条の四〇　規則第二十二条の三の二第三項第九号の告示で定める構内道路は次のとおりとする。
一　構内道路は、次の表の上欄に掲げる地中タンクの容量に応じ同表の下欄に掲げる路面幅員を有するものであること。

<table>
<tr><th rowspan="2">地中タンクの容量</th><th colspan="2">構内道路の路面幅員</th></tr>
<tr><th>引火点が七十度未満の危険物を貯蔵し、又は取り扱う地中タンク</th><th>引火点が七十度以上の危険物を貯蔵し、又は取り扱う地中タンク</th></tr>
<tr><td>五千キロリットル以下</td><td>六メートル以上</td><td rowspan="2">六メートル以上</td></tr>
<tr><td>五千キロリットルを超え一万キロリットル以下</td><td>八メートル以上</td></tr>
<tr><td>一万キロリットルを超え五万キロリットル以下</td><td>十二メートル以上</td><td rowspan="2">八メートル以上</td></tr>
<tr><td>五万キロリットルを超える</td><td>十六メートル以上</td></tr>
</table>

二　構内道路の高さは、周囲の地盤から〇・三メートル以上であること。

本条…追加〔昭和六二年一二月自告二〇〇号〕

（**漏えい検知装置**）

第四条の四一　規則第二十二条の三の二第三項第十号の告示で定めるところにより設ける漏えい検知装置は次のとおりとする。
一　漏えい検知装置は、次の箇所その他保安上必要な箇所に設けること。
イ　側板の外周に沿つておおむね百メートルごとの箇所。ただし、当該箇所が四未満となるときは、四以上の箇所とする。
ロ　地中タンクの周囲に設けられた集水槽内（ただし、当該箇所はイの箇所を兼ねることができる。）
ハ　坑道及び地盤面下に設けられたポンプ室
二　漏えい検知装置は、漏えいした危険物又は可燃性蒸気を自動的に検知し、その事態を直ちに警報できるものであること。
本条…追加〔昭和六二年一二月自告二〇〇号〕

（地下水位監視装置）

第四条の四二　規則第二十二条の三の二第三項第十号の告示で定めるところにより設ける地下水位監視装置は次のとおりとする。
一　地下水位監視装置は、地中タンクの周囲に設置すること。ただし、第四条の三十三に規定する揚水設備を設ける場合にあつては、集水槽内にも設置すること。
二　集水槽内に設ける地下水位監視装置は、地中タンクの底板の下の地下水位を監視できる機能を有するとともに、当該地中タンクの構造に影響を与えるおそれのある地下水位の変動を覚知した場合に、その事態を直ちに警報することができる警報装置を備えたものであること。
本条…追加〔昭和六二年一二月自告二〇〇号〕

（地中壁）

第四条の四三　規則第二十二条の三の二第三項第十一号の告示で定めるところにより設ける地中壁は次のとおりとする。
一　地中壁は、地中タンクの地盤面下に、当該地中タンクを包囲するように設けること。この場合において、地中壁の上端部は地中タンク内の危険物の最高液面以上の位置とし、地中壁の下端部は地盤の難透水層内とすること。
二　地中壁は、配管、坑道等が貫通する部分においても水密性が確保されるよう措置されたものであること。
三　二以上の地中タンクを隣接して設置する場合にあつては、地中壁は二以上の地中タンクを包囲するように設けることができるものであること。
本条…追加〔昭和六二年一二月自告二〇〇号〕

（地盤の沈下差に対する措置）

第四条の四四　地中タンクの底板が側板の近傍において側板部分と不連続な構造である場合は、その不連続な部分は底板下部の地盤と側板下部の地盤との沈下差によつて有害な段差を生ずることなく、かつ、水密性を有するよう措置すること。
本条…追加〔昭和六二年一二月自告二〇〇号〕

（地震の影響）

第四条の四五　地中タンクに係る地震の影響は、次に掲げる地震動による慣性力等によつて生ずる影響をいうものとする。
一　地中タンク本体（屋根を含む。）の慣性力
二　地中タンク本体に作用する土圧
三　貯蔵する危険物による動液圧
2　地震の影響に関する地中タンクの設計震度の計算方法は、次に定めるとおりとする。
一　基盤面（せん断弾性波速度が三百メートル毎秒以上又は標準貫入試験値が五十以上の堅さが下方に続く地盤の上面をいう。

以下この号及び第三号において同じ。）における設計水平震度は、次の式によること。

$Kh_1 = 0.15\nu_1$

Kh_1は、基盤面における設計水平震度（第三号において同じ。）

ν_1は、地域別補正係数

二　在来地盤面及び人工地盤における設計水平震度は、次の式によること。

$Kh_2 = 0.15\nu_1 \cdot \nu_2$

Kh_2は、在来地盤面及び人工地盤における設計水平震度（第三号において同じ。）

ν_1は、地域別補正係数

ν_2は、地盤別補正係数

三　基盤面と在来地盤面との間の地盤における設計水平震度は、地盤の地層構成に応じ、基盤面から在来地盤面にかけて順次変化するKh_1の値以上Kh_2の値以下の値とすること。

四　設計鉛直震度は、設計水平震度の二分の一とすること。

五　液面揺動の設計水平震度は、第四条の二十第二項第三号の定めるところによること。

本条…追加〔昭和六二年一二月自告二〇〇号〕

（ポンプ設備の保護管の溶接部の試験及び試験基準）

第四条の四六　地中タンクのポンプ設備の保護管の溶接部は、規則第二十条の九に定める試験において同条に定める基準に適合するものでなければならない。

本条…追加〔昭和六二年一二月自告二〇〇号〕

（許容応力）

第四条の四七　規則第二十三条第二項の告示で定める許容応力は、次の各号に掲げる応力の区分に応じ、当該各号に定める許容応力とする。

一　主荷重によつて生ずる応力　地下貯蔵タンクが鋼板を用いた横置円筒型である場合にあつては、次の表の上欄に掲げる応力の種類ごとに、同表の下欄に掲げる値

応力の種類		許容応力
引張応力		S
圧縮応力	胴部	S又はS′のいずれか小なる値
	鏡部	0.6S又はS″のいずれか小なる値

備考

一　Sは、材料の規格最小降伏点又は〇・二パーセント耐力の六十パーセントの値（単位　N／㎟）

二　S′は、次の式により求めた値

(1)　胴部の長さLが、Lc未満の場合

$$S' = \frac{1.3E\left(\frac{t}{D}\right)^{1.5}}{F'\left\{\frac{L}{D} - 0.45\sqrt{\frac{t}{D}}\right\}}$$

(2)　胴部の長さLが、Lc以上の場合

$$S' = \frac{E}{F'(1-\mu^2)} \cdot \left(\frac{t}{D}\right)^2$$

Lcは、次の式により求めた値

$$Lc=1.11D\sqrt{\frac{D}{t'}}$$

Eは、205,939.7（単位　N／㎟）

t′は、胴部の厚さ（単位　㎜）

Dは、地下貯蔵タンクの外径（単位　㎜）

F′は、3

μは、0.3

三　S″は、次の式により求めた値

$$S''=0.154\frac{E\cdot t''\cdot a}{R\cdot F''}$$

Eは、205,939.7（単位　N／㎟）

t″は、鏡部の厚さ（単位　㎜）

aは、0.8

Rは、鏡部中央での曲率半径（単位　㎜）

F″は、4

二　主荷重と従荷重との組合せによつて生ずる応力　前号の表の上欄に掲げる応力の種類ごとに、同表の下欄に掲げる値に一・五を乗じた値

本条…追加〔平成一七年三月総告三四九号〕

（腐食を防止するためのコーティング）

第四条の四七の二　規則第二十三条の二第一項第一号及び規則第二十三条の三第一号の告示で定める腐食を防止するためのコーティングは、次のとおりとする。

一　ガラス繊維強化プラスチックライニングでコーティングすること。

二　ガラス繊維強化プラスチックライニングに用いる樹脂及び強化材は、地下貯蔵タンクにおいて貯蔵し、又は取り扱う危険物に対して劣化のおそれがないものとすること。

三　ガラス繊維強化プラスチックライニングの厚さは二・〇ミリメートル以上とすること。

本条…追加〔平成二二年六月総告二四六号〕

（腐食のおそれが特に高い地下貯蔵タンク）

第四条の四七の三　規則第二十三条の二第一項第一号及び第二号の告示で定める腐食のおそれが特に高い地下貯蔵タンクは、地盤面下に直接埋没されたもの（令第十三条第二項に規定するものを除く。）のうち、次の各号に該当するものとする。

一　次条第一項第一号で定める塗覆装で外面を保護した地下貯蔵タンクのうち設置年数が五十年以上で、設計板厚が八・〇ミリメートル未満のもの

二　次条第一項第二号で定める塗覆装で外面を保護した地下貯蔵タンクのうち、設置年数が五十年以上のもの又は設置年数が四十年以上五十年未満で、設計板厚が四・五ミリメートル未満のもの

三　次条第一項第三号で定める塗覆装で外面を保護した地下貯蔵タンクのうち設置年数が五十年以上で、設計板厚が六・〇ミリメートル未満のもの

四　次条第一項第四号で定める塗覆装で外面を保護した地下貯蔵タンクのうち設置年数が五十年以上で、設計板厚が四・五ミリ

メートル未満のもの

本条…追加〔平成二二年六月総告二四六号〕

（地下貯蔵タンクの外面の保護）

第四条の四八　規則第二十三条の二第一項第一号及び第二号で定める塗覆装は、次の各号に掲げるいずれかの方法とする。

一　タンクの外面にさびどめ及びアスファルトプライマーの順に塗装を行つた後、アスファルトルーフィング及びワイヤラスの順にタンクを被覆し、その表面に厚さ二・〇センチメートル以上に達するまでモルタルを塗装すること。この場合においては、次に掲げる基準に適合したものでなければならない。

イ　アスファルトルーフィングは、日本産業規格A六〇〇五「アスファルトルーフィングフェルト」に適合するものであること。

ロ　ワイヤラスは、日本産業規格A五五〇四「ワイヤラス」の十八番以上の太さのものであること。

ハ　モルタルには、防水剤を混和すること。ただし、モルタルを塗装した表面を防水剤で塗装する場合は、この限りでない。

二　タンクの外面にさびどめ塗装を行い、その表面にアスファルト及びアスファルトルーフィングによる被覆を厚さ一・〇センチメートルに達するまで交互に行うこと。この場合において、アスファルトルーフィングは、前号イの基準に適合しなければならない。

三　タンクの外面にプライマーを塗装し、その表面に覆装材を巻きつけた後、エポキシ樹脂又はタールエポキシ樹脂による被覆をタンクの外面から厚さ二・〇ミリメートル以上に達するまで行うこと。この場合において、覆装材は、ビニロンクロス又はヘッシャンクロスに適合しなければならない。

四　タンクの外面にプライマーを塗装し、その表面にガラス繊維等を強化材とした強化プラスチックによる被覆を厚さ二・〇ミリメートル以上に達するまで行うこと。

2　規則第二十三条の二第一項第三号及び第四号の告示で定める塗覆装は、第三項第二号に掲げる方法又は次の各号に掲げる性能が第三項第二号に掲げる方法と同等以上の性能を有する方法とする。

一　浸透した水が地下貯蔵タンクの外表面に接触することを防ぐための水蒸気透過防止性能

二　地下貯蔵タンクと塗覆装との間に間げきが生じないための地下貯蔵タンクとの付着性能

三　地下貯蔵タンクに衝撃が加わつた場合において、塗覆装が損傷しないための耐衝撃性能

四　貯蔵する危険物との接触による劣化、溶解等が生じないための耐薬品性能

3　規則第二十三条の二第二項の告示で定める方法は、次のとおりとする。

一　令第十三条第二項第三号イに掲げる材料で造つた地下貯蔵タンクに同項第一号ロに掲げる措置を講じたものの地下貯蔵タンクの外面　規則第二十四条の二の二第三項第一号の規定により

強化プラスチックを被覆した部分にあつてはさびどめ塗装、それ以外の部分にあつてはタンクの外面にプライマーを塗装し、その表面にガラス繊維等を強化材とした強化プラスチックによる被覆を厚さ二・〇ミリメートル以上に達するまで行うこと。

二　令第十三条第二項第三号イに掲げる材料で造つた地下貯蔵タンクに同項第一号イに掲げる措置を講じたものの外面　次に掲げるいずれかの方法

イ　タンクの外面にプライマーを塗装し、その表面に覆装材を巻き付けた後、エポキシ樹脂又はウレタンエラストマー樹脂による被覆をタンクの外面から厚さ二・〇ミリメートル以上に達するまで行うこと。この場合において、覆装材は、耐熱用ビニロンクロスであつて当該被覆を保護若しくは補強するための十分な強度を有するもの又は日本産業規格L三四〇五「ヘッシャンクロス」に適合するものとしなければならない。

ロ　第一項第四号に規定する方法

4　規則第二十三条の二第三項の告示で定める方法は、前項第二号に掲げるいずれかの方法により保護すること。

本条…追加〔平成一七年三月総告三四九号〕、二項…一部改正〔平成一八年三月総告一四八号〕、一項…追加・旧一・二項…一部改正し二・三項に繰下・旧三項…四項に繰下〔平成二二年六月総告二四六号〕、三項…一部改正〔平成二三年一二月総告五五六号〕、一・三項…一部改正〔令和元年六月総告七八号〕

（地下貯蔵タンクの電気防食）

第四条の四九　規則第二十三条の二第一項第二号及び第三号の告示で定める電気防食は、第四条各号の規定の例による。

本条…追加〔平成一七年三月総告三四九号〕、一部改正〔平成二二年六月総告二四六号〕

（危険物の微小な漏れを検知するための設備）

第四条の四九の二　規則第二十三条の三第一号の告示で定める設備は、直径〇・三ミリメートル以下の開口部からの危険物の漏れを常時検知することができる設備とする。

本条…追加〔平成二二年六月総告二四六号〕

（腐食のおそれが高い地下貯蔵タンク）

第四条の四九の三　規則第二十三条の三第一号の告示で定める腐食のおそれが高い地下貯蔵タンクは、地盤面下に直接埋没されたもの（令第十三条第二項に規定するものを除く。）のうち、次の各号に該当するものとする。

一　第四条の四十八第一項第一号で定める塗覆装で外面を保護した地下貯蔵タンクのうち、設置年数が五十年以上で、設計板厚が八・〇ミリメートル以上のもの、設置年数が四十年以上五十年未満で、設計板厚が六・〇ミリメートル未満のもの又は設置年数が三十年以上四十年未満で、設計板厚が四・五ミリメートル未満のもの

二　第四条の四十八第一項第二号で定める塗覆装で外面を保護した地下貯蔵タンクのうち、設置年数が四十年以上五十年未満で、設計板厚が四・五ミリメートル以上のもの、設置年数が三十年以上四十年未満で、設計板厚が六・〇ミリメートル未満のもの又は設置年数が二十年以上三十年未満で、設計板厚が四・五ミリメートル未満のもの

三　第四条の四十八第一項第三号で定める塗覆装で外面を保護し

た地下貯蔵タンクのうち、設置年数が五十年以上で、設計板厚が六・〇ミリメートル以上のもの又は設置年数が四十年以上五十年未満で、設計板厚が四・五ミリメートル未満のもの

四　第四条の四十八第一項第四号で定める塗覆装で外面を保護した地下貯蔵タンクのうち、設置年数が五十年以上で、設計板厚が四・五ミリメートル以上十二ミリメートル未満のもの又は設置年数が四十年以上五十年未満で、設計板厚が四・五ミリメートル未満のもの

本条…追加〔平成二二年六月総告二四六号〕

（許容応力）

第四条の五〇　規則第二十三条の四第二項の告示で定める許容応力は、鉄筋コンクリート造とする場合にあつては次の各号に掲げる応力の区分に応じ、当該各号に定める許容応力とする。

一　主荷重によつて生ずる応力　次に掲げる値

イ　鋼材の許容引張応力　材料の規格最小降伏点又は〇・二パーセント耐力の六十パーセントの値

ロ　コンクリートの許容曲げ圧縮応力　設計基準強度（二十一ニュートン毎平方ミリメートル以上であること。）を三で除して得られる値

二　主荷重と従荷重との組合せによつて生ずる応力　前号に定める許容応力の種類ごとに、その値に一・五を乗じた値

本条…追加〔平成一七年三月総告三四九号〕

（耐薬品性試験）

第四条の五〇の二　規則第二十四条の二の三の告示で定める耐薬品性試験は、日本産業規格Ｋ七〇七〇「繊維強化プラスチックの耐薬品性試験方法」とする。この場合において、試験液は、貯蔵し、又は取り扱う危険物とする。

２　規則第二十四条の二の三の告示で定める基準は、日本産業規格Ｋ七〇一二「ガラス繊維強化プラスチック製耐食貯槽」五・四に規定する基準とする。

本条…追加〔平成二二年六月総告二四六号〕、二項…一部改正〔平成二六年三月総告一一六号〕、一・二項…一部改正〔令和元年六月総告七八号〕

（漏えいを想定する危険物の数量）

第四条の五一　規則第二十四条の十七第二号、第二十六条第三項第三号ロ（規則第二十六条の二第三項第三号においてその例による場合を含む。）及び第二十七条第三項第三号ロの告示で定める危険物の数量は、五百リットル（軽油を車両に固定されたタンクに注入する用に供する固定給油設備及び灯油又は軽油を車両に固定されたタンクに注入するための固定注油設備にあつては九百リットル、船舶給油取扱所の給油設備にあつては五十リットル）とする。

本条…追加〔平成一八年三月総告一四八号〕、一部改正〔令和五年一二月総告四〇六号〕

（給油取扱所の塀又は壁に考慮すべき火災等）

第四条の五二　規則第二十五条の四の二第二号の告示で定める火災は、次に掲げる火災とする。

一　固定給油設備（ホース機器と分離して設置されるポンプ機器

を除く。）から自動車等の燃料タンクに給油中又は容器若しくは車両に固定されたタンクに注油中に漏えいした危険物が燃焼する火災

二　固定注油設備（ホース機器と分離して設置されるポンプ機器を除く。）から容器又は車両に固定されたタンクに注油中に漏えいした危険物が燃焼する火災

三　専用タンク（令第十七条第一項第七号の専用タンクをいう。）に危険物を注入中に漏えいした危険物が燃焼する火災

２　規則第二十五条の四の二第二号の告示で定める箇所は、次の各号に掲げる箇所とする。

一　給油取扱所に隣接し、又は近接して存する建築物の外壁及び軒裏（耐火構造、準耐火構造又は防火構造のものを除く。第六十八条の二第二項において同じ。）で当該給油取扱所に面する部分の表面

二　給油取扱所の塀又は壁に設けられた防火設備（令第九条第一項第七号の防火設備をいい、ガラスを用いたものに限る。第六十八条の二第二項において同じ。）の給油取扱所に面しない側の表面

３　規則第二十五条の四の二第二号の告示で定める式は、次のとおりとする。

$$\int_0^{t_e} q^2 dt \leq 2{,}000$$

t_eは、燃焼時間（単位　分）

qは、輻射熱（単位　kW／㎡）

tは、燃焼開始からの経過時間（単位　分）

本条…追加〔平成一八年三月総告一四八号〕、一項…一部改正〔令和五年一二月総告四〇六号〕

（配管等の材料の規格）

第五条　規則第二十八条の四に規定する配管等の材料の規格は、次のとおりとする。

一　配管にあつては、日本産業規格Ｇ三四五四「圧力配管用炭素鋼鋼管」、日本産業規格Ｇ三四五五「高圧配管用炭素鋼鋼管」、日本産業規格Ｇ三四五六「高温配管用炭素鋼鋼管」又は日本産業規格Ｇ三四五九「配管用ステンレス鋼鋼管」

二　溶接式管継手にあつては、日本産業規格Ｂ二三一二「配管用鋼製突合せ溶接式管継手」

三　フランジ式管継手にあつては、日本産業規格Ｂ二二二〇「鋼製管フランジ」（遊合形フランジ及びねじ込み式フランジに係る規格を除く。）

四　弁にあつては、日本産業規格Ｂ二〇七一「鋼製弁」（鋳鋼フランジ形弁に係る規格に限る。）

本条…一部改正〔昭和五九年三月自告二四号・平成元年三月三七号・八年九月二七号・一八年三月総告一四八号・九月五一五号・令和元年六月七八号〕

（配管の最小厚さ）

第六条　規則第二十八条の五第二項第五号本文に規定する配管の最小厚さの基準は、次の表の上欄に掲げる配管の外径に応じて、それぞれ同表の下欄に掲げる値とする。

配管の外径（単位　mm）	配管の最小厚さ（単位　mm）
一一四・三未満	四・五
一一四・三以上一三九・八未満	四・九
一三九・八以上一六五・二未満	五・一
一六五・二以上二一六・三未満	五・五
二一六・三以上三五五・六未満	六・四
三五五・六以上五〇八・〇未満	七・九
五〇八・〇以上	九・五

（破損試験の方法）

第七条　規則第二十八条の五第二項第五号ただし書に規定する破損試験の方法は、次の各号に掲げる方法又はこれと同等以上の衝撃力を配管に与える方法とする。

一　配管の頂部と地表面との距離が一・五メートルとなる掘さく溝の中に配管を設置し、配管の上部は露出しておくこと。

二　配管は、次号の衝撃力を加えた場合に位置が移動しないように固定しておくこと。

三　バケット容量が〇・六立方メートルの機械ロープ式バックホー型掘さく機のバケットを配管に最大の衝撃力を与える位置から落下させること。

（長手継手の継手効率）

第八条　規則第二十八条の五第三項に規定する長手継手の継手効率は、次の各号に掲げる鋼管に係る長手継手の非破壊検査に応じて、それぞれ当該各号に掲げる値とする。

一　全数非破壊検査を行つたもの　一・〇

二　長手継手の両端については全数、その他の部分については抜取りによる非破壊検査を行つたもの　〇・九

三　前二号の非破壊検査を行つていないもの　〇・七

（割増係数）

第九条　規則第二十八条の五第三項に規定する従荷重に係る割増係数は、次表の上欄に掲げる従荷重の区分に応じ、それぞれ同表の下欄に掲げる数値とする。

従荷重	割増係数
風荷重	一・二五
雪荷重	一・二五
温度変化の影響	一・二五
波浪及び潮流の影響	一・二五
他工事の影響	一・五〇
地震の影響	一・七〇
設置時における荷重の影響	一・八〇

（配管等の構造に関し必要な事項）

第一〇条　規則第二十八条の五第四項に規定する配管等の構造に関し必要な事項は、次条から第十七条までに定めるとおりとする。

（配管に係る主荷重等の計算方法）

第一一条　配管に係る主荷重等の計算方法は、次の各号に掲げるとおりとする。

一　内圧は、配管内の最大常用圧力とすること。

二　地表からの掘さくにより埋設する配管の頂部に作用する土圧は、鉛直方向の等分布荷重とし、第十三条第二項第七号に規定する場合を除き、次の式イにより求めること。ただし、くい等で支持されている配管の頂部に作用する土圧は、次の式ロにより求めるものとする。

イ　$Ws = \gamma s \cdot h \cdot D$

ロ　$Ws = \frac{1}{K}\left(e^{K \cdot \frac{h}{D}} - 1\right) \cdot \gamma s \cdot D^2$

Wsは、土圧（単位　N／mm）

γsは、土の湿潤単位体積重量（単位　N／mm^3）

hは、配管の埋設の深さ、ただし、道路下に埋設する場合は、配管の頂部と路面との距離（単位　mm）

Dは、配管の外径（単位　mm）

eは、自然対数の底

Kは、配管の周辺の地盤が砂質土の場合は〇・四、粘性土の場合は〇・八

三　水圧は、静水圧とすること。

四　列車荷重は、次の式により求めること。この場合において、二線以上の列車荷重を同時に受けるときは、各線の列車荷重を加算するものとする。

$$W_t = \frac{P_t \cdot D}{B_t (B_s + 2h \cdot \tan\theta)} \cdot (1 + i)$$

W_tは、列車荷重（単位　N／mm）

P_tは、軸重（単位　N）

Dは、配管の外径（単位　mm）

B_tは、軸距（単位　mm）

B_sは、枕木長（単位　mm）

hは、配管の頂部と施工基面との距離（単位　mm）

θは、軸重の分布角（単位　度）

iは、次の表の上欄に掲げる配管の頂部と施工基面との距離に応じたそれぞれ同表の下欄に掲げる衝撃係数

配管の頂部と施工基面との距離（単位　mm）	衝撃係数
h＜1,500	0.75
1,500≦h≦9,000	0.9－0.0001h
9,000＜h	0

五　自動車荷重は、次の式により求めること。

$$W_m = \frac{29.1D}{100 + h \cdot \tan\theta} \cdot (1 + i)$$

W_mは、自動車荷重（単位　N／mm）

Dは、配管の外径（単位　mm）

hは、配管の頂部と路面との距離（単位　mm）

θは、自動車の後輪荷重の分布角（単位　度）

iは、次の表の上欄に掲げる配管の頂部と路面との距離に応じたそれぞれ同表の下欄に掲げる衝撃係数

配管の頂部と路面との距離（単位　mm）	衝撃係数
h＜1,500	0.5
1,500≦h≦6,500	0.65－0.0001h
6,500＜h	0

六　風荷重は、配管に対し水平方向に作用し、かつ、配管の垂直投射面に対し一平方メートルにつき千五百ニュートンの等分布荷重とすること。

七　温度変化の影響の計算における温度差は、平均温度と予想される最高又は最低の温度との差とすること。

八　道路下に埋設する配管に係る他工事の影響は、配管の頂部と路面との距離を〇・五メートルとして計算した自動車荷重と等しいものとすること。

本条…一部改正〔平成一一年九月自告二〇三号〕

（配管に係る応力度の計算方法）

第一二条　配管に係る応力度は、次の各号に掲げるところを基礎として計算するものとする。

一　内圧によつて配管に生じる円周方向応力度は、次の式により求めること。

$$\sigma_{ci}=\frac{Pi\cdot(D-t+C)}{2(t-C)}$$

σ_{ci}は、内圧によつて配管に生じる円周方向応力度（単位　N／mm^2）

P_iは、最大常用圧力（単位　MPa）

Dは、配管の外径（単位　mm）

tは、配管の実際の厚さ（単位　mm）

Cは、内面くされ代（単位　mm）

二　土圧又は列車荷重若しくは自動車荷重によつて配管に生じる円周方向応力度は、次の式により求めること。

$$\sigma_{co}=\frac{D_1\cdot K_B\cdot W\cdot R\cdot E\cdot I_t+\alpha\cdot W\cdot K_H\cdot R^5+2\beta\cdot D_1\cdot K_X\cdot W\cdot P_i}{E\cdot I_t+0.061K_H\cdot R^4+2P_i\cdot D_1\cdot R^3\cdot K_X}\cdot R^4\cdot\frac{1}{Z_t}$$

σ_{co}は、土圧又は列車荷重若しくは自動車荷重によつて配管に生じる円周方向応力度（単位　N／mm^2）

D_1は、たわみ時間係数（十分締め固まつた砂若しくは砂質土の地盤に埋設する場合又は配管の側面が配管の半径以上の幅にわたり砂若しくは砂質土で置換されて十分締め固めてある

場合は一・〇、その他の場合は一・五とする。）

K_Bは、次の表の上欄に掲げる基床の状況に応じたそれぞれ同表の中欄に掲げる値

Wは、土圧又は列車荷重若しくは自動車荷重（単位　N／mm）

Rは、配管の半径（単位　mm）

Eは、配管のヤング係数（単位　N／mm^2）

I_tは、配管の管壁の断面二次モーメント（単位　mm^4／mm）

αは、次の式により求めること。

$$\alpha = 0.061 \cdot D_1 \cdot K_B - 0.082 \cdot K_X$$

K_Hは、水平方向地盤反力係数（単位　N／mm^3）

βは、次の式により求めること。

$$\beta = D_1 \cdot K_B - 0.125$$

K_Xは、次の表の上欄に掲げる基床の状況に応じたそれぞれ同表の下欄に掲げる値

P_iは、最大常用圧力（単位　MPa）

Z_tは、配管の管壁の断面係数（単位　mm^3／mm）

基床の状況	K_B	K_X
締め固めが十分な基床	〇・一二五	〇・〇八三
普通の基床	〇・一三八	〇・〇八九

三　内圧によつて配管に生じる軸方向応力度は、軸方向の変位が拘束されない配管にあつては次の式イ、軸方向の変位が拘束される配管にあつては次の式ロにより求めること。

イ　$$\sigma_{li} = \frac{Pi \cdot (D - t + C)}{4(t - C)}$$

ロ　$$\sigma_{li} = \nu \cdot \frac{Pi \cdot (D - t + C)}{2(t - C)}$$

σ_{li}は、内圧によつて配管に生じる軸方向応力度（単位　N／mm^2）

P_iは、最大常用圧力（単位　MPa）

Dは、配管の外径（単位　mm）

tは、配管の実際の厚さ（単位　mm）

Cは、内面くされ代（単位　mm）

νは、配管のポアソン比

四　列車荷重又は自動車荷重によつて配管に生じる軸方向応力度は、次の式により求めること。

$$\sigma_{lo} = \frac{0.322W}{Zp} \cdot \sqrt{\frac{E \cdot Ip}{Kv \cdot D}}$$

σ_{lo}は、列車荷重又は自動車荷重によつて配管に生じる軸方向応力度（単位　N／mm^2）

Wは、列車荷重又は自動車荷重（単位　N／mm）

Z_pは、配管の断面係数（単位　mm^3）

Eは、配管のヤング係数（単位　N／mm^2）

I_pは、配管の断面二次モーメント（単位　mm^4）

K_vは、鉛直方向地盤反力係数（単位　N／㎜^{3}）

Dは、配管の外径（単位　㎜）

五　温度変化の影響によつて配管に生じる軸方向応力度は、管体が全面的に拘束されている配管にあつては次の式により、その他の配管にあつては配管の伸縮吸収部分に生ずる応力度及び伸縮吸収部分の反力によつて直管部分に生ずる応力度を考慮して求めること。

$\sigma_{lt} = E \cdot \alpha \cdot \Delta t$

σ_{lt}は、温度変化の影響によつて配管に生じる軸方向応力度（単位　N／㎜^{2}）

Eは、配管のヤング係数（単位　N／㎜^{2}）

αは、配管の線膨張係数（単位　1／℃）

Δtは、温度変化（単位　℃）

本条…一部改正〔平成一一年九月自告二〇三号〕

（地震の影響）

第一三条　規則第二十八条の五第一項に規定する地震の影響は、地震動による慣性力、土圧、動水圧、浮力、地盤の変位等によつて生じる影響をいうものとする。

2　地震の影響に関する配管に係る応力度等の計算方法は、前二条に規定するもののほか、次の各号に掲げるとおりとする。ただし、地盤の性状等を特に考慮して行う場合は、これによらないことができる。

一　設計基盤面における水平震度は次の式により求め、設計基盤面における鉛直震度はその二分の一とすること。

$koh = 0.15\nu_1 \cdot \nu_2$

kohは、設計基盤面における水平震度

ν_1は、地域別補正係数

ν_2は、土地利用区分別補正係数（次の表の上欄に掲げる土地利用区分に応じたそれぞれ同表の下欄に掲げる値とする。）

土地利用区分	土地利用区分別補正係数
山林原野	〇・八〇
山林原野以外の区域	一・〇〇

二　設計水平震度は次の式により求め、設計鉛直震度はその二分の一とすること。

$kh = \nu_3 \cdot koh$

khは、設計水平震度

ν_3は、地盤別補正係数（次の表の上欄に掲げる配管が設置される地盤の種別に応じたそれぞれ同表の下欄に掲げる値とする。）

kohは、設計基盤面における水平震度

地盤の種別	地盤別補正係数
一種地盤	一・二〇

二種地盤	一・三三
三種地盤	一・四七
四種地盤	一・六〇

三　表層地盤面より上方に配管を設置するときは、次号及び第五号に掲げるところにより計算すること。

四　地震動による慣性力は、配管等及び危険物の自重に設計水平震度又は設計鉛直震度を乗じて求めること。この場合において、慣性力の作用位置は、当該自重の重心位置とし、その作用方向は、水平二方向及び鉛直方向とする。

五　地震動による動水圧等は、次の式イ及び式ロにより求めること。

イ　$Pw_1=0.785kh\cdot\gamma w\cdot D^2$

ロ　$Pw_2=0.785kv\cdot\gamma w\cdot D^2$

Pw_1は、地震動による水平方向の動水圧等（単位　N／m）

Pw_2は、地震動による鉛直方向の動水圧等（単位　N／m）

khは、設計水平震度

kvは、設計鉛直震度

γwは、水の単位体積重量又は土の湿潤単位体積重量（単位　N／m^3）

Dは、配管の外径（単位　m）

六　表層地盤面より下方に配管を設置するときは、次号から第十号までに掲げるところにより計算すること。

七　地震時の土圧は、次の式イにより求めること。ただし、くい等で支持されている配管に作用する地震時の土圧は、次の式ロにより求めるものとする。

イ　$Ws=\gamma s\cdot h\cdot D\cdot(1+kv)$

ロ　$Ws=\frac{1}{K}\left(eK\cdot\frac{h}{D}-1\right)\cdot\gamma s\cdot D^2\cdot(1+kv)$

Ws、γs、h、D、e及びKは、それぞれ第十一条第二号のWs、γs、h、D、e及びKと同じ。

kvは、設計鉛直震度

八　表層地盤の固有周期は、次の式により求めること。

$T=C\cdot\frac{H}{Vs}$

Tは、表層地盤の固有周期（単位　s）

Cは、表層地盤が粘性土の場合は四・〇、砂質土の場合は五・二

Hは、表層地盤の厚さ（単位　m）

Vsは、表層地盤のせん断弾性波速度（単位　m／s）

九　表層地盤面の水平変位振幅は、次の式により求めること。

$Uh=0.203T\cdot Sv\cdot koh$

Uhは、表層地盤面の水平変位振幅（単位　㎜）

Tは、表層地盤の固有周期（単位　s）

Svは、応答速度の基準値（Tが〇・五秒以上の地盤の場合は一秒につき八百ミリメートルとし、Tが〇・五秒未満の地盤

の場合はTに応じて減らすことができる。）

koh は、設計基盤面における水平震度

十　地盤の変位によつて配管に生じる軸方向応力度は、次の式により求めること。

$$\sigma_{le} = \sqrt{3.12\sigma_L^2 + \sigma_B^2}$$

σ_{le}は、地盤の変位によつて配管に生じる軸方向応力度（単位　N／mm²）

σ_Lは、次の式イにより求めた値（単位　N／mm²）

σ_Bは、次の式ロにより求めた値（単位　N／mm²）

イ　$$\sigma_L = \frac{3.14Uh \cdot E}{L} \cdot \frac{1}{1+\left(\frac{4.44}{\lambda_1 \cdot L}\right)^2}$$

ロ　$$\sigma_B = \frac{19.72D \cdot Uh \cdot E}{L^2} \cdot \frac{1}{1+\left(\frac{6.28}{\lambda_2 \cdot L}\right)^4}$$

Uhは、表層地盤面の水平変位振幅（単位　mm）

Eは、配管のヤング係数（単位　N／mm²）

Lは、表層地盤の地表面近傍における地震動の波長（単位　mm）

Dは、配管の外径（単位　mm）

λ_1は、次の式(1)により求めた値（単位　1／mm）

λ_2は、次の式(2)により求めた値（単位　1／mm）

(1)　$$\lambda_1 = \sqrt{\frac{K_1}{E \cdot Ap}}$$

(2)　$$\lambda_2 = \sqrt[4]{\frac{K_2}{E \cdot Ip}}$$

K_1及びK_2は、それぞれ軸方向及び軸直角方向の変位に関する地盤の剛性係数（単位　N／mm²）

Apは、配管の断面積（単位　mm²）

Ipは、配管の断面二次モーメント（単位　mm⁴）

二項…一部改正〔昭和五二年二月自告二二号・平成一一年九月二〇三号〕

（配管に係る合成応力度）

第一四条　規則第二十八条の五第二項第三号に規定する円周方向応力度、軸方向応力度及び管軸に垂直方向のせん断応力度を合成した応力度は、次の式により求めなければならない。

$$\sigma_e = \sqrt{\sigma_{CS}^2 + \sigma_{ls}^2 - \sigma_{CS} \cdot \sigma_{ls} + 3\tau^2}$$

σ_eは、合成応力度（単位　N／mm²）

σ_{cs}は、円周方向応力度（単位　N／mm²）

σ_{ls}は、軸方向応力度（単位　N／mm²）

τは、管軸に垂直方向のせん断応力度（単位　N／mm²）

本条…一部改正〔平成一一年九月自告二〇三号〕

（管継手の設計等）

第一五条　配管に使用する管継手は、次の各号に掲げるところにより設けなければならない。

一　管継手の設計は、配管の設計に準じて行うほか、管継手のたわみ性及び応力集中を考慮して行うこと。

二　配管を分岐させる場合は、あらかじめ製作された分岐用管継手又は分岐構造物を用いること。この場合において、分岐構造物には、原則として補強板を取り付けるものとする。

三　分岐用管継手、分岐構造物及びレジューサは、原則として移送基地又は専用敷地内に設けること。

（曲り部の設計等）

第一六条　配管の曲り部は、次の各号に掲げるところにより設けなければならない。ただし、現場における施工条件その他の特別の理由によりやむを得ない場合であつて、三度を超えない角度で配管の切り合わせを行うときは、第二号及び第三号の規定は、適用しない。

一　曲り部の設計は、配管の設計に準じて行うほか、曲り部のたわみ性及び応力集中を考慮して行うこと。

二　曲り部には、次号に定める場合を除き、あらかじめ製作された曲り管（マイターベンド管は、内圧によつて生じる円周方向応力度が配管の規格最小降伏点（配管の材料の規格に最小降伏点の定めがないものにあつては、材料試験成績等により保証される降伏点とする。ただし、当該降伏点が、当該材料の規格に定める引つ張り強さの最小の値の〇・六倍を超える場合にあつては、当該値とする。）の二十パーセント以下の場合に限る。）を用いること。

三　現場において冷間曲げを行う場合は、最小曲率半径は、次の表の上欄に掲げる配管の外径に応じたそれぞれ同表の下欄に掲げる値とすること。この場合において、配管の内径は、配管の外径の二・五パーセント以上減少してはならないものとする。

配管の外径（単位　mm）	最小曲率半径（単位　mm）
D≦318.5	18D
318.5<D≦355.6	21D
355.6<D≦406.4	24D
406.4<D<508.0	27D
508.0≦D	30D

Dは、配管の外径（単位　mm）

（弁の設計等）

第一七条　配管に取り付ける弁は、次の各号に掲げるところにより設けなければならない。

一　弁は、配管の強度と同等以上の強度を有すること。

二　弁（移送基地内の配管に取り付けられるものを除く。）は、ピグの通過に支障のない構造のものとすること。

三　弁（移送基地又は専用敷地内の配管に取り付けられるものを除く。）と配管との接続は、原則として突き合わせ溶接によること。

四　弁を溶接により配管に接続する場合は、接続部の肉厚が急変しないように施工すること。

五　弁は、当該弁の自重等により配管に異常な応力を発生せしめないように取り付けること。

六　弁は、配管の膨張及び収縮、地震力等による異常な力が直接弁に作用しないよう考慮して取り付けること。

七　弁の開閉速度は、油撃作用等を考慮した速度とすること。

八　フランジ付き弁のフランジ、ボルト及びガスケットの材料の規格は、第五条第三号の規定に準じること。

（伸縮吸収措置）

第一八条　規則第二十八条の六の規定により、配管には、次の各号に掲げるところにより有害な伸縮を吸収するための措置を講じなければならない。

一　原則として曲り管を用いること。

二　曲り管等の種類、配置及び固定の方法は、配管に異常な応力を発生せしめないよう考慮したものとすること。

（溶接方法）

第一九条　規則第二十八条の八第一項に規定する溶接方法は、アーク溶接又はこれと同等以上の溶接効果を有する方法とする。

（溶接機器及び溶接材料の規格）

第二〇条　規則第二十八条の八第二項に規定する溶接機器及び溶接材料の規格は、次のとおりとする。

一　溶接機器にあつては、日本産業規格C九三〇〇—一「アーク溶接装置—第一部：アーク溶接電源」（交流アーク溶接機及び垂下特性形整流器式直流アーク溶接機に係る規格に限る。）、日本産業規格C九三〇〇—十一「アーク溶接装置—第十一部：溶接棒ホルダ」又は日本産業規格C三四〇四「溶接用ケーブル」

二　溶接材料にあつては、日本産業規格Z三二一一「軟鋼、高張力鋼及び低温用鋼用被覆アーク溶接棒」、日本産業規格Z三二二一「ステンレス鋼被覆アーク溶接棒」、日本産業規格K一一〇五「アルゴン」又は日本産業規格K一一〇六「液化二酸化炭素（液化炭酸ガス）」

本条…一部改正〔昭和五九年三月自告二四号・平成九年三月六五号・一八年三月総告一四八号・二三年一二月五五六号・令和元年六月七八号〕

（溶接の方法その他溶接に関し必要な事項）

第二一条　規則第二十八条の八第三項に規定する溶接の方法その他溶接に関し必要な事項は、次の各号に掲げるとおりとする。

一　溶接継手の位置は、次に掲げるところによること。

イ　配管を突き合わせて溶接する場合の平行な突き合わせ溶接の間隔は、原則として管径以上とすること。

ロ　配管相互の長手方向の継手は、原則として五十ミリメートル以上離すこと。

二　配管の溶接にあたつては、位置合わせ治具を用い、しん出しを正確に行うこと。

三　管厚の異なる配管の突き合わせ継手においては、管厚を徐々に変化させるとともに長手方向の傾斜を三分の一以下とすること。

（外面腐食を防止するための措置）

第二二条　規則第二十八条の九第一項の規定により、配管等には、次に掲げるところにより外面腐食を防止するための措置を講じなければならない。

一　塗覆装材は、次に掲げるもの又はこれと同等以上の防食効果を有するものを用いること。

イ　塗装材にあつては、アスファルトエナメル又はブローンアスファルトであつて、配管に塗装した場合において、十分な強度を有し、かつ、配管と塗覆装との間に間げきが生じないための配管との付着性能を有するもの

ロ　覆装材にあつては、日本産業規格Ｌ三四〇五「ヘッシャンクロス」に適合するもの又は耐熱用ビニロンクロス、ガラスクロス若しくはガラスマットであつて、イの塗装材による塗装を保護又は補強するための十分な強度を有するもの

二　防食被覆の方法は、次に掲げるもの又はこれと同等以上の防食効果を有する被覆を作るものとすること。

イ　配管の外面にプライマーを塗装し、その表面に前号イの塗装材を塗装した後、当該塗装材を含浸した前号ロの覆装材を巻き付けること。

ロ　塗覆装の厚さは、配管の外面から厚さ三・〇ミリメートル以上とすること。

本条…一部改正〔昭和五九年三月自告二四号・平成一八年三月総告一四八号・二三年一二月五五六号・令和元年六月七八号〕

（電気防食措置）

第二三条　規則第二十八条の十第一項の規定により、配管等には、次の各号に掲げるところにより電気防食措置を講じなければならない。

一　地下又は海底に設置する配管等の対地電位平均値は、飽和硫酸銅電極基準による場合にあつてはマイナス〇・八五ボルト、飽和カロメル電極基準による場合にあつてはマイナス〇・七七ボルトより負の電位であつて、かつ、過防食による悪影響を生じない範囲内とすること。

二　地下に設置する配管等には、適切な間隔で電位測定端子を設けること。

三　電気鉄道の線路敷下等漏えい電流の影響を受けるおそれのある箇所に設置する配管等には、排流法等による措置を講じること。

（工作物に対する水平距離等）

第二四条　規則第二十八条の十二第一号（規則第二十八条の十四（規則第二十八条の二十において準用する場合を含む。）、第二十八条の十五及び第二十八条の二十一第四項において準用する場合を含む。）の規定により、配管は、次の各号に掲げる工作物に対し、当該各号に掲げる水平距離を有しなければならない。ただし、第二号又は第三号に掲げる工作物については、保安上適切な漏えい拡散防止措置を講ずる場合は、当該各号に掲げる水平距離

を短縮することができる。

一　建築物（地下街内の建築物を除く。）　一・五メートル以上
二　地下街及び隧道　十メートル以上
三　水道法第三条第八項に規定する水道施設であつて危険物の流入のおそれのあるもの　三百メートル以上

本条…一部改正〔昭和六二年一二月自告二〇〇号〕

（地下埋設の配管に係る防護構造物）

第二五条　規則第二十八条の十二第三号ただし書（第二十八条の十五において準用する場合を含む。）に規定する防護構造物は、同号本文に規定する配管の外面と地表面との距離により確保されるのと同等以上の安全性が確保されるよう、堅固で耐久力を有し、かつ、配管の構造に対し支障を与えない構造のものとする。

（斜面のすべりに対する安全率）

第二六条　規則第二十八条の十二第五号（規則第二十八条の十四第二十八条の二十において準用する場合を含む。）、第二十八条の十五及び第二十八条の二十一第四項において準用する場合を含む。）に規定する安全率は、一・三とする。

（地下埋設の配管に係る掘さく及び埋めもどしの方法）

第二七条　規則第二十八条の十二第七号（規則第二十八条の十四第二十八条の二十において準用する場合を含む。）及び第二十八条の十五において準用する場合を含む。）に規定する掘さく及び埋めもどしの方法は、次の各号に掲げるとおりとする。

一　配管をできるだけ均一かつ連続に支持するように施工すること。
二　道路その他の工作物の構造に対し支障を与えないように施工すること。
三　配管の外面から掘さく溝の側壁に対し十五センチメートル以上の距離を保たせるように施工すること。
四　掘さく溝の底面は、配管等に損傷を与えるおそれのある岩石等を取り除き、砂若しくは砂質土を二十センチメートル（列車荷重又は自動車荷重を受けるおそれのない場合は、十センチメートル）以上の厚さに敷きならし、又は砂袋を十センチメートル以上の厚さに敷きつめ、平坦に仕上げること。
五　道路の車道に埋設する場合は配管の底部から路盤の下までの間を、その他の場合は配管の底部から配管の頂部の上方三十センチメートル（列車荷重又は自動車荷重を受けるおそれのない場合は、二十センチメートル）までの間を、砂又は砂質土を用いて十分締め固めること。
六　配管等又は当該配管等に係る塗覆装に損傷を与えるおそれのある大型締め固め機を用いないこと。

（市街地の道路下埋設の配管に係る防護工）

第二八条　規則第二十八条の十三第四号及び第五号（規則第二十八条の十九第四項において準用する場合を含む。）に規定する防護工は、配管の外径に十センチメートル以上を加えた幅の堅固で耐

久力を有する板であつて、配管の頂部から三十センチメートル以上離して当該配管の直上に設置されたものとする。

（市街地の道路下埋設の配管に係る防護構造物）

第二九条　規則第二十八条の十三第四号及び第五号（規則第二十八条の十九第四項において準用する場合を含む。）に規定する防護構造物は、堅固で耐久力を有し、かつ、道路及び配管の構造に対し支障を与えない構造のものとする。この場合において、保安上必要がある場合には両端を閉そくしたものとする。

（路面下以外の道路下埋設の配管に係る防護工又は防護構造物）

第三〇条　規則第二十八条の十三第八号（規則第二十八条の十九第四項において準用する場合を含む。）に規定する防護工又は防護構造物は、同号に規定する配管の外面と地表面との距離を一・二メートルとした場合に確保されるのと同等以上の安全性が確保されるよう、堅固で耐久力を有し、かつ、道路及び配管の構造に対し支障を与えない構造のものとする。この場合において、保安上必要がある場合には両端を閉そくしたものとする。

（線路敷下埋設の配管に係る水平距離の特例）

第三一条　規則第二十八条の十四第一号ただし書に規定する告示で定める場合は、軌道中心に対する水平距離にあつては第一号から第三号までの一に該当する場合とし、線路敷の用地境界に対する水平距離にあつては第四号に掲げる場合とする。

一　配管が列車荷重の影響を受けない位置に埋設されている場合

二　配管が列車荷重の影響を受けないよう適切な防護構造物で防護されている場合

三　配管の構造が列車荷重を考慮したものである場合

四　線路敷が道路と隣接する場合

（施設に対する水平距離等）

第三二条　規則第二十八条の十六第二号（規則第二十八条の十九第四項及び第二十八条の二十一第四項において準用する場合を含む。）の規定により、配管は、次の各号に掲げる施設に対し、当該各号に定める水平距離を有しなければならない。

一　鉄道又は道路（第十三号に掲げる避難道路を除く。）　二十五メートル以上

二　高圧ガス保安法（昭和二十六年法律第二百四号）第五条第一項の規定により都道府県知事の許可を受けなければならない高圧ガスの製造のための施設（高圧ガスの製造のための設備が移動式製造設備（一般高圧ガス保安規則（昭和四十一年通商産業省令第五十三号）第二条第　項第十二号又は液化石油ガス保安規則（昭和四十一年通商産業省令第五十二号）第二条第一項第九号の移動式製造設備をいう。）である高圧ガスの製造のための施設にあつては、移動式製造設備が常置される施設（貯蔵設備を有しない移動式製造設備に係るものを除く。）をいう。以下この号において同じ。）及び同条第二項第一号の規定により都道府県知事に届け出なければならない高圧ガスの製造のための施設であつて、圧縮、液化その他の方法で処理することができるガスの容積が一日三十立方メートル以上である設備を使用

して高圧ガスの製造（容器に充てんすることを含む。）をするもの、同法第十六条第一項の規定により都道府県知事の許可を受けなければならない貯蔵所及び同法第十七条の二の規定により都道府県知事に届け出て設置する貯蔵所又は同法第二十四条の二第一項の規定により都道府県知事に届け出なければならない液化酸素の消費のための施設（これらの施設の配管のうち移送取扱所の存する敷地と同一の敷地内に存するものを除く。）　三十五メートル以上

三　液化石油ガスの保安の確保及び取引の適正化に関する法律（昭和四十二年法律第百四十九号）第三条第一項の規定により経済産業大臣又は都道府県知事の登録を受けなければならない販売所であつて三百キログラム以上の貯蔵施設を有するもの（当該施設の配管のうち移送取扱所の存する敷地と同一の敷地内に存するものを除く。）　三十五メートル以上

四　学校教育法（昭和二十二年法律第二十六号）第一条に規定する幼稚園、小学校、中学校、義務教育学校、高等学校、中等教育学校、特別支援学校又は高等専門学校　四十五メートル以上

五　次に掲げる施設であつて、二十人以上の人員を収容することができるもの　四十五メートル以上

イ　児童福祉法（昭和二十二年法律第百六十四号）第七条第一項に規定する児童福祉施設

ロ　身体障害者福祉法（昭和二十四年法律第二百八十三号）第五条第一項に規定する身体障害者社会参加支援施設

ハ　生活保護法（昭和二十五年法律第百四十四号）第三十八条第一項に規定する保護施設（授産施設及び宿所提供施設を除く。）

ニ　老人福祉法（昭和三十八年法律第百三十三号）第五条の三に規定する老人福祉施設又は同法第二十九条第一項に規定する有料老人ホーム

ホ　母子及び父子並びに寡婦福祉法（昭和三十九年法律第百二十九号）第三十九条第一項に規定する母子・父子福祉施設

ヘ　職業能力開発促進法（昭和四十四年法律第六十四号）第十五条の七第一項第五号に規定する障害者職業能力開発校

ト　地域における医療及び介護の総合的な確保の促進に関する法律（平成元年法律第六十四号）第二条第四項（第四号を除く。）に規定する特定民間施設

チ　介護保険法（平成九年法律第百二十三号）第八条第二十八項に規定する介護老人保健施設及び同条第二十九項に規定する介護医療院

リ　障害者の日常生活及び社会生活を総合的に支援するための法律（平成十七年法律第百二十三号）第五条第一項に規定する障害福祉サービス事業（同条第七項に規定する生活介護、同条第十二項に規定する自立訓練、同条第十三項に規定する就労移行支援又は同条第十四項に規定する就労継続支援を行う事業に限る。）の用に供する施設、同条第十一項に規定する障害者支援施設、同条第二十七項に規定する地域活動支援センター又は同条第二十八項に規定する福祉ホーム

六　医療法（昭和二十三年法律第二百五号）第一条の五第一項に規定する病院　　四十五メートル以上

七　都市計画法第十一条第一項第二号に規定する公共空地（同法第四条第六項に規定する都市計画施設に限る。）又は都市公園法（昭和三十一年法律第七十九号）第二条第一項に規定する都市公園（第十三号に掲げる避難空地を除く。）　　四十五メートル以上

八　劇場、映画館、演芸場、公会堂その他これらに類する施設であつて三百人以上の人員を収容することができるもの　　四十五メートル以上

九　百貨店、マーケット、公衆浴場、ホテル、旅館その他不特定多数の者を収容することを目的とする建築物（仮設建築物を除く。）であつて、その用途に供する部分の床面積の合計が千平方メートル以上のもの　　四十五メートル以上

十　一日に平均二万人以上の者が乗降する駅の母屋及びプラットホーム　　四十五メートル以上

十一　文化財保護法（昭和二十五年法律第二百十四号）の規定により、重要文化財、重要有形民俗文化財、史跡若しくは重要な文化財として指定され、又は旧重要美術品等の保存に関する法律（昭和八年法律第四十三号）の規定により、重要美術品として認定された建造物　　六十五メートル以上

十二　水道法第三条第八項に規定する水道施設であつて危険物の流入のおそれのあるもの　　三百メートル以上

十三　災害対策基本法（昭和三十六年法律第二百二十三号）第四十条に規定する都道府県地域防災計画又は同法第四十二条に規定する市町村地域防災計画において定められている震災時のための避難空地又は避難道路　　三百メートル以上

十四　住宅（前各号に掲げるもの又は仮設建築物を除く。）又は前各号に掲げる施設に類する施設であつて多数の者が出入りし、若しくは勤務しているもの　　二十五メートル以上

本条…一部改正〔昭和六二年一二月自告二〇〇号・六三年一月四号・四月六六号・平成二年二月五号・一二月二〇四号・五年七月九〇号・六年三月六一号・七年六月一一九号・八年九月二一七号・一〇年三月七二号・一一年三月八〇号・一二年一二月二七号・一八年三月総告一四八号・九月五一五号・一九年三月一三六号・二三年九月四二〇号・二四年三月一二九号・二五年四月一六六号・二六年三月一一六号・一〇月三五六号・二七年九月三三四号・二八年四月一四六号・三〇年三月一四一号〕

（地上設置の配管又はその支持物に係る防護設備）

第三三条　規則第二十八条の十六第六号（規則第二十八条の十九第四項及び第二十八条の二十一第四項において準用する場合を含む。）の規定により、配管又は配管の支持物が損傷を受けるおそれのある場合は、自動車、船舶等の衝突に対し配管又は配管の支持物の安全が確保されるよう、堅固で耐久力を有し、かつ、配管又は配管の支持物の構造に対し支障を与えない構造の防護設備を適切な位置に設置しなければならない。

（海底設置の配管に係る防護工）

第三四条　規則第二十八条の十七第五号に規定する防護工は、次の各号に適合するものとする。

一　船舶、波浪及び木材等の浮遊物による外力に対し配管の安全が確保されるよう、堅固で耐久力を有し、かつ、配管の構造に対し支障を与えない構造であること。

二　船舶及び木材等の浮遊物の衝突による防護工の損傷を防ぐため必要な箇所に衝突予防措置が講じてあること。

（海底設置の配管に係る掘さく及び埋めもどしの方法）

第三五条　規則第二十八条の十七第八号に規定する掘さく及び埋めもどしの方法は、次の各号に掲げるとおりとする。

一　配管をできるだけ均一かつ連続に支持するよう、土質、水深、海象条件等を考慮して施工すること。

二　埋めもどしは、配管及び当該配管に係る塗覆装に損傷を与えないように施工すること。

（海上設置の配管又はその支持物に係る防護設備）

第三六条　規則第二十八条の十八第三号に規定する防護設備は、次の各号に適合するものとする。

一　船舶、波浪及び木材等の浮遊物による外力に対し配管及び配管の支持物の安全が確保されるよう、堅固で耐久力を有し、かつ、配管及び配管の支持物の構造に対し支障を与えない構造であること。

二　船舶及び木材等の浮遊物の衝突による防護設備の損傷を防ぐため必要な箇所に衝突予防措置が講じてあること。

（道路横断設置の場合のさや管その他の構造物）

第三七条　規則第二十八条の十九第二項（規則第二十八条の二十において準用する場合を含む。）に規定するさや管その他の構造物は、堅固で耐久力を有し、かつ、道路及び配管の構造に対し支障を与えない構造のものとする。この場合において、保安上必要がある場合には両端を閉そくしたものとする。

（河川等横断設置の場合のさや管その他の構造物）

第三八条　規則第二十八条の二十一第二項に規定するさや管その他の構造物は、堅固で耐久力を有し、かつ、河川又は水路及び配管の構造に対し支障を与えない構造のものとする。この場合において、保安上必要がある場合には両端を閉そくしたものとする。

2　前項のさや管その他の構造物が隧道形式である場合には、その内部を点検できる構造のものとする。

（漏えい拡散防止措置等）

第三九条　規則第二十八条の二十二に規定する告示で定める場所は、次の各号に掲げる場所とし、同条の規定によりそれらの場所に配管を設置する場合には、それぞれ当該各号に定める措置を講じなければならない。

一　市街地　堅固で耐久力を有し、かつ、配管の構造に対し支障を与えない構造物の中に配管を設置すること。この場合において、当該構造物には、保安上必要な箇所に隔壁を設けるものとする。

二　河川上又は水路上　堅固で耐久力を有し、かつ、橋及び配管の構造に対し支障を与えない構造のさや管又はこれに類する構造物の中に配管を設置すること。この場合において、保安上必要がある場合には両端を閉そくしたものとする。

三　隧道（海底にあるものを除く。）上　第二十九条に規定する防護構造物（水密構造のものに限る。）の中に配管を設置すること。

四　道路上又は線路敷上　堅固で耐久力を有し、かつ、道路又は線路及び配管の構造に対し支障を与えない構造物（水密構造のものに限る。）の中に配管を設置すること。この場合において、保安上必要がある場合には両端を閉そくしたものとする。

五　砂質土等の透水性地盤（海底を除く。）中　堅固で耐久力を有し、かつ、配管の構造に対し支障を与えない構造物（地下水位下に設ける場合は、水密構造のものに限る。）の中に配管を設置すること。この場合において、保安上必要がある場合には両端を閉そくしたものとする。

（**超音波探傷試験を行わない配管**）

第四〇条　規則第二十八条の二十七第一項及び第二項に規定する告示で定める配管は、配管の厚さが六ミリメートル未満のものとする。

本条…一部改正〔昭和五四年一〇月自告一八三号〕

（**非破壊試験の合格基準**）

第四一条　規則第二十八条の二十七第一項の試験の合格の基準は、次のとおりとする。

一　放射線透過試験にあつては、次に掲げるところに適合すること。

イ　割れがないものであること。

ロ　溶け込み不足がある場合には、一の溶け込み不足の長さが二十ミリメートル以下であつて、かつ、一の溶接部における溶け込み不足の長さの合計が溶接部の長さ三十センチメートル当たり二十五ミリメートル以下であること。ただし、目違いによるルート片側の溶け込み不足にあつては、一の溶け込み不足の長さが四十ミリメートル以下であつて、かつ、一の溶接部における溶け込み不足の長さの合計が三十センチメートル当たり七十ミリメートル以下でなければならない。

ハ　融合不足がある場合には、一の融合不足の長さが二十ミリメートル以下であつて、かつ、一の溶接部における融合不足の長さの合計が溶接部の長さ三十センチメートル当たり二十五ミリメートル以下であること。ただし、一の溶接部における溶接層間の融合不足の長さの合計は、溶接部の長さ三十センチメートル当たり三十ミリメートル以下でなければならない。

ニ　溶け落ちがある場合には、一の溶け落ちの長さが六ミリメートル（溶接する母材の厚さが六ミリメートル未満の場合は、当該母材の厚さ）以下であつて、かつ、一の溶接部における溶け落ちの長さの合計が溶接部の長さ三十センチメートル当たり十二ミリメートル以下であること。

ホ　スラグ巻き込みがある場合には、次に掲げるところによること。

(1)　細長いスラグ巻き込みは、一の長さ及び幅がそれぞれ二十ミリメートル以下及び一・五ミリメートル以下であつて、かつ、一の溶接部における細長いスラグ巻き込みの長さの合計が溶接部の長さ三十センチメートル当たり三十ミリメートル以下であること。

(2)　孤立したスラグ巻き込みは、一の幅が三ミリメートル以下であつて、かつ、一の溶接部における孤立したスラグ巻き込みの長さの合計及び孤立したスラグ巻き込みの個数がそれぞれ溶接部の長さ三十センチメートル当たり十二ミリメートル以下及び四個以下であること。

へ　ブローホール及びこれに類する丸みを帯びた部分（以下この条において「ブローホール等」という。）は、その長径が母材の厚さの二分の一を超えず、かつ、任意の箇所について一辺が十ミリメートルの正方形（母材の厚さが二十五ミリメートルを超えるものにあつては、一辺が十ミリメートル他の一辺が二十ミリメートルの長方形）の部分（以下この条において「試験部分」という。）において、次の表(1)に掲げるブローホール等（ブローホール等の長径が、母材の厚さが二十五ミリメートル以下のものにあつては〇・五ミリメートル以下、母材の厚さが二十五ミリメートルを超えるものにあつては〇・七ミリメートル以下のものを除く。）の長径に応じて定める点数（以下この条において「ブローホール点数」という。）の合計が、次の表(2)に掲げる母材の厚さに応じて定めるブローホール点数の合計以下であること。

(1)

ブローホール等の長径（単位　ミリメートル）	点数
一・〇以下	一
一・〇を超え二・〇以下	二
二・〇を超え三・〇以下	三
三・〇を超え四・〇以下	六
四・〇を超え六・〇以下	十
六・〇を超え八・〇以下	十五
八・〇を超える	二十五

(2)

母材の厚さ（単位　ミリメートル）	ブローホール点数の合計
十以下	六
十を超え二十五以下	十二
二十五を超える	二十四

ト　虫状気孔がある場合には、一の虫状気孔の長さが三ミリ

メートル（溶接する母材の厚さが十二ミリメートル未満である場合は、当該母材の厚さの四分の一）以下であつて、かつ、二以上の虫状気孔が存する場合で、相互の間隔が相隣接する虫状気孔のうちその長さが短くないものの長さ以下であるときは、当該虫状気孔の長さの合計の長さが六ミリメートル（母材の厚さが十二ミリメートルを超えるものにあつては、母材の厚さの二分の一）以下であること。

チ　中空ビードがある場合には、一の中空ビードの長さが十ミリメートル以下であつて、かつ、一の溶接部における中空ビードの長さの合計が溶接部の長さ三十センチメートル当たり五十ミリメートル以下であること。ただし、長さが六ミリメートルを超える二の中空ビードの間隔は、五十ミリメートル以上でなければならない。

リ　一の溶接部におけるロからチまでに掲げる欠陥の長さの合計は、当該溶接部の長さの八パーセント以下であつて、かつ、溶接部の長さ三十センチメートル当たり五十ミリメートル（ロのただし書に定める欠陥の長さを除く。）以下であること。

ヌ　ロからチまでに適合するものであつても、欠陥部分の透過写真の濃度が、溶接する母材部分の写真濃度に対し著しく高くないこと。

ル　アンダーカットがある場合には、次に掲げるところによること。

(1)　外面のアンダーカットは、その断面がV字形をしていないものであつて、一のアンダーカットの長さ及び深さがそれぞれ三十ミリメートル以下及び〇・五ミリメートル以下で、かつ、一の溶接部におけるアンダーカットの長さの合計が溶接部の長さの十五パーセント以下であること。

(2)　内面のアンダーカットは、一のアンダーカットの長さが五十ミリメートル以下であつて、かつ、一の溶接部におけるアンダーカットの長さの合計が溶接部の長さの十五パーセント以下であること。

ヲ　内面ビードの透過写真の濃度が、溶接する母材部分の写真濃度に対し高くなく、かつ、著しく低くないこと。

二　超音波探傷試験にあつては、次に掲げるところに適合すること。

イ　割れがないものであること。

ロ　次の表の上欄に掲げる最大エコー高さの領域の区分（感度調整基準線より六デシベル低いエコー高さ区分線を超え感度調整基準線以下の領域をⅢとし、感度調整基準線を超える領域をⅣとする。以下この条において同じ。）に応じて同表の下欄に掲げる溶接する母材の厚さの区分に応じた応答箇所の指示長さ（二以上の方向から探傷した場合であつて、同一の応答箇所の指示長さが異なるときは最も長いものの指示長さとし、二以上の応答箇所がほぼ同一の深さに存する場合で、相互の間隔が相隣接する応答箇所のうちその指示長さが短くないものの指示長さ以下であるときは、当該応答箇所の指示長さ及び当該間隔の合計の長さとする。以下この条において同じ。）ごとに定められた数値を応答箇所の評価点とした場合において、一の応答箇所の評価点が同表に定められており、かつ、応答箇所の最も密である溶接部の長さ三十センチメートル当たり応答箇所の評価点の合計が五以下であること。

最大エコー高さの領域の区分	応答箇所の指示長さ					
	溶接する母材の厚さ（母材の厚さが異なる場合は、薄い方の母材の厚さとする。以下この表及び次項第二号ロの表において同じ。）が六ミリメートル以上十八ミリメートル以下のもの			溶接する母材の厚さが十八ミリメートルを超えるもの		
	六ミリメートル以下	六ミリメートルを超え九ミリメートル以下	九ミリメートルを超え十八ミリメートル以下	母材の厚さの三分の一以下	母材の厚さの三分の一を超え二分の一以下	母材の厚さの二分の一を超え母材の厚さ以下
Ⅲ	一	二	三	一	二	三
Ⅳ	二	三	／	二	三	／

三　磁粉探傷試験にあつては、次に掲げるところに適合すること。

イ　表面に割れがないものであること。

ロ　磁粉模様（疑似磁粉模様を除く。以下この条において同じ。）は、その長さ（磁粉模様の長さがその幅の三倍未満のものは浸透探傷試験による指示模様の長さとし、二以上の磁粉模様がほぼ同一線上に二ミリメートル以下の間隔で存する場合（相隣接する磁粉模様のいずれかが長さ二ミリメートル以下のものであつて当該磁粉模様の長さ以上の間隔で存する場合を除く。）は、当該磁粉模様の長さ及び当該間隔の合計の長さとする。以下この条において同じ。）が四ミリメートル以下であること。

ハ　磁粉模様が存する任意の箇所について二十五平方センチメートルの長方形（一辺の長さは十五センチメートルを限度とする。）の部分において、長さが一ミリメートルを超える磁粉模様の長さの合計が八ミリメートル以下であること。

四　浸透探傷試験にあつては、次に掲げるところに適合すること。

イ　表面に割れがないものであること。

ロ　指示模様（疑似指示模様を除く。以下この条において同じ。）は、その長さ（二以上の指示模様がほぼ同一線上に二ミリメートル以下の間隔で存する場合（相隣接する指示模様のいずれかが長さ二ミリメートル以下のものであつて当該指示模様の長さ以上の間隔で存する場合を除く。）は、当該指示模様の長さ及び当該間隔の合計の長さ。以下この条において同じ。）が四ミリメートル以下であること。

ハ　指示模様が存する任意の箇所について二十五平方センチメートルの長方形（一辺の長さは十五センチメートルを限度とする。）の部分において、長さが一ミリメートルを超える指示模様の長さの合計が八ミリメートル以下であること。

2　規則第二十八条の二十七第二項の試験の合格の基準は、次のとおりとする。

一　放射線透過試験にあつては、次に掲げるところに適合すること。

イ　ブローホール等及びスラグ巻き込み等は、次に掲げるところによること。

(1)　ブローホール等は、その長径が母材の厚さの二分の一を超えず、かつ、任意の箇所について試験部分において、ブローホール点数の合計が、次の表に掲げる母材の厚さに応じて定めるブローホール点数の合計以下であること。

母材の厚さ（単位　ミリメートル）	ブローホール点数の合計
十以下	三
十を超え二十五以下	六
二十五を超える	十二

(2)　細長いスラグ巻き込み及びこれに類するもの（以下この号において「スラグ巻き込み等」という。）は、その長さ（二以上のスラグ巻き込み等が存する場合で、相互の間隔が相隣接するスラグ巻き込み等のうちその長さが短くないものの長さ以下であるときは、当該スラグ巻き込み等の長さの合計の長さ。以下この号において同じ。）が、次の表に掲げる母材の厚さに応じて定める長さ以下であること。

母材の厚さ（単位　ミリメートル）	長さ
十二以下	四ミリメートル

十二を超える	母材の厚さの三分の一

(3)　ブローホール等及びスラグ巻き込み等が混在する場合は、(1)及び(2)に掲げるところによるほか、ブローホール点数の合計が最大となる試験部分において、ブローホール点数の合計が、次の表(i)に掲げる母材の厚さに応じて定めるブローホール点数の合計以下であり、又は、スラグ巻き込み等の長さが次の表(ii)に掲げる母材の厚さに応じて定める長さ以下であること。

(i)

母材の厚さ（単位　ミリメートル）	ブローホール点数の合計
十以下	一
十を超え二十五以下	二
二十五を超える	四

(ii)

母材の厚さ（単位　ミリメートル）	長さ
十二以下	三ミリメートル
十二を超える	母材の厚さの四分の一

ロ　イに適合するものであつても、欠陥部分の透過写真の濃度が、溶接する母材部分の写真濃度に対し著しく高くないこと。

ハ　内面ビードの透過写真の濃度が、溶接する母材部分の写真濃度に対し高くなく、かつ、著しく低くないこと。この場合において、透過写真の濃度は、不連続でないこと。

ニ　余盛りは、その高さが三ミリメートル以下であつて、かつ、その止端部において、角度が百五十度以上又は曲率半径が三ミリメートル以上であること。

ホ　アンダーカットがある場合には、次に掲げるところによること。

(1)　外面のアンダーカットは、その断面がV字形をしていないものであつて、一のアンダーカットの長さ及び深さがそれぞれ二十ミリメートル以下及び〇・五ミリメートル（溶接する母材の厚さの十パーセントが〇・五ミリメートル未満である場合は、当該母材の厚さの十パーセント）以下で、かつ、一の溶接部におけるアンダーカットの長さの合計が溶接部の長さの十パーセント以下であること。

(2)　内面のアンダーカットは、一のアンダーカットの長さが二十ミリメートル以下であつて、かつ、一の溶接部におけるアンダーカットの長さの合計が溶接部の長さの十パーセント以下であること。

二　超音波探傷試験にあつては、次に掲げるところに適合すること。

イ　割れがないものであること。

ロ　次の表の上欄に掲げる最大エコー高さの領域の区分に応じて、同表の下欄に掲げる溶接する母材の厚さの区分に応じた応答箇所の指示長さごとに定められた数値を応答箇所の評価点とした場合において、一の応答箇所の評価点が同表に定められており、かつ、応答箇所の最も密である溶接部の長さ三十センチメートル当たり応答箇所の評価点の合計が四以下であること。

最大エコー高さの領域の区分	応答箇所の指示長さ			
	溶接する母材の厚さが六ミリメートル以上十八ミリメートル以下のもの		溶接する母材の厚さが十八ミリメートルを超えるもの	
	六ミリメートル以下	六ミリメートルを超え九ミリメートル以下	母材の厚さの三分の一以下	母材の厚さの三分の一を超え二分の一以下
Ⅲ	一	二	一	二
Ⅳ	二		二	

三　磁粉探傷試験にあつては、次に掲げるところに適合すること。

イ　表面に割れがないものであること。

ロ　磁粉模様は、任意の箇所について二十五平方センチメートルの長方形（一辺の長さは十五センチメートルを限度とする。）の部分において、長さが一ミリメートルを超える磁粉模様の長さの合計が四ミリメートル以下であること。

四　浸透探傷試験にあつては、次に掲げるところに適合すること。

イ　表面に割れがないものであること。

ロ　指示模様は、任意の箇所について二十五平方センチメートルの長方形（一辺の長さは十五センチメートルを限度とする。）の部分において、長さが一ミリメートルを超える指示模様の長さの合計が四ミリメートル以下であること。

一項…一部改正〔昭和五二年二月自告二二号〕、一・二項…一部改正〔昭和五四年一〇月自告一八三号・五九年三月二四号〕

（耐圧試験の方法）

第四二条　規則第二十八条の二十八本文に規定する耐圧試験の方法は、次の各号に掲げるとおりとする。

一　水を用いて行うこと。この場合において、試験中水が凍結するおそれがある場合には、凍結を防止する措置を講じなければならない。

二　配管等の内部の空気を排除して行うこと。この場合において、やむを得ない事由により配管に空気抜き口を設けるときは、試験によつて当該部分が損傷を受けない構造のものとし、かつ、試験を行つた後当該部分の強度を減じないように空気抜き口を閉鎖し、補強しなければならない。

三　配管等内の第一号に定める液の温度と配管等の周囲の温度とがおおむね平衡状態となつてから開始し、試験時間は、二十四時間以上とすること。

四　試験中は、配管等の試験区間の両端において、配管等内の圧力及び温度を記録すること。この場合において、圧力を測定する装置は、試験を行う前及び行つた後に重量平衡式圧力検定器を用いて検定しなければならない。

（耐圧試験の特例）

第四三条　規則第二十八条の二十八ただし書に規定する告示で定める場合は、耐圧試験を行う配管等の試験区間相互を接続する箇所又は空気抜き口の閉鎖箇所を溶接する場合とする。

（配管系の警報装置）

第四四条　規則第二十八条の二十九第二項の規定により、配管系には、次の各号に掲げるところにより異常な事態が発生した場合にその旨を警報する装置（以下この条において「警報装置」という。）を設けなければならない。

一　警報装置の警報受信部は、当該警報装置が警報を発した場合に直ちに必要な措置を講じることができる場所に設けること。

二　警報装置は、次に掲げる機能を有すること。

イ　配管内の圧力が最大常用圧力の一・〇五倍（最大常用圧力の一・〇五倍が最大常用圧力に〇・二メガパスカルを加えた値以上となる場合は、最大常用圧力に〇・二メガパスカルを加えた圧力とする。）を超えたとき警報を発すること。

ロ　規則第二十八条の三十二第一項第二号に規定する装置が三十秒につき八十リットル以上の量を検知したとき警報を発すること。

ハ　規則第二十八条の三十二第一項第三号に規定する装置がその圧力測定箇所（正常な運転時における圧力値が最大常用圧力の五分の一以下となる圧力測定箇所を除く。）において正常な運転時における圧力値より十五パーセント以上の圧力降下を検知したとき警報を発すること。

ニ　規則第二十八条の三十三に規定する緊急しや断弁を閉鎖するための制御が不能となつたとき警報を発すること。

ホ　規則第二十八条の三十五に規定する感震装置又は強震計が四十ガル以上の加速度の地震動を検知したとき警報を発すること。

本条…一部改正〔平成一一年九月自告二〇三号〕

（漏えい検知口）

第四五条　規則第二十八条の三十二第一項第五号の規定により、地下に埋設する配管には、次の各号に掲げるところにより漏えい検知口を設けなければならない。

一　検知口は、河川下等に設置する配管であつてさや管その他の構造物の中に設置するもの及び山林原野に設置するものにあつては保安上必要な箇所に、その他の配管にあつては配管の経路の約百メートルごとの箇所及び保安上必要な箇所に設けること。

二　検知口は、配管に沿つて設けられる漏えい検知用の管に接続されているものであること。ただし、配管に沿つて危険物の漏えいを検知することができる装置（危険物の漏えいを検知した場合に、直ちに必要な措置を講じることができる場所にその旨を警報することができるものに限る。）が設けられ、かつ、当該装置の検知測定部が検知口に設けられる場合は、この限りでない。

三　検知口は、危険物の漏えいを容易に検知することができる構造のものであること。

（漏えい検知装置の設置に関し必要な事項）

第四六条　規則第二十八条の三十二第二項に規定する漏えい検知装置の設置に関し必要な事項は、次の各号に掲げるとおりとする。

一　配管系内の危険物の流量を測定することによつて自動的に危険物の漏えいを検知することができる装置は、三十秒以下の時間ごとに流量差を測定することができるものであること。

二　配管系内の圧力を測定することによつて自動的に危険物の漏えいを検知することができる装置は、常時圧力の変動を測定することができるものとし、当該装置の圧力測定器は、十キロメートル以内の距離ごとの箇所に設置すること。

三　配管系内の圧力を一定に静止させ、かつ、当該圧力を測定することによつて危険物の漏えいを検知できる装置は、緊急しや断弁の前後の圧力差の変動を測定することができるものであること。

（緊急しや断弁の設置）

第四七条　規則第二十八条の三十三第一項及び第二十八条の五十三第四項に規定する告示で定める場合は、次の各号に掲げる場合とする。

一　一級河川（河川法（昭和三十九年法律第百六十七号）第九条第二項に規定する指定区間内の一級河川を除く。以下この条において同じ。）、河川の流水の状況を改善するため二以上の河川を連絡する河川工事の対象となる河川、下流近傍に利水上の重要な取水施設のある河川又は計画河幅が五十メートル以上の河川であつて危険物の流入するおそれのある河川を横断して配管を設置する場合

二　海峡、湖沼等を横断して配管を設置する場合

三　山等の勾配のある地域に配管を設置する場合
四　鉄道又は道路の切り通し部を横断して配管を設置する場合
五　前各号に掲げる地域以外の地域（規則第一条第五号ハに規定する地域を除く。）に配管を設置する場合

2　規則第二十八条の三十三第一項の規定により、配管には、次の各号に掲げるところにより緊急しや断弁を設けなければならない。ただし、地形その他の状況により、当該各号に掲げるところによる必要がないと認められる場合は、これによらないことができる。

一　前項第一号及び第二号に掲げる場合にあつては、当該各号に掲げる地域を横断する箇所の危険物の流れの上流側及び下流側の箇所に設けること。ただし、計画河幅が五十メートル以上の河川（一級河川、河川の流水の状況を改善するため二以上の河川を連絡する河川工事の対象となる河川及び下流近傍に利水上の重要な取水施設のある河川を除く。）を横断して配管を設置する場合であつて危険物の流れの下流側の箇所から上流側の箇所に危険物が逆流するおそれがないときは、当該河川を横断する箇所の危険物の流れの下流側の箇所には、緊急しや断弁を設けることを要しない。

二　前項第三号及び第四号に掲げる場合にあつては、保安上必要な箇所に設けること。

三　前項第五号に掲げる場合のうち、市街地に配管を設置する場合にあつては約四キロメートル、市街地以外の地域に配管を設置する場合にあつては約十キロメートルごとの箇所に設けること。

（加速度）

第四八条　規則第二十八条の三十三第二項第二号に規定する加速度は、八十ガルとする。

（危険物を除去するための措置）

第四九条　規則第二十八条の三十四の規定により、配管には、相隣接した二の緊急しや断弁の区間の危険物を安全に水又は不燃性の気体に置換することができる措置を講じなければならない。

（感震装置及び強震計）

第五〇条　規則第二十八条の三十五の規定により、配管の経路には、次の各号に掲げるところにより感震装置及び強震計を設けなければならない。

一　感震装置及び強震計は、配管の経路の二十五キロメートル以内の距離ごとの箇所及び保安上必要な箇所に設けること。

二　強震計は、十ガルから千ガルまでの加速度を検知することができる性能を有すること。

（緊急通報設備の発信部を設ける場所）

第五一条　規則第二十八条の三十六第二項に規定する告示で定める場所は、山林原野以外の地域にあつては配管の経路の約二キロメートルごとの箇所、山林原野にあつては配管の経路の保安上必

要な箇所とする。

（警報設備）

第五二条　規則第二十八条の三十七の規定により、移送取扱所には、次の各号に掲げるところにより警報設備を設けなければならない。

一　移送基地には非常ベル装置及び拡声装置を設けること。

二　可燃性蒸気を発生する危険物の送り出しの用に供されるポンプ等のポンプ室には可燃性蒸気警報設備を、その他のポンプ等のポンプ室には自動火災報知設備（自動信号装置を備えた消火設備を含む。）を設けること。

（巡回監視車等）

第五三条　規則第二十八条の三十八の規定により、配管の経路には、次の各号に掲げるところにより巡回監視車、資機材倉庫及び資機材置場を設けなければならない。

一　巡回監視車は、次に掲げるところによること。

イ　配管系の保安の確保上必要な箇所に設けること。

ロ　平面図、縦横断面図その他の配管等の設置の状況を示す図面、ガス検知器、専用通信機、携行照明器具、応急漏えい防止器具、拡声器、耐熱服、消火器、警戒ロープ、シャベル、ツルハシ、ポール、巻尺その他点検整備に必要な機材を備えること。

二　資機材倉庫は、次に掲げるところによること。

イ　資機材倉庫は、移送基地及び配管の経路の五十キロメートル以内ごとの防災上有効な箇所並びに主要な河川上、湖沼、海上及び海底を横断する箇所の近傍に設けること。

ロ　資機材倉庫には、次に掲げる資機材を備えること。

(1)　三パーセントに希しやくして使用する泡消火薬剤四百リットル以上、耐熱服五着以上、シャベル及びツルハシ各五丁以上その他消火活動に必要な資機材

(2)　流出した危険物を処理するための資機材

(3)　緊急対策のための資機材

三　資機材置場は、次に掲げるところによること。

イ　資機材置場は、防災上有効な場所で、かつ、当該場所を中心として半径五キロメートルの円の範囲内に配管の経路を包含する場所に設けること。ただし、資機材倉庫が設置されている場所から五キロメートル以内には、設置することを要しない。

ロ　資機材置場には、前号ロ(1)に掲げる資機材（耐熱服を除く。）を備えること。

（予備動力源）

第五四条　規則第二十八条の三十九の規定により、保安のための設備には、次の各号に掲げるところにより予備動力源を設置しなければならない。

一　常用電力源が故障した場合に自動的に予備動力源に切り替え

られるよう設置すること。

二　予備動力源の容量は、保安設備を有効に作動させることができるものであること。

（標識等）

第五五条　規則第二十八条の四十四第一項の規定により、移送取扱所（危険物を移送する配管等の部分を除く。）には、次の各号に掲げるところにより標識及び掲示板を設けなければならない。

一　標識は次によること。

イ　幅〇・三メートル以上、長さ〇・六メートル以上の板であること。

ロ　色は、地を白色、文字を黒色とすること。

二　掲示板は次によること。

イ　幅〇・三メートル以上、長さ〇・六メートル以上の板であること。

ロ　取り扱う危険物の類、品名及び取扱最大数量、指定数量の倍数並びに危険物保安監督者の氏名又は職名を表示すること。

ハ　ロの掲示板の色は、地を白色、文字を黒色とすること。

ニ　ロの掲示板のほか、取り扱う危険物に応じ、次に掲げる注意事項を表示した掲示板を設けること。

(1)　第一類の危険物のうちアルカリ金属の過酸化物若しくはこれを含有するもの又は令第十条第一項第十号の禁水性物品にあつては「禁水」

(2)　第二類の危険物（引火性固体を除く。）にあつては「火気注意」

(3)　第二類の危険物のうち引火性固体、令第二十五条第一項第三号の自然発火性物品、第四類の危険物又は第五類の危険物にあつては「火気厳禁」

ホ　ニの掲示板の色は、「禁水」を表示するものにあつては地を青色、文字を白色とし、「火気注意」又は「火気厳禁」を表示するものにあつては地を赤色、文字を白色とすること。

本条…一部改正〔平成元年三月自告三七号・一八年三月総告一四八号〕

（位置標識等）

第五六条　規則第二十八条の四十四第二項の規定により、配管の経路には、次の各号に掲げるところにより位置標識、注意標示及び注意標識を設けなければならない。

一　位置標識は、次に掲げるところにより地下埋設の配管の経路に設けること。

イ　配管の経路の約百メートルごとの箇所及び水平曲管部その他保安上必要な箇所に設けること。

ロ　危険物を移送する配管が埋設されている旨並びに起点からの距離、埋設位置、埋設位置における配管の軸方向、移送者名及び埋設の年を表示すること。

二　注意標示は、次に掲げるところにより地下埋設の配管の経路に設けること。ただし、防護工、防護構造物又はさや管その他の構造物により防護された配管にあつては、この限りでない。

イ　配管の直上に埋設すること。

ロ　注意標示と配管の頂部との距離は、〇・三メートル以下としないこと。

ハ　材質は、耐久性を有する合成樹脂とすること。

ニ　幅は、配管の外径以上であること。

ホ　色は、黄色であること。

ヘ　危険物を移送する配管が埋設されている旨を表示すること。

三　注意標識は、次に掲げるところにより地上設置の配管の経路に設けること。

イ　公衆が近づきやすい場所その他の配管の保安上必要な場所で、かつ、当該配管の直近に設けること。

ロ　様式は、次のとおりとすること。

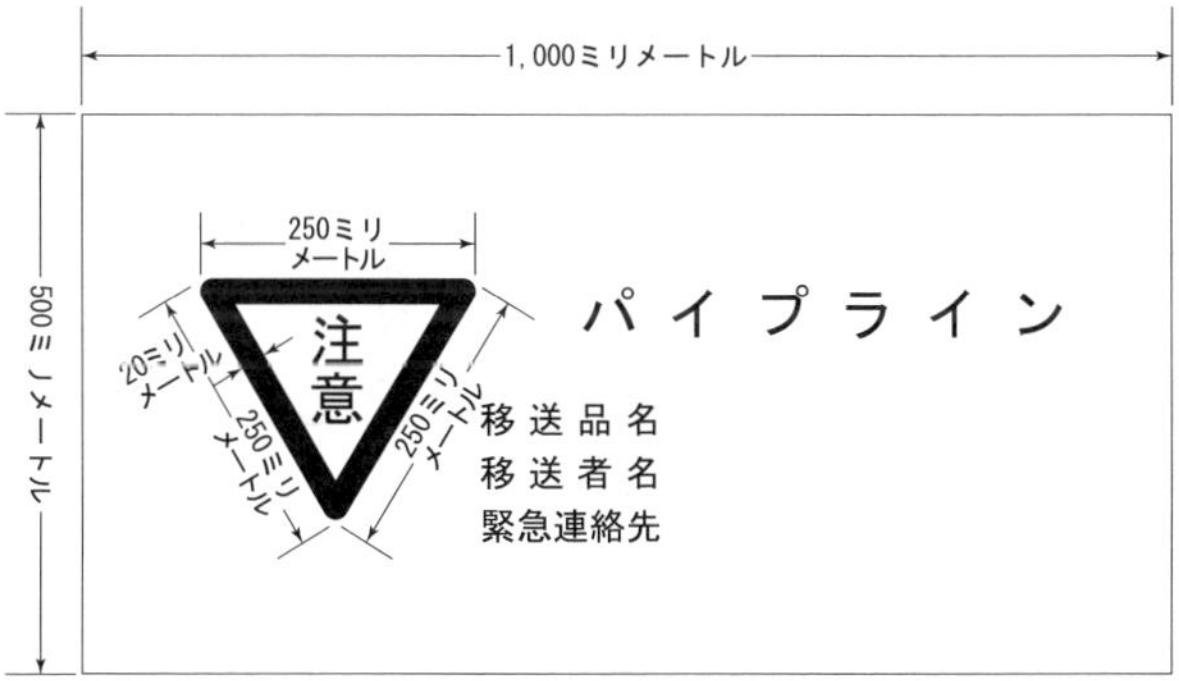

備考

一　金属製の板とすること。

二　地を白色（逆正三角形内は、黄色）、文字及び逆正三角形のわくを黒色とすること。

三　地の色の材料は、反射塗料その他反射性を有するものとすること。

四　逆正三角形の頂点の丸み半径は、十ミリメートルとすること。

五　様式中、移送品名には、危険物の化学名又は通称名を記載すること。

（保安設備の作動試験等）

第五七条　規則第二十八条の四十五に規定する保安のための設備は、次の各号に掲げるものとする。

一　第四十四条に規定する警報装置

二　規則第二十八条の三十第一号に規定する制御機能を有する安全制御装置

三　規則第二十八条の三十第二号に規定する制御機能を有する安全制御装置

四　配管内の圧力が最大常用圧力を超えないように制御する装置

五　油撃作用等によつて生ずる圧力が最大常用圧力の一・一倍を超えないように制御する装置

六　規則第二十八条の三十二に規定する漏えい検知装置であつて、自動的に危険物の漏えいを検知することができるもの

七　第五十四条に規定する予備動力源であつて、常用電力源が故障した場合に自動的に予備動力源に切り替えられるもの

2　規則第二十八条の四十五に規定する保安のための設備の試験の方法は、次の各号に掲げるとおりとする。

一　前項第一号に掲げる装置にあつては、当該装置に規則第二十八条の二十九第二項に規定する異常な事態に相当する模ぎ信号を与えることにより行うこと。

二　前項第二号に掲げる装置にあつては、規則第二十八条の三十第一号に規定する保安のための設備等の制御回路をしや断した状態においてポンプの起動操作をすることにより行うこと。

三　前項第三号に掲げる装置にあつては、規則第二十八条の三十二に規定する自動的に危険物の漏えいを検知することができる装置に危険物の漏えいに相当する模ぎ信号を与え、緊急しや断弁を閉鎖するための制御回路をしや断し、及び感震装置又は強震計に規則第二十八条の三十三第二項第二号に規定する地震動に相当する模ぎ信号を与えることにより行うこと。

四　前項第四号に掲げる装置にあつては、移送状態において当該装置に係る圧力制御弁の下流側の弁を徐々に閉鎖することにより行うこと。

五　前項第五号に掲げる装置（以下「油撃圧力安全装置」という。）にあつては、あらかじめ、規則第二十八条の三十一第一項に規定する配管内の圧力が最大常用圧力を超えないように制御する装置の作動圧力を最大常用圧力の一・一倍を超える圧力に調整し、移送状態において油撃圧力安全装置に係る圧力逃し弁の下流側の弁を徐々に閉鎖することにより行うこと。ただし、ポンプの出し得る最高圧力が最大常用圧力の一・一倍より低い圧力で運転する配管に設ける油撃圧力安全装置にあつて

は、静圧により行うものとする。

六　前項第六号に規定する装置にあつては、移送により行うか、又は移送に相当する模ぎ信号を与えることにより行うこと。

七　前項第七号に規定する装置にあつては、常用電力源をしや断することにより行うこと。

（ポンプの基準）

第五八条　規則第二十八条の四十七第一号に規定するポンプの基準は、次のとおりとする。

一　日本産業規格B八三二二「両吸込渦巻ポンプ」に定めるもの又はこれと同等以上の機械的性質を有する渦巻ポンプ、歯車ポンプ若しくはねじポンプであつて危険物の移送の用に供するためのものであること。

二　ポンプのケーシングは、鋼製とすること。

三　ポンプの軸封部には、メカニカルシールを使用すること。

四　五十キロワットを超えるポンプにあつては、軸封部の危険物の漏えい、軸受けの温度過昇、ケーシングの温度過昇、過大な振動等の異常な状態を検知し、かつ、速やかに必要な措置を講じることができる安全装置を有すること。

五　日本産業規格B八三〇六「油用遠心ポンプ—油を用いる試験方法」又は日本産業規格B八三一二「歯車ポンプ及びねじポンプ—試験方法」に定める試験に合格するものであること。

本条…一部改正〔昭和五九年三月自告二四号・平成八年九月二一七号・一八年三月総告一四八号・令和元年六月七八号〕

（ポンプ等の空地）

第五九条　規則第二十八条の四十七第二号に規定するポンプ等（ポンプをポンプ室内に設置する場合は、当該ポンプ室。次号において同じ。）の周囲に設ける空地の幅は、次の表の上欄に掲げるポンプ等に係る最大常用圧力に応じて、それぞれ同表の下欄に掲げる値とする。ただし、ポンプをポンプ室（第六十一条に規定する基準に適合するものであつて、壁、柱及びはりを耐火構造（建築基準法（昭和二十五年法律第二百一号）第二条第七号に規定する耐火構造をいう。以下同じ。）とし、かつ、屋根を軽量な不燃材料（建築基準法第二条第九号に規定する不燃材料をいう。以下同じ。）でふいたものに限る。）内に設置する場合は、次の表に掲げる空地の幅を三分の一まで減ずることができる。

ポンプ等に係る最大常用圧力（単位　MPa）	空地の幅（単位　m）
一未満	三以上
一以上三未満	五以上
三以上	十五以上

本条…一部改正〔平成一一年九月自告二〇三号・一八年三月総告一四八号〕

（ポンプ等の保安距離等）

第六〇条　規則第二十八条の四十七第三号に規定する施設及び当該

施設に対し移送用ポンプ等が有しなければならない距離については、第三十二条の規定を準用する。

（ポンプ室の構造の基準）

第六一条　規則第二十八条の四十七第五号に規定するポンプ室の構造の基準は、次の各号に掲げるとおりとする。

一　不燃材料で造ること。この場合において、屋根は軽量な不燃材料を用いるものとする。

二　窓又は出入口を設ける場合には、防火設備（令第九条第一項第七号に規定する防火設備をいう。）とすること。

三　窓又は出入口にガラスを用いる場合は、網入ガラスとすること。

四　床は、危険物が浸透しない構造とし、かつ、その周囲に高さ〇・二メートル以上の囲いを設けること。

五　漏れた危険物が外部に流出しないように床に適当な傾斜を付け、かつ、貯留設備を設けること。

六　可燃性の蒸気が滞留するおそれのあるポンプ室には、その蒸気を屋外の高所に排出する設備を設けること。

七　ポンプ室には、危険物を取り扱うために必要な採光、照明及び換気の設備を設けること。

本条…一部改正〔平成一二年五月自告一二九号・一八年三月総告一四八号〕

（ポンプ等の屋外設置の方法）

第六二条　規則第二十八条の四十七第六号に規定するポンプ等の設置の方法は、次の各号に掲げるとおりとする。

一　ポンプ等の直下の地盤面は、危険物が浸透しない構造とし、かつ、その周囲に高さ〇・一五メートル以上の囲いを設けること。

二　漏れた危険物が外部に流出しないように排水溝及び貯留設備を設けること。

本条…一部改正〔平成一八年三月総告一四八号〕

（ピグ取扱い装置の設置）

第六三条　規則第二十八条の四十八に規定するピグ取扱い装置は、次の各号に掲げるところにより設けなければならない。

一　ピグ取扱い装置は、配管の強度と同等以上の強度を有すること。

二　ピグ取扱い装置は、当該装置の内部圧力を安全に放出でき、かつ、内部圧力が放出された後でなければ、ピグの挿入又は取出しができないよう措置すること。

三　ピグ取扱い装置は、配管に異常な応力を発生させないように取り付けること。

四　ピグ取扱い装置を設置する床は、危険物が浸透しない構造とし、かつ、漏れた危険物が外部に流出しないように排水溝及び貯留設備を設けること。

五　ピグ取扱い装置の周囲には、三メートル以上の幅の空地を保有すること。ただし、ピグ取扱い装置を第五十九条ただし書に規定するポンプ室内に設ける場合は、この限りでない。

本条…一部改正〔平成一八年三月総告一四八号〕

（切替え弁等）

第六四条　規則第二十八条の四十九の規定により、切替え弁、制御弁等（以下この条において「弁」という。）は、第十七条第四号から第八号までの規定を準用するほか、次の各号に掲げるところにより設けなければならない。

一　弁は、原則として移送基地又は専用敷地内に設けること。

二　弁は、その開閉状態が当該弁の設置場所において容易に確認できるものであること。

三　弁を地下に設ける場合は、当該弁を点検箱内に設けること。

四　弁は、当該弁の管理を行う者又は当該弁の管理を行う者が指定した者以外の者が手動で開閉できないものであること。

（危険物の受入れ口及び払出し口の設置に関し必要な事項）

第六五条　規則第二十八条の五十に規定する危険物の受入れ口及び払出口（以下「受入れ口等」という。）は、次の各号に掲げるところにより設けなければならない。

一　危険物の受入れ口等は、火災の予防上支障のない場所に設けること。

二　危険物の受入れ口等は、危険物を受け入れ、又は払い出すホース又は管と結合することができ、かつ、危険物が漏れないものであること。

三　危険物の受入れ口又は払出し口には、危険物の受入れ口又は払出口である旨及び防火に関し必要な事項を掲示した掲示板を設けること。

四　危険物の受入れ口等には、当該受入れ口等を閉鎖できる弁を設けること。

（移送基地の危険物流出防止措置）

第六六条　規則第二十八条の五十一第二項の規定により、移送基地には、次の各号に掲げるところにより危険物の流出を防止するための措置を講じなければならない。

一　危険物を取り扱う施設（地下に設置するものを除く。）は、移送基地の敷地の境界線から当該配管に係る最大常用圧力に応じて、次の表に掲げる距離（工業専用地域に設置するものにあつては、当該距離の三分の一の距離）以上離すこと。

配管に係る最大常用圧力（単位　MPa）	距離（単位　m）
〇・三未満	五
〇・三以上一未満	九
一以上	十五

二　第四類の危険物（水に溶けないものに限る。）を取り扱う施設から漏れた危険物が移送基地の構外へ流出しないように油分離装置を設けること。

三　移送基地の敷地の境界部分を土盛り等の方法により〇・五メートル以上高くすること。

本条…一部改正〔平成六年三月自告六一号・一一年九月二〇三号・一八年三月総告一四八号〕

（緊急しや断弁の特例）

第六七条　規則第二十八条の五十三第六項に規定する告示で定める場所は、第四十七条第一項第一号から第四号までに掲げる場所以外の場所とする。

（移送取扱所の基準の特例）

第六八条　特定移送取扱所以外の移送取扱所に係る配管の材料の規格は、第五条第一号に掲げるもののほか、日本産業規格G三四五二「配管用炭素鋼鋼管」（水圧試験を行つた配管で、かつ、配管に係る最大常用圧力が一メガパスカル未満の圧力の配管に使用する場合に限る。）及び日本産業規格G三四五七「配管用アーク溶接炭素鋼鋼管」（配管に係る最大常用圧力が一メガパスカル未満の圧力の配管に使用する場合に限る。）とする。

2　特定移送取扱所以外の移送取扱所に係る配管でその材料が日本産業規格G三四五二「配管用炭素鋼鋼管」であるものの最小厚さの基準は、第六条の規定にかかわらず、第七条に定める方法による破損試験を行つたときにおいて破損しないものに足る値とする。

3　特定移送取扱所以外の移送取扱所の配管で最大常用圧力が一メガパスカル未満のものから他の施設に対する水平距離は、第三十二条の規定にかかわらず、同条各号に掲げる施設に対し、当該各号に定める水平距離からそれぞれ十五メートルを減じた距離とすることができる。

4　第四十四条第二号ロ、ハ及びホの規定は、特定移送取扱所以外の移送取扱所には適用しないものとする。

5　第四十七条第一項第五号及び第二項第三号の規定は、市街地に設ける配管で延長が四キロメートル未満のもの（特定移送取扱所以外の移送取扱所に係るものに限る。）及び市街地以外の地域に設ける配管で延長が十キロメートル未満のもの（特定移送取扱所以外の移送取扱所に係るものに限る。）には適用しない。

6　第五十一条の規定のうち山林原野以外の地域に係る部分は、特定移送取扱所以外の移送取扱所に係る配管で配管の延長が二キロメートル未満のものには適用しない。

7　特定移送取扱所以外の移送取扱所に係る配管の経路には、第五十三条の規定にかかわらず、巡回監視車を設けないことができる。

8　特定移送取扱所以外の移送取扱所に係る資機材倉庫のうち移送基地に設けるものは、第五十三条第二号イの規定にかかわらず、移送基地のうち危険物の受入れをする部分又は危険物の払出しをする部分のいずれかに設けることができる。

9　特定移送取扱所以外の移送取扱所に係る配管の経路が半径五キ

ロメートルの円の範囲内にとどまるものには、第五十三条及び前項の規定にかかわらず、資機材倉庫を設置することを要しない。

一・二項…一部改正〔昭和五九年三月自告二四号〕、一・三項…一部改正〔平成一一年九月自告二〇三号〕、一・二項…一部改正〔令和元年六月総告七八号〕

（詰替えの一般取扱所の塀又は壁）

第六八条の二　規則第二十八条の五十九第二項第十号ロの告示で定める火災は、次に掲げる火災とする。

一　固定注油設備から容器又は車両に固定されたタンクに注油中に漏えいした危険物が燃焼する火災

二　規則第二十八条の五十九第二項第四号の地下専用タンクに危険物を注入中に漏えいした危険物が燃焼する火災

2　規則第二十八条の五十九第二項第十号ロの告示で定める箇所は、次の各号に掲げる箇所とする。

一　一般取扱所に隣接し、又は近接して存する建築物の外壁及び軒裏で当該一般取扱所に面する部分の表面

二　一般取扱所の塀又は壁に設けられた防火設備の当該一般取扱所に面しない側の表面

3　規則第二十八条の五十九第二項第十号ロの告示で定める式は、次のとおりとする。

$$\int_0^{t_e} q^2 dt \leqq 2{,}000$$

t_eは、燃焼時間（単位　分）

qは、輻射熱（単位　kW／㎡）

tは、燃焼開始からの経過時間（単位　分）

本条…追加〔昭和五一年六月自告一〇三号〕、一部改正〔平成二年二月自告五号〕、全部改正〔平成一八年三月総告一四八号〕

（蓄電池設備の基準）

第六八条の二の二　規則第二十八条の六十の四第二項及び規則第二十八条の六十の四第五項第四号の告示で定める基準は、日本産業規格C八七一五―二「産業用リチウム二次電池の単電池及び電池システム―第二部：安全性要求事項」若しくは日本産業規格C四四一一「電気エネルギー貯蔵システム―電力システムに接続される電気エネルギー貯蔵システムの安全要求事項―電気化学的システム」に適合するもの又はこれらと同等以上の出火若しくは類焼に対する安全性を有するものであることとする。

本条…追加〔令和五年九月総告三二一号〕

（容器の特例）

第六八条の二の三　規則第三十九条の三第一項第一号の規定に基づき、次の各号に掲げる容器は、規則別表第三又は別表第三の二の基準に適合する容器と安全上同等以上であると認める。

一　第二類の危険物のうち合成樹脂類に可燃性の液体を浸潤させた引火性固体（引火点が二十一度以上のものに限る。）であって巻状としたものを収納する最大収容重量千キログラム以下の容器で、プラスチックフィルム（可燃性の蒸気を透さないものに限る。）で三回以上巻き、その端部を可燃性の蒸気が漏れないように処理したもの

二　第三類の危険物のうちアルキルアルミニウム若しくはアルキルリチウム又はこれらのいずれかを含有するものを収納する最

大容積四百五十リットル以下の鋼製又はステンレス鋼製の容器で一メガパスカルの水圧を加えた場合に漏れの生じない性能を有するもの

二の二　第四類の危険物のうちアルコール類を収納する最大容積一リットル以下のプラスチックフィルム袋

三　第四類の危険物のうち第三石油類、第四石油類又は動植物油類を収納する最大容積五リットル以下の耐油性の容器

四　第四類の危険物のうち第三石油類（引火点が百三十度以上のものに限る。）、第四石油類又は動植物油類を収納するゴムその他の合成樹脂製の容器で、腐食、摩耗等により容易に劣化せず、かつ、収納する危険物の内圧及び取扱い時の荷重によつて当該容器に生ずる応力に対して安全なもの（鋼製のコンテナに収納されているものに限る。）

五　第四類の危険物のうち動植物油類を収納する最大容積三十リットル以下のファイバ板箱（プラスチック内容器付きのものに限る。）

六　第五類の危険物のうちセルロイド類を収納する容器で、次に掲げるもの

イ　最大収容重量が二百二十五キログラム以下の木箱又はプラスチック箱

ロ　最大収容重量がセルロイド板（巻状、管状又は棒状のものを含む。）を収納するものにあつては百二十五キログラム、その他のセルロイド類を収納するものにあつては四十キログラム以下のファイバ板箱

七　第五類の固体の危険物のうちニトロセルロース（二十五パーセント以上の水で湿性としたもの、窒素量が十二・六パーセント以下であつてアルコールの含有率が二十五パーセント以上のもの又は窒素量が十二・六パーセント以下のもの（可塑剤及び顔料との混合物を含む。）に限る。）を収納する最大収容重量が二百二十五キログラム以下のファイバドラム（プラスチック内容器付きのもの又は防水性のものに限る。）

本条…追加〔昭和六二年一二月自告二〇〇号〕、全部改正〔平成元年三月自告三七号〕、一部改正〔平成二年二月自告五号・五年七月九〇号〕、見出し…改正・本条…一部改正〔平成七年二月自告二八号〕、本条…一部改正〔平成一一年三月自告八〇号・一二年三月三八号・一九年九月総告五三二号〕、旧六八条の二の二…一部改正し繰下〔令和五年九月総告三二一号〕

（運搬容器の特例）

第六八条の三　規則第四十三条第一項第一号ただし書の規定に基づき、次の各号に掲げる運搬容器は、規則別表第三又は別表第三の二の基準に適合する運搬容器と安全上同等以上であると認める。

一　前条第一号、第二号及び第五号から第七号までに掲げる容器

一の二　前条第二号の二に掲げる容器を内装容器としてファイバ板箱（不活性の緩衝材を詰めたものに限る。）の外装容器に収納したもので、第六十八条の五第二項及び第五項に定める基準に適合するもの

二　前条第三号に掲げる容器を内装容器として木箱、プラスチック箱又はファイバ板箱の外装容器に収納したもの

三　前条第四号に掲げる容器（運搬時の荷重によつて当該容器に

生ずる応力に対して安全なものに限る。）

本条…追加〔昭和五一年三月自告五二号〕、旧六八条の二…繰下〔昭和五一年六月自告一〇三号〕、本条…全部改正〔平成元年三月自告三七号〕、一部改正〔平成二年二月自告五号・五年七月九〇号・七年二月二八号・一一年三月八〇号・一二年三月三八号・一九年九月総告五三二号・令和五年九月三一号〕

（機械により荷役する構造を有する運搬容器の構造）

第六八条の三の二　規則第四十三条第一項第二号へに規定する運搬容器の構造に関し必要な事項は、次に定めるとおりとする。

一　金属製の運搬容器の構造は、次に定めるところによること。

イ　使用する材料の破断時の伸びは、次によること。

(1)　鋼　次の式により求めた値

$A \geqq \frac{10000}{Rm}$　（ただし、$A \geqq 20$）

Aは、破断時の伸び（パーセント）

Rmは、規格引張強さ（単位　N／mm²）

(2)　アルミニウム　次の式により求めた値

$A \geqq \frac{10000}{6Rm}$　（ただし、$A \geqq 8$）

Aは、破断時の伸び（パーセント）

Rmは、規格引張強さ（単位　N／mm²）

ロ　使用する材料の最小厚さは、次によること。

(1)　基準鋼（規格最小伸びと規格引張強さとの積が一万であるものをいう。このロにおいて同じ。）　次の表の上欄に掲げる運搬容器の容積に応じ、それぞれ同表の下欄に掲げる値

容積（単位 m³）	最小厚さ（単位 mm）			
	固体の危険物を重力で収納し、又は排出する運搬容器		液体の危険物を収納する運搬容器又は固体の危険物を圧力を加えて収納し、若しくは排出する運搬容器	
	容器本体が保護されていないもの	容器本体が保護されているもの	容器本体が保護されていないもの	容器本体が保護されているもの
〇・二五を超え一・〇以下	二・〇	一・五	二・五	二・〇
一・〇を超え二・〇以下	二・五	二・〇	三・〇	二・五
二・〇を超え三・〇以下	三・〇	二・五	四・〇	三・〇

(2)　基準鋼以外の金属　次の式により求めた値

$t_1 = \frac{21.4 \cdot t_0}{(Rm_1 \cdot A_1)^{\frac{1}{3}}}$　（ただし、$t_1 \geqq 1.5$）

t_1は、当該材料における最小厚さ（単位　mm）

t_0は、基準鋼を使用した場合の最小厚さ（単位　mm）

Rm_1は、当該材料の規格引張強さ（単位　N／mm²）

A_1は、当該材料の規格最小伸び（パーセント）

ハ　液体の危険物を収納するものにあつては、五十五度の温度における運搬容器内の圧力を超え六十五キロパスカル以下の圧力で作動し、火災時に本体の破損が生じないように十分な

量の蒸気を放出することができる安全装置を設けること。

二　フレキシブルの運搬容器の構造は、次に掲げるところによること。

イ　紙袋は、二十四時間以上水に完全に浸せきした後において も、相対湿度六十七パーセント以下の平衡状態におかれた場合の引張強さの八十五パーセント以上の強度を有するものであること。

ロ　収納時の高さの幅に対する割合は、二以下であること。

三　硬質プラスチック製の運搬容器のうち液体の危険物を収納するものにあつては、内圧試験における試験圧力を超える内圧が生じる場合に本体の破損が生じないように十分な量の蒸気を放出することができる安全装置を設けること。

四　プラスチック内容器付きの運搬容器の構造は、次に掲げるところによること。

イ　液体の危険物を収納するものにあつては、内圧試験における試験圧力を超える内圧が生じる場合に内容器の破損が生じないように十分な量の蒸気を放出することができる安全装置を設けること。

ロ　ファイバ板製の外装（プラスチック内容器、附属設備等を囲む構造の剛性を持つ補強枠を構成する外部構造物をいう。第六十八条の六の二において同じ。）の外表面の耐水性にあつては、日本産業規格P八一四〇「紙及び板紙―吸水度試験方法―コッブ法」に規定するコッブ法により水と三十分以上接触させた場合において質量の増加が一平方メートル当たり百五十五グラムを超えないものであること。

五　ファイバ板製の運搬容器の構造は、次に掲げるところによること。

イ　頂部つり上げ装置を有しないこと。

ロ　外表面の耐水性にあつては、日本産業規格P八一四〇「紙及び板紙―吸水度試験方法―コッブ法」に規定するコッブ法により水と三十分以上接触させた場合において質量の増加が一平方メートル当たり百五十五グラムを超えないものであること。

ハ　外表面の衝撃あな開け強さにあつては、日本産業規格P八一三四「板紙―衝撃あな開け強さ試験方法」に規定する衝撃あな開け強さ試験において、最小衝撃あな開け強さが十五ジュール以上であること。

六　木製の運搬容器の構造は、次に掲げるところによること。

イ　頂部つり上げ装置を有しないこと。

ロ　容器本体に使用する合板にあつては、三層以上のものであること。

本条…追加〔平成七年二月自告二八号〕、一部改正〔平成一一年九月自告二〇三号・一八年三月総告一四八号・令和元年六月七八号〕

（機械により荷役する構造を有する運搬容器の特例）

第六八条の三の三　規則第四十三条第一項第二号ただし書の規定に基づき、第四類の危険物のうち第三石油類（引火点が百三十度以上のものに限る。）、第四石油類又は動植物油類を収納する最大容積千リットル以下の液体フレキシブルコンテナ（内袋をポリエチレン系の積層フィルム、外袋をポリプロピレン繊維で造られた箱枠付き構造の容器をいう。以下この条において同じ。）で、次に掲げる性能を有するものは、規則別表第三の四の基準及び同号イからへまでの基準に適合する運搬容器と安全上同等以上であると認める。

一　内容物を内容積の九十八パーセント以上満たした最大収容重量の荷重状態において、〇・八メートルの高さから、硬く、弾力性のない平滑な水平面に落下させた場合に内容物の漏えいがないこと。

二　二十キロパスカルの空気圧力を加えた場合に空気の漏えいがないこと。

三　百キロパスカルの水圧力を十分間加えた場合に漏えいがないこと。

四　運搬の際に積み重ねられる同種の容器（最大収容重量の内容物を収納したもの）の全重量の一・八倍の重量の荷重を液体用フレキシブルコンテナの上部に均一に加えた状態で二十四時間存置した場合に容器の損傷又は箱枠の変形を生じないこと。

五　最大収容重量の一・二五倍の荷重状態において、底部から二回持ち上げた場合に箱枠の変形を生じないこと。

六　同号イからへまでに定める基準に適合すること。

2　前項に掲げるもののほか、規則第四十三条第一項第二号ただし書の規定に基づき、第四類の危険物のうち第三石油類（引火点が百三十度以上のものに限る。）又は第四石油類を収納する変圧器、リアクトル、コンデンサーその他これらに類する電気機械器具（同号イからホまでに定める基準に適合する金属製、陶磁器製又は繊維強化プラスチック製（変圧器に限る。）のものに限る。）は、規則別表第三の四の基準及び同号イからへまでの基準に適合する運搬容器と安全上同等以上であると認める。

本条…追加〔平成七年二月自告二八号〕、一部改正〔平成一一年九月自告二〇三号〕、一項…一部改正・二項…追加〔平成一八年三月総告一四八号〕、二項…一部改正〔平成一九年三月総告一三六号・令和五年九月三二一号〕

第六八条の四　**（専ら乗用の用に供する車両による運搬の基準）**

規則第四十三条第二項に規定する危険物のうち告示で定めるものは、ガソリン（自動車の燃料の用に供するものに限る。）とする。

2　規則第四十三条第二項に規定する運搬容器の構造及び最大容積の基準は、次の表のとおりとする。

運搬容器の構造	最大容積（単位　l）
金属製ドラム（天板固定式のもの）	二十二
金属製容器	二十二
プラスチック容器（プラスチックドラムを除く）	十

備考　「プラスチック容器」は、国際海事機関が採択した危険物の運送に関する規程に適合していることが認められていることを示す表示（UN）及び容器記号三H一が付されているものに限る。

本条…追加〔昭和五一年三月自告五二号〕、旧六八条の三…繰下〔昭和五一年六月自告一〇三号〕、二項…一部改正〔昭和五九年三月自告二四号・平成元年三月三七号・令和五年九月総告三二一号〕

（運搬容器の試験）

第六八条の五　規則第四十三条第四項第一号の告示で定める落下試

験、気密試験、内圧試験及び積み重ね試験並びに告示で定める基準は、この条の定めるところによる。

2　落下試験及び落下試験における基準は、次のとおりとする。

一　落下試験は、次に定めるところによること。

イ　落下試験は、すべての種類の運搬容器について実施すること。

ロ　運搬容器には、固体の危険物を収納するものにあつては内容積の九十五パーセント以上、液体の危険物を収納するものにあつては内容積の九十八パーセント以上の内容物を満たして、試験を実施すること。

ハ　運搬容器のうち、外装容器がプラスチック容器であるもの、プラスチック内容器付きのもの、内装容器がプラスチック容器であるもの又はプラスチックフィルム袋（第六十八条の三第一項第一号の二に掲げるプラスチックフィルム袋に限る。）であるものにあつては、運搬容器及び内容物をマイナス十八度以下に冷却した状態において試験を実施すること。

ニ　運搬容器は、次の表の上欄に掲げる収納する危険物の危険等級に応じ、同表下欄に掲げる高さから、硬く、弾力性のない平滑な水平面に落下させて試験を行うこと。

危険等級	落下高さ（単位　m）
Ⅰ	一・八
Ⅱ	一・二
Ⅲ	○・八

二　落下試験における基準は、次に定めるところによること。

イ　外装容器からの漏えい（内装容器又はプラスチック内容器付きのものにあつては内容器からの漏えいを含む。）がないこと。

ロ　外装容器には、運搬中の安全性に影響を与えるような損傷がないこと。

3　気密試験及び気密試験における基準は、次のとおりとする。

一　気密試験は、次に定めるところによること。

イ　気密試験は、液体の危険物を収納するすべての種類の運搬容器の外装容器（内装容器がある場合には、外装容器又はすべての内装容器。以下この項及び次項において同じ。）について実施すること。

ロ　運搬容器は、次の表の上欄に掲げる収納する危険物の危険等級に応じ、同表下欄に掲げる空気圧力を加えて試験を行うこと。

危険等級	空気圧力（kPa）
Ⅰ	三十
Ⅱ及びⅢ	二十

二　気密試験における基準は、外装容器からの漏えいがないこと。

4　内圧試験及び内圧試験における基準は、次のとおりとする。

一　内圧試験は、次に定めるところによること。

イ　内圧試験は、液体の危険物を収納するすべての種類の運搬容器の外装容器について実施すること。

ロ　運搬容器は、次に掲げる水圧力のうちいずれかの圧力（危険等級Ⅰの危険物を収納するものにあつては、次のいずれかの圧力と二百五十キロパスカルの圧力のうちいずれか高い方の圧力）を五分間（プラスチック製のものにあつては、三十分間）加えて試験を行うこと。

(1)　収納する危険物の五十五度におけるゲージ圧力の一・五倍の圧力

(2)　収納する危険物の五十五度における蒸気圧の一・五倍の圧力から百キロパスカルを減じた圧力又は百キロパスカルの圧力のうちいずれか高い方の圧力

(3)　収納する危険物の五十度における蒸気圧の一・七五倍の圧力から百キロパスカルを減じた圧力又は百キロパスカルの圧力のうちいずれか高い方の圧力

二　内圧試験における基準は、外装容器からの漏えいがないこと。

5　積み重ね試験及び積み重ね試験における基準は、次のとおりとする。

一　積み重ね試験は、次に定めるところによること。

イ　積み重ね試験は、樹脂クロス袋、プラスチックフィルム袋、織布袋及び紙袋以外のすべての種類の運搬容器について実施すること。

ロ　運搬の際に積み重ねられる同種の容器（最大収容重量の内容物を収納したもの。以下この項において同じ。）の全重量と同じ荷重（運搬の際の積み重ね高さが三メートル未満のものにあつては、当該高さを三メートル以上とした場合に積み重ねられる同種の容器の全重量と同じ荷重）を容器の上部に加えた状態で二十四時間（液体の危険物を収納する運搬容器で外装容器がプラスチック容器であるものにあつては、四十度以上の温度で二十八日間）存置して試験を行うこと。

二　積み重ね試験における基準は、外装容器からの漏えい（内装容器又はプラスチック内容器付きのものにあつては内容器からの漏えいを含む。）がなく、かつ、運搬容器に変形がないこと。

本条…追加〔平成元年三月自告三七号〕、一項…一部改正〔平成七年二月自告二八号〕、三・四項…一部改正〔平成一一年九月自告二〇三号〕、二・四項…一部改正〔令和五年九月総告三三一号〕

（試験基準が適用されない運搬容器）

第六八条の六　規則第四十三条第四項第一号ただし書の告示で定める運搬容器は、次の各号に掲げるものとする。

一　第四類の危険物のうち第二石油類（引火点が六十度以上のものに限る。）、第三石油類、第四石油類又は動植物油類を収納する運搬容器

二　第一類、第二類又は第四類の危険物のうち危険等級Ⅰの危険物以外のものを収納する最大容積五百ミリリットル以下の内装容器（紙袋及びプラスチックフィルム袋を除く。）を最大収容重量三十キログラム以下の外装容器に収納する運搬容器

本条…追加〔平成元年三月自告三七号〕、一部改正〔平成七年二月自告二八号・二三年一二月総告五五六号〕

（機械により荷役する構造を有する運搬容器の試験）

第六八条の六の二　規則第四十三条第四項第二号の告示で定める落下試験、気密試験、内圧試験、積み重ね試験、底部持ち上げ試

験、頂部つり上げ試験、裂け伝播試験、引き落とし試験及び引き起こし試験並びに告示で定める基準は、この条の定めるところによる。

2　落下試験及び落下試験における基準は、次のとおりとする。

一　落下試験は、次に定めるところによること。

イ　落下試験は、すべての種類の運搬容器について実施すること。

ロ　運搬容器は、固体の危険物を収納するものにあつては内容積の九十五パーセント以上の内容物を満たした状態（フレキシブルの運搬容器にあつては、内容積の九十五パーセント以上の内容物を満たした最大収容重量の荷重状態）において、液体の危険物を収納するものにあつては内容積の九十八パーセント以上の内容物を満たした状態において、試験を実施すること。

ハ　運搬容器のうち、硬質プラスチック製のもの又はプラスチック内容器付きのものにあつては、運搬容器及び内容物をマイナス十八度以下に冷却した状態において試験を実施すること。

ニ　運搬容器は、次の表の上欄に掲げる収納する危険物の危険等級に応じ、同表の下欄に掲げる高さから、硬く、弾力性のない平滑な水平面に落下させて試験を行うこと。

危険等級	落下高さ（単位　m）
Ⅰ	一・八
Ⅱ	一・二
Ⅲ	〇・八

二　落下試験における基準は、運搬容器からの漏えいがないこと。

3　気密試験及び気密試験における基準は、次のとおりとする。

一　気密試験は、次に定めるところによること。

イ　気密試験は、液体の危険物又は十キロパスカル以上の圧力を加えて収納し、若しくは排出する固体の危険物を収納するすべての種類の運搬容器について実施すること。

ロ　運搬容器は、二十キロパスカルの空気圧力を十分間加えて試験を行うこと。

二　気密試験における基準は、運搬容器からの漏えいがないこと。

4　内圧試験及び内圧試験における基準は、次のとおりとする。

一　内圧試験は、次に定めるところによること。

イ　内圧試験は、液体の危険物又は十キロパスカル以上の圧力を加えて収納し、若しくは排出する固体の危険物を収納するすべての種類の運搬容器について実施すること。

ロ　運搬容器は、次の表の上欄に掲げる運搬容器の種類及び同表の中欄に掲げる収納する危険物の危険等級等に応じ、同表の下欄に掲げる圧力の水圧力を十分間加えて試験を行うこと。

運搬容器の種類	収納する危険物の危険等級等	圧力（単位 kPa）
金属製の運搬容器	危険等級Ⅰの固体の危険物	二百五十
	危険等級Ⅱ又はⅢの固体の危険物	二百
	液体の危険物	六十五及び二百
硬質プラスチック製の運搬容器又はプラスチック内容器付きの運搬容器	固体の危険物	七十五
	液体の危険物	次に掲げる圧力のうちいずれか高い方の圧力 (1) 五十五度の温度における運搬容器内のゲージ圧力の一・五倍の圧力 (2) 百

二　内圧試験における基準は、次に定めるところによること。
イ　運搬容器からの漏えいがないこと。
ロ　運搬容器（液体の危険物を収納する金属製の運搬容器にあつては、六十五キロパスカルの水圧力を加えたものに限る。）には、運搬中の安全性に影響を与えるような変形がないこと。

5　積み重ね試験及び積み重ね試験における基準は、次のとおりとする。
一　積み重ね試験は、次に定めるところによること。
イ　積み重ね試験は、フレキシブルの運搬容器又はフレキシブルの運搬容器以外の運搬容器であつて、積み重ねられるように設計されたすべての種類の運搬容器について実施すること。
ロ　運搬容器は、最大総重量（最大収容重量の危険物を収納した場合の運搬容器の全重量をいう。以下この条において同じ。）の荷重状態（フレキシブルの運搬容器にあつては、内容積の九十五パーセント以上の内容物を満たした最大収容重量の荷重状態）において試験を実施すること。
ハ　運搬の際に積み重ねられる同種の運搬容器（最大収容重量の内容物を収納したもの。以下この項において同じ。）の全重量の一・八倍の荷重を容器の上部に加えた状態において、次の表の上欄に掲げる運搬容器の種類に応じ、同表の下欄に掲げる期間存置して試験を行うこと。

運搬容器の種類	期間
金属製	五分
フレキシブル	
硬質プラスチック製（自立型以外のもの）	

硬質のプラスチック内容器付き	二十四時間
ファイバ板製	
木製	
硬質プラスチック製（自立型のもの）	四十度以上の温度で二十八日間
軟質のプラスチック内容器付き	

二　積み重ね試験における基準は、次に定めるところによること。

イ　運搬容器からの漏えいがないこと。

ロ　運搬容器には、運搬中の安全性に影響を与えるような変形（フレキシブルの運搬容器にあつては、劣化）がないこと。

6　底部持ち上げ試験及び底部持ち上げ試験における基準は、次のとおりとする。

一　底部持ち上げ試験は、次に定めるところによること。

イ　底部持ち上げ試験は、フレキシブルの運搬容器以外の運搬容器であつて、底部から持ち上げられるように設計されたすべての種類の運搬容器について実施すること。

ロ　運搬容器は、最大総重量の一・二五倍の荷重状態において底部から二回持ち上げて試験を行うこと。

二　底部持ち上げ試験における基準は、次に定めるところによること。

イ　運搬容器からの漏えいがないこと。

ロ　運搬容器には、運搬中の安全性に影響を与えるような変形がないこと。

7　頂部つり上げ試験及び頂部つり上げ試験における基準は、次のとおりとする。

一　頂部つり上げ試験は、次に定めるところによること。

イ　頂部つり上げ試験は、ファイバ板製の運搬容器又は木製の運搬容器以外の運搬容器であつて、頂部（フレキシブルの運搬容器にあつては、頂部又は側部）からつり上げられるようにに設計されたすべての種類の運搬容器について実施すること。

ロ　運搬容器は、最大総重量の二倍（フレキシブルの運搬容器にあつては、最大収容重量の六倍）の荷重状態においてつり上げ、五分間保持して試験を行うこと。

二　頂部つり上げ試験における基準は、次に定めるところによること。

イ　運搬容器からの漏えいがないこと。

ロ　運搬容器には、運搬中の安全性に影響を与えるような変形（フレキシブルの運搬容器にあつては、損傷）がないこと。

8　裂け伝播試験及び裂け伝播試験における基準は、次のとおりとする。

一　裂け伝播試験は、次に定めるところによること。

イ　裂け伝播試験は、フレキシブルの運搬容器について実施すること。

ロ　運搬容器は、内容積の九十五パーセント以上の内容物を満たした最大収容重量の荷重状態において試験を実施すること。

ハ　地面に置いた運搬容器の底面と内容物の頂部との中間位置に完全に側面材を貫き通す長さ十センチメートルの切傷を付け、次に運搬容器に最大収容重量の二倍の重量の荷重を均一に加え五分間保持した後、付加荷重を取り除いてからつり上げ、五分間保持して試験を行うこと。

二　裂け伝播試験における基準は、裂け目の伝播が二・五センチメートル以下であること。

9　引き落とし試験及び引き落とし試験における基準は、次のとおりとする。

一　引き落とし試験は、次に定めるところによること。

イ　引き落とし試験は、フレキシブルの運搬容器について実施すること。

ロ　運搬容器は、内容積の九十五パーセント以上の内容物を満たした最大収容重量の荷重状態において、次の表の上欄に掲げる収納する危険物の危険等級に応じ、同表の下欄に掲げる高さから、硬く、弾力性のない平滑な水平面に引き落として試験を行うこと。

危険等級	引き落とし高さ（単位　m）
Ⅰ	一・八
Ⅱ	一・二
Ⅲ	〇・八

二　引き落とし試験における基準は、運搬容器からの漏えいがないこと。

10　引き起こし試験及び引き起こし試験における基準は、次のとおりとする。

一　引き起こし試験は、次に定めるところによること。

イ　引き起こし試験は、頂部又は側部からつり上げられるように設計されたフレキシブルの運搬容器について実施すること。

ロ　運搬容器は、内容積の九十五パーセント以上の内容物を満たした最大収容重量の荷重状態において横倒しにし、一のつり具（つり具の数が四以上である場合は二のつり具）により〇・一メートル毎秒以上の速度で鉛直方向に床から離れるまで引き上げて試験を行うこと。

二　引き起こし試験の基準は、運搬容器に運搬中の安全性に影響を与えるような損傷がないこと。

本条…追加〔平成七年二月自告二八号〕、三・四項…一部改正〔平成一

一年九月自告二〇三号〕、八項…一部改正〔平成一八年三月総告一四八号〕

（試験基準が適用されない機械により荷役する構造を有する運搬容器）

第六八条の六の三　規則第四十三条第四項第二号ただし書の告示で定める運搬容器は、第四類の危険物のうち第二石油類（引火点が六十度以上のものに限る。）、第三石油類、第四石油類又は動植物油類を収納するものとする。

本条…追加〔平成七年二月自告二八号〕、一部改正〔平成二三年一二月総告五五六号〕

（運搬容器への収納の特例）

第六八条の六の四　規則第四十三条の三第一項第三号ただし書の告示で定める場合は、次のとおりとする。

一　電池の構成材料として危険物を収納する場合（当該収納に係る収納率以上の内容物を満たした状態で実施した第六十八条の五第二項第一号に規定する落下試験において同項第二号の基準に適合する容器に収納する場合に限る。次項第一号において同じ。）

二　第三項第二号に該当する場合

2　規則第四十三条の三第一項第四号ただし書の告示で定める場合は、次のとおりとする。

一　電池の構成材料として危険物を収納する場合

二　変圧器、リアクトル、コンデンサーその他これらに類する電気機械器具に第四類の危険物のうち第三石油類（引火点が百三十度以上のものに限る。）又は第四石油類を収納する場合

3　規則第四十三条の三第一項第五号ただし書の告示で定める場合は、次のとおりとする。

一　電池の構成材料として類を異にする危険物を収納する場合

二　第三類の危険物とその保護液の用に供するため第四類の危険物を収納する場合

本条…追加〔平成一九年三月総告一三六号〕

（機械により荷役する構造を有する運搬容器への収納）

第六八条の六の五　規則第四十三条の三第二項第一号ロただし書の告示で定める容器は、第六十八条の三の三第二項に定める容器とする。

2　規則第四十三条の三第二項第七号に規定する運搬容器への収納に関し必要な事項は、次に定めるとおりとする。

一　金属製の運搬容器には、危険等級Iの固体の自然発火性物質を収納しないこと。

二　織布で造られたフレキシブルの運搬容器（内部にコーティング又はライナーが施されたものを除く。）には、第一類の危険物を収納しないこと。

三　硬質プラスチック製の運搬容器又はプラスチック内容器付きの運搬容器には、五十五度の温度における運搬容器内のゲージ圧力が内圧試験における試験圧力に三分の二を乗じた値を超え

る液体の危険物又は第四類の危険物（引火点が〇度未満のものに限る。）を収納しないこと。

四　軟質のプラスチック内容器付きの運搬容器には、液体の危険物（第四類の危険物のうち第二石油類（引火点が六十度以上のものに限る。）、第三石油類、第四石油類及び動植物油類を除く。）又は危険等級Ⅰの固体の危険物を収納しないこと。

五　プラスチック内容器付きの運搬容器（内容器が硬質プラスチック製で、外装が鋼製のものを除く。）又は木製の運搬容器には、有機過酸化物を収納しないこと。

本条…追加〔平成七年二月自告二八号〕、一項…追加・旧一項…繰下〔平成一八年三月総告一四八号〕、旧六八条の六の四…繰下〔平成一九年三月総告一三六号〕、二項…一部改正〔平成二三年一二月総告五五六号〕

（機械により荷役する構造を有する運搬容器の表示）

第六八条の六の六　規則第四十四条第六項第四号に規定する運搬容器の外部に行う表示に関し必要な事項は、次の各号に掲げる運搬容器の種類に応じ、当該各号に定めるとおりとする。

一　金属製の運搬容器、硬質プラスチック製の運搬容器又はプラスチック内容器付きの運搬容器

イ　二十度の温度における内容積（単位　ℓ）

ロ　運搬容器の自重（単位　kg）

ハ　液体の危険物又は十キロパスカル以上の圧力を加えて収納し、若しくは排出する固体の危険物を収納する容器（第六十八条の六の三に定める容器を除く。）にあつては、直近の気密試験実施年月

ニ　第六十八条の三の三第二項に定める容器以外の容器にあつては、直近の点検実施年月

ホ　危険物を圧力を加えて収納し、又は排出する容器にあつては、最大収納及び最大排出圧力（単位　kPa又はbar）

ヘ　金属製の運搬容器（第六十八条の三の三第二項に定める容器を除く。）にあつては、本体の材料及び最小厚さ（単位　㎜）

ト　硬質プラスチック製の運搬容器又はプラスチック内容器付きの運搬容器（液体の危険物又は十キロパスカル以上の圧力を加えて収納し、若しくは排出する固体の危険物を収納するもの（第六十八条の六の三に定める容器を除く。）に限る。）にあつては、内圧試験における試験圧力（単位　kPa又はbar）

二　フレキシブルの運搬容器　つり上げ方法

三　ファイバ板製の運搬容器又は木製の運搬容器　運搬容器の自重（単位　kg）

本条…追加〔平成七年二月自告二八号〕、一部改正〔平成一八年三月総告一四八号〕、旧六八条の六の五…繰下〔平成一九年三月総告一三六号〕

（危険物と混載が禁止されない高圧ガス）

第六八条の七　規則第四十六条第二号の告示で定める高圧ガスは次のとおりとする。

一　内容積が百二十リットル未満の容器に充てんされた不活性ガス

二　内容積が百二十リットル未満の容器に充てんされた液化石油ガス又は圧縮天然ガス（第四類の危険物と混載する場合に限る。）

三　内容積が百二十リットル未満の容器に充てんされたアセチレンガス又は酸素ガス（第四類第三石油類又は第四石油類の危険物と混載する場合に限る。）

本条…追加〔平成二年二月自告五号〕、一部改正〔平成一一年三月自告八〇号〕

（危険物保安統括管理者を定めなくてもよい特定移送取扱所）

第六九条　規則第四十七条の四に規定する告示で定める特定移送取扱所は、当該移送取扱所に係る配管の延長のうち海域に設置される部分以外の部分に係る延長が七キロメートル未満のものとする。

見出し…改正・本条…一部改正〔昭和五一年六月自告一〇三号〕

（特定屋外貯蔵タンクの内部の腐食を防止するためのコーティング）

第六九条の二　規則第六十二条の二の二第一項第一号イ及び第三号ニ並びに同条第二項第二号の告示で定めるコーティング（次項から第六項までにおいて単に「コーティング」という。）は、ビニルエステル樹脂を用いたガラスフレークコーティングであつて、一定の品質を有するものとする。

2　コーティングは、特定屋外貯蔵タンクにおいて貯蔵し、又は取り扱う危険物に対して耐久性を有するものとする。

3　危険物を加温貯蔵する特定屋外貯蔵タンクにあつては、ノボラック系ビニルエステル樹脂を用いたコーティングを講じることとする。

4　コーティングの厚さは、次の各号に掲げる区分に応じ、当該各号に定める厚さ以上とするものとする。

一　危険物を加温貯蔵する場合　五百マイクロメートル

二　危険物を加温貯蔵しない場合　四百マイクロメートル

5　コーティングは、特定屋外貯蔵タンクの底板及びアニュラ板の内面並びに側板の内面のうち腐食するおそれが高い箇所に講じることとする。

6　コーティングは、適切に施工及び維持管理されなければならない。

本条…追加〔平成二三年二月総告四八号〕

（貯蔵条件の変更を行わない期間）

第六九条の三　規則第六十二条の二の二第二項第二号の告示で定める期間は、直近において行われた消防法（昭和二十三年法律第百八十六号。以下「法」という。）第十四条の三第一項又は第二項の規定による保安に関する検査（以下「前回の保安検査」という。）の直近において行われた同条第一項又は第二項の規定による保安に関する検査（以下「前々回の保安検査」という。）を受けた日から前回の保安検査を受けた日までの間及び前々回の保安検査の直近において行われた法第十一条第五項の規定による完成検査（同条第一項前段の規定による設置の許可に係るものに限る。）又は法第十四条の三第一項若しくは第二項の規定による保安に関する検査を受けた日から前々回の保安検査を受けた日までの間とする。

本条…追加〔平成二三年二月総告四八号〕

（底板等の厚さから減ずる値）

第六九条の四　規則第六十二条の二の三第一項第二号の告示で定める値は、第四条の十七第二号及び第四号に規定する最小厚さから三ミリメートルを減じた値とする。

本条…追加〔平成二三年二月総告四八号〕

（連続板厚測定方法に用いる装置）

第六九条の五　規則第六十二条の二の四第一項の告示で定める測定装置は、次に掲げる方法を用いた連続板厚測定装置とする。

一　超音波探傷法

二　渦流探傷法

三　漏えい磁束探傷法

本条…追加〔平成二三年二月総告四八号〕

（地中タンクに係る特定屋外タンク貯蔵所の保安に関する検査の基準）

第七〇条　規則第六十二条の三第三項の告示で定める技術上の基準は、第四条の三十七第一号及び第四条の三十九に定める基準とする。

本条…追加〔平成二三年二月総告四八号〕

（地下貯蔵タンク及び外殻の漏れの点検の方法）

第七一条　規則第六十二条の五の二第一項の規定による地下貯蔵タンクの漏れの点検は、次の各号のいずれかの方法により、当該地下貯蔵タンクの危険物に接するすべての部分について行わなければならない。

本条…追加〔昭和六二年一二月自告二〇〇号〕

一　ガス加圧法

イ　点検範囲　点検により加圧されている部分

ロ　実施方法　地下貯蔵タンクに窒素ガスを封入し、二十キロパスカル（地下水が存する場合にあつては、地下水圧を加えた値）の圧力となるように加圧し、加圧終了後十五分間静置した後、十五分間（容量十キロリットルを超える地下貯蔵タンクにあつては、当該容量を十キロリットルで除した値を十五分間に乗じた時間）の圧力の降下が二パーセント以下であること。

二　液体加圧法

イ　点検範囲　点検により加圧されている部分

ロ　実施方法　地下貯蔵タンクに液体を封入し、二十キロパスカルの圧力となるように加圧し、加圧終了後十五分間静置した後、十五分間（容量十キロリットルを超える地下貯蔵タンクにあつては、当該容量を十キロリットルで除した値を十五分間に乗じた時間）の圧力の降下が二パーセント以下であること。

三　微加圧法

イ　点検範囲　点検により加圧されている部分（点検時において液相部となつている部分及び地下水位より下部となつている部分を除く。）

ロ　実施方法　地下貯蔵タンクの気相部に窒素ガスを封入し、二キロパスカルの圧力となるように加圧し、加圧終了後十五分間静置した後、十五分間（容量十キロリットルを超える地下貯蔵タンクにあつては、当該容量を十キロリットルで除した値を十五分間に乗じた時間）の圧力の降下が二パーセント以下であること。

四　微減圧法

イ　点検範囲　点検により減圧されている部分（点検時において液相部となつている部分及び地下水位より下部となつている部分を除く。）

ロ　実施方法　地下貯蔵タンクの気相部を二キロパスカル以上十キロパスカル以下の範囲で減圧し、減圧終了後十五分間静置した後、十五分間（容量十キロリットルを超える地下貯蔵タンクにあつては、当該容量を十キロリットルで除した値を十五分間に乗じた時間）の圧力の上昇が二パーセント（常温で蒸気圧の高い危険物の場合にあつては、当該蒸気圧に応じて補正を加えた値）以下であること。

五　その他の方法

イ　点検範囲　当該方法により必要な精度を確保することができると認められる部分

ロ　実施方法　直径〇・三ミリメートル以下の開口部又は当該開口部からの危険物の漏れを検知することができる精度で点検を行い、異常がないこと。

2　規則第六十二条の五の二第一項の規定による二重殻タンクの強化プラスチック製の外殻の漏れの点検は、次の各号のいずれかの方法により、当該外殻の規則第二十四条の二の二第三項の規定により地下貯蔵タンクを被覆したすべての部分について行わなければならない。

一　ガス加圧法

イ　令第十三条第二項第三号イに掲げる材料で造つた地下貯蔵タンクに同項第一号ロに掲げる措置を講じたもの（以下この項において「鋼製強化プラスチック製二重殻タンク」という。）の外殻

(1)　点検範囲　点検により加圧されている部分

(2)　実施方法　地下貯蔵タンクと外殻との間げきに窒素ガスを封入し、二十キロパスカルの圧力となるように加圧し、加圧終了後十五分間静置した後、十五分間の圧力の降下が十パーセント以下であること。

ロ　令第十三条第二項第三号ロに掲げる材料で造つた地下貯蔵タンクに同項第一号ロに掲げる措置を講じたもの（以下この項において「強化プラスチック製二重殻タンク」という。）の外殻

(1)　点検範囲　点検により加圧されている部分

(2)　実施方法　地下貯蔵タンクと外殻との間げきに窒素ガスを封入し、二十キロパスカルの圧力となるように加圧し、加圧終了後十五分間静置した後、三十五分間（容量五十キロリットルを超える地下貯蔵タンクにあつては、当該容量を五十キロリットルで除した値（その値に小数点以下一位未満の端数があるときは、これを切り上げる。）から一を減じた値を、十五分間に乗じた値に、三十五分間を加えた時間）の圧力の降下が十パーセント以下であること。

二　減圧法

イ　鋼製強化プラスチック製二重殻タンクの外殻

(1)　点検範囲　点検により減圧されている部分

(2)　実施方法　地下貯蔵タンクと外殻との間げきを二十キロ

パスカルで減圧し、減圧終了後十五分間静置した後、三十分間（容量五十キロリットルを超える地下貯蔵タンクにあつては、当該容量を五十キロリットルで除した値（その値に小数点以下一位未満の端数があるときは、これを切り上げる。）に一を加えた値を、十五分間に乗じた時間）の圧力の上昇が十パーセント以下であること。

ロ　強化プラスチック製二重殻タンクの外殻

(1)　点検範囲　点検により減圧されている部分

(2)　実施方法　地下貯蔵タンクと外殻との間げきを二十キロパスカルで減圧し、減圧終了後十五分間静置した後、百五分間（容量五十キロリットルを超える地下貯蔵タンクにあつては、当該容量を五十キロリットルで除した値（その値に小数点以下一位未満の端数があるときは、これを切り上げる。）から一を減じた値を、七十五分間に乗じた時間に、百五分を加えた時間）の圧力の上昇が十パーセント以下であること。

三　その他の方法　直径〇・三ミリメートル以下の開口部又は当該開口部からの危険物の漏れを検知することができる精度で点検を行い、異常が確認されないこと。

3　規則第六十二条の五の二第一項第一号ロの危険物の微少な漏れを検知しその漏えい拡散を防止するための告示で定める措置は、次のとおりとする。

一　直径〇・三ミリメートル以下の開口部からの危険物の漏れを検知することができる設備により常時監視していること。

二　タンク室その他漏れた危険物の流出を防止するための区画が地下貯蔵タンクの周囲に設けられていること。ただし、第四条の四十七の二に定める腐食を防止するためのコーティングを講じた地下貯蔵タンクにあつては、この限りでない。

4　規則第六十二条の五の二第二項第一号の危険物の漏れを覚知しその漏えい拡散を防止するための告示で定める措置は、次のとおりとする。

一　危険物の漏れを次のイ又はロに定めるところにより確認すること。

イ　次号に掲げる区画内に設けられた漏えい検査管（令第十三条第一項第十三号に規定する危険物の漏れを検査するための管をいう。次条第三項第一号イにおいて同じ。）により、一週間に一回以上危険物の漏れを確認していること。

ロ　危険物の貯蔵又は取扱い数量の百分の一以上の精度で在庫管理を行い、一週間に一回以上危険物の漏れを確認していること。

二　前項第二号に掲げる措置

本条…追加〔平成元年三月自告三七号〕、全部改正〔平成一二年三月自告三八号・一五年一二月総告七三三号〕、二項…一部改正〔平成一九年三月総告一三六号〕、二―四項…一部改正〔平成二二年六月総告二四六号〕

（地下埋設配管の漏れの点検の方法）

第七一条の二　規則第六十二条の五の三第一項の規定による地下埋設配管の漏れの点検は、次の各号のいずれかの方法により、当該地下埋設配管の危険物に接するすべての部分について行わなければならない。

一　ガス加圧法

イ　点検範囲　点検により加圧されている部分
ロ　実施方法　地下埋設配管に窒素ガスを封入し、二十キロパスカル（地下水が存する場合にあつては、地下水圧を加えた値）の圧力となるように加圧し、加圧終了後十五分間静置した後、十五分間（容量十キロリットルを超える地下埋設配管にあつては、当該容量を十キロリットルで除した値を十五分間に乗じた時間）の圧力の降下が二パーセント以下であること。
二　液体加圧法
イ　点検範囲　点検により加圧されている部分
ロ　実施方法　地下埋設配管に液体を封入し、二十キロパスカルの圧力となるように加圧し、加圧終了後十五分間静置した後、十五分間（容量十キロリットルを超える地下埋設配管にあつては、当該容量を十キロリットルで除した値を十五分間に乗じた時間）の圧力の降下が二パーセント以下であること。
三　微加圧法
イ　点検範囲　点検により加圧されている部分（点検時において液相部となつている部分及び地下水位より下部となつている部分を除く。）
ロ　実施方法　地下埋設配管の気相部に窒素ガスを封入し、二キロパスカルの圧力となるように加圧し、加圧終了後十五分間静置した後、十五分間（容量十キロリットルを超える地下埋設配管にあつては、当該容量を十キロリットルで除した値を十五分間に乗じた時間）の圧力の降下が二パーセント以下であること。
四　微減圧法
イ　点検範囲　点検により減圧されている部分（点検時において液相部となつている部分及び地下水位より下部となつている部分を除く。）
ロ　実施方法　地下埋設配管の気相部を二キロパスカル以上十キロパスカル以下の範囲で減圧し、減圧終了後十五分間静置した後、十五分間（容量十キロリットルを超える地下埋設配管にあつては、当該容量を十キロリットルで除した値を十五分間に乗じた時間）の圧力の上昇が二パーセント（常温で蒸気圧の高い危険物の場合にあつては、当該蒸気圧に応じて補正を加えた値）以下であること。
五　その他の方法
イ　点検範囲　当該方法により必要な精度を確保することができると認められる範囲
ロ　実施方法　直径〇・三ミリメートル以下の開口部又は当該開口部からの危険物の漏れを検知することができる精度で点検を行い、異常がないこと。
2　規則第六十二条の五の三第一項ただし書の危険物の微少な漏れを検知しその漏えい拡散を防止するための告示で定める措置は、次のとおりとする。
一　直径〇・三ミリメートル以下の開口部からの危険物の漏れを検知することができる設備により常時監視していること。

二　さや管その他漏れた危険物の流出を防止するための区画が地下埋設配管の周囲に設けられていること。ただし、当該配管に電気防食の措置が講じられている場合又は当該配管が設置される条件の下で腐食するおそれのないものである場合にあつては、この限りでない。

3　規則第六十二条の五の三第二項の危険物の漏れを覚知しその漏えい拡散を防止するための告示で定める措置は、次のとおりとする。

一　危険物の漏れを次のイ又はロに定めるところにより確認すること。

イ　次号に掲げる区画内に設けられた漏えい検査管により、一週間に一回以上危険物の漏れを確認していること。

ロ　危険物の貯蔵又は取扱い数量の百分の一以上の精度で在庫管理を行い、一週間に一回以上危険物の漏れを確認していること。

二　前項第二号に掲げる措置

本条…追加〔平成一二年三月自告三八号〕、全部改正〔平成一五年一二月総告七三三号〕、二・三項…一部改正〔平成二二年六月総告二四六号〕

（移動貯蔵タンクの漏れの点検の方法）

第七一条の三　規則第六十二条の五の四の規定による移動貯蔵タンクの漏れの点検は、次の各号に掲げる移動貯蔵タンクの区分に応じ、それぞれ当該各号のいずれかの方法又はこれと同等の方法により行わなければならない。

一　アルキルアルミニウム等を貯蔵し、又は取り扱う移動タンク貯蔵所の移動貯蔵タンク

イ　ガス加圧法　移動貯蔵タンクのタンク室に窒素ガスを封入し、一メガパスカルの圧力となるように加圧し、加圧終了後十分間圧力が降下しないこと。

ロ　液体加圧法　移動貯蔵タンクのタンク室に液体を封入し、一メガパスカルの圧力となるように加圧し、加圧終了後十分間圧力が降下しないこと。

二　前号に掲げる移動貯蔵タンク以外の移動貯蔵タンク

イ　ガス加圧法　移動貯蔵タンクのタンク室に窒素ガスを封入し、二十キロパスカルの圧力となるように加圧し、加圧終了後二十分間静置した後、圧力及び温度の変化を測定し、次の式により求めた温度補正圧力降下が〇・二キロパスカル以下であること。

$$\Delta P_{40} = P_{20} - P_{60} \cdot T_{20} / T_{60}$$

ΔP_{40}は、四十分間の温度補正圧力降下（単位　Pa）

P_{20}は、加圧終了後二十分後の絶対圧力（単位　Pa）

P_{60}は、加圧終了後六十分後の絶対圧力（単位　Pa）

T_{20}は、加圧終了後二十分後の温度（単位　K）

T_{60}は、加圧終了後六十分後の温度（単位　K）

ロ　液体加圧法　移動貯蔵タンクのタンク室に液体を封入し、二十キロパスカルの圧力となるように加圧し、加圧終了後十分間静置した後、圧力の変化を測定し、次の式により求めた圧力の変動率が〇・〇五以下であること。

$R = (P_{10} - P_{60}) / P_{10}$

Rは、圧力の変動率

P_{10}は、加圧終了後十分後の圧力（単位　Pa）

P_{60}は、加圧終了後六十分後の圧力（単位　Pa）

本条…追加〔平成一二年三月自告三八号〕

（**泡消火設備の点検の方法**）

第七二条　規則第六十二条の五の五の規定による泡消火設備の一体的な点検は、次の各号のいずれかによつて行わなければならない。この場合において、複数の屋外タンク貯蔵所が同一の加圧送水装置、泡消火薬剤混合装置等を用いているときは、いずれか一の屋外タンク貯蔵所について点検を行うこととすることができる。

一　泡放出口からの泡放出により、発泡倍率、放射圧力、混合率等が適正であることを確認すること。

二　泡放出口又はその直近に設けた試験口等からの泡水溶液又は水の放出により送液機能が適正であること並びに試験により泡消火薬剤の性状及び性能が適正であることを確認すること。

本条…全部改正〔平成一七年一月総告三〇号〕

（**新基準の地盤の範囲**）

第七三条　危険物の規制に関する規則の一部を改正する省令（平成六年自治省令第三十号。以下「三〇号改正規則」という。）附則第五条第二項第一号の告示で定める平面の範囲は、十メートルに特定屋外貯蔵タンクの半径を加えた距離を半径とし、当該特定屋外貯蔵タンクの設置位置の中心を中心とした円の範囲とする。

本条…追加〔平成六年九月自告一二九号〕

（**液状化指数の計算方法等**）

第七四条　三〇号改正規則附則第五条第二項第一号の告示で定める液状化指数を求めるための計算方法は、次に定めるとおりとする。

$P_L = \int_0^{20} F \cdot \omega(x)\,dx$

P_Lは、地盤の液状化指数

Fは、$F_L < 1.0$のとき$1 - F_L$、$F_L \geqq 1.0$のとき0

$F_L = R / L$

F_Lは、液状化に対する抵抗率

Rは、動的せん断強度比であつて、次の式により求めた値

$R = R_1 + R_2 + R_3$

$$R_1 = 0.0882\sqrt{\frac{100N}{\sigma'_v + 70}}$$

$$R_2 = \begin{cases} 0.19 & (0.02\text{mm} \leqq D_{50} \leqq 0.05\text{mm}) \\ 0.225\log_{10}(0.35 / D_{50}) & (0.05\text{mm} < D_{50} \leqq 0.6\text{mm}) \\ -0.05 & (0.6\text{mm} < D_{50} \leqq 2.0\text{mm}) \end{cases}$$

$$R_3=\begin{cases}0.0 & (0\%\leqq F_c\leqq 40\%)\\ 0.004F_c-0.16 & (40\%<F_c\leqq 100\%)\end{cases}$$

σ_v'は、有効上載圧（単位　kN／m²）

Nは、標準貫入試験値

D_{50}は、粒径加積曲線による通過重量百分率の五十パーセントに相当する粒径（単位　mm）

F_cは、細粒分含有率

Lは、地震時せん断応力比

$\omega(x)=10-0.5x$

xは、地表面からの深さ（単位　m）

2　三〇号改正規則附則第五条第二項第一号の告示で定めるものは、砂質土であつて、第四条の八第一号及び第二号に該当するものとする。

本条…追加〔平成六年九月自告一二九号〕、一項…一部改正〔平成一一年九月自告二〇三号〕

（新基準のすべりの安全率）

第七五条　三〇号改正規則附則第五条第二項第二号の告示で定める安全率は、一・一以上の値とする。この場合において、安全率は、第四条の十五に定める計算方法によるものとする。

本条…追加〔平成六年九月自告一二九号〕

（新基準の地盤に係る試験）

第七六条　三〇号改正規則附則第六条の告示で定める試験は、三〇号改正規則附則第五条第二項第一号の地盤の堅固さを確認するための試験とする。

本条…追加〔平成六年九月自告一二九号〕

（新基準の主荷重及び従荷重）

第七七条　三〇号改正規則附則第七条第一項の主荷重及び従荷重の計算方法は、第四条の十八第一号、第三号及び第四号並びに第四条の二十によるほか、貯蔵する危険物の重量については、当該貯蔵する危険物の実比重に基づき計算することができることとする。

本条…追加〔平成六年九月自告一二九号〕

（新基準の許容応力）

第七八条　三〇号改正規則附則第七条第二項第一号の告示で定める許容応力は、次の表の上欄に掲げる応力の種類ごとに、同表の下欄に掲げる値とする。

応力の種類	許容応力	
	常時	地震時
引張応力	S	一・五S
圧縮応力		S'

備考

一　Sは、次の式により求めた値

$S = 2\sigma_y / 3$

σ_yは、使用材料の実降伏強度（単位　N／mm²）

二　S'は、次の式により求めた値

$$S' = \frac{0.4E \cdot t}{\gamma \cdot D}$$

Eは、使用材料のヤング率（単位　N／mm²）

tは、座屈を求める段の側板の実板厚（単位　mm）

γは、1.1

Dは、特定屋外貯蔵タンクの内径（単位　mm）

本条…追加〔平成六年九月自告一二九号〕、一部改正〔平成一一年九月自告二〇三号〕

（保有水平耐力等の計算方法）

第七九条　規則第二十条の四第二項第一号の二、規則第二十条の四の二第二項第四号及び三〇号改正規則附則第七条第二項第二号の保有水平耐力及び地震の影響による必要保有水平耐力の計算方法は、次の各号に掲げるものとする。

一　保有水平耐力は、次の式によるものとする。

$Q_y = 2\pi R^2 q_y / 0.44H$

Q_yは、保有水平耐力（単位　N）

Rは、タンク半径（単位　mm）

q_yは、底部の板の単位幅当たりの浮き上がり抵抗力であつて、次の式により求めた値（単位　N／mm）

$$q_y = \frac{2t_b\sqrt{1.5p\sigma y}}{3}$$

t_bは、アニュラ板実板厚（単位　mm）

pは、静液圧（単位　MPa）

σ_yは、アニュラ板実降伏強度（単位　N／mm²）

Hは、最高液面高さ（単位　mm）

二　必要保有水平耐力は、次の式によるものとする。

$Q_{dw} = 0.15\nu_1 \cdot \nu_2 \cdot \nu_3 \cdot \nu_p \cdot D_s \cdot W_o$

Q_{dw}は、必要保有水平耐力（単位　N）

ν_1は、地域別補正係数

ν_2は、地盤別補正係数

ν_3は、屋外貯蔵タンクの固有周期を考慮した応答倍率

ν_pは、塑性設計係数　1.5

D_sは、構造特性係数

W_oは、有効液重量（単位　N）

本条…追加〔平成六年九月自告一二九号〕、一部改正〔平成八年九月自告二一七号・一一年三月八〇号・九月二〇三号〕

（盛り土の構造から除かれるもの）

第八〇条　三〇号改正規則附則第九条第一号の盛り土の構造のうち告示で定めるものは、第四条の十第一号及び第六号に定めるものとする。

本条…追加〔平成六年九月自告一二九号〕

（基礎を補強するための措置から除かれるもの）

第八一条　三〇号改正規則附則第九条第一号の基礎を補強するための措置のうち告示で定めるものは、第四条の十一第三項第三号に定めるものとする。

本条…追加〔平成六年九月自告一二九号〕

前　文〔抄〕〔昭和五一年三月三一日自治省告示第五二号〕

昭和五十一年四月一日から施行する。

前　文〔抄〕〔昭和五一年六月一五日自治省告示第一〇三号〕

昭和五十一年六月十六日から施行する。

前　文〔抄〕〔昭和五二年二月一〇日自治省告示第二二号〕

昭和五十二年二月十五日から施行する。

前　文〔抄〕〔昭和五四年一〇月九日自治省告示第一八三号〕

昭和五十四年十月九日から施行する。

前　文〔抄〕〔昭和五八年四月二八日自治省告示第一一九号〕

昭和五十八年五月九日から施行する。ただし、この告示の施行の際、現に消防法（昭和二十三年法律第百八十六号）第十一条第一項の規定による許可を受けている屋外タンク貯蔵所のうち、改正後の危険物の規制に関する技術上の基準の細目を定める告示第四条の二十及び第四条の二十三第一号に定める技術上の基準に適合しないものに係る技術上の基準については、これらの規定にかかわらず、なお従前の例による。

前　文〔抄〕〔昭和六二年一二月二六日自治省告示第二〇〇号〕

昭和六十二年十二月二十六日から施行する。

附　則〔平成元年三月一日自治省告示第三七号〕

改正　平成二年五月自治省告示第八一号、一三年一〇月総務省告示第五五六号

（施行期日）

第一条　この告示は、平成二年五月二十三日から施行する。ただし、第五条の改正規定及び第五十五条第二号ロの改正規定（「危険物の保安の監督をする者の氏名」を「危険物保安監督者の氏名又は職名」に改める部分に限る。）にあつては公布の日から、第七十一条の改正規定にあつては平成五年五月二十三日から施行する。

（経過措置）

第二条　第一類の危険物（危険等級Iの危険物に限る。）の運搬容器のうち第六十八条の二の二第一号イからホまでに掲げる性能を有するフレキシブルコンテナで、最大収容重量が千キログラム以下のものについては、危険物の規制に関する規則別表第三にかかわらず、当分の間、なお従前の例によることができる。

2　運搬容器のうち内装容器がガラス容器であるものについては、平成三年五月二十二日までの間は、第六十八条の五第二項の規定は、適用しない。

3　運搬容器のうち金属製ドラムで、日本工業規格Z一六二〇「ペール缶」に適合するもの（天板取外し式のものに限る。）については、平成三年五月二十二日までの間は、第六十八条の五第三

項第一号ロの規定の適用については、同号中「次の表の上欄に掲げる収納する危険物の危険等級に応じ、同表下欄に掲げる空気圧力」とあるのは「〇・一重量キログラム毎平方センチメートルの空気圧力」とする。

4　第四類の危険物（引火点が零度以上のものに限る。）の運搬容器のうち、内装容器を有するものについては、当分の間、第六十八条の五第三項の規定は、適用しない。

5　第四類の危険物（危険等級Ⅱ又は危険等級Ⅲの危険物に限る。）の運搬容器のうち、内装容器を有するものについては、当分の間、第六十八条の五第四項の規定は、適用しない。

6　引火点が六十度未満の第四類の危険物（当該引火点における動粘度が十センチストークス以上であるものに限る。）の運搬容器のうち、金属製ドラムで天板取外し式のものについては、当分の間、第六十八条の五第四項の規定は、適用しない。

附　則（平成二年二月五日自治省告示第五号）

この告示は、平成二年五月二十三日から施行する。ただし、第三十二条第五号の改正規定は、公布の日から施行する。

附　則（平成二年五月二二日自治省告示第八一号）

この告示は、平成二年五月二十三日から施行する。

附　則（平成二年一二月二六日自治省告示第二〇四号）

この告示は、平成三年一月一日から施行する。

附　則（平成五年七月三〇日自治省告示第九〇号）

この告示は、公布の日から施行する。

附　則（平成六年三月一一日自治省告示第六一号）

この告示は、平成六年四月一日から施行する。

附　則（平成六年九月一日自治省告示第一二九号）

この告示は、平成七年一月一日から施行する。

附　則（平成七年二月二四日自治省告示第二八号）

この告示は、平成七年四月一日から施行する。

附　則（平成七年六月二八日自治省告示第一一九号）

この告示は、平成七年七月一日から施行する。

附　則（平成八年九月三〇日自治省告示第二一七号）

この告示は、平成九年一月一日から施行する。ただし、第三十二条第二号及び第三号の改正規定は平成九年四月一日から施行する。

附　則（平成九年三月二六日自治省告示第六五号）

この告示は、平成九年九月一日から施行する。ただし、第二十条第二号の改正規定については、公布の日から施行する。

附　則（平成一〇年三月四日自治省告示第七二号）

この告示は、平成十年三月十六日から施行する。ただし、第三十二条第五号の改正規定中「第十五条の六第一項第四号」を「第十五条の六第一項第五号」に改める部分は平成十一年四月一日から、「老人保健法（昭和五十七年法律第八十号）第六条第四項に規定する老人保健施設又は」を削る部分及び「特定民間施設」の下に「又は介護保険法（平成九年法律第百二十三号）第七条第二十二項に規定する介護老人保健施設」を加える部分は平成十二年四月一日から施行する。

附　則〔平成一一年三月三〇日自治省告示第八〇号〕

この告示は、平成十一年四月一日から施行する。

附　則〔平成一一年九月二二日自治省告示第二〇三号〕

1　この告示は、平成十一年十月一日から施行する。

2　この告示の施行の際現に消防法第十一条第一項の規定により許可を受けて設置されている製造所、貯蔵所又は取扱所の構造及び設備で、この告示の施行の際現に存するもののうち、この告示による改正後の危険物の規制に関する技術上の基準の細目を定める告示（以下「新告示」という。）第四条の八第三号、第四条の十一第二項第三号から第六号まで若しくは第三項第三号、第四条の十三、第四条の十四、第四条の十五、第四条の十六の二第一号、第四条の十八第四号、第四条の十九第一項又は第二項第一号若しくは第三号、第四条の二十第二項第一号、第四条の二十一、第四条の二十二の六第一号ハ(1)、第四条の二十二の十一、第四条の三十三第三号ロ、第四条の三十四第一項第一号、第二号若しくは第六号、第十一条第二号若しくは第四号から第六号まで、第十二条、第十三条第二項第五号若しくは第十号、第十四条、第四十四条第二号イ、第五十九条、第六十六条第一号、第六十八条第一項若しくは第三項、第七十四条第一項、第七十八条又は第七十九条に定める技術上の基準に適合しないものの構造及び設備に係る技術上の基準については、これらの規定にかかわらず、なお従前の例による。

3　この告示の施行の際、現に存する運搬容器のうち、新告示第六十八条の三の二第一号ハ若しくは第五号ハ、第六十八条の三の三第二号若しくは第三号、第六十八条の五第三項第一号ロ若しくは第四項第一号ロ又は第六十八条の六の二第三項第一号若しくは第四項第一号若しくは第二号ロに定める技術上の基準に適合しないものの技術上の基準については、これらの規定にかかわらず、なお従前の例による。

附　則〔平成一二年三月二一日自治省告示第三八号〕

この告示は、平成十二年十月一日から施行する。ただし、第六十八条の二の二及び第六十八条の三の改正規定については、公布の日から施行する。

附　則〔平成一二年五月三一日自治省告示第一二九号〕

この告示は、平成十二年六月一日から施行する。

附　則〔平成一二年一二月二六日自治省告示第二七七号〕

この告示は、平成十三年一月六日から施行する。

附　則〔平成一五年一二月一七日総務省告示第七三三号〕

この告示は、平成十六年四月一日から施行する。

附　則〔平成一七年一月一四日総務省告示第三〇号〕

（施行期日）

第一条　この告示は、平成十七年四月一日から施行する。ただし、

第七十二条の改正規定については、平成十八年四月一日から施行する。

（経過措置）

第二条　この告示の施行の際、現に消防法第十一条第一項の規定により許可を受けて設置されている特定屋外タンク貯蔵所のうち、第四条の二十第二項第三号の規定の改正により、第二条の二の規定により算出された空間容積が改正前の空間容積より大きくなるものについては、平成十九年三月三十一日までの間は、同号の規定の改正にかかわらず、なお従前の例による。

第三条　この告示の施行の際、現に消防法第十一条第一項の規定により許可を受けている特定屋外タンク貯蔵所の構造及び設備のうち、この告示による改正後の危険物の規制に関する技術上の基準の細目を定める告示（以下「新告示」という。）第四条の二十二第一号に定める技術上の基準に適合しないものの構造及び設備に係る技術上の基準については、危険物の規制に関する規則の一部を改正する省令（平成十七年総務省令第三号）附則第三条各号に掲げる区分に応じ、当該各号に定める日までの間は、新告示第四条の二十二第一号の規定にかかわらず、なお従前の例による。

附　則〔平成一七年三月二四日総務省告示第三四九号〕

この告示は、平成十七年四月一日から施行する。

附　則〔平成一八年三月一七日総務省告示第一四八号〕

この告示は、平成十八年四月一日から施行する。

附　則〔平成一八年九月二九日総務省告示第五一五号〕

改正　平成二三年九月総務省告示第四二〇号

（施行期日）

第一条　この告示は、平成十八年十月一日から施行する。

（経過措置）

第二条　この告示の施行の日から障害者自立支援法（平成十七年法律第百二十三号）附則第一条第三号に掲げる規定の施行の日〔平成二四年四月一日〕の前日までの間は、この告示による改正後の危険物の規制に関する技術上の基準の細目を定める告示第三十二条第五号リ中「又は同条第二十三項に規定する福祉ホーム」とあるのは、「、同条第二十三項に規定する福祉ホーム又は同法附則第四十一条第一項、第四十八条若しくは第五十八条第一項の規定によりなお従前の例により運営をすることができることとされた同法附則第四十一条第一項に規定する身体障害者更生援護施設、同法附則第四十八条に規定する精神障害者社会復帰施設若しくは同法附則第五十八条第一項に規定する知的障害者援護施設」とする。

附　則〔平成一八年一一月一〇日総務省告示第五八四号〕

（施行期日）

第一条　この告示は、公布の日から施行する。

（経過措置）

第二条　この告示の施行の際、現に消防法（昭和二十三年法律第百八十六号）第十一条第一項の規定により許可を受けて設置されている特定屋外タンク貯蔵所（石油コンビナート等特別防災区域を指定する政令（昭和五十一年政令第百九十二号）別表第二号の二に掲げる地区の区域に設置されているものに限る。）の屋外貯蔵タンクの空間容積については、第二条の二の規定にかかわらず、平成十九年十一月九日までの間は、なお従前の例による。

附　則〔平成一九年三月二二日総務省告示第一三六号〕

この告示は、平成十九年四月一日から施行する。

附　則〔平成一九年九月二一日総務省告示第五三二号〕

この告示は、平成十九年十月一日から施行する。

附　則〔平成二二年六月二八日総務省告示第二四六号〕

この告示は、平成二十三年二月一日から施行する。

附　則〔平成二三年二月二三日総務省告示第四八号〕

この告示は、平成二十三年四月一日から施行する。

附　則〔平成二三年九月二二日総務省告示第四二〇号〕

この告示は、平成二十三年十月一日から施行する。

附　則〔平成二三年一二月二一日総務省告示第五五六号〕

この告示は、公布の日から施行する。ただし、第一条中危険物の規制に関する技術上の基準の細目を定める告示第四条の二十三の次に七条を加える改正規定は、危険物の規制に関する規則等の一部を改正する省令（平成二十三年総務省令第百六十五号）附則第一条第四号に掲げる規定の施行の日（平成二十四年四月一日）から施行する。

附　則〔平成二四年三月三〇日総務省告示第一二九号〕

この告示は、平成二十四年四月一日から施行する。

附　則〔平成二五年四月一日総務省告示第一六六号〕

この告示は、公布の日から施行する。

附　則〔平成二六年三月二七日総務省告示第一一六号〕

この告示は、地域社会における共生の実現に向けて新たな障害保健福祉施策を講ずるための関係法律の整備に関する法律（平成二十四年法律第五十一号）附則第一条第二号に掲げる規定の施行の日（平成二十六年四月一日）から施行する。ただし、第四条の五十二第二項の改正規定は、公布の日から施行する。

附　則〔平成二六年一〇月一日総務省告示第三五六号〕

この告示は、次代の社会を担う子どもの健全な育成を図るための次世代育成支援対策推進法等の一部を改正する法律（平成二十六年法律第二十八号）附則第一条第二号に掲げる規定の施行の日（平成二十六年十月一日）から施行する。

附　則〔平成二七年九月三〇日総務省告示第三三四号〕

この告示は、勤労青少年福祉法等の一部を改正する法律（平成二十七年法律第七十二号）の施行の日（平成二十七年十月一日）から施行する。ただし、第三十二条第五号トの改正規定は、公布の日から施行する。

附　則〔平成二八年四月一日総務省告示第一四六号〕

この告示は、公布の日から施行する。

附　則〔平成三〇年三月三〇日総務省告示第一四一号〕

この告示は、平成三十年四月一日から施行する。

前　文〔抄〕〔平成三〇年八月三一日総務省告示第三〇六号〕

公布の日から施行する。

前　文〔抄〕〔令和元年六月二八日総務省告示第七八号〕

不正競争防止法等の一部を改正する法律（中略）の施行の日（令和元年七月一日）から施行する。

前　文〔抄〕〔令和二年九月九日総務省告示第二六五号〕

公布の日から施行する。

附　則〔令和五年三月三日総務省告示第五二号〕

（施行期日）

1　この告示は、公布の日から施行する。

（経過措置）

2　この告示の施行の際、現に消防法（昭和二十三年法律第百八十六号）第十一条第一項の規定により許可を受けて設置されている製造所、貯蔵所又は取扱所の設備で、この告示の施行の際現に存するもののうち、この告示による改正後の危険物の規制に関する技術上の基準の細目を定める告示第三条の二に定める技術上の基準に適合しないものの設備に係る技術上の基準については、これらの規定にかかわらず、なお従前の例による。

附　則〔令和五年九月一九日総務省告示第三三一号〕

この告示は、公布の日から施行する。ただし、第六十八条の四の改正規定は、令和六年三月一日から施行する。

前　文〔抄〕〔令和五年一〇月二七日総務省告示第三六〇号〕

公布の日の翌日から施行する。

附　則〔令和五年一二月六日総務省告示第四〇六号〕

この告示は、令和五年十二月二十七日から施行する。

○危険物の規制に関する規則第七条の五の規定により総務大臣が定める方法を定める件

（平成十四年十月七日総務省告示第五百六十九号）

〔改正経過〕　令和五年一二月一五日　総務省告示第四一四号

危険物の規制に関する規則（昭和三十四年総理府令第五十五号）第七条の五の規定により総務大臣が定める方法は、総務省の掲示板に掲示し、かつ、総務省のホームページに掲載する方法とする。

附　則

この告示は平成十四年十月二十五日から施行する。

前　文〔抄〕〔令和五年一二月一五日総務省告示第四一四号〕

公布の日から施行する。

○製造所等の不活性ガス消火設備の技術上の基準の細目を定める告示

（平成二十三年十二月二十一日総務省告示第五百五十七号）

〔改正経過〕　令和五年三月三一日　総務省告示第一二八号

危険物の規制に関する規則（昭和三十四年総理府令第五十五号）第三十八条の三の規定に基づき、製造所等の不活性ガス消火設備の技術上の基準の細目を定める告示を次のように定める。

製造所等の不活性ガス消火設備の技術上の基準の細目を定める告示

（趣旨）

第一条　この告示は、危険物の規制に関する規則（昭和三十四年総理府令第五十五号。以下「危険物規則」という。）第三十八条の三の規定に基づき、製造所等の不活性ガス消火設備の技術上の基準の細目を定めるものとする。

（全域放出方式の不活性ガス消火設備の噴射ヘッドの基準）

第二条　全域放出方式の不活性ガス消火設備の噴射ヘッドは、消防法施行規則（昭和三十六年自治省令第六号。以下「施行規則」という。）第十九条第二項第二号及び第四号の規定の例によるほか、次の各号に定めるところにより設けなければならない。

一　放射された消火剤が危険物規則第三十二条の七第一号の区画された部分（以下「防護区画」という。）の全域に均一に、かつ、速やかに拡散することができるように設けること。

二　二酸化炭素を放射するものにあっては、第四条第一号イに定める消火剤の量を一分以内に放射できるものであること。

三　窒素、ＩＧ―五五（窒素とアルゴンとの容量比が五十対五十の混合物をいう。以下同じ。）又はＩＧ―五四一（窒素とアルゴンと二酸化炭素との容量比が五十二対四十対八の混合物をいう。以下同じ。）を放射するものにあっては、第四条第一号ロに定める消火剤の量の十分の九の量以上の量を一分以内に放射できるものであること。

（局所放出方式の不活性ガス消火設備の噴射ヘッドの基準）

第三条　局所放出方式の不活性ガス消火設備の噴射ヘッドは、施行規則第十九条第三項第一号及び第四号の規定の例によるほか、次の各号に定めるところにより設けなければならない。

一　消火剤の放射によって危険物が飛び散らない箇所に設けること。

二　次条第二号イ又はロに定める消火剤の量を三十秒以内に放射できるものであること。

（貯蔵容器に貯蔵する消火剤の量）

第四条　不活性ガス消火剤の貯蔵容器（以下「貯蔵容器」という。）に貯蔵する消火剤の量は、施行規則第十九条第四項第四号の規定の例によるほか、次の各号に定めるところによらなければならない。

一　全域放出方式の不活性ガス消火設備にあっては、次に定めるところによること。

イ　二酸化炭素を放射するものにあっては、次の(イ)及び(ロ)に定めるところにより算出された量に、防護区画内において貯蔵し、又は取り扱う危険物の種類に応じ、別表第一に定める係数（同表に掲げる危険物以外の危険物及び同表において係数を定めている危険物以外の危険物にあっては、別表第二に定める方法により算出した係数。以下同じ。）を乗じて得た量以上の量とすること。

(イ)　次の表の上欄に掲げる防護区画の体積（不燃材料で造られ、固定された気密構造体が存する場合には、当該構造体の体積を減じた体積。以下同じ。）一立方メートル当たり、同表中欄に掲げる量の割合で計算した量。ただし、その量が同表下欄に掲げる量未満の量となる場合においては、当該下欄に掲げる量とする。

防護区画の体積	防護区画の体積一立方メートル当たりの消火剤の量	消火剤の総量の最低限度
五立方メートル未満	キログラム 一・二〇	

五立方メートル以上十五立方メートル未満	一・一〇	キログラム 六
十五立方メートル以上五十立方メートル未満	一・〇〇	十七
五十立方メートル以上百五十立方メートル未満	〇・九〇	五十
百五十立方メートル以上千五百立方メートル未満	〇・八〇	百三十五
千五百立方メートル以上	〇・七五	千二百

(ロ)　防護区画の開口部に自動閉鎖装置を設けない場合にあっては、(イ)により算出された量に、当該開口部の面積一平方メートル当たり五キログラムの割合で計算した量を加算した量

ロ　窒素、ＩＧ―五五又はＩＧ―五四一を放射するものにあっては、施行規則第十九条第四項第一号ロの規定の例により算出された量に、防護区画内において貯蔵し、又は取り扱う危険物の種類に応じ、別表第一に定める係数を乗じて得た量以上の量とすること。

二　局所放出方式の不活性ガス消火設備にあっては、次のイ又はロに定めるところにより算出された量に、高圧式のもの（二酸化炭素が常温で貯蔵容器に貯蔵されているものをいう。）にあっては一・四、低圧式のもの（二酸化炭素が零下十八度以下の温度で貯蔵容器に貯蔵されているものをいう。）にあっては一・一をそれぞれ乗じて得た量以上の量とすること。

イ　液体の危険物を上面を開放した容器に貯蔵する場合その他火災のときの燃焼面が一面に限定され、かつ、危険物が飛散するおそれがない場合にあっては、防護対象物（当該消火設備によって消火すべき製造所等の建築物その他の工作物及び危険物をいう。以下同じ。）の表面積（当該防護対象物の一辺の長さが〇・六メートル未満の場合にあっては、当該辺の長さを〇・六メートルとして計算した面積）一平方メートル当たり十三キログラムの割合で計算した量に、当該場所において貯蔵し、又は取り扱う危険物の種類に応じ、別表第一に定める係数を乗じて得た量

ロ　イに掲げる場合以外の場合にあっては、次の式によって求められた量に防護空間（防護対象物の全ての部分から〇・六メートル離れた部分によって囲まれた空間の部分をいう。以下同じ。）の体積を乗じて得た量に、当該場所において貯蔵し、又は取り扱う危険物の種類に応じ、別表第一に定める係数を乗じて得た量

$$Q = 8 - 6\frac{a}{A}$$

Qは、防護空間の体積一立方メートル当たりの消火剤の量（単位　キログラム毎立方メートル）

aは、防護対象物の周囲に実際に設けられた壁（防護対象物の全ての部分から〇・六メートル未満の部分にあるものに限る。）の面積の合計（単位　平方メートル）

Aは、防護空間の壁の面積（壁のない部分にあっては、壁があると仮定した場合における当該部分の面積）の合計（単位　平方メートル）

三　全域放出方式又は局所放出方式の不活性ガス消火設備において、同一の製造所等に防護区画又は防護対象物が二以上存する場合には、それぞれの防護区画又は防護対象物について前二号の規定により計算した量のうち最大の量以上の量とすること。

（全域放出方式又は局所放出方式の不活性ガス消火設備の設置及び維持に関する技術上の基準の細目）

第五条　全域放出方式又は局所放出方式の不活性ガス消火設備の設置及び維持に関する技術上の基準の細目は、施行規則第十九条第五項（第一号、第二号の二、第四号イ(ハ)、第十三号イ、第十四号イ(ロ)、第十六号イ(ロ)、第十七号ハ括弧書並びに第十九号イ(ハ)及び(ホ)を除く。）の規定の例によるほか、次のとおりとする。

一　危険物規則第三十三条第一項第一号に掲げる製造所及び一般取扱所のタンクで、引火点が二十一度未満の危険物を貯蔵し、又は取り扱うものに不活性ガス消火設備を設ける場合にあっては、その放射能力範囲が、当該タンクのポンプ設備、注入口及び払出口（以下「ポンプ設備等」という。）を包含するように設けること。

二　全域放出方式の不活性ガス消火設備に使用する消火剤は、次の表の上欄に掲げる当該消火設備を設置する製造所等の区分に応じ、同表下欄に掲げる消火剤とすること。

製造所等の区分		消火剤の種別
ガソリン、灯油、軽油若しくは重油を貯蔵し、又は取り扱う製造所等	防護区画の体積が千立方メートル以上のもの	二酸化炭素
	防護区画の体積が千立方メートル未満のもの	二酸化炭素、窒素、IG—五五又はIG—五四一
ガソリン、灯油、軽油若しくは重油以外の危険物を貯蔵し、又は取り扱う製造所等		二酸化炭素

三　全域放出方式の不活性ガス消火設備のうち、二酸化炭素を放射するものを設置した製造所等において、自動閉鎖装置を設けない開口部の面積の合計の数値は、防護区画の体積の数値又は囲壁面積（防護区画の壁、床及び天井又は屋根の面積の合計を

いう。）の数値のうちいずれか小さい方の数値の十パーセント以下であること。

四　防護区画又は防護対象物が互いに隣接する場合（相互間に開口部を有しない厚さ七十ミリメートル以上の鉄筋コンクリート造又はこれと同等以上の強度を有する構造の床又は壁で区画されている場合を除く。）にあっては、貯蔵容器を別に設けること。

本条…一部改正〔令和五年三月総告一二八号〕

（移動式の不活性ガス消火設備の設置及び維持に関する技術上の基準の細目）

第六条　移動式の不活性ガス消火設備の設置及び維持に関する技術上の基準の細目は、施行規則第十九条第六項（第五号を除く。）の規定の例によるほか、次のとおりとする。

一　移動式の不活性ガス消火設備は、火災のとき煙が充満するおそれがなく容易に接近することができ、かつ、火災等による被害を受けるおそれが少ない場所に設けること。

二　危険物規則第三十三条第一項第一号に掲げる製造所及び一般取扱所のタンクで、引火点が二十一度未満の危険物を貯蔵し、又は取り扱うもののうち、当該タンクのポンプ設備等に接続する配管の内径が二百ミリメートルを超えるものにあっては、移動式の不活性ガス消火設備を設けてはならないこと。

附　則

1　この告示は、平成二十四年四月一日から施行する。

2　この告示の規定は、この告示の施行の日以後に新たに製造所等に設けられる不活性ガス消火設備について適用する。

附　則〔令和五年三月三一日総務省告示第一二八号〕

この告示は、令和五年四月一日から施行する。

別表第二（第四条第一号及び第二号関係）

消火剤の種別／危険物	二酸化炭素	窒素	IG－五五	IG－五四一
アクリロニトリル	一・二			
アセトニトリル	一・○			
アセトン	一・○			
イソオクタン	一・○			
イソプレン	一・○			
イソプロピルアミン	一・○			
イソプロピルエーテル	一・○			
イソヘキサン	一・○			
イソヘプタン	一・○			
イソペンタン	一・○			
エタノール	一・二			
エチルアミン	一・○			
オクタン	一・二			
ガソリン	一・○	一・○	一・○	一・○
ギ酸エチル	一・○			
ギ酸プロピル	一・○			
ギ酸メチル	一・○			
軽油	一・○	一・○	一・○	一・○
原油	一・○			
酢酸エチル	一・○			
酢酸メチル	一・○			
酸化プロピレン	一・八			
シクロヘキサン	一・○			
ジエチルアミン	一・○			
ジエチルエーテル	一・二			
ジオキサン	一・六			
重油	一・○	一・○	一・○	一・○
潤滑油	一・○			
テトラヒドロフラン	一・○			
灯油	一・○	一・○	一・○	一・○
トリエチルアミン	一・○			
トルエン	一・○			
ナフサ	一・○			

二硫化炭素	三・〇			
ビニルエチルエーテル	一・二			
プロパノール	一・〇			
二―プロパノール	一・〇			
プロピルアミン	一・〇			
ヘキサン	一・〇			
ヘプタン	一・〇			
ベンゼン	一・〇			
ペンタン	一・〇			
メタノール	一・六			
メチルエチルケトン	一・〇			

別表第二（第四条第一号イ関係）

別表第一に掲げる危険物以外の危険物及び同表において係数を定めている危険物以外の危険物に係る係数は、一に規定する装置を用い、二に規定する試験の実施手順に従って得られる数値に基づき、三に規定する算式により求めるものとする。

一　装置

装置は、図一又は図二に示すカップ燃焼装置とする。

二　試験の実施手順

イ　燃料貯蔵器の中に危険物を入れる。

ロ　燃料貯蔵器の下のスタンドを調節して、危険物の高さがカップ最先端から一ミリメートル以内になるようにする。

ハ　危険物の温度を、二十五度又は引火点より五度高い温度のうちいずれか高い方の温度になるようにカップのヒータで調節する。

ニ　適当な方法で危険物に点火する。

ホ　空気の流量を四十リットル毎分に調節する。

ヘ　消火剤を流し始め、炎が消えるまで少しずつ流量を増加し、炎が消えた時点の消火剤の流量を記録する。

ト　十ミリリットル程度の危険物をカップの表面からピペットで除く。

チ　ニからトまでの操作を三回以上繰り返し、結果を平均する。

リ　次の式によってTCを算出する。

$$TC=\frac{Vf}{40+Vf}\times 100$$

TCは、消炎濃度（単位　パーセント）

Vfは、炎が消えた時点の消火剤の流量の平均値（単位　リットル毎分）

ヌ　危険物の温度を、沸点より五度低い温度又は二百度のうちいずれか低い方の温度になるようにカップのヒータで調節する。

ル　ロ及びニからリまでの操作を繰り返す。

ヲ　ロからリまでの操作結果又はヌ及びルの操作結果のうち高い方のTCの値をCとする。

三　係数の求め方

係数は次の式により求める。ただし、消火剤が二酸化炭素で、かつ、二に規定する試験手順によって算出した値Cが二十二パーセント以下である場合、消火剤が窒素で、かつ、Cが三十三・六パーセント以下である場合、消火剤がＩＧ—五五で、かつ、Cが三十四・四パーセント以下である場合又は消火剤がＩＧ—五四一で、かつ、Cが三十五・三パーセント以下である場合にあっては、係数は一・〇とする。

$$K=\frac{\ln\left(1-\frac{C}{100}\right)}{\ln\left(1-\frac{Cs}{100}\right)}$$

Kは、係数（消火剤が二酸化炭素である場合にあっては小数点以下第二位を四捨五入して得た数値を〇・二刻みとして切り上げるものとし、消火剤が窒素、ＩＧ—五五又はＩＧ—五四一である場合にあっては小数点以下第二位を切り上げるものとする。）

Csは、ノルマルヘプタンの係数を一とするための基準濃度であって、二酸化炭素にあっては二十パーセント、窒素にあっては三十三・六パーセント、ＩＧ—五五にあっては三十四・四パーセント、ＩＧ—五四一にあっては三十五・三パーセントとする。

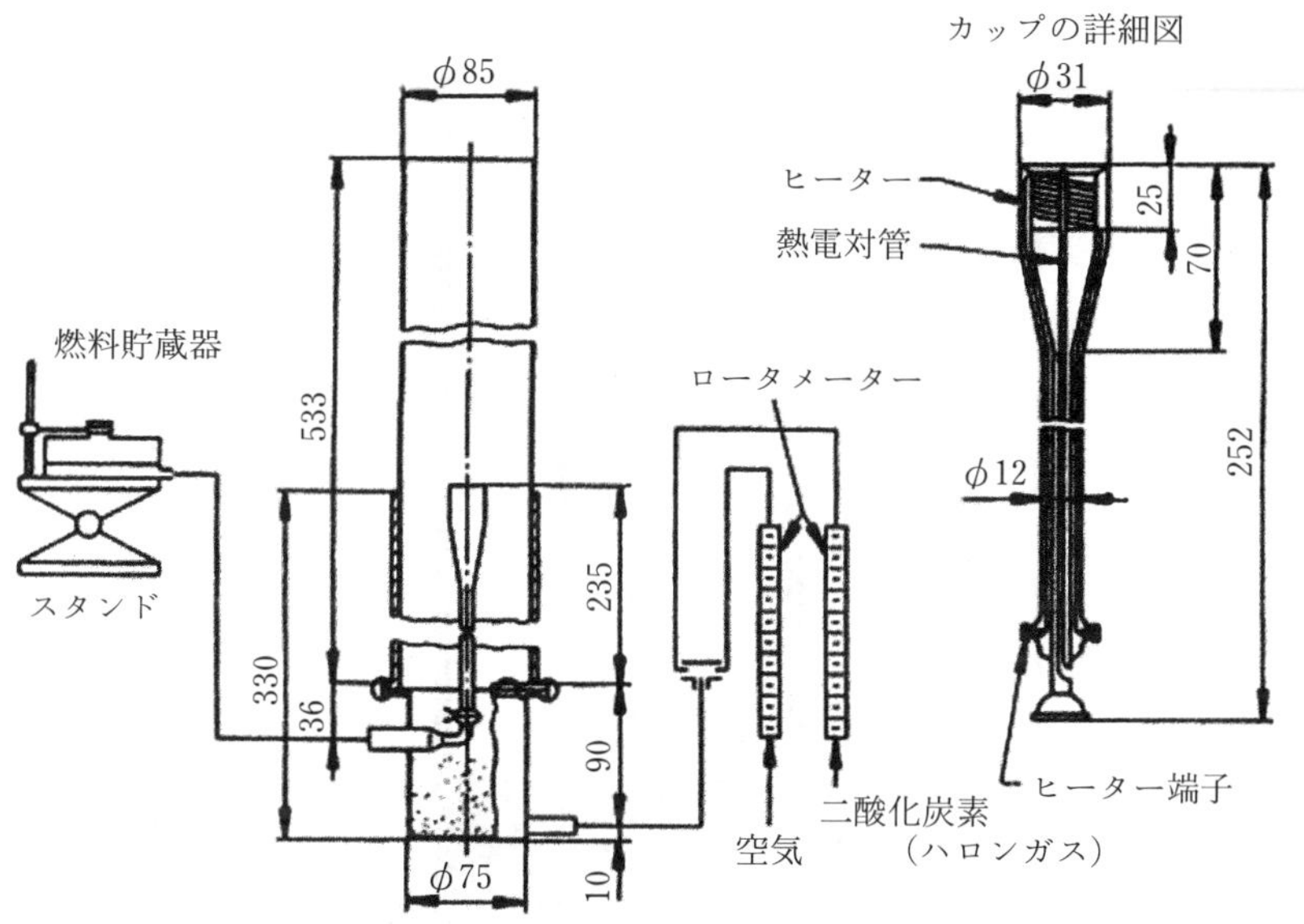
カップの詳細図
φ85
φ31
ヒーター
熱電対管
25
70
燃料貯蔵器
ロータメーター
533
252
φ12
235
スタンド
330
36
90
ヒーター端子
二酸化炭素
（ハロンガス）
空気
φ75
10

図１　カップ燃焼装置

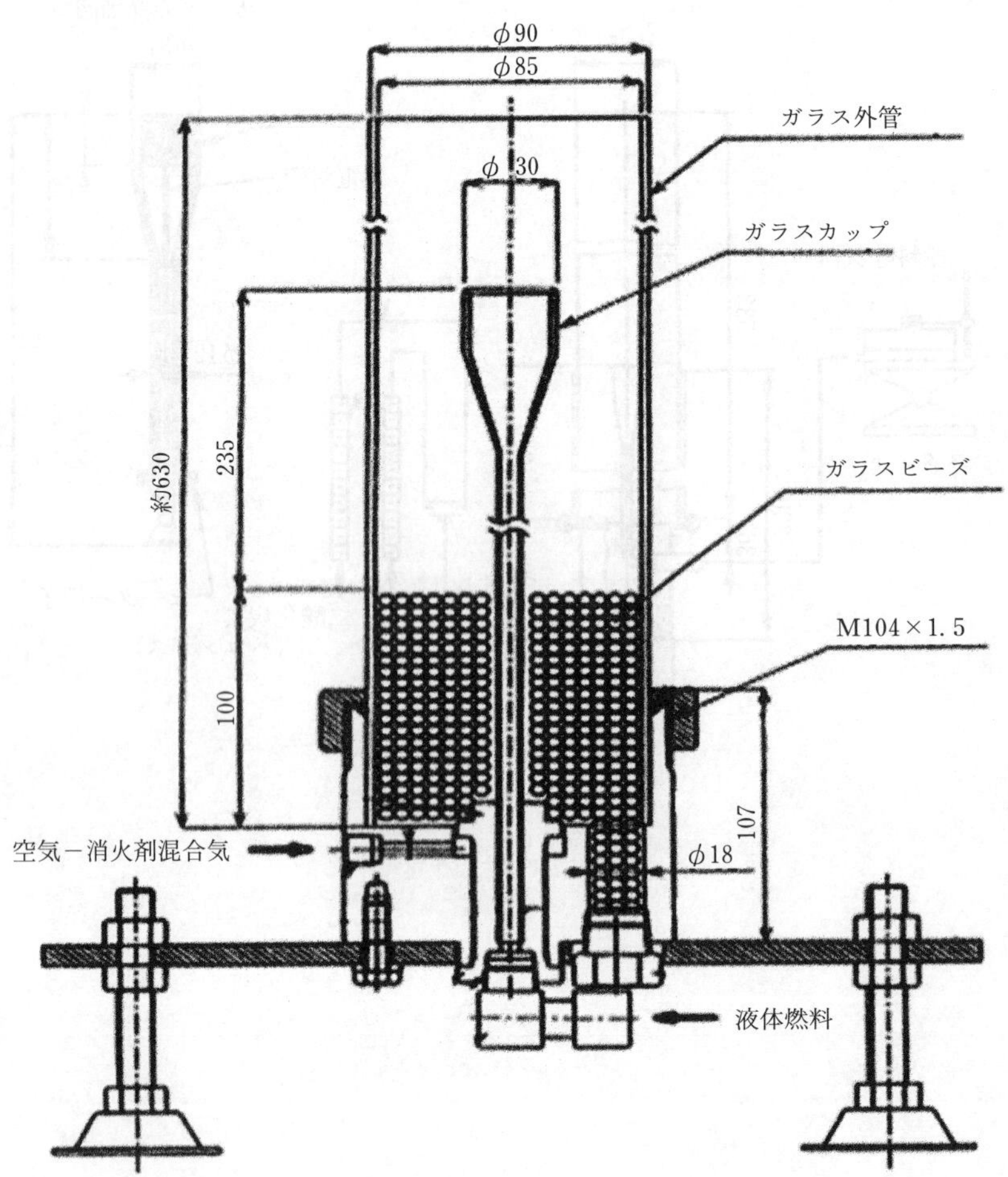

図２　カップ燃焼装置（FRIガラスカップバーナー）

○製造所等のハロゲン化物消火設備の技術上の基準の細目を定める告示

（平成二十三年十二月二十一日
総務省告示第五百五十八号）

危険物の規制に関する規則（昭和三十四年総理府令第五十五号）第三十八条の三の規定に基づき、製造所等のハロゲン化物消火設備の技術上の基準の細目を定める告示を次のように定める。

製造所等のハロゲン化物消火設備の技術上の基準の細目を定める告示

（趣旨）

第一条　この告示は、危険物の規制に関する規則（昭和三十四年総理府令第五十五号。以下「危険物規則」という。）第三十八条の三の規定に基づき、製造所等のハロゲン化物消火設備の技術上の基準の細目を定めるものとする。

（全域放出方式のハロゲン化物消火設備の噴射ヘッドの基準）

第二条　全域放出方式のハロゲン化物消火設備の噴射ヘッドは、消防法施行規則（昭和三十六年自治省令第六号。以下「施行規則」という。）第二十条第一項（第一号のうちドデカフルオロ―二―メチルペンタン―三―オン（以下「ＦＫ―五―一―一二」という。）に係る部分及び第三号を除く。）の規定の例によるほか、次の各号に定めるところにより設けなければならない。

一　放射された消火剤が危険物規則第三十二条の七第一号の区画された部分（以下「防護区画」という。）の全域に均一に、かつ、速やかに拡散することができるように設けること。

二　ジブロモテトラフルオロエタン（以下「ハロン二四〇二」という。）、ブロモクロロジフルオロメタン（以下「ハロン一二一一」という。）又はブロモトリフルオロメタン（以下「ハロン一三〇一」という。）を放射するものにあっては、第四条第一号イ又はロに定める消火剤の量を三十秒以内に放射できるものであること。

三　トリフルオロメタン（以下「ＨＦＣ―二三」という。）又はヘプタフルオロプロパン（以下「ＨＦＣ―二二七ｅａ」という。）を放射するものにあっては、第四条第一号ハに定める消火剤の量を十秒以内に放射できるものであること。

（局所放出方式のハロゲン化物消火設備の噴射ヘッドの基準）

第三条　局所放出方式のハロゲン化物消火設備の噴射ヘッドは、施行規則第二十条第二項（同項において規定の例によることとされる施行規則第十九条第三項第二号及び施行規則第二十条第一項第一号のうちＦＫ―五―一―一二に係る部分並びに第一号を除く。）の規定の例によるほか、次の各号に定めるところにより設けなければならない。

一　消火剤の放射によって危険物が飛び散らない箇所に設けること。

二　次条第二号イ(イ)若しくは(ロ)に定める消火剤の量又はロ(イ)若しくは(ロ)に定める消火剤の量を三十秒以内に放射できるものであること。

（貯蔵容器等に貯蔵する消火剤の量）

第四条　ハロゲン化物消火剤の貯蔵容器又は貯蔵タンク（以下「貯蔵容器等」という。）に貯蔵する消火剤の量は、施行規則第二十条第三項第四号の規定の例によるほか、次の各号に定めるところによらなければならない。

一　全域放出方式のハロゲン化物消火設備にあっては、次に定めるところによること。

イ　ハロン二四〇二を放射するものにあっては、次の(イ)及び(ロ)に定めるところにより算出された量以上の量とすること。

(イ)　防護区画の体積（不燃材料で造られ、固定された気密構造体が存する場合には、当該構造体の体積を減じた体積。以下同じ。）一立方メートル当たり〇・四〇キログラムの割合で計算した量

(ロ)　防護区画の開口部に自動閉鎖装置を設けない場合にあっては、(イ)により算出された量に、当該開口部の面積一平方メートル当たり三・〇キログラムの割合で計算した量を加算した量

ロ　ハロン一三〇一を放射するものにあっては、次の(イ)及び(ロ)に定めるところにより算出された量に、防護区画内において貯蔵し、又は取り扱う危険物の種類に応じ、別表第一に定める係数（同表に掲げる危険物以外の危険物及び同表において係数を定めている危険物以外の危険物にあっては、別表第二に定める方法により算出した係数。以下同じ。）を乗じて得た量以上の量とすること。

(イ)　防護区画の体積一立方メートル当たり、ハロン一二一一にあっては〇・三六キログラム、ハロン一三〇一にあっては〇・三二キログラムの割合で計算した量

(ロ)　防護区画の開口部に自動閉鎖装置を設けない場合にあっては、(イ)により算出された量に、当該開口部の面積一平方メートル当たり、ハロン一二一一にあっては二・七キログラム、ハロン一三〇一にあっては二・四キログラムの割合で計算した量を加算した量

ハ　ＨＦＣ―二三又はＨＦＣ―二二七ｅａを放射するものにあっては、施行規則第二十条第三項第一号ロ（ＦＫ―五―一―一二に係る部分を除く。）の規定の例により算出された量に、防護区画内において貯蔵し、又は取り扱う危険物の種類に応じ、別表第一に定める係数を乗じて得た量以上の量とすること。

二　局所放出方式のハロゲン化物消火設備にあっては、次に定めるところによること。

イ　ハロン二四〇二を放射するものにあっては、次の(イ)又は(ロ)に定めるところにより算出された量に一・一を乗じて得た量以上の量とすること。

(イ)　液体の危険物を上面を開放した容器に貯蔵する場合その他火災のときの燃焼面が一面に限定され、かつ、危険物が飛散するおそれがない場合にあっては、防護対象物（当該消火設備によって消火すべき製造所等の建築物その他の工作物及び危険物をいう。以下同じ。）の表面積（当該防護対象物の一辺の長さが〇・六メートル未満の場合にあっては、当該辺の長さを〇・六メートルとして計算した面積。以下同じ。）一平方メートル当たり八・八キログラムの割合で計算した量

(ロ)　(イ)に掲げる場合以外の場合にあっては、次の式によって求められた量に防護空間（防護対象物の全ての部分から〇・六メートル離れた部分によって囲まれた空間の部分をいう。以下同じ。）の体積を乗じて得た量

$$Q=5.2-3.9\frac{a}{A}$$

Qは、防護空間の体積一立方メートル当たりの消火剤の量（単位　キログラム毎立方メートル）（ロ(ロ)において同じ。）

aは、防護対象物の周囲に実際に設けられた壁（防護対象物の全ての部分から〇・六メートル未満の部分にあるものに限る。）の面積の合計（単位　平方メートル）（ロ(ロ)において同じ。）

Aは、防護空間の壁の面積（壁のない部分にあっては、壁があると仮定した場合における当該部分の面積）の合計（単位　平方メートル）（ロ(ロ)において同じ。）

ロ　ハロン一二一一又はハロン一三〇一を放射するものにあっては、次の(イ)又は(ロ)に定めるところにより算出された量に、ハロン一二一一にあっては一・一、ハロン一三〇一にあっては一・二五をそれぞれ乗じて得た量以上の量とすること。

(イ)　液体の危険物を上面を開放した容器に貯蔵する場合その他火災のときの燃焼面が一面に限定され、かつ、危険物が飛散するおそれがない場合にあっては、防護対象物の表面積一平方メートル当たり、ハロン一二一一にあっては七・六キログラム、ハロン一三〇一にあっては六・八キログラムの割合で計算した量に、当該場所において貯蔵し、又は取り扱う危険物の種類に応じ、別表第一に定める係数を乗じて得た量

(ロ)　(イ)に掲げる場合以外の場合にあっては、次の式によって求められた量に防護空間の体積を乗じて得た量に、当該場

所において貯蔵し、又は取り扱う危険物の種類に応じ、別表第一に定める係数を乗じて得た量

$$Q = X - Y\frac{a}{A}$$

Xは、ハロン一二一一にあっては四・四、ハロン一三〇一にあっては四・〇とする。

Yは、ハロン一二一一にあっては三・三、ハロン一三〇一にあっては三・〇とする。

三　全域放出方式又は局所放出方式のハロゲン化物消火設備において、同一の製造所等に防護区画又は防護対象物が二以上存する場合には、それぞれの防護区画又は防護対象物について前二号の規定により計算した量のうち最大の量以上の量とすること。

（全域放出方式又は局所放出方式のハロゲン化物消火設備の設置及び維持に関する技術上の基準の細目）

第五条　全域放出方式又は局所放出方式のハロゲン化物消火設備の設置及び維持に関する技術上の基準の細目は、施行規則第二十条第四項（第一号、第二号のうちＦＫ―五―一―一二に係る部分、第二号の二、第二号の四イにおいて規定の例によることとされる施行規則第十九条第五項第四号イ(ハ)並びに第二号の四ロ、第三号、第五号、第七号ロ、第十二号の二ロ、第十四号ロ及び第十六号の二のうちＦＫ―五―一―一二に係る部分並びに第十六号の三を除く。）の規定の例によるほか、次のとおりとする。

一　危険物規則第三十三条第一項第一号に掲げる製造所及び一般取扱所のタンクで、引火点が二十一度未満の危険物を貯蔵し、又は取り扱うものにハロゲン化物消火設備を設ける場合にあっては、その放射能力範囲が、当該タンクのポンプ設備、注入口及び払出口（以下「ポンプ設備等」という。）を包含するように設けること。

二　全域放出方式のハロゲン化物消火設備に使用する消火剤は、次の表の上欄に掲げる当該消火設備を設置する製造所等の区分に応じ、同表下欄に掲げる消火剤とすること。

製造所等の区分		消火剤の種別
ガソリン、灯油、軽油若しくは重油を貯蔵し、又は取り扱う製造所等	防護区画の体積が千立方メートル以上のもの	ハロン二四〇二、ハロン一二一一又はハロン一三〇一
	防護区画の体積が千立方メートル未満のもの	ハロン二四〇二、ハロン一二一一、ハロン一三〇一、ＨＦＣ―二三又はＨＦＣ―二二七ea
ガソリン、灯油、軽油若しくは重油以外の危険物を貯蔵し、又は取り扱う製造所等		ハロン二四〇二、ハロン一二一一又はハロン一三〇一

三　全域放出方式のハロゲン化物消火設備のうち、ハロン二四〇二、ハロン一二一一又はハロン一三〇一を放射するものを設置した製造所等において、自動閉鎖装置を設けない開口部の面積の合計の数値は、防護区画の体積の数値又は囲壁面積（防護区画の壁、床及び天井又は屋根の面積の合計をいう。）の数値のうちいずれか小さい方の数値の十パーセント以下であること。

四　防護区画又は防護対象物が互いに隣接する場合（相互間に開口部を有しない厚さ七十ミリメートル以上の鉄筋コンクリート造又はこれと同等以上の強度を有する構造の床又は壁で区画されている場合を除く。）にあっては、貯蔵容器等を別に設けること。

（移動式のハロゲン化物消火設備の設置及び維持に関する技術上の基準の細目）

第六条　移動式のハロゲン化物消火設備の設置及び維持に関する技術上の基準の細目は、施行規則第二十条第五項（同項において規定の例によることとされる施行規則第十九条第六項第五号並びに施行規則第二十条第四項第三号、第五号及び第七号ロのうちＦＫ－五－一－一二に係る部分を除く。）の規定の例によるほか、次のとおりとする。

一　移動式のハロゲン化物消火設備は、火災のとき煙が充満するおそれがなく容易に接近することができ、かつ、火災等による被害を受けるおそれが少ない場所に設けること。

二　危険物規則第三十三条第一項第一号に掲げる製造所及び一般取扱所のタンクで、引火点が二十一度未満の危険物を貯蔵し、又は取り扱うもののうち、当該タンクのポンプ設備等に接続する配管の内径が二百ミリメートルを超えるものにあっては、移動式のハロゲン化物消火設備を設けてはならないこと。

附　則

1　この告示は、平成二十四年四月一日から施行する。

2　この告示の規定は、この告示の施行の日以後に新たに製造所等に設けられるハロゲン化物消火設備について適用する。

別表第一（第四条第一号ロ及びハ並びに第二号ロ関係）

危険物＼消火剤の種類	ハロン一三〇一	ハロン一二一一	HFC—二三	HFC—二二七ea
アクリロニトリル	一・四	一・二		
アセトニトリル	一・〇	一・〇		
アセトン	一・〇	一・〇		
イソオクタン	一・〇	一・〇		
イソプレン	一・二	一・〇		
イソプロピルアミン	一・〇	一・〇		
イソプロピルエーテル	一・〇	一・〇		
イソヘキサン	一・〇	一・〇		
イソヘプタン	一・〇	一・〇		
イソペンタン	一・〇	一・〇		
エタノール	一・〇	一・二		
エチルアミン	一・〇	一・〇		
オクタン	一・〇	一・〇		
ガソリン	一・〇	一・〇	一・〇	一・〇
ギ酸エチル	一・〇	一・〇		
ギ酸プロピル	一・〇	一・〇		
ギ酸メチル	一・四	一・四		
軽油	一・〇	一・〇	一・〇	一・〇
原油	一・〇	一・〇		
酢酸エチル	一・〇	一・〇		
酢酸メチル	一・〇	一・〇		
酸化プロピレン	二・〇	一・八		
シクロヘキサン	一・〇	一・〇		
ジエチルアミン	一・〇	一・〇		
ジエチルエーテル	一・二	一・〇		
ジオキサン	一・八	一・六		
重油	一・〇	一・〇	一・〇	一・〇
潤滑油	一・〇	一・〇		
テトラヒドロフラン	一・四	一・四		
灯油	一・〇	一・〇	一・〇	一・〇
トリエチルアミン	一・〇	一・〇		
トルエン	一・〇	一・〇		
ナフサ	一・〇	一・〇		

二硫化炭素	四・二	一・〇		
ビニルエチルエーテル	一・六	一・四		
プロパノール	一・〇	一・二		
二―プロパノール	一・〇	一・〇		
プロピルアミン	一・〇	一・〇		
ヘキサン	一・〇	一・〇		
ヘプタン	一・〇	一・〇		
ベンゼン	一・〇	一・〇		
ペンタン	一・〇	一・〇		
メタノール	二・二	二・四		
メチルエチルケトン	一・〇	一・〇		

別表第二（第四条第一号ロ関係）

別表第一に掲げる危険物以外の危険物及び同表において係数を定めている危険物以外の危険物に係る係数は、一に規定する装置を用い、二に規定する試験の実施手順に従って得られる数値に基づき、三に規定する算式により求めるものとする。

一　装置

装置は、図一又は図二に示すカップ燃焼装置とする。

二　試験の実施手順

イ　燃料貯蔵器の中に危険物を入れる。

ロ　燃料貯蔵器の下のスタンドを調節して、危険物の高さがカップ最先端から一ミリメートル以内になるようにする。

ハ　危険物の温度を、二十五度又は引火点より五度高い温度のうちいずれか高い方の温度になるようにカップのヒータで調節する。

ニ　適当な方法で危険物に点火する。

ホ　空気の流量を四十リットル毎分に調節する。

ヘ　消火剤を流し始め、炎が消えるまで少しずつ流量を増加し、炎が消えた時点の消火剤の流量を記録する。

ト　十ミリリットル程度の危険物をカップの表面からピペットで除く。

チ　ニからトまでの操作を三回以上繰り返し、結果を平均する。

リ　次の式によってTCを算出する。

$$TC=\frac{Vf}{40+Vf}\times 100$$

TCは、消炎濃度（単位　パーセント）

Vfは、炎が消えた時点の消火剤の流量の平均値（単位　リットル毎分）

ヌ　危険物の温度を、沸点より五度低い温度又は二百度のうちいずれか低い方の温度になるようにカップのヒータで調節する。

ル　ロ及びニからリまでの操作を繰り返す。

ヲ　ロからリまでの操作結果又はヌ及びルの操作結果のうち高い方のTCの値をCとする。

三　係数の求め方

係数は次の式により求める。ただし、消火剤がハロン一三〇一で、かつ、二に規定する試験手順によって算出した値Cが三・三パーセント以下である場合、消火剤がハロン一二一一で、かつ、Cが三・八パーセント以下である場合、消火剤がＨＦＣ―二三で、かつ、Cが十二・四パーセント以下である場合又は消火剤がＨＦＣ―二二七ｅａで、かつ、Cが六・四パーセント以下である場合にあっては、係数は一・〇とする。

$$K=\frac{\ln\left(1-\frac{C}{100}\right)}{\ln\left(1-\frac{Cs}{100}\right)}$$

Kは、係数（消火剤がハロン一三〇一又はハロン一二一一である場合にあっては小数点以下第二位を四捨五入して得た数値を〇・二刻みとして切り上げるものとし、消火剤がＨＦＣ―二三又はＨＦＣ―二二七ｅａである場合にあっては小数点以下第二位を切り上げるものとする。）

Csは、ノルマルヘプタンの係数を一とするための基準濃度であって、ハロン一三〇一にあっては三・〇パーセント、ハロン一二一一にあっては三・五パーセント、ＨＦＣ―二三にあっては十二・四パーセント、ＨＦＣ―二二七ｅａにあっては六・四パーセントとする。

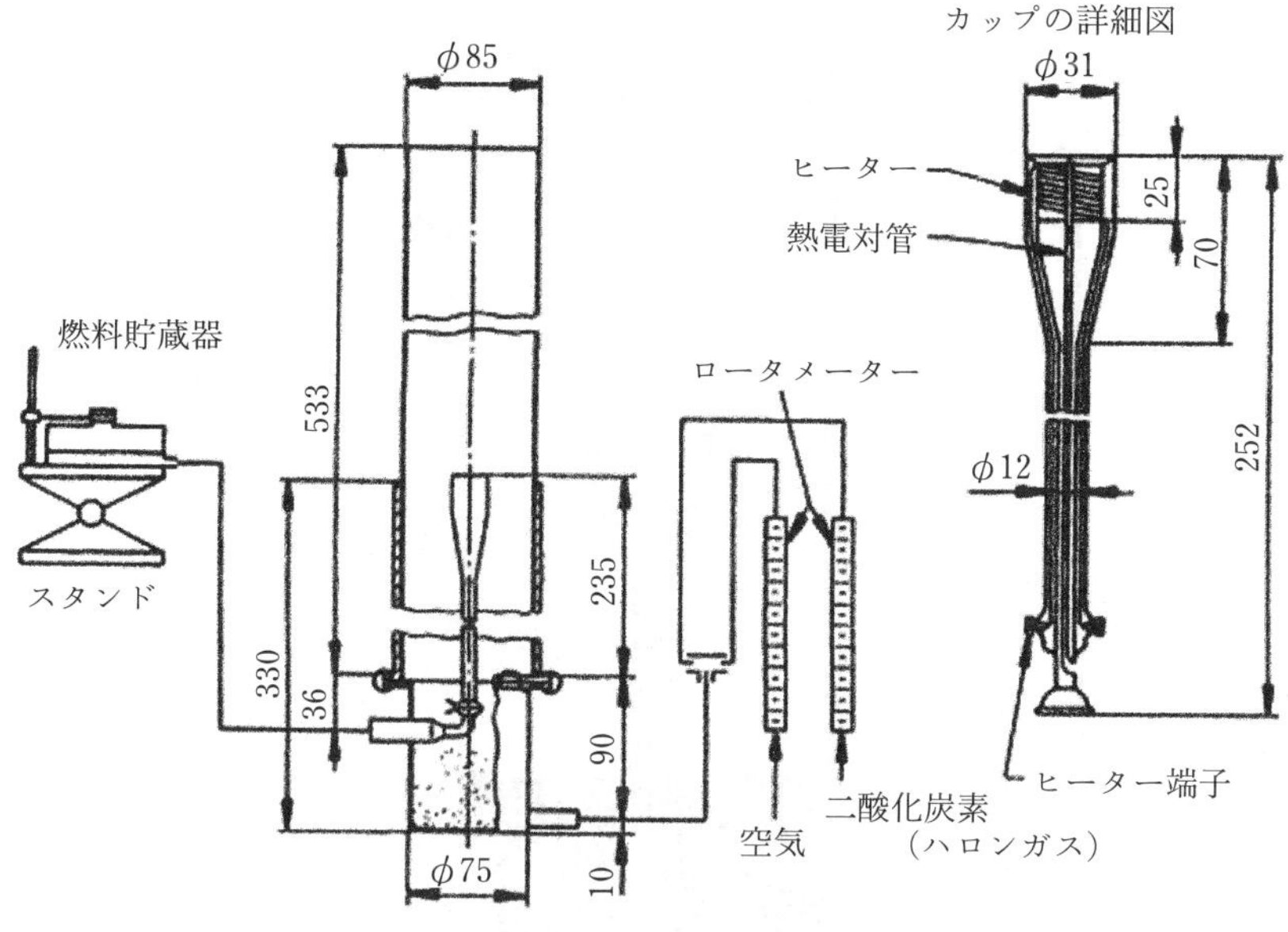
カップの詳細図
φ85
φ31
ヒーター
熱電対管
25
70
燃料貯蔵器
ロータメーター
533
252
φ12
235
スタンド
330
36
90
ヒーター端子
二酸化炭素
空気
(ハロンガス)
φ75
10

図１　カップ燃焼装置

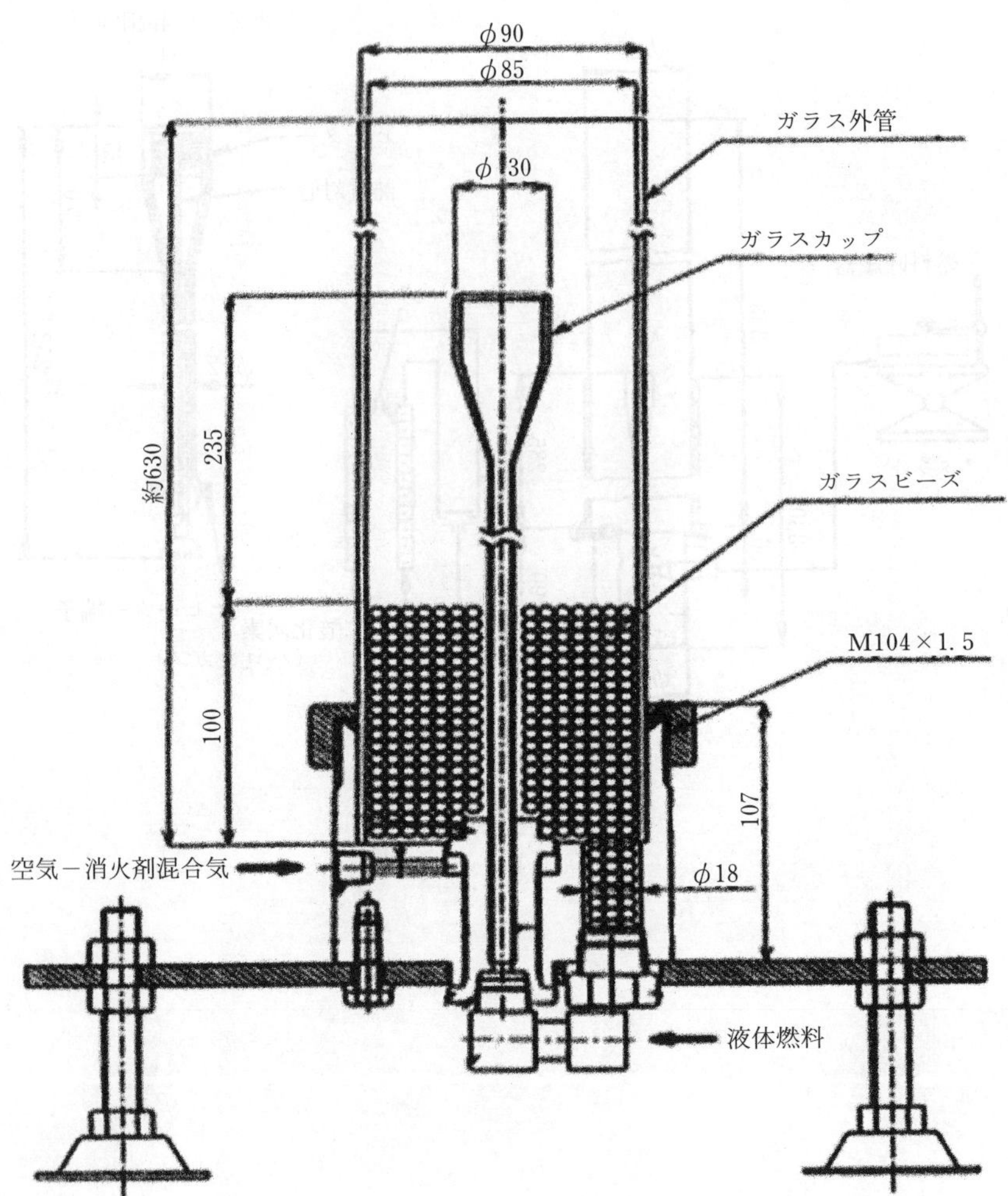

図２　カップ燃焼装置（FRIガラスカップバーナー）

○製造所等の泡消火設備の技術上の基準の細目を定める告示

（平成二十三年十二月二十一日総務省告示第五百五十九号）

〔改正経過〕令和　元年　六月二八日　総務省告示第　七八号
令和　元年　八月二七日　総務省告示第一五〇号

危険物の規制に関する規則（昭和三十四年総理府令第五十五号）第三十八条の三の規定に基づき、製造所等の泡消火設備の技術上の基準の細目を定める告示を次のように定める。

製造所等の泡消火設備の技術上の基準の細目を定める告示

第一章　総則

（趣旨）

第一条　この告示は、危険物の規制に関する規則（昭和三十四年総理府令第五十五号。以下「危険物規則」という。）第三十八条の三の規定に基づき、製造所等の泡消火設備の技術上の基準の細目を定めるものとする。

第二章　固定式の泡消火設備の基準

（定義）

第二条　この告示において、「Ⅰ型の泡放出口」とは、屋根（浮き屋根を除く。）を有する屋外貯蔵タンク（危険物の規制に関する政令（昭和三十四年政令第三百六号。以下「危険物規制令」という。）第十一条第一項第一号の二に規定する屋外貯蔵タンク（危険物規制令第九条第一項第二十号イにおいてその例による場合及びこれを危険物規制令第十九条第一項で準用する場合を含む。）をいう。以下同じ。）のうち浮き蓋付きの屋外貯蔵タンク以外のもの（以下「固定屋根式屋外貯蔵タンク」という。）において上部泡注入法（当該タンクの側板の上部に取り付けた泡放出口から当該タンクにおいて貯蔵し、又は取り扱う危険物の液表面に泡を放出する方法をいう。以下同じ。）を用い、かつ、泡を当該タンクの側板の内面に沿って流下させない場合の泡放出口をいう。

2　この告示において、「Ⅱ型の泡放出口」とは、固定屋根式屋外貯蔵タンク又は浮き蓋付きの屋外貯蔵タンクにおいて上部泡注入法を用い、かつ、泡を当該タンクの側板の内面に沿って流下させる場合の泡放出口をいう。

3　この告示において、「Ⅲ型の泡放出口」とは、固定屋根式屋外貯蔵タンクに底部泡注入法（当該タンクの下部に設置される泡放出口から当該タンクで貯蔵し、又は取り扱う危険物に泡を注入する方法をいう。以下同じ。）を用い、かつ、特殊ホース（送泡により伸張するホースで、その先端が当該タンクにおいて貯蔵し、又は取り扱う危険物の液表面まで達し、かつ、泡を放出できるものをいう。以下同じ。）を用いない場合の泡放出口をいう。

4　この告示において、「Ⅳ型の泡放出口」とは、固定屋根式屋外貯蔵タンクに底部泡注入法を用い、かつ、特殊ホースを用いる場合の泡放出口をいう。

5　この告示において、「特型の泡放出口」とは、浮き屋根を有する屋外貯蔵タンクにおいて上部泡注入法を用いる場合の泡放出口をいう。

（固定式泡放出口方式の基準）

第三条　固定式の泡消火設備のうち固定式泡放出口方式のもの（前条各項に規定する泡放出口を有するものをいう。以下同じ。）は、タンクにおいて貯蔵し、又は取り扱う危険物の火災を有効に消火することができるように、泡放出口並びに泡放出口に付属する補助泡消火栓及び連結送液口を、この章に定めるところにより、設けなければならない。

（泡放出口の位置、構造及び設備）

第四条　Ⅰ型の泡放出口の位置、構造及び設備は、次の各号に定めるところによらなければならない。

一　泡放出口は、タンクの直径に応じて、別表第一の下欄に掲げる個数以上の個数を設けること。

二　泡放出口は、タンクの側板の外面に均等の間隔で設けること。

三　泡放出口は、火災のときの加熱、地震のときの衝撃等による被害を受けるおそれがないように設けること。

四　第四類の危険物（水に溶けないものに限る。）を貯蔵し、又は取り扱うタンクに泡放出口を設ける場合にあっては、当該タンクにおいて貯蔵し、又は取り扱う危険物の液表面積に、危険物の区分に応じて別表第二の中欄に掲げる数値を乗じて得た量以上の量の泡水溶液（泡消火薬剤と水との混合液をいう。以下同じ。）を、別表第一の下欄に掲げる個数（直径が二十四メートル未満の固定屋根式屋外貯蔵タンクに設ける泡放出口にあっては、一個とする。以下同じ。）で、別表第二の下欄に掲げる数値以上の放出率で有効に放出できるように設けること。

五　第四類の危険物（水に溶けないもの以外のものに限る。）を貯蔵し、又は取り扱うタンクに泡放出口を設ける場合にあっては、当該タンクにおいて貯蔵し、又は取り扱う危険物の液表面積に、別表第三の中欄に掲げる数値を乗じて得た量以上の量の泡水溶液を、別表第一の下欄に掲げる個数で、別表第三の下欄に掲げる数値以上の放出率で有効に放出できるように設けること。この場合において、当該タンクにおいて貯蔵し、又は取り扱う危険物の種類に応じ、別表第四の下欄に掲げる係数又は別表第五に定める方法により算出した係数のいずれか（別表第四に掲げる危険物以外の危険物にあっては、別表第五に定める方法により算出した係数に限る。）を、別表第三の中欄及び下欄の数値にそれぞれ乗じること。

六　タンクにおいて貯蔵し、又は取り扱う危険物から発生する蒸気が逆流するおそれがない構造とすること。

七　泡放出口から放出された消火に有効な泡が、タンクにおいて貯蔵し、又は取り扱う危険物の液表面全体を被覆するために有効な設備を設けること。

第五条　Ⅱ型の泡放出口の位置、構造及び設備は、前条第一号から第六号までの規定の例によるほか、Ⅱ型の泡放出口を設ける場合にあっては、泡放出口から放出された消火に有効な泡をタンクの側板の内面に沿って流下させ、当該泡がタンクにおいて貯蔵し、又は取り扱う危険物の液表面全体を被覆するために有効な設備を設けなければならない。

第六条　Ⅲ型の泡放出口の位置、構造及び設備は、第四条第一号から第四号までの規定の例によるほか、次の各号に定めるところによらなければならない。

一　送泡管を設けること。

二　タンクにおいて貯蔵し、又は取り扱う危険物が送泡管から逆流するおそれがない構造とすること。

三　Ⅲ型の泡放出口は、タンクにおいて貯蔵し、又は取り扱う危険物が水に溶けないものであって、かつ、当該危険物の温度が五十度以下又は動粘度が百センチストークス以下である場合に限り、設置することができること。

第七条　Ⅳ型の泡放出口の位置、構造及び設備は、第四条第一号から第五号まで及び前条第一号の規定の例によるほか、次の各号に定めるところによらなければならない。

一　送泡管の末端に、特殊ホースを接続すること。

二　特殊ホースは、使用時以外は、格納筒に収納すること、又は泡を放出することにより容易に離脱することのできるキャップを装着すること。

三　前号の格納筒を設ける場合にあっては、タンクの側板の下部に設けること。

第八条　特型の泡放出口の位置、構造及び設備は、第四条第一号から第四号までの規定の例によるほか、次の各号に定めるところによらなければならない。この場合において、同条第四号中「液表面積」とあるのは、「第八条第二号に規定する間げきの投影面積」とする。

一　浮き屋根の浮き部分の上でタンクの側板から一・二メートル以上離れた位置に高さ〇・九メートル以上の鋼製の泡せき板（泡放出口から放出された泡の流出を阻止でき、かつ、雨水を有効に排出する排水口を設けたものをいう。以下同じ。）を設けること。

二　タンクの側板と泡せき板との間げきに泡を注入するための設備を設けること。

（**補助泡消火栓の基準**）

第九条　補助泡消火栓は、次の各号に定めるところにより設けなければならない。

一　補助泡消火栓は、三個（ホース接続口が三個未満のときは、その個数）のノズルを同時に使用した場合に、それぞれのノズルの先端において、放射圧力が〇・三五メガパスカル以上で、かつ、四百リットル毎分以上で放射することができるように設けること。

二　補助泡消火栓は、防油堤の外側で有効に消火活動が行うことができる位置に、それぞれ一の補助泡消火栓に至る歩行距離が七十五メートル以下となるように設けること。

三　補助泡消火栓の開閉弁及びホース接続口は、地盤面からの高さが一・五メートル以下の位置に設けること。

四　補助泡消火栓の泡放射用器具を格納する箱（以下「補助泡消火栓箱」という。）は、不燃材料で造られたものを用いるとともに、当該補助泡消火栓に至る歩行距離が五メートル以下であって、火災のとき容易に接近することができ、かつ、火災等による被害を受けるおそれが少ない場所に設けること。

五　補助泡消火栓の設置の標示は、次に定めるところによること。

イ　補助泡消火栓箱には、その表面に「ホース格納箱」と表示すること。ただし、開閉弁及びホース接続口を補助泡消火栓箱の内部に設けるものにあっては、その表面に「ホース格納箱」の表示に代えて、「消火栓」と表示することができること。

ロ　補助泡消火栓には、その直近の見やすい場所に「消火栓」と表示した標識を設けること。

（連結送液口の基準）

第十条　連結送液口は、次の式により求めた数以上の数を、消防法施行規則（昭和三十六年自治省令第六号。以下「施行規則」という。）第十四条第一項第六号の規定の例により設けなければならない。この場合において、同号中「送水口」とあるのは「送液口」と、「送水」とあるのは「送液」と、「スプリンクラー設備」とあるのは「泡消火設備」と、「スプリンクラー用送水口」とあるのは「泡消火設備用送液口」と、「送水圧力範囲」とあるのは「送液圧力範囲」とする。

$$N=\frac{Aq}{800}$$

Nは、連結送液口の設置数

Aは、タンクの最大水平断面積（単位　平方メートル）

qは、別表第二の下欄に掲げる危険物の液表面積一平方メートル当たりの泡水溶液の放出率（単位　リットル毎分毎平方メートル）

（フォームヘッド方式の基準）

第十一条　固定式の泡消火設備のうちフォームヘッド方式のものは、次の各号に定めるところにより設けなければならない。

一　フォームヘッドは、防護対象物（消火設備によって消火すべき製造所等の建築物その他の工作物及び危険物をいう。以下この条において同じ。）の表面積（防護対象物が建築物の場合にあっては、床面積とする。以下同じ。）九平方メートルにつき一個以上のヘッドを防護対象物の全ての表面又は床面がいずれかのフォームヘッドの有効射程内にあるように設けること。

二　防護対象物の表面積一平方メートル当たりの放射量が六・五リットル毎分以上の割合で計算した量の泡水溶液を標準放射量（当該泡消火設備のヘッドの設計圧力により放射し、又は放出する消火剤の放射量をいう。以下同じ。）で放射することができるように設けること。

三　放射区域（一の一斉開放弁により同時に放射する区域をいう。以下同じ。）は、百平方メートル（防護対象物の表面積が百平方メートル未満であるときは、当該表面積）以上とすること。

（固定式の泡モニターノズル方式の基準）

第十二条　固定式の泡消火設備のうち泡モニターノズル方式のものは、次の各号に定めるところにより設けなければならない。

一　泡モニターノズルは、屋外の工作物及び屋外において貯蔵し、又は取り扱う危険物を防護対象物とし、当該防護対象物を当該泡モニターノズルの有効射程内に包含できるように設けること。

二　泡モニターノズルは、消火活動上支障がない位置において起動及び操作ができる場所に設けること。

三　泡モニターノズルは、当該防護対象物を有効射程内に包含できるように設置している全てのノズルを同時に使用した場合に、次に掲げる基準を満たすように設けること。

イ　それぞれのノズルの先端における放射量が千九百リットル毎分以上であること。

ロ　三十メートル以上の水平放射距離で有効に放射することができること。

四　岸壁又は桟橋その他これらに類する場所に設置されている屋外貯蔵タンク又は移送取扱所のポンプ設備、注入口及び払出口（以下「ポンプ設備等」という。）に泡モニターノズルを設ける場合にあっては、二個以上の泡モニターノズルを、当該場所の先端からの水平距離が十五メートル以内の水面を包含し、かつ、当該防護対象物の各部分からの水平距離が三十メートル以下となるように設けること。

第三章　移動式の泡消火設備の基準

（屋内に設ける移動式の泡消火設備の基準）

第十三条　屋内に設ける移動式の泡消火設備は、次の各号に定めるところにより設けなければならない。

一　移動式の泡消火設備は、いずれの階においても、当該階の全て（当該階の設置個数が四個を超えるときは、四個）の泡消火栓を同時に使用した場合に、それぞれのノズルの先端におて、放射圧力が〇・三五メガパスカル以上で、かつ、放射量が二百リットル毎分以上であること。

二　移動式の泡消火設備は、火災のとき煙が充満するおそれがなく容易に接近することができ、かつ、火災等による被害を受けるおそれが少ない場所に設けること。

三　泡消火栓の開閉弁及びホース接続口は、床面からの高さが一・五メートル以下の位置に設けること。

四　泡消火設備の開閉弁及び泡放射用器具を格納する箱（以下「泡消火栓箱」という。）は、不燃材料で造られたものを用いるとともに、点検に便利な場所に設けること。

五　移動式の泡消火設備の設置の標示は、次に定めるところによること。

イ　泡消火栓箱には、その表面に「消火栓」と表示すること。

ロ　泡消火栓箱の上部に、取付け面と十五度以上の角度となる方向に沿って十メートル離れたところから容易に識別できる赤色の灯火を設けること。

（屋外に設ける移動式の泡消火設備の基準）

第十四条　屋外に設ける移動式の泡消火設備は、前条第二号の規定の例によるほか、次の各号に定めるところにより設けなければならない。

一　移動式の泡消火設備は、四個の泡消火栓（設置個数が四個未満のときは、その個数）を同時に使用した場合に、それぞれのノズルの先端において、放射圧力が〇・三五メガパスカル以上で、かつ、放射量が四百リットル毎分以上であること。

二　泡消火栓の開閉弁及びホース接続口は、地盤面からの高さが一・五メートル以下の位置に設けること。

三　泡消火栓箱は、不燃材料で造られたものを用いるとともに、当該泡消火栓に至る歩行距離が五メートル以下の場所に設けること。

四　移動式の泡消火設備の設置の標示は、次に定めるところによること。

イ　泡消火栓箱には、その表面に「ホース格納箱」と表示すること。ただし、開閉弁及びホース接続口を泡消火栓箱の内部に設けるものにあっては、その表面に「ホース格納箱」の表示に代えて、「消火栓」と表示することができること。

ロ　泡消火栓箱には、その直近の見やすい場所に「消火栓」と表示した標識を設けること。

第四章　水源の基準

（水源の水量）

第十五条　水源の水量は、次の各号に定める量の泡水溶液を作るために必要な量以上の量とする。

一　固定式泡放出口方式の泡消火設備の泡水溶液の量は、次のイ及びロに定める量を合計した量

イ　第二条各項に規定する泡放出口から放出する泡水溶液の量

は、危険物の区分及び泡放出口の類型に応じて別表第二の中欄及び別表第三の中欄に掲げる数値に、当該タンクにおいて貯蔵し、又は取り扱う危険物の液表面積が最も大きいタンクの液表面積を乗じて得た数量の泡水溶液を放出することができる量

ロ　補助泡消火栓から放射する泡水溶液の量は、四百リットル毎分の放射量で二十分間放射することができる量

二　第十一条に規定するフォームヘッド方式の泡消火設備の泡水溶液の量は、フォームヘッドの設置個数が最も多い放射区域に設けられた全てのフォームヘッドを同時に使用した場合に、標準放射量で十分間放射することができる量

三　第十二条に規定する泡モニターノズル方式の泡消火設備の泡水溶液の量は、全てのノズルを同時に使用した場合に、千九百リットル毎分の放射量で三十分間放射することができる量

四　第十三条及び前条に規定する移動式の泡消火設備の泡水溶液の量は、四個のノズル（設置個数が四個未満のときは、その個数）を同時に使用した場合に、それぞれのノズルの先端において、放射圧力が〇・三五メガパスカル以上で、かつ、屋内に設ける場合にあっては二百リットル毎分、屋外に設ける場合にあっては四百リットル毎分の放射量で、それぞれ三十分間放射することができる量

五　前各号に掲げる泡水溶液の量のほか、配管内を満たすに要する泡水溶液の量

第五章　泡消火薬剤の基準

（泡消火薬剤の貯蔵量）

第十六条　泡消火薬剤の貯蔵量は、前条に定める泡水溶液の量に、消火に有効な泡を生成するために適した希釈容量濃度を乗じて得た量以上の量となるようにしなければならない。

（泡消火薬剤の種類）

第十七条　第四類の危険物（水に溶けないものに限る。）に用いる泡消火薬剤は、固定式泡放出口方式（Ⅲ型の泡放出口を有するものを除く。）の泡消火設備及び補助泡消火栓、フォームヘッド方式の泡消火設備、泡モニターノズル方式の泡消火設備又は移動式の泡消火設備にあっては、たん白泡消火薬剤（泡消火薬剤の技術上の規格を定める省令（昭和五十年自治省令第二十六号。以下「規格省令」という。）第二条第二号に規定するたん白泡消火薬剤に適合するものをいう。以下同じ。）又は水成膜泡消火薬剤（規格省令第二条第四号に規定する水成膜泡消火薬剤に適合するものをいう。以下同じ。）とする。

2　第四類の危険物（水に溶けないものに限る。）に用いる泡消火薬剤は、固定式泡放出口方式（Ⅲ型の泡放出口を有するものに限る。）の泡消火設備及び補助泡消火栓にあっては、たん白泡消火薬剤であるふっ素たん白泡消火薬剤又は水成膜泡消火薬剤とする。

3　第四類の危険物（水に溶けないもの以外のものに限る。）のうち別表第四に掲げるものに用いる泡消火薬剤は、水溶性液体用泡消火薬剤であって、別表第六に定める試験において消火性能を確認したものとする。

4　第四類の危険物（水に溶けないもの以外のものに限る。）のうち別表第四に掲げるもの以外のものに用いる泡消火薬剤は、水溶性液体用泡消火薬剤であって、別表第五に定める試験において消火性能を確認したものとする。

第六章　パッケージ型固定泡消火設備の基準

（パッケージ型固定泡消火設備の基準）

第十八条　パッケージ型固定泡消火設備（危険物規制令第十七条第五項に規定する顧客に自ら給油等をさせる給油取扱所において設置し、人が起動装置を操作することにより、自動的に泡水溶液を圧力により泡放出口から放出して消火を行う固定した消火設備であって、泡放出口、泡消火薬剤等貯蔵容器（泡消火薬剤及び泡消火薬剤と混合するための水、又は泡水溶液を貯蔵する容器をいう。以下同じ。）、起動装置等により構成されるものをいう。以下同じ。）は、次の各号に定めるところにより設けなければならない。

一　パッケージ型固定泡消火設備の泡放出口は、次に定めるところにより設けなければならないこと。

イ　泡放出口の方式は、水平放出方式（固定給油設備の基礎台の側面に設けた泡放出口から水平に放出する方法をいう。以下同じ。）又は下方放出方式（上屋等から下向きに設けた泡放出口から下方に放出する方法をいう。以下同じ。）とすること。

ロ　水平放出方式にあっては二個、下方放出方式にあっては四個の泡放出口を、それぞれその放射能力範囲が固定給油設備の周囲の地盤面等に表示された一の自動車等の停止位置を包含するように設置すること。

ハ　泡放出口は、消火に有効な膨張比（発生した泡の体積を泡を発生するために要する泡水溶液の体積で除した値をいう。）の泡を放出するものであること。

ニ　下方放出方式の泡放出口は、一の自動車等の停止位置の相対する長辺に二個ずつ設置し、それぞれの辺ごとに放出することができること。

二　放出量は、一の自動車等の停止位置ごとに、水平放出方式にあっては七・四リットル毎分以上、下方放出方式にあっては二十二・二リットル毎分以上とすること。

2　パッケージ型固定泡消火設備の水源の水量は、次の各号に定める量を合計した量の泡水溶液を作るために必要な量以上の量とする。

一　前項第二号に定める放出量で十分間放射することができる泡水溶液の量

二　配管内を満たすに要する泡水溶液の量

3　泡消火薬剤の貯蔵量は、前項に定める泡水溶液の量に、消火に有効な泡を生成するために適した希釈容量濃度を乗じて得た量以上の量とする。

4　パッケージ型固定泡消火設備に用いる泡消火薬剤は、水成膜泡消火薬剤又は機械泡消火薬剤（消火器用消火薬剤の技術上の規格を定める省令（昭和三十九年自治省令第二十八号）第一条の二並びに第四条第一項及び第三項の規定に適合するものをいう。以下同じ。）とするほか、次の各号に定めるところによらなければならない。

一　パッケージ型固定泡消火設備に用いる泡消火薬剤は、別表第七に定める試験において消火性能を確認したものであること。

二　泡水溶液の状態で貯蔵する場合にあっては、当該泡水溶液の性状を維持すること。

5　パッケージ型固定泡消火設備の設置及び維持に関する技術上の基準の細目は、次のとおりとする。

一　泡消火薬剤混合装置を設ける場合には、二個の泡放出口から泡水溶液を第一項第二号に定める放出量で同時に放出するために必要な量以上の量の泡水溶液を生成できるものとすること。

二　泡消火薬剤等貯蔵容器は、次に定めるところによること。

イ　加圧式又は蓄圧式の泡消火薬剤等貯蔵容器は、次に定めるところにより設けること。

(1)　泡消火薬剤等貯蔵容器の内面及び外面には適切な防食処理を施すこと。ただし、耐食性のある材料を用いたものにあっては、この限りでないこと。

(2)　最高使用圧力の一・五倍以上の圧力に耐えるものであること。

ロ　加圧式又は蓄圧式以外の泡消火薬剤等貯蔵容器にあっては、イ(1)の規定の例によるほか、使用条件に応じた必要な強度を有すること。

ハ　泡消火薬剤等貯蔵容器は、次に掲げる全ての要件を満たす場所に備え付けること。

(1)　火災のとき延焼するおそれが少ない場所であること。

(2)　温度変化が少なく、温度が四十度を超えるおそれがない場所であること。

(3)　直射日光又は雨水にさらされるおそれが少ない場所であること。

ニ　泡消火薬剤等貯蔵容器（筐体に収納する場合は当該筐体を含む。）は、地震等のときに移動又は転倒しないように堅固に固定すること。

三　放出弁は、次に定めるところによること。

イ　最高使用圧力の一・五倍以上の圧力に耐えるものであること。

ロ　弁箱は、日本産業規格（産業標準化法（昭和二十四年法律

第百八十五号）第二十条第一項の日本産業規格をいう。以下同じ。）Ｈ三二五〇、Ｈ五一二〇、Ｈ五一二一若しくはＧ三二〇一に適合するもの又はこれと同等以上の強度及び耐食性を有する材質を用いたものであること。

ハ　常時閉止状態にあり、電気式、ガス圧式等の開放装置により開放できるものであって、かつ、手動によっても容易に開放できるもの（開放装置を手動により操作するものを含む。）であること。

ニ　加圧式の泡消火薬剤等貯蔵容器に用いる放出弁は、定圧作動装置と連動して開放できるものであること。

ホ　泡消火薬剤等貯蔵容器の放出口に取り付けられ、かつ、当該放出口に確実に接続されていること。

四　選択弁は、前号イからハまでの規定の例によるほか、放出弁を兼ねる場合にあっては、定圧作動装置と連動して開放できるものであること。

五　起動装置は、手動式の起動装置とし、施行規則第十八条第四項第十号ロ(イ)、(ロ)及び(ニ)の規定の例によるほか、次に定めるところによること。

イ　危険物規則第二十八条の二の五第六号に規定する制御卓に設置すること。

ロ　二系統以上の泡放出口を切り替えて使用する場合にあっては、それぞれの泡放出口が対象とする顧客用固定給油設備を分かりやすく表示すること。

ハ　起動後においても泡放出口の切替えができ、かつ、切替えの操作から泡が放出されるまでの時間が三十秒以内であること。

ニ　起動装置の直近に、当該装置がパッケージ型固定泡消火設備の起動装置であること並びに当該装置の取扱い方法及び保安上の注意事項その他必要な事項を表示すること。

ホ　泡消火設備の作動を知らせる自動式の装置を設けること。

ヘ　起動用ガス容器を用いる場合にあっては、施行規則第二十一条第四項第十三号の規定の例によること。

六　加圧用ガス容器を用いる場合には、次に定めるところによること。

イ　窒素ガスが充填されたものであること。

ロ　加圧用ガスの量は、泡水溶液を二個の排出口から第一項第二号に定める放出量で十分間放出することができる量以上の量であること。

ハ　危険物を貯蔵し、又は取り扱うタンクの直近に設置され、かつ、当該タンクに確実に接続されていること。

七　加圧送液装置を用いる場合には、施行規則第十八条第四項第九号の規定の例によること。この場合において、同号中「加圧送水装置」とあるのは、「加圧送液装置」とする。

八　電源回路は、専用回路とすること。

五項…一部改正〔令和元年六月総告七八号〕、一項…一部改正〔令和元年八月総告一五〇号〕

第七章　雑則

（泡消火設備の設置及び維持に関する技術上の基準の細目）

第十九条　泡消火設備（パッケージ型固定泡消火設備を除く。以下この条において同じ。）の設置及び維持に関する技術上の基準の細目は、施行規則第十八条第四項第六号から第九号まで、同項第十号（イのただし書を除く。）及び同項第十六号の規定の例によるほか、次のとおりとする。

一　第四類の危険物を貯蔵し、又は取り扱うタンクにあっては、固定式の泡消火設備（縦置きのタンクにあっては、固定式泡放出口方式のもので補助泡消火栓及び連結送液口を附置するものに限る。）を設けること。

二　危険物規則第三十三条第一項第一号に掲げる製造所等のタンクで、引火点が二十一度未満の危険物を貯蔵し、又は取り扱うものに泡消火設備を設ける場合にあっては、その放射能力範囲が、当該タンクのポンプ設備等を包含するように設けること。この場合において、ポンプ設備等に接続する配管の内径が二百ミリメートルを超えるものにあっては、移動式の泡消火設備を設けてはならないこと。

三　配管は、次に定めるところによること。

イ　合成樹脂製の管にあっては、施行規則第十二条第一項第六号ニ(ロ)に定める基準に適合するものであることとし、合成樹脂製の管を接続する管継手にあっては、同号ホ(ロ)に規定する消防庁長官が定める基準に適合するものであることとする。

ロ　合成樹脂製の管及び管継手は、火災の熱等の影響を受けないように設置されていること。

四　加圧送液装置は、次に掲げる要件のいずれかを満たすように設置すること。

イ　加圧送液装置の起動後五分以内に泡消火設備に係る泡消火薬剤混合装置を経て有効な泡水溶液を泡放出口、補助泡消火栓、フォームヘッド及び泡モニターノズル（以下「泡放出口等」という。）へ送液できるものとすること。

ロ　加圧送液装置から泡放出口等までの水平距離が五百メートル以下であること。

五　予備動力源は、自家発電設備、蓄電池設備又は内燃機関とし、次に定めるところによること。

イ　自家発電設備及び蓄電池設備は、施行規則第十二条第一項第四号ロ（(イ)を除く。）及びハ（ハにおいて規定の例によるものとされるロ(イ)を除く。）の規定の例によるほか、次のとおりとする。

(1)　自家発電設備及び蓄電池設備の容量は、泡消火設備を有効に第十五条各号（第五号を除く。）に掲げる放射時間の一・五倍以上の時間作動できるものであること。

(2) 自家発電設備及び蓄電池設備に設ける配線は、施行規則第十二条第一項第四号ホの規定の例によること。

ロ 内燃機関は、常用電源が停電したときに速やかに作動し、泡消火設備を有効に第十五条各号（第五号を除く。）に掲げる放射時間の一・五倍以上の時間作動させることができること。

本条…一部改正〔令和元年八月総告一五〇号〕

附　則

1 この告示は、平成二十四年四月一日から施行する。

2 この告示の規定は、この告示の施行の日以後に新たに製造所等に設けられる泡消火設備について適用する。

前　文〔抄〕〔令和元年六月二八日総務省告示第七八号〕

不正競争防止法等の一部を改正する法律〔中略〕の施行の日（令和元年七月一日）から施行する。

前　文〔抄〕〔令和元年八月二七日総務省告示第一五〇号〕

告示の日から施行する。

別表第一（第四条第一号、第四号及び第五号関係）

<table>
<tr><th rowspan="3">泡放出口の個数
タンクの直径</th><th colspan="4">泡放出口の個数</th></tr>
<tr><th colspan="2">固定屋根式屋外貯蔵タンク</th><th>浮き蓋付き屋外貯蔵タンク</th><th>浮き屋根式屋外貯蔵タンク</th></tr>
<tr><th>Ⅰ型又はⅡ型</th><th>Ⅲ型又はⅣ型</th><th>Ⅱ型</th><th>特型</th></tr>
<tr><td>十三メートル未満</td><td rowspan="4">二</td><td rowspan="3">一</td><td>二</td><td>二</td></tr>
<tr><td>十三メートル以上十九メートル未満</td><td>三</td><td>三</td></tr>
<tr><td>十九メートル以上二十四メートル未満</td><td>四</td><td>四</td></tr>
<tr><td>二十四メートル以上三十五メートル未満</td><td>二</td><td>五</td><td>五</td></tr>
<tr><td>三十五メートル以上四十二メートル未満</td><td>三</td><td>三</td><td>六</td><td>六</td></tr>
<tr><td>四十二メートル以上四十六メートル未満</td><td>四</td><td>四</td><td>七</td><td>七</td></tr>
<tr><td>四十六メートル以上五十三メートル未満</td><td>六</td><td>六</td><td>八</td><td>八</td></tr>
<tr><td>五十三メートル以上六十メートル未満</td><td>八</td><td>八</td><td>十</td><td rowspan="2">十</td></tr>
<tr><td>六十メートル以上六十七メートル未満</td><td rowspan="3">八
※</td><td>十</td><td rowspan="3"></td></tr>
<tr><td>六十七メートル以上七十三メートル未満</td><td>十二</td><td rowspan="2">十二</td></tr>
<tr><td>七十三メートル以上七十九メートル未満</td><td>十四</td></tr>
</table>

七十九メートル以上八十五メートル未満		十六		十四
八十五メートル以上九十メートル未満		十八		十四
九十メートル以上九十五メートル未満		二十		十六
九十五メートル以上九十九メートル未満		二十二		十六
九十九メートル以上		二十四		十八

備考　直径が六十メートル以上のタンクにⅠ型又はⅡ型の泡放出口を設ける場合には、当該タンクにⅢ型又はⅣ型の泡放出口を併せて設けなければならない。この場合において、当該タンクの直径に応じて設置することとされているⅢ型又はⅣ型の泡放出口の個数から八を減じた個数のⅢ型又はⅣ型の泡放出口を、当該タンクの側板から三十メートルの環状の部分を除いた当該タンクの中心部の円形の液表面の部分を当該泡放出口から放出される泡で均一に防護することができるように設けること。

別表第二（第四条第四号、第十条及び第十五条第一号関係）

泡放出口の類型	危険物の液表面積一平方メートル当たりの泡水溶液の量（単位　リットル毎平方メートル）			危険物の液表面積一平方メートル当たりの泡水溶液の放出率（単位　リットル毎分毎平方メートル）
	危険物の引火点が二十一度未満のもの	危険物の引火点が二十一度以上七十度未満のもの	危険物の引火点が七十度以上のもの	
Ⅰ型の泡放出口	百二十	八十	六十	四
Ⅱ型の泡放出口	二百二十	百二十	百	四
Ⅲ型の泡放出口	二百二十	百二十	百	四
Ⅳ型の泡放出口	二百二十	百二十	百	四
特型の泡放出口	二百四十	百六十	百二十	八

別表第三（第四条第五号及び第十五条第一号関係）

泡放出口の類型	危険物の液表面積一平方メートル当たりの泡水溶液の量（単位　リットル毎平方メートル）	危険物の液表面積一平方メートル当たりの泡の放出率（単位　リットル毎分毎平方メートル）
Ⅰ型の泡放出口	百六十	八
Ⅱ型及びⅣ型の泡放出口	二百四十	八

別表第四（第四条第五号並びに第十七条第三項及び第四項関係）

危険物の区分 類別	危険物の区分 細区分	係数
アルコール類	メタノール※ 三―メチル―二―ブチルアルコール エタノール アリルアルコール 一―ペンチルアルコール 二―ペンチルアルコール t―ペンチルアルコール イソペンチルアルコール 一―ヘキシルアルコール シクロヘキサノール フルフリルアルコール ベンジルアルコール プロピレングリコール エチレングリコール ジエチレングリコール ジプロピレングリコール グリセリン	一・〇
	一―プロパノール 二―プロパノール イソブタノール 一―ブタノール 二―ブタノール	一・二五
	t―ブチルアルコール	二・〇
エーテル類	ジイソプロピルエーテル エチレングリコールエチルエーテル※ エチレングリコールメチルエーテル ジエチレングリコールエチルエーテル ジエチレングリコールメチルエーテル	一・二五
	一―四ジオキサン	一・五
	ジエチルエーテル アセトアルデヒドジエチルアセタール エチルプロピルエーテル テトラヒドロフラン イソブチルビニルエーテル エチルブチルエーテル エチルビニルエーテル	二・〇
エステル類	酢酸エチル※ ギ酸エチル 酢酸メチル ギ酸メチル 酢酸ビニル ギ酸プロピル アクリル酸メチル アクリル酸エチル メタクリル酸メチル メタクリル酸エチル 酢酸プロピル ギ酸ブチル エチレングリコールモノエチルエーテルアセテート エチレングリコールモノメチルエーテルアセテート	一・〇
ケトン類	アセトン※ メチルエチルケトン メチルイソブチルケトン アセチルアセトン シクロヘキサノン	一・〇
アルデヒド類	アクリルアルデヒド（アクロレイン） クロトンアルデヒド パラアルデヒド	一・二五

	アセトアルデヒド	二・〇
アミン類	エチレンジアミン　※ シクロヘキシルアミン アニリン エタノールアミン ジエタノールアミン トリエタノールアミン	一・〇
	エチルアミン プロピルアミン アリルアミン ジエチルアミン ブチルアミン イソブチルアミン トリエチルアミン ペンチルアミン t―ブチルアミン	一・二五
	イソプロピルアミン	二・〇
ニトリル類	アクリロニトリル　※ アセトニトリル ブチロニトリル	一・二五
有機酸	酢酸 無水酢酸※ アクリロ酸 プロピオン酸 ギ酸	一・二五
その他の不溶性のもの以外のもの	プロピレンオキサイド	二・〇
	エタノール含有ガソリン（エタノール十パーセント以下のものに限る。）	一・〇

備考　※を付した物質は各類別ごとの代表物質である。

別表第五（第四条第五号及び第十七条第四項関係）

別表第四に掲げる危険物以外の危険物（水に溶けないもの以外のものに限る。以下この表において同じ。）に係る係数は、一に規定する装置を用い、二に規定する試験の実施手順により求めるものとする。

一　装置

装置は、底面の面積が次の表に定める燃焼表面積の正方形で、高さが〇・三メートルの四種類の燃焼皿とする。

燃焼表面積（単位　平方メートル）	係　数
四・〇	一・〇
三・二	一・二五
二・六七	一・五
二・〇	二・〇

二　試験の実施手順

イ　燃焼表面積が四・〇平方メートルの燃焼皿に、試験物品を底面から試験物品の表面までの高さが〇・一メートルになるように入れる。

ロ　試験物品に点火して一分経過した後に、温度が二十度の泡水溶液を規格省令第十二条の規定の例により、標準発泡ノズルを用いて五分間連続して発泡させ、試験物品の表面に展開させる。

ハ　泡水溶液の発泡終了後、規格省令第十三条各号に規定する規格に適合する場合には、泡消火薬剤の消火性能が確認されたこととする。

ニ　規格省令第十三条各号に規定する規格に適合しない場合には、燃焼表面積がより小さい燃焼皿を用いて、当該規格に適合するまでイからハまでの操作を繰り返す。

ホ　別表第四に掲げる危険物以外の危険物に係る係数は、規格省令第十三条各号に規定する規格に適合することが確認されたときの燃焼表面積のうち、一に掲げる表において最大のものに対応する係数とする。

別表第六（第十七条第三項関係）

別表第四に掲げる危険物（水に溶けないもの以外のものに限る。以下この表において同じ。）に用いる泡消火薬剤の消火性能は、一に規定する装置を用い、二に規定する試験の実施手順により確認するものとする。ただし、同表中当該危険物が属する類別において代表物質を規定している場合にあっては、当該危険物に代えて、当該代表物質を用いて当該泡消火薬剤の消火性能を確認しても差し支えない。

一　装置

装置は、別表第五の一に規定する装置とする。

二　試験の実施手順

イ　別表第四の下欄に掲げる係数又は別表第五に定める方法により算出した係数に応じ、次の表の下欄に掲げる燃焼表面積の燃焼皿に、試験物品を底面から当該試験物品の表面までの高さが〇・一メートルになるように入れる。

係数	燃焼表面積（単位　平方メートル）
一・〇	四・〇
一・二五	三・二
一・五	二・六七
二・〇	二・〇

ロ　試験物品に点火して一分経過した後に、温度が二十度の泡水

溶液を規格省令第十二条の規定の例により、標準発泡ノズルを用いて五分間連続して発泡させ、試験物品の表面に展開させる。

ハ　泡水溶液の発泡終了後、規格省令第十三条各号に規定する規格に適合する場合には、泡消火薬剤の消火性能が確認されたこととする。

別表第七（第十八条第四項第一号関係）

パッケージ型固定泡消火設備に用いる泡消火薬剤の消火性能は、一に規定する装置及び二に規定する試験物品を用い、三に規定する試験の実施手順により確認するものとする。

一　装置

装置は、水平放出方式の泡放出口を用いる場合にあっては図1、下方放出方式の泡放出口を用いる場合にあっては図2に示すものとする。

二　試験物品

試験物品は、自動車ガソリン（日本産業規格K二二〇二に適合するものをいう。以下同じ。）とする。

三　試験の実施手順

イ　勾配が百分の一の床面上に泡放出口を設置する。

ロ　装置に自動車ガソリン二十リットルを入れ、漏れのないことを確認した上で、点火する。

ハ　点火二十秒後に泡放出口から泡水溶液を一分間発泡させ、試験物品の表面に展開させる。

ニ　泡水溶液を泡放出口から発泡後、一分以内に消火（装置内の残炎が消失した時点をいう。）した場合には、泡消火薬剤の消火性能が確認されたこととする。

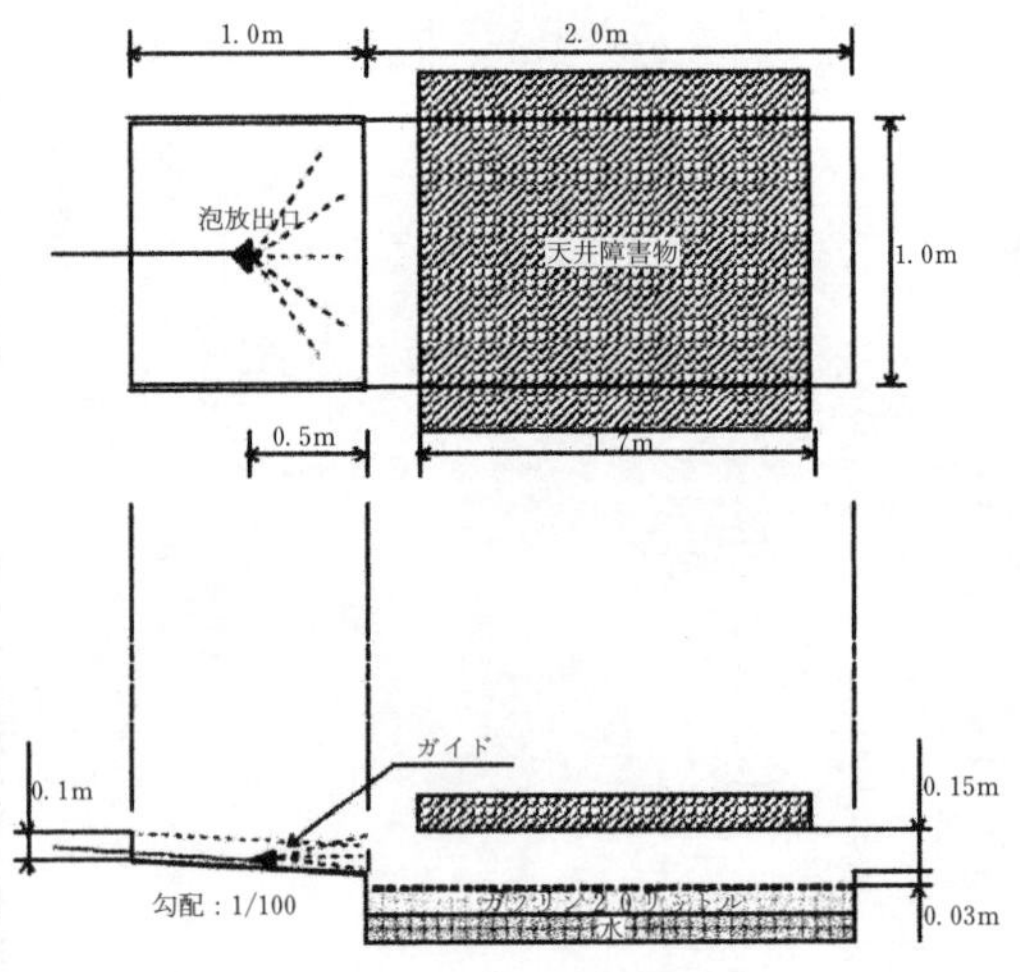

図１　水平放出方式

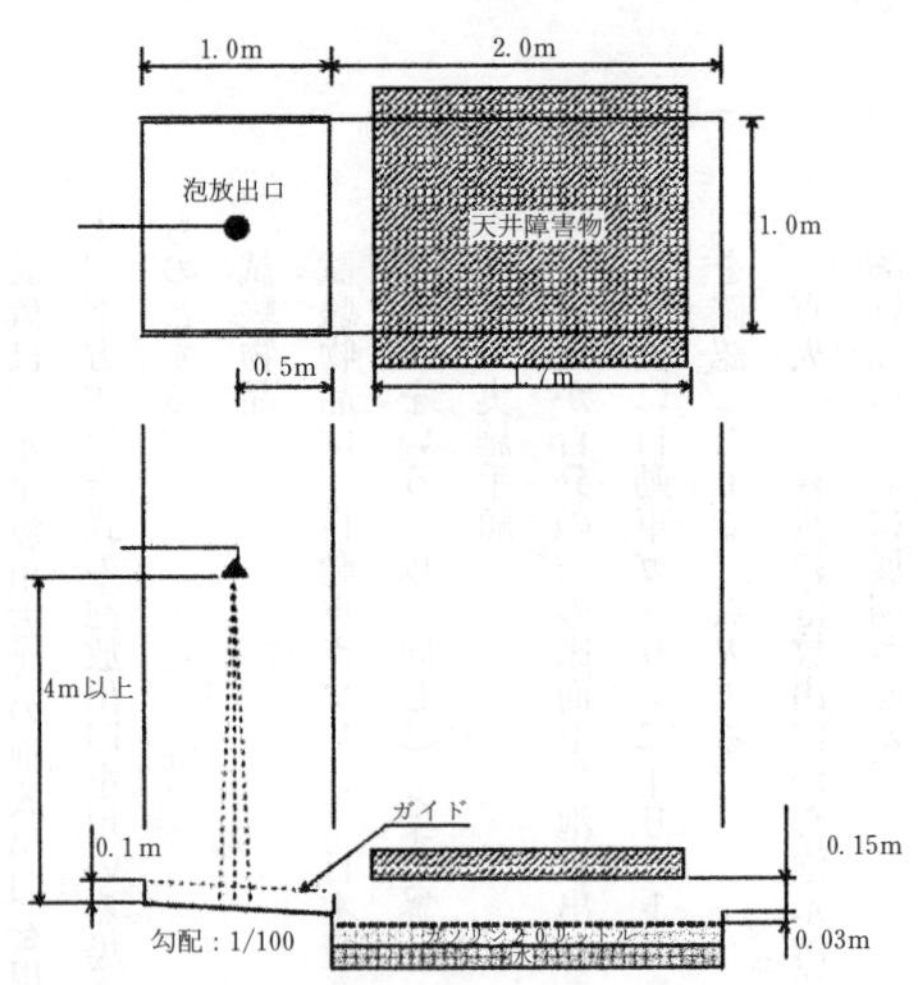

図２　下方放出方式

本表…一部改正〔令和元年六月総告七八号〕

○消防法施行令（抄）

（昭和三十六年三月二十五日 政令第三十七号）

〔最終改正〕令和六年一月一七日　政令第七号

別表第一（第一条の二―第三条、第三条の三、第四条、第四条の二の二―第四条の三、第六条、第九条―第十四条、第十九条、第二十一条―第二十九条の三、第三十一条、第三十四条、第三十四条の二、第三十四条の四―第三十六条関係）

㈠	イ　劇場、映画館、演芸場又は観覧場 ロ　公会堂又は集会場
㈡	イ　キャバレー、カフェー、ナイトクラブその他これらに類するもの ロ　遊技場又はダンスホール ハ　風俗営業等の規制及び業務の適正化等に関する法律（昭和二十三年法律第百二十二号）第二条第五項に規定する性風俗関連特殊営業を営む店舗（ニ並びに㈠項イ、㈣項、㈤項イ及び㈨項イに掲げる防火対象物の用途に供されているものを除く。）その他これに類するものとして総務省令で定めるもの ニ　カラオケボックスその他遊興のための設備又は物品を個室（これに類する施設を含む。）において客に利用させる役務を提供する業務を営む店舗で総務省令で定めるもの
㈢	イ　待合、料理店その他これらに類するもの ロ　飲食店
㈣	百貨店、マーケットその他の物品販売業を営む店舗又は展示場
㈤	イ　旅館、ホテル、宿泊所その他これらに類するもの ロ　寄宿舎、下宿又は共同住宅
	イ　次に掲げる防火対象物 (1)　次のいずれにも該当する病院（火災発生時の延焼を抑制するための消火活動を適切に実施することができる体制を有するものとして総務省令で定めるものを除く。） (i)　診療科名中に特定診療科名（内科、整形外科、リハビリテーション科その他の総務省令で定める診療科名をいう。(2)(i)において同じ。）を有すること。 (ii)　医療法（昭和二十三年法律第二百五号）第七条第二項第四号に規定する療養病床又は同項第五号に規定する一般病床を有すること。 (2)　次のいずれにも該当する診療所 (i)　診療科名中に特定診療科名を有すること。 (ii)　四人以上の患者を入院させるための施設を有すること。 (3)　病院（(1)に掲げるものを除く。）、患者を入院させるための施設を有する診療所（(2)に掲げるものを除く。）又は入所施設を有する助産所 (4)　患者を入院させるための施設を有しない診療所又は入所施設を有しない助産所 ロ　次に掲げる防火対象物 (1)　老人短期入所施設、養護老人ホーム、特別養護老人ホーム、軽費老人ホーム（介護保険法（平成九年法律第百二十三号）第七条第一項に規定する要介護状態区分が避難が困難な状態を示すものとして総務省令で定める区分に該当する者（以下「避難が困難な要介護者」という。）を主として入居させるものに限る。）、有料老人ホーム（避難が困難な要介護者を主として入居させるものに限る。）、介護老人保健施設、老人福祉法（昭和三十八年

(六)	法律第百三十三号）第五条の二第四項に規定する老人短期入所事業を行う施設、同条第五項に規定する小規模多機能型居宅介護事業を行う施設（避難が困難な要介護者を主として宿泊させるものに限る。）、同条第六項に規定する認知症対応型老人共同生活援助事業を行う施設その他これらに類するものとして総務省令で定めるもの (2) 救護施設 (3) 乳児院 (4) 障害児入所施設 (5) 障害者支援施設（障害者の日常生活及び社会生活を総合的に支援するための法律（平成十七年法律第百二十三号）第四条第一項に規定する障害者又は同条第二項に規定する障害児であつて、同条第四項に規定する障害支援区分が避難が困難な状態を示すものとして総務省令で定める区分に該当する者（以下「避難が困難な障害者等」という。）を主として入所させるものに限る。）又は同法第五条第八項に規定する短期入所若しくは同条第十七項に規定する共同生活援助を行う施設（避難が困難な障害者等を主として入所させるものに限る。ハ(5)において「短期入所等施設」という。） ハ 次に掲げる防火対象物 (1) 老人デイサービスセンター、軽費老人ホーム（ロ(1)に掲げるものを除く。）、老人福祉センター、老人介護支援センター、有料老人ホーム（ロ(1)に掲げるものを除く。）、老人福祉法第五条の二第三項に規定する老人デイサービス事業を行う施設、同条第五項に規定する小規模多機能型居宅介護事業を行う施設（ロ(1)に掲げるものを除く。）その他これらに類するものとして総務省令で定めるもの (2) 更生施設 (3) 助産施設、保育所、幼保連携型認定こども園、児童養護施設、児童自立支援施設、児童家庭支援センター、児童福祉法（昭和二十二年法律第百六十四号）第六条の三第七項に規定する一時預かり事業又は同条第九項に規定する家庭的保育事業を行う施設その他これらに類するものとして総務省令で定めるもの (4) 児童発達支援センター、児童心理治療施設又は児童福祉法第六条の二の二第二項に規定する児童発達支援若しくは同条第四項に規定する放課後等デイサービスを行う施設（児童発達支援センターを除く。） (5) 身体障害者福祉センター、障害者支援施設（ロ(5)に掲げるものを除く。）、地域活動支援センター、福祉ホーム又は障害者の日常生活及び社会生活を総合的に支援するための法律第五条第七項に規定する生活介護、同条第八項に規定する短期入所、同条第十二項に規定する自立訓練、同条第十三項に規定する就労移行支援、同条第十四項に規定する就労継続支援若しくは同条第十五項に規定する共同生活援助を行う施設（短期入所等施設を除く。） ニ 幼稚園又は特別支援学校
(七)	小学校、中学校、義務教育学校、高等学校、中等教育学校、高等専門学校、大学、専修学校、各種学校その他これらに類するもの
(八)	図書館、博物館、美術館その他これらに類するもの
(九)	イ 公衆浴場のうち、蒸気浴場、熱気浴場その他これらに類するもの ロ イに掲げる公衆浴場以外の公衆浴場
(十)	車両の停車場又は船舶若しくは航空機の発着場（旅客の乗降又は待合いの用に供する建築物に限る。）
(十一)	神社、寺院、教会その他これらに類するもの
(十二)	イ 工場又は作業場 ロ 映画スタジオ又はテレビスタジオ

(十三)	イ　自動車車庫又は駐車場 ロ　飛行機又は回転翼航空機の格納庫
(十四)	倉庫
(十五)	前各項に該当しない事業場
(十六)	イ　複合用途防火対象物のうち、その一部が㈠項から㈣項まで、㈤項イ、㈥項又は㈨項イに掲げる防火対象物の用途に供されているもの ロ　イに掲げる複合用途防火対象物以外の複合用途防火対象物
(十六の二)	地下街
(十六の三)	建築物の地階（(十六の二)項に掲げるものの各階を除く。）で連続して地下道に面して設けられたものと当該地下道とを合わせたもの（㈠項から㈣項まで、㈤項イ、㈥項又は㈨項イに掲げる防火対象物の用途に供される部分が存するものに限る。）
(十七)	文化財保護法（昭和二十五年法律第二百十四号）の規定によつて重要文化財、重要有形民俗文化財、史跡若しくは重要な文化財として指定され、又は旧重要美術品等の保存に関する法律（昭和八年法律第四十三号）の規定によつて重要美術品として認定された建造物
(十八)	延長五十メートル以上のアーケード
(十九)	市町村長の指定する山林
(二十)	総務省令で定める舟車

備考
一　二以上の用途に供される防火対象物で第一条の二第二項後段の規定の適用により複合用途防火対象物以外の防火対象物となるものの主たる用途が㈠項から(十五)項までの各項に掲げる防火対象物の用途であるときは、当該防火対象物は、当該各項に掲げる防火対象物とする。
二　㈠項から(十五)項までに掲げる用途に供される建築物が(十六の二)項に掲げる防火対象物内に存するときは、これらの建築物は、同項に掲げる防火対象物の部分とみなす。
三　㈠項から(十五)項までに掲げる用途に供される建築物又はその部分が(十六の三)項に掲げる防火対象物の部分に該当するものであるときは、これらの建築物又はその部分は、同項に掲げる防火対象物の部分であるほか、㈠項から(十五)項に掲げる防火対象物又はその部分でもあるものとみなす。
四　㈠項から(十五)項までに掲げる用途に供される建築物その他の工作物又はその部分が(十七)項に掲げる防火対象物に該当するものであるときは、これらの建築物その他の工作物又はその部分は、同項に掲げる防火対象物であるほか、㈠項から(十五)項までに掲げる防火対象物又はその部分であるものとみなす。

本表…一部改正〔昭和四一年四月政令一二七号・四七年一月五号・一二月四一一号・四九年六月一八八号・七月二五二号・五〇年七月二一五号・九月二九三号・一二月三八一号・五六年一月六号・五九年一二月三三五号・六一年一二月三六九号・六三年一月二号・四月八九号・平成九年九月二九一号・一〇年一〇月三五一号・一一年九月二六二号・一二年六月三〇四号・一四年八月二七二号・一六年二月一九号・一八年九月三二〇号・一九年三月五五号・

・六月一七九号・二〇年七月二一五号・二三年九月二九六号・二四年二月二六号・一〇月二六二号・二五年一月五号・一一月三一九号・三月八八号・二六年九月三〇〇号・一〇月三三三号・一一月三五七号・二七年一二月四二一号・二九年三月六三号・三〇年三月五四号〕

○地方公共団体の手数料の標準に関する政令〔抄〕

（平成十二年一月二十一日　政令第十六号）

〔最終改正〕令和五年一二月六日　政令第三四七号

地方自治法第二百二十八条第一項の手数料について全国的に統一して定めることが特に必要と認められるものとして政令で定める事務（以下「標準事務」という。）は、次の表の上欄に掲げる事務とし、同項の当該標準事務に係る事務のうち政令で定めるもの（以下「手数料を徴収する事務」という。）は、同表の上欄に掲げる標準事務についてそれぞれ同表の中欄に掲げる事務とし、同項の政令で定める金額は、同表の中欄に掲げる手数料を徴収する事務についてそれぞれ同表の下欄に掲げる金額とする。

標準事務	手数料を徴収する事務	金額
十五　消防法（昭和二十三年法律第百八十六号）第十条第一項ただし書の規定に基づく指定数量以上の危険物を仮に貯蔵し、又は取り扱う場合の承認に関する事務	消防法第十条第一項ただし書の規定に基づく指定数量以上の危険物を仮に貯蔵し、又は取り扱う場合の承認の申請に対する審査	五千四百円
十六　消防法第十一条第一項前段の規定に基づく危険物の製造所、貯蔵所又は取扱所の設置の許可に関する事務	1　消防法第十一条第一項前段の規定に基づく製造所の設置の許可の申請に対する審査	イ　指定数量の倍数が十以下の製造所の設置の許可の申請に係る審査　三万九千円 ロ　指定数量の倍数が十を超え五十以下の製造所の設置の許可の申請に係る審査　五万二千円 ハ　指定数量の倍数が五十を超え百以下の製造所の設置の許可の申請に係る審査　六万六千円 ニ　指定数量の倍数が百を超え二百以下の製造所の設置の許可の申請に係る審査　七万七千円 ホ　指定数量の倍数が二百を超える製造所の設置の許可の申請に係る審査　九万二千円
	2　消防法第十一条第一項前段の規定に基づく貯蔵所の設置の許可の申請に対する審査	イ　屋内貯蔵所の設置の許可の申請に係る審査　次に掲げる屋内貯蔵所の区分に応じ、それぞれ次に定める金額 (1)　指定数量の倍数が十以下の屋内貯蔵所　二万円 (2)　指定数量の倍数が十を超え五十以下の屋内

貯蔵所　二万六千円

(3) 指定数量の倍数が五十を超え三百以下の屋内貯蔵所　三万九千円

(4) 指定数量の倍数が百を超え二百以下の屋内貯蔵所　五万二千円

(5) 指定数量の倍数が二百を超える屋内貯蔵所　六万六千円

ロ 屋外タンク貯蔵所（特定屋外タンク貯蔵所、準特定屋外タンク貯蔵所及び岩盤タンクに係る屋外タンク貯蔵所を除く。）の設置の許可の申請に係る審査　次に掲げる屋外タンク貯蔵所の区分に応じ、それぞれ次に定める金額

(1) 指定数量の倍数が百以下の屋外タンク貯蔵所　二万円

(2) 指定数量の倍数が百を超え一万以下の屋外タンク貯蔵所　二万六千円

(3) 指定数量の倍数が一万を超える屋外タンク貯蔵所　三万九千円

ハ 準特定屋外タンク貯蔵所（岩盤タンクに係る屋外タンク貯蔵所を除く。）の設置の許可の申請に係る審査　五十七万円

ニ 特定屋外タンク貯蔵所（浮き屋根を有する特定屋外貯蔵タンクのうち総務省令で定めるものに係る特定屋外タンク貯蔵所（ホにおいて「浮き屋根式特定屋外タンク貯蔵所」という。）、浮き蓋付きの特定屋外貯蔵タンクのうち総務省令で定めるものに係る特定屋外タンク貯蔵所（ホにおいて「浮き蓋付特定屋外タンク貯蔵所」という。）及び岩盤タンクに係る屋外タンク貯蔵所を除く。）の設置の許可の申請に係る審査　次に掲げる特定屋外タンク貯蔵所の区分に応じ、それぞれ次に定める金額

(1) 危険物の貯蔵最大数量が千キロリットル以上五千キロリットル未満の特定屋外タンク貯蔵所　八十八万円

(2) 危険物の貯蔵最大数量が五千キロリットル以上一万キロリットル未満の特定屋外タンク貯蔵所　百七万円

(3) 危険物の貯蔵最大数量が一万キロリットル以上五万キロリットル未満の特定屋外タンク貯蔵所　百二十万円

(4) 危険物の貯蔵最大数量が五万キロリットル以上十万キロリットル未満の特定屋外タンク

貯蔵所　百五十二万円

(5)危険物の貯蔵最大数量が十万キロリットル以上二十万キロリットル未満の特定屋外タンク貯蔵所　百七十八万円

(6)危険物の貯蔵最大数量が二十万キロリットル以上三十万キロリットル未満の特定屋外タンク貯蔵所　四百七万円

(7)危険物の貯蔵最大数量が三十万キロリットル以上四十万キロリットル未満の特定屋外タンク貯蔵所　五百三十四万円

(8)危険物の貯蔵最大数量が四十万キロリットル以上の特定屋外タンク貯蔵所　六百四十九万円

ホ　浮き屋根式特定屋外タンク貯蔵所及び浮き蓋付特定屋外タンク貯蔵所の設置の許可の申請に係る審査　次に掲げる浮き屋根式特定屋外タンク貯蔵所及び浮き蓋付特定屋外タンク貯蔵所の区分に応じ、それぞれ次に定める金額

(1)危険物の貯蔵最大数量が千キロリットル以上五千キロリットル未満の浮き屋根式特定屋外タンク貯蔵所及び浮き蓋付特定屋外タンク貯蔵所　百四十五万円

(2)危険物の貯蔵最大数量が五千キロリットル以上一万キロリットル未満の浮き屋根式特定屋外タンク貯蔵所及び浮き蓋付特定屋外タンク貯蔵所　百七十二万円

(3)危険物の貯蔵最大数量が一万キロリットル以上五万キロリットル未満の浮き屋根式特定屋外タンク貯蔵所及び浮き蓋付特定屋外タンク貯蔵所　百九十二万円

(4)危険物の貯蔵最大数量が五万キロリットル以上十万キロリットル未満の浮き屋根式特定屋外タンク貯蔵所及び浮き蓋付特定屋外タンク貯蔵所　二百三十六万円

(5)危険物の貯蔵最大数量が十万キロリットル以上二十万キロリットル未満の浮き屋根式特定屋外タンク貯蔵所及び浮き蓋付特定屋外タンク貯蔵所　二百七十四万円

(6)危険物の貯蔵最大数量が二十万キロリットル以上三十万キロリッ

トル未満の浮き屋根式特定屋外タンク貯蔵所及び浮き蓋付特定屋外タンク貯蔵所　五百六十四万円

(7) 危険物の貯蔵最大数量が三十万キロリットル以上四十万キロリットル未満の浮き屋根式特定屋外タンク貯蔵所及び浮き蓋付特定屋外タンク貯蔵所　七百二十四万円

(8) 危険物の貯蔵最大数量が四十万キロリットル以上の浮き屋根式特定屋外タンク貯蔵所及び浮き蓋付特定屋外タンク貯蔵所　八百七十九万円

へ　岩盤タンクに係る屋外タンク貯蔵所の設置の許可の申請に係る審査　次に掲げる屋外タンク貯蔵所の区分に応じ、それぞれ次に定める金額

(1) 危険物の貯蔵最大数量が四十万キロリットル未満の屋外タンク貯蔵所　五百九十三万円

(2) 危険物の貯蔵最大数量が四十万キロリットル以上五十万キロリットル未満の屋外タンク貯蔵所　七百四十七万円

(3) 危険物の貯蔵最大数量が五十万キロリット

3 消防法第十	
イ 給油取扱所（屋内給油	ル以上の屋外タンク貯蔵所　千九十万円 ト　屋内タンク貯蔵所の設置の許可の申請に係る審査　二万六千円 チ　地下タンク貯蔵所の設置の許可の申請に係る審査　次に掲げる地下タンク貯蔵所の区分に応じ、それぞれ次に定める金額 (1) 指定数量の倍数が百以下の地下タンク貯蔵所　二万六千円 (2) 指定数量の倍数が百を超える地下タンク貯蔵所　三万九千円 リ　簡易タンク貯蔵所の設置の許可の申請に係る審査　一万三千円 ヌ　移動タンク貯蔵所（ルに規定する移動タンク貯蔵所を除く。）の設置の許可の申請に係る審査　二万六千円 ル　積載式移動タンク貯蔵所又は航空機若しくは船舶の燃料タンクに直接給油するための給油設備を備えた移動タンク貯蔵所の設置の許可の申請に係る審査　三万九千円 ヲ　屋外貯蔵所の設置の許可の申請に係る審査　一万三千円

一条第一項前段の規定に基づく取扱所の設置の許可の申請に対する審査

取扱所を除く。）の設置の許可の申請に係る審査　五万二千円

ロ　屋内給油取扱所の設置の許可の申請に係る審査　六万六千円

ハ　第一種販売取扱所の設置の許可の申請に係る審査　二万六千円

ニ　第二種販売取扱所の設置の許可の申請に係る審査　三万三千円

ホ　移送取扱所の設置の許可の申請に係る審査　次に掲げる移送取扱所の区分に応じ、それぞれ次に定める金額

(1)　危険物を移送するための配管の延長（当該配管の起点又は終点が二以上ある場合には、任意の起点から任意の終点までの当該配管の延長のうち最大のもの。以下この項から十八の項まで及び二十二の項において同じ。）が十五キロメートル以下の移送取扱所（危険物を移送するための配管に係る最大常用圧力が〇・九五メガパスカル以上のものであって、かつ、危険物を移送するための配管の延長が七キロメートル以上のものを除く。）　二万千円

(2)　危険物を移送するための配管に係る最大常用圧力が〇・九五メガパスカル以上であって、かつ、危険物を移送するための配管の延長が七キロメートル以上十五キロメートル以下の移送取扱所　八万七千円

(3)　危険物を移送するための配管の延長が十五キロメートルを超える移送取扱所　八万七千円に危険物を移送するための配管の延長が十五キロメートル又は十五キロメートルに満たない端数を増すごとに二万二千円を加えた金額

へ　一般取扱所の設置の許可の申請に係る審査　次に掲げる一般取扱所の区分に応じ、それぞれ次に定める金額

(1)　指定数量の倍数が十以下の一般取扱所　三万九千円

(2)　指定数量の倍数が十を超え五十以下の一般取扱所　五万二千円

(3)　指定数量の倍数が五十を超え百以下の一般取扱所　六万六千円

(4)　指定数量の倍数が百を超え二百以下の一般取扱所　七万七千円

		(5) 指定数量の倍数が二百を超える一般取扱所 九万二千円
十七 消防法第十一条第一項後段の規定に基づく危険物の製造所、貯蔵所又は取扱所の位置、構造又は設備の変更の許可に関する事務	1 消防法第十一条第一項後段の規定に基づく製造所の位置、構造又は設備の変更の許可の申請に対する審査	十六の項の1の下欄に掲げる製造所の区分に応じ、それぞれ当該手数料の金額の二分の一に相当する金額
	2 消防法第十一条第一項後段の規定に基づく貯蔵所の位置、構造又は設備の変更の許可の申請に対する審査	十六の項の2の下欄に掲げる貯蔵所の区分（特定屋外タンク貯蔵所、準特定屋外タンク貯蔵所又は岩盤タンクに係る屋外タンク貯蔵所にあっては、総務省令で定める場合には、十六の項の2のロに掲げる屋外タンク貯蔵所の区分）に応じ、それぞれ当該手数料の金額の二分の一に相当する金額
	3 消防法第十一条第一項後段の規定に基づく取扱所の位置、構造又は設備の変更の許可の申請に対する審査	十六の項の3の下欄に掲げる取扱所の区分に応じ、それぞれ当該手数料の金額の二分の一に相当する金額
十八 消防法第十一条第五項及び危険物の規制に関する政令（昭和三十四年政令第三百六号）第八条第三項の規定に基づく製造所、貯蔵所又は取扱所の完成検査に関する事務	1 消防法第十一条第五項の規定に基づく製造所の設置の許可に係る完成検査	十六の項の1の下欄に掲げる製造所の区分に応じ、それぞれ当該手数料の金額の二分の一に相当する金額
	2 消防法第十一条第五項の規定に基づく貯蔵所の設置の許可に係る完成検査	イ 屋外タンク貯蔵所にあっては、十六の項の2のロに掲げる屋外タンク貯蔵所の区分に応じ、それぞれ当該手数料の金額の二分の一に相当する金額 ロ その他の貯蔵所にあっては、十六の項の2の下欄に掲げる貯蔵所の区分に応じ、それぞれ当該手数料の金額の二分の一に相当する金額
	3 消防法第十一条第五項の規定に基づく取扱所の設置の許可に係る完成検査	十六の項の3の下欄に掲げる取扱所の区分に応じ、それぞれ当該手数料の金額の二分の一に相当する金額
	4 消防法第十一条第五項の規定に基づく製造所の位置、構造又は設備の変更の許可に係る完成検査	十六の項の1の下欄に掲げる製造所の区分に応じ、それぞれ当該手数料の金額の四分の一に相当する金額
	5 消防法第十一条第五項の規定に基づく貯蔵所の位置、構造又は設備の変更の許可に係る完	イ 屋外タンク貯蔵所にあっては、十六の項の2のロに掲げる屋外タンク貯蔵所の区分に応じ、それぞれ当該手数料の金額の四分の一に相当する金額

	成検査	ロ　その他の貯蔵所にあっては、十六の項の2の下欄に掲げる貯蔵所の区分に応じ、それぞれ当該手数料の金額の四分の一に相当する金額
	6　消防法第十一条第五項の規定に基づく取扱所の位置、構造又は設備の変更の許可に係る完成検査	十六の項の3の下欄に掲げる取扱所の区分に応じ、それぞれ当該手数料の金額の四分の一に相当する金額
十九　消防法第十一条第五項ただし書の規定に基づく危険物の製造所、貯蔵所又は取扱所の仮使用の承認に関する事務	消防法第十一条第五項ただし書の規定に基づく製造所、貯蔵所又は取扱所の仮使用の承認の申請に対する審査	五千四百円
二十　消防法第十一条の二第一項及び危険物の規制に関する政令第八条の二第七項の規定に基づく危険物の製造所、貯蔵所又は取扱所の完成検査前検査に関する事務	1　消防法第十一条の二第一項の規定に基づく製造所、貯蔵所又は取扱所の設置の許可に係る完成検査前検査	イ　水張検査　次に掲げるタンクの区分に応じ、それぞれ次に定める金額 (1)　容量一万リットル以下のタンク　六千円 (2)　容量一万リットルを超え百万リットル以下のタンク　一万千円 (3)　容量百万リットルを超え二百万リットル以下のタンク　一万五千円 (4)　容量二百万リットルを超えるタンク　一万五千円に百万リットル又は百万リットルに満たない端数を増すごとに四千四百円を加えた金額 ロ　水圧検査　次に掲げるタンクの区分に応じ、それぞれ次に定める金額 (1)　容量六百リットル以下のタンク　六千円 (2)　容量六百リットルを超え一万リットル以下のタンク　一万千円 (3)　容量一万リットルを超え二万リットル以下のタンク　一万五千円 (4)　容量二万リットルを超えるタンク　一万五千円に一万リットル又は一万リットルに満たない端数を増すごとに四千四百円を加えた金額 ハ　基礎・地盤検査　次に掲げる特定屋外タンク貯蔵所の区分に応じ、それぞれ次に定める金額 (1)　危険物の貯蔵最大数量が千キロリットル以上五千キロリットル未満の特定屋外タンク貯蔵所　四十二万円 (2)　危険物の貯蔵最大数

量が五千キロリットル以上一万キロリットル未満の特定屋外タンク貯蔵所　五十六万円

(3)　危険物の貯蔵最大数量が一万キロリットル以上五万キロリットル未満の特定屋外タンク貯蔵所　七十三万円

(4)　危険物の貯蔵最大数量が五万キロリットル以上十万キロリットル未満の特定屋外タンク貯蔵所　九十六万円

(5)　危険物の貯蔵最大数量が十万キロリットル以上二十万キロリットル未満の特定屋外タンク貯蔵所　百九万円

(6)　危険物の貯蔵最大数量が二十万キロリットル以上三十万キロリットル未満の特定屋外タンク貯蔵所　百六十六万円

(7)　危険物の貯蔵最大数量が三十万キロリットル以上四十万キロリットル未満の特定屋外タンク貯蔵所　百九十万円

(8)　危険物の貯蔵最大数量が四十万キロリットル以上の特定屋外タンク貯蔵所　二百十二万円

ニ　溶接部検査　次に掲げる特定屋外タンク貯蔵所の区分に応じ、それぞれ次に定める金額

(1)　危険物の貯蔵最大数量が千キロリットル以上五千キロリットル未満の特定屋外タンク貯蔵所　五十三万円

(2)　危険物の貯蔵最大数量が五千キロリットル以上一万キロリットル未満の特定屋外タンク貯蔵所　六十八万円

(3)　危険物の貯蔵最大数量が一万キロリットル以上五万キロリットル未満の特定屋外タンク貯蔵所　百三万円

(4)　危険物の貯蔵最大数量が五万キロリットル以上十万キロリットル未満の特定屋外タンク貯蔵所　百四十一万円

(5)　危険物の貯蔵最大数量が十万キロリットル以上二十万キロリットル未満の特定屋外タンク貯蔵所　百七十八万円

(6)　危険物の貯蔵最大数量が二十万キロリットル以上三十万キロリットル未満の特定屋外タンク貯蔵所　三百四十三万円

(7)　危険物の貯蔵最大数量が三十万キロリットル以上四十万キロリットル未満の特定屋外タ

	2　消防法第十一条の二第一項の規定に基づく製造所、貯蔵所又は取扱所の位置、構造又は設備の変更の許可に係る完成検査前検査
ンク貯蔵所　四百十九万円 (8)　危険物の貯蔵最大数量が四十万キロリットル以上の特定屋外タンク貯蔵所　四百八十万円 ホ　岩盤タンク検査　次に掲げる屋外タンク貯蔵所の区分に応じ、それぞれ次に定める金額 (1)　危険物の貯蔵最大数量が四十万キロリットル未満の屋外タンク貯蔵所　九百三十二万円 (2)　危険物の貯蔵最大数量が四十万キロリットル以上五十万キロリットル未満の屋外タンク貯蔵所　千二百六十万円 (3)　危険物の貯蔵最大数量が五十万キロリットル以上の屋外タンク貯蔵所　千七百三十万円	イ　水張検査　この項の1のイに掲げるタンクの区分に応じ、それぞれ当該手数料の金額と同一の金額 ロ　水圧検査　この項の1のロに掲げるタンクの区分に応じ、それぞれ当該手数料の金額と同一の金額 ハ　基礎・地盤検査　この項の1のハに掲げる特定

	二十一　消防法第十三条の二第三項、第十三条の三第三項及び第十三条の二十三並びに危険物の規制に関する政令第三十四条及び第三十五条第一項の規定に基づく危険物取扱者に関する事務		
	1　消防法第十三条の二第三項の規定に基づく危険物取扱者免状の交付	2　危険物の規制に関する政令第三十四条の規定に基づく危険物取扱者免状の書換え	3　危険物の規制に関する政令第三十五条第一項の規定に基づく危険物取扱者免状の再交付
屋外タンク貯蔵所の区分に応じ、それぞれ当該手数料の金額の二分の一に相当する金額 ニ　溶接部検査　この項の1のニに掲げる特定屋外タンク貯蔵所の区分に応じ、それぞれ当該手数料の金額の二分の一に相当する金額 ホ　岩盤タンク検査　この項の1のホに掲げる屋外タンク貯蔵所の区分に応じ、それぞれ当該手数料の金額の二分の一に相当する金額	二千九百円	七百円（危険物の規制に関する政令第三十三条第五号に掲げる事項に係る書換えにあっては、総務省令で定める金額）	千九百円

標準事務	手数料を徴収する事務	金額
	4 消防法第十三条の三第三項の規定に基づく危険物取扱者試験の実施	イ 甲種危険物取扱者試験 七千二百円 ロ 乙種危険物取扱者試験 五千三百円 ハ 丙種危険物取扱者試験 四千二百円
	5 消防法第十三条の二十三の規定に基づく危険物の取扱作業の保安に関する講習	五千三百円
二十二 消防法第十四条の三第一項及び第二項の規定に基づく特定屋外タンク貯蔵所又は移送取扱所の保安に関する検査に関する事務	消防法第十四条の三第一項又は第二項の規定に基づく特定屋外タンク貯蔵所又は移送取扱所の保安に関する検査	イ 特定屋外タンク貯蔵所（岩盤タンクに係る屋外タンク貯蔵所を除く。）の保安に関する検査 次に掲げる特定屋外タンク貯蔵所の区分に応じ、それぞれ次に定める金額 (1) 危険物の貯蔵最大数量が千キロリットル以上五千キロリットル未満の特定屋外タンク貯蔵所 三十二万円 (2) 危険物の貯蔵最大数量が五千キロリットル以上一万キロリットル未満の特定屋外タンク貯蔵所 四十六万円 (3) 危険物の貯蔵最大数量が一万キロリットル以上五万キロリットル未満の特定屋外タンク貯蔵所 七十五万円 (4) 危険物の貯蔵最大数量が五万キロリットル以上十万キロリットル未満の特定屋外タンク貯蔵所 百二万円 (5) 危険物の貯蔵最大数量が十万キロリットル以上二十万キロリットル未満の特定屋外タンク貯蔵所 百三十万円 (6) 危険物の貯蔵最大数量が二十万キロリットル以上三十万キロリットル未満の特定屋外タンク貯蔵所 三百十五万円 (7) 危険物の貯蔵最大数量が三十万キロリットル以上四十万キロリットル未満の特定屋外タンク貯蔵所 三百八十七万円 (8) 危険物の貯蔵最大数量が四十万キロリットル以上の特定屋外タンク貯蔵所 四百四十六万円 ロ 岩盤タンクに係る特定屋外タンク貯蔵所の保安に関する検査 次に掲げる特定屋外タンク貯蔵所の区分に応じ、それぞれ次に定める金額 (1) 危険物の貯蔵最大数量が千キロリットル以上四十万キロリットル未満の特定屋外タンク

貯蔵所　二百六十九万円

(2)　危険物の貯蔵最大数量が四十万キロリットル以上五十万キロリットル未満の特定屋外タンク貯蔵所　三百二十万円

(3)　危険物の貯蔵最大数量が五十万キロリットル以上の特定屋外タンク貯蔵所　四百八十三万円

ハ　移送取扱所の保安に関する検査　次に掲げる移送取扱所の区分に応じ、それぞれ次に定める金額

(1)　危険物を移送するための配管に係る最大常用圧力が〇・九五メガパスカル以上であって、かつ、危険物を移送するための配管の延長が七キロメートル以上十五キロメートル以下の移送取扱所　七万円

(2)　危険物を移送するための配管の延長が十五キロメートルを超える移送取扱所　七万円に危険物を移送するための配管の延長が十五キロメートル又は十五キロメートルに満たない端数を増すごとに一万七千円を加えた金額

二十三　消防法第十七条の七第一項、第十七条の八第三項及び第十七条の十並びに消防法施行令（昭和三十六年政令第三十七号）第三十六条の五及び第三十六条の六第一項の規定に基づく消防設備士に関する事務	
1　消防法第十七条の七第一項の規定に基づく消防設備士免状の交付	二千九百円
2　消防法施行令第三十六条の五の規定に基づく消防設備士免状の書換え	七百円（消防法施行令第三十六条の四第五号に掲げる事項に係る書換えにあっては、総務省令で定める金額）
3　消防法施行令第三十六条の六第一項の規定に基づく消防設備士免状の再交付	千九百円
4　消防法第十七条の八第三項の規定に基づく消防設備士試験の実施	イ　甲種消防設備士試験　六千六百円 ロ　乙種消防設備士試験　四千四百円
5　消防法第十七条の十の規定に基づく工事整備対象設備等の工事又は整備に関する講習	七千円
百四　石油コンビナート等災害防止法（昭和五十年法律第五	
石油コンビナート等災害防止法第十五条第二項の規定に基づく流出油等防止堤	イ　流出油等防止堤の検査　五万三千円にその延長一キロメートル又は一キロメートルに満たない端数を増すごとに二万六千

八十四号）第十五条第二項の規定に基づく特定防災施設等の検査に関する事務	又はその他の特定防災施設等のうち総務省令で定めるものの検査	円を加えた金額 ロ　その他の特定防災施設等のうち総務省令で定めるものの検査　総務省令で定める金額

備考

一　この表中の用語の意義及び字句の意味は、それぞれ上欄に規定する法律（これに基づく政令を含む。）又は政令における用語の意義及び字句の意味によるものとする。

二　この表の下欄に掲げる金額は、当該下欄に特別の計算単位の定めのあるものについてはその計算単位についての金額とし、その他のものについては一件についての金額とする。

附　則

1　この政令は、平成十二年四月一日から施行する。

2　地方公共団体手数料令（昭和三十年政令第三百三十号）は、廃止する。

附　則〔平成三〇年一月二六日政令第一〇号〕

この政令は、平成三十年四月一日から施行する。ただし、本則の表二十一の項及び二十三の項の改正規定は、同年五月一日から施行する。

附　則〔令和元年五月二四日政令第一二号〕

この政令は、令和元年十月一日から施行する。

附　則〔令和五年一二月六日政令第三四七号〕

この政令は、令和六年四月一日から施行する。ただし、本則の表八の項の改正規定は戸籍法の一部を改正する法律（令和元年法律第十七号）附則第一条第五号に掲げる規定の施行の日（令和六年三月一日）から、同表二十一の項及び二十三の項の改正規定は同年五月一日から施行する。

○地方公共団体の手数料の標準に関する政令に規定する総務省令で定める金額等を定める省令〔抄〕

（平成十二年二月四日自治省令第五号）

〔最終改正〕令和五年一二月六日　総務省令第八二号

地方公共団体の手数料の標準に関する政令（平成十二年政令第十六号）の規定に基づき、地方公共団体の手数料の標準に関する政令に規定する自治省令で定める金額等を定める省令を次のように定める。

地方公共団体の手数料の標準に関する政令に規定する総務省令で定める金額等を定める省令

第一条　この省令において使用する用語は、地方公共団体の手数料の標準に関する政令（以下「令」という。）において使用する用語の例による。

第一条の三　令本則の表十六の項の2の下欄の浮き屋根を有する特定屋外貯蔵タンクのうち総務省令で定めるものは、危険物の規制に関する規則（昭和三十四年総理府令第五十五号。以下次条及び第二条において「規則」という。）第二十条の四第二項第三号に定める構造を有しなければならない特定屋外貯蔵タンクとする。

第一条の四　令本則の表十六の項の2の下欄の浮き蓋付きの特定屋外貯蔵タンクのうち総務省令で定めるものは、規則第二十二条の二第一号ハに定める構造を有しなければならない特定屋外貯蔵タンクとする。

第二条　令本則の表十七の項の2の下欄の総務省令で定める場合は、次の各号に掲げる屋外タンク貯蔵所の区分に応じ、当該各号に定める場合とする。

一　特定屋外タンク貯蔵所及び準特定屋外タンク貯蔵所（次号に掲げるものを除く。）　屋外貯蔵タンクのタンク本体並びに基礎及び地盤（地中タンク（規則第四条第三項第四号に規定する地中タンクをいう。）に係る特定屋外タンク貯蔵所及び準特定屋外タンク貯蔵所にあってはタンク本体及び地盤、海上タンク（規則第三条第二項第一号に規定する海上タンクをいう。）に係る特定屋外タンク貯蔵所及び準特定屋外タンク貯蔵所にあってはタンク本体及び定置設備（規則第四条第三項第六号の二に規定する定置設備をいう。）（定置設備の地盤を含む。））の変更以外の変更に係る消防法（昭和二十三年法律第百八十六号）第十一条第一項後段の規定に基づく変更の許可の申請（以下この条において「変更許可申請」という。）に係る審査の場合

二　岩盤タンクに係る屋外タンク貯蔵所　岩盤タンクのタンク本体の変更以外の変更に係る変更許可申請に係る審査の場合

三　危険物の規制に関する政令等の一部を改正する政令（平成六

年政令第二百十四号。以下この号及び次号において「六年政令」という。）附則第七項に規定する旧基準の特定屋外タンク貯蔵所（同項第一号に掲げるものに限る。）　平成二十一年十二月三十一日（同項第一号括弧書に掲げる旧基準の特定屋外タンク貯蔵所にあっては、当該旧基準の特定屋外タンク貯蔵所における危険物の貯蔵及び取扱いを再開する日の前日。これらの日前に当該旧基準の特定屋外タンク貯蔵所の構造及び設備が六年政令附則第二項第一号に規定する新基準（以下この号及び次号において「六年新基準」という。）に適合することとなった場合にあっては、当該適合することとなった日）までに行われた変更許可申請（当該旧基準の特定屋外タンク貯蔵所の構造及び設備を六年新基準に適合させるためのもの、第一条の二に規定する特定屋外貯蔵タンクに係る特定屋外タンク貯蔵所の浮き屋根に係るもの並びに前条に規定する特定屋外貯蔵タンクに係る特定屋外タンク貯蔵所の浮き蓋に係るものを除く。）に係る審査の場合

四　六年政令附則第七項に規定する旧基準の特定屋外タンク貯蔵所（同項第二号に掲げるものに限る。）　平成二十五年十二月三十一日（同項第二号括弧書に掲げる旧基準の特定屋外タンク貯蔵所にあっては、当該旧基準の特定屋外タンク貯蔵所における危険物の貯蔵及び取扱いを再開する日の前日。これらの日前に当該旧基準の特定屋外タンク貯蔵所の構造及び設備が六年新基準に適合することとなった場合にあっては、当該適合することとなった日）までに行われた変更許可申請（当該旧基準の特定屋外タンク貯蔵所の構造及び設備を六年新基準に適合させるためのもの、第一条の二に規定する特定屋外貯蔵タンクに係る特定屋外タンク貯蔵所の浮き屋根に係るもの並びに前条に規定する特定屋外貯蔵タンクに係る特定屋外タンク貯蔵所の浮き蓋に係るものを除く。）に係る審査の場合

五　危険物の規制に関する政令の一部を改正する政令（平成十一年政令第三号。以下この号において「十一年政令」という。）附則第二項に規定する旧基準の準特定屋外タンク貯蔵所（同項第一号に掲げるものに限る。）　平成二十九年三月三十一日（同項第一号括弧書に掲げる旧基準の準特定屋外タンク貯蔵所にあっては、当該旧基準の準特定屋外タンク貯蔵所における危険物の貯蔵及び取扱いを再開する日の前日。これらの日前に当該旧基準の準特定屋外タンク貯蔵所の構造及び設備が十一年政令附則第二項に規定する新基準（以下この号において「十一年新基準」という。）に適合することとなった場合にあっては、当該適合することとなった日）までに行われた変更許可申請（当該旧基準の準特定屋外タンク貯蔵所の構造及び設備を十一年新基準に適合させるためのものを除く。）に係る審査の場合

第三条　令本則の表二十一の項の2の下欄の総務省令で定める額は、千六百円とする。

第四条 令本則の表二十三の項の2の下欄の総務省令で定める額は、千六百円とする。

第五条 令本則の表百四の項のその他の特定防災施設等のうち総務省令で定めるものは、次の各号に掲げるものとし、同項の下欄のロの総務省令で定める金額は、当該各号に定める金額とする。

一 消火栓を有し、かつ、貯水槽を有しない屋外給水施設（石油コンビナート等における特定防災施設等及び防災組織等に関する省令（昭和五十一年自治省令第十七号）第一条に規定する消火用屋外給水施設をいう。以下この条において同じ。） 三万八千円に配管の延長一キロメートル又は一キロメートルに満たない端数を増すごとに八千五百円を加えた金額

二 貯水槽を有し、かつ、消火栓を有しない屋外給水施設 二万二千円に貯水槽一基につき四千五百円を加えた金額

三 消火栓及び貯水槽を有する屋外給水施設 四万六千円に配管の延長一キロメートル又は一キロメートルに満たない端数を増すごとに八千五百円及び貯水槽一基につき四千五百円を加えた金額

○危険物保安技術協会に関する省令

（昭和五十一年八月二十七日 自治省令第二十六号）

〔改正経過〕 昭和五二年 二月 四日 自治省令第 一号
昭和六一年一二月二五日 自治省令第三三号
平成一二年 九月一四日 自治省令第四四号

消防法（昭和二十三年法律第百八十六号）第十六条の十七第二項の規定に基づき、及び同法を実施するため、危険物保安技術協会に関する省令を次のように定める。

危険物保安技術協会に関する省令

（設立の認可の申請）

第一条 消防法（昭和二十三年法律第百八十六号。以下「法」という。）第十六条の十七第一項の認可を受けようとする者は、次に掲げる事項を記載した申請書に、定款及び事業計画書を添えて総務大臣に提出しなければならない。

一 発起人の氏名、住所及び経歴

二 危険物保安技術協会（以下「協会」という。）を設立しようとする時期

三 設立しようとする協会の名称

四 発起人が推薦する理事長及び監事となるべき者の氏名、住所及び経歴

五 設立の認可を申請するまでの経過の概要

本条…一部改正〔平成一二年九月自令四四号〕

（事業計画書の記載事項）

第二条 法第十六条の十七第三項の総務省令で定める事業計画書に記載すべき事項は、次に掲げるものとする。

一 法第十六条の三十四第一項各号に掲げる業務の開始の時期

二 法第十六条の三十四第一項各号に掲げる業務に関する計画の概要

三 資金の調達方法及び使途

四 協会の組織

五 その他必要な事項

本条…一部改正〔昭和六一年一二月自令三三号・平成一二年九月四四号〕

（定款の変更の認可の申請）

第三条 協会は、法第十六条の二十二第二項の認可を受けようとするときは、次に掲げる事項を記載した申請書を総務大臣に提出しなければならない。

一 変更しようとする事項

二 変更を必要とする理由

本条…一部改正〔平成一二年九月自令四四号〕

（役員の選任等の認可の申請）

第四条　協会は、法第十六条の二十五の規定による役員の選任の認可を受けようとするときは、役員として選任しようとする者の氏名、住所及び経歴を記載した申請書を総務大臣に提出しなければならない。

2　前項の規定は、理事長が法第十六条の三十の二第三項の規定による評議員の認可を受けようとする場合について準用する。

見出し…改正・一項…一部改正・二項…追加〔昭和六一年一二月自令三三号〕、一項…一部改正〔平成一二年九月自令四四号〕

（役員の解任の認可の申請）

第五条　協会は、法第十六条の二十五の規定による役員の解任の認可を受けようとするときは、次に掲げる事項を記載した申請書を総務大臣に提出しなければならない。

一　解任しようとする役員の氏名及び住所

二　解任を必要とする理由

見出し…改正・本条…一部改正〔昭和六一年一二月自令三三号〕、本条…一部改正〔平成一二年九月自令四四号〕

（役員の兼職の承認の申請）

第六条　役員は、法第十六条の二十九ただし書の承認を受けようとするときは、次に掲げる事項を記載した申請書を総務大臣に提出しなければならない。

一　その役員となろうとする営利を目的とする団体の名称及び事業内容又はその従事しようとする営利事業の内容

二　兼職の期間並びに執務の場所及び方法

三　兼職を必要とする理由

本条…一部改正〔平成一二年九月自令四四号〕

（業務の認可の申請）

第七条　協会は、法第十六条の三十四第二項又は第三項の規定による認可を受けようとするときは、次に掲げる事項を記載した申請書を総務大臣に提出しなければならない。

一　当該業務の内容

二　当該業務を行うことを必要とする理由

三　当該業務の実施計画の概要

四　当該業務の収支の見込み

五　当該業務を行うために必要とする資金の額及びその調達方法

六　その他必要な事項

見出し…改正・本条…一部改正〔昭和六一年一二月自令三三号〕、本条…一部改正〔平成一二年九月自令四四号〕

（業務方法書の記載事項）

第八条　法第十六条の三十五第二項の総務省令で定める業務方法書に記載すべき事項は、次に掲げるものとする。

一　法第十六条の三十四第一項第一号に規定する審査に関する事項

二　法第十六条の三十四第一項第二号に規定する試験、調査、技術援助並びに情報の収集及び提供に関する事項

三　法第十六条の三十四第一項第三号に規定する教育に関する事項

四　その他協会の業務に関し必要な事項

本条…追加〔昭和五二年二月自令一号〕、一部改正〔平成一二年九月自令四四号〕

（業務方法書の変更の認可の申請）

第九条　協会は、法第十六条の三十五第一項後段の規定による認可を受けようとするときは、次に掲げる事項を記載した申請書を総務大臣に提出しなければならない。

一　変更しようとする事項

二　変更を必要とする理由

本条…追加〔昭和五二年二月自令一号〕、一部改正〔平成一二年九月自令四四号〕

（審査事務規程の記載事項）

第一〇条　法第十六条の三十七第三項の総務省令で定める審査事務規程で定めるべき事項は、次に掲げるものとする。

一　審査の実施方法に関する事項

二　審査の報告に関する事項

三　審査の記録に関する事項

四　その他審査事務の実施に関し必要な事項

本条…追加〔昭和五二年二月自令一号〕、一部改正〔平成一二年九月自令四四号〕

（審査事務規程の変更の認可の申請）

第一一条　協会は、法第十六条の三十七第一項後段の規定による認可を受けようとするときは、次に掲げる事項を記載した申請書を総務大臣に提出しなければならない。

一　変更しようとする事項

二　変更を必要とする理由

本条…追加〔昭和五二年二月自令一号〕、一部改正〔平成一二年九月自令四四号〕

附　則

この省令は、昭和五十一年八月二十八日から施行する。

附　則〔昭和五二年二月四日自治省令第一号〕

この省令は、公布の日から施行する。

附　則〔昭和六一年一二月二五日自治省令第三三号〕

この省令は、昭和六十二年一月一日から施行する。

附　則〔平成一二年九月一四日自治省令第四四号〕

この省令は、内閣法の一部を改正する法律（平成十一年法律第八十八号）の施行の日（平成十三年一月六日）から施行する。

○危険物保安技術協会の財務及び会計に関する省令

（昭和五十一年十一月十日自治省令第三十一号）

〔改正経過〕
昭和五五年　三月二五日　自治省令第　　五号
昭和六一年一二月二五日　自治省令第　三三号
平成一〇年　四月一三日　自治省令第　二六号
平成一二年　九月一四日　自治省令第　四四号
平成一七年　一月二五日　総務省令第　一〇号
平成一九年　九月二八日　総務省令第一二六号

消防法（昭和二十三年法律第百八十六号）第十六条の四十六の規定に基づき、危険物保安技術協会の財務及び会計に関する省令を次のように定める。

危険物保安技術協会の財務及び会計に関する省令

（経理原則）

第一条　危険物保安技術協会（以下「協会」という。）は、その事業の財政状態及び経営成績を明らかにするため、財産の増減及び異動並びに収益及び費用をその発生の事実に基づいて経理しなければならない。

（予算の内容）

第二条　協会の予算は、予算総則及び収入支出予算とする。

（予算総則）

第三条　予算総則には、収入支出予算に関する総括的規定を設けるほか、次に掲げる事項に関する規定を設けるものとする。

一　第七条の規定による債務を負担する行為について、事項ごとにその負担する債務の限度額、その行為に基づいて支出すべき年限及びその必要な理由

二　第八条第二項の規定による経費の指定

三　第九条第一項ただし書の規定による経費の指定

四　借入金の借入限度額

五　その他予算の実施に関し必要な事項

（収入支出予算）

第四条　収入支出予算は、収入にあつてはその性質、支出にあつてはその目的に従つて区分するものとする。

（予算の認可申請書の添付書類等）

第五条　協会は、消防法（昭和二十三年法律第百八十六号。以下「法」という。）第十六条の四十一の規定による予算の認可を受けようとするときは、次の書類を添付した認可申請書を総務大臣に提出しなければならない。

一　前事業年度の予定貸借対照表及び予定損益計算書

二　当該事業年度の予定貸借対照表及び予定損益計算書

三　その他当該予算の参考となる書類

2　協会は、法第十六条の四十一後段の規定による予算の変更の認可を受けようとするときは、変更しようとする事項及びその理由

を記載した申請書を総務大臣に提出しなければならない。この場合において、変更が前項第二号又は第三号に掲げる書類の変更に係るときは、当該変更に係る書類を添付しなければならない。

一・二項…一部改正〔平成一二年九月自令四四号〕

（予備費）

第六条　協会は、予見することができない事由による支出予算の不足を補うため、収入支出予算に予備費を設けることができる。

2　協会は、予備費を使用したときは、速やかに、使用の理由、金額及び積算の基礎を明らかにした書類を総務大臣に提出しなければならない。

二項…一部改正〔平成一二年九月自令四四号〕

（債務を負担する行為）

第七条　協会は、支出予算の金額の範囲内におけるもののほか、その業務を行うため必要があるときは、毎事業年度、予算をもつて総務大臣の認可を受けた金額の範囲内において、債務を負担する行為をすることができる。

本条…一部改正〔平成一二年九月自令四四号〕

（支出予算の流用等）

第八条　協会は、支出予算については、当該予算に定める目的のほかに使用してはならない。ただし、予算の実施上必要かつ適当であるときは、第四条の規定による区分にかかわらず、相互流用することができる。

2　協会は、予算総則で指定する経費（以下この項において「指定経費」という。）の金額については、総務大臣の承認を受けなければ、指定経費の間若しくは指定経費と他の経費との間に相互流用し、又は指定経費に予備費を使用することができない。

3　協会は、前項の規定による予算の流用又は予備費の使用について総務大臣の承認を受けようとするときは、流用又は使用の理由、金額及び積算の基礎を明らかにした書類を総務大臣に提出しなければならない。

二・三項…一部改正〔平成一二年九月自令四四号〕

（支出予算の繰越し）

第九条　協会は、支出予算の経費の金額のうち、当該事業年度内に支出決定を終わらなかつたものについて、予算の実施上必要があるときは、これを翌事業年度に繰り越して使用することができる。ただし、予算総則で指定する経費の金額については、あらかじめ総務大臣の承認を受けなければならない。

2　協会は、前項ただし書の規定による承認を受けようとするときは、当該事業年度末までに、当該経費の項目ごとに、繰越しを必要とする理由及び金額を明らかにした書類を総務大臣に提出しなければならない。

3　協会は、第一項の規定による繰越しをしたときは、翌事業年度の五月三十一日までに、繰越計算書を総務大臣に提出しなければならない。

4　前項の繰越計算書は、支出予算と同一の区分により作成し、かつ、これに次に掲げる事項を記載しなければならない。
一　繰越しに係る経費の支出予算現額
二　前号の支出予算現額のうち支出決定済額
三　第一号の支出予算現額のうち翌事業年度への繰越額
四　第一号の支出予算現額のうち不用額

一―三項…一部改正〔平成一二年九月自令四四号〕

（**事業計画**）

第一〇条　法第十六条の四十一の事業計画には、法第十六条の三十四第一項各号に掲げる業務及び同条第三項の業務に関する計画を記載しなければならない。

（**決算報告書**）

第一一条　法第十六条の四十二第二項の決算報告書は、収入支出決算書及び債務に関する計算書とする。

2　前項の決算報告書には、第三条の規定により予算総則に規定した事項に係る予算の実施の結果を記載しなければならない。

本条…一部改正〔昭和六一年一二月自令三三号〕

旧一三条…繰上〔昭和六一年一二月自令三三号〕

（**収入支出決算書**）

第一二条　前条第一項の収入支出決算書は、収入支出予算と同一の区分により作成し、かつ、これに次に掲げる事項を記載しなければならない。

一　収入
イ　収入予算額
ロ　収入決定済額
ハ　収入予算額と収入決定済額との差額
二　支出
イ　支出予算額
ロ　前事業年度からの繰越額
ハ　予備費の使用の金額及びその理由
ニ　流用の金額及びその理由
ホ　支出予算現額
ヘ　支出決定済額
ト　翌事業年度への繰越額
チ　不用額

旧一四条…繰上〔昭和六一年一二月自令三三号〕

（**債務に関する計算書**）

第一三条　第十三条第一項の債務に関する計算書には、第七条の規定により負担した債務の金額を事項ごとに記載しなければならない。

旧一五条…繰上〔昭和六一年一二月自令三三号〕

（**余裕金の運用**）

第一四条　協会は、次の方法によるほか、業務上の余裕金を運用してはならない。

一　国債、地方債、特別の法律により法人の発行する債券、貸付信託の受益証券その他確実と認められる有価証券の取得
二　銀行その他総務大臣の指定する金融機関への預金
三　信託会社（信託業法（平成十六年法律第百五十四号）第三条又は第五十三条第一項の免許を受けたものに限る。）又は信託業務を営む金融機関への金銭信託
四　その他理事長が総務大臣の承認を得て定める運用方法

旧一七条…一部改正し繰上〔昭和六一年一二月自令三三号〕、本条…一部改正〔平成一〇年四月自令二六号・一二年九月四四号・一七年一月総令一〇号・一九年九月一二六号〕

（会計規程）
第一五条　協会は、その財務及び会計に関し、会計規程を定めなければならない。
2　協会は、前項の会計規程を定めようとするときは、その基本的事項について総務大臣の承認を受けなければならない。これを変更しようとするときも、同様とする。
3　協会は、第一項の会計規程を制定し、又は変更したときは、その理由及び内容を明らかにして、遅滞なく、総務大臣に届け出なければならない。

旧一八条…繰上〔昭和六一年一二月自令三三号〕、二・三項…一部改正〔平成一二年九月自令四四号〕

附　則

この省令は、公布の日から施行する。

附　則〔昭和五五年三月二五日自治省令第五号〕

この省令は、昭和五十五年四月一日から施行する。

附　則〔昭和六一年一二月二五日自治省令第三三号〕

この省令は、昭和六十二年一月一日から施行する。

附　則〔平成一〇年四月一三日自治省令第二六号〕

この省令は、公布の日から施行する。

附　則〔平成一二年九月一四日自治省令第四四号〕

この省令は、内閣法の一部を改正する法律（平成十一年法律第八十八号）の施行の日（平成十三年一月六日）から施行する。

附　則〔平成一七年一月二五日総務省令第一〇号〕

この省令は、公布の日から施行する。

附　則〔平成一九年九月二八日総務省令第一二六号〕

（施行期日）
第一条　この省令は、平成十九年十月一日から施行する。

（経過措置）
第二条　旧郵便貯金（郵政民営化法等の施行に伴う関係法律の整備等に関する法律附則第五条第一項の規定によりなおその効力を有するものとされる同法第二条の規定による廃止前の郵便貯金法（昭和二十二年法律第百四十四号）第七条第一項各号に規定する郵便貯金をいう。）は、この省令による改正後の危険物保安技術協会の財務及び会計に関する省令第十四条第二号の規定の適用については、銀行への預金とみなす。

○石油パイプライン事業法〔抄〕

（昭和四十七年六月二十六日法律第百五号）

〔最終改正〕令和四年六月一七日　法律第六八号

（目的）

第一条　この法律は、石油パイプラインの設置及び石油パイプライン事業の運営を適正ならしめ、並びにその事業の用に供する施設についての保安に関し必要な規制を行なうことにより、合理的かつ安全な石油の輸送の実現を図るとともに公共の安全を確保し、もつて石油の安定的かつ低廉な供給の確保に寄与することを目的とする。

（定義）

第二条　この法律において「石油」とは、原油、揮発油、灯油、軽油その他の政令で定める炭化水素油をいう。

2　この法律において「石油パイプライン」とは、石油輸送（導管及びその他の工作物による石油の輸送をいう。以下同じ。）を行なう施設の総体（港湾法（昭和二十五年法律第二百十八号）に規定する港湾区域及び臨港地区内に設置される石油荷役施設及び船舶給油施設、飛行場内に設置される航空機給油施設その他の政令で定める施設であるものを除く。）をいう。

3　この法律において「石油パイプライン事業」とは、一般の需要に応じ、石油パイプラインに属する導管を使用して石油輸送を行なう事業をいう。

（適用除外）

第四〇条　消防法（昭和二十三年法律第百八十六号）第三章の規定は、事業用施設による石油輸送については、適用しない。

（主務大臣等）

第四一条　この法律における主務大臣は、次のとおりとする。

一　基本計画に関する事項については、経済産業大臣及び国土交通大臣

二　石油パイプライン事業の許可に関する事項については、経済産業大臣及び国土交通大臣

三　事業用施設についての工事の計画及び検査に関する事項については、総務大臣、経済産業大臣及び国土交通大臣

四　石油パイプライン事業の業務の監督に関する事項については、経済産業大臣及び国土交通大臣

五　事業用施設についての保安に関する事項については、総務大臣、経済産業大臣及び国土交通大臣

2　この法律における主務省令は、前項各号に定める事項に関し、それぞれ同項各号に定める主務大臣の発する命令とする。

（事務の区分）

第四一条の二　第三十四条第一項及び第二項の規定により都道府県が処理することとされている事務は、地方自治法（昭和二十二年法律第六十七号）第二条第九項第一号に規定する第一号法定受託事務とする。

○石油コンビナート等災害防止法〔抄〕

（昭和五十年十二月十七日法律第八十四号）

〔最終改正〕令和四年六月二二日　法律第七四号

（目的）

第一条　この法律は、石油コンビナート等特別防災区域に係る災害の特殊性にかんがみ、その災害の防止に関する基本的事項を定めることにより、消防法（昭和二十三年法律第百八十六号）、高圧ガス保安法（昭和二十六年法律第二百四号）、災害対策基本法（昭和三十六年法律第二百二十三号）その他災害の防止に関する法律と相まつて、石油コンビナート等特別防災区域に係る災害の発生及び拡大の防止等のための総合的な施策の推進を図り、もつて石油コンビナート等特別防災区域に係る災害から国民の生命、身体及び財産を保護することを目的とする。

（定義）

第二条　この法律において、次の各号に掲げる用語の意義は、それぞれ当該各号に定めるところによる。

一　石油等　石油（消防法別表第一に掲げる第一石油類、第二石油類、第三石油類及び第四石油類をいう。以下同じ。）及び高圧ガス（高圧ガス保安法第二条に規定する高圧ガス（同法第三条第一項各号に掲げる高圧ガス、ガス事業法（昭和二十九年法律第五十一号）第二条第十一項に規定するガス事業及び同条第十三項に規定するガス工作物に係る高圧ガス並びに政令で定める不活性ガスを除く。）をいう。以下同じ。）をいう。

二　石油コンビナート等特別防災区域　次のいずれかに該当する区域であつて、政令で指定するものをいう。

イ　当該区域に、石油の貯蔵・取扱量（消防法第十一条第一項の規定による許可に係る貯蔵所、製造所又は取扱所（同法第十六条の二第一項に規定する移動タンク貯蔵所を除く。以下「石油貯蔵所等」という。）において貯蔵し、又は取り扱う石油の貯蔵量及び取扱量を政令で定めるところにより合計して得た数量をいう。以下同じ。）を政令で定める基準貯蔵・取扱量で除して得た数値若しくは高圧ガスの処理量（高圧ガス保安法第五条第一項の規定による許可に係る事業所において定置式設備により同項第一号に規定する圧縮、液化その他の方法で一日に処理することができるガスの容積をいう。以下同じ。）を政令で定める基準処理量で除して得た数値又はこれらを合計した数値が一以上となる事業所を含む二以上の事業所が所在し、かつ、当該区域に所在する事業所のうち、石油貯蔵所等を設置しているすべての者の事業所における石油の貯蔵・取扱量を合計した数量を政令で定める基準総貯蔵・

取扱量で除して得た数値若しくは同項の規定による許可を受けているすべての者の事業所における高圧ガスの処理量を合計した数量を政令で定める基準総処理量で除して得た数値又はこれらを合計した数値が一以上となる区域であつて、当該区域に所在する特定の事業所についてそれぞれ災害の発生及び拡大の防止のための特別の措置を講じさせるとともに当該区域について一体として防災体制を確立することが緊要であると認められるもの

ロ　石油の貯蔵・取扱量をイに規定する政令で定める基準総貯蔵・取扱量で除して得た数値若しくは高圧ガスの処理量をイに規定する政令で定める基準総処理量で除して得た数値又はこれらを合計した数値が一以上となる事業所であつて、当該事業所について災害の発生及び拡大の防止のための特別の措置を講じさせることが緊要であると認められるものの区域

ハ　イ又はロに該当することとなると認められる区域

三　災害　火事、爆発、石油等の漏洩若しくは流出その他事故又は地震、津波その他の異常な自然現象により生ずる被害をいう。

四　第一種事業所　石油コンビナート等特別防災区域（以下「特別防災区域」という。）に所在する事業所であつて、石油の貯蔵・取扱量を第二号イに規定する政令で定める基準貯蔵・取扱量で除して得た数値若しくは高圧ガスの処理量を同号イに規定する政令で定める基準処理量で除して得た数値又はこれらを合計した数値が一以上となるものをいう。

五　第二種事業所　特別防災区域に所在する事業所のうち第一種事業所以外の事業所であつて、政令で定める基準に従い、相当量の石油等その他政令で定める物質を取り扱い、貯蔵し、又は処理することにより当該事業所における災害及び第一種事業所における災害が相互に重要な影響を及ぼすと認められるものとして都道府県知事が指定するものをいう。

六　特定事業所　第一種事業所及び第二種事業所をいう。

七　第一種事業者　第一種事業所を設置している者をいう。

八　第二種事業者　第二種事業所を設置している者をいう。

九　特定事業者　第一種事業者及び第二種事業者をいう。

十　特定防災施設等　流出油等防止堤、消火又は延焼の防止のための施設又は設備その他の災害の拡大の防止のために土地又は工作物に定着して設けられる施設又は設備（消防法、高圧ガス保安法その他の災害の防止に関する法令の規定により設置すべきものを除く。）であつて、主務省令で定めるものをいう。

（消防法等の許可との関係）

第九条　消防法第十一条第一項の規定による許可又は高圧ガス保安法第五条第一項若しくは第十四条第一項の規定による許可（以下「消防法等の許可」という。）をする権限を有する総務大臣、都道府県知事又は市町村長（以下この条において「許可権者」とい

う。）は、新設等の届出に係る第一種事業所又はその施設について消防法等の許可の申請があつた場合には、前条第五項の規定による期間（同条第六項の規定により同条第五項の規定による期間が延長されたときは、その延長後の期間）が満了する日（同条第一項の規定による指示又は同条第七項の規定による通知があつたときは、当該指示又は通知があつた日。次条において「指示期間の満了等に係る日」という。）までは、当該消防法等の許可をしてはならない。

2　前項の規定に該当する場合のほか、許可権者は、新設等の届出に係る第一種事業所又はその施設について消防法等の許可の申請があつた場合において、次に掲げる場合に該当するときは、当該消防法等の許可をしてはならない。

一　当該届出に係る新設等の計画について前条第一項の規定による指示があつた場合において、当該消防法等の許可の申請の内容が、当該指示に従つて変更された場合の当該計画に適合していないと認めるとき。

二　当該届出に係る新設等の計画について前条第二項の規定による指示があつた場合

3　新設等の届出に係る第一種事業所又はその施設について消防法等の許可が行われた場合における当該第一種事業所の施設に関する消防法第十一条第五項本文並びに高圧ガス保安法第二十条第一項及び第三項並びに第三十九条の十一第一項の規定の適用については、これらの規定中「技術上の基準」とあるのは、「技術上の基準及び石油コンビナート等災害防止法（昭和五十年法律第八十四号）第五条第一項又は第七条第一項の規定による届出に係る計画（当該計画について同法第八条第一項の規定による指示があつたときは、当該指示に従つて変更された場合の当該計画）」とする。

（自衛防災組織）

第一六条　特定事業者は、その特定事業所ごとに、自衛防災組織を設置しなければならない。

2〜6　〔略〕

（消防法との関係）

第四三条　消防法第十四条の四の規定は、政令で定める特定事業所については、適用しない。

○火災予防条例(例)〔抄〕

（昭和三十六年十一月二十二日
自消甲予発第七十三号消防庁長官）

〔最終改正〕 令和五年五月三一日 消防予第三〇六号

第四章 指定数量未満の危険物及び指定可燃物の貯蔵及び取扱いの技術上の基準等

第一節 指定数量未満の危険物の貯蔵及び取扱いの技術上の基準等

（指定数量未満の危険物の貯蔵及び取扱いの基準）

第三〇条 法第九条の四の規定に基づき危険物の規制に関する政令（昭和三十四年政令第三百六号）で定める数量（以下「指定数量」という。）未満の危険物の貯蔵及び取扱いは、次の各号に掲げる技術上の基準によらなければならない。

一 危険物を貯蔵し、又は取り扱う場所においては、みだりに火気を使用しないこと。

二 危険物を貯蔵し、又は取り扱う場所においては、常に整理及び清掃を行うとともに、みだりに空箱その他の不必要な物件を置かないこと。

三 危険物を貯蔵し、又は取り扱う場合においては、当該危険物が漏れ、あふれ、又は飛散しないように必要な措置を講ずること。

四 危険物を容器に収納して貯蔵し、又は取り扱うときは、その容器は、当該危険物の性質に適応し、かつ、破損、腐食、さけめ等がないものであること。

五 危険物を収納した容器を貯蔵し、又は取り扱う場合においては、みだりに転倒させ、落下させ、衝撃を加え、又は引きずる等粗暴な行為をしないこと。

六 危険物を収納した容器を貯蔵し、又は取り扱う場合においては、地震等により、容易に容器が転落し、若しくは転倒し、又は他の落下物により損傷を受けないよう必要な措置を講ずること。

（指定数量の五分の一以上指定数量未満の危険物の貯蔵及び取扱いの技術上の基準等）

第三一条 指定数量の五分の一以上指定数量未満の危険物の貯蔵及び取扱い並びに貯蔵し、又は取り扱う場所の位置、構造及び設備は、前条に定めるもののほか、次条から第三十一条の八までに定める技術上の基準によらなければならない。

第三一条の二 指定数量の五分の一以上指定数量未満の危険物の貯蔵及び取扱いのすべてに共通する技術上の基準は、次のとおりとする。

一 ためます又は油分離装置にたまつた危険物は、あふれないように随時くみ上げること。

二 危険物又は危険物のくず、かす等を廃棄する場合には、それらの性質に応じ、安全な場所において、他に危害又は損害を及ぼすおそれのない方法により行うこと。

三 危険物を貯蔵し、又は取り扱う場所では、当該危険物の性質に応じ、遮光又は換気を行うこと。

四 危険物は、温度計、湿度計、圧力計その他の計器を監視して、当該危険物の性質に応じた適正な温度、湿度又は圧力を保つように貯蔵し、又は取り扱うこと。

五 危険物を貯蔵し、又は取り扱う場合においては、危険物の変質、異物の混入等により、当該危険物の危険性が増大しないように必要な措置を講ずること。

六 危険物が残存し、又は残存しているおそれがある設備、機械器具、容器等を修理する場合は、安全な場所において、危険物を完全に除去した後に行うこと。

七 可燃性の液体、可燃性の蒸気若しくは可燃性のガスが漏れ、若しくは滞留するおそれのある場所又は可燃性の微粉が著しく浮遊するおそれのある場所では、電線と電気器具とを完全に接続し、かつ、火花を発する機械器具、工具、履物等を使用しないこと。

八 危険物を保護液中に保存する場合は、当該危険物が保護液から露出しないようにすること。

九 接触又は混合により発火するおそれのある危険物と危険物その他の物品は、相互に近接して置かないこと。ただし、接触又は混合しないような措置を講じた場合は、この限りでない。

十 危険物を加熱し、又は乾燥する場合は、危険物の温度が局部的に上昇しない方法で行うこと。

十一 危険物を詰め替える場合は、防火上安全な場所で行うこと。

十二 吹付塗装作業は、防火上有効な隔壁で区画された場所等安全な場所で行うこと。

十三 焼入れ作業は、危険物が危険な温度に達しないようにして行うこと。

十四 染色又は洗浄の作業は、可燃性の蒸気の換気をよくして行うとともに、廃液をみだりに放置しないで安全に処置すること。

十五 バーナーを使用する場合においては、バーナーの逆火を防ぎ、かつ、危険物があふれないようにすること。

十六 危険物を容器に収納し、又は詰め替える場合は、次によること。

イ　固体の危険物にあつては危険物の規制に関する規則（昭和三十四年総理府令第五十五号。以下「危険物規則」という。）別表第三、液体の危険物にあつては危険物規則別表第三の二の危険物の類別及び危険等級の別の項に掲げる危険物について、これらの表において適応するものとされる内装容器（内装容器の容器の種類の項が空欄のものにあつては、外装容器）又はこれと同等以上であると認められる容器（以下この号において「内装容器等」という。）に適合する容器に収納し、又は詰め替えるとともに、温度変化等により危険物が漏れないように容器を密封して収納すること。

ロ　イの内装容器等には、見やすい箇所に危険物規則第三十九条の三第二項から第六項までの規定の例による表示をすること。

十七　危険物を収納した容器を積み重ねて貯蔵する場合には、高さ三メートル（第四類の危険物のうち第三石油類及び第四石油類を収納した容器のみを積み重ねる場合にあつては、四メートル）を超えて積み重ねないこと。

2　指定数量の五分の一以上指定数量未満の危険物を貯蔵し、又は取り扱う場所の位置、構造及び設備のすべてに共通する技術上の基準は、次のとおりとする。

一　危険物を貯蔵し、又は取り扱う場所には、見やすい箇所に危険物を貯蔵し、又は取り扱つている旨を表示した標識（危険物を貯蔵し、又は取り扱うタンクのうち車両に固定されたタンク（以下「移動タンク」という。）にあつては、〇・三メートル平方の地が黒色の板に黄色の反射塗料その他反射性を有する材料で「危」と表示した標識）並びに危険物の類、品名、最大数量及び移動タンク以外の場所にあつては防火に関し必要な事項を掲示した掲示板を設けること。

二　危険物を取り扱う機械器具その他の設備は、危険物の漏れ、あふれ又は飛散を防止することができる構造とすること。ただし、当該設備に危険物の漏れ、あふれ又は飛散による災害を防止するための附帯設備を設けたときは、この限りでない。

三　危険物を加熱し、若しくは冷却する設備又は危険物の取扱いに伴つて温度の変化が起こる設備には、温度測定装置を設けること。

四　危険物を加熱し、又は乾燥する設備は、直火を用いない構造とすること。ただし、当該設備が防火上安全な場所に設けられているとき、又は当該設備に火災を防止するための附帯設備を設けたときは、この限りでない。

五　危険物を加圧する設備又はその取り扱う危険物の圧力が上昇するおそれのある設備には、圧力計及び有効な安全装置を設けること。

六　引火性の熱媒体を使用する設備にあつては、その各部分を熱媒体又はその蒸気が漏れない構造とするとともに、当該設備に設ける安全装置は、熱媒体又はその蒸気を火災予防上安全な場所に導く構造とすること。

七　電気設備は、電気工作物に係る法令の規定の例によること。

八　危険物を取り扱うにあたつて静電気が発生するおそれのある設備には、当該設備に蓄積される静電気を有効に除去する装置を設けること。

九　危険物を取り扱う配管は、次によること。

イ　配管は、その設置される条件及び使用される状況に照らして十分な強度を有するものとし、かつ、当該配管に係る最大常用圧力の一・五倍以上の圧力で水圧試験（水以外の不燃性の液体又は不燃性の気体を用いて行う試験を含む。）を行つたとき漏えいその他の異常がないものであること。

ロ　配管は、取り扱う危険物により容易に劣化するおそれのないものであること。

ハ　配管は、火災等による熱によつて容易に変形するおそれのないものであること。ただし、当該配管が地下その他の火災等による熱により悪影響を受けるおそれのない場所に設置される場合にあつては、この限りでない。

ニ　配管には、外面の腐食を防止するための措置を講ずること。ただし、当該配管が設置される条件の下で腐食するおそれのないものである場合にあつては、この限りでない。

ホ　配管を地下に設置する場合には、配管の接合部分（溶接その他危険物の漏えいのおそれがないと認められる方法により接合されたものを除く。）について当該接合部分からの危険物の漏えいを点検することができる措置を講ずること。

ヘ　配管を地下に設置する場合には、その上部の地盤面にかかる重量が当該配管にかからないように保護すること。

第三一条の三　指定数量の五分の一以上指定数量未満の危険物を屋外において架台で貯蔵する場合には、高さ六メートルを超えて危険物を収納した容器を貯蔵してはならない。

2　指定数量の五分の一以上指定数量未満の危険物を屋外において貯蔵し、又は取り扱う場所の位置、構造及び設備の技術上の基準は、次のとおりとする。

一　危険物を貯蔵し、又は取り扱う屋外の場所（移動タンクを除く。）の周囲には、容器等の種類及び貯蔵し、又は取り扱う数量に応じ、次の表に掲げる幅の空地を保有するか、又は防火上有効な塀を設けること。ただし、開口部のない防火構造（建築基準法第二条第八号に規定する防火構造をいう。以下同じ。）の壁又は不燃材料で造つた壁に面するときは、この限りではない。

容器等の種類	貯蔵し、又は取り扱う数量	空地の幅
タンク又は金属製容器	指定数量の二分の一以上指定数量未満	一メートル以上
その他の場合	指定数量の五分の一以上二分の一未満	一メートル以上

指定数量の二分の一以上指定数量未満	二メートル以上

二　液状の危険物を取り扱う設備（タンクを除く。）には、その直下の地盤面の周囲に囲いを設け、又は危険物の流出防止にこれと同等以上の効果があると認められる措置を講ずるとともに、当該地盤面は、コンクリートその他危険物が浸透しない材料で覆い、かつ、適当な傾斜及びためます又は油分離装置を設けること。

三　危険物を収納した容器を架台で貯蔵する場合には、架台は不燃材料で堅固に造ること。

第三一条の三の二　指定数量の五分の一以上指定数量未満の危険物を屋内において貯蔵し、又は取り扱う場所の位置、構造及び設備の技術上の基準は、次のとおりとする。

一　壁、柱、床及び天井は、不燃材料で造られ、又は覆われたものであること。

二　窓及び出入口には、防火戸を設けること。

三　液状の危険物を貯蔵し、又は取り扱う床は、危険物が浸透しない構造とするとともに、適当な傾斜をつけ、かつ、ためますを設けること。

四　架台を設ける場合は、架台は不燃材料で堅固に造ること。

五　危険物を貯蔵し、又は取り扱うために必要な採光、照明及び換気の設備を設けること。

六　可燃性の蒸気又は可燃性の微粉が滞留するおそれのある場合は、その蒸気又は微粉を屋外の高所に排出する設備を設けること。

第三一条の四　指定数量の五分の一以上指定数量未満の危険物を貯蔵し、又は取り扱うタンク（地盤面下に埋没されているタンク（以下「地下タンク」という。）及び移動タンクを除く。以下この条において同じ。）に危険物を収納する場合は、当該タンクの容量を超えてはならない。

2　指定数量の五分の一以上指定数量未満の危険物を貯蔵し、又は取り扱うタンクの位置、構造及び設備の技術上の基準は、次のとおりとする。

一　その容量に応じ、次の表に掲げる厚さの鋼板又はこれと同等以上の機械的性質を有する材料で気密に造るとともに、圧力タンクを除くタンクにあつては水張試験において、圧力タンクにあつては最大常用圧力の一・五倍の圧力で十分間行う水圧試験において、それぞれ漏れ、又は変形しないものであること。ただし、固体の危険物を貯蔵し、又は取り扱うタンクにあつては、この限りでない。

タンクの容量	板厚
四十リットル以下	一・〇ミリメートル以上
四十リットルを超え百リットル以下	一・二ミリメートル以上

百リットルを超え二百五十リットル以下	一・六ミリメートル以上
二百五十リットルを超え五百リットル以下	二・〇ミリメートル以上
五百リットルを超え千リットル以下	二・三ミリメートル以上
千リットルを超え二千リットル以下	二・六ミリメートル以上
二千リットルを超えるもの	三・二ミリメートル以上

二　地震等により容易に転倒又は落下しないように設けること。
三　外面には、さび止めのための措置を講ずること。ただし、アルミニウム合金、ステンレス鋼その他さびにくい材質で造られたタンクにあつては、この限りでない。
四　圧力タンクにあつては有効な安全装置を、圧力タンク以外のタンクにあつては有効な通気管又は通気口を設けること。
五　引火点が四十度未満の危険物を貯蔵し、又は取り扱う圧力タンク以外のタンクにあつては、通気管又は通気口に引火を防止するための措置を講ずること。
六　見やすい位置に危険物の量を自動的に表示する装置（ガラス管等を用いるものを除く。）を設けること。
七　注入口は、火災予防上支障のない場所に設けるとともに、当該注入口には弁又はふたを設けること。
八　タンクの配管には、タンク直近の容易に操作できる位置に開閉弁を設けること。
九　タンクの配管は、地震等により当該配管とタンクとの結合部分に損傷を与えないように設置すること。
十　液体の危険物のタンクの周囲には、危険物が漏れた場合にその流出を防止するための有効な措置を講ずること。
十一　屋外に設置するもので、タンクの底板を地盤面に接して設けるものにあつては、底板の外面の腐食を防止するための措置を講ずること。

第三一条の五　指定数量の五分の一以上指定数量未満の危険物を貯蔵し、又は取り扱う地下タンクに危険物を収納する場合は、当該タンクの容量を超えてはならない。

2　指定数量の五分の一以上指定数量未満の危険物を貯蔵し、又は取り扱う地下タンクの位置、構造及び設備の技術上の基準は、前条第二項第三号から第五号まで及び第七号の規定の例によるほか、次のとおりとする。
一　地盤面下に設けられたコンクリート造等のタンク室に設置し、又は危険物の漏れを防止することができる構造により地盤面下に設置すること。ただし、第四類の危険物のタンクで、その外面がエポキシ樹脂、ウレタンエラストマー樹脂、強化プラスチック又はこれらと同等以上の防食性を有する材料により有効に保護されている場合又は腐食し難い材質で造られている場合にあつては、この限りでない。

二　自動車等による上部からの荷重を受けるおそれのあるタンクにあつては、当該タンクに直接荷重がかからないようにふたを設けること。
三　タンクは、堅固な基礎の上に固定されていること。
四　タンクは、厚さ三・二ミリメートル以上の鋼板又はこれと同等以上の強度を有する金属板若しくはこれと同等以上の性能を有するガラス繊維強化プラスチックで気密に造るとともに、圧力タンクを除くタンクにあつては七十キロパスカルの圧力で、圧力タンクにあつては最大常用圧力の一・五倍の圧力で、それぞれ十分間行う水圧試験において、漏れ、又は変形しないものであること。
五　危険物の量を自動的に表示する装置又は計量口を設けること。この場合において、計量口を設けるタンクについては、計量口の直下のタンクの底板にその損傷を防止するための措置を講ずること。
六　タンクの配管は、当該タンクの頂部に取り付けること。
七　タンクの周囲に二箇所以上の管を設けること等により当該タンクからの液体の危険物の漏れを検知する設備を設けること。

第三一条の六　指定数量の五分の一以上指定数量未満の危険物を貯蔵し、又は取り扱う移動タンクの技術上の基準は、第三十一条の四第一項の規定の例によるほか、次のとおりとする。
一　タンクから危険物を貯蔵し、又は取り扱う他のタンクに液体の危険物を注入するときは、当該他のタンクの注入口にタンクの注入ホースを緊結するか、又は注入ホースの先端部に手動開閉装置を備えた注入ノズル（手動開閉装置を開放の状態で固定する装置を備えたものを除く。）により注入すること。
二　タンクから液体の危険物を容器に詰め替えないこと。ただし、安全な注油に支障がない範囲の注油速度で前号に定める注入ノズルにより引火点が四十度以上の第四類の危険物を容器に詰め替える場合は、この限りでない。
三　静電気による災害が発生するおそれのある液体の危険物をタンクに入れ、又はタンクから出すときは、当該タンクを有効に接地すること。
四　静電気による災害が発生するおそれのある液体の危険物をタンクにその上部から注入するときは、注入管を用いるとともに、当該注入管の先端をタンクの底部に着けること。

2　指定数量の五分の一以上指定数量未満の危険物を貯蔵し、又は取り扱う移動タンクの位置、構造及び設備の技術上の基準は、第三十一条の四第二項第三号の規定の例によるほか、次のとおりとする。
一　火災予防上安全な場所に常置すること。
二　タンクは、厚さ三・二ミリメートル以上の鋼板又はこれと同等以上の機械的性質を有する材料で気密に造るとともに、圧力タンクを除くタンクにあつては七十キロパスカルの圧力で、圧力タンクにあつては最大常用圧力の一・五倍の圧力で、それぞれ十分間行う水圧試験において、漏れ、又は変形しないものであること。

三 タンクは、Uボルト等で車両のシャーシフレーム又はこれに相当する部分に強固に固定すること。

四 常用圧力が二十キロパスカル以下のタンクにあつては二十キロパスカルを超え二十四キロパスカル以下の範囲の圧力で、常用圧力が二十キロパスカルを超えるタンクにあつては常用圧力の一・一倍以下の圧力で作動する安全装置を設けること。

五 タンクは、その内部に四千リットル以下ごとに完全な間仕切を厚さ三・二ミリメートル以上の鋼板又はこれと同等以上の機械的性質を有する材料で設けること。

六 前号の間仕切により仕切られた部分には、それぞれマンホール及び第四号に規定する安全装置を設けるとともに、当該間仕切により仕切られた部分の容量が二千リットル以上のものにあつては、厚さ一・六ミリメートル以上の鋼板又はこれと同等以上の機械的性質を有する材料で造られた防波板を設けること。

七 マンホール及び注入口のふたは、厚さ三・二ミリメートル以上の鋼板又はこれと同等以上の機械的性質を有する材料で造ること。

八 マンホール、注入口、安全装置等の附属装置がその上部に突出しているタンクには、当該タンクの転倒等による当該附属装置の損傷を防止するための防護枠を設けること。

九 タンクの下部に排出口を設ける場合は、当該タンクの排出口に、非常の場合に直ちに閉鎖することができる弁等を設けるとともに、その直近にその旨を表示し、かつ、外部からの衝撃による当該弁等の損傷を防止するための措置を講ずること。

十 タンクの配管は、先端部に弁等を設けること。

十一 タンク及び附属装置の電気設備で、可燃性の蒸気が滞留するおそれのある場所に設けるものは、可燃性の蒸気に引火しない構造とすること。

第三一条の七 指定数量の五分の一以上指定数量未満の危険物の貯蔵及び取扱いの危険物の類ごとに共通する技術上の基準は、次のとおりとする。

一 第一類の危険物は、可燃物との接触若しくは混合、分解を促す物品との接近又は過熱、衝撃若しくは摩擦を避けるとともに、アルカリ金属の過酸化物及びこれを含有するものにあつては、水との接触を避けること。

二 第二類の危険物は、酸化剤との接触若しくは混合、炎、火花若しくは高温体との接近又は過熱を避けるとともに、鉄粉、金属粉及びマグネシウム並びにこれらのいずれかを含有するものにあつては水又は酸との接触を避け、引火性固体にあつてはみだりに蒸気を発生させないこと。

三 自然発火性物品（第三類の危険物のうち危険物の規制に関す

る政令第一条の五第二項の自然発火性試験において同条第三項に定める性状を示すもの並びにアルキルアルミニウム、アルキルリチウム及び黄りんをいう。）にあつては炎、火花若しくは高温体との接近、過熱又は空気との接触を避け、禁水性物品（第三類の危険物のうち同令第一条の五第五項の水との反応性試験において同条第六項に定める性状を示すもの（カリウム、ナトリウム、アルキルアルミニウム及びアルキルリチウムを含む。）をいう。）にあつては水との接触を避けること。

四　第四類の危険物は、炎、火花若しくは高温体との接近又は過熱を避けるとともに、みだりに蒸気を発生させないこと。

五　第五類の危険物は、炎、火花若しくは高温体との接近、過熱、衝撃又は摩擦を避けること。

六　第六類の危険物は、可燃物との接触若しくは混合、分解を促す物品との接近又は過熱を避けること。

2　前項の基準は、危険物を貯蔵し、又は取り扱うにあたつて、同項の基準によらないことが通常である場合においては、適用しない。この場合において、当該貯蔵又は取扱いについては、災害の発生を防止するため十分な措置を講じなければならない。

第三一条の八　指定数量の五分の一以上指定数量未満の危険物を貯蔵し、又は取り扱うタンク、配管その他の設備は、第三十一条の二から第三十一条の六までの位置、構造及び設備の技術上の基準に適合するよう適正に維持管理されたものでなければならない。

第三一条の九　第三十条から前条までの規定にかかわらず、指定数量未満の第四類の危険物のうち動植物油類を貯蔵し、又は取り扱う場合にあつては、当該各条の規定は、適用しない。

（品名又は指定数量を異にする危険物）

第三二条　品名又は指定数量を異にする二以上の危険物を同一の場所で貯蔵し、又は取り扱う場合において、当該貯蔵又は取扱いに係る危険物の数量を当該危険物の指定数量の五分の一の数量で除し、その商の和が一以上となるときは、当該場所は指定数量の五分の一以上指定数量未満の危険物を貯蔵し、又は取り扱つているものとみなす。

第二節　指定可燃物等の貯蔵及び取扱いの技術上の基準等

（可燃性液体類等の貯蔵及び取扱いの技術上の基準等）

第三三条　別表第八の品名欄に掲げる物品で同表の数量欄に定める数量以上のもの（以下「指定可燃物」という。）のうち可燃性固体類（同表備考第六号に規定する可燃性固体類をいう。以下同じ。）及び可燃性液体類（同表備考第八号に規定する可燃性液体類をいう。以下同じ。）並びに指定数量の五分の一以上指定数量未満の第四類の危険物のうち動植物油類（以下「可燃性液体類等」という。）の貯蔵及び取扱いは、次の各号に掲げる技術上の基準によらなければならない。

一　可燃性液体類等を容器に収納し、又は詰め替える場合は、次によること。

イ　可燃性固体類（別表第八備考第六号ニに該当するものを除く。）にあつては危険物規則別表第三の危険物の類別及び危険等級の別の第二類のⅢの項において、可燃性液体類及び指定数量の五分の一以上指定数量未満の第四類の危険物のうち動植物油類にあつては危険物規則別表第三の二の危険物の類別及び危険等級の別の第四類のⅢの項において、それぞれ適応するものとされる内装容器（内装容器の容器の種類の項が空欄のものにあつては、外装容器）又はこれと同等以上であると認められる容器（以下この号において「内装容器等」という。）に適合する容器に収納し、又は詰め替えるとともに、温度変化等により可燃性液体類等が漏れないように容器を密封して収納すること。

ロ　イの内装容器等には、見やすい箇所に可燃性液体類等の化学名又は通称名及び数量の表示並びに「火気厳禁」その他これと同一の意味を有する他の表示をすること。ただし、化粧品の内装容器等で最大容量が三百ミリリットル以下のものについては、この限りでない。

二　可燃性液体類等（別表第八備考第六号ニに該当するものを除く。）を収納した容器を積み重ねて貯蔵する場合には、高さ四メートルを超えて積み重ねないこと。

三　可燃性液体類等は、炎、火花若しくは高温体との接近又は過熱を避けるとともに、みだりに蒸気を発生させないこと。

四　前号の基準は、可燃性液体類等を貯蔵し、又は取り扱うにあたつて、同号の基準によらないことが通常である場合においては、適用しない。この場合において、当該貯蔵又は取扱いについては、災害の発生を防止するため十分な措置を講ずること。

2　可燃性液体類等を貯蔵し、又は取り扱う場所の位置、構造及び設備は、次の各号に掲げる技術上の基準によらなければならない。

一　可燃性液体類等を貯蔵し、又は取り扱う屋外の場所の周囲には、可燃性固体類及び可燃性液体類（以下「可燃性固体類等」という。）にあつては容器等の種類及び可燃性固体類等の数量の倍数（貯蔵し、又は取り扱う可燃性固体類等の数量を別表第八に定める当該可燃性固体類等の数量で除して得た値をいう。以下この条において同じ。）に応じ次の表に掲げる幅の空地を、指定数量の五分の一以上指定数量未満の第四類の危険物のうち動植物油類にあつては一メートル以上の幅の空地をそれぞれ保有するか、又は防火上有効な塀を設けること。

容器等の種類	可燃性固体類等の数量の倍数	空地の幅
	一以上二十未満	一メートル以上

タンク又は金属製容器	二十以上二百未満	二メートル以上
	二百以上	三メートル以上
その他の場合	一以上二十未満	一メートル以上
	二十以上二百未満	三メートル以上
	二百以上	五メートル以上

二　別表第八で定める数量の二十倍以上の可燃性固体類等を屋内において貯蔵し、又は取り扱う場合は、壁、柱、床及び天井を不燃材料で造つた室内において行うこと。ただし、その周囲に幅一メートル（別表第八で定める数量の二百倍以上の可燃性固体類等を貯蔵し、又は取り扱う場合は、三メートル）以上の空地を保有するか、又は防火上有効な隔壁を設けた建築物その他の工作物内にあつては、壁、柱、床及び天井を不燃材料で覆つた室内において、貯蔵し、又は取り扱うことができる。

3　前二項に規定するもののほか、可燃性液体類等の貯蔵及び取扱い並びに貯蔵し、又は取り扱う場所の位置、構造及び設備の技術上の基準については、第三十条から第三十一条の八まで（第三十一条の二第一項第十六号及び第十七号、第三十一条の三第二項第一号並びに第三十一条の七を除く。）の規定を準用する。

（綿花類等の貯蔵及び取扱いの技術上の基準等）

第三四条　指定可燃物のうち可燃性固体類等以外の指定可燃物（以下「綿花類等」という。）の貯蔵及び取扱いは、次の各号に掲げる技術上の基準によらなければならない。

一　綿花類等を貯蔵し、又は取り扱う場所においては、みだりに火気を使用しないこと。

二　綿花類等を貯蔵し、又は取り扱う場所においては、係員以外の者をみだりに出入りさせないこと。

三　綿花類等を貯蔵し、又は取り扱う場所においては、常に整理及び清掃を行うこと。この場合において、危険物と区分して整理するとともに、綿花類等の性状等に応じ、地震等により容易に荷くずれ、落下、転倒又は飛散しないような措置を講ずること。

四　綿花類等のくず、かす等は、当該綿花類等の性質に応じ、一日一回以上安全な場所において廃棄し、その他適当な措置を講ずること。

五　再生資源燃料（別表第八備考第五号に規定する再生資源燃料をいう。以下同じ。）のうち、廃棄物固形化燃料その他の水分によつて発熱又は可燃性ガスの発生のおそれがあるもの（以下「廃棄物固形化燃料等」という。）を貯蔵し、又は取り扱う場合は、次によること。

イ　廃棄物固形化燃料等を貯蔵し、又は取り扱う場合は、適切な水分管理を行うこと。

ロ　廃棄物固形化燃料等を貯蔵する場合は、適切な温度に保持された廃棄物固形化燃料等に限り受け入れること。

ハ　三日を超えて集積する場合においては、発火の危険性を減じ、発火時においても速やかな拡大防止の措置を講じることができるよう五メートル以下の適切な集積高さとすること。

ニ　廃棄物固形化燃料等を貯蔵する場合は、温度、可燃性ガス濃度の監視により廃棄物固形化燃料等の発熱の状況を常に監視すること。

2　綿花類等を貯蔵し、又は取り扱う場所の位置、構造及び設備は、次の各号に掲げる技術上の基準によらなければならない。

一　綿花類等を貯蔵し、又は取り扱う場所には、綿花類等を貯蔵し、又は取り扱つている旨を表示した標識並びに綿花類等の品名、最大数量及び防火に関し必要な事項を掲示した掲示板を設けること。

二　綿花類等のうち廃棄物固形化燃料等及び合成樹脂類（別表第八備考第九号に規定する合成樹脂類をいう。以下同じ。）以外のものを集積する場合には、一集積単位の面積が二百平方メートル以下になるように区分するとともに、集積単位相互間に次の表に掲げる距離を保つこと。ただし、廃棄物固形化燃料等以外の再生資源燃料及び石炭・木炭類（同表備考第七号に規定する石炭・木炭類をいう。）にあつては、温度計等により温度を監視するとともに、廃棄物固形化燃料等以外の再生資源燃料又は石炭・木炭類を適温に保つための散水設備等を設置した場合は、この限りでない。

	区分	距離
㈠	面積が五十平方メートル以下の集積単位相互間	一メートル以上
㈡	面積が五十平方メートルを超え二百平方メートル以下の集積単位相互間	二メートル以上

三　綿花類等のうち合成樹脂類を貯蔵し、又は取り扱う場合は、次によること。

イ　集積する場合においては、一集積単位の面積が五百平方メートル以下になるように区分するとともに、集積単位相互間に次の表に掲げる距離を保つこと。ただし、火災の拡大又は延焼を防止するため散水設備を設置する等必要な措置を講じた場合は、この限りでない。

	区分	距離
㈠	面積が百平方メートル以下の集積単位相互間	一メートル以上
㈡	面積が百平方メートルを超え三百平方メートル以下の集積単位相互間	二メートル以上
㈢	面積が三百平方メートルを超え五百平方メートル以下の集積単位相互間	三メートル以上

ロ　合成樹脂類を貯蔵し、又は取り扱う屋外の場所の周囲には、一メートル（別表第八で定める数量の二十倍以上の合成樹脂類を貯蔵し、又は取り扱う場合は、三メートル）以上の空地を保有するか、又は防火上有効な塀を設けること。ただ

し、開口部のない防火構造の壁又は不燃材料で造った壁に面するとき又は火災の延焼を防止するため水幕設備を設置する等必要な措置を講じた場合は、この限りでない。

ハ　屋内において貯蔵し、又は取り扱う場合は、貯蔵する場所と取り扱う場所の間及び異なる取扱いを行う場合の取り扱う場所相互の間を不燃性の材料を用いて区画すること。ただし、火災の延焼を防止するため水幕設備を設置する等必要な措置を講じた場合は、この限りでない。

ニ　別表第八に定める数量の百倍以上を屋内において貯蔵し、又は取り扱う場合は、壁及び天井を難燃材料（建築基準法施行令第一条第六号に規定する難燃材料をいう。）で仕上げた室内において行うこと。

四　廃棄物固形化燃料等を貯蔵し、又は取り扱う場所の位置、構造及び設備は、前号イ及びニの規定の例によるほか、次に掲げる技術上の基準によること。

イ　廃棄物固形化燃料等の発熱の状況を監視するための温度測定装置を設けること。

ロ　別表第八で定める数量の百倍以上の廃棄物固形化燃料等をタンクにおいて貯蔵する場合は、当該タンクは廃棄物固形化燃料等に発熱が生じた場合に廃棄物固形化燃料等を迅速に排出できる構造とすること。ただし、当該タンクに廃棄物固形化燃料等の発熱の拡大を防止するための散水設備又は不活性ガス封入設備を設置した場合はこの限りでない。

第三四条の二　別表第八で定める数量の百倍以上の再生資源燃料（廃棄物固形化燃料等に限る。）、可燃性固体類、可燃性液体類又は合成樹脂類を貯蔵し、又は取り扱う場合は、当該貯蔵し、又は取り扱う場所における火災の危険要因を把握するとともに、前二条に定めるもののほか当該危険要因に応じた火災予防上有効な措置を講じなければならない。

第三節　基準の特例

（基準の特例）

第三四条の三　この章（第三十条、第三十一条の七及び第三十二条を除く。以下同じ。）の規定は、指定数量未満の危険物及び指定可燃物の貯蔵及び取扱いについて、消防長（消防署長）が、その品名及び数量、貯蔵及び取扱いの方法並びに周囲の地形その他の状況等から判断して、この章の規定による貯蔵及び取扱い並びに貯蔵し、又は取り扱う場所の位置、構造及び設備の技術上の基準によらなくても、火災の発生及び延焼のおそれが著しく少なく、かつ、火災等の災害による被害を最少限度に止めることができると認めるとき、又は予想しない特殊の構造若しくは設備を用いることによりこの章の規定による貯蔵及び取扱いの技術上の基準による場合と同等以上の効力があると認めるときにおいては、適用しない。

第六章　雑則

（指定数量未満の危険物等の貯蔵及び取扱いの届出等）

第四六条　指定数量の五分の一以上（個人の住居で貯蔵し、又は取り扱う場合にあつては、指定数量の二分の一以上）指定数量未満の危険物及び別表第八で定める数量の五倍以上（再生資源燃料、可燃性固体類等及び合成樹脂類にあつては、同表で定める数量以上）の指定可燃物を貯蔵し、又は取り扱おうとする者は、あらかじめ、その旨を消防長（消防署長）に届け出なければならない。

2　前項の規定は、同項の貯蔵及び取扱いを廃止する場合について準用する。

（タンクの水張検査等）

第四七条　消防長（消防署長）は、前条第一項の届出に係る指定数量未満の危険物又は指定可燃物を貯蔵し、又は取り扱うタンクを製造し、又は設置しようとする者の申出により、当該タンクの水張検査又は水圧検査を行うことができる。

第七章　罰則

（罰則）

第四九条　次の各号の一に該当する者は、三十万円以下の罰金に処する。

一　第三十条の規定に違反して指定数量の五分の一以上指定数量未満の危険物を貯蔵し、又は取り扱つた者

二　第三十一条の規定に違反した者

三　第三十三条又は第三十四条の規定に違反した者

四　第四十二条の三第二項の規定に違反して、同条第一項に規定する火災予防上必要な業務に関する計画を提出しなかつた者

第五〇条　法人（法人でない団体で代表者又は管理人の定めのあるものを含む。以下この項において同じ。）の代表者若しくは管理人又は法人若しくは人の代理人、使用人その他の従業者が、その法人又は人の業務に関して前条の違反行為をしたときは、行為者を罰するほか、その法人又は人に対しても、同条の刑を科する。

2　法人でない団体について前項の規定の適用がある場合には、その代表者又は管理人が、その訴訟行為につき法人でない団体を代表するほか、法人を被告人又は被疑者とする場合の刑事訴訟に関する法律の規定を準用する。

附　則

1　この条例は、昭和　年　月　日から施行する。

2　○○市（町・村）火災予防条例（昭和　年○○市（町・村）条例第　号）は、廃止する。

3　危険物の規制に関する政令の一部を改正する政令（平成二十三年政令第四百五号。第六項において「改正政令」という。）による危険物の規制に関する政令第一条第一項の規定の改正により、新たに指定数量の五分の一以上指定数量未満の危険物を貯蔵し、又は取り扱う場所となるもの（以下この項から第五項までにおい

て「新規対象」という。）のうち、第三十一条の二第二項第九号に定める基準に適合しないものの位置、構造及び設備に係る技術上の基準については、同号の規定は、当該新規対象が次に掲げる基準の全てに適合している場合に限り、適用しない。

一　当該新規対象の危険物を取り扱う配管は、その設置される条件及び使用される状況に照らして、十分な強度を有し、かつ、漏れない構造であること。

二　当該新規対象に係る危険物の数量を当該危険物の指定数量でそれぞれ除した商の和が、平成二十四年七月一日において現に貯蔵し、又は取り扱つている危険物の数量を当該危険物の指定数量でそれぞれ除した商の和を超えないこと。

4　新規対象のうち、第三十一条の二第一項第十六号ロに定める基準に適合しないものの貯蔵及び取扱いに係る技術上の基準については、同号の規定は、平成二十五年十二月三十一日までの間は、適用しない。

5　新規対象のうち、第三十一条の二第二項第一号から第八号まで、第三十一条の三の二（第三号を除く。）又は第三十一条の四第二項（第一号、第十号及び第十一号を除く。）に定める基準に適合しないものの位置、構造及び設備に係る技術上の基準については、これらの規定は、当該新規対象が第三項第二号に掲げる基準に適合している場合に限り、平成二十五年六月三十日までの間は、適用しない。

6　改正政令による危険物の規制に関する政令第一条第一項の規定の改正により新たに指定数量の五分の一以上（個人の住居で貯蔵し、又は取り扱う場合にあつては、指定数量の二分の一以上）指定数量未満の危険物を貯蔵し、又は取り扱うこととなる者は、平成二十四年十二月三十一日までにその旨を消防長（消防署長）に届け出なければならない。

別表第八（第三十三条、第三十四条、第三十四条の二、第四十六条関係）

品名		数量
綿花類		キログラム 二〇〇
木毛及びかんなくず		四〇〇
ぼろ及び紙くず		一、〇〇〇
糸類		一、〇〇〇
わら類		一、〇〇〇
再生資源燃料		一、〇〇〇
可燃性固体類		三、〇〇〇
石炭・木炭類		一〇、〇〇〇
可燃性液体類		立方メートル 二
木材加工品及び木くず		一〇
合成樹脂類	発泡させたもの	二〇
	その他のもの	キログラム 三、〇〇〇

備考

一　綿花類とは、不燃性又は難燃性でない綿状又はトップ状の繊維及び麻糸原料をいう。

二　ぼろ及び紙くずは、不燃性又は難燃性でないもの（動植物油がしみ込んでいる布又は紙及びこれらの製品を含む。）をいう。

三　糸類とは、不燃性又は難燃性でない糸（糸くずを含む。）及び繭をいう。

四　わら類とは、乾燥わら、乾燥藺（い）及びこれらの製品並びに干し草をいう。

五　再生資源燃料とは、資源の有効な利用の促進に関する法律（平成三年法律第四十八号）第二条第四項に規定する再生資源を原材料とする燃料をいう。

六　可燃性固体類とは、固体で、次のイ、ハ又はニのいずれかに該当するもの（一気圧において、温度二〇度を超え四〇度以下の間において液状となるもので、次のロ、ハ又はニのいずれかに該当するものを含む。）をいう。

イ　引火点が四〇度以上一〇〇度未満のもの

ロ　引火点が七〇度以上一〇〇度未満のもの

ハ　引火点が一〇〇度以上二〇〇度未満で、かつ、燃焼熱量が三十四キロジュール毎グラム以上であるもの

ニ　引火点が二〇〇度以上で、かつ、燃焼熱量が三十四キロジュール毎グラム以上であるもので、融点が一〇〇度未満のもの

七　石炭・木炭類には、コークス、粉状の石炭が水に懸濁して

いるもの、豆炭、練炭、石油コークス、活性炭及びこれらに類するものを含む。

八　可燃性液体類とは、法別表備考第十四号の総務省令で定める物品で液体であるもの、同表備考第十五号及び第十六号の総務省令で定める物品で一気圧において温度二〇度で液状であるもの、同表備考第十七号の総務省令で定めるところにより貯蔵保管されている動植物油で一気圧において温度二〇度で液状であるもの並びに引火性液体の性状を有する物品（一気圧において、温度二〇度で液状であるものに限る。）で一気圧において引火点が二五〇度以上のものをいう。

九　合成樹脂類とは、不燃性又は難燃性でない固体の合成樹脂製品、合成樹脂半製品、原料合成樹脂及び合成樹脂くず（不燃性又は難燃性でないゴム製品、ゴム半製品、原料ゴム及びゴムくずを含む。）をいい、合成樹脂の繊維、布、紙及び糸並びにこれらのぼろ及びくずを除く。

○建築基準法〔抄〕（昭和二十五年五月二十四日法律第二百一号）

〔最終改正〕令和五年六月一六日　法律第六三号

第一章　総則

（用語の定義）

第二条　この法律において次の各号に掲げる用語の意義は、当該各号に定めるところによる。

一　建築物　土地に定着する工作物のうち、屋根及び柱若しくは壁を有するもの（これに類する構造のものを含む。）、これに附属する門若しくは塀、観覧のための工作物又は地下若しくは高架の工作物内に設ける事務所、店舗、興行場、倉庫その他これらに類する施設（鉄道及び軌道の線路敷地内の運転保安に関する施設並びに跨線橋、プラットホームの上家、貯蔵槽その他これらに類する施設を除く。）をいい、建築設備を含むものとする。

二　特殊建築物　学校（専修学校及び各種学校を含む。以下同様とする。）、体育館、病院、劇場、観覧場、集会場、展示場、百貨店、市場、ダンスホール、遊技場、公衆浴場、旅館、共同住宅、寄宿舎、下宿、工場、倉庫、自動車車庫、危険物の貯蔵場、と畜場、火葬場、汚物処理場その他これらに類する用途に供する建築物をいう。

三　建築設備　建築物に設ける電気、ガス、給水、排水、換気、暖房、冷房、消火、排煙若しくは汚物処理の設備又は煙突、昇降機若しくは避雷針をいう。

四　居室　居住、執務、作業、集会、娯楽その他これらに類する目的のために継続的に使用する室をいう。

五　主要構造部　壁、柱、床、はり、屋根又は階段をいい、建築物の構造上重要でない間仕切壁、間柱、付け柱、揚げ床、最下階の床、回り舞台の床、小ばり、ひさし、局部的な小階段、屋外階段その他これらに類する建築物の部分を除くものとする。

六　延焼のおそれのある部分　隣地境界線、道路中心線又は同一敷地内の二以上の建築物（延べ面積の合計が五百平方メートル以内の建築物は、一の建築物とみなす。）相互の外壁間の中心線（ロにおいて「隣地境界線等」という。）から、一階にあつては三メートル以下、二階以上にあつては五メートル以下の距離にある建築物の部分をいう。ただし、次のイ又はロのいずれかに該当する部分を除く。

イ　防火上有効な公園、広場、川その他の空地又は水面、耐火構造の壁その他これらに類するものに面する部分

ロ　建築物の外壁面と隣地境界線等との角度に応じて、当該建築物の周囲において発生する通常の火災時における火熱により燃焼するおそれのないものとして国土交通大臣が定める部

分

七　耐火構造　壁、柱、床その他の建築物の部分の構造のうち、耐火性能（通常の火災が終了するまでの間当該火災による建築物の倒壊及び延焼を防止するために当該建築物の部分に必要とされる性能をいう。）に関して政令で定める技術的基準に適合する鉄筋コンクリート造、れんが造その他の構造で、国土交通大臣が定めた構造方法を用いるもの又は国土交通大臣の認定を受けたものをいう。

七の二　準耐火構造　壁、柱、床その他の建築物の部分の構造のうち、準耐火性能（通常の火災による延焼を抑制するために当該建築物の部分に必要とされる性能をいう。第九号の三ロ及び第二十六条第二項第二号において同じ。）に関して政令で定める技術的基準に適合するもので、国土交通大臣が定めた構造方法を用いるもの又は国土交通大臣の認定を受けたものをいう。

八　防火構造　建築物の外壁又は軒裏の構造のうち、防火性能（建築物の周囲において発生する通常の火災による延焼を抑制するために当該外壁又は軒裏に必要とされる性能をいう。）に関して政令で定める技術的基準に適合する鉄網モルタル塗、しつくい塗その他の構造で、国土交通大臣が定めた構造方法を用いるもの又は国土交通大臣の認定を受けたものをいう。

九　不燃材料　建築材料のうち、不燃性能（通常の火災時における火熱により燃焼しないことその他の政令で定める性能をいう。）に関して政令で定める技術的基準に適合するもので、国土交通大臣が定めたもの又は国土交通大臣の認定を受けたものをいう。

九の二　耐火建築物　次に掲げる基準に適合する建築物をいう。

イ　その主要構造部のうち、防火上及び避難上支障がないものとして政令で定める部分以外の部分（以下「特定主要構造部」という。）が、(1)又は(2)のいずれかに該当すること。

(1)　耐火構造であること。

(2)　次に掲げる性能（外壁以外の特定主要構造部にあつては、(i)に掲げる性能に限る。）に関して政令で定める技術的基準に適合するものであること。

(i)　当該建築物の構造、建築設備及び用途に応じて屋内において発生が予測される火災による火熱に当該火災が終了するまで耐えること。

(ii)　当該建築物の周囲において発生する通常の火災による火熱に当該火災が終了するまで耐えること。

ロ　その外壁の開口部で延焼のおそれのある部分に、防火戸その他の政令で定める防火設備（その構造が遮炎性能（通常の火災時における火炎を有効に遮るために防火設備に必要とされる性能をいう。第二十七条第一項において同じ。）に関して政令で定める技術的基準に適合するもので、国土交通大臣が定めた構造方法を用いるもの又は国土交通大臣の認定を受けたものに限る。）を有すること。

九の三　準耐火建築物　耐火建築物以外の建築物で、イ又はロのいずれかに該当し、外壁の開口部で延焼のおそれのある部分に前号ロに規定する防火設備を有するものをいう。

イ　主要構造部を準耐火構造としたもの

ロ　イに掲げる建築物以外の建築物であつて、イに掲げるものと同等の準耐火性能を有するものとして主要構造部の防火の措置その他の事項について政令で定める技術的基準に適合するもの

十　設計　建築士法（昭和二十五年法律第二百二号）第二条第六項に規定する設計をいう。

十一　工事監理者　建築士法第二条第八項に規定する工事監理をする者をいう。

十二　設計図書　建築物、その敷地又は第八十八条第一項から第三項までに規定する工作物に関する工事用の図面（現寸図その他これに類するものを除く。）及び仕様書をいう。

十三　建築　建築物を新築し、増築し、改築し、又は移転することをいう。

十四　大規模の修繕　建築物の主要構造部の一種以上について行う過半の修繕をいう。

十五　大規模の模様替　建築物の主要構造部の一種以上について行う過半の模様替をいう。

十六　建築主　建築物に関する工事の請負契約の注文者又は請負契約によらないで自らその工事をする者をいう。

十七　設計者　その者の責任において、設計図書を作成した者をいい、建築士法第二十条の二第三項又は第二十条の三第三項の規定により建築物が構造関係規定（同法第二十条の二第二項に規定する構造関係規定をいう。以下同じ。）又は設備関係規定（同法第二十条の三第二項に規定する設備関係規定をいう。第五条の六第三項及び第六条第三項第三号において同じ。）に適合することを確認した構造設計一級建築士（同法第十条の三第四項に規定する構造設計一級建築士をいう。以下同じ。）又は設備設計一級建築士（同法第十条の三第四項に規定する設備設計一級建築士をいう。第五条の六第三項及び同号において同じ。）を含むものとする。

十八　工事施工者　建築物、その敷地若しくは第八十八条第一項から第三項までに規定する工作物に関する工事の請負人又は請負契約によらないで自らこれらの工事をする者をいう。

十九　都市計画　都市計画法（昭和四十三年法律第百号）第四条第一項に規定する都市計画をいう。

二十　都市計画区域又は準都市計画区域　それぞれ、都市計画法第四条第二項に規定する都市計画区域又は準都市計画区域をいう。

二十一　第一種低層住居専用地域、第二種低層住居専用地域、第一種中高層住居専用地域、第二種中高層住居専用地域、第一種住居地域、第二種住居地域、準住居地域、田園住居地域、近隣商業地域、商業地域、準工業地域、工業地域、工業専用地域、特別用途地区、特定用途制限地域、特例容積率適用地区、高層住居誘導地区、高度地区、高度利用地区、特定街区、都市再生特別地区、居住環境向上用途誘導地区、特定用途誘導地区、防

火地域、準防火地域、特定防災街区整備地区又は景観地区　それぞれ、都市計画法第八条第一項第一号から第六号までに掲げる第一種低層住居専用地域、第二種低層住居専用地域、第一種中高層住居専用地域、第二種中高層住居専用地域、第一種住居地域、第二種住居地域、準住居地域、田園住居地域、近隣商業地域、商業地域、準工業地域、工業地域、工業専用地域、特別用途地区、特定用途制限地域、特例容積率適用地区、高層住居誘導地区、高度地区、高度利用地区、特定街区、都市再生特別地区、居住環境向上用途誘導地区、特定用途誘導地区、防火地域、準防火地域、特定防災街区整備地区又は景観地区をいう。

二十二　地区計画　都市計画法第十二条の四第一項第一号に掲げる地区計画をいう。

二十三　地区整備計画　都市計画法第十二条の五第二項第一号に掲げる地区整備計画をいう。

二十四　防災街区整備地区計画　都市計画法第十二条の四第一項第二号に掲げる防災街区整備地区計画をいう。

二十五　特定建築物地区整備計画　密集市街地における防災街区の整備の促進に関する法律（平成九年法律第四十九号。以下「密集市街地整備法」という。）第三十二条第二項第一号に規定する特定建築物地区整備計画をいう。

二十六　防災街区整備地区整備計画　密集市街地整備法第三十二条第二項第二号に規定する防災街区整備地区整備計画をいう。

二十七　歴史的風致維持向上地区計画　都市計画法第十二条の四第一項第三号に掲げる歴史的風致維持向上地区計画をいう。

二十八　歴史的風致維持向上地区整備計画　地域における歴史的風致の維持及び向上に関する法律（平成二十年法律第四十号。以下「地域歴史的風致法」という。）第三十一条第二項第一号に規定する歴史的風致維持向上地区整備計画をいう。

二十九　沿道地区計画　都市計画法第十二条の四第一項第一号に掲げる沿道地区計画をいう。

三十　沿道地区整備計画　幹線道路の沿道の整備に関する法律（昭和五十五年法律第三十四号。以下「沿道整備法」という。）第九条第二項第一号に掲げる沿道地区整備計画をいう。

三十一　集落地区計画　都市計画法第十二条の四第一項第五号に掲げる集落地区計画をいう。

三十二　集落地区整備計画　集落地域整備法（昭和六十二年法律第六十三号）第五条第三項に規定する集落地区整備計画をいう。

三十三　地区計画等　都市計画法第四条第九項に規定する地区計画等をいう。

三十四　プログラム　電子計算機に対する指令であつて、一の結果を得ることができるように組み合わされたものをいう。

三十五　特定行政庁　この法律の規定により建築主事又は建築副主事を置く市町村の区域については当該市町村の長をいい、その他の市町村の区域については都道府県知事をいう。ただし、第九十七条の二第一項若しくは第二項又は第九十七条の三第一項若しくは第二項の規定により建築主事又は建築副主事を置く市町村の区域内の政令で定める建築物については、都道府県知事とする。

（違反建築物に対する措置）

第九条　特定行政庁は、建築基準法令の規定又はこの法律の規定に基づく許可に付した条件に違反した建築物又は建築物の敷地については、当該建築物の建築主、当該建築物に関する工事の請負人（請負工事の下請人を含む。）若しくは現場管理者又は当該建築物若しくは建築物の敷地の所有者、管理者若しくは占有者に対して、当該工事の施工の停止を命じ、又は、相当の猶予期限を付けて、当該建築物の除却、移転、改築、増築、修繕、模様替、使用禁止、使用制限その他これらの規定又は条件に対する違反を是正するために必要な措置をとることを命ずることができる。

2　特定行政庁は、前項の措置を命じようとする場合においては、あらかじめ、その措置を命じようとする者に対して、その命じようとする措置及びその事由並びに意見書の提出先及び提出期限を記載した通知書を交付して、その措置を命じようとする者又はその代理人に意見書及び自己に有利な証拠を提出する機会を与えなければならない。

3　前項の通知書の交付を受けた者は、その交付を受けた日から三日以内に、特定行政庁に対して、意見書の提出に代えて公開による意見の聴取を行うことを請求することができる。

4　特定行政庁は、前項の規定による意見の聴取の請求があつた場合においては、第一項の措置を命じようとする者又はその代理人の出頭を求めて、公開による意見の聴取を行わなければならない。

5　特定行政庁は、前項の規定による意見の聴取を行う場合においては、第一項の規定によつて命じようとする措置並びに意見の聴取の期日及び場所を、期日の二日前までに、前項に規定する者に通知するとともに、これを公告しなければならない。

6　第四項に規定する者は、意見の聴取に際して、証人を出席させ、かつ、自己に有利な証拠を提出することができる。

7　特定行政庁は、緊急の必要がある場合においては、前五項の規定にかかわらず、これらに定める手続によらないで、仮に、使用禁止又は使用制限の命令をすることができる。

8　前項の命令を受けた者は、その命令を受けた日から三日以内に、特定行政庁に対して公開による意見の聴取を行うことを請求することができる。この場合においては、第四項から第六項までの規定を準用する。ただし、意見の聴取は、その請求があつた日から五日以内に行わなければならない。

9　特定行政庁は、前項の意見の聴取の結果に基づいて、第七項の規定によつて仮にした命令が不当でないと認めた場合においては、第一項の命令をすることができる。意見の聴取の結果、第七項の規定によつて仮にした命令が不当であると認めた場合においては、直ちに、その命令を取り消さなければならない。

10 特定行政庁は、建築基準法令の規定又はこの法律の規定に基づく許可に付した条件に違反することが明らかな建築、修繕又は模様替の工事中の建築物については、緊急の必要があつて第二項から第六項までに定める手続によることができない場合に限り、これらの手続によらないで、当該建築物の建築主又は当該工事の請負人（請負工事の下請人を含む。）若しくは現場管理者に対して、当該工事の施工の停止を命ずることができる。この場合において、これらの者が当該工事の現場にいないときは、当該工事に従事する者に対して、当該工事に係る作業の停止を命ずることができる。

11 第一項の規定により必要な措置を命じようとする場合において、過失がなくてその措置を命ぜられるべき者を確知することができず、かつ、その違反を放置することが著しく公益に反すると認められるときは、特定行政庁は、その者の負担において、その措置を自ら行い、又はその命じた者若しくは委任した者に行わせることができる。この場合においては、相当の期限を定めて、その措置を行うべき旨及びその期限までにその措置を行わないときは、特定行政庁又はその命じた者若しくは委任した者がその措置を行うべき旨をあらかじめ公告しなければならない。

12 特定行政庁は、第一項の規定により必要な措置を命じた場合において、その措置を命ぜられた者がその措置を履行しないとき、履行しても十分でないとき、又は履行しても同項の期限までに完了する見込みがないときは、行政代執行法（昭和二十三年法律第四十三号）の定めるところに従い、みずから義務者のなすべき行為をし、又は第三者をしてこれをさせることができる。

13 特定行政庁は、第一項又は第十項の規定による命令をした場合（建築監視員が第十項の規定による命令をした場合を含む。）においては、標識の設置その他国土交通省令で定める方法により、その旨を公示しなければならない。

14 前項の標識は、第一項又は第十項の規定による命令に係る建築物又は建築物の敷地内に設置することができる。この場合においては、第一項又は第十項の規定による命令に係る建築物又は建築物の敷地の所有者、管理者又は占有者は、当該標識の設置を拒み、又は妨げてはならない。

15 第一項、第七項又は第十項の規定による命令については、行政手続法（平成五年法律第八十八号）第三章（第十二条及び第十四条を除く。）の規定は、適用しない。

○建築基準法施行令〔抄〕

（昭和二十五年十一月十六日
政令第三百三十八号）

〔最終改正〕令和六年一月四日　政令第一号

第一章　総則

第一節　用語の定義等

（用語の定義）

第一条　この政令において次の各号に掲げる用語の意義は、それぞれ当該各号に定めるところによる。

一　敷地　一の建築物又は用途上不可分の関係にある二以上の建築物のある一団の土地をいう。

二　地階　床が地盤面下にある階で、床面から地盤面までの高さがその階の天井の高さの三分の一以上のものをいう。

三　構造耐力上主要な部分　基礎、基礎ぐい、壁、柱、小屋組、土台、斜材（筋かい、方づえ、火打材その他これらに類するものをいう。）、床版、屋根版又は横架材（はり、けたその他これらに類するものをいう。）で、建築物の自重若しくは積載荷重、積雪荷重、風圧、土圧若しくは水圧又は地震その他の振動若しくは衝撃を支えるものをいう。

四　耐水材料　れんが、石、人造石、コンクリート、アスファルト、陶磁器、ガラスその他これらに類する耐水性の建築材料をいう。

五　準不燃材料　建築材料のうち、通常の火災による火熱が加えられた場合に、加熱開始後十分間第百八条の二各号（建築物の外部の仕上げに用いるものにあつては、同条第一号及び第二号）に掲げる要件を満たしているものとして、国土交通大臣が定めたもの又は国土交通大臣の認定を受けたものをいう。

六　難燃材料　建築材料のうち、通常の火災による火熱が加えられた場合に、加熱開始後五分間第百八条の二各号（建築物の外部の仕上げに用いるものにあつては、同条第一号及び第二号）に掲げる要件を満たしているものとして、国土交通大臣が定めたもの又は国土交通大臣の認定を受けたものをいう。

（面積、高さ等の算定方法）

第二条　次の各号に掲げる面積、高さ及び階数の算定方法は、当該各号に定めるところによる。

一　敷地面積　敷地の水平投影面積による。ただし、建築基準法（以下「法」という。）第四十二条第二項、第三項又は第五項の規定によつて道路の境界線とみなされる線と道との間の部分の敷地は、算入しない。

二　建築面積　建築物（地階で地盤面上一メートル以下にある部分を除く。以下この号において同じ。）の外壁又はこれに代わる柱の中心線（軒、ひさし、はね出し縁その他これらに類するもの（以下この号において「軒等」という。）で当該中心線から水平距離一メートル以上突き出たもの（建築物の建蔽率の算定の基礎となる建築面積を算定する場合に限り、工場又は倉庫の用途に供する建築物において専ら貨物の積卸しその他これに類する業務のために設ける軒等でその端と敷地境界線との間の敷地の部分に有効な空地が確保されていることその他の理由により安全上、防火上及び衛生上支障がないものとして国土交通大臣が定める軒等（以下この号において「特例軒等」という。）のうち当該中心線から突き出た距離が水平距離一メートル以上五メートル未満のものであるものを除く。）である場合においては、その端から水平距離一メートル後退した線（建築物の建蔽率の算定の基礎となる建築面積を算定する場合に限り、特例軒等のうち当該中心線から水平距離五メートル以上突き出たものにあつては、その端から水平距離五メートル以内で当該特例軒等の構造に応じて国土交通大臣が定める距離後退した線））で囲まれた部分の水平投影面積による。ただし、国土交通大臣が高い開放性を有すると認めて指定する構造の建築物又はその部分については、当該建築物又はその部分の端から水平距離一メートル以内の部分の水平投影面積は、当該建築物の建築面積に算入しない。

三　床面積　建築物の各階又はその一部で壁その他の区画の中心線で囲まれた部分の水平投影面積による。

四　延べ面積　建築物の各階の床面積の合計による。ただし、法第五十二条第一項に規定する延べ面積（建築物の容積率の最低限度に関する規制に係る当該容積率の算定の基礎となる延べ面積を除く。）には、次に掲げる建築物の部分の床面積を算入しない。

イ　自動車車庫その他の専ら自動車又は自転車の停留又は駐車のための施設（誘導車路、操車場所及び乗降場を含む。）の用途に供する部分（第三項第一号及び第百三十七条の八において「自動車車庫等部分」という。）

ロ　専ら防災のために設ける備蓄倉庫の用途に供する部分（第三項第二号及び第百三十七条の八において「備蓄倉庫部分」という。）

ハ　蓄電池（床に据え付けるものに限る。）を設ける部分（第三項第三号及び第百三十七条の八において「蓄電池設置部分」という。）

ニ　自家発電設備を設ける部分（第三項第四号及び第百三十七条の八において「自家発電設備設置部分」という。）

ホ　貯水槽を設ける部分（第三項第五号及び第百三十七条の八において「貯水槽設置部分」という。）

ヘ　宅配ボックス（配達された物品（荷受人が不在その他の事由により受け取ることができないものに限る。）の一時保管のための荷受箱をいう。）を設ける部分（第三項第六号及び第百三十七条の八において「宅配ボックス設置部分」という。）

五　築造面積　工作物の水平投影面積による。ただし、国土交通大臣が別に算定方法を定めた工作物については、その算定方法による。

六　建築物の高さ　地盤面からの高さによる。ただし、次のイ、ロ又はハのいずれかに該当する場合においては、それぞれイ、ロ又はハに定めるところによる。

イ　法第五十六条第一項第一号の規定並びに第百三十条の十二及び第百三十五条の十九の規定による高さの算定については、前面道路の路面の中心からの高さによる。

ロ　法第三十三条及び法第五十六条第一項第三号に規定する高さ並びに法第五十七条の四第一項、法第五十八条第一項及び第二項、法第六十条の二の二第三項並びに法第六十条の三第二項に規定する高さ（北側の前面道路又は隣地との関係についての建築物の各部分の高さの最高限度が定められている場合におけるその高さに限る。）を算定する場合を除き、階段室、昇降機塔、装飾塔、物見塔、屋窓その他これらに類する建築物の屋上部分の水平投影面積の合計が当該建築物の建築面積の八分の一以内の場合においては、その部分の高さは、十二メートル（法第五十五条第一項から第三項まで、法第五十六条の二第四項、法第五十九条の二第一項（法第五十五条第一項に係る部分に限る。）並びに法別表第四(ろ)欄二の項、三の項及び四の項ロの場合には、五メートル）までは、当該建築物の高さに算入しない。

ハ　棟飾、防火壁の屋上突出部その他これらに類する屋上突出物は、当該建築物の高さに算入しない。

七　軒の高さ　地盤面（第百三十条の十二第一号イの場合には、前面道路の路面の中心）から建築物の小屋組又はこれに代わる横架材を支持する壁、敷桁又は柱の上端までの高さによる。

八　階数　昇降機塔、装飾塔、物見塔その他これらに類する建築物の屋上部分又は地階の倉庫、機械室その他これらに類する建築物の部分で、水平投影面積の合計がそれぞれ当該建築物の建築面積の八分の一以下のものは、当該建築物の階数に算入しない。また、建築物の一部が吹抜きとなつている場合、建築物の敷地が斜面又は段地である場合その他建築物の部分によつて階数を異にする場合においては、これらの階数のうち最大なものによる。

2　前項第二号、第六号又は第七号の「地盤面」とは、建築物が周囲の地面と接する位置の平均の高さにおける水平面をいい、その接する位置の高低差が三メートルを超える場合においては、その高低差三メートル以内ごとの平均の高さにおける水平面をいう。

3　第一項第四号ただし書の規定は、次の各号に掲げる建築物の部分の区分に応じ、当該敷地内の建築物の各階の床面積の合計（同一敷地内に二以上の建築物がある場合においては、それらの建築物の各階の床面積の合計の和）に当該各号に定める割合を乗じて得た面積を限度として適用するものとする。

一　自動車車庫等部分　五分の一

二　備蓄倉庫部分　五十分の一

三　蓄電池設置部分　五十分の一

四　自家発電設備設置部分　百分の一

五　貯水槽設置部分　百分の一

六　宅配ボックス設置部分　百分の一

4　第一項第六号ロ又は第八号の場合における水平投影面積の算定方法は、同項第二号の建築面積の算定方法によるものとする。

第四章　耐火構造、準耐火構造、防火構造、防火区画等

（防火区画）

第一一二条　法第二条第九号の三イ若しくはロのいずれかに該当する建築物（特定主要構造部を耐火構造とした建築物を含む。）又は第百三十六条の二第一号ロ若しくは第二号ロに掲げる基準に適合する建築物で、延べ面積（スプリンクラー設備、水噴霧消火設備、泡消火設備その他これらに類するもので自動式のものを設けた部分の床面積の二分の一に相当する床面積を除く。以下この条において同じ。）が千五百平方メートルを超えるものは、床面積の合計（スプリンクラー設備、水噴霧消火設備、泡消火設備その他これらに類するもので自動式のものを設けた部分の床面積の二分の一に相当する床面積を除く。以下この条において同じ。）千五百平方メートル以内ごとに一時間準耐火基準に適合する準耐火構造の床若しくは壁又は特定防火設備（第百九条に規定する防火設備であつて、これに通常の火災による火熱が加えられた場合に、加熱開始後一時間当該加熱面以外の面に火炎を出さないものとして、国土交通大臣が定めた構造方法を用いるもの又は国土交通大臣の認定を受けたものをいう。以下同じ。）で区画しなければならない。ただし、次の各号のいずれかに該当する建築物の部分でその用途上やむを得ないものについては、この限りでない。

一　劇場、映画館、演芸場、観覧場、公会堂又は集会場の客席、体育館、工場その他これらに類する用途に供する建築物の部分

二　階段室の部分等（階段室の部分又は昇降機の昇降路の部分（当該昇降機の乗降のための乗降ロビーの部分を含む。）をいう。第十四項において同じ。）で一時間準耐火基準に適合する準耐火構造の床若しくは壁又は特定防火設備で区画されたもの

2～23〔略〕

○都市計画法〔抄〕

（昭和四十三年六月十五日法律第百号）

〔最終改正〕令和四年一一月一八日　法律第八七号

（地域地区）

第八条　都市計画区域については、都市計画に、次に掲げる地域、地区又は街区を定めることができる。

一～四の二　〔略〕

五　防火地域又は準防火地域

五の二　密集市街地整備法第三十一条第一項の規定による特定防災街区整備地区

六～一六　〔略〕

2～4　〔略〕

○危険物の取扱作業の保安に関する講習の実施細目

（昭和六十二年十一月二十四日消防庁告示第四号）

危険物の規制に関する規則（昭和三十四年総理府令第五十五号）第五十八条の十四第三項の規定に基づき、危険物の取扱作業の保安に関する講習の実施細目（昭和四十七年消防庁告示第三号）の全部を次のとおり改正し、昭和六十三年四月一日から施行する。

危険物の取扱作業の保安に関する講習の実施細目

第一　講習の種別

一　講習は、危険物取扱者が危険物の取扱作業に従事する製造所、貯蔵所及び取扱所（以下「危険物施設」という。）の態様に応じ、次のとおり種別を設けて実施するものとする。ただし、都道府県知事は、㈢の種別については、さらにこれを区分して実施することができる。

㈠　給油取扱所において危険物の取扱作業に従事する危険物取扱者を対象とした講習

㈡　石油コンビナート等災害防止法（昭和五十年法律第八十四号）第二条第六号に規定する特定事業所における危険物施設（㈠に該当する危険物施設を除く。）において危険物の取扱作業に従事する危険物取扱者を対象とした講習

(三) (一)及び(二)に掲げる危険物施設以外の危険物施設において危険物の取扱作業に従事する危険物取扱者を対象とした講習

二 都道府県知事は、当該都道府県の区域内に設置されている危険物施設において危険物の取扱作業に従事している危険物取扱者の状況その他危険物施設の状況にかんがみ、一に定めるところにより講習を実施することが困難であると認めるときは、これと異なる種別により講習を実施することができる。

第二 講習科目及び講習時間

講習科目及び講習時間は、第一に定める各種別とも次のとおりとするとともに、各種別の講習内容は、当該種別に係る危険物施設における危険物の取扱作業の実態に即したものとするものとする。

一(一) 講習科目 危険物関係法令に関する事項

ア 主として過去三年間における危険物関係法令の改正事項

イ 危険物規制の要点

(二) 講習時間 一時間以上

二(一) 講習科目 危険物の火災予防に関する事項

ア 危険物施設の火災及び漏えいの事例の動向並びにその原因及び問題点の概要並びにその発生防止のための保安上の対策等

イ 危険物施設において主として貯蔵し、又は取り扱う危険物の性状等

ウ 危険物施設における安全管理に関する知識

(二) 講習時間 二時間以上

第三 その他講習の実施に関し必要な細目

一 講習の種別、日時、場所等の公示

実施する講習の種別、日時、場所その他講習の実施に関し必要な事項は、都道府県知事があらかじめ公示するものとする。

二 受講の申請方法及び申請書の様式

(一) 受講の申請方法

受講の申請は、都道府県知事の定めるところにより、個々の危険物取扱者による個別申請又は事業所単位による一括申請の方法により行うものとする。

(二) 受講申請書の様式

受講申請書の様式は、(一)に定める申請方法に応じ、都道府県知事が定めるものとする。

付録

◆危険物用語索引
◆法令・実務の要点解説

※危険物関係法令等の条文で用いられている“用語”から、該当する条文等が迅速かつ容易に検索できる「危険物用語索引」と、危険物施設の関係者や危険物取扱者の日常業務、危険物取扱者試験準備等に役立つ「法令・実務の要点解説」を収録しました。幅広くご活用ください。

〈巻末よりご覧ください〉

◆法令・実務の要点解説

表示例

法 § 10 ① 一

消防法 第 10条 第１項 第１号

法…………消防法
危令………危険物の規制に関する政令
危則………危険物の規制に関する規則
危告示……危険物の規制に関する技術上の基準の細目を定める告示

目　次

1　危険物法令の仕組み

世の中には危険物が数多く存在するが、本書が扱うのは、あくまで消防法で定める危険物である。この危険物は、消防法第２条で定義され、この法律の第３章で貯蔵、取扱いや運搬等に係る規制が行われ、さらに「危険物の規制に関する政令」、「危険物の規制に関する規則」、「危険物の試験及び性状に関する省令」、「危険物の規制に関する技術上の基準の細目を定める告示」に細部基準が示されている。

1　規制の体系

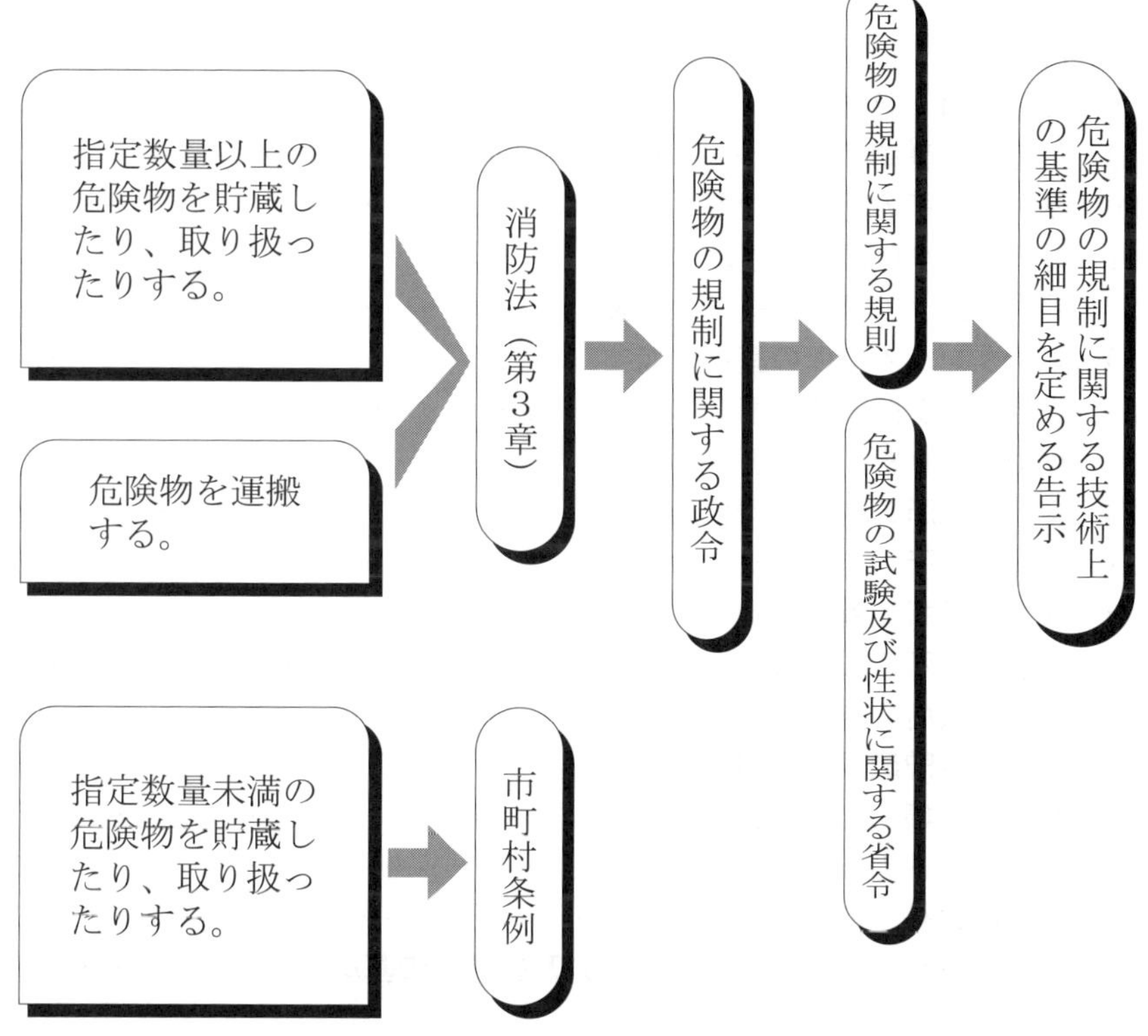

2　消防法の規制の概要

【規制の根幹である。徹底してマスターしよう】

消防法	章	項目	内容
	第一章	目　　的	
	第一章	危険物の定義	
	第二章	指定数量未満の危険物の貯蔵・取扱いの基準	
	第三章（第10条～第16条の9）	貯蔵、取扱いの制限の基本事項	許可又は承認を受けた施設で貯蔵又は取り扱うこと
		貯蔵、取扱いの基準	貯蔵、取り扱う場合の遵守事項、基準は政令
		位置、構造、設備の基準	基準はすべて政令、省令、告示
		許可・認可・届出等の手続	施設の設置、変更、譲渡、引渡等
		違反等に対する命令	基準遵守、使用停止命令等
		危険物取扱者	制度、返納命令、保安監督者、免状
		予防規程	作成対象は政令、定める事項は省令
		定期点検	対象は政令、内容等は省令
		自衛消防組織	組織対象等は政令
		運搬基準	容器、積載方法、運搬方法
		危険物流出等の事故原因調査	資料提出、報告、検査、質問、消防庁長官調査
		立入検査	質問、資料提出、検査
		適用除外	航空機、船舶、鉄道、軌道による貯蔵、取扱いはこの法令の適用を除外する。
	第九章	罰　　則	無許可貯蔵、貯蔵、取扱基準違反等に対する罰則
	別表第一		危険物となり得るものの、類別、性質、品名が示されている。

2　消防法で定める危険物

1　危険物となるための3条件（法§2⑦）、（危令§1から§1の9）（試験省令）

① 法別表第1の品名欄にあること。

② 法別表第1の性質欄の性状を有すること。

③ 試験省令で定める試験を行った結果一定の性状を示すこと。

2　危険物の類ごとの性質（法別表第1）

類	性　質	概　要
第1類	酸化性固体	可燃物を激しく燃焼させる固体
第2類	可燃性固体	着火又は引火しやすい固体
第3類	自然発火性物質 禁水性物質	空気中や水と接触して発火又は可燃性ガスの発生
第4類	引火性液体	引火しやすい液体
第5類	自己反応性物質	加熱、衝撃により、爆発的に燃焼
第6類	酸化性液体	可燃物を激しく燃焼させる液体

3 試験方法（危令§1の3〜§1の9）

類	形状		危険性	試験方法	危険物に該当する性状	危令
第一類	固体	粉粒状	酸化力の潜在的な危険性	燃焼試験	試験混合試料の燃焼時間が標準混合試料の燃焼時間と等しいか又は短いこと。	§1の3
			衝撃に対する敏感性	落球式打撃感度試験	試験試料が50%以上の確率で爆発すること。	
		粉粒状以外	酸化力の潜在的な危険性	大量燃焼試験	試験混合試料の燃焼時間が標準混合試料の燃焼時間と等しいか又は短いこと。	
			衝撃に対する敏感性	鉄管試験	鉄管が完爆すること。	
第二類	固体		火炎による着火の危険性	小ガス炎着火試験	10秒以内に着火し、燃焼を継続すること。	§1の4
			引火の危険性	引火点測定試験	引火点が測定されること。	
第三類	固体又は液体		空気中での発火の危険性	自然発火性試験	（固体の場合）　発火すること。 （液体の場合）　発火し、又はろ紙を焦がすこと。	§1の5
			水との接触による発火又は可燃性ガス発生の危険性	水との反応性試験	発火し、若しくは着火し、又は可燃性ガスが発生し、その量が200 ℓ/kg·hr以上であること。	
第四類	液体		引火の危険性	引火点測定試験	引火点が測定されること。	§1の6
第五類	固体又は液体		爆発の危険性	熱分析試験	発熱開始温度及び発熱量が標準物質から求められた危険性の基準以上であること。	§1の7
			加熱分解の激しさ	圧力容器試験	50%以上の確率で破裂すること。	
第六類	液体		酸化力の潜在的な危険性	燃焼試験	試験混合試料の燃焼時間が標準混合試料の燃焼時間と等しいか又は短いこと。	§1の8

3　指定数量

1　指定数量の定め

① 指定数量は危政令で定められている（法§９の４、危令§１の11・別表第３）。

② 指定数量は品名が同じでも、危険性の大きさにより異なる（危令§１の11・別表第３）。

③ 指定数量の倍数が１未満の場合は、運搬する場合を除き、各々の地域の市町村条例の定めに従って貯蔵し、又は取り扱う（法§９の４）。

☞　指定数量　危令別表第３

2　指定数量の倍数

① 危険物の数量を当該危険物の指定数量で除して得た値を指定数量の倍数という（法§11の４①）。

② 品名又は指定数量を異にする２以上の危険物が存する場合は、それぞれの危険物の数量を当該危険物の指定数量で除して得た値の和を指定数量の倍数とする（法§10②・§11の４①）。

計　算　例

EX 1

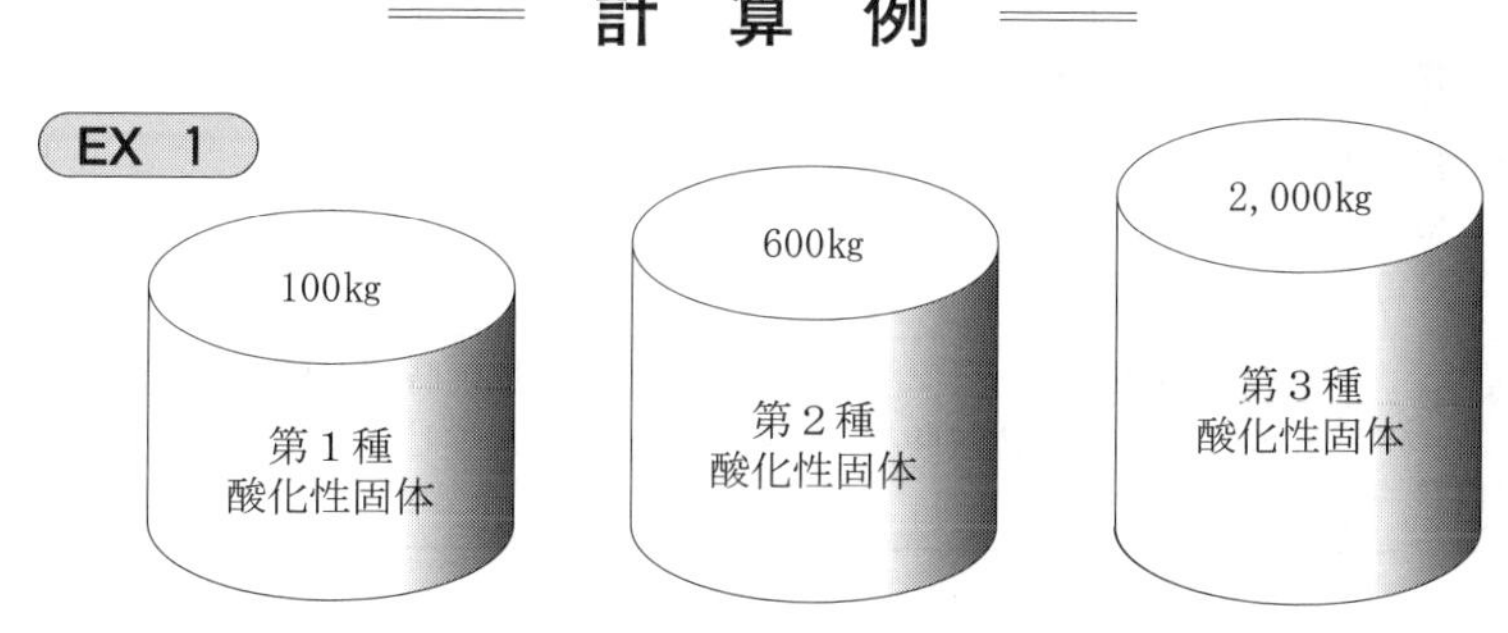

第 1 種酸化性固体の指定数量　　50kg
第 2 種酸化性固体の指定数量　　300kg
第 3 種酸化性固体の指定数量　　1,000kgである。

したがって指定数量の倍数は、

$$\frac{100}{50}+\frac{600}{300}+\frac{2,000}{1,000}=2+2+2=6$$ となる。

EX 2

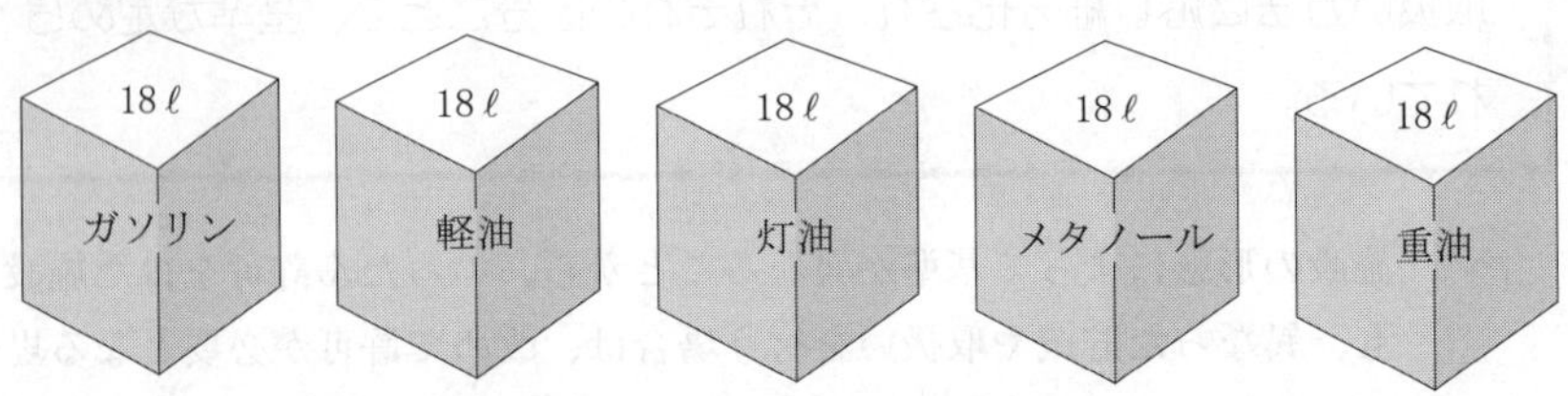

ガソリンは第一石油類で非水溶性……………指定数量は200 ℓ
軽油は第二石油類で非水溶性…………………指定数量は1,000 ℓ
灯油は第二石油類で非水溶性…………………指定数量は1,000 ℓ
メタノールはアルコール類……………………指定数量は400 ℓ
重油は第三石油類で非水溶性…………………指定数量は2,000 ℓ

したがって指定数量の倍数は、

$$\frac{18}{200}+\frac{18}{1,000}+\frac{18}{1,000}+\frac{18}{400}+\frac{18}{2,000}$$

$$=\frac{180}{2,000}+\frac{36}{2,000}+\frac{36}{2,000}+\frac{90}{2,000}+\frac{18}{2,000}$$

$$=\frac{360}{2,000}=0.18$$

この施設は指定数量の倍数が 1 未満であり、許可は必要なく、条例の対象となる。

4 危険物施設の区分

指定数量以上の危険物を製造したり、貯蔵したり、取り扱ったりする施設は市町村長等の許可を受け、さらに検査に合格したものでなければならない。

この施設は、製造所、貯蔵所、取扱所に区分され、さらに、貯蔵・取扱い方法に応じ細分化され、それぞれの区分ごとに、基準が定められている。

☞ **施設の形態によって基準が異なることから、いったん許可を得た施設でも、異なった貯蔵や取扱いを行う場合は、改めて許可が必要となる場合がある。**

区分	施設	内容
製造所		危険物を製造する施設
貯蔵所	屋内貯蔵所	容器入りの危険物を建築物内で貯蔵する
	屋外タンク貯蔵所	屋外にあるタンクで危険物を貯蔵する
	屋内タンク貯蔵所	屋内にあるタンクで危険物を貯蔵する
	地下タンク貯蔵所	地盤面下にあるタンクで危険物を貯蔵する
	簡易タンク貯蔵所	簡便なタンクで危険物を貯蔵する
	移動タンク貯蔵所	車両に固定されたタンクで危険物を貯蔵する
	屋外貯蔵所	屋外の場所で一定の危険物を容器等で貯蔵する

取扱所

給油取扱所
車両や航空機、船舶に給油する〔危令§３①一〕ガソリンスタンド（灯油・軽油も売れる）

販売取扱所
容器に入ったまま危険物を売る〔危令§３①二イ又はロ〕塗料販売店、エンジンオイル販売店（販売量によってイとロがあり基準が異なる）

移送取扱所
パイプで危険物を移送する〔危令§３①三〕パイプライン

一般取扱所
上記の三つ以外の取扱所はすべてこれ〔危令§３①四〕ボイラー、自家発電

☞　**施設の区分は、様々な基準に出てくるため、十分に留意すること。**

〔法§10①〕……………（例）プラント

〔危令§２一〕…………危険物倉庫

〔危令§２二〕…………オイルターミナル

〔危令§２三〕…………ボイラーや自家発電用

〔危令§２四〕…………ボイラーや自家発電用

〔危令§２五〕…………600ℓ以下

〔危令§２六〕…………タンクローリー

〔危令§２七〕…………２類の一部と４類の一部だけ、ガソリンは不可。

5　危険物施設の許可と仮貯蔵取扱いの手続

指定数量以上の危険物の貯蔵や取扱いは製造所、貯蔵所、取扱所で行うか、あるいは所轄消防長又は消防署長の承認を受けた場合以外はできない（法§10①）。

1　許可施設を設置する手続

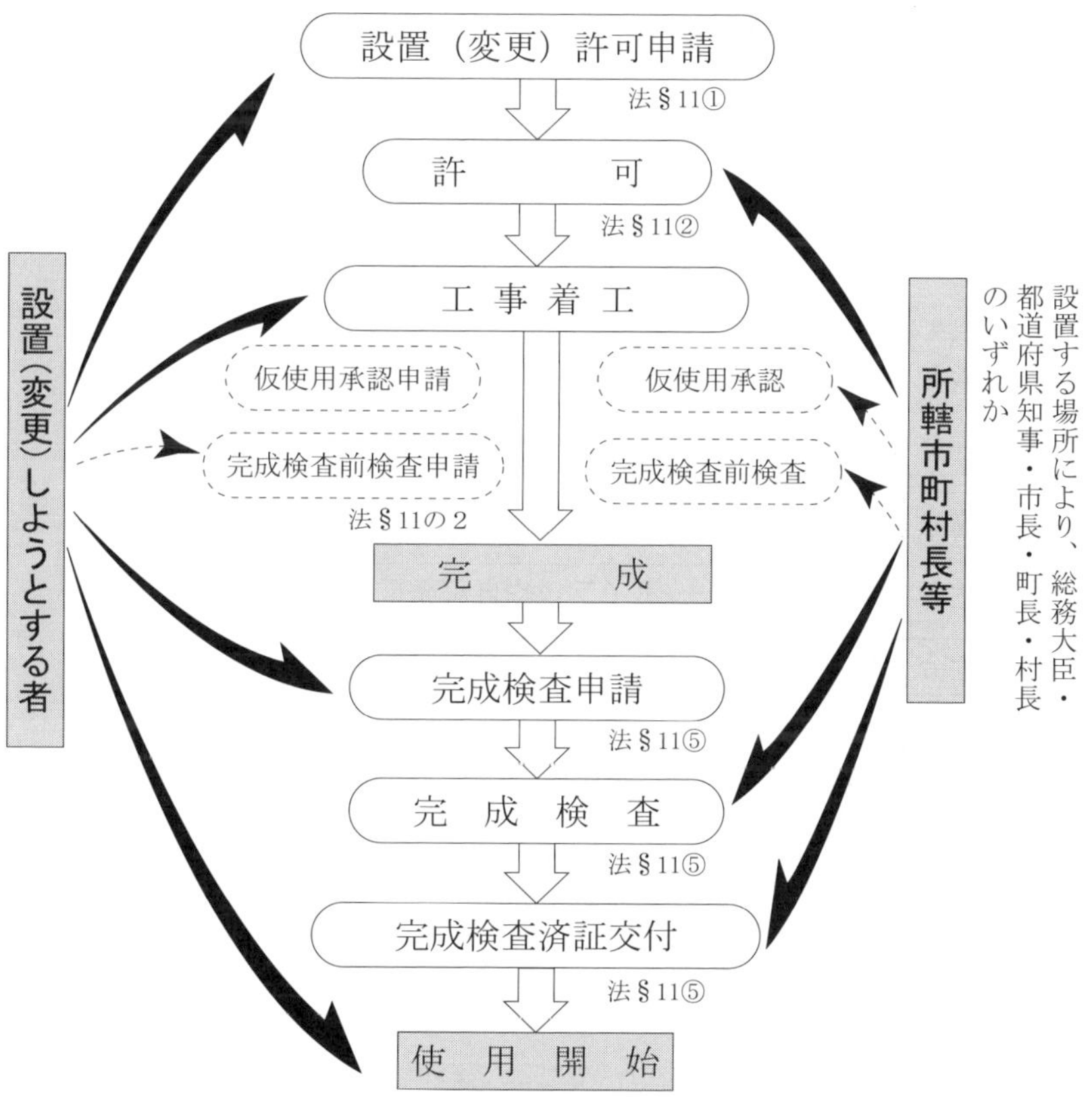

☞　許可が下りないと工事の着工はできない。

《完成検査前検査》（法§11の２・危令§８の２）

完成してしまった後では、確認ができないもの等について工事の工程ごとに検査するもの。

- 液体の危険物を貯蔵し、又は取り扱うタンクの水張（水圧）検査
- 1,000kℓ以上の液体を貯蔵する屋外タンク貯蔵所の基礎地盤及び溶接部検査
- 岩盤タンク貯蔵所の検査

☞　屋内貯蔵所、屋外貯蔵所には適用対象がない。

☞　完成検査前検査に合格しないと完成検査は受けられない。

☞　タンクの水張（水圧）検査のうち完成検査前検査から除かれているものがある。

《仮使用承認》（法§11⑤ただし書）

変更許可の場合、変更の工事に係る部分以外の部分の一部又は全部を市町村長等の承認を受けて使用することができる。

☞　消防署長の承認ではない。使用できるのは工事以外の部分である。

2　仮に貯蔵し、又は取り扱う場合の手続（法§10①ただし書）

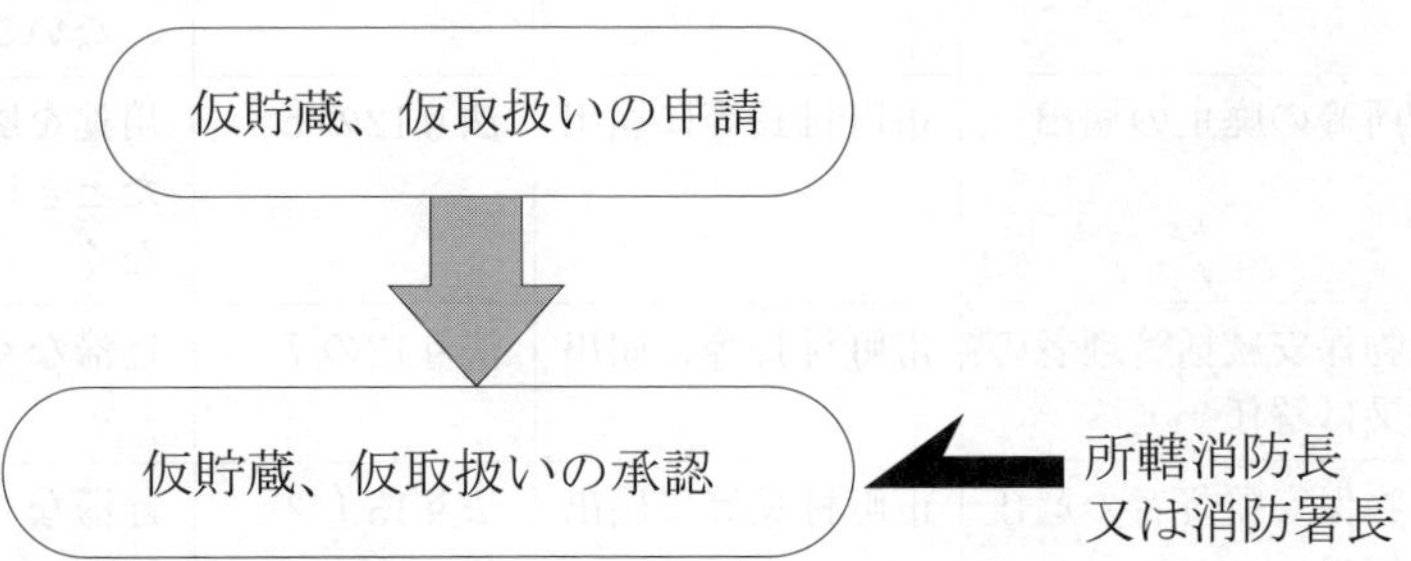

☞　期間は、10日以内に限られる。

☞　仮使用承認と異なり、この場合は消防長又は消防署長の承認となる。

6 危険物の貯蔵又は取扱いに関する各種の届出等

種類＼内容	届出先等	根拠条項	備考
10日以内の間仮に貯蔵又は取扱いを行う場合	消防長又は消防署長に提出	法§10①ただし書 危則§1の6	
製造所等を設置又は変更するとき	市町村長等の許可	法§11① 危令§6、7	
変更工事以外の部分を使用する	市町村長等の承認	法§11⑤ただし書	
完成検査を受けようとするとき	市町村長等の検査	法§11⑤ 危令§8	
製造所の譲渡・引渡しがあったとき	市町村長等に届出	法§11⑥	譲渡・引渡しを受けた者は遅滞なく
完成検査前検査を受けようとするとき	市町村長等の検査	法§11の2 危令§8の2	完成検査を受ける前
製造所等で貯蔵し又は取り扱う危険物の品名、数量又は指定数量の倍数の変更	市町村長等に届出	法§11の4	・変更しようとする日の10日前 ・位置、構造、設備に変更を生じないこと
製造所等の廃止の届出	市町村長等に届出	法§12の6	用途を廃止したときは遅滞なく
危険物保安統括管理者の選任又は解任	市町村長等に届出	法§12の7	遅滞なく
危険物保安監督者の選任又は解任	市町村長等に届出	法§13①②	遅滞なく
予防規程	市町村長等の認可	法§14の2	

☞　危険物の運搬に関しては、許可、認可、検査、届出等の手続がない。

7 危険物取扱者制度

製造所、貯蔵所及び取扱所においては、危険物取扱者以外の者は、甲種危険物取扱者又は乙種危険物取扱者が立ち会わなければ、危険物を取り扱つてはならない（法§13③）。

☞ 仮貯蔵施設や少量危険物施設においては、この義務が課されていない。

1 免状の種類と、貯蔵し又は取り扱うことができる危険物の種類

種　　類	貯蔵し又は取り扱うことができる危険物
甲種危険物取扱者免状	すべての類の危険物
乙種危険物取扱者免状	免状に記載されている種類の危険物
丙種危険物取扱者免状	第４類の危険物のうちガソリン、灯油、軽油、第三石油類（重油、潤滑油及び引火点130度以上のものに限る。）、第四石油類、動植物油類

☞ 丙種危険物取扱者は、無資格者の取扱いに係る「立会い」はできない。

☞ 丙種危険物取扱者は、保安監督者にはなれない。

2 危険物取扱者免状の取得

危険物取扱者免状は、危険物取扱者試験に合格した者に対し、都道府県知事が交付する（法§13の２③）。

☞　1　交付は都道府県知事でも効力は全国に及ぶ。
　　2　次の場合は交付されない（法§13の2④）。
　　・免状の返納を命ぜられてから1年を経過しない。
　　・消防法等に違反して罰金以上の刑を受けてから2年を経過しない。

3　危険物取扱者免状の書換え（法§13の2⑦）

免状の交付を受けている者は、免状の記載事項に変更を生じたときは、遅滞なく、当該免状に総務省令で定める書類を添えて、当該免状を交付した都道府県知事又は居住地若しくは勤務地を管轄する都道府県知事にその書換えを申請しなければならない（危令§34）。

☞　書換えを必要とする場合
　　1　氏名　2　本籍　3　撮影から10年以上経過した写真

4　危険物取扱者免状の再交付（法§13の2⑦）

免状の交付を受けている者は、免状を亡失し、滅失し、汚損し又は破損した場合は、当該免状の交付又は書換えをした都道府県知事にその再交付を申請することができる（危令§35）。

☞　再交付を受けた後に亡失した免状を発見した場合は、10日以内に再交付を受けた都道府県知事に提出する（危令§35③）。

5 保安講習

製造所、貯蔵所又は取扱所において危険物の取扱作業に従事する危険物取扱者は、総務省令で定めるところにより、都道府県知事等が行なう講習を受けなければならない（法§13の23)。

☞　講習を受けなければならない人（危則§58の14)

1　製造所等で危険物の取扱作業に従事している危険物取扱者

2　危険物取扱作業に従事することとなった日から1年以内に受講する。

【例外】
- 従事日以前2年以内に免状の交付を受けている場合は、交付を受けた日以後における最初の4月1日から3年以内
- 従事日以前2年以内に保安講習を受けている場合は、講習を受けた日以後における最初の4月1日から3年以内

3　危険物取扱作業に従事し、保安講習を受けた者は、当該講習を受けた日以後における最初の4月1日から3年以内ごとに受講する。

6 危険物取扱者免状の携帯

危険物取扱者は、危険物の移送をする移動タンク貯蔵所（タンクローリー）に乗車しているときは、危険物取扱者免状を携帯していなければならない（法§16の2③)。

☞　携帯義務が課されているのは、タンクローリーによる移送時のみ。

7 免状の返納命令

危険物取扱者がこの法律又はこの法律に基づく命令の規定に違反しているときは、危険物取扱者免状を交付した都道府県知事は、当該危険物取扱者免状の返納を命ずることができる（法§13の2⑤)。

☞　この法律とは消防法であり、この法律に基づく命令とは危険物の規制に関する政令や規則を指す。

8 危険物保安監督者（法§13①）

1 保安監督者の選任を要する施設（危令§31の2）

☞ 危険物の種類、倍数の如何を問わず必要となる施設
■製造所　■屋外タンク貯蔵所　■給油取扱所
■移送取扱所

☞ 危険物の種類、倍数の如何を問わず必要ない施設
■移動タンク貯蔵所

2 保安監督者となるための資格

① 甲種又は乙種危険物取扱者免状を有している。
② 6か月以上の実務経験を有すること。

☞ 丙種免状を有していても選任できない。
☞ 実務経験は、製造所等の実務経験に限られる（危則§48の2）。

3 保安監督者の業務（危則§48）

① 危険物取扱作業が、貯蔵・取扱いの基準及び予防規程等に適合するよう作業者に必要な指示を与える。
② 火災等の災害時に作業者を指揮し、応急措置及び消防機関等に連絡する。
③ 危険物施設保安員に必要な指示を与える。
④ 危険物施設保安員を置く必要のない施設の場合にあっては、定期点検等施設保安員が行う業務を行う。
⑤ 災害時に隣接事業所と連絡を保つこと。
⑥ その他、危険物の取扱い作業に必要な監督業務

9 危険物保安統括管理者・危険物施設保安員

1 危険物保安統括管理者（法§12の7①）

☞ 選任の要する事業所（危令§30の3）
製造所、移送取扱所（除外施設あり）又は一般取扱所（除外施設あり）において取り扱う第4類の危険物が、指定数量の3,000倍に相当するもの。
なお、移送取扱所にあっては指定数量以上のもの。
※除外施設は「危則§47の4」

☞ 選任に当たって、資格は特に定められていない。

☞ 市町村長等への届出義務がある（法§12の7②）。

2 危険物施設保安員（法§14）

ア）選任を要する施設

☞ 1　製造所、一般取扱所で指定数量の倍数が100以上のもの。
2　移送取扱所
※「危則§60」に定めるものは除かれる。

☞ 資格は特に定められていない。

☞ 届出義務は課されていない。

イ）危険物施設保安員の業務（危則§59）

① 施設の定期点検又は臨時点検及び点検の記録
② 構造、設備に異常を発見した場合の保安監督者等への連絡及び措置
③ 火災発生時の応急措置
④ 安全装置等の機能の保持
⑤ その他、製造所等の構造及び設備の保安に関し必要な業務

10 予防規程（法§14の2①）

1 予防規程を定め認可を必要とする施設（危令§37）

施設区分	指定数量の倍数等	除外されるもの
製造所	10以上	●鉱山保安法に基づく保安規程を定めているもの ●火薬類取締法に基づく危害予防規程を定めている施設 ●屋外の自家用給油取扱所 ●容器詰めの一般取扱所 （30倍以下、かつ、引火点40℃以上）
屋内貯蔵所	150以上	
屋外タンク貯蔵所	200以上	
屋外貯蔵所	100以上	
給油取扱所	すべて	
移送取扱所	すべて	
一般取扱所	10以上	

☞ 内容に不備があると認可されなかったり、変更を命令されるときがある。

2 予防規程に定める事項（危則§60の2）

① 危険物の保安管理を行う者の職務と組織
② 保安監督者の職務代行者
③ 自衛消防組織
④ 保安教育
⑤ 保安のための巡視、点検、検査
⑥ 施設の運転、操作
⑦ 危険物取扱作業基準
⑧ 補修方法
⑨ 施設工事の安全管理（火気使用・取扱い管理、危険物等の管理）
⑩ 製造所、一般取扱所における危険物の取扱工程、設備等の変更に伴う危険要因の把握とその対策
⑪ 専用タンクへ注入作業が行われているときに給油又は容器への詰替えが行われる場合の取扱作業の立会及び監視その他の保安措置（荷卸し中の固定給油設備等の使用に係る安全対策を講じた給油取扱所に限る）
⑫ 緊急時対応に関する表示その他給油の業務が行われていないときの保安措置（営業時間外の係員以外の者の出入り制限緩和のための安全対策を講じた給油取扱所に限る）
⑬ 顧客に対する監視・その他保安のための措置（顧客に自ら給油等をさせる給油取扱所に限る）
⑭ 配管工事の現場責任者の条件等（移送取扱所に限る）
⑮ 災害時の措置
〔以下略〕

11 定期点検・保安検査・自衛消防組織

1 定期点検

政令で定める製造所、貯蔵所又は取扱所の所有者、管理者又は占有者は、これらの製造所、貯蔵所又は取扱所について、総務省令で定めるところにより、定期に点検し、その点検記録を作成し、これを保存しなければならない（法§14の3の2）。

ア）定期点検を要する施設（危令§8の5）

施設区分	指定数量の倍数等	除かれる施設
製造所・一般取扱所	10以上又は地下タンクを有する	●鉱山保安法第19条第1項の規定による保安規程を定めている製造所等 ●火薬類取締法第28条第1項の規定による危害予防規程を定めている製造所等 ●移送取扱所のうち、配管の延長が15kmを超えるもの又は配管に係る最大常用圧力が0.95MPa以上で、かつ、配管の延長が7km以上15km以下のもの ●指定数量の倍数が30以下で、かつ、引火点が40℃以上の第4類の危険物のみを容器に詰替える一般取扱所
屋内貯蔵所	150以上	
屋外タンク貯蔵所	200以上	
屋外貯蔵所	100以上	
地下タンク貯蔵所	すべて	
移動タンク貯蔵所	すべて	
給油取扱所	地下タンクを有するものすべて	
移送取扱所	すべて	

イ）点検内容（危則§62の4②）

☞ 位置、構造、設備が技術上の基準に適合しているか否かについて実施する。

ウ）点検実施者（危則§62の6）

☞ 危険物取扱者又は危険物施設保安員若しくは危険物取扱者の立会いを受けた者

☞　地下タンク・地下埋設配管・移動貯蔵タンクの漏れの点検のうち、危則§62の５の２～§62の５の４に該当する点検は、上記の者のうち「点検の方法に関する知識及び技能を有する者」が実施しなければならない。

☞　屋外タンク貯蔵所に設けられている固定式泡消火設備の泡の適正な放出を確認する点検は、泡の発泡機構、泡消火薬剤の性状及び性能の確認等に関する知識及び技能を有する者が行わなければならない（危則§62の５の５）。

エ）点検実施時期（危則§62の４①、62の５、62の５の４、62の８）

㋐　移動タンクの水圧試験………完成検査済証の交付を受けた日又は水圧試験を行った日から５年を超えない日までに１回以上※
（記録保存は10年）

㋑　屋外タンク貯蔵所の内部点検
〔引火性液体の危険物を貯蔵し又は取り扱うもので容量が1,000kℓ以上のもの〕………１万kℓ未満　13年
（記録保存は26年）

㋒　上記以外は１年に１回以上※行い、記録は３年間保存する。

※　災害その他非常事態の発生により、点検を行うことが困難であると認められるときは、市町村長等が点検を行うべき期限を別に定める。

2　保安検査（法§14の３①、②）

一定の規模以上の屋外タンク貯蔵所又は移送取扱所について市町村長等が一定期間ごとに又は一定の事由発生時に行う検査

☞　検査対象、検査時期、検査内容は「危令§８の４」に定められている。

3　自衛消防組織（法§14の４）

一定規模以上の危険物事業所について、自衛消防組織を置くことが定められている。

☞　組織対象は「危令§38」、編成は「危令§38の２」に定められている。

12 運搬の基準

危険物の運搬は、その容器、積載方法及び運搬方法について政令で定める技術上の基準に従つてこれをしなければならない（法§16）。

☞　危険物の運搬には、届出や許可の義務がない。

☞　運搬の基準は、量のいかんを問わず適用される。

1　容器の基準（危令§28）、（危則§41、§42、§43、別表第3、第3の2、第3の3、第3の4）

☞　容器の材質は鋼板、アルミニウム板、ブリキ板、ガラス、金属板、紙、プラスチック、ファイバー板、ゴム類、合成繊維、麻、木又は陶磁器とされ、収容する危険物の種類及び危険等級に応じ、別表に定められている。

☞　構造及び最大容積
容器は堅固で容易に破損するおそれがなく、かつ、その口から収納された危険物が漏れるおそれがないこと。

2　積載方法（危令§29）

ア）危険物の収納方法（危則§43の3）

1　運搬容器への収納は次のとおり。

㋐　密封して収納すること。

㋑　固体の危険物は容器の内容積の95%以下の収納率とすること。

㋒　液体の危険物は、容器の内容積の98%以下の収納率で、かつ、55℃以上で漏れないよう十分な空間を有すること。

㋓　一の外装容器には、類を異にする危険物を収納しないこと。

㋔　第3類の危険物のうち、自然発火性物品にあっては、不活性気体を封入して密封する等空気と接しないようにすること。

㋕　第３類の危険物のうち、自然発火性以外の物品にあっては、水分と接しないようにすること。

2　機械により荷役する構造を有する運搬容器への危険物の収納は、１㋐～㋕に加え、次のとおり。

㋐　腐食、損傷等異常がないこと。

㋑　金属性の運搬容器、硬質プラスチック製の運搬容器又はプラスチック内容器付きの運搬容器は、試験及び点検を行い異常がないこと。

㋒　複数の閉鎖装置が連続して設けられている運搬容器のときは、容器本体に近い閉鎖装置を先に閉鎖すること。

㋓　ガソリン、ベンゼンその他静電気による災害が発生するおそれのある液体の危険物を収納し、排出する運搬容器のときは、災害の発生を防止するための装置を講ずること。

㋔　温度変化等により液状になる固体の危険物を収納する運搬容器のときは、危険物が漏れないようにすること。

㋕　液体の危険物を収納するときは、55℃の温度における蒸気圧が130kPa以下のもの

㋖　硬質プラスチック製の運搬容器又はプラスチック内容器付きの運搬容器に液体の危険物を収納するときの運搬容器は、製造されてから５年以内のもの

㋗　運搬容器への収納に関し必要な告示（危告示第68条の６の５）で定めるもの

☞　試験及び点検の内容

・液体の危険物又は10kPa以上の圧力を加えて収納し、若しくは排出する固体危険物を収納する運搬容器は、２年６か月以内に行われた気密試験

・運搬容器の外部の点検及び附属設備の機能点検は２年６か月以内、内部の点検は５年以内

イ）容器表示（危則§44）

1　容器の外部に行う表示は次のとおり。

㋐　危険物の品名、危険等級、化学名、水溶性（第４類の危険物のうち、水溶性のものに限る。）

㋑　危険物の数量

㋒ 注意事項

2 機械により荷役する構造を有する運搬容器の外部に行う表示は、1㋐～㋒に加え次のとおり。

㋐ 運搬容器の製造年月及び製造者の名称

㋑ 積み重ね試験荷重

㋒ 運搬容器の種類に応じた重量

㋓ 運搬容器の種類に応じた告示(危告示第68条の6の6)で定める表示

☞ 収容する危険物に応じて次の表示

類別品名等		表示
第1類の危険物	アルカリ金属の過酸化物、この含有品	火気・衝撃注意 可燃物接触注意 禁水
	その他のもの	火気・衝撃注意 可燃物接触注意
第2類の危険物	鉄粉、金属粉、マグネシウム、これらの含有品	火気注意 禁水
	引火性固体	火気厳禁
	その他のもの	火気注意
自然発火性物品		空気接触厳禁 火気厳禁
禁水性物品		禁水
第4類の危険物		火気厳禁
第5類の危険物		火気厳禁 衝撃注意
第6類の危険物		可燃物接触注意

ウ) 積載方法

危険物は、次のように積載して運搬する。

㋐ 転落、落下、転倒し破損しないようにする（危令§29①三）。

㋑ 収納口を上に向けて積載する（危令§29①四）。

㋒ 特定の危険物は日光の直射、雨水等の浸透等を防止する措置を行う（危令§29①五)、(危則§45)。

㊁ 表の×印の場合は、混載が禁止されている（危令§29①六）、（危則§46）。

危則別表第４（第46条関係）

	第一類	第二類	第三類	第四類	第五類	第六類
第一類	＼	×	×	×	×	○
第二類	×	＼	×	○	○	×
第三類	×	×	＼	○	×	×
第四類	×	○	○	＼	○	×
第五類	×	○	×	○	＼	×
第六類	○	×	×	×	×	＼

備考１．×印は、混載することを禁止する印である。
２．○印は、混載にさしつかえない印である。
３．この表は、指定数量の$\frac{1}{10}$以下の危険物については、適用しない。

なお、高圧ガス保安法第２条各号に掲げる高圧ガスのうち、告示で定めるもの以外のものと危険物との混載も禁止されている。

㋔ 容器の積み重ね高さ（危令§29①七）、（危則§46の２）

☞ ３ｍ以下（上に重いものを載せるときは、これより低くなる。）

3 運搬方法（危令§30）

危険物を運搬するときの基準は次のとおり。

㋐ 著しく摩擦、動揺を起こさないようにする。

㋑ 指定数量以上の危険物を車両で運搬するときは 危 の標識を掲げ、消火器を備える。

㋒ 積替えや休憩等で停車するときは、安全な場所を選ぶ。

㋓ 事故時には応急措置を行うとともに、消防機関等に連絡する。

13 位置、構造、設備の基準の概要

製造所、貯蔵所及び取扱所の位置、構造及び設備の技術上の基準は、政令でこれを定める（法§10④）。

☞ 法§10④に基づき、基準は、危険物の規制に関する政令第3章（第9条～第23条）に定められている。

危険物の規制に関する政令第三章

- 第1節　製造所の位置、構造及び設備の基準
  - 第9条　製造所の基準
- 第2節　貯蔵所の位置、構造及び設備の基準
  - 第10条　屋内貯蔵所の基準
  - 第11条　屋外タンク貯蔵所の基準
  - 第12条　屋内タンク貯蔵所の基準
  - 第13条　地下タンク貯蔵所の基準
  - 第14条　簡易タンク貯蔵所の基準
  - 第15条　移動タンク貯蔵所の基準
  - 第16条　屋外貯蔵所の基準
- 第3節　取扱所の位置、構造及び設備の基準
  - 第17条　給油取扱所の基準
  - 第18条　販売取扱所の基準
  - 第18条の2　移送取扱所の基準
  - 第19条　一般取扱所の基準
- 第4節　消火設備、警報設備及び避難設備の基準
  - 第20条　消火設備の基準
  - 第21条　警報設備の基準
  - 第21条の2　避難設備の基準
  - 第22条　消火設備及び警報設備の規格
- 第5節　雑　則
  - 第23条　基準の特例

14　保安上建物等から保つ距離（保安距離）

製造所の位置は、次に掲げる建築物等から当該製造所の外壁又はこれに相当する工作物の外側までの間に、それぞれ当該建築物等について定める距離を保つこと。ただし、イからハまでに掲げる建築物等について、不燃材料（建築基準法（昭和25年法律第201号）第２条第９号の不燃材料のうち、総務省令で定めるものをいう。以下同じ。）で造つた防火上有効な塀を設けること等により、市町村長等が安全であると認めた場合は、当該市町村長等が定めた距離を当該距離とすることができる（危令§９①一）。

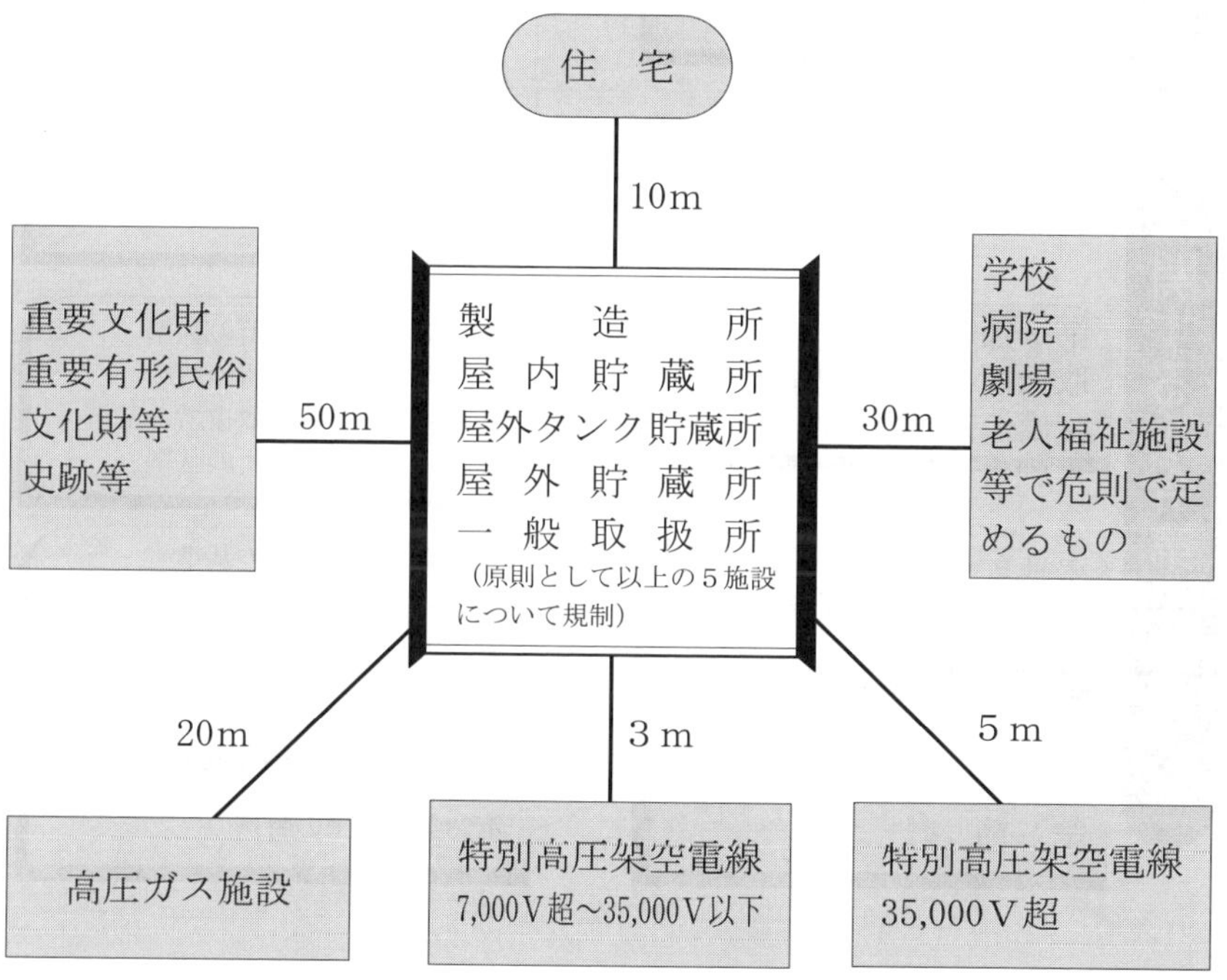

15 製造所等の周囲に保有する空地（保有空地）

■製造所の場合

危険物を取り扱う建築物その他の工作物（危険物を移送するための配管その他これに準ずる工作物を除く。）の周囲に、次の表に掲げる区分に応じそれぞれ同表に定める幅の空地を保有すること。ただし、総務省令で定めるところにより、防火上有効な隔壁を設けたときは、この限りでない。

区　分	空地の幅
指定数量の倍数が10以下の製造所	3 m以上
指定数量の倍数が10を超える製造所	5 m以上

（危令§9①二）

☞　製造所以外の空地の規制の概要は次のとおり。

屋内貯蔵所	危令§10①二	形態、倍数、建物構造によって規制はそれぞれ異なっている。
屋外タンク貯蔵所	危令§11①二	
屋外に設ける簡易タンク貯蔵所	危令§14①四	タンクの周囲に1 m
屋外貯蔵所	危令§16①四	さくの周囲に倍数に応じた距離
一般取扱所	危令§19①	製造所に準ずるが形態によって異なる。

☞　給油取扱所の空地は、車両の出入に必要な空地であり、この空地とは異なる。

16 標識、掲示板

製造所には、総務省令で定めるところにより、見やすい箇所に製造所である旨を表示した標識及び防火に関し必要な事項を掲示した掲示板を設けること（危令§９①三）。

この規定は、製造所に限らずすべての施設に設けられている。

1 標識（危則§17）

ア）移動タンク貯蔵所

☞ 

大きさ…辺の長さが0.3m以上0.4m以下の正方形
地………黒色
文字……黄色の反射塗料
※車両の前後の見やすい箇所

イ）移動タンク貯蔵所以外の製造所等

☞ 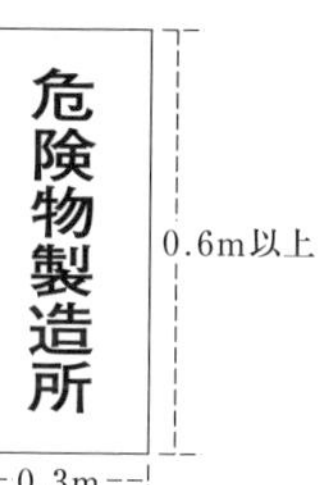

地………白
文字……黒
※文字は各々「危険物屋内貯蔵所」、「危険物給油取扱所」……等

ウ）運搬車両の標識（危令§30①二）（危則§47）

☞ 

地………黒色
文字……黄色の反射塗料
※車両の前後の見やすい箇所

2 掲　示　板

ア）施設概要の掲示板（危則§18①一、二、三）

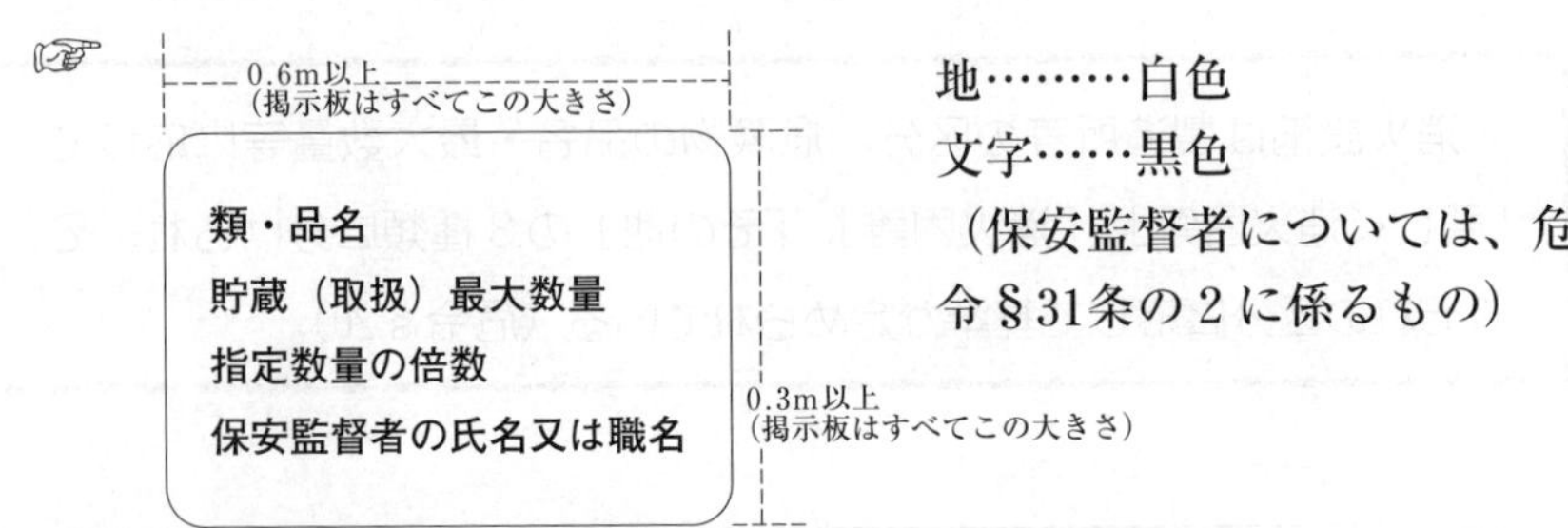

イ）注意事項の掲示板（危則§18①四、五、六）

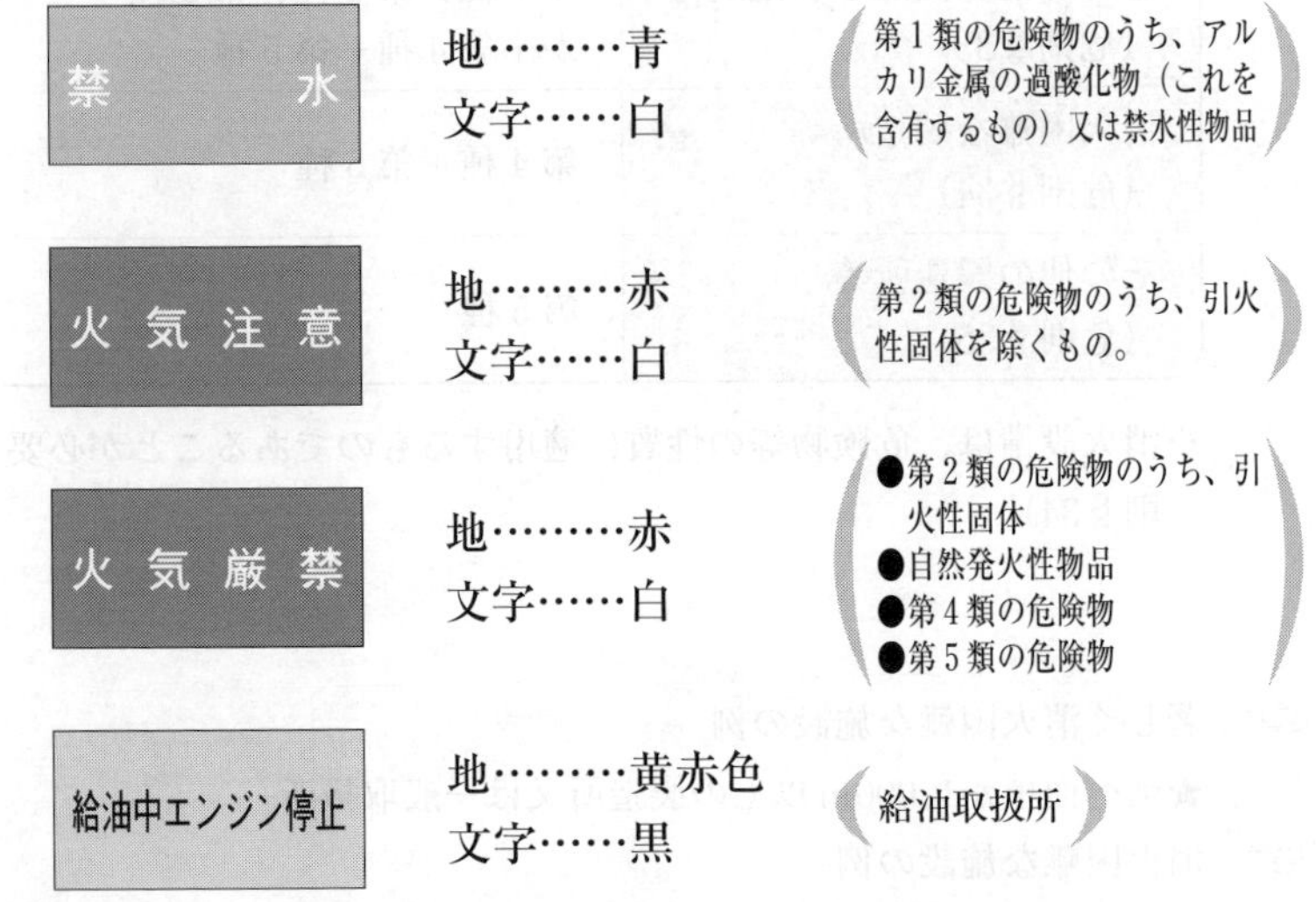

ウ）タンク注入口及びポンプ設備の掲示板（危則§18②）

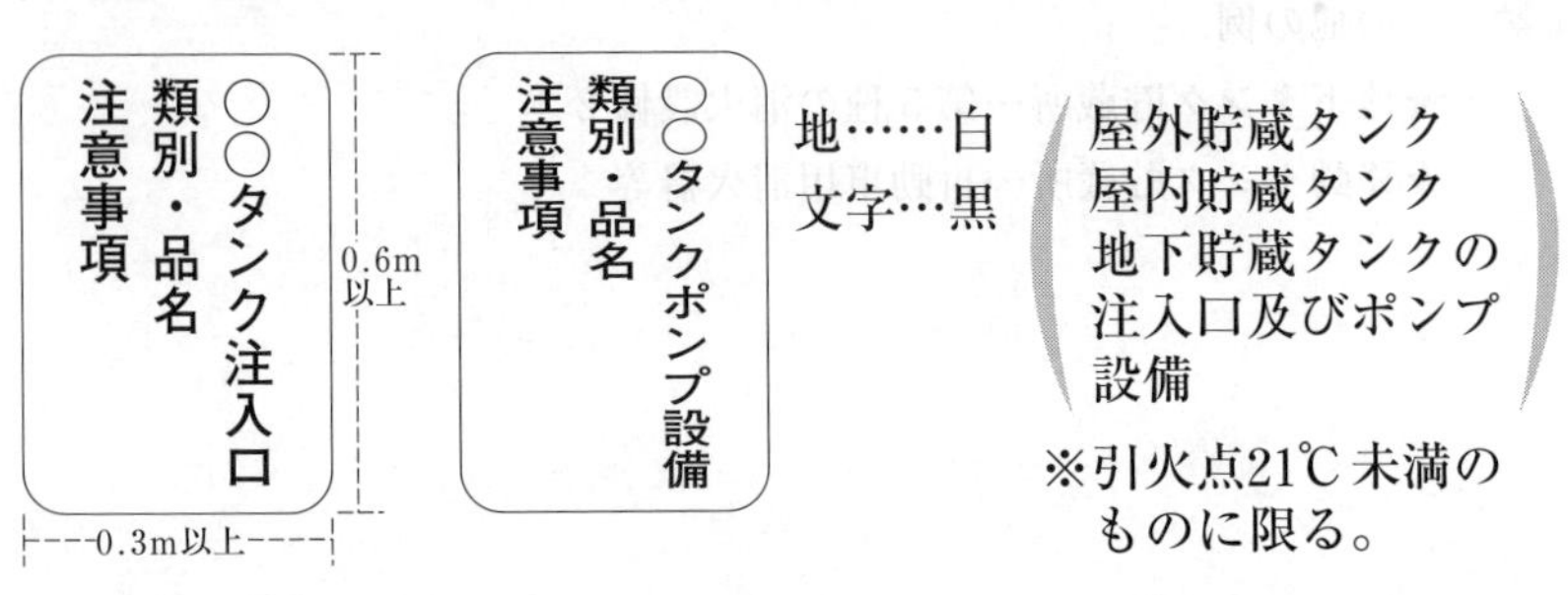

17 消火設備

消火設備は製造所等の区分、危険物の品名・最大数量等に応じて「著しく消火困難」、「消火困難」、「その他」の３種類に分けられ、それぞれの区分に応じて基準が定められている（危令§20）。

☞

区　分	設備する消火設備
著しく消火困難な製造所等（危則§33）	第１種、第２種、第３種のいずれか＋第４種＋第５種
消火困難な製造所等（危則§34）	第４種＋第５種
その他の製造所等（危則§35）	第５種

※消火設備は、危険物等の性質に適用するものであることが必要（危則§34）。

☞ 著しく消火困難な施設の例

★延べ面積が1,000㎡以上の製造所又は一般取扱所

☞ 消火困難な施設の例

★上部に上階を有する二面開放型屋内給油取扱所

☞ その他の例

★地下タンク貯蔵所…第５種の消火設備２本

★移動タンク貯蔵所…自動車用消火器等

1 消火設備の種類 危令別表第5（第20条関係）

消火設備の区分			対象物の区分											
			建築物その他の工作物	電気設備	第一類の危険物		第二類の危険物			第三類の危険物		第四類の危険物	第五類の危険物	第六類の危険物
					アルカリ金属の過酸化物又はこれを含有するもの	その他の第一類の危険物	鉄粉、金属粉若しくはマグネシウム又はこれらのいずれかを含有するもの	引火性固体	その他の第二類の危険物	禁水性物品	その他の第三類の危険物			
第一種	屋内消火栓設備又は屋外消火栓設備		○			○		○	○		○		○	○
第二種	スプリンクラー設備		○			○		○	○		○		○	○
第三種	水蒸気消火設備又は水噴霧消火設備		○	○		○		○	○		○	○	○	○
第三種	泡消火設備		○			○		○	○		○	○	○	○
第三種	不活性ガス消火設備			○				○				○		
第三種	ハロゲン化物消火設備			○				○				○		
第三種	粉末消火設備	りん酸塩類等を使用するもの	○	○		○		○	○			○		○
第三種	粉末消火設備	炭酸水素塩類等を使用するもの		○	○		○	○		○		○		
第三種	粉末消火設備	その他のもの			○		○			○				
第四種又は第五種	棒状の水を放射する消火器		○			○		○	○		○		○	○
第四種又は第五種	霧状の水を放射する消火器		○	○		○		○	○		○		○	○
第四種又は第五種	棒状の強化液を放射する消火器		○			○		○	○		○		○	○
第四種又は第五種	霧状の強化液を放射する消火器		○	○		○		○	○		○	○	○	○
第四種又は第五種	泡を放射する消火器		○			○		○	○		○	○	○	○
第四種又は第五種	二酸化炭素を放射する消火器			○				○				○		
第四種又は第五種	ハロゲン化物を放射する消火器			○				○				○		
第四種又は第五種	消火粉末を放射する消火器	りん酸塩類等を使用するもの	○	○		○		○	○			○		○
第四種又は第五種	消火粉末を放射する消火器	炭酸水素塩類等を使用するもの		○	○		○	○		○		○		
第四種又は第五種	消火粉末を放射する消火器	その他のもの			○		○			○				
第五種	水バケツ又は水槽		○			○		○	○		○		○	○
第五種	乾燥砂				○	○	○	○	○	○	○	○	○	○
第五種	膨張ひる石又は膨張真珠岩				○	○	○	○	○	○	○	○	○	○

備考 1　○印は、対象物の区分の欄に掲げる建築物その他の工作物、電気設備及び第１類から第６類までの危険物に、当該各項に掲げる第１種から第５種までの消火設備がそれぞれ適応するものであることを示す。

2　消火器は、第４種の消火設備については大型のものをいい、第５種の消火設備については小型のものをいう。

3　りん酸塩類等とは、りん酸塩類、硫酸塩類その他防炎性を有する薬剤をいう。

4　炭酸水素塩類等とは、炭酸水素塩類及び炭酸水素塩類と尿素との反応生成物をいう。

2　消火設備の所要単位（危則§29・§30）

① 所要単位は、消火設備の設置の対象となる建築物その他の工作物の規模又は危険物の量の基準の単位をいう。

② 能力単位は、前項の所要単位に対応する消火設備の消火能力の基準の単位をいう（危則§29）。

ア）所要単位の計算方法

		構　　造	1単位となる面積等
建築物	製造所・取扱所	外壁が耐火構造	100㎡
		外壁が耐火構造でない	50㎡
	貯蔵所	外壁が耐火構造	150㎡
		外壁が耐火構造でない	75㎡
屋外の工作物	外壁を耐火構造、かつ、水平最大面積を建坪とする建築物とみなして、上記表にあてはめて算出する。		
危険物	指定数量の10倍を1所要単位とする。		

☞ 電気設備のある場所については、面積100㎡ごとに1個以上、消火設備を設ける（危則§36）。

イ）消火設備の能力単位

消火設備	種　　別	容量	対象物に対する能力単位	
			第1類から第6類までの危険物に対するもの	電気設備及び第4類の危険物を除く対象物に対するもの
水バケツ又は水槽	消火専用バケツ	8ℓ		3個にて1.0
	水槽（消火専用バケツ3個付）	80ℓ		1.5
	水槽（消火専用バケツ6個付）	190ℓ		2.5
乾燥砂	乾燥砂（スコップ付）	50ℓ	0.5	
膨張ひる石又は膨張真珠岩	膨張ひる石又は膨張真珠岩（スコップ付）	160ℓ	1.0	

☞ 消火器は、消火器の技術上の規格を定める省令による。

18 警報設備、避難設備

1 警報設備

指定数量の倍数が10以上の製造所等で総務省令で定めるものは、総務省令で定めるところにより、火災が発生した場合自動的に作動する火災報知設備その他の警報設備を設置しなければならない（危令§21）。

☞ 移動タンク貯蔵所以外はすべて設置が必要となる（危則§36の２）。

ア）警報設備の区分

① 自動火災報知設備　② 消防機関に報知ができる電話
③ 非常ベル装置　④ 拡声装置　⑤ 警鐘

イ）自動火災報知設備を設けなければならない製造所等は指定数量の倍数が10以上のもので、かつ、次の例によるものである（危則§38）。

EX 1 延べ面積が500㎡以上の製造所等
EX 2 指定数量の倍数が100以上で屋内にある製造所（高引火点のみを100℃未満で取り扱うものを除く。）
EX 3 軒高が６ｍ以上の平家建の屋内貯蔵所

ウ）自動火災報知設備以外の警報設備のいずれか一つを設置しなければならない製造所等（危則§38①二）

☞ 指定数量の倍数が10以上のもので、自動火災報知設備を設けなければならないもの以外（移送取扱所を除く）。

2 避難設備（危令§21の２）

☞ 給油取扱所のうち、次のものには誘導灯を設けなければならない（危則§38の２）。

◎２階の部分を店舗の用に供するもの。

◎一面開放の屋内給油取扱所のうち、敷地外に直接通じる避難口を設けるもの。

19 製造所の基準の概要

1 技術上の基準の適用区分

一般的な製造所――危令§９①
高引火点危険物の製造所――危令§９②、危則§13の６
アルキルアルミニウム等の製造所――危令§９③、危則§13の７・§13の８・§13の９・§13の10

2 一般的な製造所の主な基準（危令§９①）

ア）建築物の基準

・地階を設けないこと。
・壁、柱、床、はり、階段…不燃材料（延焼のおそれのある外壁は耐火構造）
・屋根…軽量な不燃材料でふく。
・窓、出入口…防火設備（ガラスは網入り）
・液状の危険物を扱う床は、危険物が浸透しない構造

イ）設備の基準

☞ 貯蔵し又は取り扱う危険物の種類等に応じ、次の設備の設置等について定められている。

設備名	危令	危則、危告
換気設備	第９条第１項第10号	
排出設備	第９条第１項第11号	
囲い、貯留設備、油分離装置	第９条第１項第12号	
もれ、あふれ、飛散防止構造	第９条第１項第13号	
温度測定装置	第９条第１項第14号	
加熱乾燥設備	第９条第１項第15号	

設　備　名	危　　令	危則、危告
圧力計、安全装置	第９条第１項第16号	第19条
電　気　設　備	第９条第１項第17号	
静電気除去装置	第９条第１項第18号	
避　雷　設　備	第９条第１項第19号	第13条の２の２
危険物を取り扱うタンク	第９条第１項第20号	第13条の３
配　　　管	第９条第１項第21号	第13条の４、第13条の５、危告第３条～第４条
電動機、ポンプ、弁、接手	第９条第１項第22号	

☞　避雷設備………指定数量の倍数10以上

3　その他の製造所の主な基準

ア）高引火点危険物の製造所（危令§９②、危則§13の６）

引火点100℃以上の第４類の危険物のみを100℃未満の温度で取り扱う製造所については、危則§13の６において、一般的な製造所の基準について特例が定められている。

イ）アルキルアルミニウム等の製造所（危令§９③、危則§13の７）

アルキルアルミニウム、アルキルリチウム、アセトアルデヒド等、酸化プロピレン、ヒドロキシルアミン等又はこれらのいずれかを含有する危険物を取り扱う製造所については、その危険性に鑑み、一般的な製造所の基準を超える特例が定められている。

20 屋内貯蔵所の基準の概要

1 技術上の基準の適用区分

平家建の独立した専用の建築物の屋内貯蔵所……危令§10①
平家建以外の独立した専用の建築物の屋内貯蔵所……危令§10②
建築物の一部に設ける屋内貯蔵所……危令§10③
その他の屋内貯蔵所……危令§10④、⑤、⑥、⑦

2 平家建の独立・専用屋内貯蔵所の基準（危令§10①）

ア）建築物の基準

・地盤面から軒までの高さが6m未満であること。
（2類又は4類の危険物を貯蔵するものにあっては、20m）
・床面積は、1,000㎡を超えない。
・壁、柱、床……………耐火構造（延焼のおそれのある外壁に出入口以外の開口部を設けない。）
・はり……………………不燃材料
・屋根……………………軽量な不燃材料、かつ、天井を設けない。
・窓・出入口……………防火設備（ガラスは網入り）
・液状の危険物を扱う床は、危険物が浸透しない構造

イ）その他の基準

製造所に準拠し、各々定められている。

3 平家建以外の独立・専用屋内貯蔵所の基準（危令§10②）

☞ 貯蔵危険物は、第2類又は第4類の危険物（引火性固体及び引火点が70℃未満の第4類の危険物を除く。）に限定されている。

☞ 階高は、6ｍ未満

☞ 貯蔵倉庫の床面積の合計は、1,000㎡以下

4 建築物の一部に設ける屋内貯蔵所の基準(危令§10③)

☞ 貯蔵する危険物の指定数量の倍数は、20以下

☞ 建物の１階又は２階のいずれかに設ける。

☞ 床面積は、75㎡を超えない。

5 その他の屋内貯蔵所

☞ 上記のほかに指定数量の倍数が50以下、高引火点危険物のみを貯蔵する施設及び蓄電池を貯蔵する施設については、基準の特例が定められている（危則§16の２の３～§16の２の11)。

〔指定数量の倍数が50以下の特例〕

1　保有空地

区分		空地
指定数量の倍数	５以下	必要なし
	５を超え20以下	１ｍ以上
	20を超え50以下	２ｍ以上

2　面積……150㎡を超えない

3　建物構造

壁、柱、床、はり及び屋根…耐火構造

4　出入口

随時開けることができる自動閉鎖の特定防火設備

5　窓……禁止

☞ 有機過酸化物等を貯蔵する危険物については、基準を超える特例が定められている（危則§16の４～§16の７）。

21 屋外タンク貯蔵所の基準の概要

1 位置の基準

ア）**保安距離**……………製造所と同じ（危令§11①一）

イ）**敷地内距離**…………屋外タンクの区分ごとに貯蔵する危険物の引火点の区分に応じ、タンク側板から敷地境界までに保つ距離が定められている（危令§11①一の二）。
（引火点を有する液体の危険物を貯蔵する場合）

ウ）**保有空地**……………貯蔵する危険物の倍数に応じ、タンクの周囲に確保する空地の幅が定められている（危令§11①二）。

2 構造、設備の基準

注：特定屋外タンク貯蔵所：1,000kℓ 以上のタンク
準特定屋外タンク貯蔵所：500kℓ 以上1,000kℓ 未満のタンク

区　分	危　令	危　則	備　考
基礎及び地盤	第11条第1項第3号の2	第20条の2 第20条の3	特定屋外貯蔵タンクのみ
	第11条第1項第3号の3	第20条の3の2	準特定屋外貯蔵タンクのみ
材料 水圧試験 水張試験	第11条第1項第4号	第20条の4 第20条の4の2 第20条の5 第20条の5の2 第20条の10	特定屋外タンク貯蔵所及び準特定屋外タンク貯蔵所以外は3.2㎜以上の鋼板
溶接部の試験	第11条第1項第4号の2	第20条の6～ 第20条の9	特定屋外貯蔵タンクのみ
耐震 耐風圧 支柱の耐火性能	第11条第1項第5号	第21条	支柱は鉄筋コンクリート等
放爆構造	第11条第1項第6号		爆発等による内部の圧力を逃がす

区　　分	危　　令	危　則	備　考
さび止め	第11条第１項第７号		外面塗装
底板の措置	第11条第１項第７号の２	第21条の２	腐食防止
通気管	第11条第１項第８号	第20条	
自動液面計	第11条第１項第９号		
注入口	第11条第１項第10号		
ポンプ設備	第11条第１項第10号の２	第21条の３	
弁	第11条第１項第11号		鋳鋼等
水抜管	第11条第１項第11号の２	第21条の４	側板に設ける
浮き屋根の設備	第11条第１項第11号の３	第21条の５	損傷防止
配　管	第11条第１項第12号 第12号の２ 第12号の３	第21条の６	製造所の例 地震対策 非常時閉鎖
電気設備	第11条第１項第13号		製造所の例
避雷設備	第11条第１項第14号	第13条の２の２	倍数10以上
防油堤	第11条第１項第15号	第22条	

3　浮き蓋付特定屋外タンク貯蔵所に係る技術上の基準（危令§11②）

浮き蓋付特定屋外タンク貯蔵所の安全性を確保するために技術上の基準が定められている。

4　その他（危令§11③、④）

高引火点危険物については基準の特例が、アルキルアルミニウム等については基準を超える特例が定められている。

22 屋内タンク貯蔵所の基準の概要

1 位置の基準……………規制されていない。

2 平家建のタンク専用室に設置する屋内タンク貯蔵所の基準

ア）貯蔵危険物の制限

なし

イ）タンクと壁、又はタンクとタンクの間隔は、50cm以上（危令§12①二）

ウ）タンク容量の制限（危令§12①四）

・指定数量の40倍以下

・第四石油類及び動植物油類以外は最大容量20,000ℓ以下

エ）タンク専用室の構造（危令§12①十二～十八）

・壁、柱、床……耐火構造

・はり……不燃材料

・延焼のおそれのある外壁……出入口以外の開口部を有しない（引火点70℃以上除く）。

・屋根……不燃材料、天井を設けない。

・窓、出入口……防火設備（ガラスは網入り）

・出入口のしきいの高さ……床面から20cm以上

オ）タンク構造及び設備の基準

おおむね屋外タンクの例によっている。

3 平家建以外の建築物に設けられたタンク専用室に設置する屋内タンク貯蔵所（危令§12②）

ア）貯蔵危険物の制限

引火点が40℃以上の第４類の危険物のみを貯蔵し、又は取り扱うもの。

23 地下タンク貯蔵所の基準の概要

1 地下タンク貯蔵所の区分

地下タンク貯蔵所は、技術上の基準の適用上、その形態に応じて次の3つの区分に分類される。

ア）タンク室内に設けるもの（危令§13①）
イ）二重殻タンク（危令§13②）
ウ）危険物の漏れを防止する措置を講じたタンク（危令§13③）

2 タンク室内に設ける地下タンク貯蔵所の基準

ア）タンクとタンク室との距離等（危令§13①二）

0.1m以上の間隔を保ち乾燥砂をつめる。

イ）地盤面からの距離（危令§13①三）

地下タンクの頂部は0.6m以上地盤面から下にあること。

ウ）タンク相互間の距離（危令§13①四）

1m以上離す（タンク容量の総和が100倍以下のときは0.5m以上）。

エ）タンクの構造（危令§13①六）

3.2㎜以上の鋼板又は、これと同等以上の機械的性質を有する材料で気密に造る（危則§23）。

オ）その他（危令§13①七～十四）

上記のほか、「タンク外面の保護」、「通気管」、「安全装置」、「計量口等」、「注入口」、「ポンプ設備」、「配管」、「電気設備」、「漏洩検知設備」、「タンク室の構造」等の基準が定められている。

☞ 平成5年7月の改正で、タンク内に設置するポンプ設備の基準が設けられた。

3 二重殻タンクの基準（危令§13②）

ア）二重殻タンクは、鋼製の地下タンクに鋼板又は強化プラスチックを間げきを有するように取り付け又は被覆したもの及び強化プラスチック製の地下タンクに強化プラスチックを間げきを有するよ

うに被覆したものである。

イ）二重殻タンクの基準は、タンク室内に設ける地下タンクの基準のうち「漏洩検知設備」等に関する基準が除外され、これに代わりそれぞれ「二重殻タンクの構造」等の基準が別に定められている。

4　危険物の漏れを防止する措置を講じたタンク（危令§13③）

ア）このタンクは、地下貯蔵タンクの周囲をコンクリートで覆ったものである。

イ）基準は、タンク室内に設ける地下タンクの基準のうち、「タンク室」、「タンク相互間の距離」、「外面の保護」に関する基準が除外され、これに代わり、「外面の保護」等の基準が別に定められている。

24 簡易タンク貯蔵所の基準の概要

1 位置の基準

屋外に設けることを原則とし、この場合は、周囲に１ｍの空地を確保することとされている（危令§14①四）。

なお、一定の基準に適合したタンク専用室内に設置することができることとされている（危令§14①一）。

2 設置基数の制限（危令§14①二）

・３基以内とする。

・同一品質の危険物の簡易貯蔵タンクを２以上設置しない。

3 タンク構造（危令§14①五～七）

・容量は、600ℓ以下であること。

・3.2㎜以上の鋼板で気密に造る。

・外面には、さび止め塗装をする。

4 その他

上記のほか、通気管、固定給油設備、固定注油設備、固定の方法、壁との距離等の基準が定められている。

25 移動タンク貯蔵所の基準の概要

1 位置の基準

移動タンク貯蔵所は、屋外の防火上安全な場所又は耐火構造若しくは不燃材料で造った建築物の１階に常置する（危令§15①一）。

2 構造・設備の基準

ア）タンク材料…………………3.2㎜以上の鋼板（危令§15①二）

イ）タンク容量…………………３万ℓ以下、かつ、内部に4,000ℓ以下ごとに間仕切り（危令§15①三）

ウ）安全装置、防波板…………タンク室ごとに設ける（危令§15①四、危則§19・§24の２の９）。

エ）防護枠、側面枠……………転倒時等に安全装置等の損傷を防止する（危令§15①七、危則§24の３）

オ）底弁の手動又は自動閉鎖装置…………非常時に排出口を閉鎖する装置（危令§15①九）

カ）その他

上記のほか、注入口、可燃性蒸気回収設備、底弁損傷防止措置、電気設備、静電気除去装置等の基準が定められている。

3 特殊な移動タンク貯蔵所

ア）積載式移動タンク貯蔵所、航空機又は船舶へ給油を行う移動タンク貯蔵所については、基準の特例が定められている（危則§24の５・§24の６）。

イ）アルキルアルミニウム等の移動タンク貯蔵所については、基準を超える特例が定められている（危則§24の８～§24の９の２）。

26 屋外貯蔵所の基準の概要

1 位置の基準

ア）保安距離……………製造所と同じ（危令§16①一）。

イ）保有空地……………指定数量の倍数に応じ定められている（危令§16①四）。

指定数量の倍数	空地の幅
10以下	3 m以上
10超～20以下	6 m以上
20超～50以下	10m以上
50超～200以下	20m以上
200超	30m以上

2 危険物の制限（危令§2七）

貯蔵できる危険物は、次のものに限定されている。

第2類の危険物	硫黄又は硫黄のみを含有するもの 引火性固体(引火点が0度以上のものに限る。)
第4類の危険物	第一石油類(引火点が0度以上のものに限る。) アルコール類 第二石油類 第三石油類 第四石油類 動植物油類

3 主な基準

ア）設置場所…………湿潤ではなく、排水のよい場所

イ）周囲の措置………さく等を設けて明確に区画する。

☞ 塊状の硫黄以外は、運搬容器の基準に適合した容器で貯蔵する。

☞ 塊状硫黄はバラで貯蔵できることから、一般の基準とは異なった基準が定められている（危令§16②）。

27 給油取扱所の基準の概要

1 給油取扱所の区分

給油取扱所は技術上の基準の適用上、その形態に応じ、次の三つの区分に分類される。

ア）屋外給油取扱所（危令§17①）

イ）屋内給油取扱所（危令§17②）

ウ）航空機、船舶、鉄道等、圧縮天然ガス及び液化石油ガスを内燃機関の燃料として用いる自動車等の給油取扱所、水素充てん設備設置給油取扱所及び自家用の給油取扱所（危令§17③）

2 屋外給油取扱所の基準

位置、構造、設備等	基準の概要	政令、省令
給油の空地	固定給油設備の周囲に間口10m×奥行６mの空地 ・道路に面している。 ・安全かつ円滑に通行できる広さを有する。 ・給油を受ける広さを有する。	危令§17①二 危則§24の14
注油の空地	固定注油設備から容器又は移動タンクに注入する広さを有する。	危令§17①三 危則§24の15
空地の舗装	・耐浸透防止性を有する。 ・荷重による損傷防止性を有する。 ・耐火性を有する（コンクリートは可）。	危令§17①四 危則§24の16
滞留防止・流出防止措置	・可燃性蒸気が空地内に滞留せず、速やかに取扱所外へ排出される構造 ・漏れた危険物が空地内に滞留せず、貯留設備に収容される。 ・貯留設備に収容された危険物が取扱所外に流出しない。	危令§17①五 危則§24の17
取扱タンク	①　専用タンク………　地下タンク ②　廃油タンク………　１万ℓ以下地下タンク ※地域によっては簡易タンクも可	危令§17①七 危則§25
固定給油設備及び固定注油設備の構造	漏れるおそれのない構造 ホースは全長５m以下静電気除去装置	危令§17①十 危則§25の２・§25の２の２

位置、構造、設備等	基　準　の　概　要	政令、省令
固定給油設備の位置	①　道路境界線までの間に、固定給油設備の区分に応じて、最大給油ホース全長により定めた間隔をとる。 ②　給油取扱所の付随設備までの間に、固定給油設備の区分に応じて、最大給油ホース全長により定めた間隔をとる。	危令§17①十二
固定注油設備の位置	①　固定給油設備から、当該固定給油設備等について定める間隔を保つ。 ②　道路境界線から、固定注油設備の区分に応じて定める間隔をとる。	危令§17①十三
建　築　物　等	用途及び面積の制限	危令§17①十六 危則§25の4
	耐火構造又は不燃材料等	危令§17①十七・十八
防　火　へ　い	自動車等の出入りする側を除き、2m以上の耐火構造又は不燃材料で造ったへいを設ける。	危令§17①十九 危則§25の4の2

上記のほか、ポンプ設備、電気設備等の基準が定められている。

3　屋内給油取扱所の基準（危令§17②）

通風及び避難のため、壁の設置を制限するほか、上階への延焼防止措置等の基準が付加されている（危則§25の6～§25の10）。

4　航空機給油取扱所等の基準（危令§17③）

危則第26条から第28条において特例基準が定められている。

5　メタノール等及びエタノール等を取り扱う給油取扱所の基準（危令§17④）

危則第28条の2から第28条の2の3までにおいて危険物の性質に応じた特例基準が定められている。

6　顧客に自ら給油等をさせる給油取扱所の基準（危令§17⑤）

危則第28条の2の4から第28条の2の8までにおいて特例基準が定められている。

28 販売取扱所の基準の概要

1 販売取扱所の区分（危令§3①二）

指定数量の倍数に応じ、次の二つに区分されている。

指定数量の倍数	区　分
15以下	第１種販売取扱所
15超～40以下	第２種販売取扱所

☞ 指定数量の倍数が40を超える販売取扱所はあり得ない。

2 第１種販売取扱所の基準

位置、構造、設備等	基準の概要	政令、省令
設置場所	建築物の１階に設置する。	危令§18①一
壁	耐火構造又は不燃材料、他の部分との隔壁は耐火構造	危令§18①三
はり、天井	不燃材料	危令§18①四
屋根等	屋根……耐火構造又は不燃材料 上階の床……耐火構造	危令§18①五
窓、出入口	防火設備（ガラスは網入り）	危令§18①六・七
配合室	床面積は、６㎡以上10㎡以下。 床は危険物が浸透しない構造。 しきいは床面から0.1ｍ以上。 排出設備を設ける。	危令§18①九

3 第２種販売取扱所の基準（危令§18②）

建物を耐火構造とするほか、上階への延焼防止措置を講ずる等について、基準が強化されている。

29 移送取扱所の基準の概要

移送取扱所は、配管及びポンプ等によつて危険物の移送を行う施設であり、その位置、構造、設備の技術上の基準は、石油パイプライン事業法の基準に準じて総務省令で定められている（危令§３・§18の2）。

【移送取扱所の基準として定められている主な項目】

項　目	危則条	項　目	危則条
設置場所	§28の３	漏えい拡散防止措置	§28の22
材料	§28の４	可燃性の蒸気の滞留防止措置	§28の23
配管等の構造	§28の５	非破壊試験	§28の27
溶接	§28の８	耐圧試験	§28の28
防食被覆	§28の９	運転状態の監視装置	§28の29
電気防食	§28の10	安全制御装置	§28の30
地下埋設	§28の12	圧力安全装置	§28の31
道路下埋設	§28の13	漏えい検知装置等	§28の32
線路敷下埋設	§28の14	緊急しゃ断弁	§28の33
地上設置	§28の16	感震装置等	§28の35
海底設置	§28の17	通報設備	§28の36
海上設置	§28の18	警報設備	§28の37
道路横断設置	§28の19	避雷設備	§28の42

30 一般取扱所の基準の概要

1 一般取扱所の基準は、製造所に係る危令第９条の基準を準用することとされている（危令§19①）。

2 特例の一般取扱所

次の一般取扱所については、各々その形態ごとに特例基準が定められている（危令§19②）。

ア）専ら塗装、印刷又は塗布のために危険物を取り扱う一般取扱所で指定数量の倍数が30未満のもの
………………………………　危令§19②一、危則§28の54①一・§28の55

※〈除外される規定〉
危令§９①一、二、四号から十一号まで
〈基準〉
建築物の一般取扱所の用に供する部分の構造等を次のとおりとする。
1　地階を有しない
2　一般取扱所部分の壁、柱、床、はり、屋根……耐火構造
3　出入口以外に開口部を有しない厚さ70㎜以上の鉄筋コンクリート造等の床、又は壁で建築物の他の部分と区画
4　窓を設けない
5　出入口は特定防火設備
6　床は危険物が浸透しない構造（液状の危険物）等
7　採光、照明、換気の設備
8　可燃性蒸気等排出設備等

イ）専ら洗浄のために危険物（引火点が40℃以上の第４類の危険物に限る。）を取り扱う一般取扱所で指定数量の倍数が30未満のもの（危険物を取り扱う設備を建築物に設けるものに限る。）
………………　危令§19②一の二、危則§28の54①一の二・§28の55の２

ウ）専ら焼入れ又は放電加工のために危険物（引火点が70℃以上の第４類の危険物に限る。）を取り扱う一般取扱所で指定数量の倍数が30未満のもの（危険物を取り扱う設備を建築物に設けるものに限る。）
………………………………　危令§19②二、危則§28の54①二・§28の56

エ）危険物（引火点が40℃以上の第４類の危険物に限る。）を消費するボイラー、バーナーその他これらに類する装置以外では危険物を取り扱わない一般取扱所で指定数量の倍数が30未満のもの（危険物を取り扱う設備を建築物に設けるものに限る。）
………………………………　危令§19②三、危則§28の54①三・§28の57

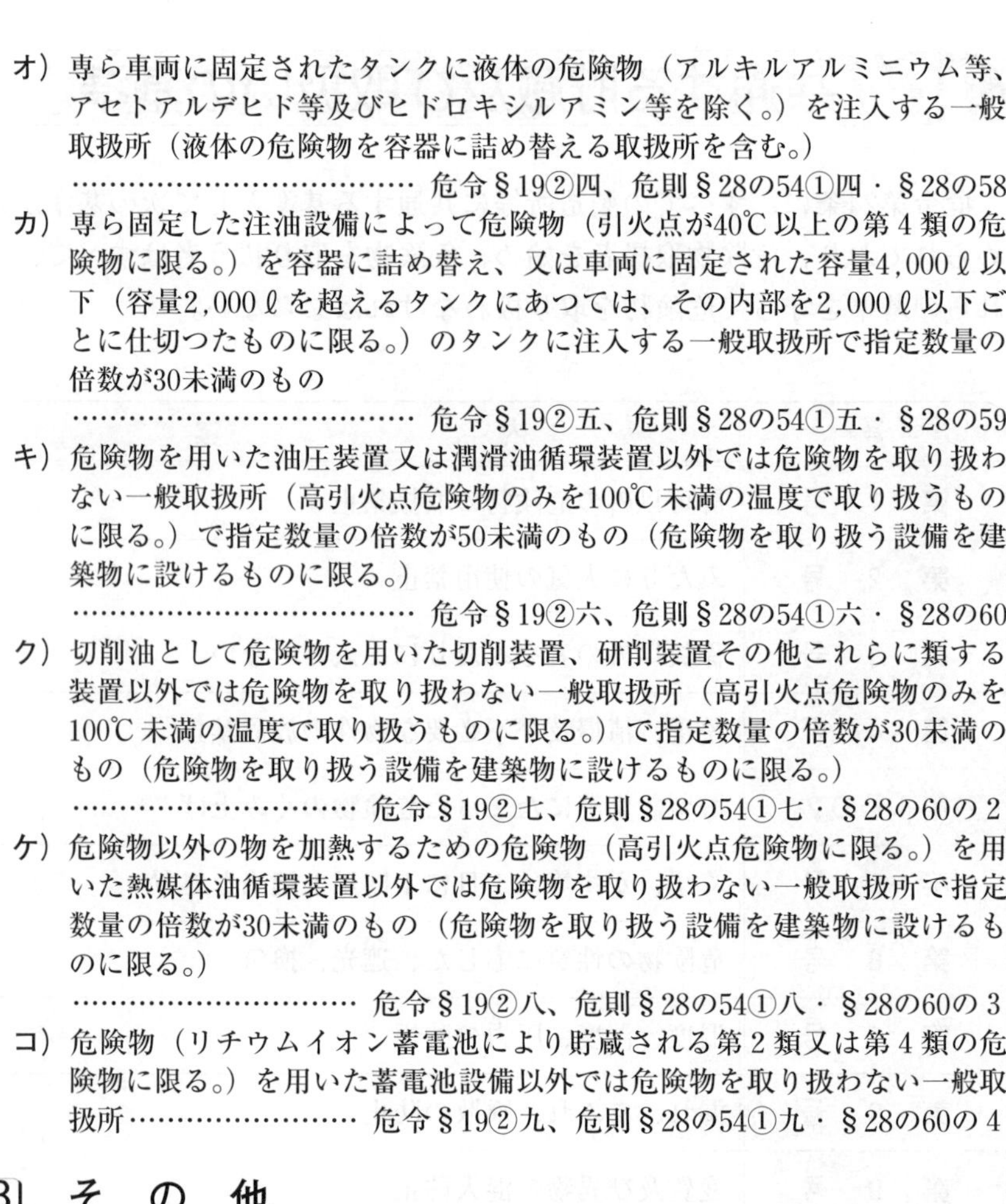

オ）専ら車両に固定されたタンクに液体の危険物（アルキルアルミニウム等、アセトアルデヒド等及びヒドロキシルアミン等を除く。）を注入する一般取扱所（液体の危険物を容器に詰め替える取扱所を含む。）
…………………………………… 危令§19②四、危則§28の54①四・§28の58

カ）専ら固定した注油設備によって危険物（引火点が40℃以上の第4類の危険物に限る。）を容器に詰め替え、又は車両に固定された容量4,000ℓ以下（容量2,000ℓを超えるタンクにあつては、その内部を2,000ℓ以下ごとに仕切つたものに限る。）のタンクに注入する一般取扱所で指定数量の倍数が30未満のもの
…………………………………… 危令§19②五、危則§28の54①五・§28の59

キ）危険物を用いた油圧装置又は潤滑油循環装置以外では危険物を取り扱わない一般取扱所（高引火点危険物のみを100℃未満の温度で取り扱うものに限る。）で指定数量の倍数が50未満のもの（危険物を取り扱う設備を建築物に設けるものに限る。）
…………………………………… 危令§19②六、危則§28の54①六・§28の60

ク）切削油として危険物を用いた切削装置、研削装置その他これらに類する装置以外では危険物を取り扱わない一般取扱所（高引火点危険物のみを100℃未満の温度で取り扱うものに限る。）で指定数量の倍数が30未満のもの（危険物を取り扱う設備を建築物に設けるものに限る。）
……………………………… 危令§19②七、危則§28の54①七・§28の60の2

ケ）危険物以外の物を加熱するための危険物（高引火点危険物に限る。）を用いた熱媒体油循環装置以外では危険物を取り扱わない一般取扱所で指定数量の倍数が30未満のもの（危険物を取り扱う設備を建築物に設けるものに限る。）
……………………………… 危令§19②八、危則§28の54①八・§28の60の3

コ）危険物（リチウムイオン蓄電池により貯蔵される第2類又は第4類の危険物に限る。）を用いた蓄電池設備以外では危険物を取り扱わない一般取扱所……………………… 危令§19②九、危則§28の54①九・§28の60の4

3 その他

上記のほか、高引火点危険物の一般取扱所についてはさらに特例が、アルキルアルミ等の一般取扱所についてはこれらの基準を超える特例が定められている。
…………………………………………………… 危令§19③、危則§28の61・§28の62
…………………………………………………… 危令§19④、危則§28の64～§28の66

31 共通する貯蔵及び取扱いの基準

危令第24条に、すべての製造所等に共通する基準として次の基準が定められており、危険物取扱者を始め、危険物を取り扱う者はすべて、これらの基準を守って危険物を取り扱わなければならない。

号	内　容
第　1　号	許可以外の危険物の取扱禁止
第　2　号	みだりに火気の使用禁止
第　3　号	係員以外の者をみだりに出入させない
第　4　号	整理、清掃及び不必要な物件の放置禁止
第4号の2	貯留設備等にたまった危険物のくみ上げ
第　5　号	くず、かす等は1日に1回以上適当な処置
第　6　号	危険物の性質に応じた、遮（しゃ）光、換気
第　7　号	温度、湿度、圧力の監視
第　8　号	漏れ、あふれ、飛散の防止
第　9　号	変質及び異物の混入防止
第　10　号	設備、機械器具等の修理は安全な場所で行う
第　11　号	容器の破損、腐食、さけめ等の防止
第　12　号	容器の転倒、落下、衝撃等の防止
第　13　号	可燃性蒸気の発生するおそれのある場所等における火花等の発生禁止
第　14　号	保護液からの露出防止

32 危険物の類ごとの共通する基準（危令§25）

類	物品	技術上の基準
1	共通	・可燃物との接触、混合を避ける。 ・分解を促す物品との接近を避ける。 ・過熱、衝撃、摩擦を避ける。
	アルカリ金属の過酸化物	・水との接触を避ける。
2	共通	・酸化剤との接触、混合を避ける。 ・炎、火花、高温体との接近を避ける。 ・過熱を避ける。
	鉄粉、金属粉、マグネシウム	・水又は酸との接触を避ける。
	引火性固体	・みだりに蒸気を発生させない。
3	自然発火性物品	・炎、火花、高温体との接近を避ける。 ・過熱を避ける。 ・空気との接触を避ける。
	禁水性物品	・水との接触を避ける。
4	共通	・炎、火花、高温体との接近を避ける。 ・過熱を避ける。 ・みだりに蒸気を発生させない。
5	共通	・炎、火花、高温体との接近を避ける。 ・過熱、衝撃、摩擦を避ける。
6	共通	・可燃物との接触、混合を避ける。 ・分解を促す物品との接近を避ける。 ・過熱を避ける。

33 貯蔵の基準の概要

1 同時貯蔵の禁止等

ア）貯蔵所においては、原則として危険物以外の物品を貯蔵しない（危令§26①一）。

〈例外〉―危則§38の4―

イ）類を異にする危険物は、原則として同一の貯蔵所において貯蔵しない（危令§26①一の二）。

〈例外〉―危則§39―

次の場合で、類別ごとにとりまとめ、1ｍの間隔をおいて貯蔵する時は、類が異なっても同時に貯蔵することができる。

1　第1類（アルカリ金属の過酸化物又はこれを含有するものを除く）と第5類

2　第1類と第6類

3　第2類と黄りん又はこれを含有するもの

4　第2類のうち引火性固体と第4類

5　アルキルアルミニウム等と第4類のうちアルキルアルミニウム、アルキルリチウムのいずれかを含有するもの

6　第4類のうち有機過酸化物又はこれを含有するものと第5類のうち有機過酸化物又はこれを含有するもの

ウ）黄りん等水中に貯蔵する物品と禁水性物品は、同一の貯蔵所において貯蔵しない（危令§26①一の三）。

2 屋内貯蔵所における貯蔵の基準

ア）屋内貯蔵所において、同一品名の自然発火するおそれのある危険物又は災害が著しく増大するおそれのある危険物を多量貯蔵するときは、指定数量の10倍以下ごとに区分し、かつ、0.3ｍ以上の間隔を置いて貯蔵すること。ただし、総務省令で定める危険物については、この限りでない（危令§26①三、危則§40②）。

イ）屋内貯蔵所で危険物を貯蔵する場合においては、総務省令で定める高さを超えて容器を積み重ねないこと（危令§26①三の二、危則§40の２）。

ウ）屋内貯蔵所においては、容器に収納して貯蔵する危険物の温度が55℃を超えないように必要な措置を講ずること（危令§26①三の三）。

3　屋外タンク貯蔵所における貯蔵の基準

ア）屋外貯蔵タンク、屋内貯蔵タンク、地下貯蔵タンク又は簡易貯蔵タンクの計量口は、計量するとき以外は閉鎖しておくこと（危令§26①四）。

イ）屋外貯蔵タンク、屋内貯蔵タンク又は地下貯蔵タンクの元弁（液体の危険物を移送するための配管に設けられた弁のうちタンクの直近にあるものをいう。）及び注入口の弁又はふたは、危険物を入れ、又は出すとき以外は、閉鎖しておくこと（危令§26①五）。

ウ）屋外貯蔵タンクの周囲に防油堤がある場合は、その水抜口を通常は閉鎖しておくとともに、当該防油堤の内部に滞油し、又は滞水した場合は、遅滞なくこれを排出すること（危令§26①六）。

4　移動タンク貯蔵所における貯蔵の基準

ア）移動貯蔵タンクには、当該タンクが貯蔵し、又は取り扱う危険物の類、品名及び最大数量を表示すること（危令§26①六の二）。

イ）移動貯蔵タンク及びその安全装置並びにその他の附属の配管は、さけめ、結合不良、極端な変形、注入ホースの切損等による漏れが起こらないようにするとともに、当該タンクの底弁は、使用時以外は完全に閉鎖しておくこと（危令§26①七）。

ウ）被けん引自動車に固定された移動貯蔵タンクに危険物を貯蔵するときは、当該被けん引自動車にけん引自動車を結合しておくこと。ただし、総務省令で定める場合は、この限りでない（危令§26①八、危則§40の２の２）。

エ）積載式移動タンク貯蔵所以外の移動タンク貯蔵所にあっては、危険物を貯蔵した状態で移動貯蔵タンクの積替えを行わないこと（危令§26①八の二）。

オ）移動タンク貯蔵所には、第８条第３項の完成検査済証、法第14条の３の２の規定による点検記録その他総務省令で定める書類を備え付けること（危令§26①九、危則§40の２の３）。

カ）アルキルアルミニウム、アルキルリチウムその他の総務省令で定める危険物を貯蔵し、又は取り扱う移動タンク貯蔵所には、緊急時における連絡先その他応急措置に関し必要な事項を記載した書類及び総務省令で定める用具を備え付けておくこと（危令§26①十、危則§40の２の４）。

5　屋外貯蔵所における貯蔵の基準

ア）屋外貯蔵所においては、第12号に定める場合を除き、危険物は、総務省令で定めるところにより容器に収納して貯蔵すること（危令§26①十一、危則§39の３）。

イ）屋外貯蔵所で危険物を貯蔵する場合においては、総務省令で定める高さを超えて容器を積み重ねないこと（危令§26①十一の二、危則§40の２）。

ウ）屋外貯蔵所において危険物を収納した容器を架台で貯蔵する場合には、総務省令で定める高さを超えて容器を貯蔵しないこと（危令§26①十一の三、危則§40の２の５）。

エ）第16条第２項に規定する屋外貯蔵所においては、硫黄等を囲いの高さ以下に貯蔵するとともに、硫黄等があふれ、又は飛散しないように囲い全体を難燃性又は不燃性のシートで覆い、当該シートを囲いに固着しておくこと（危令§26①十二）。

34 取扱いの基準の概要

危険物の取扱いは、共通基準及び類ごとの共通基準のほか、次の基準を遵守して行う。

1 製造の基準

ア）蒸留工程においては、危険物を取り扱う設備の内部圧力の変動等により、液体、蒸気又はガスが漏れないようにすること（危令§27②一）。

イ）抽出工程においては、抽出罐（かん）の内圧が異常に上昇しないようにすること（危令§27②二）。

ウ）乾燥工程においては、危険物の温度が局部的に上昇しない方法で加熱し、又は乾燥すること（危令§27②三）。

エ）粉砕工程においては、危険物の粉末が著しく浮遊し、又は危険物の粉末が著しく機械器具等に附着している状態で当該機械器具等を取り扱わないこと（危令§27②四）。

2 詰替えの基準

ア）危険物を容器に詰め替える場合は、総務省令で定めるところにより収納すること（危令§27③一、危則§39の3・§39の3の2）。

イ）危険物を詰め替える場合は、防火上安全な場所で行うこと（危令§27③二）。

3 消費の基準

ア）吹付塗装作業は、防火上有効な隔壁等で区画された安全な場所で行うこと（危令§27④一）。

イ）焼入れ作業は、危険物が危険な温度に達しないようにして行うこと（危令§27④二）。

ウ）染色又は洗浄の作業は、可燃性の蒸気の換気をよくして行うとともに、廃液をみだりに放置しないで安全に処置すること（危令§27④三）。

エ）バーナーを使用する場合においては、バーナーの逆火を防ぎ、かつ、危険物があふれないようにすること（危令§27④四）。

4　廃棄の基準

ア）焼却する場合は、安全な場所で、かつ、燃焼又は爆発によって他に危害又は損害を及ぼすおそれのない方法で行うとともに、見張人をつけること（危令§27⑤一）。

イ）埋没する場合は、危険物の性質に応じ、安全な場所で行うこと（危令§27⑤二）。

ウ）危険物は、海中又は水中に流出させ、又は投下しないこと。ただし、他に危害又は損害を及ぼすおそれのないとき、又は災害の発生を防止するための適当な措置を講じたときは、この限りでない（危令§27⑤三）。

5　給油取扱所における取扱いの基準（危令§27⑥一）

ア）自動車等に給油するときは、固定給油設備を使用して直接給油すること。

イ）自動車等に給油するときは、自動車等の原動機を停止させること。

ウ）自動車等の一部又は全部が給油空地からはみ出たままで給油しないこと。

エ）固定給油設備からガソリンを容器に詰め替え、又は軽油を車両に固定されたタンクに注入するときは、容器又は車両の一部若しくは全部が給油空地からはみ出たままでガソリンを容器に詰め替え、又は軽油を車両に固定されたタンクに注入しないこと。

オ）固定注油設備から灯油若しくは軽油を容器に詰め替え、又は車両に固定されたタンクに注入するときは、容器又は車両の一部若しくは全部が注油空地からはみ出たままで灯油若しくは軽油を容器に詰め替え、又は車両に固定されたタンクに注入しないこと。

〔以下略〕

35 移動タンク貯蔵所における取扱い及び移送の基準

1 取扱いの基準（危令§27⑥四）

ア）移動貯蔵タンクから危険物を貯蔵し、又は取り扱うタンクに液体の危険物を注入するときは、当該タンクの注入口に移動貯蔵タンクの注入ホースを緊結すること。ただし、総務省令で定めるところにより、総務省令で定めるタンクに引火点が40℃以上の第４類の危険物を注入するときは、この限りでない。（危則§40の５）

イ）移動貯蔵タンクから液体の危険物を容器に詰め替えないこと。ただし、総務省令で定めるところにより、総務省令で定める容器に引火点が40℃以上の第４類の危険物を詰め替えるときは、この限りでない。（危則§40の５の２）

ウ）ガソリン、ベンゼンその他静電気による災害が発生するおそれのある液体の危険物を移動貯蔵タンクに入れ、又は移動貯蔵タンクから出すときは、総務省令で定めるところにより当該移動貯蔵タンクを接地すること。（危則§40の６）

エ）移動貯蔵タンクから危険物を貯蔵し、又は取り扱うタンクに引火点が40℃未満の危険物を注入するときは、移動タンク貯蔵所の原動機を停止させること。

オ）ガソリン、ベンゼンその他静電気による災害が発生するおそれのある液体の危険物を移動貯蔵タンクにその上部から注入するときは、注入管を用いるとともに、当該注入管の先端を移動貯蔵タンクの底部に着けること。

カ）ガソリンを貯蔵していた移動貯蔵タンクに灯油若しくは軽油を注入するとき、又は灯油若しくは軽油を貯蔵していた移動貯蔵タンクにガソリンを注入するときは、総務省令で定めるところにより、静電気等による災害を防止するための措置を講ずること。（危則§40の７）

2　移送の基準（危令§30の２）

移動タンクで移送する場合は、取扱いの基準のほか、次の基準を遵守しなければならない。

ア）危険物の移送をする者は、移送の開始前に、移動貯蔵タンクの底弁その他の弁、マンホール及び注入口のふた、消火器等の点検を十分に行うこと。

イ）危険物の移送をする者は、長時間にわたる移送をするときは、２人以上の運転要員を確保すること。ただし、動植物油類その他総務省令で定める危険物の移送については、この限りでない。（危則§47の２）

ウ）危険物の移送をする者は、移動タンク貯蔵所を休憩、故障等のため一時停止させるときは、安全な場所を選ぶこと。

エ）危険物の移送をする者は、移動貯蔵タンクから危険物が著しくもれる等災害が発生するおそれのある場合には、災害を防止するため応急措置を講ずるとともに、もよりの消防機関その他の関係機関に通報すること。

オ）危険物の移送をする者は、アルキルアルミニウム、アルキルリチウムその他の総務省令で定める危険物の移送をする場合には、総務省令で定めるところにより、移送の経路その他必要な事項を記載した書面を関係消防機関に送付するとともに、当該書面の写しを携帯し、当該書面に記載された内容に従うこと。ただし、災害その他やむを得ない理由がある場合には、当該記載された内容に従わないことができる。（危則§47の３）

◆危険物用語索引

危険物用語索引凡例

内容現在　用語は、令和６年２月１日内容現在の法令から収録した。

対象法令名及び略語　次の各法令を対象とした。

〔法　令　名〕	〔略語〕
・消防法	法
・危険物の規制に関する政令	令
・危険物の規制に関する規則	則
・危険物の試験及び性状に関する省令	省
・危険物の規制に関する技術上の基準の細目を定める告示	告

(表示例)

則　28の56③(2)――危険物の規制に関する規則第28条の56第３項第２号

配　　列

・配列は五十音順とした。

・同一の用語が二つ以上ある場合は、上記の法令の順に配列した。

・同じ法令の中に同一の用語が二つ以上ある場合は、条文の番号順に配列した。

「特例」の扱い　「特例」の文字が含まれる用語については、五十音順の所定の箇所に登載するとともに、その語のみをまとめて「特例」のあとに五十音順に登載（83ページ）した。

数

あ

い

お

か

き

さ

し

す

せ

ち

な

に

へ

ほ

む

め

も

や

ゆ

よ

ら

り

る

れ

ろ

危　険　物　六　法（令和６年新版）

令和６年４月15日　初 版 発 行（令和６年２月１日現在）

編　集　危険物法令研究会
発行者　星　沢　卓　也
発行所　東京法令出版株式会社

112-0002	東京都文京区小石川５丁目17番３号	03(5803)3304
534-0024	大阪市都島区東野田町１丁目17番12号	06(6355)5226
062-0902	札幌市豊平区豊平２条５丁目１番27号	011(822)8811
980-0012	仙台市青葉区錦町１丁目１番10号	022(216)5871
460-0003	名古屋市中区錦１丁目６番34号	052(218)5552
730-0005	広島市中区西白島町11番９号	082(212)0888
810-0011	福岡市中央区高砂２丁目13番22号	092(533)1588
380-8688	長野市南千歳町1005番地	

〔営業〕TEL 026(224)5411　FAX 026(224)5419
〔編集〕TEL 026(224)5412　FAX 026(224)5439
https://www.tokyo-horei.co.jp/

ⓒPrinted in Japan, 2024
落丁本・乱丁本はお取替えいたします。

ISBN978-4-8090-2543-3